segredos

TERAPIA INTENSIVA

segredos
TERAPIA INTENSIVA

Quarta Edição

Polly E. Parsons, MD
Professor, Department of Medicine
University of Vermont College of Medicine
Director, Pulmonary and Critical Care Medicine
Chief of Critical Care Services
Fletcher Allen Health Care
Burlington, Vermont

Jeanine P. Wiener-Kronish, MD
Professor of Anesthesia and Medicine
Vice-Chairman, Department of Anesthesia and Perioperative Care
Investigator, Cardiovascular Research Institute
University of California at San Francisco
San Francisco, California

MOSBY
ELSEVIER

Do original: Critical Care Secrets, 4th edition

ISBN: 978-1-4160-3206-9

ISBN: 978-85-352-3173-1

Capa
Folio Design

Editoração Eletrônica
WM Design

Elsevier Editora Ltda.
Rua Sete de Setembro, 111 – 16° andar
20050-006 – Centro – Rio de Janeiro – RJ – Brasil
Telefone: (21) 3970-9300 – Fax: (21) 2507-1991
E-mail: info@elsevier.com.br

Escritório São Paulo
Rua Quintana, 753 – 8° andar
04569-011 – Brooklin – São Paulo – SP – Brasil
Telefone: (11) 5105-8555

NOTA

O conhecimento médico está em permanente mudança. Os cuidados normais de segurança devem ser seguidos, mas, como as novas pesquisas e a experiência clínica ampliam nosso conhecimento, alterações no tratamento e terapia à base de fármacos podem ser necessárias ou apropriadas. Os leitores são aconselhados a checar informações mais atuais dos produtos, fornecidas pelos fabricantes de cada fármaco a ser administrado, para verifi car a dose recomendada, o método e a duração da administração e as contraindicações. É responsabilidade do médico, com base na experiência e contando com o conhecimento do paciente, determinar as dosagens e o melhor tratamento para cada um individualmente. Nem o editor nem o autor assumem qualquer responsabilidade por eventual dano ou perda a pessoas ou a propriedade originada por esta publicação.

O Editor

CIP-BRASIL. CATALOGAÇÃO-NA-FONTE
SINDICATO NACIONAL DOS EDITORES DE LIVROS, RJ

P276s

Parsons, Polly E., 1954-
Segredos : terapia intensiva : respostas para as questões mais comuns do dia-a-dia / Polly E. Parsons, Jeanini P. Wiener-Kronish ; [tradução Michael Roger Sasso...]. - Rio de Janeiro : Elsevier, 2009.
il. -(Segredos)

Tradução de: Critical care secrets : questions you will be asked, 4th ed.
Inclui bibliografia
ISBN 978-85-352-3173-1

1. Tratamento intensivo. I. Wiener-Kronish, Jeanine P., 1951- II. Título. III. Série.

09-0919. CDD: 616.028076
CDU: 616-07

03.03.09 03.03.09 011279

REVISÃO CIENTÍFICA E TRADUÇÃO

REVISÃO CIENTÍFICA

Flávio Eduardo Nácul
Mestre em Medicina pela Universidade do Estado do Rio de Janeiro (UERJ)
Médico do CTI do Hospital Universitário da UFRJ e do Hospital de Ipanema (Rio de Janeiro, RJ)
Fellowship em Medicina Intensiva, Lahey Clinic & Tufts University (Boston, EUA)
Especialista em Medicina Intensiva pela Associação de Medicina Intensiva Brasileira (AMIB)

Marcos Lopes de Miranda
Médico Especialista em Anestesiologia pela Sociedade Brasileira de Anestesiologia
Médico Residente de Terapia Intensiva do Hospital Universitário Clementino Fraga Filho da Universidade Federal do Rio de Janeiro (UFRJ)

Michelle de Moura Balarini
Mestre em Endocrinologia pela UFRJ
Especialista em Clínica Médica pelo MEC
Especialista em Endocrinologia pela Sociedade Brasileira de Endocrinologia e Metabologia (SBEM)/ Associação Médica Brasileira (AMB)

TRADUÇÃO

Aline Santana da Hora (Caps. 78 e 79)
Mestre em Clínica Veterinária pela Universidade de São Paulo (FMVZ USP)
Médica Veterinária graduada pela Universidade do Estado de Santa Catarina (CAV/UDESC)

Ana Júlia Perrotti-Garcia (Caps. 1, 2 e 5)
Mestre em Linguística Aplicada pela Pontifícia Universidade Católica de São Paulo (PUC-SP)
Especialista em Cirurgia e Traumatologia Bucomaxilofacial pelo Instituto Metodista de Ensino Superior (Rudge Ramos, SP)
Cirurgiã-dentista formada pela Faculdade de Odontologiada Universidade de São Paulo (FOUSP)
Tradutora especialista pela Faculdade de Filosofia, Letras e Ciências Humanas da USP (FFLCH USP)

Angela Satie Nishikaku
(Caps. 18, 34, 35, 39, 49, 56, 58, 76, 77, 80-83, 87 e 88)
Doutora em Ciências, área de Imunologia, pelo Departamento de Imunologia do Instituto de Ciências Biomédicas da USP

Anna Beatriz Aranha (Caps. 17, 19, 20, 21, 26-31, 40 e 55)
Bacharel em Ciências Biológicas Modalidade Médica
Graduanda em Medicina pela Faculdade de Medicina de
Ribeirão Preto da USP

Cecilia Cerqueira Café Mendes (Caps. 64 e 65)
Mestre em Ciências, área de concentração em Fisiopatologia
Experimental, pela Faculdade de Medicina da USP
Bacharel e Licenciada em Ciências Biológicas pela Universidade de Brasília (UnB)

Claudia Valéria Miranda Teles (Caps. 61 e 66)
Especialista em Medicina Intensiva pela AMIB
Hematologista com Residência Médica concluída no Hospital
Universitário Pedro Ernesto da UERJ
Especialista em Medicina Intensiva pela AMIB
Médica Supervisora da área de Hemostasia do Laboratório
Diagnósticos da América, RJ

Edda M. Palmeiro (Caps. 6-16, 41, 42, 59, 60 e 62)
Médica pela Faculdade de Medicina da UERJ
Fellowship em Alergia e Imunologia pela Creighton University, (Omaha, Nebraska, EUA)

Edianez Victoria (Caps. 84 e 85)
Tradutora

Karina Penedo Carvalho (Caps. 32, 33, 36-38, 43, 44, 50-54, 57, 73-75, 86, 89, 91, 93, 96 e Índice)
Doutora em Biologia Humana e Experimental
Mestre em Morfologia
Bacharel em Ciências Biológicas

Lucas Zambon (Caps. 90 e 92)
Especialista em Clínica Médica pelo Hospital das Clínicas da
Faculdade de Medicina da USP
Médico Assistente da disciplina de Emergências Clínicas do
Hospital das Clínicas da Faculdade de Medicina da USP

Marcos Lopes de Miranda (Cap. 63)

Michael R. Sasso (Caps. 22-25, 45-48 e 68-72)
Médico Especialista em Pediatria (TEP), título ortogado
exclusivamente pela Sociedade Brasileira de Pediatria (SBP)

Sérgio Oliveira Cardoso (Cap. 67)
Especialista em Medicina Intensiva pela AMIB
Pós-graduado *Lato Sensu* em Administração de Empresa
para Profissionais da Saúde pela Fundação Getulio Vargas/SP

Sergio Jesus-Garcia (Caps. 3 e 4)
Especialista em Otorrinolaringologia pela Faculdade de
Ciências Médicas da Santa Casa de São Paulo
Médico formado pela Santa Casa de São Paulo
Medical writer e revisor técnico
Sócio-proprietário da Scientia Vinces Traduções Ltda.

COLABORADORES

Hasan B. Alam, MD, FACS
Director of Research and Program Director for Surgical Critical Care Fellowship, Division of Trauma, Emergency Surgery and Surgical Critical Care, Massachusetts General Hospital; Associate Professor of Surgery, Harvard Medical School, Boston, Massachusetts

Gil Allen, MD
Assistant Professor, Department of Medicine, University of Vermont College of Medicine, Burlington, Vermont

Carolyn E. Bekes, MD, MHA,
FCCM Senior Vice President of Academic and Medical Affairs, Cooper University Hospital; Professor of Medicine, Robert Wood Johnson Medical School, Camden, New Jersey

Jonathan Berry, MD
Chief Resident, Department of Psychiatry, University of Colorado, Denver; Colorado Department of Psychiatry, Denver, Colorado

Philip E. Bickler, MD, PhD
Professor, Department of Anesthesia, University of California at San Francisco, San Francisco, California

Joshua Blum, MD
Assistant Professor of Medicine, University of Colorado Health Sciences Center, Denver, Colorado

James P. Bonar, MD
Chief, Clinical Investigations Branch, United States School of Aerospace Medicine, Brooks City-Base, San Antonio, Texas

David C. Bonovich, MD
Associate Professor of Neurology, Fellowship Program Director, Neurovascular and Neurocritical Care Service, University of California at San Francisco; Associate Director, Neurocritical Care and Stroke Service, San Francisco General Hospital, San Francisco, California

Mark W. Bowyer, MD, FACS, DMCC, COL, USAF, MC
Chief, Division of Combat and Trauma Surgery, Norman M. Rich Department of Surgery, Uniformed Services University, Bethesda, Maryland; Attending Trauma Surgeon, Washington Hospital Center, Washington, DC

Dan Burkhardt, MD
Department of Anesthesia and Perioperative Care, University of California at San Francisco, San Francisco, California

David G. Burris, MD, FACS, DMCC, COL, USA, MC
Professor and Chairman, Norman M. Rich Department of Surgery, Uniformed Services University, Bethesda, Maryland; Attending Surgeon, Walter Reed Army Medical Center, Washington, DC

Lundy J. Campbell, MD
Department of Anesthesia, University of California at San Francisco, San Francisco, California

E. Michael Canham, MD
Associate Professor of Medicine, National Jewish Medical and Research Center, University of Colorado Health Sciences Center, Denver, Colorado

Stephen V. Cantrill, MD
Associate Director, Department of Emergency Medicine, Denver Health Medical Center; Associate Professor, Division of Emergency Medicine, University of Colorado Health Sciences Center, Denver, Colorado

Lee-lynn Chen, MD
Clinical Fellow in Critical Care Medicine, Department of Anesthesia and Perioperative Care, University of California at San Francisco Medical Center, San Francisco, California

Glenn M. Chertow, MD, MPH
Professor, Division of Nephrology, Department of Medicine and Department of Epidemiology and Biostatistics, University of California at San Francisco, San Francisco, California

Deborah R. Cook, MD
Geriatric Oncology Fellow, University of Colorado Health Sciences Center, Denver, Colorado

John W. Crommett, MD
Assistant Professor, Department of Neurosurgery/Critical Care, University of Texas at Houston Health Science Center, Houston, Texas

Bruce Crookes, MD
Director of Trauma, Fletcher Allen Health Care; Assistant Professor of Surgery, University of Vermont College of Medicine, Burlington, Vermont

Pajman A. Danai, MD
Fellow, Division of Pulmonary, Allergy, and Critical Care, Department of Medicine, Emory University School of Medicine, Atlanta, Georgia

Clifford S. Deutschman, MS, MD, FCCM
Professor, Departments of Anesthesiology and Critical Care and Surgery, University of Pennsylvania School of Medicine, Philadelphia, Pennsylvania

Anne Dixon, MD
Assistant Professor, Department of Pulmonary and Critical Care, Fletcher Allen Health Care, Colchester, Vermont

Thomas J. Donnelly, MD
Assistant Clinical Professor, Department of Internal Medicine, Wright State University; Pulmonary and Critical Care Consultants, Inc., Dayton, Ohio

Rachel H. Dotson, MD
Fellow, Pulmonary and Critical Care Medicine, University of California at San Francisco, San Francisco, California

Enrique Fernandez, MD
Professor of Medicine, University of Colorado Health Sciences Center; National Jewish Center; Denver Health Hospital, Denver, Colorado

Patrick F. Fogarty, MD
Assistant Professor of Medicine, Division of Hematology/Oncology, University of California at San Francisco, San Francisco, California

Michael T. Ganter, MD
Assistant Clinical Professor, Department of Anesthesia, University of California at San Francisco; San Francisco General Hospital, San Francisco, California

Joel A. Garcia, MD
Division of Cardiology, University of Colorado Health Sciences Center, Denver, Colorado Carlos E. Girod, MD Associate Professor, Division of Pulmonary and Critical Care Medicine, University of Texas Southwestern Medical Center, Dallas, Texas

Noah E. Gordon, MD
Resident, Department of Anesthesia and Perioperative Care, University of California at San Francisco, San Francisco, California

Michael A. Gropper, MD, PhD
Professor and Director, Critical Care Medicine, Department of Anesthesia and Perioperative Care, University of California at San Francisco, San Francisco, California

Jacob T. Gutsche, MD
Fellow in Critical Care and Cardiac Anesthesiology, Department of Anesthesiology and Critical Care, Hospital of the University of Pennsylvania, Philadelphia, Pennsylvania

Katherine Habeeb, MD, FCCP
Clinical Assistant Professor of Medicine, University of Vermont College of Medicine, Burlington, Vermont
James Haenel, RRT Department of Surgery, Denver Health Medical Center, Denver, Colorado

Derek Haerle, MD
Critical Care Fellow, Department of Anesthesia and Perioperative Care, University of California at San Francisco, San Francisco, California

Matthew J. Haight, DO
Critical Care Medicine Fellow, Department of Anesthesia and Perioperative Care, University of California at San Francisco, San Francisco, California

Michael E. Hanley, MD
Professor of Medicine, University of Colorado Health Sciences Center; Staff Physician, Pulmonary and Critical Care Medicine, Denver Health Medical Center, Denver, Colorado

C. William Hanson, III, MD
Professor of Anesthesia, Surgery, and Internal Medicine, Chief, Critical Care Medicine, University of Pennsylvania School of Medicine, Philadelphia, Pennsylvania

Andrea Harzstark, MD
Fellow in Hematology/Oncology, University of California at San Francisco, San Francisco, California

Kathryn L. Hassell, MD
Associate Professor of Medicine, University of Colorado Health Sciences Center, Denver, Colorado

John E. Heffner, MD, FACP, FCCP
Professor of Medicine and Executive Medical Director, Medical University of South Carolina, Charleston, South Carolina

Richard Jacobs, MD, PhD
Acting Division Co-Chief, Division of Infectious Disease, Clinical Professor of Medicine and Clinical Pharmacy, University of California at San Francisco, San Francisco, California

James L. Jacobson, MD
Associate Professor, Department of Psychiatry, University of Vermont College of Medicine, Burlington, Vermont

James C. Jeng, MD
Associate Director of Burn Center, Washington Hospital Center; Clinical Associate Professor of Surgery, Georgetown University, Washington, DC

David A. Kaminsky, MD
Associate Professor of Medicine, Department of Pulmonary Disease and Critical Care Medicine, University of Vermont College of Medicine, Burlington, Vermont

Shannon Kasperbauer, MD
Division of Infectious Diseases, University of Colorado Health Sciences Center, Denver, Colorado Dinkar Kaw, MD Assistant Professor, Department of Medicine, Medical University of Ohio at Toledo, Toledo, Ohio

Benjamin A. Kohl, MD
Assistant Professor, Department of Anesthesiology and Critical Care, Section of Cardiothoracic Anesthesia and Critical Care, University of Pennsylvania School of Medicine, Philadelphia, Pennsylvania

Rosemary A. Kozar, MD, PhD
Associate Professor of Surgery, University of Texas at Houston, Houston, Texas

Ken Kulig, MD
Associate Clinical Professor, Division of Emergency Medicine and Trauma, Department of Surgery, University of Colorado-Health Sciences Center; Toxicology Associates, Prof. LLC, Denver, Colorado

Rondall Lane, MD
Department of Anesthesia, University of California at San Francisco, San Francisco, California

Stephen E. Lapinsky, MB, BCh, MSc, FRCP(C)
Site Director, Mount Sinai Hospital; Associate Professor of Medicine, University of Toronto, Toronto, Ontario, Canada

William Eng Lee, MD
Northern Hematology-Oncology, Thornton, Colorado

Stuart L. Linas, MD
Professor of Medicine, Division of Renal Diseases and Hypertension, Department of Medicine, University of Colorado Health Sciences Center, Denver, Colorado

Kathleen D. Liu, MD, PhD
Fellow, Division of Nephrology, Department of Medicine, University of California at San Francisco, San Francisco, California

Linda L. Liu, MD
Associate Professor, Department of Anesthesia and Perioperative Care, University of California at San Francisco, San Francisco, California

Theodore W. Marcy, MD, MPH
Professor of Medicine, University of Vermont College of Medicine, Burlington, Vermont

Brian T. Marden, PharmD
Critical Care Pharmacy Clinician, Fletcher Allen Health Care; Clinical Assistant Professor of Medicine, University of Vermont College of Medicine, Burlington, Vermont

Vincent J. Markovchick, MD, FAEEM, FACEP
Director, Emergency Medical Services, Denver Health Medical Center; Professor of Surgery, Division of Emergency Medicine, Department of Surgery, University of Colorado Health Sciences Center, Denver, Colorado

John A. Marx, MD
Department of Emergency Medicine, Carolinas Medical Center, Charlotte, North Carolina

Michael T. McDermott, MD
Director, Endocrinology Practice, University of Colorado Hospital, Aurora, Colorado

Philip S. Mehler, MD
Professor of Medicine, University of Colorado Health Sciences Center, Denver, Colorado

John Messenger, MD
Director of Cardiovascular Intervention, Department of Cardiology, University of Colorado Hospital and Health Sciences Center, Denver, Colorado

Stanley L. Minken, MD, FACS, DMCC
Charles A. Rob Professor of Surgery, Norman M. Rich Department of Surgery, Uniformed Services University, Bethesda, Maryland

Benoit Misset, MD
Medical Surgical Intensive Care Unit, Ho^pital Saint-Joseph, Paris, France

Frederick A. Moore, MD
Professor of Surgery, University of Texas at Houston, Houston, Texas

Amy E. Morris, MD
Senior Fellow, Division of Pulmonary and Critical Care Medicine, University of Washington, Seattle, Washington

Marc Moss, MD
Professor of Medicine, Division of Pulmonary Sciences/Critical Care Medicine, University of Colorado Health Sciences Center, Denver, Colorado

Victor Ng, MD
Division of Anesthesia, Department of Medicine, University of California at San Francisco, San Francisco, California

Claus U. Niemann, MD
Division of Anesthesia, Department of Medicine, University of California at San Francisco, San Francisco, California

Alan C. Pao, MD
Clinical Fellow, Division of Nephrology, Department of Medicine, University of California at San Francisco, San Francisco, California

Manuel Pardo, Jr., MD
Sol Shnider Endowed Chair for Anesthesia Education, Department of Anesthesia and Perioperative Care, University of California at San Francisco, San Francisco, California

Polly E. Parsons, MD
Professor, Department of Medicine, University of Vermont College of Medicine; Director, Pulmonary and Critical Care Medicine; Chief, Critical Care Services, Fletcher Allen Health Care, Burlington, Vermont

Kapilkumar Patel, MD
Department of Pulmonary and Critical Care Medicine, Fletcher Allen Health Care, Burlington, Vermont

Jon Perlstein, MD
Assistant Professor of Surgery, Uniformed Services Health Sciences University; Program Director, General Surgery Residency; Director, Trauma and Critical Care, David Grant Medical Center, Travis Air Force Base, California

Kullada O. Pichakron, MD
Assistant Program Director, General Surgery Residency, David Grant Medical Center, Travis Air Force Base, Fairfi eld, California

Ryan P. Peirson, MD
Clinical Instructor, Department of Psychiatry, University of Vermont College of Medicine, Burlington, Vermont

Jean-Franc¸ois Pittet, MD
Professor in Residence, Departments of Anesthesia and Surgery, University of California at San Francisco; San Francisco General Hospital, San Francisco, California

Louis B. Polish, MD
Associate Professor of Medicine, Division of Infectious Diseases, University of Vermont College of Medicine, Burlington, Vermont

Peter T. Pons, MD
Professor, Division of Emergency Medicine, Department of Surgery, University of Colorado Health Sciences Center, Denver, Colorado

Jill A. Rebuck, PharmD, BCPS
Surgical Critical Care Clinician, Fletcher Allen Health Care; Assistant Professor of Surgery, University of Vermont College of Medicine, Burlington, Vermont

Randall Reves, MD
Denver Public Health Department, Denver, Colorado

E. Matt Ritter, MD, MAJ, USAF, MC
Assistant Professor, Norman M. Rich Department of Surgery, Uniformed Services University; Chief, Laparoscopic Surgery, National Naval Medical Center, Bethesda, Maryland

Jeanne M. Rozwadowski, MD
Assistant Professor of Medicine, University of Colorado Health Sciences Center, Denver, Colorado

Jack Sava, MD
Assistant Professor of Surgery, Georgetown University; Attending Surgeon, Washington Hospital Center, Trauma/Critical Care Section, Washington, DC

Richard H. Savel, MD
Associate Director, Surgical Intensive Care Unit, Maimonides Medical Center; Assistant Professor of Medicine, Mt. Sinai School of Medicine, New York, New York

Lynn M. Schnapp, MD
Associate Professor, Division of Pulmonary and Critical Care Medicine, Harborview Medical Center, Seattle, Washington

Peter M. Schulman, MD
Assistant Clinical Professor, Department of Anesthesia and Perioperative Care, University of California at San Francisco, San Francisco, California

Joseph I. Shapiro, MD
Department of Medicine, Medical College of Ohio at Toledo, Toledo, Ohio David Shimabukuro, MDCM
Assistant Professor, Department of Anesthesia and Perioperative Care, University of California at San Francisco, San Francisco, California

Stuart F. Sidlow, MD
Department of Anesthesiology and Critical Care, University of Pennsylvania School of Medicine, Philadelphia, Pennsylvania

Antoinette Spevetz, MD, FCCM, FACP
Co-Director for ICU Operations, Director of Intermediate Intensive Care Unit, Cooper University Hospital, Camden, New Jersey

Annette Stralovich-Romani, RD, CNSD
Adult Critical Care Nutritionist, Department of Nutrition and Dietetics, University of California at San Francisco Medical Center, San Francisco, California

John M. Taylor, MD
Assistant Clinical Professor, Department of Anesthesia and Perioperative Care, University of California at San Francisco, San Francisco, California

Marshall Thomas, MD
Vice Chair and Medical Director, Department of Psychiatry, University of Colorado, Denver, Colorado

Madhulika G. Varma, MD
Assistant Professor of Surgery, Section of Colon and Rectal Surgery; Director, UCSF Center for Pelvic Physiology, University of California at San Francisco, San Francisco, California

Fernando Velayos, MD, MPH
Department of Medicine, University of California at San Francisco, San Francisco, California

Jennifer Y. Wang, MD
Surgery Resident, University of California at San Francisco, San Francisco, California

Carolyn H. Welsh, MD
Professor of Medicine, Division of Pulmonary Sciences and Critical Care Medicine, University of Colorado Health Sciences Center and Denver Veterans Affairs Medical Center, Denver, Colorado

James E. Wiedeman, MD
Department of Surgery, Sacramento Veterans Affairs Medical Center, Mather, California

Jeanine P. Wiener-Kronish, MD
Professor of Anesthesia and Medicine, Vice-Chairman, Department of Anesthesia and Perioperative Care, University of California at San Francisco; Investigator, Cardiovascular Research Institute, San Francisco, California

Danny C. Williams, MD, FRCPC, FACP, FACR
Division of Rheumatology, University of Colorado Health Sciences Center, Denver, Colorado

Jon Yang, MD
Department of Medicine, University of San Francisco at California, San Francisco, California

Michael Young, MD
Associate Professor of Medicine, Division of Pulmonary and Critical Care, University of Vermont College of Medicine, Burlington, Vermont

Martin R. Zamora, MD
Division of Pulmonary Sciences and Critical Care Medicine, University of Colorado Health Sciences Center, Denver, Colorado

DEDICATÓRIA

Aos nossos maridos, Jim e Daniel, e aos nossos filhos, Alec, Chandler, Jessica e Samuel, por sua paciência e apoio e por terem permitido que dedicássemos tempo para concluir esta edição.

APRESENTAÇÃO

No transcorrer das quatro edições atuais de *Segredos Terapia Intensiva*, a medicina intensivista tornou-se cada vez mais complexa. Os fundamentos e as habilidades clínicas necessários para os cuidados de pacientes críticos continuam a transcender as subespecialidades, de modo que nesta edição incluímos novamente capítulos que abrangem uma ampla gama de profissionais; incluindo pneumologistas, cirurgiões, anestesiologistas, psiquiatras, farmacêuticos e especialistas em doenças infecciosas. Pedimos a eles que abordassem os principais temas em terapia intensiva em forma de questões e formulassem respostas a elas, de maneira que os leitores pudessem identificar soluções eficazes para os problemas médicos e éticos de seus pacientes.

Uma vasta compreensão de anatomia, fisiologia, imunologia e inflamação é fundamentalmente importante para que o profissional seja capaz de cuidar de pacientes críticos com eficácia. Por exemplo, é difícil conceber o entendimento dos princípios da ventilação mecânica sem estar ciente dos princípios de fluxo aéreo e de fluidos, da mecânica pulmonar e dos circuitos eletrônicos. Por essa razão, nós, as autoras, também incorporamos esses elementos fundamentais nesta edição. Afinal, a medicina intensiva exige o conhecimento de protocolos e diretrizes que estão continuamente evoluindo e que cada vez mais ditam as melhores condutas.

Nesta quarta edição de *Segredos Terapia Intensiva*, mais uma vez fomos bem-sucedidas ao poder contar com muitos dos principais profissionais líderes em terapia intensiva, os quais colaboraram em capítulos de suas áreas de especialidade. Esses especialistas ampliaram o formato Segredos® para incluir os **Principais Segredos** e os **Pontos-Chave**, que os leitores podem utilizar para identificar os conceitos que os clínicos experientes consideram os mais importantes.

Sinceramente, gostaríamos de agradecer a todos os autores que cooperaram, investindo seu tempo e experiência neste projeto. Acreditamos que eles captaram a essência da medicina intensiva e a apresentaram em um formato que será útil a todos, desde estudantes até clínicos experientes.

Polly E. Parsons, MD
Jeanine P. Wiener-Kronish, MD

SUMÁRIO

V. DOENÇAS INFECCIOSAS

VI. DOENÇAS RENAIS

VII. GASTROENTEROLOGIA

VIII. ENDOCRINOLOGIA

IX. HEMATOLOGIA/ONCOLOGIA

X. REUMATOLOGIA

XI. NEUROLOGIA

XII. CIRURGIA E TRAUMATOLOGIA

XIII. CUIDADOS PERIOPERATÓRIOS

XIV. SEDAÇÃO E CONTROLE DA DOR

XIX. ÉTICA

XX. ADMINISTRAÇÃO

100 PRINCIPAIS SEGREDOS

Estes são os 100 principais segredos. Eles resumem os conceitos, os princípios e os detalhes mais importantes da terapia intensiva.

1. Com exceção da parada cardíaca, a epinefrina IV deve ser administrada cuidadosamente via infusão contínua IV a fim de minimizar o risco de uma resposta simpatomimética intensa.

2. Trate a fibrilação ventricular (FV) com desfibrilação precoce: 360 joules com um desfibrilador monofásico, 200 joules com um desfibrilador bifásico ou com o nível que o fabricante recomenda. Você deve saber que tipo de desfibrilador possui. Se o choque inicial não for bem-sucedido em um paciente com FV, administre vasopressina ou epinefrina e dois minutos ou cinco ciclos de ressuscitação cardiopulmonar e então dê outro choque.

3. O padrão de absorção da metaemoglobina é interpretado pelo oxímetro de pulso como 85% de saturação; logo, níveis progressivamente maiores de metaemoglobina levam o valor da SpO_2 a convergir para 85%, independentemente da SaO_2 atual.

4. A saturação venosa mista de oxigênio fornece uma ideia da adequação da perfusão do corpo inteiro. Quando a saturação venosa mista é $< 60\%$, a perfusão está inadequada, provavelmente devido à insuficiência cardíaca congestiva.

5. Existem poucas evidências que apoiam o uso de ferramentas de monitorização sofisticadas tal como o cateter de artéria pulmonar. Esses dispositivos podem ser inúteis ou mesmo perigosos quando usados sem a experiência e o julgamento clínico necessários.

6. O oxímetro de pulso é um bom instrumento de monitorização, mas a gasometria arterial (GSA) é melhor para o diagnóstico e para o tratamento agudo. Se a oximetria não se encaixar no quadro clínico, obtenha uma GSA com CO-oximetria. Use a equação do gás alveolar para ajudar no entendimento dos mecanismos da hipoxemia – vale o esforço!

7. A terapia de manutenção de líquidos IV repõe as perdas sensíveis e insensíveis e equivale a 30-35 mL/kg em um paciente adulto. Os cristaloides continuam sendo o líquido de escolha para a ressuscitação volêmica.

8 O quociente respiratório (QR) é a razão entre a produção de dióxido de carbono e o consumo de oxigênio pelo paciente. O QR é útil para guiar o planejamento da terapia nutricional.

9. Para os pacientes com exacerbações agudas da doença pulmonar obstrutiva crônica (DPOC), a ventilação não-invasiva está associada a uma necessidade menor de intubação traqueal e a uma melhora nas taxas de sobrevivência. Não use ventilação não-invasiva em um paciente que necessite de intubação traqueal urgente.

10. Quando estiver ajustando o ventilador mecânico, minimize os volumes correntes e as pressões nas vias aéreas, mesmo que para isso tenha de tolerar a acidose respiratória.

11. A sedação e a analgesia devem ser diariamente minimizadas ou interrompidas de modo que os pacientes despertem, respirem e protejam suas vias aéreas para que possam ser desmamados da ventilação mecânica.

12. Na maioria dos pacientes, é possível manter uma via aérea patente sem a intubação traqueal. As cinco principais indicações para a intubação traqueal são: obstrução das vias aéreas superiores, oxigenação inadequada, ventilação inadequada, trabalho respiratório excessivo e proteção das vias aéreas.

13. A presença de distensão gástrica, eructação frequente ou aspiração recorrente em um paciente ventilado por traqueotomia sugere a possibilidade de uma fístula traqueoesofágica.

14. A drenagem torácica é a única terapia necessária para mais de 85% de todos os casos de trauma torácico penetrante. O sangue drenado do dreno torácico pode ser autotransfundido sem um processamento adicional.

15. A broncoscopia flexível é mais comumente usada na unidade de terapia intensiva (UTI) como diagnóstico e guia da escolha antibiótica na pneumonia associada à ventilação mecânica. A fisioterapia respiratória parece ser tão eficaz quanto a broncoscopia no tratamento da atelectasia, embora a broncoscopia tenha um papel no manejo de secreções espessas e retidas ou de corpos estranhos.

16. A causa mais comum da falência do marca-passo temporário transvenoso é a perda do contato entre o cabo do marca-passo e o coração; para restaurar a estimulação, avance o eletrodo até que ele entre em contato novamente com o miocárdio, de modo a "capturar" ou estimular o coração.

17. Os dispositivos de assistência circulatória são indicados somente como uma terapia de "ponte". Eles são utilizados como ponte para a recuperação, ponte para a revascularização e ponte para o transplante.

18. A pneumonia comunitária grave pode ser reconhecida por meio das anormalidades descritas pelo acrônimo *CUFP*: confusão, ureia, frequência respiratória e pressão sanguínea.

19. A PCO_2 normal na asma aguda é um sinal de alerta da falência respiratória iminente.

20. Minimizar a ventilação minuto, mesmo que se tenha de permitir o desenvolvimento de hipercapnia, é a melhor estratégia para reduzir a hiperinsuflação dinâmica e o risco subsequente de comprometimento hemodinâmico e barotrauma nos pacientes com asma aguda grave ventilados mecanicamente.

21. A ventilação mecânica não-invasiva reduz a necessidade de intubação em pacientes com exacerbação da DPOC e falência respiratória iminente. Os antibióticos diminuem a morbidade e a mortalidade em pacientes ventilados mecanicamente em decorrência de exacerbação da DPOC.

22. O *cor pulmonale* é a hipertrofia ventricular direita decorrente de doenças da vasculatura ou do parênquima pulmonar. O principal tratamento é a terapia com oxigênio a longo prazo.

23. O tratamento da insuficiência respiratória hipóxica deve ter como objetivo atingir uma PaO_2 de cerca de 50 mmHg. Deve-se tentar o desmame da ventilação diariamente assim que o paciente estiver fisiologicamente estável e possa manter a oxigenação e a concentração de dióxido de carbono adequadas com a suplementação de oxigênio. O desmame da ventilação mecânica é mais facilmente atingido utilizando-se um protocolo.

24. A síndrome do desconforto respiratório agudo (SDRA) não pode ser prevenida. A única terapia que diminui a mortalidade na SDRA é a ventilação com baixos volumes correntes.

25. Os pacientes críticos na UTI estão sob risco de aspirações mais frequentes e de graves consequências após a aspiração. As consequências da aspiração dependem do volume e da natureza do material aspirado, assim como da resposta do indivíduo ao insulto.

26. A morte na hemoptise maciça resulta mais frequentemente de asfixia e insuficiência respiratória aguda do que de exsanguinação. O manejo imediato da hemoptise maciça envolve a proteção do pulmão saudável por meio da colocação do paciente em uma posição na qual o pulmão afetado fica para baixo (dependente) caso a hemorragia pulmonar seja focal, ou na posição de Trendelenburg caso a hemorragia seja difusa.

27. Como não existem diagnósticos clínicos, radiográficos ou laboratoriais específicos para a embolia pulmonar, ela deve ser considerada em qualquer paciente com deterioração do estado cardiopulmonar.

28. Os equivalentes anginosos são sintomas atípicos que representam a isquemia miocárdica; eles incluem náusea, tontura e dispneia e são acarretados e aliviados pelas mesmas atividades que a angina.

29. O objetivo imediato durante o infarto agudo do miocárdio é o restabelecimento do fluxo sanguíneo. Isto pode ser feito pela intervenção coronariana percutânea ou pela trombólise farmacológica.

30. Na taquicardia de início súbito, comece aferindo a pressão sanguínea, de forma não-invasiva ou invasiva, para confirmar se o paciente tem uma perfusão sistêmica adequada. Caso a pressão sanguínea do paciente esteja inadequada, indica-se a cardioversão sincronizada.

31. Durante o tratamento da dissecção aórtica aguda, deve-se estabelecer um beta-bloqueio adequado *antes* do início do nitroprussiato a fim de evitar a propagação da dissecção a partir de um aumento do reflexo no débito cardíaco.

32. A cirurgia deve ser considerada antes ou no momento em que a hipertensão pulmonar ocorrer nos pacientes com estenose mitral, pois a mortalidade aumenta significativamente em pacientes com hipertensão pulmonar estabelecida.

33. Os pacientes críticos com estenose aórtica grave e disfunção ventricular esquerda grave podem se beneficiar da administração cuidadosa de nitroprussiato.

34. A alteração eletrocardiográfica mais frequentemente observada na pericardite aguda é a elevação do segmento ST em todas as derivações exceto em aVR e V1.

35. A sepse grave é definida como a sepse associada à disfunção orgânica induzida pela sepse. O diagnóstico e as intervenções terapêuticas precoces em pacientes com sepse grave apresentam resultados melhores.

36. Entre 60% e 80% dos casos de endocardite são decorrentes de infecção por estreptococos. O *Staphylococcus aureus* tende a ser o agente etiológico mais comum da endocardite infecciosa nos usuários de drogas IV.

37. A dexametasona adjuvante, administrada antes ou simultaneamente à terapia antibiótica, reduz a mortalidade de 15% para 7% em adultos com meningite bacteriana. O benefício claro está nos pacientes com meningite pneumocócica, mas não se deve atrasar o início da administração dos corticosteroides esperando a confirmação de um diagnóstico etiológico.

38. Se você suspeitar de infecção fúngica disseminada, não espere pelo resultado das culturas para iniciar o tratamento. As infecções fúngicas devem ser consideradas precocemente nos pacientes críticos porque a falha no tratamento irá resultar em altas taxas de mortalidade.

39. Aproximadamente 1% da população é colonizada por *S. aureus* resistente à meticilina (MRSA). As porcentagens são maiores em condições de habitação populosas com higiene deficiente, fazendo com que as infecções por MRSA adquiridas na comunidade se tornem muito comuns nessas populações.

40. Quando estiver selecionando uma veia central para cateterização, considere a veia subclávia, pois ela apresenta menor risco de infecção relacionada a cateter e de bacteremia. Os cateteres venosos centrais inseridos perifericamente são tão susceptíveis a desenvolver infecções relacionadas a cateter quanto às linhas centrais na subclávia ou jugular interna.

41. As lesões da varíola envolvem as palmas e solas, enquanto as da varicela não. A varíola é dolorosa; a varicela é pruriginosa.

42. A presença de paresia e paralisia em um paciente afebril e sem alterações sensoriais é diagnóstica de botulismo.

43. Somente 15% das infecções de feridas apresentam febre e calafrios. As hemoculturas não são úteis para diagnosticar as celulites.

44. A fasciíte necrotizante pode se apresentar como uma celulite de propagação lenta, com endurecimento lenhoso. O tratamento é o rápido desbridamento cirúrgico.

45. A crise hipertensiva (ou emergência hipertensiva) representa o ponto durante o curso da hipertensão no qual o tratamento imediato da elevação da pressão arterial desempenha um papel decisivo em limitar ou evitar os danos aos quatro principais órgãos-alvo: olhos, cérebro, coração e rins.

46. A creatinina sérica pode não mudar muito durante a falência renal aguda em pacientes com massa muscular reduzida. A análise da urina, um exame simples e fácil, frequentemente fornece o diagnóstico específico.

47. Em pacientes com rabdomiólise, deve-se ficar atento às complicações que ameaçam a vida: a hipercalemia e a hipocalcemia.

48. A hipocalemia pode ser causada pela baixa oferta de potássio (K), redistribuição intracelular de K, perda gastrointestinal de K (diarreia) e perda renal de K. A hipercalemia pode ser causada pela alta oferta de K, redistribuição extracelular de K e baixa excreção renal de K.

49. A correção excessivamente rápida da hiponatremia ou da hipernatremia pode resultar em sequelas neurológicas devastadoras em longo prazo.

50. O sangramento ou o ressangramento gastrointestinal durante a hospitalização estão associados a altas taxas de mortalidade. Os pacientes críticos estão sob risco de sangramento gastrointestinal originado de úlceras induzidas pelo estresse e de isquemia do cólon induzida por hipotensão.

51. Os níveis séricos de amilase e lipase são úteis somente na realização do diagnóstico da pancreatite aguda. O grau de elevação não tem correlação com a gravidade da doença.

52. O sangramento de varizes é decorrente da hipertensão portal. Após a ressuscitação inicial, parta rapidamente para diminuir a pressão venosa portal usando somatostatina. Se o tratamento farmacológico falhar, avance para a derivação portossistêmica (derivação portossistêmica intra-hepática transjugular *versus* cirúrgica).

53. Em pacientes nos quais a história e o exame físico podem não ser confiáveis (p. ex., pacientes com lesões cranianas ou paraplegia, pessoas idosas ou pacientes em uso de corticosteroides), a lavagem peritoneal diagnóstica pode ser um método útil na determinação da presença de uma peritonite que requeira cirurgia.

54. O tratamento bem-sucedido da cetoacidose diabética (CAD) é definido pela normalização do "anion gap". A insulina IV administrada a 0,1 unidades/kg/h, a hidratação e a suplementação de potássio são os fundamentos da terapia para CAD.

55. Em pacientes com estado hiperosmolar hiperglicêmico, não se deve administrar insulina até depois da ressuscitação volêmica adequada.

56. Doses de estresse de corticosteroides devem ser administradas à maioria dos pacientes com sepse grave/choque séptico e insuficiência adrenal relativa. Os pacientes críticos na UTI que receberam recentemente corticosteroides em dose equivalente à prednisona $\geq$ 5 mg/dia por $\geq$ 7 dias também devem receber doses de estresse de corticosteroides.

57. A tempestade tireotóxica é tratada com drogas antitireoidianas, iodo não-radioativo, betabloqueadores, doses de estresse de glicocorticoides e tratamento de qualquer fator precipitante. O coma mixedematoso é tratado com a imediata reposição do déficit de hormônio tireoidiano, doses de estresse de glicocorticoides e tratamento de qualquer causa precipitante.

58. Em um paciente com sangramento, interrompa a hemorragia! Isso é mais importante do que repor as perdas. Reponha sangue cuidadosamente.

59. Todos os pacientes (com ou sem trombose) com trombocitopenia induzida pela heparina (tipo II) devem ser anticoagulados porque o risco de trombose é $>$ 50% sem a anticoagulação. A transfusão profilática de plaquetas deve ser evitada em pacientes com trombocitopenia induzida pela heparina, pois isso pode piorar as complicações trombóticas.

60. O uso de hemocomponentes no tratamento da coagulação intravascular disseminada deve ser reservado a pacientes com sangramento ativo, àqueles que necessitam de procedimentos invasivos ou àqueles que, do contrário, estariam sob alto risco de sangramento. A heparina, por meio de sua habilidade de reduzir a geração de trombina, pode ser útil em alguns pacientes com coagulação intravascular disseminada e sangramento não responsivo à administração de hemocomponentes.

61. A oximetria de pulso pode ser imprecisa em pacientes com doença falciforme, de modo que realizar uma gasometria arterial e uma medição direta da PO_2 é o melhor caminho para avaliar a hipóxia. A ausência de taquicardia pode ser uma pista de que a PO_2 atual e a adequação da oxigenação estão melhores do que o esperado (com base na oximetria de pulso).

62. A manutenção da hidratação adequada nos pacientes hipercalcêmicos é de suma importância.

63. Uma articulação hiperemiada e quente indica artrite séptica até que se prove o contrário, especialmente em pacientes imunocomprometidos com artrite estabelecida.

64. O primeiro passo na avaliação clínica de um paciente em coma é determinar se o coma é resultado de uma disfunção bi-hemisférica ou de uma disfunção do tronco cerebral. A avaliação rápida combinando achados da história e do exame físico com o neuroimageamento é importante na determinação da causa e das possíveis opções de tratamento.

65. A demonstração da perda de todos os reflexos do tronco cerebral, incluindo a respiração, em dois exames separados por 24 horas, após todas as causas tóxicas e metabólicas do coma terem sido excluídas, é suficiente para o diagnóstico de morte encefálica.

66. Uma terapia guiada por protocolo usando benzodiazepínicos para interromper as convulsões, seguida por medicação antiepiléptica para prevenir a recorrência, é o fundamento da terapia para o estado de mal epiléptico.

67. O acidente vascular cerebral isquêmico agudo é uma emergência médica que pode ser tratada efetivamente. Tempo é cérebro!

68. As principais características da cefaleia na ruptura de aneurisma incluem o início súbito, a gravidade, a qualidade e os sintomas associados.

69. A falência ventilatória e a disfunção autonômica são as principais complicações da síndrome de Landry-Guillain-Barré. O monitoramento da capacidade vital, da força inspiratória, da frequência cardíaca e da pressão sanguínea é a chave para a sobrevivência dos pacientes.

70. É necessário o monitoramento cuidadoso da função respiratória, usando as medidas da capacidade vital e da força inspiratória, em pacientes com crises miastênicas. Em pacientes com miastenia e falência respiratória, a distinção deve ser feita entre crise miastênica e crise colinérgica.

71. Se você suspeitar que um paciente da UTI tenha abstinência alcoólica, institua terapia com benzodiazepínicos. Os betabloqueadores e a clonidina podem ser adjuvantes úteis para pacientes que exibem hipertensão e taquicardia.

72. As terapias para manutenção da pressão de perfusão cerebral foram e continuam sendo o fundamento do tratamento das lesões cerebrais traumáticas. Essas terapias são desenvolvidas para manter um fluxo sanguíneo cerebral adequado e tratar agressivamente as elevações na pressão intracraniana.

73. A excisão e a enxertia precoces são as chaves para a cura e a sobrevivência das vítimas de queimaduras. Mantenha um alto índice de suspeita a respeito da inalação de fumaça e intube o paciente precocemente.

74. As obstruções do intestino delgado podem ser tratadas, inicialmente, de forma conservadora – com descompressão por sonda nasogátrica e hidratação IV – se o paciente não tiver indicadores sistêmicos de inflamação ou sinais peritoneais.

75. O pneumotórax hipertensivo não-tratado está associado a altas taxas de mortalidade e representa, portanto, uma emergência médica.

76. Não é o tórax instável, mas a contusão pulmonar subjacente associada, que coloca os pacientes sob alto risco de insuficiência respiratória.

77. No trauma torácico fechado, o exame físico normal, a radiografia de tórax, o ECG e a ecocardiografia transtorácica identificam um subgrupo de pacientes de baixo risco, mas não excluem a contusão miocárdica de maneira eficaz. Devido à sua localização anterior, o ventrículo direito é o local mais comum de contusão.

78. A extubação pode ser realizada de forma segura na sala de operação em pacientes selecionados após transplante de fígado.

79. Pacientes submetidos a transplante de coração por meio da técnica biatrial terão duas ondas P no ECG: uma do doador e outra do átrio do receptor.

80. Quando estiver usando succinilcolina como relaxante muscular para a intubação de emergência na UTI, lembre-se de seus potenciais efeitos adversos: aumento dos níveis séricos de potássio; alterações na pressão sanguínea e arritmias cardíacas; aumento das pressões intracerebral, intraocular e intragástrica; e desencadeamento de rabdomiólise e hipertermia maligna.

81. Os agentes analgésicos mais frequentemente utilizados na UTI são os opioides; isto é, morfina, fentanil, hidromorfona e sufentanil. A morfina tem um metabólito ativo, morfina-6-glicuronídeo, que é mais potente e tem efeito mais prolongado. Esse metabólito pode se acumular, especialmente na insuficiência renal, causando anestesia e depressão respiratória por vários dias.

82. Se um paciente crítico tiver alterações flutuantes no estado mental e parecer confuso, avalie-o quanto à presença de delirium usando o *Confusion Assessment Method for the Intensive Care Unit.* Se o diagnóstico for confirmado, avalie todas as causas e remova todos os fatores precipitantes, se possível.

83. O tétano é uma doença clínica que pode ser completamente evitada pela vacinação apropriada. Ele pode ocorrer após a perda traumática da integridade da pele, incluindo lesões mínimas.

84. A naloxona irá reverter a maior parte da sedação por opioides, a menos que o paciente já tenha sofrido encefalopatia hipóxica, caso no qual pode-se observar uma resposta parcial ou mesmo nenhuma resposta.

85. A oferta de oxigênio umidificado e aquecido é uma terapia eficaz e de simples aplicação para pacientes com hipotermia leve a moderada hemodinamicamente estáveis.

86. O provérbio "Um paciente não está morto até que esteja quente e morto" só é violado nas seguintes situações: lesão obviamente letal (não-hipotérmica); inabilidade de realizar compressões da parede torácica; descoberta de conteúdo intravascular coagulado ou congelado; risco para os profissionais envolvidos no resgate ou julgamento clínico.

87. Se uma pessoa vem de um ambiente quente ou estava realizando exercícios físicos vigorosos e agora apresenta estado mental alterado, considere o diagnóstico de intermação. A intermação é uma verdadeira emergência médica que requer ação imediata; quanto mais tempo você demorar para abaixar a temperatura central da pessoa, pior será a condição dela.

88. Ao tratar um paciente com acidose metabólica grave e inexplicavelmente persistente, no qual a ingestão de metanol ou de etilenoglicol não pode ser descartada, administre uma dose de 15 mg/kg de fomepizole – se qualquer um dos agentes citados estiver presente – para evitar o metabolismo dos metabólitos tóxicos por aproximadamente 12 horas.

89. Se um paciente tem uma acidose metabólica grave e inexplicada, considere, trate e exclua a ingestão de ácido acetilsalicílico, metanol e etilenoglicol. Após a intoxicação aguda por ácido acetilsalicílico, a hemodiálise precoce deve ser instituída se houver: um nível alto e crescente de salicilato, alterações do estado mental indicando edema cerebral, edema pulmonar ou insuficiência renal/oligúria.

90. O determinante mais importante do risco de hepatotoxicidade após uma sobredose aguda de acetaminofeno é o tempo até o tratamento com a primeira dose de N-acetilcisteína. Após sobredoses maciças de acetaminofeno, podem ocorrer também: acidose metabólica, coma, toxicidade renal e pancreatite.

91. Embora os potenciais efeitos adversos de investigações radiológicas e de drogas no feto devam sempre ser levados em conta, a investigação e o tratamento apropriados da mãe quase sempre são necessários para garantir a viabilidade fetal.

92. O fundamento do tratamento farmacológico do *delirium* é o uso de haloperidol. Existem algumas evidências que suportam o uso de risperidona, olanzapina e quetiapina. Os benzodiazepínicos não devem ser usados como monoterapia para o *delirium*, exceto em circunstâncias especiais, tais como o *delirium* decorrente da abstinência alcoólica.

93. Para os pacientes com histórico de abuso de álcool, a tiamina deve ser administrada antes de qualquer infusão de glicose a fim de evitar a síndrome de Wernicke-Korsakoff.

94. A síndrome neuroléptica maligna pode ocorrer em qualquer idade, em ambos os sexos, com a exposição a qualquer medicamento antipsicótico. Os agentes antipsicóticos não são as únicas substâncias que podem causar a síndrome neuroléptica maligna; os antieméticos e drogas ilícitas também devem ser considerados.

95. Embora, tecnicamente, seja uma definição legal, a competência de um paciente pode ser determinada pela maior parte dos profissionais de saúde. Quando houver dúvida sobre qualquer problema ético ou moral, consulte o comitê de ética da instituição.

96. A retirada do suporte à vida é um procedimento clínico e, se possível, os procedimentos devem seguir um protocolo. Os pacientes não devem receber um tratamento que não irá beneficiá-los, mas também não se deve tomar atitudes que apressem a morte do paciente.

97. Os comitês multidisciplinares e a equipe de terapia intensiva podem desenvolver um papel muito importante na coordenação da prestação de cuidados intensivos.

98. A incidência de pneumonia associada à ventilação mecânica pode ser reduzida com o uso de medidas de prevenção.

99. Sua população da UTI não será levada em consideração como fonte de dados para publicação em uma revista científica de alto nível nem para implementação de medidas de aprimoramento a menos que você forneça uma medição objetiva da gravidade geral dos pacientes na admissão.

100. Uma variação indesejada no cuidado clínico pode ser responsável por mais de 50% das mortes na UTI. A intervenção com maior efeito na mortalidade, na morbidade e nos custos é a adoção de uma equipe de médicos intensivistas e de UTIs fechadas.

CAPÍTULO 1

ABORDAGEM GERAL DO PACIENTE CRÍTICO

Manuel Pardo Jr., MD e Michael A. Gropper, MD, PhD

Este livro aborda diferentes aspectos da terapia intensiva. Cada transtorno tem tópicos específicos, relacionados ao diagnóstico e ao manejo da condição. Entretanto, quando se faz a avaliação inicial de um paciente, é preciso ter uma estrutura conceitual que contenha os padrões de disfunção dos sistemas orgânicos comuns a muitos tipos de doenças que necessitam de cuidados intensivos. Além disso, no paciente com falência de múltiplos orgãos, a ressuscitação ou "estabilização" do quadro frequentemente é mais importante do que a determinação de um diagnóstico específico imediato.

1. Quais sistemas orgânicos geralmente apresentam disfunções nos pacientes críticos?

O sistema respiratório, o sistema cardiovascular, o ambiente interno ou equilíbrio metabólico, o sistema nervoso central (SNC) e o trato gastrointestinal.

2. Quais sistemas deveriam ser avaliados em primeiro lugar?

Os primeiros minutos da avaliação deveriam ser dedicados às anormalidades fisiológicas potencialmente fatais, geralmente envolvendo as vias aéreas, o sistema respiratório e o sistema cardiovascular. A avaliação deveria então se estender a todos os órgãos do sistema.

3. Quais deveriam ser realizadas primeiro – as manobras diagnósticas ou as terapêuticas?

O manejo do paciente crítico difere da sequência típica de obtenção da história e realização do exame físico, seguida por exames diagnósticos e planejamento terapêutico. O ritmo com que são feitas a avaliação e a terapia é mais rápido, sendo necessário fazer a avaliação e o tratamento simultaneamente, para prevenir uma nova deterioração fisiológica. P. ex., se um paciente tem um pneumotórax hipertensivo, a inserção imediata de um dreno torácico pode salvar-lhe a vida. Não se deve gastar tempo extra para transportar o paciente para um ambiente monitorado. Caso não existam anormalidades potencialmente fatais óbvias, pode ser adequado transferir o paciente para a unidade de terapia intensiva (UTI) a fim de realizar uma avaliação adicional. Muitos pacientes são admitidos na UTI unicamente para que recebam monitoramento eletrocardiográfico contínuo e cuidados de enfermagem mais frequentes.

SISTEMA RESPIRATÓRIO

4. Como você avalia o sistema respiratório?

A função mais importante dos pulmões é facilitar a oxigenação e a ventilação. O exame físico pode revelar evidências de obstrução das vias aéreas ou de insuficiência respiratória. Esses sinais incluem cianose, taquipneia, apneia, uso da musculatura respiratória acessória, respiração agônica (*gasping*) e respiração paradoxal. A ausculta pode revelar estertores, roncos, sibilos ou murmúrio vesicular assimétrico.

5. Defina a *respiração paradoxal* e o *uso da musculatura acessória*. Qual é o significado?

A ventilação normal envolve a elevação e a depressão simultânea do abdome e da parede torácica. Um paciente com respiração paradoxal apresenta assincronia dos movimentos das paredes abdominal e torácica. Na inspiração, a parede torácica se eleva e o abdome se deprime. O contrário ocorre na expiração. O uso dos *músculos acessórios* está relacionado à contração dos músculos esternocleidomastoideos e escalenos durante a inspiração. Esses pacientes apresentam um aumento do trabalho respiratório, que é a quantidade de energia que o corpo consome para o trabalho dos músculos respiratórios. A maioria dos pacientes usa os músculos acessórios antes de desenvolver a respiração paradoxal. Sem o suporte da ventilação mecânica, os pacientes com respiração paradoxal eventualmente podem desenvolver fadiga dos músculos respiratórios, hipoxemia e hipoventilação.

6. Que exames complementares são úteis na avaliação do sistema respiratório?

Embora todos os exames devam ser individualizados para cada situação clínica específica, o exame de gasometria do sangue arterial (GSA), a oximetria de pulso e a radiografia de tórax fornecem rapidamente informações úteis, com uma relação custo-benefício relativamente baixa.

7. Que tratamento deve ser considerado de imediato em um paciente com falência respiratória evidente?

A ventilação mecânica pode ser uma terapia imediata de manutenção da vida em um paciente com falência respiratória evidente ou iminente. A ventilação mecânica pode ser realizada de modo *invasivo* ou *não-invasivo*. A ventilação invasiva é realizada através de intubação endotraqueal ou de traqueotomia. A ventilação não-invasiva é instituída através de máscara nasal ou máscara facial. Mesmo que o paciente não apresente desconforto respiratório evidente, deve-se administrar oxigênio suplementar, até que a saturação de oxigênio possa ser mensurada. O risco de desenvolver hipercapnia induzida por oxigênio é raro em qualquer paciente, inclusive naqueles com exacerbação aguda da doença pulmonar obstrutiva crônica.

SISTEMA CARDIOVASCULAR

8. Como você avalia o sistema cardiovascular?

A função mais importante do sistema cardiovascular é ofertar oxigênio para os órgãos vitais. Os fatores determinantes da oferta de oxigênio são o débito cardíaco e o conteúdo arterial de oxigênio. O conteúdo sanguíneo de oxigênio, por sua vez, é determinado primariamente pela concentração de hemoglobina e pela saturação de oxigênio. É difícil determinar a concentração de hemoglobina e a saturação de oxigênio somente pelo exame físico. Portanto a avaliação inicial do sistema cardiovascular deve ser focada nas evidências de perfusão dos órgãos vitais.

9. Como se avalia a perfusão dos órgãos vitais?

A aferição da frequência cardíaca e da pressão arterial é o primeiro passo. Se a pressão arterial sistólica for inferior a 80 mmHg ou a pressão arterial média for inferior a 50 mmHg, a possibilidade de haver inadequação da perfusão de órgãos vitais é maior. Entretanto, uma vez que a pressão arterial é determinada pelo débito cardíaco e pela resistência vascular periférica, não é possível estimar o débito cardíaco exclusivamente a partir da pressão arterial. Os órgãos vitais e os métodos de avaliação inicial dos mesmos são os seguintes:

- **Pulmões** (*ver* as questões 4-7).
- **Pele:** Avaliar a temperatura e o enchimento capilar em todas as extremidades.
- **SNC:** Avaliar o nível de consciência e de orientação.
- **Coração:** Aferir a pressão arterial e a frequência cardíaca, e perguntar por sintomas de isquemia miocárdica (p. ex., dor torácica).
- **Rins:** Mensurar o débito urinário e os níveis de creatinina.

10. Que exames complementares são úteis na avaliação inicial do sistema cardiovascular?

A eletrocardiografia é um exame diagnóstico potencialmente útil, com uma boa relação custo-benefício. A dosagem das enzimas cardíacas, tais como a troponina, geralmente apresenta resultados em poucas horas e pode sugerir a presença de lesão miocárdica. Outros exames, que podem trazer um risco e/ou um custo maior, deveriam ser solicitados após a avaliação inicial. Entre eles podem-se incluir a ecocardiografia, a cateterização das câmaras cardíacas direitas, a mensuração da pressão venosa central e a angiografia coronariana.

11. Que terapias deveriam ser consideradas de imediato em um paciente com hipotensão e evidências de disfunção de órgãos vitais?

A terapia com fluidos e agentes vasopressores pode restabelecer rapidamente a perfusão dos órgãos vitais, dependendo da causa da deterioração. Na maior parte dos pacientes, uma prova de volume é bem tolerada, embora seja possível precipitar insuficiência cardíaca e edema pulmonar em um paciente com sobrecarga de volume. Outros tratamentos que podem salvar a vida incluem a trombólise ou a angioplastia coronariana no caso de infarto agudo do miocárdio. Os pacientes com hipotensão decorrente de sepse podem ser beneficiados por um tratamento precoce que envolva o controle dos níveis de pressão arterial, pressão venosa central, saturação venosa central de oxigênio e hematócrito.

Rivers E, Nguyen B, Havstad S, etal: Earlygoal-directed therapy in the treatment of severe sepsis and septic shock.N Engl J Med 345:1368-1377, 2001.

EQUILÍBRIO METABÓLICO

12. Como você avalia o equilíbrio metabólico?

Exames laboratoriais são necessários para a maioria das avaliações metabólicas. É difícil avaliar o equilíbrio metabólico realizando-se apenas o exame físico.

13. Por que a detecção das alterações metabólicas é importante em um paciente crítico?

Anormalidades metabólicas, tais como os desequilíbrios hidroeletrolíticos e ácido-básicos, são comuns em quadros críticos. Esses transtornos podem compor a doença subjacente e requerer um tratamento específico. Também podem refletir a gravidade da doença subjacente. Os transtornos metabólicos tais como a hipercalemia e a hipoglicemia podem ser potencialmente fatais. A realização imediata de exames e do tratamento podem reduzir a morbidade e melhorar o prognóstico do paciente.

14. Quais exames laboratoriais deveriam ser realizados durante a avaliação inicial do equilíbrio metabólico?

Os exames selecionados devem ser de resultado rápido, estar amplamente disponíveis e ter uma grande probabilidade de produzir uma alteração na condução do caso. Os exames que preenchem esses critérios incluem: determinação dos níveis de glicose, contagem de leucócitos, hemoglobina, hematócrito, eletrólitos, *anion gap*, ureia, creatinina e a medida do pH. Alguns desses exames podem ser desnecessários em determinados pacientes e exames complementares podem ser úteis em outros.

SISTEMA NERVOSO CENTRAL

15. Como você avalia o SNC?

O exame neurológico é o primeiro passo para a avaliação do SNC. O exame deve incluir a avaliação das condições mentais (ou seja, nível de consciência, orientação, atenção e função cortical mais alta). As perturbações do SNC na doença crítica podem ser sutis. Alterações comuns incluem flutuações das condições mentais, alterações no ciclo sono-vigília ou comportamento anormal. O restante do exame neurológico inclui a avaliação do padrão respiratório, dos nervos cranianos, da sensibilidade, da função motora e dos reflexos.

16. Que exames diagnósticos e terapias deveriam ser considerados de imediato em um paciente com alteração das condições mentais?

A oxigenoterapia pode ser útil em pacientes com condições mentais alteradas em função da hipoxemia. A oximetria de pulso ou o exame de gasometria do sangue arterial devem ser providenciados para avaliar essa alteração. A administração de dextrose por via IV pode salvar a vida de pacientes com hipoglicemia. Exames diagnósticos complementares podem ser indicados, dependendo da situação clínica. Punção lombar, tomografia computadorizada

(TC) ou exame de ressonância magnética do crânio, eletroencefalografia e avaliações metabólicas podem ser úteis para determinar tratamentos específicos.

PONTOS-CHAVE: A ABORDAGEM GERAL DO PACIENTE CRÍTICO ✓

1. Nos primeiros minutos, é importante tentar identificar quaisquer problemas potencialmente fatais que necessitem de tratamento imediato.
2. Em pacientes com desconforto respiratório, considere a necessidade de ventilação mecânica imediata, a fim de prevenir uma parada respiratória.
3. Administre uma prova de volume para pacientes hipotensos sem evidências de edema pulmonar.
4. Quando possível, utilize estratégias de tratamento que tenham demonstrado benefícios em ensaios clínicos com pacientes críticos.

TRATO GASTROINTESTINAL

17. Como você avalia o trato gastrointestinal?

O histórico clínico e o exame abdominal e retal são os primeiros passos de uma avaliação do trato gastrointestinal. Catástrofes abdominais, como a obstrução intestinal e a perfuração intestinal, são eventos que comumente levam à falência múltipla de órgãos. Além disso, a distensão abdominal pode reduzir a complacência do sistema respiratório, levando à atelectasia e à hipoxemia progressivas. Exames diagnósticos complementares, como a radiografia torácica, a radiografia simples abdominal ou a TC abdominal, podem ser úteis em certos pacientes. P. ex., a constatação de "ar livre" no abdome pode conduzir a uma cirurgia para correção de perfuração intestinal.

OUTROS TÓPICOS

18. Além das informações sobre a função dos sistemas orgânicos, que outros dados se deve obter na avaliação inicial de um paciente?

Após avaliar as condições clínicas atuais, o profissional deve ter uma noção da "reserva fisiológica" do paciente, bem como de seu potencial para sofrer outras deteriorações. Essas informações frequentemente podem ser obtidas pela observação da resposta do paciente às primeiras manobras terapêuticas. Também é importante perceber que alguns pacientes não desejam ser submetidos à ressuscitação cardiopulmonar ou a outros procedimentos de suporte à vida. Se o paciente preencheu os formulários de ordens antecipadas, tal como a transferência de poder durável a um procurador durante tratamentos de saúde, essas diretrizes devem ser seguidas ou discutidas adicionalmente com o paciente.*

Franklin C: 100 thoughts for the critical care practitioner in the new millennium. Crit Care Med 28:3050-3052, 2000.

19. Que medidas podem ser tomadas para reduzir a morbidade dos pacientes de UTI?

A prevenção de complicações na UTI é uma questão importante de segurança para o paciente. Cada UTI deveria desenvolver estratégias para prevenir complicações, tais como tromboembolismo venoso, pneumonia nosocomial

* Nota da Revisão Científica (N. R. C.): No Brasil existem normas legais diferentes das americanas sobre os cuidados no fim da vida.

e infecções relacionadas a cateter venoso central. Nos últimos anos, diversos ensaios clínicos focaram na redução da morbimortalidade entre os pacientes críticos. Muitos desses estudos avaliaram problemas comuns na UTI, como a síndrome do desconforto respiratório agudo, a sepse e a hiperglicemia pós-operatória. Práticas como a lavagem das mãos podem ter um impacto relevante sobre a incidência de complicações.

SITE

Making Health Care Safer: A Critical Analysis of Patient Safety Practices
http://www.ahrq.gov/clinic/ptsafety/

BIBLIOGRAFIA

1. Gropper MA: Evidence-based management of critically ill patients: Analysis and implementation. Anesth Analg 99:566-572, 2004.

CAPÍTULO 2

RESSUSCITAÇÃO CARDIOPULMONAR

David Shimabukuro, MDCM

A maioria das informações fornecidas neste capítulo pode ser revisada em mais detalhes consultando as diretrizes específicas publicadas pela *American Heart Association* (AHA), juntamente ao *International Liaison Committee on Resuscitation.* Visite o endereço na Internet da AHA http://www.heart.org e clique nos *links Ressuscitação Cardiopulmonar e Atendimento Cardiovascular de Emergência* (RCP & ACE). As Diretrizes para RCP & ACE 2005 podem ser encontradas na revista *Circulation* 112 (Suplemento 24), 2005.

1. O que significa ressuscitação cardiopulmonar (RCP)?

Para a maior parte das pessoas, *RCP* refere-se ao suporte básico de vida (BLS), que inclui ventilação e compressões torácicas externas. Para os profissionais da área de saúde, o termo pode ser muito mais abrangente e incluir o suporte avançado de vida em cardiologia (ACLS), o suporte avançado de vida em pediatria e o suporte avançado de vida no trauma. Desse modo, é muito importante para o médico ser específico sempre que discutir a ressuscitação com os pacientes e familiares.

2. A parada cardiopulmonar iatrogênica é muito comum?

Essa condição provavelmente ocorre muito mais vezes do que realmente deveria. Sem dúvida, erros de comissão e omissão contribuem para a incidência e para os resultados desfavoráveis das paradas cardiopulmonares intra-hospitalares. Em um estudo que avaliou 562 paradas intra-hospitalares, havia um diagnóstico maior não suspeitado (comprovado na autópsia) em 14% dos casos. Os dois diagnósticos não suspeitados mais comuns foram embolia pulmonar e infarto intestinal, que juntos foram responsáveis por 89% de todas as condições que passaram despercebidas. Revisões retrospectivas indicam que até 15% das paradas intra-hospitalares provavelmente são passíveis de ser evitadas. Esses casos podem ser atribuídos à insuficiência respiratória e à hemorragia, que frequentemente não são detectadas ou são diagnosticadas muito tardiamente, uma vez que as alterações dos sinais vitais dos pacientes e suas queixas (principalmente dispneia) quase sempre são ignoradas.

A iatrogenia direta também contribui para as paradas cardiopulmonares intra-hospitalares. Quase todos os procedimentos, incluindo a endoscopia digestiva alta, a broncoscopia, a instalação de cateter venoso central e o exame de tomografia computadorizada abdominal com contraste, ocasionalmente associam-se a uma parada. O uso indiscriminado de lidocaína, agentes sedativo-hipnóticos e opiáceos é o principal responsável por essas paradas intra-hospitalares. A monitorização hemodinâmica cuidadosa, principalmente com oximetria de pulso, feita por um profissional especializado pode diminuir a ocorrência dessa complicação facilmente evitável.

Bedell SE, Fulton EJ: Unexpected findings and complications at autopsy after cardiopulmonary resuscitation (CPR). Arch Intern Med 146:1725-1728, 1986.

3. Qual é o ABCD da ressuscitação?

De acordo com todas as diretrizes publicadas, o ABCD da ressuscitação inclui: vias aéreas (*airway*, em inglês), respiração (*breathing*), circulação e desfibrilação.

4. Como o BLS é realizado?

O ABCD deve guiar, agilizar e organizar a ressuscitação de todos os pacientes que estão inconscientes ou em parada cardiopulmonar.

- **Vias aéreas:** Desobstrui-se a via aérea do paciente realizando a manobra de inclinação da cabeça-elevação do queixo ou a manobra de propulsão da mandíbula. Essas manobras irão, assim, deslocar a mandíbula anteriormente, elevando a língua e a epiglote para fora da abertura glótica. Para ajudar a melhorar a patência das vias aéreas, caso haja um dispositivo de aspiração disponível, a boca e a orofaringe devem ser aspiradas, introduzindo-se a seguir uma cânula orofaríngea ou nasofaríngea.

- **Respiração:** Uma vez que a via aérea tenha sido aberta, a adequação das respirações necessita ser determinada. Deve-se observar o tórax, para ver se ele está se elevando: ouvir e sentir o movimento do ar. Se necessário, assista as respirações, realizando ventilações boca-a-boca, boca-máscara ou com bolsa-valva-máscara. Para um paciente apneico, aplique duas ventilações. A técnica utilizada irá depender do cenário clínico, do equipamento disponível e da habilidade e treinamento do socorrista. Além disso, para evitar a insuflação do estômago com consequente ocorrência de vômitos e aspiração, deve-se aplicar ventilações lentas e constantes, possibilitando a expiração completa. Adicionalmente, a manutenção de baixos níveis de pico de pressão inspiratória e a utilização da manobra de Sellick (aplicar pressão digital sobre a cartilagem cricoide) podem reduzir a possibilidade de ocorrer tal risco.
- **Circulação:** Após desobstruir a via aérea e avaliar a respiração, palpe o pulso carotídeo a fim de verificar a presença de circulação espontânea. Se o paciente estiver sem pulso, inicie as compressões torácicas. Posicione os calcanhares das mãos, um sobre o outro, na metade inferior do esterno. Seja cuidadoso para evitar as costelas e o apêndice xifoide, porque a fratura desses ossos pode ser prejudicial. Comprima o tórax de forma forte e rápida, aproximadamente 100 vezes por minuto, e permita o retorno completo do tórax à posição de repouso. A força usada deve ser suficiente para deprimir o tórax em 4 a 5 cm. Recomenda-se uma sequência de 30 compressões torácicas para duas ventilações (um ciclo de RCP) até que a via aérea esteja definitivamente assegurada. O paciente deve ser reexaminado a cada cinco ciclos (aproximadamente dois minutos). Uma vez que haja uma via aérea definitiva, as compressões torácicas são realizadas de forma contínua, com a aplicação de oito a dez ventilações por minuto (assincrônicas).
- **Desfibrilação:** Tão logo haja um desfibrilador externo automático ou um monitor/desfibrilador disponível, deve-se fixar o aparelho ao paciente e analisar o ritmo cardíaco. Caso seja indicado, deve-se aplicar um choque único de alta energia, seguido imediatamente por dois minutos de RCP e, a seguir, reavaliar o paciente.

Para adultos, se o socorrista estiver sozinho e fora do ambiente hospitalar, uma vez que se estabeleça que o paciente está inconsciente, deve-se chamar o sistema de atendimento médico de urgência e obter um desfibrilador externo automático (se houver algum prontamente disponível) antes de continuar o ABCD. No ambiente hospitalar, o pedido de ajuda sempre deve ser feito imediatamente. É interessante notar que a RCP deveria, em condições ideais, somente ser realizada por pessoas certificadas pela AHA.* A certificação é obtida facilmente: basta assistir a uma ou duas aulas ministradas por instrutores qualificados. A maior parte das comunidades oferece essas aulas ao público geral.

5. Como o sangue flui durante as compressões torácicas externas?

Existem dois modelos básicos, derivados de estudos em animais, que explicam o movimento do sangue durante as compressões torácicas externas. No modelo de bomba cardíaca, o coração é comprimido entre o esterno e a coluna. A sístole ocorre quando o coração é comprimido; as valvas atrioventriculares se fecham e as valvas pulmonar e aórtica se abrem, garantindo a ejeção do sangue com fluxo unidirecional, anterógrado. A diástole ocorre após a liberação do coração comprimido, resultando em uma queda nas pressões intracardíacas; as valvas atrioventriculares se abrem, enquanto as valvas pulmonar e aórtica se fecham. O sangue é então puxado para o interior do coração, a partir das veias cavas e dos pulmões.

No modelo de bomba torácica, o coração é considerado um canal passivo. A compressão torácica externa resulta em pressões aumentadas de maneira uniforme em toda a cavidade torácica. Promove-se um fluxo de sangue anterógrado a cada compressão do coração e do tórax, devido à relativa não complacência do sistema arterial (ou seja, as artérias resistem ao colapso) e às válvulas unidirecionais, que previnem o fluxo retrógrado no sistema venoso. Esses dois modelos provavelmente contribuem para o fluxo sanguíneo durante a RCP.

Paradis NA, Martin GB, Rivers EP, et al: Coronary perfusion pressure and the return of spontaneous circulation in human cardiopulmonary resuscitation. JAMA 263:1106-1113, 1990.

* N. R. C.: Cursos de BLS e/ou ACLS.

6. Qual é o principal determinante de uma ressuscitação bem-sucedida?

Existem dois fatores principais que podem influenciar muito o resultado da ressuscitação. O primeiro fator é o acesso à desfibrilação. Para a maioria dos adultos, a causa primária de parada cardíaca súbita, não traumática, é a taquicardia ventricular (TV) ou a fibrilação ventricular (FV), para as quais se recomenda a adoção da desfibrilação elétrica. O segundo fator é o tempo – ou, mais especificamente, o tempo até a desfibrilação. A sobrevivência de uma parada por FV diminui em 7% a 10% para cada minuto de atraso. A desfibrilação no momento mais precoce possível é vital para viabilizar uma ressuscitação bem-sucedida. Curiosamente, apenas 15% dos pacientes que apresentam uma parada extra-hospitalar sobrevivem até o momento de receber alta hospitalar; a porcentagem é ainda menor para aqueles que apresentam um evento intra-hospitalar.

7. Qual é a função da terapia farmacológica durante o ACLS?

Os objetivos imediatos da terapia farmacológica são: melhorar o fluxo sanguíneo para o miocárdio, aumentar o inotropismo ventricular e tratar as arritmias potencialmente fatais, restabelecendo e/ou mantendo, assim, a circulação espontânea. Os agonistas α/β-adrenérgicos, como a epinefrina, e os agonistas V_1 da musculatura lisa, como a vasopressina, aumentam o gradiente médio de pressão diastólica final aorto-ventricular (pressão de perfusão coronária) dor meio do aumento do tônus vascular arterial. Embora sejam primariamente agonistas α-adrenérgicos, aumentando a pressão arterial e o fluxo sanguíneo miocárdico, a fenilefrina e a noepinefrina não se mostraram superiores à epinefrina. É interessante observar que dados recentes (tanto em animais quanto em seres humanos) demonstraram que a vasopressina pode ser vantajosa em relação à epinefrina, ao comparar as taxas de sobrevivência dos pacientes até a alta hospitalar e os déficits neurológicos residuais.

Além de melhorar ou manter o fluxo sanguíneo miocárdico, a terapia farmacológica durante o ACLS também tem como objetivo tratar ou prevenir as arritmias, que podem lesar ainda mais um coração já gravemente isquêmico. A TV e a FV aumentam muito o consumo de oxigênio miocárdico em um momento no qual o suprimento de oxigênio é crítico, devido à oferta insuficiente. A acidose intracelular faz com que o miocárdio se torne ainda mais disfuncional e irritável, o que torna o coração ainda mais vulnerável às arritmias. A amiodarona, um agente antiarrítmico classe III, tornou-se a droga indicada para o tratamento da maior parte das arritmias potencialmente fatais.

8. O bicarbonato de sódio é indicado na conduta de rotina da parada cardiopulmonar?

Não! O tratamento primário da acidose metabólica devido à hipoperfusão tecidual e à hipóxia durante uma parada cardíaca, consiste em ventilação e compressão torácica adequadas. A acidose metabólica geralmente é insignificante nos primeiros 15 a 18 minutos de ressuscitação. Se puder ser mantida uma ventilação adequada, o pH arterial geralmente permanecerá acima de 7,2. Alguns autores argumentam que durante a RCP a ventilação é, na melhor das hipóteses, abaixo do ideal, levando a uma acidose mista, metabólica e respiratória, com uma queda do pH bem abaixo de 7,2. Estudos demonstraram que a acidose grave leva à depressão da função contrátil do miocárdio, à irritabilidade ventricular e a uma redução do limiar para FV. Além disso, um pH acentuadamente baixo interpõe as respostas vasculares e miocárdicas às drogas adrenérgicas e às catecolaminas endógenas, reduzindo o cronotropismo e o inotropismo cardíacos. Embora seja tentador administrar bicarbonato de sódio nessa situação, o clínico deve ter em mente que o íon bicarbonato, depois de se combinar com um íon hidrogênio, irá gerar dióxido de carbono. As membranas celulares são altamente permeáveis ao dióxido de carbono (mais ainda do que ao bicarbonato) e, portanto, a administração de bicarbonato de sódio causa uma acidose intracelular paradoxal. A hipercapnia intramiocárdica resultante leva a um declínio acentuado da função contrátil cardíaca e ao fracasso da ressuscitação. O dióxido de carbono gerado também precisa ser eliminado, a fim de prevenir uma piora da acidose respiratória já presente. Essa eliminação pode ser bastante difícil devido ao débito cardíaco inadequado durante a RCP e à provável ventilação subótima.

Como ainda não foi estabelecido o estado ácido-básico ideal para a ressuscitação, e nenhuma terapia com tampão é necessária nos primeiros 15 minutos, não se recomenda a administração rotineira de bicarbonato de sódio para o manejo da acidose resultante de parada cardíaca. Somente a restauração da circulação espontânea, com uma perfusão tecidual e oferta de oxigênio adequadas pode reverter esse processo contínuo.

9. Quais são as arritmias associadas à maioria das paradas cardiopulmonares?

A maioria das paradas cardiopulmonares não-traumáticas súbitas em adultos é causada por FV ou TV, devido ao infarto ou à isquemia do miocárdio causados por doença arterial coronariana. Os distúrbios eletrolíticos (hipocalemia ou hipomagnesemia), a hipoxemia prolongada e a toxicidade por drogas também podem ser fatores desencadeantes consideráveis em pacientes com múltiplos problemas clínicos. As paradas em ritmos bradiassistólicos também não são raras (representando até 50% das paradas intra-hospitalares). As causas dessa arritmia podem ser a acidemia ou a hipoxemia não diagnosticadas. Outras causas incluem a intensificação do tônus vagal, precipitado por medicações, infarto do miocárdio ínfero-posterior (reflexo de Bezold-Jarisch) ou procedimentos invasivos. Um terceiro ritmo de parada comumente observado, é a atividade elétrica sem pulso (AESP). Uma etiologia comum é a própria parada cardiopulmonar prolongada. Tipicamente, depois de oito minutos ou mais de FV, a desfibrilação elétrica induz a uma AESP lenta, com complexos alargados, que tende a ser terminal, sendo conhecida como *ritmo idioventricular sem pulso.* Na maioria das ocasiões nas quais a ressuscitação não é bem-sucedida, a FV degenera para um ritmo idioventricular sem pulso, antes de o paciente se tornar assistólico. O ritmo de AESP também pode ser estreito e rápido, acompanhando outras condições potencialmente fatais reversíveis, em vez de apenas representar um ritmo terminal. Como exemplo há o tamponamento cardíaco, a hipovolemia, a embolia pulmonar e o pneumotórax hipertensivo. Essas condições serão discutidas em mais detalhes mais adiante.

10. Quais são as causas mais comuns de parada cardiopulmonar imediatamente reversíveis?

Um médico atento deve reconhecer à beira do leito do paciente as seguintes causas de parada cardiopulmonar passíveis de tratamento:

- **Hipovolemia:** Deve-se suspeitar dessa condição em todos os casos de parada associada à perda sanguínea rápida. Essa hipovolemia "absoluta" ocorre em situações como traumatismo (fraturas pélvicas), hemorragia gastrointestinal ou ruptura de um aneurisma da aorta abdominal. Uma hipovolemia "relativa" pode ocorrer na sepse ou na anafilaxia, sendo resultante de extravasamento capilar grave. Independentemente do tipo, deve-se administrar rapidamente uma grande quantidade de líquidos (cristaloide, coloide, sangue) e corrigir a causa da hipovolemia (p. ex., levando o paciente para a sala cirúrgica ou administrando antibióticos).
- **Hipóxia:** A hipóxia resultante de uma variedade de etiologias pode levar à parada cardíaca. A terapia indicada até que a causa da hipóxia seja determinada e o tratamento definitivo seja instituído, é a intubação traqueal associada a administração de altas concentrações de oxigênio.
- **Íons hidrogênio (acidose):** Pode levar à insuficiência miocárdica, resultando em choque cardiogênico e parada. A alta concentração de íons hidrogênio também aumenta a irritabilidade miocárdica e predispõe ao desenvolvimento de arritmias. Uma acidose grave preexistente pode ser parcialmente compensada pela hiperventilação, mas, ainda assim, a administração de bicarbonato de sódio pode ser necessária. A causa subjacente da acidose deve ser diagnosticada e corrigida.
- **Hipercalemia:** Essa condição é encontrada em pacientes com insuficiência renal, diabetes e acidose grave. Os sinais de hipercalemia são representados por ondas T apiculadas e o alargamento do complexo QRS, com a atividade elétrica deteriorando para um padrão sinusoidal em uma etapa final. O tratamento inclui a administração de cloreto de cálcio, bicarbonato de sódio, insulina e glicose. A *hipocalemia* e outros distúrbios eletrolíticos que levam à parada cardíaca são muito menos comuns. O tratamento da anormalidade ajuda a restabelecer a circulação espontânea.
- **Hipotermia:** Essa condição deve ser facilmente detectada durante o exame do paciente. O eletrocardiograma (ECG) pode revelar ondas de Osborne, que são patognomônicas. Devem-se manter todos os esforços de ressuscitação, até o paciente estar normotérmico.
- **Comprimidos ou toxinas:** Em pacientes com parada cardíaca extra-hospitalar, deve-se considerar a ingestão de comprimidos ou toxinas. Algumas das intoxicações mais comuns incluem o envenenamento por monóxido de carbono, após a exposição prolongada à fumaça ou vapores de exaustão procedentes da combustão incompleta; intoxicação por cianeto durante incêndios que envolvam materiais sintéticos; e sobredose de drogas (intencional ou não intencional). Algumas medidas essenciais no tratamento das intoxicações por monóxido de carbono e cianetos incluem a ministração de oxigênio em alto fluxo, em alta concentração e, se possível, a adoção de oxigênio hiperbárico, juntamente ao manejo da acidose. Além disso, o nitrito de

sódio e o tiossulfato de sódio IV podem ser usados para ajudar a eliminar o cianeto da circulação. As drogas antidepressivas tricíclicas atuam como agentes antiarrítmicos tipo IA e causam redução da velocidade de condução cardíaca, arritmias ventriculares, hipotensão e convulsões. A alcalinização do sangue e da urina, em conjunto com o controle das convulsões, deve ajudar a controlar a toxicidade. Uma sobredose de opioides causa hipóxia devido à hipoventilação, enquanto uma sobredose de cocaína pode levar à isquemia miocárdica. A naloxona reverte os efeitos dos opioides e deve ser administrada imediatamente caso exista suspeita de sobredose de opioides.

- **Tamponamento cardíaco:** O tamponamento cardíaco apresenta-se com hipotensão, pressão de pulso estreitada, pressão venosa jugular elevada, ruídos cardíacos abafados e distantes e complexos QRS de baixa voltagem ao ECG. Vítimas de traumatismos e pacientes com neoplasias malignas estão sob risco maior. A pericardiocentese ou a pericardiorrafia subxifoide podem ser procedimentos salvadores de vidas.
- **Pneumotórax hipertensivo:** Essa condição deve ser reconhecida imediatamente. Ocorre com mais frequência em pacientes que foram vítimas de traumatismos ou que receberam ventilação com pressão positiva. Os sinais do pneumotórax hipertensivo são: hipotensão aguda, hipóxia e aumento na pressão das vias aéreas. Outros achados comumente observados são o enfisema subcutâneo e a redução nos ruídos respiratórios do lado afetado com desvio da traqueia em direção ao lado não afetado. A inserção de um cateter venoso calibre 14 ou 16 no segundo espaço intercostal, na linha clavicular média, ou no quinto espaço intercostal, na linha axilar anterior, é imperativa para se obter a descompressão imediata e o restabelecimento da circulação. Um dreno torácico pode ser colocado após o pneumotórax hipertensivo ter sido convertido em um pneumotórax simples.
- **Trombose de artéria coronariana:** Essa condição pode levar à isquemia e ao infarto do miocárdio. A reperfusão é um determinante vital para o desfecho. A cateterização cardíaca é a opção inicial, caso esteja imediatamente disponível; a trombólise também é uma boa alternativa.
- **Trombose da artéria pulmonar:** A trombose da artéria pulmonar pode ser devastadora. Alguns pacientes podem apresentar-se com dispneia e dor torácica, similarmente às síndromes coronarianas agudas, porém aqueles que apresentam parada cardíaca têm chance de sobrevivência mínima. O tratamento deve incluir a trombólise imediata, a fim diminuir a pós-carga do ventrículo direito, enquanto o fluxo sanguíneo pulmonar é restabelecido.

11. Como deve ser feito o manejo da FV?

Recomenda-se a desfibrilação precoce, com um único choque, em um nível de energia de 360 joules, realizada com um desfibrilador com forma de onda monofásica, a fim de minimizar o dano miocárdico e prevenir o desenvolvimento de bradiarritmias ou taquiarritmias sem pulso pós-choque. Cada choque subsequente, após cinco ciclos de RCP, deve continuar a ser aplicado com 360 joules, se o paciente permanecer em TV ou FV sem pulso. Se estiver sendo usado um desfibrilador com forma de onda bifásica, deve-se aplicar o nível de energia equivalente a um choque com forma de onda monofásica de 360 joules, conforme determinado pelo fabricante. Se o nível de energia não for conhecido e houver certeza de que se está usando um desfibrilador com forma de onda bifásica, recomenda-se administrar um único choque de 200 joules.

Caso o choque único inicial não seja capaz de reverter a FV, de acordo com as diretrizes do ACLS, deve-se administrar epinefrina ou vasopressina, enquanto a RCP continua sendo aplicada. Após cinco ciclos ou dois minutos de RCP, deve-se reavaliar o ritmo. Se o paciente permanecer em FV ou TV sem pulso, o desfibrilador deve ser carregado adequadamente, enquanto a RCP continua a ser aplicada. Quando pronto, ninguém deve tocar no paciente e deve-se aplicar o choque; a RCP deve ser imediatamente reinstituída e a análise do ritmo adiada. Após cinco ciclos ou dois minutos de RCP, reavalia-se o paciente mais uma vez. Se esse processo ainda não tiver sido bem-sucedido, administra-se então um agente antiarrítmico, amiodarona ou lidocaína. Durante os períodos de reavaliação do paciente, deve-se obter um acesso venoso e uma via aérea definitiva. A RCP não deve ser interrompida, a menos que seja absolutamente necessário. A sequência tem de ser: cinco ciclos de RCP; avaliação do paciente e administração de drogas; carregamento do desfibrilador enquanto a RCP é realizada; desfibrilação; reinício imediato de cinco ciclos de RCP; avaliação do paciente e administração das drogas etc.

12. É possível tratar o ritmo idioventricular sem pulso?

A desfibrilação elétrica tardia ou a FV prolongada frequentemente resultam em um ritmo idioventricular sem pulso ou assistolia. Na maior parte dos casos, o ritmo idioventricular não é passível de tratamento e resulta em óbito. Em experimentos com animais, altas doses de epinefrina (0,1 a 0,2 mg/kg) têm ajudado a restabelecer a contratilidade cardíaca e a atividade de marca-passo. Entretanto, diversos estudos clínicos não demonstraram benefícios em longo prazo e no prognóstico neurológico. Assim, por enquanto, este tratamento não é recomendado.

Brown CG, Martin DR, Pepe PE, et al: A comparison of standard-dose and high-dose epinephrine in cardiac arrest outside the hospital. N Engl J Med 327:1051-1055, 1992.

13. Como é feito o tratamento da assistolia?

Resumidamente:

1. Determinar rapidamente se existem quaisquer evidências de que não se deve tentar a ressuscitação.
2. Realizar a RCP e confirmar a ausência de atividade elétrica cardíaca (uma linha isoelétrica no ECG pode ser proveniente de erros técnicos). Rodar as derivações monitorizadas em 90 graus (se estiver usando pás convencionais/pás descartáveis) e maximizar a amplitude, a fim de detectar a presença de FV fina (caso esteja presente, deve-se realizar a desfibrilação imediatamente). Verificar a ausência de pulsos na artéria carótida ou na artéria femoral.
3. Administrar atropina 1 mg (até 3 mg) a cada cinco minutos para que esta atue contra qualquer atividade vagal, e epinefrina 1 mg para aumentar a perfusão miocárdica.
4. Sempre considerar a possibilidade de suspensão dos esforços de ressuscitação.

14. Quais são as vias adequadas para a administração de drogas durante a ressuscitação?

A opção preferida é a via IV. Se um cateter venoso central estiver em posição, esse deve ser usado em detrimento de um acesso venoso periférico. A administração de drogas através de um acesso venoso periférico resulta em um início de ação um pouco tardio, embora o pico de efeito da droga seja similar àquele alcançado através da via central. As drogas administradas perifericamente devem ser seguidas por uma administração de pelo menos 20 mL de solução salina normal, a fim de assegurar uma distribuição para a região central. Não se deve optar pela administração intracardíaca.

As drogas cuja representação é feita por meio do método mnemônico "NAVEL" (ou seja, naloxona, atropina, vasopressina, epinefrina, lidocaína) são absorvidas sistemicamente após a administração endotraqueal. Embora o fluxo sanguíneo pulmonar e a absorção sistêmica sejam mínimos durante a RCP, estudos recentes em animais

PONTOS-CHAVE: RESSUSCITAÇÃO CARDIOPULMONAR ✓

1. Durante certos procedimentos podem ocorrer paradas cardiopulmonares iatrogênicas. Por isso são necessários cuidados adicionais ao monitorizar os pacientes durante tais procedimentos.
2. É preciso lembrar as causas reversíveis de parada cardíaca: hipovolemia, hipóxia, íons hidrogênio (acidose), hipotermia, hipercalemia, toxinas, comprimidos e pneumotórax hipertensivo.
3. Se você não estabeleceu um acesso IV, é possível administrar as drogas NAVEL – naloxona, atropina, vasopressina, epinefrina e lidocaína – através do tubo endotraqueal. Você pode administrar todas as drogas por via intraóssea.
4. Somente 5% a 20% dos pacientes submetidos à RCP sobreviverão à hospitalização. Você não tem como identificar os que sobreviverão antes que a RCP tenha sido realizada.

sugerem uma provável ocorrência de respostas hemodinâmicas comparáveis. No momento, recomendam-se as doses IV padrão para uso pela via endotraqueal.*

Virtualmente todas as drogas usadas para ressuscitação podem ser administradas em doses convencionais por via intraóssea. Esse método geralmente é adotado no caso de pacientes pediátricos, nos quais não se pode estabelecer um acesso IV rapidamente.

15. Qual é o desfecho usual da RCP intra-hospitalar?

A maioria dos pacientes que recebem RCP no hospital não sobrevive. De fato, somente 5% a 20% chegam a receber alta. Além disso, muitos pacientes que sobrevivem apresentam comprometimentos graves da independência e da cognição. Infelizmente, ainda não é possível predizer de modo confiável o resultado da ressuscitação intra-hospitalar.

McGrath RB: In-house cardiopulmonary resuscitation – after a quarter of a century. Ann Emerg Med 16:1365-1368, 1987.

* N. R. C.: Normalmente, uma dose de 2-2,5 vezes a dose IV é utilizada (diluída em 10-20 mL de água destilada ou salina normal). No entanto, existe dúvida quanto à dose ideal.

OXIMETRIA DE PULSO E CAPNOGRAFIA

CAPÍTULO 3

Philip E. Bickler, MD, PhD

1. O que é oximetria de pulso?

A oximetria de pulso é uma monitorização não-invasiva e contínua da saturação de oxigênio da hemoglobina no sangue arterial. Representa um meio de monitorizar a oxigenação em diversas situações clínicas, incluindo o centro cirúrgico, a unidade de emergência e a unidade de terapia intensiva (UTI). O uso clínico de oxímetros de pulso recai em duas principais categorias: (1) como uma triagem ou sistema de alerta indicativo da dessaturação de oxigênio e (2) como um parâmetro para o ajuste de intervenções terapêuticas. Como os instrumentos detectam o fluxo pulsátil de sangue, eles também servem como monitores da frequência cardíaca e como um índice de perfusão tecidual.

2. De que maneira um oxímetro de pulso determina a saturação de oxigênio arterial?

A oximetria de pulso é baseada na mensuração espectrofotométrica do grau de ligação do oxigênio à hemoglobina em um determinado momento, quando o sinal representa o teor de oxigênio do sangue arterial. Ou seja, a saturação é determinada no momento da pulsação máxima, quando a retirada de oxigênio pelos tecidos não foi significativa e quando a contribuição do sangue pouco saturado nos tecidos para o sinal foi mínima. A oxiemoglobina é mensurada pelo grau de absorbância da luz vermelha e o momento do pulso arterial é detectado pela luz infravermelha. A espectrofotometria baseia-se na lei de Beer-Lambert, a qual afirma que a absorbância óptica é proporcional à concentração de substância e à espessura do meio. Usando esse princípio, os dois comprimentos de onda de luz são usados para medir tanto a absorção da oxiemoglobina (HbO_2) quanto da hemoglobina reduzida (Hb).

Os oxímetros de pulso funcionam transmitindo luz de dois diodos emissores de luz (LEDs) de tecido contendo fluxo sanguíneo pulsátil. A luz é transmitida através do tecido em dois comprimentos de ondas, 660 nm (vermelho, absorvido principalmente pela HbO_2) e 940 nm (infravermelho, absorvido primariamente pela Hb), permitindo, desse modo, a diferenciação entre a oxiemoglobina e a hemoglobina reduzida. O sinal infravermelho também exerce uma outra função crítica: detecta o momento do pulso sanguíneo através do tecido. A saturação arterial está relacionada à razão das proporções 660/940 no pico de pulso, fazendo, desse modo, com que o cálculo tenha como base uma razão dessas duas proporções. Essa abordagem é, na verdade, o aspecto fundamental para a oximetria de pulso, e representa um salto qualitativo em relação às tentativas prévias de medir o oxigênio do sangue de modo não-invasivo. A mensuração da saturação baseada nessas proporções neutraliza diferenças na geometria tecidual, no tecido, na cor da pele, no conteúdo do sangue venoso, entre outros fatores. Um algoritmo microprocessado é usado para calcular a saturação arterial e inclui variáveis empíricas, necessárias para produzir leituras precisas em cada instrumento específico. Diversos oxímetros de pulso introduzidos recentemente incluem filtros de ruídos/artefatos. Esses refinamentos também ajudam na determinação da saturação em pacientes com baixa perfusão.

Aoyagi T, Miyasaka K: The theory and applications of pulse spectrophotometry. Anesth Analg 94 (1 Suppl): S93-S95, 2002.

3. Qual é a precisão dos oxímetros de pulso?

Em relatos publicados, a oximetria de pulso apresenta uma precisão na faixa de 2% a 3% em relação aos níveis reais de oxiemoglobina, medidos *in vitro* com oxímetros de múltiplos comprimentos de onda. A *Food and Drug Administration* (FDA) (agência reguladora de alimentos e medicamentos dos EUA) determina que os fabricantes demonstrem que seus instrumentos possuam esse grau de precisão em seres humanos, com saturação de oxigênio entre 70% e 100%. Uma vez que o princípio da mensuração é fundamentado na razão das proporções de absorbância, nenhuma calibração do instrumento pelo usuário faz-se possível ou necessária.

4. Em que regiões são feitas as mensurações da oximetria de pulso?

As sondas do oxímetro de pulso podem ser aplicadas em qualquer sítio que permita a orientação do LED e do fotodetector opostamente um ao outro, e transversalmente a um leito vascular. Se o tecido for espesso em demasia, o sinal será atenuado antes de alcançar o detector e o oxímetro não funcionará. Os oxímetros podem ser aplicados nos dedos das mãos, dos pés, lobos das orelhas, lábios, bochechas e na ponte do nariz. Sondas esofagianas e orais estão em desenvolvimento. Diversas empresas oferecem sondas de oxímetro de "reflectância" que podem ser aplicadas a superfícies teciduais planas, tais como a região da fronte. Sensores para o lóbulo da orelha introduzidos no mercado recentemente combinam um oxímetro de pulso a um eletrodo transcutâneo de CO_2.

Kugelman A, Wasserman Y, Mor F, et al: Reflectance pulse oximetry from core body in neonates and infants: Comparison to arterial blood oxygen saturation and to transmission pulse oximetry. J Perinatol 24(6):366-371, 2004.

5. Quais fatores afetam a determinação da oximetria de pulso?

Diversos fatores podem afetar muito a precisão e a confiabilidade da oximetria de pulso. A maior parte dos erros na mensuração resulta de qualidade do sinal inadequada (ou seja, hipoperfusão, vasoconstrição) ou de ruído excessivo (ou seja, artefato de movimento). A interferência óptica pode ser causada por luzes externas (principalmente fontes fluorescentes). Corantes injetados por via IV, bem como esmaltes de unha (principalmente verde, azul ou preto), absorvem luz nos comprimentos de onda usados pelo oxímetro e podem produzir medidas artificialmente baixas. A contaminação por pulsações venosas causadas por acúmulo posicional de sangue venoso ou por insuficiência valvar também pode levar a leituras com sinais baixos. Por uma razão similar, a natureza simultânea da pulsação arterial e venosa durante a ressuscitação cardiopulmonar (RCP) faz com que os dados do oxímetro tornem-se não confiáveis nas condições descritas. Foi relatado que a hiperbilirrubinemia apresenta efeitos variáveis sobre os valores de SpO_2. A presença de tipos disfuncionais de hemoglobina pode alterar a capacidade da oximetria de refletir a saturação de oxigênio real. Estudos demonstram que a pele com pigmentação mais escura também pode aumentar falsamente as estimativas de saturação provenientes de alguns oxímetros de pulso bastante utilizados, com elevação de até 7% na faixa de saturação de 70% a 80%.

Bickler PE, Feiner JR, Severinghaus JW: Effects of skin pigmentation on pulse oximeter accuracy at low saturation. Anesthesiology 102(4):715-719, 2005.

Robertson FA, Hoffman GM: Clinical evaluation of the effects of signal integrity and saturation on data availability and accuracy of Masimo SE and Nellcor N-395 oximeters in children. Anesth Analg 98(3):617-622, 2004.

6. Quais são os efeitos da hemoglobinemia disfuncional sobre a oximetria de pulso?

Uma vez que os oxímetros de pulso usam dois comprimentos de onda luminosa, eles são capazes de diferenciar somente duas espécies de hemoglobina: Hb e HbO_2. Como os tipos de hemoglobina anormais, tais como a carboxiemoglobina (HbCo) e a metaemoglobina (HbMet), também absorvem luz vermelha e infravermelha nesses mesmos comprimentos de onda, a presença delas afeta a mensuração da SpO_2, assim sua contribuição quantitativa não pode ser determinada. O oxímetro de pulso presume que há somente hemoglobina "funcional" (HbO_2 ou Hb) e o cálculo da saturação de oxigênio acaba se baseando apenas nesses valores.

$$\text{Saturação de oxigênio funcional } SpO_2(\%) = [HbO_2]/([HbO_2] + [Hb])$$

Um CO-oxímetro com múltiplos comprimentos de onda determina a SaO_2 com maior precisão na presença de hemoglobinas disfuncionais porque possui comprimentos de onda de luz que podem ser usados para detectar a presença de carboxiemoglobina e de metaemoglobina.

$$\text{Saturação de oxigênio fracionada } SaO_2(\%) = [HbO_2]/([HbO_2] + [Hb] + [HbCo + HbMet\ etc.])$$

P. ex., a leitura de HbCo é feita através da análise do comprimento de onda limitado de um oxímetro de pulso como a HbO_2 (a carboxiemoglobina é vermelho escarlate), uma característica que irá elevar falsamente a leitura da SpO_2. O padrão de absorção da HbMet é interpretado pelo oxímetro de pulso como uma saturação de 85%; desse modo, níveis progressivamente mais elevados de metaemoglobina fazem os valores de SpO_2 convergir para 85%, independentemente da SaO_2 real. Quando existe a suspeita da presença de quantidades significativas de hemoglobina disfuncional, deve-se utilizar um CO-oxímetro para determinar a saturação de HbO_2.

Não foi demonstrado que a presença de hemoglobina fetal afeta a precisão das mensurações da SpO_2 de modo significativo porque suas propriedades de absorção da luz são similares àquelas da hemoglobina do adulto.

Ralston AC, Webb RK, Runciman WB: Potential errors in pulse oximetry. III: Effects of interferences, dyes, dyshaemoglobins and other pigments. Anaesthesia 46(4):291-295, 1991.

7. A oximetria de pulso irá detectar um aumento no "shunt" intrapulmonar?

A oximetria de pulso é capaz de diferenciar somente a saturação de oxigênio da hemoglobina da dessaturação. Nos níveis de oxigenação mais elevados, o exame tem uma resolução muito baixa porque a hemoglobina já está quase 100% saturada de oxigênio. Assim, a oximetria não seria capaz de detectar um aumento no *shunt* pulmonar suficiente para causar uma redução na PaO_2 de 200 para 100 mmHg. Entretanto, o *shunt* ou qualquer outra causa de hipóxia – significativa suficiente para causar uma queda na oxigenação abaixo de aproximadamente 60 mmHg – resultaria em uma queda significativa na SpO_2, pois nesses níveis a curva de dissociação da oxiemoglobina começa a ter uma forte associação à pressão parcial de oxigênio. Desse modo, o oxímetro de pulso é um monitor útil para as alterações na oxigenação e na ventilação em pacientes respirando um ar ambiente ou naqueles cuja PaO_2 esteja se aproximando do limiar que necessita de intervenção clínica aguda.

8. Quais são as complicações da oximetria de pulso?

A oximetria de pulso é um método não-invasivo e relativamente seguro. As complicações normalmente são causadas por erros na interpretação de dados, que acabam levando a um tratamento inadequado. A resposta para uma redução da saturação dever incluir a verificação de que o sinal da amplitude de pulso está livre de artefatos e de que uma frequência cardíaca proveniente do eletrocardiograma corresponde à do oxímetro de pulso. *Se o oxímetro não puder detectar pulsações arteriais, a leitura da SaO_2 não será precisa.* Os sensores contêm um circuito eletrônico que, potencialmente, pode funcionar mal. Existem relatos não frequentes de queimaduras térmicas resultantes de LEDs defeituosos. O oxímetro de pulso padrão não pode ser utilizado em pacientes que serão submetidos à ressonância magnética (RM), pois a radiofrequência e os campos magnéticos podem induzir ao aquecimento do sensor ou do fio e causar queimaduras térmicas ou a fiação pode produzir artefatos nas imagens. Um posicionamento prolongado do equipamento em uma determinada posição pode resultar em necrose por compressão. Isso ocorre mais frequentemente com sensores com molas e em pacientes com perfusão periférica comprometida.

PONTOS-CHAVE: OXIMETRIA DE PULSO ✓

1. A precisão do oxímetro de pulso é intensamente comprometida em condições de baixa perfusão; aceitar somente estimativas numéricas da saturação que sejam associadas aos sinais de amplitude de pulso sem artefatos.
2. Os oxímetros de pulso podem interpretar corantes, pigmentos cutâneos, metaemoglobinemia e hemoglobinemia disfuncional como alterações na saturação de oxigênio da hemoglobina.

9. Como podem ser obtidas as mensurações da oximetria de pulso em pacientes com vasoconstrição intensa?

Deve-se abordar a causa de vasoconstrição. Se necessário, paciente com hipoperfusão deve receber terapia de reposição volume adequada e suporte inotrópico. Um paciente com hipotermia deve ser abordado com um tratamento que enfoque tanto o aquecimento central do corpo quanto da região periférica. Aquecer a mão com cobertores pode, muitas vezes, aumentar significativamente a perfusão e melhorar a função do oxímetro. Em casos selecionados, um bloqueio do nervo digital utilizando lidocaína a 1% sem epinefrina, frequentemente restabelece um fluxo pulsátil suficiente para possibilitar a monitorização da SpO_2.

10. O que é capnografia? Como ela funciona?

A capnografia é a mensuração contínua do dióxido de carbono exalado no decorrer do tempo, e sua representação gráfica (Fig. 3-1). Este exame representa um método não invasivo que monitoriza tanto a ventilação quanto a perfusão. Mais comumente, a espectrofotometria infravermelha é usada para determinar a concentração de CO_2 em uma amostra contínua de gás das vias aéreas. A coleta de amostras geralmente ocorre de uma das seguintes maneiras: mede-se os níveis de CO_2 em uma capnografia *mainstream* com um sensor (fonte de luz e detector) acoplado diretamente em linha ao circuito respiratório do paciente. De modo alternativo, capnógrafos *sidestream* derivam continuamente uma amostra de gás do circuito respiratório do paciente até o capnógrafo, para análise e apresentação do gráfico. O método de capnografia *mainstream* apresenta um tempo de resposta muito curto, mas, uma vez que o sensor deve ser colocado perto do paciente, a monitorização em longo prazo pode vir a ser cansativa. Já o método de capnografia *sidestream* usa um tubo plástico delgado de coleta da amostra,que é mais leve e possibilita mais flexibilidade. Entretanto, como o tempo de trânsito da amostra é inevitável, o tempo de resposta acaba sendo mais lento (aproximadamente 1,5 segundos). E os valores absolutos do platô e da linha de base podem também ser levemente atenuados em função da mistura de gases no circuito da amostra. O dispositivo *sidestream* também pode ser usado com uma cânula nasal modificada para monitorizar as concentrações de CO_2 nas vias aéreas de pacientes não intubados.

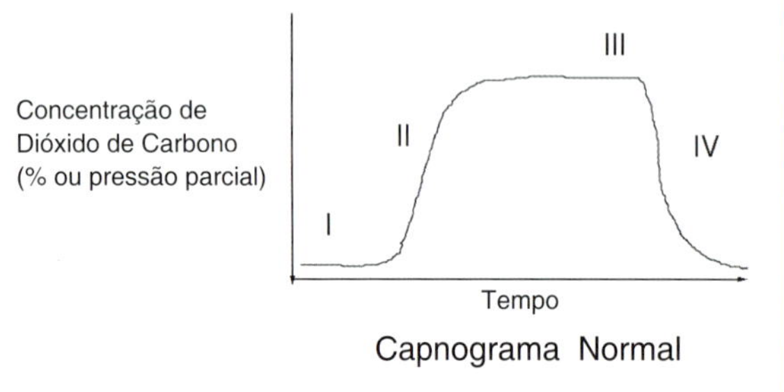

Figura 3-1. Um capnograma é um gráfico do CO_2 nas vias aéreas em função do tempo. A fase I (linha de base inspiratória) refere-se ao gás inspirado desprovido de CO_2. A fase II (início da expiração) representa a expiração do espaço morto anatômico seguido por ar dos bronquíolos e alvéolos respiratórios. A fase III (platô alveolar) corresponde à expiração de gases dos alvéolos. A última porção do platô é denominada *CO_2 expiratório final* ($PETCO_2$). A fase IV (declinação inspiratória) representa o começo da próxima inspiração.

11. Que outros métodos são utilizados para mensurar o CO_2 nos gases respiratórios?

O método mais usado para mensurar o dióxido de carbono nos gases exalados é a absorbância de luz infravermelha. Além disso, tecnologias tais como a espectrometria de Raman e a espectrometria de massa são confiáveis, precisas e respondem bem, mas geralmente apresentam um custo mais elevado. Entretanto, essas opções também oferecem a possibilidade de detecção de uma variedade de outros gases e vapores anestésicos. Há também detectores colorimétricos fixados a tubos endotraqueais, que ajudam a avaliar o posicionamento do tubo endotraqueal. O detector colorimétrico usa uma tira indicadora sensível ao pH para detectar o CO_2 exalado de forma semiquantitativa. Embora esses dispositivos sejam portáteis e convenientes, eles fornecem resultados quase sempre mais difíceis de se interpretar em relação aos capnógrafos convencionais, e podem ser usados somente uma vez.

12. Por que a mensuração do dióxido de carbono expiratório final é importante?

Um capnógrafo fornece uma representação contínua da concentração do gás CO_2 nas vias aéreas. A pressão parcial de CO_2 no final da expiração normal (CO_2 expiratório final, $PETCO_2$) é um reflexo do gás que deixa os alvéolos, e é uma estimativa da pressão parcial de CO_2 alveolar, a chamada $PACO_2$. Quando a ventilação e a perfusão estão equilibradas, a $PACO_2$ se aproxima bastante da $PaCO_2$ e, deste modo, $PaCO_2 \approx PACO_2 \approx PETCO_2$. A presença de CO_2 exalado ciclicamente é útil para confirmar a patência das vias aéreas, confirmar o posicionamento do tubo endotraqueal e verificar a adequação da ventilação pulmonar. Além disso, a redução do débito cardíaco, causada por hipovolemia ou por disfunção cardíaca, resulta em redução da perfusão pulmonar. Essa condição causa um aumento do espaço morto alveolar, que dilui a $PETCO_2$. A depressão do CO_2 expiratório resultante pode ser observada por meio da capnografia. Estudos em animais mostram que uma redução de 20% no débito cardíaco causa uma queda de 15% na $PETCO_2$.

13. O que um capnograma pode revelar sobre a condição do paciente?

Alterações na forma do capnograma em um paciente intubado e ventilado normalmente fornecem pistas de alterações em casos de doenças pulmonares e de mau funcionamento do equipamento de ventilação. P. ex., um padrão em degraus na fase II pode indicar um esvaziamento sequencial dos pulmões, que pode ocorrer na obstrução parcial de brônquios principais. Um platô inclinado para cima na fase III é uma indicação clássica do esvaziamento tardio de espaços alveolares mal ventilados, com PCO_2 elevado, que pode ocorrer com a obstrução expiratória no nível das vias aéreas de menor calibre, quadro observado na doença pulmonar obstrutiva crônica (DPOC), no broncoespasmo e em outras formas de desequilíbrio entre ventilação e perfusão. Outra causa de redução do CO_2 expiratório final é a embolia pulmonar.

Gravenstein N, Good ML: Noninvasive assessment of cardiopulmonary function. In Civetta JM, Taylor RW, Kirby RR (eds): Critical Care, 2nd ed. Philadelphia, J.B. Lippincott, 1992, pp 291-312.

14. Que fatores afetam o gradiente entre o CO_2 expiratório final e o arterial?

O gradiente normal entre $PaCO_2$ e $PETCO_2$, $P(a\text{-}ET)CO_2$, é < 6 mmHg. O gradiente entre $PaCO_2$ e $PETCO_2$ aumenta quando a perfusão pulmonar é reduzida ou a ventilação é mal distribuída. Essa condição ocorre com o desenvolvimento de um número elevado de unidades alveolares com alteração da relação ventilação/perfusão (aumento do espaço morto). O resultado é o aumento de $P(a\text{-}ET)CO_2$ e a redução de $PETCO_2$. Com exemplo, temos a DPOC, a hipoperfusão pulmonar e os êmbolos pulmonares. Falhas técnicas, tais como uma extubação acidental e vazamento do *cuff* do tubo endotraqueal, também podem causar uma redução da $PETCO_2$.

15. É possível observar uma onda de CO_2 expirado após a intubação esofágica?

O estômago pode conter uma quantidade de CO_2 exógeno ou soluções carbonatadas ingeridas antes da intubação. Além disso, a ventilação com máscara realizada de modo ineficaz, pode forçar o gás exalado da faringe para o estômago. Inicialmente, essa condição pode produzir um traçado normal do capnograma, mas uma vez que o CO_2 não é gerado continuamente, a concentração expirada irá cair em direção a zero, à medida que as ventilações sequenciais forem diluindo os gases existentes. Se o traçado do capnograma começar a "cair" após cinco ou seis ventilações, deve-se suspeitar de intubação esofagiana.

Takeda T, Tanigawa K, Tanaka H, et al: The assessment of three methods to verify tracheal tube placement in the emergency setting. Resuscitation 56(2):153-157, 2003.

16. Quais parâmetros fisiológicos afetam a mensuração do $ETCO_2$?

O CO_2 expiratório final pode ser alterado por mudanças na produção e na eliminação do CO_2. Pode-se esperar um aumento do $ETCO_2$ durante o hipermetabolismo como, p. ex., durante a hipertermia ou a sepse, e uma redução desse valor diante de hipotermia ou hipometabolismo. Contudo, as mudanças no sistema pulmonar que afetam a eliminação de CO_2 são mais frequentes. A hipoventilação e a reinalação causam um aumento do $ETCO_2$, enquanto a hiperventilação e o desequilíbrio entre ventilação/perfusão fazem o $ETCO_2$ reduzir. Somente em circunstâncias que resultam em desequilíbrio entre ventilação/perfusão (p. ex., hipoperfusão, embolia, difusão muito comprometida) a $PETCO_2$ irá cair, de modo a não refletir com precisão a condição dos níveis de dióxido de carbono arterial ($PaCO_2$). Uma vez que o gradiente entre o CO_2 expiratório final e o CO_2 arterial reflita a ineficiência da ventilação, o sistema respiratório deve superar essa ineficiência por meio do aumento da ventilação minuto (pelo aumento do volume corrente ou da frequência respiratória) a fim de manter a depuração do CO_2 produzido pelo organismo.

PONTOS-CHAVE: CAPNOGRAFIA ✓

1. Com a obstrução das vias aéreas, ocorre um traçado com inclinação para cima do capnograma durante a expiração (platô alveolar, fase III), o que pode ser observado em casos de asma ou de DPOC.
2. A capnografia é valiosa na avaliação da eficácia das medidas de suporte circulatório e ventilatório durante a RCP.

17. Como a capnografia auxilia nos esforços de RCP?

Durante a RCP, a capnografia não somente pode ajudar a verificar a intubação endotraqueal, como também pode monitorizar a adequação da assistência circulatória. A presença de CO_2 exalado durante a RCP é útil, pois este fornece as evidências de circulação suficientes para produzir o transporte de CO_2 dos tecidos aos pulmões. Desse modo, presumindo ventilação minuto e produção de CO_2 constantes, as mudanças na $PETCO_2$ refletem as condições da circulação global. Alguns pesquisadores sugeriram que a $PETCO_2 > 15$ mmHg no início da RCP pode indicar uma ressuscitação bem-sucedida. A incapacidade de alcançar qualquer recuperação de $PETCO_2$ deveria apontar para um diagnóstico de enchimento cardíaco inadequado. Este pode ser causado por hipovolemia, tamponamento, pneumotórax ou por embolia pulmonar. Uma $PETCO_2$ baixa também pode ser causada por hiperventilação alveolar, ou pode indicar uma RCP ineficaz. O retorno da circulação espontânea é precedido por um aumento substancial na $PETCO_2$, primariamente em virtude do aumento do fluxo de sangue hipercápnico aos pulmões.

Callaham M, Barton C: Prediction of outcome of cardiopulmonary resuscitation from end-tidal carbon dioxide concentration. Crit Care Med 18(4):358-362, 1990.

18. A oximetria de pulso tem uma boa relação custo-benefício?

A eficácia da oximetria de pulso na UTI deve ser extrapolada a partir de estudos de seu uso na sala operatória/de recuperação anestésica. Esses relatos são sugestivos de que a detecção precoce da dessaturação arterial de oxigênio obtida via oximetria de pulso possa levar a uma melhora dos resultados, tais como uma menor incidência de isquemia miocárdica perioperatória. Entretanto, seus benefícios em termos de redução da incidência de complicações respiratórias têm sido difíceis de ser demonstrados, mesmo em grandes amostras populacionais.

Existem poucos dados publicados que possibilitem a extração de conclusões diretas, baseadas no desfecho, relativas ao impacto clínico ou à relação custo-benefício da oximetria de pulso. Um estudo demonstrou uma redução no custo total dos cuidados em associação à introdução da oximetria de pulso e capnografia. A redução de custos foi resultado da menor necessidade de coleta de gasometrias arteriais (GSA) e redução dos custos operacionais associados. A oximetria de pulso e a capnografia podem ajudar no desmame do suporte ventilatório, através da redução da necessidade de coleta de amostras de GSA. Em um consenso, a *Technology Assessment Task Force of the Society of Critical Care Medicine* afirmou que o uso de rotina de oximetria de pulso em pacientes em condições críticas resulta em redução de custos em virtude do impacto positivo sobre os desfechos dos pacientes, mas o órgão também reconheceu a necessidade de estudos mais detalhados sobre o assunto.

Ely EW, Baker AM, Evans GW, Haponik EF: The distribution of costs of care in mechanically ventilated patients with chronic obstructive pulmonary disease. Crit Care Med 28:408-413, 2000.

CAPÍTULO 4

MONITORIZAÇÃO HEMODINÂMICA

Jack A. Sava, MD e Mark W. Bowyer, MD, DMCC, COL, USAF, MC

1. Quais são as indicações para a instalação de um cateter arterial?

Os cateteres arteriais são usados quando há necessidade de coleta frequente de amostras de sangue arterial ou quando é preciso fazer uma mensuração precisa e rigorosa da pressão arterial em tempo real. Geralmente essa necessidade surge quando um paciente está com hipotensão ou hipertensão grave ou quando está recebendo vasopressores ou vasodilatadores de ação rápida.

2. O que é o teste de Allen?

Na maioria das pessoas, a artéria radial é conectada por vasos do arco palmar à artéria ulnar. Se a artéria radial estiver lesada ou trombosada, é a artéria ulnar que vai manter a vitalidade da mão. O teste de Allen assegura a patência dessa dupla irrigação sanguínea e do arco palmar. As artérias radial e ulnar são comprimidas manualmente, até a mão ficar pálida. Então, a artéria ulnar é liberada. Se a mão fica rosada, é sinal de que a artéria ulnar e o arco palmar estão patentes, e a artéria radial pode ser cateterizada sem risco de necrose da mão.

3. Quais são os fatores de risco de trombose após a cateterização arterial?

- Cateter calibroso em relação ao tamanho do vaso.
- Punções múltiplas.
- Uso por tempo prolongado.
- Choque.
- Drogas vasoconstritoras.

4. O que é superatenuação? O que a causa?

A mensuração adequada das pressões com a utilização de cateteres depende de circuito adequado. Quando o circuito arterial é excessivamente maleável, apresenta dobras ou contém uma bolha de ar em seu interior, o formato da onda sofre uma atenuação excessiva. Isso resulta em uma redução artificial da pressão sistólica e em uma elevação artificial das pressões diastólicas. As pressões médias não são afetadas pela atenuação.

5. Quais eventos hemodinâmicos são representados pela *onda a*, pela *onda c* e pela *onda v* em um formato de onda de pressão venosa central/pressão atrial direita?

- **onda a:** Contração atrial (após a onda p em um eletrocardiograma [ECG]).
- **onda c:** Fechamento da valva tricúspide (ao final do complexo QRS em um ECG).
- **onda v:** Enchimento atrial (após a onda t) (Fig. 4-1).

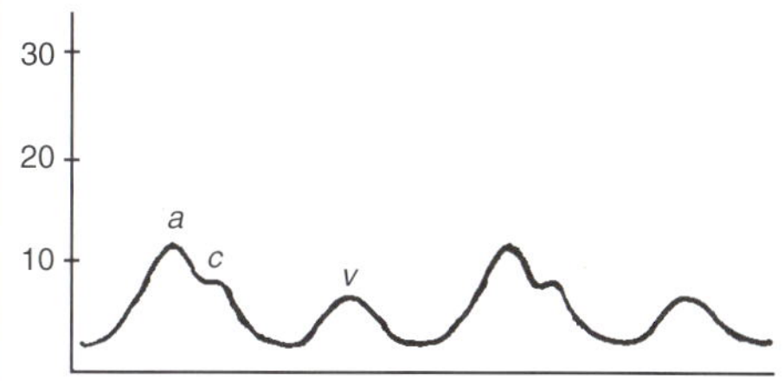

Figura 4-1. Traçado da pressão venosa central / pressão atrial direita.

6. O traçado de pressão venosa central (PVC) varia a cada inspiração do paciente. Em que ponto do ciclo respiratório deveríamos mensurar a PVC a fim de evitar um artefato respiratório?

- Em um paciente que respira espontaneamente, a inspiração produz pressões torácicas negativas. Portanto, para evitar mensurações artificialmente baixas, a PVC deve ser mensurada imediatamente antes de uma inspiração (imediatamente antes de a linha de base começar a cair).
- Em um paciente submetido à ventilação com pressão positiva, cada inspiração é acompanhada de pressão torácica positiva. Portanto, a PVC deve ser mensurada imediatamente antes de a linha de base começar a subir.

7. Que dados a cateterização da artéria pulmonar pode fornecer?

A cateterização da artéria pulmonar fornece os valores de pressões, tais como a pressão atrial direita, pressão de oclusão da artéria pulmonar e a pressão diastólica da artéria pulmonar. Também é possível determinar o débito cardíaco e coletar sangue pelo cateter para obter uma gasometria do sangue venoso misto.

8. Por que devemos nos interessar pela saturação venosa mista de O_2 (SvO_2)?

Quando os leitos teciduais estão mal perfundidos (como, p. ex., quando um paciente está em choque), eles irão extrair mais oxigênio do sangue. Assim, o sangue venoso que retorna ao coração será mais desoxigenado do que o observado em uma pessoa saudável. Portanto uma SvO_2 baixa pode ser usada para diagnosticar hipoperfusão/choque.

9. Qual é o valor normal da SvO_2?

O valor normal é de 60% a 75%.

10. Uma SvO_2 alta é sempre bom?

Não. Pacientes com choque séptico são incapazes de extrair e usar o oxigênio adequadamente, de modo que o sangue venoso, ao retornar ao coração, estará muito rico em oxigênio. Do mesmo modo, a isquemia de um único órgão pode não afetar a SvO_2.

11. Por que devemos nos interessar pela pressão nos capilares pulmonares?

Quando o cateter da artéria pulmonar é encaminhado na artéria pulmonar, a sua extremidade, teoricamente, mede a pressão em uma coluna contínua de sangue, que se estende desde a extremidade do cateter, através dos capilares pulmonares e veias pulmonares, e dirige-se ao átrio e o ventrículo esquerdo. A pressão ventricular esquerda se correlaciona ao volume diastólico final ventricular esquerdo que, por sua vez, está ligado à contratilidade miocárdica pela curva de Starling. Portanto a pressão de cunha é usada para avaliar se o enchimento do ventrículo esquerdo está sendo suficiente para permitir que ele se contraia com a máxima eficiência.

12. Por que o cateter de artéria pulmonar é frequentemente chamado de *Swan*?

O cateter da artéria pulmonar realmente flutua graciosamente à jusante, como um cisne (*swan*, em inglês), mas, na realidade, a justificativa é que o cateter pulmonar direcionado por fluxo foi desenvolvido em 1968 pelo Dr. Jeremy Swan e pelo Dr. William Ganz, no Centro Médico Cedars-Sinai.

13. Quais são as características de um traçado de pressão ventricular direita?

Uma curva ascendente e descendente pontiaguda, com uma elevação leve entre o final da curva descendente e o início da próxima curva ascendente (Fig. 4-2).

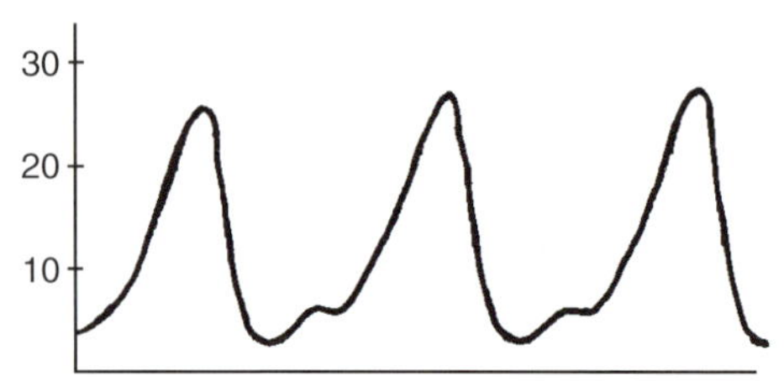

Figura 4-2. Traçado da pressão ventricular direita.

14. Quais são as características de um traçado de pressão da artéria pulmonar?

- Uma curva ascendente e descendente pontiaguda, com uma incisura dicrótica (fechamento da valva pulmonar) no meio da curva descendente.
- Leve inclinação para baixo no vale entre a diástole e a sístole (Fig. 4-3).

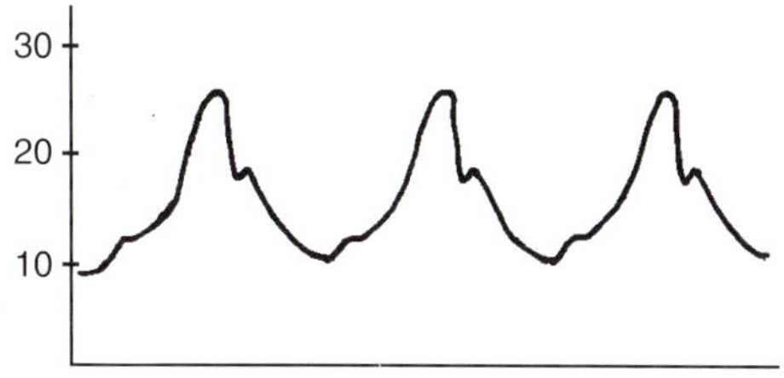

Figura 4-3. Traçado da pressão da artéria pulmonar.

15. Quais são as complicações decorrentes da cateterização da artéria pulmonar?

As complicações que podem se originar da canulação venosa central incluem lesão arterial (8%), pneumotórax (2% a 4%), hidrotórax (2%), infecção (5%), trombose venosa (60%), lesão dos nervos frênico e laríngeo, e lesão do plexo braquial. As complicações exclusivas da instalação do cateter na artéria pulmonar incluem: arritmia (13% a 70%), bloqueio de ramo direito (3%), lesão cardíaca (< 1%), ruptura da artéria pulmonar (< 1%) e nó ou enovelamento do cateter.

16. Descreva as alterações nos valores da pressão sistólica e diastólica em um cateter que passa do ventrículo direito para a artéria pulmonar.

- A pressão sistólica permanece aproximadamente a mesma.
- A pressão diastólica aumenta.

17. O que é o método de termodiluição?

Esse método descreve o modo pelo qual um cateter de artéria pulmonar é utilizado para mensurar o débito cardíaco. Uma pequena quantidade de líquido frio ou em temperatura ambiente (injetante) é injetado através da luz proximal do cateter. Esse injetante se mistura ao sangue, que flui para a artéria pulmonar, e então entra em contato com um termômetro na extremidade distal do cateter. Quanto mais quente estiver o sangue que flui através do vaso, mais alta será a temperatura na extremidade do cateter. Os valores dessa temperatura, juntamente aos do volume e da temperatura do injetante, são inseridos em um computador à beira do leito, que estima o débito cardíaco.

18. Os cateteres de artéria pulmonar ajudam ou são lesivos aos pacientes?

Durante a última década, o uso de cateteres de artéria pulmonar tem sido questionado em diversos estudos. A literatura que demonstra que o uso desses dispositivos diminui a mortalidade na unidade de terapia intensiva é escassa. Alguns estudos sugeriram que essa falta de benefícios possa ser relacionada ao fato de que muitos profissionais que usam o cateter de artéria pulmonar carecem de uma compreensão sofisticada de seu uso, e da capacidade de interpretação dos dados que eles fornecem.

Connors A, Speroff T, Dawson N, et al: The effectiveness of right heart catheterization in the initial care of critically ill patients. JAMA 276:889-897, 1996.

Dalen J, Bone R: Is it time to pull the pulmonary artery catheter? JAMA 16:916-918, 1996.

19. O balão do cateter deve ser insuflado durante a inserção e retirada dos cateteres da artéria pulmonar?

O balão deve ser insuflado enquanto o cateter é introduzido ou inserido, e desinsuflado durante a retirada. Introduzir o cateter sem o balão estar insuflado pode resultar em posicionamento inadequado, ou, ainda mais importante, na ruptura de uma parede vascular com a extremidade do cateter.

20. Como se mede a resistência vascular sistêmica?

A RVS não é mensurada. É calculada a partir da pressão arterial média (PAM), do débito cardíaco (DC) e da PVC, utilizando-se a seguinte fórmula:

$$RVS = [(PAM - PVC) \times 80]/DC$$

21. Qual é a diferença entre a monitorização da perfusão global e local? Quais são alguns exemplos de monitorização de perfusão tecidual global?

A monitorização da perfusão tecidual global mensura as alterações globais no metabolismo do oxigênio. A monitorização da perfusão tecidual local mensura a perfusão de leitos teciduais específicos. Exemplos de monitorização da perfusão tecidual global incluem a mensuração do consumo e da oferta de oxigênio, a saturação venosa mista de oxigênio e o lactato sérico.

PONTOS-CHAVE: MANEIRAS COMUNS DE MONITORAR A PERFUSÃO

1. Mensuração DO_2/VO_2 (perfusão global).
2. Mensuração da SVO_2 (perfusão global).
3. Níveis de lactato (perfusão global).
4. Tonometria gástrica ou sublingual (perfusão tecidual local).

22. Qual é a fórmula para calcular a oferta de oxigênio (DO_2)?

$$\begin{aligned} DO_2 &= \text{débito cardíaco} \times \text{conteúdo de oxigênio*} \\ &= DC \times (1{,}3[Hb]\text{saturação de } O_2 + 0{,}002\ PO_2) \end{aligned}$$

23. Qual é o determinante mais importante do conteúdo de oxigênio do sangue – a PO_2 ou a saturação de O_2?

A saturação de O_2 é mais importante. A parte da equação que está entre parênteses na questão 22 é a fórmula do conteúdo de oxigênio, e mostra que a PO_2 é multiplicada por 0,002, tornando-se clinicamente irrelevante.

24. O que é um leito tecidual "sentinela"?

Essa expressão se refere a um leito tecidual que está entre os primeiros a perder seu fluxo sanguíneo quando o organismo torna-se hipoperfundido. A monitorização da perfusão tecidual *local* é baseada na mensuração da perfusão desses leitos teciduais. Uma vez que eles são as primeiras áreas do organismo a perder a perfusão, podem ser indicadores sensíveis de choque precoce.

25. Que leitos teciduais têm sido selecionados para a monitorização da perfusão?

A mucosa gástrica, a mucosa sublingual e a pele são três exemplos. A espectrometria infravermelha também tem sido utilizada para mensurar a perfusão em diversos outros órgãos.

26. O que um tonômetro gástrico mensura?

Um tonômetro gástrico é um cateter gástrico com um balão na extremidade que se posiciona contra a mucosa gástrica. A espectrometria infravermelha é usada para mensurar a pressão parcial de CO_2 nesse balão. Usa-se este valor para calcular o pH da mucosa gástrica, que é utilizado para avaliar a perfusão da mesma.

* N. R. C.: $(1{,}34 \times Hb \times SaO_2) + (PaO_2 \times 0{,}0031)$

CAPÍTULO 5

INTERPRETAÇÃO DA GASOMETRIA ARTERIAL

E. Michael Canham, MD

1. O que os aparelhos de gasometria do sangue arterial (GSA) mensuram?

Os aparelhos atuais para GSA mensuram o pH, a PCO_2 e a PO_2 utilizando três eletrodos separados. As amostras de sangue são introduzidas através de uma abertura em uma câmara com temperatura controlada (geralmente 37° C), onde o sangue é exposto aos três eletrodos. Os aparelhos para GSA mais modernos também obtêm mensurações por um CO-oxímetro. Consequentemente, usando-se um espectrofotômetro de absorção, também é possível fazer determinações dos níveis de hemoglobina reduzida, oxiemoglobina, carboxiemoglobina e metaemoglobina.

Severinghaus JW, Astraup P, Murray JF: Blood gas analysis and critical care medicine. Am J Respir Crit Care Med 157:S114-S122, 1998.

2. Quando a GSA deve ser analisada?

Utiliza-se a análise da GSA extensivamente em ambientes de cuidados intensivos para avaliar tanto as condições ácido-básicas quanto as trocas gasosas de oxigênio e de dióxido de carbono. Indica-se a análise da GSA praticamente em todas as condições cardiopulmonares.

Raffin TA: Indications for arterial blood gas analysis. In Sox HC Jr (eds): Common Diagnostic Tests, 2nd ed. Philadelphia, American College of Physicians, 1990, pp 100-119.

3. Quais são os problemas associados à obtenção das GSAs?

A punção arterial pode resultar em hiperventilação aguda, risco frequentemente minimizado por uma boa técnica, pelo uso de uma agulha de pequeno calibre ou pela infiltração de anestésico local. Após a obtenção da amostra, todas as bolhas de ar devem ser eliminadas e a seringa, encapada. As bolhas de ar que ficam misturadas ou agitadas na amostra irão se equilibrar com o sangue, possivelmente alterando a PO_2. A amostra deve ser colocada no gelo, a menos que a análise venha a ser realizada no prazo de 15 minutos. Seringas plásticas podem possibilitar maior difusão de gases do que as seringas de vidro e, desse modo, devem ser processadas imediatamente. Na ausência de leucocitose extrema, uma seringa de vidro própria para GSA, acondicionada com gelo, mantém o valor de PO_2 por até três horas.

PONTOS-CHAVE: SITUAÇÕES NAS QUAIS É NECESSÁRIA UMA ANÁLISE DA GASOMETRIA DO SANGUE ARTERIAL

1. Uma análise da GSA é necessária caso haja suspeita de carboxiemoglobinemia ou metaemoglobinemia.
2. A avaliação das condições ácido-básicas necessita de uma análise da GSA.
3. A análise da GSA é necessária na presença de sinais de baixa oximetria decorrente de hipoperfusão, hipotermia, anemia grave ou congestão venosa.
4. O cálculo da equação do gás alveolar envolve a análise da GSA.

4. O que a presença de leucocitose extrema (leucose) faz à análise da GSA?

A presença de um grande número de leucócitos ou plaquetas reduzirá o valor de PO_2, dando uma falsa impressão de hipoxemia. Caso a amostra seja armazenada no gelo e analisada no prazo de uma hora, essa queda na PO_2

será desprezível. Presumivelmente, o metabolismo constante dos elementos celulares do sangue consome oxigênio, reduzindo a PO_2. Outro mecanismo de pseudo-hipoxemia pode ser explicado pela interferência no funcionamento do eletrodo de oxigênio em função do número de leucócitos ou de plaquetas acentuadamente maior. Uma amostra de GSA de plasma centrifugado pode ser usada para mensurar a PO_2.

Charan NB, Mark M, Caravalho P: Use of plasma for arterial blood gas analysis in leukemia. Chest 105:954-955, 1994.

Hess CE, Nichols AB, Hunt WB, Suratt PM: Pseudohypoxemia secondary to leukemia and thrombocytosis. N Engl J Med 301:361-363, 1979.

5. Quanto tempo após o início ou a suspensão do oxigênio suplementar devemos esperar antes que as amostras de GSA sejam coletadas para que reflitam os valores basais ou de platô?

Em pacientes com doença pulmonar obstrutiva grave e aprisionamento de ar, podem ser necessários 25 minutos; contudo, na ausência de doença pulmonar significativa, cinco a sete minutos são adequados.

Cugell DW: How long should you wait? [editorial]. Chest 67:253, 1975.

6. O que é a equação do gás alveolar?

A equação do gás alveolar é uma fórmula usada para determinar a pressão parcial aproximada de oxigênio nos alvéolos (PAO_2):

$$PAO_2 = (PB - PH_2O)FiO_2 - (PaCO_2 \div R)$$

onde *PB* é a pressão barométrica, PH_2O é a pressão de vapor de água (geralmente 47 mmHg), FiO_2 é a fração inspirada de oxigênio e *R* é o quociente respiratório. (A relação entre a produção de CO_2 e o consumo de O_2 é um valor geralmente em torno de 0,8 em repouso.). P. ex., ao nível do mar:

$$PAO_2 = (760 - 47)0{,}21 - (40 \div 0{,}8) = 100 \text{ mmHg}$$

7. O que é a diferença alvéolo-arterial de PO_2, ou "gradiente A-a" (ou seja, gradiente AaO_2)?

Após o cálculo da PAO_2 a partir da equação do gás alveolar, o gradiente AaO_2 pode ser obtido por meio da subtração da PaO_2 mensurada a partir das GSAs. P. ex., ao nível do mar (onde PCO_2 é 40 e a PO_2 é 92):

$$100 \text{ mmHg} - 92 \text{ mmHg} = 8 \text{ mmHg}$$
$$PAO_2 - PaO_2 = \text{gradiente } AaO_2$$

O gradiente AaO_2 normal depende da idade, do posicionamento corporal e das condições nutricionais. O gradiente AaO_2 encontra-se ampliado sob condições normais pela idade, obesidade, jejum, decúbito dorsal e após a realização de exercícios intensos. Uma equação preditiva para estimar a PO_2 (com PB = 760 mmHg) em relação à idade é a seguinte:

$$PO_2 = 109 - 0{,}43 \times \text{idade (em anos)}$$

Sorbini CA, Grassi V, Solinas E, Muiesan G: Arterial oxygen tension in relation to age in healthy subjects. Respiration 25:3-13, 1968.

8. De que maneira o gradiente AaO_2 pode ser útil?

O gradiente AaO_2 pode encontrar-se ampliado por qualquer condição cardiopulmonar significativa que resulte em hipoxemia e/ou hipocarbia. A hipoxemia causada por hipoventilação alveolar simples não amplia o gradiente AaO_2. A maioria dos êmbolos pulmonares, por outro lado, irá aumentar o gradiente AaO_2, porque mesmo que a hipoxemia não ocorra, a hipocarbia é muito comum.

Cvitanic O, Marino PL: Improved use of arterial blood gas analysis in suspected pulmonary emboli. Chest 95:48-51, 1989.

9. Qual é a diferença entre a saturação de oxigênio calculada *versus* a saturação mensurada?

A saturação de oxiemoglobina calculada é obtida a partir dos valores mensurados de PaO_2 e do pH, pela fórmula de Severinghaus, um nomograma, ou pelo microprocessador do equipamento de gasometria sanguínea. A mensuração da saturação de oxiemoglobina é obtida usando-se um CO-oxímetro (um espectrofotômetro). Se houver presença de carboxiemoglobina, podem ocorrer erros no cálculo da saturação de oxigênio, o que é comumente observado nos fumantes de cigarros. O monóxido de carbono não afeta a tensão de oxigênio (PaO_2), mas se liga e desloca o oxigênio da hemoglobina. Como consequência, a saturação de oxigênio calculada é elevada falsamente.

A saturação de oxigênio calculada pode também apresentar dados errados se a curva de dissociação de oxiemoglobina for deslocada por alterações no 2,3-difosfoglicerato (2,3-DPG). A ligação do 2,3-DPG à hemoglobina reduz a afinidade da hemoglobina pelo oxigênio, facilitando a liberação desse em nível tecidual. A ligação de 2,3-DPG à hemoglobina desloca a curva de dissociação da oxiemoglobina para a direita. Um exemplo comum de depleção de 2,3-DPG ocorre no caso de armazenamento de sangue. Assim, um paciente que recebe diversas unidades de sangue estocado apresentará um desvio para a esquerda da curva de dissociação da oxiemoglobina e terá uma saturação de oxigênio calculada com valor menor do que o da saturação de oxigênio mensurada (Fig. 5-1).

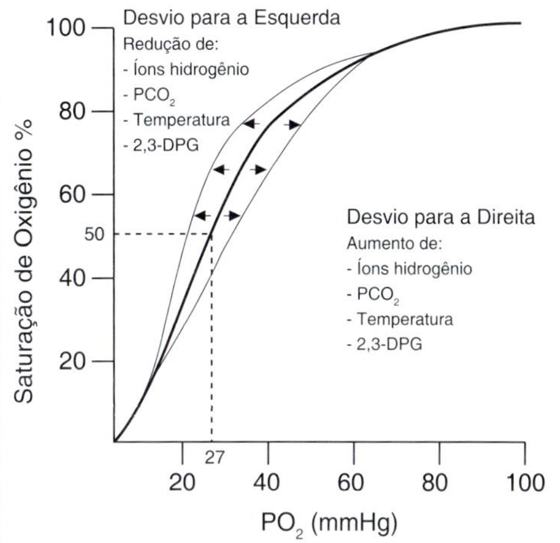

Figura 5-1. Curva de dissociação da oxiemoglobina.

As hemoglobinopatias também ocasionarão uma discrepância entre a saturação de oxigênio mensurada e a calculada, dependendo de qual sentido deslocarem a curva de dissociação da oxiemoglobina.

Severinghaus JW: Blood gas calculator. J Appl Physiol 21:1108-1116, 1966.

10. Como funcionam os monitores de gasometria intra-arterial contínua (CIABGMs)?

A maioria dos CIABGMs em desenvolvimento ou em uso atualmente utiliza sensores de fibras ópticas (ou seja, optodos), que quantificam as reações fotoquímicas a partir da absorção da luz, reflexão da luz ou fluorescência. As fibras ópticas transmitem um sinal luminoso que trafega pela fibra, onde interage com um pigmento. Mudanças na concentração da substância mensurada (ou seja, CO_2, O_2) no interior do complexo do pigmento causam uma alteração do sinal luminoso por absorção, reflexão ou fluorescência. A sonda do CIABGM geralmente consiste de três fibras ópticas com pigmentos específicos para mensurar o pH, a PCO_2 e a PO_2. Adicionalmente, um termopar é incluído para a mensuração contínua da temperatura do sangue. O papel do CIABGM permanece não esclarecido, até que os estudos de desfechos e da relação custo-benefício sejam concluídos.

Venkatesh B, Hendry SP: Continuous intra-arterial blood gas monitoring. Intensive Care Med 22:818-828, 1996.

11. O que são as GSAs feitas com dispositivos portáteis (DPs)?

A tecnologia atual possibilita a mensuração das GSAs à beira do leito, com dispositivos portáteis para a análise da gasometria que usam cartuchos descartáveis. Diversos dispositivos disponíveis comercialmente fornecem diferentes opções de teste para mensurar outros parâmetros, além dos valores da GSA de rotina. Consequentemente, a confiabilidade de cada parâmetro mensurado pode diferir de um dispositivo para outro.

12. Como funcionam os DPs para GSAs? Quais são suas vantagens e desvantagens?

A amostra de GSA heparinizada é colocada no interior do cartucho do DP, onde o sangue flui para diferentes sítios/sensores para análise. O pH e a PCO_2 são mensurados por potenciometria direta e o PO_2 é mensurado por amperometria. Calcula-se então os valores de HCO_3, CO_2 total, o excesso de bases e a saturação de oxigênio.

O teste pode ser realizado por enfermeiros, médicos e fisioterapeutas, e os resultados da GSA são obtidos mais rapidamente e podem influenciar em decisões críticas. As principais desvantagens desse sistema incluem o custo por cartucho, a falta de calibragens pré-análise para assegurar a precisão dos dados e a falta de inclusão de mensurações por CO-oximetria.

Severinghaus JW, Astraup P, Murray JF: Blood gas analysis and critical care medicine. Am J Respir Crit Care Med 157:S114-S122, 1998.

13. Dado que a oximetria é tão prontamente disponível, indolor e precisa, por que a análise GSA é necessária?

A oximetria e as tecnologias mais recentes que a tornaram mais acessível, barata e precisa, diminuíram a necessidade da análise da GSA para monitorizar a saturação de oxigênio. De fato, em muitos hospitais, o número de análises GSA realizadas tem diminuído devido à disponibilidade de oxímetros em praticamente todos os departamentos do hospital. Contudo, confiar somente no oxímetro pode levar a erros de diagnóstico, a um aumento do custo e, potencialmente, a uma parada respiratória fatal. Considere os seguintes exemplos de armadilhas que têm sido observadas na prática clínica na qual foi utilizada somente a oximetria:

1. Notou-se que um paciente apresentava dessaturação de oxigênio à oximetria durante uma checagem de rotina após uma cirurgia ortopédica de pequeno porte. Os médicos avaliaram essa anormalidade oximétrica solicitando radiografia de tórax, provas da função pulmonar e cintilografia pulmonar de ventilação-perfusão, todos os quais apresentaram resultados normais. Por fim, a análise da GSA foi feita e revelou hipoventilação alveolar isolada, com um gradiente AaO_2 normal. A dessaturação de oxigênio foi simplesmente resultado de um aumento da PCO_2 devido à hipoventilação em um paciente sob administração de narcóticos.
2. Após um episódio de inalação de fumaça, um paciente compareceu ao departamento de emergência com queixas de cefaleia e náuseas. A saturação de oxigênio por oximetria estava normal e o paciente estava prestes a ser liberado após receber somente o tratamento sintomático. Felizmente, por reconhecer a limitação da oximetria na diferenciação entre a hemoglobina oxigenada e a caboxiemoglobina, o médico coletou uma amostra da GSA, que revelou uma intoxicação acentuada por monóxido de carbono. O paciente então foi tratado adequadamente sendo colocado sob administração de oxigênio a 100% e monitorização rigorosa.
3. Um médico plantonista foi chamado para examinar um paciente séptico febril, com uma frequência de 40 incursões respiratórias/min e uma radiografia de tórax revelando infiltrados alveolares bilaterais. Iniciou-se a administração de oxigênio e, com o uso de oximetria, a saturação de oxigênio foi titulada até 90%. O paciente necessitou de FiO_2 de 100% por máscara sem reinalação para alcançar a saturação de oxigênio a 90%. Infelizmente, o plantonista não coletou uma amostra de GSA e não percebeu que, com a hiperventilação acentuada e a alcalose respiratória, a curva de dissociação de oxiemoglobina foi desviada para a esquerda, causando assim uma saturação de oxigênio muito mais alta para uma determinada PaO_2. Caso a análise da GSA tivesse sido feita naquele momento, revelaria um pH de 7,58, $PaCO_2$ de 22, PaO_2 de 50 e saturação de O_2 de 90% – todos indicando claramente a necessidade de intubação e ventilação assistida com pressão positiva ao final da expiração. Mais tarde, naquela noite, o paciente sofreu uma parada respiratória quase fatal (*ver* Fig. 5-1).
4. Você é requisitado para avaliar um paciente que acabou de ser submetido a um ecocardiograma transesofágico, tendo sido adotada a sedação consciente associada a um *spray* de anestésico local (benzocaína). A saturação de oxigênio mensurada por oximetria é de 75%. A GSA por DP revela pH e PCO_2 normais, e um PO_2 de 250 mmHg sob oxigênio suplementar. Entretanto, a amostra de sangue tem uma aparência amarronzada! Uma segunda amostra de GSA enviada ao laboratório para CO-oximetria revela um nível de metaemoblogina de 24%. A metaemoglobinemia induzida por benzocaína é diagnosticada e se resolve com a administração de azul de metileno IV.

BIBLIOGRAFIA

1. Asmussen E, Nielsen M: Alveolo-arterial gas exchange at rest and during work at different O_2 tensions. Acta Physiol Scand 50:153-160, 1960.
2. Cissik JH, Salustro J, Patton OL, Louden JA: The effects of sodium heparin on arterial blood gas analysis. Cardiovasc Pulm 5:17-21, 1977.
3. Hansen JE: Arterial blood gases. Clin Chest Med 5:227-237, 1989.
4. Hansen JE, Simmons DH: A systematic error in the determination of blood PCO_2. Am Rev Respir Dis 115:1061-1063, 1977.

REPOSIÇÃO HÍDRICA

James E. Wiedeman, MD e Mark W. Bowyer, MD, DMCC, COL, USAF, MC

1. Como a água é distribuída no corpo humano?

A água corporal total representa 60% do peso nos homens e 50% nas mulheres (Fig. 6-1). Por sua vez, 40% dessa água encontra-se no espaço intracelular (30% nas mulheres devido à maior quantidade de tecido subcutâneo e menor massa muscular) e 20% no espaço extracelular, sendo que 15% encontra-se no espaço intersticial e 5% no plasma. A quantidade de água corporal total diminui com a idade; ela representa 75%-80% do peso de um recém-nascido.

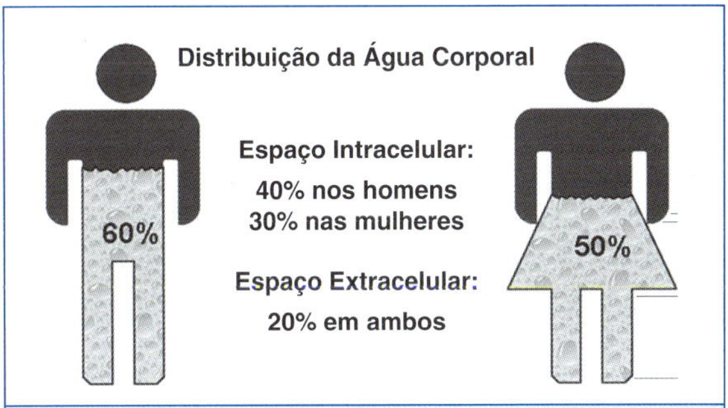

Figura 6-1. Distribuição da água corporal nos homens e nas mulheres.

2. O que são perdas sensíveis e insensíveis? Como é calculada a necessidade hídrica basal?

- Perdas insensíveis (não mensuráveis).
  - Pele: 600 mL.
  - Pulmões: 200 mL.
- Perdas sensíveis (mensuráveis).
  - Fecal: 200 mL.
  - Urina: 800-1.500 mL.
  - Sudorese: Variável.

Tais perdas totalizam 2.000-2.500 mL/dia, o que representa uma necessidade de consumo de líquidos de 30-35 mL/kg a cada 24 horas para manter o equilíbrio hídrico normal.

3. Qual é a necessidade hídrica das crianças?

A necessidade hídrica (a cada 24 horas) em crianças é baseada no peso:

- **0-10 kg:** 100 mL/kg.
- **11-20 kg:** 1.000 mL + 50 mL/kg para cada quilo acima de 10 kg.
- **20 kg:** 1.500 mL + 20 mL/kg para cada quilo acima de 20 kg.

4. Descreva as manifestações clínicas do déficit e excesso de volume.

- **Déficit:** Causa alterações no sistema nervoso central (p. ex., redução da atividade mental), sistema cardiovascular (p. ex., taquicardia, hipotensão), pele (p. ex., redução do turgor) e metabolismo (p. ex., hipotermia).
- **Excesso:** O excesso hídrico causa turgência das veias do pescoço, ritmo de galope de B3, estertores nas bases pulmonares e edema periférico. É importante assinalar que déficits e excessos de volume são diagnós-

ticos clínicos, independentes de alterações de concentração (p. ex., sódio) ou composição (p. ex., potássio, cálcio, magnésio ou bicarbonato).

5. Quais são as classes do choque hemorrágico, como se correlacionam a um jogo de tênis e que tipo de fluido deve ser administrado em cada classe?

Ver Tabela 6-1.

6. O que é a regra "3:1" da reposição volêmica após a perda aguda de sangue?

Devem ser administrados três mililitros de cristaloide para cada mililitro de sangue perdido a fim de compensar a perda do líquido administrado para os espaços intersticial e intracelular.

7. Quais são as fontes, volumes e composição mais comuns das perdas gastrointestinais de líquido?

Ver Tabela 6-2.

8. Quais líquidos podem ser administrados empiricamente para as perdas de fluidos?

- **Suor:** Soro glicosado a 5% em solução com cloreto de sódio a 0,225% com 5 mEq KCl/L.
- **Gástrico:** Soro glicosado a 5% em solução com cloreto de sódio a 0,45% com 30 mEq KCl/L.

TABELA 6-1. CLASSES DE CHOQUE HEMORRÁGICO

Classe de Choque	Pontuação do Jogo de Tênis	% de Perda Sanguínea	Fluido a Ser Administrado
I	15	≤ 15%	RL
II	30	15-30%	RL
III	40	30-40%	RL + sangue
IV	Fim do jogo	>40%	RL + sangue

RL - Ringer lactato.

TABELA 6-2. FONTES FREQUENTES, VOLUME E COMPOSIÇÃO DAS PERDAS GASTROINTESTINAIS DE FLUIDO

Fonte	Composição (mEq/L)				
	Na	K	Cl	HCO_3	Volume
Gástrica (sonda nasogástrica, vômito)	60	10	130	—	100-400 mL
Duodeno (fístulas)	140	5	80	—	100-2.000 mL
Bile (Dreno em T, fístulas)	145	5	100	35	50-800 mL
Pâncreas (fístulas)	140	5	75	115	100-800 mL
Íleo (ileostomias, fístulas)	140	5	104	30	100-9.000 mL
Cólon (diarreia)	60	30	40	20	

Na = sódio, K = potássio, Cl = cloro, HCO3 = bicarbonato.

- **Bile, pâncreas e intestino delgado:** Ringer lactato.
- **Cólon:** Soro glicosado a 5% em solução com cloreto de sódio a 0,45% com 30 mEq KCl/L.
- **Terceiro espaço (perdas intersticiais):** Ringer lactato.

PONTOS-CHAVE: REPOSIÇÃO HÍDRICA ✓

1. A água corporal total representa 60% do peso (40% intracelular e 20% extracelular). O volume plasmático (sangue) representa 5% do peso corporal.
2. O déficit ou excesso de volume deve ser diagnosticado por meio de exame físico e não de resultado de exames laboratoriais.
3. Para evitar anormalidades hidroeletrolíticas identifique as perdas gastrointestinais contínuas e reponha com o líquido apropriado.
4. Use Ringer lactato para ressuscitação volêmica.

9. Qual a diferença entre soluções cristaloides e coloides? Dê exemplos de cada uma.

- **Cristaloides:** Soluções cristaloides são misturas de cloreto de sódio e outros solutos fisiologicamente ativos. A distribuição do sódio determinará a distribuição do cristaloide administrado. Exemplos de cristaloides incluem soro fisiológico, Ringer lactato e solução hipertônica de cloreto de sódio.
- **Coloides:** São substâncias de alto peso molecular que permanecem no espaço intravascular e exercem força osmótica. Os exemplos incluem albumina, hidroxietilamidos, dextran e sangue.

10. Descreva a composição do soro fisiológico e do Ringer lactato. Qual deles deve ser utilizado na ressuscitação volêmica?

A Tabela 6-3 apresenta um resumo da composição do soro fisiológico e do Ringer lactato. Nos casos de ressuscitação volêmica, é preferível utilizar o Ringer lactato, pois a administração de soro fisiológico pode resultar em acidose metabólica hiperclorêmica.

CONTROVÉRSIA

11. Quais evidências apoiam o uso de diversos fluidos na ressuscitação?

- **Ringer lactato:** O Ringer lactato continua sendo o melhor e mais barato fluido a ser usado em casos de ressuscitação pós-trauma.
- **Albumina, hidroxietilamidos e outros coloides:** Não existem evidências baseadas em estudos controlados e randomizados que demonstrem que a ressuscitação com coloides reduza o risco de morte, edema pulmonar ou tempo de hospitalização (em comparação à ressuscitação com cristaloides em pacientes vítimas de trauma,

TABELA 6-3. COMPOSIÇÃO DO SORO FISIOLÓGICO E DO RINGER LACTATO

Classe de Choque	Na	Cl	K	Ca	Lactato
Soro fisiológico (mEq/L)	154	154	—	—	—
Ringer lactato (mEq/L)	130	109	4	3	28

Na = sódio, Cl = cloro, K = potássio, Ca = cálcio.

queimaduras ou em recuperação pós-cirúrgica). Como os coloides são mais caros, é difícil justificar seu uso continuado em tais situações.

- **Solução hipertônica de cloreto de sódio:** O benefício é aparente apenas em pacientes com trauma craniano/edema cerebral.

BIBLIOGRAFIA

1. Alderson P, Bunn F, Lefebvre C, et al: Human albumin solution for resuscitation and volume expansion in critically ill patients. Cochrane Database Syst Rev (4):CD001208, 2004.
2. Bunn F, Alderson P, Hawkins V: Colloid solutions for fluid resuscitation. The Cochrane Database of Systemic Reviews, The Cochrane Collaboration, John Wiley & Sons, 2005: www.cochrane.org/cochrane/revasbstr/AB001319.htm
3. Fan E, Stewart TE: Albumin in critical care: SAFE but worth the salt? Crit Care 8:297-299, 2004.
4. Roberts I, Alderson P, Bunn F, et al: Colloids versus crystalloids for fluid resuscitation in critically ill patients. The Cochrane Database of Systemic Reviews, The Cochrane Collaboration, John Wiley & Sons, 2005: www.cochrane.org/reviews/en/ab000567.html

CAPÍTULO 7

NUTRIÇÃO NO PACIENTE CRÍTICO

Lee-lynn Chen, MD e Annette Stralovich-Romani, RD, CNSD

1. Descreva as alterações metabólicas que ocorrem durante as doenças graves.

As doenças graves frequentemente são acompanhadas por inanição e desnutrição. As alterações metabólicas associadas as doenças graves incluem a mudança para um estado hipermetabólico e hipercatabólico, caracterizado pela liberação de catecolaminas, glicocorticoides, mediadores inflamatórios e citocinas. As consequências dessas alterações incluem anorexia, perda de peso, perda da massa corporal magra, alterações na função imunológica e dificuldade na cicatrização de feridas.

2. Quais são os objetivos do suporte nutricional nos pacientes críticos?

Os objetivos incluem a preservação e a reposição da massa magra corporal, a prevenção das deficiências de macronutrientes e micronutrientes, a redução da morbidade e mortalidade, a melhora do prognóstico e a profilaxia de complicações relacionadas ao próprio suporte nutricional. Dentre os objetivos do suporte mais especializado, estão a melhora da função imunológica e da cicatrização e o suporte à síntese proteica hepática.

3. Discuta a avaliação nutricional inicial de um paciente crítico e os indicadores clínicos da desnutrição.

A avaliação do estado nutricional começa com a história e exame físico. Os indicadores da desnutrição incluem a perda involuntária recente de peso (que pode ser mascarada pela retenção de líquido), alterações no apetite ou hábitos intestinais, presença de sintomas gastrointestinais (GI) persistentes, atrofia muscular e sinais de deficiências micronutricionais específicas, tais como glossite ou anemia.

Muitos pacientes apresentam desnutrição quando são internados na unidade de terapia intensiva (UTI), e o estado nutricional tende a piorar durante a hospitalização. O nível sérico de proteínas hepáticas está clinicamente ligado ao estado nutricional e à gravidade da doença. Como a meia-vida da albumina é de 21 dias e a da pré-albumina é de 2-3 dias, a albumina é o melhor parâmetro para avaliar o estado nutricional crônico de um paciente, enquanto a pré-albumina serve de marcador das mudanças recentes do estado nutricional. Na UTI, os níveis de albumina e de pré-albumina frequentemente estão baixos, ainda que haja um suporte nutricional aparentemente adequado. Os níveis séricos de albumina, pré-albumina e transferrina (conhecidas, também, como *proteínas de fase aguda negativas*) geralmente diminuem em resposta a infecções, lesões ou trauma, e aumentam mediante a recuperação das condições citadas. Por outro lado, as proteínas de fase aguda positivas, como a proteína C-reativa (PCR), aumentam em função do estresse de doenças graves e diminuem no momento da melhora clínica. A pré-albumina e a PCR devem ser monitoradas semanalmente para avaliar tanto a gravidade da doença quanto para determinar se o suporte nutricional está sendo adequado.

Fuhrman MP, Charney P, Mueller CM: Hepatic proteins and nutrition assessment. J Am Diet Assoc 104:1258-1264, 2004.

4. Quais são as necessidades nutricionais diárias de pacientes críticos?

Aconselha-se uma mistura balanceada composta de:

- **Glicose:** Cinquenta a 55% do total de calorias devem ser administrados na forma de carboidratos. Condições como a doença pulmonar obstrutiva crônica ou a incapacidade de desmamar o paciente da ventilação mecânica podem exigir a redução na quantidade de carboidratos; normalmente essa decisão pode ser guiada pelo cálculo do quociente respiratório (*veja* a questão 6).

PONTOS-CHAVE: OBJETIVOS DO SUPORTE NUTRICIONAL NO PACIENTE CRÍTICO ✓

1. O suporte nutricional é útil na preservação e reposição da massa magra corporal.
2. Prevenção da deficiência de macronutrientes e micronutrientes.
3. Redução da morbidade e mortalidade.
4. Melhora do prognóstico e profilaxia de complicações relacionadas ao próprio suporte nutricional.

- **Lipídios:** Trinta por cento do consumo calórico total devem ser administrados na forma de lipídios. Na maioria das fórmulas enterais, 30% das calorias totais estão na forma de lipídios. Os ácidos graxos ômega-3 possuem efeito antiinflamatório e são cada vez mais usados na síndrome do desconforto respiratório agudo.
- **Proteína:** De 15% a 20% das calorias diárias devem ser administradas na forma de proteínas ou aminoácidos. Geralmente inicia-se a terapia com 1,2-1,5 g/kg/dia, que deve ser ajustada após a determinação da retenção de nitrogênio e de outros indicadores clínicos do catabolismo proteico. Algumas condições podem exigir a redução na quantidade de proteína administrada, como a piora da encefalopatia hepática com aumento dos níveis sanguíneos de amônia ou a insuficiência renal sem diálise (*veja* a questão 8).

As necessidades nutricionais de muitos micronutrientes, como as vitaminas, minerais e outros oligoelementos, ainda não foram determinadas. Eletrólitos, como o sódio, potássio, magnésio e fosfato, devem ser suplementados e seus níveis séricos, monitorados.

Chan S, McCowen KC, Blackburn GL: Nutrition management in the ICU. Chest 115:145S-148S, 1999.

5. Como podemos estimar as necessidades energéticas dos pacientes críticos?

O gasto energético em repouso pode ser estimado por meio da equação de Harris-Benedict.

- **Para os homens:** Gasto energético em repouso (GER) = 66,5 + 13,75 × (peso em quilogramas) + 5 × (altura em centímetros) – 6,76 × (idade em anos).
- **Para as mulheres:** GER = 655 + 9,56 × (peso em quilogramas) + 1,86 × (altura em centímetros) – 4,68 × (idade em anos).

A principal limitação da equação de Harris-Benedict nos pacientes críticos encontra-se no fato de que ela foi derivada de dados calorimétricos indiretos de voluntários saudáveis. Para corrigir doenças e graus de estresse, o GER é multiplicado por fatores que melhor estimam o gasto energético dos doentes críticos. Esses fatores variam de 1,2 a 2,0.

Nos pacientes que pesam 30% a mais do que o ideal, deve-se usar o peso ideal ajustado – caso contrário, pode-se usar o peso atual para calcular a necessidade calórica.

A calorimetria indireta fornece, por meio da determinação da troca respiratória de gases, uma medida mais precisa do gasto energético na UTI. Aparelhos para uso à beira do leito (o "carrinho metabólico") medem o consumo de oxigênio (VO_2), a produção de dióxido de carbono (VCO_2) e a ventilação minuto, que são usados na equação de Weir para determinar o gasto energético. Como as determinações não são confiáveis sob concentrações inspiradas de oxigênio superiores a 60%, o uso da calorimetria indireta na UTI fica limitado. A equação de Weir é mostrada a seguir:

$$\text{Gasto energético} = [(VO_2) \times (3{,}941) + (VCO_2) \times (1{,}11)] \times 1440$$

6. Como o quociente respiratório (QR) é definido? Como ele pode ser usado clinicamente?

O QR é a razão entre a produção de dióxido de carbono (VCO_2) do paciente e seu consumo de oxigênio (VO_2). Esses valores são obtidos por meio da calorimetria indireta feita à beira do leito. O QR é útil na orientação do planejamento da terapia nutricional. Ele apresenta uma variação fisiológica entre 0,7 e 1,2, sendo influenciado pela contribuição relativa dos lipídios, proteínas e carboidratos, que possuem um valor de QR de 0,7, 0,8 e 1,0, respectivamente. Assim, um QR > 1,0 pode sugerir um suprimento excessivo de carboidratos ou calorias, resultando em um aumento na produção de CO_2 e levando à dificuldade de desmame da ventilação mecânica. Um QR < 0,7 sugere uma alimentação insuficiente e o uso de cetonas como fonte de energia.

7. Quais são algumas das considerações nutricionais específicas para os pacientes dependentes do ventilador?

A depleção nutricional pode afetar o sistema imunológico, predispondo o paciente a infecções, enfraquecer os músculos respiratórios e exacerbar a insuficiência respiratória. A desnutrição também causa hipoalbuminemia podendo, assim, acelerar o desenvolvimento de edema pulmonar. Anormalidades eletrolíticas, como a hipofosfatemia ou a hipermagnesemia, podem piorar a função dos músculos respiratórios já enfraquecidos. O excesso de calorias ou carboidratos pode levar à produção excessiva de CO_2 e exacerbar a insuficiência respiratória.

8. Como as necessidades proteicas dos pacientes críticos podem ser avaliadas?

O corpo não possui reservas proteicas e, portanto, as proteínas devem ser repostas continuamente. A Tabela 7-1 apresenta uma estimativa das necessidades proteicas. O fornecimento de proteínas tem como objetivo minimizar o grau de perda nitrogenada. O balanço nitrogenado continua sendo a melhor forma de avaliar os efeitos da intervenção nutricional, sendo definido como a diferença entre a ingestão e a perda de nitrogênio pela urina, pele e fezes:

$$\text{Balanço nitrogenado (g)} = (\text{aporte de proteína}/6{,}25) - (\text{nitrogênio ureico urinário} + 2 \text{ a } 4)$$

O balanço nitrogenado determina a quantidade de proteínas necessária para manter o equilíbrio entre a ingestão e a perda de nitrogênio. O balanço nitrogenado positivo está associado a uma melhor evolução, sendo o melhor indicador da eficácia do suporte nutricional. Devido ao estado catabólico associado às doenças graves, costuma ser muito difícil atingir um balanço nitrogenado positivo. A insuficiência hepática torna os cálculos do

TABELA 7-1. ESTIMATIVA DAS NECESSIDADES PROTEICAS

Condição	Necessidades (g/kg/dia)
Função renal normal	
Manutenção	0,8-1,2
Estresse moderado	1,3-1,5
Estresse acentuado	1,5-2,0
Insuficiência renal	
Sem diálise	0,8-1,2
Hemodiálise	1,0-1,4
CAPD	1,3-1,5
CAVHD/CVVHD	1,6-1,8
Insuficiência hepática	Iniciar com 1,0 g de proteína/kg/dia e aumentar, conforme tolerância, para 1,5-2,0 g de proteína/kg/dia
Insuficiência hepática com encefalopatia	0,6-0,8 (nunca menos do que 40 g/dia)

CAPD = diálise peritoneal ambulatorial contínua, CAVHD = hemodiálise arteriovenosa contínua, CVVHD = hemodiálise veno-venosa contínua.

balanço nitrogenado imprecisos devido à redução da produção do nitrogênio ureico, enquanto a diarreia intensa, o alto débito de uma ostomia, a perda de plasma por feridas ou outras perdas líquidas dificultam os cálculos devido ao excesso de perdas não mensuradas. O balanço nitrogenado não pode ser interpretado na presença de disfunção renal (clearance de creatinina < 50 mL/min) ou de níveis elevados de amônia.

Stralovich-Romani A, Mahutte C, Luce J: Administrative, nutritional, and ethical principles for the management of critically ill patients. In George RB, Light RW, Matthay M, et al (eds): Chest Medicine: Essentials of Pulmonary and Critical Care Medicine, 5th ed. Philadelphia, Lippincott Williams and Wilkins, 2005, pp 497-516.

9. Qual o melhor método para o fornecimento da nutrição – enteral ou parenteral?

A alimentação enteral é o método preferido. As doenças graves geralmente estão relacionadas à atrofia da mucosa intestinal e do tecido linfoide associado ao trato gastrointestinal, à destruição da flora intestinal normal pelos antibióticos, ao íleo paralítico induzido por diversos fármacos e à redução da produção de ácido gástrico causada pelos inibidores da bomba de prótons. Todos esses fatores podem levar à disfunção da barreira intestinal. Essa destruição da estrutura intestinal e da função de barreira pode levar à má absorção e translocação bacteriana. A expressão *translocação bacteriana* descreve a migração de bactérias da luz intestinal para o tecido linfático ou corrente sanguínea, tendo sido implicada na patogenia da sepse e síndrome da resposta inflamatória sistêmica. A alimentação "trófica" ou "em gotas" (ou seja, 10 mL/h) não demonstrou atingir os efeitos desejáveis no trato GI; é necessário alcançar aproximadamente 60% dos objetivos nutricionais para atingir os benefícios terapêuticos da nutrição enteral. A nutrição enteral, em comparação à nutrição parenteral, apresenta menos complicações infecciosas e menor custo.

DeWitt RC, Kudsk KA: The gut's role in metabolism, mucosal barrier function, and gut immunology. Infect Dis Clin North Am 13:465-481, 1999.

10. Quando os pacientes da UTI devem ser nutridos?

A nutrição enteral precoce (ou seja, até 24 horas após a internação) está associada à menor incidência de infecções e à redução na duração da hospitalização. Antes de instituí-la, a presença de peristalse à ausculta e eliminação de gases não se faz necessária. Os benefícios potenciais da nutrição enteral precoce incluem a atenuação da resposta ao estresse, a redução da atrofia intestinal e a redução da permeabilidade intestinal anormal associada à inanição.

Marik P, Zloga GP: Early enteral nutrition in acutely ill patients: A systematic review. Crit Care Med 29:2264-2270, 2001.

11. Descreva as vias de administração e o método preferido de administração da nutrição enteral.

A nutrição enteral geralmente é administrada pela via nasoenteral, por meio de sondas de administração gástrica ou enteral:

- **Alimentação intragástrica:** A alimentação intragástrica exige motilidade adequada e está associada a um aumento no risco de aspiração, mas não requer a inserção de uma sonda nasoenteral no intestino delgado, o que pode representar um desafio técnico maior e até mesmo, ocasionalmente, necessitar de auxílio fluoroscópico.
- **Alimentação transpilórica (intestino delgado):** Esse tipo de alimentação apresenta melhor tolerância, menor incidência de complicações e pode ser usada na presença de íleo gástrico e colônico.

A nutrição enteral pode ser administrada nas formas de *bolus*, intermitente ou contínua:

- **Alimentação em *bolus*:** A alimentação em *bolus* envolve a administração de um grande volume em um curto período de tempo, apresentado maior risco de aspiração, diarreia, náusea, vômito e distensão.
- **Alimentação intermitente:** A alimentação intermitente envolve a administração de um volume definido no período de 1-12 horas. As alimentações em *bolus* e intermitente devem ser administradas no estômago.
- **Alimentação contínua:** Esse tipo de alimentação envolve a administração de pequenas quantidades continuamente, por meio de uma bomba, no período de 24 horas. Na presença de doença grave, a alimentação contínua administrada no intestino delgado apresenta melhor tolerância do que os outros métodos mencionados, tendo ainda menor incidência de aspiração, úlcera resultante de estresse e diarreia, sendo, portanto, o método preferencial de administração.

Binnekade J, Tepaske R, Bruynzeel P, et al: Daily enteral feeding practice in the ICU: Attainment of goals and interfering factors. Crit Care Med 9:R218-R225, 2005.

12. Como a tolerância à nutrição enteral deve ser monitorada?*

Deve-se verificar a presença de resíduos a cada quatro horas. Se houver um resíduo > 200 mL, deve-se suspender a nutrição por duas horas e verificar novamente o volume residual. Se o volume residual for < 200 mL, reiniciar a nutrição na velocidade ou volume (no caso de alimentação em *bolus*/intermitente) anterior. Se após duas horas o volume residual ainda for > 200 mL, verificar a posição da sonda. Deve-se considerar o uso de medicamentos que aumentem a motilidade ou o avanço da sonda para além do piloro, até o duodeno ou jejuno. Com a administração transpilórica da nutrição, o volume residual deve ser mínimo. De fato, estudos demonstraram que pacientes nutridos por meio de sonda jejunal receberam uma porcentagem significativamente maior do seu objetivo calórico diário e apresentaram uma incidência menor de pneumonia quando comparados aos pacientes que receberam nutrição por meio de sonda gástrica. Além disso, a administração pós-pilórica só precisa ser suspensa por 2-4 horas antes de algum procedimento (p. ex., extubação).

13. Que tipos de solução para nutrição enteral estão disponíveis? Como selecionar a solução apropriada para cada paciente?

As fórmulas para nutrição enteral contêm água, carboidratos, proteínas, lipídios, vitaminas, sais minerais e eletrólitos. Existe uma grande variedade de fórmulas disponíveis comercialmente para nutrição enteral. As fórmulas são frequentemente classificadas como poliméricas (intactas), oligoméricas (semielementares/à base de peptídeos), monoméricas (elementares) ou modulares. As fórmulas poliméricas contêm nutrientes intactos e requerem um trato GI totalmente funcional. Fórmulas elementares e semielementares contêm nutrientes parcialmente digeridos, sendo indicadas a pacientes com função GI comprometida. As fórmulas modulares consistem em diversos módulos de macronutrientes, que podem ser combinados para atender a necessidades nutricionais específicas.

Houve uma grande proliferação de fórmulas específicas para determinadas doenças que, frequentemente, contêm fármaco-nutrientes específicos, substâncias imunomoduladoras ou combinações específicas de macronutrientes e micronutrientes. Essas fórmulas geralmente são caras, havendo poucos dados que confirmem a melhora no prognóstico ou na eficácia, por isso devem ser selecionadas com cuidado.

PONTOS-CHAVE: CRITÉRIOS OBJETIVOS PARA AVALIAR O ESTADO NUTRICIONAL ✓

1. Verificar os níveis de pré-albumina e proteína C-reativa (PCR) semanalmente.
2. Determinar o balanço nitrogenado.
3. Fazer calorimetria indireta.
4. Contar as calorias.

14. Quais são algumas das condições clínicas que representam novas aplicações da nutrição enteral?

- **Pancreatite aguda:** Antigamente, os pacientes com pancreatite aguda eram mantidos em jejum oral e sob alimentação parenteral. A alimentação jejunal, ultrapassa as fases cefálica e gástrica da digestão, diminuindo assim o estímulo para a secreção pancreática exócrina, por isso tem sido considerada uma maneira segura e eficaz de fornecer alimentação a esses pacientes. De fato, a alimentação jejunal é tida como padrão de assistência para os pacientes com pancreatite aguda. A alimentação enteral é a preferida porque mantém a barreira intestinal. Ela também diminui a incidência de complicações infecciosas e intervenções cirúrgicas, e o período de hospitalização.
- **Fístula enterocutânea:** A alimentação enteral tem sido usada com mais frequência no tratamento de fístulas enterocutâneas. Ela deve ser infundida 40 cm distal à fístula a fim de evitar o refluxo.

---

*N. R. C.: Diversos protocolos são encontrados na literatura. Existem dados que apontam para a ineficácia da mensuração do resíduo gástrico e contraindicam a sua realização de rotina.

- **Síndrome do intestino curto:** Uma combinação de nutrição enteral e parenteral pode ser usada em casos de síndrome do intestino curto. A nutrição enteral é administrada de forma contínua, a uma velocidade muito baixa, para estimular a adaptação intestinal e sustentar o tecido linfoide associado ao trato gastrointestinal.

Cynober L, Moore FA: Nutrition and Critical Care. Basel, Switzerland, Nestec, Ltd., 2003.

15. Quais são algumas das potenciais complicações associadas à alimentação enteral? Como elas podem ser minimizadas?

As complicações da nutrição enteral podem ser classificadas em mecânicas, gastrointestinais ou metabólicas.

- **Complicações mecânicas:** As complicações mecânicas incluem a obstrução da sonda por medicação ou pílulas, irritação ou erosão do tecido nasal ou gástrico com risco associado de sangramento, infecção ou perfuração, lesão pulmonar durante a inserção da sonda e deslocamento da sonda com risco de aspiração. Para minimizar essas complicações, as sondas devem ser macias, e devem ser frequentemente lavadas com água e bem lubrificadas antes de ser inseridas seu posicionamento deve ser verificado antes do uso.
- **Complicações GI:** Estas incluem diarreia, náusea, vômitos, constipação e aspiração. Náusea e vômitos frequentemente são causados por volumes residuais gástricos elevados ou fármacos e podem, ocasionalmente, melhorar com o posicionamento pós-pilórico da sonda de alimentação e com o uso de infusão contínua. O íleo geralmente está associado à administração de narcóticos, podendo ser tratado com pequenas doses de naloxona oral, com mínima modificação do efeito analgésico do opioide. O risco de aspiração pode ser reduzido realizando-se alguns procedimentos, como o posicionamento pós-pilórico da sonda, a elevação da cabeceira da cama, o uso de sondas de alimentação menores, a suspensão de fármacos que reduzam o tônus do esfíncter esofageano inferior e a verificação frequente do volume residual.
- **Complicações metabólicas:** As complicações metabólicas são semelhantes às observadas na nutrição parenteral, mas geralmente são menos graves. Elas incluem hiperglicemia, alterações eletrolíticas e desidratação ou hiperhidratação. O monitoramento frequente da glicemia e do débito urinário e o uso criterioso de exames sanguíneos e urinários podem detectar essas alterações, indicando intervenções apropriadas na nutrição a fim de prevenir ou tratá-las assim que aparecem. As taxas de morbidade e mortalidade podem ser diminuídas realizando-se um controle rígido da glicemia (entre 80 e 110 mg/dL, com administração contínua de insulina).

Montejo JC: The Nutritional and Metabolic Working Group of the Spanish Society of Intensive Care Medicine and Coronary Units: Enteral nutrition-related gastrointestinal complications in critically ill patients: A multicenter study. Crit Care Med 27:1447-1453, 1999.

16. Quais são as contraindicações da nutrição enteral?

Pacientes críticos que não tenham função GI adequada não devem receber nutrição enteral. Condições que podem levar a um trato GI não funcional incluem: isquemia intestinal, obstrução intestinal, má absorção grave ou fístula de alto débito com saída de > 500 mL/dia. Caso haja diarreia de alto volume ou distensão acentuada durante a nutrição enteral, deve ser feita uma avaliação, podendo haver necessidade de interromper a nutrição enteral. Conforme mencionado anteriormente, pancreatite, fístula enterocutânea e cirurgia recente do trato GI não são contraindicações para a nutrição enteral.

17. Quais são as indicações da nutrição parenteral nos pacientes críticos?

A nutrição parenteral é indicada quando os pacientes demonstram falência absoluta do trato GI ou quando são incapazes de atingir suas necessidades nutricionais com a nutrição enteral. Isso inclui pacientes capazes de atingir algumas das necessidades nutricionais pela via enteral, mas não toleram o suporte nutricional total. A maioria dos pacientes receberá apenas nutrição enteral e a nutrição parenteral total (NPT) será iniciada somente se o volume de alimentação enteral necessário para alcançar as necessidades nutricionais não for tolerado.

Jeejeebhoy KN: Total parenteral nutrition: Potion or poison? Am J Clin Nutr 74:160-163, 2001.

18. Quais são os eletrólitos normalmente adicionados às soluções de nutrição parenteral? Como o equilíbrio ácido-básico afeta a escolha de eletrólitos e sua concentração na solução de nutrição parenteral?

Cloreto de sódio, cloreto de potássio, acetato de sódio, acetato de potássio, gluconato de cálcio e sulfato de magnésio são os eletrólitos geralmente adicionados às soluções de NPT.

O acetato é metabolizado a bicarbonato. Para os pacientes sem anormalidades significativas do equilíbrio ácido-básico, o cloreto e o acetato são administrados na proporção de 1:1. Para os pacientes com alcalose metabólica, diminui-se a quantidade de acetato a fim de minimizar a quantidade de bicarbonato produzida. Para aumentar a quantidade de bicarbonato produzida nos pacientes com acidose metabólica, deve-se maximizar o acetato na solução de NPT.

19. Descreva a composição básica das soluções de NPT.

A concentração de carboidrato, na forma de glicose, geralmente varia de 20%-30%. A concentração de aminoácidos varia de 3% a 15%. Emulsões lipídicas IV contêm óleo de soja ou girassol, fosfolipídio de gema de ovo e glicerina. Elas estão disponíveis em emulsões de 10%, 20% ou 30%. Frequentemente, adiciona-se diversas vitaminas e determinados medicamentos às fórmulas parenterais.

As vitaminas e sais minerais sugeridos como suplementação da nutrição parenteral incluem: vitamina A, vitamina D, vitamina E, vitamina K, ácido fólico, niacina, riboflavina, tiamina, piridoxina (vitamina B_6), vitamina B_{12}, ácido pantotênico, biotina, zinco, cobre, cromo e manganês. O manganês e o cobre devem excluídos da solução nos pacientes com insuficiência hepática com níveis de bilirrubina total > 10, pois são excretados pelo sistema biliar e desordens hepáticas/biliares podem levar ao depósito hepático desses elementos. Complexos vitamínicos não contêm ferro devido à preocupação com a possibilidade de reações alérgicas. Uma suplementação adicional pode ser necessária.

20. Quais são algumas das complicações da nutrição parenteral?

As complicações da nutrição parenteral podem ser classificadas como mecânicas, metabólicas, infecciosas e hepatobiliares.

- **Complicações mecânicas:** As complicações mecânicas são aquelas relacionadas ao cateter utilizado na administração. Entre elas, podemos citar o pneumotórax associado à inserção do cateter venoso central, a formação de trombos e embolia e a embolia gasosa.
- **Complicações metabólicas:** A hiperglicemia é a complicação metabólica mais comum. A insulina pode ser adicionada à solução de NPT ou administrada separadamente para controlar a hiperglicemia. Outras complicações metabólicas incluem a síndrome de realimentação, a produção excessiva de dióxido de carbono e as anormalidades eletrolíticas. A síndrome de realimentação afeta pacientes com desnutrição grave cuja alimentação é iniciada rapidamente. Ela é caracterizada pelo desenvolvimento de hipofosfatemia, hipocalemia, sobrecarga de volume e insuficiência cardíaca congestiva.
- **Complicações infecciosas:** Essas complicações geralmente estão associadas aos cateteres de acesso venoso central utilizados para administrar a NPT, e incluem a sepse relacionada a cateter.
- **Complicações hepatobiliares:** A capacidade oxidativa hepática (COH) é de 4-6 mg de glicose/kg/min. Se ela for excedida, ocorre o desenvolvimento de complicações hepatobiliares da nutrição parenteral, incluindo elevação das transaminases, fosfatase alcalina e bilirrubina, assim como esteatose (ou seja, fígado gorduroso) e colecistite acalculosa.

Schloerb PR, Henning JF: Patterns and problems of adult total parenteral nutrition use in academic medical centers. Arch Surg 133:7-12, 1998.

21. Como um paciente crítico que está recebendo nutrição parenteral deve ser monitorado?

Os valores basais de eletrólitos (p. ex., sódio, potássio, bicarbonato, magnésio, fosfato e cálcio), ureia, creatinina, glicose, albumina, triglicerídeos, hemograma completo e provas de função hepática (p. ex., transaminases, fosfatase alcalina e bilirrubina) devem ser determinados antes que a NPT seja iniciada. Após seu início, a glicemia deve ser verificada a cada 4-6 horas até que a infusão se estabilize. O nível de triglicerídeos deve ser verificado seis horas após o término da infusão IV de lipídios a fim de garantir que o paciente é capaz de metabolizá-los adequadamente. O nível sérico de triglicerídeos deve ser < 400 mg/dL. O nível de eletrólitos deve ser verificado diariamente até que a infusão seja estabilizada e, depois, a cada 3-4 dias, assim como a ureia e a creatinina. As provas de função hepática e os níveis de pré-albumina e PCR devem ser verificados uma vez por semana.

22. Como a administração de propofol pode influenciar o suporte nutricional fornecido aos pacientes críticos?

O propofol é um sedativo muito usado na UTI. Ele é fornecido como emulsão lipídica a 10%, proporcionando 1,1 kcal/mL. Quando a administração é realizada por períodos prolongados ou em doses elevadas, pode ser necessário reduzir ou eliminar a suplementação de lipídios IV, para evitar a administração excessiva de lipídios ou calorias. A hipertrigliceridemia (> 500 mg/dL) secundária ao uso de propofol foi implicada como uma causa de pancreatite aguda. Para preveni-la, deve-se verificar os níveis séricos de triglicerídeos nos pacientes tratados com doses elevadas de propofol.

23. O que são fármaco-nutrientes? Cite alguns exemplos.

São nutrientes específicos que são fornecidos além dos macronutrientes e micronutrientes normais (ou em maiores quantidades) para produzir efeitos específicos em determinados órgãos ou função metabólica. Exemplos de fármaco-nutrientes incluem:

- **Glutamina:** A glutamina é um aminoácido abundante e a principal fonte de energia para o intestino. Demonstrou-se que a adição de glutamina às fórmulas de nutrição enteral preserva o tamanho e a função do tecido linfoide associado ao trato gastrointestinal, reduz a translocação bacteriana e aumenta a espessura da mucosa do trato GI. Deve-se considerar o uso de glutamina nos pacientes queimados e vítimas de traumatismos – foi relatada uma redução da mortalidade, nos pacientes queimados, e da infecção, nos pacientes com traumatismos. Não existem relatos dos efeitos da administração rotineira da glutamina em outros pacientes críticos.
- **Ômega-3:** As fórmulas mais antigas de nutrição enteral continham quantidades elevadas de ácidos graxos ômega-6, que tem efeito imunossupressor. Demonstrou-se que as fórmulas atuais dotadas de maior quantidade de ácidos graxos ômega-3 são menos imunossupressoras e podem apresentar efeito antiinflamatório. Deve-se considerar o uso de óleos de peixe em pacientes com síndrome do desconforto respiratório agudo, pois seu uso está associado a uma redução no tempo em que o paciente necessita de suplementação de oxigênio.
- **Arginina:** A arginina é um aminoácido (e precursor do óxido nítrico) inicialmente considerada capaz de melhorar a função imunológica, cicatrização e balanço nitrogenado quando adicionada às fórmulas de nutrição enteral. Seu uso não é recomendado em pacientes críticos, pois estudos demonstraram uma tendência a causar danos.

Outras substâncias, incluindo hormônio de crescimento, antioxidantes e ácidos nucleicos, estão sendo investigadas. Apesar de vários fármaco-nutrientes mencionados serem promissores, o papel exato do seu uso rotineiro em terapia intensiva e na melhora do prognóstico ainda é desconhecido.

Beale RJ, Bryg DJ, Bihari DJ: Immunonutrition in the critically ill: A systematic review of clinical outcome. Crit Care Med 27:2799-2805, 1999.

VENTILAÇÃO NÃO-INVASIVA

Manuel Pardo, Jr., MD

1. O que é ventilação não-invasiva?

A ventilação mecânica, sem o uso de tubo endotraqueal ou traqueotomia, é chamada ventilação não-invasiva.

2. Quais são os principais tipos de ventilação não-invasiva?

Os principais tipos dessa modalidade de ventilação são a ventilação não-invasiva com pressão positiva e a ventilação não-invasiva com pressão negativa. No primeiro tipo, aplica-se pressão positiva às vias aéreas, insuflando os pulmões diretamente. No segundo tipo, aplica-se pressão negativa ao abdome e tórax para "puxar" o ar para dentro dos pulmões por meio das vias aéreas superiores. Este capítulo aborda, principalmente, a ventilação com pressão positiva, o tipo usado com mais frequência na unidade de terapia intensiva (UTI).

3. Quando a ventilação não-invasiva se tornou amplamente utilizada? Em qual doença?

A ventilação não-invasiva tornou-se amplamente utilizada durante as epidemias de poliomielite de 1920 até 1950. Os respiradores utilizados incluíam o leito cinésico, diversos tipos de "pulmões de ferro" e coletes respiratórios. Os pacientes com insuficiência respiratória crônica pós-poliomielite podiam ser mantidos vivos por vários anos devido à respiração não-invasiva de pressão negativa.

4. Por que houve uma redução no uso da ventilação não-invasiva nas décadas de 1950 e 1960?

O sucesso da vacina contra a poliomielite levou ao controle da epidemia. Além disso, houve maior difusão no uso da ventilação com pressão positiva. O sucesso dessa forma de ventilação "invasiva" com pressão positiva foi descrito em 1952 durante a epidemia de poliomielite, em Copenhagen, Dinamarca. No início da epidemia, o Hospital Blegdam possuía apenas sete respiradores, enquanto cerca de 70 pacientes precisavam de suporte respiratório simultaneamente. Lassen e Ibsen desenvolveram a técnica de traqueotomia e ventilação manual intermitente com pressão positiva, tendo descrito seu sucesso em 1953.

Woollam CH: The development of apparatus for intermittent negative pressure respiration. (2) 1919-1976, with special reference to the development and uses of cuirass respirators. Anaesthesia 31:666-685, 1976.

5. Por que o uso da ventilação não-invasiva com pressão positiva aumentou nos últimos anos?

Diversos progressos levaram a esse aumento. O uso de pressão positiva contínua para a apneia do sono foi descrito no início dos anos 1980. O desenvolvimento de uma máscara nasal mais confortável foi importante para o sucesso desse tratamento. O uso dessas máscaras se difundiu na década de 1980 e se mostrou eficaz para a ventilação não-invasiva com pressão positiva. Desenvolveram-se respiradores portáteis mais baratos especificamente para esse tipo de ventilação (Fig. 8-1). Conforme os médicos adquiriam experiência com essa modalidade, ela passou a ser usada em diversas formas de insuficiência respiratória aguda e crônica. Nos últimos 5-10 anos, estudos clínicos randomizados avaliaram a ventilação não-invasiva com pressão positiva em diversas populações de pacientes de UTI.

6. Quais as vantagens da ventilação não-invasiva com pressão positiva em relação à ventilação mecânica convencional com um tudo endotraqueal?

Na maioria dos estudos sobre ventilação não-invasiva com pressão positiva na UTI, a medida de sua eficácia se dá pela necessidade de intubação traqueal. A principal vantagem para os pacientes em que a intubação é evitada,

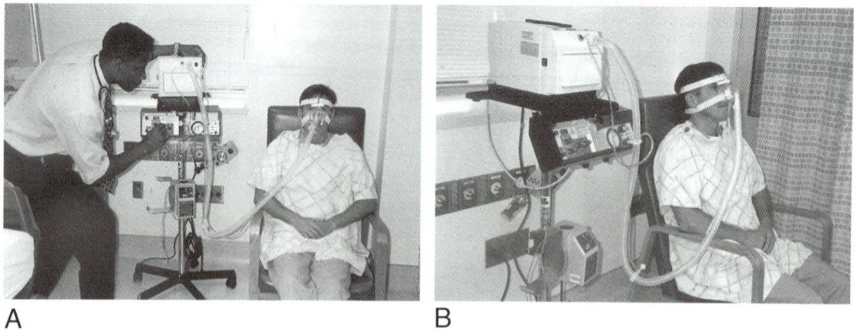

Figura 8-1. Demonstração da ventilação não-invasiva com pressão positiva usando máscara nasal. ***A,*** O fisioterapeuta está ajustando o nível de pressão positiva para o suporte ventilatório e se assegurando de que a máscara nasal foi colocada adequadamente. ***B,*** A máscara deve ser ajustada de maneira adequada a fim de minimizar o vazamento de ar e, ao mesmo tempo, evitar uma pressão excessiva sobre a pele.

é a redução na incidência de complicações relacionadas à via aérea artificial. Diversos estudos documentaram uma menor incidência de infecção (p. ex., pneumonia nosocomial e sinusite) com a ventilação não-invasiva, que pode estar relacionada à manutenção da proteção da barreira glótica. Outra vantagem inclui a redução na necessidade de sedativos. Alguns estudos demonstraram uma redução no tempo de permanência na UTI, na mortalidade durante a internação na UTI e na mortalidade hospitalar.

7. Quais as desvantagens e contraindicações da ventilação não-invasiva com pressão positiva?

A seleção do paciente é crucial para assegurar o sucesso da ventilação não-invasiva. Os pacientes não cooperativos, os que precisam de intubação imediata, os com doenças nas vias aéreas superiores, os hemodinamicamente instáveis ou aqueles com grande quantidade de secreção provavelmente não apresentarão uma boa resposta. Nesses casos, a ventilação não-invasiva com pressão positiva é contraindicada. Na prática, esse tipo de ventilação pode, inicialmente, requerer muita atenção do fisioterapeuta, da enfermeira da UTI ou de ambos. Gerações mais antigas de respiradores não-invasivos tinham limitações na quantidade de oxigênio que podiam oferecer.

8. A ventilação não-invasiva já foi usada na insuficiência respiratória crônica? Em quais desordens?

Conforme descrito anteriormente nos casos das epidemias de poliomielite, a ventilação com pressão negativa tem uma longa história de sucesso no tratamento da insuficiência respiratória crônica. Estudos não controlados demonstraram benefícios semelhantes para a ventilação não-invasiva com pressão positiva. Ela já foi usada para desordens como doenças que acarretam restrição torácica (p. ex., cifoescoliose, deformidades da parede torácica), hipoventilação central e doenças neuromusculares de evolução lenta (p. ex., esclerose lateral amiotrófica, distrofia muscular). A traqueotomia combinada à ventilação com pressão positiva é a melhor escolha para os pacientes que só são capazes de manter curtos períodos de ventilação espontânea. Nos outros casos, a ventilação não-invasiva intermitente (geralmente noturna) apresenta sucesso no controle da hipercapnia e promove independência durante o dia.

9. A ventilação não-invasiva pode ser usada nos pacientes com insuficiência respiratória aguda?

A ventilação não-invasiva tem sido usada para tratar a insuficiência respiratória aguda secundária a diversas causas. A seleção do paciente é importante porque os estudos clínicos não demonstraram benefícios uniformes para todas as causas de insuficiência respiratória aguda. Os estudos iniciais envolveram pacientes com exacerbações agudas da doença pulmonar obstrutiva crônica (DPOC).

10. Quais pacientes com insuficiência respiratória aguda possivelmente obtêm os maiores benefícios da ventilação não-invasiva com pressão positiva?

Os pacientes com exacerbações agudas da DPOC apresentam os maiores benefícios em termos de redução da necessidade de intubação traqueal e da mortalidade. Porém, os benefícios nessa população podem ser limitados aos pacientes com exacerbações mais graves. Outros grupos que provavelmente apresentarão uma redução na incidência de intubação com o uso da ventilação não-invasiva com pressão positiva, incluem os pacientes com imunocomprometimento secundário ao transplante de órgãos sólidos ou malignidade hematológica, com edema pulmonar cardiogênico, com insuficiência respiratória após a ressecção pulmonar e com insuficiência respiratória imediatamente após cirurgia abdominal eletiva. Se esse tipo de ventilação for usado nos pacientes que não se enquadram nessas categorias, considere limitar seu uso a duas horas, a não ser que a melhora seja evidente.

Calfee CS, Matthay MA: Recent advances in mechanical ventilation. Am J Med 118:584-591, 2005.

Squadrone V, Coha M, Cerutti E, et al: Continuous positive airway pressure for treatment of postoperative hypoxemia: A randomized controlled trial. JAMA 293:589-595, 2005.

11. Quais pacientes com insuficiência respiratória aguda provavelmente não se beneficiam da ventilação não-invasiva com pressão positiva?

Os pacientes que apresentam contraindicações à ventilação não-invasiva com pressão positiva (*veja* a questão 7) não são candidatos apropriados. Além disso, pacientes não selecionados com insuficiência respiratória aguda pós-extubação também não são beneficiados, podendo, inclusive, ocorrer um aumento da taxa de mortalidade. Os pacientes com insuficiência respiratória hipoxêmica secundária a diversas causas podem apresentar uma redução na necessidade de intubação quando submetidos à ventilação não-invasiva com pressão positiva, mas sem um benefício claro na sobrevivência. A exceção são os pacientes sob alto risco de mortalidade associada à ventilação mecânica prolongada, como os imunocomprometidos com disfunção de múltiplos órgãos. Existem poucas informações sobre o uso dessa modalidade de ventilação nos pacientes com lesão pulmonar aguda ou síndrome do desconforto respiratório agudo.

Esteban A, Frutos-Vivar F, Ferguson ND, et at: Noninvasive positive-pressure ventilation for respiratory failure after extubation. N Engl J Med 350:2452-2460, 2004.

Keenan SP, Sinuff T, Cook DJ, et al: Does noninvasive positive pressure ventilation improve outcome in acute hypoxemic respiratory failure: A systematic review. Crit Care Med 32:2516-2523, 2004.

12. Quais são as complicações da ventilação não-invasiva?

A principal complicação da ventilação não-invasiva com pressão negativa é o desenvolvimento de obstrução das vias aéreas superiores e hipoxemia durante o sono. Essa complicação pode ser causada por alterações na ativação da musculatura das vias aéreas superiores quando expostas a ventilações originárias do respirador. As

PONTOS-CHAVE: VENTILAÇÃO NÃO-INVASIVA ✓

1. Nos pacientes com exacerbações agudas da DPOC, a ventilação não-invasiva está associada à redução da necessidade de intubação traqueal e maior sobrevivência.
2. Nos pacientes com insuficiência respiratória hipoxêmica aguda, a ventilação não-invasiva pode diminuir a necessidade de intubação traqueal, mas não modifica a sobrevivência.
3. Não use ventilação não-invasiva nos pacientes com necessidade urgente de intubação traqueal.
4. A ventilação não-invasiva pode ser eficaz na manutenção de longo prazo de alguns pacientes com insuficiência respiratória crônica.

complicações da ventilação não-invasiva com pressão positiva incluem a necrose da pele por pressão, aerofagia e intolerância à máscara. A incidência da intolerância à máscara pode chegar a 25%.

13. Quais parâmetros ventilatórios podem ser ajustados na ventilação não-invasiva com pressão positiva?

Diversos parâmetros e modos de ventilação podem ser eficazes para um determinado paciente. O mais comumente utilizado é a ventilação por pressão de suporte inspiratório. Uma programação típica para um paciente com exacerbação aguda da DPOC inclui pressão inspiratória 10-20 cm H_2O com pressão expiratória de 0-2 cm H_2O. Alguns aparelhos possuem uma frequência respiratória de apoio (*backup*), de forma que os pacientes recebam uma ventilação mandatória se sua frequência respiratória ficar abaixo do desejável. O nível de pressão é ajustado pelo conforto subjetivo ou medindo-se o volume corrente expirado. Um volume corrente expirado de 6-8 mL/kg é apropriado para a maioria dos pacientes. O método de enriquecimento com oxigênio depende de cada respirador.

14. Quais tipos de máscara podem ser usados na ventilação não-invasiva com pressão positiva?

Os tipos mais comuns são a máscara facial e a máscara nasal. A máscara facial apresenta melhor vedação, mas é considerada menos confortável do que a nasal. Outros dispositivos incluem *nasal pillows* e máscaras em capacete com vedação em torno do pescoço.

CAPÍTULO 9

VENTILAÇÃO MECÂNICA

Carolyn H. Welsh, MD

1. Quais são as duas principais indicações para a ventilação mecânica?

A maioria dos pacientes que necessita de ventilação mecânica apresenta insuficiência respiratória, com incapacidade de fazer as trocas gasosas e expirar dióxido de carbono (CO_2), o que resulta em um PCO_2 elevado e acidose. As causas desse tipo de insuficiência respiratória incluem a recuperação da anestesia geral, sobredose de drogas, doença neuromuscular, deformidade da parede torácica e exacerbação da doença pulmonar obstrutiva crônica ou asma. Em geral, os pacientes com insuficiência respiratória aguda requerem suporte ventilatório quando a hipoventilação causa a elevação da $PCO_2 > 50$ mmHg com o pH $< 7{,}30$. Os pacientes com agudização da insuficiência respiratória crônica podem apresentar uma PCO_2 muito maior, até 80 ou 90 mmHg, antes de precisarem de intubação, pois desenvolvem uma alcalose metabólica compensatória.

De forma menos frequente, alguns pacientes podem necessitar de ventilação mecânica para o tratamento de hipoxemia. Esses pacientes geralmente apresentam uma boa ventilação e um PCO_2 arterial baixo. As causas da insuficiência respiratória hipoxêmica incluem pneumonia, aspiração, síndrome do desconforto respiratório agudo (SDRA) e embolia pulmonar. Geralmente, os pacientes com hipoxemia necessitam de ventilação mecânica quando a PO_2 encontra-se < 50 mmHg, mesmo com a suplementação de oxigênio a 100% através de máscara sem reinalação.

2. Quais são os modos mais comuns de ventilação?

A ventilação mecânica em adultos é, primariamente, por pressão positiva contrastando à respiração normal, na qual existe uma pressão negativa no tórax durante a inspiração. Nos modos de ventilação limitados a volume, a inspiração é restrita a um volume predeterminado. Nos modos limitados a pressão, o volume inspirado é delimitado por uma pressão predeterminada. A ventilação limitada a volume nos modos assistida/controlada ou mandatória intermitente (VMI), e a ventilação limitada a pressão usando ventilação com suporte pressórico, são os modos usados com mais frequência na maioria das unidades de terapia intensiva (UTI).

3. Qual a diferença entre a ventilação assistida/controlada e mandatória intermitente sincronizada (SIMV)?

A ventilação assistida/controlada (também chamada de *ventilação mandatória contínua*) e a SIMV têm características em comum. As duas fornecem um volume predeterminado, de forma que, se for programado um volume corrente de 500 mL a uma frequência de 15, ambos fornecerão uma ventilação por minuto de no mínimo 7,5 L. Para dar mais conforto, os dois modos acomodam respirações adicionais desencadeadas pelo paciente.

A diferença entre elas se deve ao fato de a ventilação assistida/controlada fornecer todo o volume corrente programado a cada vez que uma inspiração é iniciada, enquanto a SIMV fornece ao paciente, a cada inspiração iniciada por ele, o volume proporcional à pressão gerada pela musculatura, enquanto fornece todo o volume programado nas inspirações não iniciadas pelo paciente na frequência programada. A SIMV aumenta o esforço respiratório devido ao esforço necessário para sobrepujar as válvulas do circuito do ventilador. Devido a esse aumento do esforço respiratório, a VMI pode aumentar a fadiga e comprometer o desmame do ventilador.

4. Qual é o papel da ventilação com pressão de suporte na ventilação de pacientes?

Esse tipo de ventilação é limitado a pressão, sendo usado, primariamente, para desmamar o paciente do respirador e, ocasionalmente, para suporte ventilatório primário. O fluxo de ar é limitado pela pressão e é desencadeado pelo paciente, com a oferta de pressão ocorrendo apenas na inspiração. Essa modalidade parece melhorar a sincronia entre o paciente e o ventilador, além de trazer mais conforto, pois reduz o esforço respiratório. Não é a escolha ideal quando o estímulo ventilatório está reduzido por doenças ou sedativos, pois a ventilação necessária pode não ser atingida.

A ventilação com pressão de suporte pode ser vantajosa nas exacerbações da asma para evitar níveis altos de pressão nas vias aéreas. Atualmente, é o modo ventilatório preferido para desmame da ventilação mecânica.

5. Como são selecionados os parâmetros do ventilador?

Os parâmetros do ventilador são selecionados de modo a minimizar a pressão nas vias aéreas, e otimizar a troca de oxigênio e o equilíbrio ácido-básico. Inicia-se com uma fração inspirada de oxigênio (FiO_2) de 1,00 (100% de oxigênio). Se a PO_2 na gasometria arterial estiver elevada, a FiO_2 é reduzida para manter a PO_2 entre 60-90 mmHg. Quando possível, uma fração inspirada de oxigênio de 0,4-0,5 é selecionada para evitar a toxicidade pelo oxigênio. A frequência respiratória é ajustada para atingir uma ventilação minuto adequada (produto da frequência respiratória pelo volume corrente), variando de 10 a 25 respirações/minuto. É selecionado então um volume corrente inicial de 6-8 mL/kg, aproximadamente 450 mL para uma pessoa de 70 kg. Por várias décadas, os médicos escolheram um volume corrente de 10-12 mL/kg porque normalizava mais facilmente o equilíbrio ácido-básico. A seleção do volume corrente foi modificada quando estudos clínicos randomizados demonstraram uma melhora da taxa de sobrevida em um subgrupo de pacientes – aqueles com lesão pulmonar aguda ou SDRA que recebiam volumes correntes mais baixos (6 mL/kg) quando comparados a pacientes que recebiam volumes correntes mais elevados (12 mL/kg). No cuidado pós-operatório de rotina, volumes correntes mais elevados ainda são utilizados, apesar de, mesmo nessas condições, volumes correntes menores terem a capacidade de proteger os pulmões da lesão pulmonar induzida pelo ventilador.

Gajic O, Dara SI, Mendez JL, et al: Ventilator-associated lung injury in patients without acute lung injury at the onset of mechanical ventilation. Crit Care Med 32:1817-1824, 2004.

6. Como os parâmetros do ventilador devem ser monitorados para garantir que sejam corretos e seguros?

A pressão de pico das vias aéreas é avaliada para proporcionar o melhor ajuste do volume corrente que atinja uma pressão máxima < 35 mmHg, para evitar lesão pulmonar induzida pelo ventilador. Os médicos devem procurar uma explicação (p. ex., broncospasmo, edema pulmonar ou persistência de uma pressão alveolar positiva ao final da expiração [auto-PEEP]) se as pressões de pico e platô estiverem elevadas. Depois que o paciente tiver sido ventilado por pelo menos 20 minutos sob determinados parâmetros, deve-se coletar uma gasometria arterial para avaliar a ventilação. É mais importante limitar a pressão de pico nas vias aéreas do que atingir o equilíbrio ácido-básico ideal. O manejo da ventilação mudou e, em vez de priorizar o equilíbrio ácido-básico normal, o objetivo tornou-se a manutenção de baixas pressões nas vias aéreas. A acidose respiratória é tolerada para manter pressões aceitáveis nas vias aéreas.

7. Quais as complicações mais frequentes da ventilação mecânica?

Lesão pulmonar induzida pelo ventilador, barotrauma, instabilidade hemodinâmica e pneumonia são as complicações mais frequentes. Pressões elevadas nas vias aéreas podem danificar o epitélio respiratório, levando à lesão pulmonar induzida pelo ventilador. Além disso, pressões elevadas nas vias aéreas podem levar à ruptura da parede alveolar em seu ponto mais fraco, causando vazamento de ar para a bainha broncovascular. Se o ar permanecer nessa bainha, ele pode atingir o mediastino, desencadeando pneumotórax e enfisema subcutâneo. A entrada de ar nos vasos pulmonares pode causar uma síndrome de embolia gasosa devastadora, caracterizada

PONTOS-CHAVE: COMPLICAÇÕES FREQUENTES DA VENTILAÇÃO MECÂNICA ✓

1. A lesão pulmonar induzida pelo ventilador é uma complicação frequente.
2. O barotrauma inclui o pneumotórax e a embolia gasosa.
3. Instabilidade hemodinâmica ou hipotensão quase sempre ocorre com o uso da ventilação mecânica.
4. Outro perigo é a pneumonia associada à ventilação mecânica.

por livedo reticular, arritmias cardíacas e alteração inexplicável do estado mental ou acidente vascular cerebral. Outras complicações da ventilação com pressão positiva incluem o aumento da pressão intracraniana, retenção hídrica, insuficiência renal, hiponatremia e lesão traqueal, assim como infecções como sinusite e pneumonia.

8. O que é a lesão pulmonar induzida pelo ventilador? Como pode ser evitada?

A lesão pulmonar induzida pelo ventilador é causada por distensão alveolar excessiva, levando à liberação de mediadores inflamatórios, ruptura alveolar e lesão epitelial na presença de pressão elevada nas vias aéreas. A ventilação com pressão positiva pode piorar o prognóstico da SDRA devido a esse tipo de lesão. Em um estudo com um grande número de pacientes com SDRA, o uso de baixos volumes correntes reduziu a taxa de mortalidade em 22%. Uma estratégia protetora inclui a redução das pressões de pico e platô, uso de volumes correntes menores, hipercapnia permissiva e alterações no formato das ondas de pressão das vias aéreas. A hipercapnia permissiva tolera um PCO_2 elevado para se atingir pressões baixas nas vias aéreas.

Acute Respiratory Distress Syndrome Network: Ventilation with lower tidal volumes as compared with traditional tidal volumes for acute lung injury and the acute respiratory distress syndrome. N Engl J Med 342:1301-1308, 2000.

9. Os ventiladores mecânicos afetam o sistema cardiovascular?

A ventilação com pressão positiva diminui o débito cardíaco, podendo causar hipotensão. Um mecanismo envolve a redução do retorno venoso ao coração por compressão da veia cava inferior causada pela pressão positiva no tórax, criando, assim, um estado de baixo débito cardíaco. Entretanto, nos pacientes com edema pulmonar cardiogênico, a redução do retorno venoso durante a ventilação mecânica pode reduzir o edema e melhorar a função cardíaca (Fig. 9-1).

10. Como podemos evitar a pneumonia associada à ventilação mecânica?

A pneumonia associada à ventilação mecânica tem sido considerada uma complicação potencialmente evitável, principalmente pelo fato de a ventilação não-invasiva com pressão positiva estar associada a uma menor incidência de pneumonia em comparação aos pacientes intubados. Existem diversas maneiras de prevenir a pneumonia associada à ventilação mecânica. A elevação da cabeceira da cama, uma manobra simples e barata, é apoiada por diversos estudos. O Quadro 9-1 apresenta outras estratégias.

Dodek P, Keenan S, Cook D, et al, for the Canadian Critical Care Trials Group of the Canadian Critical Care Society: Evidence-based clinical practice guideline for the prevention of ventilator-associated pneumonia. Ann Intern Med 141:305-313, 2004.

11. O que é PEEP?

A PEEP é a aplicação de pressão positiva ao circuito expiratório do ventilador. Na realidade, a PEEP aumenta a capacidade residual funcional dos pulmões, prevenindo o colapso de alguns alvéolos enquanto causa a distensão exagerada de outros. A PEEP geralmente melhora o desequilíbrio da relação ventilação-perfusão na circulação pulmonar.

12. Quais são as indicações para o uso da PEEP?

A PEEP é usada, primariamente, para melhorar a oxigenação arterial em pacientes com hipoxemia grave ou para reduzir a FiO_2 a fim de evitar a toxicidade pelo oxigênio. A PEEP pode ser utilizada como uma estratégia protetora contra a lesão pulmonar, que é alcançada por meio da melhora do desequilíbrio da relação ventilação-perfusão e da oxigenação, minimizando, concomitantemente, as pressões transalveolares.

13. O que é auto-PEEP?

Auto-PEEP (PEEP intrínseco) é o desenvolvimento inadvertido de PEEP devido ao fornecimento de um ciclo respiratório com pressão positiva antes que o ar do ciclo anterior tenha sido completamente exalado. Portanto ele acontece em pacientes com ventilação minuto elevada, como no caso da SDRA, ou doenças com limitação no fluxo de ar, tais como a asma e a doença pulmonar obstrutiva crônica. A detecção da auto-PEEP envolve a oclusão da saída expiratória ao final da exalação, permitindo que haja o equilíbrio entre as pressões das vias aéreas e do circuito. As complicações da auto-PEEP são semelhantes às da PEEP: redução do débito cardíaco, hipotensão e medidas incorretas obtidas pelo cateter de artéria pulmonar, levando à administração errônea de líquidos e fármacos vasopressores ou diuréticos.

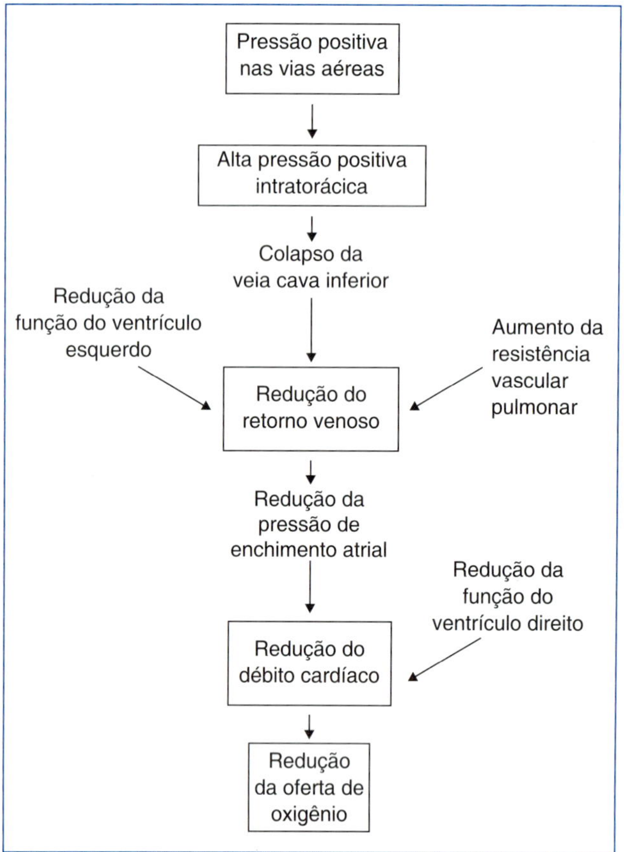

Figura 9-1. Mecanismos fisiopatológicos da redução do débito cardíaco durante a ventilação mecânica. A redução do retorno venoso devido à compressão da veia cava inferior é seu principal componente.

14. Como a auto-PEEP pode ser contornada?

O tratamento do broncospasmo associado representa o tratamento primário da auto-PEEP. Outras abordagens terapêuticas incluem a elevação do fluxo inspiratório para maximizar o tempo de expiração, aumentar o tamanho do tudo endotraqueal e reduzir a ventilação minuto por meio da redução da frequência respiratória ou do volume corrente. Se esse problema perigoso persistir, o paciente deve ser sedado e, se necessário, paralisado. Aplicar uma PEEP, em centímetros de água, equivalente à auto-PEEP original, pode ajudar no tratamento de alguns pacientes com essa complicação.

15. O que deve ser feito se um paciente em ventilação mecânica estiver agitado ou o alarme do ventilador disparar?

A agitação é uma indicação de mau funcionamento do equipamento ou alteração no estado clínico do paciente. Retire o paciente do ventilador e ventile-o manualmente com uma bolsa respiratória enquanto avalia o problema. Os problemas comuns incluem a desconexão acidental do paciente do ventilador e o uso de parâmetros incorretos, como baixa sensibilidade de disparo, fluxo baixo ou resposta assincrônica do ventilador. A falta de sincronia

QUADRO 9-1. ESTRATÉGIAS DE PREVENÇÃO DA PNEUMONIA ASSOCIADA À VENTILAÇÃO MECÂNICA*

- Elevar a cabeceira da cama
- Intubação orotraqueal (e não nasotraqueal)
- Boa saúde oral
- Lavar as mãos
- Usar filtro trocador de calor e umidade, e não o umidificador ativo, para umidificar as vias aéreas
- Sistemas de aspiração fechados
- Extubar o paciente assim que possível
- Ventilação não-invasiva com pressão positiva

Estratégias possivelmente eficazes

- Drenagem de secreção subglótica
- Leito cinésico

entre o paciente e o ventilador pode levar ao desenvolvimento da auto-PEEP (conforme abordado anteriormente). Verifique o aparelho à procura de problemas com os parâmetros programados e conexões, os quais são corrigíveis. As alterações no estado clínico do paciente que podem afetar a ventilação incluem problemas das vias aéreas e neurológicos. O Quadro 9-2 apresenta uma lista parcial desses problemas.

16. Existem outros tratamentos úteis, além da ventilação mecânica, para a insuficiência respiratória aguda?

Para os pacientes com broncospasmo agudo, nos quais a ventilação com pressão positiva apresenta o risco de pneumotórax, o tratamento farmacológico vigoroso da doença de base pode abolir a necessidade de ventilação mecânica. Os ventiladores de pressão negativa podem ser benéficos para adultos com pulmões com complacência normal. Para os pacientes com insuficiência respiratória devido à exacerbação da doença pulmonar obstrutiva crônica (DPOC), a ventilação pulmonar não-invasiva com pressão positiva reduz a necessidade de intubação, a incidência de complicações e o período de hospitalização. Para os pacientes com SDRA que permanecem hipóxicos tentou-se o tratamento com óxido nítrico inalado. Posicionar o paciente em pronação melhora a oxigenação em 70% deles; entretanto, um estudo clínico mostrou que a pronação não apresentou efeitos benéficos na taxa de sobrevivência. A ventilação oscilatória de alta frequência está sendo investigada novamente. Pacientes com hipoxemia grave ocasionalmente são tratados com oxigenação extracorpórea por membrana para oxigenar o sangue e os tecidos, eliminando a necessidade de oxigenação pelos pulmões doentes. Entretanto, a eficácia desse tratamento ainda é desconhecida, podendo até mesmo piorar a taxa de sobrevivência.

Gattioni I, Tognoni G, Presenti A, et al: Effect of prone positioning on the survival of patients with acute respiratory failure. N Engl J Med 345:568-573, 2001.

17. O que é a ventilação não-invasiva com pressão positiva? Quando deve ser usada?

A ventilação não-invasiva com pressão positiva é feita com o uso de um ventilador padrão para fornecer ventilações com pressão positiva através de uma máscara, e não pelo tubo endotraqueal. Ela reduz a necessidade de intubação traqueal, a frequência de complicações infecciosas e o tempo de permanência na UTI ou no hospital. Demonstrou-se que a ventilação não-invasiva com pressão positiva reduz a mortalidade nas exacerbações da DPOC quando comparada à intubação. Dados confiáveis apóiam o uso desse tipo de ventilação nesses pacientes e em determinados pacientes com insuficiência respiratória hipoxêmica, pneumonia e edema pulmonar.

Masip J, Roque M, Sanchez B, et al: Noninvasive ventilation in acute cardiogenic pulmonary edema: systematic review and meta-analysis. JAMA 294:3124-3130, 2005.

* N. R. C.: Diversas diretrizes sobre o tema já foram publicadas. Pode-se encontrar uma revisão em: Muscedere J, Dodek P, Keenan S, *et al*: Comprehensive evidence-based clinical practice guidelines for ventilator-associated pneumonia: Prevention. J Crit Care 23:126-137, 2008.

QUADRO 9-2. CAUSAS DE AGITAÇÃO DURANTE A VENTILAÇÃO MECÂNICA

Mau funcionamento do equipamento

- Desconexão acidental do paciente do ventilador
- Programação inadequada do ventilador
  - Baixa sensibilidade de disparo
  - Fluxo baixo
  - Resposta assincrônica do ventilador
  - Auto-PEEP

Mudanças no estado clínico

- Rolha de muco/secreção abundante
- Broncospasmo
- Pneumotórax
- Edema pulmonar
- Acidose
- Sepse
- Retenção de dióxido de carbono
- Hipoxemia
- Colapso lobar
- Embolia pulmonar
- Dor
- Alucinações
- Despertar da sedação
- Abstinência do álcool ou drogas ilícitas

PEEP = pressão positiva ao final da expiração.

18. Quando os pacientes devem ser submetidos à traqueostomia?

Recomendava-se que a traqueostomia, ou seja, a inserção de uma cânula através do pescoço para acoplamento ao ventilador, deveria ser reservada para quando o paciente já estivesse em ventilação mecânica por três semanas. Porém, isso está mudando e, atualmente, considera-se que, para alguns pacientes, a traqueostomia deva ser feita com menos de uma semana de ventilação mecânica. As razões para a traqueostomia precoce incluem a presença de doença neurológica subjacente, dificuldade de extubação e a expectativa de ventilação prolongada. A traqueostomia precoce em determinados pacientes leva a uma alta antecipada da UTI.

Griffiths J, Barber VS, Morgan L, Young JD: Systematic review and meta-analysis of studies of the timing of tracheostomy in adult patients undergoing artificial ventilation. BMJ 330:1243-1247, 2005.

SITES

1. Acute Respiratory Distress Syndrome Network: O National Institutes of Health ARDS Network oferece informações sobre estudos clínicos – concluídos e em andamento – além de publicações sobre pacientes com lesão pulmonar aguda, incluindo estudos sobre ventilação.
   http://www.ardsnet.org

2. Critical Care Research Network: Uma associação canadense sobre estudos em terapia intensiva, incluindo a ventilação mecânica.
   http://www.criticalcareresearch.net

CAPÍTULO 10

DESMAME DA VENTILAÇÃO MECÂNICA

Theodore W. Marcy, MD, MPH e Katherine Habeeb, MD

1. Qual é a porcentagem dos pacientes que pode ser removida rapidamente da ventilação mecânica?

A maioria dos pacientes (75%) submetida à ventilação mecânica é capaz de reassumir a respiração espontânea no período de sete dias após a intubação se houver resolução ou melhora da desordem que causou a insuficiência respiratória. O "modo de desmame" do ventilador não é um fator crítico na determinação do sucesso ou falha do mesmo. Na realidade, a tarefa primária – e desafiadora – do médico, é determinar quando o paciente está pronto para ser retirado do respirador. A ventilação mecânica mantida além do tempo necessário expõe o paciente ao risco de infecção nosocomial e lesão pulmonar. Por outro lado, a remoção prematura da ventilação mecânica pode levar a um estresse grave resultante da descompensação respiratória e cardiovascular, expondo o paciente aos riscos associados à reintubação.

Esteban A, Anzueto A, Frutos F, et al: Characteristics and outcomes in adult patients receiving mechanical ventilation: A 28-day international study. JAMA 287:345-355, 2002.

Tobin M: Advances in mechanical ventilation. N Engl J Med 344:1986-1996, 2001.

2. Quando os pacientes que estão recebendo ventilação mecânica devem ser avaliados para determinar se a mesma pode ser retirada?

Todo paciente sob ventilação mecânica deve ser avaliado *diariamente* para determinar se preenche os critérios de desmame, como:

- Resolução ou melhora da causa da insuficiência respiratória.
- Oxigenação adequada (PaO_2/FiO_2 > 150-200 com FiO_2 = 0,50 e pressão positiva ao final da expiração = 5-8 cm H_2O).
- Estabilidade hemodinâmica (sem necessidade de vasopressores além de dopamina a 5 μg/kg/min).
- O paciente é capaz de iniciar esforços inspiratórios adequados.

As evidências indicam que a avaliação sistemática diária visando o desmame melhora o prognóstico dos pacientes, reduz o número de dias de dependência da ventilação mecânica e o número de pacientes que necessita de traqueostomia.

3. Como essa avaliação deve ser feita?

Ainda não existe um protocolo sistemático consensual de desmame. Entretanto, a estratégia da maioria dos protocolos envolve uma série de etapas cujos detalhes variam. Os pacientes que preencherem os parâmetros mencionados anteriormente devem ser observados por 1 a 5 minutos durante uma primeira avaliação ou tentativa breve do desmame enquanto estiverem recebendo suporte ventilatório mínimo ou sem ele (pressão positiva contínua nas vias aéreas de 5 cmH_2O) para avaliar sua capacidade de suportar um teste formal de ventilação espontânea. Se o paciente permanecer bem durante essa avaliação, é feito o teste de ventilação espontânea por 30 a 120 minutos. Durante esse tempo, os pacientes são observados atentamente para detectar sinais de insuficiência respiratória, deterioração hemodinâmica ou desconforto. O suporte ventilatório deve ser reiniciado imediatamente se o paciente apresentar algum sinal de descompensação. Um teste de ventilação espontânea bem-sucedido é uma boa indicação do sucesso do desmame da ventilação mecânica. A Figura 10-1 apresenta as etapas que devem ser seguidas.

Ely E, Meade M, Haponik E, et al: Mechanical ventilator weaning protocols driven by nonphysician health-care professionals: Evidence-based clinical practice guidelines. Chest 120:454S-463S, 2001.

MacIntyre N: Current issues in mechanical ventilation. Chest 128(Suppl 5):561S-567S, 2005.

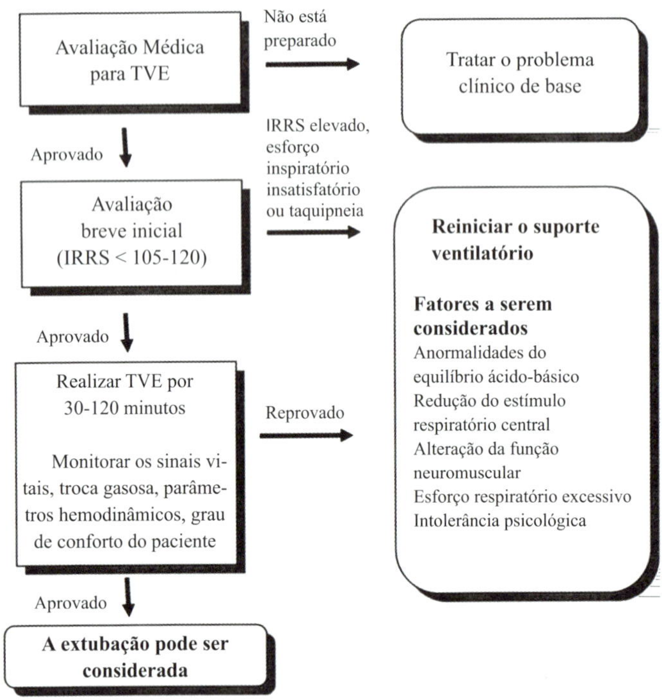

Figura 10-1. Protocolo de avaliação diária para extubação. IRRS – índice de respiração rápida superficial, calculada dividindo-se a frequência respiratória/minuto pelo volume corrente em litros, TVE = teste de ventilação espontânea.

4. O que é o índice de respiração rápida superficial (IRRS)? Como ele é usado?

O IRRS é calculado com base na seguinte fórmula:

$$\frac{\text{Frequência respiratória (incursões respiratórias/min)}}{\text{Volume corrente (litros)}}$$

Valores elevados de IRRS indicam o padrão de respiração visto frequentemente nos pacientes com fadiga dos músculos respiratórios, que tendem a apresentar esforços inspiratórios fracos e, consequentemente, uma frequência respiratória elevada. Valores acima de 105-120 indicam os pacientes inaptos para um teste de ventilação espontânea. O IRRS é medido com regularidade durante a avaliação inicial para indicar os pacientes que podem prosseguir no teste de ventilação espontânea.

5. Qual modo deve ser programado no ventilador durante o teste de ventilação espontânea?

O modo de ventilação específico não é um parâmetro fundamental. As opções geralmente incluem:

- O tubo T fornece um fluxo constante de oxigênio através do tubo endotraqueal com uma extensão a vazante para prevenir o aprisionamento de ar.

- Baixos níveis de pressão de suporte, de 5-8 cm H_2O.
- Pressão positiva contínua nas vias aéreas.

A desvantagem do tubo T é que o paciente não está ligado aos sistemas de alarme do ventilador que complementam a monitoração do médico para apneia ou taquipneia. A escolha entre essas opções depende da experiência e preferência de cada médico.

6. Quais são os parâmetros tradicionais de desmame e como eles são usados?

Os parâmetros tradicionais de desmame incluem a pressão inspiratória máxima, o volume minuto, a capacidade vital, a ventilação voluntária máxima, a complacência torácica e a resistência respiratória. Antigamente, eles eram usados para prever a possibilidade de sucesso das tentativas de desmame. Sabe-se, atualmente, que eles não discriminam bem entre os pacientes que apresentarão sucesso e os que irão falhar após a extubação. A avaliação cuidadosa durante o período do teste de ventilação espontânea parece fornecer as informações clínicas mais úteis em relação à descontinuação do suporte ventilatório. A avaliação dos parâmetros tradicionais de desmame geralmente não é necessária.

Meade M, Guyatt G, Cook D, et al: Predicting success in weaning from mechanical ventilation. Chest 120 (Suppl 6):400S-424S, 2001.

7. Descreva o que fazer a respeito da sedação e analgesia desses pacientes.

Os pacientes geralmente são medicados com sedativos e analgésicos enquanto estão em ventilação mecânica para reduzir a dor e o desconforto e limitar os movimentos que poderiam levar à extubação acidental ou a outras lesões. A sedação contínua fornece um nível mais constante de sedação, mas está associada à maior duração da ventilação mecânica, a mais dias de internação na unidade de terapia intensiva (UTI) e à maior duração da hospitalização, quando comparada aos protocolos de sedação intermitente. Pacientes selecionados randomicamente para interrupções diárias planejadas da sedação contínua apresentam tempo reduzido de necessidade de ventilação mecânica e internação no CTI quando comparados a pacientes selecionados randomicamente para receber sedação contínua. Não foram detectados efeitos adversos da interrupção da sedação. Não se sabe qual o melhor método para oferecer sedação e analgesia a esses pacientes. Entretanto, minimizar os níveis de sedativos a um patamar em que o paciente atinja um determinado grau de sedação e tentar despertá-lo diariamente parecem ser aspectos importantes do tratamento durante a ventilação mecânica.

Heffner J: A wake-up call in the intensive care unit. N Engl J Med 342:1520-1522, 2000.

Kress J, Pohlman A, O'Connor M, Hall J: Daily interruption of sedative infusions in critically ill patients undergoing mechanical ventilation. N Engl J Med 342:1471-1477, 2000.

8. O que fazer com os pacientes que não obtiverem êxito durante o teste de ventilação espontânea?

São necessárias duas ações:

- Retorne o paciente a um modo de suporte ventilatório total (p. ex., assistido/controlado).
- Faça uma revisão minuciosa dos fatores que podem ter contribuído para o insucesso.

Para que a manutenção da ventilação espontânea seja bem-sucedida, os pacientes devem apresentar um mecanismo de estimulação do centro respiratório intacto, função neuromuscular adequada e redução de esforços excessivos dos músculos respiratórios. O Quadro 10-1 apresenta um método de revisão sistemática das prováveis causas de insucesso durante o teste de ventilação espontânea. Normalmente, os pacientes apresentam mais de uma razão para o insucesso do desmame e sua correção pode necessitar de diversas intervenções. Em geral, recomenda-se esperar 24 horas antes de um novo teste de ventilação espontânea.

Manthous C, Schmidt G, Hall J: Liberation from mechanical ventilation: A decade of progress. Chest 114(3):886-901, 1998.

9. Que critérios são importantes quando se tem a intenção de remover a via aérea artificial?

Um teste de ventilação espontânea bem-sucedido não indica, necessariamente, que o paciente esteja pronto para ser extubado. A reintubação por insuficiência respiratória ocorre em aproximadamente 13% a 19% dos pacientes que são extubados por esse protocolo. A incidência é maior – cerca de 25% – entre os pacientes intubados por

QUADRO 10-1. FATORES QUE DEVEM SER LEVADOS EM CONSIDERAÇÃO QUANDO OS PACIENTES NÃO SÃO BEM-SUCEDIDOS NO TESTE DE ESFORÇO INSPIRATÓRIO OU NO TESTE DE VENTILAÇÃO ESPONTÂNEA

1. O paciente apresenta um aumento na $PaCO_2$ sem aumento no esforço ou frequência respiratória
   (a) Estímulo inadequado do centro respiratório devido ao excesso de narcóticos e/ou sedativos, hipotireoidismo ou lesão cerebral
   (b) Compensação apropriada da alcalose metabólica devido à diurese excessiva ou drenagem nasogástrica
   (c) Retorno a um estado de hipercapnia crônica após a ventilação excessiva inapropriada nos pacientes com DPOC ou apneia do sono

2. O paciente apresenta taquipneia, taquicardia ou desconforto
   (a) Alteração da função neuromuscular
   - Fadiga devido ao esforço respiratório excessivo prolongado, repouso inadequado ou falta de sincronia com o ventilador
   - Hipotireoidismo
   - Deficiência de eletrólitos (p. ex., hipocalemia, hipofosfatemia, hipomagnesemia)
   - Miopatia/polineuropatia do paciente crítico
   - Miopatia por corticosteroides
   - Efeitos medicamentosos (p. ex., aminoglicosídeos, bloqueadores neuromusculares)
   - Sepse
   - Paresia ou paralisia diafragmática devido à lesão do nervo frênico resultante da cardioplegia fria ou cirurgia torácica / do pescoço
   - Desnutrição prolongada

   (b) Esforço respiratório excessivo
   - Aumento da resistência das vias aéreas (p. ex., asma, DPOC, excesso de secreção, tubo endotraqueal pequeno)
   - Aprisionamento do ar e aumento do trabalho devido à pressão positiva residual (especialmente nos pacientes com DPOC)
   - Redução da complacência do sistema respiratório (p. ex., edema pulmonar, fibrose, pneumonia, distensão abdominal, anormalidades da caixa torácica, derrame pleural)
   - Necessidade de ventilação minuto elevada (p. ex., febre, sepse, acidose metabólica, aumento do espaço morto fisiológico, ingestão calórica excessiva, embolia pulmonar)

   (c) Alteração da função do ventrículo esquerdo
   (d) Dependência psicológica: um diagnóstico de exclusão, mas que não é raro nos pacientes confinados em unidades de terapia intensiva

DPOC = doença pulmonar obstrutiva crônica.

mais de 48 horas. Outros fatores de risco incluem: idade avançada, gravidade da doença, anemia e insuficiência cardíaca. Infelizmente, a reintubação está associada a um aumento da mortalidade quando esses pacientes são comparados àqueles que não precisaram ser reintubados, mesmo controlando-se pela gravidade da doença. O risco de desenvolver insuficiência respiratória, mesmo após testes bem-sucedidos de ventilação espontânea, é maior nos pacientes com tosse ineficaz, grandes volumes de secreções e redução do nível de consciência. A extubação deve ser adiada se as secreções forem abundantes, se houver necessidade de aspiração frequente ou se o paciente estiver sonolento e com tosse ineficaz. O teste de escape do balonete do tubo endotraqueal após a sua desinsuflação, apesar de não ser sensível nem específico, pode alertar os médicos para a possibilidade de edema de laringe caso não seja detectado escape aéreo.

10. E quanto ao uso da ventilação não-invasiva para os pacientes que desenvolvem insuficiência respiratória após a extubação?

O uso inicial da ventilação não-invasiva – ventiladores que se conectam ao paciente através de máscara facial ou máscara nasal, e não por um tubo endotraqueal – melhorou o prognóstico de determinados grupos de pacientes com insuficiência respiratória aguda, incluindo portadores de DPOC e edema pulmonar cardiogênico. Entretanto, a situação pode ser diferente naqueles que desenvolvem insuficiência respiratória após a extubação. Um estudo randomizado comparando a ventilação não-invasiva ao tratamento padrão (incluindo a reintubação) dos pacientes com insuficiência respiratória após a extubação, não demonstrou redução na incidência de reintubação nos indivíduos designados randomicamente para a ventilação não-invasiva. Além disso, a ventilação não-invasiva foi associada a um *aumento* da mortalidade na UTI, especialmente dos pacientes que necessitaram de reintubação, sugerindo que a demora na reintubação é deletéria. Isso indica que o uso da ventilação não-invasiva para os pacientes que desenvolvem insuficiência respiratória após a extubação deve ser limitado àqueles com DPOC e hipercapnia e, se for utilizada, o paciente deve ser monitorizado atentamente. Não havendo melhora em um período curto (duas horas), o paciente deve ser reintubado.

Esteban A, Frutos-Vivar F, Ferguson ND, et al: Non-invasive positive pressure ventilation for respiratory failure after extubation. N Engl J Med 350:2452-2460, 2004.

PONTOS-CHAVE: DESMAME DA VENTILAÇÃO MECÂNICA ✓

1. Avaliações sistemáticas diárias dos pacientes submetidos à ventilação mecânica para determinar sua capacidade de respirar espontaneamente são mais importantes do que o modo de ventilação usado para o desmame.
2. Um protocolo seguido diariamente por um fisioterapeuta ou enfermeiro pode reduzir com segurança a duração da ventilação mecânica e apresenta melhor desempenho do que as avaliações médicas isoladas.
3. A sedação e a analgesia devem ser minimizadas ou interrompidas diariamente.
4. A atenção sistemática às condições clínicas que afetem a respiração espontânea, como a disfunção do ventrículo esquerdo, fadiga muscular e anormalidades metabólicas, deve ser parte dessa avaliação diária.

11. Defina ventilação mecânica prolongada.

Uma conferência de consenso recente definiu os pacientes em ventilação mecânica prolongada como aqueles que precisam de mais de seis horas de suporte ventilatório por dia durante ≥ 21 dias. Esses pacientes geralmente requerem uma traqueostomia para a otimização de seu tratamento. Estima-se que cerca de 3% a 7% dos pacientes submetidos à ventilação mecânica se enquadram nessa definição. A taxa de sobrevida desses pacientes em um ano varia de 23% a 76%. A idade avançada e a debilidade funcional antes da doença aguda são fatores preditivos de um pior prognóstico. Os protocolos de desmame mencionados anteriormente não se aplicam aos pacientes em ventilação mecânica prolongada. Muitos deles são tratados em unidades de cuidado prolongado fora da UTI.

MacIntyre N, Epstein S, Carson S, et al: Management of patients requiring prolonged mechanical ventilation: Report of a NAMDRC consensus conference. Chest 128:3937-3954, 2005.

12. Devemos usar modos diferentes de ventilação nesses pacientes?

Os pacientes em ventilação mecânica prolongada normalmente necessitam de uma retirada lenta e gradual do suporte ventilatório. Porém, não existem evidências definitivas de que a retirada gradual ajude na melhora fisiológica. Mesmo assim, pode não haver outra maneira de determinar se o paciente se recuperou o suficiente para reassumir a ventilação espontânea 24 h/dia.

Os modos comumente usados nos pacientes que estão recebendo ventilação mecânica prolongada incluem ventilação com pressão de suporte, ventilação sincronizada mandatória intermitente e períodos intermitentes sem suporte ventilatório utilizando-se uma máscara/colar para traqueostomia. Assim como nos casos dos pacientes com doença aguda, a adoção de um protocolo de desmame seguido por um fisioterapeuta, independentemente do modo de ventilação escolhido, parece melhorar o prognóstico se comparado à avaliação clínica isolada. Os médicos devem continuar seus esforços para identificar e corrigir as razões fisiológicas da incapacidade do paciente em manter a ventilação espontânea (*veja* o Quadro 10-1). O suporte ventilatório deve ser retirado gradualmente durante o dia, permitindo um período de repouso e sono com suporte ventilatório total à noite. Quando o paciente tolerar a ventilação espontânea durante todo o dia, a retirada do suporte ventilatório noturno pode ser feita de maneira relativamente rápida.

Scheinhorn D, Chao D, Stearn-Hassenpflug M, Wallace W: Outcomes in post-ICU mechanical ventilation: A therapist-implemented weaning protocol. Chest 119:236-242, 2001.

13. Por que se dá tanta ênfase aos protocolos?

Nos estudos mais recentes, os protocolos de desmame, protocolos para minimizar ou interromper a sedação e a elevação da cabeceira da cama têm sido associados a um melhor prognóstico e à redução no custo do tratamento. Em um hospital que implementou um programa multifacetado de melhora da qualidade do desmame, observou-se uma queda significativa no tempo médio de ventilação mecânica, internação na UTI, tempo de hospitalização e custo por paciente quando comparado ao ano anterior a essa implementação, mesmo com o aumento do número de pacientes graves. Em um estudo que não demonstrou mudanças com o uso de um protocolo de desmame, a proporção médico-paciente era muito elevada (9,5 horas-médico/leito/dia) e os médicos seguiam um esquema sistemático estruturado que incluía a revisão de parâmetros associados à ventilação mecânica.

Resumindo, os médicos devem minimizar a duração da ventilação mecânica através da identificação e tratamento das causas de insuficiência respiratória, e monitorar os pacientes diariamente à procura de indicações de que o suporte ventilatório possa ser descontinuado.

Krishan J, Moore D, Robeson C, et al: A prospective, controlled trial of a protocol-based strategy to discontinue mechanical ventilation. Am J Respir Crit Care Med 169:673-678, 2004.

Smyrnios N, Connolly A, Wilson M, et al: Effects of a multifaceted, multidisciplinary, hospital wide quality improvement program on weaning from mechanical ventilation. Crit Care Med 30:1224-1230, 2002.

SITE

Institute for Healthcare Improvement: Intensive Care
http://www.ihi.org/IHI/Topics/CriticalCare/IntensiveCare

CAPÍTULO 11

INTUBAÇÃO TRAQUEAL E CONTROLE DAS VIAS AÉREAS

Manuel Pardo, Jr., MD

1. O que são as vias aéreas?

As vias aéreas são os condutos através dos quais o ar e o oxigênio devem passar antes de chegar aos pulmões. Elas incluem as estruturas anatômicas que se estendem do nariz e boca para a laringe e traqueia.

2. O que é o controle das vias aéreas?

O controle das vias aéreas envolve a garantia de que elas permaneçam patentes. Representa o primeiro passo da ressuscitação básica (do inglês ABC, onde A = vias aéreas [*airways*], B = respiração [*breathing*] e C = circulação).

3. Por que o controle das vias aéreas precede o controle da respiração e circulação?

Se as vias aéreas estiverem completamente obstruídas, o oxigênio não pode atingir os pulmões e o dióxido de carbono não pode deixá-los. Se o oxigênio não chega aos pulmões, o coração e a circulação não terão oxigênio para distribuir aos órgãos vitais.

4. Descreva as formas de controle das vias aéreas.

As vias aéreas podem permanecer patentes sem nenhuma intervenção e podem ser controladas com ou sem intubação traqueal. O controle das vias aéreas sem intubação envolve uma série de manobras. Nos pacientes inconscientes, a língua frequentemente obstrui as vias aéreas. As técnicas para abertura das vias aéreas incluem a manobra de inclinação da cabeça/elevação do queixo e a manobra de propulsão da mandíbula. O uso de cânulas orais ou nasais também pode ajudar a manter as vias aéreas pontente. O uso de uma máscara facial com uma unidade bolsa-válvula (p. ex., ambu) geralmente é o passo seguinte. Na maioria dos pacientes, é possível manter uma via aérea patente sem intubação traqueal. Se a intubação traqueal for necessária, ela pode ser feita com técnicas cirúrgicas ou não cirúrgicas.

5. Quais são as indicações da intubação traqueal?

Existem cinco indicações principais:

- Obstrução das vias aéreas superiores.
- Oxigenação inadequada.
- Ventilação inadequada.
- Trabalho respiratório aumentado.
- Proteção das vias aéreas.

6. Explique a obstrução das vias aéreas superiores como uma indicação para a intubação traqueal.

Se as vias aéreas superiores estiverem obstruídas e não puderem ser abertas pelas manobras descritas anteriormente, a traqueia deve ser intubada para evitar o desenvolvimento de hipoxemia grave. Apesar de a intubação ultrapassar a área de obstrução anatômica, a causa deve ser determinada para avaliar o momento apropriado da extubação ou a necessidade de outros tratamentos.

7. Explique como avaliar a hipoxemia como uma indicação para a intubação traqueal.

Se a saturação de oxigênio do paciente for consistentemente inferior a 90% a despeito do uso de um alto fluxo de oxigênio fornecido por uma máscara facial, a intubação traqueal deve ser considerada. O oxigênio a 100% só pode ser administrado de forma confiável com um tubo endotraqueal. Outros fatores que devem ser levados em consideração incluem a adequação do débito cardíaco, a concentração de hemoglobina, a presença de hipoxemia crônica e a causa da hipoxemia. P. ex., os pacientes com hipoxemia devido a *shunts* intracardíacos da direita para a esquerda podem apresentar hipoxemia crônica. Nesses pacientes, a administração de oxigênio a 100% via tubo endotraqueal pode não ser eficaz na elevação da saturação de oxigênio.

8. Explique como avaliar a hipoventilação como uma indicação para a intubação traqueal.

Com a hipoventilação, a PCO_2 sanguínea aumenta progressivamente, o que também diminui o valor do pH sérico (acidose respiratória). Com o aumento dos níveis de CO_2, os pacientes acabam perdendo a consciência (narcose por CO_2). O pH sistêmico reduzido pode estar associado à irritabilidade e contratilidade miocárdicas anormais. Os níveis exatos do pH e PCO_2 que requerem assistência ventilatória devem ser determinados para cada paciente. Geralmente os pacientes apresentam melhor tolerância para a acidose respiratória crônica (p. ex., em um paciente com doença pulmonar obstrutiva crônica) do que para a acidose respiratória aguda.

9. Explique como avaliar o trabalho respiratório aumentado como indicação para a intubação traqueal.

Normalmente, os músculos respiratórios são responsáveis por menos de 5% do consumo total de oxigênio. Nos pacientes com insuficiência respiratória, esse consumo pode aumentar para até 40%. Pode ser difícil determinar o esforço respiratório através de exame clínico. Entretanto, o trabalho respiratório está previsivelmente aumentado nos pacientes que apresentam respiração rápida e superficial, uso de musculatura acessória ou respiração paradoxal. O resultado da gasometria arterial (ou seja, pH, PCO_2 e PO_2) pode, inicialmente, ser normal nesses indivíduos. Com o tempo, ocorre fadiga dos músculos respiratórios, levando à oxigenação e ventilação inadequadas. A ventilação mecânica pode, às vezes, ser feita sem intubação traqueal (*veja* o Capítulo 8, Ventilação Não-Invasiva), mas ela é realizada de forma mais confiável com a intubação.

10. Explique a "proteção das vias aéreas" como uma indicação para a intubação traqueal.

No paciente acordado, os reflexos de proteção das vias aéreas normalmente evitam a aspiração pulmonar do conteúdo gástrico. Os pacientes com nível de consciência alterado podem perder estes reflexos, aumentando o risco de pneumonia aspirativa. A intubação traqueal com um tubo com balonete pode reduzir o risco de aspiração. Entretanto, líquidos ainda podem vazar em torno do balonete, ultrapassando a barreira glótica, o que tem papel importante na colonização bacteriana das vias aéreas inferiores.

11. Quais as técnicas cirúrgicas de intubação traqueal?

As técnicas cirúrgicas incluem a cricotireoidotomia ou a traqueotomia, que envolvem a inserção de um tubo endotraqueal diretamente na traqueia através da membrana cricotireoidea ou entre dois anéis traqueais (*veja* o Capítulo 12, Traqueotomia e Obstrução das Vias Aéreas Superiores).

12. Quais as técnicas não cirúrgicas comumente utilizadas na intubação traqueal?

As técnicas não cirúrgicas podem ser divididas em técnicas com visão direta e técnicas "às cegas". A laringoscopia direta é a técnica de intubação com visão direta mais usada. O laringoscópio é colocado na boca e manipulado para expor a laringe. A seguir, o tubo endotraqueal é inserido na traqueia através da laringe. Outra técnica de visão direta usa o broncoscópio flexível de fibra óptica. Nesse procedimento, um tubo endotraqueal é adaptado ao broncoscópio. O conjunto é inserido na laringe através do nariz ou da boca. Quando o broncoscópio está na traqueia, o tubo endotraqueal é avançado e posicionado. A intubação "às cegas" geralmente é feita através do nariz, pois a nasofaringe "guia" o tubo endotraqueal para a laringe.

13. Que fármacos podem ser administrados para facilitar a intubação traqueal?

Agentes sedativos e analgésicos são administrados para reduzir o desconforto da laringoscopia e atenuar a resposta hemodinâmica. Os relaxantes musculares podem facilitar a laringoscopia. Os principais riscos dos analgésicos e sedativos nesse contexto incluem a hipotensão e a depressão respiratória. Os relaxantes musculares causam paralisia de todos os músculos esqueléticos, incluindo os músculos respiratórios. Se a traqueia não puder ser intubada, o paciente pode não voltar a respirar caso tenha havido a administração de sedativos, analgésicos ou relaxantes musculares.

14. Que equipamento deve estar preparado antes de a laringoscopia direta ter sido realizada?

Antes de se realizar a laringoscopia, todo o equipamento necessário deve ser verificado para determinar se está funcionando de maneira adequada. Isso inclui as lâminas do laringoscópio, o cabo do laringoscópio, a fonte de vácuo para aspiração, o cateter para aspiração, a fonte de oxigênio, a bolsa autoinflável ou o circuito ventilatório, a máscara facial, as cânulas orais, as cânulas nasais, os agentes sedativos, os relaxantes musculares, o acesso venoso e os monitores.

15. Como é feita a laringoscopia direta?

A técnica varia discretamente, dependendo do tipo de lâmina utilizada (Figs. 11-1 e 11-2). Inicialmente, a cabeça é colocada na posição olfativa, com flexão da coluna cervical e extensão da articulação atlanto-occipital. A lâmina é inserida no lado direito da boca. Em seguida, a língua é movida para a esquerda. No caso da lâmina curva (Macintosh), a ponta é inserida entre a base da língua e a superfície superior da epiglote, na área chamada *valécula*. Com a lâmina reta (Miller ou Wisconsin), a ponta é manipulada de forma a elevar a epiglote. Com os dois tipos de lâmina, depois que a ponta estiver posicionada, a lâmina é movida para frente e para cima para expor a laringe. Um tubo endotraqueal é, então, inserido na traqueia. A aplicação gentil de pressão para baixo na cartilagem tireoide pode ajudar a melhorar a visão da laringe.

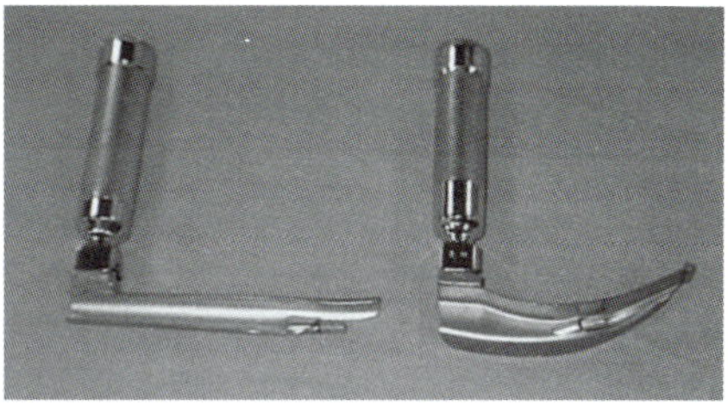

Figura 11-1. Dois tipos de lâminas usadas rotineiramente. A lâmina reta (esquerda) é uma Wisconsin número 3. A lâmina curva (direita) é uma Macintosh número 3.

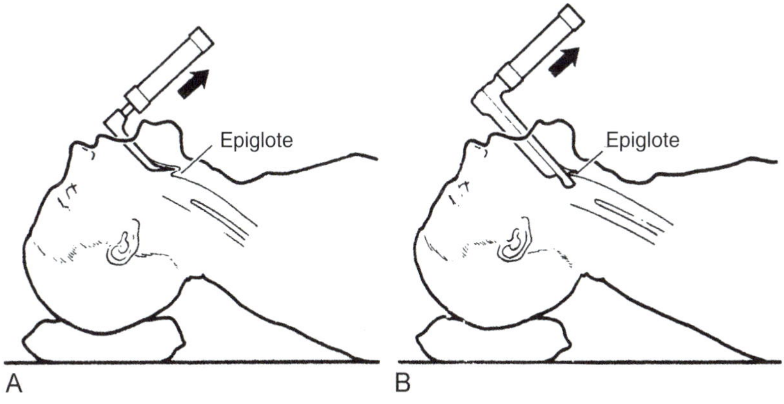

Figura 11-2. Procedimento para a laringoscopia direta. ***A,*** Uma lâmina curva de laringoscópio é colocada na valécula. A elevação da lâmina para frente e para cima expõe a laringe. ***B,*** Uma lâmina reta é usada para elevação direta da epiglote e exposição da laringe. (De Gal TJ: Airway management. Em Miller RD [ed]: Miller's Anesthesia, 6th ed. New York, Churchill-Livingstone, 2005, p 1634.)

16. Que manobra pode ser feita para minimizar o risco de aspiração durante a laringoscopia direta?

A manobra consiste em aplicar pressão manual constante na cartilagem cricoide. Essa manobra pode ocluir o esôfago e reduzir as chances de distensão gástrica resultante da ventilação com máscara. Ela também pode prevenir a regurgitação do conteúdo gástrico para a faringe.

17. O que é uma "via aérea difícil"? O que é uma intubação difícil?

Uma via aérea difícil é uma situação clínica na qual o anestesiologista, ou outro médico com treinamento especializado, tem dificuldade para ventilar o paciente por meio de máscara facial ou para intubá-lo. A intubação difícil pode ser definida quando requer mais do que três tentativas de laringoscopia ou mais de dez minutos de laringoscopia. Apesar de a definição ser arbitrária, a incapacidade de manter uma via aérea patente (com ou sem intubação) pode estar associada à lesão cerebral anóxica e morte.

American Society of Anesthesiologists: Practice Guidelines for Management of the Difficult Airway: www.asahq.org/publicationsAndServices/Difficult%20Airway.pdf

18. Como se avalia a potencial dificuldade da via aérea?

A história do paciente deve abordar a presença de facilidade ou dificuldade em intubações prévias. Pacientes submetidos à anestesia geral são frequentemente intubados. O registro anestésico do procedimento deve documentar a facilidade da intubação e o equipamento utilizado. Durante o exame físico, deve-se avaliar quatro características anatômicas: abertura da boca, espaço faríngeo, extensão do pescoço e complacência do espaço submandibular.

19. Como a abertura da boca e o espaço faríngeo devem ser avaliados na tentativa de prever uma intubação difícil?

No adulto, uma abertura da boca medindo de 2-3 dedos geralmente é adequada. A classificação de Mallampati é usada para avaliar o espaço faríngeo (Fig. 11-3). Pede-se ao paciente que sente-se ereto, com a cabeça em posição neutra. A seguir, pede-se a ele/ela que abra a boca e protraia a língua o máximo possível. A classificação é baseada nas estruturas faríngeas vistas.

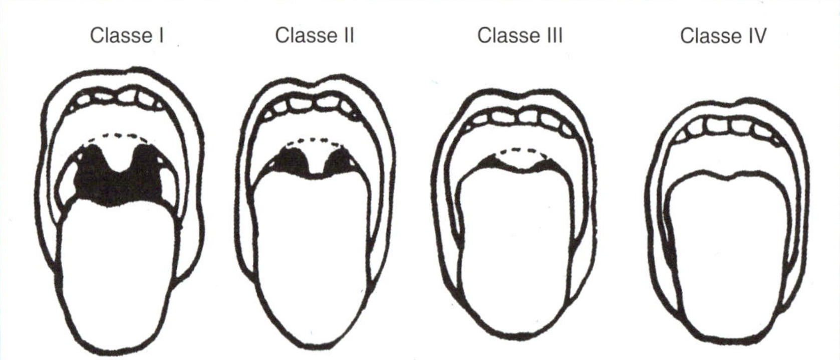

Figura 11-3. Classificação de Mallampati para avaliação do espaço faríngeo.

- **Classe I:** O palato mole, fauce, toda a úvula e os pilares tonsilares são visíveis.
- **Classe II:** O palato mole, fauce e parte da úvula são visíveis.
- **Classe III:** O palato mole e a base da úvula são visíveis.
- **Classe IV:** O palato mole não é visível.

Os pacientes com vias aéreas da classe I geralmente são mais fáceis de ser intubados do que os pacientes com vias aéreas da classe IV. Entretanto, esse teste só aborda uma das quatro características anatômicas necessárias para a laringoscopia direta fácil.

20. Como a extensão do pescoço e a complacência do espaço submandibular devem ser avaliadas para prever uma intubação difícil?

Um adulto normal apresenta uma extensão da articulação atlanto-occipital de aproximadamente 35 graus. Uma redução na extensão pode impossibilitar a visualização da laringe via laringoscopia direta. Pode ser difícil avaliar a complacência do espaço submandibular pelo exame físico. A solução então é tentar avaliar o espaço mandibular, medindo-se a distância entre o queixo e a cartilagem tireoide, a chamada *distância tireomentoniana*. Um adulto com menos de 6,5 cm de distância tireomentoniana apresenta maior probabilidade de intubação difícil do que um com uma distância superior a 6,5 cm. A associação dos diversos testes do exame físico melhora a capacidade de prever uma intubação difícil, mas nenhuma dessas combinações é infalível.

21. Como lidar com uma intubação potencialmente difícil?

Três tipos de plano devem ser feitos ao lidar com vias aéreas difíceis. O primeiro é a abordagem primária da intubação. O segundo é o plano para uma via aérea não cirúrgica de emergência. Finalmente, deve haver um plano para estabelecer uma via aérea cirúrgica de emergência (cricotireoidotomia ou traqueotomia). Muitos fatores afetam o plano de controle de vias aéreas potencialmente difíceis. Esses fatores incluem a indicação da intubação, a urgência da intubação, a disponibilidade de pessoal habilitado e a disponibilidade de equipamento especial. Como um paciente desperto, cooperativo e respirando espontaneamente normalmente apresenta vias aéreas patentes, a intubação com o paciente acordado pode ser mais segura. Pode-se usar anestésicos tópicos ou locais para diminuir a sensibilidade das vias aéreas e o desconforto do paciente.

22. Quais são as maneiras de se obter acesso de emergência não cirúrgico às vias aéreas?

Se a intubação traqueal e a ventilação com máscara não forem possíveis, e as vias aéreas não estiverem patentes, deve-se estabelecer uma via aérea de emergência. As opções não cirúrgicas para estabelecimento de uma via aérea de emergência incluem a máscara laríngea, a ventilação a jato transtraqueal ou a ventilação esôfago-traqueal com Combitube®. Dessas três opções, a máscara laríngea é a mais amplamente disponível. Ela é inserida na faringe posterior e posicionada opostamente à laringe. Em situações eletivas ela é bem-sucedida em mais de 90% dos casos; porém não apresenta o mesmo sucesso nas emergências. Ainda assim sua ampla disponibilidade a torna uma opção valiosa no controle de vias aéreas difíceis. Versões especiais da máscara laríngea incorporam características desenvolvidas para facilitar a passagem "às cegas" de um tubo endotraqueal para intubação da traqueia.

LMA North America Education Center: www.lmana.com/prod/components/education_center/education_center.html

23. Como a intubação traqueal é confirmada?

Após cada tentativa de intubação, deve-se fazer a ausculta bilateral de sons respiratórios e a determinação da ausência de insuflação do estômago. Entretanto, esses sinais podem estar presentes na intubação do esôfago. A capnografia do dióxido de carbono é um dos métodos mais confiáveis para a confirmação do posicionamento. A laringoscopia pode auxiliar. Se um médico experiente consegue ver claramente o tubo entre as cordas vocais, isso representa a confirmação definitiva. O próprio tubo endotraqueal bloqueia a visão das cordas vocais, por isso médicos inexperientes podem inserir o tubo no esôfago mesmo tendo uma boa visão da laringe. Outros métodos confirmatórios incluem a broncoscopia de fibra óptica ou um detector esofágico.

24. Quais são as complicações imediatas da intubação traqueal?

As complicações imediatas incluem a lesão dentária, lesão da coluna cervical, trauma faríngeo, lesão laríngea, aspiração de conteúdo gástrico e ruptura traqueal. A epistaxe é um risco da intubação por via nasal. As lesões mais comuns incluem a lesão labial e o dano dentário.

PONTOS-CHAVE: CONTROLE DAS VIAS AÉREAS NOS PACIENTES NA UNIDADE DE TERAPIA INTENSIVA

1. Na maioria dos pacientes, é possível manter as vias aéreas patentes sem a intubação traqueal.
2. Antes de abordar as vias aéreas de um paciente, confirme a disponibilidade e o funcionamento de todo o equipamento necessário.
3. As cinco principais indicações de intubação traqueal são: a obstrução das vias aéreas superiores, a oxigenação inadequada, a ventilação inadequada, o trabalho respiratório aumentado e a proteção das vias aéreas.
4. Para prever uma intubação difícil, avalie quatro características no exame físico: abertura da boca, espaço faríngeo, extensão do pescoço e complacência do espaço submandibular.
5. Confirme a localização do tubo endotraqueal imediatamente utilizando um método confiável, como a capnografia do dióxido de carbono.

SITES

1. Diretrizes para o Controle das Vias Aéreas Difíceis da American Society of Anesthesiologists
www.asahq.org/publicationsAndServices/Difficult%20Airway.pdf
2. LMA North America Education Center
www.lmana.com/prod/components/education_center/education_center.html

BIBLIOGRAFIA

1. Gal TJ: Airway management. In Miller RD (ed): Miller's Anesthesia, 6th ed. New York, Churchill Livingstone, 2005, pp 1617-1652.

TRAQUEOTOMIA E OBSTRUÇÃO DAS VIAS AÉREAS SUPERIORES

CAPÍTULO 12

John E. Heffner, MD

1. Quais as técnicas usadas para se obter acesso traqueal no paciente crítico?

A traqueotomia padrão é um procedimento cirúrgico em que uma cânula de traqueostomia é inserida através de um traqueostoma. O tubo entra na traqueia entre os anéis cartilaginosos. Esses anéis podem ser divididos para a passagem da cânula usando-se diversas técnicas cirúrgicas, incluindo a incisão e dilatação das membranas entre os anéis, incisão vertical através dos anéis, remoção de porções da parede anterior da traqueia, incluindo segmentos de anéis, ou a confecção de um *flap* traqueal anterior (*flap* de Björk). O estoma se fecha espontaneamente após a remoção da cânula de traqueostomia.

A expressão *traqueotomia percutânea* refere-se a diversos procedimentos que têm em comum uma técnica de Seldinger modificada, voltada para instalação de uma cânula de traqueostomia padrão ou modificada, ou uma técnica usando um fórceps ou dilatador para canular e dilatar o tecido traqueal entre os anéis cartilaginosos. Na técnica de Seldinger, uma pequena incisão cutânea é feita sobre a traqueia e uma agulha, fio guia e introdutor são instalados abaixo do primeiro ou segundo anel traqueal, dentro da luz traqueal. Um dilatador em formato de chifre é inserido pelo introdutor até a traqueia. Um guia é introduzido em uma cânula de traqueostomia e o conjunto é inserido através do tecido dilatado, seguido da remoção do guia. Na técnica com o fórceps, é utilizado um fórceps guia dilatador especial. Ele possui um sulco que permite que se coloque um guia no fórceps, que é usado para dilatar a traqueia e inserir o guia e a cânula de traqueostomia. A maioria dos intensivistas nos Estados Unidos usa a técnica de Seldinger modificada, com o dilatador no formato de chifre.

A cricotireoidotomia é uma técnica cirúrgica usada para inserir uma cânula na traqueia através do espaço cricotireoideo. A localização superficial dos pontos de referência anatômica, ao nível da membrana cricotireoidea, simplifica essa técnica, tornando-a a preferida para instalação de uma via aérea cirúrgica de emergência. A maioria dos centros não usa a cricotireoidotomia para acessar as vias aéreas por longo prazo devido ao risco de estenose subglótica.

Uma minitraqueotomia permite a instalação percutânea de uma cânula 7 Fr através dos anéis traqueais nos pacientes com dificuldade de eliminação das secreções das vias aéreas. A cânula de minitraqueotomia é larga o suficiente para permitir a passagem de um cateter de aspiração para a remoção frequente de secreções.

Bonde P, Papachristos I, McCraith A, et al: Sputum retention after lung operation. Prospective, randomized trial shows superiority of prophylactic minitracheostomy in high-risk patients. Ann Thorac Surg 74:196-203, 2002.

deBoisblanc BP: Percutaneous dilational tracheostomy techniques. Clin Chest Med 24:399-407, 2003.

Ernst A, Critchlow J: Percutaneous tracheostomy: Special considerations. Clin Chest Med 24:409-412, 2003.

Goumas P, Kokkinis K, Petrocheilos J, et al: Critcothyrodotomy and the anatomy of the cricothyroid space: An autopsy study. J Laryngol Otol 111:354-356, 1997.

Isaacs JH Jr, Pedersen AD: Emergency cricothyroidotomy. Am Surg 63:346-349, 1997.

van Heurn LW: When and how should we do a tracheostomy? Curr Opin Crit Care 6:267-270, 2000.

Wood DE: Tracheostomy. Chest Surg Clin North Am 6:749-764, 1996.

PONTOS-CHAVE: TIPOS DE TRAQUEOSTOMIA

1. A traqueotomia padrão envolve uma incisão cirúrgica e dissecção do pescoço.
2. Na traqueotomia percutânea, a inserção de um guia através de uma agulha ou dilatador permite a passagem de uma cânula de traqueostomia.
3. Uma via aérea de emergência instalada através do espaço cricotireoideo é uma cricotireoidotomia.
4. A minitraqueotomia envolve a inserção de um pequeno tubo, com auxílio de uma agulha, que permite a aspiração das vias aéreas.

2. Todas as traqueotomias em pacientes graves devem ser feitas no centro cirúrgico?

Não necessariamente. A traqueotomia nos pacientes intubados e submetidos à ventilação mecânica pode ser feita com segurança na unidade de terapia intensiva (UTI), o que evita o transporte do paciente e atrasos relacionados à indisponibilidade do centro cirúrgico. Entretanto, o quarto do paciente na UTI deve ser transformado em um ambiente cirúrgico com instrumentação adequada, campos estéreis, pessoal, iluminação e aspiração. Porém, atualmente a maioria das traqueotomias é realizada no centro cirúrgico. A maioria dos intensivistas que faz traqueotomias percutâneas prefere efetuar o procedimento no ambiente da UTI; a possibilidade de se realizar traqueotomias percutâneas com segurança e rapidez na UTI é considerada uma das vantagens desse procedimento. Traqueotomias por dilatação percutânea podem ser realizadas na UTI a um custo menor do que as traqueotomias padrão realizadas no centro cirúrgico. A vantagem do custo não existe quando os dois procedimentos são realizados na UTI.

Grover A, Robbins J, Bendick P, et al: Open versus percutaneous dilatational tracheostomy. Efficacy and cost analysis. Am Surg 67:297-301, 2001.

Massick DD, Yao S, Powell DM, et al: Bedside tracheostomy in the intensive care unit: A prospective randomized trial comparing open surgical tracheostomy with endoscopically guided percutaneous dilational tracheotomy. Laryngoscope 111:494-500, 2001.

3. As traqueotomias por dilatação percutânea são realizadas "às cegas" com a inserção do dilatador direcionada pela palpação do pescoço e vias aéreas?

A traqueotomia percutânea com dilatação foi inicialmente descrita como uma técnica "às cegas", na qual a agulha e o guia eram direcionados às vias aéreas através da palpação cuidadosa do pescoço. Relatos de inserção de cânulas de traqueostomia fora da luz da traqueia e lacerações da parede traqueal posterior pelas agulhas e guias estimularam a realização de traqueotomia por dilatação percutânea sob visualização broncoscópica direta. Um videobroncoscópio é inserido através do tubo endotraqueal, que é puxado até a região subglótica para permitir a visualização do local da traqueotomia. O operador pode, então, observar a agulha e o guia entrando na traqueia, assegurando a instalação correta do introdutor e do dilatador. Alguns intensivistas realizam a traqueotomia percutânea no leito com auxílio da ultrassonografia.

Kollig E, Heydenreich U, Roterman B, et al: Ultrasound and bronchoscopic controlled percutaneous tracheostomy on trauma ICU injury. Injury 31:663-668, 2000.

Sustic A, Zupan Z, Antoncic II: Ultrasound-guided percutaneous dilatational tracheostomy with laryngeal mask airway control in a morbidly obese patient. J Clin Anesth 16:121-123, 2004.

Winkler WB, Karnik R, Seelman O, et al: Bedside percutaneous dilational tracheostomy with endoscopic guidance: Experience with 71 ICU patients. Intens Care Med 20:476-479, 1994.

4. A traqueotomia de emergência é o procedimento cirúrgico de escolha para pacientes apneicos com obstrução aguda das vias aéreas superiores?

Não. A traqueotomia é segura quando realizada eletivamente no ambiente do centro cirúrgico sob condições controladas. No entanto, os riscos de complicações cirúrgicas aumentam cinco vezes quando a traqueotomia é utilizada em uma situação de emergência. Uma cricotireoidotomia de emergência tem maior probabilidade de sucesso com menor incidência de complicações nos pacientes com obstrução aguda das vias aéreas superiores que não podem ser submetidos à intubação translaríngea.

Burkey B, Esclamado R, Morganroth M: The role of cricothyroidotomy in airway management. Clin Chest Med 12:561-571, 1991.

Gillespie MB, Eisele DW: Outcomes of emergency surgical airway procedures in a hospital-wide setting. Laryngoscope 109:1766-1769, 1999.

Walls RM: Cricothyroidotomy. Emerg Med Clinic North Am 6:725-736, 1988.

5. Qual a complicação mais letal da traqueotomia no período perioperatório?

A retirada acidental da cânula de traqueostomia nos primeiros 3-5 dias após sua inserção representa uma complicação clínica potencialmente fatal. Podem ser necessários vários dias para que a incisão da traqueostomia forme um estoma que permita a reinserção "às cegas" de uma cânula. Antes disso, as tentativas de reinserir uma cânula de traqueostomia provavelmente levarão à criação de um falso trajeto no espaço pré-traqueal. Tentativas subsequentes de ventilar o paciente com pressão positiva através de uma cânula mal posicionada levam à formação de enfisema cervical acentuado e compressão externa da traqueia, causando asfixia.

Uma regra geral determina que apenas cirurgiões que tenham experiência com a anatomia cervical do paciente devem tentar reinserir a cânula nos primeiros cinco dias após a cirurgia. Na ausência de um cirurgião experiente, pode-se usar a intubação translaríngea nos pacientes que necessitam de controle urgente das vias aéreas, com inserção da cânula de traqueostomia em uma situação mais controlada, depois da estabilização do paciente. Se, em função da obstrução das vias aéreas superiores, o paciente não puder ser intubado pelo nariz ou boca, um tubo endotraqueal estreito, sem balonete, pode ser inserido na traqueia através da incisão cirúrgica com o auxílio de uma lâmina de laringoscópio. Em alguns pacientes, inicialmente pode ser necessária a intubação traqueal com auxílio de um trocador de tubo flexível ou sonda nasogástrica sobre a qual a cânula traqueal pode ser inserida. O Quadro 12-1 apresenta uma lista de outras complicações.

QUADRO 12-1. COMPLICAÇÕES DA TRAQUEOTOMIA

- Aspiração e pneumonia
- Parada cardiorrespiratória secundária à colocação cirúrgica incorreta
- Herniação dos anéis traqueais
- Mediastinite
- Celulite periestoma
- Pneumomediastino e pneumotórax
- Perfuração da parede traqueal posterior
- Erosão ou colapso do estoma
- Infecção do estoma
- Hemorragia do estoma
- Estenose ou atresia subglótica
- Enfisema
- Dilatação traqueal
- Granulomas traqueais com obstrução
- Ruptura dos anéis traqueais
- Estenose traqueal
- Fístula traqueoesofágica
- Fístula traqueoinominada
- Traqueomalácia

6. Como é feita a cricotireoidotomia?

A membrana cricotireoidea está localizada aproximadamente 2-3 cm abaixo da incisura tireoidea superior. A membrana, que tem, tipicamente, 1 cm, encontra-se abaixo das cordas vocais, mas dentro da região subglótica.

Faz-se uma incisão na pele e perfura-se a membrana com um bisturi. O tamanho da abertura é ampliado com uma pinça, permitindo assim a inserção de uma cânula de traqueostomia. Instrumentos comercialmente disponíveis para situações de emergência permitem a perfuração da membrana e a introdução da cânula em uma única manobra.

7. Os pacientes em ventilação mecânica e com traqueostomia podem falar?

Diversas técnicas promovem a fala nos pacientes em ventilação mecânica na presença de uma cânula de traqueostomia. Aqueles que necessitam de uma ventilação minuto de baixa a moderada podem sussurrar de maneira inteligível se o balonete da cânula for esvaziado para permitir um pequeno "vazamento" durante o ciclo inspiratório. A adição de uma pequena quantidade de pressão positiva ao final da expiração (PEEP) cria um vazamento durante a inspiração e expiração e promove uma fala mais contínua e espontânea. A "cânula de traqueostomia de fonação" fornece uma cânula externa que direciona o gás comprimido para sair da cânula abaixo das cordas vocais, permitindo que alguns pacientes se comuniquem por meio de sussurros. Uma "eletrolaringe" colocada contra o pescoço perto das cartilagens laríngeas gera uma vibração que pode ser articulada, com a prática, em fala inteligível. Se os pacientes tiverem uma necessidade ventilatória mecânica mínima ou inexistente, uma válvula unidirecional pode ser colocada em série entre uma cânula de traqueostomia fenestrada com balão vazio e o circuito do ventilador, permitindo a expiração por meio da via aérea nativa e promovendo fala inteligível (Fig. 12-1).

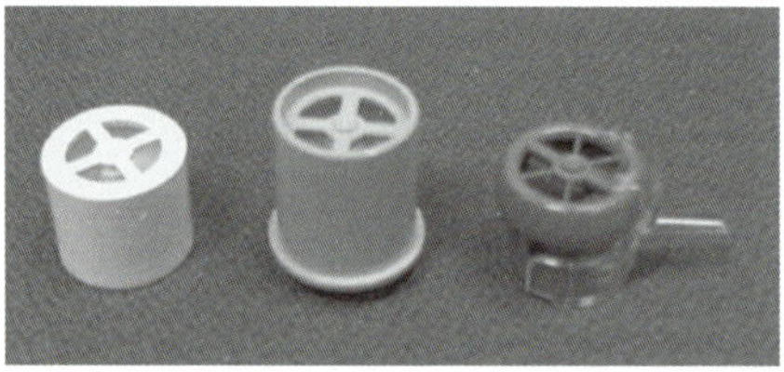

Figura 12-1. Válvulas de traqueotomia unidirecionais que permitem a fala espontânea.

Godwin JE, Heffner JE: Special critical care considerations in tracheostomy management. Clin Chest Med 12:573-583, 1991.

Hoit JD, Banzett R: Simple adjustments can improve ventilator-supported speech. Am J Speech Lang Pathol 56:87-96, 1997.

Hoit JD, Lohmeier HL: Influence of continuous speaking on ventilation. J Speech Lang Hear Res 43:1240-1251, 2000.

Leder SB: Importance of verbal communincation for the ventilation dependent patient. Chest 98:792-793, 1990.

8. Quais as precauções que se deve ter com os pacientes com cânula de traqueostomia com balonete submetidos à anestesia geral?

Alguns anestésicos voláteis, como o óxido nitroso, apresentam maior difusão para dentro do balonete da cânula de traqueostomia do que o oxigênio ou o nitrogênio para fora, aumentando sua pressão. Durante uma cirurgia de duas horas, a pressão no balonete pode aumentar de 15 mmHg para 80 mmHg, o que pode causar lesão isquêmica da mucosa traqueal. As precauções apropriadas incluem o monitoramento frequente da pressão do balonete na sala de cirurgia ou insuflação do balonete no início do procedimento cirúrgico com a mistura anestésica gasosa administrada nas vias aéreas.

9. Qual o tamanho ideal da cânula de traqueostomia para um paciente?

Nenhum tamanho é ideal para todos os pacientes porque o calibre da traqueia e as situações clínicas variam. As cânulas de menor calibre podem diminuir a incidência de estenose traqueal no local do estoma devido à menor incisão traqueal necessária. Infelizmente, as cânulas menores dificultam a aspiração das vias aéreas, a ventilação espontânea e a realização de broncoscopia de fibra óptica. Além disso, as cânulas de menor calibre possuem balonetes pequenos, que podem lesar a mucosa traqueal, pois requerem pressões de balonete elevadas para selar as vias aéreas. Cânulas excessivamente grandes requerem maiores estomas e impedem a insuflação adequada do balonete, dificultando o isolamento da cânula rígida da mucosa traqueal e a prevenção eficaz da aspiração. O tamanho ideal aproximado implica ao cirurgião escolher uma cânula cujo diâmetro externo meça 2/3 do diâmetro interno da traqueia do paciente no ponto de inserção.

10. A pressão do balonete da cânula de traqueostomia deve ser verificada periodicamente nos pacientes submetidos à ventilação mecânica?

O monitoramento frequente da pressão do balonete com um medidor de pressão proporciona a melhor forma de medi-la para prevenir a lesão traqueal na região do balonete. Existem outras técnicas para estimar essa pressão. Elas incluem a palpação do balonete piloto, o volume mínimo de oclusão e a tensão sentida pelo operador na seringa durante a insuflação. Entretanto, nenhuma dessas técnicas substitui as medições diretas de pressão do balonete. A insuflação exagerada do balonete ocorre em até 45% dos pacientes não monitorados por um aparelho para medir a pressão. A pressão excessiva no balonete, excedendo a pressão de perfusão capilar da mucosa (geralmente de 25 mmHg), pode causar isquemia da mucosa de forma rápida, e uma consequente estenose traqueal. A utilização da técnica de vazamento mínimo para inflar o balonete sem medir a pressão pode impedir a que se identifique os pacientes que precisam de altas pressões de insuflação. Existe uma relação linear entre a pressão necessária para selar as vias aéreas (pressão mínima de vazamento) e a pressão de pico inspiratória gerada pela ventilação com pressão positiva. Os pacientes com pressão de pico inspiratória acima de 48 cmH_2O geralmente requerem pressões de insuflação do balonete acima de 25 mmHg.

Se o balonete de uma cânula de traqueostomia não for insuflado o suficiente (< 15 mmHg) em um paciente sob ventilação mecânica, os riscos de aspiração e de desenvolvimento de pneumonia nosocomial aumentam. Portanto a maioria dos especialistas recomenda que se mantenha uma pressão do balonete entre 15 e 25 mmHg. Os médicos devem atentar à unidade de medida da pressão do balonete e fazer a conversão adequada de centímetros de água (cmH_2O) para milímetros de mercúrio (mmHg) a fim de permitir a adequação às recomendações (pressão do balonete em mm de mercúrio = [pressão medida do balonete em centímetros de água]/1,36).

Bernhard WN, Cottrell JE. Sivakumaran C, et al: Adjustment of intracuff pressure to prevent aspiration. Anesthesiology 50:363, 1979.

Norwood S, Vallina VL, Short K, et al: Incidence of tracheal stenosis and other late complications after percutaneous tracheostomy. Ann Surg 232:233-241, 2000.

Rello J, Sonora R, Jubert P, et al: Pneumonia in intubated patients. Role of respiratory airway care. Am J Respir Crit Care Med 154(1):111-115, 1996.

11. O que um médico deve levar em consideração em um paciente que apresenta hemorragia das vias aéreas nas primeiras 48 horas após a inserção de uma cânula de traqueostomia?

O sangramento nas primeiras 48 horas geralmente resulta de hemorragia na incisão. Qualquer sangramento que ocorra por mais de 48 horas após a cirurgia sugere a possibilidade de uma fístula traqueoinominada que se desenvolve como uma comunicação entre a traqueia e o tronco braquiocefálico devido à erosão da parede da traqueia; é resultante da necrose secundária à pressão causada pela ponta da cânula de traqueostomia ou pelo balonete. Essa complicação potencialmente fatal requer avaliação imediata de um cirurgião torácico capaz de realizar uma esternotomia de emergência para ligar o tronco braquiocefálico, pois geralmente ocorre hemorragia maciça depois de um episódio inicial de sangramento leve a moderado.

Allan JS, Wright CD: Tracheoinnominate fistula: Diagnosis and management. Chest Surg Clin North Am 13:331-341, 2003.

12. Como devemos avaliar um paciente que continua a apresentar tosse e dispneia dois meses após a remoção da cânula de traqueostomia?

Apesar de esses sintomas frequentemente acompanharem doenças pulmonares, ocasionalmente eles também representam a única manifestação clínica de uma fístula traqueoesofágica. Os pacientes submetidos à ventilação mecânica com pressão positiva podem apresentar distensão gástrica ou eructação frequente. A aspiração recorrente de secreções esofágicas pode se manifestar como pneumonia nosocomial. Uma fístula traqueoesofágica secundária à necrose por pressão do balonete ou da ponta da cânula é uma complicação da traqueostomia presente em menos de 1% dos pacientes. Os fatores de risco incluem: movimento excessivo da cânula, altas pressões de insuflação do ventilador, balonetes hiperinsuflados, intubação prolongada, diabetes e a presença de sonda nasogástrica.

A suspeita de uma fístula traqueoesofágica deve ser investigada com estudos de imagem contrastados, como a esofagografia, pois a avaliação endoscópica pela broncoscopia ou esofagoscopia pode não identificar o trajeto da fístula.

Reed MF, Mathisen DJ: Tracheoesophageal fistula. Chest Surg Clin North Am 13:271-289, 2003.

13. Quais as indicações da traqueotomia nos pacientes graves?

As indicações mais comuns incluem a remoção de secreções das vias aéreas, alívio da obstrução das vias aéreas superiores, fornecer acesso para a ventilação mecânica prolongada e prevenção da aspiração.

14. Os pacientes dependentes da ventilação mecânica podem ser retirados mais rapidamente da ventilação se for feita uma traqueotomia "precoce"?

Diversos estudos prospectivos e randomizados com pacientes graves dependentes da ventilação mecânica examinaram os potenciais benefícios da traqueotomia precoce (após 3-7 dias de intubação) comparada à traqueotomia tardia (8 dias ou mais após a intubação). Alguns desses estudos demonstraram taxas menores de pneumonia hospitalar e menor duração da ventilação mecânica nos pacientes submetidos à traqueotomia precoce. Infelizmente, falhas no desenho dos estudos não permitiram a ampla aceitação de seus resultados. Diretrizes baseadas em evidências para o desmame dos pacientes do suporte ventilatório, publicadas recentemente pelo American College of Chest Physicians, relataram não haver evidências confiáveis de que a realização rotineira de traqueotomias precoces promova o desmame precoce da ventilação mecânica.

Entretanto, muitos intensivistas sugerem que a traqueotomia provavelmente promova a retirada precoce da ventilação mecânica mais pela alteração que ela provoca no comportamento do médico do que por qualquer efeito fisiológico da cânula. P. ex., o maior conforto do paciente resultante da retirada do tubo endotraqueal pode permitir a descontinuação precoce de sedativos e uma retirada mais rápida do suporte ventilatório. A realização de traqueotomia nos pacientes intubados diminui o trabalho respiratório, mas não foi demonstrado que a redução do trabalho respiratório seja clinicamente importante.

Durbin CG Jr: Indications for and timing of tracheostomy. Respir Care 50:483-487, 2005.
Heffner JE: The role of tracheotomy in weaning. Chest 120(6 Suppl):477S-481S, 2001.
Maziak DE, Meade MO, Todd TR: The timing of tracheotomy: A systematic review. Chest 114:605-609, 1998.
Moscovici da Cruz V, Demarzo SE, Sobrinko JB, et al: Effects of tracheostomy on respiratory mechanics in spontaneously breathing patients. Eur Respir J 20:112-117, 2002.
Pierson DJ: Tracheostomy and weaning. Respir Care 50:526-533, 2005.
Rana S, Pendem S, Pogodzinski MS, et al: Tracheostomy in critically ill patients. Mayo Clin Proc 80:1632-1638, 2005.

15. Quando a traqueotomia deve ser feita em um paciente dependente da ventilação mecânica?

Nenhum estudo ou metanálise determinou o momento ideal para se fazer uma traqueotomia nos pacientes que precisam de ventilação mecânica prolongada. Entretanto, recentemente chegou-se ao consenso de que a decisão deve ser individualizada, realizando-se a traqueotomia quando tudo indicar que o paciente será beneficiado. Os benefícios potenciais da traqueotomia, em comparação à intubação translaríngea, incluem maior conforto, melhora na capacidade de comunicação, maior mobilidade e redução do risco de lesão direta da laringe.

Esse consenso enfatiza ainda que a decisão de fazer uma traqueotomia nos pacientes dependentes de ventilação mecânica deve ser determinada pela expectativa da necessidade de ventilação mecânica prolongada e não pela duração arbitrária de uma dependência do ventilador ocorrida anteriormente. Como exemplo, podemos citar que os pacientes com insuficiência respiratória devem ser avaliados no período de sete dias depois de instituído o tratamento com tubo endotraqueal translaríngeo a fim de determinar a probabilidade de uma extubação bem-sucedida nos primeiros 10-14 dias após a intubação. Os pacientes que apresentarem baixa probabilidade de melhora rápida, baseando-se na gravidade da doença, devem ser submetidos à traqueotomia assim que for possível, em vez de esperar por um período arbitrário obrigatório de 1-2 semanas de ventilação mecânica.

Durbin CG Jr: Indications for and timing of tracheostomy. Respir Care 50:483-487, 2005.
Heffner JE: Timing of tracheotomy in mechanically ventilated patients. Am Rev Resp Dis 147:768-771, 1993.
Heffner JE: Tracheotomy application and timing. Clin Chest Med 24:389-398, 2003..

16. Descreva o papel da cânula de traqueostomia fenestrada na UTI.

As novas cânulas de traqueostomia fenestradas, com múltiplos orifícios de pequeno diâmetro na sua curvatura maior, auxiliam a fala e o desmame da traqueostomia nos pacientes com respiração espontânea, sem estimular o crescimento de tecido de granulação. Após a remoção da cânula interna (quando presente) e desinsuflação do balonete, os pacientes podem respirar, pois o ar passa em volta do balonete e através das fenestrações, além do estoma, reduzindo a resistência das vias aéreas. A colocação de uma válvula unidirecional, como a válvula Passy-Muir, na cânula de traqueostomia permite que o paciente inspire através do tubo e expire por sua via aérea superior, estimulando a fala.

Alguns médicos recomendam a instalação de uma cânula de traqueostomia fenestrada para facilitar a retirada gradual até o momento da decanulação. Outros preferem o uso de um botão traqueal, argumentando que as cânulas fenestradas interferem na eliminação espontânea de secreções através da via aérea nativa e retardam a retirada da cânula.

17. O que é um botão traqueal?

Os botões traqueais, tais como os botões Olympic e Montgomery, auxiliam na retirada da cânula de traqueostomia (Fig. 12-2). Projetados como uma cânula reta, rígida ou flexível de plástico ou Silastic®, os botões traqueais se encaixam no estoma para mantê-lo patente caso os pacientes precisem de aspiração ou reinserção da cânula. O botão é ideal para os pacientes com quadro ventilatório limítrofe, pois a ponta distal fica adjacente à parede da traqueia sem fazer protuberância nas vias aéreas, o que impediria a respiração ou a eliminação de secreções pela tosse.

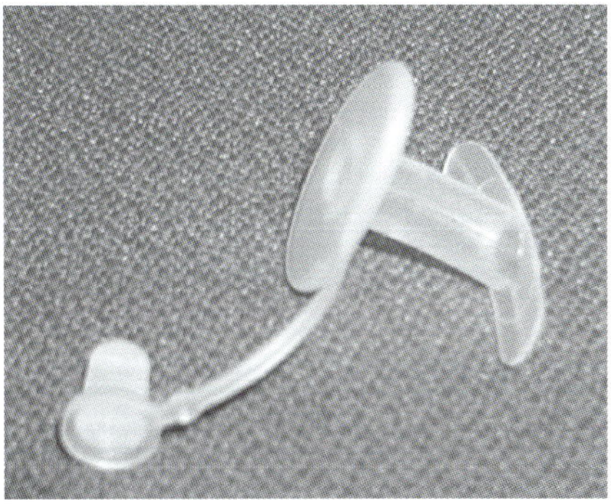

Figura 12-2. Botão traqueal. A borda distal de silicone sofre deformação para permitir sua inserção na traqueia através do estoma.

18. Por que os pacientes aspiram após a retirada da cânula de traqueostomia?

A cicatrização do estoma pode interferir na excursão rostrocaudal da laringe durante a deglutição, necessária para o fechamento da glote. Além disso, o desvio prolongado da respiração para longe da glote atenua a resposta adutora das cordas vocais, importante para a prevenção da aspiração.

19. A traqueotomia percutânea pode ser feita em um paciente em ventilação mecânica que requer PEEP de forma segura?

A traqueotomia percutânea pode ser feita com sucesso nos pacientes com insuficiência respiratória grave que requerem altos níveis de PEEP. Em uma série de casos, ela foi feita com o auxílio de broncoscopia em pacientes com PEEP médio de 16,6 cmH_2O (variando de 12-20 cmH_2O) sem que houvesse deterioração da oxigenação arterial 1 e 24 horas após o procedimento comparando-se o resultado ao de pacientes com níveis menores de PEEP (média de 7,6 cmH_2O; variando de 5,4-9,8 cmH_2O).

Beiderlinden M, Groeben H, Peters J: Safety of percutaneous dilational tracheostomy in patients ventilated with high positive end-expiratory pressure (PEEP). Intens Care Med 29:944-948, 2003.

SITES

1. Bliznikas D, Baredes S: Percutaneous tracheostomy (Traqueostomia percutânea) www.emedicine.com/ent/topic682.htm
2. Cook Incorporated, Inc: Vídeos sobre traqueostomia percutânea www.cookgroup.com/cook_critical_care/education/video/index.html

CAPÍTULO 13

DRENOS TORÁCICOS

Mark W. Bowyer, MD, DMCC, COL, USAF, MC

1. Qual é a função dos drenos torácicos?

Um dreno torácico é usado para retirar líquido e ar do espaço pleural e restabelecer a pressão intrapleural negativa, permitindo assim a reexpansão dos pulmões.

2. Descreva as condições clínicas que requerem a inserção de um dreno torácico.

Os drenos torácicos geralmente são utilizados no tratamento do pneumotórax (hipertensivo ou não) e hemotórax em condições traumáticas e não traumáticas. Além disso, eles também são usados para a drenagem de derrames pleurais volumosos, sintomáticos ou recorrentes, para o tratamento do empiema e quilotórax e para a drenagem do espaço pleural após ruptura esofágica.

3. Com que frequência o dreno torácico é o único tratamento necessário para o trauma torácico penetrante?

A inserção de um dreno torácico é terapêutica e mostra-se um potencial salva-vidas em 85% dos casos de trauma torácico penetrante.

4. Como o dreno torácico funciona?

O sistema de aspiração dos drenos torácicos tem como base um sistema de três frascos. Nesse sistema, o primeiro frasco é conectado diretamente ao dreno torácico para coletar o líquido removido. O segundo frasco é conectado ao primeiro, sendo usado para o selo d'água. Já o terceiro conecta os outros dois ao aspirador e é utilizado para controlar a pressão de aspiração aplicada ao sistema (Fig. 13-1). Os sistemas modernos possuem os mesmos três compartimentos do sistema original de três frascos, porém estão combinados em um sistema de plástico fechado.

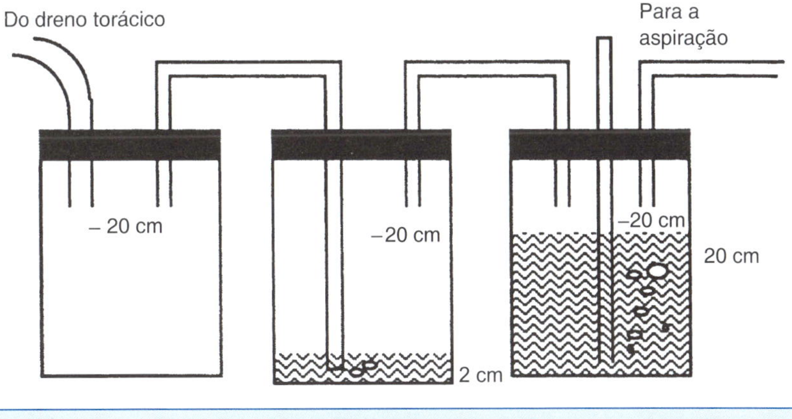

Figura 13-1. O sistema clássico de três frascos do sistema coletor do dreno torácico.

5. Qual é a pressão de aspiração aplicada ao dreno torácico?

Na maioria das vezes, são aplicados cerca de –20 cm H_2O ao dreno torácico por meio do sistema de aspiração. Essa pressão geralmente é adequada para esvaziar o espaço pleural, mas não é alta o suficiente para causar lesão pulmonar. Pressões negativas mais elevadas podem ser usadas caso necessário. A maior pressão usada rotineiramente é de –40 cm H_2O.

6. Quais são os pontos de referência usados para a inserção de um dreno torácico?

Os drenos torácicos são, geralmente, colocados no quarto ou quinto espaço intercostal, imediatamente anteriores à linha axilar média. Uma vez na cavidade torácica, são inseridos na direção do ápice pulmonar. Normalmente, estima-se o quinto espaço intercostal nos homens usando o mamilo como referência, enquanto nas mulheres o ponto de referência é a prega inframamária (Fig. 13-2, *A*).

Griffiths JR, Roberts N: Do junior doctors know where to insert chest drains safely? Postgrad Med J 81:456-458, 2005.

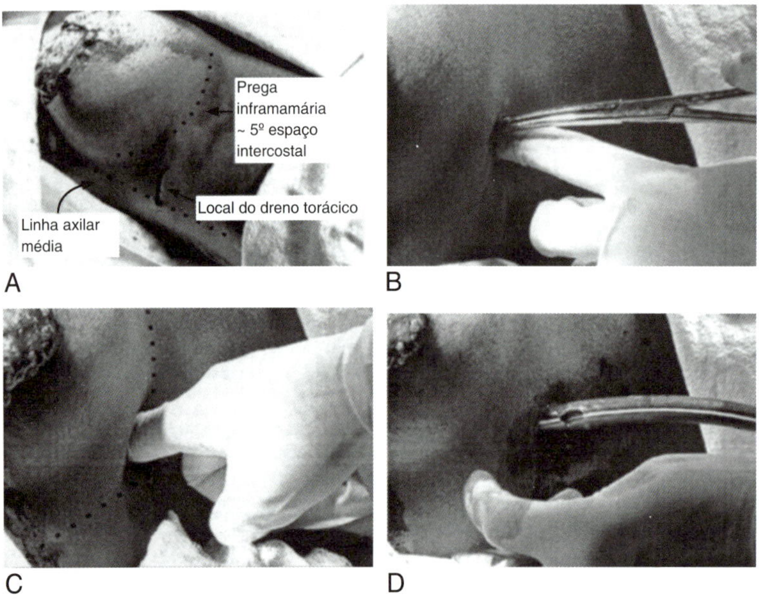

Figura 13-2. Os passos para a inserção de um dreno torácico. ***A,*** A prega inframamária é usada para estimar o local de inserção do dreno, imediatamente anterior à linha axilar média. ***B,*** Depois de fazer uma incisão na pele, uma pinça curva é introduzida na direção cefálica e acima da próxima costela, divulsionando as fibras musculares e entrando no tórax. ***C,*** Um dedo é inserido no tórax para garantir o posicionamento adequado e para desfazer adesões que possam impedir a inserção do dreno. ***D,*** O dreno torácico é inserido na direção do ápice pulmonar até que o último orifício esteja no tórax.

7. Como selecionar o tamanho apropriado do dreno torácico?

O tamanho deve ser apropriado para cada necessidade. Drenos torácicos de grosso calibre (ou seja, 36 Fr) devem ser usados para drenar um hemotórax. Nos pacientes com essa condição, drenos de menor calibre podem ser obstruídos por coágulos sanguíneos, o que requer a substituição dos mesmos. O drenos torácicos de menor calibre (ou seja, 10-14 Fr) devem ser usados exclusivamente no tratamento do pneumotórax simples. No ambiente da unidade de terapia intensiva, o dreno mais usado costuma ser o 28 Fr, que permite o tratamento do pneumotórax, assim como a drenagem de líquido pleural. Ele continuará funcionando até mesmo na presença de grandes vazamentos pulmonares de ar em pacientes sob ventilação mecânica com pressão positiva.

Bauman MH: What size chest tube? What drainage system is ideal? And other chest tube management questions. Curr Opin Pulm Med 9:276-281, 2003.

8. Como o dreno torácico é colocado?

Primeiro é realizada a assepsia da área, seguida pela colocação de um campo estéril (Fig. 13-2, *A*) e anestesia da região com lidocaína a 1%. É feita uma pequena incisão abaixo do espaço intercostal a ser utilizado, fazendo-se um trajeto para a inserção do dreno com uma pinça Kelly ou tesoura Mayo, para divulsionar as fibras musculares (Fig. 13-2, *B*). Após perfurar a pleura, deve ser feito o exame digital da cavidade torácica para que o posicionamento correto seja garantido e seja desfeita qualquer adesão local que poderia impedir a inserção do dreno (Fig. 13-2, *C*). O dreno pode, então, ser inserido usando uma pinça de ponta arredondada direcionando-o para a localização apropriada (Fig. 13-2, *D*). O dreno torácico deve ser fixado com uma única sutura de seda e conectado ao sistema de drenagem.

9. Quais são as complicações decorrentes da inserção de um dreno torácico?

Drenos torácicos mais antigos incluíam um trocarte de metal, responsável por uma proporção significativa das complicações de perfuração enumeradas no Quadro 13-1. Se um trocarte estiver presente no conjunto de drenagem pulmonar, ele deve ser descartado imediatamente (ou usado apenas como apoio para tomateiros...).

Chest Trauma: Intercostal Chest Drains: www.trauma.org/thoracic/CHESTdrain.html

QUADRO 13-1. COMPLICAÇÕES DA INSERÇÃO DE DRENOS TORÁCICOS

Perfuração traumática de:
- Pulmões
- Câmaras cardíacas
- Veia cava inferior
- Artéria pulmonar
- Diafragma
- Órgãos intra-abdominais
- Próteses mamárias

Neuralgia intercostal
Sangramento dos vasos intercostais
Edema pulmonar de reexpansão
Infecção
Inserção incorreta do dreno:
- Fora do tórax
- Não ser inserido o suficiente na cavidade torácica
- Em uma fissura pulmonar

10. O que é edema pulmonar de reexpansão? Ele é tratável?

O edema pulmonar de reexpansão é um evento raro que resulta em edema pulmonar unilateral decorrente da rápida evacuação de um derrame pleural ou reexpansão rápida do pulmão no caso de pneumotórax. Apesar de raro, apresenta uma taxa de mortalidade de até 20%. A maioria dos casos relatados ocorreu após a drenagem de grandes coleções de líquido, mais de 2 L, presentes por mais de três dias. A ventilação pulmonar diferencial tem se mostrado promissora no tratamento dessa desordem.

Cho SR, Lee JS, Kim MS: New treatment method for reexpansion pulmonary edema: Differential lung ventilation. Ann Thorac Surg 80:1933-1934, 2005.

11. Como podemos reduzir a possibilidade de ocorrência do edema pulmonar de reexpansão?

Os esforços para reduzir a possibilidade de desenvolvimento dessa desordem incluem: (1) somente permitir a drenagem inicial de um derrame pleural volumoso ou reexpansão de um pneumotórax crônico de grande monta fazendo uso do selo d'água; e (2) fechar o dreno torácico por várias horas após a drenagem dos 2 L iniciais de um derrame pleural volumoso crônico.

12. Como o paciente com um dreno torácico deve ser monitorado?

A quantidade e a característica do líquido drenado devem ser monitoradas continuamente. A presença ou ausência de vazamento de ar também deve ser determinada procurando-se por bolhas de ar na câmara de selo d'água durante a inspiração ou tosse. Quando houver um vazamento de ar contínuo, é importante certificar-se de que ele não está no próprio sistema. Isso pode ser determinado através do clampeamento sequencial do dreno antes de cada conexão e da observação da presença de vazamento de ar. Se houver um vazamento no sistema, o mesmo deve ser substituído. Também é importante certificar-se de que não existe vazamento no sítio de inserção do dreno no tórax e verificar a radiografia de tórax para determinar se o último orifício do dreno está dentro do tórax.

13. Qual volume de sangue drenado de um hemotórax indica a necessidade de intervenção cirúrgica?

A drenagem aguda de 1.500 mL de sangue ou mais, o que representa aproximadamente 40% do volume do sangue circulante, deve ser encarada como preocupante, pois pode indicar a necessidade de intervenção cirúrgica. Em geral, mais de 800 mL em uma hora, 400 mL/h por duas horas consecutivas, 200 mL/h por quatro horas ou 800 mL no período de oito horas também são um alerta para a necessidade de intervenção cirúrgica.

14. O sangue retirado do dreno torácico pode ser transfundido de volta ao paciente?

Pode. Um frasco de autotransfusão pode ser colocado entre o dreno torácico e o sistema coletor/drenagem. Esse sangue pode ser devolvido ao paciente sem necessidade de processamento.

15. Os drenos torácicos devem ser clampeados quando o paciente estiver sendo transportado?

Não! Durante o transporte, quando a aspiração não está disponível, o indivíduo deve ser transportado com drenagem em selo d'água, que deve ser mantida pelo menos 20 cm com H_2O abaixo do nível do paciente a fim de evitar o refluxo de líquido pelo dreno em função de qualquer pressão intratorácica negativa que possa ocorrer. O clampeamento do dreno torácico durante o transporte poderia resultar em pneumotórax hipertensivo caso houvesse um vazamento significativo de ar dos pulmões.

16. O que é a ordenha do dreno torácico?

A ordenha consiste na compressão do dreno torácico (ou do sistema de drenagem que sai dele) com o polegar e o indicador ou com um aparelho de ordenha mecânica, que são afastados da parede torácica enquanto a compressão do dreno é mantida. O objetivo dessa manobra é gerar pressão negativa para deslocar qualquer coágulo dentro do dreno e promover a drenagem pleural. Não existe evidência de que a ordenha realmente atinja esse objetivo. É um procedimento cujo uso rotineiro deveria ser abandonado.

17. O que é a válvula de Heimlich? Como ela é usada?

A válvula de Heimlich é uma válvula unidirecional. O ar pode sair do espaço pleural por meio da válvula, mas não pode entrar porque ocorre colapso de sua extremidade distal durante a inspiração. Ela geralmente é usada em pacientes pré-hospitalares ou durante o transporte de pacientes para tratamento do pneumotórax. Normalmente não é usada nos pacientes críticos.

PONTOS-CHAVE: PRINCÍPIOS BÁSICOS DOS DRENOS TORÁCICOS

1. O pneumotórax hipertensivo é um diagnóstico clínico e não-radiográfico.
2. Oitenta e cinco por cento dos traumas penetrantes de tórax podem ser tratados apenas com o dreno torácico.
3. Usar drenos de grosso calibre (36 Fr) para drenar sangue e drenos de menor calibre (10-14 Fr) para remover ar.
4. Uma drenagem inicial de mais de 1.500 mL de sangue indica a necessidade de exploração cirúrgica.
5. Os drenos torácicos devem ser conectados à aspiração em selo d'água a –20 cm H_2O.
6. O dreno torácico pode ser removido quando a drenagem for inferior a 100 mL/dia e não houver vazamento de ar no selo d'água durante 24 horas.

18. Quando os drenos torácicos devem ser removidos?

Os drenos torácicos podem ser removidos quando não houver vazamento de ar no selo d'água durante 24 horas, a drenagem cair para menos de 100 mL/dia e a radiografia de tórax mostrar a expansão total do pulmão. A ventilação mecânica não deve ser um obstáculo para a remoção do dreno torácico, pois o risco de recorrência do pneumotórax nesses pacientes após a remoção do dreno é baixo. Uma exceção à regra discutida anteriormente se dá quando o dreno é inserido para o tratamento de um empiema. Retirar um dreno torácico que está drenando um empiema pode resultar no reacúmulo do abscesso.

19. Como o dreno torácico é removido?

A maneira clássica de retirar um dreno torácico é a seguinte: depois de remover o curativo, corte os pontos cuidadosamente enquanto mantém o dreno no lugar. Segure um curativo com gaze umedecida próxima ao ponto de saída do dreno. Instrua o paciente a respirar fundo e a realizar a manobra de Valsalva. Puxe o dreno rapidamente enquanto cobre o orifício de saída com o curativo de gaze. A manobra deve ser feita com cuidado para evitar a ocorrência de pneumotórax, o que requereria a reinserção do dreno torácico.

20. O dreno torácico deve ser removido durante o final da inspiração ou da expiração? Isso faz alguma diferença?

Conforme descrito anteriormente, classicamente, postula-se que o dreno deve ser retirado ao fim da inspiração. Essa crença foi recentemente posta à prova na literatura devido à realização de um estudo randomizado que não demonstrou diferença na incidência de pneumotórax após a remoção do dreno ao fim da inspiração ou da expiração.

Bell RL, Ovadia P, Abdullah F, Spector S, Rabinovici R: Chest tube removal: End-inspiration or end-expiration? J Trauma 50:674-677, 2001.

21. É mandatório realizar uma radiografia de tórax após a remoção de um dreno torácico?

Mais uma vez, um ensinamento clássico foi recentemente posto à prova pela literatura. Pelo menos dois estudos recentes desafiaram esse dogma e sugerem que a solicitação de uma radiografia de tórax após a remoção do dreno torácico não deve ser feita rotineiramente, mas sim se basear em um bom julgamento clínico.

22. Os pacientes que necessitaram de dreno torácico devem ser tratados com antibióticos?

Sim. A administração de antibioticoprofilaxia aos pacientes que requereram drenos após traumas torácicos isolados reduz a incidência de pneumonite, mas não parece influenciar o risco de empiema. O esquema ideal envolve a administração de uma cefalosporina de primeira geração durante 24 horas.

Luchette FA, Barre OS, Oswanski MF, et AL: Practice Management Guidelines for Prophylactic Antibiotic use in Tube Thoracostomy for Traumatic Hemopneumothorax. Eastern Association for Trauma: www.east.org/tpg/chesttube.pdf

23. Como deve ser feito o diagnóstico do pneumotórax hipertensivo?

O diagnóstico do pneumotórax hipertensivo é clínico. Os sinais clássicos incluem desvio da traqueia, distensão das veias do pescoço e hiperexpansão torácica com hipertimpanismo. Não se deve esperar a confirmação via radiografia de tórax, pois o paciente pode vir a falecer.

CAPÍTULO 14

BRONCOSCOPIA

Amy E. Morris, MD e Lynn M. Schnapp, MD

1. O que é broncoscopia flexível?

Broncoscopia significa, literalmente, "ver as vias aéreas", e fornece uma forma de visualizar as vias aéreas superiores, traqueia e brônquios. A broncoscopia flexível utiliza um fibroscópio óptico de pequeno calibre, o qual é inserido pelo nariz, boca ou um tubo de traqueostomia ou endotraqueal (Fig. 14-1). O broncoscópio é, então, direcionado para descer pela traqueia, carina e além, para as áreas de interesse. Na maioria dos pacientes, as vias aéreas podem ser visualizadas pelo menos até os brônquios segmentares.

Wang KP, Mehta AC (eds): Flexible Bronchoscopy. Cambridge, Blackwell Scientific, 1995.

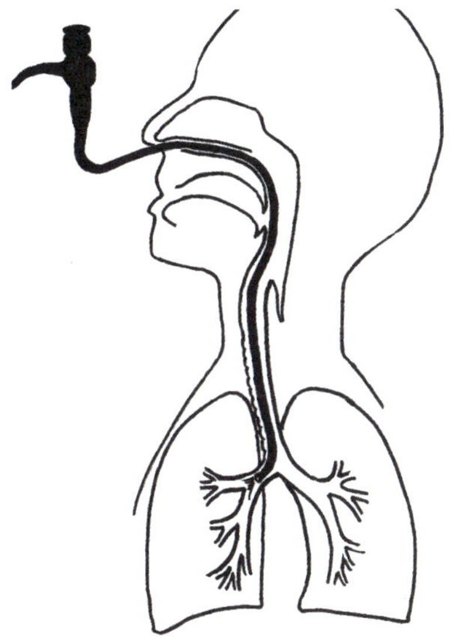

Figura 14-1. Broncoscopia flexível.

2. Como é feita a broncoscopia flexível?

A broncoscopia flexível pode ser realizada à beira do leito ou em uma sala especial, com o auxílio de um enfermeiro e de um fisioterapeuta. Os preparativos incluem as seguintes etapas:

1. Anestesiar o nariz e a faringe do paciente com lidocaína tópica.
2. Preparar o equipamento de aspiração e de monitoramento do ritmo cardíaco, pressão arterial e saturação de oxigênio. Deve haver oxigênio suplementar disponível.
3. Controlar os reflexos de tosse e vômito com pequenas doses de narcóticos de curta duração e benzodiazepínicos.
4. Lubrificar o broncoscópio com lidocaína gel. É importante anestesiar a faringe posterior, cordas vocais e carinas, pois o avanço do broncoscópio por meio dessas estruturas é a parte menos tolerável do procedimento.

3. Como a broncoscopia rígida difere da broncoscopia flexível?

A broncoscopia rígida é realizada com o paciente sob anestesia geral, usando um tubo oco rígido que fornece um canal de trabalho amplo, iluminação direta e uma conexão que permite a ventilação mecânica durante o procedimento. Essa técnica é preferível à broncoscopia flexível, quando há maior necessidade de aspiração (como na investigação de hemoptise), remoção de corpos estranhos, remoção cirúrgica ou a laser de lesões endobrônquicas ou colocação de *stents* endobrônquicos. A broncoscopia rígida requer uma coluna cervical estável e a habilidade de manipular a mandíbula.

4. Quando devemos considerar a intubação antes da realização da broncoscopia?

Um paciente respirando espontaneamente que irá se submeter à broncoscopia flexível, sem uma via aérea artificial ou ventilação mecânica, deve estar cooperativo, não apresentar tosse violenta e nem risco de obstrução das vias aéreas superiores, insuficiência respiratória hipóxica ou hipercápnica. Os pacientes nos quais a broncoscopia é considerada necessária, mas que não preenchem esses critérios podem necessitar de intubação antes do procedimento. Em todos os casos, o equipamento para intubação endotraqueal deve estar disponível.

5. Quais as diferenças da broncoscopia nos pacientes em ventilação mecânica?

A broncofibroscopia pode ser realizada através de um tubo endotraqueal com pelo menos 7 mm de diâmetro, utilizando um adaptador especial. A anestesia tópica é obtida com 1-2 mL de lidocaína a 2% através do tubo endotraqueal. Um lubrificante à base de silicone é aplicado ao broncoscópio para facilitar sua passagem. O broncoscópio causa uma obstrução parcial do tubo endotraqueal, causando um acréscimo na pressão das vias aéreas e um potencial aumento do aprisionamento de ar. O fisioterapeuta deve programar o ventilador no modo controlado por volume com um limite maior para a pressão de pico das vias aéreas para garantir que o paciente receba a ventilação minuto adequada. A fração inspirada de oxigênio (FiO_2) deve ser aumentada (geralmente para 1,0), pois a broncoscopia e a lavagem broncoalveolar podem causar hipóxia transitória.

Hertz MI, Woodward ME, Gross CR, et al: Safety of bronchoalveolar lavage in the critically ill, mechanically ventilated patient. Crit Care Med 19:1526-1532, 1991.

TABELA 14-1. INDICAÇÕES DA BRONCOSCOPIA

	Indicação	Objetivo
Inspeção	Hemoptise	Localizar a origem do sangramento
		Procurar lesões endobrônquicas
	Infecção	Identificar evidências de inflamação ou pus
	Aspiração	Procurar por corpos estranhos
	Massa	Procurar por massas endobrônquicas
	Trauma torácico	Procurar evidência de lesão das vias aéreas
	Lesão por inalação	Procurar evidência de lesão das vias aéreas
Coletar amostras	Infiltrados pulmonares (infecciosos)	Obter amostra para coloração pelo Gram e pela prata, culturas bacterianas e estudos de vírus e fungos
	Infiltrados pulmonares (não infecciosos)	Identificar hemorragia alveolar
		Determinar a presença de eosinofilia (analisar a contagem de células e o diferencial)
	Massa ou adenopatia	Fazer biópsia transbrônquica para citologia/patologia
Intervenções	Hemoptise	Controlar o sangramento
	Obstrução brônquica	Remover muco ou corpos estranhos
		Remover massas por laser
		Colocar *stent*
	Proteinose alveolar	Realizar lavagem
	Intubação	Visualizar a anatomia para inserção do tubo endotraqueal

6. Quais as indicações da broncoscopia na unidade de terapia intensiva (UTI)?

A broncoscopia permite a inspeção das vias aéreas, a coleta de amostras das vias aéreas inferiores e a realização de diversas intervenções (Tabela 14-1). Na UTI, é usada mais frequentemente para diagnosticar infecções por meio da lavagem broncoalveolar (LBA) ou do escovado protegido. Na LBA, a ponta do broncoscópio é encunhada em um brônquio subsegmentar, enquanto alíquotas de 5 a 30 mL de soro fisiológico são injetadas e aspiradas para coletores estéreis. O conteúdo alveolar é coletado ao mesmo tempo em que o posicionamento do broncoscópio previne o alagamento de outras regiões pulmonares. O escovado protegido é feito com uma escova estéril que possui uma cobertura de gel a qual é inserida em uma área potencialmente infectada. Em seguida ela é agitada, retirada e então enviados para cultura.

Raoof S, Mehrishi S, Prakash UB: Role of bronchoscopy in modern medical intensive care unit. Clin Chest Med 22:241-261, 2001.

7. Que outros tipos de amostras podem ser coletados pela broncoscopia?

- **Escovado citológico**: Uma escova abrasiva é agitada contra o tecido potencialmente maligno e depois é enviada para a análise citológica.
- **Biópsia transbrônquica:** O broncoscópio é avançado o máximo possível nos brônquios subsegmentares. Uma pinça de biópsia é introduzida através da parede das vias aéreas distais no parênquima pulmonar para se obter amostra de tecido. Essa técnica pode ser usada para diagnosticar infecção (ou seja, doença causada por fungos), doenças granulomatosas (ou seja, a sarcoidose) ou tumores malignos.
- **Aspiração com agulha de Wang:** Essa é uma técnica usada no diagnóstico e estadiamento do câncer. Uma agulha curta e rígida é inserida através da parede das vias aéreas, geralmente próximo à carina principal, até os linfonodos subcarinais ou paratraqueais. Então se aplica sucção para aspirar as células, que são enviados para avaliação citológica.

8. Enumere as contraindicações absolutas e relativas da broncoscopia.

- **Contraindicações absolutas:** Estas incluem a incapacidade de manter as vias aéreas patentes durante o procedimento, tal como na obstrução das vias aéreas superiores, laringoespasmo ou intubação com um tubo endotraqueal estreito; incapacidade de oxigenar ou ventilar adequadamente durante a broncoscopia; isquemia cardíaca ativa; arritmias malignas e instabilidade hemodinâmica grave.
- **Contraindicações relativas:** Estas incluem pacientes pouco cooperativos, pressão intracraniana elevada, presença de abscesso pulmonar e coagulopatia grave. A broncoscopia nos pacientes com insuficiência respiratória iminente ou edema da laringe torna-se mais segura quando eles são intubados antes do procedimento.

9. Quais são as possíveis complicações decorrentes da broncoscopia?

A broncoscopia flexível normalmente é um procedimento seguro. Entretanto, as complicações ocorrem nos estudos observacionais com uma incidência de 0,1% para o óbito e de 2% a 5% para as principais complicações (Tabela 14-2). As fontes de complicação incluem a própria broncoscopia e os fármacos anestésicos/sedativos.

10. Qual é o papel da broncoscopia no diagnóstico da pneumonia comunitária?

A confirmação microbiológica por broncoscopia não é necessária nos casos de pneumonia comunitária no paciente imunocompetente, no qual o tratamento geralmente é realizado com a administração de antibióticos empíricos. Entretanto, a broncoscopia pode ser indicada aos pacientes com doença pulmonar preexistente, imunossupressão ou doença grave, pois a flora microbiológica envolvida é menos previsível. Nos pacientes que não respondem ao tratamento inicial da pneumonia comunitária, a broncoscopia para coleta de material pode fornecer informações sobre resistência bacteriana, organismos atípicos ou revelar etiologias não infecciosas.

11. Discuta o papel da broncoscopia no paciente imunossuprimido com infiltrados pulmonares.

O diagnóstico diferencial dos infiltrados pulmonares em um indivíduo imunocomprometido é amplo e inclui uma longa lista de etiologias infecciosas e não infecciosas. A broncoscopia é particularmente útil nesses pacientes

TABELA 14-2. COMPLICAÇÕES POTENCIAIS DA BRONCOSCOPIA

Intervenção	Complicação Potencial	Prevenção
Introdução do broncoscópio pelo nariz	Epistaxe, desconforto nasal	Anestesia tópica e vasoconstrição
Inserção do broncoscópio através da faringe	Sufocamento, vômito, aspiração	Anestesia tópica, benzodiazepínicos
Passagem do broncoscópio pela traqueia	Laringoespasmo, tosse, lesão laríngea	Anestesia tópica
	Broncoespasmo	Tratamento prévio com beta-agonistas
Lavagem broncoalveolar	Febre após o procedimento	Minimizar a contaminação pulmonar pelas secreções orais
	Hipoxemia	Administração de oxigênio, boa técnica de encunhamento da ponta do broncoscópio
Escovado citológico	Hemorragia endobrônquica	Evitar lesões vasculares
Biópsia transbrônquica	Hemorragia	Evitar lesões vasculares
	Pneumotórax	Evitar biópsias distais; considerar a fluoroscopia
Administração tópica de lidocaína	Arritmias, convulsões	Usar < 7 mg/kg (< 25 mL) de lidocaína a 2%
Sedação consciente	Hipotensão	Acesso endovenoso, hidratação prévia nos pacientes hipovolêmicos
	Depressão respiratória	Evitar excesso de sedação, estimular o paciente

para direcionar o tratamento por meio da coleta de amostras para análise por cultura, colorações especiais e sorologias. Esses métodos são úteis no diagnóstico de infecção por *Pneumocystis carinii*, bactérias atípicas, vírus (p. ex., citomegalovírus, vírus sincicial respiratório, adenovírus), fungos e micobactérias. Além disso, a broncoscopia e a citologia podem revelar a presença de hemorragia alveolar, tumores malignos ou outras fontes não infecciosas mais comuns nessa população do que nos pacientes imunocompetentes.

Pisani RJ, Wright AJ: Clinical utility of bronchoalveolar lavage in immunocompromised hosts. Mayo Clin Proc 67:221-227, 1992.

12. Qual é o papel da broncoscopia no diagnóstico da pneumonia associada à ventilação mecânica?

O diagnóstico clínico da pneumonia associada à ventilação mecânica é feito quando um paciente intubado apresenta febre ou leucocitose, um novo infiltrado na radiografia de tórax e secreção traqueal purulenta. Entretanto, esses sinais não são específicos para pneumonia. Estudos recentes demonstraram que os pacientes submetidos ao diagnóstico invasivo (ou seja, broncoscópico) da pneumonia associada à ventilação mecânica apresentaram menor uso de antibióticos e menor mortalidade em 14 dias quando comparados aos pacientes diagnosticados por uma abordagem empírica e não invasiva. Assim, o diagnóstico broncoscópico dessa condição e o ajuste subsequente dos antibióticos (ou a pesquisa de uma causa não pulmonar de infecção), está se tornando padrão em diversas UTIs. Amostras obtidas por escovado protegido ou LBA são encaminhadas para cultura quantitativa;

$\geq 10^3$ e $> 10^4$ colônias de bactérias, respectivamente, geralmente são consideradas diagnósticas da pneumonia associada à ventilação mecânica.

Fagon JY, Chastre J, Wolff M, et AL: Invasive and noninvasive strategies for management of suspected ventilator-associated pneumonia: A randomized Trial. Ann Intern Med 132:621-630, 2000.

13. Quais são as alternativas à broncoscopia para se obter amostras para o diagnóstico da pneumonia associada à ventilação mecânica?

Para os pacientes nos quais a broncoscopia não está disponível ou é contraindicada, a obtenção de amostras de escovado protegido às cegas ou LBA não broncoscópico ("mini" LBA) é uma alternativa viável e mais barata. Nas duas técnicas, um cateter é inserido nas vias aéreas, sem o auxílio da broncoscopia, até encontrar resistência. Em seguida, estende-se uma escova protegida ou injeta-se soro fisiológico para obter a amostra, e o equipamento é retirado. Alguns estudos comparando a qualidade das amostras obtidas por esses métodos à técnica broncoscópica padrão demonstraram sensibilidade e especificidade semelhantes, apesar de nenhuma das técnicas citadas ser a abordagem padrão na maioria das UTIs de adultos.

14. É seguro realizar biópsias transbrônquicas nos pacientes em ventilação mecânica?

Diversos estudos demonstraram altas taxas de complicação nos pacientes sob ventilação mecânica. O estudo com o maior número de pacientes apresentou uma ocorrência de pneumotórax em 14% dos indivíduos, em comparação à taxa relatada anteriormente, de 5%, nos pacientes que respiravam espontaneamente. Outros estudos identificaram maiores taxas de hemorragia e pneumotórax associados à biópsia nos pacientes em ventilação mecânica. Entretanto, nenhuma investigação identificou aumento da mortalidade, sendo que informações valiosas para o diagnóstico são obtidas na maioria dos pacientes. Portanto, a ventilação mecânica não representa uma contraindicação absoluta para a biópsia transbrônquica, já que esta representa uma alternativa menos mórbida à biópsia pulmonar a céu aberto em casos selecionados.

O'Brien JD, Ettinger NA, Shevlin D, Kollef MH: Safety and yield of transbronchial biopsy in mechanically ventilated patients. Crit Care Med 25:440-446, 1997.

15. É seguro realizar a LBA nos pacientes com síndrome do desconforto respiratório agudo?

Sim – se a pressão parcial de oxigênio no sangue arterial (PaO_2) for de pelo menos 80 mmHg (com uma FiO_2 de até 1,0) e se o paciente não apresentar nenhuma contraindicação absoluta para a broncoscopia. Um estudo com 110 pacientes com síndrome do desconforto respiratório agudo, que preenchiam tais critérios, não encontrou morbidade e mortalidade significativas associadas à broncoscopia e à LBA. O protocolo incluía sedação para melhorar a cooperação do paciente e minimizar a tosse durante o procedimento. Os pesquisadores observaram uma redução não sustentada da saturação de oxigênio (para < 90%) em 4,5% dos pacientes. Após o procedimento, também foi observado sangramento leve e autolimitado em 34% dos pacientes.

Steinberg KP, Mitchell DR, Maunder RJ, et al: Safety of bronchoalveolar lavage in patients with adult respiratory distress syndrome. Am Rev Respir Dis 148:556-561, 1993.

16. Como a broncoscopia é utilizada na avaliação e tratamento da hemoptise na UTI?

A broncoscopia desempenha um papel importante na localização da origem do sangramento, na interrupção da hemoptise e nas intervenções para prevenir o comprometimento do pulmão não afetado. O tratamento inicial da hemoptise inclui a proteção das vias aéreas, pois a asfixia – e não a grande perda de sangue – é o grande perigo da hemoptise. Se o local do sangramento for identificado pela broncoscopia, a injeção local de soro fisiológico gelado, epinefrina, vasopressina ou fibrina, assim como o uso do laser ou do eletrocautério, pode ser feita através do broncoscópio. A broncoscopia pode ser adotada no tamponamento de hemorragias utilizando-se a ponta do broncoscópio ou um balão de Fogarty inserido através do canal de aspiração.

17. Quais são as limitações da broncoscopia caso exista hemoptise?

O sangramento intenso pode sobrepujar a capacidade do pequeno canal de aspiração do broncoscópio flexível; nesses casos, é preferível realizar a broncoscopia rígida. Nos pacientes incapazes de expectorar o sangue de

PONTOS-CHAVE: BRONCOSCOPIA

1. A broncoscopia flexível é usada mais frequentemente na UTI para o diagnóstico da pneumonia associada à ventilação mecânica e para guiar a escolha de antibióticos para o tratamento.
2. As complicações da broncoscopia podem ser secundárias à anestesia tópica, à sedação ou ao procedimento em si, e incluem hipóxia, pneumotórax e hipotensão.
3. Amostras broncoscópicas podem ser obtidas por meio da lavagem broncoalveolar, escovado protegido, escovado citológico ou biópsia.
4. A fisioterapia torácica parece ser tão eficaz quanto a broncoscopia no tratamento de atelectasias, apesar de a broncoscopia ser importante no caso de secreções espessas retidas ou corpos estranhos.
5. A broncoscopia é segura nos pacientes em ventilação mecânica, incluindo aqueles com síndrome do desconforto respiratório agudo.

maneira adequada, pode ser necessário realizar a intubação endotraqueal com ventilação mecânica antes da broncoscopia. Nos pacientes com sangramento persistente a despeito das manobras broncoscópicas, pode ser necessário fazer uma intervenção radiológica para localizar a origem do sangramento, seguida da embolização por radiologia intervencionista ou ressecção cirúrgica.

18. Qual é o papel da broncoscopia em potenciais doadores de pulmão?

A broncoscopia é feita rotineiramente em potenciais doadores de pulmão antes da decisão de retirar o órgão para transplante. Esse exame é feito com três objetivos. Em primeiro lugar, avalia-se a anatomia das vias aéreas. Em segundo lugar, procura-se evidências de trauma das vias aéreas, infecção ou aspiração; os pulmões que apresentarem qualquer uma dessas características provavelmente serão rejeitados. Em terceiro lugar, colhe-se amostras que serão enviadas para cultura para que se identifique a flora microbiológica (se presente) antes do transplante e se implemente cobertura antibiótica adequada do receptor, já que em breve ele ficará profundamente imunossuprimido.

19. A broncoscopia é indicada no tratamento dos pacientes com atelectasia lobar aguda?

Provavelmente não. A broncoscopia pode ser eficaz na melhora das atelectasias; entretanto, diversos estudos não demonstraram maior benefício da broncoscopia em relação à fisioterapia respiratória intensiva nos pacientes intubados ou naqueles que respiravam espontaneamente. No entanto, a intervenção broncoscópica pode ser benéfica em alguns casos para remover secreções espessas e retidas ou corpos estranhos.

Marini JJ, Pierson DJ, Hudson LD: Acute lobar atelectasis: A prospective comparison of fiberoptic bronchoscopy and respiratory therapy. Am Rev Respir Dis 119:971-978, 1979.

20. Como a broncoscopia é usada na realização de uma traqueostomia na UTI?

A broncoscopia é realizada frequentemente durante a traqueostomia percutânea na UTI para confirmar a punção traqueal, evitar lesão à parede posterior da traqueia e garantir o posicionamento correto da cânula. Diversos estudos sugeriram que o auxílio broncoscópico reduz as complicações associadas à traqueostomia percutânea.

Mallick A, Venkatanath D, Elliot SC, et al: A prospective randomized controlled trial of capnography vs. bronchoscopy for Blue Rhino percutaneous tracheostomy. Anaesthesia 58:864-868, 2003.

CAPÍTULO 15

MARCA-PASSOS E DESFIBRILADORES

Noah E. Gordon, MD e Linda L. Liu, MD

1. Descreva a evolução do marca-passo implantável moderno.

Paul Zoll foi o primeiro a relatar o uso bem-sucedido da estimulação cardíaca transcutânea em 1952. Nas décadas de 1960 e 1970 houve o surgimento da estimulação cardíaca transvenosa temporária, o monitoramento transtelefônico e a mudança do estímulo cardíaco assincrônico para uma resposta de "inibição". A estimulação cardíaca sequencial atrioventricular (DVI) se tornou popular em meados da década de 1970, mas foi substituída posteriormente pelo marca-passo de dupla-câmara, capaz de estimular, "sentir" e responder às duas câmaras (DDD).

2. Quais são alguns dos marcos no desenvolvimento dos marca-passos?

Os avanços tecnológicos das últimas décadas levaram à otimização de muitos aspectos dos marca-passos:

- Cabos-eletrodo do marca-passo (atualmente os eletrodos são isolados com poliuretano, bipolares e com uma superfície pequena).
- Miniaturização.
- Longevidade da bateria.
- Programabilidade (um interruptor magnético no gerador de pulso pode ser fechado para permitir que ele receba sinais de radiofrequência transmitidos pelo programador).
- Resposta de frequência (sensores de atividade física para a detecção da ventilação minuto).
- Telemetria bidirecional.
- Autoprogramável (capacidade de otimizar um parâmetro com base em critérios ou lógica pré-programados).

3. Por que o código dos marca-passos é tão "louco"?

Os marca-passos precisavam de uma nomenclatura que permitisse que os médicos tivessem um "código" abreviado, porém específico, que pudesse descrever os dispositivos. A primeira letra do código se refere à(s) câmara(s) estimulada, enquanto a segunda letra se refere à(s) câmara(s) "sentida(s)". A terceira letra se refere ao modo de resposta (como o marca-passo responde a um evento "sentido"). A quarta letra representa a resposta de frequência e a quinta letra do código é utilizada, atualmente, para indicar se um marca-passo multissítio está presente. A inclusão da nomenclatura para designar o marca-passo multissítio se deve ao crescimento do uso da terapia de ressincronização cardíaca (TRC) e ao uso do marca-passo duplo-sítio atrial (Tabela 15-1).

4. Prática com o código genérico dos marca-passos: explique os modos AOO, VVI e DDD.

- **AOO:** Marca-passo atrial assincrônico. O dispositivo emite um pulso estimulatório independente do ritmo cardíaco de base.
- **VVI:** Marca-passo ventricular com estimulação antibradicardia. A incapacidade do ventrículo de produzir um evento intrínseco no momento apropriado leva à estimulação por meio do marca-passo. Como não possui sensibilidade atrial, não há sincronia AV no paciente com qualquer atividade atrial intrínseca.
- **DDD:** Marca-passo de dupla-câmara com estimulação antibradicardia. Um estímulo ocorrerá em caso de ausência de atividade intrínseca do átrio. Após qualquer evento atrial "sentido" ou estimulado pelo dispositivo, um evento ventricular intrínseco deve ocorrer antes que o temporizador AV expire ou haverá estimulação do ventrículo.

TABELA 15-1. O CÓDIGO GENÉRICO DOS MARCA-PASSOS

1ª Letra: Câmara(s) Estimulada(s)	2ª Letra: Câmara(s) "Sentida(s)"	3ª Letra: Modo de Resposta	4ª Letra: Programabilidade	5ª Letra: Estimulação Multissítio
O = nenhuma	**O** = nenhuma	**O** = nenhuma	**O** = nenhuma	**O** = nenhuma
A = átrio	**A** = átrio	**I** = inibida	**R** = resposta de frequência	**A** = átrio
V = ventrículo	**V** = ventrículo	**T** = desencadeada		**V** = ventrículo
D = dupla (A+V)	**D** = dupla (A+V)	**D** = dupla (T+I)		**D** = dupla (A+V)

5. O que é a estimulação cardíaca com resposta de frequência?

A resposta normal da frequência cardíaca ao aumento da demanda fisiológica apresenta uma correlação linear à demanda/consumo de oxigênio. As circunstâncias que exigem variação da frequência cardíaca incluem exercícios físicos, emoções, ansiedade, barorreflexos, manobras vagais, hipovolemia, anemia e febre. O algoritmo de sensibilidade e resposta ideal para um marca-passo com resposta de frequência mimetizaria essa resposta com detectores fisiológicos. Sensores ótimos detectariam os determinantes primários da função do nodo sinoatrial (p. ex., os níveis de catecolaminas circulantes ou a atividade do sistema nervoso autônomo), enquanto sensores menos sofisticados detectariam alterações externas na resposta aos exercícios (p. ex., acelerômetros para detectar o movimento do corpo).

6. Qual o melhor modo de estimulação do marca-passo?

Diversos estudos retrospectivos realizados nas décadas de 1980 e 1990 demonstraram de maneira consistente a superioridade dos dispositivos de dupla-câmara (DDD ou DDDR) em relação à morbidade e mortalidade. Mais recentemente, estudos prospectivos não demonstraram diferenças na mortalidade entre os grupos DDD/DDDR e VVI/VVIR. Apesar disso, existe uma preferência clínica nos Estados Unidos pelos marca-passos de dupla-câmara, provavelmente devido à maior flexibilidade de programação e a uma percepção de que a melhoria da qualidade de vida em grupos específicos de pacientes (idade > 65 anos) justificaria o uso na maioria dos pacientes.

7. O que é a síncope neurocardiogênica? O marca-passo é indicado para o tratamento dessa desordem?

A síncope neurocardiogênica engloba a síncope vasovagal e a hipersensibilidade do seio carotídeo. Apesar de haver diversos estudos clínicos prospectivos sobre o uso do marca-passo nessas desordens, ainda existe muita controvérsia sobre em quais pacientes esse dispositivo deve ser usado, e sobre os critérios clínicos usados para escolher os candidatos para esse tipo de tratamento. As diretrizes do *American College of Cardiology (ACC)/ American Heart Association (AHA)/National Association for Sport and Physical Education (NASPE)* enumeram as indicações específicas para o uso do marca-passo; em geral, existe uma tendência de uso do marca-passo de dupla-câmara com resposta à queda de frequência (*rate-drop response*) em pacientes com registros significativos de cardio-inibição e síncope recorrente.

8. O marca-passo altera o risco de morte súbita associado à cardiomiopatia hipertrófica?

Estudos observacionais demonstraram uma melhora nos pacientes com cardiomiopatia hipertrófica e sintomas refratários ao tratamento clínico. Entretanto, diversos estudos controlados e randomizados posteriores só demonstraram melhora clínica em alguns pacientes, sem provas definitivas de que o marca-passo alterasse o risco de morte súbita. Na prática, a maioria dos cardiologistas institui o uso do marca-passo em muitos desses pacientes como parte do sistema do desfibrilador cardíaco implantável (DCI) usado na prevenção primária ou secundária da morte súbita.

9. Quais são as diretrizes classe I mais recentes do ACC/AHA/NASPE para a implantação de marca-passos cardíacos?

As diretrizes classe I do ACC/AHA se referem às "condições para as quais existem evidências e/ou concordância geral de que um determinado procedimento ou tratamento é útil e eficaz". A Tabela 15-2 apresenta a lista das diretrizes classe I para a inserção de marca-passos.

TABELA 15-2. DIRETRIZES CLASSE I PARA A INSERÇÃO DE MARCA-PASSOS

Principal Indicação	Recomendação Classe I para os Marca-Passos
Bloqueio AV adquirido no adulto	Bloqueios AV de terceiro grau e de segundo grau avançado em qualquer nível anatômico associados à bradicardia sintomática; arritmias que exigem fármacos que levam à bradicardia sintomática; períodos documentados de assistolia >3 segundos; após a ablação por cateter da junção AV; bloqueio AV pós-operatório sem expectativa de melhora; doenças neuromusculares com bloqueio AV
Bloqueio bifascicular e trifascicular crônico	Bloqueio AV do terceiro grau intermitente; bloqueio AV do segundo grau do tipo II; bloqueio de ramo alternante
Disfunção do nodo sinusal	Disfunção do nodo sinusal com bradicardia sintomática documentada, incluindo pausas sinusais sintomáticas frequentes
Prevenção e supressão de taquiarritmias	Taquicardia supraventricular sintomática recorrente após falha da terapia farmacológica e da ablação por cateter; taquicardia ventricular sustentada sintomática recorrente como parte de um sistema automático de desfibrilação
Hipersensibilidade do seio carotídeo e síncope neurocardiogênica	Síncope recorrente causada pela estimulação do seio carotídeo, quando uma pressão mínima no seio carotídeo induz uma assistolia ventricular >3 segundos
Doença cardíaca congênita	Bloqueio AV de segundo grau avançado ou de terceiro grau associado a bradicardia sintomática/disfunção ventricular/baixo DC; disfunção do nodo sinusal com correlação de sintomas durante a bradicardia não apropriada para a idade; bloqueio AV pós-operatório sem expectativa de melhora em uma semana; bloqueio AV congênito de terceiro grau com ritmo de escape com QRS alargado/ectopia ventricular complexa/disfunção ventricular; bloqueio AV do terceiro grau congênito em uma criança pequena com frequência ventricular <50 bpm ou doença cardíaca congênita com frequência cardíaca <70 bpm; taquicardia ventricular sustentada pausa-dependente
Cardiomiopatias (hipertrófica obstrutiva e dilatada idiopática)	Mesmas recomendações da disfunção do nodo sinusal ou bloqueio AV
Transplante cardíaco	Bradiarritmias sintomáticas/incompetência cronotrópica sem expectativa de recuperação

AV = atrioventricular.

10. O que é TRC?

A *terapia de ressincronização cardíaca* é utilizada para restabelecer a contração sincrônica entre a parede livre do ventrículo esquerdo e o septo interventricular na tentativa de melhorar a eficiência do ventrículo esquerdo e, subsequentemente, a classe funcional. Geralmente, a TRC tem sido usada para descrever o marca-passo biventricular ou ventricular multissítio, mas, em alguns pacientes, a ressincronização cardíaca também pode ser obtida pelo uso do marca-passo ventricular esquerdo único.

11. A ressincronização cardíaca é eficaz?

Parece que sim. Diversos estudos clínicos randômicos demonstraram a segurança e eficácia da TRC. Nas diretrizes mais recentes do ACC/AHA/NASPE para o uso de marca-passos, o marca-passo biventricular nos pacientes sintomáticos das classes III/IV da *New York Heart Association* com cardiomiopatia dilatada idiopática ou isquêmica, QRS prolongado (> 130 ms), diâmetro diastólico final do ventrículo esquerdo > 55 mm e fração de ejeção do ventrículo esquerdo < 0,35 está incluído nas indicações classe IIa.

12. Existe um papel para a TRC no tratamento da fibrilação atrial?

Há dados de estudos clínicos randomizados que avaliaram a TRC em pacientes com fibrilação atrial crônica disponíveis. Esses estudos demonstraram de forma consistente uma melhora funcional nesse grupo de pacientes; consequentemente, um número crescente de cardiologistas está usando a TRC nessa população.

13. O que é "TRC de alta voltagem"?

São dispositivos que combinam TRC e DCI. As indicações para a TRC de alta voltagem estão em evolução; entretanto, devido à aceitação disseminada da TRC, assim como à elevada incidência de taquiarritmias ventriculares nos pacientes com disfunção do ventrículo esquerdo, é possível que essa unidade se torne o dispositivo preferencial para esses pacientes no futuro.

14. Resuma as estratégias de implantação de marca-passos na prevenção da fibrilação atrial.

Explorou-se o uso de marca-passos de duplo-sítio e a estimulação de sítios alternativos, especificamente a estimulação do septo atrial, a fim de reduzir as consequências da fibrilação atrial. Ainda assim, nenhuma abordagem se mostrou peculiarmente superior. Exemplos dos algoritmos disponíveis incluem os que respondem às contrações atriais prematuras (a frequência de estimulação atrial aumenta na presença de contração atrial prematura); marca-passo com *overdrive* atrial para manter de maneira consistente sua frequência acima da frequência atrial intrínseca; e algoritmo de *postmode switching* que estimula uma frequência atrial mais elevada até que o ritmo atrial patológico seja encerrado e o modo usual de estimulação de dupla-câmara possa ser reassumido.

15. Descreva o mecanismo proposto da desfibrilação.

Arritmias por reentrada podem ser iniciadas por meio da interação entre uma onda de propagação e um obstáculo no caminho, ou ainda desencadeadas por um batimento prematuro espontâneo (p. ex., contração ventricular prematura). A desfibrilação tem como objetivo causar a interrupção abrupta desse processo e restaurar rapidamente o ritmo cardíaco e o débito cardíaco, prevenindo, assim, a morte cardíaca. Para se conseguir uma desfibrilação bem-sucedida, deve-se aplicar um estímulo elétrico adequado ao tecido em fibrilação para restaurar o funcionamento normal das células miocárdicas. Esse estímulo deve produzir um gradiente com potência suficiente para alterar o potencial transmembrana em uma porção adequada do miocárdio em fibrilação; e além disso, não deve estimular o desenvolvimento de mais fibrilação.

16. Discuta os parâmetros pertinentes para os desfibriladores e como eles são otimizados.

Os parâmetros dos desfibriladores incluem o formato das ondas (direto *versus* alternante, monofásico *versus* bifásico, onda sinusoidal amortecida *versus* onda exponencial truncada), projeto do circuito (capacitores com ou sem indutores), posicionamento dos eletrodos (configuração anteroposterior *versus* anteroapical), seleção de energia e o papel da impedância transtorácica. Os desfibriladores modernos são dispositivos com corrente direta e onda bifásica de impedância compensada, que usam capacitores com circuitos de descarga direta (de forma que possam ser pequenos o suficiente para ser implantados internamente) e eletrodos na posição anteroposterior. As ondas bifásicas oferecem eficácia sob menor energia e pico de voltagem do que as ondas monofásicas.

17. O que é um DCI? Qual é o código genérico dos desfibriladores?

Os DCIs desfibrilam a taquicardia ventricular potencialmente fatal ou a fibrilação ventricular. O código genérico dos desfibriladores do NASPE/*British Pacing and Electrophysiology Group* é semelhante ao código genérico dos marca-passos, com quatro posições referentes à câmara na qual o choque é aplicado, câmara de estimulação antitaquicardia, detecção de taquicardia e câmara de estimulação antibradicardia. Para uma informação mais completa, a quarta posição é expandida para o seu código genérico de marca-passo (Tabela 15-3).

TABELA 15-3. CÓDIGO GENÉRICO DOS DESFIBRILADORES

1ª Letra: Câmara(s) de Choque	2ª Letra: Câmara de Estimulação Antitaquicardia	3ª Letra: Detecção da Taquicardia	4ª Letra: Câmara de Estimulação Antibradicardia
O = nenhuma	**O** = nenhuma	**E** = eletrocardiograma	**O** = nenhuma
A = átrio	**A** = átrio	**H** = hemodinâmica	**A** = átrio
V = ventrículo	**V** = ventrículo		**V** = ventrículo
D = dupla (A+V)	**D** = dupla (A+V)		**D** = dupla (A+V)

18. Prática com o código genérico dos desfibriladores: explique o modo VVE-DDDRV.

Para decifrar as três primeiras posições do código de desfibrilador, primeiro veja a Tabela 15-3. Para a "posição" final (que na realidade contém cinco letras), use a Tabela 15-1 para decodificar o marca-passo. O VVE-DDDRV é um desfibrilador biventricular com choque ventricular e estimulação antitaquicardia ventricular, e com um marca-passo dupla-câmara programável com resposta de frequência.

19. Quais são as mais recentes diretrizes classe I do ACC/AHA/NASPE para o tratamento com DCI?

O Quadro 15-1 apresenta uma lista das diretrizes de 2002 para o uso do DCI.

QUADRO 15-1. DIRETRIZES PARA A INSERÇÃO DO DCI

Parada cardíaca devido à FV ou TV não subsequentes a uma causa transitória ou reversível
Taquicardia ventricular espontânea sustentada associada à doença cardíaca estrutural
Síncope de origem indeterminada com TV sustentada, clinicamente relevante e hemodinamicamente significativa, ou FV induzida por estudos eletrofisiológicos quando o tratamento farmacológico é ineficaz, não tolerável ou não é o preferido
Taquicardia ventricular não sustentada que não é suprimida por fármacos antiarrítmicos da classe I em pacientes com doença coronariana, histórico de infarto do miocárdio, disfunção de VE, FV induzível ou TV sustentada no estudo eletrofisiológico
Taquicardia ventricular sustentada espontânea em pacientes sem doença cardíaca estrutural que não responde a outros tipos de tratamento
DCI = desfibrilador cardíaco implantável, FV = fibrilação ventricular, TV = taquicardia ventricular, VE = ventrículo esquerdo.

20. O que é o fenômeno "R sobre T"?

Caso um estímulo do marca-passo (R) seja desencadeado durante a fase vulnerável de uma extrassístole ventricular (T), pode ocorrer taquicardia ou fibrilação ventricular. Teoricamente, esse fenômeno pode ocorrer quando a estimulação assincrônica magneticamente induzida competir com o ritmo próprio do paciente. Essa "estimulação competitiva" era uma preocupação com os marca-passos das primeiras gerações. Nos marca-passos modernos, a troca para estimulação assincrônica está acoplada ao próximo evento cardíaco a fim de evitar tal competição.

21. Discuta como um marca-passo temporário pode falhar.

A causa mais comum de falha do marca-passo temporário transvenoso é a perda do contato entre o cabo-eletrodo do marca-passo e o coração. Nesse caso, as espículas do marca-passo aparecem no monitor sem complexos QRS. Para restaurar a função do dispositivo, o eletrodo de estimulação deve ser avançado até que entre em contato com o miocárdio, a fim de que haja "captura" ou estímulo do coração. A ausência de espículas do marca-passo tem dois possíveis significados – a bateria está descarregada ou um dos cabos-eletrodo está desconectado do gerador.

22. O que é a interferência eletromagnética (IEM) e qual é sua relevância para os marca-passos?

Interferência eletromagnética refere-se a qualquer radiação eletromagnética com potencial para afetar dispositivos implantáveis (marca-passos). Algumas fontes hospitalares de IEM incluem o bisturi elétrico, diatermia, aparelhos de cardioversão/desfibriladores externos e ressonância magnética. As possíveis respostas à interferência incluem a inibição inapropriada ou estímulo do marca-passo, estimulação assincrônica, reprogramação, dano ao circuito do dispositivo e estímulo a uma descarga de desfibrilação. As estratégias para minimizar essas respostas envolvem o uso de terminais bipolares, algoritmos de proteção contra interferências que filtrem sinais indesejáveis, o uso de magnetos para reduzir a estimulação inapropriada do marca-passo e evitar/minimizar a exposição à IEM.

23. O que os magnetos fazem quando aplicados a um marca-passo?

Os magnetos podem ser usados para proteger um paciente dependente do marca-passo, podendo ser aplicados sobre o marca-passo para evitar a inibição por fontes potenciais de interferência. Entretanto, nem todos os marca-passos irão mudar para um modo assincrônico contínuo quando o magneto for aplicado. Dependendo do fabricante e do modelo, as potenciais respostas ao magneto incluem ausência de alterações aparentes na frequência ou no ritmo, estímulo assincrônico transitório, perda contínua ou transitória do estímulo do marca-passo e estímulo assincrônico sem resposta da frequência. É recomendável confirmar o comportamento do magneto antes de usá-lo (essa informação pode ser obtida diretamente com o fabricante ou com a clínica que instalou o marca-passo).

PONTOS-CHAVE: POSSÍVEIS EFEITOS DE UM MAGNETO EM UM MARCA-PASSO

1. Os possíveis efeitos de um magneto em um marca-passo incluem a ausência de alterações aparentes na frequência ou no ritmo.
2. Um magneto pode desencadear estímulos assincrônicos transitórios (10-64 batimentos).
3. A perda contínua ou transitória da função do marca-passo é outro efeito possível.
4. A aplicação de um magneto também pode causar estímulos assincrônicos sem afetar a frequência.

24. O que é um desfibrilador externo automático (DEA)?

Os DEAs são dispositivos computadorizados e portáteis que permitem que socorristas leigos apliquem uma desfibrilação durante a parada cardíaca com treinamento mínimo. Os DEAs são encontrados em aeroportos, aviões, cassinos, edifícios comerciais e outros locais públicos. Eles analisam diversos parâmetros do eletrocardiograma e recomendam o choque apenas para a fibrilação ventricular e a taquicardia ventricular monomórfica ou polimórfica. Antes de apertar o botão de "choque", o operador deve isolar a área e o paciente, a fim de evitar que as pessoas em volta sejam feridas.

SITES

1. Informação da AHA para pacientes com um desfibrilador implantável ou um marca-passo
   www.americanheart.org
2. Endereço na Internet da Guidant
   www.guidant.com
3. Endereço na Internet da Medtronic
   www.medtronic.com
4. Endereço na Internet do St. Jude Medical
   www.sjm.com

CAPÍTULO 16

DISPOSITIVOS DE ASSISTÊNCIA CIRCULATÓRIA

Lundy J. Campbell, MD

1. Quais são os tipos de dispositivos de assistência circulatória disponíveis?

Existem diversos tipos de dispositivos de assistência circulatória disponíveis e cada um é projetado para atingir diferentes objetivos no tratamento dos pacientes. Cada um deles será discutido detalhadamente neste capítulo. Tem havido um interesse renovado no uso de dispositivos de assistência circulatória de longo prazo, com muitos avanços recentes nesse campo. Os principais tipos de dispositivos de assistência circulatória podem ser divididos em:

- Balão intra-aórtico (BIA).
- Dispositivos de assistência do ventrículo esquerdo (LVADs).
- Dispositivos de assistência do ventrículo direito (RVADs).
- Dispositivos de assistência biventricular.
- Corações artificiais.

PONTOS-CHAVE: PRINCIPAIS TIPOS DE DISPOSITIVOS DE ASSISTÊNCIA CIRCULATÓRIA ✓

1. Os principais tipos de dispositivos de assistência circulatória incluem o balão intra-aórtico.
2. O LVAD é outro tipo de dispositivo de assistência circulatória.
3. RVADs podem ser dispositivos de assistência circulatória.
4. O dispositivo de assistência biventricular auxilia os dois ventrículos.
5. O coração artificial é outra opção de dispositivo de assistência circulatória.

2. O que é o BIA?

O BIA consiste de um console de controle (ou seja, monitores, *software*, bomba e cilindro de gás) ligado a um cateter que possui um balão externo. O cateter balão é inserido no paciente enquanto o console de controle é mantido no exterior. Por meio do console de controle, o balão é programado para insuflar imediatamente após o fechamento da valva aórtica, no início da diástole, e desinsuflar imediatamente antes da abertura da valva aórtica (sístole). O balão é normalmente inflado com 40 mL de gás hélio (baixa viscosidade) ou dióxido de carbono (solubilidade sanguínea elevada).

3. Como o BIA é inserido no paciente?

Na maioria dos pacientes, o cateter balão é introduzido por via percutânea na artéria femural ou ilíaca através de uma bainha. Ele é avançado até que a ponta esteja posicionada imediatamente abaixo da emergência da artéria subclávia esquerda e, ao mesmo tempo, garanta que o balão permaneça acima das artérias renais (Fig. 16-1). O auxílio fluoroscópico é bastante usado para garantir o posicionamento correto. O cateter também pode ser posicionado adequadamente sob visualização direta, intraoperatoriamente, quando já houve realização de uma esternotomia ou toracotomia. Se houver dano grave das artérias femural e ilíaca, o cateter pode ser introduzido pela via transtorácica por um cirurgião cardiovascular.

4. Quais os objetivos da contrapulsação do balão intra-aórtico?

O objetivo primário do balão intra-aórtico é melhorar a função miocárdica por meio do aumento do suprimento de oxigênio para o miocárdio e redução do seu consumo. Os benefícios secundários incluem o aumento do débito cardíaco, fração de ejeção e pressão de perfusão coronariana, resultando em uma melhora da perfusão sistêmica com redução da frequência cardíaca, da pressão de oclusão da artéria pulmonar e da resistência vascular sistêmica.

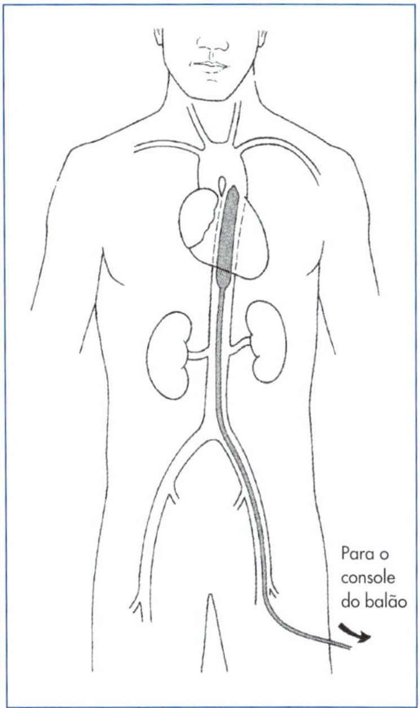

Figura 16-1. Inserção do balão intra-aórtico (BIA): a ponta do balão fica localizada imediatamente abaixo da artéria subclávia esquerda e a porção final do balão fica proximal às artérias renais. (De Flynn J, Bruch N: Introduction to Critical Care Skills. St. Louis, Mosby, 1993.).

5. Como o balão intra-aórtico atinge seus objetivos?

O fluxo sanguíneo coronariano e o suprimento de oxigênio para o miocárdio melhoram com a insuflação do balão, o que leva a um aumento da pressão diastólica e do fluxo sanguíneo para o coração em falência. O balão presente no cateter é programado para insuflar no início da diástole (no fechamento da valva aórtica ou na incisura dicrótica da curva de pressão arterial). A insuflação do balão causa um fluxo sanguíneo retrógrado e um aumento da pressão na direção da raiz aórtica, aumentando a pressão de perfusão coronariana. Esse aumento da pressão de perfusão melhora a oferta de oxigênio e pode melhorar o desempenho cardíaco em um miocárdio isquêmico. Quando o balão intra-aórtico está funcionando corretamente, a pressão diastólica aumentada deve ser maior do que a pressão sistólica do paciente não assistido.

A desinsuflação do balão causa redução da carga durante a sístole, reduzindo o trabalho do ventrículo esquerdo e o consumo de oxigênio do miocárdio. Especificamente, o balão é programado para desinsuflar rapidamente ao final da diástole e imediatamente antes de o coração iniciar a sístole, deixando uma área de redução acentuada de volume e pressão. A baixa pressão nessa região reduz a pós-carga do ventrículo esquerdo, resultando em uma melhora do débito cardíaco e perfusão dos órgãos. A redução da pós-carga deve ser representada pela pressão diastólica final assistida pelo balão, que é menor do que a pressão diastólica final do paciente não assistido (Figs. 16-2 e 16-3).

Ryan EW, Foster E: Augmentation of coronary blood flow with intra-aortic balloon pump counter-pulsation.Circulation 102:364–365, 2000.

Takeuchi M, Nohtomi Y, Yoshitani H, et al: Enhanced coronary flow velocity during intra-aortic balloon pumping assessed by transthoracic Doppler echocardiography. JACC 42:368–376, 2004.

6. Quais as indicações do balão intra-aórtico?

As indicações mais comuns do balão intra-aórtico incluem a insuficiência ventricular esquerda, choque cardiogênico ou angina instável refratários ao tratamento clínico. Outras aplicações incluem o uso do mesmo como uma "ponte" para a cirurgia de revascularização do miocárdio por enxerto arterial coronariano após o insucesso da angioplastia coronariana transluminal percutânea ou como uma "ponte" para o transplante cardíaco em estágios finais da insuficiência cardíaca. Ele também é usado em pacientes inicialmente incapazes de ser desmamados da circulação extracorpórea durante cirurgias cardíacas.

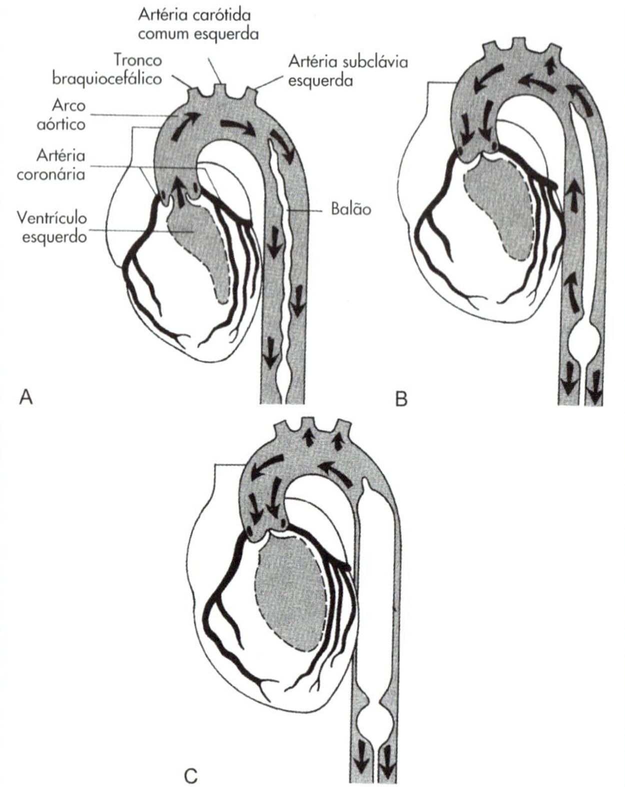

Figura 16-2. ***A***, A desinsuflação do balão reduz a pós-carga do ventrículo esquerdo. ***B*** e ***C***, A insuflação do balão aumenta a pressão de perfusão coronariana. (De Flynn J, Bruch N: Introduction to Critical Care Skills. St. Louis, Mosby, 1993.)

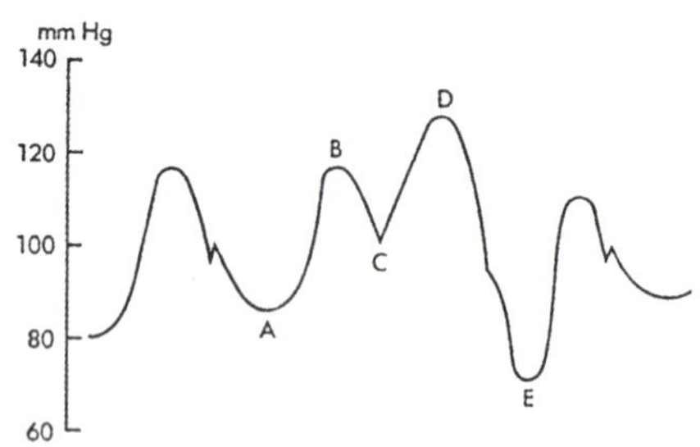

Figura 16-3. Curva de pressão do balão intra-aórtico. ***A,*** Pressão diastólica final. ***B,*** Pressão sistólica. ***C,*** Incisura dicrótica (ocorre a insuflação do balão). ***D,*** Pressão diastólica aumentada. ***E,*** Pressão diastólica final assistida. (De Flynn J, Bruch N: Introduction to Critical Care Skills. St. Louis, Mosby, 1993.)

PONTOS-CHAVE: INDICAÇÕES PARA O USO DE UM DISPOSITIVO DE ASSISTÊNCIA CIRCULATÓRIA ✓

1. As indicações para o uso de um dispositivo de assistência circulatória incluem o choque cardiogênico.
2. A angina instável é outra indicação para o uso de um dispositivo de assistência circulatória.
3. O uso de um dispositivo de assistência circulatória deve ser considerado na presença de falência ventricular.
4. Quando o paciente apresenta regurgitação mitral aguda grave o uso de um dispositivo de assistência circulatória é indicado.
5. O uso de um dispositivo de assistência circulatória é também indicado como uma "ponte" para a revascularização ou o transplante.
6. O uso de um dispositivo de assistência circulatória é indicado como uma "ponte" para a recuperação.

7. Quais as contraindicações do balão intra-aórtico?

As principais contraindicações absolutas incluem problemas estruturais aórticos, como a dissecção ou aneurisma, nos quais o uso do balão intra-aórtico pode levar a uma piora da lesão aórtica ou até mesmo à ruptura. Além disso, a insuficiência da valva aórtica inibe a eficácia do dispositivo, podendo até mesmo piorar o débito cardíaco ao aumentar a fração regurgitante. Apesar de a doença vascular periférica não ser uma contraindicação absoluta para o uso do balão intra-aórtico, deve-se considerar que o cateter pode causar isquemia ou infarto dos membros inferiores mais rapidamente. Finalmente, seu uso em pacientes sem perspectiva de recuperação deve ser avaliado cuidadosamente e os benefícios devem ser claramente definidos.

PONTOS-CHAVE: PRINCIPAIS CONTRAINDICAÇÕES AO USO DO BALÃO INTRA-AÓRTICO ✓

1. A dissecção da aorta é uma contraindicação importante ao uso do BIA.
2. A presença de aneurisma na aorta é outra contraindicação ao uso desse dispositivo.
3. O BIA não deve ser usado na presença de insuficiência da valva aórtica.
4. O BIA não deve ser usado se não houver possibilidade de recuperação ou transplante.

8. Como o BIA é controlado?

O uso apropriado do BIA consiste em estabelecer a razão de frequência de disparo, assim como a sincronização do início da insuflação e desinsuflação do balão. A *razão de frequência de disparo* refere-se à frequência com que o balão é insuflado em relação ao ciclo cardíaco. O suporte máximo ocorre quando o balão é insuflado a cada ciclo cardíaco, também conhecido como razão 1:1. Pode-se obter menos suporte por meio da redução sequencial da razão de frequência de disparo para 1:2 ou 1:3 (ou seja, o balão é insuflado uma vez a cada dois ou três ciclos cardíacos). Conforme a razão de frequência de disparo é reduzida, o risco da formação de um trombo no balão aumenta significativamente; portanto uma razão de 1:3 não deve ser usada por um período prolongado.

O estímulo para insuflação do balão e desinsuflação ativa pode ser desencadeado de diversas maneiras: (1) a onda R do eletrocardiograma (ECG); (2) a curva de pressão arterial; (3) as espículas do marca-passo ventricular ou (4) a uma frequência preestabelecida. Dentre eles, o método mais comum é a onda R do ECG. O estímulo da onda R faz com que o balão comece a ser insuflado na metade da onda T, e sua desinsuflação ativa ocorre imediatamente antes do início de um novo complexo QRS. Os novos BIAs podem ser estimulados de maneira adequada, mesmo que o paciente apresente fibrilação atrial. O momento exato da insuflação e desinsuflação do balão pode ser ajustado manualmente. Se por alguma razão o ECG não puder ser utilizado (p. ex., há muitos artefatos presentes durante o transporte do paciente), a maioria dos médicos usa a curva de pressão arterial como segunda opção.

Overwalder P: Intra aortic balloon pump (IABP) counterpulsation. Internet J Thorac Cardiovasc Surg 2(2): 1999: www.ispub.com/ostia/index.php?xmlPrinter=true&xmlFilePath&=journals/ijpf/vol1n1/iabp.xml

9. Quais as complicações potenciais do BIA?

Apesar de poder haver complicações relacionadas a qualquer parte do BIA, resultantes de falha mecânica, as complicações mais comuns estão relacionadas à presença do próprio cateter-balão intra-aórtico e à técnica usada para sua inserção. O rápido ciclo de insuflação/desinsuflação do balão causa trauma aos elementos figurados do sangue, levando ao desenvolvimento de anemia e trombocitopenia. Também pode haver disfunção plaquetária ou ativação dos fatores da coagulação, causando coagulação intravascular disseminada, trombose arterial e embolização. Devido ao risco da formação de trombos e possibilidade de embolia, os pacientes com um BIA recebem anticoagulação sistêmica. Assim, o sangramento no local de inserção tende a ocorrer com alguma frequência. Além disso, outras complicações incluem infecção ou formação de pseudoaneurisma. Ademais, o uso de uma técnica inadequada durante a inserção do dispositivo pode levar ao posicionamento incorreto do mesmo, com perda do aumento diastólico efetivo, possível isquemia de membro ou visceral, ou dissecção ou perfuração da aorta, levando a uma hemorragia intensa. Finalmente, o balão pode ser perfurado ou romper, causando embolia gasosa e perda da eficácia do dispositivo.

10. Como os pacientes são desmamados do suporte do BIA?

Para um desmame bem-sucedido do BIA, os pacientes não devem estar em choque cardiogênico. Eles devem ter pressão arterial e débito cardíaco adequados, com uma dose mínima ou ausente de suporte vasopressor ou inotrópico. Uma pressão arterial média $\geq$ 65 mmHg e índice cardíaco > 2 L/min/m^2 são os critérios mais utilizados. O desmame geralmente é obtido reduzindo-se a razão de frequência de disparo a cada 1–6 horas, conforme a tolerância, até que uma razão de 1:3 seja atingida. O balão pode então ser removido quando o paciente não estiver mais anticoagulado. Outra alternativa para o desmame do BIA é a redução do volume de enchimento do balão em 10 mL a cada 1–6 horas, até que se atinja o volume de enchimento final de 20 mL.

11. O que existe de novo em relação ao BIA?

Um BIA implantável permanente (o Kantrowitz Cardio VAD) foi desenvolvido e submetido a limitados testes em seres humanos. Esse dispositivo apresenta os mesmos efeitos hemodinâmicos e fisiológicos de todos os outros BIAs, mas é implantado cirurgicamente na parede da aorta torácica descendente. Ele possui um balão de 60 mL com alimentação elétrica e estímulo pneumático proveniente de uma cinta que pode ser vestida, semelhante ao dispositivo implantável de assistência ventricular (VAD). Possíveis vantagens desse dispositivo incluem a ausência de necessidade de anticoagulação e a ausência de um risco significativo de acidente vascular cerebral. Testes complementares são necessários para avaliar a efetividade em longo prazo e a segurança desse dispositivo.

Jeevanandam V, Jayakar D, Anderson AS, etal: Circulatory assistance with a permanent implantable IABP: Initial human experience. Circulation 106:183–188, 2002.

12. Quais os principais tipos de VADs?

- **VADs extracorpóreos não pulsáteis:** Atualmente existem dois tipos de VADs extracorpóreos não pulsáteis em uso. O mais comum é a bomba centrífuga. Ela gera um fluxo contínuo por meio de forças centrífugas criadas na base da bomba, usando um impulso rotatório. As bombas de rolete, apesar de mais conhecidas, não são usadas frequentemente devido à incidência de efeitos deletérios nos elementos figurados do sangue. As bombas de rolete geralmente fornecem um débito cardíaco mais consistente, mas tendem a causar mais forças de cisalhamento, o que resulta em trombocitopenia, anemia e formação de microêmbolos.

- **Bombas extracorpóreas pulsáteis:** Elas são pneumáticas ou elétricas. Nas bombas pneumáticas, durante a sístole o gás comprimida é "dirigido" para uma câmara pneumática adjacente ao reservatório sanguíneo que é, então, comprimida resultando na ejeção de sangue. Durante a diástole o gás é removido de maneira ativa, causando um efeito de vácuo que puxa o sangue para o reservatório. As bombas elétricas operam sob o mesmo princípio básico, mas usam um pistão e prato para comprimir o reservatório sanguíneo para ejetar o sangue durante a sístole. O termo *extracorpóreo* indica que as câmaras do dispositivo e/ou o mecanismo de bomba permanecem no exterior, tanto nas bombas não pulsáteis quanto nas pulsáteis.
- **VADs pulsáteis implantáveis:** O dispositivo pulsátil totalmente implantável é o tipo mais usado atualmente como "ponte" para o transplante e no auxílio da recuperação cardíaca. Ente eles, o Thoratec Heartmate e o Baxter's Novacor são os sistemas portáteis de assistência do ventrículo esquerdo mais usados. Os dois dispositivos podem operar no modo fixo ou, mais frequentemente, no modo automático, que imita a fisiologia normal. No modo automático, a ejeção ocorre quando a bomba está com 90% da capacidade; ela detecta uma redução na taxa de enchimento ou um aumento na frequência cardíaca do paciente. Assim, conforme o trabalho do paciente aumenta, a bomba se enche mais rapidamente e o débito cardíaco aumenta para suprir a demanda. Tipicamente as cânulas são colocadas através do diafragma, as câmaras do dispositivo são implantadas na cavidade abdominal e o módulo de controle com a fonte de energia permanece no exterior (normalmente em um cinto ou alça pendurada no ombro que é carregada pelo paciente).
- **Bombas de fluxo axial:** Esse é um tipo novo de VAD implantável que usa uma bomba de fluxo axial contínuo no lugar de uma bomba centrífuga pulsátil. O fluxo dessas bombas é contínuo durante todo o ciclo cardíaco, apresentando a vantagem extra de reduzir a carga ventricular, assim como a ausência de estase, o que minimiza a formação de trombos e a adesão bacteriana.
- **Coração artificial:** Devido à escassez de doadores de coração, renovou-se o interesse pelo uso dos corações artificiais como uma "ponte" para o transplante. Esses dispositivos continuam apresentando problemas para o uso em longo prazo, mas os resultados apresentados até o momento são promissores quando usados por um período relativamente curto em pacientes nos quais o uso de um VAD é contraindicado.

Copeland JG, Smith RG, Arabia FA, et al: Cardiac replacement with a total artificial heart as a bridge to transplantation. N Engl J Med 351:859–867, 2004.

Goldstein DJ, Oz MC, Rose EA: Implantable left ventricular assist devices. N Engl J Med 339:1522–1532, 1998.

13. Como um VAD funciona?

Os VADs podem ser usados para dar suporte ao ventrículo direito (RVAD), esquerdo (LVAD) ou a ambos (BiVAD). Quando utilizados temporariamente, as cânulas normalmente são inseridas nos átrios com retorno do sangue para a artéria pulmonar ou aorta. Se o dispositivo for usado como uma "ponte" para o transplante cardíaco, as cânulas são inseridas no ápice do coração. Independentemente de o tipo exato de dispositivo utilizado, da sua colocação e de seus componentes, os VADs são capazes de dar um suporte de até 100% do débito cardíaco, não necessitando de qualquer trabalho ou atividade ventricular.

14. Quais são as indicações para o uso do VAD?

Os VADs são usados como uma "ponte" para o transplante cardíaco ou no auxílio da recuperação cardíaca. Possíveis candidatos para o transplante cardíaco incluem os pacientes com insuficiência cardíaca crônica ou descompensação aguda da insuficiência cardíaca crônica, falência pós-cardiotomia ou infarto agudo do miocárdio em um coração já insuficiente. Os pacientes que podem se beneficiar do suporte do VAD no auxílio da recuperação incluem aqueles com miocardite grave, arritmias ventriculares graves que não respondem ao tratamento farmacológico, falência pós-cardiotomia ou infarto agudo do miocárdio com subsequente insuficiência cardíaca.

15. Como são selecionados os pacientes para o VAD?

Uma vez que o tratamento farmacológico e o BIA se mostrarem ineficientes, a maioria dos médicos usa os seguintes parâmetros para considerar a instituição do VAD:

- Índice cardíaco < 2 L/min/m^2.
- Pressão sistólica < 80 mmHg.

- Pressão arterial média < 65 mmHg.
- Resistência vascular sistêmica > 2.100 dinas/s/cm^5.
- Débito urinário < 20 mL/h.
- Pressão de oclusão da artéria pulmonar > 20 mmHg.

16. Quais são as contraindicações do VAD?

As contraindicações do VAD incluem doença grave ou insuficiência de múltiplos órgãos da qual não há perspectiva de recuperação. Além disso, pode-se considerar como contraindicações as desordens que tornem os pacientes muito instáveis para ser submetidos à implantação cirúrgica do dispositivo, devido ao risco significativo de morte. Exemplos específicos incluem (mas não estão limitados a) os mencionados a seguir:

- Doença pulmonar obstrutiva ou restritiva grave.
- Hipertensão pulmonar grave.
- Coagulopatia secundária à insuficiência hepática ou coagulação intravascular disseminada.
- Insuficiência renal dependente de diálise.
- Sepse ou infecção em atividade.
- Lesão cerebral grave irreversível.

Apesar de não serem considerados uma contraindicação, defeitos estruturais cardíacos devem ser corrigidos antes ou no momento da instalação do VAD. Defeitos septais intracardíacos precisam ser corrigidos a fim de evitar *shunt* da direita para a esquerda devido à súbita redução da carga do ventrículo esquerdo que ocorre após o início do suporte pelo VAD. Estenose mitral, regurgitação mitral ou insuficiência aórtica preexistentes podem necessitar de correção antes ou durante a implantação do VAD, pois reduzem significativamente o débito cardíaco, mesmo com o uso do dispositivo.

17. Quais são as complicações da instalação do VAD?

- **Sangramento:** A hemorragia continua sendo a complicação mais prevalente na instalação do VAD. As maiores causas de hemorragia incluem coagulopatia pré-operatória devido a disfunção hepática, desnutrição, uso de anticoagulantes, e trombocitopenia e disfunção plaquetária induzidas pelo dispositivo. O risco de hemorragia intensa tem declinado constantemente com o uso continuado desses dispositivos, mas ainda permanece significativo. Um estudo recente com um grande número de pacientes apresentou uma frequência de hemorragia em 42% dos casos no período de seis meses.
- **Infecção:** Pacientes no pós-operatório são suscetíveis a infecções nosocomiais e infecções relacionadas a esses dispositivos. As infecções ocorrem com maior frequência nos locais de implantação das cânulas e das câmaras. Tais infecções são tratadas, primariamente, com antibióticos e cuidados locais. Infecções clinicamente importantes continuam a ocorrer em aproximadamente 25%-30% dos pacientes, sendo causadas por cocos gram positivos (p. ex., *Staphylococcus aureus, Staphylococcus epidermidis*) e bacilos gram negativos (p. ex., *Pseudomonas aeruginosa*). Raramente, todo o VADs deve ser substituido devido a infecção significativa ou sepse. Profilaxia com antibióticos é iniciada no momento da inserção do dispositivo, mas é interrompida se não houver sinal de infecção. Devido à localização do dispositivo na cavidade torácica, os pacientes também estão suscetíveis ao desenvolvimento de atelectasias e subsequente pneumonia. Portanto a fisioterapia respiratória intensiva é fundamental.
- **Tromboembolismo:** No início do uso do VAD, aproximadamente 20% dos pacientes sofreram um evento tromboembólico. Relatou-se que a taxa atual de eventos embólicos pode ser tão baixa quanto 0,01 por paciente-mês. Essa redução significativa é atribuída ao uso de superfícies texturizadas nas áreas do VAD que entram em contato com o sangue, o que previne a formação de trombos. Apesar de ter ocorrido a redução de eventos embólicos importantes, a microembolia cerebral assintomática continua a ocorrer em 34%-67% dos pacientes. A anticoagulação sistêmica nesses pacientes continua sendo fonte de controvérsia.
- **Insuficiência do ventrículo direito:** Historicamente, a insuficiência grave do ventrículo direito, que exigia o implante de um RVAD, afetava 20% dos pacientes que recebiam um LVAD. Felizmente, a melhoria dos cuidados perioperatórios e o uso de óxido nítrico inalável reduziram a necessidade de RVAD nos últimos anos. O principal fator de risco para insuficiência do ventrículo direito é a hemorragia perioperatória, que requer a transfusão de diversas unidades de sangue. Como resultado da hemorragia, as citocinas, interleucina (IL)-1b,

IL-6, IL-10 e fator de necrose tumoral alfa, são liberadas na circulação. Por sua vez, essas citocinas mediam a liberação do fator de ativação de plaquetas, que causa vasoconstrição da vasculatura pulmonar induzindo, assim, à hipertensão pulmonar e consequente insuficiência do ventrículo direito.

- **Mau funcionamento do dispositivo:** Em um estudo sobre o uso em longo prazo do VAD em pacientes com insuficiência cardíaca avançada, a probabilidade de falha do dispositivo era de 35% em dois anos. Quando o VAD é usado por um período mais curto (até 12 meses), a possibilidade de falha do dispositivo é extremamente pequena.
- **Falência de outros órgãos:** Os pacientes que recebem um VAD apresentam um maior risco de sepse, lesão pulmonar aguda, síndrome do desconforto respiratório agudo, insuficiência renal aguda ou disfunção hepática. Algumas dessas complicações estão diretamente relacionadas ao próprio dispositivo (infecção), mas a maioria resulta da gravidade da doença de base nos pacientes em que o VAD é instituído.

Rose EA, Gilijns AC, Moskowitz AJ, et al: Long-term use of left ventricular assist device for end-stage heart failure. N Engl J Med 345:1435–1443, 2001.

18. Como é feito o desmame do VAD?

O desmame só é tentado em pacientes nos quais o VAD foi instituído com uma "ponte" para a recuperação ou cujo coração sofreu remodelamento suficiente, de forma que o transplante se torne desnecessário. O paciente deve ser avaliado cuidadosamente a fim de garantir que houve um grau suficiente de recuperação do miocárdio antes de se tentar o desmame do dispositivo. Os métodos para se determinar a recuperação incluem a ecocardiografia, a cintilografia e o teste de esforço. Se o paciente estiver hemodinamicamente estável, demonstra recuperação miocárdica adequada e não preenche mais os critérios para instalação do dispositivo, as tentativas de desmame podem ser iniciadas. O desmame geralmente é feito pela redução sequencial da velocidade de fluxo enquanto o desempenho cardíaco (p. ex., fração de ejeção, débito cardíaco) é monitorado atentamente. Se o paciente for capaz de tolerar um suporte de VAD de apenas 1-1,5 L/min, o dispositivo, normalmente, pode ser descontinuado.

CAPÍTULO 17

PNEUMONIA AGUDA

Rachel H. Dotson, MD e Jeanine Wiener-Kronish, MD

1. Defina pneumonia adquirida na comunidade (PAC) grave.

A pneumonia adquirida na comunidade grave se define como a PAC que requer tratamento na unidade de terapia intensiva (UTI). A taxa de mortalidade dos pacientes com PAC grave é alta e o tratamento antimicrobiano empírico para esse subgrupo difere da cobertura antibiótica recomendada para casos menos graves de pneumonia. A decisão final de internar um paciente na UTI deve ser baseada no julgamento clínico; entretanto, vários índices foram validados para predizer a necessidade de internação na UTI e podem complementar a decisão clínica. As regras modificadas da American Thoracic Society (ATS) definem a PAC grave pela presença de um entre dois critérios maiores (choque séptico ou necessidade de ventilação mecânica) *ou* dois entre três critérios menores (pressão arterial sistólica [PAS] $\leq$ 90 mmHg, pneumonia multilobar e $PaO_2/FiO_2 < 250$). As diretrizes da British Thoracic Society recomendam que pacientes apresentando dois ou mais dos critérios a seguir devem ser considerados para a internação em UTI: alteração do estado mental, ureia plasmática > 40 mg/dL, frequência respiratória $\geq$ 30 incursões respiratórias/minuto e PAD $\leq$ 60 mmHg ou PAS < 90 mmHg (CURP = confusão, ureia, frequência respiratória, pressão arterial).

2. Quais patógenos comumente causam a PAC grave?

A Tabela 17-1 lista os agentes etiológicos mais comuns. O *Streptococcus pneumoniae* é o agente causal identificado com mais frequência. Os patógenos são identificados em menos de 50% dos casos. Culturas de sangue, do líquido pleural e de amostras do trato respiratório podem aumentar a taxa de diagnóstico. Além disso, a *Legionella pneumophila* frequentemente causa doença grave; portanto o antígeno urinário do sorogrupo 1 de *L. pneumophila* deve ser dosado. O fato de o organismo ser ou não identificado, aparentemente não altera a mortalidade; entretanto, os dados microbiológicos podem ser usados para estruturar uma terapia mais específica.

3. A coloração pelo Gram e a cultura do escarro são úteis para o diagnóstico da PAC?

A coloração pelo Gram e a cultura do escarro podem ser realizadas de forma não-invasiva e são testes diagnósticos baratos. A coloração pelo Gram de uma amostra de escarro é considerada satisfatória para a interpretação dos dados quando a contagem de neutrófilos é > 25 por campo de pequeno aumento e < 10 células epiteliais. Porém, há alguma controvérsia em relação a quanto o resultado do Gram do escarro deve influenciar a prática clínica. A ATS recomenda que esse exame seja usado para ampliar o espectro da antibioticoterapia para tratar organismos dos quais não se suspeitava e que não estavam cobertos pelo esquema empírico usual. De modo oposto, as diretrizes da Infectious Diseases Society of America (IDSA) sugerem que o espectro da terapia empírica antimicrobiana seja estreitado com base nos achados do Gram do escarro. Deve-se manter em mente as limitações diagnósticas da coloração pelo Gram e da cultura do escarro, incluindo a inabilidade de visualização de organismos atípicos, a contaminação pela flora oral e a dificuldade de alguns pacientes em fornecer amostras adequadas.

4. O que determina a seleção da terapia antimicrobiana empírica para pacientes com PAC grave?

O esquema antibiótico empírico inicial depende da presença de fatores de risco para *Pseudomonas aeruginosa*. Entre eles estão a má-nutrição, uma doença pulmonar estrutural subjacente como a bronquiectasia, terapia antibiótica de largo espectro durante > 7 dias dentro do último mês, imunossupressão leucopênica e o uso de corticosteroides (> 10 mg de prednisona por dia). Os antibióticos recomendados de acordo com as mais recentes diretrizes da ATS estão listados na Tabela 17-1. As diretrizes atuais da IDSA também afirmam que exposição a antibióticos nos três meses precedentes prediz a resistência àquela classe de antibióticos. A administração imediata (em até quatro horas após a apresentação) da terapia antibiótica empírica apropriada é fortemente recomendada, pois estudos sugerem que atrasos no tratamento estão associados a resultados piores.

5. Quem está sob risco de desenvolver pneumonia por *S. pneumoniae* resistente à penicilina? Isso afeta o tratamento?

Fatores de risco para infecção por *S. pneumoniae* resistente à penicilina incluem idade superior a 65 anos, terapia recente com betalactâmicos, múltiplas comorbidades, alcoolismo, imunossupressão, doença não-invasiva e contato com crianças que frequentam creches. Muitos estudos indicam que pneumonias causadas por *S. pneumoniae* resistente à penicilina (na ausência de meningite) podem ser tratadas com sucesso com antibióticos betalactâmicos sem afetar negativamente a mortalidade *a menos que* a concentração inibitória mínima seja $\geq$ 4 mg/L.

A resistência do *S. pneumoniae* a macrolídeos e fluoroquinolonas está aumentando. O fracasso clínico com o uso de macrolídeos é raro apesar da resistência a essa classe; entretanto, é provável que fluoroquinolonas com menor potência contra *S. pneumoniae* sejam ineficazes contra cepas resistentes.

Campbell GD Jr, Silberman R: Drug-resistant *Streptococcus pneumoniae*. Clin Infect Dis 26:1188-1195, 1998.

Clavo-Sanchez AJ, Giron-Gonzalez JA, Lopez-Prieto D, et al: Multivariate analysis of risk factors for infection due to penicillin-resistant and multidrug-resistant *Streptococcus pneumoniae*: A multicenter study. Clin Infect Dis 24:1052-1059, 1997.

PONTOS-CHAVE: MANEJO INICIAL DA PNEUMONIA AGUDA ✓

1. Tratar empiricamente caso haja suspeita clínica de pneumonia.
2. Selecionar a terapia empírica inicial com base nos atuais padrões bacteriológicos e de resistência de cada instituição. Alternativamente, pode-se adotar as diretrizes práticas baseadas em evidência publicadas na literatura.
3. Obter culturas de amostras do trato respiratório para identificar o(s) patógeno(s), preferencialmente antes do início da antibioticoterapia. Entretanto, o início da antibioticoterapia não deve ser atrasado em função da realização de exames diagnósticos.
4. Reduzir o espectro do esquema antibiótico inicial com base nos resultados das culturas quantitativas e na resposta clínica (ou seja, descalonamento).
5. Evitar o uso excessivo de antibióticos por meio do descalonamento da terapia quando apropriado, e da prescrição do menor tempo de terapia que mantenha a eficácia.

6. O que significa descalonamento da antibioticoterapia?

O uso de antibióticos promove o desenvolvimento de resistência; portanto recomenda-se o uso restrito de drogas antimicrobianas. Se o paciente estiver respondendo favoravelmente, o esquema antibiótico empírico inicial deve ser descalonado ou ter seu espectro estreitado até o antibiótico mais específico possível, com base nos resultados de culturas do trato respiratório e de testes de sensibilidade a antibióticos.

7. Quando é seguro trocar o tratamento do paciente para a via oral?

A conversão para a terapia oral pode ser considerada em um paciente clinicamente estável que apresente o seguinte quadro: melhora da tosse e da dispneia, defervescência (< 37,7 °C) em duas medidas diferentes em intervalo de oito horas, contagem de leucócitos tendendo ao valor normal e ingestão oral e absorção pelo trato gastrointestinal satisfatórias.

TABELA 17-1. PATÓGENOS COMUNS QUE CAUSAM PNEUMONIA ADQUIRIDA NA COMUNIDADE GRAVE E ANTIBIOTICOTERAPIA EMPÍRICA* †

Organismos	Terapia‡ ‖
a. Ausência de risco para *Pseudomonas aeruginosa*	
Streptococcus pneumoniae (incluindo DRSP)[1] *Legionella* sp. *Haemophilus influenzae* Bacilos gram-negativos entéricos *Staphylococcus aureus* *Mycoplasma pneumoniae* Vírus respiratórios Miscelânea *Chlamydia pneumoniae,* *Mycobacterium tuberculosis,* *Fungos endêmicos*	β-lactâmico intravenoso (cefotaxima, ceftriaxona) § *mais um dos dois:* Macrolídeo intravenoso (azitromicina) *ou* Fluoroquinolona intravenosa
b. Presença de risco para *Pseudomonas aeruginosa*‖	
Todos os patógenos listados acima mais *P. aeruginosa*	β-lactâmico antipseudomonas intravenoso (cefepime, imipenem, meropenem, piperacilina/tazobactam)¶ *mais* quinolona antipseudomonas intravenosa (ciprofloxacina) *ou* β-lactâmico antipseudomonas intravenoso (cefepime, imipenem, meropenem, piperacilina/tazobactam)¶ *mais* aminoglicosídeo intravenoso *Mais um dos dois:* Macrolídeo intravenoso (azitromicina) *ou* Fluoroquinolona não antipseudomonas intravenosa

* Exclui pacientes em risco para HIV.
† Em cerca de um terço à metade dos casos a etiologia não é identificada.
‡ Sem ordem particular.
§ Agentes antipseudomonas como cefepime, piperacilina/tazobactam, imipenem e meropenem geralmente são ativos contra DRSP e outros patógenos prováveis nessa população, mas não recomendados para uso de rotina, a menos que o paciente tenha fatores de risco para *P. aeruginosa.*
‖ Necessidade de terapia combinada.
¶ No caso de alergia aos β-lactâmicos, substituir os β-lactâmicos listados por aztreonam e combinar a um aminoglicosídeo e a uma fluoroquinolona antipneumococos conforme relacionado acima.
Dados de Niederman MS, Mandell LA, Anzueto A, et al: American Thoracic Society: Guidelines for the management of adults with community-acquired pneumonia. Diagnosis, assessment of severity, antimicrobial therapy, and prevention. Am J Respir Crit Care Med 163:1730-1754, 2001, reprodução autorizada.

[1] N. R. C.: DRSP = "Drug Resistant *Streptococcus pneumoniae" (Streptococcus pneumoniae* resistente a drogas).

8. Como se define a falência de um tratamento?

A maioria dos pacientes que recebe terapia apropriada demonstra uma resposta clínica favorável em até 72 horas. Assim, a antibioticoterapia inicial não deve ser alterada até 72 horas após seu início, a menos que haja indicação devido à significativa piora clínica ou aos dados microbiológicos. Lembre-se de que certos fatores do hospedeiro, como idade avançada, alcoolismo e doença pulmonar obstrutiva crônica (DPOC), estão associados ao atraso na resolução, mesmo quando sob tratamento apropriado. A resolução radiográfica da pneumonia é defasada em relação à melhora clínica, e em alguns casos pode levar até 8-10 semanas para que o exame radiológico apareça completamente "limpo".

9. Descreva as possíveis razões pelas quais um paciente pode não responder favoravelmente à terapia empírica.

A deterioração clínica ou falta de resposta à terapia antimicrobiana empírica em até três dias frequentemente indica falência do tratamento, o que justifica uma reavaliação completa e uma investigação adicional. Deve-se considerar o seguinte:

1. Terapia antimicrobiana inapropriada
   - A dose está adequada?
   - Todos os possíveis patógenos bacterianos estão cobertos pelo esquema empírico?
   - Os organismos são resistentes ou um patógeno previamente sensível desenvolveu resistência?
   - O patógeno é uma bactéria? Considerar outros patógenos, incluindo vírus, fungos endêmicos e micobactérias.
   - O hospedeiro é imunocomprometido e está sob risco para infecções oportunistas como pelo *Pneumocystis jiroveci*?
   - Esta é uma doença infecciosa? Será que o diagnóstico do paciente está errado (*veja* questão 11)?
2. Complicações da infecção pulmonar ou da hospitalização
   - O paciente desenvolveu um abscesso pulmonar ou empiema?
   - O paciente tem síndrome do desconforto respiratório agudo (SDRA)?
   - A bactéria disseminou para sítios extrapulmonares (p. ex., endocardite, artrite séptica, meningite)?
   - O paciente adquiriu uma infecção, nosocomial nova (p. ex., infecção do trato urinário, infecção de cateter central, sinusite)?

10. Como devemos avaliar um paciente com uma pneumonia que não se resolve?

O clínico deve revisar os resultados iniciais de culturas e de sensibilidade e coletar culturas adicionais do sangue e do trato respiratório inferior. Pode-se indicar a ampliação do espectro da terapia empírica enquanto se espera os resultados dos exames adicionais. Todos os pacientes devem repetir a radiografia de tórax nesse momento. Coleta adicional da história clínica pode revelar fatores de risco para o vírus da imunodeficiência humana, exposição a carrapatos, história de viagem ou outras pistas diagnósticas. Outros exames, como uma tomografia computadorizada de tórax ou ultrassonografia, devem ser direcionados à causa provável da falência do tratamento. Se o procedimento puder ser realizado de maneira segura, uma toracocentese do derrame pleural pode excluir um derrame complicado ou empiema. A broncoscopia tem boa utilidade diagnóstica e as amostras devem ser enviadas para culturas quantitativas e testes de sensibilidade, assim como para as colorações e culturas de organismos não usuais (p. ex., micobactérias, vírus, fungos endêmicos e *P. jiroveci*). Se o diagnóstico permanecer incerto, uma prova terapêutica com corticoesteroides ou uma biópsia pulmonar por toracoscopia ou a céu aberto podem ser consideradas, de acordo com o quadro clínico apresentado.

Ioanas M, Ferrer M, Cavalcanti M, et al: Causes and predictors of nonresponse to treatment of intensive care unit-acquired pneumonia. Crit Care Med 32:938-945, 2004.

11. Quais processos não infecciosos podem apresentar os sinais e sintomas de uma pneumonia aguda?

Condições não infecciosas que podem imitar a pneumonia aguda incluem a SDRA, contusão pulmonar traumática, pneumonite resultante de doença do tecido conjuntivo (p. ex., lúpus eritematoso sistêmico), pneumonite por hipersensibilidade aguda, pneumonite induzida por drogas, hemorragia alveolar difusa (p. ex., síndrome de

Goodpasture), granulomatose de Wegener, bronquiolite obliterante com pneumonia em organização, pneumonia intersticial aguda (síndrome de Hamman-Rich), pneumonia eosinofílica aguda, embolia pulmonar com infarto, atelectasia, pneumonite química (aspiração) e malignidade (p. ex., carcinoma broncoalveolar, linfangite carcinomatosa, sarcoma de Kaposi).

12. E quanto à pneumonia viral?

Pneumonias virais podem ser graves, particularmente nos pacientes idosos ou imunocomprometidos, ou quando são complicadas por uma infecção bacteriana secundária, como aquelas causadas por *S. pneumoniae*, *Staphylococcus aureus* ou *Haemophilus influenzae*. Quando houver suspeita, o vírus da influenza pode ser detectado por um ensaio para detecção rápida de antígeno, o qual é capaz de distinguir a influenza A da B. A terapia antiviral contra a influenza A (p. ex., amantadina, rimantadina, oseltamivir ou zanamivir) ou influenza B (p. ex., oseltamivir ou zanamivir) é recomendada se for iniciada em até 48 horas após o início dos sintomas. Não há terapia antiviral específica contra parainfluenza, vírus sincicial respiratório, adenovírus, metapneumovírus, coronavírus (agente da síndrome respiratória aguda grave) ou hantavírus. O manejo dessas infecções envolve tratamento de suporte e medidas cautelosas de controle de infecção.

13. Quais pacientes com PAC grave e insuficiência respiratória aguda se beneficiam da ventilação não-invasiva com pressão positiva (VNIPP)?

Estudos clínicos demonstraram que o uso da VNIPP para insuficiência respiratória aguda por PAC grave pode reduzir a necessidade de intubação e diminuir a mortalidade em pacientes com DPOC ou imunocomprometidos. Os pacientes devem ser candidatos adequados à VNIPP com base nas atuais diretrizes práticas. Não há evidências que apóiem a adoção da VNIPP em pacientes imunocompetentes portadores de PAC grave, mas sem DPOC.

14. O que é a pneumonia associada à assistência à saúde (PAAS)?

A *PAAS* se refere à pneumonia que se desenvolve em um paciente que reside em casa de repouso ou em instalações de assistência prolongada; faz hemodiálise; recebeu terapia antimicrobiana IV, quimioterapia ou tratamento de ferimento nos últimos 30 dias; ou foi hospitalizado por pelo menos dois dias nos 90 dias precedentes. Os patógenos causais nesses pacientes são semelhantes aos responsáveis pela pneumonia adquirida no hospital e pela pneumonia associada à ventilação (PAV), e são frequentemente multidroga-resistentes.

15. Resuma a patogênese da PAV.

A maioria dos casos é relacionada à microaspiração de patógenos que colonizam a orofaringe. A intubação endotraqueal interfere nos mecanismos normais de defesa do hospedeiro por impedir a habilidade do paciente de tossir e por destruir a barreira protetora entre a orofaringe e a traqueia. Secreções orofaríngeas carregadas de bactérias se acumulam e vazam pelas bordas do balonete do tubo endotraqueal e infectam o trato respiratório inferior. Isso é facilitado quando o paciente está em posição supina. Levantou-se a hipótese de que o tubo endotraqueal seja colonizado por bactérias que o revestem formando um biofilme e que a manipulação ou as manobras de aspiração resultem em embolização das bactérias para dentro do trato respiratório inferior. Outras fontes menos comuns de bactérias incluem os seios paranasais, a placa dentária, o trato gastrointestinal e raramente a disseminação hematogênica a partir de outro local de infecção.

Chastre J: Conference Summary: Ventilator-associated pneumonia. Respir Care 50:975-983, 2005.

16. Liste os principais patógenos responsáveis pela PAV.

Os patógenos que mais comumente causam a PAV estão listados na Tabela 17-2. A frequência relativa desses patógenos e seus respectivos padrões de resistência variam de acordo com a instituição, exposição prévia a antibióticos, fatores do hospedeiro e duração da ventilação mecânica. Os médicos devem estar familiarizados ao espectro de patógenos nosocomiais comuns das instituições onde atuam e aos padrões atuais de resistência.

TABELA 17-2. AGENTES ETIOLÓGICOS QUE CAUSAM PNEUMONIA ASSOCIADA À VENTILAÇÃO MECÂNICA
Pseudomonas aeruginosa
Staphylococcus aureus
Enterobacteriaceae
■ *Klebsiella* sp.
■ *Escherichia coli*
■ *Proteus* sp.
■ *Enterobacter* sp.
■ *Serratia* sp.
■ *Citrobacter* sp.
Acinetobacter sp.
Stenotrophomonas maltophilia
Haemophilus influenzae
Legionella pneumophila
Streptococcus sp.
Estafilococos coagulase negativos
Neisseria sp.
Anaeróbios
Infecção polimicrobiana (particularmente comum na SDRA). SDRA = síndrome do desconforto respiratório agudo.

17. Quais são os critérios diagnósticos da PAV?

Não existem critérios consensuais universais para a PAV; entretanto, critérios comumente utilizados incluem a presença de *todos* os seguintes:

1. Ventilação mecânica por > 48 horas.
2. Infiltrado novo e persistente na radiografia de tórax ou SDRA (pode ser impossível visualizar um infiltrado novo na radiografia de tórax no quadro de SDRA).
3. Dois dos três achados a seguir:
   - Febre (temperatura > 38°C).
   - Leucocitose ou leucopenia.
   - Secreção traqueal purulenta.
4. Culturas bacterianas quantitativas de uma amostra do trato respiratório inferior com valor igual ou maior do que os valores definidos como consistentes ao quadro de infecção pulmonar.

A utilização apenas de critérios clínicos, sem dados microbiológicos, tende a ocasionar a superestimação do número de diagnósticos de infecção pulmonar.

18. Discuta as diferenças entre as culturas bacterianas de aspirado endotraqueal qualitativas e quantitativas em pacientes com suspeita de PAV.

A colonização do tubo endotraqueal ocorre dentro de cinco dias de ventilação mecânica, por isso culturas qualitativas do aspirado endotraqueal dificilmente dão resultados negativos. Culturas qualitativas são suficientemente sensíveis (82%) para identificar o patógeno infectante, mas deixam a desejar em especificidade (27%). Sendo assim, são necessárias culturas quantitativas para distinguir a contaminação da orofaringe da infecção. O ponto de corte recomendado para culturas quantitativas de aspirado endotraqueal varia de 10^5 a 10^6 unidades formadoras de colônia (UFC)/mL. A menos que a antibioticoterapia tenha sido iniciada ou ajustada nas últimas 72 horas, culturas *estéreis* de aspirado endotraqueal têm alto valor preditivo negativo (94%).

Chastre J, Fagon JY: Ventilator-associated pneumonia. Am J Respir Crit Care Med 165:867-903, 2002.

19. Quais são os métodos invasivos de obtenção de amostras do trato respiratório inferior para a realização de culturas quantitativas?

Métodos broncoscópicos incluem a lavagem broncoalveolar e o escovado brônquico protegido. Métodos não broncoscópicos podem ser realizados por fisioterapeutas em pacientes intubados e incluem a minilavagem broncoalveolar e o cateter telescópico protegido. Métodos broncoscópicos e não broncoscópicos têm características de desempenho similares; entretanto, o ponto de corte para o diagnóstico varia em cada procedimento. Embora os procedimentos não broncoscópicos sejam realizados às cegas e frequentemente coletem amostras do lobo inferior direito, estudos demonstraram que a PAV é um processo difuso que tipicamente acomete todos os lobos pulmonares, particularmente os lobos inferiores posteriores.

20. Quais são as vantagens das culturas quantitativas de amostras do trato respiratório inferior em relação à abordagem clínica para o diagnóstico da PAV?

Um diagnóstico microbiológico utilizando culturas quantitativas de amostras do trato respiratório inferior não apenas estabelece a presença de infecção pulmonar, mas também identifica o organismo etiológico. Vários estudos demonstraram que, a menos que a antibioticoterapia tenha sido iniciada ou trocada nas últimas 72 horas antes da coleta da amostra, os antibióticos podem ser suspensos com segurança quando culturas quantitativas de amostras obtidas por lavagem estão abaixo dos pontos de corte para o diagnóstico da PAV. Culturas qualitativas ou semiquantitativas da traqueia raramente têm resultados negativos em função da colonização traqueal, mesmo na ausência de infecção pulmonar.

Um estudo multicêntrico controlado e randomizado com mais de 400 pacientes que preenchiam critérios clínicos para a PAV, demonstrou que uma estratégia diagnóstica envolvendo a coleta de amostras por broncoscopia e a realização de culturas quantitativas resultou em uso significativamente menor de antibióticos e diminuiu a mortalidade em 14 dias quando comparada à estratégia de diagnóstico clínico usando culturas qualitativas de aspirado endotraqueal.

Fagon JY, Chastre J, Wolff M, et al: Invasive and noninvasive strategies for management of suspected ventilator-associated pneumonia: A randomized trial. Ann Intern Med 132:621-630, 2000.

21. Existem fatores que predispõem os pacientes à infecção pulmonar nosocomial por organismos resistentes às drogas?

A pneumonia adquirida no hospital (PAH) ou a PAV que se desenvolve dentro dos primeiros quatro dias de internação hospitalar são descritas como sendo de *início precoce*. Um paciente tem risco de contrair infecção por um patógeno resistente a drogas quando a PAH ou a PAV se desenvolvem em período ≥ 5 dias de hospitalização (isto é, *início tardio*) ou se, nos três meses precedentes, o paciente tiver sido hospitalizado ou recebido antibióticos. Fatores de risco adicionais para patógenos multidroga-resistentes estão listados na Tabela 17-3 e devem ser levados em conta no momento da prescrição da terapia empírica para a pneumonia nosocomial.

22. O que determina a seleção da antibioticoterapia empírica inicial para PAH, PAAS e PAV?

Estudos demonstraram que a terapia antimicrobiana de início precoce e apropriada (ou seja, eficaz contra o patógeno causal) para PAV melhora os resultados. As diretrizes da ATS recomendam a terapia empírica. A seleção inicial de antibióticos depende de existir possibilidade de o paciente apresentar fatores de risco para infecção por patógenos nosocomiais resistentes às drogas e de a pneumonia ser classificada como sendo de início precoce ou tardio. Instituições individuais diferem nos padrões de resistência antimicrobiana; portanto muitos hospitais têm diretrizes de uso de antibióticos para o tratamento empírico baseadas nos patógenos prováveis e padrões locais de resistência antimicrobiana. Caso o paciente tenha recebido antibiótico recentemente, a terapia empírica deve incluir antimicrobianos de classe diferente daquela administrada anteriormente (Tabelas 17-4 e 17-5).

23. Qual é a duração da terapia antimicrobiana para PAH, PAAS e PAV?

Em um estudo clínico prospectivo e randomizado, uma estratégia de tratamento de oito dias para a PAV comprovada por cultura resultou em um decréscimo significativo de bactérias multidroga-resistentes e em um maior número de dias livre de antibióticos sem diferença na mortalidade, tempo de permanência na UTI ou número de

TABELA 17-3. FATORES DE RISCO PARA PNEUMONIA ADQUIRIDA NO HOSPITAL, PNEUMONIA ASSOCIADA À ASSISTÊNCIA À SAÚDE E PNEUMONIA ASSOCIADA À VENTILAÇÃO MECÂNICA CAUSADAS POR PATÓGENOS MULTIDROGA-RESISTENTES

- Terapia antimicrobiana nos 90 dias precedentes
- Hospitalização atual de cinco dias ou mais
- Alta frequência de resistência a antibióticos na comunidade ou na unidade hospitalar específica
- Presença de fatores de risco para PAAS:
  - Hospitalização por dois dias ou mais nos 90 dias precedentes
  - Residência em casa de repouso ou instalação de cuidados prolongados
  - Terapia venosa em casa (incluindo antibióticos)
  - Diálise crônica nos últimos 30 dias
  - Cuidados de ferimentos em casa
  - Membro da família com patógeno multidroga-resistente
- Doença e/ou terapia imunossupressora

Dados da American Thoracic Society; Infectious Diseases Society of America. Guidelines for the management of adults with hospital-acquired, ventilator-associated, and health care-associated pneumonia. Am J Respir Crit Care Med 171:388-416, 2005, reprodução autorizada.

TABELA 17-4. ANTIBIOTICOTERAPIA EMPÍRICA INICIAL PARA PNEUMONIA ADQUIRIDA NO HOSPITAL OU PNEUMONIA ASSOCIADA À VENTILAÇÃO MECÂNICA DE INÍCIO PRECOCE EM PACIENTES SEM FATORES DE RISCO CONHECIDOS PARA PATÓGENOS MULTIDROGA-RESISTENTES EM QUALQUER GRAU DE GRAVIDADE DA DOENÇA

Patógeno Potencial	Antibioticoterapia Recomendada
*Streptococcus pneumoniae**	Ceftriaxona
Haemophilus influenzae	*ou*
Staphylococcus aureus sensível à meticilina	Levofloxacina, moxifloxacina ou ciprofloxacina
Bacilos gram-negativos entéricos sensíveis a antibióticos	*ou*
Escherichia coli	Ampicilina/sulbactam
Klebsiella pneumoniae	*ou*
Enterobacter sp	Ertapenem
Proteus sp	
Serratia marcescens	

*A frequência do *S. pneumoniae* penicilina-resistente e multidroga-resistente está crescendo; é preferível o uso de levofloxacina ou moxifloxacina ao uso de ciprofloxacina. A importância de outras quinolonas novas, como a gatifloxacina, ainda não está bem estabelecida.

Dados da American Thoracic Society; Infectious Diseases Society of America. Guidelines for the management of adults with hospital-acquired, ventilator-associated, and health care-associated pneumonia. Am J Respir Crit Care Med 171:388-416, 2005, reprodução autorizada.

TABELA 17-5. TERAPIA EMPÍRICA INICIAL PARA PNEUMONIA ADQUIRIDA NO HOSPITAL, PNEUMONIA ASSOCIADA À VENTILAÇÃO MECÂNICA E PNEUMONIA ASSOCIADA À ASSISTÊNCIA À SAÚDE EM PACIENTES COM DOENÇA DE INÍCIO TARDIO OU COM FATORES DE RISCO PARA PATÓGENOS MULTIDROGA-RESISTENTES EM QUALQUER GRAU DE GRAVIDADE DA DOENÇA

Patógeno Potencial	Antibioticoterapia Combinada*
Patógenos listados na Tabela 17-4 e patógenos MDR[1] *Pseudomonas aeruginosa* *Klebsiella pneumoniae* (ESBL +)[†] *Acinetobacter* sp[†]	Cefalosporina antipseudomonas (cefepima, ceftazidima) *ou* Carbapenêmico antipseudomonas (imipenem ou meropenem) *ou* β-lactâmico/inibidor de β-lactamase (piperacilina-tazobactam) *mais* Fluoroquinolona antipseudomonas[†] (ciprofloxacina ou levofloxacina) *ou* Aminoglicosídeo (amicacina, gentamicina ou tobramicina) *mais*
Staphylococcus aureus resistente à meticilina (MRSA)	Linezolida ou vancomicina[‡]
Legionella pneumophila[†]	

*A antibioticoterapia inicial deve ser ajustada ou aperfeiçoada com base nos dados microbiológicos e na resposta clínica à terapia.
[†]No caso de cepa ESBL +, como *K. pneumoniae*, ou se houver suspeita de *Acinetobacter* sp, um carbepenêmico é uma escolha segura. Se houver suspeita de *L. pneumophila*, a antibioticoterapia combinada deve incluir um macrolídeo (p. ex., azitromicina) ou uma fluoroquinolona (p. ex., ciprofloxacina ou levofloxacina) em vez de um aminoglicosídeo.
[‡]Em caso de fatores de risco para MRSA ou se há incidência alta localmente.

dias livre de ventilação mecânica comparado à terapia de 15 dias. Uma taxa de recorrência maior foi documentada com o esquema de oito dias quando a infecção foi causada por espécies de *Acinetobacter* ou *Pseudomonas*; portanto a PAV originada desses organismos deve ser tratada durante 15 dias. Devido ao fato de os patógenos infectantes serem similares, a PAH e a PAAS podem ser tratadas de forma semelhante. A terapia estendida (14-21 dias) pode ser indicada no quadro de doença multilobar, cavitação, má-nutrição ou infecção necrotizante por gram-negativos.

Chastre J, Wolff M, Fagon J-Y, et al: Comparison of 8 to 15 days of antibiotic therapy for ventilator-associated pneumonia in adults. JAMA 290:2588-2598, 2003.

24. Descreva as medidas que podem diminuir o risco de PAV.

1. Evitar intubação quando possível e utilizar VNIPP quando apropriado.
2. Preferir tubo orotraqueal ao tubo nasotraqueal.

[1] N. R. C.: MDR = multidroga-resistentes; ESBL = Extended Spectrum Beta Lactamase (Betalactamase de Espectro Estendido).

3. Minimizar a duração da ventilação mecânica com o auxílio de protocolos de desmame.
4. Realizar aspiração contínua de secreções subglóticas.
5. Manter a pressão do balonete do tubo endotraqueal > 20 cmH_2O para prevenir o vazamento de secreções da orofaringe contendo bactérias para dentro dos pulmões.
6. Evitar manipulação desnecessária do circuito ventilatório.
7. Descartar cuidadosamente o condensado contaminado do circuito ventilatório.
8. Manter a cabeceira da cama elevada a 30 graus.
9. Evitar a sedação excessiva e a paralisia, pois elas prejudicam a capacidade de tossir.
10. Não há evidências de que o sucralfato e as terapias redutoras de ácido gástrico aumentem a incidência de pneumonia nosocomial.

Cook D, Guyatt G, Marsahall J, et al: A comparison of sucralfate and ranitidine for the prevention of upper gastrointestinal bleeding in patients requiring mechanical ventilation. N Engl J Med 338:791-797, 1998.

Mallow S, Rebuck JA, Osler T, et al: Do proton pump inhibitors increase the incidence of nosocomial pneumonia and related infectious complications when compared with histamine-2 receptor antagonists in critically ill trauma patients? Curr Surg 61:452-458, 2004.

Messori A, Trippoli S, Vaiani M, et al: Bleeding and pneumonia in intensive care patients given ranitidine and sucralfate for prevention of stress ulcer: Meta-analysis of randomized controlled trials. BMJ 321:1-7, 2000.

25. Sob quais circunstâncias a realização de toracocentese é indicada no caso de um derrame parapneumônico?

Se o paciente estiver clinicamente estável e a toracocentese puder ser realizada com segurança, deve-se coletar amostras de derrames pleurais significativos (> 10 mm na radiografia em decúbito lateral) ou loculados sempre que houver suspeita de derrame parapneumônico complicado (invasão bacteriana persistente do espaço pleural) ou empiema (pus manifesto no espaço pleural). A toracocentese também é indicada quando o diagnóstico for incerto e o paciente não estiver respondendo favoravelmente à antibioticoterapia empírica. O líquido pleural deve ser analisado em relação à contagem de células com diferencial, proteína, glicose, desidrogenase láctica (DHL), coloração pelo Gram, coloração ácido-resistente e culturas para bactérias, fungos e micobactérias. A drenagem é necessária nos casos de derrames parapneumônicos complicados e empiemas.

SITES

1. American Thoracic Society
   www.thoracic.org

2. Infectious Diseases Society of America
   www.idsociety.org

ASMA

Gil Allen, MD e David A. Kaminsky, MD

CAPÍTULO 18

1. Quais são os fatores mais importantes a serem observados quando investigamos o histórico clínico de pacientes com asma aguda grave?

O Quadro 18-1 resume os pontos importantes do histórico de um paciente com asma aguda grave. Se o clínico pode obter esse histórico, é importante excluir de imediato outras possíveis causas do quadro. Uma história prévia de insuficiência cardíaca pode sugerir que os sibilos e a dispneia sejam resultantes da falência ventricular esquerda e do edema pulmonar. Um histórico de alergias ou reações anafiláticas prévias, junto a uma exposição recente a certos alimentos, novas medicações ou outros gatilhos conhecidos, pode ser uma advertência importante da ocorrência potencialmente iminente de inflamação e obstrução das vias aéreas superiores. História de tosse de início recente, sibilância e hemoptise, com sibilos inspiratórios e expiratórios unilaterais, pode indicar um tumor intrabrônquico, tal como carcinoide ou carcinoma. A embolia pulmonar também pode mimetizar a asma e deve ser considerada, especialmente no paciente com dispneia, ansiedade e hipoxemia, mas que não apresenta ruídos adventícios. Nesse caso, seria importante considerar qualquer história prévia de trombose venosa profunda ou embolia, além de fatores de risco relacionados. Em um paciente com dispneia, ansiedade e estridor inspiratório, a disfunção das cordas vocais deve ser considerada. História de ansiedade, alterações na voz ou truncamento súbito da fala podem ser um indício dessa desordem. A espirometria pode ser uma ferramenta especialmente útil quando estes pacientes são avaliados no departamento de emergência. As curvas volume-fluxo frequentemente demonstram as características curvas inspiratórias truncadas ou achatadas. É importante lembrar que a maioria desses pacientes também apresenta asma verdadeira, mas eles frequentemente parecem ter mais limitação de fluxo do que realmente possuem. Se a taxa de pico de fluxo expiratório (PFE) está no seu nível basal e não há sinais de fadiga, baixas doses de benzodiazepínicos podem quebrar o ciclo de fechamento paradoxal das cordas vocais na maioria dos casos.

Rodrigo GJ, Rodrigo C, Hall JB: Acute asthma in adults: A review. Chest 125:1081-1102, 2004.

QUADRO 18-1. PONTOS IMPORTANTES A SE ANALISAR NO HISTÓRICO DA ASMA AGUDA

- História clínica da asma (ou seja, quando foi diagnosticada, tipo de tratamento, gatilhos comuns)
- Fatores relacionados ao controle da asma (p. ex., frequência do uso de medicamentos, sintomas noturnos, história de hospitalização, intubação, uso de corticosteroides orais)
- Início dos sintomas (ou seja, gradual *versus* súbito)
- Natureza dos sintomas (p. ex., sibilos, dor torácica, intermitentes *versus* contínuos, tosse associada, produção de escarro, febre)
- Excluir outras causas de dispneia (p. ex., insuficiência cardíaca, embolia pulmonar)
- Excluir outras causas de sibilos (p. ex., broncoespasmo causado por reação alérgica, tumor endobrônquico)
- Considerar o fechamento paradoxal das cordas vocais durante a inspiração (ou seja, disfunção das cordas vocais)

2. Liste alguns indicadores importantes de uma crise de asma grave.

- Uso dos músculos acessórios.
- Incapacidade de falar frases completas.
- Frequência cardíaca > 130 batimentos/min.
- Pulso paradoxal > 15 mmHg.
- Frequência respiratória > 30 incursões respiratórias/min.
- Incapacidade para deitar-se.
- Tórax silencioso.
- Sonolência.
- Fadiga progressiva.
- $PaCO_2$ normal ou elevada.

3. Quais pacientes estão sob maior risco de apresentar a asma quase-fatal ou fatal?

Um estudo recente com asmáticos adultos norte-americanos atendidos no departamento de emergência, identificou vários fatores associados ao alto número de atendimentos emergenciais, incluindo a raça não-branca, pacientes sem seguros de saúde e presença de marcadores de gravidade da asma crônica, tais como histórico de hospitalização, intubação ou uso recente de corticosteroides inalatórios. Embora seja difícil identificar tais pacientes de forma prospectiva, outros fatores de risco foram identificados retrospectivamente. Os pacientes com alto grau de reatividade brônquica, histórico de má adesão à terapia e ao acompanhamento, e aqueles pouco perceptivos quanto à gravidade das próprias crises, conforme demonstrado pela correlação pobre entre os sintomas relatados e os valores de PFE, também estão sob risco aumentado de asma quase-fatal. Estes são pacientes cujo monitoramento domiciliar de PFE é fortemente recomendado.

Pacientes que desenvolvem crises graves, súbitas ou aqueles que apresentam doença grave lentamente progressiva, estão ambos tipicamente sob risco. Uma história de marcante variação diurna no VEF_1 também é um possível fator de risco, mas isso pode simplesmente estar relacionado ao seu uso como marcador da responsividade brônquica aumentada. Há dados históricos indicando que o sexo feminino, a intubação endotraqueal e o bloqueio neuromuscular prolongado estão associados à permanência hospitalar mais prolongada, enquanto o CO_2 arterial elevado e a redução do pH arterial dentro de 24 horas da admissão estão associados ao aumento da mortalidade.

Embora não seja amplamente identificado como um marcador verdadeiro de aumento do risco, o uso de heroína inalável também é frequentemente associado às crises de asma quase-fatal ou fatal. Não se sabe se isso ocorre devido ao efeito direto da droga inalada (ou de seus diluentes), ao grau de limitação do fluxo aéreo ou simplesmente ao julgamento prejudicado do usuário, que retarda a própria chegada ao departamento de emergência para dar início ao tratamento adequado. Opioides são conhecidos por causar broncoconstrição por meio da degranulação de mastócitos e liberação de histamina. Embora a maioria dos relatos de crises de asma grave após a inalação de narcóticos seja em pessoas sabidamente asmáticas, também são relatados em pacientes sem qualquer história prévia da doença.

Afessa B, Morales I, Cury JD: Clinical course and outcome of patients admitted to an ICU for status asthmaticus. Chest 120:1616-1621, 2001.

Griswold SK, Nordstrom CR, Clark S, et al: Asthma exacerbation in North American adults: Who are the "frequent fliers" in the emergency department? Chest 127:1579-1586, 2005.

Molfino NA, Nannini LJ, Rebuck AS, Slutsky AS: The fatality-prone asthmatic patient: Follow-up study after near-fatal attacks. Chest 101:621-623, 1992.

4. Como se deve tratar uma crise de asma grave?

- **Beta-agonistas:** É a terapia de primeira linha para tratar uma crise aguda de asma. Agora é amplamente aceito que as formas inalatórias dessas drogas são superiores às formas administradas pela via subcutânea ou IV, com menos efeitos adversos. A via subcutânea ainda é reservada aos pacientes que se encontram tão dispneicos e que são incapazes de fazer inspirações suficientemente profundas; esses geralmente são os pacientes que acabam sendo intubados em uma ocasião posterior. Também é aceito que os inaladores com dosadores são tão eficazes quanto às formas de administração em aerossol e uma boa técnica é usá-los com espaçadores. A forma de administração feita com nebulizador ou em aerossol ainda é usada frequentemente no departamento de emergência, em parte pela conveniência e também por causa da menor necessidade de instrução e observação para assegurar que o medicamento atinja as vias aéreas.

- **Corticosteroides:** Essas drogas também possuem um papel chave no tratamento, e a dose habitual é de 60-125 mg de Solu-Medrol® IV a cada 6 horas nas primeiras 24 horas. Deve ser administrado tão logo quanto possível porque o início do pico de ação pode levar várias horas. A medicação é habitualmente administrada a cada 6 horas até que a crise pareça estar regredindo e, então, é reduzida gradualmente ao longo de dias a semanas.
- **Anticolinérgicos:** Muitos estudos demonstraram benefícios marginais devido à adição de ipratrópio inalatório à terapia com beta-agonista (*versus* os beta-agonistas isolados) no esquema de tratamento da asma aguda. Uma recente meta-análise demonstrou um aumento significativo de 10% no volume expiratório forçado no primeiro segundo (VEF_1) ou no PFE, e uma redução considerável nas admissões no departamento de emergência quando o ipratrópio foi adicionado aos esquemas terapêuticos padrão.
- **Aminofilina:** A teofilina oral está se tornando novamente um agente secundário popular para o controle crônico da asma. Isto é, em parte, devido ao reconhecimento de suas propriedades antiinflamatórias intrínsecas, mesmo em níveis séricos inferiores àqueles já considerados necessários para alcançar um benefício significativo. Contudo, o uso de aminofilina IV no tratamento da asma aguda permanece controverso. Muitas diretrizes consensuais não recomendam o seu uso como terapia de primeira linha na condição aguda, e vários estudos fracassaram em demonstrar qualquer benefício quando a aminofilina foi acrescentada a outras terapias convencionais. Contudo, há outros estudos demonstrando que com a adoção de alvos de níveis séricos mais altos (15-20 μg/mL), o uso de aminofilina pode melhorar as medidas do PFE e do VEF_1 e reduzir as taxas de internação. Há também uma evidência limitada de que a teofilina possa atuar como uma terapia adjuvante benéfica em crianças com asma grave, cujas condições fracassam em responder totalmente à terapia agressiva de primeira linha. O médico deve pesar estes benefícios em contraste aos efeitos adversos indesejáveis que podem potencialmente ocorrer com níveis séricos consideravelmente altos.
- **Agentes anestésicos inalatórios:** Os agentes anestésicos inalatórios podem ser usados devido às suas propriedades intrínsecas de broncodilatação em pacientes ventilados mecanicamente que apresentam broncoespasmo grave ativo, apesar do tratamento convencional agressivo. Como a administração destes agentes requer um mecanismo especial e o manejo convencional geralmente é mais eficaz, seu uso muitas vezes é considerado o último recurso. O halotano frequentemente deprime a função cardíaca nas doses necessárias para a broncodilatação e, por este motivo, o isoflurano é o agente de escolha.

A Tabela 18-1 resume as medicações usadas para tratar a asma aguda grave.

Chien JW, Ciufo R, Novak R, et al: Uncontrolled oxygen administration and respiratory failure in acute asthma. Chest 117:728-733, 2000.

Early use of inhaled corticosteroids in the emergency department treatment of acute asthma (Cochrane Review). Cochrane Database Syst Rev 1:CD002308, 2001.

Gallagher EJ: Randomized clinical trial of intramuscular vs. oral methylprednisolone in the treatment of asthma exacerbations following discharge from an emergency department. Chest 126:362-368, 2004.

Ralston ME, Euwema MS, Knecht KR, et al: Comparison of levalbuterol and racemic albuterol combined with ipratropium bromide in acute pediatric asthma: A randomized controlled trial. J Emerg Med 29:29-35, 2005.

Rodrigo GJ, Rodrigo C: Elevated plasma lactate level associated with high dose inhaled albuterol therapy in acute severe asthma. Emerg Med J 22:404-408, 2005.

5. O sulfato de magnésio oferece algum benefício no tratamento do estado de mal asmático?

Embora um pequeno número de estudos controlados tenha fornecido resultados mistos, um estudo controlado sugeriu que os asmáticos graves (VEF_1 < 25% predito) tratados com sulfato de magnésio IV no departamento de emergência tiveram as taxas de internação no hospital bastante reduzidas quando comparados àqueles tratados com placebo. A taxa de internação total para todos os asmáticos em conjunto foi menor no grupo para o qual

TABELA 18-1. TRATAMENTO FARMACOLÓGICO PRIMÁRIO DA ASMA AGUDA*

Agente	Dose	Comentários
Beta-agonistas	■ 4 jatos (400 µg) com ICD + espaçador a cada 10 minutos ou	■ Inalatório melhor do que subcutâneo ou IV ■ ICD + espaçador funciona tão bem quanto o nebulizador
	■ 2,5 mg a cada 20 minutos com nebulizador	■ Levalbuterol similar ao albuterol racêmico, mas com menos taquicardia ■ Níveis de lactato elevados observados após altas doses
Corticosteroides	■ 60-125mg Solu-Medrol® IV a cada 6 horas nas primeiras 24 horas, *e em seguida* ■ Reduzir em 7-14 dias, convertendo para a terapia oral	■ Uma única injeção de 160 mg de metilprednisolona de depósito pela via intramuscular demonstrou ser tão eficaz quanto a redução da mesma dose de metilprednisolona por via oral num prazo de oito dias, uma vez que o paciente recebeu alta
Anticolinérgicos	■ 4 jatos (80 µg) de brometo de ipratrópio por ICD + espaçador a cada 10 minutos ou ■ 500 µg a cada 20 minutos com nebulizador	■ Melhora a função pulmonar e reduz a taxa de hospitalização quando adicionado ao tratamento padrão ■ Uso combinado com beta-agonistas inalatórios é benéfico
Aminofilina	■ 6 mg/kg de dose de ataque IV *e em seguida* 0,5 mg/kg/h	■ Níveis-alvo = 8-12 µg/mL ■ Uso controverso; considerar risco *versus* benefício
Oxigênio	■ Titular para $SaO_2 > 92\%$	■ Evitar oxigenação excessiva, que pode resultar em retenção de CO_2 ■ Usar oxigênio umidificado
Agentes anestésicos inalatórios	■ Isoflurano é o agente de escolha	■ Propriedades intrínsecas de broncodilatação ■ Evitar o halotano devido à depressão da função cardíaca ao atingir as doses necessárias para a broncodilatação

ICD = inalador com dosador, SaO_2 = saturação de oxigênio.
*Outros agentes (sulfato de magnésio, heliox, antagonistas de leucotrienos) discutidos no texto.

foi ministrado sulfato de magnésio (25,4% *versus* 35,3%), mas não muito significativamente. Uma meta-análise mais recente não sustentou estes achados. Os mecanismos propostos do possível benefício são:

- Bloqueio dos canais de cálcio e entrada reduzida de cálcio nas células do músculo liso, levando à broncodilatação.
- Possível inibição da degranulação de mastócitos.
- Melhora da função muscular respiratória por meio da correção dos baixos níveis séricos basais.

Uma vez que os únicos efeitos colaterais desfavoráveis relatados a partir de uma dose única são rubor, fadiga leve ou queimação no sítio de administração IV, o uso do sulfato de magnésio no tratamento de pessoas com asma grave pode ser justificado pelo seu potencial para diminuir as taxas de internação, entretanto, esse ainda permanece como um tópico controverso. O $MgSO_4$ normalmente é administrado na proporção de 2 g em 50 mL de salina normal por via intravenosa durante 20 minutos. Curiosamente, o sulfato de magnésio administrado com um beta-agonista, ambos na forma inalatória, também demonstrou melhorar a função pulmonar, e pode reduzir a taxa de internação hospitalar.

Bloch H, Silverman R, Mancherje N, et al: Intravenous magnesium sulfate as an adjunct in the treatment of acute asthma. Chest 107:1576-1581, 1995.

6. Como podemos tomar a melhor decisão sobre quando internar um paciente no hospital e quando liberá-lo do departamento de emergência para a residência?

Todos os pacientes que apresentam má resposta ao tratamento – definida como sibilos persistentes, dispneia e uso dos músculos acessórios em repouso depois de três horas de tratamento no departamento de emergência – devem ser internados no hospital. Um estudo sugere que, em pessoas com asma grave (PFE e $VEF_1 < 35\%$ do predito), mudanças no PFE (medido 30 minutos após o início da terapia) podem ser um bom preditor precoce da resposta ao tratamento após três horas. Qualquer paciente com piora do PFE, $PaCO_2$ crescente ou fadiga progressiva deve, pelo menos, ser monitorado na unidade de terapia intensiva e possivelmente intubado.

Mountain RD, Sahn SA: Clinical features and outcome in patients with acute asthma presenting with hypercapnea. Am Rev Respir Dis 138:535-539, 1988.

Rodrigo G, Rodrigo C: Early prediction of poor response in acute asthma patients in the emergency department. Chest 114:1016-1021, 1998.

7. Quais pacientes precisam ser intubados?

Qualquer paciente com apneia, quase apneia ou parada cardiopulmonar deve ser intubado. Qualquer paciente com letargia progressiva, sonolência ou estado próximo à exaustão deve ser intubado. Um nível elevado de $PaCO_2$ na admissão, embora associado a maiores taxas de mortalidade, pode não necessariamente justificar a intubação endotraqueal imediata. Qualquer paciente com aumento progressivo na $PaCO_2$, mesmo após terapia, e fadiga progressiva, poderá muito provavelmente requerer intubação. Outras indicações relativas incluem a presença de condições clínicas coexistentes que podem aumentar a necessidade da ventilação minuto ou comprometer a oferta de oxigênio, tais como sepse, infarto do miocárdio, acidose metabólica ou arritmias potencialmente fatais.

8. A normocapnia ou hipercapnia é uma indicação absoluta de intubação em uma pessoa com asma?

A maioria das pessoas com asma grave se apresenta com hipocapnia devido à hiperventilação associada à dispneia e hipoxemia. Um nível normal ou elevado de $PaCO_2$ geralmente é sinal de fadiga, mas também pode ser consequência de uma alta proporção entre o espaço morto e o volume corrente, resultante do aprisionamento aéreo e da ventilação ineficaz de segmentos pulmonares sem comunicação. Em ambos os casos, o nível da $PaCO_2$ deve ser seriamente levado em conta, pois pode ser um sinal de insuficiência respiratória iminente. Estudos indicam, contudo, que a maioria dos pacientes que apresentam $PaCO_2$ normal ou elevada na gasometria arterial durante a primeira avaliação, melhora antes de haver a necessidade de ventilação mecânica. Na maioria dos indivíduos, a ventilação melhora ao longo do tempo, em resposta à terapia convencional. Como a ventilação mecânica na asma grave pode ser complicada pelo aumento do aprisionamento aéreo e pelo barotrauma, é aconselhável não iniciar a ventilação mecânica em um paciente com asma aguda somente por causa da $PaCO_2$ elevada, a menos que ela esteja associada à sonolência, fadiga progressiva ou acidose significativa.

9. A ventilação mecânica não-invasiva pode ser usada de forma segura para evitar a intubação em um paciente com asma?

A ventilação não-invasiva com pressão positiva (VNIPP) com uso de máscara facial demonstrou ser segura e eficaz quando aplicada em pacientes com asma grave e hipercapnia, cuja condição não melhora com a terapia convencional. Esta terapia pode ser eficiente para aliviar os músculos respiratórios, melhorando a dispneia, diminuindo a frequência respiratória e melhorando a troca gasosa. A VNIPP mostrou ser um método potencialmente eficaz para evitar a intubação endotraqueal, assim como pode também auxiliar a evitar a necessidade de reintubação após a extubação. Contudo, é fundamental determinar em um período precoce da terapia se o paciente está respondendo apropriadamente, à VNIPP uma vez que atrasos na intubação endotraqueal podem estar associados a piores resultados. A VNIPP não deve ser usada em pessoas com asma que tenham hipoxemia ameaçadora à vida, sonolência ou instabilidade hemodinâmica e deve ser abandonada em pacientes cujas condições não melhoram ou que não toleram o uso de máscara. Atualmente, o uso da VNIPP no tratamento da asma aguda permanece controverso.

Gehlbach B, Kress JP, Kahn J, et al: Correlates of prolonged hospitalization in inner-city ICU patients receiving noninvasive and invasive positive pressure ventilation for status asthmaticus. Chest 122:1709-1714, 2002.

Ram FS, Wellington S, Rowe BH, Wedzicha JA: Non-invasive positive pressure ventilation for treatment of respiratory failure due to severe acute exacerbations of asthma. Cochrane Database Syst Rev CD004360, 2005.

10. Misturas de hélio têm benefício comprovado no tratamento da asma grave?

Quando o hélio é combinado ao oxigênio em uma mistura na proporção 80% / 20%, respectivamente, a densidade do gás reduz-se a aproximadamente um terço daquela do ar ambiente, mas a viscosidade aumenta, levando a um aumento do fluxo laminar e a uma redução na resistência das vias aéreas nos sítios de maior turbulência de fluxo. Isto pode resultar em uma redução no trabalho respiratório requerido para alcançar a mesma ventilação minuto atingida ao se respirar ar ambiente. Como o trabalho da respiração é reduzido, parece provável que a fadiga respiratória possa ser retardada até que a terapia convencional tenha tempo de fazer efeito. Apesar da existência de numerosos estudos e de duas meta-análises recentes, ainda não há evidências de que as misturas de hélio-oxigênio (heliox) possam prevenir a necessidade de intubação endotraqueal. Entretanto, o heliox demonstrou melhorar o PFE e reduzir o grau de pulso paradoxal nas crises de asma aguda. Isto é presumivelmente ocasionado pela redução na resistência das vias aéreas respiratórias e menores pressões pleurais negativas geradas, mas também é possivelmente causado pelo melhor fluxo expiratório e menor hiperinsuflação dinâmica (HD). Como as misturas, em geral, incluem somente 20%-30% de oxigênio, a hipoxemia é uma barreira para o seu uso. Contudo, quando o paciente não está hipoxêmico, o emprego destas misturas é seguro e vantajoso, particularmente em pacientes com fadiga e hipercapnia e naqueles sob risco de necessitar de ventilação mecânica.

Rodrigo G, Rodrigo C, Pollack CV, et al: Use of helium-oxygen mixtures in the treatment of acute asthma: A systematic review. Chest 123:891-896, 2003.

PONTOS-CHAVE: AVALIAÇÃO E TRATAMENTO DA ASMA AGUDA ✓

1. Fatores de risco para a asma aguda incluem baixa percepção dos sintomas, baixa adesão à terapia, ausência de seguro médico e prévia hospitalização ou intubação.

2. Os achados do exame físico que sugerem insuficiência respiratória iminente na asma aguda incluem o uso dos músculos acessórios, a incapacidade de falar frases completas, a incapacidade para deitar-se e um tórax silencioso.

3. Pacientes com asma aguda devem ser internados no hospital quando houver falha na resposta à terapia no departamento de emergência após três horas de tratamento ou quando eles apresentarem PCO_2 normal ou crescente.

4. Os parâmetros ventilatórios que minimizam a hiperinsuflação dinâmica e suas complicações incluem: baixa ventilação minuto (preferencialmente tanto com redução do volume corrente como da frequência respiratória), alta taxa de fluxo inspiratório para minimizar o tempo de inspiratório e ausência de pressão positiva ao final da expiração extrínseca.

11. Uma vez que um paciente necessite de intubação, qual é a melhor estratégia de conduta?

1. **Intubação:** A intubação nasotraqueal às cegas normalmente é melhor tolerada por pacientes acordados, mas a intubação endotraqueal oral é o método preferido porque permite o uso de um tubo orotraqueal (TOT) com um diâmetro interno maior. Isto levará à menor resistência dentro do circuito ventilatório e permitirá uma facilitação da aspiração de secreções e rolhas de muco. É importante lembrar que a resistência de um tubo é indiretamente proporcional ao seu raio interno (elevado à quarta potência) e a resistência de um TOT de 8 mm é cerca da metade da de um TOT de 7 mm. A intubação oral é indicada para pacientes apneicos e cianóticos. Como a intubação de um indivíduo com asma costuma ser difícil e pode induzir ao laringoespasmo ou levar à intensificação do broncoespasmo, deve sempre ser realizada pela pessoa mais experiente disponível no hospital. A sedação geralmente faz-se necessária, porém, embora seja justificável em alguns casos, deve-se evitar a paralisia caso seja possível. Os barbitúricos, como o tiopental, não devem ser usados devido à sua associação com a liberação de histamina e à possível piora da broncoconstrição. Embora os narcóticos, como o fentanil, quase sempre sejam úteis, deve-se estar atento ao seu potencial para provocar broncoconstrição e laringoespasmo.
2. **Evitar possíveis complicações**
   - **HD:** Quando a limitação do fluxo aéreo é grave, a ventilação seguinte pode ser iniciada antes de os pulmões se esvaziarem totalmente e alcançarem uma capacidade residual funcional normal, resultando em aprisionamento aéreo progressivo. Isto leva a um quadro de HD e à elevação das pressões alveolares expiratórias finais, referida como *pressão positiva ao final da expiração intrínseca* ($PEEP_i$). A medida da $PEEP_i$ pode ser problemática e costuma ser subestimada pela breve pausa expiratória final usada para estimá-la no ventilador mecânico. Isto se deve, muitas vezes, à distribuição heterogênea do fechamento precoce das vias aéreas, que pode prevenir muitos segmentos hiperinsuflados de comunicar suas pressões alveolares ao transdutor na abertura das vias aéreas. De modo ideal, a $PEEP_i$ deveria ser mantida abaixo de 15 cm H_2O. Os determinantes da HD são a ventilação minuto, o volume corrente, o tempo expiratório e a gravidade da limitação do fluxo aéreo. A HD pode ser frequentemente prognosticada pelas elevadas pressões de platô e pela dificuldade de alcançar o fluxo expiratório zero antes da inspiração seguinte. A HD pode levar a uma contração efetiva dos músculos respiratórios menor e a um trabalho adicional em função da menor curvatura ótima do diafragma que, por sua vez, leva ao disparo menos eficaz do ventilador. A HD também pode levar à redução do retorno venoso e da pré-carga ventricular direita, ao aumento da pós-carga ventricular direita (via compressão extrínseca da vasculatura pulmonar) e à redução da complacência ventricular esquerda, os quais em conjunto podem levar à diminuição do débito cardíaco e à hipotensão. Quando há forte suspeita de hiperinsuflação pulmonar dinâmica, a melhor solução imediata (e que serve como teste) é desconectar brevemente o TOT do circuito do ventilador para permitir uma expiração mais completa. A outra preocupação com a HD é que o alto grau de $PEEP_i$ relacionado a esta condição pode, em última instância, levar ao barotrauma.
   - **Barotrauma:** Altas pressões nas vias aéreas podem, potencialmente, conduzir ao enfisema pulmonar intersticial, ao enfisema subcutâneo, pneumomediastino, ao pneumotórax e até mesmo ao pneumoperitônio. O barotrauma se correlaciona diretamente ao alto grau de HD. As pressões de platô são tradicionalmente consideradas bons indicadores do grau de HD e um nível abaixo de 35 cm H_2O é um alvo amplamente recomendado para minimizar o barotrauma. Contudo, um estudo demonstrou que o volume pulmonar inspiratório final (o volume expirado medido do final da inspiração até a capacidade residual funcional [CRF] durante o período de apneia) pode ser um preditor mais confiável do barotrauma do que as pressões das vias aéreas. A consequência mais temida do barotrauma é o pneumotórax hipertensivo, tipicamente caracterizado por um aumento abrupto nas pressões das vias aéreas (pico e platô), queda na saturação de oxigênio, hipotensão, taquicardia, ruídos respiratórios e excursões do tórax ausentes unilateralmente e possivelmente, desvio da traqueia. O pneumotórax hipertensivo é um diagnóstico clínico e, caso haja forte suspeita de que tenha ocorrido em um paciente instável, deve ser tratado imediatamente com a toracotomia por agulha, seguida pela instalação de um dreno de tórax.
3. **Parâmetros ventilatórios na asma aguda (Quadro 18-2):** O melhor modo de ventilação é aquele que minimiza a ventilação minuto e permite tempo suficiente de expiração para minimizar a HD. Em geral, isso pode ser atingido com baixos volumes correntes (de 6-8 mL/kg), frequência respiratória de 8-10 incursões

QUADRO 18-2. PRINCÍPIOS DO AJUSTE DA VENTILAÇÃO MECÂNICA NA ASMA AGUDA

O objetivo é minimizar a HD por meio do uso de:

- Ventilação minuto mínima (baixos volumes correntes [p. ex., 6-8 mL/kg], baixa frequência respiratória [8-10 incursões respiratórias/min])
- PEEP mínima (ou zero)
- Taxa de fluxo inspiratório relativamente alta (80-100 L/min), para reduzir o tempo inspiratório
- Manutenção das pressões de platô $\leq$ 35 cmH_2O e PEEPi $\leq$ 15 cmH_2O
- Hipercapnia permissiva até 80 mmHg (contraindicada em pacientes com sangramento intracraniano, edema cerebral ou uma lesão com efeito de massa), tentando manter o pH $\geq$ 7,20

HD = hiperinsuflação dinâmica, PEEP = pressão positiva ao final da expiração.

respiratórias/min, mínima adição de PEEP e taxas de fluxo inspiratório moderadas (de 80-90 L/min). As ondas de fluxo desaceleradas podem melhorar a distribuição total do fluxo e, portanto, otimizar a troca gasosa. Taxas de fluxo inspiratório maiores, com ondas de fluxo quadradas, permitem um tempo inspiratório menor e assim, na mesma frequência respiratória, um tempo expiratório mais longo. É o tempo expiratório mais longo, e não apenas a relação inspiração:expiração (I:E), que se mostra essencial. A redução da ventilação minuto total é o objetivo mais crucial, afinal um tempo expiratório mais longo e um menor volume a ser expirado são os fatores que minimizam a HD. A hipoventilação intencional com baixo volume minuto pode reduzir significativamente o risco de HD e barotrauma; a permissão de uma $PaCO_2$ máxima de 80 mmHg ou um pH mínimo de 7,20 é uma prática segura e aceitável durante a ventilação de pacientes com limitação grave do fluxo aéreo. Contudo, como uma $PaCO_2$ elevada pode aumentar a perfusão cerebral, a hipercapnia permissiva deve ser evitada em pacientes que apresentem sangramento, edema ou lesão com efeito de massa intracranianos.

4. **Sedação:** A agitação pode levar à hiperventilação e à assincronia com o ventilador mecânico e, por conseguinte, à HD e a pressões das vias aéreas inaceitavelmente altas. A anestesia profunda com benzodiazepínicos ou propofol muitas vezes faz-se necessária para alcançar o controle ótimo, particularmente quando se emprega a hipoventilação intencional e a hipercapnia permissiva. Bloqueadores neuromusculares devem, e com frequência podem, ser evitados caso níveis suficientes de sedativos estejam sendo usados. É importante lembrar que há aumento do risco de fraqueza prolongada quando os agentes paralisantes são administrados em combinação a corticosteroides.

Jain S, Hanania NA, Guntupalli KK: Ventilation of patients with asthma and obstructive lung disease. Crit Care Clin 14:685-705, 1998.

Williams TJ, Tuxen DV, Scheinkestel CD, et al: Risk factors for morbidity in mechanically ventilated patients with acute severe asthma. Am Rev Respir Dis 146:607-615, 1992.

12. A adição de PEEP pode auxiliar a reduzir o aprisionamento de ar em pacientes asmáticos sob ventilação mecânica?

Alguns argumentam que a adição de PEEP pode ajudar a minimizar o aprisionamento de ar por manter abertas as vias aéreas periféricas. Embora isto possa ser verdadeiro e com algum efeito em pacientes com enfisema e vias aéreas centrais facilmente colabáveis, é improvável que tal procedimento seja muito vantajoso em asmáticos graves. No modelo clássico de limitação do fluxo aéreo, o colapso das vias aéreas ocorre quando a pressão extraluminal supera as pressões intraluminais (e as propriedades arquiteturais das vias aéreas em si). Em pacientes que já possuem $PEEP_i$ significante e cujas pressões alveolares distais já excedem as pressões extraluminais ao final da expiração, a adição de PEEP provavelmente apenas aumentará as pressões alveolares distais e piorará a hiperinsuflação. É importante lembrar que a HD pode ocorrer até mesmo na ausência de limitação do fluxo aéreo, caso a frequência respiratória seja alta o suficiente, sendo assim, as estratégias previamente mencionadas ainda são a melhor forma de minimizar a HD.

13. Quais são as novas estratégias farmacológicas para o tratamento da asma aguda?

Uma recente revisão da Cochrane demonstrou que o uso de corticosteroides inalatórios no serviço de emergência reduz as taxas de hospitalização de pacientes com asma aguda. Porém, isto parece beneficiar apenas aqueles pacientes que ainda não receberam corticosteroides sistêmicos. A budesonida inalatória demonstrou melhorar os marcadores de inflamação das vias aéreas e a hiperresponsividade tão cedo quanto seis horas após a administração. Outro estudo demonstrou que a fluticasona inalatória (3.000 μg/h), administrada na forma de dois jatos a cada dez minutos, durante três horas, pode melhorar a função pulmonar e reduzir as taxas de hospitalização mais do que o tratamento com 500 mg de hidrocortisona IV. A rapidez da resposta sugere um mecanismo de ação não inflamatório que pode envolver a vasoconstrição tópica. Outra terapia potencial para a asma aguda é o bloqueio de leucotrienos. Um estudo demonstrou que a administração IV de montelucaste melhorou a VEF_1 com mais rapidez do que o placebo, quando administrado junto à terapia padrão. Em outro estudo, a administração oral de zafirlucaste, em conjunto à terapia padrão, resultou em menor taxa de permanência prolongada no serviço de emergência e em menor taxa de recorrência num prazo de 28 dias, quando comparado ao placebo. O uso de inibidores de leucotrienos para a asma aguda ainda requer maiores investigações.

Comargo CA, Smithline HA, Malice MP, et al: A randomized controlled trial of intravenous montelukast in acute asthma. Am J Respir Crit Care Med 167: 528-533, 2003.

Rodrigo GJ: Comparison of inhaled fluticasone with intravenous hydrocortisone in the treatment of adult acute asthma. Am J Respir Crit Care Med 171: 1231-1236, 2005.

Silverman RA, Nowak RM, Korenblat PE, et al: Zafirlukast treatment in acute asthma: Evaluation in a randomized, double-blind, multicenter trial. Chest 126:1480-1489, 2004.

SITE

National Institutes of Health
www.nhlbi.nih.gov/guidelines/asthma/asthgdln.htm

CAPÍTULO 19

DOENÇA PULMONAR OBSTRUTIVA CRÔNICA

Enrique Fernandez, MD e Anne Dixon, MD

1. O que é doença pulmonar obstrutiva crônica (DPOC)?

A DPOC é caracterizada pela limitação ao fluxo de ar não completamente reversível. A limitação crônica ao fluxo de ar resulta de doença nas pequenas vias aéreas combinada à destruição do parênquima pulmonar causada por processos inflamatórios. Tais processos inflamatórios geralmente são causados por exposição a partículas ou gases nocivos.

2. Quantas pessoas são afetadas pela DPOC?

A DPOC é a quarta maior causa de morbidade e mortalidade nos Estados Unidos. O número de pessoas afetadas no mundo todo continua a aumentar por causa da exposição à fumaça de tabaco e devido ao envelhecimento da população. Historicamente, havia maior prevalência da doença entre os homens, mas com as mudanças nos padrões de exposição ao tabaco, as mulheres atualmente são tão atingidas quanto os homens. No mundo todo, a exposição à poluição em ambientes fechados gerada por combustíveis utilizados para aquecimento e cozinha contribui significativamente para o desenvolvimento da DPOC em mulheres.

The Global Initiative for Chronic Obstructive Lung Disease. Disponível em http://www.goldcopd.org.

3. Quais processos estão envolvidos na fisiopatologia da DPOC?

A DPOC é caracterizada pela inflamação crônica de todo o pulmão, com aumento de neutrófilos, macrófagos e linfócitos T CD8+. Um desequilíbrio na atividade proteinase-antiproteinase e o estresse oxidativo também contribuem para a fisiopatogênese dessa doença. O desequilíbrio na atividade proteinase-antiproteinase e o estresse oxidativo podem estar relacionados a uma combinação de fatores, incluindo a inflamação, exposição ambiental (p. ex., substâncias oxidativas da fumaça de cigarros) e causas genéticas (p. ex., deficiência de alfa$_1$-antitripsina).

4. Quais são as alterações patológicas mais importantes na DPOC?

Todas as estruturas do pulmão estão sujeitas às alterações patológicas na DPOC. Nas vias aéreas centrais, p. ex., ocorre infiltração de células inflamatórias na superfície epitelial, há edema, aumento das glândulas secretoras de muco e aumento do número de células caliciformes, causando hipersecreção de muco. Nas vias aéreas periféricas (pequenos brônquios e bronquíolos com diâmetro interno < 2 mm), a inflamação crônica causa lesões e reparos repetitivos da parede da via aérea. No enfisema, a destruição dos septos alveolares leva à confluência de alvéolos adjacentes e ao aumento do espaço aéreo terminal. Alterações da vasculatura incluem espessamento dos vasos sanguíneos, com aumento da musculatura lisa, proteoglicanas e deposição de colágeno.

5. Como essas alterações patológicas produzem limitação ao fluxo de ar?

A inflamação crônica causa remodelamento e estreitamento das vias aéreas. As vias aéreas também são estreitadas pela hipersecreção de muco. A destruição do parênquima e a perda da conexão alveolar às pequenas vias aéreas causam redução da retração elástica dos pulmões e uma tendência ao colapso das vias aéreas durante a expiração. Consequentemente, o fluxo de ar se torna limitado durante a expiração. Isso pode ser detectado mais facilmente pela espirometria, através da redução da razão entre o volume expiratório forçado em um segundo e a capacidade vital forçada ($VEF_1/CVF < 70\%$).

6. Como são classificados os níveis de gravidades da DPOC?

O sistema de classificação da gravidade deve ser observado como um instrumento didático e um guia para o manejo da DPOC (Tabela 19-1).

TABELA 19-1. CLASSIFICAÇÃO DA DOENÇA PULMONAR OBSTRUTIVA CRÔNICA (DPOC) DE ACORDO COM A GRAVIDADE

Estágio	Gravidade
0: em risco	Espirometria normal Sintomas crônicos (p. ex., tosse, produção de secreção pulmonar)
I. DPOC leve	$VEF_1/CVF < 70\%$ $VEF_1 \geq 80\%$ do predito Com ou sem sintomas crônicos (p. ex., tosse, produção de secreção pulmonar)
II. DPOC moderada	$VEF_1/CVF < 70\%$ $50\% \leq VEF_1 < 80\%$ do predito Com ou sem sintomas crônicos (p. ex., tosse, produção de secreção pulmonar)
III. DPOC grave	$VEF_1/CVF < 70\%$ $VEF_1 < 30\%$ do predito ou $VEF_1 < 50\%$ do predito associado à insuficiência respiratória crônica

VEF_1 = volume expiratório forçado em 1 segundo, CVF = capacidade vital forçada. Origem: *Global Initiative for Chronic Obstructive Lung Disease.*

7. Quais os benefícios de parar de fumar para um paciente com DPOC?

A interrupção do hábito de fumar é a intervenção mais importante. Nenhuma outra intervenção desacelera o declínio da função pulmonar característico dessa doença. Além da melhora modesta do VEF_1, observada logo quando se para de fumar, em alguns casos, a taxa de declínio da VEF_1 pode ser reduzida até o mesmo valor encontrado em não fumantes saudáveis (± 30 mL/ano).

8. Por que broncodilatadores são usados no tratamento da DPOC?

Os broncodilatadores tratam a obstrução das vias aéreas em pacientes com DPOC. Através da redução do tônus broncomotor, eles diminuem a resistência das vias aéreas, o que pode melhorar o fluxo de ar. Isso vai melhorar o esvaziamento pulmonar e tende a reduzir a hiperinsuflação dinâmica durante o repouso e exercício, tornando o desempenho físico melhor. As mudanças espirométricas após a terapia com broncodilatador podem ser mínimas, apesar de o benefício clínico significativo – quantificado como mudanças nas medidas de qualidade de vida e tolerância ao exercício (p. ex., caminhada de seis minutos).

9. Quais broncodilatadores devem ser usados no tratamento da DPOC?

- **Agentes anticolinérgicos:** Esses agentes bloqueiam a transmissão colinérgica. O ipratrópio tem duração de ação de 6-8 horas. O brometo de tiotrópio é mais potente e tem maior duração, permitindo uma única administração diária. Ele é mais conveniente, porém mais caro.
- **Agentes β_2-adrenérgicos:** Agentes β_2-adrenérgicos atuam no músculo liso das vias aéreas. Quando inalados, os agentes β_2-adrenérgicos de ação rápida são prontamente absorvidos sistemicamente e podem levar a numerosos efeitos adversos sistêmicos, como taquicardia, tremores e arritmias. Os agentes β_2-adrenérgicos de longa ação são mais eficazes e convenientes, porém mais caros.
- **Metilxantinas:** São broncodilatadores fracos, mas têm múltiplos outros efeitos que podem ser importantes: efeito inotrópico na musculatura do diafragma, redução da fadiga muscular, aumento da depuração mucociliar, estímulo respiratório central e alguns efeitos antiinflamatórios. Devido à potencial toxicidade da teofilina, outros broncodilatadores são preferidos quando disponíveis.

10. Os costicoesteroides inalatórios trazem benefícios para pacientes com DPOC?

Embora o uso regular de costicoesteroides inalatórios não previna a perda de função pulmonar em pacientes com DPOC, eles são recomendados a pacientes com doença grave ($VEF_1 < 50\%$ do predito) e exacerbações recorrentes, pois existem dados que indicam que tais substâncias diminuem o risco de exacerbações em pacientes com DPOC.

Sin DD, Wu L, Anderson JA, et al: Inhaled corticosteroids and mortality in chronic obstructive pulmonary disease. Thorax 60:992-997, 2005.

11. Quais são os outros tratamentos farmacológicos que podem beneficiar pacientes com DPOC?

- **Reposição de alfa$_1$-antitripsina:** É recomendada a pacientes com enfisema relacionado à deficiência de alfa$_1$-antitripsina.
- **Vacinas:** Pacientes com DPOC estão sob maior risco de morbidade e de mortalidade relacionadas a infecções das vias aéreas. A vacinação antipneumocócica e anti-influenza, sozinhas ou combinadas, reduz as taxas de hospitalização e de mortalidade.
- **Agentes antioxidantes:** A N-acetilcisteína pode reduzir a frequência das exacerbações, porém mais estudos são necessários.
- **Terapia mucolítica:** O benefício parece ser pequeno e o uso disseminado não pode ser recomendado com base nas evidências atuais.

Reguladores imunológicos, vasodilatadores, estimulantes respiratórios, agentes antitussígenos e narcóticos não são recomendados na terapia de rotina atual.

12. Quem deve ser submetido à reabilitação pulmonar?

Pacientes com todos os graus de DPOC podem se beneficiar de programas de treinamento físico. A reabilitação pulmonar melhora o estado funcional, diminui a dispneia e reduz o uso do sistema de saúde. Atualmente, a reabilitação pulmonar é recomendada como parte do plano de tratamento de pacientes com DPOC moderada, grave ou muito grave.

13. Quais são as indicações de oxigenoterapia em longo prazo em pacientes com DPOC?

Para um paciente estável, em repouso, respirando ar ambiente:

Oxigênio arterial (PaO_2) < 55 mmHg ou saturação de oxigênio arterial (SaO_2) $< 85\%$

ou

$PaO_2 = 56\text{-}59$ mmHg/$SaO_2 = 86\text{-}89\%$

e um dos seguintes:

- Insuficiência cardíaca direita ou policitemia.
- Dessaturação durante o sono.
- Dessaturação durante exercício.

14. Qual fluxo de oxigênio deve ser prescrito a pacientes com as indicações listadas na questão 13?

O oxigênio deve ser prescrito em uma dose suficiente para aumentar a PaO_2 para 65-80 mmHg em um paciente acordado, mas em repouso. Essa PaO_2 normalmente é alcançada com um fluxo de oxigênio de 1-4 L/min através de cateter nasal. A dose de O_2 deve ser aumentada em 1 L/min durante o sono ou exercício a fim de prevenir episódios hipoxêmicos. O oxigênio deve ser administrado continuamente por pelo menos 19 horas/dia.

15. A cirurgia de redução do volume pulmonar é eficaz no tratamento da DPOC?

Na cirurgia de redução do volume pulmonar, parte dos pulmões é ressecada para reduzir a hiperinsuflação. Isso promove benefícios na ação mecânica dos músculos respiratórios e melhora a retração elástica, facilitando o esvaziamento pulmonar. Tal cirurgia não aumenta a sobrevivência em longo prazo nos casos de DPOC, mas melhora a capacidade física em um grupo seleto de pacientes. Os indivíduos que se beneficiam da cirurgia de redução do volume pulmonar são aqueles com enfisema predominantemente no lobo superior e baixa capacidade de prática de exercícios.

Fishman A, Martinez F, Naunheim K, et al: A randomized trial comparing lung-volume-reduction surgery with medical therapy for severe emphysema. N Engl J Med 348:2059-2073, 2003.

16. Quais fatores predizem a morte de pacientes com DPOC?

É difícil prever o prognóstico de pacientes com DPOC em longo prazo. Fatores que se mostraram capazes de predizer a mortalidade incluem o baixo índice de massa corporal, o grau de obstrução ao fluxo de ar, a dispneia e a capacidade física de exercício (medida pelo teste de seis minutos de caminhada).

Celli BR, Cote CG, Marin JM, et al: The body-mass index, airflow obstruction, dyspnea, and exercise capacity index in chronic obstructive pulmonary disease. N Engl J Med 350:1005-1012, 2004.

17. Os antibióticos são úteis no tratamento das exacerbações da DPOC?

A administração de antibióticos nas exacerbações da DPOC está associada a efeitos benéficos na função pulmonar. Em pacientes mecanicamente ventilados (em decorrência de uma exacerbação da DPOC), o atraso no início da antibioticoterapia está associado ao aumento da mortalidade e da incidência de pneumonia nosocomial.

Nouira S, Marghli S, Belghith M, et al: Once daily oral ofloxacin in chronic obstructive pulmonary disease exacerbation requiring mechanical ventilation: A randomised placebo-controlled trial. Lancet 358(9298):2020-2025, 2001.

18. Qual é o papel dos corticosteroides no tratamento das exacerbações da DPOC?

Os glicocorticoides sistêmicos encurtam a duração das exacerbações e levam à melhora mais rápida da função pulmonar. Um estudo recente sugeriu que a budesonida nebulizada pode ser uma alternativa à administração oral de glicocorticoides em exacerbações não-acidóticas.

Niewoehner DE, Erbland ML, Deupree RH, et al: Effect of systemic glucocorticoids on exacerbations of chronic obstructive pulmonary disease. Department of Veterans Affairs Cooperative Study Group. N Engl J Med 340:1941-1947, 1999.

19. Quais são as causas de insuficiência respiratória aguda em pacientes com DPOC?

As causas incluem infecção brônquica, embolia pulmonar, insuficiência cardíaca, pneumonia, pneumotórax, depressão respiratória (geralmente pelo uso imprudente de sedativos ou drogas analgésicas narcóticas), cirurgia (especialmente torácica e do abdome superior), suspensão das medicações ou, ocasionalmente, má nutrição. Em geral, os critérios para o diagnóstico de insuficiência respiratória aguda em pacientes com DPOC incluem hipoxemia ($PaO_2 < 60$ mmHg), hipercapnia ($PaCO_2 > 50$-70 mmHg) e acidose respiratória (pH < 7,35) associadas à piora dos sintomas respiratórios do paciente quando comparados à linha de base.

PONTOS-CHAVE: DOENÇA PULMONAR OBSTRUTIVA CRÔNICA (DPOC) ✓

1. A DPOC é a quarta maior causa de morbidade e mortalidade nos Estados Unidos.
2. A espirometria é necessária para avaliar o grau de gravidade e fazer o diagnóstico da DPOC.
3. Glicocorticoides sistêmicos são indicados apenas nas exacerbações agudas.
4. A ventilação não-invasiva melhora o prognóstico de pacientes com insuficiência respiratória iminente.

20. Qual é o tratamento inicial de uma exacerbação grave da DPOC?

Avalie o paciente em termos de sinais e sintomas, obtenha uma radiografia de tórax e uma gasometria arterial. Administre oxigênio adequadamente: quando há hipoxemia grave, pode ocorrer morte ou lesão cerebral irreversível dentro de minutos, enquanto a hipercapnia é bem tolerada. A quantidade apropriada de oxigênio é aquela que supre as necessidades teciduais (geralmente PaO_2 > 60 mmHg), sem piora da acidose respiratória e/ou aprofundamento da depressão sensorial. Administre β_2-agonistas e broncodilatadores anticolinérgicos. Inclua glicocorticoides e antibióticos e considere o uso de ventilação não-invasiva.

21. Qual é o papel da ventilação não-invasiva no tratamento das exacerbações da DPOC?

A ventilação não-invasiva é usada em pacientes com dispneia moderada a grave e acidose moderada a grave relacionadas à exacerbação da DPOC. Diversos estudos clínicos relatam melhora no equilíbrio ácido-básico, redução da $PaCO_2$ e redução do tempo de internação. As taxas de intubação também são diminuídas em função do uso da ventilação não-invasiva. O Quadro 19-1 sintetiza as indicações e contraindicações da ventilação não-invasiva nos casos de exacerbações da DPOC; o Quadro 19-2 resume as indicações para a intubação e ventilação invasiva nos casos de exacerbações da DPOC.

QUADRO 19-1. INDICAÇÕES E CONTRAINDICAÇÕES DA VENTILAÇÃO NÃO-INVASIVA EM EXACERBAÇÕES DA DOENÇA PULMONAR OBSTRUTIVA CRÔNICA

Indicações
- Dispneia grave
- Acidose e hipercapnia moderada a grave
- Frequência respiratória > 25

Contraindicações
- Sonolência ou estado mental alterado
- Hipoxemia grave
- Instabilidade hemodinâmica
- Anormalidades craniofaciais
- Alto risco de aspiração

QUADRO 19-2. INDICAÇÕES DE INTUBAÇÃO E VENTILAÇÃO MECÂNICA INVASIVA EM EXACERBAÇÕES DA DOENÇA PULMONAR OBSTRUTIVA CRÔNICA

- Dispneia grave
- Acidose ou hipercapnia grave
- Frequência respiratória > 35
- Hipoxemia grave
- Fracasso da ventilação não-invasiva
- Instabilidade hemodinâmica

22. Qual é o prognóstico de um paciente que requer ventilação mecânica?

Muitos estudos relatam taxas de mortalidade moderadas em curto prazo (25%-30%) para pacientes intubados em decorrência de exacerbação da DPOC, porém em longo prazo essas taxas são altas.

23. Qual é o papel da pressão positiva ao final da expiração na ventilação mecânica durante uma exacerbação da DPOC?

A presença de pressão positiva alveolar ao final da expiração (PEEP intrínseca) pode impedir que o paciente dispare o ventilador. O nível de PEEP extrínseca deve ser ajustado logo abaixo do nível da PEEP intrínseca para permitir que o paciente passe a disparar o ventilador com mínimo esforço.

24. Qual é o modo ventilatório preferido nos episódios de exacerbação da DPOC?

Nenhum modo ventilatório se mostrou superior nos episódios de exacerbação da DPOC. De forma geral, os princípios da ventilação são minimizar a hiperinsuflação, permitindo um tempo expiratório adequado, e evitar o uso de altos volumes correntes. A oferta de oxigênio deve ser titulada a fim de manter uma pressão parcial arterial de aproximadamente 60 mmHg. A hiperventilação deve ser evitada: tais pacientes frequentemente apresentam hipercapnia e alcalose metabólica compensatória de base.

CAPÍTULO 20

COR PULMONALE

John M. Taylor, MD

1. O que é *cor pulmonale*?

De acordo com a tradução literal do latim, *cor pulmonale* significa "coração pulmonar". O termo foi cunhado pelo Dr. Paul D. White, em 1931. Em 1963, a Organização Mundial da Saúde adotou a seguinte definição de *cor pulmonale*: "hipertrofia do ventrículo direito resultante de doenças que afetam a função e/ou estrutura dos pulmões, exceto quando tais alterações pulmonares são resultantes de doenças que acometem primariamente o ventrículo esquerdo, como em doenças cardíacas congênitas". *Cor pulmonale* é uma doença do ventrículo direito caracterizada pela hipertrofia e dilatação consequentes de doenças que afetam diretamente o parênquima ou a vasculatura pulmonar. A insuficiência cardíaca direita não precisa necessariamente estar presente no quadro de *cor pulmonale*.

Simonneau G, Gahe N, Rubin LJ, et al: Clinical classification of pulmonary hypertension. J Am Coll Cardiol 43:5S-12S, 2004.
World Health Organization: Chronic *cor pulmonale*: A report of the expert committee. Circulation 27:594-615, 1963.

2. Quais são os subtipos de *cor pulmonale*?

O desenvolvimento do *cor pulmonale* pode ser agudo ou crônico. O *cor pulmonale* agudo é o resultado do aumento repentino na pressão ventricular direita, como observado na embolia pulmonar maciça ou na síndrome do desconforto respiratório agudo. O *cor pulmonale* crônico pode ser melhor caracterizado fisiopatologicamente pela hipoxemia ou pela doença obliterativa vascular. O processo patológico mais comumente associado ao subtipo hipoxêmico é a doença pulmonar obstrutiva crônica (DPOC). O processo mais comumente associado ao subtipo obliterante é o tromboembolismo pulmonar.

3. Qual é a fisiopatologia da insuficiência ventricular direita?

Sob condições fisiológicas normais, o ventrículo direito bombeia o sangue contra um circuito de baixa resistência. A resistência vascular pulmonar normal é de aproximadamente um décimo da resistência das artérias sistêmicas. O ventrículo direito tem paredes finas e é capaz de acomodar mudanças consideráveis de volume sem grandes mudanças de pressão. O aumento do débito cardíaco leva ao recrutamento de vasos sanguíneos pulmonares pouco perfundidos e à distensão de outros vasos pulmonares. O evento fisiopatológico inicial para o aparecimento do *cor pulmonale* é o aumento da resistência vascular pulmonar. À medida que a resistência aumenta, a pressão arterial pulmonar também cresce e o trabalho do ventrículo direito acompanha, aumentando também. Como resposta ao acréscimo do trabalho ventricular direito, há desenvolvimento de hipertrofia ventricular direita (ou seja, espessamento, dilatação ou ambos). A insuficiência ventricular direita ocorre quando o mecanismo de compensação através de dilatação e hipertrofia se esgota. A Figura 20-1 mostra eventos que contribuem para a insuficiência ventricular direita.

4. Quais as causas do *cor pulmonale*?

Qualquer processo que resulta em hipertensão pulmonar pode causar *cor pulmonale*. A *Hipertensão pulmonar* é definida como a pressão arterial pulmonar média > 20 mmHg em repouso ou > 30 mmHg com exercício. Veja a Tabela 20-1 para conhecer os processos patológicos que causam *cor pulmonale*.

5. Qual é a fisiopatologia da hipertensão pulmonar?

A vasoconstrição pulmonar hipoxêmica e a oclusão arterial são as principais causas de hipertensão pulmonar; ambas provocam redução do fluxo sanguíneo e aumento da resistência vascular.

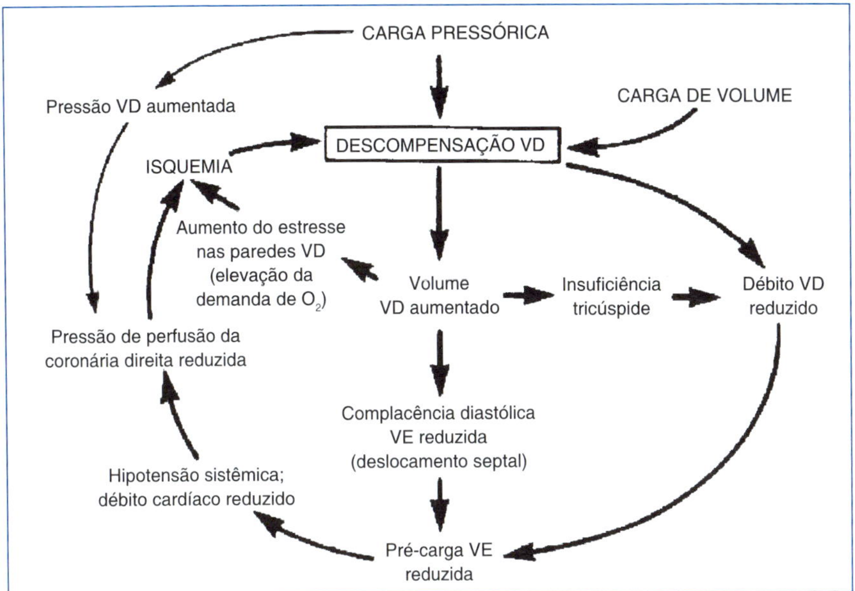

Figura 20-1. Eventos que contribuem para a falência ventricular direita (VD). VE = ventricular esquerda. (De Wiedemann HP, Matthay RA: *Management of cor pulmonale.* In Scharf SM [ed]: *Heart-Lung Interactions in Health and Disease.* New York, Marcel Dekker, 1989, pp 920-926, reprodução autorizada.)

A vasoconstrição pulmonar hipoxêmica aguda otimiza a relação ventilação-perfusão quando as demandas regionais de ventilação no pulmão não são supridas. Entretanto, a hipoxemia crônica que leva à vasoconstrição crônica, causa proliferação de músculo liso nas pequenas artérias pulmonares. A redução do diâmetro transverso luminal causa aumento da resistência e da pressão arterial pulmonar. Tais alterações estruturais das artérias pulmonares podem levar à agregação e ativação plaquetárias, causando formação de trombos os quais aumentam ainda mais a resistência vascular pulmonar e a hipertensão pulmonar. A hipoxemia produz alterações em mediadores vasculares como o óxido nítrico, a endotelina 1 (ET1) e os fatores de crescimento derivados de plaquetas (PDGF). O óxido nítrico é vasodilatador; a hipoxemia reduz a produção de óxido nítrico pelas células endoteliais, o que leva ao prejuízo do relaxamento dos músculos lisos. A hipoxemia aumenta a produção de ET1 e de PDGF-A e PDGF-B. A ET1 é um vasoconstrictor potente e os PDGF-A e –B estão envolvidos no remodelamento vascular pulmonar. Quando 60% ou mais do parênquima pulmonar está afetado, os aumentos da pressão arterial pulmonar em repouso ficam evidentes.

Dinh-Xuan AT, Higenbottam TW, Clelland CA, et al: Impairment of endothelium dependent pulmonary artery relaxation in chronic obstructive lung disease. N Engl J Med 324:1539-1547, 1991.

Perros F, Dorfmuller P, Humbert M: Current insights on the pathogenesis of pulmonary arterial hypertension. Semin Respir Crit Care Med 26:355-364, 2005.

6. Discuta a prevalência e a incidência da hipertrofia ventricular direita e do edema na DPOC.

Estima-se que o *cor pulmonale* seja responsável por 7% a 10% de todos os diagnósticos de doença cardíaca. A prevalência do *cor pulmonale* aumenta em função da piora da limitação do fluxo aéreo na DPOC. Na verdade, qualquer doença que agrave a hipercapnia, a hipoxemia e a acidemia pode contribuir para o desenvolvimento do *cor pulmonale*; nos Estados Unidos, de 10% a 30% de todas as admissões hospitalares

TABELA 20-1. CLASSIFICAÇÃO DO *COR PULMONALE* DE ACORDO COM SEU FATOR CAUSAL

Categoria	Exemplo
Doenças que afetam a passagem de ar nos pulmões e alvéolos	Doença pulmonar obstrutiva crônica
	Fibrose cística
	Defeitos infiltrativos ou granulomatosos
	Fibrose pulmonar idiopática
	Sarcoidose
	Pneumoconiose
	Esclerodermia
	Doença mista do tecido conjuntivo
	Lúpus eritematoso sistêmico
	Artrite reumatoide
	Polimiosite
	Granulomatose eosinofílica
	Radiação
	Infiltração maligna
Doenças que afetam a movimentação da caixa torácica	Cifoescoliose
	Toracoplastia
	Fraqueza neuromuscular
	Síndrome da apneia do sono
	Hipoventilação idiopática
Doenças que afetam a vasculatura pulmonar	Doença primária da parede arterial
	Hipertensão pulmonar primária
	Arterite pulmonar
	Hipertensão pulmonar induzida por toxinas
	Doença hepática crônica
	Estenose pulmonar periférica
Distúrbios trombóticos	Doença falciforme
	Microtrombos pulmonares
Desordens embólicas	Tromboembolismo
	Embolia tumoral
	Outros processos embólicos (p. ex., líquido amniótico, ar, gordura)
	Esquistossomose e outras infecções parasitárias
Compressão das artérias pulmonares	Tumores mediastinais
	Aneurismas
	Granuloma
	Fibrose

Adaptado de Rubin LJ (ed): *Pulmonary Heart Disease.* Boston, Martinus Nijhoff, 1984.

por insuficiência cardíaca congestiva ocorrem devido à hipertrofia e à insuficiência ventricular direita. Estima-se que a prevalência de *cor pulmonale* na DPOC avançada seja de 66%.

Scharf SM, Iqbal M, Keller C, et al: Hemodynamic characterization of patients with severe emphysema. Am J Resp Crit Care Med 166:314-322, 2002.

7. Quais são os sinais e sintomas do *cor pulmonale*?

Muitas vezes, os sinais e sintomas são sutis, a menos que o curso da doença já esteja muito avançado. Além disso, os médicos tendem a se concentrar mais na enfermidade que deu origem ao *cor pulmonale*, ao invés de se concentrar no *cor pulmonale* em si. As manifestações do *cor pulmonale* são semelhantes àquelas da insuficiência cardíaca direita.

Sintomas do *cor pulmonale*

- Fadiga.
- Dispneia aos esforços.
- Síncope.
- Dor torácica.
- Palpitações.
- Edema ou distensão abdominal.
- Edema de membros inferiores.

Sinais clínicos do *cor pulmonale*

- Onda A do pulso venoso jugular acentuada.
- Onda V jugular proeminente, indicando a presença de regurgitação tricúspide.
- Impulso paraesternal esquerdo palpável.
- Componente pulmonar da segunda bulha cardíaca acentuado.
- Quarta bulha cardíaca no lado direito.
- Sopros de insuficiência tricúspide e pulmonar.
- Edema periférico dependente e hepatomegalia.

Auger WA: Pulmonary hypertension and *cor pulmonale*. Curr Opin Pulmonol Med 4:269-295, 1983.

8. Qual é a mortalidade associada ao *cor pulmonale*?

Pacientes com DPOC têm taxa de sobrevida de 62% em cinco anos, enquanto pacientes com DPOC e pressão arterial pulmonar elevada em mais de 25 mmHg acima do normal têm taxa de sobrevida de apenas 36% em cinco anos. A taxa de sobrevida de pacientes com DPOC que desenvolvem edema periférico é de aproximadamente 30% em cinco anos. Não está claro se a hipertensão arterial pulmonar é a causa da morte ou se é um marcador de mortalidade aumentada.

MacNee W: Pathophysiology of *cor pulmonale* in chronic obstructive pulmonary disease: Part two. Am J Respir Crit Care Med 150:1158-1168, 1994.

Oswald-Mammosser M, Weitzenblum E, Quoix E, et al: Prognostic factors on COPD patients receiving long-term oxygen therapy: Importance of pulmonary artery pressure. Chest 107:1193-1198, 1995.

9. Quais são os critérios eletrocardiográficos (ECG) da hipertrofia ventricular direita?

O *cor pulmonale* pode resultar na perda de ondas R nas derivações V_{1-3} e/ou na presença de ondas Q na parede inferior com desvio do eixo para a direita. A seguir, estão listados achados no ECG que mimetizam o infarto do miocárdio, seja por simular uma onda Q patológica ou ondas QS, seja por imitar as alterações de ST-T típicas do infarto agudo do miocárdio:

- Desvio do eixo para a direita ou deslocamento discreto do eixo para a direita.
- Sobrecarga atrial direita: Um aumento no potencial do átrio direito se traduz tipicamente em uma grande onda P, P pulmonale, nas derivações inferiores e anteriores. A onda P pulmonale está presente em cerca de 20% dos pacientes com evidências clínicas de *cor pulmonale*. A DPOC pode dar origem à P pulmonale sem que haja evidências de hipertrofia ventricular direita.
- Hipertrofia ventricular direita: A sensibilidade do ECG em diagnosticar hipertrofia ventricular direita em pacientes com *cor pulmonale* crônico é de 60 % a 70% quando este é verificado nas autópsias.

- Bloqueio de ramo direito.
- Inversões de ondas T precordiais direitas.
- Deflexão intrinsecoide atrasada de derivações precordiais direitas.
- Padrão $S_1Q_3T_3$.
- Padrão QR nas derivações V_1 ou V_3R.
- Uma onda R em V_1 ou V_3R.
- Uma razão R/S > 1 em V_1 ou < 1 em V_5 ou V_6.
- Uma R' em V_1 ou V_3R > 6 mm ou uma R' em V_1 > 1,0 (duração do QRS < 0,10 segundos).

Yanowitz FG: Ventricular hypertrophy. The Alan E. Lindsay ECG Learning Center in Cyberspace: http://library.med.utah.edu/kw/ecg/ecg _outline/Lesson8/index.html

10. Que exames podem auxiliar na determinação do diagnóstico de *cor pulmonale*?

- **Radiografia de tórax:** Sinais radiográficos incluem um aumento da artéria pulmonar e/ou do ventrículo direito, distensão da ázigos ou de outra veia central, oligoemia de um lobo pulmonar ou de todo o pulmão (sinal de Westermark) e uma opacidade cuneiforme (corcova de Hampton). Além disso, pode-se ver os achados comumente associados à DPOC, incluindo aumento do diâmetro ântero-posterior, retificação do diafragma, aspecto em favo-de-mel e hiperinsuflação.
- **Tomografia computadorizada:** Uma artéria pulmonar principal com diâmetro ≥ 29 mm apresenta sensibilidade de 84% e especificidade de 75% para o diagnóstico de hipertensão pulmonar. Há dados que sugerem que um diâmetro da artéria pulmonar principal aumentado e uma razão entre o diâmetro segmentar da artéria pulmonar e o diâmetro do brônquio correspondente > 1 aumentam a especificidade do diagnóstico de hipertensão pulmonar.
- **Ecocardiografia:** Um exame satisfatório é relatado em até 65% a 80% dos pacientes com DPOC devido a dificuldades técnicas associadas à hiperinsuflação. Um exame mais confiável pode ser obtido através da ecocardiografia transesofágica. A ecocardiografia com doppler tem auxiliado na avaliação da pressão arterial pulmonar através da medida do fluxo regurgitante através da valva tricúspide ou da medida do fluxo de ejeção do ventrículo direito.
- **Cateterização do coração direito:** Esse é o padrão-ouro para a avaliação completa e o diagnóstico da hipertensão pulmonar.
- **Angiografia com radionuclídeos (cintilografia):** Esse teste é mais usado para avaliar as frações de ejeção dos ventrículos direito e esquerdo.
- **Ressonância magnética:** Essa técnica não invasiva determina com alta precisão as dimensões do ventrículo direito.

American College of Cardiology/American Heart Association Guidelines for the Clinical Application of Echocardiography-IX. Pulmonary Disease. 95:1686-1744, 1997: www.americanheart.org/presenter.jhtml?identifier=8459.

Falaschi F, Palla A, Formichi B, et al: CT evaluation of chronic thromboembolic pulmonary hypertension. J Comput Assist Tomogr 16:897-903, 1992.

11. Quais são as indicações para o uso da ecocardiografia na avaliação do *cor pulmonale*?

Ver Quadro 20-1.

12. Discuta as opções não farmacológicas de tratamento para pacientes com *cor pulmonale*.

- **Oxigenoterapia:** Este é considerado o alicerce do tratamento de pacientes com DPOC. Grandes estudos controlados demonstraram que a administração de oxigênio em longo prazo melhora a sobrevida de pacientes com DPOC hipoxêmicos. A oxigenoterapia diminui a resistência vascular pulmonar por meio da redução da vasoconstrição pulmonar e melhora o volume sistólico ventricular direito e o débito cardíaco.
- **Flebotomia:** Em pacientes com policitemia significativa (hematócrito > 60%), a flebotomia pode promover alívio dos sintomas. Em pacientes em repouso, a flebotomia pode causar uma ligeira queda na pressão arterial pulmonar e na resistência vascular pulmonar. Em geral, a viscosidade sanguínea possui menos efeito do que o volume sanguíneo na pressão arterial pulmonar. A flebotomia, com uma meta de hematócrito de 50%,

QUADRO 20-1. RECOMENDAÇÕES DA ECOCARDIOGRAFIA NA DOENÇA PULMONAR E NA DOENÇA VASCULAR PULMONAR

Classe I

1. Suspeita de hipertensão pulmonar
2. Para a diferenciação entre as etiologias cardíacas e não-cardíacas de dispneia em pacientes nos quais todos os achados clínicos e laboratoriais são ambíguos*
3. Acompanhamento da pressão arterial pulmonar em pacientes com hipertensão pulmonar para avaliar a resposta ao tratamento
4. Doença pulmonar com suspeita clínica de envolvimento cardíaco (suspeita de *cor pulmonale*)

Classe IIa

1. Embolia pulmonar e suspeita de trombos no átrio ou ventrículo direitos ou nos ramos principais da artéria pulmonar*
2. Aferição da pressão da artéria pulmonar ao exercício
3. Pacientes em avaliação para o transplante de pulmão ou outro procedimento cirúrgico para doença pulmonar avançada*

Classe III

1. Doença pulmonar sem nenhuma suspeita clínica de envolvimento cardíaco
2. Estudos de reavaliação da função ventricular direita em pacientes com doença pulmonar obstrutiva crônica sem alteração da situação clínica

*O ecocardiograma transesofágico é indicado quando o ecocardiograma transtorácico não define o diagnóstico.
Do American College of Cardiology: ACC/AHA/ASE 2003 guideline update for the clinical application of echocardiography: A report of the American College of Cardiology/American Heart Association Task Force on Practice Guidelines. American College of Cardiology Foundation, 2003: www.acc.org/clinical/guidelines/echo/index.pdf

pode melhorar a tolerância aos esforços em pacientes com DPOC policitêmicos. Esta não é isoladamente uma terapia ideal, mas pode ser considerada em pacientes policitêmicos com descompensação aguda.

- **Ventilação não-invasiva com pressão positiva (VNIPP):** Foi demonstrado que a VNIPP melhora os resultados durante a hospitalização de pacientes com exacerbações agudas da DPOC. Não há dados similares para o tratamento em longo prazo com VNIPP na DPOC ou nos distúrbios respiratórios do sono. Há evidências de que a oxigenação é melhorada nesses pacientes, porém a redução da pressão da artéria pulmonar ainda não foi comprovada.

Criner GJ: Effects of long-term oxygen therapy on mortality and morbidity. Respir Care 45:105-118, 2000.

13. Quais são as terapias farmacológicas utilizadas no tratamento de pacientes com *cor pulmonale*?

- **Diuréticos:** Terapia diurética, em associação à restrição de sódio na dieta, pode ser necessária nos casos de insuficiência cardíaca congestiva para tratar o acúmulo de água nos pulmões e melhorar a ventilação alveolar e as trocas gasosas. Entretanto, o uso de diuréticos pode produzir efeitos hemodinâmicos adversos, como depleção de volume, redução do retorno venoso para o ventrículo direito e redução do débito cardíaco. Outra complicação é a produção de alcalose metabólica hipocalêmica, a qual diminui o estímulo do CO_2 no centro respiratório, diminuindo o estímulo ventilatório.
- **Anticoagulação:** A anticoagulação crônica com warfarina pode promover benefícios para aqueles pacientes com *cor pulmonale* resultante de doença pulmonar trombo-oclusiva.

- **Vasodilatadores:** Os vasodilatadores melhoram o débito cardíaco em muitos pacientes com *cor pulmonale*. Entretanto, o tratamento com vasodilatadores pode estar associado a efeitos adversos, incluindo hipotensão sistêmica que compromete a pressão de perfusão coronariana, causando bloqueio da vasoconstrição pulmonar por hipóxia e colapso circulatório.

14. Discuta as diferentes classes de vasodilatadores usados no tratamento do *cor pulmonale*.

Vasodilatadores não específicos

- A hidralazina aumenta o débito cardíaco em pacientes com DPOC; entretanto, sua habilidade em diminuir a pressão da artéria pulmonar é imprevisível.
- O nitroprussiato pode ser benéfico, mas também se corre o risco de hipotensão sistêmica e comprometimento da adequada pressão de perfusão coronariana.
- Os bloqueadores de canais de cálcio, como a nifedipina, diminuem a resistência vascular pulmonar e aumentam o débito cardíaco apenas em curto prazo. O verapamil e o diltiazem não possuem efeito comprovado na dilatação da vasculatura pulmonar.

Vasodilatadores pulmonares

- As prostaglandinas diminuem a pressão da artéria pulmonar e aumentam a fração de ejeção ventricular direita e o débito cardíaco. A prostaciclina em aerossol causa dilatação da artéria pulmonar e melhora o débito cardíaco e a saturação arterial da oxiemoglobina em pacientes com hipertensão pulmonar crônica.
- O óxido nítrico provê o cenário clínico ideal. Ele diminui a resistência vascular pulmonar de forma confiável, sem causar hipotensão sistêmica, e preserva ou melhora a relação ventilação-perfusão para próximo do nível ideal. Suas desvantagens são a administração difícil, o alto custo e o efeito taquifilático comprovado. Muitos estudos demonstraram que seus benefícios são mais significativos por apenas 1 a 3 dias, especialmente em pacientes com síndrome do desconforto respiratório agudo.

Inotrópicos com propriedades vasodilatadoras

- A dobutamina é um agente inotrópico com propriedades vasodilatadoras. Ela melhora a função ventricular direita e o débito cardíaco, porém seus efeitos na pressão arterial sistêmica são imprevisíveis. Repetir o ecocardiograma após a instituição da terapia pode ajudar a guiar a conduta. Entretanto, os efeitos da dobutamina (e de outros beta-agonistas, incluindo o isoproterenol e a epinefrina) na pressão arterial pulmonar podem ser mínimos e não sustentados.
- Embora haja poucos dados acerca de suas ações na síndrome do coração direito, a amrinona diminui a pressão arterial pulmonar, aumenta o débito cardíaco e a pressão arterial sistêmica.

Antagonista do receptor da endotelina

- O bosentan é um antagonista do receptor da endotelina que provoca vasodilatação pulmonar e atenua o remodelamento ventricular quando usado cronicamente. Estudos demonstraram melhora da sobrevida com o tratamento crônico.

Lehrman S, Romano P, Frishman W, et al: Primary pulmonary hypertension and *cor pulmonale*. Cardiol Rev 10:265-278, 2002.

Pulmonary Hypertension Association: Treatments. 2006: www.phassociation.org/Learn/treatment/index.asp

Romano PM, Peterson S: The management of *cor pulmonale*. Heart Dis 2:431-437, 2000.

15. A função ventricular esquerda fica prejudicada na presença do *cor pulmonale* crônico?

A disfunção ventricular esquerda foi documentada em pacientes com *cor pulmonale*. Aproximadamente 20% dos pacientes com doença pulmonar grave demonstraram ter disfunção ventricular esquerda. O mecanismo proposto é a protrusão do septo interventricular em direção ao ventrículo esquerdo como resultado da sobrecarga ventricular direita. O arqueamento do septo interventricular diminui a complacência ventricular esquerda e reduz o débito cardíaco. Tal interação entre os ventrículos direito e esquerdo é talvez melhor amparada pela recuperação do ventrículo esquerdo simultaneamente à função ventricular direita em pacientes submetidos ao transplante pulmonar.

Vizza CD, Lynch JP, Ochoa LL, et al: Right and left ventricular dysfunction in patients with severe pulmonary disease. Chest 113:576-583, 1998.

16. Devemos utilizar a digoxina no tratamento da DPOC?

O débito cardíaco melhora em cerca de 10% dos pacientes com hipertensão pulmonar primária que recebem digoxina. Essa taxa é similar àquela de pacientes com disfunção ventricular esquerda. Indivíduos que recebem digoxina também apresentam um modesto aumento da pressão pulmonar, provavelmente em função do débito cardíaco aumentado. Estudos clínicos mostram melhora da função ventricular direita apenas naqueles pacientes que têm fração de ejeção ventricular esquerda reduzida. Recentemente, a digoxina caiu em desuso no tratamento da disfunção ventricular esquerda; a tendência atual na medicina clínica é de que seu uso continuado seja voltado ao controle da frequência cardíaca.

Mathur PN, Powles AC, Pugsley SO, et al: Effect of long-term administration of digoxin on exercise performance in chronic airflow limitation. Eur J Respir Dis 66:273-283, 1985.

17. Discuta as considerações acerca do manejo ventilatório de pacientes com *cor pulmonale*.

A Hipercapnia, a acidemia e a hipoxemia aumentam a pressão arterial pulmonar. Assim, a ventilação e a oxigenação adequadas são fundamentais no manejo de pacientes com *cor pulmonale*. O efeito da pressão positiva ao final da expiração (PEEP) na função ventricular direita é complexo e varia de paciente para paciente; ele também depende do nível da PEEP. Claramente, são as PEEPs mais elevadas que têm o maior potencial de prejudicar a função ventricular direita. Acredita-se que a PEEP usada para recrutar áreas atelectasiadas dos pulmões, melhorando assim a curva de complacência, não deve ter efeitos deletérios na função ventricular direita. Entretanto, se áreas normais dos pulmões forem excessivamente distendidas, a função ventricular direita pode ser comprometida.

PONTOS-CHAVE: *COR PULMONALE*

1. A insuficiência cardíaca direita não é necessária para fazer o diagnóstico de *cor pulmonale*.
2. Qualquer processo que resulte em hipertensão pulmonar pode causar *cor pulmonale*.
3. A doença pulmonar obstrutiva crônica é a causa mais comum de *cor pulmonale* crônico.
4. O *cor pulmonale* é comum na doença pulmonar obstrutiva crônica avançada e apresenta uma taxa de sobrevida baixa no período de 5 anos.
5. A interdependência ventricular pode se desenvolver nos estágios mais avançados do *cor pulmonale*.

CAPÍTULO 21

INSUFICIÊNCIA RESPIRATÓRIA AGUDA

Dan Burkhardt, MD e Martin R. Zamora, MD

1. O que significa insuficiência respiratória aguda (IRA)?

A IRA ocorre quando o sistema respiratório é incapaz de absorver oxigênio adequadamente (ou seja, hipoxemia) ou de excretar dióxido de carbono (ou seja, hipercapnia). Embora a hipoxemia e a hipercapnia possam ocorrer juntas, um dos processos geralmente predomina. A IRA pode ocorrer subitamente ou como parte de um processo gradual, atingindo tanto pacientes saudáveis quanto aqueles com doença pulmonar crônica.

2. Como a IRA é definida pela gasometria arterial?

Embora não haja critérios rígidos que se apliquem a todos os pacientes, geralmente é aceito que a insuficiência respiratória hipoxêmica esteja presente quando a PO_2 arterial é inferior a 50 mmHg com respiração em ar ambiente. A IRA hipercápnica está presente quando a PCO_2 é superior a 50 mmHg e o pH arterial está acidótico (pH $< 7{,}30$). A hipercapnia na presença de pH arterial normal ou alcalótico (pH $\geq 7{,}40$) é uma reação compensatória normal e não constitui IRA.

3. Como a ventilação (ou seja, excreção de dióxido de carbono) pode ser avaliada de forma não-invasiva?

Não há métodos não-invasivos amplamente disponíveis que possam avaliar a adequação da excreção de dióxido de carbono com precisão. Monitores transcutâneos de dióxido de carbono e capnógrafos estão disponíveis, mas podem ser pouco precisos em determinadas circunstâncias. Uma frequência respiratória anormalmente baixa pode sugerir a presença de insuficiência respiratória hipercápnica, entretanto, uma frequência normal ou alta não exclui o diagnóstico. A análise da gasometria arterial ainda é o padrão-ouro para o diagnóstico da IRA hipercápnica.

Gattas D, Ayer R, Suntharalingam G, Chapman M: Carbon dioxide monitoring and evidence-based practice-now you see it, now you don't. Crit Care 8:219-221, 2004.

Soubani AO: Nonivasive monitoring of oxygen and carbon dioxide. Am J Emerg Med 19:141-146, 2001.

4. Quais sãos os mecanismos fisiológicos da IRA hipoxêmica? Quais deles são reversíveis com oxigênio suplementar?

- Baixa concentração de oxigênio no sangue venoso misto.
- Hipoventilação alveolar.
- Desequilíbrio ventilação-perfusão.
- *Shunt* da direita para a esquerda.
- Limitação da difusão.
- Baixa fração inspirada de oxigênio (p. ex., grandes altitudes).

A maior parte desses mecanismos fisiológicos é reversível sob a suplementação de oxigênio, com exceção do *shunt*. Como no *shunt* o sangue passa da circulação venosa à arterial sistêmica sem atravessar os pulmões ventilados, as mudanças na concentração de oxigênio inspirado não afetarão o sangue que circula naquela área.

Greene KE, Peters JI: Pathophysiology of acute respiratory failure. Clin Chest Med 15:1-12, 1994.

Levy MM: Pathophysiology of oxygen delivery in respiratory failure. Chest 128(5 Suppl 2):547S-553S, 2005.

5. Quais processos fisiológicos podem causar a IRA hipercápnica?

A hipercapnia é o resultado da hipoventilação alveolar. Os mecanismos responsáveis podem ser:

- Redução do estímulo do centro respiratório.
- Redução da transmissão neural ou da tradução muscular do sinal estimulatório.
- Anormalidades da parede torácica.
- Anormalidades dos pulmões e das vias aéreas.

Greene KE, Peters JI: Pathophysiology of acute respiratory failure. Clin Chest Med 15:1-12, 1994.

6. Quais processos patológicos estão associados a cada tipo de IRA? Quais deles são reversíveis?

O diagnóstico diferencial de IRA hipoxêmica pode ser delineado com base no achado de hipercapnia concomitante e na observação de infiltrados na radiografia de tórax. Se o paciente estiver normocápnico e o resultado da radiografia de tórax for normal (ou seja, "limpa"), é provável que a causa da IRA seja embolia pulmonar, colapso circulatório ou *shunt* direita-esquerda. Se a radiografia de tórax revelar infiltrados difusos, é possível que a IRA seja causada por síndrome do desconforto respiratório agudo (SDRA), edema pulmonar cardiogênico ou fibrose pulmonar. Se houver infiltrados focais, o paciente pode estar com pneumonia, atelectasia ou infarto pulmonar. Se a radiografia estiver "limpa" em pacientes com hipercapnia, então é provável que se trate de estado asmático, doença pulmonar obstrutiva crônica (DPOC) ou hipoventilação alveolar resultante de intoxicação por drogas, fraqueza neuromuscular, paralisia ou síndrome da apneia do sono. Se a radiografia de tórax revelar infiltrados difusos, é possível que se trate de fibrose pulmonar terminal ou SDRA grave, enquanto achados mais localizados sugerem pneumonia com DPOC subjacente ou depressão respiratória causada por drogas ou oxigenoterapia. Em geral, a maioria dos processos patológicos mencionados é reversível. Entretanto, a DPOC grave, a síndrome da apneia do sono, as doenças da musculatura respiratória, a fratura cervical seguida de paralisia e a cifoescoliose, levam à retenção crônica de dióxido de carbono e à insuficiência respiratória crônica. Em pacientes com essas doenças subjacentes, a IRA também pode estar relacionada a outras etiologias, fator que deve ser investigado.

Bartter TC, Irwin RS: Respiratory failure. Part I: A physiologic approach to managing respiratory failure. In Irwin RS, Rippe JM (eds): Irwin & Rippes's Intensive Care Medicine, 5th ed. Philadelphia, Lippincott Williams & Wilkins, 2003. pp 485-488.

7. Qual terapia empírica deve ser usada de forma emergencial em pacientes com IRA hipoxêmica?

O primeiro objetivo da terapia é aumentar a PO_2 para níveis superiores a 50 mmHg. Se o paciente estiver alerta e cooperativo, é adequado oferecer oxigênio suplementar e observá-lo cuidadosamente em unidade de terapia intensiva. Também deve-se monitorizar a oximetria de pulso ou realizar a coleta repetida de gasometrias arteriais a fim de avaliar a eficácia da terapia. Se o paciente se encontrar torporoso, comatoso ou com reflexo de vômito deprimido, então recomenda-se o controle da via aérea por meio da intubação endotraqueal. No caso de suspeita de intoxicação por opioide (ou seja, depressão respiratória, pupilas puntiformes e coma), administra-se naloxona.

Bartter TC, Irwin RS: Respiratory failure. Part I: A physiologic approach to managing respiratory failure. In Irwin RS, Rippe JM (eds): Irwin & Rippes's Intensive Care Medicine, 5th ed. Philadelphia, Lippincott Williams & Wilkins, 2003. pp 485-488.

8. Em quais quadros a intubação endotraqueal é indicada?

- Ressuscitação cardiopulmonar com necessidade de controle completo das vias aéreas.
- Proteção das vias aéreas contra aspiração de conteúdo gástrico.
- Necessidade de ventilação mecânica.
- Manejo de pacientes com grande quantidade de secreções nas vias aéreas.
- Obstrução completa das vias aéreas superiores.

9. Quais são as indicações para ventilação mecânica?

A ventilação mecânica faz-se necessária toda vez que o paciente se mostra incapaz de manter oxigenação alveolar ou ventilação adequada. Mesmo no caso de PO_2 e PCO_2 normais, o esforço ventilatório excessivo pode eventualmente levar à fadiga e falência da musculatura respiratória, justificando assim a necessidade de ventilação mecânica. A decisão de intubar e ventilar mecanicamente deve basear-se na apresentação clínica do paciente e nos resultados da gasometria arterial. A ventilação mecânica também deve ser usada para prover hiperventilação aos pacientes com trauma craniano a fim de reduzir a pressão intracraniana nas primeiras 24-48 horas. A ventilação não-invasiva com pressão positiva é uma alternativa para a intubação endotraqueal em pacientes com nível de consciência suficiente para proteger suas vias aéreas.

Caples SM, Gay PC: Noninvasive positive pressure ventilation in the intensive care unit: A concise review. Crit Care Med 33:2651-2658, 2005.

Fan E, Needham DM, Stewart TE: Ventilatory management of acute lung injury and acute respiratory distress syndrome. JAMA 294:2889-2896, 2005.

10. O que é pressão positiva ao final da expiração (PEEP)? Quando ela deve ser utilizada?

A PEEP é uma técnica usada para corrigir a hipoxemia mecanicamente através do aumento do volume pulmonar. A PEEP aumenta a pressão expiratória, prevenindo que a pressão das vias aéreas do paciente caia abaixo de um nível preestabelecido durante o ciclo respiratório. Isso aumenta o volume de gás no tórax do paciente ao final da expiração (ou seja, a capacidade residual funcional). Portanto o tratamento seria benéfico em pacientes com doenças pulmonares restritivas como a SDRA, pois a hipoxemia nessa doença pode estar relacionada ao colapso alveolar, à distensão alveolar ou a ambos.

11. Qual é o significado de o paciente estar "lutando contra o ventilador"?

O início súbito de agitação e desconforto em um paciente que antes tolerava a ventilação mecânica é uma emergência médica e pode significar deterioração aguda da doença de base, mau funcionamento do ventilador, obstrução das vias aéreas ou do tubo endotraqueal ou sedação inadequada. O paciente deve se desconectado do ventilador e ventilado manualmente. Deve-se monitorizar os sinais vitais, examinar o tórax, aspirar as vias aéreas e solicitar exames de gasometria arterial e radiografia de tórax. Se a etiologia não for definida após essas medidas, ajusta-se então os parâmetros do ventilador, que podem estar incorretos para as necessidades do paciente. Deve-se fazer mudanças no ajuste do ventilador para adaptar a máquina às demandas do paciente da melhor maneira possível. O aumento da sedação deve ser procedido apenas se outros métodos falharem.

12. Quando os pacientes podem ser desmamados da ventilação mecânica?

O estado de saúde do paciente deve estar melhor, com estabilização e correção de quaisquer condições subjacentes que possam interferir no desmame (p. ex., distúrbios eletrolíticos, sobrecarga de volume, anemia grave ou dor grave que requeira analgesia ou sedativo). Pacientes devem estar alerta, com os sinais vitais estáveis e devem possuir reflexo de vômito preservado. Alguns parâmetros fisiológicos que podem ser usados para guiar o desmame incluem: $PO_2 > 60$ mmHg com o FiO_2 <50% e PEEP = 0-5 cmH_2O, frequência respiratória < 20, capacidade vital > 10-15 mL/kg, volume corrente > 5 mL/kg, ventilação minuto < 10 L/min e força inspiratória negativa > −25 cm H_2O. Lembre-se, porém, que nenhuma variável fisiológica pode prognosticar completamente o sucesso de um teste de retirada da ventilação. Alguns médicos defendem o uso de protocolos de testes de ventilação espontânea. Uma combinação de variáveis, como o índice de respiração rápida superficial (ou seja, frequência respiratória/volume corrente < 100-130 incursões/min/L), pode ser usada para avaliar a adequação da função pulmonar durante os testes.

Ely EW, Meade MO, Haponik EF, et al: Mechanical ventilator weaning protocols driven by nonphysician health-care professionals: Evidence-based clinical practice guidelines. Chest 120(6 Suppl):454S-463S, 2001.

13. Quais são as complicações pós-extubação?

- Rouquidão.
- Dificuldade de deglutição e risco de aspiração.
- Edema de glote grave levando à obstrução das vias aéreas (pode ser tratado com epinefrina racêmica 0,5 mL/3 mL de salina via nebulização).

PONTOS-CHAVE: INSUFICIÊNCIA RESPIRATÓRIA AGUDA

1. Os mecanismos envolvidos na insuficiência respiratória aguda hipercápnica incluem depressão do estímulo central da respiração, fraqueza dos músculos respiratórios, anormalidades da parede torácica e anormalidades dos pulmões e das vias aéreas.
2. A ventilação mecânica deve ser iniciada quando o paciente estiver muito fraco para respirar ou quando o esforço para respirar for excessivo.
3. Podem ocorrer rouquidão, dificuldade de deglutição e edema de glote após a remoção do tubo endotraqueal.

BIBLIOGRAFIA

1. Acute Respiratory Distress Syndrome Network: Ventilation with lower tidal volumes as compared with traditional tidal volumes for acute lung injury and the acute respiratory distress syndrome. N Engl J Med 342:1301-1308, 2000.
2. Bartter TC, Irwin RS: Respiratory failure. PartI: Aphysiologic approach to managing respiratory failure. In Irwin RS, Rippe JM(eds): Irwin& Rippe's Intensive Care Medicine, ed 5. Philadelphia, Lippincott Williams & Wilkins, 2003, pp 485-488.
3. Caples SM, Gay PC: Noninvasive positive pressure ventilation in the intensive care unit: A concise review. Crit Care Med 33:2651-2658, 2005.
4. Ely EW, Meade MO, Haponik EF, et al: Mechanical ventilator weaning protocols driven by nonphysician health-care professionals: Evidence-based clinical practice guidelines. Chest 120(6Suppl):454S-463S, 2001.
5. Fan E, Needham DM, Stewart TE: Ventilatory management of acute lung injury and acute respiratory distress syndrome. JAMA 294:2889-2896, 2005.
6. Gattas D, Ayer R, Suntharalingam G, Chapman M: Carbon dioxide monitoring and evidence-based practice-now you see it, now you don't. Crit Care 8:219-221, 2004.
7. Greene KE, Peters JI: Pathophysiology of acute respiratory failure. Clin Chest Med 15:1-12, 1994.
8. Levy MM: Pathophysiology of oxygen delivery in respiratory failure. Chest 128(5Suppl2):547S-553S, 2005.
9. MacIntyre NR: Current issues inmechanical ventilation for respiratory failure. Chest 128(5Suppl2):561S-567S, 2005.
10. MacIntyre NR, Cook DJ, Ely EW, et al: Evidence-based guidelines for weaning and discontinuing ventilatory support: Acollective task for cefacilitated by the American College of Chest Physicians; the American Association for Respiratory Care; and the American College of Critical Care Medicine. Chest 120(6Suppl):375S-395S, 2001.
11. Mellies U, Dohna-Schwake C, Voit T: Respiratory function assessment and intervention in neuromuscular disorders. Curr Opin Neurol 18:543-547, 2005.
12. Shneerson JM, Simonds AK: Noninvasive ventilation for chest wall and neuromuscular disorders. Eur Respir J 20:480-487, 2002.
13. Soubani AO: Noninvasive monitoring of oxygen and carbon dioxide. Am J Emerg Med 19:141-146, 2001.
14. Ware LB, Matthay MA: The acute respiratory distress syndrome. N Engl J Med 342:1334-1349, 2000.

CAPÍTULO 22

SÍNDROME DO DESCONFORTO RESPIRATÓRIO AGUDO

Kapilkumar Patel, MD e Polly E. Parsons, MD

1. O que é a síndrome do desconforto respiratório agudo (SDRA)?

A SDRA é uma síndrome de extravasamento capilar pulmonar não cardiogênico, caracterizada clinicamente pelo desenvolvimento de hipoxemia rapidamente progressiva, infiltrados alveolares difusos à radiografia de tórax e redução da complacência pulmonar após uma agressão predisponente conhecida. Patologicamente, a síndrome se caracteriza de forma aguda por edema alveolar e intersticial e inundação dos alvéolos por um exsudato proteináceo e células inflamatórias, incluindo neutrófilos e macrófagos, seguido pelo desenvolvimento de fibrose pulmonar.

2. Como é feito o diagnóstico de SDRA?

Os critérios diagnósticos para a SDRA continuam sendo refinados. Embora os achados patológicos sejam objetivos e possam ser aceitos, a maioria dos pacientes não é submetida à biópsia pulmonar. O diagnóstico é feito clinicamente. Atualmente, são usados os seguintes critérios, desenvolvidos pela American-European Consensus Conference:

- Identificação de infiltrados bilaterais na radiografia de tórax.
- $PaO_2/FiO_2 < 200$.
- Nenhuma evidência de hipertensão atrial esquerda (ou, se medida, pressão de oclusão da artéria pulmonar [PCWP] < 18 mmHg).

Estes critérios devem ser aplicados apenas em pacientes com fatores de risco definidos para SDRA e sem evidência de doença pulmonar crônica grave.

Bernard GR, Artigas A, Brigham K, et al: The American European consensus conference on ARDS: Definitions, mechanisms, relevant outcomes and clinical trial coordination. Am J Respir Crit Care Med 149:818-824, 1994.

3. O que é lesão pulmonar aguda (ALI)?

As definições tradicionais de SDRA não incluem pacientes com evidência leve ou precoce de ALI. Assim, os seguintes critérios foram estabelecidos para identificar tais pacientes:

- Identificação de infiltrados bilaterais na radiografia de tórax.
- $PaO_2/ FiO_2 < 300$.
- Nenhuma evidência de hipertensão atrial esquerda (ou, se medida, PCWP < 18 mmHg).

Novamente, estes pacientes devem apresentar um fator de risco definido para ALI e não apresentar doença pulmonar crônica grave.

PONTOS-CHAVE: DEFINIÇÃO DE SDRA DE ACORDO COM O AMERICAN-EUROPEAN CONSENSUS

1. Início agudo da doença.
2. A PaO_2 dividida pela FiO_2 é inferior a 200.
3. Os infiltrados bilaterais são consistentes com edema pulmonar na radiografia de tórax.
4. Não há evidência de hipertensão atrial esquerda.

4. Qual é o papel do cateter de artéria pulmonar no diagnóstico e no manejo da ALI/SDRA?

O cateter de artéria pulmonar não é mais necessário para a realização do diagnóstico de ALI/SDRA. A definição do consenso previamente discutido indica que, se a PCWP é medida, deve ser < 18 mmHg na ALI/SDRA. Há que se notar, no entanto, que estudos recentes sugerem que uma porcentagem significativa dos pacientes que se enquadram clinicamente nos critérios de ALI/SDRA, apresenta uma PCWP de 18-25 mmHg. Há uma discussão em andamento acerca de como classificar este grupo de pacientes.

O papel do cateter de artéria pulmonar no manejo da ALI/SDRA permanece sob investigação. Estudos recentes em pacientes críticos não mostraram nenhuma melhora na mortalidade em função do emprego de cateteres de artéria pulmonar.

Richard C, Warszawski J, Anguel N, et al: Early use of the pulmonary artery catheter and outcomes in patients with shock and acute respiratory distress syndrome: A randomized controlled trial. JAMA 290:2713-2720, 2003.

Shah MR, Hasselblad V, Stevenson LW, et al: Impact of the pulmonary artery catheter in critically ill patients: Meta-analysis of randomized clinical trials. JAMA 13:1664-1670, 2005.

Ware LB, Matthay MA: Acute pulmonary edema. N Engl J Med 353:2788-2796, 2005.

5. O que é a síndrome de disfunção de múltiplos órgãos?

A cascata de eventos inflamatórios que resultam em ALI também pode causar dano a outros órgãos, resultando na síndrome de disfunção de múltiplos órgãos. Os outros órgãos habitualmente envolvidos incluem o rim, o sistema nervoso central, o fígado, o sistema cardiovascular e o sistema hematológico.

6. Como a ALI/SDRA se apresenta radiograficamente?

Ver Figura 22-1.

7. Que condições predispõem o paciente à SDRA?

Muitas síndromes clínicas foram identificadas como fatores de risco predisponentes à ALI/SDRA, incluindo sepse, aspiração de conteúdo gástrico, traumatismo, pancreatite, transfusões maciças (dentro de 24 horas), lesão por inalação, sobredose de drogas e quase-afogamento. A sepse é a mais comum, com uma incidência de ALI/SDRA de aproximadamente 40%. Além disso, comorbidades podem afetar o desenvolvimento de ALI/SDRA. P. ex., o

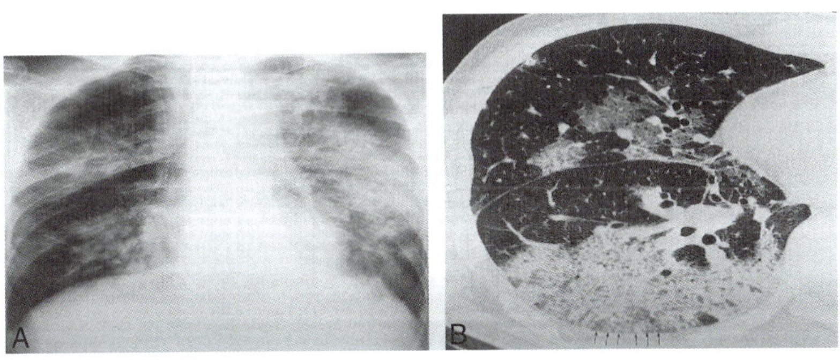

Figura 22-1. ***A,*** A radiografia de tórax mostra extensa consolidação do espaço aéreo e opacidades em vidro fosco. ***B,*** A imagem de tomografia computadorizada de alta resolução do pulmão direito demonstra opacidades em vidro fosco e consolidação do espaço aéreo, principalmente nas regiões dorsais do pulmão. Também é notável um padrão reticular sobreposto às opacidades em vidro fosco (ou seja, um aspecto de pavimentação em mosaico). (De Muller NL, Fraser RS, Lee KS, Johkoh T: Disease of the Lung: Radiologic and Pathologic Correlations. Philadelphia, Lippincott Williams & Wilkins, 2003, reprodução autorizada.)

abuso de álcool aumenta a incidência de SDRA em pacientes de risco, enquanto o *diabetes mellitus* diminui a incidência de SDRA em pacientes com sepse. O mecanismo desta observação se encontra sob investigação.

Moss M, Burnham EL: Chronic alcohol abuse, acute respiratory distress syndrome, and multiple organ dysfunction. Crit Care Med 31:S207-S212, 2003.

8. Explique a patogênese da SDRA.

A patogênese da SDRA é complexa e a compreensão do processo continua a evoluir. A SDRA se inicia pela liberação sistêmica de mediadores (p. ex., fragmentos do complemento [especificamente, C5a], endotoxina, fator de necrose tumoral) que ativam/estimulam os neutrófilos, macrófagos e plaquetas (e talvez outros tipos celulares) a se tornar sequestrados dentro dos capilares pulmonares e a liberar produtos tóxicos como metabólitos do oxigênio, proteases e leucotrienos. Este processo inflamatório resulta em lesão, que se manifesta como a perda da integridade dos componentes da barreira capilar alveolar, do endotélio microvascular e do epitélio alveolar, assim como pelo desenvolvimento de microtrombos. O resultado é o acúmulo de edema rico em proteína no interstício e nos espaços alveolares. Em muitos pacientes, o pulmão é capaz de se reparar conforme a inflamação regride. Outros pacientes, no entanto, apresentam um curso prolongado com o desenvolvimento de fibrose, que é muitas vezes chamado *fibroproliferação.*

Bernard GR: Acute respiratory distress syndrome. Am J Respir Crit Care Med 172:798-806, 2005.
Pittet JF, Mackersie RC, Martin TR, Matthay MA: Biological markers of acute lung injury: Prognostic and pathologic significance. Am J Respir Crit Care Med 155:1187-1205, 1997.
Ware BL, Matthay MA: The acute respiratory distress syndrome. N Engl J Med 342:1334-1348, 2000.

9. O que causa a morte dos pacientes com SDRA?

Menos de 10% das mortes de pacientes com SDRA se deve à insuficiência respiratória hipóxica. A maioria dos óbitos que ocorre dentro de 72 horas é resultado do insulto precipitador original, enquanto a mortalidade ocorrida após 72 horas frequentemente está relacionada à infecção.

10. Qual é a taxa de mortalidade associada à SDRA?

Quando a SDRA foi descrita pela primeira vez em 1967 a taxa de mortalidade era de 58%. Na década passada, este número diminuiu para aproximadamente 25% a 30% (mortalidade em 28 dias). Demonstrou-se que a sobrevivência varia em função dos fatores de risco (sepse > traumatismo) e as comorbidades e condições preexistentes, como a idade e o consumo de álcool.

Milberg JA, Davis DA, Steinberg KP, et al: Improved survival of patients with acute respiratory distress syndrome (ARDS): 1983-1993. JAMA 273:306-309, 1995.
Rubenfeld GD, Cladwell E, Peabody E, Weaver J, et al: Incidence and outcomes of acute lung injury. N Engl J Med 353:1685-1693, 2005.

11. Com que rapidez a SDRA se desenvolve?

A SDRA se desenvolve dentro de 24 horas, após o início de uma condição predisponente, em cerca de 80% dos pacientes, e dentro de 72 horas em 95% dos casos.

12. A SDRA pode ser prevenida?

Não. O distúrbio clínico precipitador é que deve ser prevenido.

13. Qual é a terapia disponível para o tratamento da SDRA?

Atualmente, nenhuma terapia específica é eficaz para a SDRA, embora vários agentes tenham sido experimentados. Isso inclui: corticosteroides, prostaglandina E_1, N-acetilcisteína, reposição de surfactante, anticorpos antiendotoxina, anticorpos antifator de necrose tumoral, cetoconazol, lisofilina, antitrombina, heparina, inibidor da via do fator tecidual, fator VIIa e óxido nítrico. Entretanto, continuam sendo desenvolvidas novas modalidades terapêuticas com potencial significativo.

Artigas A, Bernard GR, et al: The American-European consensus conference on ARDS. Part 2: Ventilatory, pharmacologic, supportive therapy, study design strategies, and issues related to recovery and remodeling. Am J Respir Crit Care Med 157:818-824, 1998.
McIntyre RC Jr, Pulido EJ, et al: Thirty years of clinical trials in acute respiratory distress syndrome. Crit Care Med 28:3314-3330, 2000.

14. Como diagnosticar a pneumonia em pacientes com SDRA?

Esta é uma área de intensa discussão. O diagnóstico clínico geralmente se baseia no desenvolvimento de novos infiltrados na radiografia de tórax, escarro purulento, febre e leucocitose. Entretanto, um estudo de autópsias de pacientes com SDRA demonstrou que 80% dos pacientes sem pneumonia apresentaram febre e leucocitose e 70% apresentaram escarro purulento. Assim, os parâmetros clínicos analisados de forma isolada não parecem adequados. Os outros instrumentos disponíveis incluem broncoscopia com lavagem, escovado protegido, biópsia transbrônquica e biópsia pulmonar a céu aberto. Porém, a sensibilidade e a especificidade destes procedimentos em pacientes com SDRA não estão bem definidas. As chaves para o diagnóstico são a observação constante e um baixo limiar na avaliação e tratamento dos pacientes.

15. Quais são as sequelas em sobreviventes da SDRA?

Surpreendentemente, alguns sobreviventes se encontram virtualmente sem debilidades um ano após um episódio de SDRA, apesar das evidências de fibrose pulmonar logo no início do curso da doença e da ventilação mecânica prolongada com altos valores de pressão positiva ao final da expiração (PEEP) e FiO_2. Entretanto, alguns poucos apresentam redução persistente da capacidade física funcional. A limitação não está relacionada apenas à disfunção pulmonar, mas também ao envolvimento extrapulmonar (especialmente músculo-esquelético). Além disso, a qualidade de vida após a SDRA pode estar relacionada a comorbidades preexistentes. Com o aumento do número de sobreviventes, mais pesquisas se direcionam a determinar as sequelas em longo prazo e mais grupos de suporte são desenvolvidos para os pacientes e respectivas famílias.

Acute Respiratory Distress Syndrome Support Center: www.ards.org

Herridge MS, Cheung AM, Tansey CM, et al: One year outcomes in survivors of the acute respiratory distress syndrome. N Engl J Med 348:683-693, 2003.

Heyland DK, Groll D, Caeser M: Survivors of acute respiratory distress syndrome: Relationship between pulmonary dysfunction and long-term health-related quality of life. Crit Care Med 33:1549-1556, 2005.

16. Descreva o manejo hídrico apropriado para um paciente com SDRA.

Atualmente, não há uma abordagem definitiva para o manejo hídrico. Embora a melhora na oxigenação tenha sido demonstrada com o balanço hídrico negativo, isso não tem se refletido beneficamente na mortalidade. Atualmente, o US National Institutes of Health ARDS Network está conduzindo um estudo multicêntrico randomizado e prospectivo focado em estratégias de manejo hídrico em pacientes com ALI/SDRA.

ARDSNet, National Institutes of Health Acute Respiratory Distress Syndrome Clinical Network: www.ardsnet.org

Martin GS, Moss M, Wheeler AP, et al: A randomized, controlled trial of furosemide with or without albumin in hypoproteinemic patients with acute lung injury. Crit Care Med 33:1681-1687, 2005.

17. Como os pacientes com SDRA devem ser ventilados?

O dano pulmonar na SDRA não é homogêneo. Algumas áreas de pulmão aparentemente normal são evidentes na tomografia computadorizada, mesmo quando os pulmões parecem estar defusamente envolvidos na radiografia de tórax . Em modelos animais, a distensão excessiva do pulmão normal foi associada ao desenvolvimento de inflamação e alagamento alveolar. Estes e outros dados sugerem que os pacientes devem ser ventilados com baixos volumes correntes. Esta abordagem foi confirmada recentemente por um estudo da ARDS Network, que comparou volumes correntes de 12 mL/kg *versus* 6 mL/kg de peso corporal previsto. A taxa de mortalidade foi de 39,8% para o grupo de 12 mL e de 31% para o grupo de 6 mL. Este estudo sugere fortemente que os pacientes com ALI/SDRA devem ser ventilados com baixos volumes correntes. Além disso, a PEEP demonstrou melhorar a oxigenação e a complacência pulmonar e ajudar nas manobras de recrutamento. Embora a PEEP seja utilizada universalmente para dar suporte a pacientes com ALI/SDRA, as pressões ótimas necessárias para se obter um impacto na sobrevida não foram determinadas.

Acute Respiratory Distress Syndrome Network: Ventilation with lower tidal volumes as compared with traditional tidal volumes for acute lung injury and the acute respiratory distress syndrome. N Engl J Med 342:1301-1307, 2000.

Brower RG, Lanken PN, MacIntyre N, et al, for the National Heart, Lung, and Blood Institute ARDS Clinical Trials Network: Higher versus lower positive end-expiratory pressures in patients with the acute respiratory distress syndrome. N Engl J Med 351:327-336, 2004.

18. Qual é o efeito da posição prona na sobrevivência de pacientes com ALI/SDRA?

Até o momento, os resultados de pesquisas multicêntricas são inconclusivos no que diz respeito ao papel da posição prona na ALI/SDRA. Em pesquisas clínicas recentemente completadas foram comparados pacientes ventilados em posição prona *versus* posição supina. A posição prona esteve associada a uma melhora na oxigenação, mas sem melhora nas taxas de mortalidade.

Gattinoni L, Tognoni G, Pesenti A, et al: Effects of prone positioning on the survival patients with acute respiratory failure. N Engl J Med 345:568-573, 2001.

Guerin C, Gaillard S, Lemasson S, et al: Effects of systematic prone positioning in hypoxemic acute respiratory failure: A randomized controlled trial. JAMA 292:2379-2387, 2004.

19. Há algum papel para os corticosteroides na SDRA?

É certo que os corticosteroides não previnem o desenvolvimento de SDRA quando administrados a pacientes sob risco e não melhoram as taxas de mortalidade em pacientes com SDRA inicial. Atualmente, o emprego de corticosteroides para tratar a SDRA persistente ainda está sendo debatido.

Os pacientes com SDRA persistente, também conhecida como a *fase fibroproliferativa da SDRA*, apresentam uma inflamação em curso que é potencialmente responsiva à corticoterapia. A existência da fase fibroproliferativa da SDRA é relativamente bem aceita e estudos clínicos sugerem que esta fase se caracteriza por uma resposta inflamatória persistente (tanto sistêmica quanto pulmonar) e por uma resposta fibroproliferativa correspondente no pulmão. Vários estudos pequenos não controlados sugerem que a administração de corticosteroides durante esta fase fibroproliferativa reduz as taxas de mortalidade. Um grande estudo randomizado sobre o uso de corticosteroides na SDRA tardia foi completado recentemente pela ARDS Network. Os resultados preliminares apresentados indicam não haver diferença na mortalidade; entretanto, outras variáveis estão sendo avaliadas.

Jantz MA, Sahn SA: Corticosteroids in acute respiratory failure. Am J Respir Crit Care Med 160:1079-1100, 1999.

ASPIRAÇÃO

Derek Haerle, MD e Thomas J. Donnelly, MD

1. O que é aspiração?

Aspiração é a inalação de material para dentro das vias aéreas, abaixo das cordas vocais verdadeiras.

2. Descreva os mecanismos normais de defesa contra a aspiração.

A coordenação da deglutição voluntária é, primariamente, uma função do tronco cerebral com modificações efetuadas pelos centros corticais mais elevados. É composta pelas fases oral, faríngea e esofágica, que servem para preparar o bolo alimentar, fechar a nasofaringe e a laringe, relaxar o esfíncter esofageano superior e mover o bolo alimentar do esôfago superior ao estômago. Os mecanismos adicionais de proteção das vias aéreas são denominados *mecanismos basais* e *mecanismos de resposta*. Os mecanismos basais incluem os esfíncteres esofageanos inferior (EEI) e superior, enquanto os mecanismos de resposta envolvem uma série de reflexos que protegem a via aérea em resposta à distensão mecânica do esôfago ou à estimulação da faringe. As defesas do trato respiratório incluem cílios, produção de muco, tecido linfoide e tosse. As defesas esofageanas incluem a integridade do EEI, o tônus basal e a peristalse. As defesas gástricas envolvem o esvaziamento de líquidos e incluem o tônus fúndico, as contrações antrais e o tônus pilórico.

McClave SA, DeMeo MT, DeLegge MH, et al: North American Summit on Aspiration in the Critically Ill Patient: Consensus statement. J Parenter Enteral Nutr 26:S80-S85, 2002.

3. Quais pacientes estão sob risco de aspiração?

Os fatores de risco para aspiração podem ser divididos em cinco categorias:

- **Alteração do nível de consciência:** Uso de álcool ou drogas, acidente vascular cerebral, infecções do sistema nervoso central ou tumores, anestesia geral, hipóxia e distúrbios metabólicos, tais como insuficiência hepática, sepse e uremia.
- **Doenças gastrointestinais:** Ascite, distúrbios esofageanos, sangramento gastrointestinal, neoplasia maligna, obstrução intestinal.
- **Fatores mecânicos:** Tubos endotraqueais, traqueostomias, sondas nasoentéricas, tumores das vias aéreas superiores.
- **Doenças neuromusculares:** Esclerose lateral amiotrófica, botulismo, síndrome de Guillain-Barré, esclerose múltipla, miastenia gravis, doença de Parkinson, poliomielite, polimiosite, paralisia das cordas vocais.
- **Fatores diversos:** Obesidade, gravidez, diabetes, posição supina do paciente.

DeLegge MH: Aspiration pneumonia: Incidence, mortality, and at-risk population. J Parenter Enteral Nutr 26:S19-S24, 2002.

4. Quais mecanismos aumentam a incidência de aspiração no ambiente da unidade de terapia intensiva (UTI)?

A depressão do estado mental interfere nos mecanismos de deglutição e nos reflexos de proteção das vias aéreas através de alterações da coordenação. A presença de intubação endotraqueal ou traqueostomia impedem a elevação laríngea e o balonete pode comprimir o esôfago, provocando assim uma obstrução parcial. Uma sonda nasoentérica pode comprometer a integridade do EEI ou aumentar a incidência de relaxamentos transitórios do EEI. A estimulação constante da traqueia nos pacientes intubados pode provocar uma dessensibilização mecânica e dos quimiorreceptores, e suprimir o reflexo de tosse. A velocidade do esvaziamento gástrico pode ser diminuída por vários fármacos, pela sepse e pela dor. A distensão do estômago proximal, a hiperglicemia, a sepse e vários fármacos aumentam a frequência de relaxamentos transitórios do EEI e deprimem as contrações esofageanas, levando ao aumento do refluxo gastroesofágico.

McClave SA, DeMeo MT, DeLegge MH, et al: North American Summit on Aspiration in the Critically Ill Patient: Consensus statement. J Parenter Enteral Nutr 26:S80-S85, 2002.

5. Quais são as principais consequências da aspiração?

A aspiração pode ser assintomática ou provocar uma variedade de síndromes. As consequências de um evento dependem da natureza e do volume de material aspirado, além da resposta do indivíduo. Grandes volumes de líquido estéril, não irritante, podem ser introduzidos nas vias aéreas, causando sequelas mínimas. Pequenos volumes de secreções orais costumam ser aspirados durante o sono em pessoas saudáveis. As aspirações clinicamente significativas incluem as de conteúdo gástrico ácido, bactérias da orofaringe e matéria particulada. As síndromes de aspiração incluem pneumonite, pneumonia, obstrução das vias aéreas, atelectasia, broncoespasmo, bronquite, bronquiectasia, rouquidão, abscesso pulmonar, hemorragia pulmonar, fibrose intersticial e lesão pulmonar aguda (ALI)/síndrome do desconforto respiratório agudo (SDRA).

6. Quais são os resultados da aspiração de ácido gástrico?

A aspiração de ácido gástrico pode provocar dano imediato e intenso nas vias aéreas e no epitélio alveolar. Podem também ocorrer broncoespasmo, edema pulmonar, colapso alveolar devido à perda de surfactante e perda de volume do líquido intravascular. Além disso, pode ocorrer ALI/SDRA. Embora o tratamento com neutralização dos líquidos nas vias aéreas tenha sido tentado, o ácido instilado dentro das vias aéreas é rapidamente absorvido e neutralizado, o que torna esta terapia fútil.

7. Quais são os organismos que geralmente produzem complicações infecciosas na aspiração?

A maioria das pneumonias resulta da aspiração de organismos que colonizam as superfícies mucosas das vias aéreas da orofaringe. A bacteriologia da pneumonia por aspiração difere basicamente se ela foi adquirida na comunidade ou no hospital. Durante a primeira semana na UTI, a orofaringe e o estômago se tornam cada vez mais colonizados por organismos mais virulentos. A flora oral normal (p. ex., *Streptococcus pneumoniae, Haemophilus influenzae* e *Staphylococcus aureus*) é substituída por organismos gram-negativos resistentes adquiridos no meio hospitalar (p. ex., *Pseudomonas aeruginosa, Acinetobacter* sp, *Enterobacter* sp) e *S. aureus* resistente à meticilina.

Moore FA: Treatment of aspiration in intensive care unit patients. J Parenter Enteral Nutr 26:S69-S74, 2002.

8. O que é pneumonia lipoide?

A aspiração de gorduras animais, óleo mineral ou outras substâncias lipídicas provoca uma resposta inflamatória no pulmão, que é independente de infecção. O termo *pneumonia lipoide* se refere a infiltrados alveolares persistentes que ocorrem após a aspiração de óleo. Todos os pacientes com infiltrados pulmonares persistentes devem ser questionados acerca do uso oral ou nasal de lubrificantes (frequentemente gotas nasais à base de óleo). Os pacientes que necessitam de um emoliente nasal (ou seja, pacientes que recebem oxigenioterapia via cânula nasal por longo prazo) devem ser instruídos a utilizar apenas produtos à base de água.

9. Como a aspiração é diagnosticada?

- Por meio de um evento observado de regurgitação/aspiração com tosse, engasgo e/ou expectoração de material.
- Por meio da visualização na laringe, abaixo das cordas vocais verdadeiras, de secreções orofaríngeas, conteúdo gástrico, material alimentar ou de marcadores como o bário (videofluoroscopia) ou radioisótopo (cintilografia).
- Por meio da descoberta de conteúdo gástrico ou partículas alimentares nas secreções traqueais.

10. Como a aspiração deve ser tratada ?

O tratamento da aspiração consiste em confirmar o diagnóstico, fornecer cuidados de suporte, monitorar as consequências clínicas e instituir a prevenção secundária. A maioria dos pacientes não necessita de intubação. A continuação da alimentação enteral não é contraindicada, embora seja aconselhável tomar medidas para reduzir a possibilidade de nova aspiração.

11. Como diferenciar entre a pneumonite por aspiração e a pneumonia infecciosa provocada por aspiração?

Essas duas entidades nem sempre são clinicamente distintas. O diagnóstico tem de se basear nas culturas e na evolução clínica, pois nas primeiras horas após o evento aspirativo pode existir um caráter idêntico na resposta inflamatória e consequências radiográficas (p. ex., febre, leucocitose, leucopenia, desvio à esquerda, mudanças na produção de escarro, hipoxemia, infiltrado novo ou piora do infiltrado exibido na radiografia de tórax).

McClave SA, DeMeo MT, DeLegge MH, et al: North American Summit on Aspiration in the Critically Ill Patient: Consensus statement. J Parenter Enteral Nutr 26:S80-S85, 2002.

12. Esta diferenciação entre a pneumonite por aspiração e a pneumonia infecciosa provocada por aspiração é importante?

Sim. Embora todos os pacientes que sabidamente aspiraram devam receber cuidados pulmonares intensivos, para aumentar os volumes pulmonares e mobilizar as secreções, o uso precoce de antibióticos empíricos nem sempre é indicado podendo resultar na seleção de organismos resistentes. Por outro lado, devemos compreender que pacientes críticos na UTI se encontram sob risco de aspiração mais frequente por diversas razões (ver discussão anterior). Tais indivíduos apresentam maior probabilidade da aspiração evoluir através dos estágios de contaminação, colonização, bronquiolite, pneumonia focal e pneumonia confluente.

Moore FA: Treatment of aspiration in intensive care unit patients. J Parenter Enteral Nutr 26:S69-S74, 2002.

13. Quando devemos iniciar a antibioticoterapia?

As decisões quanto ao tratamento se baseiam em três fatores:

- Certeza do diagnóstico clínico (ou seja, definido *versus* provável).
- Tempo do início (ou seja, < 5 dias *versus* > 5 dias).
- Possibilidades de o paciente tolerar o diagnóstico errado.

Não há um esquema de antibióticos ideal. Quando o diagnóstico é incerto, pode ser realizada uma broncoscopia com lavagem broncoalveolar ou com escovado protegido. O encontro de organismos intracelulares na coloração pelo Gram indica um diagnóstico de pneumonia e deve, junto aos dados locais de sensibilidade, guiar o tratamento empírico. Os pacientes que apresentem hipotensão ou pareçam estar sépticos podem receber antibioticoterapia empírica. Os dados das culturas quantitativas serão confiáveis somente se os pacientes não tiverem recebido antibióticos ou se os estiverem recebendo há 72 horas sem mudanças clínicas.

Guidelines for the Management of Adults with Hospital-Acquired, Ventilator-Associated and Healthcare-associated Pneumonia. Am J Respir Crit Care Med 171:388-416, 2005.

Jackson WL, Shorr AF: Update in ventilator-associated pneumonia. Curr Opin Anaesthesiol 19:117-121, 2006.

oore FA: Treatment of aspiration in intensive care unit patients. J Parenter Enteral Nutr 26:S69-S74, 2002.

14. Que estratégias podem ser empregadas para evitar a aspiração?

É importante reavaliar com frequência a necessidade, o nível e a escolha de agentes para analgesia e sedação. A cabeceira do leito deve estar elevada a no mínimo 30 graus e os cuidados orais devem ser otimizados.

15. O posicionamento da sonda de alimentação enteral no intestino delgado ou no estômago afeta a incidência de aspiração durante a nutrição enteral?

Estudos nos quais foi usado um marcador na fórmula infundida mostraram que a alimentação no intestino delgado pode reduzir a incidência de refluxo gastrointestinal. Porém, não está claro se isso leva a uma redução na incidência de pneumonia. Embora os estudos projetados para avaliar o efeito do nível da alimentação sobre aspiração e a pneumonia tenham sido pequenos e sem muita força estatística, nenhuma diferença significativa foi demonstrada entre os pacientes alimentados no intestino delgado e aqueles alimentados no estômago. Mesmo assim, alguns especialistas recomendam posicionar a sonda de alimentação no intestino delgado a fim de reduzir o risco de pneumonia por aspiração.

Heyland DK, DeMeo MT, Drover JW, et al: Optimizing the benefits and minimizing the risks of enteral nutrition in the critically ill: Role of small bowel feeding. J Parenter Enteral Nutr 26:S51-S55, 2002.

PONTOS-CHAVE: ASPIRAÇÃO

1. Pacientes críticos na UTI se encontram sob risco de aspiração mais frequente e com consequências mais graves após a aspiração.
2. As consequências da aspiração dependem do volume e da natureza do material aspirado, assim como da resposta do indivíduo ao insulto.
3. A bacteriologia da pneumonia após a aspiração depende da flora da orofaringe e do trato gastrointestinal. A flora bacteriana muda com o tempo.
4. Apesar de os dados serem escassos, alguns especialistas recomendam posicionar a sonda de alimentação no intestino delgado a fim de reduzir os riscos de desenvolvimento de uma pneumonia aspirativa.

16. Quais são os parâmetros de avaliação clínica empregados para detectar a aspiração em pacientes sob alimentação enteral?

Junto à impressão clínica, a detecção precoce da aspiração tem se fundamentado na coloração da dieta enteral com corantes e na detecção de níveis elevados de glicose nos aspirados traqueais. O uso de corantes azuis na dieta tem baixa sensibilidade e tem sido relacionado à morte de pacientes críticos, provavelmente como resultado de um efeito tóxico sobre as mitocôndrias. A especificidade do método da glicose oxidase para a detecção de fórmulas enterais contendo glicose é muito baixa. Ambos os métodos devem ser abandonados. Os volumes residuais gástricos muitas vezes são empregados para avaliar o risco de aspiração. No entanto, este não é um método confiável porque os volumes residuais gástricos se correlacionam mal à incidência de regurgitação ou aspiração. Está claro que são necessários novos meios, à beira do leito, para a detecção precoce da aspiração para se estabelecer estratégias preventivas.

Maloney JP, Ryan TA: Detection of aspiration in enterally fed patients: A requiem for bedside monitors of aspiration. J Parenter Enteral Nutr 26:S34-S41, 2002.

17. A intubação ou a traqueostomia previnem a aspiração?

Não. Tanto a intubação quando a traqueostomia, na realidade, quebram algumas das defesas normais das vias aéreas superiores. A insuflação do balonete não impede completamente que o líquido entre nas vias aéreas. No entanto, em pacientes com depressão da consciência ou doença neuromuscular a intubação ou a traqueostomia podem ser indicadas para diminuir o volume da aspiração e permitir a aspiração do conteúdo das vias aéreas.

18. Que medidas preventivas podem ser empregadas durante a intubação endotraqueal?

A aspiração de conteúdo gástrico durante a intubação pode ser catastrófica. Várias precauções podem ser tomadas:

- Pode ser realizada a intubação com o paciente desperto, sem sedação.
- A intubação com fibra óptica pode ser útil, caso esteja disponível.
- A pressão sobre a cartilagem cricoide (ou seja, manobra de Sellick) oclui o esôfago e pode evitar a aspiração.

- A pressão positiva excessiva aplicada antes de se realizar a intubação muitas vezes dilata o estômago e predispõe o paciente à êmese.
- A certificação da localização correta do tubo endotraqueal (de forma ideal, via monitorização do CO_2 expiratório final sustentado e a presença de sons respiratórios com ausência de sons gástricos durante a ventilação) deve ser alcançada rapidamente.
- As manobras indicadas para diminuir o pH gástrico, aumentar o tônus do EEI e diminuir o volume gástrico (empregando bloqueadores H_2, metoclopramida) podem ser consideradas em indivíduos de alto risco com intubações planejadas várias horas antes.
- Os antiácidos particulados podem produzir dano pulmonar caso sejam aspirados, por isso devem ser evitados.

CAPÍTULO 24

HEMOPTISE

Michael E. Hanley, MD

1. O que é hemoptise?

Hemoptise é a expectoração de sangue originário do trato respiratório inferior. Ela é classificada com base no volume da hemorragia. A *hemoptise maciça* é definida de forma inconsistente, mas geralmente descreve a expectoração de mais de 600 mL de sangue em um período de 24 a 48 horas. A *hemoptise franca* é a expectoração de menos de 600 mL de sangue no mesmo período citado acima, porém contém mais do que raias de sangue.

2. Qual é a diferença entre hemoptise e pseudo-hemoptise?

A pseudo-hemoptise é a expectoração de sangue originário de fonte que não o trato respiratório inferior. Resulta tanto da aspiração de sangue do trato gastrointestinal como de sangue drenando para a laringe e a traqueia, a partir de locais de sangramento na cavidade oral, nasofaringe ou laringe.

3. Descreva o diagnóstico diferencial da hemoptise.

A hemoptise resulta, geralmente, de processos parenquimatosos pulmonares focais ou difusos, ou de distúrbios traqueobrônquicos, cardiovasculares ou hematológicos (Quadro 24-1). Nos EUA, a frequência com a qual a hemoptise está associada a essas condições é determinada pela idade do paciente, pela população que está sendo estudada (p. ex., cirúrgica ou clínica, hospital de veteranos de guerra ou hospital de indigentes) e pela quantidade de sangue expectorado.

Corder R: Hemoptysis. Emerg Med Clin North Am 21:421-435, 2003.

4. Quais são as causas mais comuns da hemoptise maciça?

As causas mais comuns quando a hemoptise maciça se inicia, em pacientes que não estão intubados, são as doenças pulmonares inflamatórias. Esta categoria inclui a tuberculose (40%), bronquiectasia (30%), pneumonite necrotizante (10%), abscesso pulmonar (5%) e infecção fúngica (5%). As neoplasias pulmonares e as malformações arteriovenosas são responsáveis por apenas cerca de 10% dos casos.

Johnston H, Reisz G: Changing spectrum of hemoptysis: Underlying causes in 148 patients undergoing diagnostic flexible fiberoptic bronchoscopy. Arch Intern Med 149:1666-1668, 1989.

5. Identifique as causas iatrogênicas mais comuns da hemoptise que ocorrem em pacientes críticos.

Quando a hemoptise começa após a intubação endotraqueal, deve-se levar em conta o traumatismo da via aérea superior provocado pelo procedimento de intubação, pela cânula endotraqueal ou pelos cateteres de aspiração endotraqueal. Se a hemoptise se inicia após um período latente de uma ou mais semanas após a intubação, a

QUADRO 24-1. CAUSAS DE HEMOPTISE

Distúrbios traqueobrônquicos

Traqueobronquite aguda
Amiloidose
Aspiração gástrica
Adenoma brônquico
Endometriose brônquica
Telangiectasia brônquica
Carcinoma broncogênico
Broncolitíase
Bronquite crônica
Fibrose cística
Metástase endobrônquica
Tuberculose endobrônquica
Aspiração de corpo estranho
Impactação mucoide brônquica
Traumatismo traqueobrônquico
Fístula traqueoesofágica

Doenças parenquimatosas localizadas

Pneumonia não-tuberculosa
Actinomicose
Amebíase
Ascaridíase
Aspergiloma
Sequestro broncopulmonar
Coccidioidomicose
Cisto congênito e adquirido
Criptococose
Histoplasmose
Mola hidatiforme
Abscesso pulmonar
Pneumonia lipoide
Contusão pulmonar
Câncer metastático
Mucormicose
Nocardiose
Paragonimíase
Endometriose pulmonar
Tuberculose pulmonar
Esporotricose

Distúrbios cardiovasculares

Aneurisma aórtico
Doença cardíaca congênita
Insuficiência cardíaca congestiva
Embolia gordurosa
Estenose mitral
Síndrome pós-infarto do miocárdio
Malformação arteriovenosa pulmonar
Aneurisma de artéria pulmonar
Êmbolo pulmonar
Varizes venosas pulmonares
Esquistossomose
Síndrome da veia cava superior
Embolização tumoral

Distúrbios hematológicos

Terapia anticoagulante
Coagulação intravascular disseminada
Leucemia
Trombocitopenia

Doenças parenquimatosas difusas

Angiossarcoma disseminado
Pulmão de fazendeiro
Síndrome de Goodpasture
Hemossiderose pulmonar idiopática
Nefropatia por IgA mista
Doença dos legionários
Doença mista do tecido conjuntivo
Crioglobulinemia mista
Poliarterite nodosa
Esclerodermia
Lúpus eritematoso sistêmico
Pneumonite viral
Granulomatose de Wegener

Outras

Idiopática
Iatrogênica

IgA = imunoglobulina A.
Adaptado de Irwin RS, Hubmayr R: Hemoptysis. In Rippe JM, Irwin RS, Alpert JS, Dalen JE (eds): Intensive Care Medicine, Boston, Little, Brown, 1985.

fonte da hemorragia pode ser uma fístula traqueo-arterial. Essa possibilidade é maior se houver uma cânula de traqueostomia. A ruptura da artéria pulmonar e o infarto pulmonar devem ser considerados quando a hemoptise ocorre em um paciente com um cateter de artéria pulmonar. E deve-se suspeitar de infarto pulmonar se um infiltrado cuneiforme estiver presente distalmente ao cateter na radiografia de tórax.

Abreu AR, Campos MA, Krieger BP: Pulmonary artery rupture induced by a pulmonary artery catheter: Case report and a review of the literature. J Intensive Care Med 19:291-296, 2004.

6. Explique o significado da hemoptise maciça.

A hemoptise maciça geralmente se deve à hemorragia a partir da circulação da artéria brônquica (pressão sistêmica) em oposição ao circuito de baixa pressão da artéria pulmonar e, portanto, é mais capaz de gerar uma hemorragia potencialmente letal. O índice de mortalidade consequente à hemoptise maciça, em alguns estudos, é de 75%-100%.

7. Liste os exames que devem ser incluídos em uma avaliação de rotina de pacientes com hemoptise.

A história, exame físico, hemograma completo incluindo contagem plaquetária, provas de coagulação, análise da urina, radiografia de tórax e eletrocardiograma.

Lordan JL, Gascoigne A, Corris PA: The pulmonary physician in critical care: Illustrative case 7: Assessment and management of massive haemoptysis. Thorax 58:814-819, 2003.

8. Qual é a abordagem inicial para se avaliar um paciente com hemoptise na unidade de terapia intensiva (UTI)?

A avaliação deve começar com os exames de rotina previamente descritos. Após a estabilização hemodinâmica do paciente, deve-se determinar o local, a etiologia e a extensão do sangramento. Identificar o local do sangramento requer a visualização das vias aéreas, incluindo a nasofaringe e a orofaringe, e exame da radiografia de tórax. A broncoscopia com fibra óptica via pernasal permite o exame da nasofaringe, da laringe e das vias aéreas principais, e é capaz de revelar se a hemorragia é focal ou difusa. A presença de um tubo endotraqueal pode comprometer o exame. Nesse caso, o sangramento da via aérea superior pode ser detectado por aspiração da traqueia, livre de sangue, com um broncoscópio enquanto o balonete endotraqueal está insuflado, e então observar o fluxo de sangue vivo vindo de cima do balonete quando este é esvaziado. A broncoscopia rígida pode ser necessária se a hemorragia for maciça, pois o broncoscópio flexível não remove o sangue de maneira adequada.

Jean-Baptiste E: Clinical assessment and management of massive hemoptysis. Crit Care Med 28:1642-1647, 2000.

9. Como a radiografia de tórax auxilia na avaliação da hemoptise?

O exame da radiografia de tórax frequentemente fornece pistas tanto para a localização quanto para a etiologia da hemoptise. A presença de um infiltrado sugere a existência de um processo parenquimatoso pulmonar. Entretanto, ocasionalmente, pode ocorrer um infiltrado após a aspiração de sangue proveniente da via aérea superior. De forma semelhante, a presença de infiltrados difusos sugere doença parenquimatosa difusa, apesar de este padrão radiográfico também ocorrer no sangramento localizado associado à tosse grave, que espalha o sangue pelos pulmões.

PONTOS-CHAVE: OBJETIVOS DO MANEJO DA HEMOPTISE MACIÇA

1. Manter a patência das vias aéreas.
2. Proteger o pulmão sadio.
3. Cessar a hemorragia.
4. Prevenir a recorrência da hemorragia.

10. Todos os pacientes com hemoptise requerem broncoscopia?

Não. A broncoscopia pode não ser indicada se a avaliação inicial sugerir fortemente que a hemoptise se deve a uma etiologia cardiovascular, a uma infecção do trato respiratório inferior ou ocorreu um episódio único de hemoptise franca devido a bronquite aguda ou crônica. Entretanto, a broncoscopia deve ser reconsiderada nessas situações clínicas caso a hemoptise do paciente não apresenta melhora ou não se resolve após 24 horas de terapia empírica. A broncoscopia não é indicada para fazer o diagnóstico específico de uma fístula traqueo-arterial.

11. Descreva o manejo imediato da hemoptise maciça.

Os objetivos do manejo imediato de pacientes com hemoptise maciça incluem manutenção da patência das vias aéreas, interrupção da hemorragia em curso e prevenção de um novo sangramento. A manutenção da patência das vias aéreas é de extrema importância porque a morte por hemoptise maciça resulta mais comumente de asfixia em função da obstrução das vias aéreas principais do que de esxanguinação. Várias abordagens têm sido preconizadas para manter a patência das vias aéreas. Se a hemorragia estiver ocorrendo de um foco, e o local da hemorragia for conhecido, o paciente deve ser posicionado com o lado sangrando para baixo a fim de prevenir a contaminação das vias aéreas não envolvidas. Se o local da hemorragia não é conhecido ou é difuso, o paciente deve ser colocado na posição de Trendelenburg. Outras abordagens para proteger as vias aéreas não envolvidas incluem: intubação seletiva broncoscopicamente guiada do brônquio principal não sangrante ou posicionamento de uma cânula endotraqueal duplo lúmen.

Johnson JL: Manifestations of hemoptysis: How to manage minor, moderate, and massive bleeding. Postgrad Med 112:101-113, 2002.

12. Quais são as terapias específicas que poderiam interromper uma hemorragia em curso?

Se a causa da hemorragia é conhecida, deve-se interrompê-la instituindo-se a terapia específica (como antibiótico para bronquiectasia ou corticosteroides para vasculite pulmonar). As coagulopatias devem ser corrigidas com a administração de hemocomponentes/hemoderivados apropriados. Uma hemorragia localizada potencialmente letal pode requerer estratégias mais agressivas. A ressecção cirúrgica deve ser considerada em pacientes com função pulmonar subjacente adequada; entretanto, a mortalidade associada a essa abordagem é alta. A hemoptise focal em pacientes com doença respiratória subjacente grave tem sido tratada com êxito através do tamponamento com cateteres de Fogarty colocados sob orientação broncoscópica, fotocoagulação por *laser* broncoscópica, oclusão da artéria pulmonar envolvida com cateter de Swan-Ganz, lavagem dos segmentos pulmonares sangrantes com soro fisiológico gelado, administração tópica de epinefrina e administração IV de vasopressina. A maioria dos pacientes, no entanto, requer embolização da artéria brônquica (*ver* questão 14).

Haponiks EF: Managing life-threatening hemoptysis: Has anything really changed? Chest 118:1431-1435, 2000.

Valipour A, Kreuzer A, Koller H, et al: Bronchoscopy-guided topical hemostatic tamponade therapy for the management of life-threatening hemoptysis. Chest 127:2113-2118, 2005.

13. Descreva a abordagem da fístula traqueo-arterial.

Os objetivos da abordagem imediata são controlar o sangramento e manter as vias aéreas patentes enquanto o paciente é preparado para a correção cirúrgica primária. O sangramento de uma fístula traqueo-arterial como complicação da traqueostomia geralmente ocorre em um de três locais: no estoma da cânula de traqueostomia, no balonete da cânula de traqueostomia ou na extremidade da cânula intratraqueal. O sangramento no estoma da traqueostomia pode, algumas vezes, ser tamponado aplicando-se pressão para frente e para baixo na parte superior da cânula. O sangramento no local do balonete pode ser tamponado pela hiperinsuflação do balonete. Estas manobras devem ser realizadas imediatamente. Entretanto, não serão úteis se o sangramento estiver ocorrendo no local da extremidade da cânula. Se o sangramento cessa ou diminui espontaneamente ou como consequência desses esforços, deve-se posicionar uma cânula endotraqueal distalmente ao local do sangramento. Entretanto, a cânula de traqueostomia inicial não deve ser removida sem a presença de um cirurgião, pois pode haver um aumento súbito no volume da hemorragia, que necessitará de uma dissecção imediata sob a parede anterior da traqueia posteriormente ao esterno para tentar tamponar o local de sangramento diretamente com o dedo.

Schaefer OP, Irwin RS: Tracheo-artery fistula. Intensive Care Med 10:64-75, 1995.

14. Qual é o papel da embolização da artéria brônquica no tratamento da hemoptise maciça?

A embolização da artéria brônquica é importante no tratamento das causas cirúrgicas e não cirúrgicas de hemoptise maciça. É uma medida temporária para as lesões cirúrgicas, facilitando a estabilização dos pacientes enquanto são submetidos à avaliação e ao preparo para a cirurgia. Ela permite que a cirurgia seja realizada em condições mais controladas. A embolização da artéria brônquica se tornou a terapia primária de pacientes considerados inoperáveis em decorrência das suas condições clínicas (por causa da presença de doença pulmonar difusa ou função pulmonar ruim). Estes pacientes podem ser submetidos a vários episódios de embolização durante vários anos caso a hemoptise reincida.

15. Qual é a taxa de sucesso da embolização da artéria brônquica?

Alguns estudos indicam taxas de sucesso de 98% no período inicial de 24 horas. Entretanto, 16-30% dos pacientes tornam a sangrar no primeiro ano após a embolização. O novo sangramento tende a ser bimodal na sua ocorrência, com picos no primeiro mês (geralmente devido a uma embolização inicial inadequada) e em 1-2 anos (devido à progressão da doença subjacente).

Mal H, Rullon I, Mellot F, et al: Immediate and long-term results of bronchial artery embolization for life-threatening hemoptysis. Chest 115:996-1001, 1999.

Mossi F, Maroldi R, Battaglia G, et al: Indicators predictive of success of embolisation: Analysis of 88 patients with haemoptysis. Radiol Med (Torino) 105:48-55, 2003.

16. Quais são as complicações associadas à embolização da artéria brônquica?

A embolização da artéria brônquica está associada a baixas taxas de morbidade. As complicações mais comuns incluem dor torácica pleurítica, febre, leucocitose e disfagia. Estes sintomas podem durar de 5-7 dias. Outras complicações são muito raras e estão relacionadas ao comprometimento vascular de órgãos supridos por vasos que surgem à jusante do local de posicionamento do cateter. Exemplos incluem infarto da medula espinal, mielite transversa, estenose brônquica, fístula bronco-esofageana, cegueira cortical transitória e acidentes cerebrovasculares.

Saluja S, Henderson KJ, White RI: Embolotherapy in the bronchial and pulmonary circulation. Radiol Clin North Am 38:425-448, 2000.

17. Quando devemos considerar a cirurgia no tratamento da hemoptise maciça?

A embolização da artéria brônquica tem substituído amplamente a ressecção cirúrgica como terapia inicial na hemoptise maciça. Essa terapia está associada a taxas muito menores de morbidade e de mortalidade precoce se comparada à cirurgia de emergência. Entretanto, devido às altas taxas de recorrência após a embolização, a cirurgia deve ser considerada para pacientes que apresentem hemoptise devido a lesões pulmonares focais e boa reserva pulmonar após sua condição ter sido estabilizada com a embolização. A cirurgia é contraindicada em pacientes com doença pulmonar avançada que resulte em reserva pulmonar limitada, comorbidades significativas (principalmente cardiopatia avançada) ou neoplasias malignas pulmonares que tenham invadido a traqueia, o mediastino, o coração, os grandes vasos e a pleura parietal. Por outro lado, este permanece sendo o tratamento de escolha para pacientes com hemoptise relacionada a traumatismo, aneurisma aórtico e adenomas brônquicos.

Jougon J, Ballester M, Delcambre F, et al: Massive hemoptysis: What place for medical and surgical treatment. Eur J Cardiothorac Surg 22:345-351, 2002.

CONTROVÉRSIAS

18. A avaliação da hemoptise maciça requer broncoscopia rígida?

A favor:

1. A maior capacidade de aspiração com a broncoscopia rígida permite melhor eliminação do sangue da árvore traqueobrônquica, proporcionando assim melhor avaliação das vias aéreas.
2. A broncoscopia rígida melhor permite a manutenção das vias aéreas e a ventilação alveolar adequadas.

Contra:

1. A broncoscopia rígida é mal tolerada, tanto subjetiva quanto fisiologicamente, em pacientes agudamente doentes e permite apenas uma avaliação limitada da árvore brônquica porque apenas suas porções proximais são visualizadas, o que resulta em tempo e mobilidade insuficientes para permitir a lavagem e a avaliação eficazes dos segmentos pulmonares individuais.
2. O maior alcance da broncoscopia flexível de fibra óptica permite a avaliação no nível de brônquios segmentares e subsegmentares, o que resulta no aumento da acurácia diagnóstica tanto de localização quanto de visualização do local de sangramento (principalmente nos lobos superiores).
3. A broncoscopia flexível de fibra óptica permite a lavagem seletiva e o posicionamento seletivo de cateteres de Fogarty em brônquios segmentares e subsegmentares.

19. A broncoscopia de fibra óptica deveria ser realizada em pacientes com hemoptise maciça antes da embolização da artéria brônquica?

A favor:

1. A broncoscopia de fibra óptica é importante para guiar a embolização da artéria brônquica porque identifica o local de sangramento.
2. A broncoscopia de fibra óptica é complementar à tomografia computadorizada de tórax na identificação da causa da hemoptise, permitindo a instituição da terapia específica direcionada à patologia pulmonar subjacente.
3. A broncoscopia de fibra óptica facilita a introdução de cateteres com balão na via aérea para controle da hemorragia e proteção do parênquima pulmonar ileso através do isolamento dos segmentos com hemorragia ativa.

Contra:

1. Um estudo com 29 pacientes, que foram submetidos à embolização da artéria brônquica para controlar a hemoptise maciça, revelou que o local de sangramento pôde ser identificado apenas pela radiografia de tórax em 80% deles. A broncoscopia foi essencial para localizar o ponto de hemorragia em apenas 10% dos pacientes.
2. O local da embolização geralmente é identificado por angiografia no momento da cateterização da artéria brônquica.
3. A broncoscopia de emergência resulta em atrasos desnecessários antes da realização da embolização da artéria brônquica.
4. O tamponamento endobrônquico com cateter com balão é inferior à embolização como medida temporária para controlar a hemorragia antes da instituição de terapia mais específica, por isso deveria ser reservado a pacientes que apresentassem contraindicações à embolização.

Hsiao EI, Kirsch CM, Kagawaa FT, et al: Utility of fiberoptic bronchoscopy before bronchial artery embolization for massive hemoptysis. Am J Roentgenol 177:861-867, 2001.

Karmy-Jones, Cuschieri J, Vallieres E: Role of bronchoscopy in massive hemoptysis. Chest Surg Clin North Am 11:873-906, 2001.

TROMBOEMBOLISMO VENOSO E EMBOLIA GORDUROSA

Pajman A. Danai, MD e Marc Moss, MD

CAPÍTULO 25

1. Quais são as fontes de embolia pulmonar (EP)?

A maioria das EPs é causada por trombos nas veias profundas dos membros inferiores, principalmente as veias ilíacas, femorais e poplíteas. Os trombos também podem se originar de cateteres venosos centrais e de veias pélvicas em mulheres com história de dificuldades obstétricas ou cirurgia ginecológica recente. Outras fontes não hematológicas de EP incluem partículas gordurosas, líquido amniótico (como uma complicação da gravidez), ar (durante a instalação de cateteres venosos centrais) e corpos estranhos como talco e fibras de algodão (nos usuários de drogas injetáveis).

2. Quais são alguns dos fatores de risco para EP e trombose venosa profunda (TVP)?

As três condições gerais que aumentam o risco de trombose venosa são agrupadas na *tríade de Virchow:* estase venosa, hipercoagulabilidade e lesão das paredes venosas. Os fatores de risco específicos estão listados na Tabela 25-1.

Anderson FA, Spencer FA: Risk factors for venous thromboembolism. Circulation 107:I9-I16, 2003.

3. Qual é a frequência da tromboembolia venosa em pacientes críticos?

A TVP e a EP são problemas frequentes e muitas vezes pouco diagnosticados em pacientes críticos. Em estudos prospectivos, 33% dos pacientes clínicos e 18% dos pacientes com traumatismo na unidade de terapia intensiva (UTI) apresentaram TVP em exames clínicos de rotina. Em uma pesquisa retrospectiva em pacientes com sintomas respiratórios na UTI, 27% apresentaram EP na autópsia.

Goldhaber SZ: Pulmonary embolism. Lancet 363:1295-1305, 2004.

TABELA 25-1. FATORES DE RISCO PARA O TROMBOEMBOLISMO VENOSO

Hipercoagulabilidade	Estase Venosa	Lesão da Parede Vascular
Deficiência de antitrombina III	Repouso prolongado no leito	Traumatismo
Deficiência de proteína C	Insuficiência cardíaca congestiva	
Deficiência de proteína S	Obesidade	
Fator V de Leiden	Procedimentos cirúrgicos maiores	
Câncer	Gravidez	
Hiperhomocisteinemia	Mobilidade limitada	
Anticorpo antifosfolipídio		
Contraceptivos orais		
Terapia de reposição hormonal		
Síndrome nefrótica		
Altos níveis de fator VIII		

4. Qual é a confiabilidade do exame físico para diagnosticar a TVP?

A mesma que se tem ao jogar uma moeda para se obter cara ou coroa. Os sinais clínicos de TVP são edema da perna, dor à compressão profunda da panturrilha, dor na panturrilha quando o pé é dorsifletido (ou seja, sinal de Homan), ou trombos profundos palpáveis. Infelizmente, menos de 50% dos pacientes com TVP documentada apresentam os achados clássicos ao exame físico.

Miniati M, Prediletto R, Formichi B, et al: Accuracy of clinical assessment in the diagnosis of pulmonary embolism. Am J Resp Crit Care Med 159:864-871, 1999.

5. Como os pacientes com EP se apresentam?

Os sintomas de EP dependem da gravidade da embolia. Quando há uma oclusão maciça aguda, os pacientes podem se apresentar com hipotensão sistêmica, síncope e hipoxemia grave refratária. Em pacientes com doença cardíaca ou pulmonar subjacente, pode haver comprometimento hemodinâmico significativo com menor grau de oclusão da vascularização pulmonar. Os sinais e sintomas comuns da EP são listados no Quadro 25-1.

QUADRO 25-1. SINAIS E SINTOMAS DA EMBOLIA PULMONAR AGUDA
Dor torácica pleurítica
Taquipneia
Hemoptise
Atrito pleural
Taquipneia de início súbito
Taquicardia
Agitação inexplicada
Hipotensão
Hipóxia inexplicada
Edema assimétrico de membro inferior
Dor unilateral de membro inferior
Aumento da diferença entre a pressão diastólica da artéria pulmonar e a pressão de oclusão da artéria pulmonar

6. Quais são alguns dos achados específicos da EP visíveis na radiografia de tórax?

Para a maioria dos pacientes com EP, a radiografia de tórax revela resultados normais ou anormalidades sutis que raramente são diagnósticas. Alguns achados radiográficos clássicos incluem: sinal de Fleischner (ou seja, traços lineares que correm paralelamente acima de um hemidiafragma elevado), sinal de Westermark (ou seja, oligoemia em uma área do pulmão) e corcova de Hampton (ou seja, densidade parenquimatosa de base pleural em forma de cunha, indicativa de infarto pulmonar).

7. Quais são os achados eletrocardiográficos (ECG) associados à EP?

Os achados de ECG também são variáves e relativamente inespecíficos. Taquicardia sinusal e alterações inespecíficas de segmento ST e de onda T ocorrem com frequência. Os achados de ECG clássicos de S1, Q3, T3 ou de bloqueio de ramo direito, ocorrem em menos de 15% dos pacientes. O aparecimento de achados no ECG de sobrecarga aguda do ventrículo direito (ou seja, desvio para a direita do eixo do QRS ou ondas P apiculadas nas derivações inferiores) em um paciente crítico deve levar à suspeita de uma potencial EP.

8. Haveria alguma anormalidade de resultado, em exames laboratoriais, útil para o diagnóstico da EP ou da TVP?

Os estudos laboratoriais de rotina não são úteis na avaliação diagnóstica de um paciente com suspeita de EP. É importante notar que nenhum achado na gasometria arterial apresenta especificidade adequada para excluir EP. De forma semelhante, o nível sérico elevado do D-dímero é um achado inespecífico em pacientes na UTI.

Entretanto, um nível abaixo de 500 ng/mL pode ser mais útil pelo seu valor preditivo negativo para eliminar o diagnóstico de tromboembolia venosa.

Rodger MA, Carrier M, Jones GN, et al: Diagnostic value of arterial blood gas measurements in suspected pulmonary embolism. Am J Respir Crit Care Med 162:2105-2108, 2000.

9. Quando devemos solicitar uma cintilografia de ventilação/perfusão (V/Q) na investigação diagnóstica da EP?

A maioria dos pacientes com uma cintilografia V/Q de alta probabilidade (87%) apresenta EP documentada. Se a cintilografia apresenta resultados normais, o diagnóstico de EP pode ser excluído com certa segurança. Infelizmente, mais de 50% das cintilografias são não-diagnósticas (ou seja, probabilidade intermediária ou baixa) –, por isso exames adicionais são necessários. Além disso, as cintilografias V/Q são difíceis de interpretar caso o paciente esteja sob ventilação mecânica ou apresente uma doença pulmonar crônica preexistente.

Roy PM, Colombet I, Durieux P, et al: Systematic review and meta-analysis of strategies for the diagnosis of suspected pulmonary embolism. BMJ 331:1-9, 2005.

10. O que dizer da tomografia computadorizada (TC) de tórax na EP?

A sensibilidade e a especificidade da TC helicoidal para o diagnóstico de trombos segmentares ou maiores, se aproximam de 90%, superando as da cintilografia V/Q. Porém, a habilidade da TC helicoidal em diagnosticar êmbolos menores ou subsegmentares, para os quais sua sensibilidade é menor, é incerta. Entretanto, vários estudos têm demonstrado que menos de 1% dos pacientes com uma TC negativa para o diagnóstico de EP desenvolverá TVP subsequente nos três meses seguintes. Entre as vantagens adicionais da TC helicoidal está a possibilidade de se obter informações diagnósticas suplementares sobre o mediastino, a parede torácica e o parênquima pulmonar, o que pode resultar em um diagnóstico alternativo. A utilidade da TC helicoidal na UTI é limitada em pacientes com alteração da função renal, incapacidade de permanecer em decúbito dorsal ou de ser transportado até o aparelho com segurança.

Quiroz R, Kucher N, Zou KH, et al: Clinical validity of a negative computed tomography scan in patients with suspected pulmonary embolism: A systematic review. JAMA 293:2012-2017, 2005.

11. Qual é o papel da ecocardiografia na avaliação da EP?

Até 40% dos pacientes com EP exibem anormalidades do ventrículo direito (VD), incluindo disfunção do VD e formação de trombo (raro). Os achados de sobrecarga de volume e pressão do VD incluem: motilidade anormal do septo interventricular e dilatação e hipocinesia do VD. Os pacientes que mostram sinais de disfunção do VD na ecocardiografia podem apresentar aumento do risco de morte em função da EP. A ecocardiografia também pode diagnosticar condições que simulam a EP, como o aneurisma de aorta, o infarto do miocárdio e o tamponamento pericárdico.

Goldhaber SZ: Echocardiography in the management of pulmonary embolism. Ann Intern Med 136:691-700, 2002.

12. Qual é o algoritmo recomendado para o diagnóstico da EP na UTI para um paciente que se apresenta hemodinamicamente estável?

Uma vez que haja suspeita de EP, deve-se iniciar a anticoagulação (caso não esteja contraindicada). Embora não exista um algoritmo de consenso, o exame diagnóstico inicial deve ser uma cintilografia de V/Q ou uma TC helicoidal. Se estes exames não definirem o diagnóstico, deve-se realizar uma ultrassonografia com Doppler dos membros inferiores. Se, ainda assim, o diagnóstico não for confirmado e a suspeita clínica de EP for elevada, deve-se realizar uma angiografia pulmonar.

Fedullo PF, Tapson VF: The evaluation of suspected pulmonary embolism. N Engl J Med 349:1247-1256, 2003.

13. Qual é o algoritmo recomendado para o diagnóstico da EP na UTI para um paciente que se apresenta hemodinamicamente instável?

Mais uma vez, assim que houver suspeita de EP, a anticoagulação deve ser iniciada (se não houver contraindicação). Como o transporte de um paciente instável é difícil e potencialmente inseguro, o exame inicial deve ser a ultrassonografia com Doppler dos membos inferiores. Caso esta não defina o diagnóstico, pode-se realizar uma ecocardiografia para procurar sinais de dilatação ventricular direita, disfunção ou a possível evidência de um trombo.

Rocha AT, Tapson VF: Venous thromboembolism in intensive care patients. Clin Chest Med 24:103-122, 2003.

14. Quais são os objetivos do tratamento para EP/TVP e como são alcançados?

Os objetivos principais da terapia para EP e TVP são prevenir a formação de novos trombos, promover a resolução do trombo existente e prevenir a recorrência. Na fase aguda, deve-se administrar heparina IV. A terapia com warfarin pode ser iniciada em seguida, objetivando-se um nível de anticoagulação medido pela razão normalizada internacional de 2,0-3,0. É importante continuar a administração da heparina até que a razão normalizada internacional se encontre na faixa terapêutica por, pelo menos, dois dias. É preciso pesar os benefícios e riscos da terapia anticoagulante. As complicações mais importantes incluem sangramento e trombocitopenia. Uma complicação sempre discutida, mas rara, consequente da terapia com warfarin é a necrose de pele provocada pela deficiência preexistente de proteína C ou de proteína S.

Merli G: Anticoagulants in the treatment of deep vein thrombosis. Am J Med 118(8A):13S-20S, 2005.

15. Por quanto tempo devemos tratar um paciente com EP/TVP com anticoagulante?

Os pacientes com EP/TVP devido a um fator de risco importante transitório, como uma hospitalização recente, repouso no leito ou fratura de membro inferior, devem ser anticoagulados por 3-6 meses. Os pacientes com EP/TVP não associadas a fator de risco transitório devem ser tratados por pelo menos seis meses e, possivelmente, por mais tempo caso haja uma condição de hipercoagulabilidade como câncer, deficiência de proteína C ou de proteína S, fator V de Leiden ou anticorpo antifosfolipídio.

Kearon C: Duration of therapy for acute venous thromboembolism. Clin Chest Med 24:63-72, 2004.

16. Quando devemos empregar a heparina de baixo peso molecular (BPM)?

A heparina de BPM tem se revelado segura e eficaz no tratamento de EP e TVP, mas seu emprego na UTI está sob investigação atualmente. As vantagens da heparina de BPM incluem o aumento da biodisponibilidade com resposta anticoagulante mais previsível sem a necessidade de flebotomia para monitorar o tempo de tromboplastina parcial, poucas doses diárias e administração subcutânea. Na UTI, a meia-vida longa pode complicar os planos de procedimentos invasivos e, além disso, os pacientes que recebem vasopressores apresentam absorção inconsistente da medicação subcutânea.

Weitz JI, Hirsh J, Samama MM: New anticoagulant drugs. Chest 126:265S-286S, 2004.

17. Quais pacientes com EP devem ser tratados com terapia trombolítica?

Classicamente, é postulado que a terapia trombolítica deve ser empregada em pacientes com EP maciça que resulte em choque cardiogênico. O uso de trombolíticos promove a lise do trombo de forma mais rápida, além da melhora da função ventricular direita, assim como pode diminuir a taxa de recorrência quando comparado à terapia com heparina somente. Em pacientes com EP "submaciça", definida como disfunção ventricular direita sem hipotensão sistêmica, a terapia trombolítica associada à heparina previne a necessidade de escalonamento da terapia devido à deterioração clínica, geralmente significando piora da insuficiência respiratória.

Konstantinides S, Geibel A, Heusel G, et al: Heparin plus alteplase compared with heparin alone in patients with submassive pulmonary embolism. N Engl J Med 347:1143-1150, 2002.

18. Quando devemos considerar a colocação de um filtro IV?

As indicações mais comuns são quando o paciente apresenta uma embolia recorrente em vigência de anticoagulação "adequada" ou quando ele não pode ser anticoagulado devido a sangramentos ou outras contraindicações.

Streiff MB: Vena caval filters. J Intens Care Med 18(2):59-79, 2003.

19. Existem sequelas significativas, em longo prazo, após a EP?

A hipertensão pulmonar sintomática ocorre em aproximadamente 4% dos pacientes dentro de dois anos após o primeiro episódio de EP.

Pengo V, Lensing AWA, Prins MH, et al: Incidence of chronic thromboembolic pulmonary hypertension after pulmonary embolism. N Engl J Med 350:2257-2264, 2004.

20. Qual é a terapia profilática recomendada a pacientes sob risco de desenvolvimento de EP/TVP?

A profilaxia é recomendada a todos os pacientes sob alto risco e já foi relatada a redução da incidência de TVP em 67%. Entretanto, nem todos os pacientes de UTI que deveriam estar recebendo a profilaxia para TVP a recebem. O emprego de programas computadorizados de alerta eletrônico aumentou o uso da terapia profilática e reduziu a taxa de TVP e de EP em pacientes hospitalizados. O esquema mais usado é com heparina em baixas doses: 5.000 unidades administradas por via subcutânea a cada 8 horas. As heparinas de BPM também são eficazes como forma de profilaxia. Outras terapias, incluindo compressores pneumáticos intermitentes e meias elásticas, podem ser empregadas em pacientes que não toleram a anticoagulação.

Kucher N, Koo S, Quiroz R, et al: Electronic alerts to prevent venous thromboembolism among hospitalized patients. N Engl J Med 352:969-977, 2005.

Weitz JI, Hirsh J, Samama MM: New anticoagulant drugs. Chest 126:265S-286S, 2004.

PONTOS-CHAVE: TROMBOEMBOLIA VENOSA E EMBOLIA GORDUROSA NA UNIDADE DE TERAPIA INTENSIVA ✓

1. Todos os pacientes de alto risco da UTI devem receber terapia profilática para embolia pulmonar (EP)/trombose venosa profunda.
2. Os pacientes podem apresentar EP sem um aumento significativo no gradiente A-a.
3. Não há achados clínicos, radiográficos ou laboratoriais específicos da EP. Portanto, ela deve ser considerada em qualquer paciente crítico com deterioração do estado cardiopulmonar.
4. A hipertensão pulmonar sintomática ocorre em aproximadamente 4% dos pacientes dentro de dois anos após o primeiro episódio de EP.
5. A terapia trombolítica deve ser empregada em pacientes com EP maciça associada ao choque cardiogênico.
6. A síndrome de embolia gordurosa ocorre em pacientes com fraturas ósseas traumáticas, pancreatite, crises falcêmicas e durante procedimentos ortopédicos ou lipoaspiração.

21. O que é a síndrome de embolia gordurosa (SEG)? Quem está sob risco de desenvolvê-la?

A embolia gordurosa ocorre em quase todos os pacientes com fraturas ósseas traumáticas e durante procedimentos ortopédicos. Também pode ocorrer em pacientes com pancreatite ou crises falcêmicas e durante a lipoaspiração. A maioria dos casos é assintomática. A SEG ocorre na minoria destes pacientes, manifestando-se através de sinais e sintomas que geralmente afetam os sistemas respiratório, neurológico, hematológico e cutâneo. Os sintomas geralmente ocorrem 12-72 horas após a lesão inicial. A apresentação pode ser catastrófica, com insuficiência do VD e colapso cardiovascular.

Bulger EM, Smith DG, Maier RV, et al: Fat embolism syndrome: A 10-year review. Arch Surg 132:435-439, 1997.

22. Como se diagnostica a SEG?

O diagnóstico de embolia gordurosa é clínico. O emprego da broncoscopia ou da cateterização de artéria pulmonar para detectar partículas de gordura em macrófagos alveolares ou no sangue da artéria pulmonar carece de

QUADRO 25-2. CRITÉRIOS DIAGNÓSTICOS DE GURD PARA A SÍNDROME DE EMBOLIA GORDUROSA

Critérios maiores
(É necessário apenas um para o diagnóstico)
Rash petequial
Insuficiência respiratória
Envolvimento cerebral

Critérios menores
(São necessários quatro para o diagnóstico)
Taquicardia (frequência cardíaca > 120 batimentos/min
Febre (temperatura > 39°C)
Envolvimento da retina
Icterícia
Insuficiência renal

Critérios laboratoriais adicionais
(É necessário apenas um para o diagnóstico)
Trombocitopenia
Anemia
Velocidade de hemossedimentação elevada
Macroglobulinemia gordurosa

sensibilidade e especificidade para o diagnóstico da SEG. A aplicação dos critérios de Gurd constitui o método diagnóstico mais amplamente utilizado (Quadro 25-2).

Mellor A, Soni N: Fat embolism. Anaesthesia 56:145-154, 2001.

23. Qual é a terapia recomendada para tratar a SEG?

O tratamento da SEG é, primariamente, de suporte. Apesar de amplamente estudado, não há evidências convincentes de que o uso de corticosteroides esteja indicado para tratar a SEG. Alguns estudos sugerem que a estabilização precoce das fraturas de ossos longos pode minimizar a embolização de medula óssea para dentro do sistema venoso.

SITES

1. American Thoracic Society Clinical Practice Guideline: Diagnostic Approach to Acute Venous Thromboembolism
www.thoracic.org/sections/publications/statements/pages/respiratory-disease-adults/venous1-24.htm

2. E-Medicine: Fat embolism
www.emedicine.com/med/topic652.htm

3. Seventh American College of Chest Physicians Consensus Conference on Antithrombotic and Thrombolytic Therapy: Evidence-Based Guidelines
www.chestjournal.org/content/vol126/3_suppl

CAPÍTULO 26

DOR TORÁCICA

Jacob T. Gutsche, MD, Benjamin A. Kohl, MD e Clifford S. Deutschman, MS, MD

1. Quais são os diagnósticos diferenciais da dor torácica?

A dor torácica é dividida em dores derivadas de causas cardíacas e não cardíacas. As causas cardíacas incluem isquemia/infarto do miocárdio, dissecção ou estenose aórtica, cardiomiopatia hipertrófica e miocardite. As causas não cardíacas mais comuns são:

- **Músculo-esquelética:** Trauma da parede torácica, artrite, costocondrite etc.
- **Gastrointestinal:** Espasmo esofageano, úlcera péptica, colecistite, pancreatite.
- **Psiquiátrica:** Ansiedade, desordem somatoforme.
- **Pulmonar:** Pleurite, pneumonia, embolia pulmonar.
- **Outras:** Pericardite, dissecção aórtica, herpes zoster.

2. Como avaliar a dor torácica?

Deve-se excluir imediatamente as causas de dor torácica que põem a vida em risco. Entre elas: isquemia/infarto do miocárdio, dissecção aórtica, embolia pulmonar e pneumotórax hipertensivo. Após colher a história da dor e dos fatores de risco do paciente, o exame físico vai direcionar o médico quanto ao emprego de exames complementares. A dissecção aórtica é classicamente caracterizada por forte dor dilacerante ou cortante que irradia para o dorso. A embolia pulmonar pode se manifestar por dor torácica inespecífica em pontada, de caráter pleurítico associada à dispneia. O pneumotórax hipertensivo é caracterizado por dor torácica em pontada associada à dispneia grave e por ausência de murmúrio vesicular no lado afetado.

3. O que é angina?

Angina é a manifestação clínica da isquemia miocárdica; ou seja, a demanda miocárdica de oxigênio excede a disponibilidade de oxigênio. É caracterizada por desconforto (mais propriamente do que por dor):

- **Tipo:** Em aperto, pressão, peso, sensação de empachamento.
- **Intensidade:** Não é útil para diagnosticar ou excluir a doença arterial coronariana (DAC).
- **Localização:** Difusa, centro do tórax.
- **Irradiação:** Mandíbula, dentes, braço ou até mesmo dedos.
- **Duração:** Geralmente minutos; é mais longa em caso de infarto.
- **Fatores de exacerbação:** Frio, esforço físico, dor, estresse, relação sexual.
- **Fatores de alívio:** Repouso, nitroglicerina.

Outros sintomas que podem estar associados à dor da DAC são diaforese, dispneia, náusea/vômitos, palpitações e síncope. O sinal clássico é o sinal de Levine, em que o paciente fecha o punho sobre o coração.

A angina estável crônica inclui desconforto torácico previsível e reprodutível após atividade física ou estresse emocional. Os sintomas são tipicamente aliviados com repouso ou uso de nitroglicerina sublingual. É provável que haja obstrução em artérias coronárias principais e a gravidade da estenose geralmente é superior a 70%. Pacientes com doença grave de valva aórtica ou cardiomiopatia hipertrófica podem apresentar dor torácica semelhante à de angina na ausência de doença coronariana.

4. O que são os equivalentes anginosos?

Equivalentes anginosos são sintomas de isquemia miocárdica que não são os sintomas clássicos de angina. Eles incluem tontura, náusea, diaforese, dispneia e dor em outros locais diferentes do peito. Esses sintomas geralmente são desencadeados e aliviados de maneiras similares às da angina clássica.

5. Quais são os sintomas da dor torácica atípica (causa não cardíaca)?

- Dor pleurítica em pontada ou latejante, que piora com a inspiração.
- Dor na parede músculo-esquelética, com irradiação variável.
- Duração variável, de segundos a dias/semanas.
- Possível resposta à nitroglicerina sublingual (mas não garantida).
- Começo e fim randômicos.

6. Quais exames radiológicos são úteis na avaliação da dor torácica?

A radiografia é um exame barato e muito importante para diagnosticar várias causas não cardíacas de dor torácica. Essas incluem pneumonia, pneumotórax e fratura de costelas. Um alargamento mediastinal com perda da croça da aorta pode indicar dissecção aórtica. A isquemia cardíaca pode resultar em edema pulmonar. No caso de suspeita de embolia pulmonar ou de dissecção aórtica, pode ser útil realizar um exame de tomografia computadorizada.

7. O eletrocardiograma (ECG) é útil no diagnóstico da causa da dor torácica?

Um ECG completamente normal reduz a probabilidade de a dor torácica ser proveniente da DAC, mas não exclui a possibilidade dessa etiologia. Pacientes com angina instável podem apresentar resultados normais no ECG. Os achados condizentes com isquemia ou infarto são:

- Supradesnivelamento do segmento ST $\geq$ 0,1 mV em duas derivações contíguas.
- Infradesnivelamento do segmento ST $\geq$ 0,1 mV a 80 mseg do ponto J.
- Bloqueio de ramo esquerdo recente ou outro defeito de condução.
- Inversões de ondas T.
- Ondas Q recentes.

Os resultados iniciais do ECG podem ser negativos em um paciente com síndrome coronariana aguda. Em casos muito sugestivos, deve-se repetir o exame em intervalos de dez minutos. Os pacientes também devem ser submetidos à monitorização contínua de duas ou três derivações.

Antman EM, Anbe DT, Armstrong PW, et al: ACC/AHA guidelines for the management of patients with ST-elevation myocardial infarction-executive summary: A report of the American College of Cardiology/American Heart Association Task Force on Practice Guidelines (Writing Committee to Revise the 1999 Guidelines for the Management of Patients with Acute Myocardial Infarction). Circulation 110:588, 2004.

8. A monitorização de duas derivações é suficiente para diagnosticar a isquemia ou o infarto agudo do miocárdio?

A monitorização contínua do ECG se tornou o padrão de cuidado na sala de cirurgia e na unidade de terapia intensiva (UTI). Ela é usada para detectar arritmias e isquemia, e para avaliar a função de um marca-passo ou de um cardioversor-desfibrilador implantável automático. Estudos intraoperatórios demonstraram que a monitorização contínua das derivações DII e V5 tem sensibilidade de 80% para a detecção de isquemia. A sensibilidade fica $>$ 90% quando se adiciona a derivação V4.

London MJ, Hollenberg M, Wong MG, et al: Intraoperative myocardial ischemia: Localization by continuous 12-lead electrocardiography. Anesthesiology 69:232-241, 1988.

9. Como o ecocardiograma é útil na avaliação da dor torácica?

Geralmente, um ECG e uma radiografia de tórax são suficientes para guiar a avaliação da dor torácica. O ecocardiograma será capaz de revelar áreas de discinesia, que sugerem isquemia ou infarto. Isso é mais útil em pacientes que têm um ecocardiograma basal recente porque demonstra que a discinesia é nova. No caso de atendimento na unidade de emergência, a ausência de uma discinesia nova tem valor preditivo negativo de 94%-98%. O ecocardiograma pode revelar hipertensão ventricular direita ou um trombo na artéria pulmonar em pacientes com embolia pulmonar, porém, não deve ser usado para excluir o diagnóstico de embolia pulmonar.

Gibler WB, Runyon JP, Levy RC, et al: A rapid diagnostic and treatement center for patients with chest pain in the emergency department. Ann Emerg Med 25:1-8, 1995.

10. Quais são os sintomas atípicos da síndrome coronariana aguda?

Nota: Isso é diferente de dor torácica atípica. Até um terço dos pacientes que sofrem infarto agudo do miocárdio não apresentarão dor torácica. Muitas vezes esses pacientes apresentam outros sintomas como dispneia, náusea/vômito, palpitações, síncope e parada cardíaca. Essa população tende a ser mais velha, diabética e do sexo feminino.

PONTOS-CHAVE: DOR TORÁCICA ✓

1. Há causas para a dor torácica de natureza não cardíaca, como problemas músculo-esqueléticos, causas gastrointestinais, problemas pulmonares, problemas psiquiátricos e outros.
2. A angina deve ser tratada com betabloqueadores, inibidores da enzima conversora da angiotensina, nitroglicerina, ácido acetilsalicílico, estatinas e oxigênio.
3. Pacientes com supradesnivelamento do segmento ST persistente devem ser tratados antes de se obter os resultados das enzimas cardíacas; o objetivo é reperfundir em até 90 minutos.
4. As características da dor torácica não cardíaca incluem: dor de caráter pleurítico, dor que se irradia ao longo dos músculos, dor em pontada, de duração prolongada e de início e fim randômicos.
5. As características eletrocardiográficas da isquemia e infarto incluem: supradesnivelamento de segmento ST em duas derivações contíguas, infradesnivelamento de segmento ST, bloqueio de ramo esquerdo recente, ondas Q recentes e inversões de ondas T.

11. Como tratar a angina estável crônica na UTI?

Em pacientes críticos com angina estável crônica, muitos fatores podem fazer com que a demanda miocárdica de oxigênio exceda a disponibilidade do mesmo. Entre eles: dor, febre, ansiedade, hipoxemia e inúmeros outros agentes estressantes. O tratamento é direcionado à correção do desequilíbrio através do tratamento do agente estressante, da redução farmacológica da demanda miocárdica de oxigênio e do aumento do aporte de oxigênio.

- **Betabloqueadores:** Os betabloqueadores são o padrão-ouro para o tratamento dos sintomas de angina. Esses agentes diminuem a frequência cardíaca, a contratilidade e a tensão na parede miocárdica. Entretanto, eles não aumentam a sobrevida de pacientes com angina estável.
- **Nitroglicerina e morfina:** Podem diminuir a pré-carga de ambos os ventrículos, dilatar as artérias coronárias e pulmonares (reduzindo a pós-carga ventricular direita) e tratar os sintomas de angina, porém não têm impacto na sobrevida.
- **Inibidores da enzima conversora da angiotensina:** Os inibidores da enzima conversora da angiotensina podem ajudar a controlar a hipertensão e diminuir a pós-carga e a tensão na parede miocárdica.

Em um modo ideal, deve-se administrar os medicamentos de uso crônico. Entre eles, aspirina e estatinas. Ambos têm demonstrado capacidade de reduzir eventos cardíacos em pacientes de alto risco. Pode-se adicionar a oxigenioterapia.

Heart Protection Study Collaborative Group: MRC/BHF Heart Protection Study of cholesterol lowering with simvastatin in 20.536 high-risk individuals: A randomised placebo-controlled trial. Lancet 360:7-22, 2002.

Thrombosis Prevention Trial: Randomised trial of low-intensity oral anticoagulation with warfarin and low-dose aspirin in the primary prevention of ischaemic heart disease in men at increased risk. The Medical Research Council's General Practice Research Framework. Lancet 351:233, 1998.

12. Devemos esperar pela elevação das enzimas cardíacas em um paciente com supradesnivelamento do segmento ST persistente?

Não. No quadro de infarto do miocárdio, o supradesnivelamento agudo do segmento ST indica oclusão trombótica de uma artéria coronária. O tratamento padrão é a reperfusão por intervenção coronariana percutânea (cateterismo coronariano), que deve ser realizado em até 90 minutos. Em áreas onde esse método não está disponível, deve-se administrar fibrinolíticos IV. Se estes também não estiverem disponíveis, então deve-se administrar ácido acetilsalicílico e clopidogrel (e talvez betabloqueadores).

Antman EM, Anbe DT, Armstrong PW, et al: ACC/AHA guidelines for the management of patients with ST-elevation myocardial infarction-executive summary: A report of the American College of Cardiology/American Heart Association Task Force on Practice Guidelines (Writing Committee to Revise the 1999 Guidelines for the Management of Patients with Acute Myocardial Infarction). Circulation 110:588-636, 2004.

COMMIT Collaborative Group: Addition of clopidogrel to aspirin in 45.852 patients with acute myocardial infarction: Randomized placebo-controlled trial. Lancet 366:1607-1621, 2005.

13. O que é angina variante?

A angina variante é caracterizada por episódios agudos de dor torácica associada ao supradesnivelamento do segmento ST no ECG. Ela é causada pelo vasoespasmo de uma artéria coronária, geralmente a 1 cm de uma placa aterosclerótica. Pode-se realizar testes provocativos com ergonovina ou acetilcolina para investigar pacientes com múltiplos episódios de angina variante e cujos resultados da arteriografia coronariana foram negativos. O uso de tabaco e cocaína aumenta a incidência de angina variante.

14. O que é a síndrome do prolapso da valva mitral?

O prolapso da valva mitral tem sido associado a diversos sintomas incluindo dor torácica recorrente, palpitações, dispneia, tontura, síncope e ansiedade. A dor torácica geralmente é atípica e facilmente distinguível da angina. Pacientes com síndrome do prolapso da valva mitral têm uma elevada concentração plasmática de catecolaminas. Esses pacientes podem ter baixos níveis séricos de magnésio e podem ser beneficiados pela reposição desse elemento.

CAPÍTULO 27

INFARTO AGUDO DO MIOCÁRDIO

Benjamin A. Kohl, MD e Clifford S. Deutschman, MS, MD

1. Como se define o infarto agudo do miocárdio (IAM)?

O infarto do miocárdio (IAM) é definido como a morte de células miocárdicas (miócitos) devido à isquemia. Para melhor descrever essa entidade, é útil recorrer a palavras como "agudo", "cicatrizando" ou "cicatrizado". O IAM é um diagnóstico histológico classicamente caracterizado pela presença de leucócitos polimorfonucleares na região afetada. Assim que o miocárdio começa a cicatrizar, pode-se observar a infiltração por células mononucleares e fibroblastos. Um infarto cicatrizado é caracterizado por presença de tecido cicatricial fibrótico, com ausência de infiltração celular. Geralmente, entretanto, infartos são classificados com base em sinais e sintomas temporais, sendo que o IAM se dá em seis horas a sete dias, com a cicatrização levando de sete a 28 dias e cicatrizado superior a 28 dias.

2. Quais são os fatores de risco conhecidos para a doença arterial coronariana?

Fatores de risco modificáveis

- Dislipidemia.
  - Lipoproteína de baixa densidade > 160 mg/dL.
  - Lipoproteína de alta densidade < 35 mg/dL.
- Tabagismo.
- Uso de cocaína.
- Hipertensão.
- *Diabetes mellitus.*
- Obesidade.
- Estresse.
- Níveis elevados de lipoproteína a.
- Níveis reduzidos de vitamina E.
- Níveis elevados de homocisteína.

Fatores de risco não modificáveis

- História familiar.
- Idade.
- Sexo (M > F).

Outros fatores de risco potenciais (não tão bem estabelecidos)

- Consumo de álcool.
- Fibrinogênio elevado.
- Infecção por clamídia.
- Personalidade tipo A.

3. O que é a síndrome coronariana aguda (SCA)? Como ela difere do IAM?

A SCA representa um espectro de desordens resultantes de um processo patológico comum. As manifestações clínicas da SCA dependem não apenas do volume de miocárdio afetado, mas também da duração da isquemia. Comumente, a SCA é causada pela ruptura ou erosão de uma placa ateromatosa "vulnerável" dentro de uma artéria coronária. Uma placa "vulnerável" é aquela constituída por um núcleo lipídico substancial e por uma cápsula fibrosa fina que separa os macrófagos trombogênicos e o sangue. Em contraste, placas mais estáveis são caracterizadas por cápsulas fibrosas relativamente espessas, que protegem o núcleo lipídico trombogênico do contato com o sangue. A ruptura de uma placa resulta em uma resposta inflamatória e trombogênica intensa, tanto local quanto sistemicamente. Localmente, a placa e o trombo se propagam, estreitando a luz do vaso com potencial embolização para a circulação coronariana distal. Geralmente ocorrem alterações sistêmicas no tônus vascular. O processo dinâmico de ruptura da placa pode evoluir com oclusão parcial ou completa do vaso pelo trombo. Isso provoca supradesnivelamento do segmento ST no eletrocardiograma (ECG) e, enfim, leva à necrose de todo ou parte do miocárdio ventricular irrigado pela artéria coronária afetada. A SCA pode ou não culminar em IAM.

4. Quais são as diferentes SCAs? Qual é a diferença entre isquemia miocárdica, infarto do miocárdio, hibernação miocárdica e miocárdio atordoado?

A SCA representa uma constelação de quadros clínicos, tais como a angina instável, o infarto sem onda Q e o infarto com onda Q. Os sintomas incluem, mas não são limitados a, dor torácica, dor referida, náusea, vômitos, dispneia, diaforese e lipotímia. Embora a dor torácica seja tida como condição *sine qua non* da SCA, ela é frequentemente está ausente em alguns indivíduos.

Isquemia miocárdica é um termo geral utilizado para descrever as consequências da redução da relação entre o aporte de oxigênio e a demanda tecidual pelo mesmo. Em meados da década de 1980, cientistas observaram grupos de pacientes com doença arterial coronariana que tinham "isquemia reversível" ou "isquemia crônica". Eles postularam que a função contráctil reduzida nestes pacientes era uma adaptação à insuficiência crônica do aporte de oxigênio e nomearam essa resposta *hibernação miocárdica*. Desde então, tal fenômeno foi comprovado e é bem aceito o fato de que a hibernação miocárdica possui quatro características fundamentais: concordância entre perfusão e contração; recuperação metabólica e energética; reserva inotrópica persistente e ausência de necrose ao exame histológico. Assim, a restauração do fluxo coronariano normal (como após cirurgia de revascularização do miocárdio por enxerto arterial coronariano) resulta em restauração da função normal do miocárdio afetado. A obstrução coronariana aguda causa um decréscimo muito mais rápido do desempenho do miocárdio. Uma vez que o fluxo é restabelecido, entretanto, a função ventricular pode voltar ao normal lentamente. A duração da redução da função, chamada *atordoamento miocárdico*, é proporcional à duração da isquemia precedente. Similarmente à hibernação miocárdica, o atordoamento do miocárdio é completamente reversível. Ao contrário do miocárdio hibernante, o miocárdio atordoado não tem reserva inotrópica normal e, portanto, pode haver choque cardiogênico em seguida a uma intervenção como a angioplastia coronariana e a trombólise.

Braunwald E, Rutherford JD: Reversible ischemic left ventricular dysfunction: Evidence for the "hibernating myocardium". J Am Coll Cardiol 8:1467-1470, 1986.

Cohen M, Charney R, Hershman R, et al: Reversal of chronic ischemic myocardial dysfunction after transluminal coronary angioplasty. J Am Coll Cardiol 12:1193-1198, 1988.

McCarthy BD, Wong JB, Selker HP: Detecting acute cardiac ischemia in the emergency department: A review of the literature. J Gen Inter Med 5:365-373, 1990.

5. Quais são as causas não ateroscleróticas de IAM?

- **Doença arterial coronariana não aterosclerótica:** Espasmo de artéria coronária, dissecção das artérias coronárias e diversas arterites coronarianas associadas a doenças sistêmicas como o espessamento mural coronariano resultante de doenças metabólicas e trauma de artérias coronárias, incluindo radioterapia.
- **Embolia das artérias coronárias:** Endocardite infecciosa, endocardite trombótica não bacteriana, êmbolo de prótese valvar, mixoma cardíaco, trombo mural oriundo do átrio esquerdo ou ventrículo esquerdo, condições associadas à cirurgia de revascularização miocárdica por enxerto arterial coronariano e angiografia.
- **Suprimento do miocárdio:** Desproporção de demanda, estenose aórtica, insuficiência aórtica e hipotensão prolongada.
- **Trombose *in situ*:** Policitemia vera, trombocitose, coagulação intravascular disseminada, púrpura trombocitopênica trombótica (PTT) e estados de hipercoagulabilidade.
- **Malformações coronarianas congênitas:** Origem anômala da artéria coronária esquerda na artéria pulmonar, fístula arteriovenosa coronária e aneurismas.
- **Outros:** Uso de cocaína, contusão do miocárdio e complicações da cateterização cardíaca.

6. Como é feito o diagnóstico de IAM?

Conforme estabelecido pela Organização Mundial de Saúde, o diagnóstico de IAM requer pelo menos dois dos seguintes:

- História de angina.
- Alterações típicas do ECG.
- Elevação dos marcadores bioquímicos consistentes com lesão cardíaca.

Mais recentemente, entretanto, um Comitê Internacional formado pela Joint European Society of Cardiology/American College of Cardiology (ESC/ACC) se reuniu para redefinir o AM e sugeriu a necessidade de "um mais um de dois" critérios para definição clínica do IAM. Atualmente, a elevação de um biomarcador específico é considerada pré-requisito para o diagnóstico clínico de IAM.

Alpert JS, Thygesen K, Antman E, Bassand JP: Myocardial infarction redefined-A consensus of The Joint European Society of Cardiology/American College of Cardiology Committee for the redefinition of myocardial infarction. J Am Coll Cardiol 36:959-969, 2000.

7. Quais são os diferentes marcadores bioquímicos usados no diagnóstico de IM?

Os marcadores mais comumente utilizados são níveis plasmáticos elevados de:

- Creatinofosfoquinase (CK), CK fração MB (CKMB).
- Troponinas cardíacas.
- Mioglobina.

A concentração plasmática da enzima CK aumenta de 3-6 horas após o IAM e permanece elevada por 24 a 36 horas. A CK por si só, entretanto, não é específica e nem sensível para o diagnóstico de IAM. Portanto, um consenso de especialistas recomendou que o diagnóstico de IAM fosse feito somente na presença de elevados títulos plasmáticos de CK, com o aumento simultâneo da fração MB (CKMB) ou da troponina. A CKMB é uma proteína grande que se eleva aproximadamente 4-8 horas após a necrose miocárdica e permanece elevada por 48-72 horas. Embora seja mais sensível do que a CK para lesão miocárdica, sua especificidade é prejudicada pelo fato de estar presente na musculatura esquelética.

Existem três isoformas de troponina: troponina C, troponina I e troponina T. Apenas as isoformas I e T são úteis no diagnóstico de lesão miocárdica. Enquanto a troponina é encontrada tanto no músculo esquelético quanto no miocárdio, as isoformas cardíacas são exclusivas do músculo cardíaco, portanto sua especificidade e sensibilidade no diagnóstico de necrose miocárdica são muito superiores às da CK e CKMB. A especificidade da troponina I é particularmente alta porque ela geralmente não é detectada em pessoas saudáveis. Com esse exame, cerca de 30% dos pacientes que antes eram classificados como tendo uma angina instável, agora recebem o diagnóstico de infarto do miocárdio sem supradesnivelamento de segmento ST (IMSSST). Além disso, tanto a troponina T (TnT) quanto a troponina I (TnI) podem ser usadas para avaliação prognóstica em pacientes com SCA. Pacientes com troponina negativa têm mortalidade de 5% em 30 dias, enquanto aqueles com troponina positiva têm mortalidade de 13%. Nem todos os métodos de dosagem da troponina são igualmente sensíveis e específicos. Um estudo recente sugere que o AccuTnI (Beckman Coulter, Fullerton, CA, EUA) tem maior sensibilidade/especificidade, particularmente com baixas concentrações de TnI. No estudo *Global Utilization of Streptokinase and TPA for Occluded Coronary Arteries* (GUSTO-II), a TnT cardíaca (cTnT) > 0,1 ng/mL foi melhor indicador prognóstico de mortalidade em 30 dias em pacientes com isquemia miocárdica aguda do que as alterações do ECG e a elevação da CKMB. O valor prognóstico da cTnI em pacientes com angina instável ou IM sem onda Q foi demonstrado em um estudo multicêntrico. Concentrações plasmáticas de cTnI > 0,4 ng/mL foram associadas ao aumento significativo da mortalidade em 42 dias, e cada 1 ng/mL de aumento da cTnI foi associado a uma elevação do risco de morte.

Entre todos os biomarcadores, a mioglobina é a primeira a se elevar (dentro de 2-3 horas após a lesão miocárdica). Assim, tem um valor preditivo negativo muito alto para excluir IAM se o paciente se apresentar ao serviço médico dentro de quatro horas após o início dos sintomas. Assim como a CKMB, a mioglobina está presente no músculo esquelético e não é específica para lesão miocárdica quando houver outra lesão muscular.

Adams JE III, Bodor GS, Davila-Roman VG, et al: Cardiac troponin I: A marker with high specificity for cardiac injury. Circulation 88:101-106, 1993.

Antman EM, Tanasijevic MJ, Thompson B, et al: Cardiac-specific troponin I levels to predict the risk of mortality in patients with acute coronary syndromes. N Engl J Med 335:1342-1349, 1996.

Bodor GS, Porterfield D, Voss EM, et al: Cardiac troponin-I is not expressed in fetal and healthy or diseased adult human skeletal muscle tissue. Clin Chem 41:1710-1715, 1995.

McCord J, Nowak RM, McCullough PA, et al: Ninety-minute exclusion of acute myocardial infarction by use of quantitative point-of-care testing of myoglobin and troponin I. Circulation 104:1483-1488, 2001.

Ohman EM, Armstrong PW, Christenson RH, et al: Cardiac troponin T levels for risk stratification in acute myocardial ischemia. GUSTO IIA Investigators. N Engl J Med 335:1333-1341, 1996.

Panteghini M, Pagani F, Yeo KT, et al: Evaluation of imprecision for cardiac troponin assays at low-range concentrations. Clin Chem 50:327-332, 2004.

8. Quais são as diferenças entre IMs com onda Q e sem onda Q?

Infartos com onda Q (previamente chamados de *infartos transmurais*) correspondem a 60%-70% de todos os IAMs, enquanto IM sem onda Q (previamente chamados de *infartos subendocárdicos*) representam 30-40% de todos os IMs. A presença de ondas Q no ECG não documenta de forma confiável se o infarto é transmural ou subendocárdico (dado de autópsia). As características típicas de ambos estão listadas na Tabela 27-1.

9. Qual é a conduta recomendada no caso de IAM com supradesnivelamento do segmento ST > 0,1 mV em mais de duas derivações contíguas?

O objetivo imediato durante o IAM é restabelecer o fluxo sanguíneo para a área afetada do miocárdio. Isso pode ser feito por meio de uma intervenção coronariana percutânea ou de trombólise farmacológica. Uma quantidade crescente de estudos levou ao consenso de que a intervenção coronariana percutânea, se realizada rapidamente em centro com experiência significativa nesse procedimento, é superior à trombólise farmacológica.

Antman EM, Anbe DT, Armstrog PW, et al: ACC/AHA guidelines for the management of patients with ST-elevation myocardial infarction-executive summary: A report of the American College of Cardiology/American Heart Association Task Force on Practice Guidelines (Writing Committee to Revise the 1999 Guidelines for the Management of Patients with Acute Myocardial Infarction). J Am Coll Cardiol 44: 671-719, 2004.

Keeley EC, Boura JA, Grines CL: Primary angioplasty versus intravenous thrombolytic therapy for acute myocardial infarction: A quantitative review of 23 randomised trials. Lancet 316:13-20, 2003.

Keeley EC, Grines CL: Primary percutaneous coronary intervention for every patient with ST-segment elevation myocardial infarction: What stands in the way? Ann Intern Med 141:298-304, 2004.

TABELA 27-1. INFARTOS MIOCÁRDICOS COM E SEM ONDA Q

Infarto com Onda Q	Infarto sem Onda Q
Supradesnivelamento do segmento ST	Alterações inespecíficas do ST ou infradesnivelamento do ST
Oclusão > 90%	Oclusão de 10%-25% da artéria relacionada ao infarto
Picos de CK mais altos	Picos de CK mais baixos
Predomina disfunção sistólica	Predomina disfunção diastólica
Maior mortalidade intra-hospitalar	Menor mortalidade intra-hospitalar

CK = creatinofosfoquinase.

10. Quando a terapia trombolítica é indicada?

A terapia trombolítica é recomendada para todos os pacientes com suspeita de AM agudo e supradesnivelamento do segmento ST (> 0,1 mV em mais de duas derivações contíguas) ou bloqueio de ramo esquerdo recente caso o paciente se apresente dentro de 12 horas após o início da dor torácica. Mesmo sabendo que há maior risco de hemorragia intracraniana em pacientes com mais de 75 anos, a terapia trombolítica deve ser consideradas após triagem cuidadosa. Isso reflete o fato de que a trombólise está associada à redução absoluta da mortalidade (dez vidas salvas a cada mil pacientes tratados). Porém, a escolha do agente trombolítico é controversa. Dados do GUSTO-I sugerem uma redução de 14% na mortalidade com o uso do ativador do plasminogênio tecidual recombinante (rtPA) associado à heparina IV quando comparado ao uso da estreptoquinase IV (6,3% *versus* 7,4% na mortalidade em 30 dias). Entretanto, houve ligeiro aumento na incidência de hemorragia intracraniana com o ativador do plasminogênio tecidual (tPA), sobretudo em pacientes idosos. A administração precoce de tPA é preferível em pacientes mais jovens com IM de parede anterior cujos sintomas começaram há até quatro horas. A dose recomendada é a seguinte:

- Estreptoquinase: 1,5 milhão U administradas via intravenosa em uma hora.
- tPA acelerado: 15 mg IV em *bolus*, 0,75 mg/kg em 30 minutos indo até 50 mg, em seguida 0,5 mg/kg indo até 35 mg ao longo da hora seguinte com heparina IV (5.000 U em *bolus*), seguido por infusão IV de 1.000 U/h (1.200 U/h em pacientes que pesem > 80 kg).

Califf RM, White HD, Van de Werf F, et al: One-year results from the Global Utilization of Streptokinase and TPA for Occluded Coronary Arteries (GUSTO-I) trial. GUSTO-I investigators. Circulation 94:1233-1238, 1996.

11. Qual é a conduta recomendada no caso de angina instável ou suspeita de IAM sem supradesnivelamento do segmento ST (IMSSST)?

A maior parte dos pacientes com IMSSST necessitará de angiografia coronariana em algum momento. Há muitas evidências de que a angiografia e a intervenção precoces melhoram o desfecho do episódio – todas comprovadas por estudos clínicos (p. ex., *Randomized Intervention Trial of Unstable Angina-2* [RITA-2], *Fragmin and Revascularization During Instability in Coronary Artery Disease-II* [FRISC-II], *Intracoronary Stenting with Antithrombotic Regimen Cooling-Off* [ISAR-COOL], *Treat Angina with Aggrasat and Determine Cost of Therapy with an Invasive or Conservative Strategy-Thrombosis in Myocardial Infarction 18"* [TACTICS-TIMI 18]). Além disso, os *stents* coronarianos são mais eficazes do que a angioplastia com balão, pois os novos *stents* farmacológicos diminuem significativamente a reestenose no *stent*.

Cannon CP, Weintraub WS, Demopoulos LA, et al: Comparison of early invasive and conservative strategies in patients with unstable coronary syndromes treated with the glycoprotein IIb/IIIa inhibitor tirofiban. N Engl J Med 344:1879-1887, 2001.

Henderson RA, Pocock SJ, Clayton TC, et al: Seven-year outcome in the RITA-2 trial: Coronary angioplasty versus medical therapy. J Am Coll Cardiol 42:1161-1170, 2003.

Lemos PA, Saia F, Hofma SH, et al: Short- and long-term clinical benefit of sirolimus-eluting stents compared to conventional bare stents for patients with acute myocardial infarction. J Am Coll Cardiol 43:704-708, 2004.

Neumann FJ, Kastrati A, Pogatsa-Murray G, et al: Evaluation of prolonged antithrombotic pretreatment ("cooling-off" strategy) before intervention in patients with unstable coronary syndromes: A randomized controlled trial. JAMA 290:1593-1599, 2003.

Stone GW, Grines CL, Cox DA, et al: Comparison of angioplasty with stenting, with or without abciximab, in acute myocardial infarction. N Engl J Med 346:957-966, 2002.

Wallentin L: Low-molecular-weight heparin as a bridge to timely revascularization in unstable coronary artery disease-An update of the Fragmin during Instability in Coronary Artery Disease II Trial. Haemostasis 30(Suppl 2):108-113; discussion 106-107, 2000.

12. Qual é o papel dos betabloqueadores na SCA?

Muitos estudos avaliaram o benefício do uso de betabloqueadores em pacientes com infarto miocárdico com supradesnivelamento do segmento ST (IMSST). O estudo *The International Studies of Infarct Survival-1* (ISIS-1) comparou o tratamento usando atenolol *versus* placebo dentro de 12 horas da apresentação. A administração de atenolol foi associada à redução relativa de 15% na mortalidade em sete dias (P = 0,05). Similarmente, o estudo *Metoprolol in Acute Myocardial Infarction* (MIAMI) revelou redução da mortalidade em 15 dias em pacientes que receberam betabloqueadores, quando comparados ao placebo. Ambos os estudos foram compostos por pacientes que não receberam terapia de reperfusão aguda. O estudo *The Thrombolysis in Myocardial Infarction Phase II*

(TIMI-II) comparou a administração precoce *versus* tardia de betabloqueadores em pacientes que receberam terapia trombolítica, e mostrou menor taxa de reinfartos no primeiro grupo. Com base em estudos como esses, as diretrizes mais recentes da ACC/American Heart Association (AHA) recomendam fortemente (classe I) a administração imediata de betabloqueadores, independentemente da disponibilidade de terapia de reperfusão. Mais recentemente, entretanto, o estudo *Clopidogrel and Metoprolol in Myocardial Infarction Trial* (COMMIT) (um grande estudo chinês, com mais de 45 mil pacientes com IMSST) mostrou um risco aumentado (11 casos a cada mil; $P \leq 0{,}00001$) de choque cardiogênico nos pacientes com insuficiência cardíaca instalada (classes II e III de Killip) tratados com metoprolol. Os dados sobre pacientes com IMSSST e angina instável não são tão bem estabelecidos quanto os de pacientes com IMSST. Diretrizes recentes, entretanto, recomendam fortemente o uso de betabloqueadores se houver dor torácica contínua e não houver contraindicações. As contraindicações relativas incluem bradicardia, hipotensão, bloqueio de condução cardíaca de segundo e terceiro graus, hiperreatividade de vias aéreas e disfunção ventricular esquerda grave.

Antman EM, Anbe DT, Armstrong PW, et al: ACC/AHA guidelines for the management of patients with ST-elevation myocardial infarction–executive summary: A report of the American College of Cardiology/American Heart Association Task Force on Practice Guidelines (Writing Committee to Revise the 1999 Guidelines for the Management of Patients with Acute Myocardial Infarction). J Am Coll Cardiol 44:671-719, 2004.

Braunwald E, Antman EM, Beasley JW, et al: ACC/AHA guideline update for the management of patients with unstable angina and non–ST-segment elevation myocardial infarction-2002: Summary article. A report of the American College of Cardiology/American Heart Association Task Force on Practice Guidelines (Committee on the Management of Patients with Unstable Angina). Circulation 106:1893-1900, 2002.

Chen ZM, Pan HC, Chen YP, et al: Early intravenous then oral metoprolol in 45.852 patients with acute myocardial infarction: Randomised placebo-controlled trial. Lancet 366:1622-1632, 2005.

First International Study of Infarct Survival Collaborative Group (ISIS-1): Randomised trial of intravenous atenolol among 16.027 cases of suspected acute myocardial infarction. Lancet 2:57-66, 1986.

MIAMI Trial Research Group: Metoprolol in acute myocardial infarction patient population. Am J Cardiol 56:10G-14G, 1985.

TIMI Study Group: Comparison of invasive and conservative strategies after treatment with intravenous tissue plasminogen activator in acute myocardial infarction: Results of the thrombolysis in myocardial infarction (TIMI) phase II trial. N Engl J Med 320:618-627, 1989.

13. O que são as classes de Killip?

Em 1967, Killip propôs uma classificação prognóstica para o IAM baseada na presença e na gravidade dos estertores pulmonares:

- **Classe I:** Sem estertores; sem B_3.
- **Classe II:** Estertores < 50% da área pulmonar, B_3 pode estar ausente ou presente.
- **Classe III:** Estertores > 50% da área pulmonar, com B_3 e edema pulmonar presente.
- **Classe IV:** Choque cardiogênico.

Apesar de ter havido uma melhora global na mortalidade de cada classe, comparada àquela encontrada nos pacientes no estudo original de Killip, a classificação ainda se mantém útil na comparação de dados do tratamento de pacientes com IM.

Killip T III, Kimball JT: Treatment of myocardial infarction in a coronary care unit: A two year experience with 250 patients. Am J Cardiol 20:457-464, 1967.

14. Qual é o papel dos agentes antiplaquetários na SCA?

O benefício da administração de aspirina em pacientes com isquemia cardíaca é inequívoco. Mais recentemente, diversos agentes que inibem as plaquetas por meio de mecanismos diferentes foram associados à aspirina, o que tem se mostrado benéfico. Uma meta-análise de 2002 que avaliou a eficácia da administração de inibidores da glicoproteína IIb/IIIa em pacientes com SCA revelou redução significativa da mortalidade e do IM em cinco dias, particularmente no caso de pacientes que tinham elevados níveis de troponina e que foram submetidos à revascularização subsequente. Mais recentemente, o estudo *Clopidogrel as Adjunctive Reperfusion Therapy* (CLARITY)-TIMI 28, avaliou a administração combinada de aspirina, clopidogrel (dose de ataque de 300 mg, seguida por 75 mg/dia) e fibrinólise para o tratamento de IMSST e revelou uma redução de 36% no risco relativo de morte ou AM recorrente no grupo tratado com clopidogrel. O COMMIT também demonstrou que pacientes que receberam clopidogrel obtiveram resultados terapêuticos melhores.

Boersma E, Harrington RA, Moliterno DJ, et al: Platelet glycoprotein IIb/IIIa inhibitors in acute coronary syndromes: A meta-analysis of all major randomised clinical trials. Lancet 359:189-198, 2002.

Chen ZM, Jiang LX, Chen YP, et al: Addition of clopidogrel to aspirin in 45.852 patients with acute myocardial infarction: Randomised placebo-controlled trial. Lancet 366:1607-1621, 2005.

Sabatine MS, Cannon CP, Gibson CM, et al: Addition of clopidogrel to aspirin and fibrinolytic therapy for myocardial infarction with ST-segment elevation. N Engl J Med 352:1179-1189, 2005.

Tendera M, Wojakowski W: Role of antiplatelet drugs in the prevention of cardiovascular events. Thromb Res 110:355-359, 2003.

15. Qual é o papel dos inibidores da 3-hidroxi-3-metilglutaril coenzima A (HMG-CoA) redutase na SCA?

Dois estudos clínicos demonstraram que a adição de um inibidor da HMG-CoA redutase logo após a instalação da SCA foi benéfica. Atualmente, ele é considerado tratamento padrão. O estudo The Pravastatin or Atorvastatin Evaluation and Infection Therapy (PROVE-IT) TIMI-22 distribuiu de forma randômica 4.162 pacientes para receber terapia com altas doses de estatinas (80 mg diários de artovastatina) *versus* doses moderadas (40 mg diários de pravastatina) administradas a pacientes com SCA. As altas doses de estatinas não apenas obtiveram efeito mais expressivo na redução da lipoproteína de baixa densidade, como também demonstraram associação à redução estatisticamente significativa de todos os desfechos primários compostos (22,4% atorvastatina; 26,3% pravastatina; $P = 0{,}005$).

Cannon CP, Braunwald E, McCabe CH, et al: Intensive versus moderate lipid lowering with statins after acute coronary syndromes. N Engl J Med 350:1495-1504, 2004.

Long-term Intervention with Pravastatin in Ischemic Disease (LIPID) Study Group: Prevention of cardiovascular events and death with pravastatin in patients with coronary heart disease and a broad range of initial cholesterol levels. N Engl J Med 339:1349-1357, 1998.

Schwartz GG, Olsson AG, Ezekowitz MD, et al: Effects of atorvastatin on early recurrent ischemic events in acute coronary syndromes: the MIRACL study: A randomized controlled trial. JAMA 285:1711-1718, 2001.

16. Qual é o papel da anticoagulação na SCA?

A heparina não-fracionada (HNF) é o carro-chefe do tratamento da síndrome coronariana instável. Quando associada ao ácido acetilsalicílico, a combinação reduz a mortalidade e o IM subsequente. A eficácia das heparinas de baixo peso molecular tem sido testada devido ao fato de o efeito anticoagulante da HNF ser frequentemente imprevisível. Inúmeros estudos têm demonstrado equivalência da HNF e o estudo *Superior Yield of the New Strategy of Enoxaparin, Revascularization, and Glycoprotein IIb/IIIa Inhibitors* (SINERGY) sugeriu resultados superiores com o uso das heparinas de baixo peso molecular.

Antman EM, McCabe CH, Gurfinkel EP, et al: Enoxaparin prevents death and cardiac ischemic events in unstable angina/non–Q-wave, myocardial infarction: Results of the Thrombolysis in Myocardial Infarction (TIMI) 11B trial. Circulation 100:1593-1601, 1999.

Ferguson JJ, Califf RM, Antman EM, et al: Enoxaparin vs unfractionated heparin in high-risk patients with non–ST-segment elevation acute coronary syndromes managed with an intended early invasive strategy: Primary results of the SINERGY randomized trial. JAMA 292:45-54, 2004.

Goodman SG, Cohen M, Bigonzi F, et al: Randomized trial of low molecular weight heparin (enoxaparin) versus unfractionated heparin for unstable coronary artery disease: One-year results of the ESSENCE Study. Efficacy and Safety of Subcutaneous Enoxaparin in Non–Q-Wave Coronary Events. J Am Coll Cardiol 36:693-698, 2000.

17. Qual é o papel dos inibidores da aldosterona e/ou dos inibidores da enzima conversora da angiotensina (ECA) na SCA?

Em 1999, um estudo de referência sugeriu que a aldosterona tem efeitos deletérios no remodelamento ventricular e que tais efeitos poderiam ser revertidos em pessoas com insuficiência cardíaca instituindo-se o bloqueio combinado da aldosterona e da ECA. O estudo recém publicado *Eplerenone Post-AMI Heart Failure Efficacy and Survival Study* (EPHESUS) investigou o efeito da eplerenona, um antagonista altamente seletivo do receptor da aldosterona, na mortalidade de pacientes com insuficiência cardíaca causada por disfunção sistólica após IAM. No grupo de pacientes randomicamente designados para receber eplerenona, houve significativa redução no número de mortes em 16 meses, de mortes no hospital (por causas cardiovasculares) e de morte súbita quando comparado ao grupo placebo. Isso levou a ACC/AHA a transformar a associação de bloqueador seletivo da aldosterona com inibidores da ECA em recomendação de classe I.

Antman EM, Anbe DT, Armstrog PW, et al: ACC/AHA guidelines for the management of patients with ST-elevation myocardial infarction–executive summary: A report of the American College of Cardiology/American Heart Association Task Force on Practice Guidelines (Writing Committee to Revise the 1999 Guidelines for the Management of Patients with Acute Myocardial Infarction). J Am Coll Cardiol 44:671-719, 2004.

Pitt B, Remme W, Zannad F, et al: Eplerenone, a selective aldosterone blocker, in patients with left ventricular dysfuction after myocardial infarction. N Engl J Med 348:1309-1321, 2003.

Pitt B, Zannad F, Remme WJ, et al: The effect of spironolactone on morbidity and mortality in patients with severe heart failure. Randomized Aldactone Evaluation Study Investigators. N Engl J Med 341:709-717, 1999.

PONTOS-CHAVE: INFARTO AGUDO DO MIOCÁRDIO ✓

1. Uma recomendação classe I da ACC/AHA é que um bloqueador seletivo da aldosterona e um inibidor da ECA sejam administrados a pacientes com insuficiência cardíaca.

2. Pacientes com síndrome coronariana aguda devem ser anticoagulados e devem receber inibidores da 3-hidroxi-3-metilglutaril coenzima A redutase, ácido acetilsalicílico e clopidogrel, e um betabloqueador se não houver contraindicação.

3. Pacientes com infarto agudo do miocárdio com supradesnivelamento do segmento ST devem receber todas as drogas administradas para a síndrome coronariana aguda e, se possível, devem ser submetidos à intervenção coronariana percutânea.

CAPÍTULO 28

ARRITMIAS CARDÍACAS

Noah E. Gordon, MD e Linda L. Liu, MD

1. Como as taquiarritmias são classificadas?

As taquiarritmias normalmente são classificadas de acordo com a sua origem anatômica, como supraventricular ou ventricular. Elas também podem ser agrupadas com base no critério de atravessarem ou não o nodo atrioventricular (AV). O *flutter* atrial, a fibrilação atrial, a taquicardia atrial e a taquicardia reentrante nodal AV (TRNAV) atravessam o nodo AV, enquanto as arritmias de pré-excitação atrial, a taquicardia ventricular (TV) e a fibrilação ventricular (FV) não o atravessam. A importância desta última classificação é que as drogas que fazem bloqueio nodal (p. ex., betabloqueadores, bloqueadores de canais de cálcio, glicosídeos cardíacos ou adenosina) podem apenas controlar a resposta ventricular às taquicardias que atravessam o nodo AV.

2. Quais são as taquicardias supraventriculares (TSVs)?

Qualquer taquiarritmia originada nos átrios (taquicardias atriais) ou na junção AV (taquicardias juncionais) é uma TSV. Entre as TSVs originadas nos átrios estão a taquicardia sinusal, a fibrilação atrial, o *flutter* atrial e a taquicardia atrial. As taquicardias juncionais mais comuns são a TRNAV e a taquicardia reentrante atrioventricular (TRAV).

3. Quais são as taquicardias ventriculares (TVs)?

As TVs podem ser subdivididas de acordo com sua morfologia (monomórfica ou polimórfica) e sua duração (sustentada ou não sustentada). A TV não sustentada é definida como três ou mais contrações ventriculares prematuras que ocorrem em uma frequência superior a 100 batimentos/minuto, durando até 30 segundos sem causar repercussão hemodinâmica.

4. Qual é a via de condução normal?

Normalmente, o impulso cardíaco se origina no nodo sinoatrial e é conduzido pelas vias internodais no átrio, até o nodo AV, descem pelo sistema His-Purkinje, resultando finalmente na ativação do miocárdio ventricular (primeiro o septo interventricular, depois o ápice e só então as paredes ventriculares livres). Uma vez conduzido para baixo pelo nodo AV, o impulso sinusal não consegue mais retornar para ativar os átrios por causa do anel fibroso (tecido não condutor que separa os átrios dos ventrículos em todos os pontos, exceto no nodo AV). Essa estrutura protege o coração normal contra arritmias de reentrada.

5. Defina *pré-excitação* e seu significado clínico.

A pré-excitação ocorre quando parte ou todo o músculo ventricular é ativado pelo impulso atrial antes do que se esperaria se o impulso tivesse alcançado os ventrículos apenas através do sistema AV de condução normal. Clinicamente, a presença de pré-excitação (1) é associada a uma alta frequência de arritmias; (2) resulta em um eletrocardiograma (ECG) de traçado bizarro, tornando uma análise mais profunda do ECG difícil ou impossível; e (3) está associada a anomalias cardíacas. P. ex., a síndrome de Wolff-Parkinson-White (WPW) geralmente é associada à anomalia de Ebstein-morfogênese anormal da valva tricúspide.

6. Como diferenciar entre as taquiarritmias de origem ventricular ou supraventricular?

Primeiro, a opção mais segura é considerar uma taquicardia com complexo largo de origem incerta como sendo uma TV, a menos que uma boa evidência sugira o contrário. Se a TV for erroneamente tratada como uma TSV, as consequências podem ser extremamente sérias. A adenosina ou a estimulação vagal são os melhores testes diagnósticos devido à natureza transitória de ambos. No ECG, a TV é caracterizada pela atividade de ondas P independente, pelo QRS com duração > 140 mseg, pela concordância em todas as derivações torácicas e pela fusão de ondas.

PONTOS-CHAVE: TAQUICARDIAS SUPRAVENTRICULARES (TSVs) COM COMPLEXO LARGO FREQUENTEMENTE CONFUNDIDAS COM A TAQUICARDIA VENTRICULAR (TV)

1. A TSV com bloqueio de ramo preexistente pode ser confundida com a TV.
2. A TSV com condução aberrante inclui o bloqueio funcional ou o impulso atrial rápido demais para a condução normal do ramo e pode levar a diagnósticos errados.
3. Outra TSV que pode ser confundida com a TV é a síndrome de Wolff-Parkinson-White (WPW) com taquicardia reentrante atrioventricular antidrômica.
4. A síndrome de WPW com fibrilação/flutter atrial é outra TSV que se assemelha à TV.

7. Descreva o mecanismo e a apresentação clínica da TRNAV.

A TRNAV é a causa mais comum de taquicardia paroxística regular com complexo estreito e envolve duas vias anatômica e funcionalmente diferentes no nodo AV, com diferentes velocidades de condução e períodos refratários. Com esse substrato, uma contração atrial prematura (CAP) pode desencadear um "movimento cíclico" no nodo, levando à TRNAV lenta-rápida. A maioria dos pacientes com TRNAV possui apenas sintomas leves, enquanto sintomas mais graves (p. ex., tontura, dispneia, fraqueza, pulsações no pescoço e dor torácica) são comuns em pacientes com frequências ventriculares muito elevadas e doença cardíaca preexistente.

8. Defina TRAV. Qual é o tipo mais comum de TRAV?

A TRAV ocorre como resultado de uma conexão AV anatomicamente distinta, fora do nodo AV. Essa via de condução acessória permite que o impulso atrial realize a ativação dos ventrículos precocemente, sem ter de passar pelo nodo AV, gerando um circuito de reentrada e TRAV paroxística. O tipo mais comum de TRAV ocorre como parte da síndrome de WPW. Na síndrome de WPW, uma via acessória (feixe de Kent) conecta os átrios diretamente aos ventrículos, o que pode levar à formação de circuitos de reentrada, resultando em taquicardia com complexo estreito ou longo.

9. Qual é a aparência característica do ECG na síndrome de WPW?

Em ritmo sinusal, o impulso atrial é conduzido pela via acessória sem o atraso encontrado na condução pelo nodo AV. Pelo fato de ser transmitido rapidamente para o miocárdio ventricular, o intervalo PR é curto; além disso, ao passar por miocárdio não especializado por meio da via acessória, ocorre uma distorção da primeira parte da onda R, dando origem à característica onda delta. Essa despolarização lenta é rapidamente ultrapassada pela despolarização originada no sistema de condução normal, gerando o restante do complexo QRS de aparência normal.

10. Quais são os mecanismos de precipitação de taquicardia na síndrome de WPW?

Na TRAV ortodrômica, uma CAP é conduzida pelo nodo AV até os ventrículos e depois de volta aos átrios por meio da via acessória. A despolarização circula repetidamente entre os átrios e ventrículos, produzindo uma taquicardia de complexo estreito. Ondas P seguem o QRS, não há onda delta e o QRS tem duração normal. Na TRAV antidrômica, que ocorre em apenas 10% dos pacientes com síndrome de WPW, a via acessória permite a condução anterógrada com condução retrógrada através do nodo AV. No ECG, uma onda delta está presente e o complexo QRS pode ser largo e bizarro.

11. Por que a fibrilação atrial é um problema particular na síndrome de WPW?

Nos pacientes sem uma via acessória, o nodo AV protege o ventrículo contra a atividade atrial rápida que ocorre durante a fibrilação atrial. Em alguns pacientes, a via acessória permite a condução muito rápida e a frequência ventricular durante a fibrilação atrial pode passar de 300 batimentos/min, com consequente comprometimento hemodinâmico. Drogas que bloqueiam o nodo AV podem diminuir a refratariedade das conexões acessórias, resultando em uma condução aumentada e em uma resposta ventricular ainda mais rápida. Drogas que bloqueiam a via acessória, incluindo a procainamida e a amiodarona, são escolhas mais seguras para esses pacientes.

12. Descreva a conduta aguda na taquicardia associada à síndrome de WPW.

Se o QRS for estreito, deve-se tentar primeiro a manobra vagal, depois os betabloqueadores, bloqueadores de canal de cálcio ou adenosina, a fim de interromper a taquicardia por meio da criação de um bloqueio transitório da condução do nodo AV. Se o complexo QRS for largo, deve-se evitar a administração de drogas bloqueadoras do nodo AV, pois elas podem aumentar a condução anterógrada pela via acessória e resultar em degeneração para FV. Em vez disso, as drogas de escolha são as que bloqueiam a condução pela via acessória, como a procainamida e a amiodarona. Já a cardioversão elétrica deve ser usada se o estado do paciente for instável ou se a terapia farmacológica não teve êxito.

13. Quais são as características do ECG nas arritmias atriais?

A taquicardia sinusal tem ondas P de morfologia normal, uma frequência atrial e ventricular regular superior a 100 batimentos/min e todos os complexos QRS são precedidos por uma onda P. O *flutter* atrial é caracterizado por ondas de *flutter* em que a linha de base adquire um caráter ondulado como dentes de serra, a frequência atrial atinge 250-350 batimentos/min, o ritmo ventricular é regular e a frequência ventricular é mais lenta, de 150 batimentos/min (pois o bloqueio AV 2:1 é comum). Na fibrilação atrial, as ondas P são substituídas por ondas de fibrilação em que a linha de base se apresenta oscilante; a frequência atrial é de 350-600 batimentos/min e o ritmo ventricular é irregular, com frequência de 100-180 batimentos/min.

14. Descreva a fisiopatologia da fibrilação atrial e liste algumas de suas causas.

A fibrilação atrial é causada por múltiplos circuitos de reentrada ou por pequenas ondas de ativação que circulam por todo o miocárdio atrial. Essa atividade atrial de baixa amplitude exibe variabilidade de polaridade, amplitude e duração do ciclo. Como o volume de ejeção em cada contração depende do tempo que o ventrículo tem para se encher entre cada batimento do coração, há variabilidade tanto da frequência de pulso como da pressão arterial. As causas conhecidas incluem doença cardíaca (isquêmica, hipertensiva e valvar), tireotoxicose, abuso de álcool (agudo ou crônico), síndrome da doença do nodo sinusal, pós-operatório de cirurgia cardíaca, doença pulmonar (aguda ou crônica), liberação de catecolamina endógena ou exógena e idiopática (isolada).

15. O que é *torsades de pointes*?

Torsades de pointes (torção dos pontos) é um tipo de TV polimórfica na qual o eixo cardíaco roda a cada sequência de 5-20 batimentos, mudando de uma direção à outra voltando à primeira. Se sustentada, a *torsades de pointes* pode se deteriorar para a FV, com colapso hemodinâmico associado. Pelo fato de o tratamento da *torsades de pointes* ser distinto, ela deve ser diferenciada da fibrilação atrial com pré-excitação, a qual pode ter uma aparência semelhante no ECG.

16. Liste algumas causas de *torsades de pointes* e descreva a conduta nessa arritmia.

A Tabela 28-1 lista algumas causas da *torsades de pointes*. Caso o paciente esteja hemodinamicamente instável, a conduta nessa arritmia deve incluir: a cardioversão elétrica assincrônica (exceto quando precipitada por um agente classe IC); identificação e suspensão de qualquer medicação associada ao prolongamento do QT; repleção de potássio e magnésio; e aumento da frequência ventricular com atropina, isoproterenol ou marca-passo temporário.

TABELA 28-1. CAUSAS DE TORSADES DE POINTES

Categoria	Exemplos
Drogas	Drogas antiarrítmicas (classes IA, IC, III)
	Drogas antimicrobianas (eritromicina)
	Drogas antimaláricas (cloroquina)
	Bloqueadores de canais de cálcio (bepridil)
	Drogas psiquiátricas (tioridazina, haloperidol, ATCs)
	Anti-histamínicos (terfenadina)
	Antagonistas/agonistas da serotonina (cisaprida)
	Imunossupressores (tacrolimo)
	Hormônio antidiurético (vasopressina)
Distúrbios eletrolíticos	Hipocalemia
	Hipomagnesemia
Síndromes congênitas	Síndrome de Jervell e Lange-Nielsen
	Síndrome de Romano-Ward
Outras causas	Isquemia miocárdica
	Mixedema
	Bradicardia devido à síndrome da doença do nodo sinusal ou bloqueio AV de terceiro grau
	Hemorragia subaracnoidea
	Dano hepático

ATC = antidepressivos tricíclicos, AV = atrioventricular.

17. Cite algumas alterações do ECG resultantes de outras condições que não a doença cardíaca.

Distúrbios na concentração de eletrólitos, no equilíbrio ácido-básico, na glicose plasmática, nos hormônios tireoidianos e na temperatura corporal podem causar alterações importantes na atividade elétrica das células miocárdicas, o que se manifesta no ECG. Os exemplos estão listados na Tabela 28-2.

18. Quais são as causas reversíveis de TSV e TV na unidade de terapia intensiva (UTI)?

O Quadro 28-1 lista algumas das condições mais comuns na UTI que predispõem os pacientes a arritmias. Tais condições são reversíveis e devem ser tratadas antes de se considerar o uso da terapia farmacológica com antiarrítmicos.

TABELA 28-2. OUTRAS CAUSAS DE ALTERAÇÕES NO ECG QUE NÃO A ISQUEMIA MIOCÁRDICA

Distúrbio Fisiológico	Alteração no ECG
Hipercalemia	Ondas T altas e apiculadas → ondas P ausentes → QRS alargado → onda senoidal, arritmias ventriculares, assistolia
Hipocalemia	Ondas T largas e achatadas, depressão do segmento ST, prolongamento do QT, arritmias ventriculares (p. ex., CVPs, TV, TVPM, FV)
Hipotermia	Artefato por tremor, fibrilação atrial com frequência ventricular lenta, ondas J (ondas de Osborne), bradicardias (especialmente juncionais), prolongamento dos intervalos PR/QRS/QT, arritmias ventriculares, assistolia
Tireotoxicose	Taquicardia sinusal, QRS com alta voltagem, fibrilação atrial, CVPs, TSVs (p. ex., CAPs, TAM, *flutter* atrial), alterações não específicas do segmento ST e onda T
Hipotireoidismo	Bradicardia sinusal, intervalo QT aumentado, ondas T achatadas/invertidas, bloqueio cardíaco, QRS com baixa voltagem, ACIVs, CVPs
Hipercalcemia	Intervalo QT curto
Hipoglicemia	Ondas T achatadas, intervalo QT longo
HSA	Depressão/elevação do segmento ST, inversão de onda T

ECG = eletrocardiograma, CVP = contração ventricular prematura, TV = taquicardia ventricular, TVPM = taquicardia ventricular polimórfica, FV = fibrilação ventricular, TSV = taquicardia supraventricular, TAM = taquicardia atrial multifocal, ACIV = atraso da condução intraventricular, HSA = hemorragia subaracnoidea.

QUADRO 28-1. POSSÍVEIS CAUSAS DE ARRITMIAS EM PACIENTES INTERNADOS NA UNIDADE DE TERAPIA INTENSIVA

Hipoxemia
Hipotensão
Acidose
Isquemia cardíaca
Irritação mecânica (p. ex., de cateteres centrais, drenos torácicos)
Drogas pró-arrítmicas
Distúrbios eletrolíticos
Hipercapnia
Hipotermia
Microchoque/macrochoque
Estímulo adrenérgico (sedação leve)

19. Quais são os dois sistemas de classificação mais importantes na compreensão da arritmogênese e no tratamento farmacológico das arritmias?

- **Gambito siciliano:** Essa classificação ressalta os mecanismos críticos responsáveis pela arritmogênese, permitindo identificar o "calcanhar de Aquiles" ou o parâmetro vulnerável da arritmia. As classificações incluem automaticidade (aumentada, normal ou anormal), desencadeantes (pós-despolarização precoce ou tardia), reentrada (dependente de cálcio ou sódio), reflexão e parassístole.
- **Vaughan Williams modificado:** Essa classificação divide os agentes antiarrítmicos em quatro grupos: classe I (bloqueadores de canais de sódio), classe II (bloqueadores de atividade simpática), classe III (bloqueadores de canais de potássio/prolongadores do potencial de ação) e classe IV (bloqueadores de canais de cálcio).

20. Liste as classes de drogas antiarrítmicas de acordo com o sistema de classificação de Vaughan Williams modificado, incluindo exemplos, mecanismos de ação, locais de ação e utilização clínica.

Ver Tabela 28-3.

TABELA 28-3. DROGAS ANTIRRÍTMICAS DE ACORDO COM O SISTEMA DE CLASSIFICAÇÃO DE VAUGHAN WILLIANS MODIFICADO

Classe da Droga	Exemplos	Local Primário de Ação	Mecanismos	Usos
IA	Procainamida	HP, A, V	Desacelera a ascensão da fase 0, prolonga moderadamente a repolarização e o intervalo PR e a duração do QRS	TSV e TV
IB	Lidocaína	V	Tem efeito limitado sobre a dV/dt; encurta a repolarização/intervalo QT	TV, FV
IC	Flecainida	HP, V	Desacelera a dV/dt; tem pouco efeito na repolarização; prolonga marcadamente os intervalos PR e QRS	TSV e TV
II	Esmolol	NSA, NAV	Desacelera a taxa de ascensão da fase 4/descarga do NSA e NAV; suprime o aumento do estímulo de marca-passo induzido por catecolaminas	Taquiarritmias
III	Amiodarona	A, V, NAV, NSA, HP, VAc	Aumenta a duração do PA por meio do bloqueio da corrente retificadora retardada/geralmente reduz a automaticidade; suprime discretamente as frequências do NAV e do NSA	FA, FA, TSV Taquicardias nodais, TV, FV
IV	Verapamil	NAV	Deprime as fases 2 e 3 do PA por meio do bloqueio da corrente lenta de Ca	Taquiarritmias atriais

HP = sistema His-Purkinje, A = átrio, V = ventrículo, TSV = taquicardia supraventricular, TV = taquicardia ventricular, dV/dt = taxa de despolarização dos miócitos cardíacos (fase 0 do potencial de ação), FV = fibrilação ventricular, NSA = nodo sinoatrial, NAV = nodo atrioventricular, VAc = vias acessórias, FA = fibrilação atrial, fA = *flutter* atrial, PA = potencial de ação, Ca = cálcio.

21. Qual seria uma boa abordagem para a cardioversão química das TSVs na UTI?

As manobras utilizadas na UTI para cardioverter quimicamente uma TSV ao ritmo sinusal, a partir da administração de agentes antiarrítmicos, devem ser direcionadas àqueles pacientes que não toleram ou não responderam à terapia de controle da frequência, ou ainda àqueles que não responderam à cardioversão elétrica e permanecem hemodinamicamente instáveis. A maioria dos agentes antiarrítmicos com atividade de longa duração contra arritmias atriais (p. ex., ibutilida, amiodarona e procainamida) tem eficácia limitada quando usados para cardioversão química rápida.

22. Como deve ser feita a abordagem para a cardioversão química de TVs na UTI?

As condições de pacientes instáveis com perfusão marginal podem se deteriorar em função de episódios recorrentes de TV não sustentada. Estes pacientes podem se beneficiar da supressão da arritmia com lidocaína, betabloqueio ou tratamento da hipomagnesemia. A TV monomórfica pode ser tratada com amiodarona ou procainamida. A TV polimórfica, mesmo com intervalo QT normal, pode ser tratada empiricamente com magnésio e agentes bloqueadores de canais de sódio.

23. Existe um papel para a hipotermia terapêutica após a ressuscitação da parada em FV/TV?

Possivelmente. Grande parte da morbidade e da mortalidade na parada cardíaca em FV/TV vem da isquemia cerebral generalizada resultante, levando a um grave prejuízo neurológico. Recentemente, um grande estudo clínico (cego e multicêntrico) examinou o possível benefício da hipotermia sistêmica leve (32-34°C) mantida por 24 horas após a ressuscitação de parada cardíaca em FV. Em seis meses, o grupo submetido à hipotermia tinha melhores resultados de desempenho cerebral (55% *versus* 39%) e menor mortalidade (41% *versus* 55%) em comparação ao grupo controle.

24. Existem subgrupos de pacientes com melhores chances de sobrevivência após a parada cardíaca fora do hospital?

Entre os pacientes que têm parada cardíaca fora do ambiente hospitalar, a chance global de sobrevivência é baixa. Embora se tenha identificado vários fatores associados à sobrevivência, o fator mais importante é o ritmo inicial detectado pela equipe de emergência ainda no local. A FV apresenta taxas de sobrevida bem maiores do que num ritmo não passível de choque, como a assistolia. Fatores associados a menores chances de sobrevivência depois de parada cardíaca são os seguintes: ausência de ressuscitação cardiopulmonar imediata, parada não testemunhada, parada em casa, grande intervalo de tempo até a chegada da ambulância e idade avançada.

SITES

1. Advanced Cardiac Life Support, Diretrizes de 2005 atualizadas, Algoritmos, Simuladores e Links
www.acls.net/aclsalg.htm
2. Alan E. Lindsay ECG Learning Center in Cyberspace: Exemplos de ECG
http://library.med.utah.edu/kw/ecg/image_index/
3. Cleveland Clinic Guide to Arrhythmias for Patients
www.clevelandclinic.org/heartcenter/pub/guide/disease/electric/arrhythmia.htm
4. University of Arizona Health Sciences Center, Center for Education and Research on Therapeutics: Lista atualizada de drogas associadas ao prolongamento do QT
www.torsades.org

CAPÍTULO 29

DISSECÇÃO AÓRTICA

Peter M. Schulman, MD e Rondall Lane, MD

1. O que é dissecção aórtica?

Dissecção aórtica é a delaminação das camadas da parede da aorta. Está classicamente associada à dor de início abrupto na região torácica ou no dorso, ao déficit de pulsos e ao alargamento mediastinal exibido pela radiografia de tórax. Geralmente resulta em grande instabilidade hemodinâmica e pode ser rapidamente fatal. O diagnóstico imediato e o tratamento apropriado são cruciais para aumentar ao máximo a chance de sobrevivência.

2. Entre quais camadas da aorta (íntima, média ou adventícia) geralmente acontece a delaminação?

O "rasgo" geralmente se inicia na íntima. Depois se propaga pela média, criando uma falsa luz para onde o sangue flui, formando um hematoma. O processo de dissecção também pode se originar de uma hemorragia na camada média, que por sua vez causa o rompimento da íntima.

Khan IA, Nair CK: Clinical, diagnostic, and management perspectives of aortic dissection. Chest 122:311-328, 2002.

3. Em que porção da aorta (ascendente, arco, descendente torácica ou descendente abdominal) a dissecção se origina com mais frequência?

Em aproximadamente 70% dos pacientes, a ruptura da íntima, que é o início da dissecção, ocorre na aorta ascendente. Em 20%, ocorre na aorta descendente torácica e em 10% dos pacientes, no arco aórtico. Raramente a ruptura da íntima ocorre na aorta abdominal.

4. Identifique e descreva os dois sistemas de classificação mais comuns.

1. **Classificação de DeBakey:** Esse sistema subdivide o processo de dissecção em três tipos:
   - **Tipo I:** Acomete a aorta inteira (iniciando-se desde a raiz aórtica e estendendo-se para além da aorta ascendente).
   - **Tipo II:** Confinada à aorta ascendente.
   - **Tipo III:** Começa distalmente à emergência da artéria subclávia esquerda (poupa a aorta ascendente e o arco). O tipo IIIA se limita à aorta torácica, enquanto o Tipo IIIB se estende até abaixo do diafragma.
2. **Classificação de Stanford ou Dailey:** Esse sistema subdivide o processo de dissecção em dois tipos:
   - **Tipo A:** Acomete a aorta ascendente.
   - **Tipo B:** Distal à artéria subclávia esquerda.

Nienaber CA, Eagle KA: Aortic dissection: New frontiers in diagnosis and management. Part I: From etiology to diagnostic strategies. Circulation 108: 628-635, 2003. Disponível no endereço eletrônico: http://circ.ahajournals.org/cgi/content/full/108/5/628.

5. Qual é a incidência da dissecção aórtica? Compare as taxas de mortalidade dos tipos A e B de dissecção.

- A dissecção aórtica é uma doença relativamente rara, porém altamente letal. A incidência estimada é de 5-30 casos por milhão de pessoas por ano.
- No caso da dissecção aórtica aguda não tratada, a taxa de mortalidade é de 1% a 2% por hora logo após o início dos sintomas. Para a dissecção do tipo A tratada clinicamente, a mortalidade é de aproximadamente 20% nas primeiras 24 horas e 50% após um mês. Mesmo com cirurgia, a taxa mortalidade para a dissecção do tipo A pode ser de até 10% após 24 horas e de quase 20% em um mês após o reparo.

- Embora a dissecção do tipo B seja menos perigosa que a do tipo A, ela está associada a uma taxa de mortalidade extremamente alta. A mortalidade para a dissecção do tipo B sem complicações é de 10% em até 30 dias. Entretanto, pacientes com dissecção do tipo B que desenvolvem complicações tais como isquemia de membro, falência renal ou isquemia visceral têm uma mortalidade de 20% em dois dias.

Hagan PG, Nienaber CA, Isselbacher EM: The International Registry of Acute Aortic Dissection (IRAD): New insights into an old disease. JAMA 283:897-903, 2000.

Khan IA, Nair CK: Clinical, diagnostic, and management perspectives of aortic dissection. Chest 122:311-328, 2002.

6. Quais são os fatores de risco e doenças associadas mais importantes?

- **Hipertensão:** A hipertensão está presente em 70% a 90% dos pacientes com dissecção aórtica aguda.
- **Idade avançada:** A idade média de todos os pacientes com dissecção aórtica aguda documentada no International Registry of Acute Aortic Dissection (IRAD) foi 63 anos.
- **Sexo masculino:** 66% dos pacientes registrados no IRAD eram do sexo masculino.
- **Síndrome de Marfan e outras doenças congênitas:** A síndrome de Marfan estava presente em quase 5% dos pacientes documentados no IRAD. Outras doenças congênitas associadas incluem a síndrome de Ehlers-Danlos, valva aórtica bicúspide, coarctação de aorta, síndrome de Turner, aortite de células gigantes e policondrite relapsante.
- **Gravidez:** 50% das dissecções em mulheres com idade inferior a 40 anos ocorrem durante a gravidez, mais frequentemente no terceiro trimestre de gestação.
- **Variações circadianas e sazonais:** A dissecção aórtica ocorre com maior frequência durante a manhã e nos meses de inverno.
- **Complicações iatrogênicas:** A doença iatrogênica pode ser consequência de procedimentos invasivos ou cirurgias, especialmente quando a aorta for penetrada ou seus ramos principais forem canulados.

Hagan PG, Nienaber CA, Isselbacher EM: The International Registry of Acute Aortic Dissection (IRAD): New insights into an old disease. JAMA 283:897-903, 2000.

7. Quais são as características mais comuns do quadro clínico da dissecção aórtica?

- **Dor:** O sintoma mais comum é a dor torácica, que ocorre em até 90% dos pacientes com dissecção aguda. Classicamente, há início abrupto de dor torácica anterior intensa com extensão para o dorso, descrita como dilacerante ou cortante. Entretanto, no IRAD, a dor foi mais comumente descrita como em pontada. A dor geralmente é de máxima intensidade desde seu início, é incessante e pode migrar ao longo do caminho da dissecção. A dor da dissecção aórtica pode mimetizar a da isquemia miocárdica.
- **Choque:** O choque cardiogênico ou hipovolêmico pode ser secundário ao tamponamento cardíaco pela ruptura da aorta para dentro do pericárdio, dissecção ou compressão das artérias coronárias, regurgitação aórtica aguda ou perda aguda de sangue.
- **Assimetria ou déficit de pulso ou pressão arterial:** Isso ocorre em aproximadamente de um terço a metade dos pacientes com dissecção proximal e significa compressão parcial das artérias subclávias. Apenas um sexto dos pacientes com dissecção distal tem déficit de pulso.
- **Hipertensão:** Mais de 50% dos pacientes com dissecção distal são hipertensos. Pode ocorrer hipertensão grave com pressão diastólica de até 160 mmHg na dissecção distal. A hipertensão grave pode estar associada à isquemia renal.
- **Regurgitação aórtica aguda:** Pode estar presente em até 50% dos pacientes com dissecção proximal e pode surgir em função do alargamento do anel aórtico ou real rompimento dos folhetos da valva aórtica.
- **Derrame pleural:** Derrame pleural, que ocorre mais frequentemente no hemitórax esquerdo, pode ser causado pela ruptura da dissecção para dentro da cavidade pleural ou por exsudação de fluidos da aorta como resultado de uma reação inflamatória à dissecção.

- **Outros:** Já foram relatados: síndrome de Horner, isquemia mesentérica, infarto do miocárdio, manchas nos flancos, paralisia das cordas vocais, compressão das artérias pulmonares, bloqueio cardíaco completo, hemoptise e hematêmese.

Hagan PG, Nienaber CA, Isselbacher EM: The International Registry of Acute Aortic Dissection (IRAD): New insights into an old disease. JAMA 283:897-903, 2000.

Khan IA, Nair CK: Clinical, diagnostic, and management perspectives of aortic dissection. Chest 122:311-328, 2002.

Klompas M: Does this patient have an acute thoracic aortic dissection? JAMA 287:2262-2272, 2002.

Nienaber CA, Eagle KA: Aortic dissection: New frontiers in diagnosis and management. Part I: From etiology to diagnostic strategies. Circulation 108:628-635, 2003. Disponível no endereço eletrônico: http://circ.ahajournals.org/cgi/content/full/108/5/628.

8. Quais dados laboratoriais, e outros não radiológicos são úteis para confirmar o diagnóstico de dissecção aórtica?

Dados laboratoriais geralmente não revelam muito. Devido à perda de sangue para dentro do falso lúmen da dissecção, pode ocorrer anemia. Algumas vezes, observa-se leucocitose moderada (10.000-14.000 leucócitos/mL). As concentrações de desidrogenase láctica e bilirrubina podem estar elevadas devido à hemólise dentro do falso lúmen. Também já foi relatada a ocorrência de coagulação intravascular disseminada. Um eletrocardiograma sem sinal de isquemia em paciente com dor torácica intensa pode sugerir dissecção aórtica, que deve ser investigada imediatamente. Entretanto, a presença de isquemia no ECG não exclui dissecção e dois terços dos pacientes com dissecção apresentam alterações inespecíficas do segmento ST no ECG.

9. Quais procedimento ou exames de imagem são úteis para confirmar o diagnóstico de dissecção aórtica?

Embora não seja específica, a radiografia de tórax deve ser obtida como parte inicial da avaliação diagnóstica. É possível observar alterações na radiografia de tórax em 90% dos pacientes com dissecção aórtica; mais frequentemente, essas alterações referem-se ao alargamento da aorta e do mediastino. Outros achados podem incluir uma corcova localizada no arco aórtico, deslocamento de calcificação na crossa da aorta e a presença de derrame pleural.

A tomografia computadorizada (TC), a ressonância magnética (RM) e a ecocardiografia transesofágica (ETE) são exames de imagem altamente acurados que também podem ser usados no diagnóstico. A ecocardiografia transtorácica (ETT) tem acurácia diagnóstica limitada. A aortografia, que já foi o exame preferencial, é invasiva e demorada, mas ainda é usada nos pacientes que serão submetidos à cirurgia eletiva da aorta torácica. Embora haja vantagens e desvantagens associadas a cada método de imagem, a escolha entre a TC, a RM e a ETE deve ser baseada na disponibilidade imediata de cada um dos exames citados. A Tabela 29-1 revisa as vantagens e limitações dos principais testes diagnósticos usados na avaliação de pacientes sob suspeita de dissecção aórtica.

Khan IA, Nair CK: Clinical, diagnostic, and management perspectives of aortic dissection. Chest 122:311-328, 2002.

Klompas M: Does this patient have an acute thoracic aortic dissection? JAMA 287:2262-2272, 2002.

10. Quais diagnósticos devem ser considerados no diagnóstico diferencial da dissecção aórtica?

- Infarto agudo do miocárdio.
- Acidente vascular cerebral.
- Aneurisma torácico não dissecante.
- Pericardite.
- Pleurite.
- Embolia aterosclerótica.
- Embolia pulmonar.
- Regurgitação aórtica aguda.
- Cistos ou tumores mediastinais.
- Colecistite.
- Dor músculo-esquelética.

Klompas M: Does this patient have an acute thoracic aortic dissection? JAMA 287:2262-2272, 2002.

TABELA 29-1. CARACTERÍSTICAS PRINCIPAIS DE TESTES COMUMENTE USADOS NO DIAGNÓSTICO DA DISSECÇÃO AÓRTICA

	Sensibilidade (%)	Especificidade (%)	Principais Vantagens	Principais Limitações
Angiografia	80-90	90-95	Mostra local de início da dissecção	Demora e é observador-dependente
			Mostra ramos da aorta	Agentes nefrotóxicos
			Mostra tributárias de ramos da aorta	Não mostra hematoma intramural
TC convencional	65-85		Facilidade e rapidez	Não mostra local de início da dissecção
TC ultrarrápida	80-100	95-100		Análise parcial dos ramos da aorta
RM	95-100	95-100	Análises precisas de fluxo	Necessita transferência do paciente
			Mostra ramos da aorta	Exame demorado
			Não usa contraste	Problemas com a vigilância durante o exame
Ecocardiografia (transtorácica e transesofágica)	95-100	85-90	Rapidez	Alto custo
			Avalia a regurgitação aórtica	Não mostra a aorta ascendente distal
			Avalia derrame pleural	Exame à beira do leito*
			Avalia função do miocárdio	Não mostra acometimento de ramos
				Não mostra o local de início da dissecção
				Requer experiência e é desconfortável para o paciente acordado

TC = tomografia computadorizada, RM = ressonância magnética.

11. Quais problemas potencialmente fatais podem ser causados pela dissecção aórtica?

A parede externa do falso lúmen pode ter apenas um quarto da espessura da média original, o que explica o porquê de a dissecção aórtica frequentemente levar à ruptura geralmente um evento catastrófico. A ruptura do arco aórtico ocorre mais frequentemente para dentro do mediastino, da aorta descendente torácica para dentro da cavidade pleural esquerda e da aorta abdominal para o retroperitônio. A ruptura de qualquer porção da aorta ascendente pode levar ao tamponamento cardíaco por hemopericárdio. A dissecção também pode progredir

* N. R. C.: O que pode ser visto como uma vantagem.

ao longo do curso da aorta e ocluir qualquer um de seus ramos arteriais. A extensão retrógrada pode levar à dissecção das coronárias, com acometimento mais frequente da artéria coronária direita do que da esquerda. A dissecção retrógrada também pode resultar em perda do suporte comissural para uma ou mais cúspides valvares, causando assim, insuficiência aórtica aguda.

12. Como devemos tratar uma dissecção do tipo A de Stanford?

Uma dissecção aguda do tipo A é uma emergência cirúrgica. Entretanto, o tratamento farmacológico é fundamental para interromper a progressão da dissecção enquanto o diagnóstico é feito e antes de o paciente ser levado ao centro cirúrgico para receber o tratamento definitivo. Enquanto o diagnóstico é confirmado e um cirurgião cardiotorácico é consultado, os pacientes devem ser monitorizados cuidadosamente e estabilizados em uma unidade de terapia intensiva. O controle da dor e da pressão arterial (até a pressão sistólica alvo de 110 mmHg) são fundamentais. Também deve estar disponível sangue em quantidade suficiente para o caso de ocorrer uma ruptura aórtica.

13. Como devemos tratar uma dissecção do tipo B de Stanford?

Pacientes com dissecção do tipo B geralmente são tratados com betabloqueadores e outros agentes anti-hipertensivos. Esses pacientes se saem melhor apenas com a terapia farmacológica porque tendem a ser mais velhas, têm doença vascular aterosclerótica extensa e são alvo de outras comorbidades, incluindo doenças cardíacas e pulmonares. Em caso de falha da terapia farmacológica, a cirurgia pode ser indicada-e, de fato, observa-se que um terço dos pacientes com dissecções distais eventualmente precisam de cirurgia. Isso está geralmente relacionado à dissecção continuada, à ruptura, à isquemia de órgão-alvo ou extremidade resultante da dissecção ou à dor intratável.

14. Quais são os objetivos da terapia farmacológica na dissecção aórtica aguda? Quais medicações são comumente empregadas?

Os objetivos da terapia farmacológica são tratar a dor e controlar a pressão arterial. A pressão arterial normalmente deve ser reduzida até uma sistólica de 100-120 mmHg, com pressão arterial média entre 60-65 mmHg, ou até o nível mais baixo compatível com a perfusão dos órgãos vitais.

O regime anti-hipertensivo deve abaixar a pressão arterial sem aumentar o débito cardíaco. Isso porque um aumento do débito cardíaco pode aumentar o fluxo, ampliando as forças de cisalhamento do sangue propagando assim a dissecção.

O regime padrão inclui o uso de vasodilatadores IV de ação rápida, como o nitroprussiato (para abaixar a pressão arterial), associados a um beta bloqueador IV, como o esmolol. O beta bloqueador é usado para prevenir qualquer aumento reflexo do débito cardíaco associado à terapia vasodilatadora, portanto, o beta bloqueio adequado deve ser estabelecido primeiro, *antes* que o tratamento com vasodilatador seja iniciado.

Alternativamente, a monoterapia é possível com labetalol IV (um antagonista de receptores alfa e beta) ou, menos comumente, com trimetafan (um bloqueador ganglionar que produz vasodilatação sem causar qualquer aumento reflexo do débito cardíaco).

Marino PL: The ICU Book, 2nd ed. Baltimore, Williams & Wilkins, 1998, pp 301-316.

15. Como o nitroprussiato de sódio funciona, qual a sua velocidade de ação e quais são as dosagens?

Ao contrário dos vasodilatadores puramente arteriais ou venosos, o nitroprussiato de sódio é um vasodilatador balanceado que age diretamente nas circulações arterial e venosa reduzindo tanto a pré-carga quanto a póscarga (Tabela 29-2).

O nitroprussiato é um carreador e doador de óxido nítrico, cuja liberação espontânea medeia a ação vasodilatadora do nitroprussiato. Este age rapidamente para abaixar a pressão arterial, dentro de 1-2 minutos a partir do início da infusão, e seu efeito termina também muito rapidamente após a suspensão da droga. A dose inicial é 0,25-0,5 μg/kg/min, devendo ser titulada lentamente até uma dose máxima de 10 μg/kg/min.

TABELA 29-2. CLASSIFICAÇÃO DAS DROGAS VASODILATADORAS

Vasodilatadores Arteriais	Vasodilatadores Balanceados	Venodilatadores
Hidralazina	Nitroprussiato	Nitroglicerina
Inibidores da ECA		
Nicardipina		

ECA = enzima conversora da angiotensina.

PONTOS-CHAVE: DIAGNÓSTICO E TRATAMENTO DA DISSECÇÃO AÓRTICA AGUDA

1. A dissecção aórtica é classicamente associada a dor abrupta, torácica ou no dorso, déficit de pulso e alargamento mediastinal exibido pela radiografia de tórax.
2. O exame de imagem (TC, RM ou ETE) que estiver mais prontamente disponível deve ser o escolhido para confirmar o diagnóstico.
3. Uma dissecção aórtica aguda do tipo A é uma emergência cirúrgica. Embora dissecções do tipo B sejam geralmente tratadas farmacologicamente, um terço dos pacientes vão eventualmente precisar de cirurgia devido à piora da dissecção, ruptura, isquemia de órgão-alvo ou extremidade ou dor intratável.
4. Durante o tratamento da dissecção aórtica aguda, o beta bloqueio adequado deve ser estabelecido antes do início do tratamento com nitroprussiato a fim de prevenir a propagação da dissecção devido ao aumento reflexo do débito cardíaco.
5. A toxicidade por cianeto decorrente da administração de nitroprussiato pode ser reconhecida pelo aumento da tolerância à droga (taquifilaxia), elevada taxa de oxigenação no sangue venoso misto e desenvolvimento de acidose metabólica (láctica).

16. Quais os efeitos colaterais comuns do nitroprussiato?

Náusea, inquietação, sonolência e hipotensão.

17. Quais são as complicações tóxicas da terapia com nitroprussiato de sódio? Como reconhecê-las e tratá-las?

Há possibilidade de ocorrer toxicidade por cianeto e tiocianato. É recomendável não administrar doses superiores a 10 μg/kg/min aos pacientes e que a dose total administrada não exceda 3-3,5 mg/kg. A toxicidade por cianeto pode ser reconhecida através do aumento da tolerância à droga (taquifilaxia), da elevada taxa de oxigenação no sangue venoso misto e do desenvolvimento de acidose láctica. Já a toxicidade por tiocianato é caracterizada por fraqueza muscular, hiperreflexia, confusão mental, delírios e coma. Quando a droga está sendo infundida em doses superiores a 3 μg/kg/min por períodos maiores do que 72 horas, deve-se medir a concentração plasmática de tiocianato. A intoxicação por cianeto pode ser tratada com nitrito de amila, nitrito de sódio e tiossulfato de sódio. Em pacientes com intoxicação grave por tiocianato, pode-se realizar hemodiálise.

18. Quais os objetivos cirúrgicos na dissecção do tipo A?

Os objetivos são ressecar o segmento aórtico que contém a ruptura proximal da íntima, obliterar o falso lúmen e reconstruir a luz aórtica (com enxerto ou por reaproximação das duas extremidades). Em pacientes com insuficiência aórtica, talvez seja possível ressuspender a valva aórtica, mas em alguns casos é necessária a troca valvar. E em alguns casos de dissecção proximal pode ser necessário reimplantar as artérias coronárias. A cirurgia para reparar uma dissecção aórtica geralmente requer circulação extracorpórea e em algumas vezes requer parada circulatória total com hipotermia profunda.

19. Qual é a alternativa mais recente para o reparo cirúrgico da dissecção aórtica?

Uma técnica endovascular de implante de *stent* e/ou fenestração por balão tem sido usada para tratar certos tipo de dissecção do tipo A e as dissecções do tipo B complicadas. No caso da dissecção do tipo B, ultimamente muitos relatos têm demostrado melhores resultados com o reparo endovascular *versus* o cirúrgico.

Nienaber CA, Eagle KA: Aortic dissection: New frontiers in diagnosis and management. Part II: Therapeutic management and follow-up. Circulation 108: 772-778, 2003.

AGRADECIMENTOS

Os autores agradecem as contribuições de Timothy R. White, MD, PhD, e de David E. Schwartz, MD, FCCP, autores deste capítulo na edição anterior deste livro.

CAPÍTULO 30

DOENÇA CARDÍACA VALVAR

Rondall Lane, MD e Peter M. Schulman, MD

REGURGITAÇÃO MITRAL

1. Qual é a importância do aparelho da valva mitral?

A valva mitral é constituída por dois músculos papilares, múltiplas cordoalhas tendíneas, um anel, uma cúspide anterior e outra posterior e partes da parede ventricular esquerda. A integração entre o aparelho da valva mitral e o ventrículo esquerdo não só previne a regurgitação mitral como ajuda a manter a forma ventricular e a coordenar a contração. Anormalidades da valva mitral levam a uma disfunção ventricular esquerda rápida e permanente.

Soble JS, Neumann A: Valvular heart disease producing critical illness. In Parrillo JE, Dellinger RP (eds): Critical Care Medicine: Principles of Diagnosis and Management in the Adult, 2nd ed. St. Louis, Mosby, 2002, pp 638-657.

Sorrentino M: Valvular heart disease. In Hall JB, Schmidt GA, Wood L (eds): Principles of Critical Care, 2nd ed. New York, McGraw-Hill, 1998, pp 467-482.

Turgeman Y, Atar S, Rosenfeld T: The subvalvular apparatus in rheumatic mitral stenosis: Methods of assessment and therapeutic implications. Chest 124:1929-1936, 2003.

2. Nomeie algumas causas comuns de regurgitação mitral.

Causas crônicas incluem alongamento dos músculos papilares por isquemia crônica ou processos de cicatrização, dilatação do ventrículo esquerdo com dilatação do anel fibroso e degeneração mixomatosa da valva mitral, que atualmente é uma causa de regurgitação mitral mais comum do que a doença cardíaca reumática. Traumas geralmente causam regurgitação mitral aguda e incluem fenestrações das cúspides da valva, resultantes de um trauma fechado ou de endocardite, e ruptura de cordoalhas ou de músculo papilar resultantes de isquemia miocárdica.

Soble JS, Neumann A: Valvular heart disease producing critical illness. In: Parrillo JE, Dellinger RP (eds): Critical Care Medicine: Principles of Diagnosis and Management in the Adult, 2nd ed. St. Louis, Mosby, 2002, pp 638-657.

3. Descreva a fisiopatologia da regurgitação mitral.

Semelhantemente à regurgitação aórtica, a regurgitação mitral pode se desenvolver a partir de eventos que afetam adversamente a integridade das cúspides. A regurgitação mitral pode se desenvolver a partir da distorção do anel mitral ou de anormalidades estruturais ou funcionais do aparelho submitral, incluindo as cordoalhas tendíneas e os músculos papilares. Pacientes que apresentam regurgitação mitral aguda grave comumente têm o infarto miocárdico, os abscessos perivalvares ou a endocardite como etiologia subjacente. A endocardite causa regurgitação mitral pela destruição das cúspides ou por infecção e ruptura das cordoalhas dos músculos. A isquemia miocárdica causa prejuízo do encurtamento dos músculos papilares, permitindo o fluxo regurgitante. A isquemia, particularmente do músculo papilar póstero-medial, o qual é irrigado pela artéria coronária dominante, pode levar a infarto dos músculos papilares e à transecção completa da cabeça do músculo papilar e à subsequente regurgitação por meio da valva mitral. A regurgitação mitral crônica geralmente ocorre devido a: prolapso da valva mitral, doença cardíaca reumática, disfunção ventricular esquerda e cardiomiopatia dilatada isquêmica ou não isquêmica.

Soble JS, Neumann A: Valvular heart disease producing critical illness. In Parrillo JE, Dellinger RP (eds): Critical Care Medicine: Principles of Diagnosis and Management in the Adult, 2nd ed. St. Louis, Mosby, 2002, pp 638-657.

4. Como a regurgitação mitral aguda se apresenta?

A regurgitação mitral aguda habitualmente se apresenta com sintomas de insuficiência cardíaca congestiva porque o ventrículo esquerdo, o átrio esquerdo e a vasculatura pulmonar não tiveram tempo para dilatar e manter o fluxo anterógrado. Subsequentemente, a pressão do átrio esquerdo e a pressão de oclusão da artéria pulmonar aumentam de forma surpreendente. O choque cardiogênico não é necessariamente obrigatório no quadro. Em pacientes com diagnóstico de infarto do miocárdio ou endocardite, deve-se suspeitar de regurgitação mitral caso o estado desse piore rapidamente ou ele desenvolva edema agudo de pulmão. Em pacientes com infarto miocárdico de parede inferior, a ruptura do músculo papilar pode ocorrer vários dias após o início da doença, e geralmente surge em um quadro de doença de múltiplos vasos. Ao exame, os pacientes tipicamente apresentam um sopro holossistólico melhor audível no ápice. O sopro pode abafar a primeira bulha cardíaca e continuar ao longo da segunda bulha.

Soble JS, Neumann A: Valvular heart disease producing critical illness. In Parrillo JE, Dellinger RP (eds): Critical Care Medicine: Principles of Diagnosis and Management in the Adult, 2nd ed. St. Louis, Mosby, 2002, pp 638-657.

5. Descreva as causas de descompensação na regurgitação mitral crônica.

As consequências hemodinâmicas da regurgitação mitral incluem sobrecarga de volume do ventrículo esquerdo e sobrecarga de volume e pressão do átrio esquerdo. Essas mudanças acarretam hipertrofia excêntrica e, eventualmente, disfunção ventricular esquerda. Ao contrário da regurgitação aórtica, há redução da pós-carga na regurgitação mitral como resultado do fato de que parte do débito cardíaco é ejetada para o átrio esquerdo. Essa redução de pós-carga permite que o desempenho de ejeção ventricular esquerda seja mantido, mesmo em face de contratilidade prejudicada. Em alguns casos, o nível real de prejuízo da contratilidade não é aparente até o período após a substituição da valva, quando a fração de ejeção cai e o estado hemodinâmico do paciente piora.

Soble JS, Neumann A: Valvular heart disease producing critical illness. In Parrillo JE, Dellinger RP (eds): Critical Care Medicine: Principles of Diagnosis and Management in the Adult, 2nd ed. St. Louis, Mosby, 2002, pp 638-657.

6. Quais exames diagnósticos estão disponíveis para a regurgitação mitral?

No caso de regurgitação mitral aguda grave, a radiografia de tórax mostrará edema pulmonar com coração de tamanho relativamente normal. Na regurgitação mitral crônica, cardiomegalia com aumento de átrio e ventrículo esquerdos, além de evidências de hipertensão venosa pulmonar ou artérias pulmonares aumentados, são sinais sugestivos de hipertensão arterial pulmonar. A ecocardiografia permite o diagnóstico e a quantificação da regurgitação mitral e exclui outros problemas possíveis, como defeitos no septo interventricular. A pressão média de oclusão e a amplitude da onda V avaliadas pela cateterização da artéria pulmonar podem ajudar a determinar a significância hemodinâmica da regurgitação mitral. Os critérios ecocardiográficos da regurgitação mitral grave incluem área de fluxo em cores $> 40\%$ da área atrial esquerda, velocidade $E > 1{,}5$ m/s, orifício regurgitante efetivo (ORE) $\geq 0{,}40$ cm^2, volume regurgitante ≥ 60 mL e fração regurgitante $\geq 55\%$.

Soble JS, Neumann A: Valvular heart disease producing critical illness. In Parrillo JE, Dellinger RP (eds): Critical Care Medicine: Principles of Diagnosis and Management in the Adult, 2nd ed. St. Louis, Mosby, 2002, pp 638-657.

Turgeman Y, Atar S, Rosenfeld T: The subvalvular apparatus in rheumatic mitral stenosis: Methods of assessment and therapeutic implications. Chest 124:1929-1936, 2003.

7. Qual é a conduta inicial apropriada na regurgitação mitral?

A terapia para pacientes com regurgitação mitral aguda é altamente dependente da presença ou ausência de choque. Os pacientes com regurgitação mitral aguda podem ser temporariamente tratados com inotrópicos (p. ex., dopamina ou dobutamina, caso não haja hipotensão), redução da pós-carga com vasodilatadores (p. ex., inibidores da enzima conversora da angiotensina, nitratos) e balão intra-aórtico de contrapulsação ou uma combinação de todos. O exame do aparelho valvar com ecocardiografia, além de determinar a função ventricular esquerda, avalia a possibilidade de reparo valvar e ajuda a definir a patologia que está causando a disfunção. A nitroglicerina IV é útil no caso de pacientes que têm regurgitação mitral secundária à isquemia.

American College of Cardiology and American Heart Association: Pocket Guidelines for Management of Patients with Valvular Heart Disease. AHA Journals, Lippincott & Wilkins, 2000.

Lung B: Management of ischemic mitral regurgitation. Heart 89:459-464, 2003.

Soble JS, Neumann A: Valvular heart disease producing critical illness. In Parrillo JE, Dellinger RP (eds): Critical Care Medicine: Principles of Diagnosis and Management in the Adult, 2nd ed. St. Louis, Mosby, 2002, pp 638-657.

8. Quais critérios no quadro de regurgitação mitral levariam à indicação de cirurgia?

A cirurgia deve ser realizada antes que haja queda da função ventricular esquerda. O início da disfunção miocárdica ocorre quando a fração de ejeção cai para < 0,60 ou quando a dimensão ao final da sístole se aproxima de 45 mm. Na regurgitação mitral aguda grave, pacientes que apresentam edema pulmonar e choque são candidatos à cirurgia. Se a isquemia for a causa de base da regurgitação mitral, a angioplastia coronariana transluminal percutânea pode ser benéfica. O tipo de cirurgia depende do quadro clínico geral, sendo que a morfologia valvar e as circunstâncias clínicas são os determinantes mais importantes. Pacientes com endocardite precisarão de substituição valvar. Mulheres em idade fértil podem se beneficiar do reparo da valva ou valvuloplastia percutânea mitral por balão se as circunstâncias permitirem, pois isso permite que elas evitem o uso de anticoagulação de longa duração e que mantenham as cordoalhas preservadas. Pacientes assintomáticos que possuem um orifício regurgitante efetivo de pelo menos 40 mm^2 estão sob maior risco de morte por causas cardíacas e devem ser considerados candidatos à cirurgia da valva mitral.

Carabello BA: Is it ever too late to operate on the patient with valvular heart disease? J Am Coll Cardiol 44:376-383, 2004.

Enriquez-Sarano M, Avierinos J, Messika-Zeitoun D, et al: Quantitative determinants of the outcome of asymptomatic mitral regurgitation. N Engl J Med 352:875-883, 2005.

Reimold S, Rutherford J: Valvular heart disease in pregnancy. N Engl J Med 349:52-59, 2003.

Soble JS, Neumann A: Valvular heart disease producing critical illness. In Parrillo JE, Dellinger RP (eds): Critical Care Medicine: Principles of Diagnosis and Management in the Adult, 2nd ed. St. Louis, Mosby, 2002, pp 638-657.

Talwalker N, Earle N, Earle E, Lawrie G: Mitral valve repair in patients with low left ventricular ejection fractions. Chest 126:709-715, 2004.

9. A fração de ejeção é útil para determinar se o paciente é candidato à cirurgia da valva mitral?

Inicialmente, acreditou-se que a terapia cirúrgica para regurgitação mitral era sinônimo de redução da fração de ejeção no pós-operatório, resultante da remoção das condições favoráveis de enchimento (que eram consequência da regurgitação mitral). Agora se sabe que a destruição do aparelho mitral durante a substituição valvar, e não as mudanças nas condições de enchimento, leva à perda da forma ventricular e da contratilidade ventricular. Assim, quando o aparelho mitral é preservado, a fração de ejeção fica inalterada. Portanto não importa o quão baixa é a fração de ejeção: ela não deve servir de base para exclusão da possibilidade cirúrgica. Se o aparelho mitral não puder ser preservado, não se recomenda a substituição valvar para pacientes com fração de ejeção < 0,35.

Carabello BA: Is it ever too late to operate on the patient with valvular heart disease? J Am Coll Cardiol 44:376-383, 2004.

Talwalker N, Earle N, Earle E, Lawrie G: Mitral valve repair in patients with low left ventricular ejection fractions. Chest 126:709-715, 2004.

ESTENOSE MITRAL

10. Qual é a etiologia da estenose valvar mitral?

A estenose valvar mitral pode ser causada por diversas doenças. A doença cardíaca reumática já foi uma causa comum. Como a incidência de febre reumática caiu nas nações desenvolvidas, a estenose valvar mitral se tornou uma doença principalmente de pessoas que emigraram de áreas onde a febre reumática ainda é endêmica. A estenose decorrente da febre reumática é de duas a três vezes mais comum nas mulheres. Acredita-se que a presença do antígeno da proteína M, compartilhado pelo miocárdio e pelo estreptococos hemolítico do grupo A, leva a um ataque autoimune do músculo cardíaco à medida que o sistema imune reage à infecção estreptocócica. A doença afeta predominantemente o endocárdio, acarretando inflamação e cicatrização das valvas cardíacas. O processo reumático contínuo de baixo grau e/ou o estresse hemodinâmico sobre uma valva lesada leva à inflamação crônica e à cicatrização, que continuam após o ataque inicial, com uma lesão valvar subsequente que eventualmente se agrava. A estenose resulta de espessamento da cúspide, fusão comissural e encurtamento e fusão de cordoalhas. Outras causas incluem calcificação do anel mitral, que é mais relacionada à doença aterosclerótica do que à febre reumática.

Carabello B: Modern management of mitral stenosis. Circulation 112:432-437, 2005.

11. Qual é a fisiopatologia da estenose valvar mitral?

O orifício normal da valva mitral tem 4-5 cm^2 e serve de válvula de entrada para o ventrículo esquerdo por, essencialmente, formar uma câmara cardíaca comum entre o átrio e o ventrículo esquerdos durante a diástole. Normalmente, a valva mitral é composta por um aparelho complexo constituído de um anel fibroso e duas cúspides que estão ligadas a dois músculos papilares pelas cordoalhas tendíneas. Os músculos papilares se originam das paredes do ventrículo esquerdo e dão suporte às cordoalhas e cúspides, evitando que ocorra prolapso da valva mitral durante a sístole ventricular. A estenose valvar mitral resulta de qualquer processo patológico congênito ou adquirido que estreite o orifício valvar mitral efetivo no nível supravalvar, valvar ou subvalvar. As pressões entre as duas câmaras são iguais durante o enchimento ventricular. Quando o orifício valvar mitral se estreita na estenose, desenvolve-se um gradiente pressórico entre as duas câmaras como resultado da inibição do fluxo de sangue do átrio para o ventrículo esquerdo. Esse gradiente de pressão é transmitido à pressão diastólica ventricular esquerda. Isso leva ao aumento das pressões atrial esquerda e venosa pulmonar. Veias brônquicas aumentadas podem rechaçar pequenos bronquíolos, com aumento subsequente na resistência das vias aéreas. Quando a pressão venosa pulmonar é superior à pressão oncótica plasmática, ocorre edema pulmonar. A hipertensão arterial pulmonar se segue com a vasoconstrição compensatória, a hipertrofia da média e o espessamento da íntima das arteríolas pulmonares. Conforme a doença progride, o ventrículo direito se torna insuficiente e o fluxo sanguíneo pulmonar cai, diminuindo o fluxo sanguíneo sistêmico. Se a queda do débito cardíaco for significativa, podem ocorrer falência de órgãos-alvo, choque e acidose metabólica. A insuficiência ventricular direita resulta em congestão venosa sistêmica, com desenvolvimento de hepatomegalia, ascite e edema.

Carabello B: Modern management of mitral stenosis. Circulation 112:432-437, 2005.

12. Como é feito o diagnóstico de estenose valvar mitral?

Quando a doença é leve, os pacientes podem ser assintomáticos em repouso e durante o esforço físico. À medida que a estenose piora, ocorrem dispneia aos esforços, ortopneia e dispneia paroxística noturna. A pressão atrial esquerda aumentada pode levar à hemoptise como resultado da ruptura de veias brônquicas. Alguns pacientes podem apresentar fibrilação atrial de início recente. Além disso, alguns indivíduos podem sofrer de rouquidão, resultante da compressão do nervo laríngeo recorrente esquerdo pelo átrio esquerdo dilatado (Síndrome de Ortner). Ao exame físico, os pacientes geralmente apresentam pressão de pulso reduzida em função do baixo débito sistólico, turgência venosa no pescoço por causa da insuficiência cardíaca direita, estertores pulmonares devido à falência cardíaca esquerda e bochechas pletóricas e entremeadas por manchas azuladas relacionadas ao baixo débito cardíaco. Em caso de hipertensão pulmonar, pode haver elevação de ventrículo direito.

Carabello B: Modern management of mitral stenosis. Circulation 112:432-437, 2005.
Chikwe J, Walther A, Pepper J: The surgical management of mitral valve disease. Br J Cardiol 11:42-48, 2004.

13. Descreva a classificação de gravidade da estenose valvar mitral.

- **Estenose valvar mitral trivial:** > 2,0 cm^2 com gradiente de pressão normal.
- **Estenose valvar mitral leve:** 1,0-2,5 cm^2 com gradiente de pressão de 2,0-6,0 mmHg.

- **Estenose valvar mitral moderada:** 1,0-1,5 cm^2 com gradiente de pressão de 6,0-12,0 mmHg.
- **Estenose valvar mitral grave:** < 1,0 cm^2 com gradiente de pressão > 12 mmHg.

Hartman GS, Thomas SJ: Valvular heart disease. In Yao FS, Artusio JF (eds): Yao and Artusio's Anesthesiology: Problem-Oriented Patient Management, 5th ed. Philadelphia, Lippincott Williams and Wilkins, pp 201-233.

14. Quais são os diagnósticos diferenciais da estenose valvar mitral?

Miomas de átrio esquerdo podem se apresentar com quadro clínico semelhante ao da estenose valvar mitral. Outras lesões incluem as seguintes:

- **Coração triatriado direito:** Esse é um defeito cardíaco congênito raro, que resulta da divisão do átrio esquerdo por uma membrana fibromuscular. É comum os pacientes manifestarem esse defeito quando lactentes ou na primeira infância, embora alguns casos permaneçam não detectados até a vida adulta.
- **Mixoma atrial.**
- **Estenose venosa pulmonar.**
- **Complexo de Shone:** Essa anormalidade cardíaca congênita consiste de anel mitral supravalvar, valva mitral em paraquedas, estenose subaórtica e coarctação da aorta.

15. Quando se deve considerar a cirurgia em pacientes com estenose valvar mitral?

Podem se passar de 20-40 anos entre a ocorrência de febre reumática e o início da estenose valvar mitral sintomática. Quando os sintomas se desenvolvem, pode levar dez anos até que eles passem a limitar as atividades do indivíduo. Nos pacientes minimamente sintomáticos, a taxa de sobrevida em dez anos é de 80%. Entretanto, ela cai para 10%-15% assim que os sintomas se tornam limitantes. Assim, é razoável oferecer cirurgia quando houver o desenvolvimento de mais do que sintomas leves. Uma única exceção seria o paciente assintomático com hipertensão arterial pulmonar. Quando há hipertensão pulmonar grave, a média de sobrevida cai para menos de três anos. Além disso, a hipertensão pulmonar aumenta o risco de mortalidade cirúrgica de aproximadamente 3%-8% para 12%. Parece ser melhor indicar a cirurgia antes que hipertensão pulmonar se desenvolva ou tão logo ela seja detectada. Evidências sugerem que pacientes com área valvar mitral < 1,0 cm^2 e hipertensão arterial pulmonar grave (pressão sistólica arterial pulmonar > 60-80 mmHg), mas com sintomas das classes funcionais I e II da New York Heart Association, ainda se beneficiariam da cirurgia. A pressão pulmonar geralmente retorna ao normal ou próximo do normal após a correção da estenose valvar mitral.

Carabello B: Modern management of mitral stenosis. Circulation 112:432-437, 2005.
Carabello BA: Is it ever too late to operate on the patient with valvular heart disease? J Am Coll Cardiol 44:376-383, 2004.
Chikwe J, Walther A, Pepper J: The surgical management of mitral valve disease. Br J Cardiol 11:42-48, 2004.

ESTENOSE AÓRTICA

16. Descreva a fisiopatologia da estenose aórtica.

A estenose aórtica é a mais frequente de todas as anormalidades valvares, ocorrendo em aproximadamente 2% da população. As causas de estenose aórtica incluem tanto etiologias congênitas como adquiridas. A forma mais comum de estenose aórtica adquirida é a degeneração do tecido previamente normal, levando à calcificação do tecido das cúspides ou à calcificação de valvas congenitamente bicúspides, o que ocorre em aproximadamente 1% da população. O ninho para a cristalização dos íons de cálcio e fosfato inorgânico e a formação de cristais de hidroxiapatita na membrana plasmática de células em processo de morte sugerem um mecanismo patológico senil. Tradicionalmente, acreditava-se que o acúmulo passivo de mineral de hidroxiapatita no quadro de esclerose levava à calcificação. Entretanto, agora se sabe que processos ativos similares àqueles envolvidos na aterosclerose arterial, incluindo inflamação e infiltração lipídica, têm um papel significante na estenose aórtica.

Mohler E: Mechanisms of aortic valve calcification. Am J Cardiol 94:1396-1402, 2004.
Schoen F: Cardiac valves and valvular pathology: Update on function, disease, repair and replacement. Cardiovasc Pathol 14:189-194, 2005.

17. Quais são os dois fatores determinantes do fluxo transvalvar?

O fluxo transvalvar é determinado pelo gradiente pressórico e pela área orificial. Assim, a gravidade da estenose aórtica não pode ser definida apenas pelo alto gradiente de pressão, visto que vários pacientes com função sistólica ventricular esquerda insatisfatória-portanto com baixo gradiente de pressão-não seriam incluídos.

Carabello BA: Is it ever too late to operate on the patient with valvular heart disease? J Am Coll Cardiol 44:376-383, 2004.

18. O que significam os termos *pseudoestenose aórtica* e *reserva inotrópica*?

Pacientes com estenose aórtica grave (área valvar < 1,0 cm^2) devem ser submetidos à substituição da valva aórtica. Um problema potencial surge quando um paciente apresenta simultaneamente uma área valvar calculada < 1,0 cm^2 e baixo débito cardíaco. A área valvar calculada pode ser dramaticamente menor em pacientes com baixo débito cardíaco. Para se determinar se a estenose aórtica verdadeiramente grave está presente na ocorrência de baixo débito cardíaco, é necessário aumentar farmacologicamente o débito, usando um agente como a dobutamina. Caso o gradiente aumente em concordância com o débito cardíaco, a área valvar irá aumentar apenas discretamente, presumindo-se então que há uma obstrução fixa grave.

A pseudoestenose ocorre quando o débito aumentado resulta em aumento simultâneo da área valvar de > 0,3 cm^2 ou quando a área valvar calculada excede 1,0 cm^2. Para que isso ocorra, deve haver um grande aumento do débito, porém sem um grande aumento no gradiente, significando que não há uma obstrução grave. Assim, é mais provável que esses pacientes não se beneficiem da substituição da valva aórtica. Além disso, se um desafio inotrópico (ecocardiograma de estresse com dobutamina) for administrado e o débito cardíaco não aumentar, o prognóstico é ruim.

Comparada à taxa de mortalidade perioperatória de 5-8% observada em pacientes com reserva inotrópica, os pacientes sem reserva inotrópica apresentam uma mortalidade perioperatória de até 33%. Foi sugerido que os indivíduos com estenose aórtica, cujo débito cardíaco não aumenta pelo menos 25% durante a administração de dobutamina, devem ser considerados candidatos não-cirúrgicos pelo fato de a ausência de reserva inotrópica sinalizar disfunção ventricular esquerda grave e irreversível. Entretanto, um estudo sugeriu que embora a mortalidade perioperatória de pacientes com estenose aórtica grave e baixo gradiente de pressão transvalvar seja significativamente maior, aqueles poucos que sobreviveram à cirurgia obtiveram melhora na fração de ejeção ventricular esquerda e sintomas similares aos apresentados por pacientes com reserva contrátil ventricular esquerda.

Carabello BA: Is it ever too late to operate on the patient with valvular heart disease? J Am Coll Cardiol 44:376-383, 2004.

Quere J, Monin J, Levy F, et al: Influence of preoperative left ventricular contractile reserve on postoperative ejection fraction in low gradient aortic stenosis. Circulation 113:1738-1744, 2006.

19. Descreva os preditores do prognóstico da estenose aórtica grave assintomática.

O manejo de um paciente assintomático com estenose aórtica grave é controverso. Atualmente, as diretrizes não recomendam cirurgia para pacientes assintomáticos. Além disso, variáveis clínicas tais como idade, sexo, hipertensão, diabetes, função ventricular esquerda, hipercolesterolemia e doença arterial coronariana apresentaram resultados confusos como preditores do prognóstico em pacientes assintomáticos com estenose aórtica grave. Em certos subgrupos com risco aumentado de eventos cardíacos adversos, a substituição precoce eletiva da valva aórtica pode ser uma decisão sensata. A saber, os pacientes com calcificação valvar moderada ou grave têm taxas de sobrevida livre de eventos piores do que aqueles com calcificação leve ou ausente. Outros preditores incluem as taxas de progressão da velocidade do jato aórtico. Em um estudo, 79% dos pacientes com valvas grave ou moderadamente calcificadas e que tiveram um aumento da velocidade do jato aórtico de 0,3 m/s ou mais dentro de um ano, desenvolveram sintomas e foram submetidos à cirurgia ou morreram dentro de dois anos.

Baumgartner H: Should early elective surgery be performed in patients with severe but asymptomatic aortic stenosis? Eur Heart J 23:1417-1421, 2002.

Rosenhek R, Binder T, Porenta G, et al: Predictors of outcome in severe, asymptomatic aortic stenosis. N Engl J Med 343:611-617, 2000.

20. Quais são os sintomas da estenose aórtica?

As principais manifestações da estenose aórtica incluem síncope, angina pectoris e dispneia. Em geral, os sintomas podem ser atribuídos à estenose aórtica se a área valvar for < 1,0 cm^2 ou se o gradiente transvalvar médio exceder 50 mmHg. Os tempos médios de sobrevida após a instalação da angina, síncope e dispneia são de cinco, três e dois anos, respectivamente.

Carabello BA: Is it ever too late to operate on the patient with valvular heart disease? J Am Coll Cardiol 44:376-383, 2004.
Lester S, Heilbron B, Gin K: The natural history and rate of progression of aortic stenosis. Chest 113:1109-1114, 1998.

21. Qual é o papel dos vasodilatadores na estenose aórtica grave associada à insuficiência cardíaca congestiva?

Tradicionalmente, acreditava-se que os vasodilatadores estavam contraindicados em pacientes com estenose aórtica grave, pois poderiam levar à hipotensão grave. O estudo Use of Nitroprusside in Left Ventricular Dysfunction and Obstructive Aortic Valve Disease Study (UNLOAD) avaliou pacientes admitidos na unidade de terapia intensiva para a monitorização hemodinâmica invasiva da insuficiência cardíaca; eles tinham fração de ejeção $\leq$ 0,35, área valvar aórtica $\leq$ 1,0 cm^2 pela ecocardiografia e índice cardíaco < 2,2 L/min por metro quadrado pelo método de Fick; não eram hipotensos (a hipotensão foi definida como pressão arterial média < 60 mmHg ou a necessidade de agentes pressores como dobutamina, dopamina, epinefrina, milrinona, norepinefrina ou fenilefrina). O nitroprussiato foi iniciado com uma dose média de 14 $\pm$ 10 μg/min titulada para manter a pressão arterial média entre 60 e 70 mmHg. Após seis horas, a dose média era de 103 μg/min e, após 24 horas, 128 μg/min. Em seis horas o índice cardíaco subiu de 1,60 $\pm$ 0,35 para 2,22 $\pm$ 0,44, e em 24 horas subiu para 2,52 $\pm$ 0,55. A resistência vascular sistêmica diminuiu de 1926 $\pm$ 543 para 1224 $\pm$ 242 em seis horas, e para 1042 $\pm$ 261 em 24 horas. O índice cardíaco não diminuiu em nenhum desses pacientes. Os autores concluíram que, em pacientes críticos com estenose aórtica grave e disfunção sistólica ventricular esquerda grave, o nitroprussiato consistentemente induziu à melhora clinicamente significativa e rápida do débito cardíaco.

Khot U, Novaro G, Popvic Z, et al: Nitroprusside in critically ill patients with left ventricular dysfunction and aortic stenosis. N Engl J Med 348:1756-1763, 2003.

REGURGITAÇÃO AÓRTICA

22. Quais são as causas mais comuns de regurgitação aórtica?

Em países em desenvolvimento, a principal causa de regurgitação aórtica é a doença reumática, e ela se apresenta na segunda ou terceira décadas de vida. Nos países desenvolvidos, a doença reumática é menos comum. As etiologias da regurgitação aórtica nos países desenvolvidos incluem doenças congênitas (p. ex., valvas bicúspides) ou degenerativas (p. ex., ectasia ânulo-aórtica). As causas mais comuns de regurgitação aórtica aguda são endocardite, dissecção aórtica e ruptura ou prolapso de uma cúspide da valva aórtica. Outras origens incluem perfuração ou rompimento (a valva mais comumente acometida após trauma torácico fechado), hipertensão sistêmica, degeneração mixomatosa e síndrome de Marfan.

Carabello B, Crawford F: Valvular heart disease. N Engl J Med 337:32-41, 1997.

23. Qual é a fisiopatologia da regurgitação aórtica?

Lesões que resultam em regurgitação aórtica criam um orifício que permite o fluxo regurgitante durante a diástole. Na regurgitação aórtica aguda, ocorre um aumento rápido das pressões de enchimento do ventrículo esquerdo devido ao acréscimo abrupto do volume ventricular esquerdo sem um aumento da complacência ventricular. O volume de ejeção do ventrículo esquerdo diminui à medida que a fração regurgitante aumenta. A taquicardia encurta o período da diástole, reduzindo assim a fração regurgitante. O enchimento diastólico ventricular pode ser comprometido se a pressão ventricular esquerda exceder a pressão atrial esquerda, levando ao fechamento prematuro da valva mitral. A pressão arterial sistêmica elevada aumenta a resistência vascular sistêmica e pode aumentar a regurgitação aórtica.

Na regurgitação aórtica crônica, o remodelamento ventricular ocorre em resposta ao estado de sobrecarga de volume. O remodelamento é caracterizado pelo aumento do comprimento das fibras e subsequente aumento do volume diastólico final. Isso leva à melhor complacência diastólica, ao aumento do volume diastólico final e ao aumento do volume ejetado sem que haja acréscimo significante nas pressões de enchimento. Com o tempo, a contratilidade ventricular esquerda diminui, o que leva ao aumento das pressões de enchimento diastólica final e sistólica e à queda da fração de ejeção.

24. Como a regurgitação aórtica é diagnosticada?

A regurgitação aórtica geralmente é detectada como um achado incidental ao ecocardiograma. Na regurgitação aórtica aguda, o eletrocardiograma pode parecer normal. A radiografia de tórax geralmente revela edema pulmonar com tamanho cardíaco normal. Os achados do exame físico incluem um sopro diastólico em decrescendo, pressão de pulso alargada e pulso célere. Outros achados incluem um ruflar do meio para o fim da diástole (ou seja, sopro de Austin Flint), sinal de Musset (ou seja, movimento oscilatório da cabeça), pulso de Quincke (ou seja, coloração do leito ungueal, levemente comprimido, esbranquiçada na diástole e avermelhada na sístole), sinais de insuficiência cardíaca grave (p. ex., taquicardia, taquipneia e vasoconstrição periférica), elevação de ventrículo direito (resultante da hipertensão pulmonar) e deslocamento do impulso apical (regurgitação aórtica crônica). A ecocardiografia transesofágica deve ser considerada quando a dissecção aórtica ou a endocardite forem a suposta origem da regurgitação aórtica, e também para classificar a gravidade da regurgitação. Achados ecocardiográficos sugestivos de regurgitação grave incluem os seguintes:

- Jato regurgitante amplo na imagem de fluxo em cores.
- Desaceleração abrupta da velocidade do jato e fluxo reverso diastólico prolongado na aorta.
- Ecocardiografia com Doppler evidenciando um orifício regurgitante ≥ 30 cm^2.
- Volume regurgitante ≥ 60 mL/batimento.

Carabello B, Crawford F: Valvular heart disease. N Engl J Med 337:32-41 1997.

25. Descreva a história natural da regurgitação aórtica.

Cinquenta por cento dos pacientes desenvolverão insuficiência cardíaca dentro de 10 anos após o diagnóstico de regurgitação aórtica grave. Pessoas com sintomas graves têm taxa de mortalidade anual de aproximadamente 25%. Aqueles com sintomas leves têm taxa de mortalidade anual de 6,3%. Pacientes assintomáticos com um diâmetro sistólico final ≥ 25 mm/m^2, ou cuja fração de ejeção é inferior a 55%, correm maior risco de morte. A dilatação ventricular esquerda de 80 mm ou mais está associada à morte súbita.

26. Quais são as opções de tratamento farmacológico da regurgitação aórtica?

Para pacientes normotensos, diuréticos e nitroprussiato são agentes de primeira linha para reduzir as pressões de enchimento do ventrículo esquerdo, reduzindo a fração regurgitante e melhorando o fluxo anterógrado. A função ventricular esquerda geralmente é hiperdinâmica, o que limita a utilidade de agentes inotrópicos. A bradicardia e o resultante aumento do tempo de enchimento diastólico podem ser tratados com dobutamina, isoproterenol ou instalação de marca-passo transvenoso, com o objetivo de aumentar a frequência cardíaca a fim de reduzir a fração regurgitante. Os balões intra-aórticos são contraindicados. Uma vez estabilizado o paciente, pode-se usar a terapia vasodilatadora de ação prolongada, com hidralazina, inibidores da enzima conversora da angiotensina, bloqueadores de canais de cálcio ou alfabloqueadores. Infelizmente, os dados são conflitantes no que diz respeito ao uso em longo prazo dessa terapia vasodilatadora em pacientes com regurgitação aórtica grave, reduzindo ou adiando a necessidade da substituição valvar aórtica.

Evangelista A, Tornos P, Sambola A, et al: Long term vasodilator therapy in patients with severe aortic regurgitation. N Engl J Med 353:1342-1349, 2005.

Scognamiglio R, Negut C, Palisi M, et al: Long term survival and functional results after aortic valve replacement in asymptomatic patients with chronic severe aortic regurgitation and left ventricular dysfunction. J Am Coll Cardiol 45:1025-1030, 2005.

Scognamiglio R, Rahimtoola S, Fasoli G, et al: Nifedipine in asymptomatic patients with severe aortic regurgitation and normal left ventricular function. N Engl J Med 331:689-694, 1994.

27. Quando há indicação cirúrgica na regurgitação aórtica?

A intervenção cirúrgica precoce é indicada quando pacientes apresentam insuficiência cardíaca resultante de disfunção valvar. Isso se aplica, sobretudo, quando as pressões do ventrículo esquerdo aumentam ao ponto do pré-fechamento da valva mitral. Em pacientes com regurgitação aórtica crônica, a doença aguda pode levar à descompensação. Nessa instância, o processo agudo deve ser tratado e a necessidade de substituição valvar deve ser considerada após a recuperação, com base nos sintomas e na função ventricular esquerda. Pessoas sem contraindicações para a cirurgia devem ser encaminhadas à cirurgia valvar precoce, pois a espera até que os sintomas graves apareçam está associada à mortalidade excessiva. Em pacientes assintomáticos com insuficiência aórtica, a intervenção cirúrgica deve ser indicada se houver franca dilatação ventricular esquerda ou disfunção moderada. Em geral, a cirurgia de valva aórtica deveria ser considerada antes que a fração de ejeção caísse abaixo de 55% ou a dimensão sistólica final se tornasse superior a 55 mm. Pessoas com fração de ejeção pré-operatória < 35% têm taxa de sobrevida pós-operatória de 41% em dez anos; se a fração de ejeção for 35%-49%, a taxa de sobrevida pós-operatória em dez anos é de 56%; e se a fração de ejeção é 50% ou mais, a taxa de sobrevida pós-operatória em dez anos é de 70%. Em pacientes que se apresentam com insuficiência aórtica grave resultante de endocardite, a substituição valvar aórtica durante a infecção ativa tem < 10% de chance de infecção. Portanto, na maior parte dos pacientes, a possibilidade de morte súbita de origem cardíaca é maior do que o risco de infecção da prótese valvar, por isso a substituição valvar deve ser realizada caso seja indicada.

Carabello B, Crawford F: Valvular heart disease. N Engl J Med 337:32-41, 1997.

PONTOS-CHAVE: DOENÇA VALVAR

1. Regurgitação mitral aguda grave se apresenta com pressão de oclusão da artéria pulmonar elevada, edema pulmonar e choque cardiogênico.
2. Considerar a cirurgia na estenose valvar mitral quando o paciente estiver classificado nas classes funcionais I-II da New York Heart Association, possuírem área valvar mitral < 1,0 cm2 e hipertensão arterial pulmonar grave (pressão arterial pulmonar sistólica > 60-80 mmHg). Esses pacientes ainda se beneficiam da cirurgia.
3. A estenose aórtica é a anormalidade valvar mais comum e ocorre frequentemente devido à calcificação de uma valva bicúspide.
4. A área valvar aórtica calculada pode ser dramaticamente menor em pacientes com baixo débito cardíaco. Para estabelecer se há uma estenose aórtica verdadeiramente grave na presença de baixo débito cardíaco, é necessário aumentar o débito farmacologicamente, usando um agente como a dobutamina.
5. A cirurgia deve ser considerada para os pacientes com regurgitação aórtica que apresentem insuficiência cardíaca.

CAPÍTULO 31

DOENÇA PERICÁRDICA (PERICARDITE E TAMPONAMENTO PERICÁRDICO)

Stuart F. Sidlow, MD e C. William Hanson, III, MD

1. Como é a estrutura do pericárdio?

O pericárdio é uma estrutura de duas camadas que envolve o coração. É constituído pelas camadas fibrosa e serosa. A camada fibrosa é uma estrutura espessa e inelástica que tem pouca habilidade para acomodar acúmulos de líquido em pouco tempo. A camada serosa consiste de duas camadas, o pericárdio parietal e visceral. A camada parietal é aderida ao pericárdio fibroso; a camada visceral é parte do epicárdico (camada mais externa da parede cardíaca). Quando ocorre efusão pericárdica, ela se dá normalmente entre as camadas parietal e visceral do pericárdio seroso. O espaço pericárdico normalmente comporta 15-50 mL de um ultrafiltrado do plasma.

Moore K: Clinically Oriented Anatomy, 3rd ed. Baltimore, Williams & Wilkins, 1992.

2. Por que ocorrem alterações hemodinâmicas com o acúmulo de líquido entre as camadas do pericárdio seroso?

Quando há acúmulo de líquido na cavidade pericárdica, o pericárdio fibroso tem pouca capacidade de estiramento. Quanto maior o volume nesse espaço, mais prejudicado fica o influxo para o coração direito, o que resulta na redução do enchimento do coração esquerdo, diminuindo assim a pré-carga.

Moore K: Clinically Oriented Anatomy, 3rd ed. Batimore, Williams & Wilkins, 1992.

3. Quais são os tipos gerais de doença do pericárdio?

- Pericardite fibrinosa aguda (pericardite aguda).
- Efusão pericárdica sem repercussão hemodinâmica.
- Tamponamento cardíaco.
- Pericardite constritiva.

Shabetai R, Soler-Soler J, Corey GR: Etiology of pericardial disease. Up To Date Online version 13.3: www.uptodate.com

4. Quais são as principais etiologias da pericardite aguda?

Das mais para as menos comuns:

- Neoplásica/radiação.
- Viral-adenovírus, enterovírus, citomegalovírus, influenza, vírus da hepatite B, herpes simplex.
- Autoimune/doença vascular do colágeno.
- Bacteriana.
- Uremia.
- Tuberculose (a mais comum no âmbito mundial).
- Idiopática.
- Drogas e toxinas.

Shabetai R, Soler-Soler J, Corey GR: Etiology of pericardial disease. Up To Date Online version 13.3: www.uptodate.com

5. Descreva as manifestações clínicas da pericardite aguda história e exame físico.

O paciente pode se queixar de dor torácica pleurítica que piora com a inspiração. A dor é exacerbada pela posição supina e melhora quando o paciente está sentado ereto. Pode haver dispneia. Um atrito pericárdico é bastante específico para pericardite aguda. Muitos pacientes apresentam febre alta (> 38°C) e cardiomegalia nova revelada pela radiografia de tórax. A efusão pleural também é frequentemente observada.

Shabetai R, Imazio M: Evaluation and management of acute pericarditis. Up To Date Online version 13.3: www.uptodate.com

6. Quais são os diagnósticos diferenciais da pericardite aguda?

Os diagnósticos diferenciais da pericardite aguda incluem o infarto agudo do miocárdio, a embolia pulmonar, o refluxo grastroesofágico e a dor músculo-esquelética.

Benumof J (ed): Anesthesia and Uncommon Disease, 4th ed. Philadelphia, W.B. Saunders, 1998.

7. Como a pericardite aguda se manifesta no eletrocardiograma (ECG)?

Há uma progressão de quatro estágios no ECG, mas para o diagnóstico, deve-se avaliar a presença de segmentos ST com concavidade para cima em quase todas as derivações (as derivações aVR e V1 são exceções).

Shabetai R, Imazio M: Evaluation and management of acute pericarditis. Up To Date Online version 13.3: www.uptodate.com

8. Quais outros exames são úteis no diagnóstico da pericardite aguda?

Deve-se avaliar as concentrações séricas de troponina I e creatinoquinase fração miocárdica (CKMB). Geralmente há ligeira elevação da troponina na ausência de alteração da CKMB. O aumento deve-se à inflamação do miocárdio. Com base na suspeita clínica ou em outros achados, outros exames podem ser solicitados, incluindo a análise de anticorpos antinucleares, teste cutâneo tuberculínico, sorologia para vírus da imunodeficiência humana e hemoculturas.

Shabetai R, Imazio M: Evaluation and management of acute pericarditis. Up To Date Online version 13.3: www.uptodate.com

9. Como a pericardiocentese é usada no diagnóstico ou tratamento da pericardite aguda?

A pericardiocentese ou a drenagem cirúrgica devem ser realizadas por uma de três razões: (1) presença de tamponamento moderado a grave, resultando em comprometimento hemodinâmico (recomendação de classe I), (2) suspeita de efusão purulenta, tuberculosa ou neoplásica (recomendação classe IIa) ou (3) presença persistente de efusão sintomática.

Shabetai R, Imazio M: Evaluation and management of acute pericarditis. Up To Date Online version 13.3: www.uptodate.com

10. A ecocardiografia tem algum papel no diagnóstico da pericardite aguda?

A ecocardiografia deve ser realizada em todos os pacientes sob suspeita de pericardite aguda. O ecocardiograma geralmente apresenta resultado normal, mas quando a efusão é visualizada, ratifica o diagnóstico de pericardite aguda. A ausência de efusão não o exclui. A utilização da ecocardiografia recebeu recomendação classe I pela American Heart Association, pela American College of Cardiology e pela American Society of Echocardiography.

Shabetai R, Imazio M: Evaluation and management of acute pericarditis. Up To Date Online version 13.3: www.uptodate.com

11. Como escolhemos o tratamento da pericardite aguda?

O tratamento é fundamentado na causa da pericardite aguda, conforme abaixo indicado:

- **Neoplásica:** Drenagem, caso haja comprometimento hemodinâmico associada à quimioterapia apropriada.
- **Viral:** Cuidados sintomáticos/de suporte.
- **Autoimune:** A base do tratamento (classe I) são os antiinflamatórios não esteroidais (AINEs); os corticosteroides podem ser usados nos casos refratários à terapia com AINEs.
- **Bacteriana/Tuberculosa:** A antibioticoterapia guiada pela hemocultura ou cultura do líquido pericárdico.
- **Urêmica:** Reversão do estado urêmico.

Shabetai R, Imazio M: Evaluation and management of acute pericarditis. Up To Date Online version 13.3: www.uptodate.com

12. O que é pericardite constritiva?

A pericardite constritiva é uma condição crônica na qual as camadas parietal e visceral do pericárdio se fundem e frequentemente calcificam. As etiologias são semelhantes às da pericardite aguda. Geralmente é bem tolerada até alcançar estágios avançados, ponto no qual o enchimento diastólico fica prejudicado. Os pacientes são dispneicos e têm sinal de Kussmaul (descrito na questão 15). O edema periférico geralmente está presente e pode-se ouvir o *knock* pericárdico.

13. O que é tamponamento pericárdico?

Tamponamento pericárdico é um processo no qual há acúmulo de líquido (sangue ou líquido seroso) na cavidade pericárdica, agudamente ou ao longo do tempo.

Moore K: Clinically Oriented Anatomy, 3rd ed. Batimore, Williams & Wilkins, 1992.

14. O que é a tríade de Beck?

A tríade de Beck consiste na queda da pressão arterial, na elevação da pressão venosa sistêmica (ou seja, pressão venosa central) e na presença de um coração pequeno e silencioso.

Shabetai R, Hoit B: Cardiac tamponade. Up To Date Online version 13.3: www.uptodate.com

15. O que é o sinal de Kussmaul?

O sinal de Kussmaul é o aumento paradoxal da pressão venosa central durante a inspiração. Ele é observado em qualquer condição que restrinja o retorno venoso ao coração.

Shabetai R, Hoit B: Cardiac tamponade. Up To Date Online version 13.3: www.uptodate.com

16. Liste situações comuns de tamponamento pericárdico agudo.

Em geral, o tamponamento pericárdico agudo ocorre pós-cirurgia cardíaca, trauma mediastinal fechado ou penetrante (sobretudo ferimentos perfurantes), infarto agudo do miocárdio com ruptura da parede livre, cateterização endovascular (incluindo aortogramas e arteriograma de carótidas) com perfuração e, raramente, instalação de cateter venoso central (devido à erosão ao longo da parede vascular causada pelo cateter).

Murray M, Coursin R, Pearl R, Prough D (eds): Critical Care Medicine: Perioperative Management, 2nd ed. Philadelphia, Lippincott Williams & Wilkins, 2002.

17. Descreva as alterações na monitorização hemodinâmica observadas em um paciente com tamponamento pericárdico.

O *pulso paradoxal* (Fig. 31-1) pode ser observado na linha de traçado arterial como uma variação respiratória da pressão arterial, a princípio sutil e depois dramática (diferença entre expiração e inspiração > 10 mmHg). Em um paciente não intubado, à medida que o retorno venoso aumenta para o coração direito, na presença de pressão intratorácica negativa durante a inspiração, a parede livre do ventrículo direito não consegue se expandir para dentro da cavidade pericárdica devido ao acúmulo de líquido. O septo interventricular é deslocado para dentro do ventrículo esquerdo enquanto o ventrículo direito se distende. Como resultado, o enchimento do ventrículo esquerdo é prejudicado, causando uma redução na pré-carga ventricular esquerda. Durante a monitorização com cateter de artéria pulmonar, pode-se observar a equalização das pressões diastólicas. As relações de pressão são: AD = VD = Diastólica da artéria pulmonar = Pressão encunhada (diferença < 5 mmHg).

Murray M, Coursin R, Pearl R, Prough D (eds): Critical Care Medicine: Perioperative Management, 2nd ed. Philadelphia, Lippincott Williams & Wilkins, 2002.

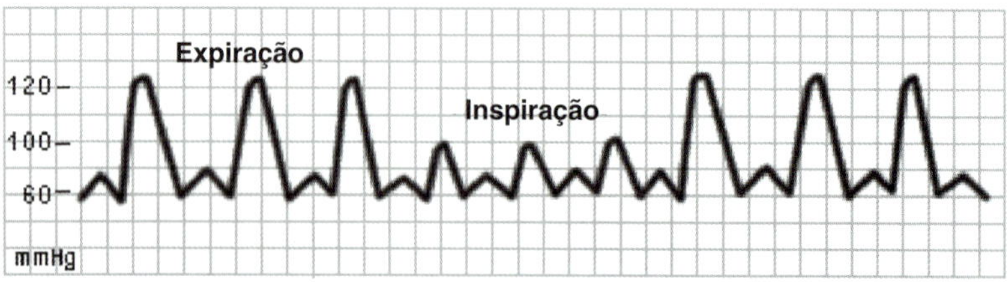

Figura 31-1. Pulso paradoxal na linha de traçado arterial.

18. Qual é o diagnóstico diferencial de um paciente com pulso paradoxal no registro da curva arterial?

- Obesidade.
- Asma.
- Embolia pulmonar.
- Pericardite constritiva.
- Tamponamento pericárdico.
- Choque cardiogênico.

A sensibilidade e a especificidade são de 79% e 40%, respectivamente, para o tamponamento. Sempre utilize a suspeita clínica para diagnosticar essa ou qualquer outra condição potencialmente fatal.

Murray M, Coursin R, Pearl R, Prough D (Eds): Critical Care Medicine: Perioperative Management, 2nd ed. Philadelphia, Lippincott Williams & Wilkins, 2002.

19. Como diagnosticamos o tamponamento pericárdico?

O tamponamento é um diagnóstico clínico fundamentado na história e no exame físico. Geralmente representa uma emergência e pode levar à parada cardíaca em atividade elétrica sem pulso caso não seja diagnosticado e tratado. Algumas características comuns incluem distensão venosa jugular com pressão venosa central elevada (sinal de Kussmaul), batimentos cardíacos hipofonéticos, taquicardia sinusal e pulso paradoxal. Se não houver certeza quanto ao diagnóstico, alguns estudos são úteis. O ECG pode revelar alternância elétrica ou taquicardia sinusal com complexos QRS de baixa voltagem. Uma radiografia de tórax pode mostrar silhueta cardíaca aumentada. A ecocardiografia é extremamente útil no diagnóstico dessa condição e recebeu recomendação classe I. No ecocardiograma, o colapso atrial direito é mais sensível, porém menos específico do que o colapso ventricular direito. Se a suspeita de tamponamento for forte, não se deve esperar por um ecocardiograma para se instituir a terapia.

Schiller N, Foster E: Echocardiographic evaluation of the pericardium. Up To Date Online version 13.3: www.uptodate.com

PONTOS-CHAVE: CARACTERÍSTICAS DO TAMPONAMENTO PERICÁRDICO ✓

1. O tamponamento pericárdico geralmente é uma verdadeira emergência médica.
2. Se não for detectado e tratado, o tamponamento pericárdico resulta em parada cardíaca em atividade elétrica sem pulso.
3. O tamponamento pericárdico é um diagnóstico clínico.
4. A ferramenta mais útil no diagnóstico é a ecocardiografia, se houver tempo suficiente.
5. Para pacientes com tamponamento pericárdico em situação de emergência, uma medida capaz de salvar a vida consiste na pericardiocentese com agulha.

20. Descreva brevemente a estratégia de manejo hemodinâmico em um paciente com suspeita de tamponamento cardíaco.

A estratégia de manejo hemodinâmico é baseada na frase "rápido, cheio e firme". *Rápido* significa que se pode permitir que o paciente fique taquicárdico (sem betabloqueadores, por favor), *cheio* significa que a pré-carga deve estar aumentada (hidratação abundante) e *firme* significa que se pode permitir que a pressão arterial do paciente aumente ou pela ressuscitação volêmica ou pelo uso de vasopressores (ou seja, norepinefrina, epinefrina ou fenilefrina, conforme indicado). Essa estratégia deve ser utilizada até que se possa realizar a drenagem definitiva do tamponamento. A intubação deve ser evitada até o último momento, a fim de evitar o colapso cardiovascular completo durante a indução anestésica.

Benumof J (ed): Anesthesia and Uncommon Disease, 4th ed. Philadelphia, W.B. Saunders, 1998.

21. Por que a intubação deve ser evitada durante o tratamento inicial do tamponamento?

A intubação deve ser adiada até o último momento porque a pressão intratorácica aumentada, associada à ventilação com pressão positiva, pode diminuir o débito cardíaco em até 25%, o que pode eliminar o débito cardíaco em alguns pacientes.

22. Quais manobras terapêuticas devemos realizar em um paciente com tamponamento pericárdico?

Após a identificação da causa e da rapidez com que o líquido se acumulou, deve-se realizar ou uma pericardiocentese ou uma janela pericárdica (pericardiotomia).

Benumof J (ed): Anesthesia and Uncommon Disease, 4th ed. Philadelphia, W.B. Saunders, 1998.

23. Liste as contraindicações da pericardiocentese à beira do leito.

- Coagulopatia grave ou baixa contagem de plaquetas.
- Derrame estável (ou seja, a pericardiocentese às cegas à beira do leito deve ser realizada apenas quando o colapso cardiovascular for iminente, ou durante a ressuscitação cardiopulmonar).

Murray M, Coursin R, Pearl R, Prough D (eds): Critical Care Medicine: Perioperative Management, 2nd ed. Philadelphia, Lippincott Williams & Wilkins, 2002.

24. Que outras condições devem ser consideradas no diagnóstico diferencial do tamponamento cardíaco?

Outras condições que devem ser consideradas quando houver suspeita de tamponamento cardíaco incluem embolia pulmonar maciça, pneumotórax hipertensivo, contusão miocárdica ou isquemia miocárdica extensa resultando em choque cardiogênico, exacerbação da doença pulmonar obstrutiva crônica grave com aprisionamento de ar e pericardite constrictiva (Fig. 31-2).

Murray M, Coursin R, Pearl R, Prough D (eds): Critical Care Medicine: Perioperative Management, 2nd ed. Philadelphia, Lippincott Williams & Wilkins, 2002.

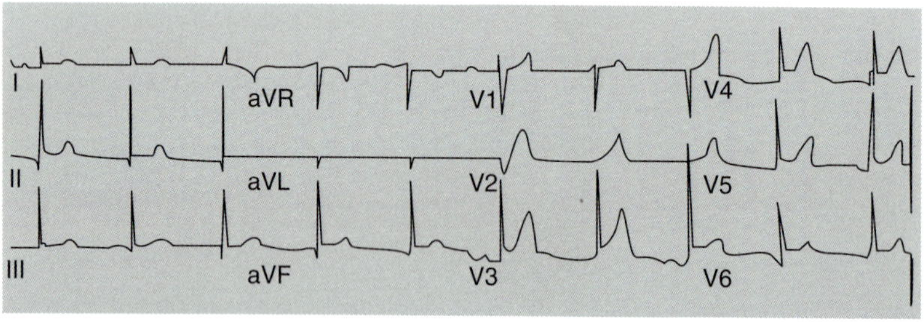

Figura 31-2. Alternância elétrica.

CAPÍTULO 32

SEPSE, SEPSE GRAVE E CHOQUE SÉPTICO

Richard H. Savel, MD e Michael A. Gropper, MD, PhD

1. O que é sepse?

A sepse é uma resposta inflamatória e coagulopática exagerada a uma fonte de infecção, geralmente do pulmão ou do abdome. Se não for reconhecida logo, ou não for tratada de forma correta e agressiva, frequentemente pode ser letal. Observe que ela é diferente da *bacteremia,* que se refere apenas à presença de bactéria na corrente sanguínea.

2. Explique a nomenclatura das desordens relacionadas à sepse.

A nomenclatura das desordens relacionadas à sepse foi definida nos anos 1990 pelo American College of Chest Physicians e pela Society of Critical Care Medicine. Os seguintes termos descrevem a progressão dos sinais e sintomas relacionados a esta terminologia um tanto confusa:

- **Síndrome da resposta inflamatória sistêmica (SIRS):** A SIRS é caracterizada por (1) temperatura > 38°C ou < 36°C; (2) frequência cardíaca > 90 batimentos/min; (3) frequência respiratória > 20 incursões respiratórias/min ou a necessidade de ventilação mecânica; e (4) contagem de leucócitos > 12.000 leucócitos/mm^3 ou < 4000 leucócitos/mm^3.
- **Sepse:** A sepse é definida como dois ou mais critérios da SIRS na presença de uma fonte de infecção suspeitada ou documentada.
- **Sepse grave:** A sepse com disfunção orgânica aguda, de um ou mais sistemas orgânicos, induzida pela sepse, é conhecida como sepse grave.
- **Choque séptico:** O choque séptico é um subconjunto da sepse grave no qual a disfunção orgânica é cardiovascular; isto é, a hipotensão induzida pela sepse (pressão arterial média [PAM] < 65 mmHg) que persiste a despeito da ressuscitação volêmica adequada e agressiva. Os pacientes frequentemente irão requerer vasopressores para manter a PAM ≥ 65 mmHg.
- **Síndrome da disfunção de múltiplos órgãos (SDMO):** A SDMO é definida como a falência em mais de um sistema orgânico que requer intervenção aguda. Uma vez que o paciente alcance este nível da doença, as chances de se ter uma recuperação significativa, muitas vezes, podem ser muito baixas.

Bone RC, Balk RA, Cerra FB, et al: Definitions for sepsis and organ failure and guidelines for the use of innovative therapies in sepsis. The ACCP/SCCM Consensus Conference Committee, American College of Chest Physicians/Society of Critical Care Medicine. Chest 101:1644-1655, 1992.

3. Qual é a incidência da sepse?

A sepse grave e o choque séptico são comuns e associados a uma mortalidade e um consumo de recursos de saúde substanciais. Há uma estimativa de ocorrência de 751 mil casos (3 casos para cada mil indivíduos) de sepse ou choque séptico nos Estados Unidos a cada ano. A sepse e o choque séptico são responsáveis por tantas mortes anuais quanto o infarto agudo do miocárdio (215 mil ou 9,3% de todas as mortes). A incidência e a taxa de mortalidade da sepse são substancialmente maiores nos idosos do que nas pessoas jovens. A projeção de crescimento da população idosa nos Estados Unidos contribuirá para um aumento na incidência de 1,5% ao ano, atingindo uma estimativa de ocorrência de 934 mil e um milhão e cento e dez mil casos nos anos de 2010 e 2020, respectivamente. O atual custo anual da sepse e do choque séptico nos Estados Unidos é estimado em 16,7 bilhões de dólares americanos.

Martin GS, Mannino DM, Eaton S, Moss M: The epidemiology of sepsis in the United States from 1979 through 2000. N Engl J Med 348:1546-1554, 2003.

4. Como a nomenclatura está relacionada ao desfecho da doença?

Estudos anteriores mostraram que, conforme a doença progride de SIRS para choque séptico, a taxa de mortalidade aumenta. Curiosamente, dados recentes sustentam o conceito de que, embora o grau da doença no momento da apresentação possa ter alguma correlação com o desfecho, é a mudança do estado clínico do basal para o atingido no primeiro dia que parece ter a correlação mais próxima com o desfecho.

A sepse progride para SDMO com consequências trágicas. A taxa de mortalidade dos pacientes com falência renal aguda no cenário da sepse varia entre 50% e 80%. Para a maioria dos pacientes com a síndrome séptica, a falência de três ou mais sistemas orgânicos resulta em uma taxa de mortalidade > 90%. Os sistemas orgânicos mais frequentemente afetados no início do processo são o pulmonar, o hematológico, o renal e o cardiovascular.

Levy MM, Macias WL, Vincent JL, et al: Early changes in organ function predict eventual survival in severe sepsis. Crit Care Med 33:2194-2201, 2005.

5. Discuta o entendimento atual da patogênese da sepse e do choque séptico.

A síndrome séptica começa com a invasão e o crescimento de microorganismos (ou seja, gram-positivos, gram-negativos, fungos e vírus) em um espaço tecidual normalmente estéril. O endotélio é danificado pela infecção, pelo trauma e por outros insultos e inicia-se a ativação da resposta imunológica do hospedeiro. O fator de necrose tumoral alfa, a interleucina (IL)-6 e a IL-8 estão associados à ativação de uma cascata inflamatória e à quimiotaxia de leucócitos, monócitos e macrófagos. As substâncias anti-inflamatórias tais como a IL-4, IL-10, prostaglandinas e outros componentes do sistema imunológico trabalham para manter a homeostase mediante um insulto infeccioso. A síndrome séptica se desenvolve quando o balanço entre as substâncias pró-inflamatórias e antiinflamatórias é perdido.

As vias da coagulação desempenham um papel crítico na sepse. O sistema complemento, o sistema vasorregulador (ou seja, óxido nítrico, bradicinina e prostaglandinas), a cascata de coagulação (ou seja, fator tecidual, proteína C, trombina, antitrombina III) e a fibrinólise (ou seja, fibrina, plasmina e fator ativador do plasminogênio) também desempenham um papel importante. O resultado é o desenvolvimento de um círculo vicioso que promove, tanto localmente quanto sistemicamente, mais inflamação, liberação de radicais livres de oxigênio e deposição de trombos microvasculares, resultando em isquemia, lesão de reperfusão e hipóxia tecidual. A hipóxia tecidual global contribui, de forma independente, para a ativação endotelial e para o rompimento do equilíbrio homeostático entre a coagulação, a permeabilidade vascular e o tônus vascular. Estes são os mecanismos-chave que levam à falência da microcirculação, à hipóxia tecidual refratária e à disfunção orgânica.

Está começando a ficar claro que os processos de coagulação e inflamação estão intimamente ligados. Estudos recentes mostraram que pacientes com sepse grave possuem níveis depletados de proteína C, proteína S e antitrombina III. A administração da proteína C para pacientes com sepse grave parece diminuir a mortalidade, tanto por regular as vias da coagulação quanto por diminuir a inflamação.

Matthay MA: Severe sepsis – A new treatment with both anticoagulant and anti-inflammatory properties. N Engl J Med 344:759-762, 2001.

6. Quais micro-organismos são mais comumente associados à sepse?

Um estudo recente de infecções nosocomiais da corrente sanguínea encontrou os seguintes organismos infectantes na unidade de terapia intensiva (UTI):

- **Organismos gram-positivos (65%):** *Estafilococos* coagulase-negativos (36% dos isolados), *Staphylococcus aureus* (17%) e *Enterococos* (10%).
- **Organismos gram-negativos (25%):** *Escherichia coli* (4%), *Klebsiella* sp (4%), *Pseudomonas aeruginosa* (5%), *Enterobacter* sp (5%), *Serratia* sp (2%), *Acinetobacter* sp (2%) (clinicamente, no entanto, o problema dos organismos gram-negativos resistentes na UTI está rapidamente se tornando um grave problema nacional nos EUA).
- **Fungos (9%):** Primordialmente espécies de *Candida* (*Candida albicans* 54%, *Candida glabrata* 19%, *Candida parapsilosis* 11% e *Candida tropicalis* 11%).

Os Estafilococos coagulase-negativo, *Pseudomonas* sp, *Enterobacter* sp, *Serratia* sp e o *Acinetobacter* sp têm maior probabilidade de causar infecções em pacientes na UTI. A proporção de *S. aureus* isolados com resistência à meticilina aumentou de 22% em 1995 para 57% em 2001.

Wisplinghoff H, Bischoff T, Tallent SM, et al: Nosocomial bloodstream infections in US hospitals: Analysis of 24,179 cases from a prospective nationwide surveillance study. Clin Infect Dis 39:309-317, 2004.

7. Quais são as fontes mais comuns de infecção?

Pulmão (36%), sangue (20%), abdome (19%), trato urinário (13%) e pele (7%). Outras fontes respondem pelos 5% restantes.

Wheeler AP, Bernard GR: Treating patients with severe sepsis. N Engl J Med 340:207-214, 1999.

PONTOS-CHAVE: DIAGNÓSTICO E TRATAMENTO DA SEPSE GRAVE ✓

1. Sepse = infecção + dois ou mais critérios de SIRS.
2. A sepse grave é definida como a sepse mais a disfunção orgânica aguda induzida pela sepse.
3. O diagnóstico e as intervenções terapêuticas precoces em pacientes com sepse grave estão associados a menores resultados.
4. As diretrizes da Surviving Sepsis Campaign fornecem uma abordagem razoável baseada em evidências para o tratamento atual da sepse grave.
5. A comunicação estreita e constante entre a equipe de terapia intensiva e os membros da família do paciente é muito importante.

8. Que sinais e sintomas clínicos deveriam levantar a suspeita de SIRS, de sepse e de disfunção orgânica subjacente?

- **Respiratório:** Cianose, taquipneia, ortopneia, aumento do escarro (amarelo ou verde, espumoso), hipoxemia ($PaO_2/FiO_2 < 300$), saturação de oxigênio < 90%.
- **Cardiovascular:** Necessidade de vasopressores, dor torácica, edema pulmonar, arritmias, índice cardíaco < 2,5, frequência cardíaca > 100 batimentos/min, resistência vascular sistêmica reduzida, débito cardíaco aumentado.
- **Renal:** Débito urinário < 0,5 mL/kg/h, aumento das concentrações de creatinina e ureia sanguíneas, insuficiência renal aguda, acidose, aumento do déficit de base, acidose metabólica (geralmente láctica).
- **Hepático:** Níveis elevados de aspartato aminotransferase, alanina aminotransferase ou gama-glutamil transferase; tempo de sangramento prolongado; asteríxis; encefalopatia; bilirrubina elevada. (Geralmente é referida como hepatopatia isquêmica ou "fígado de choque".)
- **Imunológico:** Temperatura > 38°C ou hipotermia, calafrios, contagem de leucócitos aumentada ou desvio à esquerda, neutropenia.
- **Hematológico:** Fraqueza, palidez, enchimento capilar lentificado, predisposição ao aparecimento de equimoses, sangramentos espontâneos, anemia, aumento do tempo de protrombina ou do tempo de tromboplastina parcial, fibrinogênio reduzido, coagulação intravascular disseminada (elevação do D-dímero).
- **Gastrointestinal:** Anorexia, íleo paralítico, intolerância à nutrição enteral, náusea, vômito, hipoalbuminemia.
- **Endócrino:** Hiperglicemia, hipoglicemia, insuficiência adrenal e perda de peso.
- **Neurológico:** Fraqueza, confusão, delirium, psicoses e convulsões.
- **Metabólico:** Lactato sérico > 1,5 do limite máximo do normal.

Wheeler AP, Bernard GR: Treating patients with severe sepsis. N Engl J Med 340:207-214, 1999.

9. Quais são as diretrizes da Surviving Sepsis Campaign? Quais são os pontos mais importantes?

Este documento foi publicado em 2004[1] e foi sistematizado por 11 organizações internacionais de terapia intensiva. Ele provê uma abordagem de alto nível, baseada em evidências, para o tratamento da sepse grave. Alguns pontos importantes deste documento são citados no Quadro 32-1.

Dellinger RP, Carlet JM, Masur H, et al: Surviving Sepsis Campaign Guidelines for management of severe sepsis and septic shock. Crit Care Med 32:858-873, 2004.

Gropper MA: Evidence-based management of critically ill patients: Analysis and implementation. Anesth Analg 99:566-572, 2004.

Savel RH, Matthay MA, Gropper MA: Management of the patient with shock, sepsis, and multiple organ failure. In George RB, Light RW, Matthay RA, Matthay MA (eds): Chest Medicine: Principles of Pulmonary and Critical Care Medicine, 5th ed. Philadelphia, Lippincott Wiliams & Wilkins, 2005, pp 589-607.

Society of Critical Care Medicine: www.sccm.org

Surviving Sepsis website: www.survivingsepsis.org

QUADRO 32-1. PONTOS IMPORTANTES DAS DIRETRIZES DA SURVIVING SEPSIS CAMPAIGN

Ressuscitação

As recomendações atuais são de instalar em caráter de urgência um cateter venoso central na maioria dos casos de choque séptico. Isto deve ser seguido rapidamente por uma ressuscitação volêmica agressiva com *bolus* de 500 mL a 1 L de cristaloides (geralmente salina normal) até que a pressão venosa central esteja entre 8 e 12 mmHg. A pressão arterial ideal é uma pressão arterial média $\geq$ 65 mmHg. Se após a ressuscitação volêmica adequada, o paciente permanecer hipotenso, deve-se iniciar vasopressores para manter a pressão arterial média no nível ideal. Os agentes pressores recomendados são discutidos posteriormente. Neste ponto, deve-se realizar a mensuração da saturação venosa central. Se este valor for < 70%, o paciente deve ser transfundido com concentrados de hemácias até que o hematócrito fique $\geq$ 30%. Se a saturação venosa central permanecer abaixo de 70% após a transfusão, deve-se considerar a administração de dobutamina como inotrópico para normalizar a oferta de oxigênio*

Antibioticoterapia

Enquanto o paciente está começando a ser tratado para a sepse grave, deve-se obter amostras apropriadas para culturas – geralmente sangue, escarro e urina. Então (preferencialmente dentro de uma hora após a avaliação inicial), inicia-se antibióticos de largo espectro. O risco que o paciente apresenta de adquirir infecções nosocomiais determinará amplitude da cobertura antibiótica que ele deve receber. Em geral, inicialmente fornece-se cobertura para gram-positivos, gram-negativos e anaeróbios. Se houver a possibilidade da presença de organismos gram-negativos resistentes, muitos autores recomendam fornecer dois agentes com cobertura para gram-negativos (tais como uma penicilina antipseudomonas e um aminoglicosídeo). Estes antibióticos devem ser descalonados com base nos resultados das culturas iniciais dentro das 48-72 horas seguintes[†]

Controle da fonte

Embora existam pouquíssimos trabalhos randomizados na área, considera-se prática padrão a busca rápida das fontes de infecção em pacientes com sepse grave (p. ex., pneumonia, infecção abdominal, materiais infectados tais como cateteres venosos centrais) e o contato próximo com a subespecialidade clínica ou cirúrgica apropriada, a fim de assegurar que as fontes de infecção sejam apropriadamente drenadas e removidas, se possível[‡]

[1] N. R. C.: Revisto em 2008.

QUADRO 32-1. PONTOS IMPORTANTES DAS DIRETRIZES DA SURVIVING SEPSIS CAMPAIGN (*CONT.*)

Terapia hídrica

Uma das controvérsias mais importantes no campo da terapia intensiva é se a ressuscitação volêmica com coloides é superior à com cristaloides. Um importante estudo recentemente publicado documenta que, embora o coloide (neste caso a albumina) não tenha parecido melhor do que o cristaloide, ele certamente não pareceu estar associado ao aumento da mortalidade, conforme havia sido sugerido em estudos anteriores[§]

Vasopressores

Com base na literatura, atualmente recomenda-se que a norepinefrina ou a dopamina sejam usadas como agentes de primeira linha quando os vasopressores se fazem necessários para pacientes críticos com sepse grave. Estes agentes devem ser administrados através de um cateter venoso central assim que possível, caso tais recursos estejam disponíveis. Não é indicado usar baixas doses de dopamina para proteção renal[||]

Terapia inotrópica

Conforme descrito anteriormente, recomenda-se a administração de um inotrópico (tal como a dobutamina) a pacientes com sepse grave que tenham um débito cardíaco reduzido e que o agente inotrópico seja titulado a um nível que normalize o débito cardíaco. O inotrópico não deve ser usado para gerar um débito cardíaco "supranormal". Dois estudos randomizados demonstraram que este procedimento pode estar associado a maiores taxas de mortalidade[¶]

Corticosteroides

Atualmente recomenda-se que pacientes com choque séptico dependentes de vasopressores de forma persistente, recebam corticosteroides IV. Escolhas e doses razoáveis incluem hidrocortisona de 200 a 300 mg/dia, durante sete dias, administrada em três a quatro doses ou como infusão contínua. Não se deve utilizar doses maiores do que estas. Também existem múltiplas controvérsias:

- Alguns especialistas sugerem a redução gradual dos corticosteroides ao final da terapia
- Alguns especialistas adicionam fludrocortisona (50 μg ao dia, por via oral)
- Alguns especialistas usariam um teste de estímulo com 250 μg de hormônio adrenocorticotrófico (ACTH) para identificar os respondedores (aumento de cortisol > 9 μg/dL em 30 a 60 minutos após a administração de ACTH) e descontinuariam a terapia com corticosteroides nestes pacientes[#]

Proteína C ativada humana recombinante (Drotrecogina alfa ativada)

Um importante estudo randomizado (Protein C Worldwide Evaluation in Severe Sepsis [PROWESS]) mostrou uma melhora significativa nas taxas de mortalidade em 28 dias quando a proteína C ativada (PCA) humana recombinante foi adicionada à terapia-padrão em pacientes com sepse grave. Esta droga atualmente é recomendada a pacientes com sepse grave e sob alto risco de morte: os exemplos incluem uma pontuação do Acute Physiology and Chronic Health Evaluation (APACHE) II ≥ 25, falência de múltiplos órgãos induzida por sepse, choque séptico, síndrome do desconforto respiratório agudo (SDRA) induzida por sepse. A PCA tem o potencial de aumentar o risco de sangramento e os riscos e benefícios devem ser cuidadosamente ponderados antes da administração do agente. Os mecanismos por trás dos efeitos benéficos da PCA parecem ser multifatoriais e incluem os seguintes: (1) seus efeitos como anticoagulante natural; (2) sua habilidade para desativar dois importantes inibidores da fibrinólise (o inibidor do ativador do plasminogênio-1 e o inibidor de fibrinólise ativável por trombina); e (3) propriedades antiinflamatórias inatas da própria PCA. Entretanto, ela não parece ser eficaz em pacientes com sepse grave e sob baixo risco de morte, nem na população pediátrica com esta síndrome[**]

Continua

QUADRO 32-1. PONTOS IMPORTANTES DAS DIRETRIZES DA SURVIVING SEPSIS CAMPAIGN (*CONT.*)

Administração de hemocomponentes

Uma vez que a fase inicial de ressuscitação esteja completa, a transfusão de hemácias só deve ocorrer quando o nível de hemoglobina tiver caído para <7,0 g/dL, sendo o nível desejado de hemoglobina entre 7,0 e 9,0 g/dL. Exemplos de pessoas para as quais estas diretrizes potencialmente não devam ser seguidas incluem os pacientes com sangramento agudo e aqueles com infarto agudo do miocárdio[††]

Ventilação mecânica na lesão pulmonar aguda induzida pela sepse (ALI)/SDRA

Os pulmões são os órgãos que mais comumente entram em falência em pacientes sépticos e muitos destes indivíduos necessitam eventualmente de ventilação mecânica. Os pulmões são as fontes mais prováveis da infecção inicial. Os pacientes apresentam grande risco de pneumonias nosocomiais e associadas à ventilação mecânica

As recentes definições e diretrizes para o tratamento da ALI e da SDRA tiveram um impacto significativo na identificação de pacientes com esses distúrbios. Os diagnósticos da ALI e da SDRA são baseados nos seguintes critérios: infiltrados bilaterais, PaO_2/FiO_2 <300 (ALI) ou <200 (SDRA) e nenhuma evidência de fonte cardíaca para o desconforto respiratório (p. ex., hipertensão atrial esquerda). O volutrauma causado pelos grandes volumes correntes não apenas leva à liberação de mediadores inflamatórios (p. ex., IL-6), que podem provocar uma resposta séptica, mas também permite a translocação de bactérias através das membranas alveolares danificadas. A ARDS Network (uma organização multicêntrica que objetiva tratar a SDRA) identificou uma estratégia de ventilação protetora, baseada em volumes correntes baixos e pressões positivas ao final da expiração menores como capaz de diminuir significativamente a taxa de mortalidade de pacientes com SDRA. Atualmente, recomenda-se que os pacientes com ALI ou SDRA sejam ventilados com um volume corrente ideal de 6 mL/kg de peso corporal predito

Outra técnica para diminuir o número de dias sob assistência ventilatória e a incidência de pneumonia e sepse, é o uso de tentativas diárias de ventilação espontânea para desmamar o paciente do ventilador (em vez de pressão de suporte ou ventilação intermitente). Quase todos os pacientes em falência respiratória devem passar por essas tentativas; se os resultados indicarem sucesso, então os pacientes devem ser extubados[‡‡]

Sedação, analgesia e bloqueio neuromuscular na sepse

Em geral, pacientes sépticos que estão intubados necessitam de algum tipo de analgesia e sedação. Existem dados que sustentam o uso de protocolos tanto para os níveis de sedação como os que visam assegurar que a profundidade ou a necessidade da sedação sejam avaliadas todos os dias. A analgesia deve ser fornecida primeiro; então, se for necessário, um agente sedativo deve ser adicionado. Isto pode ser feito com frequência - embora não seja necessário – com a infusão IV contínua de um analgésico ou de uma combinação analgésico/sedativo. É importante lembrar-se de que a maioria dos analgésicos narcóticos possui propriedades sedativas, mas a maioria dos sedativos (benzodiazepínicos) não possui propriedades analgésicas

Em relação ao bloqueio neuromuscular (ou seja, paralisia): este deve ser realizado somente como último recurso de intervenção terapêutica em pacientes que possuam graus extremos de hipoxemia ou assincronia com o ventilador. Não se pode esquecer o seguinte: se o paciente vai ser paralisado, deve-se fornecer a analgesia e a sedação apropriadas antes do início do relaxante muscular; um estimulador de nervo periférico é usado para monitorar o nível de paralisia. Uma vez que o paciente esteja paralisado, as vias áreas devem ser frequentemente avaliadas, por razões de segurança (porque o paciente perdeu a capacidade de respirar por si); além disso, o decúbito do paciente deve ser constantemente modificado para evitar úlceras de pressão[§§]

QUADRO 32-1. PONTOS IMPORTANTES DAS DIRETRIZES DA SURVIVING SEPSIS CAMPAIGN (*CONT.*)

Controle glicêmico

Dados recentes de pacientes críticos – principalmente pacientes que foram submetidos à cirurgia cardíaca – revelaram diversas melhoras nos resultados com o uso do "controle rigoroso da glicose". As recomendações atuais para pacientes críticos, inclusive aqueles com sepse grave, incluem alguns protocolos de controle glicêmico envolvendo a infusão de insulina em baixas doses. Embora o alvo preciso do controle glicêmico para pacientes críticos permaneça controverso, a glicemia ≤150 mg/dL é um consenso razoável[|| ||]

Substituição renal

Os pacientes com sepse grave que apresentaram insuficiência renal aguda mostraram resultados significativamente piores do que pacientes em quadro semelhante, porém sem insuficiência renal. Não existem dados que sustentem a ideia de que a administração de diuréticos, na tentativa de converter a insuficiência renal oligúrica em não-oligúrica, forneça qualquer benefício para o paciente. Esta prática, no entanto, continua sendo comumente utilizada em muitas unidades de terapia intensiva (UTIs). Em geral, os pacientes que necessitam de terapia de substituição renal (TSR) devem ser avaliados precocemente por um nefrologista e, geralmente, devem receber TSR o mais cedo possível durante a internação na UTI. Existem dados limitados sugerindo que a TSR diária é melhor do que a TSR administrada em dias alternados. Não existem dados que confirmem a ideia de que a TSR contínua esteja associada a melhores resultados quando comparada à TSR intermitente[¶¶]

Terapia com bicarbonato

Tem sido uma prática comum administrar bicarbonato a pacientes com sepse grave dependentes de vasopressores com o objetivo de melhorar a situação hemodinâmica. No entanto, é importante afirmar que – até onde foi estudado – não existem dados que apoiem tal intervenção. As recomendações atuais são não administrar bicarbonato em caso de acidose láctica induzida por hipoperfusão, a menos que o pH sérico seja $< 7,15$[##]

Profilaxia da trombose venosa profunda (TVP)

Pacientes com sepse grave têm alto risco para o desenvolvimento de TVP e devem receber heparina subcutânea, na forma não-fracionada ou de baixo peso molecular. Para pacientes com contraindicação absoluta ao uso de heparina (p. ex., sangramento ativo, hemorragia intracerebral recente, coagulopatia), deve-se utilizar a profilaxia mecânica da TVP como, p. ex., aparelhos de compressão intermitente ou meias de compressão gradual. Uma combinação de profilaxias mecânica e farmacológica da TVP deve ser considerada em pacientes sob altíssimo risco para TVP (ou seja, história de TVP)***

Profilaxia de úlcera de estresse

Todos os pacientes com sepse grave estão sob alto risco de sangramentos da mucosa relacionados ao estresse e, desse modo, devem ser tratados com inibidores do receptor H_2, como agentes preferenciais. O papel específico dos inibidores da bomba de prótons para este propósito ainda não foi completamente elucidado[†††]

Considerações para a limitação do suporte

A sepse grave é uma doença séria e com taxa de mortalidade significativa. É importante a equipe multidisciplinar de terapia intensiva (EMTI) estar em constante comunicação com a família, fornecendo as atualizações apropriadas em relação ao estado e o prognóstico do ente querido. É também de extrema importância que a

Continua

QUADRO 32-1. PONTOS IMPORTANTES DAS DIRETRIZES DA SURVIVING SEPSIS CAMPAIGN (*CONT.*)

EMTI esteja ciente de qualquer desejo prévio do paciente em relação à ressuscitação, medidas heroicas e suporte artificial de vida, pois muitas pessoas possuem opiniões fortes sobre tais pontos. Também é trabalho da EMTI reconhecer quando o prognóstico do paciente está se tornando tão ruim (geralmente descrito como "um prolongamento do processo de morte") que o foco do atendimento deva ser alterado de um tratamento agressivo de sustentação da vida para medidas agressivas de conforto; a EMTI deve orientar a família neste período de desafio emocional.[2] Dados recentes mostraram que os médicos da UTI devem ser solidários a qualquer decisão que a família tome e não devem permitir que o paciente se sinta abandonado durante o processo. Além disso, durante os encontros com a família, o aumento da satisfação desta foi associado aos médicos que passaram mais tempo ouvindo do que falando[‡‡‡]

*Rivers E, Nguyen B, Havstad S, et al: Early goal-directed therapy in the treatment of severe sepsis and septic shock. N Engl J Med 345:1368-1377, 2001.

†Ibrahim EH, Sherman G, Ward S, et al: The influence of inadequate antimicrobial treatment of bloodstream infections on patient outcomes in the ICU setting. Chest 118:146-155, 2000.

‡Marshall JC, Maier RV, Jimenez M, Dellinger EP: Source control in the management of severe sepsis and septic shock: An evidence-based review. Crit Care Med 32:S513-S526, 2004.

§Finfer S, Bellomo R, Boyce N, et al: A comparison of albumin and saline for fluid resuscitation in the intensive care unit. N Engl J Med 350:2247-2256, 2004.

‖Beale RJ, Hollenberg SM, Vicent JL, Parrillo JE: Vasopressor. and inotropic support in septic shock: An evidence-based review. Crit Care Med 32:S455-S465, 2004.

¶Gattinoni L, Brazzi L, Pelosi P, et al. A trial of goal-oriented hemodynamic therapy in critically ill patients. SvO2 Collaborative Group. N Engl J Med 333:1025-1032, 1995; Hayes M, Timmins A, Yau E, et al: Elevation of systemic oxygen delivery in the treatment of critically ill patients. N Engl J Med 330:1717-1722, 1994.

#Gonzalez H, Nardi O, Annane D: Relative adrenal failure in the ICU: An identifiable problem requiring treatment. Crit Care Clin 22:105-118, 2006.

**Bernard GR, Vincent JL, Laterre PF, et al. Efficacy and safety of recombinant human activated protein C for severe sepsis. N Engl J Med 344:699-709, 2001.

††Hebert PC, Wells G, Blajchman MA, et al. A multicenter, randomized, controlled clinical trial of transfusion requirements in critical care. Transfusion Requirements in Critical Care Investigators, Canadian Critical Care Trials Group. N Engl J Med 340:409-417, 1999.

‡‡Acute Respiratory Distress Syndrome Network. Ventilation with lower tidal volumes as compared with traditional tidal volumes for acute lung injury and the acute respiratory distress syndrome. N Engl J Med 342;1301-1308, 2000.

§§Brook AD, Ahrens TS, Schaiff R, et al: Effect of a nursing-implemented sedation protocol on the duration of mechanical ventilation. Crit Care Med 27:2609-2615, 1999; Kress JP, Pohlman AS, O'Connor MF, Hall JB: Daily interruption of sedative infusions in critically ill patients undergoing mechanical ventilation. N Engl J Med 342:1471-1477, 2000.

‖‖van den Berghe G, Wouters P, Weekers F, et al. Intensive insulin therapy in the critically ill patients. N Engl J Med 345:1359-1367, 2001.

¶¶Schiffl H, Lang SM, Fischer R: Daily hemodialysis and the outcome of acute renal failure. N Engl J Med 346:305-310, 2002.

##Mathieu D, Neviere R, Billard V, et al: Effects of bicarbonate therapy on hemodynamics and tissue oxygenation in patients with lactic acidosis: A prospective, controlled clinical study. Crit Care Med 19:1352-1356, 1991.

***Geerts WH, Pineo GF, Heit JA, et al: Prevention of venous thromboembolism: The Seventh ACCP Conference on Antithrombotic and Thrombolytic Therapy. Chest 126:338S-400S, 2204.

†††Daley RJ, Rebuck JA, Welage LS, Rogers FB: Prevention of stress ulceration: Current trends in critical care. Crit Care Med 32:2008-2013, 2004.

‡‡‡White DB, Curtis JR: Care near the end-of-life in critically ill patients: A North American perspective. Curr Opin Crit Care 11:610-615, 2005.

[2] N. R. C.: Atentar para as leis brasileiras referentes ao assunto.

10. Quais são as evidências para o uso do cateter de artéria pulmonar (CAP)?

Desde a sua descrição inicial no *New England Journal of Medicine*, em 1970, o CAP tem sido uma ferramenta importante para os médicos intensivistas. Seus principais papéis têm sido: (1) distinguir o edema pulmonar cardiogênico do não-cardiogênico; (2) determinar qual o estado específico de choque do paciente (ou seja, cardiogênico, distributivo, hipovolêmico); e (3) servir como um guia para intervenções terapêuticas em pacientes em choque. Dados recentes de grandes estudos randomizados foram incapazes de documentar um subgrupo particular de pacientes no qual o uso do CAP tenha sido associado a melhores resultados. Existem múltiplas razões complexas por trás desses resultados, as quais ainda estão sendo debatidas na literatura. Todavia, pode ser dito com alguma certeza que a instalação do CAP não é mais um requerimento para o diagnóstico e o tratamento bem-sucedidos de um paciente com sepse grave.

Richard C, Warszawski J, Anguel N, et al: Early use of the pulmonary artery catheter and outcomes in patients with shock and acute respiratory distress syndrome: A randomized controlled trial JAMA 290:2713-2720, 2003.

Sandham JD, Hull RD, Brant RF, et al: A randomized, controlled trial of the use of pulmonary-artery catheters in high-risk surgical patients. N Engl J Med 348:5-14, 2003.

CAPÍTULO 33

ENDOCARDITE

Louis B. Polish, MD

1. Quais são os critérios de Duke para o diagnóstico de endocardite? Como eles foram modificados?

Os critérios de Duke originais para o diagnóstico da endocardite infecciosa estratificaram os pacientes em três categorias:

- **Definitivo:** Identificado utilizando-se critérios clínicos ou patológicos (Quadro 33-1).
- **Possível:** Achados consistentes com a endocardite infecciosa que ficam aquém dos critérios definitivos, porém, sem "descartar" o diagnóstico.
- **Descartado:** Diagnóstico alternativo firmado para as manifestações suspeitas de endocardite *ou* resolução das manifestações de endocardite com antibioticoterapia por no máximo quatro dias *ou* nenhuma evidência patológica de endocardite infecciosa na cirurgia ou na autópsia após a antibioticoterapia por no máximo quatro dias.

QUADRO 33-1. CRITÉRIOS ORIGINAIS PATOLÓGICOS E CLÍNICOS DE DUKE PARA O DIAGNÓSTICO DA ENDOCARDITE

1. Critérios patológicos

Os critérios patológicos incluem a demonstração de micro-organismos por cultura *ou* histologia de uma vegetação *ou* em uma vegetação que embolizou *ou* em um abscesso intracardíaco *ou* lesões patológicas, incluindo vegetação ou abscesso intracardíaco, confirmados pela histologia que mostra endocardite ativa

2. Critérios clínicos

Os critérios clínicos incluem dois critérios maiores *ou* um maior, e três critérios menores *ou* cinco critérios menores da lista seguinte:

Os critérios maiores incluem:

- Resultados positivos da hemocultura com micro-organismos típicos da endocardite infecciosa em duas hemoculturas separadas (*Streptococcus viridans*, incluindo cepas variantes nutricionalmente; *Streptococcus bovis*, grupo HACEK ou *Staphylococcus aureus* adquirido na comunidade ou enterococos na ausência de um foco primário)
- Resultados persistentemente positivos da hemocultura, definidos como a recuperação de um microorganismo consistente com a endocardite infecciosa em hemoculturas coletadas com mais de 12 horas de intervalo *ou* em todas de três ou na maioria de quatro ou mais hemoculturas separadas, com a primeira e a última coleta tendo pelo menos uma hora de intervalo
- Resultado positivo do ecocardiograma para endocardite infecciosa, incluindo um dos seguintes:
  a. Massa intracardíaca oscilante na valva ou estruturas de suporte no caminho de jatos regurgitantes ou em material implantado na ausência de uma explicação anatômica alternativa
  b. Abscesso
  c. Deiscência nova parcial de valva protética

Continua

QUADRO 33-1. CRITÉRIOS ORIGINAIS PATOLÓGICOS E CLÍNICOS DE DUKE PARA O DIAGNÓSTICO DA ENDOCARDITE

d. Regurgitação valvar nova (aumento ou alteração em sopros preexistentes não é suficiente)

Os critérios menores incluem:

- **Predisposição:** Condição cardíaca predisponente ou uso de drogas IV
- **Febre:** Temperatura corporal > 38°C (100,4°F)
- **Fenômenos vasculares:** Êmbolo em artéria principal, infartos pulmonares sépticos, aneurismas micóticos, hemorragia intracraniana, hemorragia conjuntival e lesões de Janeway
- **Fenômenos imunológicos:** Glomerulonefrite, nódulos de Osler, manchas de Roth, fator reumatoide
- **Evidência microbiológica:** Resultados positivos de hemoculturas, mas que não atingem o critério maior, conforme observado anteriormente ou evidência sorológica de infecção ativa por organismos consistentes com a endocardite infecciosa
- **Ecocardiograma:** Consistente com a endocardite infecciosa, mas sem atingir o critério maior, conforme observado anteriormente

Desde que os critérios de Duke originais foram publicados em 1994, vários refinamentos foram feitos com base em estudos que avaliavam a sensibilidade e a especificidade dos critérios:

- A bacteremia por *Staphylococcus aureus* foi incluída como critério maior somente quando adquirida na comunidade. Pesquisas subsequentes mostraram que uma proporção significativa dos pacientes com bacteremia estafilocócica adquirida nosocomialmente era portadora de endocardite infecciosa. Consequentemente, a bacteremia por *S. aureus* é agora incluída como critério maior, independentemente de a infecção ser nosocomial ou adquirida na comunidade.
- Outro critério maior foi adicionado conforme se segue: Uma amostra de hemocultura com resultado positivo para *Coxiella burnetii* ou título do anticorpo imunoglobulina G antifase 1 > 1:800.
- Incluiu-se também uma declaração aos critérios maiores no que diz respeito ao envolvimento endocárdico e a um ecocardiograma positivo para endocardite infecciosa. A declaração é a seguinte: A ecocardiografia transesofágica (ETE) é recomendada a pacientes com valvas protéticas, diagnósticos classificados pelo menos como "endocardite infecciosa possível" por critérios clínicos ou na endocardite infecciosa complicada (abscesso paravalvar); a ecocardiografia transtorácica (ETT) deve ser o primeiro exame a ser feito em outros pacientes.
- Eliminou-se o critério menor do ecocardiograma.
- A categoria de "possível endocardite" foi ajustada para incluir os seguintes critérios: um critério maior e um menor ou três critérios menores. Este "piso" foi designado para reduzir a proporção de pacientes na categoria "possível".

Baddour LM, Wilson WR, Bayer AS et al: Infective endocarditis: Diagnosis, antimicrobial therapy, and management of complications: A statement for healthcare professionals from the Committee on Rheumatic Fever, Endocarditis, and Kawasaki Disease, Council on Cardiovascular Disease in the Young, and the Councils on Clinical Cardiology, Stroke, and Cardiovascular Surgery and Anesthesia, American Heart Association. Circulation 111:e394-e433, 2005.

2. O que são os organismos HACEK? Com que frequência eles causam endocardite?

HACEK é um acrônimo para um grupo de bactérias gram-negativas fastidiosas e de crescimento lento:

- **H:** *Haemophilus parainfluenzae, Haemophilus aphrophilus, Haemophilus paraphrophilus e Haemophilus influenzae.*
- **A:** *Actinobacillus actinomycetemcomitans.*
- **C:** *Cardiobacterium hominis.*
- **E:** *Eikenella corrodens.*
- **K:** *Kingella kingae e Kingella denitrificans.*

Estes organismos são responsáveis por aproximadamente 5% a 10% dos casos de endocardite adquirida na comunidade. Como um número crescente desses organismos produz betalactamase, eles devem ser considerados resistentes à ampicilina. O tratamento de escolha é a ceftriaxona ou outras cefalosporinas de terceira ou quarta geração.

3. Qual é o papel apropriado da ecocardiografia no diagnóstico e conduta da endocardite?

A ecocardiografia é uma ferramenta essencial na investigação diagnóstica de um paciente sob suspeita de endocardite. O objetivo primário é identificar, localizar e caracterizar as vegetações valvares. No entanto, a ecocardiografia também é potencialmente importante no manejo da endocardite. A identificação de um abscesso pode apontar a necessidade de intervenção cirúrgica. Os pacientes também podem se beneficiar ao repetir a ecocardiografia, uma vez que um diagnóstico definitivo tenha sido estabelecido, para avaliar as complicações, incluindo insuficiência cardíaca congestiva e bloqueio atrioventricular, os quais sugerem uma piora da função valvar e miocárdica. É importante enfatizar que os achados ecocardiográficos devem sempre ser interpretados em associação às informações clínicas.

A ETE é mais sensível do que a ETT para o diagnóstico de endocardite. As sensibilidades das diferentes modalidades foram determinadas entre 48% e 100% para a ETE e entre 18% e 63% para a ETT. Isto está, em parte, relacionado ao fato de a abordagem transesofágica permitir maior proximidade do coração e, portanto, poder ser realizada com altas frequências, fornecendo maior resolução espacial. Ela pode identificar estruturas tão pequenas quanto 1 mm. A ETE é a modalidade preferida em pacientes com valvas protéticas. A resolução espacial da ecocardiografia transtorácica pode ser limitada pela gordura em pacientes obesos ou pelos pulmões hiperinsuflados na doença pulmonar obstrutiva crônica ou na ventilação mecânica. A ETT é capaz de identificar apenas estruturas tão pequenas quanto 5 mm.

Um estudo conduzido por Heidenreich e colaboradores, para analisar o custo-benefício, sugeriu que a probabilidade prévia de endocardite foi o fator mais importante na escolha da modalidade apropriada. Embora a ecocardiografia tenha se tornado uma ferramenta diagnóstica essencial em pacientes sob suspeita de endocardite, não existem características ecocardiográficas definitivas que possam distinguir de maneira confiável as infecções daquelas lesões não infecciosas.

Heidenreich PA, Massoudi FA, Maini B et al. Echocardiography in patents with suspected endocarditis: A cost-effectiveness analysis. Am J Med 107:198-208, 1999.

Sachdev M, Peterson GE, Jollis JG: Imaging techniques for diagnosis of infective endocarditis. Infect Dis Clin North Am 16:319-337, 2002.

4. Existe um modo de predizer clinicamente a presença de um abscesso perivalvar em pacientes com endocardite?

A presença de um abscesso perivalvar deve ser considerada em pacientes com pericardite, insuficiência cardíaca congestiva (ICC), usuários de drogas IV, infecção por *S. aureus*, endocardite de valva protética, doença valvar aórtica ou febre ou bacteremia persistente durante o tratamento com antibióticos apropriados. Uma avaliação formal sugeriu que um bloqueio atrioventricular ou um bloqueio de ramo, novos, podem ter uma correlação significativa com um abscesso perivalvar. O envolvimento da valva aórtica e o uso de drogas IV também se mostraram fatores significativos para predizer a presença de um abscesso perivalvar.

Blumberg EA, Karalis DA, Chandrasekaran K, et al. Endocarditis-associated paravalvular abscesses: Do clinical parameters predict the presence of abscess? Chest 107:898-903, 1995.

Omari B, Shapiro S, Ginzton L, et al: Predictive risk factors for periannular extension of native valve endocarditis: Clinical and echocardiographic analyses. Chest 96:1273-1279, 1989.

5. Qual é o melhor momento para a coleta de hemoculturas em um paciente sob suspeita de endocardite infecciosa? Qual é o volume adequado? Qual é o número ótimo de hemoculturas?

São necessárias múltiplas hemoculturas. Duas hemoculturas realizadas com volumes adequados de sangue irão identificar aproximadamente 99% dos pacientes com bacteremia com cultura positiva. No entanto, isto não se aplica aos pacientes que receberam antibióticos empíricos, pacientes com endocardite fúngica ou organismos difíceis de cultivar. Múltiplas hemoculturas aumentam o rendimento, ajudam a fazer a distinção entre contaminação e bacteremia verdadeira e comprovam a bacteremia contínua característica da endocardite infecciosa. Se a primeira série de resultados de hemoculturas for negativa, é importante perceber que a repetição das hemoculturas pode ser essencial se a probabilidade pré-teste de endocardite permanecer alta. Se a situação clínica evoluir e a endocardite parecer menos provável, a repetição das hemoculturas pode ser contraproducente. Embora faça sentido que o momento ideal para a obtenção de amostras de hemocultura seja durante a hora anterior ao início dos calafrios e picos febris, na realidade, isto não é prático. Devido à bacteremia contínua associada à endocardite, o momento é o menos importante, e não é justificável esperar para se iniciar a terapia em um paciente com doença aguda causada por um organismo particularmente virulento tal como o *S. aureus*. Antes do inínício da terapia antimicrobiana, deve-se obter de duas a três hemoculturas, com intervalos de cinco minutos entre cada uma. No entanto, se o paciente tiver um quadro clínico sugestivo de endocardite subaguda, seria prudente obter hemoculturas durante diversas horas para documentar a bacteremia contínua. Em geral, 20 mL de sangue devem ser obtidos para cada série de dois frascos de hemocultura. Também deve ser enfatizado que cada série de hemocultura requer um local separado de venopunção.

Townes ML, Reller LB: Diagnostic methods: Current best practices and guidelines for isolation of bacteria and fungi in infective endocarditis. Infect Dis Clin North Am 16:363, 2002.

6. Como distinguimos um caso de endocardite por *S. aureus* de uma bacteremia por *S. aureus* não complicada?

Em um estudo clássico de 1976, Nolan e Beaty sugeriram que, dentre 105 pacientes com bacteremia por *S. aureus* retrospectivamente identificados, a maioria dos 26 pacientes com endocardite poderia ser identificada com base em três características: infecção adquirida na comunidade, ausência de um foco primário de infecção e presença de focos metastáticos de infecção. No entanto, aproximadamente 25% dos pacientes prospectivamente identificados com bacteremia por *S. aureus* submetidos à ecocardiografia precoce, tinham evidências de endocardite pela ETE. Os achados clínicos e a doença cardíaca predisponente não distinguiram aqueles com ou sem endocardite. Além disso, uma parte substancial destes pacientes apresentava bacteremia por *S. aureus* adquirida no hospital. Similarmente, em um outro estudo, a ETE pareceu vantajosa em custo-benefício na determinação da duração apropriada da terapia em pacientes com bacteremia por *S. aureus* associada a cateter.

Fowler VG Jr, Li J, Corey GR, et al: Role of echocardiography in evaluation of patients with *Staphylococcus aureus* bacteremia: Experience in 103 patients. J Am Coll Cardiol 30:1072-1078, 1997.

Nolan CM, Beaty HN: *Staphylococcus aureus* bacteremia – Current clinical patterns. Am J Med 60:495-500, 1976.

Petti CA, Fowler VG Jr: *Staphylococcus aureus* bacteremia and endocarditis. Infect Dis Clin North Am 16:413-435, 2002.

Rosen AB, Fowler VG, Corey GR, et al. Cost-effectiveness of transesophageal echocardiography to determine the duration of therapy for intravascular catheter-associated *Staphylococcus aureus* bacteremia. Ann Intern Med 130:810-820, 1999.

7. O que é a endocardite trombótica não-bacteriana (ETNB)?

A *ETNB* se refere a pequenas vegetações estéreis nas valvas cardíacas originadas de depósitos de fibrina e plaquetas. As lesões cardíacas mais comumente resultantes em ETNB incluem regurgitação mitral, estenose aórtica, regurgitação aórtica, defeito do septo interventricular e doença cardíaca congênita complexa. A ETNB também pode resultar de um estado de hipercoagulabilidade e as vegetações estéreis também podem ser vistas no lúpus eritematoso sistêmico (ou seja, endocardite de Libman-Sacks), síndrome do anticorpo antifosfolipídio e doenças vasculares do colágeno. As vegetações não-infecciosas também podem ser vistas em pacientes com malignidades (p. ex., carcinoma de células renais ou melanoma), queimaduras ou mesmo sepse aguda. Outras lesões que podem ser um tanto enganosas incluem as valvas mixomatosas, tumores cardíacos benignos e espessamento degenerativo das valvas. As excrescências de Lambl, que são múltiplos pequenos apêndices nas valvas cardíacas vistos durante a autópsia em um grande número de adultos, também podem ser confundidas com vegetações infecciosas; no entanto, estas tendem a ter uma aparência mais filamentosa.

8. Quais são as causas da endocardite com cultura negativa?

Aproximadamente 2% a 30% dos pacientes com endocardite infecciosa terão amostras estéreis de hemoculturas; entretanto, é mais provável que sejam 5% quando usados critérios diagnósticos estreitos. As potenciais causas da endocardite com cultura negativa incluem as seguintes:

- Uso prévio de antibiótico.
- ETNB ou diagnóstico incorreto.
- Crescimento lento de organismos fastidiosos, incluindo anaeróbios, organismos HACEK, estreptococos nutricionalmente variantes ou espécies de *Brucella.*
- Organismos intracelulares obrigatórios, incluindo rickettsias, clamídias, *Tropheryma whippelii* ou vírus.
- Outros organismos incluindo a *C. burnetti* (o agente etiológico da febre Q) e *Legionella, a Bartonella* ou o *Mycoplasma* sp.
- Endocardite subaguda do coração direito.
- Endocardite fúngica.
- Endocardite mural, como em pacientes com defeitos do septo interventricular, trombo pós-infarto do miocárdico ou infecções relacionadas a fios de marca-passos.
- Amostras de cultura coletadas ao final de um longo período, geralmente > 3 meses.

Albrich WC, Kraft C, Fisk T, et al: A mechanic with a bad valve: Blood culture negative endocarditis. Lancet Infect Dis 4:777-784, 2004.

9. Quais anormalidades de condução podem estar associadas à endocardite?

Bloqueio dos ramos direito e esquerdo, bloqueio atrioventricular de segundo grau e bloqueio cardíaco completo. O bloqueio cardíaco geralmente é o resultado da extensão da infecção para o nodo atrioventricular ou para o feixe de His. A maioria dos pacientes com bloqueio cardíaco apresenta envolvimento da valva aórtica. Em uma série, as anormalidades de condução ocorreram em aproximadamente 10% dos pacientes com endocardite de valva nativa. A endocardite da valva mitral pode causar bloqueio cardíaco de primeiro ou segundo grau, mas o bloqueio cardíaco de terceiro grau é incomum. A endocardite da valva aórtica pode causar bloqueio cardíaco de primeiro ou segundo grau assim como bloqueios de ramos, hemibloqueios e bloqueios cardíacos completos. Deve-se lembrar de que o eletrocardiograma (ECG) é específico, mas não é sensível para o acometimento do sistema de condução. Consequentemente, um indivíduo pode apresentar um abscesso do anel valvar, mas não ter anormalidades de condução no ECG. O bloqueio cardíaco completo pode ser precedido pelo prolongamento do intervalo PR ou pelo bloqueio de ramo esquerdo. As anormalidades de condução na endocardite podem ocorrer ainda por outras razões, incluindo infarto do miocárdio (raramente), miocardite ou pericardite. Os achados do ECG também podem ter implicações prognósticas porque os pacientes com anormalidades de condução persistentes têm aumento da mortalidade em um ano quando comparados aos pacientes que têm resultados normais no ECG.

Mehta NJ, Nehra A. A 66-year-old-man with fever, hypotension and complete heart block. Chest 120:2053-2056, 2001

Sokil AB: Cardiac imaging in infective endocarditis. In Kaye D (ed): Infective Endocarditis, 2nd ed. Newa York, Raven, 1992, pp 125-150.

10. Quais valvas são mais comumente afetadas em pacientes com endocardite?

Isso depende da etiologia da endocardite. Em pacientes com endocardite de valva nativa, a valva mitral, isoladamente, está envolvida em 28 a 45% dos casos; 5 a 36% acometem somente a valva aórtica e em 0 a 35% dos casos ambas as valvas são afetadas. A valva tricúspide está envolvida isoladamente em 0 a 6% dos casos e a valva pulmonar está envolvida em < 1% dos casos de endocardite. A endocardite ocorre em aproximadamente 5 a 15% dos usuários de drogas injetáveis internados por infecção aguda. Nestes pacientes, a frequência do envolvimento valvar é a seguinte: somente a valva tricúspide ou em combinação, 50%; somente a valva aórtica, 19%; somente a valva mitral, 11%; e a aórtica mais a mitral, 12%. Em pacientes com endocardite de valva protética, não parece haver diferença na incidência de endocardite aórtica quando comparada à mitral. O risco total de endocardite é similar em uma valva mecânica quando comparada à prótese valvar biológica; entretanto, existem pequenas diferenças no risco baseado no tempo de pós-operatório. Dentro dos primeiros seis meses após a cirurgia, as valvas mecânicas têm um risco de infecção levemente ampliado; no entanto, não houve aumento significativo do risco nos primeiros cinco anos após a operação com as valvas mecânicas, quando comparadas às valvas protéticas biológicas. Após cinco anos, o risco de endocardite para as valvas protéticas biológicas é discretamente maior do que para as valvas mecânicas. Em pacientes com endocardite fúngica, a valva aórtica foi envolvida em 44% das vezes, tanto isoladamente como em combinação a outras valvas; a valva mitral, 26% isolada ou em combinação; e a valva tricúspide, 7%; outros locais foram documentados em 18% dos pacientes.

Ellis ME, Al-Abdely H, Sandridge A, et al: Fungal endocarditis: Evidence in the world literature, 1965-1995. Clin Infect Dis 32:50-62, 2001.

Fowler VG Jr, Scheld WM, Bayer AS: Endocarditis and intravascular infections. In Mandell GL, Bennett JE, Dolin R (eds): Principles and Practice of Infectious Disease, 6th ed. New York, Churchill Livingstone, 2005, pp 975-1022.

11. Quais são as diferenças clínicas entre a endocardite do lado direito e a do lado esquerdo?

Somente 35% dos pacientes com endocardite do lado direito (tanto da valva tricúspide quanto da pulmonar) apresentam sopro audível – particularmente usuários de drogas injetáveis com endocardite da valva tricúspide. Em geral, os sintomas e complicações se originam do envolvimento da vasculatura pulmonar e são caracterizados por múltiplos êmbolos sépticos pulmonares que podem causar infarto pulmonar, abscessos, pneumotórax, efusões pleurais ou empiema. Além disso, os múltiplos êmbolos pulmonares podem resultar em insuficiência cardíaca direita com dilatação da câmara e piora na regurgitação tricúspide. Os sintomas clínicos associados a estas complicações podem incluir dor torácica, dispneia, tosse e hemoptise. O fenômeno embólico periférico e o envolvimento neurológico geralmente estão ausentes em pacientes com endocardite do lado direito. Quando estas complicações ocorrem na endocardite do lado direito, deve-se considerar o envolvimento do lado esquerdo ou a embolização paradoxal. Os pacientes com endocardite do lado esquerdo (aórtica ou mitral) geralmente apresentam maiores consequências hemodinâmicas e estão mais susceptíveis a ter insuficiência cardíaca congestiva. A embolização sistêmica (cérebro, rim, baço) é mais comum em lesões do lado esquerdo.

PONTOS-CHAVE: ENDOCARDITE ✓

1. Os critérios de Duke para o diagnóstico de endocardite incluem tanto dois critérios maiores (ou seja, resultados positivos de hemoculturas mais evidência ecocardiográfica positiva de endocardite) quanto um maior e três critérios menores (ou seja, predisposição, febre, fenômenos vasculares ou imunológicos e evidência microbiológica) ou cinco critérios menores.
2. Os organismos HACEK são bactérias gram-negativas fastidiosas, de crescimento lento, e incluem espécies de *Hemophilus, Actinobacillus, Cardiobacterium, Eikenella e Kingella.*
3. A endocardite por *S. aureus* não pode ser distinguida da bacteremia na situação de infecção adquirida na comunidade, ausência de um foco primário e presença de focos metastáticos de infecção.
4. Os sintomas e as complicações da endocardite do lado direito geralmente resultam do envolvimento da vasculatura pulmonar, enquanto as complicações da endocardite do lado esquerdo geralmente são caracterizadas por grandes consequências hemodinâmicas, insuficiência cardíaca congestiva e embolização sistêmica.
5. O envolvimento do sistema nervoso ocorre em 20% a 40% dos pacientes e pode ser o sintoma de apresentação em aproximadamente 20% dos casos de endocardite infecciosa.

12. Quais são as indicações de terapia cirúrgica? Qual é o momento ideal da cirurgia no tratamento da endocardite?

As situações clínicas que justificam uma intervenção cirúrgica incluem ICC moderada ou grave (ou seja, classe III ou IV da New York Heart Association) ou ICC progressiva e refratária, deiscência, ruptura ou fístula valvar. Embora a ICC tenha um prognóstico pior apenas com o tratamento clínico, deve-se considerar também a existência de um risco cirúrgico aumentado. Um atraso na cirurgia pode levar a uma piora da descompensação cardíaca ou extensão perivalvar, o que aumentará a mortalidade operatória, assim como as complicações secundárias. Diversos estudos mostraram os benefícios nas estatísticas de mortalidade com a intervenção cirúrgica. A insuficiência cardíaca progressiva na presença de regurgitação valvar aórtica ou mitral requer cirurgia. A endocardite do lado direito com regurgitação tricúspide é razoavelmente bem tolerada se a resistência vascular pulmonar não estiver aumentada; neste caso, a cirurgia frequentemente não se faz necessária. Outras indicações incluem extensão perivalvar da infecção, bacteremia persistente sem evidência de fonte extracardíaca, obstrução de valva mecânica, endocardite fúngica, endocardite de valva protética e organismos difíceis de tratar, incluindo a *Pseudomonas* sp., a *C. burnetii*, a *Brucella* sp. e o *Staphylococcus lugdunensis*.

Existem resultados conflitantes no que diz respeito à correlação do tamanho da vegetação e o risco de embolização. Estudos indicaram um maior risco de embolização em vegetações mitrais > 10 mm, enquanto outros indicaram aumento do risco com vegetações > 20 mm. Em diversos estudos com um pequeno número de pacientes, o tamanho da vegetação não foi identificado como um risco para a embolização. Um estudo de DiSalvo encontrou uma incidência maior de embolia associada às vegetações de tamanho > 10 mm, vegetações móveis e vegetações grandes (> 15 mm) e móveis. O *S. aureus* também foi um fator de risco; no entanto, a localização mitral não foi associada à embolia conforme foi visto em estudos anteriores. O pensamento tradicional tem sido considerar dois ou mais eventos embólicos importantes durante a terapia como indicação para a cirurgia, com o intuito de evitar a embolização. Entretanto, a determinação do número e do momento dos eventos embólicos pode ser difícil, visto que a detecção do dano pode ocorrer bem depois da embolia verdadeira. O risco de embolização também diminui significativamente durante as primeiras 1-2 semanas da antibioticoterapia.

Um acidente vascular cerebral embólico hemorrágico recente é uma contraindicação relativa para a cirurgia. Alguns especialistas adiam a cirurgia para dez a 14 dias após os sintomas iniciais do acidente vascular cerebral; no entanto, de acordo com alguns especialistas, pode-se realizar a cirurgia com segurança em pacientes com acidente vascular cerebral isquêmico < 1-2 cm. Consequentemente, as decisões em relação à cirurgia devem ser individualizadas e baseadas na presença de insuficiência cardíaca e sintomas neurológicos (e no fato de a complicação ser hemorrágica ou isquêmica). Em geral, pode ser preferível um adiamento de aproximadamente duas semanas em indivíduos com acidente vascular cerebral; entretanto, os benefícios podem superar os riscos, dependendo da situação clínica do paciente.

A mortalidade operatória depende da duração da antibioticoterapia antes da cirurgia? Em geral, embora seja importante ter uma cobertura antibiótica adequada durante a cirurgia, a duração da terapia antibiótica não influencia a mortalidade operatória. A incidência de reinfecção em novas valvas implantadas é de aproximadamente 3% e pode ser tão alta quanto 10%.

Di Salvo G, Habib G, Pergola V, et al: Echocardiography predicts embolic events in infective endocarditis. J Am Coll Cardiol 37:1069-1076, 2001.

Olaison L, Pettersson G: Current best practices and guidelines: Indications for surgical intervention in infective endocarditis. Infect Dis Clin North Am 16:453-475, 2002.

13. Quais são as manifestações neurológicas da endocardite? Com que frequência elas são os sintomas de apresentação?

A incidência do envolvimento do sistema nervoso central durante o curso da endocardite infecciosa varia entre 20% e 40%. Os sintomas neurológicos são as manifestações iniciais na endocardite em aproximadamente 16 a 23% dos casos; no entanto, geralmente existem outros indícios para o diagnóstico. As complicações neurológicas normalmente ocorrem dentro das primeiras duas semanas após o início dos antibióticos, mas também foram documentadas complicações tardias – de meses até dois anos após uma terapia bem-sucedida. A manifestação neurológica mais comum é o acidente vascular cerebral, que responde por aproximadamente 50-60% de todas as complicações neurológicas. O acidente vascular cerebral geralmente ocorre por embolia cerebral com infarto, mas também podem acontecer hemorragia ou abscesso. Outras manifestações neurológicas, com suas principais apresentações clínicas associadas, incluem encefalopatia (redução do nível de consciência), convulsões, cefaleia grave ou localizada, síndromes psiquiátricas, desde alterações mínimas de personalidade até síndromes psiquiátricas mais graves (geralmente em pacientes idosos), várias discinesias, distúrbios visuais, envolvimento da medula espinal (para ou tetraplegia), envolvimento de nervo periférico (mononeuropatia) e meningite, a qual é mais comum com o *S. aureus* e o *Streptococcus pneumoniae* (com ou sem sinais focais). Complicações oculares incluem oclusão embólica aguda da artéria central da retina, o que pode resultar em perda súbita da visão. Outras complicações que foram bem documentadas incluem envolvimento dos pares cranianos III, IV e VI, o que pode levar à diplopia, desvio do olhar, nistagmo, pupilas anisocóricas, hemorragia retiniana e endoftalmite.

14. Com que frequência ocorrem os aneurismas micóticos intracranianos (AMICs)?

Os AMICs são incomuns e constituem somente 2-6% de todos os aneurismas intracranianos. Oitenta por cento destes são identificados na endocardite infecciosa. Entre os pacientes com endocardite, somente de 1% a 5% terão um AMIC reconhecido. A taxa de mortalidade é de aproximadamente 60%, e muitos pacientes se apresentam com hemorragia súbita subaracnoide ou intracerebral. A ruptura de um AMIC pode ocorrer enquanto o paciente está sendo tratado para a endocardite ou após a conclusão da terapia.

Chun JY, Smith W, Halbach VV, et al: Current multimodality management of infectious intracranial aneurysms. Neurosurgery 48:1203-1213, 2001.

15. Quais são os sinais de alerta do AMIC? Como ele é diagnosticado?

Os sinais de alerta importantes que devem suscitar uma investigação mais profunda da possibilidade de um AMIC incluem cefaleia grave localizada e outros sinais neurológicos focais, tais como convulsões, déficits isquêmicos e anormalidade de nervos cranianos. Embora uma ruptura súbita não seja uma apresentação incomum do AMIC, alguns aneurismas podem sangrar lentamente antes da ruptura e produzir irritação meníngea manifestada no líquido cefalorraquidiano, que é estéril, pela presença de um número moderado de células vermelhas e reação neutrofílica.

Quando se suspeita de uma hemorragia, o método de imagem escolhido é a tomografia computadorizada (TC) com e sem contraste. Se os pacientes com achados neurológicos focais forem direcionados à realização de exames de imagem por ressonância magnética ou TC, a angiorressonância (AR) e a angioTC (ATC) devem fazer parte da avaliação. Estes estudos também devem incluir os ramos distais. Estudos recentes mostraram que a ATC e a AR apresentam resultados similares na detecção de aneurismas intracranianos não-infecciosos e é provável que o mesmo seja verdadeiro para os aneurismas intracranianos infecciosos. Se a hemorragia for confirmada e a cirurgia for considerada, uma angiografia convencional ainda é o procedimento diagnóstico mais apropriado para apontar com precisão a localização e as relações anatômicas.

Chun JY, Smith W, Halbach VV, et al: Current multimodality management of infectious intracranial aneurysms. Neurosurgery 48:1203-1213, 2001.

16. Descreva o tratamento dos AMICs.

O tratamento ideal é controverso. O tratamento clínico deve incluir antibióticos apropriados e controle da pressão arterial. Os AMICs podem se resolver somente com a terapia antibiótica; consequentemente, deve-se considerar o seguimento dos AMICs não rompidos, particularmente se houver múltiplos aneurismas ou se eles estiverem em locais de difícil acesso. O pensamento tradicional parece ser o seguimento com imagens em intervalos de sete a 14 dias. Além do tratamento com antibióticos, outras opções terapêuticas incluem as abordagens endovasculares e terapias cirúrgicas. Estas opções são desafiadoras, e fatores que devem ser levados em conta na escolha destas técnicas invasivas incluem a condição do paciente, a localização do aneurisma, a ruptura e a presença de hematomas com pressão intracraniana aumentada. Recentemente um algoritmo foi proposto por Chun.

Chun JY, Smith W, Halbach VV, et al: Current multimodality management of infectious intracranial aneurysms. Neurosurgery 48:1203-1213, 2001.

17. Quais são os organismos que mais frequentemente causam endocardite?

Os agentes etiológicos da endocardite infecciosa incluem os seguintes:

- **Estreptococos:** 60%-80%.
- **Estreptococos viridans:** 30%-40%.
- **Enterococos:** 5%-18%.
- **Outros estreptococos:** 15%-25%.
- **Estafilococos:** 20%-35%.

- **Organismos coagulase-positivos:** 10%-27%.
- **Organismos coagulase-negativos:** 1%-3%.
- **Bacilos gram-negativos aeróbios:** 1%-13%.
- **Fungos:** 2%-4%.

O *S. aureus* tende a ser o agente etiológico mais comum da endocardite infecciosa em usuários de drogas IV. A *Pseudomonas aeruginosa* é também mais comumente vista em pacientes que usam drogas IV. Em pacientes com valvas protéticas, a microbiologia é dependente do fato de a endocardite ser precoce (< 2 meses após a substituição da valva) ou tardia (> 12 meses). Os estafilococos respondem por 40-60% dos casos de endocardite de valva protética de início precoce. Os estafilococos coagulase-negativos respondem por aproximadamente 30-35% dos casos e o *S. aureus* responde por aproximadamente 20-25%. Os pacientes que apresentam endocardite de valva protética de início tardio são mais propensos a apresentar os organismos mais comumente encontrados em pacientes com endocardite de valva nativa, com uma exceção: os estafilococos coagulase-negativos são vistos com mais frequência (~10-12%) em pacientes com valvas protéticas. Os pacientes que apresentam endocardite fúngica frequentemente são usuários de drogas IV, sofreram cirurgia cardiovascular recentemente ou receberam antibioticoterapia IV prolongada.

18. Qual é a terapia empírica apropriada (culturas em andamento) para pacientes com endocardite infecciosa presumida?

Diversos esquemas considerados apropriados pelos especialistas incluiriam os seguintes:

- **Aguda:** Nafcilina ou oxacilina, 2 g IV a cada quatro horas, mais gentamicina ou tobramicina, 1 mg/kg IV a cada oito horas; *ou* vancomicina, 15 mg/kg IV a cada 12 horas (intervalo das doses baseado no *clearance* de creatinina) mais gentamicina, 1 mg/kg a cada oito horas. Alguns especialistas adicionariam ampicilina, 2 g IV a cada quatro horas, ao esquema de nafcilina previamente descrito para cobrir a possibilidade de enterococos.
- **Subaguda:** Ampicilina/sulbactam, 3 g IV a cada 4-6 horas, mais gentamicina ou tobramicina, 1 mg/kg IV a cada oito horas; *ou* vancomicina, 15 mg/kg IV a cada 12 horas (intervalo das doses baseado no *clearance* de creatinina), mais ceftriaxona, 2 g IV a cada 12 horas.
- **Valva protética:** Vancomicina, 15 mg/kg a cada 12 horas (intervalo das doses baseado no clearance de creatinina), mais gentamicina, 1 mg/kg IV a cada oito horas, mais rifampicina, 600 mg/dia oralmente.

Baddour LM; Wilson WR; Bayer AS et al: Infective endocarditis: Diagnosis, antimicrobial therapy, and management of complications: A statement for healthcare professionals from the Committee on Rheumatic Fever, Endocarditis, and Kawasaki Disease, Council on Cardiovascular Disease in the Young, and the Councils on Clinical Cardiology, Stroke, and Cardiovascular Surgery and Anesthesia, American Heart Association. Circulation 111:e394-e433, 2005.

19. Quais são as manifestações clínicas importantes da endocardite? Com que frequência elas ocorrem?

Diversos processos contribuem para os sinais e sintomas clínicos da endocardite infecciosa, incluindo envolvimento valvar com complicações intracardíacas, bacteremia persistente e de alto grau (o que pode levar a focos metastáticos), embolização leve ou séptica para qualquer órgão e formação de imunocomplexos. A febre ocorre em 80% dos pacientes e alguns sintomas inespecíficos são muito comuns: anorexia, perda de peso, mal-estar, fadiga, calafrios, fraqueza, náusea, vômito e sudorese noturna. Embora sopros cardíacos sejam comuns, a chamada "mudança do sopro" é relativamente incomum. A incidência das manifestações periféricas diminuiu. Os nódulos de Osler, embora não sejam específicos da endocardite, podem ocorrer em 10% a 25% de todos os casos e geralmente são vistos nos casos subagudos. As lesões de Janeway (ou seja, placas maculares indolores nas palmas e solas) são vistas em menos de 10% dos casos. O empastamento pode ser visto se a doença for de longa duração e pode surgir em 10% a 20% dos casos. A esplenomegalia ocorre em 25% a 60% dos casos, geralmente naqueles com doença subaguda. Queixas articulares podem ser relatadas por aproximadamente 40% dos pacientes e podem ser relativamente inócuas, como dor na parte inferior do dorso ou mialgias e artralgias. Os sintomas músculo-esqueléticos também podem ser muito graves, incluindo artrite séptica franca e dor grave na parte inferior do dorso. Outras manifestações músculo-esqueléticas menos comuns incluem bursite séptica, sacroileíte, discite séptica e polimialgia reumática. Os pacientes com endocardite subaguda de longa duração podem apresentar síndrome consuptiva crônica, mimetizando câncer ou infecção pelo vírus da imunodeficiência humana. Os sinais e sintomas dos episódios embólicos são determinados pela localização da embolia. Os pacientes com êmbolos esplênicos podem desenvolver dor no quadrante superior esquerdo, efusões pleurais do lado esquerdo ou atrito. O infarto renal por um êmbolo séptico pode se apresentar como dor no flanco e hematúria. A formação de imunocomplexos pode levar à insuficiência renal. A embolia pulmonar frequentemente é acompanhada por tosse e respiração curta com dor torácica. Os êmbolos coronarianos raramente ocorrem e podem se apresentar com miocardite, arritmias, infarto do miocárdio ou uma combinação destes. A extensão para dentro do espaço pericárdico pode levar à pericardite purulenta com dor torácica grave e comprometimento hemodinâmico. Uma insuficiência cardíaca inexplicável em um paciente jovem sem doença cardíaca prévia deve suscitar uma investigação para endocardite infecciosa.

Cavassini M, Meuli R, Francioli P: Complications of Infective Endocarditis. In Scheld, WM, Whitley RJ, Marra CM (eds): Infections of the Central Nervous System. 3rd ed. Philadelphia, Lippincott Williams & Wilkins, 2004, pp 537-568.

Crawford MH, Durack DT: Clinical presentation of infective endocarditis. Cardiol Clin 21:159-166, 2003.

Fowler VG Jr, Scheld WM, Bayer AS: Endocarditis and intravascular infections. In Mandell GL, Bennett JE, Dolin R (eds): Principles and Practice of Infectious Disease, 6th ed. New York, Churchill Livingstone, 2005, pp 975-1022.

Gonzalez-Juanatey C, Gonzalez-Gay M, Llorca J, et al: Rheumatic manifestations of infective endocarditis in non-addicts. A 12-year study. Medicine 80:9-19, 2001.

20. Existem diferenças nas manifestações da endocardite em pacientes idosos?

Parece haver maior incidência de endocardite em pacientes idosos, o que pode estar relacionado a um aumento no tempo de vida de pacientes com doença cardíaca reumática ou outras doenças cardiovasculares, com um aumento proporcional entre os pacientes com doença cardíaca degenerativa. Além disso, o crescimento do uso de cateteres por tempo prolongado, dispositivos implantáveis e cateteres de diálise aumenta a incidência de endocardite nosocomial. A endocardite em pessoas idosas tem maior probabilidade de ocorrer em homens, com uma razão de aproximadamente 2-8:1 em pacientes com mais de 60 anos de idade. Os estafilococos e os estreptococos respondem por aproximadamente 80% dos casos em pessoas idosas e o *Streptococcus bovis* pode ser observado mais frequentemente em pacientes idosos, associado à malignidade colônica subjacente. A apresentação clínica da endocardite pode ser inespecífica, incluindo letargia, fadiga, mal-estar, anorexia, definhamento e perda de peso (o que pode ser atribuído ao envelhecimento ou a outras doenças comuns na velhice). Além disso, a febre, que ocorre em aproximadamente 80% dos pacientes com endocardite, pode estar ausente nos pacientes idosos. Uma piora da insuficiência cardíaca e dos sopros cardíacos pode ser atribuída a doenças subjacentes e, dessa forma, ser erroneamente negligenciada. Consequentemente, é necessário um alto índice de suspeição.

Dhawan VK: Infective endocarditis in the elderly. Clin Infect Dis 34:806-812, 2002.

CAPÍTULO 34

MENINGITE

Shannon Kasperbauer, MD e Randall Reves, MD

1. Descreva os aspectos clínicos da meningite bacteriana aguda.

A tríade clássica de febre, rigidez de nuca e estado mental alterado ocorre em aproximadamente dois terços dos casos, mas 95% têm dois entre quatro dos seguintes sintomas: cefaleia, febre, rigidez de nuca ou estado mental alterado. Até 14% dos pacientes podem apresentar coma e alguns pacientes podem ter alterações neurológicas focais. Os sintomas são mais sutis em crianças pequenas, idosos, pacientes com neutropenia e pacientes neurocirúrgicos.

2. Quais os aspectos fisiopatológicos que distinguem a meningite de outras infecções do sistema nervoso central?

A meningite é uma infecção localizada no espaço subaracnoideo, resultando em graus variados de meningismo. Na meningite, a disfunção neurológica geralmente é limitada ao embotamento do sensório e a convulsões. Os sinais focais ou alterações de pares cranianos são observados em 14% a 33% dos casos e resultam da inflamação em torno dos nervos cranianos que atravessam o espaço subaracnoideo ou da pressão intracraniana aumentada. O empiema subdural ou abscesso epidural no crânio ou no canal espinhal, o abscesso cerebral, a encefalite, a mielite e a neurite tendem a produzir sinais ou sintomas mais localizados do que aqueles observados com a meningite. Os patógenos virais podem causar encefalite, meningite ou meningoencefalite.

3. Descreva as diferenças entre as apresentações agudas e crônicas da meningite.

As pessoas que manifestam uma doença rapidamente progressiva, de evolução < 24 horas, geralmente apresentam meningite bacteriana. Embora, uma manifestação aguda ou subaguda possa ser vista na maioria dos casos de meningite bacteriana ou viral, o tempo até o atendimento médico ser procurado pode variar dependendo da idade do paciente e de outras comorbidades. A meningite crônica é definida quando os sinais, sintomas e as anormalidades do líquido cefalorraquidiano (LCR) persistem por pelo menos quatro semanas e ocorre, geralmente, devido a micobactérias, espiroquetas ou fungos. A Tabela 34-1 lista os patógenos comuns por grupo etário.

4. Quais achados clínicos devem levar ao rápido início de tratamento com antibióticos empíricos?

- **Pacientes com curso agudo e rapidamente progressivo.**
- **Resultado positivo da coloração pelo Gram:** Colorações do LCR pelo Gram têm resultados positivos em 60% a 90% dos casos documentados por cultura na meningite e geralmente fornecem rápida informação sobre os prováveis agentes etiológicos.
- **Pleocitose com uma predominância polimorfonuclear, glicose baixa ou proteína elevada:** Contagem celular do LCR > 1.000/mm^3, proteína > 150 mg/dL ou glicose < 30 mg/dL indica uma alta probabilidade de meningite bacteriana e justifica o início de terapia antimicrobiana apropriada, até a chegada dos resultados de culturas e outros estudos.

TABELA 34-1. PATÓGENOS COMUNS POR GRUPO ETÁRIO

< 1 Mês	1-23 Meses	2-50 Anos	> 50 Anos
Streptococcus agalactiae *Escherichia coli* *Listeria monocytogenes* *Klebsiella pneumoniae*	*S. agalactiae* *E. coli* *Haemophilus influenzae* *S. pneumoniae* *N. meningitidis*	*Streptococcus pneumoniae* *Neisseria meningitidis*	*S. pneumoniae* *N. meningitidis* *L. monocytogenes* *Bacilos aeróbios gram-negativos*

Dados de Tunkel AR: Approach to the patient with central nervous system infection. In Mandell JL, Bennett JE, Dolin R (eds.): Principles and Practice of Infectious Diseases, 6th ed. Philadelphia, Elsevier, 2005, pp 1083-1126.

PONTOS-CHAVE: MEDIDAS DE INVESTIGAÇÃO DIAGNÓSTICA EM CASOS SUSPEITOS DE MENINGITE BACTERIANA ✓

1. Obter imediatamente duas amostras de hemocultura e uma amostra de LCR por punção lombar.
2. Administrar dexametasona e antibióticos empíricos com base nos achados clínicos e no LCR.

ou

1. Obter imediatamente duas amostras de hemocultura.
2. Administrar dexametasona e antibióticos empíricos antes do exame de tomografia computadorizada (TC).
3. Realizar o exame de TC de crânio (somente se indicado).
4. Realizar a punção lombar.

5. Sob quais circunstâncias devemos evitar uma punção lombar?

As punções lombares geralmente devem ser evitadas na presença de abscesso cerebral ou outras lesões cerebrais focais nas quais há um significativo risco de herniação. Também se deve tomar precauções a fim de evitar a passagem da agulha espinhal através de uma área infectada, tal como pele infectada ou um abscesso epidural. Em algumas situações, a consulta neurocirúrgica pode ser necessária para obtenção de amostras do LCR através da via cervical ou cisternal. A correção das coagulopatias ou da trombocitopenia pode ser necessária antes da realização da punção lombar (geralmente recomendada em caso de sangramento ativo, quando a contagem de plaquetas é < 50.000 ou quando o paciente está recebendo terapia anticoagulante).

6. Quais são as indicações para a realização de tomografia computadorizada (TC) de crânio antes da punção lombar?

- Idade superior a 60 anos.
- Histórico de doença do sistema nervoso central.
- Imunocomprometidos.
- Dentro do prazo de uma semana da manifestação de convulsões.
- Alterações neurológicas focais, papiledema ou rebaixamento do nível de consciência.

No estudo desenvolvido por Hasbun e colegas, 59% dos pacientes do departamento de emergência de adultos sob suspeita de meningite enquadravam-se nos critérios de indicação para a realização de TC antes da punção lombar. Somente 27% de todos esses pacientes foram diagnosticados com meningite.

Hasbun R, Abrahams J, Jekel J, Quagliarello VJ: Computed tomography of the head before lumbar puncture in adults with suspected meningitis. N Engl J Med 345:1727-1733, 2001.

van Crevel H, Hijdra A, de Gans J: Lumbar puncture and the risk of herniation: When should we first perform CT? J Neurol 249:129-137, 2002.

7. Qual é a taxa de mortalidade da meningite bacteriana?

A taxa de mortalidade total é de aproximadamente 20%. Mais especificamente, a taxa de mortalidade é de 30% nos casos de meningite por S*treptococcus pneumoniae*, 7% na meningite por *Neisseria meningitidis* e até 40% para casos devidos à *Listeria monocytogenes*.

van de Beek D, de Gans J, Spanjaard L, et al: Clinical features and prognostic factors in adults with bacterial meningitis. N Engl J Med 351:1849-1859, 2004.

8. Quais aspectos são indicativos de um prognóstico desfavorável?

Fatores de risco indicativos de um prognóstico desfavorável são: idade avançada, presença de otite ou sinusite, ausência de rash cutâneo, uma baixa pontuação na Escala de Coma de Glasgow na admissão, taquicardia, um resultado positivo de hemocultura, uma elevada velocidade de hemossedimentação, trombocitopenia e uma baixa contagem de leucócitos no LCR. Em resumo, os fatores de risco listados aqui estão relacionados ao comprometimento sistêmico, baixo nível de consciência e infecção pelo *S. pneumoniae*.

van de Beek D, de Gans J, Spanjaard L, et al: Clinical features and prognostic factors in adults with bacterial meningitis. N Engl J Med 351:1849-1859, 2004.

9. Quais são os agentes antimicrobianos recomendados para a terapia empírica quando a coloração do LCR pelo Gram não é diagnóstica?

O tratamento de pacientes imunocompetentes é realizado com uma cefalosporina de terceira geração (cefotaxima ou ceftriaxona) associada à vancomicina. A vancomicina foi adicionada devido à emergência de resistência do *S. pneumoniae* à cefalosporina. A vancomicina não deve ser usada como monoterapia. Em pacientes sob maior risco para infecção pela *L. monocytogenes*, especialmente crianças menores de dois meses ou adultos acima de 50 anos de idade, adiciona-se a ampicilina. A terapia padrão para pacientes com infecção por *Streptococcus agalactiae* é ampicilina associada ao aminoglicosídeo. Pacientes imunocomprometidos estão sob maior risco de infecção pela *L. monocytogenes* e bacilos gram-negativos e, por essa razão, devem receber ampicilina, ceftazidima e vancomicina. As infecções por estafilococos e bacilos gram-negativos são mais comuns após trauma craniano ou procedimentos neurocirúrgicos; a terapia empírica deve incluir vancomicina e ceftazidima, cefepima ou meropenem.

Tunkel AR, Hartman BJ, Kaplan SL, et al: Practice Guidelines for the Management of Bacterial Meningitis. Clin Infect Dis 39:1267-1284, 2004.

10. Os corticosteroides são benéficos no tratamento da meningite?

Vários ensaios controlados demonstraram um benefício do uso adjuvante da dexametasona para tratar a meningite bacteriana em crianças. Com relação aos adultos, um recente ensaio controlado randomizado demonstrou que o tratamento precoce com dexametasona 10 mg a cada seis horas por quatro dias reduziu a mortalidade em pacientes com meningite pneumocócica de 34% para 14%. As taxas de mortalidade foram de 4% e 3% para receptores de placebo e de dexametasona, respectivamente, quando a etiologia bacteriana era meningocócica ou qualquer outra. A dexametasona também reduziu a mortalidade em pacientes com meningite tuberculosa (acima de 14 anos de idade) de 41,3% para 31,8%, mas não preveniu a incapacidade grave.

de Gans J, van de Beek D: Dexamethasone in adults with bacterial meningitis. N Engl J Med 347:1549-1556, 2002.

Thwaites GE, Bang ND, Dung NH, et al: Dexamethasone for the treatment of tuberculous meningitis in adolescents and adults. N Engl J Med 351:1741-1751, 2004.

11. Quais são os agentes antimicrobianos recomendados para o tratamento da meningite quando a coloração pelo gram ou a cultura identifica patógenos bacterianos comuns?

- **Cocos Gram-positivos:** Vancomicina associada à ceftriaxona (cefotaxima para neonatos), enquanto aguarda-se o teste de sensibilidade do *S. pneumoniae*.
- **Cocos Gram-negativos (*N. meningitidis*):** Penicilina G.
- **Bacilos Gram-positivos (*L. monocytogenes*):** Ampicilina associada à gentamicina.
- **Bacilos Gram-negativos:** Cefalosporina de largo-espectro (cefotaxima ou ceftriaxona) associada a um aminoglicosídeo. Para pacientes com trauma craniano ou neurocirúrgicos, a ceftazidima é a cefalosporina preferida. A cefotaxima ou a ceftriaxona são recomendadas para infecção pelo *Haemophilus influenzae* devido aos menores índices de perda de audição.

Tunkel AR, Hartman BJ, Kaplan SL, et al: Practice Guidelines for the Management of Bacterial Meningitis. Clin Infect Dis 39:1267-1284, 2004.

12. Por quanto tempo você deve tratar a meningite bacteriana?

Pacientes que apresentam uma doença rapidamente progressiva têm meningite aguda. A meningite crônica aparece com uma manifestação mais subaguda. A meningite causada por *N. meningitidis* e *H. influenzae* requer sete dias de antibióticos na maioria dos casos. A duração recomendada da terapia para *S. pneumoniae* é de 10-14 dias. A duração sugerida do tratamento para *S. agalactiae* é de 14 a 21 dias. Vinte um dias de terapia são recomendados para a *L. monocytogenes* e bacilos Gram-negativos diferentes do *H. influenzae*. O tratamento de pacientes neurocirúrgicos, incluindo aqueles com infecções em derivações ventriculares, deve ser individualizado.

13. Qual terapia deve sempre ser considerada para os casos de meningite crônica?

Colorações ácido-resistentes e culturas de LCR apresentam resultados negativos em até 90% e 60% dos pacientes, respectivamente, nos casos de meningite tuberculosa. Para evitar sequelas associadas à demora no diagnóstico e tratamento da meningite tuberculosa, deve-se considerar a terapia empírica em casos de meningite crônica, não diagnosticada, especialmente em pacientes sob risco de contrair tuberculose (p. ex., desabrigados, encarcerados, indivíduos com idade superior a 65 anos, indivíduos cujo país de origem encontra-se na África, Ásia ou América Latina). Os parâmetros "típicos" do LCR são notoriamente inespecíficos na meningite tuberculosa e os níveis normais de glicose no LCR não excluem o diagnóstico.

O tratamento para a meningite tuberculosa é o mesmo adotado nos casos de tuberculose pulmonar, mas os corticosteroides sistêmicos podem ser considerados. O tratamento recomendado para TB é a associação de Isoniazida 300 mg VO diariamente, Rifampicina 600 mg VO diariamente, Pirazinamida 25 mg/kg/dia VO diariamente, Etambutol 15 mg/kg/dia VO diariamente e Piridoxina (vitamina B_6) 50 mg VO diariamente.* Contudo, devido à gravidade dessa infecção, recomenda-se consultar um especialista.

14. Quais são as causas da meningite recorrente?

A meningite bacteriana recorrente pode resultar de focos parameníngeos persistentes desconhecidos ou não drenados. A recorrência também pode resultar de comunicações anormais tanto com o trato respiratório superior como com a pele. A perda de LCR para a nasofaringe, ouvido médio ou seios paranasais pode resultar de defeitos congênitos ou ser adquirida após trauma; pneumococos são os organismos etiológicos mais comuns, exceto em pacientes receptores de antibióticos, que são provavelmente os que mais adquirem bacilos gram-negativos. Defeitos imunológicos associados à meningite recorrente incluem esplenectomia, hipogamaglobulinemia e defeitos hereditários do sistema complemento.

15. O que é a síndrome de meningite asséptica?

A meningite asséptica é uma síndrome caracterizada por resultados negativos da coloração pelo Gram e da cultura e que, tipicamente, cursa com um nível normal de glicose no LCR. Não é sinônimo de meningite viral, embora os vírus sejam a principal causa dessa síndrome.

* N. R. C.: O esquema recomendado no Brasil é diferente.

PONTOS-CHAVE: VÍRUS MAIS COMUMENTE ASSOCIADOS À MENINGITE ASSÉPTICA ✓

1. Os enterovírus representam a etiologia viral mais comum.
2. Os arbovírus causam mais encefalite do que meningite asséptica.
3. Os herpevírus se apresentam tipicamente como encefalite focal, mas podem se manifestar como meningite asséptica em pacientes imunocomprometidos.
4. O vírus da caxumba é comum em populações não imunizadas.
5. A infecção pelo vírus da imunodeficiência humana deve sempre ser considerada em pacientes de risco.
6. O vírus da coriomeningite linfocítica é uma possibilidade em pessoas que tiveram contato com roedores.
7. A meningite asséptica causada pelo vírus do Nilo Ocidental se manifesta nos meses de verão e pode estar associada à paralisia flácida ou a desordens de movimento parkinsonianas. Sequelas neuropsiquiátricas graves são comuns em sobreviventes.

16. Quais estudos devem ser considerados na avaliação da meningite asséptica?

HIV, sífilis secundária, focos parameníngeos supurativos e meningite bacteriana podem se manifestar como meningite asséptica. A avaliação da meningite asséptica deve sempre incluir o teste para HIV, assim como um VDRL sérico. A realização do teste apenas no LCR é inadequada porque geralmente fornece resultados negativos na sífilis secundária. A radiografia dos seios da face deve ser considerada em todos os casos, e a solicitação de outros métodos de imagem como a TC ou a ressonância magnética do crânio ou da medula espinhal pode ser indicada para excluir a presença de abscesso cerebral, abscesso epidural e empiema subdural como focos parameníngeos.

Tuberculose, fungos e alguns organismos fastidiosos, tais como espécies de *Leptospira*, *Borrelia* e *Brucella* podem se manifestar como síndrome de meningite asséptica e requerem punções lombares repetidas ou testes adicionais específicos para se obter o diagnóstico.

17. Quais são as causas não infecciosas de meningite?

Há vários medicamentos que podem causar uma síndrome de meningite aguda, incluindo agentes antimicrobianos, tais como trimetoprim/sulfametoxazole, agentes anti-inflamatórios não esteroidais, carbamazepina, muromonab-CD3 (OKT3), azatioprina, imunoglobulina e ranitidina. Outras causas não infecciosas incluem carcinomatose (geralmente com hipoglicorraquia), reações inflamatórias a tumores necróticos, sarcoidose, convulsões, enxaquecas e doenças do tecido conjuntivo.

Um aneurisma cerebral que sangra lentamente pode ser responsável pela meningite asséptica com LCR xantocrômico.

18. No paciente com infecção pelo vírus da imunodeficiência humana (HIV), quais meningites devem ser consideradas no diagnóstico diferencial?

A meningite criptocócica e a meningite asséptica (possivelmente causada pelo HIV) são as mais comuns relacionadas ao HIV. Os criptococos são a causa mais comum de meningite em pacientes com a síndrome da imunodeficiência adquirida (SIDA), na qual é comum encontrar pouca ou nenhuma indicação de inflamação no LCR. Outras etiologias incluem tuberculose, sífilis, herpes simplex, histoplasmose, coccidioidomicose (Fig. 34-1), linfoma metastático e *L. monocytogenes.* O risco relativo de desenvolvimento de meningite purulenta é 150 vezes maior em pacientes infectados pelo HIV do que na população geral.

19. Qual a sensibilidade do exame com tinta-da-China e do teste de detecção do antígeno criptocócico para a meningite criptocócica?

A sensibilidade do exame do LCR com a tinta-da-China para o diagnóstico da meningite criptocócica é de 50-70% e aumenta para 88% em pacientes com SIDA. O teste de detecção do antígeno criptocócico no LCR tem resultados positivos em 85% e a sensibilidade é aumentada para 94% com o teste, tanto no LCR como no soro.

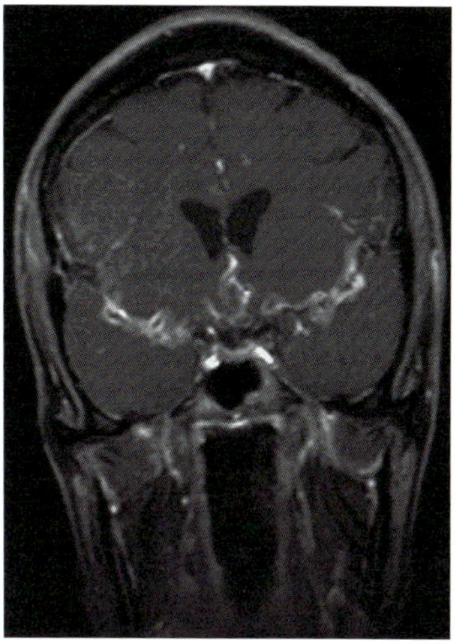

Figura 34-1. Imagem de ressonância magnética do cérebro revelando meningite basilar em um paciente com síndrome da imunodeficiência adquirida após início da terapia antirretroviral altamente ativa. Os achados do líquido cérebro-espinhal incluíram um nível elevado de proteína e da contagem de leucócitos, com uma predominância de linfócitos, entretanto, os resultados das culturas foram negativos para a detecção de bactérias comuns, micobactérias e fungos. A meningite por *Coccidioides* foi diagnosticada com base em um exame sérico de fixação de complemento com título > 1:256.

20. A meningite é contagiosa?

A meningite meningocócica é contagiosa. Entre membros da família, o risco de casos secundários dentro de um mês do início do caso índice é < 1% (aproximadamente seis por mil). Recomenda-se dois dias de rifampicina ou uma dose única oral de ciprofloxacina a membros da família, funcionários de creches e profissionais de saúde que tiveram contato com as secreções orais, com o intuito de erradicar a presença do organismo na nasofaringe. Os casos devem ser relatados prontamente ao departamento de saúde pública local/estadual. Os enterovírus que promovem a maioria dos casos de meningite viral são contagiosos, mas a maioria dos contatos infectados é assintomática ou manifesta doenças febris diferentes da meningite.

21. Em quais populações a vacina para *N. meningitidis* deve ser usada?

- Todas as crianças pré-adolescentes nas consultas de rotina.
- Calouros universitários em dormitórios.
- Pessoas com deficiência ou disfunção do sistema complemento.
- Pacientes com asplenia anatômica ou funcional.
- Pessoas que viajam para áreas com doença meningocócica epidêmica.
- Recrutas militares.
- Contatos íntimos de um caso índice, contanto que o sorotipo do caso índice esteja incluído na vacina quadrivalente (como um adjuvante para a quimioprofilaxia).

Centers for Disease Control and Prevention: Infectious Disease Information: www.cdc.gov/ncidod/diseases/submenus/sub_meningitis.htm

CAPÍTULO 35

INFECÇÕES FÚNGICAS DISSEMINADAS

Mark W. Bowyer, MD, DMCC, COL, USAF, MC

1. As infecções fúngicas são comuns em pacientes hospitalizados?

Nos últimos 25 anos, o número total de infecções fúngicas em pacientes hospitalizados aumentou de 6% em 1980 para 10,4% em 1990, e em alguns hospitais apresentou taxas tão altas quanto 25%, em 2005. As espécies de *Candida* atualmente estão na quarta posição dentre os organismos mais comumente isolados a partir de culturas sanguíneas.

2. Por que a incidência de infecção fúngica tem aumentado tão dramaticamente?

Os fungos geralmente não causam infecção invasiva em indivíduos saudáveis. Entretanto, houve um aumento drástico das infecções fúngicas invasivas na prática clínica devido a diversos fatores: aumento do número de pacientes imunossuprimidos devido ao câncer e à quimioterapia, transplantes, infecção pelo vírus da imunodeficiência humana, cateteres vasculares e urinários e uso de agentes antibacterianos de largo espectro.

3. Quais são os fungos responsáveis pela infecção invasiva em seres humanos?

Mais de 250 espécies de fungos foram associadas a infecções em seres humanos. Aproximadamente 80% destas infecções são causadas por espécies de *Candida*. Historicamente, a espécie *Candida albicans* tem sido a mais comum, resultando na maioria das infecções causadas por *Candida*. Outras espécies, tais como *C. tropicalis*, *C. glabrata* e *C. krusei* respondem pela maior parte das infecções restantes e a incidência destas espécies não-*albicans* tem se elevado. As espécies de *Aspergillus* também são importantes causadoras de infecção humana, correspondendo a 15% a 20% dos casos. Outras micoses menos comuns, mas cada vez mais frequentes, incluem a blastomicose, a coccidioidomicose, a criptococose, a histoplasmose e a esporotricose.

The Aspergillus Website: www.aspergillus.man.ac.uk

Doctor Fungus Website: www.doctorfungus.org

Segal E: *Candida*, still number one – What do we know and where are we going from there? Mycoses 48(Suppl 1):3-11, 2005.

4. Descreva os fatores de risco para a ocorrência de infecções fúngicas disseminadas.

Ver Quadro 35-1.

5. Liste os critérios diagnósticos para as infecções fúngicas disseminadas.

Definitivos

- Fungos cultivados a partir de tecidos.
- Invasão de queimaduras.
- Endoftalmite.
- Fungos cultivados a partir de líquido peritoneal.

Sugestivos

- Dois resultados positivos de hemocultura com intervalo ≥ a 24 horas entre as coletas (sem um acesso venoso central), ou duas hemoculturas positivas com a segunda obtida em tempo ≥ a 24 horas após a remoção de um acesso venoso central.
- Três sítios confirmados de colonização fúngica.

QUADRO 35-1. FATORES DE RISCO PARA INFECÇÃO FÚNGICA DISSEMINADA

- O uso de antibióticos de largo-espectro, múltiplos (≥3) ou por tempo prolongado
- O organismo *Candida* isolado de múltiplos sítios, além do sangue
- Hemodiálise
- Corpos estranhos (p. ex., cateteres urinários, venoso central ou arterial)
- Idade superior a 40 anos
- Imunocomprometimento
  - *Diabetes mellitus*
  - Glicose sérica >200 mg/dL
  - Infecção pelo vírus da imunodeficiência humana
  - Malignidade hematológica
  - Terapia imunossupressora (para câncer ou transplante de órgãos)
  - Insuficiência renal aguda
  - Terapia com corticosteroides
  - Nutrição parenteral (especialmente com alto conteúdo lipídico)
- Cirurgia abdominal profunda
- Trauma grave
  - Queimaduras de segundo e terceiro graus
  - Trauma craniano grave
  - Trauma de múltiplos sistemas orgânicos
- Infecção grave
  - Sepse causada por bactérias gram-negativas
  - Peritonite aguda
  - Abscesso intra-abdominal
- Permanência em unidade de terapia intensiva (especialmente se o paciente estiver sendo ventilado mecanicamente)
- O "baixo risco" é definido como menos do que três fatores de risco
- O "alto risco" é definido como três ou mais fatores de risco

Doctor Fungus Website: www.doctorfungus.org

6. Estes critérios diagnósticos são confiáveis?

Os critérios mencionados previamente são positivos em apenas de 30% a 50% dos pacientes com infecção fúngica disseminada. Portanto, deve ser mantido um alto índice de suspeição.

7. Se houver suspeita de candidíase disseminada, onde você deve pesquisá-la?

Em hemoculturas, na retina (endoftalmite), nas valvas cardíacas (endocardite), nos ossos (osteomielite), em feridas, no fígado, no baço e nos rins (abscessos renais e candidúria).

8. Qual é a taxa de mortalidade total associada à candidemia?

A taxa de mortalidade total associada à candidemia é de 40% a 60%, com uma mortalidade atribuível de 38%.

9. A terapia antifúngica deve ser adiada até que os resultados da hemocultura sejam positivos para fungo?

Não. As hemoculturas obtidas são apenas de 40% a 68% sensíveis. A terapia antifúngica sistêmica deve ser fortemente considerada, particularmente em um paciente que esteja sob alto risco de infecção fúngica disseminada, se:

- A febre persiste, apesar do emprego de antibióticos e de resultados negativos de hemoculturas.
- A fungúria maciça ocorre na ausência de cateter vesical.
- A fungúria persiste após a remoção do cateter vesical.
- O fungo é cultivado a partir de pelo menos dois sítios do corpo.
- As lesões fúngicas viscerais são confirmadas.

10. Quais são as principais classes de drogas antifúngicas em uso atualmente?

As drogas antifúngicas em uso clínico atualmente se dividem em três amplas categorias:

- Antifúngicos do grupo dos polienos (anfotericina B).
- Derivados azólicos (imidazólicos e triazólicos).
- Equinocandinas.

11. Como a anfotericina B atua?

A anfotericina B, um polieno, é fungicida. Esta droga liga-se ao ergosterol de forma irreversível (mas não ao colesterol, o principal esterol presente nas membranas celulares de mamíferos), criando um canal de membrana que permite a perda do citosol e levando à morte celular. A flucitosina é frequentemente usada junto à anfotericina B e ambas apresentam ação sinérgica para as espécies de *Candida* e *Cryptococcus*. A flucitosina age diretamente em organismos fúngicos por inibição competitiva da incorporação de purina e de pirimidina.

12. Quais são os antifúngicos azólicos disponíveis? Como eles atuam?

Os antifúngicos fluconazol, voriconazol e itraconazol, que são triazólicos, são fungistáticos. Estas drogas inibem a C-14 α-demetilase, uma enzima fúngica dependente do citocromo p450 necessária para a síntese de ergosterol, o principal esterol na membrana celular fúngica. Tal ação altera a fluidez da membrana celular, diminuindo o transporte de nutrientes, aumentando a permeabilidade da membrana e inibindo o crescimento e a proliferação celular.

13. Como as equinocandinas atuam? Elas estão sendo usadas?

O alvo das equinocandinas é o complexo de proteínas responsável pela síntese dos polissacarídeos da parede celular. Dentre elas, a caspofungina foi aprovada para o tratamento da aspergilose e das infecções disseminadas causadas por *Candida*.

Outras duas, a anidulafungina e a micafungina, estão em fase final de testes e mostram-se promissoras.

Morrison VA: Caspofungin: An overview. Expert Rev Anti Infect Ther 3:697-705, 2005.
Vazquez JA: Anidulafungin: A new echinocandin with a novel profile. Clin Ther 27:657-673, 2005.
Zaas AK, Alexander BD: Echinocandins: Role in antifungal therapy, 2005. Expert Opin Pharmacother 6:1657-1668, 2005.

14. Compare a eficácia do fluconazol à da anfotericina B no tratamento da candidemia.

Ensaios multicêntricos randomizados demonstraram que não há diferenças estatisticamente significantes na eficácia do fluconazol *versus* da anfotericina B no tratamento da candidemia, em não-neutropênicos, em termos de sucesso na eliminação da fungemia e na sobrevida ao final da terapia. As meta-análises demonstraram que o tratamento da candidemia em pacientes neutropênicos é mais bem sucedido com o fluconazol do que com a anfotericina B.

Rex JH, Bennett JE, Sugar AM, et al: A randomized trial comparing fluconazole with amphotericin B for the treatment of candidemia in patients without neutropenia. N Engl J Med 331:1325-1330, 1994.

15. Quais vantagens o fluconazol oferece em relação à anfotericina B no tratamento ou na prevenção das infecções fúngicas disseminadas?

- O fluconazol está disponível nas formas IV e oral; o tratamento dos pacientes tem sido bem-sucedido com a administração IV de fluconazol durante sete dias, seguidos pela administração via oral, caso o paciente seja capaz. A administração oral é mais fácil e menos onerosa do que a administração IV.
- O fluconazol não é nefrotóxico e apresenta menos efeitos adversos do que a anfotericina B, que pode causar hipocalemia, febre e calafrios.
- O fluconazol sistêmico é tão eficaz contra as infecções fúngicas do trato urinário quanto a anfotericina B em irrigação vesical, mas tem menos efeitos adversos, conforme mencionado previamente.

16. Existem limitações para o uso do fluconazol?

Sim. O fluconazol não é ativo contra as espécies de *Aspergillus* ou contra *C. krusei*, que são sensíveis ao itraconazol e à anfotericina B. Também, vale lembrar que o fluconazol pode causar hepatotoxicidade, aumentar os níveis de fenitoína e de ciclosporina e potencializar os efeitos anticoagulantes dos cumarínicos. O fluconazol tem menos efeitos adversos do que a anfotericina B.

17. O que deve ser feito quando a infecção por *Candida* não responde ao tratamento com fluconazol?

Caso o diagnóstico tenha sido confirmado, os fatores de risco subjacentes tenham sido minimizados, o esquema esteja sendo administrado corretamente, a dosagem tenha sido maximizada (até 800 mg/dia) e as interações medicamentosas tenham sido excluídas (a rifampicina diminui os níveis de fluconazol), deve-se tentar outros azólicos, tais como o voriconazol ou itraconazol. A anfotericina B é uma alternativa menos desejável, mas não se deve hesitar em usá-la no caso de infecções potencialmente fatais que não respondam a outros tratamentos. A caspofungina também pode ser considerada neste quadro.

18. Existem formas menos tóxicas da anfotericina B?

Sim. Formulações lipídicas têm sido produzidas com o objetivo de reduzir a toxicidade associada à anfotericina B. De todas elas, a mais antiga e amplamente estudada é o AmBisome®, que nos ensaios randomizados demonstrou-se mais seguro e proporcionou menos efeitos colaterais do que a anfotericina B. Outros produtos em formulação lipídica, não-lipossomais – o complexo lipídico de anfotericina B (Abelcet®) e a dispersão coloidal de anfotericina B (Amphocil®) – parecem similares em eficácia e toxicidade em relação ao AmBisome®. A desvantagem dessas formas alternativas da anfotericina B é o alto custo.

PONTOS-CHAVE: INFECÇÕES FÚNGICAS DISSEMINADAS ✓

1. Atualmente, as infecções fúngicas são uma fonte cada vez maior de morbidade e mortalidade nas unidades de terapia intensiva.
2. Quando há apenas presença de colonização, o tratamento é desnecessário.
3. As espécies de *Candida* e *Aspergillus* representam mais de 90% das infecções fúngicas disseminadas.
4. O fluconazol é comparável à anfotericina B no tratamento da candidíase disseminada e é menos tóxico.
5. Não é recomendável esperar pela confirmação por cultura positiva para fungos para dar início ao tratamento, pois até 50% das infecções letais podem apresentar culturas negativas.
6. A terapia presuntiva ou preemptiva pode ser útil em grupos selecionados de alto risco.

19. Como os prestadores de cuidados de saúde podem auxiliar na prevenção da disseminação da colonização fúngica nas unidades de terapia intensiva (UTI)?

Uma solução simples é lavar as mãos e usar luvas enquanto se trabalha diretamente com os pacientes. Espécies de *Candida* foram encontradas nas mãos de 33% a 75% da equipe da UTI em um estudo.

CONTROVÉRSIAS

20. A estratégia de tratamento presuntivo ou preemptivo em pacientes de alto risco impede o desenvolvimento de candidíase grave em pacientes cirúrgicos críticos?

A eficácia do fluconazol em tratar a candidíase declarada infelizmente tem provocado o seu uso amplo e não justificável em pacientes não neutropênicos na UTI. Esta prática provavelmente conduziu a um aumento nas espécies não-*albicans* resistentes ao fluconazol. Vários estudos demonstraram uma incidência reduzida de colonização e do risco da candidíase com tais terapias empíricas, mas não observaram redução da mortalidade em qualquer outro grupo, exceto no dos pacientes transplantados de alto risco. Revisões recentes sugerem que a estratégia preemptiva direcionada pode ser benéfica em evitar a candidíase na UTI. Porém, este conceito requer mais estudos antes de ser instituído na prática.

Piarroux R, Grenouillet F, Balvay P, et al: Assessment of preemptive treatment to prevent severe candidiasis in critically ill surgical patients. Crit Care Med 32:2443-2449, 2004.

BACTÉRIAS MULTIDROGA RESISTENTES

John W. Crommett, MD e Mark W. Bowyer, MD, DMCC, COL, USAF, MC

1. Quais bactérias multidroga resistentes são motivo de preocupação para os profissionais de terapia intensiva?

Os organismos gram-positivos, tais como o *Enterococcus* resistente em valor à vancomicina (VRE), o *Staphylococcus aureus* resistente à meticilina (MRSA) e a potencial emergência do *Staphylococcus aureus* resistente à vancomicina são motivo de preocupação. Os bastonetes gram-negativos multidroga resistentes, particularmente a *Pseudomonas aeruginosa* resistente a imipenem e ceftazidima, *o Acinetobacter baumannii* e a *Stenotrophomonas* sp., são comumente encontrados nas unidades de terapia intensiva (UTIs). O *Enterobacter cloacae, a Serratia marcescens, a Escherichia coli* e a *Klebsiella* sp., entre outras, também têm desenvolvido problemática multidroga resistência.

2. Quais são as principais razões para o desenvolvimento da resistência aos antibióticos?

- Uso excessivo de antibióticos, tanto em pacientes hospitalares quanto ambulatoriais.
- Imunossupressão.
- Uso de antibióticos na indústria agrícola.
- Maior sobrevivência dos pacientes críticos.
- Mau uso das medidas preventivas de controle de infecção tais como lavagem das mãos e precauções de isolamento.
- Crescimento do número de procedimentos invasivos, particularmente aqueles que envolvem dispositivos permanentes e protéticos.
- Doenças congênitas tais como a fibrose cística.

Alanis AJ: Resistance to antibiotics: Are we in the post-antibiotic era? Arch Med Res 36:697-705, 2005.

3. Um de seus pacientes está colonizado ou infectado por VRE ou MRSA. Quais precauções de isolamento devem ser tomadas para evitar uma transmissão paciente-paciente?

- Colocar os pacientes infectados por VRE/MRSA em quartos individuais ou no mesmo quarto que outros pacientes colonizados ou infectados pelos mesmos organismos.
- Todas as pessoas que entrarem no quarto devem usar luvas descartáveis. Além disso, pessoas que terão contato substancial com o paciente ou com as superfícies do ambiente devem usar um capote descartável. Esses itens devem ser removidos antes de deixar o quarto, tomando cuidado para que a roupa não entre em contato com qualquer superfície ou com o paciente.
- Lavar as mãos vigorosamente com sabão antisséptico por 30 segundos ao deixar o quarto. O VRE pode persistir nas mãos por uma hora e o MRSA por mais de três horas.
- Separar itens tais como estetoscópio, lanterna e esfigmomanômetro para serem usados com o paciente em seu quarto durante essa internação em particular. Descartar esses itens ou limpá-los adequadamente após a saída do paciente.
- Obter amostras de cultura de fezes ou *swabs* retais dos companheiros de quarto dos pacientes que foram recentemente diagnosticados como colonizados ou infectados por VRE.

- Assegurar-se de que a equipe da unidade ou do andar que cuida dos pacientes infectados ou colonizados por VRE tenha o mínimo de contato possível com outros pacientes.

Hierholzer WJ, Garner JS, Adam AB, for the Hospital Infection Control Practices Advisory Committee: Recommendations for preventing the spread of vancomycin resistance: Recommendations of the Hospital Infection Control Practices Advisory Committee (HICPAC). Am J Infect Control 23:87-94, 1995.

Monteclavo MA, Jarvis WR, Ulman J, et al: Infection control measures reduce transmission of vancomycin-resistant enterococci in an endemic setting. Arch Intern Med 131:269-272, 1999.

4. Qual é o papel esperado e o espectro de atividade da tigeciclina, o novo antibiótico do grupo das glicilciclinas?

A tigeciclina, uma glicilciclina semissintética relacionada estruturalmente à minociclina e à tetraciclina, é atualmente aprovada nos EUA pelo FDA para o tratamento de infecções intra-abdominais, de pele e de partes moles. Ela tem uma potente atividade *in vitro* contra o *S. aureus*, incluindo o MRSA; *Enterococcus*, incluindo o VRE; *Streptococcus pneumoniae; Haemophilus influenzae; Moraxella; Neisseria;* a maioria dos organismos *Enterobacteriaceae;* e *Bacteroides fragilis*. Ela é limitada ou não apresenta atividade contra a *P. aeruginosa* e tem atividade reduzida contra o *Proteus*. O papel da tigeciclina como parte de uma terapia combinada ainda precisa ser determinado.

Noskin GA: Tigecycline: A new glycylcycline for treatment of serious infections. Clin Infect Dis 41:S303-S314, 2005.

5. Quais tratamentos estão disponíveis contra o emergente complexo *A. baumannii-calcoaceticus*?

As infecções por *Acinetobacter* estão se tornando crescentemente problemáticas devido à sua persistência no ambiente e seus padrões de ampla resistência antimicrobiana. Com base em experimentos não controlados, os agentes com maior atividade incluem imipenem/cilastatina, amicacina, ampicilina/sulbactam, colistina e tetraciclinas, mas deve-se consultar o perfil de sensibilidade do hospital e da UTI para se obter a melhor abordagem.

Navon-Venezia S, Bem-Ami R, Carmeli Y: Update on *Pseudomonas aeruginosa* and *Acinetobacter baumannii* infections in the healthcare setting. Curr Opin Infect Dis 18:306-313, 2005.

6. Qual cefalosporina apresenta eficácia contra as infecções por *Enterococcus*?

Esta questão é uma "pegadinha" – nenhuma cefalosporina demonstrou atividade contra *Enterococcus*; por isso elas não devem ser usadas para tratar tais infecções.

7. Quais novos antibióticos estão sendo preparados para ajudar a combater organismos gram-positivos multidroga resistentes?

Há alguns anos atrás a quinupristina/dalfopristina e a linezolida foram introduzidas como novas drogas eficazes contra organismos gram-positivos, incluindo VRE e MRSA. Desde então, a tigeciclina se tornou disponível e novos agentes ainda estão em desenvolvimento, incluindo a cefalosporina a ceftobiprole e os carbapenêmicos doripenem e faropenem, assim como a oritavancina, a telavancina e a dalbavancina.

Bosso JA: The antimicrobial armamentarium: Evaluating current and future treatment options. Pharmacotheraphy 25:55S-62S, 2005.

8. Quais medidas devem ser tomadas para ajudar a reduzir a pressão seletiva que leva à resistência aos antibióticos?

- Uso de agentes antibacterianos somente para tratar doenças bacterianas.
- Tempo de uso e dose apropriados dos antibióticos.
- Interrupção do uso de antibióticos com intuito de promover o crescimento na criação de animais.
- Estabelecimento de práticas de prescrição e regulação de antibióticos em países onde eles são vendidos sem prescrição médica.
- Educação do público em relação aos perigos do uso excessivo e do uso incorreto dos antibióticos.

Tenover FC, Hughes JM: The challenges of emerging infectious diseases: Development and spread of multiply-resistant bacterial pathogens. JAMA 275:300-304, 1996.

9. Quem está sob risco de contrair infecções por MRSA adquiridas na comunidade?

Cerca de 1% da população está colonizada por MRSA. Esta infecção tem ocorrido principalmente em atletas, recrutas militares, crianças, residentes de clínicas de repouso, habitantes de ilhas do Pacífico, nativos do Alasca, nativos americanos, homossexuais masculinos e prisioneiros. Os fatores de risco nesses grupos incluem contato íntimo pele a pele, cortes ou abrasões na pele, itens e superfícies contaminados, habitação em locais populosos e higiene precária.

Centers for Disease Control and Prevention: Community-associated MRSA information for the public: www.cdc.gov/ncidod/dhqp/ar_mrsa_ca_public.html

10. Quando é permitido retirar do isolamento os pacientes infectados por MRSA?

Os hospitais têm desenvolvido, sob supervisão de equipes de controle de infecções e especialistas em doenças infecciosas, os requerimentos que devem ser alcançados antes de os pacientes serem retirados do isolamento. P. ex., podem ser necessárias três culturas consecutivas negativas para MRSA, coletadas com 72 horas de intervalo, de todos os locais previamente positivos para MRSA, antes que o paciente seja retirado do isolamento.

11. Qual é a importância da eliminação da colonização por VRE em pacientes que receberam cuidados médicos por período prolongado?

Em geral, pouco se sabe sobre a persistência da colonização por VRE em um paciente que não está na UTI e que não tem câncer. Um estudo recente revelou o seguinte:

- Pacientes que receberam cuidados médicos por períodos prolongados, mesmo sem doença oncológica, podem abrigar o VRE por pelo menos cinco anos.
- A despeito de múltiplos resultados negativos de culturas para VRE, aproximadamente 25% dos pacientes permanecem colonizados pelo VRE.
- As atuais técnicas de cultura frequentemente falham na detecção do VRE.
- O uso recente de antibióticos leva a uma detecção aumentada na excreção do VRE.
- Os critérios para determinar a relação genética entre as cepas, nas situações de cuidados médicos por períodos prolongados, devem ser desenvolvidos porque os critérios de surtos podem induzir ao erro.

Com base nesses dados, não está claro qual será o impacto da tentativa de eliminação do VRE. Se as técnicas de detecção falham em uma quantidade significativa de vezes, não se pode determinar com segurança se houve êxito na eliminação.

Baden LR, Thiemke W, Skolnik A, et al: Prolonged colonization with vancomycin-resistant *Enterococcus faecium* in long-term care patients and the significance of clearance. Clin Infect Dis 33:1654-1660, 2001.

12. Que outros problemas relacionados à multidroga resistência nos aguardam?

Devemos nos preocupar consideravelmente com o *S. aureus* com sensibilidade intermediária à vancomicina e com o *S. aureus* resistente à vancomicina, assim como com a emergente resistência ao imipenem em alguns dos bastonetes gram-negativos, tais como a *Pseudomonas* sp. e o *Acinetobacter* sp. O mais preocupante, no entanto, é o desenvolvimento de resistência aos novos antibióticos (quinupristina/dalfopristina) e às oxazolidinonas (linezolida). Como sempre, o desenvolvimento de novos antibióticos é essencial, mas a menos que continuemos a nos direcionar para o uso correto e para as práticas de controle de infecção, a utilidade desses novos agentes terá vida curta, afinal os mecanismos de desenvolvimento da resistência persistem.

Peterson LR: Squeezing the antibiotic ballon: The impacto f antimicrobial classes on emerging resistance. Clin Microbiol Infect 11S5:4-16, 2005.

Pfeltz RF, Wilkinson BJ: The escalating challenge of vancomycin resistance in *Staphylococcus aureus*. Curr Drug Targets Infect Disord 4:273-294, 2004.

13. Devemos ficar preocupados com o *S. pneumoniae* multidroga resistente?

Anteriormente considerados universalmente susceptíveis à penicilina, agora algumas cepas de *S. pneumoniae* são resistentes a diversos antibióticos. Nos Estados Unidos, mais de 35% dos isolados não são mais suscetíveis à penicilina e algumas cepas agora só são sensíveis à vancomicina. Embora este não seja atualmente um grande

PONTOS-CHAVE: BACTÉRIAS MULTIDROGA RESISTENTES ✓

1. Nenhuma cefalosporina é considerada eficaz contra o *Enterococcus*.
2. A retirada do isolamento de pacientes infectados por VRE é controversa porque estes podem permanecer colonizados a despeito de vários resultados de cultura negativos para VRE.
3. Alguns organismos, tais como a *Stenotrophomonas*, apresentam padrões de resistência únicos que precisam ser entendidos antes que o tratamento empírico seja iniciado.
4. O *S. pneumoniae* é outro organismo que está começando a desenvolver resistência a antibióticos comumente prescritos, o que pode ter um grande impacto no tratamento de infecções bacterianas adquiridas na comunidade.

problema nas UTIs, há a preocupação de que a resistência à vancomicina "passe" dos *Enterococcus* para os pneumococos e, com isso, a infecção por *S. pneumoniae* possa se tornar de difícil tratamento.

Metlay JP, Hofmann J, Cetron MS, et al: Impact of penicillin susceptibility on medical outcomes for adult patients with bacteremic pneumococcal pneumonia. Clin Infect Dis 30:520-528, 2000.

14. Como devemos tratar as infecções por MRSA e VRE?

- **MRSA:** A vancomicina IV é a droga de escolha. As alternativas incluem a oxazolidinona, a linezolida, assim como a tigeciclina, a teicoplanina, que têm a vantagem de necessitar de menor frequência de doses e oferecer menor nefrotoxicidade e ototoxicidade, e a combinação de duas estreptograminas: quinupristina/dalfopristina.
- **VRE:** A teicoplanina pode ser eficaz, mas pode ocorrer resistência-cruzada nos tipos Van A ou Van B de resistência enterocócica. A linezolida, a combinação quinupristina/dalfopristina ou a tigeciclina devem ser fortemente consideradas para pacientes com infecções por VRE. Se o foco anatômico da infecção puder ser determinado, deve-se realizar drenagem ou remoção cirúrgica. É prudente consultar o especialista em doenças infecciosas quando o paciente for diagnosticado com colonização ou infecção por VRE.

Mulligan ME, Murray-Leisure KA, Ribner BS, et al: Methicilin-resistant *Staphylococcus aureus*: A consensus review of the microbiology, pathogenesis, and epidemiology with implications for prevention and management. Am J Med 94:313-328, 1993.

Murray BE: Vancomycin-resistant enterococci. AM J Med 102;284-293, 1997.

15. Qual seria o esquema de tratamento empírico mais adequado em um paciente com pneumonia nosocomial por *Stenotrophomonas maltophilia* caso a sensibilidade ainda não fosse conhecida?

O trimetoprim-sulfametoxazol, a gatifloxacina e a ticarcilina-clavulanato ou piperacilina-tazobactam provavelmente seriam todos eficazes, assim como a cefepima e a minociclina, dependendo dos resultados do antibiograma. A resistência ao imipenem se aproxima de 100% e os aminoglicosídeos e o aztreonam quase sempre são ineficazes. A ceftazidima pode ou não ser eficaz.

Kaye KS, Engemann JJ, Fraimow HS et al: Pathogens resistant to antimicrobial agents: Epidemiology, molecular mechanisms, and clinical management. Infect Dis Clin North Am 18:467-511, 2004.

CAPÍTULO 37

INFECÇÕES RELACIONADAS A CATETERES E BACTEREMIA ASSOCIADA

Carlos E. Girod, MD

1. Defina os diferentes tipos de infecções relacionadas a cateteres.

- **Colonização do cateter:** Crescimento significativo de um micro-organismo em cultura quantitativa ou semiquantitativa de um segmento ou secção do cateter.
- **Infecção relacionada a cateter:** A presença de ≥ 15 unidades formadoras de colônia (UFCs) em uma cultura semiquantitativa ou > 10^3 UFCs em uma cultura quantitativa de um segmento de cateter, com sinais e sintomas de infecção local e/ou sistêmica.
- **Infecção do sítio de saída:** Eritema, sensibilidade, endurecimento ou purulência até 2 cm do sítio de saída do cateter ou uma cultura originada do sítio de saída positiva para um micro-organismo.
- **Infecção do túnel:** Eritema, sensibilidade e endurecimento dos tecidos adjacentes ao cateter e a > 2 cm do sítio de saída.
- **Infecção da corrente sanguínea relacionada a cateter (BSI-CR):** Isolamento do mesmo organismo a partir da cultura semiquantitativa de um segmento do cateter e a partir do sangue (preferencialmente de uma cultura de sangue periférico).

Mermel LA, Farr BM, Sherertz RJ, et al: Guidelines for the management of intravascular catheter-related infections. Clin Infect Dis 32:1249-1272, 2001.

Norwood S, Ruby A, Civetta J, Cortes V: Catheter-related infections and associated septicemia. Chest 99:968-975, 1991.

2. A infecção relacionada a cateter é uma síndrome rara associada somente à inexperiência?

Não. As infecções relacionadas a cateter permanecem entre as três principais causas de infecções adquiridas nos hospitais, com uma incidência estimada de 4% a 17%. Nos Estados Unidos, aproximadamente 250 mil BSI-CRs são relatadas a cada ano. A taxa de letalidade para infecções relacionadas a cateter é de aproximadamente 14%; 19% destas mortes são atribuídas diretamente à infecção do cateter.

Infectious Diseases Society of America: Practice Guidelines – Catheter-Related Infections: www.idsociety.org/Content/Navigation/Menu/Practice_Guidelines/Guidelines_by_Topic/Practice_Guidelines_by_Topic.htm#Catheter_related.

O'Grady NP, Alexander M, Dellinger EP, et al: Guidelines for the prevention of intravascular catheter-related infections. Centers for Disease Control and Prevention. MMWR Recomm Rep 51(RR-10):1-29, 2002.

3. Quais são as portas de entrada na infecção relacionada a cateter?

- A pele ao redor do sítio de inserção é a porta de entrada de infecção mais comum para cateteres venosos centrais não-tunelizados. A análise de segmentos do cateter através da coloração pelo Gram e por culturas semiquantitativas, mostra um predomínio de bactérias ao longo da superfície externa do cateter desde a ponta até a entrada na pele. O principal mecanismo para a entrada é a aderência das bactérias, seguida pela migração ao longo do cateter.
- A segunda maior porta de entrada de bactérias é via contaminação do conector do cateter durante sua manipulação. Isso é tipicamente visto nos cateteres venosos centrais tunelizados.
- A disseminação hematogênica, originada de um foco infeccioso distante, com a colonização do cateter é menos comum.

- Circuitos de transdução, desinfetantes e linhas de infusão contaminados são fontes raras de infecções relacionadas a cateter.

Crnich CJ, Maki DG: Infections of vascular devices. In Cohen J, Powderly WG (eds): Infectious Diseases, 2nd ed. St. Louis, Mosby, 2004, pp 629-635.

Mermel LA, Farr BM, Sherertz RJ, et al: Guidelines for the management of intravascular catheter-related infections. Clin Infect Dis 32:1249-1272, 2001.

4. Quais são os fatores de risco importantes para as infecções relacionadas a cateter?

Ver Quadro 37-1. Uma revisão da literatura sugere que a presença de sepse é o fator de risco mais importante dentre os relacionados ao paciente.

Crnich CJ, Maki DG: Infections of vascular devices. In Cohen J, Powderly WG (eds): Infectious Diseases, 2nd ed. St. Louis, Mosby, 2004, pp 629-635.

Safdar N, Maki DG: Risk of catheter-related bloodstream infection with peripherally inserted central venous catheters used in hospitalized patients. Chest 128:489-495, 2005.

QUADRO 37-1. FATORES DE RISCO IMPORTANTES PARA AS INFECÇÕES RELACIONADAS A CATETER

- SIDA
- *Diabetes mellitus*
- Defesa do hospedeiro alterada
- Múltiplas comorbidades
- Idade < 1 ano, > 60 anos
- Terapia imunossupressora
- Ventilação mecânica
- Granulocitopenia
- Perda de integridade da pele
- Desnutrição
- Infecção distante
- Nutrição parenteral total
- Sepse

SIDA = Síndrome da imunodeficiência adquirida

5. Quais são os fatores de risco para a infecção do cateter não-relacionados ao paciente?

Ver Quadro 37-2. A duração da cateterização é o fator de risco não-relacionado ao paciente mais importante nos casos de infecção relacionada a cateter.

Crnich CJ, Maki DG: Infections of vascular devices. In Cohen J, Powderly WG (eds): Infectious Diseases, 2nd ed. St. Louis, Mosby, 2004, pp 629-635.

6. Existe algum tipo específico de cateter relacionado ao aumento da frequência de infecções?

- **Cateteres IV periféricos:** Estes cateteres têm um risco significativo de contaminação 72 horas após a inserção. Todavia, quando trocados a cada 72 horas, eles são menos frequentemente associados à infecção do que os cateteres central, pulmonar e arterial.

QUADRO 37-2. FATORES DE RISCO NÃO-RELACIONADOS AO PACIENTE PARA AS INFECÇÕES RELACIONADAS A CATETER

- Alteração da flora da pele
- Procedimento não estéril
- Propriedades de aderência do cateter
- Tamanho do cateter
- Número de lúmens
- Manutenção inadequada
- Hipertonicidade do líquido infundido
- Habilidade do médico na instalação do cateter
- Localização e duração
- Tipo de cateter

PONTOS-CHAVE: FATORES DO HOSPEDEIRO E DO DISPOSITIVO QUE APRESENTAM OS MAIORES RISCOS RELATIVOS (RR) PARA AS INFECÇÕES DA CORRENTE SANGUÍNEA RELACIONADAS A CATETERES (BSI-CR)

1. O RR para BSI-CR em um paciente com neutropenia é 1,0-15,1.
2. Outras infecções sistêmicas ou locais apresentam um risco de 8,7-9,2.
3. O RR quando o cateter está no local por > 7 dias é de 1,0-8,7.
4. Uma internação hospitalar prolongada apresenta um RR de 1,0-6,7.
5. Com o uso do cateter multilúmen, o RR para a BSI-CR é de 6,5.
6. O RR de BSI-CR é de 5,4 no caso de uma inserção difícil do cateter.
7. A cateterização da veia femoral apresenta um RR de 3,3-4,8.

- **Cateteres venosos centrais:** Os cateteres venosos centrais definitivamente carregam maior risco de infecção relacionada a cateter e bacteremia, quando comparados a cateteres IV periféricos. Uma meta-análise demonstrou que os cateteres venosos centrais multilúmen têm maior risco de infecção sanguínea do que os cateteres de lúmen único (razão de chances 2,15; intervalo de confiança de 95% 1,00-4,66). Todavia, a conveniência de ter vários lumens para infusão pode ser mais importante do que o risco de infecção.
- **Cateteres de artéria pulmonar (AP):** Os cateteres de AP têm 2% de incidência estimada de infecção da corrente sanguínea quando deixados no local por < 72 horas; e 16% quando deixados por mais tempo. Isto se deve ao grande número de manipulações realizadas com os cateteres de AP.

- **Cateteres arteriais:** Os cateteres arteriais estão associados a taxas de BSI-CR similares àquelas vistas nos cateteres de AP e venosos centrais.

Infectious Diseases Society of America: Practice Guidelines – Catheter-Related Infections: www.idsociety.org/Content/Navigation/Menu/Practice_Guidelines/Guidelines_by_Topic/Practice_Guidelines_by_Topic.htm#Catheter_related.

O'Grady NP, Alexander M, Dellinger EP, et al: Guidelines for the prevention of intravascular catheter-related infections. Centers for Disease Control and Prevention. MMWR Recomm Rep 51(RR-10):1-29, 2002.

7. Os cateteres venosos centrais inseridos perifericamente (PICCs) são menos susceptíveis a causar infecção na corrente sanguínea do que os cateteres instalados na jugular interna ou nas veias subclávias?

Não. Devido ao baixo risco de complicações mecânicas, os PICCs são cada vez mais utilizados em vários centros médicos por prazos intermediários a longos. Um estudo prospectivo recente feito por Maki com 251 PICC instalados (duração média da cateterização 11,3 dias) demonstrou uma taxa de BSI-CR de 2,1-3,5 por 1000 cateteres-dia. Esta taxa é comparável àquela vista com os cateteres venosos centrais na jugular interna e nas veias subclávias (2 a 5 por mil cateteres-dias) e mais alta do que a dos cateteres tunelizados (1 por mil cateteres-dias).

Safdar N, Maki DG: Risk of catheter-related bloodstream infection with peripherally inserted central venous catheters used in hospitalized patients. Chest 128:489-495, 2005.

8. A experiência do médico e o momento da inserção são importantes?

Sim. Uma experiência limitada, com menos de 25 inserções anteriores, implica em uma incidência de 18% a 20% de infecções relacionadas a cateter, *versus* 8% a 12% para profissionais experientes (com mais de 25 inserções prévias). Um relato de Sherertz e colaboradores demonstrou que residentes que frequentaram um curso de controle de infecção de um dia de duração reduziram suas taxas de infecções relacionadas a cateter subsequentes em 35%. O momento da inserção também é importante, e podemos observar um aumento na incidência de infecções relacionadas a cateter em cateteres instalados em pacientes que tenham permanecido na unidade de terapia intensiva por mais de seis dias.

Sherertz RJ, Ely EW, Westbrook DM, et al: Education of physicians-in-training can decrease the risk for vascular catheter infection. Ann Intern Med 132:641-648, 2000.

9. Por quanto tempo um cateter intravascular pode ser usado sem que haja o aumento do risco de infecção relacionada a cateter?

A duração recomendada do uso do cateter deve ser determinada individualmente, levando-se em consideração fatores do hospedeiro e outros não-relacionados ao paciente (listados nas questões 4 e 5). Não existem orientações disponíveis afirmando a duração "segura" da permanência de um cateter venoso ou arterial. Sabe-se que a cateterização prolongada é o fator de risco mais importante para as infecções relacionadas a cateter. Como regra, nenhum cateter deve ser deixado no lugar por mais tempo do que o absolutamente necessário. O cateter deve ser removido ou trocado sempre que for clinicamente indicado.

Crnich CJ, Maki DG: Infections of vascular devices. In Cohen J, Powderly WG (eds): Infectious Diseases, 2nd ed. St. Louis, Mosby, 2004, pp 629-635.

Infectious Diseases Society of America: Practice Guidelines – Catheter-Related Infections: www.idsociety.org/Content/Navigation/Menu/Practice_Guidelines/Guidelines_by_Topic/Practice_Guidelines_by_Topic.htm#Catheter_related

Mermel LA, Farr BM, Sherertz RJ, et al: Guidelines for the management of intravascular catheter-related infections. Clin Infect Dis 32:1249-1272, 2001.

O'Grady NP, Alexander M, Dellinger EP, et al: Guidelines for the prevention of intravascular catheter-related infections. Centers for Disease Control and Prevention. MMWR Recomm Rep 51(RR-10):1-29, 2002.

10. As trocas de rotina, por guia ou para novos sítios, a cada 3-7 dias diminuem a incidência das infecções relacionadas a cateter?

Um estudo randomizado controlado com 160 pacientes demonstrou que a substituição de rotina dos cateteres venosos centrais a cada três dias não evitou o desenvolvimento de infecção. Este achado se aplica a ambas as técnicas de substituição: trocas de sítio ou por guia. Este estudo ainda demonstrou claramente um maior risco de sangramento ou pneumotórax nos pacientes randomizados para receber inserções de cateter de rotina em novos sítios. Estudos posteriores compararam um protocolo de troca de cateter de rotina a cada sete dias a um de troca de cateteres apenas quando fosse clinicamente indicado. Não foi observada redução na bacteremia relacionada a cateter. Atualmente, a substituição de rotina dos cateteres não é recomendada. Os cateteres devem ser substituídos apenas quando for clinicamente indicado.

Cobb DK, High KP, Sawyer RG, et al: A controlled trial of scheduled replacement of central venous and pulmonary-artery catheters. N Engl J Med 327(15):1062-1068, 1992.

Infectious Diseases Society of America: Practice Guidelines – Catheter-Related Infections: www.idsociety.org/Content/Navigation/Menu/Practice_Guidelines/Guidelines_by_Topic/Practice_Guidelines_by_Topic.htm#Catheter_related

O'Grady NP, Alexander M, Dellinger EP, et al: Guidelines for the prevention of intravascular catheter-related infections. Centers for Disease Control and Prevention. MMWR Recomm Rep 51(RR-10):1-29, 2002.

11. A substituição de um cateter intravascular por guia está associada a um menor risco de infecção do que a substituição por um novo sítio?

Estudos recentes concluíram que as trocas por guia estão associadas ao aumento da colonização do cateter, da infecção do sítio de saída e da bacteremia. Todavia, as trocas por guia geralmente são preferíveis às inserções em novos sítios devido à redução do risco de complicações como pneumotórax e sangramento. É um método eficaz para excluir a infecção relacionada a cateter em pacientes febris e não-sépticos. Todos os esforços possíveis devem ser feitos para esterilizar toda a parte externa do cateter, o guia e a pele circundante. O cateter removido deve ser enviado para cultura e, se infectado, o cateter instalado por guia deve ser retirado. As trocas por guia não devem ser realizadas em pacientes sob suspeita de sepse ou sepse confirmada.

Infectious Diseases Society of America: Practice Guidelines – Catheter-Related Infections: www.idsociety.org/Content/Navigation/Menu/Practice_Guidelines/Guidelines_by_Topic/Practice_Guidelines_by_Topic.htm#Catheter_related

O'Grady NP, Alexander M, Dellinger EP, et al: Guidelines for the prevention of intravascular catheter-related infections. Centers for Disease Control and Prevention. MMWR Recomm Rep 51(RR-10):1-29, 2002.

Safdar N, Maki DG: Risk of catheter-related bloodstream infection with peripherally inserted central venous catheters used in hospitalized patients. Chest 128:489-495, 2005.

12. Que sítio está sob maior risco de infecção associada a cateter: a jugular interna, a femoral ou a subclávia?

A jugular interna tem uma maior incidência de infecção relacionada a cateter do que a subclávia (risco relativo de 1-3,3). Provavelmente, o maior risco deve-se aos seguintes fatores:

- Secreções, oral e nasal, que se acumulam no pescoço do paciente em posição supina.
- Impossibilidade de aplicar um curativo oclusivo no pescoço.
- Temperatura da pele mais alta.

A cateterização da veia femoral é a menos preferível dentre os sítios de inserção de cateter venoso central por causa de seu maior risco de infecção relacionada a cateter (risco relativo de 3,3-4,8) e complicações trombóticas. Os acessos venosos femorais estão em íntima proximidade anatômica com as áreas urogenital e retal, com colonização e infecção por bactérias gram-negativas. Além do mais, um estudo clínico randomizado demonstrou a presença de trombose venosa profunda em 21,5% dos pacientes com uma linha central femoral e em 1,9% em pacientes com cateteres na subclávia ($P < 0,001$). A cateterização da veia femoral pode ser usada em situações de emergência, tais como instabilidade hemodinâmica, choque ou parada cardíaca.

Crnich CJ, Maki DG: Infections of vascular devices. In Cohen J, Powderly WG (eds): Infectious Diseases, 2nd ed. St. Louis, Mosby, 2004, pp 629-635.

McGee DC, Gould MK: Preventing complications of central venous catheterization. N Engl J Med 348:1123-1133, 2003.

Merrer J, De Jonghe B, Golliot F, et al: Complications of femoral and subclavian venous catheterization in critically ill patients: A randomized controlled trial. JAMA 286:700-707, 2001.

13. Quais são os meios mais sensíveis e específicos de se diagnosticar as infecções relacionadas a cateter?

O exame físico não é confiável. Inflamação local e purulência do sítio de entrada são vistas em menos da metade dos casos. Febre, leucocitose e resultados positivos de culturas de sangue periférico também não são indicadores confiáveis. Todavia, deve-se obter duas amostras de hemocultura (com pelo menos uma amostra originada de fonte percutânea) de pacientes com suspeita de infecção relacionada a cateter.

O método mais amplamente utilizado para diagnosticar a infecção é o método "rolagem em placa", que requer a remoção do cateter e a cultura de sua extremidade através da rolagem da mesma sobre uma placa de ágar-sangue. O crescimento de $\geq$ 15 colônias por placa está associado a uma sensibilidade de 60% para BSI-CR. Uma técnica mais sensível é a cultura quantitativa de segmentos de cateteres intravasculares e subcutâneos após a sonicação em caldo. Um número maior do que 10^3 UFC na cultura tem uma sensibilidade de 80% para BSI-CR.

Crnich CJ, Maki DG: Infections of vascular devices. In Cohen J, Powderly WG (eds): Infectious Diseases, 2nd ed. St. Louis, Mosby, 2004, pp 629-635.

Mermel LA, Farr BM, Sherertz RJ, et al: Guidelines for the management of intravascular catheter-related infections. Clin Infect Dis 32:1249-1272, 2001.

14. Quais organismos causam infecções relacionadas a cateter?

Ver Tabela 37-1. O organismo mais comum que leva a infecções relacionadas a cateter é o coagulase-negativo *Staphylococcus epidermidis*, respondendo por 37% destas infecções.

Cobb DK, High KP, Sawyer RG, et al: A controlled trial of scheduled replacement of central venous and pulmonary-artery catheters. N Engl J Med 327(15):1062-1068, 1992.

Mermel LA, Farr BM, Sherertz RJ, et al: Guidelines for the management of intravascular catheter-related infections. Clin Infect Dis 32:1249-1272, 2001.

O'Grady NP, Alexander M, Dellinger EP, et al: Guidelines for the prevention of intravascular catheter-related infections. Centers for Disease Control and Prevention. MMWR Recomm Rep 51(RR-10):1-29, 2002.

Raad II, Hanna HA: Intravascular catheter-related infections: New horizons and recent advances. Arch Intern Med, 162:871-878, 2002.

15. Como devemos tratar as infecções de cateter venoso central não-tunelizado?

O tratamento depende do estágio da infecção e do patógeno. Como regra geral, se houver forte suspeita de BSI-CR ou de bacteremia, o cateter deve ser removido e substituído. Para a terapia antibiótica empírica, a vancomicina é a droga escolhida para cobrir os estafilococos resistentes à meticilina enquanto se espera pelos resultados das culturas.

As infecções por estafilococos coagulase-negativos são tratadas pela remoção do cateter e administração de antibióticos IV por 5-7 dias.

As bacteremias associadas à *Staphylococcus aureus* devem ser tratadas pela remoção do cateter e administração de antibióticos IV por pelo menos duas semanas devido à alta associação à endocardite. A maioria dos especialistas recomenda realizar um ecocardiograma transesofágico de tais pacientes a fim de excluir o diagnóstico de endocardite.

As infecções de cateteres por *Candida* sp devem ser tratadas pela remoção do cateter e administração de agentes antifúngicos IV durante pelo menos 14 dias após a primeira hemocultura negativa.

Crnich CJ, Maki DG: Infections of vascular devices. In Cohen J, Powderly WG (eds): Infectious Diseases, 2nd ed. St. Louis, Mosby, 2004, pp 629-635.

Mermel LA, Farr BM, Sherertz RJ, et al: Guidelines for the management of intravascular catheter-related infections. Clin Infect Dis 32:1249-1272, 2001.

Raad II, Hanna HA: Intravascular catheter-related infections: New horizons and recent advances. Arch Intern Med, 162:871-878, 2002.

TABELA 37-1. MICROBIOLOGIA DA COLONIZAÇÃO DO CATETER VASCULAR E DAS INFECÇÕES DA CORRENTE SANGUÍNEA

Organismos	Número (%) de Cateteres Associados a:	
	Colonização	Infecção da Corrente Sanguínea
Estafilococos coagulase-negativos	86 (54%)	7 (16%)
Staphylococcus aureus	20 (13%)	12 (27%)
Enterococcus	3 (2%)	5 (11%)
Bacilos gram-negativos	37 (23%)	15 (34%)
Bacilos gram-positivos	3 (2%)	0
Mycobacterium chelonae	0	1 (2%)
Candida sp.	9 (6%)	4 (9%)
Total	**156 (100%)**	**44 (100%)**

Dados de Raad II, Hanna HA: Intravascular catheter-related infections: New horizons and recent advances. Arch Intern Med, 162:871-878, 2002

16. Quais são os cuidados-padrão para o tratamento das infecções do cateter venoso central tunelizado?

As infecções complicadas do sítio de saída ou infecções do túnel devem ser tratadas com a remoção do cateter tunelizado e antibióticos IV por sete a dez dias, objetivando combater o microorganismo identificado. Ocasionalmente, pode-se recuperar um cateter venoso central tunelizado associado à infecção não complicada fazendo-se uso de antibióticos instilados através do cateter e adotando-se uma "terapia de bloqueio" com antibióticos por pelo menos duas semanas. A terapia de bloqueio com antibióticos é uma técnica que utiliza um pequeno volume de antibióticos IV em alta concentração, instilados no lúmen do cateter, deixando depois o cateter fechado por pelo menos 12 horas. Esta técnica tem como alvo a bactéria que está colonizando o biofilme dentro do cateter. Estudos demonstraram a eliminação bem-sucedida da infecção em aproximadamente 83% das infecções não complicadas de cateter tunelizado.

Mermel LA, Farr BM, Sherertz RJ, et al: Guidelines for the management of intravascular catheter-related infections. Clin Infect Dis 32:1249-1272, 2001.

Raad II, Hanna HA: Intravascular catheter-related infections: New horizons and recent advances. Arch Intern Med, 162:871-878, 2002.

17. Quais são os outros meios de prevenir a infecção do cateter?

- **Gluconato de clorexidina:** A descontaminação da pele antes da inserção do cateter leva a uma maior redução de infecções do que o uso de soluções de iodo.
- **Solução tópica de iodopovidona:** Aplicada ao sítio de saída, a solução tópica de iodopovidona pode não apresentar benefício significativo na redução da infecção do cateter. Porém, há uma tendência à redução da bacteremia estafilocócica quando a solução é aplicada a cateteres de hemodiálise após o término de cada sessão.
- **Curativos:** Os curativos são importantes, mas uma meta-análise recente não conseguiu demonstrar redução significativa na infecção da corrente sanguínea relacionada a cateter venoso central quando foram comparados o uso de curativos transparentes e o de curativos com gaze.

- **Vitacuff®:** O uso desta bainha subcutânea de colágeno, a qual é impregnada com prata e instalada no sítio de entrada do cateter, tem sido associado a uma redução de três e quatro vezes na colonização e na bacteremia, respectivamente.
- **Cateteres impregnados com antibióticos:** Estes cateteres com minociclina-rifampicina ou clorexidina-sulfadiazina de prata demonstraram uma redução da colonização do cateter e das infecções da corrente sanguínea associadas. Estudos têm demonstrado a boa relação custo-benefício destes cateteres devido à observação de uma redução na infecção nosocomial, que, por sua vez, leva à economia de 196 dólares americanos nos custos médicos diretos por instalação de cateter, a despeito do fato de estes cateteres serem mais caros. As orientações atuais recomendam estes cateteres impregnados com antibióticos para o uso em unidades hospitalares com uma taxa de bacteremia relacionada a cateter superior a 2% ou em indivíduos imunocomprometidos.
- **Equipes especializadas:** Eggiman e colaboradores demonstraram uma redução de três vezes nas infecções relacionadas a cateter ao criar de uma equipe especializada dedicada à instalação e à manutenção dos cateteres venosos centrais e periféricos.
- **Máscaras, capote estéril e barreiras:** Há uma redução de duas vezes nas infecções associadas a cateter quando os médicos usam capotes cirúrgicos de mangas longas, máscaras e campos estéreis grandes durante a inserção.

Darouiche RO, Raad II, Heard SO, et al: A comparison of two antimicrobial-impregnated central venous catheters. Catheter Study Group. N Engl J Med 340:1-8, 1999.

Eggimann P, Harbarth S, Constantin MN, et al: Impact of a prevention strategy targeted at vascular-access care on incidence of infections acquired in intensive care. Lancet 355(9218):1864-1868, 2000.

McGee DC, Gould MK: Preventing complications of central venous catheterization. N Engl J Med 348:1123-1133, 2003.

O'Grady NP, Alexander M, Dellinger EP, et al: Guidelines for the prevention of intravascular catheter-related infections. Centers for Disease Control and Prevention. MMWR Recomm Rep 51(RR-10):1-29, 2002.

Rupp ME, Lisco SJ, Lipsett PA, et al: Effect of a second-generation venous catheter impregnated with chlorhexidine and silver sulfadiazine on central catheter-related infections: A randomized, controlled trial. Ann Intern Med 143:570-580, 2005.

Safdar N, Kluger DM, Maki DG: A review of risk factors for catheter-related bloodstream infection caused by percutaneously inserted, noncuffed central venous catheters: Implications for preventive strategies. Medicine (Baltimore) 81:466-479, 2002.

18. Quais os novos métodos que permitem o diagnóstico de BSI-CR sem requerer a remoção do cateter?

A confirmação da infecção relacionada a cateter e da bacteremia associada geralmente requer a remoção do cateter para cultura. Os novos métodos para o diagnóstico de BSI-CRs são fundamentados em diferenças nas contagens bacterianas quantitativas e no tempo para obtenção de um resultado positivo entre amostras de hemocultura coletadas de sítios periféricos *versus* aquelas coletadas dos cateteres venosos centrais. As amostras de hemoculturas quantitativas coletadas de cateteres venosos centrais que apresentam contagens de colônias de cinco a dez vezes maiores do que as culturas de sangue periférico são altamente sugestivas para BSI-CR. Um estudo realizado por Blot e colaboradores sugeriu que a BSI-CR poderia ser diagnosticada pelo estudo da diferença de tempo para a positividade de amostras de hemoculturas obtidas do cateter e culturas de sangue periférico. Um resultado positivo para a cultura de sangue do cateter pelo menos duas horas antes do resultado positivo para a cultura de sangue periférico tem sensibilidade e especificidade de 94% e 95%, respectivamente, para BSI-CR.

Blot F, Nitenberg G, Chachaty E, et al: Diagnosis of catheter-related bacteraemia: A prospective comparison on the time to positivity of hub-blood versus peripheral-blood cultures. Lancet 354(9184):1071-1077, 1999.

Raad II, Hanna HA: Intravascular catheter-related infections: New horizons and recent advances. Arch Intern Med, 162:871-878, 2002.

BIOTERRORISMO

Stanley L. Minken, MD, DMCC e Mark W. Bowyer, MD, DMCC, COL, USAF, MC

1. Qual é a definição de bioterrorismo?

O bioterrorismo é o uso deliberado de meios biológicos para criar e explorar uma sensação de medo e inquietação dentro de uma população definida. Ele tem como objetivo minar a confiança na liderança atual, visando instituir alterações políticas.

2. Quais são as potenciais fontes mundiais de um ataque bioterrorista?

- Governos formais com guerras biológicas ou programas de desenvolvimento nuclear podem usar cientistas nativos, cientistas imigrantes, espiões, documentos roubados e/ou biomateriais roubados.
- Governos formais podem usar a distribuição militar de bioarmas.
- Organizações terroristas não-governamentais podem usar múltiplos simpatizantes nacionais e internacionais, incluindo cientistas simpatizantes, cientistas secretos, documentos roubados e biomateriais comprados ou doados.
- Organizações terroristas podem usar uma rede mundial e empregar métodos não-ortodoxos de distribuição de bioarmas.

3. O que constitui uma ameaça de bioterrorismo?

- Agentes patogênicos bacterianos, virais e rickettsiais introduzidos deliberadamente na população.
- Agentes químicos em forma gasosa, aerossolizada, em pó ou líquida, expostos a uma população que não desconfia da existência deles.
- Restos nucleares expostos à população geral após uma detonação de baixa força explosiva contendo material radioativo.

4. Quais características epidemiológicas de um surto biológico devem incitar suspeitas de um bioataque?

- O surgimento de uma epidemia incomumente grande, dentro de uma população relativamente definida, inconsistente com o estado de saúde da população em geral.
- Um alto grau de gravidade da doença fora das proporções para os padrões habituais, com resistência incomum à terapia padrão.
- Surgimento de epidemias simultâneas por diferentes patógenos.
- Surgimento de epidemias simultâneas pelo mesmo patógeno em áreas geográficas descontínuas.
- Doenças e cepas de patógenos incomuns para a área geográfica local.
- Desenvolvimento de doenças concomitantes em humanos e animais.
- Dados da inteligência sobre um potencial ataque ou pretensões específicas de um ataque.
- Dados comprovados por autoridades investigativas sobre a liberação ou uso de um agente.

Pavlin JA: Epidemiology of bioterrorism. Emerg Infect Dis 5:4, 1999: www.cdc.gov/ncidod/EID/vol5no4/pavlin.htm

5. Quais são as ameaças bacterianas, virais e rickettsiais comuns?

Ver Tabela 38-1.

TABELA 38-1. AMEAÇAS BACTERIANAS, VIRAIS E RICKETTSIAIS COMUNS

Bacteriana	Viral	Rickettsial
Antrax	Encefalite equina do leste (EEL)	Febre Q
Botulismo	Febre do Vale do Rift	Tifo
Peste	Encefalite equina venezuelana (EEV)	
Tifoide	Febres hemorrágicas virais (p. ex., Marburg, Ebola, Lassa)	
	Encefalite equina do oeste (EEO)	
	Varíola	

6. Quais outros agentes experimentais estão sendo desenvolvidos para o uso em guerras biológicas?

- Varíola mais encefalite equina Venezuelana (VEEPOX).
- Ebola mais varíola (EBOLAPOX).

ANTRAX

7. O que é antrax?

Antrax é uma doença bacteriana causada por um bacilo gram-positivo formador de esporo. Ela se apresenta em 95% das vezes como antrax cutâneo, contraído por contato direto. A variedade inalatória, que é contraída por inalação de aerossol, representa 5% dos casos e é a principal ameaça bioterrorista entre os agentes disseminados por aerossol pulverizado ou pelo contato com material contaminado.

Dixon TC, Meselson M, Guillelin J, Hanna PC: Anthrax. N J Med 341:815, 1999.

8. Descreva a síndrome clínica do antrax cutâneo?

As lesões se desenvolvem de dois a cinco dias após a exposição. Elas começam como uma pápula e se tornam uma vesícula de 1 a 2 cm com edema circundante. A lesão é pruriginosa e indolor. As vesículas se rompem em uma semana, deixando uma úlcera que se torna uma escara. A taxa de recuperação é de 85%, com uma taxa de mortalidade de 2% a 15% resultante de sepse.

9. Qual é o tratamento do antrax cutâneo?

- A doença responde bem à penicilina, ciprofloxacina ou doxiciclina.
- As lesões da pele devem ser tratadas com cuidados-padrão de feridas.

10. Descreva a síndrome clínica da inalação do antrax.

Os esporos se depositam no trato respiratório inferior, causando febre, mal-estar e tosse não-produtiva. Os sintomas permanecem leves por vários dias enquanto os esporos são fagocitados pelos macrófagos e transportados aos linfonodos mediastinais. Os esporos germinam em bacilos multiplicantes e dominam a resposta inflamatória natural, com um início abrupto de desconforto respiratório. A pessoa infectada desenvolve pneumonia progressiva grave e mediastinite hemorrágica necrotizante. A morte pode ocorrer em 24 a 48 horas, antecedida por sintomas respiratórios, meníngeos e sépticos. O diagnóstico laboratorial inclui a coloração do sangue com hematoxilina e eosina para os bacilos e a imunofluorescência.

Inglesby TV, O'Toole T, Henderson DA, et al: Anthrax as a biological weapon. JAMA 160:287:2236-2252, 2001.

11. Qual é o tratamento do antrax inalatório?

O tratamento inclui intubação com suporte respiratório. Cepas de ocorrência natural respondem à penicilina, estreptomicina, eritromicina e ciprofloxacina; as fluoroquinolonas são as drogas de escolha.

BOTULISMO

12. O que é o botulismo?

O botulismo é uma condição causada por uma neurotoxina produzida pelo *Clostridium botulinum* que inibe a liberação de acetilcolina na junção neuromuscular, resultando em uma paralisia flácida grave. A forma de contaminação mais comum se da por meio de alimentos contaminados, mas ela pode ser aerossolizada ou disseminada pela água contaminada. A bactéria é um esporo gram-positivo anaeróbio que produz sete toxinas (A-G). A toxina tipo A é a mais potente e potencialmente letal. A ameaça de bioterrorismo inclui tanto a forma carreada pelos alimentos quanto em aerossol.

Shapiro RL, Hatheway C, Swerdlow DL: Botulism in the United States: A clinical and epidemiological review. Ann Intern Med 129:221-228, 1998.

13. Quais são as síndromes clínicas do botulismo?

Ver Tabela 38-2.

A tríade primária inclui paresia e paralisia em um paciente afebril sem alterações sensoriais. A morte é resultante de disfunção respiratória. A variedade carreada pelos alimentos é distinguida por sintomas abdominais e gastrointestinais, ausentes na variedade respiratória.

TABELA 38-2. SÍNDROME CLÍNICA DO BOTULISMO

Alimentos contaminados	Inalação
Período de incubação de 12 a 36 horas	Período de incubação de 24 a 72 horas
Fraqueza simétrica descendente e paralisia	Fraqueza simétrica descendente e paralisia
Nenhuma alteração sensorial	Nenhuma alteração sensorial
Paciente alerta sem febre	Paciente alerta sem febre
Dor abdominal	Sem dor abdominal
Náusea e vômito	Sem náusea e vômito
Ptose, visão turva, fraqueza da mandíbula, disfagia	Ptose, visão turva, fraqueza da mandíbula, disfagia
Disfunção respiratória	Disfunção respiratória
Íleo	Íleo

14. Como o diagnóstico de botulismo pode ser confirmado?

Quando os sintomas ocorrem rapidamente, em uma população muito espalhada ao invés de um grupo isolado, as suspeitas de que esteja ocorrendo um bioataque são grandes. A confirmação do diagnóstico recai sobre a demonstração da presença da toxina nas fezes, no soro ou no vômito. Uma análise do líquido cefalorraquidiano com resultado normal irá excluir os processos neurológicos mais comuns, tais como acidente vascular cerebral, síndrome de Guillain-Barré ou pólio.

15. Como a intoxicação botulínica é tratada?

- Em caso de falência da função respiratória, é necessário realizar ventilação mecânica.
- É necessário suporte total à neurodisfunção das funções corporais.

- Uma antitoxina trivalente contra os tipos A, B e E está comercialmente disponível e deve ser administrada na dose recomendada assim que o diagnóstico for confirmado. Recentemente, uma antitoxina multivalente contra todos os tipos de toxina foi desenvolvida. As antitoxinas são eficazes somente contra as toxinas circulantes durante o estágio progressivo do processo da doença.
- Os sintomas podem durar até três meses.

PESTE

16. Qual é o agente causal da peste?

O agente etiológico é a *Yersinia pestis* (Enterobacteriaceae). O vetor da doença é a pulga do rato asiático (*Xenopsylla cheopsis)*.

Centers for Disease Control and Prevention: Frequently asked questions about plague. 2005: www.bt.cdc.gov/agent/plague/faq.asp

17. Quais são as formas comuns da peste?

Existem três formas da doença:

- **Bubônica:** A peste bubônica é a forma mais comum, transmitida através da pele. Ela se apresenta com linfonodos emaranhados, dolorosos e aumentados.
- **Pneumônica:** A peste pneumônica pode ocorrer principalmente na forma de cefaleia, fraqueza e exaustão; resulta da infecção pulmonar ou da semeadura da variedade bubônica.
- **Septicêmica:** A peste septicêmica pode ocorrer como um processo primário ou como uma complicação de outras variedades.

18. Quais são as apresentações clínicas da peste bubônica e pneumônica?

Ver Tabela 38-3.

TABELA 38-3. APRESENTAÇÕES CLÍNICAS DA PESTE BUBÔNICA E PNEUMÔNICA

Bubônica	Pneumônica
Linfonodos sensíveis e aumentados	Início rápido de dispneia
Febre e calafrios	Febre alta
Cefaleia, fraqueza e exaustão	Cefaleia, fraqueza e exaustão
História de exposição	Dor torácica com secreção abundante sanguinolenta
Pneumonia hemorrágica	Pneumonia hemorrágica com falência respiratória
Choque séptico	Choque séptico
Morte	Morte

19. Quais são os testes diagnósticos definitivos para a peste?

- Bastonetes bipolares (em forma de alfinete de segurança) à microscopia de luz.
- Testes com anticorpos imunofluorescentes.
- Ensaios químicos: resultados lactose-positivo, urease-negativo e indol-negativo.
- Ensaio imunoenzimático da imunoglobulina M.

20. Atualmente, qual é o tratamento de escolha para a peste?

- Os pacientes devem ser isolados quando houver suspeita da doença.
- Caso haja suspeita de peste pneumônica, deve-se instituir precauções respiratórias.
- Esquemas de antibióticos efetivos incluem estreptomicina, gentamicina, doxiciclina, ciprofloxacina e tetraciclina.

21. Qual é o prognóstico após a exposição à peste?

- **Bubônica:** A taxa de mortalidade é de 1% a 15% para casos tratados e 40 a 60% para casos não tratados.
- **Pneumônica:** Taxa de mortalidade de 100% caso não seja realizado um tratamento vigoroso dentro de 24 horas.
- **Septicêmica:** A taxa de mortalidade é de 40% para os casos tratados e 100% para os casos não tratados.

A profilaxia com antibióticos durante uma semana irá proteger contra a exposição ao aerossol. A vacina está disponível com estoque limitado, principalmente para trabalhadores da área de saúde que estão tratando de pacientes portadores da forma pneumônica.

22. Por que a peste é uma potente ameaça biológica?

- A peste pneumônica é a principal forma de ameaça biológica.
- A bactéria pode ser cultivada e disponibilizada facilmente às forças inimigas.
- As amostras bacterianas podem ser facilmente aerossolizadas e disseminadas a grandes populações.
- A fácil transmissão de paciente para paciente cria um mecanismo epidêmico secundário. O uso deste recurso é esmagador, resultando em altas taxas de morbidade e mortalidade.

SALMONELLA

23. Qual é o agente causal da salmonelose?

- As espécies de *Salmonella* são anaeróbias facultativas, gram-negativas, não formadoras de esporos e produtoras de endotoxinas.
- A *Salmonella typhi* é a variante mais virulenta e causa a febre tifoide.

24. Como as espécies de *Salmonella* podem ser ameaças biológicas?

- Fontes de água e alimentos podem ser facilmente contaminadas por materiais infectados com a bactéria, em áreas geográficas localizadas ou amplas.
- As infecções gastrointestinais não-tifoides são extremamente trabalhosas e onerosas, sendo que um grande número de vítimas debilitadas cria uma paralisação econômica e dos serviços.

25. A febre tifoide pode ser uma importante ameaça biológica?

A *S. typhi* é facilmente isolada e cultivada e pode ser usada para causar epidemias. Quando diagnosticada, a doença pode ser tratada com sucesso, resultando em baixa mortalidade. Casos não diagnosticados e não tratados podem ter uma taxa de mortalidade de até 50%. As equipes militares e as populações em risco podem fazer profilaxia vacinal.

Olsen SJ, Bleasdale SC, Magnano AR, et al: Outbreaks of typhoid fever in the United States, 1960-1999. Epidemiol Infect 130:13-21, 2003.

26. Qual é o quadro clínico da febre tifoide?

A doença é contraída pela ingestão de material infectado, com um período de incubação de aproximadamente sete a 14 dias. Manchas rosadas se desenvolvem na área do tórax, associadas a febres prolongadas, altas e intermitentes, além de mal estar. Dentro de duas semanas, uma diarreia esverdeada "semelhante a sopa de ervilha" se desenvolve, acompanhada de dor e distensão abdominal; a esplenomegalia também se desenvolve. Se o doente não for tratado, por volta da terceira semana, ocorrem toxemia, hemorragia, perfuração e morte.

27. Como é feito o diagnóstico da febre tifoide?

- Isolamento e identificação da bactéria do sangue ou da medula.
- Amostras de fezes (o teste pode ser positivo em 50% dos casos).

28. Quais são os tratamentos para a infecção por *Salmonella* e para a febre tifoide em particular?

- Para controlar a disseminação, é essencial que seja realizado o isolamento precoce e as precauções com os fluidos corporais.
- Os antibióticos são eficazes, incluindo fluoroquinolonas, cefalosporinas e cloranfenicol.
- É necessário suporte cardiorrespiratório e metabólico nos casos avançados.

VARÍOLA

29. Qual é o agente causal da varíola?

O agente etiológico é o vírus da varíola. A varíola major produz a forma mais grave da doença. Outra variante, a varíola minor, causa uma síndrome menos grave. A doença se dissemina através da saliva, fluidos corporais ou pus originado das lesões de pele. A forma mais comum de transmissão é via gotículas expelidas através da tosse. O vírus permanece viável nas roupas de cama e vestimentas. Os humanos são os únicos hospedeiros naturais.

World Health Organization: www.who.int/mediacentre/factsheets/smallpox/en/

30. Descreva a apresentação clínica da varíola.

Ver Tabela 38-4.

TABELA 38-4. APRESENTAÇÃO CLÍNICA DA VARÍOLA

Estágio Prodrômico	Estágio Infeccioso (Eruptivo)
Incubação de 12 a 14 dias	Saliva contagiosa
Febre alta (38,3°C a 40°C)	Erupções intraorais e faringeanas
Mal-estar com possível vômito	Erupções no tronco e nas extremidades (protuberâncias umbilicadas)
Cefaleia e dorsalgia	Ruptura das protuberâncias formando pústulas
	Escoriações e cicatrizes nodulares (contagiosas até que as feridas desapareçam em três a quatro semanas)

31. O que diferencia a varíola da varicela?

Ver Tabela 38-5.

TABELA 38-5. DIFERENCIAÇÃO ENTRE VARÍOLA E VARICELA

Varíola	Varicela
Lesões profundas	Lesões superficiais
Lesões dolorosas	Lesões pruriginosas
Lesões centrífugas (face e extremidades)	Lesões centrípetas (principalmente no tronco)
Envolve as palmas e solas	Poupa as palmas e solas
As vesículas se desenvolvem uniformemente	As vesículas se desenvolvem em diferentes estágios

32. Quais são as principais complicações da varíola?

- A sepse é a principal causa de morte, ocorrendo geralmente durante a segunda semana de infecção.
- Há infecção bacteriana secundária das lesões, frequentemente envolvendo a *Staphylococcus aureus*.
- Presença de úlceras de córnea que requerem eventual transplante.
- Casos raros de encefalite desmielinizante já foram relatados.

33. Como o diagnóstico da varíola é confirmado?

- Pode-se observar microscopicamente agregados de partículas virais nas lesões (corpúsculos de Guarnieri).
- O crescimento de culturas de células é identificado com técnicas de reação em cadeia da polimerase positiva.

34. Qual é o esquema de tratamento para a varíola diagnosticada ou suspeitada?

Caso haja suspeita da doença, os pacientes devem ser isolados imediatamente. O tratamento fornece suporte com assistência ventilatória, suporte hemodinâmico e reposição de volume e eletrólitos. Não há quimioterapia ou tratamento com drogas definitivo. Os antibióticos devem ser usados contra as infecções secundárias por organismos como o *S. aureus*.

35. Qual é o esquema para a exposição ou para a suspeita de exposição à varíola?

- Vacinar todas as pessoas que foram expostas dentro dos primeiros quatro dias após a exposição. Isto irá prevenir o desenvolvimento da doença ou diminuir duas ou três vezes a gravidade, além de reduzir a mortalidade em 50%.
- Se estiver disponível (pode haver somente um estoque limitado), administrar a imunoglobulina. Esta confere imunidade passiva por duas semanas, reduzindo a incidência da doença e a consequente mortalidade.

36. Por que a varíola aparece como uma grande ameaça biológica?

- A doença é altamente contagiosa, com uma alta taxa de morbidade e mortalidade, sem tratamento específico.
- Uma grande parcela da população atual nunca foi vacinada. A vacinação protege completamente somente por três a cinco anos e ocorre uma degradação imunológica significativa ao longo dos dez a 20 anos seguintes, tornando a maior parte da população que foi vacinada há mais de 30 anos susceptível à doença.
- Atualmente, pode não haver vacina suficiente disponível para realizar uma vacinação em massa.

Henderson DA, Inglesby TV, Bartlett JG, et al: Smallpox as a biological weapon: Medical and public health management. JAMA 281:2127-2137, 1999.

OUTROS AGENTES

37. Quais outras doenças virais e rickettsiais se apresentam como potenciais ameaças biológicas devido ao seu grau de contágio e à sua habilidade de se disseminar?

Virais

- Encefalite equina do leste.
- Febre do Vale do Rift.
- Encefalite equina venezuelana.
- Febres hemorrágicas virais (p. ex., Marburg, Ebola, Lassa).
- Encefalite equina do oeste.

Rickettsiais

- Febre Q.
- Tifo.

38. Existe alguma nova ameaça biológica no horizonte?

Diversas potenciais ameaças biológicas são possíveis devido à habilidade de manipular com a biotecnologia os patógenos existentes. Alguns exemplos são o VEEPOX e o EBOLAPOX.

Preston R: The bioweaponeers. Annals of Warfare, 1998: www.hackvan.com/pub/stig/articles/

39. O que é o VEEPOX? Quais são suas características?

O VEEPOX é uma quimera da varíola e da encefalite equina venezuelana. Esta combinação resulta nas seguintes características:

- Altamente incapacitante para a população.
- Cefaleia, desorientação, mal-estar grave, estado semelhante ao coma.
- Incapacitante, mas geralmente não é letal.

40. O que é o EBOLAPOX? Quais são suas características?

O EBOLAPOX é uma quimera do vírus Ebola com o vírus da varíola. Esta é uma combinação particularmente horrível, com as seguintes características:

- Pode ser replicado em tubos de ensaio ou em animais.
- Pode produzir uma doença chamada *"blackpox"*, uma forma hemorrágica da varíola.
- Combina a alta mortalidade do vírus Ebola à alta contagiosidade da varíola.

CAPÍTULO 39

INFECÇÕES CUTÂNEAS E DE PARTES MOLES

Richard Jacobs, MD, PhD e Matthew J. Haight, DO

INFECÇÕES DE FERIMENTOS

1. Quais são os sinais e sintomas clássicos de uma infecção de ferida?

Os sinais locais incluem calor, eritema, dor, edema (calor, rubor, dor e tumor) e a drenagem, que pode ser serossanguinolenta ou purulenta. Os sinais sistêmicos são menos comuns (15% dos casos), mas podem incluir elevação da temperatura e rigidez.

2. Quais são os fatores de risco para o desenvolvimento de uma infecção de ferida pós-operatória?

Estão em risco os pacientes idosos, debilitados, mal-nutridos e obesos. Fatores que contribuem para aumentar o risco incluem infecção em um sítio distante, terapia com corticosteroides, ascite, diabetes e radioterapia prévia. Todavia, é de importância fundamental o emprego de técnicas adequadas de fechamento de feridas. Posicionamento e tensão apropriados das suturas são decisivos. É improvável, contudo, que suturas interrompidas *versus* ininterruptas ou a escolha do tipo de incisão (vertical *versus* transversal) contribuam significativamente para a incidência de deiscência.

3. Quais são os organismos mais comumente envolvidos em infecções de feridas pós-operatórias?

A etiologia bacteriana depende, em parte, da ocasião em que a infecção ocorre. A maioria das infecções de feridas ocorre em uma a duas semanas do pós-operatório e é mais comumente causada por *Staphylococcus aureus*, *Staphylococcus epidermidis* (especialmente na presença de material protético), enterococos, *Escherichia coli* e *Pseudomonas aeruginosa*, embora muitas outras bactérias possam ser potencialmente patogênicas. As infecções que ocorrem dentro de um ou dois dias após a cirurgia são geralmente devido aos estreptococos beta-hemolíticos do grupo A ou às espécies de *Clostridium*.

4. Quando são indicados antibióticos profiláticos?

Nos casos em que uma incisão limpa é feita e uma área contaminada é exposta (ou seja, cirurgias potencialmente contaminadas), os antibióticos profiláticos demonstram diminuir a incidência de infecção de feridas pós-operatórias. Pela definição, a administração de antibióticos para feridas infectadas e contaminadas é terapêutica, não profilática. A administração rotineira de antibióticos para profilaxia em cirurgias limpas continua controversa; contudo, um grande ensaio randomizado prospectivo demonstrou uma redução de 48% na infecção de feridas de biópsia de mama e de herniorrafia com antibioticoprofilaxia. A opinião consensual existente hoje recomenda a profilaxia em cirurgias limpas de alto risco nas quais corpos estranhos são implantados (p. ex., enxerto vascular, valva cardíaca e prótese total articular).

Horan TC, Gaynes RP, Martone W, et al: CDC definitions of nosocomial surgical site infections, 1992: A modification of CDC definitions of surgical wound infections. Infect Control Hosp Epidemiol 13:606-608, 1992.

5. Além dos antibióticos, quais outras intervenções podem diminuir a chance de infecção de ferida no pós-operatório?

- Manter a temperatura central do paciente acima de 36°C durante a cirurgia. A manutenção da normotermia durante a cirurgia do cólon demonstrou diminuir em 3 vezes as taxas de infecção de ferida (6% *versus* 19%) em um recente estudo randomizado prospectivo.

- Fornecer oxigênio suplementar perioperatório. Em um recente estudo prospectivo randomizado realizado em pacientes submetidos a procedimentos colorretais, a administração perioperatória de oxigênio a 80% reduziu a incidência de infecções de feridas cirúrgicas pela metade (5,2% *versus* 11,2%).

Greif R, Akca O, Horn EP, et al: Supplemental perioperative oxygen to reduce the incidence of surgical-wound infection. The Outcomes Research Group. N Engl J Med 342:161-167, 2000.

Kurz A, Sessler DI, Lenhardt R: Perioperative normothermia to reduce the incidence of surgical-wound infection and shorten hospitalization. Study of Wound Infection and Temperature Group. N Engl J Med 334:1209-1216, 1996.

CELULITE

6. Descreva a bacteriologia e o tratamento da celulite.

A celulite apresenta como características a presença de eritema (Fig. 39-1), calor e sensibilidade, independentemente da etiologia bacteriana. O mais importante determinante clínico da bacteriologia é a condição clínica na qual a celulite ocorre. Ver a Tabela 39-1 com as terapias empíricas e alternativas.

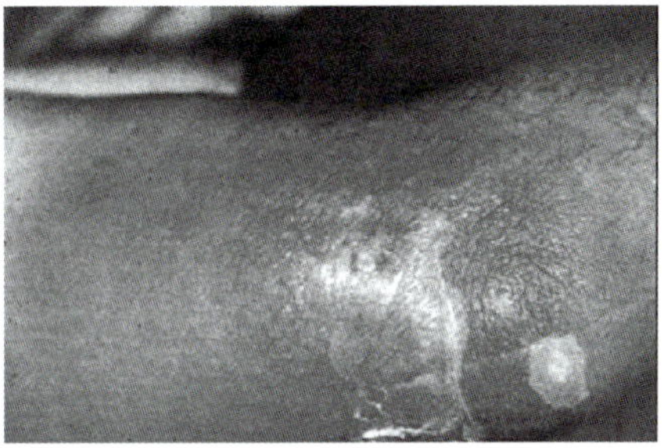

Figura 39-1. Celulite nosocomial do cotovelo, apresentando eritema e edema.

7. Qual é o papel das hemoculturas no diagnóstico da celulite?

O aproveitamento das hemoculturas é muito baixo, tem um impacto de pouca importância no controle clínico e não parece ser custo-efetivo para pacientes imunocompetentes com celulite adquirida na comunidade e sem sinais de sepse.

Perl B, Gotteher NP, Raveh D, et al: Cost-effectiveness of blood cultures for adult patients with cellulitis. Clin Infect Dis 29:1483-1488, 1999.

8. Quando os procedimentos invasivos devem ser considerados no diagnóstico da celulite?

Se o paciente não responde ao que parece ser a terapia antimicrobiana adequada (a resposta clínica geralmente é observada em 3 dias), se o paciente é imunocomprometido (organismos incomuns, tais como leveduras, fungos ou espécies de *Mycobacterium* podem ser os patógenos nesse quadro), se há crepitação ou necrose da pele ou se há suspeita de infecção tecidual profunda, deve-se realizar biópsia ou exploração cirúrgica. Pacientes diabéticos ou imunocomprometidos podem se beneficiar de uma biópsia incisional (70%-100% de isolamento do organismo). A coleta de um aspirado com agulha ou amostra de biópsia incisional da celulite não é recomendada em pacientes imunocompetentes porque ambas as técnicas isolam um organismo em <20% das vezes e podem potencialmente causar uma superinfecção.

Sachs M: The optimum use of needle aspiration in the bacteriologic diagnosis of cellulitis in adults. Arch Intern Med 150:1907-1912, 1990.

9. Qual é a terapia apropriada para úlceras causadas por diabetes e por insuficiência vascular?

As úlceras superficiais envoltas por eritema de 3-4 cm sem sinais de toxicidade sistêmica geralmente são causadas por estreptococos do grupo A ou por *S. aureus*. O tratamento oral com cefalosporina de primeira geração, clindamicina ou amoxicilina/ácido clavulânico por 10-14 dias é adequado. Para infecções graves envolvendo tecidos mais profundos associadas à toxicidade sistêmica, indicam-se antibióticos IV de largo espectro e terapia cirúrgica precoce (Tabela 39-1).

TABELA 39-1. BACTERIOLOGIA E TRATAMENTO DA CELULITE

Condição Clínica	Microbiologia	Terapia Empírica*	Terapia Alternativa†
Celulite comunitária	Estreptococos do grupo A, *Staphylococcus aureus* (*incomum*, mas pode ocorrer secundariamente e é difícil descartar)	Vancomicina 10-15 mg/kg IV 12 h/12 h	Daptomicina 4 mg/kg/dia
Celulite nosocomial (>72 h)	Estreptococos do grupo A, *S. aureus*, enterobactérias	Vancomicina 10-15 mg/kg IV 12 h/12 h com ou sem piperacilina/tazobactam 3,375 g IV 6 h/6 h ou Vancomicina 10-15 mg/kg IV 12 h/12 h com ou sem ceftriaxona 2 g IV 24 h/24 h	Vancomicina 10-15 mg/kg IV 12 h/12 h com ou sem aztreonam 2 g IV 8 h/8 h
Decúbito/estase venosa/insuficiência arterial/úlcera diabética	Polimicrobianos, *Streptococcus pyogenes* (grupos A, C, G), enterococos, estreptococos anaeróbios, Enterobacteriaceae, *Pseudomonas* sp., *Bacteroides* sp., *S. aureus*	Vancomicina 10-15 mg/kg 12 h/12 h e piperacilina/tazobactam 3,375 g IV 6 h/6 h ou Vancomicina 10-15 mg/kg IV 12 h/12 h e meropenem 1 g IV 8 h/8 h	Vancomicina 10-15 mg/kg IV 12 h/12 h e metronidazol 500 mg IV 8 h/8 h e aztreonam 2 g IV 8 h/8 h
Mordidas de cão e gato	*Streptococcus viridans, Streptococcus* sp., *Pasteurella multocida, S. aureus, Bacteroides* sp., *Fusobacterium* sp. (anaeróbios)	Piperacilina/tazobactam 3,375 g IV 6 h/6 h	Clindamicina 600-900 mg IV 8 h/8 h *e* ciprofloxacina 500 mg VO/IV 12 h/12 h *ou* clindamicina 600-900 mg IV 8 h/8 h *e* levofloxacina 500 mg VO/IV 24 h/24 h
Mordidas humanas	*Streptococcus viridans, Eikenella* sp., estreptococos, *S. aureus, S. epidermidis, Bacteroides* sp., peptostreptococos, *Corynebacterium* sp.	Piperacilina/tazobactam 3,375 g IV 6 h/6 h	Clindamicina 600-900 mg IV 8 h/8 h *e* ciprofloxacina 500 mg IV 12 h/12 h *ou* clindamicina 600-900 mg IV 8 h/8 h *e* levofloxacina 500 mg IV 24 h/24 h
Infecção de tecidos profundos	Estreptococos (grupo A, C, G), *Clostridium* sp., polimicrobiano, aeróbios e anaeróbios	Desbridamento cirúrgico, vancomicina 10-15 mg/kg IV 12 h/12 h *e* meropenem 1 g IV 8 h/8 h (se isolados estreptococos do grupo A, incluir clindamicina e considerar imunoglobina IV – ver texto)	Vancomicina 10-15 mg/kg IV 8 h/8 h *e* clindamicina 600-900 mg IV 8 h/8 h *e* aztreonam 2 g IV 8 h/8 h

IV= intravenosa, VO= via oral.
*Com base em um indivíduo de 70 kg de peso e com função renal normal.
†Pessoas com reação mediada pela imunoglobulina E à penicilina.

10. Como diagnosticar a osteomielite no paciente com úlcera causada por diabetes ou por insuficiência vascular?

O método mais simples é examinar a úlcera. Se o osso é palpável, a presença de osteomielite é confirmada (valor profético positivo de 89%). Uma modalidade diagnóstica alternativa é a ressonância magnética, que oferece sensibilidade e especificidade de 90%. O padrão-ouro é a biópsia do osso, que não apenas confirma o diagnóstico, como também define a bacteriologia e permite o tratamento racional.

Lipsky BA, Berendt AR, Deery HG, et al: Diagnosis and treatment of diabetic foot infections. Clin Infect Dis 39:885-910, 2004.

11. Quais outras doenças devem ser consideradas no diagnóstico da celulite?

Ver Tabela 39-2.

TABELA 39-2. PROCESSOS IMPORTANTES A SEREM DIFERENCIADOS DA CELULITE

Processo	Indícios Clínicos
Infeccioso	
Fasciíte necrotizante	
Tipo I (mistura de espécies de bactérias anaeróbias e facultativas, tais como os estreptococos ou as Enterobacteriaceae)	Infecção da fáscia profunda, de manifestação aguda e de rápido desenvolvimento; dor acentuada, sensibilidade, edema e crepitação frequente; bolha, necrose da pele subjacente
Tipo II (infecção por estreptococos do grupo A)	Infecção aguda, frequentemente acompanhada pela síndrome do choque tóxico; progressão rápida do edema acentuado para bolha violácea e necrose do tecido subcutâneo; ausência de crepitação
Mionecrose anaeróbica (gangrena gasosa causada por *Clostridium perfringens*)	Infecção toxêmica rapidamente progressiva do músculo previamente lesado, com produção de edema acentuado, crepitação e bolha marrom (apresentando muitos bacilos gram-positivos com número escasso de células polimorfonucleares); na radiografia, dissecção gasosa extensa do músculo e da fáscia; a disseminação bacteriana de *Clostridium septicum* proveniente de câncer de cólon oculto pode produzir mionecrose sem trauma penetrante
Anthrax cutâneo	O edema gelatinoso envolvendo lesão por anthrax pode ser confundido com celulite; a lesão por anthrax é indolor ou pruriginosa; fatores epidemiológicos são de extrema importância
Vacinação com vaccinia	Eritema e induração ao redor do sítio de vacinação alcançam o pico em 10-12 dias (mais lentamente que a celulite); pouca toxicidade
Inflamatório e neoplásico	
Picada de inseto (reação de hipersensibilidade)	Histórico de picada de inseto, prurido local; ausência de febre, toxicidade ou leucocitose

Continua

TABELA 39-2. PROCESSOS IMPORTANTES A SEREM DIFERENCIADOS DA CELULITE (*CONT.*)

Processo	Indícios Clínicos
Inflamatório e neoplásico (*CONT.*)	
Gota aguda	Envolvimento dos pés (podagra); dor nas articulações, ataques repetidos; aumento no nível sérico de ácido úrico
Trombose venosa profunda	Envolvimento das pernas; cordão venoso sentinela e extensão linear
Eritema semelhante à celulite associado à febre familiar do Mediterrâneo	Ocorre em indivíduos de ascendência Judaica Sefardita e também do Oriente Médio, que tiveram episódios anteriores de febres recorrentes com ou sem episódios de dor abdominal aguda
Reação associada a drogas	O eritema cutâneo não se espalha tão rapidamente como na celulite; se há febre, a temperatura não é muito acima do normal; o histórico prévio indica o uso de medicação
Pioderma gangrenoso (particularmente com lesões iniciando no tecido adiposo subcutâneo como paniculite aguda)	As lesões tornam-se nodulares ou bolhosas e ulcerativas; ocorre particularmente em pacientes com doença inflamatória intestinal e doença vascular do colágeno
Síndrome de Sweet (ou seja, dermatose neutrofílica febril aguda)	Placas pseudovesiculadas sensíveis agudas, febre e leucocitose neutrofílica; frequentemente associada ao câncer (geralmente hematológico); na face, pode se assemelhar às erisipelas ou às celulites peri-orbitais; responde aos corticosteroides
Doença de Kawasaki	Febre, conjuntivite, linfadenopatia cervical aguda, eritema de orofaringe; dermatite das palmas e solas; a aparência facial pode sugerir celulite periorbital; principalmente na infância
Síndrome de Well	Lesões urticariformes poupando a área central; as lesões progridem lentamente e persistem por semanas ou meses; histologicamente, apresenta infiltrado de eosinófilos; eosinofilia periférica
Carcinoma erisipeloide	Forma de carcinoma metastático com envolvimento linfático; ocorre com maior frequência na parede anterior do tórax com câncer da mama, mas também pode ocorrer em sítios de metástases a distância; sem febre; progressão mais lenta do que a celulite

Adaptado de Swartz M: Clinical practice. Cellulitis. N Engl J Med 350:904-912, 2004.

INFECÇÕES DE TECIDOS PROFUNDOS

12. O que é fasciíte necrotizante?

Este preocupante diagnóstico é caracterizado pela necrose fascial disseminada e relativa preservação da pele e do músculo subjacente. É fatal se não tratado e requer um alto índice de suspeição no ato do diagnóstico. Geralmente, apresenta-se como uma celulite que progride lentamente para uma induração firme ou lenhosa dos tecidos subcutâneos. Um exsudato fino e de cor marrom pode ser liberado pelo ferimento. A ausência de resposta à terapia não-operatória, a dor excruciante na ausência de achados clínicos ou sinais de toxicidade sistêmica podem ser a únicas indicações da presença de necrose subjacente.

A fasciíte necrotizante pode se desenvolver depois de lesões relativamente pequenas, picadas de inseto, lacerações ou infecções de feridas superficiais em condições traumáticas ou cirurgia abdominal. Ocorre também em usuários de drogas IV. Noventa por cento dos casos são polimicrobianos. O tratamento depende primariamente do desbridamento cirúrgico precoce, sendo o momento da cirurgia correlacionado a um benefício na sobrevida. Esta é ampliada com o emprego de antibióticos de largo espectro e tratamento de suporte. Os antibióticos devem ser escolhidos inicialmente para assegurar a cobertura dos organismos aeróbios gram-positivos e gram-negativos e dos anaeróbios, e em seguida descalonados para os organismos específicos obtidos pelas culturas. Em um estudo recente, a taxa de mortalidade causada pela fasciíte necrotizante chegou a 30% (Tabela 39-1).

13. Quando se deve suspeitar de fasciíte necrotizante?

Em pacientes que apresentam celulite, deve-se suspeitar da ocorrência de infecção tecidual profunda se houver necrose da pele, drenagem ou crepitação. Logo no início da fisiopatologia da fasciíte necrotizante pode ocorrer a necrose dos nervos da derme. Portanto a presença de anestesia em vez de hiperestesia pode ser um indício precoce do diagnóstico.

Headley A: Necrotizing soft tissue infections: A primary care review. Am Fam Physician 68:323-328, 2003.

PONTOS-CHAVE: INFECÇÕES CUTÂNEAS E DE PARTES MOLES ✓

1. Pacientes idosos, obesos e mal-nutridos estão sob risco de infecções de feridas no período pós-operatório.
2. A maioria das infecções de feridas pós-operatórias ocorre em 1-2 semanas após a cirurgia.
3. Os antibióticos profiláticos diminuem as infecções de feridas quando empregados em casos "limpos".
4. A fasciíte necrotizante pode surgir como uma celulite que progride lentamente, com induração lenhosa e dor intensa.
5. O tratamento da fasciíte necrotizante é o desbridamento cirúrgico imediato.

14. Qual é o papel da clindamicina e da imunoglobulina IV (IgIV) na terapia dessas infecções?

A clindamicina deve ser incluída no regime de antibioticoterapia empírica como parte do tratamento da fasciíte necrotizante causada por estreptococos do grupo A e na terapia da síndrome do choque tóxico estreptocócico. Essas infecções estão associadas a um grande número de bactérias na fase estacionária de crescimento e que não expressam a proteína de ligação à penicilina em sua superfície celular. Portanto a penicilina e outros antibióticos beta-lactâmicos podem ser ineficazes. O papel da IgIV não é claro; estudos pequenos e não controlados indicam que pode ser eficaz. Se a infecção do paciente progride apesar do uso de antibióticos e da realização de cirurgia, a IgIV é razoável e deve ser administrada em altas doses (Tabela 39-1).

Darenberg J, Ihendyane N, Sjolin J, et al: Intravenous immunoglobulin G therapy in streptococcal toxic shock syndrome: An European randomized, double-blind, placebo-controlled trial. Clin Infect Dis 37:333-340, 2003.

15. O que é gangrena de Fournier?

É uma forma de fasciíte necrotizante do períneo. Tal como outras formas de fasciíte necrotizante, se deixada sem tratamento pode progredir para a sepse grave, falência de múltiplos órgãos e morte. O tratamento consiste no diagnóstico precoce, desbridamento radical precoce e repetido, desvio do fluxo fecal (ou seja, colostomia) e o uso de antibióticos de largo espectro.

16. O que são celulite anaeróbica, celulite necrotizante sinergística, gangrena bacteriana sinergística progressiva e mionecrose clostridial?

Todas são infecções de tecidos profundos que apresentam diferenças sutis na intensidade, no envolvimento tecidual, no aspecto da secreção e na bacteriologia. Clinicamente, no caso de suspeita de infecção tecidual profunda, deve-se iniciar um curso de antibióticos de largo espectro e realizar o desbridamento. A bacteriologia é definida no momento da cirurgia e determina a terapia antibiótica a ser usada posteriormente.

CAPÍTULO 40

HIPERTENSÃO

Alan C. Pao, MD, e Stuart L. Linas, MD

1. Quais são os determinantes hemodinâmicos da pressão arterial (PA)?

A pressão arterial é o produto do débito cardíaco (DC) pela resistência vascular sistêmica (RVS), ou PA = DC × RVS (análogo à Lei de Ohm). A hipertensão maligna é causada pelo aumento da RVS.

2. Quais são os quadros clínicos da hipertensão grave?

A hipertensão arterial grave pode ser classificada de várias maneiras, mas existem três categorias principais:

- **Crise hipertensiva (ou emergência hipertensiva):** Esse ponto decisivo no curso da doença hipertensiva ocorre quando o controle imediato da elevação da PA torna-se crucial para limitar e prevenir a lesão de órgãos-alvo. As etiologias mais comuns são a hipertensão acelerada e a hipertensão maligna. *Hipertensão acelerada* é definida como hipertensão grave (PA diastólica > 120 mmHg) associada a hemorragias e exsudatos retinianos (exsudatos algodonosos). *Hipertensão maligna* é a hipertensão acelerada com papiledema.
- **Hipertensão com disfunção de órgão-alvo:** Essa forma de hipertensão grave envolve evidência de lesão de órgãos-alvo, o que pode incluir acidente vascular cerebral (AVC), infarto do miocárdio, insuficiência cardíaca congestiva (ICC) e insuficiência renal. A redução da PA pode se associar à melhora clínica dos sinais e sintomas.
- **Urgência hipertensiva:** É definida por PA elevada na ausência de disfunção de órgãos-alvo. Pelo fato de ser apenas um "número" anormal, a urgência hipertensiva não está associada às temíveis consequências dos outros tipos de hipertensão grave.

3. Quais são os órgãos-alvo atingidos pela crise hipertensiva?

As crises hipertensivas podem atingir quatro sistemas principais:

- **Olhos/retina:** Hemorragia/exsudato retinianos ou papiledema.
- **Cérebro:** Encefalopatia hipertensiva, infarto cerebral aterotrombótico ou hemorragia intracerebral.
- **Coração:** Infarto agudo do miocárdio, ICC ou dissecção de aorta.
- **Rim:** insuficiência renal aguda.

Kaplan NM: Hypertensive crises. In Kaplan NM (ed): Clinical Hypertension, 7th ed. Philadelphia, Lippincott Williams & Wilkins, 1998, pp 265-280.

4. Quais são as possíveis complicações da hipertensão maligna não tratada?

Estudos das décadas de 1950 e 1960 revelaram que a mortalidade devido à hipertensão maligna não tratada é de 80%-90%. A maior parte das mortes ocorreram devido à insuficiência renal aguda. Com o início imediato da terapia anti-hipertensiva e com a disponibilidade de terapia de substituição renal aguda, a principal causa de morbidade e mortalidade passou a ser a doença cardiovascular (p. ex., AVC, infarto do miocárdio e ICC).

5. Qual é o tratamento agudo da hipertensão maligna?

O tratamento agudo preferencial é o nitroprussiato de sódio IV. A dose inicial é 0,5 μg/kg/min e deve ser aumentada em 0,5 μg/kg/min a cada 2-3 minutos, até que se atinja uma PA diastólica < 110 mmHg. Uma queda aguda maior da PA pode resultar em hipoperfusão de órgãos vitais, visto que a autorregulação do fluxo sanguíneo pode ter sido alterada para se adaptar à PA cronicamente elevada. Alternativas aceitáveis para o tratamento agudo da hipertensão maligna incluem a infusão parenteral de labetalol, nicardipina, enalaprilato ou fenoldopam. A PA deve ser constantemente monitorizada durante a terapia com um cateter intra-arterial.

Hirschl MM, Binder M, Bur A, et al: Clinical evaluation of different doses of intravenous enalaprilat in patients with hypertensive crises. Arch Intern Med 155:2217-2223, 1995.

Murphy MB, Murray C: Fenoldopam: A selective peripheral dopamine-receptor agonist for the treatment of severe hypertension. N Engl J Med 345:1548-1557, 2001.

Neutel, JM, Smith DHG, Wallin D, et al: A comparison of intravenous nicardipine and sodium nitroprusside in the immediate treatment of severe hypertension. Am J Hypertens 7:623-628, 1994.

6. Delinear o tratamento anti-hipertensivo crônico típico em seguida ao tratamento correto da hipertensão maligna.

Pelo fato de a hipertensão maligna ser causada por RVS aumentada, é recomendável que a terapia crônica inclua um vasodilatador, como hidralazina ou minoxidil. Os vasodilatadores causam taquicardia reflexa e retenção de sódio; portanto geralmente faz-se necessário incluir um betabloqueador e um diurético. Em alguns casos, a redução crônica da PA pode ser alcançada com o uso de vasodilatadores menos potentes, tais como inibidores da enzima conversora da angiotensina (ECA) ou bloqueadores de canal de cálcio.

7. Qual é o tratamento agudo apropriado da hipertensão em um paciente com feocromocitoma?

A hipertensão induzida pelo feocromocitoma é causada pela ativação do receptor α_1 adrenérgico do músculo liso vascular, o que resulta em vasoconstrição. Assim, o melhor tratamento agudo é a administração IV de fentolamina, bloqueador de α_1. Nitroprussiato de sódio também é uma opção. Betabloqueadores devem ser evitados a princípio, pois permitem a estimulação do α_1 periférico sem oposição e causam redução do DC.

Kaplan NM: Phecochromocytoma. In Kaplan NM (ed): Clinical Hypertension, 7th ed. Philadelphia, Lippincott Williams & Wilkins, 1998, pp 345-363.

8. Qual é o tratamento agudo da hipertensão no paciente com dissecção aórtica?

A terapêutica inicial tem por objetivo diminuir a PA e a força de contração cardíaca. Tal objetivo, tradicionalmente, tem atingido mais êxito com o uso de nitroprussiato de sódio e esmolol. O uso de Labetalol apenas também é eficaz nesse caso.

Vaughan CJ, Delanty N: Hypertensive emergencies. Lancet 356:411-417, 2000.

9. Descreva o tratamento agudo da crise hipertensiva induzida por cocaína.

A cocaína causa hipertensão por inibir a recaptação de catecolaminas nos terminais nervosos. Assim, drogas que bloqueiam receptores α_1 como o labetalol ou a fentolamina são eficazes. Betabloqueadores seletivos sem bloqueio do α_1, como propranolol, não são recomendáveis devido ao risco de ação α_1 sem oposição. Se a hipertensão for grave, o nitroprussiato de sódio é a droga de escolha. No caso de isquemia miocárdica relacionada à cocaína, nitroglicerina e benzodiazepínicos são eficientes tanto contra a hipertensão induzida por cocaína, quanto contra a vasoconstrição das artérias coronárias.

Lange RA, Hillis LD: Cardiovascular complications of cocaine use. N Engl J Med 345:351-358, 2001.

10. Como deveria ser o tratamento agudo da hipertensão no paciente com AVC?

Pacientes com AVC agudo geralmente têm PA alta por razões ainda não completamente compreendidas. Uma PA <160/100 mmHg não deve ser tratada porque uma redução maior da PA pode resultar em hipoperfusão de órgãos vitais, incluindo o cérebro, que se adaptou a um regime de PA cronicamente elevada. Uma PA >180/110 mmHg deve ser adequadamente tratada com agentes parenterais como o nitroprussiato de sódio. Deve-se evitar uma queda brusca; o objetivo da terapia é reduzir a pressão arterial média em 25% ou diminuir a PA diastólica para 100 mmHg – o que for o mais alto – durante a primeira hora. Se a condição neurológica do paciente piorar, a taxa de redução da PA deve ser feita de forma mais lenta. A terapia oral deve ser instituída antes que a terapia parenteral seja descontinuada. Deve-se evitar clonidina ou alfametildopa por causa do risco de prejuízo à função cerebral.

Bath P, Chalmers J, Powers W, et al: International Society of Hypertension (ISH): Statement on the management of blood pressure in acute stroke. J Hypertens 21:665-672, 2003.

11. Descreva o tratamento agudo da hipertensão em pacientes com doença cardíaca isquêmica e angina em andamento.

A hipertensão pode precipitar dor torácica isquêmica em pacientes com doença coronariana grave. Alternativamente, a hipertensão pode originar-se da dor torácica, a qual resulta em aumento significativo de catecolaminas e hipertensão reacional secundária. Nos dois casos, a hipertensão está associada ao aumento da RVS e da demanda miocárdica de oxigênio. Nitroglicerina e betabloqueadores são os agentes de escolha. Pelo fato de o nitroprussiato aumentar a frequência cardíaca e a demanda miocárdica de oxigênio, esta droga é considerada um agente secundário.

Kitiyakara C, Guzman NJ: Malignant hypertension and hypertensive emergencies. J Am Soc Nephrol 9:133-142, 1998.
Vaughan CJ, Delanty N: Hypertensive emergencies. Lancet 356:411-417, 2000.

12. Como a hipertensão associada à pré-eclâmpsia deve ser tratada?

Pré-eclâmpsia é a combinação de hipertensão, proteinúria e edema na gravidez. Ocorre após a 20ª semana de gestação. O tratamento tradicional é feito com hidralazina ou alfametildopa. Caso essas drogas sejam ineficazes ou mal toleradas, o labetalol é uma alternativa segura e eficaz. Devido ao potencial teratogênico, deve-se evitar o nitroprussiato de sódio, trimetafan, diazóxido, inibidores da ECA, betabloqueadores e bloqueadores de canal de cálcio. Infelizmente, desconhece-se o perfil de segurança de muitas drogas anti-hipertensivas durante a gestação. Uma vez que a pré-eclâmpsia e a eclâmpsia podem ser fatais, o uso de agentes anti-hipertensivos potentes com toxicidade fetal não esclarecida (como nitroprussiato de sódio ou minoxidil) pode ser necessário.

Duley L, Henderson-Smart DJ: Drugs for treatment of very high blood pressure during pregnancy. Cochrane Database Syst Rev 4: CD001449, 2002.

PONTOS-CHAVE: HIPERTENSÃO ✓

1. A crise hipertensiva (ou emergência hipertensiva) é o divisor de águas no curso da hipertensão, quando o controle imediato da pressão elevada é decisivo para limitar ou prevenir a lesão de órgãos-alvo.
2. As crises hipertensivas podem atingir quatro sistemas de órgãos-alvo principais: olhos, cérebro, coração e rins.
3. O tratamento agudo de escolha para hipertensão maligna é o nitroprussiato de sódio IV.
4. A terapia crônica da hipertensão maligna deve incluir um vasodilatador, como a hidralazina ou o minoxidil, um betabloqueador e um diurético.
5. Nitroglicerina e betabloqueadores são os agentes iniciais de escolha indicados para pacientes com doença cardíaca isquêmica e angina.

13. Qual é a função da nifedipina sublingual no tratamento da crise hipertensiva?

Não há função! A absorção da nifedipina pela mucosa oral é muito baixa e resulta em uma distribuição sistêmica inconsistente. Reações adversas importantes e até fatais foram relatadas quando a nifedipina foi administrada agudamente para o tratamento de crises hipertensivas. A nifedipina é contraindicada nessas situações por causa da imprevisibilidade da queda da PA.

Grossman E, Messerli FH, Grodzicki T, et al: Should a moratorium be placed on sublingual nifedipine capsules given for hypertensive emergencies and pseudoemergencies? JAMA 276:1328-1331, 1996.

14. Na hipertensão grave, por que a redução da PA pode resultar no declínio da taxa de filtração glomerular (TFG)?

Normalmente, a TFG é mantida apesar das reduções da PA pelo mecanismo compensatório de aumento do tônus arteriolar eferente (Fig. 40-1). Há duas causas principais para a piora da TFG após a redução da PA no quadro de hipertensão grave:

- **Estenose de artéria renal:** Em um paciente com uma lesão aterosclerótica fixa da artéria renal principal, a redução da PA pode causar uma queda da TFG porque a lesão fixa limita o fluxo arteriolar aferente de tal maneira que nem mesmo a elevação máxima no tônus eferente arteriolar consegue compensar e manter a TFG.
- **Hipertensão arterial essencial de longa duração:** Nesse caso, não há alterações macrovasculares; o problema é a esclerose marcante da microvasculatura renal, incluindo a arteríola aferente. Devido à esclerose arteriolar aferente, a arteríola aferente é incapaz de vasodilatar em resposta à queda da PA. Assim, a TFG cai quando a PA diminui mesmo com aumento no tônus arteriolar eferente, que normalmente iria contrabalancear, pelo menos em parte, quedas da PA.

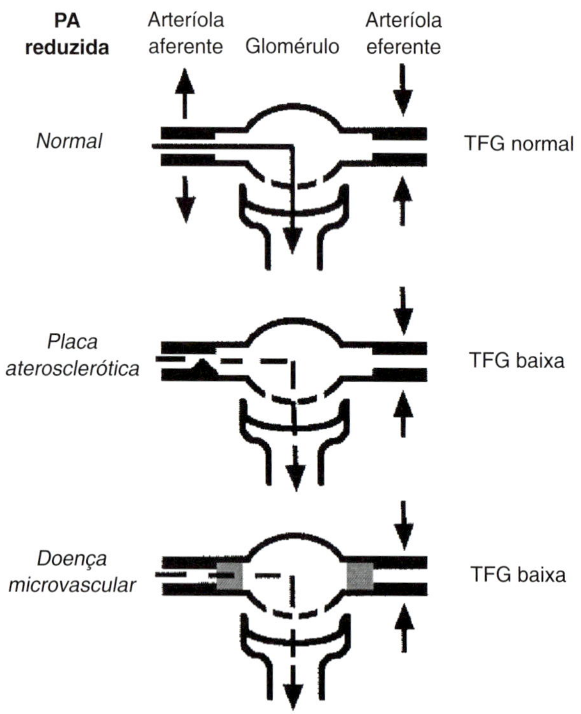

Figura 40-1. Auto-regulação prejudicada da taxa de filtração glomerular (TFG). PA = pressão arterial.

15. Quando se deve considerar a avaliação para hipertensão secundária?

- Na apresentação inicial da hipertensão maligna (especialmente se o paciente for caucasiano, com idade inferior a 30 anos ou superior a 50 anos).
- Quando a evolução para hipertensão grave ocorrer em menos de cinco anos.
- Quando houver aumento da creatinina plasmática após o início do tratamento com inibidores da ECA.
- Em pacientes com boa aderência ao tratamento cuja PA é de difícil controle, mesmo após tratamento adequado com combinações de diuréticos, betabloqueadores e vasodilatadores potentes.

Pohl MA: Renal artery stenosis, renal vascular hypertension, and ischemic nephropathy. In: Schrier RW (ed): Diseases of the Kidney, 7th ed. Philadelphia, Lippincott Williams & Wilkins, 2001, pp 1399-1457.

16. Quais são as causas importantes de hipertensão secundária?

A hipertensão secundária é responsável por 5% dos casos de hipertensão.

- **Renal:** Doença renovascular, doença renal parenquimatosa, doença renal policística, síndrome de Liddle, síndrome do excesso aparente de mineralocorticóides, hipercalcemia.
- **Endócrina:** Hipotireoidismo ou hipertireoidismo, hiperaldosteronismo primário, síndrome de Cushing, feocromocitoma, hiperplasia adrenal congênita.
- **Drogas:** Prescritas (p. ex., estrogênio, ciclosporina, esteroides), medicamentos vendidos sem receita médica (como pseudoefedrina, antiinflamatórios não-esteroidais), lícitas (tabaco e etanol) e ilícitas (cocaína).
- **Neurogênica:** Hipertensão intracraniana, secção da medula espinal.
- **Outras:** Coarctação da aorta, apnéia obstrutiva do sono, policitemia vera.

CAPÍTULO 41

INSUFICIÊNCIA RENAL AGUDA

Dinkar Kaw, MD e Joseph I. Shapiro, MD

1. Como é feito o diagnóstico da insuficiência renal aguda (IRA)?

A IRA representa a perda rápida da taxa de filtração glomerular (TFG) em um período que varia de horas a alguns dias. Essa perda geralmente é caracterizada por um aumento súbito nos níveis plasmáticos de creatinina e ureia. O grau de disfunção renal não pode ser avaliado pela concentração plasmática de creatinina até que essa concentração atinja um estado de equilíbrio. Diante da perda repentina da função renal em um paciente cuja função era normal, o nível sérico de creatinina só irá se elevar 1-2 mg/dL/dia. Entretanto, pacientes com redução da massa muscular, que produzem menos creatinina, podem apresentar uma elevação ainda menor, mesmo na ausência total de filtração glomerular. A ureia também indica uma redução da filtração glomerular. Apesar de um aumento acentuado da ureia comparado ao da creatinina sugerir uma etiologia pré-renal ou obstrutiva (pós-renal), deve-se considerar a possibilidade de o paciente apresentar uma produção limitada de creatinina. A determinação das taxas de excreção de creatinina e de ureia, permitindo calcular seu *clearance*, ocasionalmente é indicada para esclarecer tal dúvida. A dosagem do nível sérico de cistatina C pode detectar reduções mínimas da TFG, podendo ser usada para diagnosticar a IRA em seus estágios iniciais. Ela tem detectado a IRA com um ou dois dias de antecedência em relação ao diagnóstico baseado nos níveis séricos de creatinina.

Esson ML, Schrier RW: Diagnosis and treatment of acute tubular necrosis. Ann Intern Med 137:744-752, 2002.

Herget-Rosenthal S, Marggraf G, Husing J, et al: Early detection of acute renal failure by serum cystatin C. Kidney Int 66:1115-1122, 2004.

2. Quais as diferenças entre a IRA e a insuficiência renal crônica?

Quando um paciente é examinado alguns dias depois do início da IRA, essa distinção pode ser difícil. A insuficiência renal crônica está mais frequentemente associada à anemia, à hipocalcemia, ao débito urinário normal e a rins pequenos na ultrassonografia. Uma biópsia renal pode ser necessária se o tamanho dos rins for normal. Relatou-se que a insuficiência renal crônica, mas não a aguda, pode estar relacionada a um aumento do gap osmolal sérico (ou seja, a diferença entre a osmolalidade sérica medida e a calculada).

Toto RD: Approach to the patient with kidney disease. In Brenner BM (ed): Brenner & Rector's The Kidney, 7ªth ed. Philadelphia, Saunders, 2004, pp 1079-1106.

3. Como a IRA é classificada?

As principais categorias incluem a pré-renal, intrarrenal ou parenquimatosa, e pós-renal ou obstrutiva (Tabela 41-1).

TABELA 41-1. DIAGNÓSTICO DIFERENCIAL DA INSUFICIÊNCIA RENAL AGUDA

Pré-renal	Pós-renal	Parenquimatosa
Desidratação	Ureter	Glomerular
Disfunção cardíaca	Bexiga	Intersticial
Vasodilatação	Uretra	Nefrite intersticial alérgica
Obstrução vascular renal		Vascular
Síndrome hepato-renal		Necrose tubular aguda

4. Como o exame de urina auxilia no diagnóstico diferencial da IRA?

A avaliação laboratorial se inicia com um exame cuidadoso da urina. Uma urina concentrada aponta para causas pré-renais, enquanto a urina isotônica sugere causas parenquimatosas ou obstrutivas. Tipicamente, o sedimento urinário dos pacientes com azotemia pré-renal apresenta cilindros hialinos ou cilindros granulosos finos. Em contraste, a presença de células epiteliais dos túbulos renais e cilindros granulosos grosseiros é uma forte indicação de necrose tubular aguda (NTA). Micro-hematúria e cilindros hemáticos sugerem glomerulonefrite e cilindros leucocitários contendo eosinófilos sugerem nefrite intersticial aguda. Um sedimento urinário benigno é compatível com obstrução urinária.

5. Quais as implicações dos eletrólitos urinários no diagnóstico diferencial da IRA?

A determinação da concentração dos eletrólitos e creatinina urinários, pode ser útil no diagnóstico diferencial da IRA. Quando usados associados aos níveis séricos, pode-se gerar índices urinários diagnósticos. Compreender os conceitos por trás da interpretação desses índices é melhor e mais fácil do que tentar se lembrar de números específicos. Resumidamente, se o túbulo está funcionando bem na presença de uma TFG reduzida, ocorre uma ávida reabsorção tubular de sódio e água, e o *clearance* de sódio em relação à creatinina fica baixo. Por outro lado, se o túbulo estiver danificado e não absorve bem o sódio, o *clearance* do sódio em relação à creatinina não se apresenta baixo. Portanto, na azotemia pré-renal, a razão entre o *clearance* de sódio e o *clearance* de creatinina, chamado de *fração de excreção de sódio* (FENa) (FENa = [sódio urinário]/[creatinina urinária] × [creatinina plasmática]/[sódio plasmático] × 100), se apresenta tipicamente menor do que 1,0, enquanto nas causas parenquimatosas ou obstrutivas de IRA a FENa é geralmente superior a 2,0 (Fig. 41-1).

A FENa é muito menos útil quando os pacientes não estão oligúricos. Nesse caso, a especificidade da FENa baixa para a azotemia pré-renal é notadamente reduzida. Além da ausência de oligúria, diversas causas de NTA,

$$\textbf{FENa (\%)} = \frac{\text{Sódio Urinário} \times \text{Creatinina Plasmática}}{\text{Sódio Plasmático} \times \text{Creatinina Urinária}} \times 100$$

<1% → Azotemia Pré-renal

> 2% → Doença Parenquimatosa Renal; Obstrução Urinária

O Valor Preditivo da FENa Baixa Está Reduzido na Presença de

NTA Não-oligúrica
NTA Secundária a Contrastes ou Pigmentos
Insuficiência Renal Crônica Subjacente
Glomerulonefrite Aguda
Rejeição de Transplante
Obstrução Urinária Aguda (primeiras 24 horas)
Síndrome Hepato-renal

O Valor Preditivo da FENa Elevada Está Reduzido na Presença de

Uso de Diurético
Insuficiência Renal Crônica

Figura 41-1. A fração de excreção de sódio (FENa), que mede a percentagem do sódio filtrado que é excretada na urina, ajuda a diferenciar entre as causas pré-renais de insuficiência renal e as causas parenquimatosas (p. ex., necrose tubular aguda [NTA], nefrite intersticial alérgica) e por obstrução urinária. Em condições específicas, o valor preditivo de uma FENa baixa (para diagnosticar azotemia pré-renal) ou alta (para excluir azotemia pré-renal) é limitado.

especificamente a NTA induzida por contrastes ou associada à hemólise ou rabdomiólise, podem estar tipicamente associadas à FENa baixa. Pacientes com azotemia pré-renal, mas que se encontram sob efeito de diurético, apresentam lesão túbulo-intersticial crônica ou bicarbonatúria, podem apresentar uma FENa relativamente elevada. No último caso, a fração de excreção de cloreto, calculada de maneira análoga, estará apropriadamente reduzida (< 1%). Finalmente, os estágios iniciais da IRA secundária à glomerulonefrite, rejeição de transplante ou obstrução urinária podem estar associados à FENa baixa.

Esson ML, Schrier RW: Diagnosis and treatment of acute tubular necrosis. Ann Intern Med 137:744-752, 2002.
Miller TR, Anderson RJ, Linas SL, et al: Urinary diagnostic índices in acute renal failure: A prospective study. Ann Intern Med 89:47-50, 1978.

6. Qual é a fisiopatologia da NTA?

Isquemia renal, lesão renal tóxica ou uma combinação dessas lesões pode causar perda prolongada da função renal. Fisiologicamente, a redução da TFG deve resultar de uma alteração nos fatores hemodinâmicos glomerulares, como uma redução na área de superfície efetiva ou na permeabilidade do glomérulo (Kf), uma redução no fluxo sanguíneo glomerular ou uma anormalidade na integridade tubular, incluindo a obstrução do fluxo tubular por restos celulares ou perda de líquido através da membrana basal tubular. De fato, cada uma dessas características patogenéticas pode estar operante em alguns modelos experimentais de NTA.

Lameire N: The pathophysiology of acute renal failure. Crit Care Clin 21:197-210, 2005.

7. Como a NTA evolui?

O principal mecanismo pelo qual a insuficiência renal é induzida pode diferir do mecanismo primário pelo qual ela é mantida. P. ex., na IRA isquêmica, a redução no fluxo sanguíneo renal e glomerular pode causar a perda inicial da função renal. Entretanto, a necrose tubular aguda, com a obstrução por restos celulares e extravasamento do ultrafiltrado que a acompanham, mantém a TFG reduzida. Os mecanismos tubulares geralmente são importantes na manutenção da IRA resultante das causas mais comuns vistas clinicamente. Portanto os esforços farmacológicos para melhorar o fluxo sanguíneo renal realmente não são por si só eficazes na redução da duração da IRA. O interessante é que, atualmente, a NTA não parece se recuperar tão rapidamente quanto quando foi inicialmente descrita. Essa recuperação lenta pode estar associada a episódios recorrentes de isquemia renal, o que pode ser atribuído à alteração da vasodilatação renal decorrente da lesão inicial da NTA. Consequentemente, deve-se evitar até mesmo graus leves de hipotensão no tratamento dos pacientes com NTA.

Conger J: Hemodynamic factors in acute renal failure. Adv Ren Replace Ther 4:25-37, 1997.
Nowicki M, Zwiech R, Szklarek M: Acute renal failure: The new perspective. Annales Academiae Medicae Bialostocensis 49:145-150, 2004.

8. Como podemos prevenir a IRA?

A NTA geralmente ocorre após cirurgias ou na presença de desidratação. Nessas condições, fármacos nefrotóxicos, como os contrastes radiológicos, aminoglicosídeos, anfotericina B, anti-inflamatórios não esteroidais e alguns agentes quimioterápicos (p. ex., cisplatina, metotrexate), se tornam potentes causadores da IRA. A otimização da volemia e o estabelecimento de um fluxo urinário relativamente elevado minimizam o risco. Acreditava-se que, em determinadas situações, como a administração de contrastes radiológicos ou cisplatina e em cirurgias de risco relativamente elevado (p. ex., cirurgia cardíaca a céu aberto ou do trato biliar), a administração de manitol (12,5-25 g em infusão IV) seria um adjunto útil na prevenção da IRA. Entretanto, estudos subsequentes demonstraram que o manitol, na realidade, potencializa a IRA após a administração do contraste radiológico. Alguns estudos recentes sugerem que a administração de N-acetilcisteína ou bicarbonato de sódio pode prevenir a nefropatia por contraste em pacientes de alto risco.* Mas a profilaxia mais aceita consiste no uso de meios de contraste iso-osmóticos e de uma hidratação adequada antes da administração do contraste.

Asif A, Epstein M: Prevention of radiocontrast induced nephropathy. Am J Kidney Dis 44:12-24, 2004.

---

* N.R.C.: Assunto controverso na literatura.

9. Quais são as opções de tratamento da NTA?

O melhor tratamento da NTA, conforme mencionado anteriormente, é a prevenção. Como a NTA não-oligúrica está associada a uma menor mortalidade e morbidade do que a NTA oligúrica, existe certa empolgação a respeito da administração de doses elevadas de diuréticos de alça (1-3 g/24 h em infusão IV ou *bolus* repetidos) associados a doses renais de dopamina (1-3 μg/kg/min). Esse tratamento, que em alguns pacientes transforma a NTA oligúrica em não-oligúrica, facilita a manutenção do volume e do estado nutricional. Porém, não se sabe se essa abordagem realmente melhora o prognóstico. A otimização da hidratação e a prevenção/tratamento de desordens eletrolíticas são os principais fundamentos do tratamento conservador da IRA.

10. Que desordens eletrolíticas importantes acompanham a IRA?

As desordens eletrolíticas mais comuns na IRA incluem a hipercalemia, a hipermagnesemia, a hiperfosfatemia, a hipocalcemia e a acidose (Tabela 41-2). Dentre elas, a hipercalemia é a mais comum e provavelmente a mais perigosa.

A hipercalemia é mais comum na NTA oligúrica e na obstrução renal; e é uma verdadeira emergência médica. Um potássio sérico acima de 6,0 indica a necessidade de um eletrocardiograma para buscar ondas T apiculadas, redução da amplitude das ondas P ou prolongamento do QRS. Qualquer uma dessas alterações indica que devem ser tomadas medidas imediatas para a correção da hipercalemia.

11. Que medidas imediatas devem ser tomadas para o tratamento da hipercalemia?

O tratamento parenteral mais rápido é o cálcio, administrado em forma de sais de cloreto ou gluconato. Esse tratamento não afeta os níveis séricos de potássio, mas antagoniza os efeitos da hipercalemia no potencial de

TABELA 41-2. DISTÚRBIOS ELETROLÍTICOS NA INSUFICIÊNCIA RENAL AGUDA (IRA)

Desordem	Mecanismo	Frequência	Importância Clínica
Hipercalemia	Redução da excreção de K Aumento do catabolismo	Comum, especialmente na IRA oligúrica	Potencialmente fatal
Hipermagnesemia	Redução na excreção de Mg	Comum, mas geralmente não é grave, a não ser que administre-se Mg	Potencialmente fatal só se for muito grave
Hiperfosfatemia	Redução na excreção de fosfato Aumento do catabolismo	Universal	Séria apenas se for muito grave
Hipocalcemia	Precipitação de fosfato de cálcio nos tecidos Redução da 1,25 vitamina D_3	Comum, mas geralmente não é grave	Potencialmente fatal se for muito grave
Acidose	Redução na excreção de ácido Aumento do catabolismo	Muito comum	Geralmente não é fatal

K = potássio, Mg = magnésio.

membrana do coração e previne, ou reverte, os efeitos cardíacos da hipercalemia. Outra abordagem rápida e eficaz é a administração de insulina, que causa a entrada de potássio nas células, reduzindo o nível sérico de potássio. Nos pacientes com níveis séricos normais de glicose, a insulina (10 unidades IV) geralmente é administrada com glicose (ampolas de glicose a 50% ou infusão de soro glicosado a 10%). Os efeitos da insulina são um pouco mais duradouros do que os do cálcio e podem ser prolongados pela infusão contínua de insulina, geralmente administrada com glicose para prevenir a hipoglicemia. O bicarbonato também pode ser usado para elevar o pH arterial e "transferir" o potássio para dentro das células. As complicações incluem os efeitos hemodinâmicos potencialmente adversos do bicarbonato IV e o aumento da volemia secundário à carga de sódio.

Wiseman AC, Linas S: Disorders of potassium and acid-base balance. Am J Kidney Dis 45:941-949, 2005.

12. O que é a síndrome urêmica?

A síndrome urêmica é um complexo de sintomas associados à insuficiência renal. Ela pode ocorrer com a insuficiência renal aguda e crônica, e envolve virtualmente todos os órgãos do corpo. Suas principais manifestações incluem náusea, vômitos, prurido, desordens da coagulação, encefalopatia e pericardite. O desenvolvimento dessa síndrome geralmente é uma indicação de que deve-se instituir um tratamento não conservador para a IRA, como a hemodiálise, diálise peritoneal ou hemofiltração arteriovenosa contínua. A patogênese da síndrome urêmica ainda não é bem compreendida; entretanto, nem a ureia nem a creatinina produzem qualquer uma das suas manifestações.

13. Quais são as indicações de um tratamento não conservador para o quadro de IRA?

As indicações de tratamento não conservador, como a diálise, incluem sinais e sintomas de uremia, hipervolemia e/ou anormalidades eletrolíticas refratárias ao tratamento conservador. Tornou-se padrão instituir o tratamento não conservador quando o nível de ureia excede 200 mg/dL ou a creatinina sérica ultrapassa 10 mg/dL, especialmente na NTA oligúrica. Essas últimas diretrizes não são absolutas e devem ser interpretadas em associação a outras manifestações clínicas.

Palevski PM: Renal replacement theraphy: Indications and timing. Crit Care Clin 21:347-356, 2005.

14. Quais são as opções de tratamento não conservador para a IRA?

As três principais opções de tratamento não conservador incluem a hemodiálise, a diálise peritoneal e a terapia de substituição renal contínua. Cada opção possui vantagens e desvantagens (Quadro 41-1) e, é claro, cada uma delas apresenta variações. A hemodiálise envolve o bombeamento de sangue através de um "rim artificial", que remove solutos primariamente pela diálise ao longo de um gradiente de concentração; a água é removida pela ultrafiltração determinada por um gradiente de pressão. Para este procedimento, são necessários acesso venoso central, anticoagulação, um técnico experiente e equipamento caro. A diálise peritoneal envolve a instilação repetida e remoção de fluido da cavidade peritoneal. Nessa modalidade, a remoção de soluto também é feita primariamente pela diálise ao longo de um gradiente de concentração e a remoção de líquido ocorre pela ultrafiltração impulsionada por um gradiente de pressão osmótica. Apesar de ser um método menos eficiente e mais lento do que a hemodiálise, não há necessidade de acesso venoso central, anticoagulação, técnico experiente ou equipamento caro.

A quantidade de diálises a ser prescrita ainda é motivo de controvérsia. Extrapolações da prescrição para insuficiência renal crônica podem não ser suficientes para prevenir o desenvolvimento de sinais e sintomas de uremia nos pacientes com IRA. Um estudo sugeriu que um regime mais intenso de hemodiálise pode melhorar a sobrevida.

Briglia AE: Dialysis considerations in the patient with acute renal failure: ICU dialysis. In Henrich WL (ed): Principles and Practice of Dialysis, 3ª ed. Philadelphia, Lippincott Williams & Wilkins, 2004, pp 420-440.

Schiffi H, Lang SM, Fischer R: Daily hemodialysis and the outcome of acute renal failure. N Engl J Med 346:305-310, 2002.

QUADRO 41-1. OPÇÕES DE DIÁLISE NO TRATAMENTO DA INSUFICIÊNCIA RENAL AGUDA

Hemodiálise intermitente

Vantagens

Técnica de diálise eficiente e intensiva
Necessidade de pessoal qualificado por um período mais curto

Desvantagens

Pode causar instabilidade hemodinâmica
Necessidade relativa de anticoagulação
Potencial para desequilíbrio
Necessidade de equipamento caro
Precisa de pessoal qualificado para realizar a diálise

Requerimentos

Acesso venoso, anticoagulação, pessoal treinado e equipamento caro

Diálise peritoneal

Vantagens

Uma forma lenta e suave de diálise
Melhor estabilidade hemodinâmica do que a hemodiálise intermitente
Não tem necessidade de anticoagulação

Desvantagens

As desordens eletrolíticas e de volume são corrigidas lentamente
Muitos profissionais de enfermagem não estão familiarizados com a metodologia
Risco de vazamento e infecção peritoneal

Requerimentos

Cateter peritoneal, soluções estéreis de diálise peritoneal e pessoal treinado

Terapia de substituição renal contínua

Vantagens

Forma lenta e contínua de diálise
Melhor estabilidade hemodinâmica do que a hemodiálise intermitente
Remoção eficiente de solutos e equilíbrio de eletrólitos
Manutenção contínua do volume
Nutrição e medicamentos administrados enquanto o volume é mantido

Desvantagens

Imobilização do paciente
Anticoagulação sistêmica
Requer atenção constante da enfermagem
Equipamento caro

Requerimentos

Pessoal de enfermagem treinado disponível 24 horas, acesso vascular, anticoagulação e equipamento complexo

15. O que é a terapia de substituição renal contínua?

A terapia de substituição renal contínua inclui diversos tratamentos caracterizados pela remoção lenta, gradual e contínua de líquido e eletrólitos. A hemodiálise venovenosa contínua (CVVHD) é o método mais utilizado. Ela envolve a remoção de solutos por convecção e a remoção de líquidos pela pressão hidrostática através de uma membrana de alto fluxo. Assim como a diálise convencional, a CVVHD requer um acesso venoso central, anticoagulação, pessoal treinado e equipamento complexo. A hemofiltração/diálise arteriovenosa contínua é uma técnica simples, mas menos eficiente, de terapia de substituição renal contínua. Apesar de cada uma dessas técnicas ter vantagens e desvantagens, em geral, a experiência dos profissionais provavelmente é o fator mais importante. Devido à dificuldade em orientar o pessoal de enfermagem em relação aos métodos de diálise contínua, desenvolveram-se métodos de diálise diária, como a diálise lenta de baixa eficiência, que são feitos no decorrer de aproximadamente 12 horas. O interessante é que a biocompatibilidade da membrana de hemodiálise parece ser um fator importante na determinação do prognóstico, enquanto a intensidade da prescrição da diálise (ou seja, fluxo sanguíneo, fluxo do dialisato) não parece ser um elemento importante na determinação da evolução dos pacientes.

Chanchairujira T, Mehta RL: Continuous dialysis therapeutic techniques. In Henrich WL (ed): Principles and Practice of Dialysis, 3rd ed. Philadelphia, Lippincott Williams & Wilkins, 2004, pp 162-180.

PONTOS-CHAVE: INSUFICIÊNCIA RENAL AGUDA (IRA) ✓

1. A concentração sérica de creatinina pode não ser sensível à perda da função renal.
2. A IRA secundária à necrose tubular aguda pode ser desencadeada por um mecanismo e mantida por outro, diferente.
3. Os resultados das medidas para prevenir a necrose tubular aguda são superiores aos resultados alcançados com o seu tratamento.
4. A análise da urina e a dosagem dos eletrólitos e da creatinina urinários podem fornecer informações importantes sobre as causas da IRA.
5. A hipercalemia é uma complicação importante e potencialmente fatal da IRA, que requer medidas urgentes.
6. A terapia de substituição renal, na forma de diálise, pode ser necessária para corrigir os desequilíbrios hidroeletrolíticos e a acidose caso o tratamento conservador venha a falhar.

CAPÍTULO 42

TERAPIA DE SUBSTITUIÇÃO RENAL E RABDOMIÓLISE

Kathleen D. Liu, MD, PhD e Glenn M. Chertow, MD, MPH

1. Quais são as indicações da terapia de substituição renal?

As indicações incluem (mnemônico AEIOU):

- **A**cidose.
- Desequilíbrios **E**letrolíticos – entre eles, a hipercalemia é a que apresenta maior potencial fatal.
- **I**ngestões – a diálise elimina alguns fármacos e toxinas, incluindo o ácido acetilsalicílico, o lítio e o metanol ou o etilenoglicol e seus metabólitos tóxicos.
- Excessos (***O**verload*) – a diálise pode aliviar o excesso de volume que leva à hipoxemia e que pode ser particularmente problemático na presença de oligúria/anúria.
- **U**remia-as complicações da uremia variam de leves (p. ex., redução do apetite e prurido) a graves (p. ex., alteração da consciência, derrame pericárdico e pericardite). Os pacientes também podem apresentar disfunção plaquetária (hemorragia) devido à uremia.

Palevski PM: Renal replacement therapy: Indications and timing. Crit Care Clin 21:347-356, 2005.

2. Enumere os diversos tipos de terapia de substituição renal.

Terapias de substituição renal intermitentes

- Diálise peritoneal.
- Hemodiálise intermitente (HDI).
- Ultrafiltração.
- Terapias híbridas: diálise sustentada de baixa eficiência (SLED), diafiltração sustentada de baixa eficiência (SLEDF), diálise diária estendida (EDD) e diálise lenta contínua (SCD).

Terapias de substituição renal contínua (CRRT)

- Ultrafiltração lenta contínua.
- Hemofiltração arteriovenosa contínua (CAVH).
- Hemodiálise arteriovenosa contínua (CAVHD).
- Hemodiafiltração arteriovenosa contínua (CAVHDF).
- Hemofiltração venovenosa contínua (CVVH).
- Hemodiálise venovenosa contínua (CVVHD).
- Hemodiafiltração venovenosa contínua (CVVHDF).

3. O que são "terapias híbridas"?

A SLED, a SLEDF, a EDD e a SCD são chamadas de *diálises híbridas recém desenvolvidas.* A diálise pode ser feita por meio de diversas máquinas de HDI (uma vantagem sobre a terapia de substituição renal contínua), geralmente com pequenas modificações para permitir fluxos de dialisato mais lentos em comparação à HDI. O tratamento é feito de maneira intermitente, mas durante um período mais longo (8-12 horas/sessão) do que a HDI convencional (3-4 horas/sessão) e geralmente diária. Assim, as terapias híbridas possuem muitos dos benefícios da terapia de substituição renal contínua sem algumas de suas desvantagens (veja a questão 5). Essas modalidades estão sendo ativamente desenvolvidas e possuem diversos nomes diferentes e, por isso, iremos nos referir a elas como *terapias híbridas.*

Marshall MR, Golper TA: Sustained low efficiency or extended daily dialysis. UptoDate: www.utdol.com

4. A quem devemos indicar a terapia de substituição renal contínua ou a terapia híbrida?

A terapia de substituição renal contínua ou terapia híbrida deve ser recomendada a qualquer paciente grave com indicação de diálise. A tolerância hemodinâmica geralmente é maior nessas modalidades do que na diálise intermitente devido à remoção mais lenta de líquido e à menor taxa de fluxo de soluto. Portanto a terapia de substituição renal contínua ou a modalidade híbrida deve ser considerada em qualquer paciente grave com instabilidade hemodinâmica. Além disso, essas modalidades podem permitir maior ultrafiltração quando comparadas à HDI, pois a remoção lenta de volume se dá no decorrer de várias horas. Nos pacientes graves, altamente catabólicos, o maior *clearance* produzido por essas modalidades (comparados à HDI em dias alternados) permite um melhor controle da azotemia e da acidose. E finalmente, pacientes com elevação da pressão intracraniana podem não tolerar a HDI devido à rápida alteração de solutos; por isso modalidades contínuas/híbridas representam uma alternativa.

Lamiere N, Van Biesen W, Vanholder R: Acute renal failure. Lancet 365:417-430, 2005.

5. Quais são algumas das desvantagens da terapia de substituição renal contínua?

Devido à sua natureza contínua, esse tratamento exige uma imobilização relativa prolongada do paciente. A anticoagulação contínua é frequentemente utilizada para prevenir a formação de coágulos no filtro e a perda de sangue, mas pode aumentar o risco de sangramento. Além de ser trabalhosa e cara, a terapia de substituição renal contínua frequentemente resulta em hipotermia.

6. Defina *hemofiltração, hemodiálise e hemodiafiltração.*

- **Hemofiltração:** O plasma é forçado do espaço sanguíneo para o efluente através de uma membrana altamente permeável. Isso resulta em um *clearance* "convectivo" de moléculas pequenas e médias.
- **Hemodiálise:** O sangue flui em um dos lados de uma membrana semipermeável. A solução de dialisato, que contém diversos eletrólitos e glicose, é bombeada ao longo do outro lado da membrana, geralmente na direção contrária (ou seja, contracorrente). O gradiente de concentração transfere eletrólitos e escórias hidrossolúveis do plasma para o dialisato. A máquina de diálise gera uma pressão transmembrana para fazer com que a água saia do lado sanguíneo para o lado do dialisato. O resultado desse tipo de diálise é um *clearance* "difusivo", preferencialmente de pequenas moléculas.
- **Hemodiafiltração:** A hemodiafiltração faz uso simultâneo da hemofiltração e da hemodiálise.

PONTOS-CHAVE: POTENCIAIS VANTAGENS DAS TERAPIAS DE SUBSTITUIÇÃO RENAL CONTÍNUA E TERAPIAS HÍBRIDAS EM RELAÇÃO À HEMODIÁLISE INTERMITENTE (HDI)

1. As terapias de substituição renal contínua e as terapias híbridas apresentam melhor tolerância hemodinâmica do que a HDI.
2. Com as terapias de substituição renal contínuas e híbridas pode-se remover um volume maior.
3. Essas modalidades produzem um maior *clearance* das escórias nitrogenadas.
4. As terapias híbridas e de substituição renal contínua permitem um controle mais constante da acidose.
5. Essas modalidades estão associadas a uma menor oscilação da pressão intracranaiana.

7. Como a hemofiltração, a hemodiálise e a hemodiafiltração são usadas na HDI, na terapia híbrida e na terapia de substituição renal contínua?

A HDI é apenas hemodiálise. Como o nome implica, a CVVH e CAVH usam apenas a hemofiltração. Já a CAVHD e a CVVHD são modalidades de hemodiálise, e a CAVHDF e CVVHDF usam a hemofiltração e hemodiálise. As modalidades híbridas consistem apenas de hemodiálise ou também podem incorporar a hemofiltração.

8. Que exames laboratoriais devem ser feitos regularmente nos pacientes sob terapia de substituição renal contínua?

Deve-se realizar regularmente as dosagens de sódio, potássio, bicarbonato, cálcio e fosfato, já que a concentração desses eletrólitos pode mudar rapidamente durante essa modalidade. A hiperfosfatemia é frequente durante a HDI devido ao *clearance* ineficaz de fosfato, mas a hipofosfatemia é mais comum na terapia de substituição renal contínua. A hipocalcemia e a hipomagnesemia também ocorrem, especialmente quando esses cátions formam complexos com o citrato (p. ex., quando o citrato é usado como anticoagulante). Pacientes com alterações no metabolismo do lactato (p. ex., devido à sepse grave ou à insuficiência hepática) podem apresentar níveis altos de lactato se o dialisato ou líquido de substituição contiver lactato como equivalente alcalino. Nesses casos, os altos níveis de lactato ou a piora da acidose indicam a necessidade do uso de um dialisato ou líquido de substituição baseado no bicarbonato.

9. Quais são as considerações nutricionais para os pacientes que desenvolvem insuficiência renal aguda (IRA) enquanto são submetidos à terapia de substituição renal contínua?

- **Aminoácidos:** Os aminoácidos são perdidos tanto na HDI quanto na terapia de substituição renal contínua. Pacientes graves com IRA são altamente catabólicos; os pacientes tratados com terapia de substituição renal contínua devem receber pelo menos 1,2 g/kg/dia de proteína, sendo que muitos pacientes necessitam de pelo menos 1,5-1,8 g/kg/dia de proteína ou aminoácidos. Esses objetivos nutricionais precisam de uma reavaliação seriada baseada no balanço nitrogenado.
- **Vitaminas:** As vitaminas *hidrossolúveis* são perdidas na HDI e nas terapias de substituição renal contínua. Essas vitaminas devem ser repostas, porém, deve-se evitar doses excessivas de vitamina C (> 1 g/dia), pois a excreção de oxalato (um produto do metabolismo da vitamina C) fica reduzida durante a IRA. As vitaminas *lipossolúveis* são ligadas às lipoproteínas ou proteínas e, consequentemente, não apresentam um *clearance* significativo nas terapias de substituição renal contínua ou HDI.
- **Minerais:** Minerais como o zinco são dialisáveis; o benefício da suplementação nesses casos ainda não foi demonstrado. Produtos contendo alumínio devem ser evitados devido à toxicidade no sistema nervoso central.

Bellomo R: Nutritional management of patients treated with continuous renal replacement therapy. In Kopple JD, and Masry SG (eds): Nutritional Management of Renal Disease, 2nd ed. Philadelphia, Lippincott Williams & Wilkins, 2004, pp 573-580.

10. Discuta o papel da terapia de substituição renal contínua no manejo do choque séptico.

Esse é um dos temas mais controversos relacionados à terapia de substituição renal contínua. Teoricamente, diversas citocinas inflamatórias (incluindo as interleucinas 1 e 6 e o fator de necrose tumoral alfa) são eliminadas por essa modalidade. Estudos preliminares em modelos animais e humanos apresentaram resultados promissores, mas pequenos estudos clínicos randomizados não mostraram resultados consistentes. Estudos adicionais sugeriram que os níveis reduzidos de mediadores inflamatórios vistos nos estudos iniciais ocorreram devido à adsorção dessas substâncias nas membranas dos filtros; esse processo é rapidamente saturado, sendo, consequentemente, um método ineficaz de *clearance*. Entretanto, essa controvérsia deve continuar, pois ainda há a possibilidade teórica de se usar a terapia de substituição renal contínua para tratar a resposta inflamatória sistêmica e membranas de diálise com diferentes características de filtração estão sendo continuamente desenvolvidas.

Ratanarat R, Brendolan A, Piccini P, et al: Pulse high-volume hemofiltration for treatment of severe sepsis: Effects on hemodynamics and survival. Crit Care Forum 9:R294-R302, 2004.

11. Que tipo de anticoagulação o circuito de terapia de substituição renal contínua requer?

O anticoagulante não é, tipicamente, administrado de maneira sistêmica; ele deve ser infundido no circuito, proximal ao filtro, e a maior parte é removida pelo fluxo convectivo através da membrana do filtro. Nos pacientes em que o uso de heparina é contraindicado, usa-se como anticoagulante o citrato de sódio. A infusão de citrato requer uma infusão de cálcio após o filtro, para evitar a hipocalcemia sistêmica, e acompanhamento constante dos níveis séricos de cálcio ionizado. A prostaciclina também tem sido usada como anticoagulante, mas seu uso está associado a níveis consideráveis de hipotensão sistêmica. A terapia de substituição renal contínua pode ser feita sem o uso de anticoagulantes; entretanto, isso resulta em uma maior frequência de formação de coágulos. O local mais comum de formação de coágulos é no interior do filtro de diálise. A formação de coágulos deve ser evitada, pois o paciente pode perder 80-100 mL de sangue se o circuito inteiro coagular.

Davenport A: Anticoagulation for continuous renal replacement therapy. Contrib Nephrol 144:228-238, 2004.

12. Quais são as complicações da terapia de substituição renal contínua?

Dentre os riscos mais importantes estão aqueles inerentes ao acesso venoso central. Em geral, o acesso pela veia subclávia deve ser evitado em função dos riscos de estenose subclávia com a presença de um cateter, especialmente nos pacientes que podem precisar de hemodiálise por longo prazo. Se um modo arteriovenoso de tratamento for usado, deve-se prestar atenção especial à isquemia distal dos membros devido ao grande calibre dos cateteres arteriais. Entretanto, com o advento das bombas de fluxo peristáltico, os modos arteriovenosos raramente são utilizados (a hemofiltração e hemodiafiltração venovenosas são as modalidades de escolha). Também podem ocorrer anormalidades eletrolíticas ou hipovolemia. Os pacientes se tornam hipotérmicos devido à perda de calor e podem não desenvolver uma resposta febril normal à infecção.

13. Qual o papel da diálise peritoneal na terapia intensiva?

A diálise peritoneal é contraindicada nos pacientes que passaram por cirurgia abdominal recente e portadores de infecção ou doença intra-abdominal (p. ex., peritonite, íleo). Esses cenários são comuns nos pacientes graves. Os pacientes perdem uma quantidade substancial de albumina para o dialisato, piorando a desnutrição proteico-calórica. As soluções de dialisato peritoneal contêm dextrose como agente osmótico, podendo exacerbar a hiperglicemia. O volume de solução intraperitoneal (geralmente 2-3 L) pode criar problemas para a mecânica respiratória. A tolerância hemodinâmica é a principal vantagem da diálise peritoneal. Entretanto, em uma época em que a terapia de substituição renal contínua e modalidades híbridas estão disponíveis, a diálise peritoneal raramente é indicada na terapia intensiva.

RABDOMIÓLISE

14. O que causa a rabdomiólise?

Isquemia, dano e eventual necrose muscular levam à rabdomiólise. O Quadro 42-1 apresenta suas diversas etiologias agrupadas em causas físicas e não físicas. Os dois grupos provavelmente têm uma via comum na qual o aumento da demanda das células musculares e de suas mitocôndrias, seja por deficiências intrínsecas ou forças extrínsecas (ou seja, redução na oferta de oxigênio ou aumento da demanda metabólica), leva à isquemia e eventual dano.

Huerta-Alardin AL, Varon J, Marik PE: Bench-to-bedside review: Rhabdomyolysis-na overview for clinicians. Crit Care 9:158-169, 2005.

15. Discuta os sinais e sintomas da rabdomiólise.

A apresentação clássica da rabdomiólise, que consiste em mialgia, fraqueza e urina escura, é rara. Frequentemente, apenas um ou dois desses sintomas estão presentes. Entretanto, uma história sugestiva de compressão muscular, um exame físico que demonstre dor muscular e exames laboratoriais que confirmem a lesão muscular, são fortes indicadores desse diagnóstico.

QUADRO 42-1. PRINCIPAIS CAUSAS DE RABDOMIÓLISE

Causas físicas

Trauma e compressão

Oclusão ou hipoperfusão dos vasos musculares

Esforço muscular excessivo: Exercício, convulsão, tétano e *delirium tremens*

Corrente elétrica

Hipertermia: Exercício, sepse, síndrome neuroléptica maligna, hipertermia maligna

Causas não físicas

Miopatias metabólicas, incluindo a doença de McArdle, deficiências de enzimas da cadeia respiratória mitocondrial, deficiência de carnitina palmitoil transferase, deficiência de fosfofrutocinase

Endocrinopatias, incluindo o hipotireoidismo e a cetoacidose diabética (devido a anormalidades eletrolíticas)

Fármacos e toxinas, incluindo medicamentos (p. ex., antimaláricos, colchicina, corticosteroides, fibratos, inibidores da HMG CoA redutase, isoniazida, zidovudina), drogas (p. ex., álcool, heroína) e toxinas (p. ex., venenos de insetos e cobra)

Infecções (locais ou sistêmicas)

Anormalidades eletrolíticas: Condições hiperosmóticas, hipocalemia, hipofosfatemia, hiponatremia ou hipernatremia

Doenças autoimunes: Polimiosite ou dermatomiosite

HMG CoA = 3-hidroxi-3-metilglutaril coenzima A.

16. Que exames laboratoriais devem ser feitos para diagnosticar a rabdomiólise?

O nível de creatinofosfoquinase deve ser determinado, pois é o indicador mais sensível de dano muscular; ela pode continuar a aumentar por diversos dias após a lesão original. Também ocorrem hipercalemia, hiperuricemia e hiperfosfatemia. Os pacientes desenvolvem ainda hipocalcemia à medida que o cálcio é quelado e depositado no tecido muscular danificado. A acidose láctica e a acidose metabólica com *anion gap* aumentado ocorrem devido à liberação de outros ácidos orgânicos.

17. Quais são as complicações da rabdomiólise?

A preocupação mais imediata refere-se à hipercalemia devido à necrose celular, especialmente na presença de IRA, que pode ser precipitada pela rabdomiólise por diversos mecanismos. Miócitos danificados ou mortos liberam mioglobina e seus metabólitos que se precipitam junto a outros restos celulares nos túbulos renais, formando cilindros. A obstrução tubular pode ser exacerbada pelo desvio constante de líquido para o terceiro espaço, o que leva à hipovolemia. A mioglobina também desencadeia uma cascata de citocinas, que leva à acentuação da vasoconstrição renal o que, por sua vez, exacerba a insuficiência renal aguda. Esses processos resultam no desenvolvimento da IRA e oligúria/anúria.

Apesar de, geralmente, os pacientes apresentarem hipocalcemia, eles raramente apresentam sintomas. É preciso ser cuidadoso ao tratar a hipocalcemia, pois os pacientes podem desenvolver hipercalcemia de rebote e deposição em partes moles, porém, os sintomas de hipocalcemia, como tetania, sinal de Chvostek ou arritmias cardíacas, devem ser tratados imediatamente. Outras preocupações imediatas incluem a hipovolemia, especialmente na presença de lesão por esmagamento ou outras lesões por compressão.

Vanholder R, Sever MS, Erek E, Lameire N: Rhabdomyolysis. J AM Soc Nephrol 11:1553-1561, 2000.

18. Quais são as opções de tratamento para um paciente com rabdomiólise?

Um tratamento de suporte que assegure a reposição do volume intravascular e que previna o prolongamento do dano renal, são as principais estratégias. Apesar de haver pouca evidência clínica apoiando essas estratégias, a hidratação com soluções cristaloides contendo bicarbonato de sódio é frequentemente utilizada para alcalinizar a urina, pois se acredita que isso aumente a solubilidade da mioglobina e reduza sua toxicidade tubular direta. O manitol pode ser usado para promover uma diurese osmótica. O alopurinol reduz a produção de ácido úrico, que poderia se cristalizar nos túbulos junto à mioglobina. Partes importantes do tratamento de suporte são o controle da hipercalemia, que pode necessitar de diálise, e o tratamento da hipocalcemia sintomática.

Brown CVR, Rhee P, Chan L, et al: Preventing renal failure in patients with rhabdomyolysis: Do bicarbonate and mannitol make a difference? J Trauma 56:1191-1196, 2004.

Malinoski DJ, Slater MS, Mullins RJ: Crush injury and rhabdomyolysis. Crit Care Clin 20:171-192, 2004.

PONTOS-CHAVE: MANEJO DA RABDOMIÓLISE ✓

1. A ressuscitação adequada é fundamental.
2. Caso necessário, deve-se monitorizar a presença de hipercalemia e tratá-la com diálise ou outra medida de suporte.
3. Tratar a hipocalcemia *sintomática*.
4. Frequentemente, usa-se a alcalinização da urina com bicarbonato de sódio (apesar de as informações a esse respeito serem limitadas).

19. Quais tipos de opções de manejo profilático são passíveis de realização?

As diretrizes para o tratamento de lesões por esmagamento catastróficas (desenvolvidas para casos de terremotos) recomendam a instituição da ressuscitação volêmica com cristaloides antes mesmo da extricação. Nas primeiras 24 horas, pode-se perder até 10 L do volume intravascular em função do sequestro hídrico no membro comprometido. Nesse período, pode ser necessária a administração de 10-12 L de líquido, monitorando-se cuidadosamente o débito urinário.

Malinoski DJ, Slater MS, Mullins RJ: Crush injury and rhabdomyolysis. Crit Care Clin 20:171-192, 2004.

20. Quais fármacos devemos evitar nos pacientes com rabdomiólise?

A succinilcolina, um fármaco usado para obter paralisia muscular rápida para controle das vias aéreas, causa despolarização generalizada das junções neuromusculares e pode causar hipercalemia nos pacientes com proliferação anormal das placas motoras. Os pacientes com rabdomiólise geralmente apresentam hipercalemia e, portanto, a succinilcolina deve ser evitada devido à natureza letal desses eventos hipercalêmicos. Além disso, deve-se evitar medicamentos que apresentam associação à rabdomiólise (p. ex., inibidores da 3-hidroxi-3-metilglutaril coenzima A [HMG CoA] redutase).

CAPÍTULO 43

HIPOCALEMIA E HIPERCALEMIA

Alan C. Pao, MD e Stuart L. Linas, MD

1. O potássio sérico pode ser considerado uma estimativa precisa do potássio corporal total?

Não. A maioria do potássio está distribuída no compartimento de fluido intracelular (FIC), com somente cerca de 2% do potássio corporal total no compartimento de fluido extracelular (FEC). Alterações no potássio sérico podem resultar de uma troca transcelular de potássio entre os compartimentos FEC e FIC, ou de verdadeiras modificações no potássio corporal total.

Rosa RM, Epstein FH: Extrarenal potassium metabolism. In Seldin DW, Giebisch G (eds): The Kidney. 3rd ed. New York, Lippincott Williams & Wilkins, 2000, PP 1551-1552.

2. Quando o potássio sérico estima incorretamente o potássio corporal total?

A troca transcelular de potássio entre os compartimentos FEC e FIC pode ter profundos efeitos no potássio sérico. O tamponamento do compartimento FEC, com movimento recíproco de potássio e hidrogênio através da membrana celular, pode resultar no aumento do potássio sérico no caso de acidemia e na queda no potássio sérico no caso de alcalemia. Dois hormônios importantes, conhecidos por direcionar o potássio para o compartimento FIC, são a insulina e as catecolaminas.

O exemplo clássico de como o potássio sérico pode estimar incorretamente o potássio corporal total é no caso de um paciente que apresenta cetoacidose diabética. A deficiência de insulina e a acidemia fazem com que o potássio se transfira para o compartimento FEC, de modo que o potássio sérico pode estar normal a despeito da profunda depleção do potássio corporal total (devido à diurese osmótica e ao estado hiperaldosteronêmico). Somente após tratamento apropriado da deficiência de insulina e da acidose, a depleção do potássio corporal total se torna aparente.

Sterns RH, Cox M, Feig PU, et al: Internal potassium balance and the control of the plasma potassium concentration. Medicine 60:342-348, 1981.

3. Por que a regulação estreita das concentrações de potássio sérico é tão importante?

Embora uma pequena fração do potássio corporal total esteja no compartimento FEC, alterações no potássio do FEC, tanto pela troca entre compartimentos quanto por ganho ou perda de líquido, alteram significativamente a razão entre o potássio FEC e FIC, o que determina o potencial de repouso da membrana celular. Como consequência, pequenas flutuações no potássio FEC podem ter profundos efeitos na excitabilidade cardíaca e neuromuscular.

Rosa RM, Epstein FH: Extrarenal potassium metabolism. In Seldin DW, Giebisch G (eds): The Kidney. 3rd ed. New York, Lippincott Williams & Wilkins, 2000, PP 1551-1552.

4. Como se estima o déficit do potássio corporal total?

É difícil estimar precisamente o déficit do potássio corporal total baseado no potássio sérico, mas na depleção de potássio não complicada, uma regra muito útil é a seguinte: para cada 100 mEq de déficit de potássio, a queda no potássio sérico é de 0,27 mEq/L. Logo, para um paciente de 70 kg, o potássio = 3 mEq/L reflete um déficit de 300 a 400 mEq, enquanto o potássio = 2 mEq/L reflete um déficit de 500 a 700 mEq. Em pacientes com distúrbios do equilíbrio ácido-básico, esta regra não é exata por causa das trocas de potássio entre compartimentos.

Sterns RH, Cox M, Feig PU, et al: Internal potassium balance and the control of the plasma potassium concentration. Medicine 60:340-341, 1981.

5. Qual é a relação entre o potássio e o magnésio?

A depleção de magnésio ocorre tipicamente após o uso de diuréticos, consumo de álcool continuado ou pela cetoacidose diabética. A depleção de magnésio pode causar hipocalemia, que é refratária à terapia com cloreto de potássio oral ou IV, porque a depleção grave de magnésio causa uma perda renal de potássio através de mecanismos indefinidos. Em um cenário de depleção grave de magnésio e potássio, o magnésio e o potássio devem ser repostos simultaneamente.

Whang R, Whang DD, Ryan MP: Refractory potassium repletion. Arch Intern Med 152:40-44, 1992.

6. Quais são os fatores que ditam a excreção urinária de potássio?

Os fatores chave que influenciam a secreção de potássio incluem o aporte adequado de sódio ao néfron distal e a ação aumentada da aldosterona.

Malnic G, Muto S, Giebisch G: Regulation of potassium excretion. In Seldin DW, Giebisch G (eds): The Kidney, 3rd ed. New York, Lippincott Williams & Wilkins, 2000, pp 1592-1601.

7. Quais são as causas da hipocalemia?

A hipocalemia pode ser causada pela baixa ingestão de potássio, pela redistribuição intracelular de potássio, pela perda gastrointestinal de potássio (ou seja, diarreia) e pela perda renal de potássio. A redistribuição ou troca intracelular de potássio pode ser causada por alcalose metabólica, maior disponibilidade de insulina, maior atividade β-adrenérgica e paralisia periódica (classicamente associada à tireotoxicose). A perda renal de potássio pode ser causada por diuréticos, vômitos, estados de excesso de mineralocorticoides (p. ex., hiperaldosteronismo primário, doença de Cushing, ingestão de alcaçuz-da-europa e hiperreninemia), hipomagnesemia e doenças genéticas tais como as síndromes de Bartter e Gitelman.

8. Quais são as manifestações clínicas da hipocalemia?

Por diminuir a excitabilidade neuromuscular, a hipocalemia leva à fraqueza muscular, o que pode incluir quadriplegia e hipoventilação. A hipocalemia grave rompe a integridade celular, levando à rabdomiólise. Dentre as manifestações mais importantes da hipocalemia estão as arritmias cardíacas, incluindo a taquicardia atrial paroxística com bloqueio, a dissociação atrioventricular, o bloqueio atrioventricular de primeiro e segundo grau com períodos de Wenckebach, e até mesmo fibrilação ou taquicardia ventricular. Achados eletrocardiográficos (ECG) típicos incluem a depressão do segmento ST, achatamento das ondas T e ondas U proeminentes.

Chou TC: Electrolyte imbalance. In Chou TC, Knilans K (eds): Electrocardiography in Clinical Practice, 4th ed. Philadelphia, WB Saunders, 1996, pp 535-540.

9. Quais drogas podem causar hipocalemia?

As drogas mais comuns são os diuréticos – acetazolamida, diuréticos de alça e tiazidas. O aumento no aporte distal de sódio em um cenário de altos níveis plasmáticos de aldosterona (devido ao baixo volume sanguíneo) resulta em aumento no potássio urinário e subsequente hipocalemia. A penicilina e seus análogos (p. ex., carbenicilina, ticarcilina e piperacilina) também causam perda renal de potássio, que é mediada por vários mecanismos, incluindo o aporte de ânions não-reabsorvíveis para o néfron distal, o que resulta no aprisionamento do potássio na urina. Drogas que danificam as membranas tubulares renais, tais como anfotericina, cisplatina e aminoglicosídeos, causam a perda renal de potássio mesmo na ausência de queda na taxa de filtração glomerular (TFG).

Weiner ID, Wingo CS: Hypokalemia: Conseguences, causes, and correction. J Am Soc Nephrol 8:1183, 1997.

10. Qual é a abordagem diagnóstica do paciente com hipocalemia?

Após a eliminação de causas espúrias (como a leucocitose), o diagnóstico de hipocalemia verdadeira pode ser abordado com base na concentração de potássio na urina, na situação do equilíbrio ácido-básico, no nível de cloreto na urina e na pressão arterial (Fig. 43-1). A excreção de potássio na urina é melhor determinada por uma coleta de urina de 24 horas. A concentração de potássio em amostra de urina também pode ser feita (menos

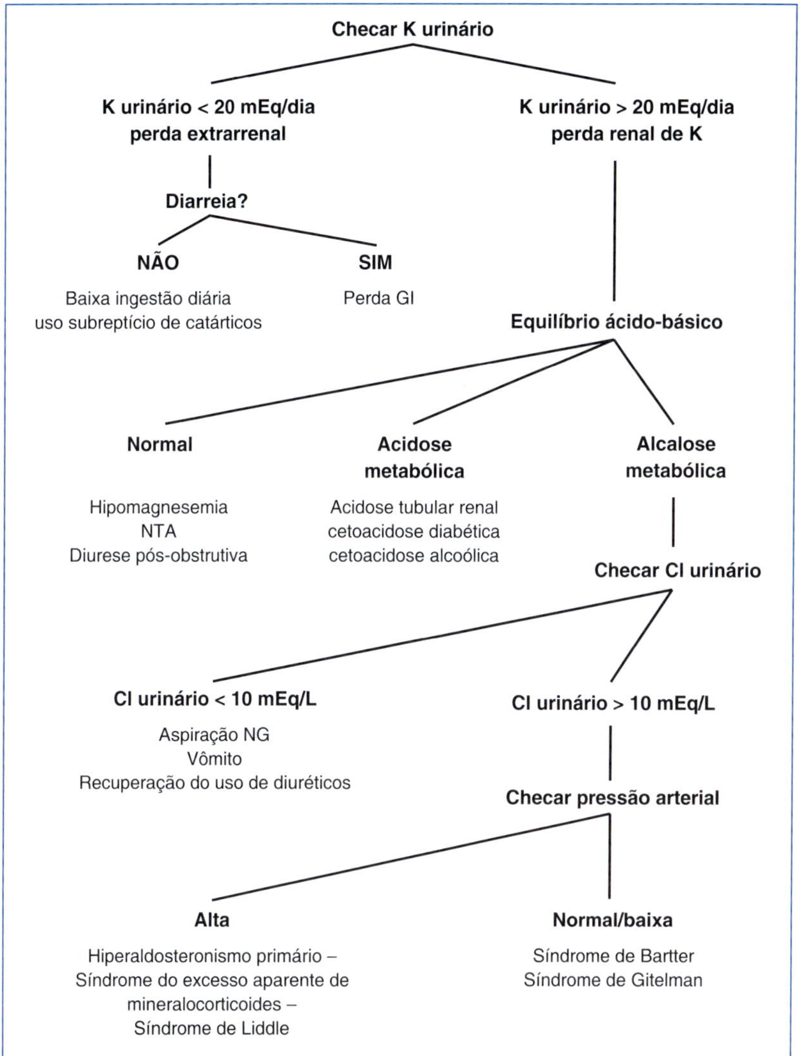

Figura 43-1. Algoritmo para o diagnóstico de hipocalemia. K = potássio, GI = gastrointestinal, NTA = necrose tubular aguda, Cl = cloreto, NG = nasogástrica.

precisa, mas de fácil obtenção) com um valor de < 15 mEq/L indicando perda extrarrenal e um valor de > 15 mEq/L indicando perda renal de potássio.

11. Como tratamos a hipocalemia?

A reposição oral é a via mais segura, sendo permitida a administração de doses de até 40 mEq várias vezes ao dia. Na maioria dos casos, o cloreto de potássio é usado porque a alcalose metabólica e a depleção de cloreto frequentemente acompanham a hipocalemia, como no caso dos pacientes que estão tomando diuréticos ou que estão vomitando. Nesta situação, a co-administração de cloreto é importante para a correção tanto da alcalose metabólica quanto da hipocalemia. Em outras condições, o potássio deve ser administrado com preparações de outros sais. P. ex., na acidose metabólica, recomenda-se a reposição com bicarbonato de potássio ou com um equivalente do bicarbonato (p. ex., citrato, acetato ou gluconato de potássio) para ajudar a aliviar a acidose. Pessoas que abusam de álcool ou que têm cetoacidose diabética frequentemente têm deficiência de fosfato concomitante e devem receber uma parte do potássio sob a forma de fosfato de potássio.

Rose B, Post TW: Hypokalemia. In Rose B, Post TW (eds): Clinical Physiology of Acid-Base and Electrolyte Disorders. New York, McGraw-Hill, 2001, pp 871-872.

12. Quando a reposição IV de potássio faz-se necessária? Quais são os riscos?

Quando a administração oral não é possível, ou em situações potencialmente fatais, como em casos de fraqueza grave, desconforto respiratório, arritmias cardíacas ou rabdomiólise, o potássio deve ser reposto de forma intravenosa. As taxas de infusão na unidade de terapia intensiva devem ser limitadas a 20 mEq/h a fim de prevenir o potencial efeito catastrófico de um *bolus* de potássio no coração.

Kruse JA, Carlson RW: Rapid correction of hypokalemia using concentrated intravenous potassium chloride infusions. Arch Intern Med 150:613-617, 1990.

PONTOS-CHAVE: CIRCUNSTÂNCIAS QUE REQUEREM CUIDADOS ESPECIAIS DE MONITORAMENTO DA REPOSIÇÃO DE POTÁSSIO ✓

1. Pacientes com defeitos na excreção de potássio (p. ex., falência renal, uso de diuréticos poupadores de potássio ou inibidores da enzima conversora da angiotensina) devem ter suas concentrações de potássio sérico monitoradas (ou seja, checagens laboratoriais diárias) enquanto o potássio é reposto, a fim de evitar uma correção excessiva.
2. Pacientes que recebem terapia com digitálicos e apresentam hipocalemia são propensos a arritmias cardíacas graves (especialmente em situações de excesso de dose) e devem ser tratados com urgência.
3. Pacientes com deficiência significativa de magnésio têm perda renal de potássio e frequentemente devem ter os níveis de magnésio corrigidos antes que a terapia para a hipocalemia seja iniciada.

13. Quais são as causas da hipercalemia?

A hipercalemia pode ser causada pelo alto aporte de potássio, pela redistribuição do potássio extracelular e pela baixa excreção renal de potássio. O alto aporte de potássio (p. ex., reposição oral de potássio, nutrição parental total e altas doses de penicilina potássica) pode causar hipercalemia, geralmente na situação de baixa excreção renal de potássio. A redistribuição ou troca do potássio extracelular pode ser causada por acidose metabólica, deficiência de insulina, bloqueio β-adrenérgico, rabdomiólise, hemólise maciça, síndrome de lise tumoral, paralisia periódica (forma hipercalêmica) e estados altamente catabólicos como a sepse grave. A baixa excreção renal de potássio pode ser causada por falência renal, redução do volume circulante efetivo (p. ex., sepse grave, insuficiência cardíaca congestiva, cirrose) e situações de hipoaldosteronismo. As situações de hipoaldosteronismo incluem redução da atividade do sistema renina-angiotensina (p. ex., hipoaldosteronismo hiporreninêmico no diabetes, nefrite intersticial, inibidores da enzima conversora da angiotensina [ECA], antiinflamatórios não-esteroidais [AINEs], ciclosporina), redução da síntese adrenal (p. ex., doença de Addison e heparina) e resistência à aldosterona (p. ex., alta dose de trimetoprim, diuréticos poupadores de potássio).

14. Quais drogas podem causar hipercalemia?

As drogas que causam a liberação do potássio intracelular incluem a succinilcolina e, mais raramente, os beta-bloqueadores. As drogas que bloqueiam o eixo renina-angiostensina-aldosterona resultarão em diminuição da excreção renal de potássio; estas incluem espironolactona, inibidores da ECA, ciclosporina, heparina e AINEs. As drogas que prejudicam o processo de troca de sódio e potássio incluem os digitálicos; as drogas que bloqueiam a troca de sódio e potássio no néfron distal incluem a amilorida e o trimetoprim.

15. Quais são as manifestações clínicas da hipercalemia?

A manifestação mais grave da hipercalemia envolve o sistema de condução elétrica do coração. A hipercalemia profunda pode levar ao bloqueio cardíaco e à assistolia. Inicialmente, o ECG mostra ondas T apiculadas e redução da amplitude das ondas P, seguidas de um prolongamento do QRS. Com a hipercalemia grave, o QRS e a onda T se combinam no que parece ser um padrão de ondas sinusoides consistente com a fibrilação ventricular. Como nesta progressão pode ocorrer uma parada cardíaca a qualquer momento, a hipercalemia com alterações no ECG constitui uma emergência médica. Outros efeitos da hipercalemia incluem fraqueza, paralisia neuromuscular (sem distúrbios do sistema nervoso central) e supressão da amoniogênese renal, o que pode resultar em acidose metabólica.

Chou TC: Electrolyte imbalance. In Chou TC, Knilans K (eds): Electrocardiography in Clinical Practice, 4th ed. Philadelphia, WB Saunders, 1996, pp 532-535.

16. Que grau da doença renal crônica causa a hipercalemia?

A doença renal crônica em si não está associada à hipercalemia até que a TFG esteja reduzida em cerca de 75% dos níveis normais (creatinina sérica > 4 mg/dL). Embora mais de 85% do potássio filtrado seja reabsorvido no túbulo proximal, a excreção urinária de potássio é determinada principalmente pela secreção do mesmo ao longo do túbulo coletor cortical. A desproporção da hipercalemia em relação às reduções da TFG geralmente resulta da redução na secreção de potássio (devido tanto à queda da aldosterona, como pode ocorrer na doença de Addison, quanto ao diabetes com hipoaldosteronismo hiporreninêmico) ou de reduções marcantes do aporte de sódio ao néfron distal, como pode ocorrer na insuficiência pré-renal grave.

17. O que é gradiente transtubular de potássio (TTKG)? Quando ele deve ser usado?

O TTKG é um índice semiquantitativo do processo secretório de potássio e estima o efeito da aldosterona na secreção de potássio (K) no túbulo distal. Ele é calculado da seguinte forma:

$$TTKG = U_K/(U_{Osm}/P_{Osm})/P_K$$

O TTKG fornece uma melhor abordagem clínica para descobrir defeitos na excreção do potássio urinário (U_K) quando comparado ao U_K isolado porque este não considera a concentração de potássio plasmático e a extração de água na medula.

Ele é mais comumente usado em pacientes com hipercalemia, onde a TTKG < 5 sugere uma atividade renal reduzida de mineralocorticoides. Existem duas limitações para usar o TTKG: (1) o sódio urinário (U_{Na}) deve estar > 25 mEq (para assegurar que o aporte de sódio não seja o fator limitante) e (2) a urina deve ser hipertônica (para assegurar que o hormônio antidiurético esteja presente para uma condutância normal de potássio no néfron distal).

West ML, Marsden PA, Richardson RM, et al: New clinical approach to evaluate disorders of potassium excretion. Miner Electrolyte Metab 12:234-238, 1986.

18. Qual é a abordagem diagnóstica para o tratamento de pacientes com hipercalemia?

A causa frequentemente é aparente após a realização de uma história cuidadosa, de uma revisão dos medicamentos e das avaliações laboratoriais básicas, incluindo a bioquímica com as concentrações de ureia e creatinina sanguíneas. Testes de laboratório adicionais podem ser feitos caso haja suspeita clínica de qualquer dos seguintes itens: pseudo-hipercalemia (procure por contagens altas de leucócitos e plaquetas); rabdomiólise (procure por altas concentrações de creatinofosfoquinase); síndrome de lise tumoral (procure por altos níveis de lactato desidrogenase, ácido úrico e fósforo e baixos níveis de cálcio); estado hipoaldosteronêmico (procure por TTKG < 5 no cenário de hipercalemia).

19. O que é a pseudo-hipercalemia?

As dosagens do potássio sérico podem estar falsamente elevadas quando o potássio é liberado durante o processo de coleta de sangue do paciente ou durante o processo de formação do coágulo no tubo de coleta. Nessas situações, a "pseudo-hipercalemia" não reflete uma hipercalemia real. A liberação de potássio dos músculos distais a um torniquete apertado pode elevar artificialmente o potássio em até 2,7 mEq/L. A liberação de potássio durante o processo da formação do coágulo no tubo de coleta a partir dos leucócitos (contagem de leucócitos > 70.000/mm³) ou das plaquetas (contagem de plaquetas > 1.000.000/mm³) também pode se tornar um tanto significativa e distorcer os resultados das dosagens do potássio sérico. Nessas circunstâncias, deve-se obter uma amostra de sangue não-coagulado (ou seja, determinação do potássio plasmático).

Bronson WR, DeVita VJ, Carbone PP, et al: Pseudohyperkalemia due to release of potassium from White blood cells during clothing. N Engl J Med 274:369-375, 1966.

Don BR, Sebastian A, Cheitlin M, et al: Pseudohyperkalemia caused by fist clenching during phlebotomy. N Engl J Med 322:1290-1292, 1990.

Hartman RC, Auditore JV, Jackson DP: Studies on thrombocytosis: 1. Hyperkalemia due to release of potassium from platelets during coagulation. J Clin Invest 37:699-707, 1958.

Hyman D, Kaplan NM: The difference between serum and plasma potassium. N Engl J Med 313:642, 1985.

Skinner SL: A cause of erroneous potassium levels. Lancet 1:478-480, 1961.

20. Como tratamos a hipercalemia?

A presença de potássio sérico > 6,5, alterações no ECG ou fraqueza grave demandam uma terapia de emergência. A abordagem geral é usar uma terapia que envolva cada um dos seguintes itens:

- **Estabilização da membrana:** O cálcio aumenta o limiar da despolarização celular e reduz a irritabilidade miocárdica. Uma ou duas ampolas de cloreto de cálcio intravenoso resultam em melhora das alterações no ECG dentro de alguns segundos, mas os efeitos benéficos duram apenas cerca de 30 minutos.
- **Entrada de potássio nas células:** A insulina IV (p. ex., dez unidades de insulina regular em bolus) com administração de glicose começa a reduzir os níveis de potássio sérico em cerca de dois a cinco minutos e dura algumas horas. A correção da acidose com bicarbonato de sódio IV (p. ex., duas ampolas) tem início e duração similares. Nebulização de agonistas β-adrenérgicos, como o albuterol, podem diminuir o potássio sérico em 0,5 a 1,5 mEq/L com início em 30 minutos e efeito que dura de duas a quatro horas.
- **Remoção do potássio:** Algumas vezes, os diuréticos de alça podem causar perda renal de potássio suficiente em pacientes com função renal intacta, mas geralmente uma resina trocadora de potássio deve ser usada (p. ex., poliestirenos sulfonato de sódio, 30 g tomados oralmente ou 50 g administrados por enema de retenção). A hemodiálise aguda é rápida e eficaz na remoção de potássio e deve ser adotada quando o trato gastrointestinal não estiver funcionante ou quando houver uma sobrecarga grave de volume.

CAPÍTULO 44

HIPONATREMIA E HIPERNATREMIA

Kathleen D. Liu, MD, PhD

1. Por que o equilíbrio do sódio é fundamental para o controle volêmico?

O sódio e seus ânions correspondentes representam quase todos os solutos osmoticamente ativos no fluido extracelular sob condições normais. Portanto, a concentração sérica de sódio reflete a tonicidade dos fluidos corporais. Pequenas alterações na tonicidade são contrabalançadas pela regulação da sede, secreção de hormônio antidiurético (ADH) e mecanismos de concentração ou diluição renal. A preservação da osmolalidade sérica normal (ou seja, 285-295 mOsm/L) garante a integridade celular pela regulação do movimento líquido de água através das membranas celulares.

Adrogue HJ, Madias NE: Hyponatremia. N Engl J Med 342:1581-1589, 2000.

2. Qual é o outro nome dado ao ADH? Qual é o seu mecanismo de ação?

O ADH também é chamado *arginina-vasopressina* ou *vasopressina*. O ADH é um pequeno hormônio peptídico, produzido pelo hipotálamo, que se liga aos receptores 1 e 2 da vasopressina (V1 e V2). A liberação da vasopressina é regulada por osmorreceptores no hipotálamo, os quais são bastante sensíveis a alterações na osmolalidade do plasma. Sob condições hiperosmolares, a estimulação dos osmorreceptores leva à liberação de vasopressina e à estimulação da sede. Estes dois mecanismos resultam no aumento da ingestão e retenção de água. A liberação de vasopressina também é regulada por barorreceptores no seio carotídeo e no arco aórtico; sob condições de hipovolemia, estes receptores estimulam a liberação de vasopressina a fim de aumentar a retenção de água. Em concentrações muito altas, a vasopressina causa constrição dos músculos lisos vasculares através do receptor V1 e aumento do tônus vascular, resultando em aumento da pressão arterial.

Brenner BM (ed): Brenner and Rector's The Kidney, 7th ed. Philadelphia, Elsevier, 2004.

3. A hiponatremia representa simplesmente um estado de baixa concentração de sódio?

Não. A *hiponatremia* é definida como uma concentração sérica de sódio < 135 mEq/L. No entanto, a concentração sérica de sódio não se correlaciona diretamente ao estado da volemia. A hiponatremia pode ocorrer em situações de baixa concentração de sódio corporal total (hipovolêmico), em concentrações normais de sódio corporal total (euvolêmico) e em concentrações excessivas de sódio corporal total (hipervolêmico). A determinação do estado da volemia é muito útil na avaliação de um paciente com hiponatremia porque as causas desta podem ser classificadas com base no estado volêmico (Fig. 44-1). Os achados clínicos úteis incluem taquicardia, membranas mucosas secas, hipotensão ortostática e turgor da pele aumentado (associados à hipovolemia) ou edema, terceira bulha cardíaca, distensão venosa jugular e ascite (presentes nos estados hipervolêmicos).

4. Como a hiponatremia se desenvolve em um paciente com hipovolemia?

A hiponatremia hipovolêmica representa mais uma redução do sódio corporal total do que uma redução da água corporal total. A perda simultânea de água e sódio pode ser decorrente de causas renais e extrarrenais. A hipovolemia resulta em uma queda na perfusão renal, um decréscimo na taxa de filtração glomerular e um aumento na reabsorção tubular proximal; todos os três mecanismos contribuem para diminuir a excreção de água. Além disso, a hipovolemia suplanta a inibição esperada da liberação de vasopressina pela hipotonicidade e mantém a secreção do hormônio. Em outras palavras, o corpo protege o volume às custas da tonicidade.

Berl T, Verbalis J: Pathophysiology of water metabolism. In Brenner Bm (ed): Brenner and Rector's The Kidney, 7th ed. Philadelphia, Elsevier, 2004, pp 858-907.

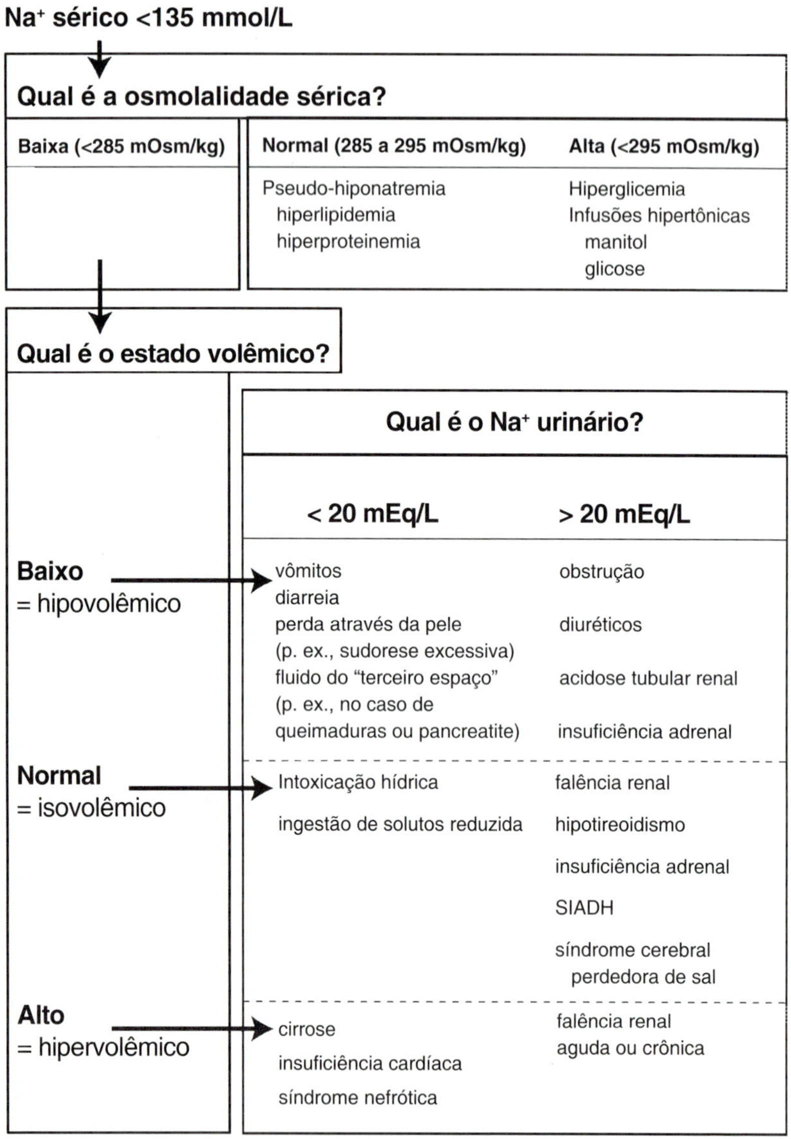

Figura 44-1. Algoritmo para o diagnóstico da hiponatremia. Na^+ = concentração de sódio, SIADH = Síndrome da secreção inapropriada de hormônio antidiurético.

5. Como a hiponatremia hipervolêmica se diferencia da hiponatremia hipovolêmica?

Na hiponatremia hipervolêmica, os rins são o centro do problema, tanto pela doença renal intrínseca quanto pela compensação renal de uma anormalidade extrarrenal. O exame físico revela edema e nenhuma evidência de depleção de volume. A doença renal intrínseca com taxa de filtração glomerular significativamente reduzida (aguda ou crônica) previne a excreção adequada de sódio e água. A ingestão de sódio acima do que pode ser excretado leva à hipervolemia (edema); a ingestão excessiva de água leva à hiponatremia. A homeostase é perdida e assim desenvolvem-se sobrecarga de volume, hiponatremia e edema. Contrariamente, na insuficiência cardíaca congestiva, na cirrose hepática e na síndrome nefrótica, o rim intrinsecamente normal é estimulado a reter sódio e água, desenvolvendo então hipervolemia e hiponatremia. Geralmente, a hipernatremia hipervolêmica decorrente de uma causa extrarrenal é caracterizada por uma baixa concentração de sódio na urina (≤10 a 20 mEq/L); isto a distingue da hipernatremia hipervolêmica decorrente de causas renais intrínsecas.

6. O que é a síndrome da secreção inapropriada do hormônio antidiurético (SIADH)?

A SIADH é uma causa comum de hiponatremia euvolêmica e está associada a malignidades, doença pulmonar, distúrbios do sistema nervoso central e várias drogas. A última categoria inclui agentes hipoglicemiantes, psicotrópicos, narcóticos e quimioterápicos. Outras causas da hiponatremia euvolêmica incluem polidipsia psicogênica, hipotireoidismo e insuficiência adrenal.

7. Quais testes diagnósticos são úteis na avaliação da hiponatremia?

Conforme descrito anteriormente, o exame físico é essencial para a determinação do estado da volemia. As medidas dos eletrólitos séricos e da osmolalidade sérica e urinária também são úteis. Uma alta osmolalidade urinária, a despeito de uma osmolalidade sérica baixa, sugere SIADH no estado euvolêmico ou hiponatremia hipovolêmica. Uma osmolalidade urinária muito baixa sugere ingestão excessiva de água, como na polidipsia psicogênica. As dosagens do hormônio tireoestimulante e do cortisol podem ser usadas para avaliar as causas endócrinas de hiponatremia.

Milionis HJ, Liamis GL, Elisaf MS: The hyponatremic patient: A systematic approach to laboratory diagnosis. Can Med Assoc J 166:1056-1062, 2002.

PONTOS-CHAVE: TESTES DIAGNÓSTICOS ÚTEIS NA HIPONATREMIA ✓

1. A medida da osmolalidade sérica é útil para o diagnóstico da hiponatremia.
2. É necessária a determinação do estado volêmico.
3. Se a osmolalidade urinária é inapropriadamente alta, é mais fácil diferenciar as causas de hiponatremia euvolêmica. A osmolalidade urinária alta indica níveis inapropriados do hormônio antidiurético ou de hormônios semelhantes ao hormônio antidiurético.
4. O sódio urinário precisa ser interpretado com cuidado em casos de falência renal.

8. *Hiponatremia* e *hipoosmolalidade* são sinônimos?

Não. Há duas ocasiões em que a hiponatremia pode ocorrer sem que haja alterações no sódio corporal total ou na água corporal total. A primeira é a pseudo-hiponatremia, que é somente uma anormalidade laboratorial em pacientes com hiperlipidemia ou hiperproteinemia graves; os lipídios e as proteínas ocupam um volume cada vez maior no qual a determinação do sódio é realizada. As concentrações séricas de sódio são baixas nestes estados patológicos quando o método da fotometria de chama é usado, mas é normal quando se utiliza um eletrodo íon-específico. A maioria dos laboratórios clínicos usa atualmente um eletrodo íon-específico. A segunda situação ocorre quando grandes quantidades de substâncias osmoticamente ativas (tais como a glicose ou o manitol) causam hiponatremia, mas não hipotonicidade. Esta condição é conhecida como *hiponatremia translocacional.* Nestas situações, a água é drenada a partir das células para o espaço extracelular, diluindo os solutos plasmáticos e equilibrando as diferenças osmóticas. Além disso, o uso de grandes quantidades de soluções para irrigação que não contêm sódio (mas em vez disso contêm glicina, sorbitol ou manitol) durante cirurgias ginecológicas ou urológicas também pode causar hiponatremia grave.

Adrogue HJ, Madias NE: Hyponatremia. N Engl J Med 342:1581-1589, 2000.

9. Por que os pacientes com cetoacidose diabética frequentemente apresentam hiponatremia?

A cetoacidose diabética é um exemplo de hiponatremia hiperosmótica. Em geral, as concentrações séricas de sódio diminuem em aproximadamente 1,6 mEq/L para cada aumento de 100 mg/dL acima dos níveis normais de glicose. Nesta situação, o nível de sódio sérico não deve ser interpretado sem um acompanhamento da medida da glicose sérica e deve ser feita a correção apropriada caso a glicose exceda 200 mg/dL. Observe que um estudo recente sugeriu que este fator de correção pode estar perto de 2,4 mEq/L; no entanto, o ponto-chave aqui é reconhecer que o sódio sérico deve ser corrigido para a hiperglicemia em pacientes com cetoacidose diabética e isso deve ser feito antes de se considerar qualquer tratamento para a "hiponatremia".

Hillier TA, Abbott RD, Barrett EJ: Hyponatremia: Evaluating the correction factor for hyperglycemia. Am J Med 106:399-403, 1999.

10. Qual é a diferença entre a hiponatremia aguda e a crônica?

- **Hiponatremia aguda:** Uma entidade distinta em termos de morbidade e mortalidade, assim como em estratégias de tratamento, a hiponatremia aguda ocorre mais comumente no hospital (frequentemente em situações pós-operatórias), na polidipsia psicogênica e em mulheres idosas que usam diuréticos tiazídicos.
- **Hiponatremia crônica:** A hiponatremia crônica é definida como aquela com duração > 48 horas. A maioria dos pacientes que procura atendimento médico ou os serviços de emergência com hiponatremia deve ser considerada como apresentando hiponatremia crônica.

11. Quais são os sinais e sintomas da hiponatremia?

A hiponatremia é o distúrbio eletrolítico mais comum em pacientes hospitalizados, com uma prevalência de cerca de 2,5%. Embora a maioria dos pacientes seja assintomática, os sintomas se desenvolvem em indivíduos que apresentam uma concentração sérica de sódio < 125 mEq/L ou naqueles em quem o sódio diminuiu rapidamente. Sintomas gastrointestinais como náusea, vômitos e anorexia ocorrem precocemente, mas sintomas neuropsiquiátricos como letargia, confusão, agitação, psicose, convulsão e coma são mais comuns. Os sintomas clínicos estão grosseiramente correlacionados com a quantidade e a taxa de redução dos níveis séricos de sódio.

Anderson RJ, Chung HM, Kluge R, Schrier RW: Hyponatremia: A prospective analysis of its epidemiology and the pathogenetic role of vasopressin. Ann Intern Med 102:164-168, 1985.

12. Quais drogas (caso haja alguma) estão associadas à hiponatremia?

Muitas drogas estão associadas à hiponatremia, mas algumas merecem atenção especial. Os diuréticos tiazídicos frequentemente causam hiponatremia por promover maior excreção de sódio do que de água. Os inibidores seletivos da recaptação de serotonina causam hiponatremia, e isto parece ocorrer através da liberação inapropriada de ADH. As drogas antiinflamatórias não-esteroidais bloqueiam a produção das prostaglandinas renais e permitem a ação irrestrita da vasopressina no rim, o que pode levar à retenção de água. Os antidepressivos tricíclicos e um grande número de anticonvulsivantes estão associados à hiponatremia. Por fim, o uso de 3,4-metilenodioximetanfetamina, ou Ecstasy, particularmente em combinação à ingestão de grandes volumes de água, está associado à hiponatremia grave e potencialmente fatal.

Adrogue HJ, Madias NE: Hyponatremia. N Engl J Med 342:1581-1589, 2000.

Budisavljevic MN, Stewart L, Sahn AS, Ploth DW: Hyponatremia associated with 3-4 methylenedioxymethylamphetamine ("Ecstasy") abuse. Am J Med Sci 326:89-93, 2003.

13. Existe uma terapia padrão para a hiponatremia?

Embora existam controvérsias quanto às estratégias de terapia, há um consenso de que nem todos os pacientes hiponatrêmicos devem ser tratados de forma semelhante. O direcionamento da terapia é feito a partir da análise da duração da hiponatremia (aguda ou crônica) e da presença ou ausência de sintomas neurológicos. A terapia prescrita deve levar em consideração os sintomas atuais do paciente e o risco de desmielinização com a correção intempestiva. Em pacientes com hiponatremia aguda sintomática, o risco de adiar o tratamento e permitir que as consequências do edema cerebral culminem em convulsão e parada respiratória supera claramente qualquer risco do tratamento. Deve-se administrar salina hipertônica e furosemida (o que promove a excreção de água livre), caso necessário, até que os sintomas cessem. É possível calcular a alteração da concentração sérica de sódio com base na quantidade e no volume de sódio infundido e isto deve ser feito antes da administração da salina hipertônica. Contrariamente, os pacientes com hiponatremia crônica assintomática em categorias de alto risco (p. ex., alcoolismo, desnutrição e doença hepática) estão sob maior risco de sofrer complicações em decorrência da correção da hiponatremia, como a mielinólise pontina central. Tais pacientes são mais bem tratados com restrição de água.

Berl T: Treating hyponatremia: Damned if we do and damned if we don't. Kidney Int 37:1006-1018, 1990.

14. Quais são as orientações úteis para o tratamento da hiponatremia?

Em pacientes crônicos assintomáticos, a simples restrição de água livre (ou seja, 1 L/dia) permite uma correção lenta e relativamente segura dos níveis séricos de sódio. No entanto, esta estratégia requer a colaboração do paciente, o que pode ser particularmente difícil nos pacientes ambulatoriais. Em pacientes selecionados resistentes à restrição de água livre, pode ser necessário o uso de um antagonista do ADH (p. ex., demeclociclina, 600 a 1.200 mg/dia) ou de manobras para aumentar a excreção urinária de solutos.

O dilema terapêutico mais difícil é lançado pelos pacientes com sintomas cerebrais e hiponatremia com duração desconhecida. Tais pacientes também estão sob risco de distúrbio desmielinizante se tratados de forma muito agressiva, já que a presença de sintomas reflete a disfunção do sistema nervoso central. Estes pacientes devem ser tratados com cuidado (a cada hora) monitorando-se os níveis séricos de sódio à medida que é realizada a administração da salina hipertônica e da furosemida. A taxa de aumento não deve exceder 1,5 mEq/L/h e o incremento total não deve exceder 8 a 10 mEq/24 h. A terapia aguda pode ser desacelerada quando um dos seguintes objetivos for atingido: (1) melhora dos sintomas, (2) alcance dos níveis séricos de sódio "seguros" (120 a 125 mEq/L) (note que se o nível sérico de sódio for muito baixo, esta pode ser uma correção muito agressiva para as primeiras 24 horas).

Adrogue HJ, Madias NE: Hyponatremia. N Engl J Med 342:1581-1589, 2000.
Lin M, Liu SJ, Lim IT: Disorders of water imbalance. Emerg Med Clin North Am 23:749-770, 2005.

15. O que é a mielinólise pontina central?

A mielinólise pontina central é um distúrbio neurológico raro de etiologia desconhecida, caracterizado por desmielinização simétrica na linha mediana da parte central da ponte. Podem ocorrer lesões extrapontinas nos gânglios da base, cápsula interna, corpo geniculado lateral e córtex. Os sintomas incluem anormalidades motoras que podem progredir para quadriplegia flácida, paralisia respiratória, paralisia pseudobulbar, alterações no estado mental e coma. A mielinólise pontina central frequentemente é fatal em três a cinco semanas; dos pacientes que sobrevivem, muitos têm déficits residuais significativos. As alterações na substância branca são melhor visualizadas por imagens de ressonância magnética. A mielinólise pontina central é uma das complicações mais temidas da terapia para hiponatremia. Os fatores de risco incluem uma mudança nos níveis séricos de sódio de > 20 a 25 mEq/L em 24 horas, uma correção do nível sérico de sódio para uma faixa que vai de normal a hipernatrêmica, alcoolismo coexistente e sintomático, desnutrição e doença hepática.

Moritz ML, Ayrus JC: The pathophysiology and treatment of hyponatremic encephalopathy: An update. Nephrol Dial Transplant 18:2486-2491, 2003.

16. A hipernatremia também pode ocorrer nos estados hipovolêmicos, euvolêmicos e hipervolêmicos?

Sim, e estas categorias, baseadas no exame físico, fornecem uma estrutura útil para o entendimento e tratamento dos pacientes. No entanto, ao contrário da hiponatremia, a hipernatremia sempre reflete um excesso de sódio em relação ao conteúdo de água corporal total. A hipernatremia hipovolêmica tende a se desenvolver em pessoas muito jovens e muitos idosas. Ela ocorre tipicamente devido às perdas de fluido extracelular e à inabilidade de ingerir quantidades adequadas de água livre. Doenças febris, vômitos, diarreia e perdas renais são causas comuns.

A hipernatremia euvolêmica pode também ser decorrente da perda extracelular de líquido sem acesso adequado à água ou da perda do controle da homeostase da água. O *diabetes insipidus*, tanto central (ou seja, secreção inadequada de ADH) quanto nefrogênico (ou seja, insensibilidade renal ao ADH), resulta na inabilidade de reabsorver a água filtrada, o que causa uma hipertonicidade sistêmica, mas uma urina hiposmolar. A hipernatremia hipervolêmica, embora incomum, é iatrogênica. A administração de bicarbonato de sódio durante a parada cardíaca, a administração de salina hipertônica, o aborto por meio de solução salina e as fórmulas infantis preparadas inapropriadamente são diversos exemplos de hipernatremia induzida.

Adrogue HJ, Madias NE: Hypernatremia. N Engl J Med 342:1493-1499, 2000.

17. Quais são as causas do *diabetes insipidus*?

O *diabetes insipidus* central pode resultar de trauma, tumores, acidente vascular cerebral, doenças granulomatosas e infecções do sistema nervoso central, mas ocorre comumente após procedimentos neurocirúrgicos. O *diabetes insipidus* nefrogênico pode ocorrer na insuficiência renal aguda ou crônica, hipercalcemia, hipocalemia e anemia falciforme ou pode estar relacionado ao uso de drogas (p. ex., lítio, demeclociclina).

Verbalis J: Disorders of body water homeostasis. Best Pract Res Clin Endocrinol Metab 17:471-503, 2003.

18. Quais são os sinais e sintomas da hipernatremia?

Em pacientes acordados e alertas, a sede é um sintoma proeminente. Anorexia, náusea, vômito, alteração do estado mental, agitação, irritabilidade, letargia, estupor, coma e hiperatividade neuromuscular também são sintomas comuns.

19. Qual é a melhor terapia para a hipernatremia?

A prioridade em pacientes com depleção significativa de volume é a estabilização circulatória com salina normal. Uma vez que a hipotensão tenha sido corrigida, os pacientes podem ser reidratados com água por via oral, SG5% IV ou mesmo com cloreto de sódio a 0,45%. Uma correção excessivamente rápida da hipernatremia de longa duração pode resultar em edema cerebral. O déficit de água pode ser calculado com a fórmula da questão 20. Alguns pesquisadores sugeriram que, em pacientes com hipernatremia de longa duração, o déficit de água deve ser corrigido por não mais do que 10 mEq/dia ou 0,5 mmol/h. Caso a hipernatremia tenha ocorrido em um período curto (horas), ela pode ser corrigida mais rapidamente, com o objetivo de corrigir metade do déficit de água nas primeiras 24 horas. Em pacientes com diabetes insipidus central, pode-se administrar um análogo sintético do ADH (ou seja, 1-deamino-8-D-arginina vasopressina [DDAVP]), preferencialmente por via intranasal.

20. Quais são as fórmulas úteis para se avaliar as anormalidades do sódio?

- **Osmolalidade sérica:** 2[Na^+] + glicose/18 + (ureia sanguínea)/6 + álcool etílico/4,6.
- **Água corporal total (ACT):** Peso corporal × 0,6.
- **Excesso de ACT na hiponatremia:** ACT (1 – [Na^+ sérico]/140).
- **Déficit de ACT na hipernatremia:** ACT ([Na^+ sérico]/140 – 1).

AGRADECIMENTOS

A autora gostaria de agradecer as contribuições dos Drs. Stuart Senkfor e Tomas Berl.

SANGRAMENTO GASTROINTESTINAL ALTO E BAIXO NO PACIENTE CRÍTICO

CAPÍTULO 45

Jon Yang, MD, MPH e Fernando Velayos, MD, MPH

1. Qual é a definição anatômica de *sangramento do trato gastrointestinal (GI) alto?* E de *sangramento do trato GI baixo?*

O *sangramento do trato GI alto* é definido por uma hemorragia com origem proximal ao ligamento de Treitz. O *sangramento do trato GI baixo* é definido por uma hemorragia com origem distal a este ponto.

2. Defina *hematêmese, êmese em borra de café, hematoquezia* e *melena.* Como a presença de qualquer dessas características ajuda a determinar o local e o volume de sangramento?

O vômito de sangue é chamado *hematêmese* e indica sangramento do trato GI alto. O sangue pode ser fresco e vermelho vivo ou velho e com aspecto de borra de café. Melena é o nome dado a fezes enegrecidas, cor de piche e de odor fétido devido à degradação de sangue originário do trato GI alto; raramente pode significar sangramento do intestino delgado ou do cólon direito. A hematoquezia é a passagem de sangue vermelho vivo através do reto e indica uma fonte no trato GI baixo; pode indicar trânsito rápido de sangue do trato GI alto em 10% dos casos.

Rockey DC: Gastrointestinal bleeding. Gastroenterol Clin North Am 34:581-588, 2005.

3. Todos os pacientes com hemorragia do trato GI requerem internação na unidade de terapia intensiva (UTI)?

Não. Entretanto, os pacientes que apresentam evidência de sangramento ativo, anormalidades significativas dos sinais vitais ou quaisquer outras características associadas a uma alta taxa de mortalidade deveriam ser considerados para internação em UTI para monitoramento médico intensivo e endoscopia de urgência.

4. Qual é a relação entre as alterações dos sinais vitais, o volume da perda sanguínea e a gravidade do sangramento?

Ver Tabela 45-1.

TABELA 45-1. SINAIS VITAIS, VOLUME DE PERDA SANGUÍNEA E A GRAVIDADE DO SANGRAMENTO

Sinais Vitais	Perda de Sangue (%)	Gravidade do Sangramento
Hipotensão de repouso (choque)	20-25	Maciço
Hipotensão ortostática ou taquicardia	10-20	Moderado
Normal	< 10	Menor

5. Quais fatores estão associados a taxas elevadas de mortalidade em pacientes com hemorragia do trato GI alto?

- Idade superior a 60 anos.
- Comorbidades (p. ex., diabetes, insuficiência renal, doença coronariana, câncer, hepatopatia).

- Hipotensão persistente.
- Mais que cinco unidades de transfusão.
- Sangramento ou ressangramento durante a hospitalização.
- Aspirado nasogástrico (NG) sanguinolento.
- Necessidade de cirurgia de emergência.
- Varizes de esôfago, úlceras sangrantes ou aquelas com um coágulo visível, úlceras de tamanho > 2 cm.
- Úlceras localizadas na curvatura menor do estômago ou na parede posterior do bulbo duodenal.

Pacientes com estes fatores podem se beneficiar de endoscopia terapêutica precoce e de cuidados intensivos.

PONTOS-CHAVE: FATORES ASSOCIADOS A TAXAS ELEVADAS DE MORTALIDADE NO SANGRAMENTO DO TRATO GASTROINTESTINAL (GI) ALTO ✓

1. Os pacientes com mais de 60 anos de idade tendem a ter taxas de mortalidade mais elevadas associadas ao sangramento do trato GI alto.
2. Condições associadas a taxas mais elevadas de mortalidade incluem doença cardiopulmonar, hepatopatia, diabetes e câncer.
3. Sangramento ou ressangramento durante a hospitalização estão associados a taxas de mortalidade mais elevadas.
4. Hipotensão persistente em um paciente com sangramento do trato GI alto é outro fator associado a taxas de mortalidade mais elevadas.
5. Os pacientes se encontram também sob risco de mortalidade mais elevado se houver transfusão de mais de cinco unidades de sangue.

6. Quais são as cinco principais causas de sangramento do trato GI alto e baixo?

Fonte GI alta

- Úlceras duodenais (50%).
- Erosões gástricas (23%).
- Varizes (10%).
- Lacerações de Mallory-Weiss (7%).
- Esofagite (6%).

Fonte GI baixa

- Diverticulose (43%).
- Angiodisplasia (20%).
- Indeterminada (12%).
- Neoplasia (9%).
- Colite (9%).

7. Quais são as causas importantes de sangramento do trato GI nos pacientes críticos?

Apesar de os pacientes críticos poderem apresentar qualquer uma das causas típicas de sangramento, eles se encontram sob risco particular de desenvolver úlceras induzidas por estresse no trato GI alto e isquemia do cólon induzida por hipotensão.

8. O que é exclusivo do paciente que desenvolve um sangramento do trato GI durante a internação?

A mortalidade aumenta para 25%, comparada a 3,5-7% se o sangramento começa antes da internação. A causa de morte geralmente não se deve ao sangramento em si, mas, sim, à exacerbação da doença de base.

9. Quais são os nove passos-chave na conduta da hemorragia GI?

1. Instalar dois cateteres IV de grosso calibre (ao menos 18 G).
2. Estimar a gravidade do sangramento baseando-se nos sinais vitais, aspirado NG e o resultado do exame retal.
3. Iniciar a ressuscitação com solução salina isotônica (e, se necessário, hemocomponentes) em uma taxa comparável à estimativa da perda sanguínea, à evidência de sangramento ativo e às comorbidades.
4. Considerar o uso de plasma fresco congelado e transfusão de plaquetas em pacientes com coagulopatia significativa (relação normalizada internacional > 1,5) ou trombocitopenia (<50.000), respectivamente.
5. Considerar a intubação de pacientes não colaborativos, agitados ou encefalopatas, sob alto risco de aspiração de sangue do trato GI alto.
6. Obter uma amostra de aspirado da sonda NG e realizar um exame retal para tentar localizar a fonte (alta ou baixa) e a intensidade do sangramento.
7. Iniciar a terapia com um inibidor da bomba de prótons.
8. Considerar administrar um *bolus* de 50 μg IV de octreotide seguido de infusão contínua de 50 μg/hora caso haja suspeita de varizes sangrantes.
9. Realizar os exames diagnósticos e terapêuticos, incluindo endoscopia, cintilografia e angiografia, e consultar um gastroenterologista e um cirurgião.

10. Uma amostra de aspirado NG não sanguinolenta exclui o sangramento do trato GI alto?

Não. Até 15% dos pacientes com sangramento GI alto podem apresentar uma amostra de aspirado NG não sanguinolenta. Isto pode ocorrer quando a extremidade da sonda NG estiver localizada no esôfago ou quando o esfíncter pilórico competente não permitir que o sangue de uma úlcera duodenal reflua para o estômago. Assim, pacientes com hematoquezia, instabilidade hemodinâmica e um resultado de aspirado NG sem sangue ainda deve ser considerado para endoscopia digestiva alta imediata.

11. A passagem de uma sonda NG em um paciente com varizes precipita o sangramento?

Não. Não há evidências para apoiar a ideia de que a passagem de uma sonda NG precipitaria o sangramento ao traumatizar as varizes.

12. Qual é o papel da endoscopia no manejo do sangramento do trato GI alto?

A endoscopia é importante no diagnóstico e no tratamento de causas comuns de hemorragia do trato GI. As úlceras no estômago e no duodeno são tratadas por métodos térmicos (p. ex., *heater probe*, eletrocoagulação) ou por injeção de uma variedade de substâncias (p. ex., epinefrina, soro fisiológico, agentes esclerosantes como álcool). As varizes são tratadas endoscopicamente por ligadura elástica ou por injeção de agentes esclerosantes como o oleato de etanolamina. A terapia endoscópica urgente das varizes e úlceras reduz a duração da hospitalização, a incidência de ressangramento e a necessidade de cirurgia, e leva à melhora das taxas de sobrevida.

13. Como o aspecto de uma úlcera ajuda a predizer o ressangramento/mortalidade e orientar a conduta?

Ver Tabela 45-2.

14. Qual é o papel da endoscopia no manejo do sangramento do trato GI baixo?

A colonoscopia de urgência para o sangramento agudo do trato GI baixo está menos estabelecida do que a esofagogastroduodenoscopia (EGD) de urgência está para o sangramento agudo do trato GI alto. Os divertículos e as ectasias vasculares podem estar espalhados através do cólon e encontrar a lesão culpada pode ser difícil se houver um sangramento ativo ou se o cólon não estiver preparado adequadamente. Quarenta e dois por cento dos pacientes com sangramento agudo do trato GI baixo, apresentam mais de uma fonte potencial de sangramento identificada na colonoscopia. Alguns centros investigaram o preparo rápido, seguido de colonoscopia de urgência dentro de 12 horas da apresentação dos sintomas e relataram sucesso na identificação e no tratamento da lesão responsável. A colonoscopia em 24 horas pode ser um alvo mais razoável quando o paciente pode ser

TABELA 45-2. ASPECTO DA ÚLCERA, RESSANGRAMENTO/MORTALIDADE E CONDUTA

	Aspecto	Prevalência (%)	Ressangramento (%)	Mortalidade (%)	Terapia Endoscópica	Terapia Clínica
Risco mais baixo	Base limpa	42	5	2	Nenhuma necessária	IBP oral
	Lesão pigmentada plana	20	10	3	Nenhuma necessária	IBP oral
	Coágulo aderido	17	22	7	Controversa	IBP oral/IV
Risco mais elevado	Vaso visível	17	43	11	Sim	Infusão de IBP
	Sangramento ativo	18	55	11	Sim	Infusão de IBP

IBP = inibidor da bomba de prótons, IV = intravenoso.
Adaptado de Laine L, Peterson WL: Bleeding peptic ulcer. N Engl J Med 331:717-727, 1994.

ressuscitado adequadamente e a preparação intestinal pode ser realizada. A estratificação em grupos de alto ou baixo risco para ressangramento foi estabelecida para a EGD, mas ainda não para a colonoscopia.

Green BT, Rockey DC: Lower gastrointestinal bleeding-management. Gastroenterol Clin North Am 34:665-678, 2005.

15. Qual é o papel da cintilografia com hemácias marcadas e da angiografia no manejo do sangramento do trato GI baixo?

Se a perda de sangue é intensa o bastante para atingir adversamente a qualidade da colonoscopia, a cintilografia com hemácias marcadas seguida da angiografia podem ajudar na localização e no tratamento de uma lesão sangrante do trato GI baixo. A cintilografia com hemácias marcadas é mais sensível do que a angiografia para detectar um sangramento, mas é menos precisa para localizá-lo. Ela também não fornece as possibilidades terapêuticas. Pode detectar 0,1 mL/min de perda de sangue. A angiografia é superior à cintilografia com hemácias marcadas para localizar a fonte de sangramento e indicar a terapia, mas é menos sensível para detectar a perda de sangue. Pode detectar 0,5 mL/min de perda de sangue.

16. O que é uma "úlcera de estresse"?

Uma úlcera de estresse é parte do espectro de lesões da mucosa do estômago e do duodeno, mais frequentemente chamado *doenças da mucosa relacionadas ao estresse* (DMRE). Estas lesões variam de erosões superficiais difusas até úlceras profundas.

17. Quem descreveu primeiro as úlceras de estresse? Estas úlceras são as mesmas vistas nas DMRE?

As úlceras de estresse foram inicialmente descritas por Curling em pacientes com queimaduras extensas, e por Cushing em pacientes após traumatismo grave do sistema nervoso central. As úlceras de Cushing são um subtipo interessante de DMRE porque estão sempre associadas à secreção elevada de gastrina e ácido gástrico. Em comparação, a DMRE pode ocorrer com débito de ácido alto, normal ou baixo.

18. Qual é a frequência com que um sangramento clinicamente importante provém das DMRE?

Em um estudo prospectivo com 2.252 pacientes, a incidência das DMRE em uma população de UTI foi de 1,5%.

19. Quando se deve suspeitar de uma DMRE?

Deve-se suspeitar de DMRE em um paciente de UTI com sangramento franco complicado por instabilidade hemodinâmica ou com sangramento oculto que resulte em redução dos níveis de hematócrito ou em necessidade de hemotransfusão.

20. Quais são os fatores fisiopatológicos que contribuem para a DMRE?

Três fatores importantes para a DMRE são a secreção ácida gástrica, a isquemia da mucosa e o refluxo de bile para dentro do estômago. A isquemia da mucosa leva a uma alteração da proteção do epitélio gástrico contra o ácido, devido à redução das prostaglandinas e da síntese de muco alcalino.

21. Quais são os fatores de risco da DMRE?

Em uma meta-análise de 2.252 pacientes, Cook e colaboradores identificaram a ventilação mecânica e a coagulopatia como os dois fatores de risco principais para a DMRE. A presença de fatores de risco adicionais, como hipotensão, sepse, insuficiência hepática, insuficiência renal, queimaduras extensas ou traumatismo aumentam, proporcionalmente, o risco de hemorragia significativa relacionada ao estresse. Como é de se esperar, o aumento da gravidade da doença subjacente se correlaciona ao aumento do risco de sangramento clinicamente significativo relacionado ao estresse.

22. Como podemos prevenir a DMRE?

Já foi demonstrado que manter o pH gástrico acima de 4 previne a DMRE. Os antiácidos, os antagonistas de receptores H_2 (H_2RAs) e os inibidores da bomba de prótons (IBPs) foram investigados com esta estratégia em mente. Pensa-se que o sucralfato funciona primariamente como um agente citoprotetor, embora a estimulação de vários fatores de crescimento implicados na cura das úlceras possa ser seu verdadeiro mecanismo de ação. Os H_2RAs se revelaram significativamente melhores do que placebo, antiácidos e sucralfato na redução da incidência de sangramento clinicamente significativo devido à DMRE. Diversos pequenos estudos sugeriram que os IBPs são superiores aos H_2RAs na profilaxia da DMRE. Ao contrário dos H_2RAs, os IBPs não parecem desenvolver tolerância quando a terapia é duradoura. Apesar de a eficácia dos IBPs ser bem reconhecida, eles não foram aprovados para profilaxia da úlcera de estresse.

Stollman N, Metz DC: Pathophysiology and prophylaxis of stress ulcer in intensive care unit patients. J Crit Care 20:35-45, 2005.

23. O que é colite isquêmica?

A colite isquêmica constitui um amplo espectro de agressões ao cólon devido ao fluxo arterial comprometido. O espectro da lesão vai da colonopatia reversível (p. ex., hemorragia submucosa ou intramural, colite transitória) até a doença irreversível (p. ex., colite ulcerativa crônica, colite fulminante, estenose, gangrena).

Brandt LJ, Boley SJ: AGA technical review on intestinal ischemia. American Gastrointestinal Association. Gastroenterology 118:954-968, 2000.

24. Como é feito o diagnóstico de colite isquêmica?

Muitas características são variáveis e inespecíficas. Clinicamente, os pacientes com frequência apresentam dor em cólica no quadrante inferior esquerdo, com evacuação de sangue vermelho vivo ou marrom, mas, em geral, não o suficiente para requerer transfusão. Dependendo da permanência do insulto, uma isquemia superficial pode se estender e produzir isquemia transmural, distensão abdominal, gangrena e peritonite. Uma radiografia simples de abdome pode demonstrar o sinal da "impressão digital", indicando edema submucoso. Uma tomografia computadorizada do abdome pode revelar espessamento da parede do cólon na área afetada ou pode demonstrar pneumatose (isto é, ar na parede do cólon). Não há exames de sangue para ajudar a diagnosticar a colite isquêmica precoce. Os níveis de lactato sérico, de acidose, da desidrogenase láctica, da creatinofosfoquinase e da amilase geralmente se tornam elevados na presença de dano isquêmico avançado e grave. Uma colonoscopia ou uma sigmoidoscopia podem fazer o diagnóstico definitivo; entretanto, estas modalidades são contraindicadas se o paciente apresenta peritonite ou se tem um envolvimento colônico transmural significativo.

25. Quais são os fatores de risco para a colite isquêmica?

Na UTI, a colite isquêmica tende a ocorrer nos pacientes de meia-idade ou em idosos com doença aterosclerótica (p. ex., doença coronariana, doença arterial periférica) no quadro de hipotensão, choque combinado a drogas vasoconstritoras ou cirurgia recente da aorta (principalmente de aneurisma). A colite isquêmica complica 7% das cirurgias aórticas eletivas e 60% das cirurgias para aneurismas aórticos abdominais rotos. A colite isquêmica é responsável por aproximadamente 10% das mortes após a cirurgia aórtica.

26. Quais são as áreas do cólon sob maior risco para isquemia?

A isquemia colônica resultante de um estado de baixo fluxo geralmente afeta o cólon direito e está envolvida em 68% das colites isquêmicas associadas à hipotensão. A anatomia arterial do cólon direito contribui para este aumento do risco porque a artéria marginal formada por ramos da artéria mesentérica superior não se encontra completamente desenvolvida ou é ausente em 25% a 75% das pessoas, o que resulta em menor quantidade de vasos terminais fornecendo oxigênio ao cólon direito. Os estados de baixo fluxo podem também afetar as áreas de "divisão de águas" no ângulo esplênico ou na junção retossigmoide devido ao fluxo colateral pobre presente em 10% da população. A oclusão da artéria mesentérica inferior produz isquemia no cólon sigmoide, área com menor fluxo colateral.

27. Qual é a área do cólon sob menor risco para isquemia?

O reto raramente se torna isquêmico devido a seu rico fluxo colateral entre a artéria mesentérica inferior e a circulação ilíaca interna.

28. Qual é o tratamento da colite isquêmica?

A maioria das colites isquêmicas é reversível e associada a uma baixa mortalidade. Caso não haja evidências de gangrena ou perfuração, o tratamento da suspeita de colite isquêmica não oclusiva é, primariamente, de suporte. Os pacientes com oclusão iatrogênica, como ocorre após cirurgia aórtica, podem necessitar de nova cirurgia e revascularização. Os pacientes com evidência de lesão transmural ou perfuração necessitam de laparotomia de emergência. A mortalidade é muito aumentada pela necessidade de cirurgia.

CAPÍTULO 46

PANCREATITE AGUDA

E. Matt Ritter, MD, MAJ, USAF, MC e Mark W. Bowyer, MD, DMCC, COL, USAF, MC

1. O que é pancreatite aguda?

A pancreatite aguda é uma condição inflamatória aguda não infecciosa do pâncreas, causada pela liberação intersticial de enzimas ativadas do pâncreas exócrino levando à autodigestão do pâncreas e dos tecidos ao redor. O curso clínico pode variar de uma doença leve até a falência de múltiplos órgãos e sepse.

2. Como se define a *pancreatite aguda grave* (PAG)?

A PAG é um episódio de pancreatite aguda associada a complicações locais ou sistêmicas. As complicações locais incluem necrose, hemorragia, coleção líquida peripancreática ou pseudocisto. As complicações sistêmicas incluem o desenvolvimento da síndrome da resposta inflamatória sistêmica ou o aparecimento de disfunções orgânicas associadas ao episódio de pancreatite (isto é, falência renal ou pulmonar). A PAG deve ser tratada na unidade de terapia intensiva.

Nathens AB, Curtis JR, Beale RJ, et al: Management of the critically ill patient with acute pancreatitis. Crit Care Med 32:2524-2536, 2004.

3. Quais são as causas da pancreatite aguda?

A variação na frequência é bastante marcante de estudo para estudo e depende da população de referência. Os cálculos biliares (40%-60%) e o álcool (35%-70%) são as duas etiologias mais comuns em quase todos os estudos relatados. As causas diversas de pancreatite podem incluir toxinas, traumatismo, fatores metabólicos ou outras causas menos comuns. As toxinas incluem metanol, inseticidas organofosforados e veneno de escorpião. Mais de 80 medicamentos diferentes são sabidamente causadores de pancreatite, inclusive acetaminofeno, inibidores da enzima conversora da angiotensina, furosemida, tetraciclina, ácido amino-salicílico, corticoesteroides, procainamida, tiazidas, metronidazol e ranitidina, entre outros. O distúrbio metabólico mais frequentemente associado à pancreatite aguda é a hipertrigliceridemia (especialmente a hiperlipoproteinemia tipo V), principalmente em níveis acima de 1.000 mg/dL. A hipercalcemia também já foi associada à pancreatite em raros casos - geralmente no início do hiperparatireoidismo.

PONTOS-CHAVE: *BAD TIME*: MÉTODO MNEMÔNICO PARA AS CAUSAS COMUNS DE PANCREATITE AGUDA ✓

B: Biliar – cálculos biliares, parasitas ou neoplasia maligna.

A: Álcool.

D: Drogas.

T: Traumatismo, toxinas.

I: Idiopática, isquêmica, infecciosa, hereditária.

M: Metabólica – hiperlipidemia, hipercalcemia.

E: Endoscópica – colangiopancreatografia endoscópica retrógrada.

4. Como se apresenta um paciente com pancreatite aguda?

Uma apresentação típica da pancreatite aguda inclui início agudo de dor epigástrica grave que se dirige para o dorso. Os sintomas associados frequentemente incluem náuseas e vômitos. Os achados físicos clássicos da pancreatite aguda inicial incluem desconforto epigástrico e elevação da temperatura ou febre. Casos graves podem se apresentar com sinais e sintomas de choque séptico, incluindo instabilidade hemodinâmica e falência orgânica múltipla. Achados físicos tardios na PAG podem incluir sinal de Grey-Turner e sinal de Cullen (*ver* questão 5).

5. O que é o sinal de Grey-Turner e o sinal de Cullen?

O sinal de Grey-Turner é a equimose de flanco que, classicamente, está associada à hemorragia retroperitoneal. Este achado em um quadro de pancreatite é indicativo de pancreatite grave e geralmente não estará presente até 3-7 dias após o início da dor. O sinal de Cullen é a equimose periumbilical que pode estar presente na pancreatite grave necrotizante ou outras causas de hemorragia retroperitoneal. É semelhante, em significância, ao sinal de Grey-Turner.

6. Quais exames laboratoriais ajudam no diagnóstico de pancreatite aguda?

A amilase e a lipase séricas são os marcadores *diagnósticos* mais empregados na pancreatite aguda. Durante as primeiras 24 horas, um nível elevado de amilase apresenta uma sensibilidade de 81%-84%. No segundo dia, a sensibilidade da amilase cai para 33%. A especificidade da hiperamilasemia é baixa porque esta também pode ser causada por úlceras pépticas perfuradas, infartos intestinais, traumatismo de glândula salivar, insuficiência renal e macroamilasemia. A medida da lipase sérica é mais específica do que a da amilase e tem uma sensibilidade de 85%-100%; após 4 dias, permanece elevada em 90% dos pacientes. Os relatos recentes sugerem que a dosagem da lipase é o exame mais preciso na pancreatite aguda e alguns autores argumentam que não há necessidade de se obter as duas medidas. Nem o grau de elevação da amilase nem o da lipase se correlacionam à gravidade da doença.

7. Como devem ser usados os métodos de imagem no diagnóstico de pancreatite aguda?

Os métodos de imagem podem ser usados para confirmar o diagnóstico de pancreatite aguda, para pesquisar a etiologia e para documentar e definir a conduta em certas complicações. A ultrassonografia do abdome pode documentar a presença ou a ausência de cálculos biliares e de dilatação das vias biliares. A tomografia computadorizada (TC) abdominal com contraste pode ajudar a diferenciar a pancreatite aguda de outras causas de dor epigástrica, tais como a colecistite grave ou uma úlcera complicada. A TC também pode mostrar complicações da pancreatite tais como necrose, abscesso ou pseudocisto. As intervenções percutâneas guiadas por imagem podem ser uma opção para o manejo de algumas destas condições (*ver* questão 18).

Romero-Urquhart G, Phillips J: Acute pancreatitis. eMedicine, June 23, 2004: www.emedicine.com/radio/topic521.htm

8. Quando os exames de imagem devem ser realizados?

Se há dúvida de que o diagnóstico é de pancreatite aguda, deve-se solicitar imediatamente o método de imagem a fim de excluir outras causas de dor epigástrica aguda. No caso de um diagnóstico já conhecido, um adiamento na obtenção de imagens, principalmente da TC, é potencialmente benéfico. Um adiamento de 48-72 horas após o início dos sintomas fornece tempo para a demarcação da necrose pancreática assim, a sensibilidade da TC para o diagnóstico de necrose pancreática se aproxima de 100% após quatro dias. Além disso, um adiamento na solicitação de imagens de TC permite a ressuscitação volêmica e, assim, reduz potencialmente a probabilidade de insuficiência renal induzida por contraste. Há também relatos de casos de exacerbação da necrose pancreática inicial quando as imagens foram obtidas nas primeiras 24 horas da doença.

Clancy TE, Benoit EP, Ashley SW: Current management of acute pancreatitits. J Gastrointest Surg 9:440-452, 2005.

9. Quais são as opções de imagens para pacientes com sensibilidade ao contraste ou função renal limítrofe?

A ressonância magnética (RM) pode detectar a presença e a extensão da necrose e as coleções de líquido peripancreático tão bem quanto a TC. A RM requer a administração de gadolínio para detectar necrose. O fato de o gadolínio não ser tóxico, se comparado aos agentes de contraste ionizado necessários para a TC, aumenta os atrativos da RM para alguns pacientes. A TC mantém as vantagens de menor custo, maior disponibilidade e a capacidade de realizar procedimentos de intervenção. A RM também pode ser problemática para pacientes críticos devido à necessidade de ventiladores, leitos e aparelhos de infusão não metálicos.

10. Quais são os métodos disponíveis para estimar a gravidade e o prognóstico da pancreatite aguda?

A história natural da pancreatite aguda varia de um processo leve e autolimitado até uma doença fulminante e rapidamente fatal. A identificação precoce da gravidade da doença, portanto, é importante para permitir o emprego apropriado de medidas de monitoramento e terapêuticas invasivas. Vários sistemas de critérios clínicos foram desenvolvidos, inclusive os critérios de Ranson, os critérios de Glasgow e o sistema APACHE (*Acute Physiology and Chronic Health Evaluation*) II. Os achados da TC também foram utilizados para estimar a gravidade e foram correlacionados às taxas de mortalidade e complicação. Os critérios de Ranson (Tabela 46-1) e o índice de gravidade baseado em achados tomográficos de Balthazar (Tabela 46-2) são os sistemas mais utilizados. Além desses sistemas, foram relatados vários indicadores de prognóstico isolados, e estes incluem níveis séricos de proteína C reativa, interleucinas 6 e 8 e peptídeos da ativação do tripsinogênio. Embora muitos deles tenham se mostrado promissores, a validação tem sido escassa e os testes para muitos destes marcadores não são confiáveis nem disponíveis universalmente.

TABELA 46-1. SINAIS PROGNÓSTICOS DE RANSON

	Etiologia da Pancreatite	
	Não-biliar	**Biliar**
Na admissão		
Idade (anos)	> 55	> 70
Leucometria	>16 mil	> 18 mil
Glicose (mg/dL)	>200	> 220
Desidrogenase láctica	> 350	> 400
AST	> 250	> 250
Durante as 48 horas iniciais		
Queda do hematócrito	> 10	> 10
Elevação da ureia (mg/dL)	> 10	> 4
Cálcio sérico total	< 8,0	<8,0
Pressão parcial de oxigênio (mmHg)	< 60	ND
Déficit de base (mmol/L)	> 4	> 5
Sequestro de fluidos (L)	> 6	> 4
Prognóstico	**Nº de Critérios Alcançados**	**Mortalidade Prevista**
	2 ou menos	0,9%
	3-4	16%
	5-6	40%
	7-8	100%

Adaptado de Ranson JHC, Rifkind KM, Roses DF, et al: Prognostic signs and the role of operative management in acute pancreatitis. Surg Gynecol Obstet 139:69-81, 1974; e Ranson JHC: Etiological and prognostic factors in human acute pancreatitis: A review. Am J Gastroenterol 77:633-638, 1982.

TABELA 46-2. CLASSIFICAÇÃO DE BALTHAZAR DA PANCREATITE AGUDA BASEADA EM ACHADOS TOMOGRÁFICOS E ÍNDICE DE GRAVIDADE

Grau	Descrição dos Achados de TC
A	Pâncreas normal
B	Pâncreas aumentado
C	Inflamação do pâncreas ou gordura peripancreática
D	Uma coleção de líquido peripancreático
E	Mais de uma coleção de líquido peripancreático e/ou ar no retroperitônio

		Fator de Necrose	
Grau da TC	Pontos	% Necrose	Pontos Adicionais
A	0	0	0
B	1	0	0
C	2	< 30	2
D	3	30-50	4
E	4	>50	6

Índice de gravidade = pontos do grau da TC + pontos adicionais da % necrose

Índice de Gravidade	Morbidade em %	Mortalidade em %
0-3	8	3
4-6	35	6
7-10	92	17

Adaptado de Balthazar EJ: Acute pancreatitis: Assessment of severity with clinical and CT evaluation. Radiology 223:603-613, 2002.

11. Como a pancreatite aguda é tratada?

Atualmente, as medidas mais importantes no tratamento da pancreatite são as de suporte e as sintomáticas. A dor associada à pancreatite aguda pode ser intensa, e os narcóticos IV geralmente se fazem necessários. Devido ao fato de a pancreatite estar, muitas vezes, associada a desvios hídricos maciços, o monitoramento e a reposição hídrica intravascular são essenciais. Deve-se colocar um cateter vesical; se o paciente apresenta uma doença cardiovascular subjacente, o monitoramento invasivo do volume intravascular pode ser necessário para assegurar uma ressuscitação adequada e para prevenir a insuficiência renal. Devido ao fato de a insuficiência respiratória ser uma característica frequente da pancreatite aguda, deve-se realizar gasometrias arteriais seriadas, procedendo-se a intubação precoce e a ventilação com pressão positiva, caso necessário, a fim de manter a oxigenação. A desnutrição é muito comum nos casos graves de pancreatite aguda e o suporte nutricional deve ser implementado logo no início do processo patológico.

12. Como deve ser oferecido o suporte nutricional aos pacientes com pancreatite aguda?

Em pacientes com pancreatite leve, a nutrição enteral é rotineiramente evitada por até sete dias a fim de permitir que a estimulação pancreática seja minimizada. Em pacientes com PAG, a ingestão oral pode não ser possível durante semanas devendo-se então instituir um suporte nutricional alternativo. Tradicionalmente, a via parenteral tem sido empregada em uma tentativa de minimizar a estimulação pancreática, mas os benefícios da nutrição enteral incluem a manutenção da função imune do intestino e a potencial redução da translocação bacteriana. Recentemente, vários relatos sobre o uso da nutrição enteral jejunal mostraram que as taxas de infecção, a necessidade de intervenção cirúrgica e o tempo de permanência no hospital são mais baixos em pacientes nutridos enteralmente, sem um benefício claro sobre a mortalidade. Com base nesses dados, muitos profissionais agora compreendem que a alimentação enteral jejunal é a escolha para esses pacientes.

Marik PE, Zaloga GP: Meta analysis of parenteral nutrition versus enteral nutrition in patients with acute pancreatitis. BMJ 328:1407, 2004.

13. As medicações antissecretórias ajudam no tratamento da pancreatite aguda?

Tem sido postulado que a inibição da secreção pancreática melhora o curso da pancreatite. A inibição da secreção pancreática por meio de anticolinérgicos ou somatostatina não foi capaz de demonstrar um benefício significativo em estudos clínicos controlados. Vários agentes, incluindo a apoproteína, o inibidor de tripsina da soja, o camostato e o plasma fresco congelado foram estudados como inibidores das enzimas pancreáticas e não apresentaram um benefício claro.

14. Qual é o papel dos antibióticos no tratamento da pancreatite aguda?

Este é um dos tópicos mais controversos que surgem durante a discussão da conduta na pancreatite aguda. Quando a necrose pancreática estéril se torna uma necrose pancreática infectada, a taxa de mortalidade aumenta de 10%-25% para até 70%. Assim, a prevenção da infecção secundária da necrose pancreática é o foco principal do emprego de antibióticos na pancreatite aguda. Seis estudos controlados randomizados versaram sobre o efeito de vários regimes profiláticos, com resultados variados. O único estudo duplo-cego relatado até hoje não demonstrou redução das taxas de infecção ou da mortalidade sob um regime de antibiótico profilático. Várias questões foram levantadas a respeito do aumento de infecções fúngicas com o emprego de antibiótico profilático rotineiro, assim como o desenvolvimento de resistência aos antibióticos. Atualmente, não há consenso entre os especialistas sobre a utilização rotineira de antibióticos profiláticos e esta prática não tem muito apoio na literatura disponível.

Golub R, Siddiqi F, Pohl D: Role of antibiotics in acute pancreatitis: A meta-analysis. J Gastrointest Surg 2:496-503, 1998.

Isenmann R, Runzi M, Kron M, et al: Prophylactic antibiotic treatment in patients with predicted severe acute pancreatitis: A placebo-controlled double-blind trial. Gastroenterology 126:997-1004, 2004.

Sharma VK, Howden CW: Prophylactic antibiotic administration reduces sepsis and mortality in acute necrotizing pancreatitis: A meta-analysis. Pancreas 22:28-31, 2001.

15. Liste as bactérias mais comumente responsáveis pela necrose pancreática infectada.

A infecção da necrose pancreática geralmente envolve infecção por uma ou mais bactérias da flora do trato gastrointestinal. Os organismos mais comuns incluem os seguintes:

Escherichia coli (35%)
Klebsiella pneumoniae (24%)
Enterococcus sp (24%)
Staphylococcus sp (14%)
Pseudomonas sp (11%)

Lumsden A, Bradley EL III: Secondary pancreatic infections. Surg Gynecol Obstet 170:459-467, 1990.

16. Quando se indica cirurgia no tratamento da pancreatite aguda?

Na maioria dos pacientes com pancreatite leve, a intervenção cirúrgica geralmente é reservada para o manejo de complicações tardias como o pseudocisto ou a prevenção de doença recorrente por meio da colecistectomia eletiva. Em pacientes com PAG, a intervenção cirúrgica costuma ser reservada ao manejo da necrose. Quando a necrose pancreática infectada é confirmada ou uma fonte de grandes suspeitas (com base na pouca resposta ao tratamento), o desbridamento cirúrgico (isto é, necrosectomia) deve ser realizado. Embora a simples presença de necrose já tenha sido uma indicação tradicional para a cirurgia, a conduta de rotina na necrose estéril, atualmente, não é operatória. Em todos os pacientes com PAG, a confecção operatória de uma jejunostomia para nutrição pode simplificar, e muito, o suporte nutricional se a nutrição enteral for utilizada.

17. Como se realiza a necrosectomia pancreática?

A conduta cirúrgica da necrose pancreática infectada inclui desbridamento de todo o material necrótico infectado e a drenagem do leito pancreático remanescente. O desbridamento adequado frequentemente requer muitas idas ao centro cirúrgico. As opções de drenagem incluem deixar o abdome aberto com acesso direto ao leito pancreático ou o fechamento do abdome associado à drenagem extensa com ou sem irrigação. Muitas vezes, emprega-se uma combinação de ambas as técnicas. Estes pacientes geralmente se encontram gravemente doentes e necessitam de cuidados intensivos.

18. Haveria um papel para uma terapia minimamente invasiva ou guiada por imagem no tratamento da pancreatite aguda?

As técnicas guiadas por imagem estão sendo empregadas em pacientes com pancreatite aguda com cada vez mais frequência. A aspiração com agulha fina da necrose pancreática guiada por TC é o método escolhido para distinguir a necrose estéril da infectada. De maneira semelhante, a drenagem percutânea guiada por imagem é empregada rotineiramente para tratar as coleções líquidas peripancreáticas que evoluíram para abscessos. As abordagens por endoscopia flexível e laparoscopia são empregadas na conduta das complicações, como o pseudocisto persistente. Estas abordagens menos invasivas foram relatadas para o tratamento da necrose pancreática, mas não obtiveram uma aceitação ampla. A necrosectomia cirúrgica aberta com drenagem ainda é considerada o padrão-ouro para o tratamento da necrose pancreática infectada.

19. Qual é o papel da colangiopancreatografia endoscópica retrógrada (CPRE) precoce e da esfincterotomia no tratamento da pancreatite aguda biliar?

Uma revisão da literatura disponível exibe as seguintes recomendações no que diz respeito ao uso da CPRE no tratamento da pancreatite aguda:

- A CPRE precoce (dentro de 24-72 horas após o início dos sintomas) é segura em pacientes na qual há suspeita de episódio previsivelmente grave de pancreatite biliar.
- A CPRE precoce (e a esfincterotomia quando são encontrados cálculos na via biliar) resulta na redução da sepse biliar entre os pacientes com suspeita de pancreatite biliar, principalmente naqueles com um episódio previsivelmente grave. A redução da sepse biliar, por sua vez, resulta em melhor prognóstico deste subgrupo de pacientes.
- A CPRE precoce (e a esfincterotomia, quando cálculos são encontrados na via biliar comum) resulta em redução das taxas de complicação em pacientes com pancreatite aguda biliar previsivelmente grave.
- Atualmente, a CPRE precoce não deve ser realizada em pacientes com um episódio previsivelmente leve de pancreatite aguda onde haja suspeita de etiologia biliar.

Barkun AN: Early endoscopic management of acute gallstone pancreatitis: An evidence-based review. J Gastrointest Surg 5:243-250, 2001.

20. O que são pseudocistos pancreáticos?

Os pseudocistos pancreáticos são coleções encapsuladas de líquido com alta concentração de enzimas que surgem do pâncreas geralmente após um episódio de pancreatite aguda ou de trauma pancreático. As paredes do pseudocisto são formadas por fibrose inflamatória de membranas peritoneais, mesentéricas e serosas. O termo pseudocisto denota a ausência de um revestimento epitelial. Os pseudocistos se desenvolvem em cerca de 2% dos casos de pancreatite aguda. Os cistos são únicos em 85% dos casos e múltiplos nos restantes.

21. Qual é a conduta nos pseudocistos pancreáticos?

Os pseudocistos assintomáticos não necessitam de tratamento específico. Após um episódio de pancreatite aguda, 25%-50% dos pseudocistos se curam espontaneamente. Aqueles que persistem por mais de seis semanas podem requerer tratamento. Dados recentes baseados em dois estudos retrospectivos sugerem que os pseudocistos persistentes de qualquer tamanho que permanecem assintomáticos não necessitam de tratamento. Os pseudocistos sintomáticos geralmente se caracterizam por dor ou sensibilidade, febre, perda de peso e uma massa palpável. Os pseudocistos sintomáticos podem ser tratados com drenagem interna para o estômago ou intestino delgado.

As abordagens por laparoscopia, endoscopia flexível e cirurgia aberta são empregadas com sucesso para realizar a cistogastrostomia, a cistoduodenostomia ou a cistojejunostomia. A drenagem externa por acesso percutâneo guiado por imagem também tem sido relatada, mas geralmente resulta em menor índice de sucesso do que os métodos de drenagem interna descritos anteriormente.

CAPÍTULO 47

HEPATITE E CIRROSE

Kullada O. Pichakron, MD e Jon Perlstein, MD

1. O que é hepatite?

Hepatite é qualquer processo inflamatório que envolve o parênquima hepático e pode resultar em diversas alterações, desde meras anormalidades laboratoriais até uma doença fulminante com alta mortalidade. A etiologia mais comum é a viral.

2. Quais são os vírus responsáveis pela hepatite?

A hepatite viral pode ser causada pelos vírus do tipo A, B, C, D e E; o vírus Epstein-Barr; e o citomegalovírus. Recentemente, foi descrito um vírus da hepatite não A-E, o da hepatite G. De maneira geral, ele tende a produzir quadros clínicos semelhantes aos dos vírus A-E, variando de assintomático até um quadro mais raro de doença grave fulminante.

Center for Disease Control: Viral hepatitis: www.cdc.gov/ncidod/diseases/hepatitis/

Fox RK, Wright TL: Viral hepatitis. In Friedman SL, McQuaid KR, Grendell JH (eds): Current Diagnosis and Treatment in Gastroenterology, 2nd ed. New York, Lange, 2003, pp 546-549.

3. Quais são as características da hepatite A?

O vírus da hepatite A é um enterovírus da família *Picornaviridae*, que provoca uma doença transmitida entericamente adquirida por ingestão de material que sofreu contaminação fecal. O vírus passa através do estômago, replica no intestino inferior, é transportado ao fígado e começa a replicar no citoplasma. O dano celular no parênquima ocorre quando as defesas imunológicas corporais tentam combater o vírus.

O período médio de incubação para o início dos sintomas é de cerca de 32 dias, mas varia entre três e seis semanas. Classicamente, há uma fase prodrômica durante a qual com frequência há queixas de mal-estar, anorexia, dor epigástrica ou no quadrante superior direito, febre, *rash* cutâneo, diarreia e constipação. A doença geralmente é reconhecida na fase ictérica, quando os pacientes procuram o médico após apresentar urina escura e icterícia. Neste período, os testes hepáticos revelam níveis elevados de transaminase e bilirrubina, e o diagnóstico clínico pode ser confirmado pela detecção do anticorpo imunoglobulina M contra o vírus.

A gravidade da doença está relacionada à idade. Os adultos mais velhos tendem a apresentar sintomas piores do que os adultos jovens. A maioria dos casos de hepatite A aguda se resolve rapidamente em várias semanas, com completa cura clínica e bioquímica.

Fox RK, Wright TL: Viral hepatitis. In Friedman SL, McQuaid KR, Grendell JH (eds): Current Diagnosis and Treatment in Gastroenterology, 2nd ed. New York, Lange, 2003, pp 546-549.

4. Quais são as características da hepatite B?

O vírus da hepatite B (HBV) é o protótipo de uma nova classe de vírus, o *Hepadnaviridae.* A expressão clínica da infecção pelo HBV pode variar de um estado de portador à falência hepática fulminante (FHF). Na hepatite B aguda clássica, o período de incubação varia de 60 a 180 dias. Assim como na hepatite A, também há uma fase prodrômica. No entanto, na infecção pelo HBV, essa fase é mais insidiosa e prolongada, com a adição de sintomas como artrite e *rash* urticariforme. Outra característica em comum com hepatite A, é que o sintomas também tendem a melhorar com o início da icterícia. Durante a fase ictérica, a bilirrubina tende a aumentar menos agudamente do que na hepatite A, porém alcança níveis mais elevados. A icterícia também permanece por mais tempo. Há um aumento mais lento das aminotransferases, que chegam ao pico mais tardiamente do que na hepatite A.

Diferentemente da hepatite A, a hepatite B aguda pode evoluir para hepatite crônica e cirrose. Os pacientes também podem apresentar uma infecção assintomática sem doença hepática (ou seja, portadores saudáveis).

A transmissão da infecção pelo HBV é parenteral. O sangue é o veículo mais eficaz para transmissão, mas o vírus também está presente em outros fluidos corporais (p. ex., saliva e sêmen).

A infecção por HBV é um problema comum entre os toxicômanos que usam drogas IV, homossexuais masculinos e parceiros sexuais de pacientes infectados. A transmissão vertical pode ocorrer em crianças cujas mães apresentaram hepatite B durante o último trimestre de gestação.

Ganem D, Prince AM. Hepatitis B virus infection: Natural history and clinical consequences. N Engl J Med 350:1118-1129, 2004.

5. Quais são os exames laboratoriais disponíveis para a hepatite B? Como são interpretados?

Imunoensaios sensíveis estão disponíveis para detectar os antígenos associados ao HBV e os anticorpos que ele induz. A atividade antigênica do núcleo DNA do vírus é designada antígeno (Ag) HBc (c – core: núcleo). O envoltório de superfície do vírus apresenta uma antigenicidade distinta e é designado HBs (superfície) Ag. Estes antígenos evocam anticorpos específicos e ambos constituem marcadores imunológicos importantes da infecção pelo HBV e seu curso.

Durante um caso típico de hepatite B aguda, o HBsAg é o primeiro a ser detectado no sangue durante o período de incubação logo na primeira semana após a contaminação. O nível de HBsAg começa a declinar após o início da doença e geralmente se torna indetectável três meses após a exposição. A presença de HBsAg no soro indica infecção potencial. O anti-HBc aparece no soro próximo ao final do período de incubação e persiste durante a doença aguda por vários meses e até anos. O Anti-HBs é detectado durante a convalescença, de várias semanas a meses após o desaparecimento do HBsAg. Ele persiste por um tempo prolongado. Um alto título de Anti-HBs confirma a imunidade ao HBV. A persistência do HBsAg é um sinal de hepatite B crônica.

Ganem D, Prince AM. Hepatitis B virus infection: Natural history and clinical consequences. N Engl J Med 350:1118-1129, 2004.

6. Quais são as características da hepatite C?

Hepatite C é o nome dado a um vírus de RNA relacionado de forma distante ao flavivirus. O vírus da hepatite C é a maior causa de hepatite pós-transfusional criptogênica adquirida na comunidade. Até a disponibilização de exames sorológicos, era responsável por 90% a 95% de todos os casos de hepatite pós-transfusional.

O período de incubação até o aumento das aminotransferases é de 6-8 semanas. Os sintomas geralmente são de gravidade moderada, mas muitos casos (de 40% a 75%) são assintomáticos. A icterícia é incomum (10%) e geralmente leve. Há uma taxa elevada de progressão para hepatite crônica e cirrose. A identificação precoce da infecção é difícil. Os níveis de alanino-aminotransferase têm maior probabilidade de estar elevados do que os de aspartato-aminotransferase.

7. Quais são os exames laboratoriais que podem ser realizados para detectar o vírus da hepatite C no ponto mais inicial do curso da doença?

O RNA do vírus da hepatite C pode ser detectado por reação em cadeia da polimerase uma semana após a exposição.

Lauer GM, Walker BD: Hepatitis C virus infection. N Engl J Med 345:41-52, 2001.
Pearlman BL: Hepatitis C infection: A clinical review. South Med J 97:365-373, 2004.

8. Quais são as características da hepatite D?

A hepatite D (agente delta) é uma partícula viral de RNA incompleta semelhante a vírus de plantas, que requer a presença do HBV para que ocorram infecção e replicação. A infecção pode se desenvolver apenas em portadores de HBsAg expostos ao agente delta ou em pacientes que são infectados tanto pelo HBV quanto pelo vírus da hepatite D ao mesmo tempo. A infecção simultânea aguda pode estar associada à hepatite fulminante. A infecção crônica pelo vírus da hepatite D está frequentemente associada a uma hepatite crônica ativa ou à cirrose.

9. O que é hepatite E?

O vírus da hepatite E produz uma doença transmitida pela água, de disseminação fecal-oral semelhante, porém geralmente mais leve que, a hepatite A. O período médio de incubação é de 40 dias e ela é epidêmica em vários países em desenvolvimento. A hepatite fulminante pode ocorrer, principalmente em mulheres grávidas, com uma taxa de mortalidade próxima de 20%.

World Health Organization: Hepatitis E: www.who.int/mediacentre/factsheets/fs280/en/

10. O que é hepatite G?

O vírus da hepatite G (HGV) pode ser transmitido hematogenicamente. A associação do vírus da hepatite G à doença permanece incerta, mas estima-se que aproximadamente 0,3% dos pacientes com hepatite viral aguda podem estar infectados somente pelo HGV. A infecção persistente com HGV parece ser bastante prevalente na população geral: de 1,2% a 13% dos doadores de sangue e de 14% a 52% dos pacientes com outras formas de hepatite viral apresentam teste positivo para RNA do HGV.

Alter HJ, Nakatsuji Y, Melpolder J, et al: The incidence of transfusion-associated hepatitis G virus infection and its relation to liver disease. N Engl J Med 336:747-754, 1997.

Narayanan MKV: Non-A to E hepatitis. Curr Opin Infect Dis 15:529-534, 2002.

11. O que é hepatite colestática?

A hepatite viral crônica – ou a síndrome da resposta inflamatória sistêmica – pode resultar em um processo colestático diagnosticado por icterícia, prurido e níveis elevados de bilirrubina direta e fosfatase alcalina. A etiologia desta condição é uma disfunção canalicular resultando de infecção viral e/ou resposta inflamatória. A maioria dos episódios de hepatite colestática são autolimitados; entretanto, a obstrução biliar extra-hepática deveria ser considerada também uma etiologia em potencial.

12. O que é hepatite viral fulminante?

A hepatite fulminante ocorre em cerca de 1% dos casos de hepatite viral aguda que necessitaram internação. Na hepatite fulminante, ocorre uma necrose hepatocelular maciça provavelmente relacionada a um *clearance* anormalmente rápido dos antígenos virais. A hepatite B é responsável por aproximadamente 50% dos casos, a hepatite C por 45% e a hepatite A por 5%. A hepatite fulminante também pode ocorrer com uma variedade de drogas hepatotóxicas e doenças incomuns. O produto final é a FHF. A FHF se manifesta por sinais e sintomas de encefalopatia em 3-8 semanas após o início da doença. Uma coagulopatia grave ocorre como resultado da alteração da função sintética hepática, a qual é mais bem avaliada pelo tempo de protrombina. Se o tempo de protrombina supera o controle em dez segundos, mesmo com a suplementação de vitamina K, significa que a FHF evoluiu. A insuficiência renal, devido à depleção de volume, e o edema cerebral são sequelas frequentes de FHF.

13. Quais são as alterações cardiovasculares associadas à FHF? Qual é o tratamento?

As alterações cardiovasculares típicas associadas à falência hepática são a redução da resistência periférica e o aumento do débito cardíaco (estado hiperdinâmico). Acredita-se que o aumento do débito cardíaco seja o resultado da abertura de shunts vasculares miocutâneos. Os cateteres de artéria pulmonar são muito úteis na conduta de pacientes com esta condição. Fisiologicamente, o melhor método de tratamento do estado hiperdinâmico é o aumento da resistência vascular periférica. A dopamina e os agentes α-adrenérgicos podem ser empregados, mas deve-se fazer um monitoramento para taquifilaxia e sangramento gastrointestinal. Atualmente, investigações clínicas estudam o emprego da levodopa para, indiretamente, saturar os terminais dos nervos simpáticos com norepinefrina.

American College of Surgeons: Critical Care: Hepatic Failure: www.acssurgery.com/acs/pdf/ACS0809.pdf

Keefe EB: Acute liver failure. In Friedman SL, McQuaid KR, Grendell JH (eds): Current Diagnosis and Treatment in Gastroenterology, 2nd ed. New York, Lange, 2003, pp 536-545.

14. Quais são os distúrbios eletrolíticos associados à FHF? Quais são os tratamentos?

Os distúrbios eletrolíticos associados à cirrose e falência hepática são a hiponatremia e a hipocalemia. A hiponatremia geralmente é dilucional como resultado da redução da excreção renal de água. A hipocalemia resulta do aumento da excreção urinária de potássio, secundária à ação da aldosterona, e de perdas gastrointestinais.

Estas anormalidades são tratadas de forma mais eficiente com a restrição hídrica e de sódio. A espironolactona, antagonista da aldosterona, aumenta a perda de água mais do que a perda de sódio. Além disso, diminui a excreção renal de potássio. A terapia combinada de diuréticos de alça (p. ex., furosemida) com a espironolactona pode ser utilizada em casos refratários, mas os níveis de potássio devem ser monitorados de perto. Os níveis de ureia e de creatinina também devem ser monitorados; o aumento do nível deve levar à suspensão da terapia diurética para prevenir o desenvolvimento de insuficiência hepato-renal.

Cardenas A, Gines P: Pathogenesis and treatment of fluid and electrolyte imbalance in cirrhosis. Semin Nephrol 21:308-316, 2001.

15. Descreva as alterações do sistema nervoso central vistas na FHF. Como são tratadas?

A encefalopatia hepática e o edema cerebral geralmente são vistos na hepatite fulminante e na falência hepática. As características clínicas da encefalopatia hepática são alterações do estado mental, asterixis, pré-coma e coma. Acredita-se que o aumento dos níveis séricos de amônia seja a causa da encefalopatia, o que indiretamente resulta no aumento do transporte de aminoácidos através da barreira hematoencefálica.

O tratamento da encefalopatia hepática se baseia na reversão de qualquer fator precipitante e na redução da disponibilidade de aminoácidos para o transporte na barreira hematoencefálica. Se houver implicação de uma medicação específica, esta deve ser interrompida. O tratamento primário é a catarse com lactulose (15 mL três vezes ao dia) ou citrato de magnésio (240 mL ao dia), resultando em fezes com pH menor e maior *clearance* bacteriano. Uma redução nas bactérias produtoras de urease com aminoglicosídeos orais (neomicina 1 g, quatro vezes ao dia) também ajudará no tratamento. Os pacientes com encefalopatia hepática necessitam de uma redução da ingestão proteica e não toleram fórmulas de nutrição parenteral com quantidades padronizadas de proteína. A nutrição parenteral total indicada a pacientes com falência hepática deve conter menos aminoácidos aromáticos e neutros, e mais aminoácidos de cadeia ramificada. Essas soluções são melhor toleradas devido à redução de aminoácidos neutros e ao aumento da produção de proteína via aminoácidos de cadeia ramificada.

American College of Surgeons: Critical Care: Hepatic Failure: www.acssurgery.com/acs/pdf/ACS0809.pdf

16. Como se trata a hepatite fulminante?

Nenhuma forma específica de tratamento, além do transplante ortotópico de fígado (TOF), se mostrou eficaz no tratamento da hepatite fulminante. O objetivo da terapia atual é manter o paciente vivo e controlar a falência hepática por um período suficiente para permitir a regeneração hepática antes que ele sucumba. O transplante para a hepatite fulminante ainda é controverso. Entretanto, se o TOF for considerado, é extremamente importante realizar uma consulta cirúrgica imediata para o transplante porque o prognóstico geral está relacionado ao grau de encefalopatia.

17. Qual é o prognóstico para pacientes com hepatite fulminante?

A taxa global de sobrevivência para pacientes com hepatite fulminante é de 20% a 25%. A sobrevida se correlaciona melhor com a idade do paciente e com o nível de encefalopatia mais profundo alcançado. Nos pacientes que atingem apenas o grau II de encefalopatia, mais de 50% sobrevivem. Por outro lado, a taxa de sobrevivência daqueles que progridem até o grau IV de encefalopatia é de apenas 20%.

Shakil AO, Kramer D, Mazariegos GV, et al: Acute liver failure: Clinical features, outcome analysis, and applicability of prognostic criteria. Liver Transpl 6:163-169, 2000.

18. O que é hepatite crônica?

A *hepatite crônica* é definida como a presença de inflamação do fígado que persiste por mais de seis meses. Há duas grandes variantes, a hepatite crônica persistente e a hepatite crônica ativa. A hepatite crônica persistente é uma condição com surtos e remissões, benigna e autolimitada que não está associada a dano hepático progressivo. Esta não leva à insuficiência hepática nem à cirrose. A hepatite crônica ativa é uma doença agressiva, caracterizada pela destruição progressiva dos hepatócitos com o passar dos anos, reduzindo continuamente a reserva funcional hepática. Eventualmente, há o desenvolvimento de cirrose. Estima-se que de 5% a 10% dos pacientes com hepatite B aguda e, possivelmente, cerca de 33% daqueles com hepatite C irão evoluir para uma hepatite crônica.

19. Quais são as causas não virais da hepatite?

A lesão hepática pode ser induzida por uma variedade de agentes químicos, fármacos e doenças metabólicas. Os fármacos associados à hepatite crônica ou à cirrose incluem acetaminofeno, ácido acetilsalicílico, clorpromazina, dantrolene, etanol, halotano, isoniazida, metildopa, nitrofurantoína, propiltiouracil e sulfonamidas. Outras hepatotoxinas incluem o tetracloreto de carbono, fósforo, tetraciclina, agentes quimioterápicos, *Amanita phalloides* (toxina do cogumelo) e esteroides anabolizantes. As doenças metabólicas incluem a doença de Wilson, a deficiência de alfa$_1$-antitripsina e a hepatite autoimune.

20. O que é cirrose?

A cirrose é um processo difuso caracterizado por fibrose e conversão da arquitetura normal do fígado em nódulos estruturalmente anormais. Uma vez estabelecida, a desorganização arquitetural do fígado é irreversível, e a conduta é direcionada tanto à prevenção de danos adicionais ao hepatócito quanto ao tratamento de complicações.

Northrup PG, Wanamaker RC, Lee VD, et al: Model for end-stage liver disease (MELD) predicts nontransplant surgical mortality in patients with cirrhosis. Ann Surg 242:244-251, 2005.

21. Quais são as principais causas de cirrose?

O álcool é, de longe, a causa mais comum de cirrose, responsável por 60% a 70% de todos os casos. A hepatite viral crônica, a hepatite autoimune, a cirrose biliar primária, a hemocromatose, a doença de Wilson e as causas idiopáticas podem também levar ao desenvolvimento de cirrose.

Menon KV, Gores, GJ, Shah VH: Pathogenesis, diagnosis, and treatment of alcoholic liver disease. Mayo Clin Proc 76:1021-1029, 2001.

22. Quais são as principais complicações da cirrose?

O dano progressivo ao hepatócito e a hipertensão portal são as sequelas da cirrose que resultam em quatro complicações importantes: a ascite, a peritonite bacteriana espontânea, a encefalopatia hepática e a hemorragia do trato gastrointestinal alto. Cada uma delas pode levar à internação na unidade de terapia intensiva.

Ginès P, Cárdenas A, Arroyo V, Rodés J: Current concepts: Management of cirrhosis and ascites. N Eng J Med 350:1646-1654, 2004.

Talwalkar JA, Kamath PS: Influence of recent advances in medical management on clinical outcomes of cirrhosis. Mayo Clin Proc 80:1501-1508, 2005.

PONTOS-CHAVE: COMPLICAÇÕES DA CIRROSE ✓

1. A ascite é uma possível complicação da cirrose.
2. Também pode ocorrer peritonite bacteriana espontânea.
3. A encefalopatia hepática é outra possível complicação.
4. A cirrose também pode levar à hemorragia do trato gastrointestinal alto.

23. Qual é a conduta em casos de ascite cirrótica?

A conduta inicial na ascite cirrótica é conservadora, enfatizando a restrição de sódio e o repouso no leito. Aproximadamente de 10% a 20% dos pacientes serão tratados adequadamente dessa maneira. Os pacientes que não respondem às medidas conservadoras necessitarão de terapia diurética. A espironolactona é o agente de escolha devido a suas ações fisiológicas, seus efeitos poupadores de potássio e relativa segurança. A terapia combinada com a furosemida é empregada em pacientes que não respondem à monoterapia com espironolactona. Em casos de ascite resistente ao uso de diuréticos, deve-se considerar a paracentese terapêutica com possível reposição de albumina. Em pacientes que realmente não respondem, o uso de um *shunt* peritoneovenoso deve ser considerado. Entretanto, há uma taxa elevada de complicações associadas a estes *shunts* (p. ex., coagulação intravascular disseminada e sepse) e não foi comprovado benefício com estes métodos.

Pamuk ON, Sonsuz A: The effect of mannitol infusion on the response to diuretic therapy in cirrhotic patients with ascites. J Clin Gastroenterol 35:403-405, 2002.

Talwalkar JA, Kamath PS: Influence of recent advances in medical management on clinical outcomes of cirrhosis. Mayo Clin Proc 80:1501-1508, 2005.

24. Como diferenciar uma peritonite bacteriana espontânea de uma peritonite bacteriana secundária?

O diagnóstico de peritonite bacteriana espontânea é confirmado através da análise do líquido ascítico. Os exames-chave são a contagem de células, coloração pelo Gram e medidas de proteínas totais, desidrogenase láctica e glicose (Tabela 47-1).

American College of Surgeons: Critical Care: Hepatic Failure: www. acssurgery.com/acs/pdf/ACS0809.pdf

25. O que é hipertensão portal?

Define-se a *hipertensão portal* como uma pressão venosa portal acima de 12 mmHg ou uma pressão venosa hepática encunhada que excede a pressão da veia cava inferior em mais de 5 mmHg. É classificada em pré-hepática, hepática ou pós-hepática, de acordo com a localização anatômica do aumento da resistência venosa portal. A hipertensão portal hepática resultante de cirrose é o tipo mais comum.

Garcia-Tsao G: Portal hypertension. Curr Opin Gastroenterol 21:313-322, 2005.

Nietsch HH: Management of portal hypertension. J Clin Gastroenterol 39:232-236, 2005.

26. Qual é a conduta apropriada no caso de sangramento do trato gastrointestinal alto associado à cirrose?

Aproximadamente 70% dos episódios de sangramento na cirrose se devem à hemorragia de varizes, mas outras etiologias devem ser lembradas, tais como a gastrite, a úlcera péptica e as lesões de Mallory-Weiss. A conduta

TABELA 47-1. EXAME DO LÍQUIDO ASCÍTICO

Exame do Líquido	Peritonite Bacteriana Espontânea	Peritonite Bacteriana Secundária
Leucometria (céls/mm^3)	> 500	> 500
Proteína total (g/dL)	< 1,0	> 1,0
Glicose (mg/dL)	> 50	< 50
LDH (U/L)	< 225	> 225
Coloração pelo Gram	Monomicrobiana	Polimicrobiana

LDH = desidrogenase láctica.

inicial é centrada na ressuscitação volêmica, na correção da coagulopatia e na redução da pressão venosa portal. A vasopressina foi amplamente empregada para reduzir a pressão portal e apresentou altas taxas de sucesso. Entretanto, pesquisas clínicas mostraram que a somatostatina apresenta resultados semelhantes, porém sem a redução do fluxo sanguíneo coronariano observado com a vasopressina. Atualmente, a somatostatina se tornou a droga de escolha para diminuir agudamente a pressão portal. Uma vez que a condição do paciente tenha se estabilizado, realiza-se uma endoscopia alta para definir a etiologia. Se o sangramento for oriundo de varizes esofageanas, a escleroterapia e a ligadura elástica das varizes serão os métodos terapêuticos preferidos. Os métodos endoscópicos apresentam uma taxa de sucesso de 85% na interrupção do sangramento. Caso as medidas endoscópicas falhem, pode-se empregar o tamponamento mecânico via balão de Sengstaken-Blakemore. O balão de Sengstaken-Blakemore é um artifício temporário, não um tratamento definitivo. Se o sangramento das varizes persistir, alivia-se a hipertensão portal via *shunt* porto-sistêmico. Atualmente, o *shunt* porto-cava intra-hepático transjugular é a primeira escolha. O sistema venoso portal é descomprimido para o sistema sistêmico via um *stent*, que é inserido através do parênquima hepático, conectando um ramo da veia hepática a um ramo da veia porta. Se a radiologia intervencionista não estiver disponível, o *shunt* porto-sistêmico pode ser realizado operatoriamente apenas em pacientes de baixo risco. De forma alternativa, pode-se fazer a ressecção esofageana inferior e/ou a desvascularização esofagogástrica (procedimento de Sugiura). Estas apresentam um sucesso elevado na interrupção da hemorragia, mas também estão associados a uma elevada mortalidade.

Boyer TD, Haskal ZJ: American Association for the Study of Liver Diseases Practice Guidelines: The role of transjugular intrahepatic portosystemic shunt creation in the management of portal hypertension. J Vasc Interv Radiol 16:615-629, 2005.

Hassoun Z, Pomier-Layrargues G: The transjugular intrahepatic portosystemic shunt in the treatment of portal hypertension. Eur J Gastroenterol Hepatol 16:1-4, 2004.

Nietsch HH: Management of portal hypertension. J Clin Gastroenterol 39:232-236, 2005.

Ochs A, Rossle M, Haag K, et al: The transjugular intrahepatic portosystemic stent-shunt procedure for refractory ascites. N Engl J Med 332:1192, 1995. [errata publicada em N Engl J Med 332:1587, 1995.]

Samonakis DN, Triantos CK, Thalheimer U, et al: Management of portal hypertension. Postgrad Med J 80:634-641, 2004.

PONTOS-CHAVE: TRATAMENTO DO SANGRAMENTO DE VARIZES

1. Iniciar a ressuscitação volêmica e a correção da coagulopatia.
2. Reduzir a pressão venosa portal com somatostatina.
3. Realizar endoscopia alta para escleroterapia e/ou ligadura elástica das varizes.
4. Se esses métodos não alcançarem êxito, fazer um *shunt* porto-sistêmico via *shunt* porto-cava intra-hepático transjugular ou um *shunt* porto-sistêmico operatório.
5. O sangramento pode ser controlado com tamponamento mecânico por meio de um balão de Sengstaken-Blakemore.

27. Qual é o papel do transplante ortotópico de fígado (TOF) na cirrose?

O transplante de fígado se tornou o tratamento definitivo da cirrose em estágio final. As taxas de sobrevida de um e de cinco anos são de aproximadamente 80% e 65%, respectivamente. O emprego de transplante de fígado em pacientes com cirrose alcoólica é controverso. Entretanto, a maioria dos cirurgiões de transplante se predispõe a qualificar os pacientes para transplante caso eles comprovem estar abstêmios do álcool e participando de programas de reabilitação. O emprego do TOF para pacientes com hepatite B ou C hoje se tornou padrão para tais pacientes com cirrose em estágio final. Com o uso da imunoglobulina anti-hepatite B, a redução da carga viral ocorre, resultando em taxas promissoras de sobrevida em portadores de hepatite B.

Brown RS: Hepatitis C and liver transplantation. Nature 436:973-978, 2005.

Keefe EB: Liver transplantation: Current status and novel approaches to liver replacement. Gastroenterology 120:749-762, 2001.

28. O xenotransplante desempenha um papel no tratamento da FHF?

Vários relatos de caso na literatura descrevem que o transplante heterotópico de fígados suínos fornece suporte metabólico antes da realização do transplante com um fígado humano. Porém, a maioria destes casos não obteve êxito em fornecer função hepática por mais do que 35-48 horas devido ao início de rejeição aguda. Apesar de ter sido realizada a remoção dos anticorpos antiporco por plasmaférese e perfusão em bloco *ex vivo* dos fígados dos porcos doadores, ocorreu a destruição mediada por anticorpo e complemento dos xenotransplantes, resultando, rapidamente, na perda do enxerto e piorando a insuficiência hepática.

Chinnakotla S, Fox IJ: Prospects for xenotransplantation. Curr Opin Organ Transpl 7:35-40, 2002.

Horslen SP, Hammel JM, Fristoe LW, et al: Extracorporeal liver perfusion using human and pig livers for acute liver failure. Transplantation 27:1472-1478, 2000.

29. Quais avanços foram feitos no que diz respeito ao suporte de um fígado artificial?

Durante os últimos anos, os sistemas de suporte do fígado bioartificial, empregando biorreatores de fibra oca, técnicas de cultura de células em microcarreadores e hepatócitos suínos, foram transplantados em animais com falência hepática aguda e levaram à melhora da detoxificação e da função sintética. Os sistemas extracorpóreos de fígado bioartificial empregando hepátócitos suínos foram testados *in vitro* e exibem atividade de citocromo p450, síntese proteica e conjugação de bilirrubina. *In vivo*, estes sistemas forneceram suporte metabólico substancial para os animais, resultando em melhora da função neurológica. Com mais pesquisa, os fígados bioartificiais podem se tornar uma "ponte" eficaz para o TOF em pacientes à espera de doadores disponíveis.

Mullin EJ, Metcalfe MS, Maddern GJ: Artificial liver support: Potential to retard regeneration? Arch Surg 139:670-677, 2004.

van de Kerkhove MP, Hoekstra RP, Chamuleau RAFM, van Gulik TM: Clinical application of bioartificial liver support systems. Ann Surg 240:216-230, 2004.

CAPÍTULO 48

PERITONITE

James P. Bonar, MD e Mark W. Bowyer, MD,DMCC, COL, USAF, MC

1. O que é o peritônio?

A cavidade abdominal é envolvida pelo peritônio, que é composto de uma única camada de células mesoteliais achatadas que repousam sobre uma fina camada de tecido fibroelástico. As vísceras abdominais também são cobertas pelo peritônio. As funções do peritônio são manter a integridade da superfície das estruturas intra-abdominais e fornecer uma superfície lisa e lubrificada para que os intestinos possam se movimentar livremente.

2. Qual é a diferença entre o peritônio parietal e o visceral?

O peritônio parietal é a porção do peritônio que envolve toda a cavidade abdominal, cobrindo a parede abdominal, o diafragma e o assoalho pélvico. O peritônio visceral é a porção do peritônio que cobre todas as vísceras intra-abdominais e o mesentério.

3. Quais são as características exclusivas do peritônio parietal que cobre o diafragma?

O peritônio que cobre o diafragma é interrompido por poros intercelulares chamados *stomatas*, que servem de entrada para canais linfáticos diafragmáticos chamados *lacunas*. As lacunas drenam para os linfonodos subesternais e, em seguida, para o duto torácico. As stomatas diafragmáticas também são capazes de absorver matéria particulada, inclusive bactérias.

Turnage RH, Li BDL, McDonald JC: Abdominal wall, umbilicus, peritoneum, mesenteries, omentum, and retroperitoneum. In Townsend MC, Beauchamp RD, Evers BM, Mattox KL (eds): Textbook of Surgery, 17th ed. Philadelphia, W.B. Saunders, 2004, pp 1171-1239.

4. Qual é o mecanismo geral pelo qual o líquido peritoneal se move pela cavidade abdominal?

O líquido peritoneal contido na cavidade peritoneal se move sistematicamente em direção ao diafragma em decorrência da pressão negativa que se forma a partir da movimentação diafragmática.

5. O que é peritonite?

O termo *peritonite* se refere a uma inflamação das células mesenquimais que cobrem a cavidade peritoneal e se deve ou a infecção localizada ou a infecção intra-abdominal generalizada. A peritonite apresenta fases distintas que incluem contaminação, disseminação, inflamação e resolução ou loculação.

Sheer TA, Runyon BA: Spontaneous bacterial peritonitis. Dig Dis 23:39-46, 2005.

6. Quais são as manifestações clínicas da peritonite clássica?

A sensibilidade abdominal é a marca da peritonite e pode se tornar constante, implacável e se apresentar em forma de queimação. Os pacientes com peritonite generalizada frequentemente apresentam sensibilidade difusa e parecerão bem doentes já no início do curso clínico. De forma característica, eles mantêm-se deitados e quietos, em supino, com os joelhos flexionados; também apresentam respiração curta porque qualquer movimento intensifica a dor abdominal. A defesa voluntária produz rigidez dos músculos abdominais.

7. Como são classificadas as infecções peritoneais?

Em primária (espontâneas), secundária (geralmente ocorre na presença de uma perfuração gastrointestinal) e terciária (infecção recorrente ou persistente após um tratamento inicial adequado).

8. Quais são as características típicas de uma peritonite primária?

A peritonite primária se caracteriza por uma infecção difusa da cavidade peritoneal que ocorre na ausência de uma perfuração ou rompimento do trato gastrointestinal. Frequentemente é consequência de contaminação peritoneal a partir de uma fonte remota. A peritonite se inicia quando os microorganismos se implantam na cavidade peritoneal devido à translocação de bactérias através da parede intestinal ou por via hematogênica.

Rimola A, Garcia-Tsao G, Navasa M, et al: Diagnosis, treatment and prophylaxis of spontaneous bacterial peritonitis: A consensus document. J Hepatol 32:142-153, 2000.

9. Qual é a etiologia mais comum da peritonite primária?

A causa mais comum de peritonite primária é a peritonite bacteriana espontânea (PBE), que é frequentemente encontrada na doença hepática crônica com ascite. A ascite é o acúmulo patológico de líquido dentro do espaço peritoneal. Aproximadamente de 10% a 30% dos pacientes com doença hepática cirrótica que apresentam ascite terão peritonite.

Sandhu BS, Sanyal AJ: Management of ascites in cirrhosis. Clin Liver Dis 9:715-732, 2005.

10. Cite duas outras causas da peritonite primária.

A peritonite tuberculosa e a diálise peritoneal ambulatorial crônica. Em pacientes com insuficiência renal crônica, a peritonite primária é uma complicação comum quando eles são submetidos à diálise peritoneal ambulatorial crônica. Outra etiologia é a peritonite tuberculosa, que ocorre como uma reativação de doença peritoneal latente previamente estabelecida devido à disseminação hematogênica ou linfática. Apesar de rara nos Estados Unidos, continua sendo um problema significativo em países subdesenvolvidos.

Nannini EC, Paphitou NI, Ostrosky-Zeichner L: Peritonitis due to *Aspergillus* and zygomycetes in patients undergoing peritoneal dialysis: Report of 2 cases and review of the literature. Diagn Microbiol Infect Dis 46:49-54, 2003.

Pereira JM, Madureira AJ, Vieira A, Ramos I: Abdominal tuberculosis: Imaging features. Eur J Radiol 55:173-180, 2005.

11. Quais são os organismos geralmente associados à peritonite primária?

Em pacientes com cirrose, mais de 90% das infecções são monomicrobianas. Os patógenos mais encontrados incluem organismos gram-negativos com predominância de organismos entéricos – principalmente *Escherichia coli* e *Klebsiella pneumoniae*. Os organismos anaeróbios são incomuns na peritonite primária, e infecções polimicrobianas ocorrem em menos de 10% dos casos. Entretanto, os organismos oportunistas, inclusive o citomegalovírus e o *Mycobacterium tuberculosis*, podem ser cultivados em pacientes imunocomprometidos.

Peritonitis and abdominal sepsis: www.emedicine.com

12. Descreva as características clínicas da PBE.

A icterícia, a encefalopatia hepática e a dor abdominal são achados clínicos comuns, porém, de um terço a metade dos pacientes pode não exibir qualquer desconforto abdominal. O sintoma mais comum é a febre, mas essa pode estar ausente em mais de 30% dos casos. A apresentação clínica da PBE pode ser sutil. Essencialmente, a ascite está sempre presente, mas o volume pode variar muito.

Johnson CC, Baldessarre J, Levinson ME: Peritonitis: Update on pathophysiology, clinical manifestations, and management. Clin Infect Dis 24:1035, 1997.

13. Como a PBE é diagnosticada?

A chave para o diagnóstico da PBE é o exame do líquido ascítico a partir de uma paracentese diagnóstica. Deve-se examinar os níveis de pH, de lactato e proteína e a contagem de células com diferencial. A coloração pelo Gram e a cultura também são essenciais.

PONTOS-CHAVE: COLORAÇÃO PELO GRAM DO LÍQUIDO PERITONEAL E ETIOLOGIA DA PERITONITE ✓

1. Cocos gram-positivos encontrados na coloração pelo Gram sugerem uma peritonite bacteriana espontânea.
2. Bastonetes gram-negativos indicam uma peritonite primária ou secundária.
3. Uma flora mista sugere principalmente uma perfuração intestinal (peritonite secundária).
4. A terapia antimicrobiana deve ser ajustada quando os resultados da cultura e sensibilidade do líquido peritoneal estiverem disponíveis.

14. Qual é o melhor exame para o diagnóstico laboratorial da PBE?

A contagem absoluta de leucócitos polimorfonucleares (PMN) da amostra de líquido ascítico fornece o melhor exame diagnóstico de infecção. Um método acurado para cultura do líquido ascítico é colocar 10-20 mL de líquido ascítico em frascos de hemocultura para aeróbios e anaeróbios à beira do leito, a fim de melhorar a sensibilidade do exame.

Blondeau JM, Pylypchuk GB, Kappel E, et al: Comparison of bedside- and laboratory-inoculated Bactec high- and low-volume resin bottles for the recovery of microorganisms causing peritonitis in CAPD patients. Diagn Microbiol Infect Dis 31:281-287, 1998.

15. Quais são os valores laboratoriais do líquido ascítico que sugerem infecção?

Geralmente, uma contagem de PMN > 250 células/mm^3 *sugere* um diagnóstico de PBE. Contagens de PMN > 500 células/mm^3 são *altamente* sugestivas de PBE, por isso os pacientes com estas contagens devem ser tratados como se uma PBE estivesse presente, mesmo durante o tempo de espera pelo resultado da cultura. Se a contagem de PMN estiver > 1.000 células/mm^3, o tratamento para PBE deve ser continuado *a despeito* do resultado da cultura. A coloração pelo Gram é útil porque a visualização de um único tipo bacteriano é consistente com a PBE. Por outro lado, uma coloração pelo Gram mostrando múltiplas formas bacterianas sugere uma peritonite secundária.

Rimola A, Garcia-Tsao G, Navasa M, et al: Diagnosis, treatment and prophylaxis of spontaneous bacterial peritonitis: A consensus document. J Hepatol 32:142-153, 2000.

16. Como tratar a PBE?

Deve-se selecionar agentes antimicrobianos específicos antes que os resultados de cultura estejam disponíveis. O exame mais útil para se guiar a seleção inicial de um esquema antibiótico é a coloração pelo Gram do líquido ascítico centrifugado. Se esta não for esclarecedora ou se não houver um organismo óbvio ou fonte potencial, o tratamento deve ser realizado com um antibiótico empírico de amplo espectro. O tratamento empírico inicial sugerido é a cefotaxima 2 g a cada oito horas por via intravenosa; como alternativa, outros agentes úteis incluem ticarcilina/clavulanato, piperacilina/tazobactam ou ampicilina/sulbactam.

Ricart E, Soriano G, Novella MT, et al: Amoxicillin-clavulanic acid versus cefotaxime in the therapy of bacterial infections in cirrhotic patients. J Hepatol 32:596-602, 2000.

17. Quanto tempo deve durar a antibioticoterapia no tratamento da PBE?

Tradicionalmente, os antibióticos IV têm sido administrados por 10-14 dias. Recentemente, cursos mais curtos de terapia (cinco dias) têm se mostrado igualmente eficazes. Entretanto, o paciente deve estar bem clinicamente e os resultados das culturas do líquido ascítico devem estar repetidamente negativos, com uma contagem de PMN abaixo de 250 células/mm^3.

Terg R, Cobas S, Fassio E, et al: Oral ciprofloxacin after a short course of intravenous ciprofloxacin in the treatment of spontaneous bacterial peritonitis: Results of a multicenter, randomized study. J Hepatol 33:564-569, 2000.

18. O que é peritonite secundária?

A *peritonite bacteriana secundária* ou *peritonite clássica* é definida como uma infecção peritoneal que se inicia após a perfuração do trato gastrointestinal, com subsequente contaminação da cavidade peritoneal. Pode ocorrer sob traumatismo, erosão de neoplasias do trato gastrointestinal ou outros processos inflamatórios como uma apendicite perfurada, uma úlcera duodenal perfurada ou um cólon perfurado resultante de uma diverticulite. Além disso, a deiscência pós-operatória de anastomose do trato gastrointestinal pode causar peritonite.

Newton E, Mandavia S: Surgical complications of selected gastrointestinal emergencies: Pitfalls in management of the acute abdomen. Emerg Med Clin North Am 21:873-907, 2003.

19. Como uma peritonite secundária é diagnosticada?

O diagnóstico geralmente é clínico, embora alguns pacientes possam necessitar de tomografia computadorizada (TC) abdominal. Os achados clássicos, junto à dor abdominal, são os sinais peritoneais, como sensibilidade, defesa e aumento do tônus muscular abdominal. A leucocitose acima de 11.000/mm^3 e o desvio à esquerda, ar livre sob o diafragma ou a evidência de íleo também apóiam o diagnóstico clínico de peritonite. Caso uma TC abdominal não seja de fácil realização ou não esteja disponível, a lavagem peritoneal pode ser útil. A presença de $>$ 500 leucócitos/mm^3 no líquido de lavagem sugere fortemente a presença de uma patologia intra-abdominal.

Christau NV: Intraabdominal infections. In Cameron JL (ed): Current Surgical Therapy, 8th ed. Philadelphia, Elsevier, 2004, pp 1118-1121.

eMedicine: www.emedicine.com

Malangoni MA: Contributions to the management of intraabdominal infections. Am J Surg 190:255-259, 2005.

20. Qual é a conduta adotada nos casos de peritonite secundária?

O tratamento da peritonite secundária é, primariamente, cirúrgico. Os objetivos cirúrgicos na peritonite são: eliminar a fonte de contaminação, reduzir o inóculo bacteriano e prevenir a sepse recorrente ou persistente. Essas infecções da cavidade peritoneal são quase sempre de natureza polimicrobiana e contêm uma mistura de bactérias aeróbias e anaeróbias.

Lee S-C, Fung C-P, Chen H-Y, et al: Candida peritonitis due to peptic ulcer perforation: Incidence rate, risk factors, prognosis and susceptibility to fluconazole and amphotericin B. Diagn Microbiol Infect Dis 44:23-27, 2002.

21. O que é peritonite terciária?

A peritonite secundária que não pode ser controlada, seja devido a alterações nos mecanismos de defesa do hospedeiro ou devido a infecção grave, progride para uma peritonite difusa persistente (ou seja, terciária). O quadro clínico é o de uma sepse oculta sem foco de infecção bem definido. Apesar de uma conduta agressiva, a progressiva falência de múltiplos órgãos se desenvolve com frequência.

Nathens AB, Rotstein OD, Marshall JC: Tertiary peritonitis: Clinical features of a complex nosocomial infection. World J Surg 22:158-163, 1998.

22. Quais são as características dos abscessos intraperitoneais?

Os abscessos intraperitoneais surgem durante a resolução de uma peritonite generalizada e, muito frequentemente, ocorrem nas regiões pélvica ou subfrênica. Essas localizações são um reflexo da anatomia do peritônio, que permite um fluxo, dependente da gravidade, de material infectado para essas áreas. Os sintomas clínicos podem ser vagos no início, mas podem incluir íleo paralítico, anorexia, distensão abdominal, febre recorrente ou persistente, calafrios, dor abdominal e taquicardia.

Christau NV: Intraabdominal infections. In Cameron JL (ed): Current Surgical Therapy, 8th ed. Philadelphia, Elsevier, 2004, pp 1118-1121.

CAPÍTULO 49

CETOACIDOSE DIABÉTICA

Jeanne M. Rozwadowski, MD e Philip S. Mehler, MD

1. O que é cetoacidose diabética (CAD)?

A CAD é uma complicação metabólica séria do *diabetes mellitus* (DM), resultante da combinação de deficiência insulínica (tanto relativa como absoluta) com aumento nos hormônios contrarreguladores da glicose (ou seja, catecolaminas, glucagon, cortisol e hormônio do crescimento). A tríade acidose metabólica, cetose e hiperglicemia caracteriza a CAD.

Cateels K, Mathieu C: Diabetic ketoacidosis. Rev Endocrinol Metab Disord 4:159-166, 2003.

2. Descreva a base fisiopatológica da CAD.

A deficiência de insulina é o ponto principal da desordem e causa tanto a hiperglicemia como a cetonemia. Em um estado normal, a insulina assegura a estocagem de glicose na forma de glicogênio no fígado. Com a deficiência de insulina, há tanto a produção hepática aumentada de glicose, através do aumento da glicogenólise e da gliconeogênese, assim como o uso reduzido de glicose. O resultado é a hiperglicemia.

A cetocemia ocorre de forma semelhante devido ao estado de deficiência de insulina. Sob condições normais, a insulina permite que ácidos graxos livres, como os triglicerídeos, sejam estocados no tecido adiposo. Como resultado dos níveis reduzidos de insulina e, concomitantemente, dos níveis elevados dos hormônios contrarreguladores da glicose, há produção excessiva de ácidos graxos livres a partir da quebra dos triglicerídeos. Os ácidos graxos livres são convertidos em corpos cetônicos no fígado. Além disso, a utilização reduzida de cetona contribui para a cetonemia.

Cateels K, Mathieu C: Diabetic ketoacidosis. Rev Endocrinol Metab Disord 4:159-166, 2003.

3. A CAD é uma complicação apenas dos pacientes com DM tipo 1?

Embora a CAD geralmente seja considerada uma consequência da deficiência absoluta de insulina, que reflete o dano irreversível das células-beta observado no DM tipo 1, estudos demonstram que a CAD ocorre também em pacientes com DM tipo 2, especialmente em pessoas de raça não-branca. Um estudo avaliou 138 pacientes internados na unidade de diabetes de um hospital de área carente devido a CAD moderada a grave. Vinte e dois por cento dos pacientes apresentavam diabetes do tipo 2. Na apresentação, os pacientes com DM tipo 2 eram menos acidóticos, mais propensos a apresentar níveis normais de potássio e necessitavam de um tempo de tratamento mais longo para eliminar a acidemia. A teoria é que os pacientes com DM tipo 2 não têm uma produção suficiente de insulina para prevenir a CAD; contudo, possuem uma produção suficiente de insulina para prevenir um nível mais grave de acidose.

Newton CA, Raskin P: Diabetic ketoacidosis in type 1 and type 2 diabetes mellitus. Arch Intern Med 64:1925-1931, 2004.

4. Como a CAD é diagnosticada?

Para se diagnosticar a CAD, é necessário que o paciente apresente a combinação de hiperglicemia, acidose metabólica com "anion-gap" aumentado e níveis de cetona sanguínea elevados. A CAD geralmente é suspeitada na anamnese, especialmente em uma pessoa com diabetes já conhecido e que apresenta uma doença aguda ou uma história de interrupção do uso de medicamentos.

American Diabetes Association: Hyperglycemic crises in diabetes. Diabetes Care 27(Suppl 1):S94-S102, 2004.

5. Quais são os sinais e sintomas comuns da CAD?

Pacientes com CAD frequentemente apresentam sintomas de hiperglicemia, como poliúria, polidipsia, polifagia, cansaço, perda de peso e visão turva. Pode haver alteração do estado mental que varia de letargia a coma profundo; 20% dos pacientes se apresentam torporosos. Náusea, vômito e dor abdominal, geralmente não causados por patologia intra-abdominal definida, frequentemente complicam o curso precoce da CAD. A acidose é também responsável por um dos sinais clássicos da CAD: a respiração de Kussmaul, que são respirações longas, profundas e suspirantes realizadas na tentativa de compensar a acidose metabólica pela redução da PCO_2 arterial. Um odor de maçãs estragadas ou chiclete sabor de frutas no hálito do paciente é outro sinal de CAD, e é causado pela acetona, já que as outras cetonas são inodoras.

Pacientes com CAD geralmente têm depleção de volume e distúrbios eletrolíticos, predominantemente como resultado da hiperglicemia. A hiperglicemia causa glicosúria e, subsequentemente, diurese osmótica com perda de volume e eletrólitos. No homem médio de 70 kg com CAD, há deficiência de volume de três a cinco litros, deficiência de sódio de 300 a 500 mEq e deficiência de potássio de 150 a 250mEq. Além disso, pacientes com CAD são frequentemente hipotérmicos devido à indisponibilidade de substrato para gerar calor, assim como em função da vasodilatação periférica.

American Diabetes Association: Hyperglycemic crises in diabetes Care 27(Suppl 1):S94-S102, 2004.

6. Qual é o significado da dor abdominal na CAD?

A dor abdominal é uma queixa comum entre pacientes que apresentam CAD, ocorrendo em quase metade dos casos relatados em um estudo recente. A causa definitiva não é conhecida; contudo, a distensão gástrica e o estiramento da cápsula hepática são possíveis explicações para a dor. Geralmente, a dor se resolve em seguida ao tratamento. No estudo mencionado anteriormente, a dor abdominal ocorreu como consequência da CAD em 35% dos pacientes. A gravidade da acidose e a história de uso de álcool ou cocaína foram associados à presença da dor; por outro lado, a gravidade da hiperglicemia e a desidratação não foram relacionados. Contudo, se houver sinais de patologia intra-abdominal no momento da apresentação, eles devem ser investigados imediatamente. Certamente, se a dor abdominal não se resolver após o tratamento da depleção de volume e a resolução da acidose, é importante prosseguir na investigação.

Umpierrez G, Freire AX: Abdominal pain in patients with hyperglycemic crisis. J Crit Care 17:63-67, 2002.

7. Um paciente com dor abdominal e nível elevado de amilase na presença de CAD tem pancreatite?

Em pacientes com CAD, é comum encontrar um nível discretamente elevado de amilase. O pâncreas produz aproximadamente 40%-50% da amilase corpórea; o restante é produzido nas glândulas salivares. Além disso, no estado de depleção volêmica (como na CAD), há depuração renal de amilase reduzida. Elevações nos níveis de lipase são considerações mais específicas para o diagnóstico de pancreatite. Em um estudo prospectivo com 100 pacientes internados consecutivamente em um único hospital, investigou-se a relação entre a CAD e a pancreatite. Os autores encontraram pancreatite aguda em 15% dos pacientes com CAD. Demonstrou-se também que a amilase foi um marcador sensível e específico da pancreatite quando os níveis foram pelo menos três vezes maiores do que o normal. Recomenda-se um exame de tomografia computadorizada em qualquer paciente com níveis de amilase ou lipase três vezes superior ao normal.

Nair S, Yadav D, Pitchumoni CS: Association of diabetic ketoacidosis and acute pancreatitis: Observations in 100 consecutive episodes. Am J Gastroenterol 95:2795-2800, 2000.

8. Qual é o diagnóstico diferencial da CAD?

A cetose por inanição e a cetoacidose alcoólica causam cetose e acidose metabólica; contudo, em ambos, a glicose sanguínea está apenas levemente elevada ou reduzida. Outras causas de acidose com *anion-gap* aumentado incluem a ingestão de drogas (p. ex., salicilato, metanol, etilenoglicol e paraldeído), a acidose láctica e a insuficiência renal crônica. É também importante considerar o estado hiperosmolar hiperglicêmico em qualquer paciente hiperglicêmico, pois esta condição pode também levar a um aumento discreto do *anion-gap*.

Charfen MA, Fernandez-Frackelton M: Diabetic ketoacidosis. Emerg Med Clin North Am 23:609-628, 2005.

9. Quais são os achados laboratoriais comuns na presença da CAD?

A CAD é caracterizada por hiperglicemia, acidose metabólica com *anion-gap* elevado, nível de bicarbonato < 15 mEq/L e cetonas séricas positivas. A hiperglicemia não precisa necessariamente ser marcante. Quinze por cento dos pacientes com CAD têm um nível de glicose < 300 mg/dL. A vasta maioria dos pacientes com CAD tem uma acidose metabólica com *anion-gap* elevado, embora alguns possam ter uma acidose hiperclorêmica com *anion-gap* normal. O tipo de acidose que o paciente apresenta está ligado ao seu estado volêmico no momento da apresentação. Alguns pacientes podem manifestar um problema ácido-básico misto com acidose metabólica, alcalose metabólica e alcalose respiratória. Esta desordem ácido-básica "tripla" pode ocorrer quando há CAD associada a vômito intratável (produzindo uma alcalose metabólica) e dor abdominal grave (causando hiperventilação e, portanto, uma alcalose respiratória).

Charfen MA, Fernandez-Frackelton M: Diabetic ketoacidosis. Emerg Med Clin North Am 23:609-628, 2005.

10. O que acontece com os níveis de potássio na CAD?

Nos pacientes com CAD, há depleção do potássio corporal total. Contudo, na apresentação, os níveis de potássio podem estar elevados. Isto é explicado pelo estado de deficiência insulínica e pela acidose, que causam um movimento transcelular de potássio para fora das células. Durante o curso da terapia, os níveis séricos de potássio caem rapidamente por causa da combinação da terapia insulínica à resolução da acidose, conduzindo o potássio para dentro das células, assim como pela diurese osmótica, após a reposição volêmica usada para tratar a depleção de volume. Caso o nível de potássio seja de 5,5 mEq/L ou menor, este deve ser reposto na hidratação IV a fim de prevenir a hipocalemia grave. Portanto um nível "normal" de potássio durante a apresentação da CAD geralmente indica profunda depleção desse eletrólito.

Charfen MA, Fernandez-Frackelton M: Diabetic ketoacidosis. Emerg Med Clin North Am 23:609-628, 2005.

11. Por que a hiponatremia é comum na CAD?

O nível sérico de sódio é baixo em mais da metade dos pacientes que apresentam CAD. Geralmente, não é uma hiponatremia verdadeira; na realidade, trata-se de uma pseudo-hiponatremia. O nível de glicose sérico elevado transfere a água para fora das células, criando um efeito dilucional que resulta em hiponatremia. Pode-se calcular o sódio corrigido para a hiperglicemia acrescentando-se 1,6 mEq/L ao sódio para cada 100 mg/dL de glicose acima do valor normal.*

Charfen MA, Fernandez-Frackelton M: Diabetic ketoacidosis. Emerg Med Clin North Am 23:609-628, 2005.

12. O que acontece com os níveis de fosfato na CAD?

A maioria dos pacientes com CAD se encontra hiperfosfatêmica na admissão hospitalar, embora geralmente haja uma depleção de fosfato corporal total nestes pacientes. Contudo, ensaios clínicos randomizados sobre a repleção de fosfato não demonstraram benefícios no desfecho da CAD. Na depleção grave, autoriza-se uma reposição cuidadosa, especialmente em pacientes com disfunção cardíaca, anemia, depressão respiratória e concentrações muito baixas de fosfato sérico (< 1,0 mg/dL). Uma vez que a CAD for tratada, os níveis de fosfato alcançam o ponto mais baixo de 24-36 horas depois e devem ser regularmente checados.

Fisher J, Kitabchi A: A randomized study of phosphate therapy in treatment of diabetic ketoacidosis. J Clin Endocrinol Metab 57:177-180, 1983.

Trachtenbarg DE: Diabetic ketoacidosis. Am Fam Physician 71:1705-1714, 2005.

13. A determinação dos níveis séricos de cetona é útil no tratamento de pacientes com CAD?

As cetonas séricas são úteis no diagnóstico inicial da CAD e devem ser dosadas no momento em que o paciente procura o atendimento. Há três cetonas sanguíneas: β-hidroxibutirato, acetoacetona e acetona. Na CAD, a grande maioria das cetonas pode existir como β-hidroxibutirato, o qual não é avaliado pelas medidas qualitativas de cetona com tiras reagentes de urina. Estas tiras reagentes detectam apenas a acetoacetona. Dessa forma, as

* N. R. C.: Acima de 100 mg/dl de glicose.

dosagens de cetona podem ser falsamente baixas ou negativas. De fato, durante a terapia bem-sucedida da CAD, os níveis das cetonas séricas podem aumentar paradoxalmente (ou não cair), como resultado da conversão de β-hidroxibutirato (não dosado) em acetoacetona (dosada) antes que ela seja utilizada. Portanto os níveis seguintes de cetona sérica podem ser enganosos e sua dosagem não é recomendada. Mais precisamente, o tratamento bem-sucedido da CAD é definido pela normalização do *anion-gap*.

Cateels K, Mathieu C: Diabetic ketoacidosis. Rev Endocrinol Metabolic Disord 4:159-166, 2003.

14. Quais são os líquidos importantes no tratamento inicial da CAD?

A maioria dos pacientes com CAD tem um déficit volêmico de 100 mL por quilograma de peso corporal. Estudos usando traçadores demonstraram que até 80% da hiperglicemia é removida pela reidratação. Certamente, na CAD, a insulina também se faz necessária já que o problema primordial é a deficiência de insulina. Inicialmente, a salina isotônica deve ser infundida até que o volume intravascular esteja repleto. Uma vez que o paciente esteja euvolêmico, recomenda-se a mudança para solução de cloreto de sódio a 0,45%, a menos que o paciente esteja hiponatrêmico.

American Diabetes Association: Hyperglycemic crises in diabetes. Diabetes Care 27(Suppl 1):S94-S102, 2004.
Trachtenbarg DE: Diabetic ketoacidosis. Am Fam Physician 71:1705-1714, 2005.

15. Como a CAD é tratada?

A suplementação com insulina, líquidos e potássio é a chave da terapia. Para evitar potenciais complicações, é essencial manter atenção meticulosa aos detalhes. O objetivo da terapia é a correção da acidose metabólica e da hiperglicemia. A menos que a resistência à insulina seja grave, a quantidade de insulina necessária é de 0,1 U/kg/h.

Após uma infusão IV em *bolus* de 0,15 U por quilograma de insulina regular, inicia-se a infusão contínua de insulina a 0,1 U/kg/h (ou seja, 7 U/h em uma pessoa de 70 kg) e mede-se a concentração plasmática de glicose uma hora após o início do gotejamento. Se a concentração de glicose não cair em 50-70 mg/dia, significa que o paciente é resistente à insulina e a infusão deve ser duplicada. O gotejamento não deve ser descontinuado, mesmo que a glicemia caia para < 250 mg/dL.

Quando este nível de glicose é alcançado, deve-se acrescentar soro glicosado a 5% à hidratação IV e continuar a infusão na velocidade prévia. Lembre-se de que levará mais tempo para remover a cetoacidose (10-20 horas) do que para corrigir a hiperglicemia (4-8 horas).

American Diabetes Association: Hyperglycemic crises in diabetes. Diabetes Care 27(Suppl 1):S94-S102, 2004.

16. A insulina subcutânea pode ser usada para tratar a CAD?

Há estudos controlados demonstrando que a insulina regular administrada por via subcutânea é eficaz no tratamento da CAD. A preocupação em relação ao uso da insulina subcutânea se refere à variabilidade da absorção e do início da ação. Estudos comparando o uso da insulina regular – administrada por via intravenosa, subcutânea e intramuscular – demonstraram uma redução mais rápida e previsível da hiperglicemia e cetonemia com a administração IV. Há estudos mais recentes avaliando o uso de insulina lispro por via subcutânea, com efeito equivalente ao da insulina regular IV. Embora ainda não seja um tratamento padrão, a insulina lispro subcutânea poderá ser uma tendência no tratamento da CAD fora da unidade de terapia intensiva.

Trachtenbarg DE: Diabetic ketoacidosis. Am Fam Physician 71:1705-1714, 2005.
Umpierrez GE, Latif K, Stoever J, et al: Efficacy of subcutaneous lispro insulin versus continuous intravenous regular insulin for the treatment of patients with diabetic ketoacidosis. Am J Med 117:291-296, 2004.

17. Qual é o melhor indicador de resolução da CAD, uma vez que as medidas seriadas de cetona podem ser enganosas?

O indicador mais confiável de resolução da CAD é o *anion-gap*. A glicose é corrigida simples e rapidamente, como consequência da repleção volêmica e, assim, não é confiável para determinar se a CAD está resolvida. As cetonas urinárias tendem a permanecer detectáveis por um longo tempo após a resolução da CAD (veja a questão 13).

Portanto elas também não são bons preditores da resolução da CAD. Contudo, quando o *anion-gap* retorna ao normal, a produção de cetoácidos já foi interrompida.

Cateels K, Mathieu C: Diabetic ketoacidosis. Rev Endocrinol Metab Disord 4:159-166, 2003.

18. Como você interrompe a administração de insulina IV ao paciente?

Uma vez que as dosagens de eletrólitos demonstrem um *anion-gap* normal, deve-se continuar a infusão de insulina por mais algumas horas para assegurar-se de que o controle tenha sido alcançado. Em seguida, se o paciente puder se alimentar, pode-se reinstituir a administração habitual de insulina do paciente (se conhecida e satisfatória) e a infusão de insulina pode ser descontinuada. É importante sobrepor a insulina IV e a subcutânea para prevenir a piora do controle da glicemia.

American Diabetes Association: Hyperglycemic crises in diabetes. Diabetes Care 27(Suppl 1):S94-S102, 2004.

19. Por que, após o tratamento da CAD, a maioria dos pacientes desenvolve uma acidose hiperclorêmica com *anion-gap* normal?

O cloreto da hidratação IV, usada para tratar a CAD, substitui os cetoácidos, que são excretados durante a diurese osmótica. Como o limiar renal para as cetonas é muito baixo, com a expansão do volume, a excreção das cetonas na urina aumenta. Essas cetonas excretadas são "equivalentes de bicarbonato", o que limita a disponibilidade do substrato para regenerar o bicarbonato. Portanto a maioria dos pacientes desenvolve uma acidose metabólica hiperclorêmica com *anion-gap* normal, que é transitória e clinicamente insignificante.

American Diabetes Association: Hyperglycemic crises in diabetes. Diabetes Care 27(Suppl 1):S94-S102, 2004.

20. Quais são os eventos precipitantes mais comuns para o desenvolvimento da CAD?

Quando a causa precipitante pode ser encontrada, a mais comum é a infecção, sendo a pneumonia responsável por 30-50% dos casos. As infecções do trato urinário são mais comuns. A próxima causa precipitante mais comum da CAD é a não aderência ou o tratamento irregular com insulina, especialmente nas populações urbanas afro-americanas. Uma porção significativa dos pacientes que apresentam CAD tem diabetes de início recente. Outras causas precipitantes menos comuns incluem infarto do miocárdio, acidente vascular cerebral, abuso de álcool, pancreatite, sangramento gastrointestinal e trauma. Em até 10% dos pacientes, nenhuma causa precipitante é identificada. Há algumas drogas que podem precipitar a CAD, incluindo os corticosteroides, tiazídicos e agentes simpatomiméticos.

Goldberg PA, Inzucchi SE: Critical issues in endocrinology. Clin Chest Med 24:583-606, 2003.

21. A leucocitose é um indicador sensível de infecção na CAD?

Não. A leucocitose em si não é um indicador sensível nem específico de infecção na CAD porque as contagens de leucócitos na ordem de 20.000 células/mm^3 são comumente observadas no quadro devido ao estresse e à hemoconcentração. Demonstrou-se que uma contagem elevada de bastões (10% ou mais) é um indicador sensível e significativo da coexistência de infecção oculta. A contagem total de leucócitos, o nível sanguíneo de glicose, o nível sérico de bicarbonato e a temperatura têm pouco valor para predizer a infecção oculta na CAD.

Silvos CM, Mork EG, Bain RP: Diabetic ketoacidosis and infection. Am J Emerg Med 5:1-5, 1987.

22. Quais são as principais complicações da CAD?

A taxa de mortalidade da CAD é $< 5\%$. Hipotensão e coma, assim como os extremos de idade, levam a um prognóstico negativo. Poucas complicações estão potencialmente associadas à terapia da CAD. As condições facilmente tratáveis são hipoglicemia, hipocalemia e hipofosfatemia. O edema cerebral é uma complicação muito rara em adultos; contudo, é comumente fatal e deve ser considerado em qualquer paciente com CAD que apresente rápida deterioração neurológica. A CAD parece estar associada ao rápido declínio na osmolalidade

PONTOS-CHAVE: CETOACIDOSE DIABÉTICA (CAD) ✓

1. O diagnóstico da CAD requer hiperglicemia, acidose metabólica com "anion-gap" elevado e níveis sanguíneos elevados de cetona.
2. O nível de amilase elevado é inespecífico para a pancreatite em um paciente com CAD, a menos que atinja o triplo do nível normal.
3. Um nível "normal" de potássio durante a apresentação da CAD geralmente indica profunda depleção de potássio.
4. Durante o tratamento da CAD, quando a glicemia do paciente cair para < 250 mg/dl, deve-se mudar a hidratação IV para soro glicosado a 5%.
5. Não há benefício no uso de bicarbonato se o pH do paciente é > 6,9.

plasmática, portanto recomenda-se a reposição gradual de sódio e água. A hipóxia e/ou o edema pulmonar não cardiogênico também podem complicar o tratamento da CAD.

American Diabetes Association: Hyperglycemic crises in diabetes. Diabetes Care 27(Suppl 1):S94-S102, 2004.

23. Qual é o papel da terapia com bicarbonato na CAD?

Há muita controvérsia em relação ao uso de bicarbonato no tratamento da CAD. Muitos estudos foram realizados e não demonstraram benefício em pacientes com pH > 6,9. Embora não haja estudos randomizados envolvendo pacientes com pH < 6,9, alguns médicos acreditam que a gravidade da acidose justifica o uso de bicarbonato nessa situação. Caso seja usado, a dose recomendada é 100 mEq de bicarbonato de sódio infundido a 200 mL/h.

American Diabetes Association: Hyperglycemic crises in diabetes. Diabetes Care 27(Suppl 1):S94-S102, 2004.

CAPÍTULO 50

ESTADO HIPEROSMOLAR HIPERGLICÊMICO

Joshua Blum, MD e Phillip S. Mehler, MD

1. Como se define o Estado Hiperosmolar Hiperglicêmico (EHH)?

O EHH é caracterizado por uma hiperglicemia marcante (glicose plasmática ≥ 600 mg/dL) associada à hiperosmolaridade (osmolaridade sérica efetiva ≥ 320 mOsm/L) e à desidratação grave na ausência de cetoacidose significativa.

2. Quais são as principais diferenças entre o EHH e a cetoacidose diabética (CAD)?

Ver Tabela 50-1.

3. Por que algumas pessoas com diabetes desenvolvem CAD e outras, EHH?

O mecanismo pode ser multifatorial. Primeiro, foi demonstrado que os pacientes com EHH apresentam concentrações maiores de insulina na veia porta do que os pacientes com CAD. Estes níveis mais altos de insulina podem ser suficientes para suprimir a liberação de ácidos graxos livres, mas são insuficientes para facilitar o transporte e o metabolismo da glicose. Segundo, na CAD, os altos níveis de glucagon aumentam a disponibilidade de ácidos graxos livres e, consequentemente, o desenvolvimento de corpos cetônicos e a subsequente acidose metabólica. Por fim, a hiperosmolaridade por si só suprime a lipólise. Na verdade, ocorre uma sobreposição entre estas entidades. Em uma série, 22% dos pacientes apresentavam CAD, 45% EHH e 33% tinham características de ambos (Fig. 50-1).

Wachtel TJ, Tet-Mouradian LM, Goldman DL, et al: Hyperosmolarity and acidosis in diabetes mellitus: A three-year experience in Rhode Island. J Gen Intern Med 6:495-502, 1991.

4. Como a osmolaridade efetiva é calculada? Como ela se difere da osmolaridade sérica?

A osmolaridade sérica tem seu valor aproximado pelo seguinte cálculo:

$$2 \times [\text{Na (mEq/L)} + \text{K (mEq/L)}] + \text{glicose plasmática (mg/dL)} / 18 + \text{ureia (mg/dL)} / 6$$

O intervalo normal para a osmolaridade sérica é de 280 a 295 mOsm/L. No entanto, como a ureia é livremente permeável através das membranas celulares, ela não contribui para a *tonicidade* sérica, também conhecida como osmolaridade *efetiva*, relativa ao espaço intracelular. A osmolaridade efetiva (Eosm) é, portanto, calculada por:

TABELA 50-1. ESTADO HIPEROSMOLAR HIPERGLICÊMICO *VERSUS* CETOACIDOSE DIABÉTICA

	Estado Hiperosmolar Hiperglicêmico	Cetoacidose Diabética
Idade	Meia-idade ou idoso	Jovem ou meia-idade
Hiperglicemia	Grave (≥600 mg/dL)	Moderada (≥300 mg/dL)
Cetose/acidose	Nenhuma até mínima (pH ≥7,3)	Grave (pH ≤7,3)
Início	Prolongado, insidioso (dias a semanas)	Rápido (horas a dias)
Desidratação	Muito grave	Moderada a grave

$2 \times$ [Na (mEq/L) + K (mEq/L)]
+ glicose plasmática (mg/dL) / 18

A hiperosmolaridade significativa está presente quando a Eosm excede 320 e a hiperosmolaridade grave é definida como Eosm $\geq$ 350.

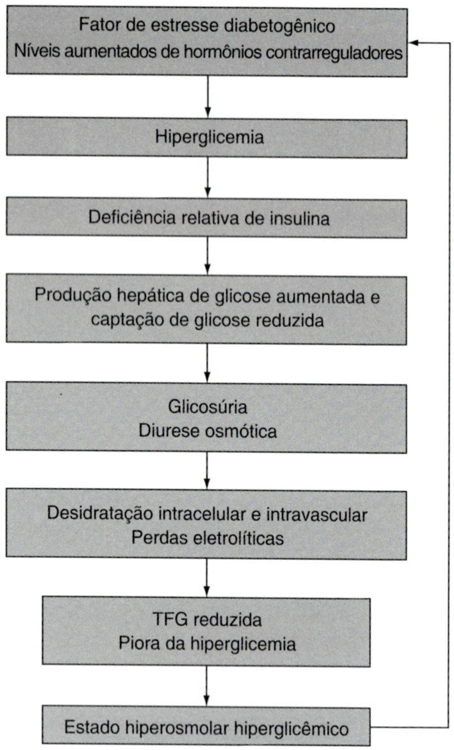

Figura 50-1. Patogênese do estado hiperosmolar hiperglicêmico. TFG = Taxa de filtração glomerular.

5. Quais são as causas precipitantes mais comuns do EHH e da CAD?

As infecções estão em primeiro lugar na lista, sendo as pneumonias e infecções do trato urinário as mais comuns. Outra causa muito comum é o diabetes não-tratado ou tratado de maneira inadequada. Até 40% dos idosos com síndrome hiperglicêmica não haviam recebido diagnóstico prévio de diabetes. Outros eventos desencadeantes incluem eventos vasculares, tais como infarto do miocárdio e acidente vascular cerebral. Completando a lista de causas comuns estão os problemas do trato gastrointestinal (tais como pancreatite e colecistite), trauma, queimaduras, drogas e medicamentos.

6. Quais medicamentos são mais frequentemente associados ao desenvolvimento de crises hiperglicêmicas?

Diuréticos (especialmente os tiazídicos e os diuréticos de alça), betabloqueadores, esteroides, fenitoína, agentes simpatomiméticos; bloqueadores H_2, bloqueadores de canais de cálcio, interferon-α, ribavirina, pentamidina e antipsicóticos foram todos associados à hiperglicemia grave. Recentemente, os novos antipsicóticos "atípicos" foram associados a um risco significativamente aumentado para o desenvolvimento de diabetes tipo 2.

7. Quais são os sintomas do EHH?

Na história, geralmente chamam a atenção as queixas de fraqueza progressiva, mal-estar e indícios de possíveis eventos precipitantes. Os pacientes podem queixar-se do surgimento de incontinência urinária, que resulta da poliúria marcante devido à diurese osmótica.

8. Que outras questões são vitais na história de um paciente com suspeita de EHH?

Uma anamnese meticulosa é essencial para diagnosticar e tratar esta complicação potencialmente fatal. A história deve incluir a revisão cuidadosa de possíveis doenças ou eventos precipitantes; a descrição do histórico de diabetes do paciente, incluindo os medicamentos, sintomas e complicações relacionadas ao diabetes; a revisão da adesão à medicação; o histórico médico antigo completo; a história social, incluindo o uso de álcool e outras drogas; e a avaliação de sintomas gastrointestinais incluindo vômitos e a capacidade de ingerir líquidos por via oral.

9. Quais achados físicos devemos esperar em um paciente com suspeita de EHH?

Pacientes com CAD e pacientes com EHH apresentam uma profunda depleção volêmica. Devido a este fato, é imperativo avaliar o estado hemodinâmico e o grau de desidratação. A hipotensão e a taquicardia são comuns, assim como a redução do turgor da pele e o ressecamento das membranas mucosas. A normotermia é comum, mesmo em situações de infecção. Os pacientes precisam ser avaliados a respeito de quaisquer complicações infecciosas ou isquêmicas e de qualquer evidência de déficits cognitivos evidentes ou sutis. Um estado cognitivo deprimido pode estar presente, indo desde estupor profundo até discreto embotamento do sensório. Anormalidades neurológicas focais também podem ser observadas. Os sintomas e sinais tendem a ser mais graves em pessoas idosas e naquelas com disfunção cognitiva basal. O grau de alteração do estado mental está correlacionado com a gravidade da hiperosmolaridade, mas não com a acidose.

Gaglia JL, Wyckoff J, Abrahamson MJ: Acute hyperglycemic crisis in the elderly. Med Clin North Am 88:1063-1084, 2004.

10. Quais exames laboratoriais devem ser solicitados para um paciente com suspeita de EHH?

A avaliação laboratorial inicial inclui bioquímica (incluindo glicose, sódio, potássio, cloro, cálcio, fósforo, magnésio, ureia, creatinina, bicarbonato), função hepática, hemograma completo, análise da urina com urinocultura e cetona sérica. Outros exames a se considerar incluem hemoculturas, gasometria arterial e enzimas cardíacas. Os pacientes devem ser submetidos ainda a um eletrocardiograma e a uma radiografia de tórax.

11. Quais anormalidades devemos procurar nos resultados dos exames laboratoriais de um paciente sob suspeita de EHH?

Pelo fato de a desidratação intracelular e a acidose normalmente levarem à perda de potássio, os estoques corporais totais estão, com frequência, significativamente depletados. No entanto, a hipocalemia pode não estar presente na avaliação laboratorial inicial devido ao deslocamento de potássio para o extracelular, causado pela acidemia. Outras alterações eletrolíticas comuns incluem a hipofosfatemia, a hipomagnesemia e a hipocalcemia. A hemoconcentração geralmente resulta um hematócrito na faixa de 55% a 60% e a contagem de leucócitos está geralmente elevada para 12.000 a 20.000.

12. Como devemos tratar o EHH?

Os objetivos primários do tratamento são restaurar rapidamente o volume intravascular e identificar e corrigir rapidamente quaisquer doenças precipitantes. A ressuscitação volêmica diminui os níveis sanguíneos de glicose, independentemente da insulina, através da diluição da glicose sérica e da melhora da perfusão renal, o que leva ao aumento da glicosúria. A ressuscitação volêmica também reduz os níveis dos hormônios contrarreguladores, melhorando assim a sensibilidade à insulina.

13. Qual é a melhor maneira de repor o volume?

O primeiro passo é determinar o déficit volêmico do paciente, que pode ser calculado utilizando-se o sódio sérico corrigido e o peso do indivíduo (veja a questão 15). Muitas autoridades recomendam a correção do déficit volêmico relativamente lenta, com metade do déficit sendo reposto nas primeiras 12 horas e a outra metade ao longo das próximas 12 a 24 horas.

14. Devemos utilizar soluções isotônicas ou hipotônicas?

Alguns especialistas recomendam iniciar com soluções isotônicas, como o soro fisiológico a 0,9%, porque estas soluções ainda são hipotônicas em relação à osmolalidade sérica do paciente e permanecem mais tempo no espaço intravascular do que as soluções hipotônicas. Como a estabilidade hemodinâmica é de extrema importância, a salina normal deve ser sempre usada em pacientes com hipotensão significativa. Outras autoridades advogam o uso de soluções hipotônicas, como o cloreto de sódio a 0,45%, ou de soluções balanceadas, como o Ringer lactato, mesmo ainda no início, pois o paciente está perdendo líquidos relativamente hipotônicos no que diz respeito aos eletrólitos. O argumento contra as soluções isotônicas é que elas fornecem quantidades excessivas de sódio e cloreto, o que pode levar à hipernatremia persistente, exacerbada pela perda contínua de fluidos isotônicos mesmo após o início da ressuscitação volêmica. As soluções hipotônicas são evitadas por algumas pessoas, já que podem levar ao risco de edema cerebral, embora este não seja o caso na prática clínica. Uma abordagem razoável é administrar salina normal pelas primeiras 1-4 horas para melhorar o estado hemodinâmico. Uma vez que o volume intravascular estiver restabelecido, como apontado pelo aumento da pressão arterial na posição supina e pela redução na frequência de pulso em repouso, deve-se trocar para cloreto de sódio a 0,45%.

PONTOS-CHAVE: ESTADO HIPEROSMOLAR HIPERGLICÊMICO (EHH)

1. O EHH é definido por uma osmolaridade sérica efetiva ≥ 320 mOsm/L e uma glicose plasmática ≥ 600 mg/dL na ausência de acidose significativa.
2. O EHH é diferenciado da cetoacidose diabética por um início mais insidioso, pela faixa de idade mais avançada dos pacientes, por hiperglicemia extrema e por desidratação grave.
3. As causas precipitantes comuns do EHH incluem diabetes não diagnosticado ou com tratamento inadequado, infecções, infarto do miocárdio e outros eventos vasculares, drogas/medicações e pancreatite.
4. A ressuscitação volêmica é a base do tratamento. A administração de líquidos apenas já irá corrigir grande parte da hiperglicemia e da hiperosmolalidade.
5. O uso de soluções isotônicas *versus* hipotônicas no tratamento inicial é controverso, embora ambas as opções sejam razoáveis.

15. Como calcular o sódio sérico corrigido na condição de hiperglicemia grave?

O nível de sódio sérico baixo observado na presença de níveis de glicose muito elevados é chamado *pseudohiponatremia*. O sódio sérico corrigido pode ser calculado utilizando-se a seguinte fórmula:

Na corrigido = (Na) + 1,6 (glicose em mg/dL – 100)/100 + 0,002 (triglicerídeos em mg/dL)

Para simplificar, uma regra razoável é que para cada 100 mg/dL de aumento na glicose sérica acima do normal, a concentração de sódio sérico medida diminui em aproximadamente 2 mEq/L.

16. Por que a insulina pode ser nociva no início do tratamento do EHH?

Com a depleção de volume grave e crônica, os efeitos osmóticos da glicose mantêm uma grande quantidade de líquido no espaço intravascular. Quando a insulina é administrada a pacientes no início do tratamento para o EHH, a glicose se move rapidamente para dentro das células, causando um fluxo de líquido. Esta rápida redução no volume intravascular pode levar à hipotensão e ao choque. Como os níveis de glicose já mostram uma melhora marcante apenas com a reposição volêmica, a insulina deve ser administrada somente após a infusão de volume suficiente para restabelecer o volume intravascular. Uma vez que o paciente tenha sido adequadamente ressuscitado, a infusão de insulina pode ser usada de forma similar àquela adotada em pacientes com CAD, embora as doses necessárias sejam normalmente mais baixas.

Matz R: Hyperglycemic hyperosmolar syndrome: In Porte D, Sherwin RS, Baron A (eds): Ellenberg and Rifkin's Diabetes Mellitus, 6th ed. New York, McGraw-Hill, 2003, pp 587-599.

17. Como podemos determinar o déficit de água corporal total (ACT) de um paciente?

O déficit de água pode ser calculado com base na concentração "real" de sódio sérico, trabalhando com base no pressuposto de que 60% do peso corporal é composto de água (ou cerca de 50% nas mulheres). No seguinte exemplo, um homem de 70 kg tem o sódio sérico corrigido de 154 mEq/L, com um nível de sódio desejado de 140 mEq/L. Sua ACT é portanto:

$$70 \text{ kg} \times 0{,}6 = 42 \text{ L de água}$$

Sua ACT esperada pode ser calculada por:

$$(154 \text{ mEq/L Na}) \times (42 \text{ L ACT real}) = (140 \text{ mEq/L}) \times (\text{ACT esperada})$$
$$\text{ACT esperada} = (154) \times (42) / (140) = 46{,}2 \text{ L}$$
$$\text{Déficit volêmico} = \text{ACT esperada} - \text{ACT real}$$
$$= 46{,}2 \text{ L} - 42 \text{ L} = 4{,}2 \text{ L de déficit}$$

O déficit de ACT também pode ser calculado pela seguinte fórmula:

$$\text{Déficit de ACT (em litros)} = 0{,}6 \times (\text{peso corporal em kilogramas}) \times (1 - 140/[\text{Na}])$$

18. Como devemos tratar as anormalidades eletrolíticas associadas ao EHH?

Como o potássio corporal total geralmente é baixo a despeito dos níveis séricos normais, o potássio deve ser administrado a pacientes com níveis $< 5{,}5$. O potássio pode ser adicionado aos líquidos IV do paciente ou pode ser administrado por via oral. O fosfato não deve ser reposto, a menos que as perdas sejam graves ($\leq 1{,}5$), devido ao risco de causar hipocalcemia.

Wyckoff J, Abrahamson MJ: Diabetic ketoacidosis and hyperosmolar hyperglycemic state. In Kahn CR, Weir GC, King GL, et al (eds): Joslin's Diabetes Mellitus, 14th ed. Philadelphia, Lippincott Williams & Wilkins, 2005, pp 887-899.

19. Fale sobre algumas complicações associadas ao EHH.

Eventos trombóticos podem ser vistos na condição de hiperviscosidade e baixo fluxo relacionados à desidratação grave consequente ao EHH. A rabdomiólise subclínica, com elevações da creatinofosfoquinase ≥ 1000 UI/L, pode ser relativamente comum. No entanto, a insuficiência renal aguda por necrose tubular aguda é muito rara, provavelmente por causa da concomitante diurese osmótica de grande volume. A coagulação intravascular disseminada é outra complicação rara, mas potencialmente fatal. A broncoaspiração secundária à gastroparesia e à alteração do estado mental é outra potencial consequência do EHH, assim como a pancreatite. O edema cerebral é uma complicação extremamente rara, ocorrendo mais frequentemente em pacientes jovens com CAD.

CAPÍTULO 51

INSUFICIÊNCIA ADRENAL NA UNIDADE DE TERAPIA INTENSIVA

Michael Young, MD

1. A insuficiência adrenal é comum entre os pacientes na unidade de terapia intensiva (UTI)?

A incidência de insuficiência adrenal na população de UTI é de 1 a 6% e pode chegar a 74% em pacientes com sepse grave e choque séptico. No entanto, não há concordância sobre o padrão-ouro para confirmar a insuficiência adrenal entre a maioria dos pacientes de UTI.

Cooper MS, Stewart PM: Corticosteroid insufficiency in acutely ill patients. N Engl J Med 348:727-734, 2003.

2. Descreva os principais tipos de insuficiência adrenal vistos em pacientes de UTI.

1. **Insuficiência adrenal relativa:** Esse é o tipo de insuficiência adrenal mais comum e mais complicado observado nos pacientes de UTI. Os pacientes com insuficiência adrenal relativa podem se apresentar com dependência de vasopressores, disfunção de múltiplos órgãos, hipotermia ou incapacidade de desmame da ventilação mecânica. Esses pacientes podem ser identificados pela resposta limitada aos testes de estímulo adrenal ou pelos níveis basais de cortisol mais baixos do que o esperado em pacientes com doença grave (Figura 51-1).
2. **Insuficiência/crise adrenal aguda:** O quadro clínico agudo inclui hipotensão extrema, febre e hipovolemia. Estes pacientes apresentam níveis de cortisol muito baixos (≤3 µg/dL).
3. **Insuficiência adrenal crônica:**
   - **Insuficiência adrenal primária (Doença de Addison):** As causas mais comuns são as doenças autoimunes (70%) e a tuberculose (10%). Causas raras incluem hemorragia adrenal, metástase adrenal, citomegalovírus, vírus da imunodeficiência humana (HIV), amiloidose e sarcoidose.
   - **Insuficiência adrenal secundária:** Esse estado é causado pela produção inadequada do hormônio adrenocorticotrófico (ACTH) devido ao uso crônico de esteroides exógenos (causa mais comum), hipopituitarismo ou deficiência isolada de ACTH.

3. Qual é o quadro clínico da insuficiência adrenal aguda?

A insuficiência adrenal aguda se apresenta com combinações variadas de hipotensão, taquicardia, hipovolemia grave, insuficiência respiratória, náusea, vômito, diarreia, letargia e fraqueza. Os pacientes com insuficiência adrenal aguda devido à reposição exógena crônica podem não apresentar hipotensão inicialmente porque a secreção de mineralocorticóides pode permanecer intacta até estágios tardios da doença.

4. Liste as anormalidades laboratoriais associadas à insuficiência adrenal.

- Hiponatremia é a mais comum.
- Níveis baixos de cloreto e bicarbonato e altos níveis de potássio ocorrem frequentemente.
- Também são observadas eosinofilia moderada, linfocitose, hipercalcemia e hipoglicemia.

5. Como a insuficiência adrenal é diagnosticada?

- **Em pacientes de UTI:** O uso de testes de estímulo adrenal em pacientes críticos ainda é controverso. Talvez o protocolo mais amplamente utilizado (de Annane et al.) identifique os pacientes com sepse grave e choque séptico como tendo insuficiência adrenal relativa se seus níveis basais de cortisol forem < 35 µg/dL e eles respondam ao teste de estímulo com ACTH (250 µg de corticotrofina) com incremento

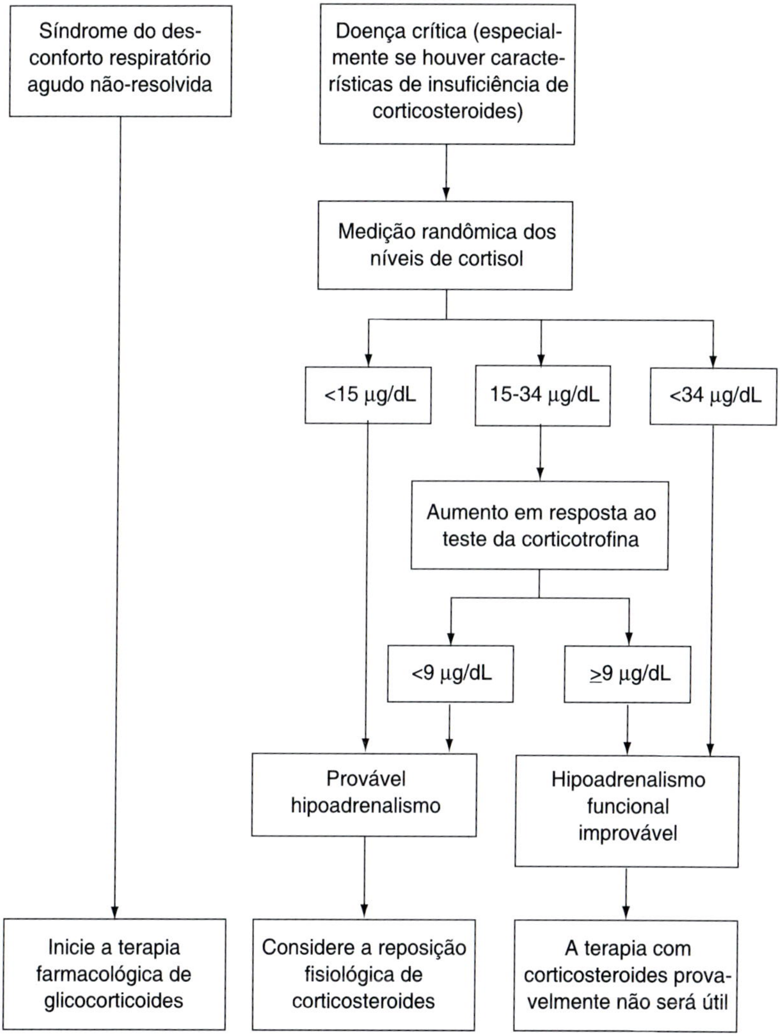

Figura 51-1. Reposição de esteroides na sepse grave e no choque séptico. O uso de esteroides para a "síndrome do desconforto respiratório agudo tardia" é controverso (veja www.ardsnet.org/). (De Cooper MS, Stewart PM: Corticosteroid insufficiency in acutelly ill patients. N Engl J Med 348:727-734, 2003, com permissão.)

do cortisol <10 μg/dL (Figura 51-1). Outros autores advertem que os níveis de "cortisol livre", mais do que os níveis de cortisol total, devem ser usados para evitar um diagnóstico exagerado de insuficiência adrenal relativa. Existem outros ainda que argumentam se 250 μg de corticotrofina excedem muito a dose a ser usada no teste.

- **Em pacientes fora da UTI:** Em pacientes fora de condições de estresse, um nível de cortisol randômico >20 µg/dL pode excluir o diagnóstico de insuficiência adrenal. Um nível de cortisol randômico <3 µg/dL confirma o diagnóstico de insuficiência adrenal.

Annane D. Sebille V, Charpentier C, et al: Effect of treatment with low doses of hydrocortisone and fludrocortisone on mortality in patients with septic shock. JAMA 288:862-871, 2005.

Hamrahian AH, Oseni TS, Arafah BM: Measurements of serum free cortisol in critically ill patients. N Engl J Med 350:1629-1638, 2004.

Zaloga GP, Marik P: Hypothalamic-pituitary-adrenal insufficiency. Crit Car Clin 17:25-41, 2001.

6. Como devemos usar o teste de estímulo com ACTH?

Os níveis de cortisol são mensurados antes e em 30-60 minutos após uma dose suprafisiológica de ACTH (250 µg de corticotrofina administrados via intravenosa). Em pacientes que não estão gravemente doentes, uma resposta normal gera um nível de cortisol pós-estímulo ≥ 20 µg/dL. Para pacientes críticos, veja a Figura 51-1.

7. E o estímulo com hormônio liberador de corticotrofina (CRH)?

O CRH é administrado para estimular os níveis de cortisol. Diferentemente do teste de estímulo com ACTH, o estímulo com CRH pode excluir a insuficiência adrenal central. Uma resposta normal gera um nível de cortisol pós-estímulo ≥ 20 µg/dL ou um aumento do cortisol ≥7 após 30 a 60 minutos.

8. O teste de estímulo com baixa dose de ACTH (1-µg) deve ser utilizado?

Este teste pode detectar a atrofia adrenal associada à insuficiência adrenal. Não há consenso sobre como determinar o menor nível equivalente à resposta normal de cortisol.

9. Como podemos distinguir entre a insuficiência adrenal aguda e outras doenças na UTI?

Os achados clínicos e laboratoriais encontrados nos pacientes com insuficiência adrenal aguda também são comuns na população da UTI. A distinção entre a insuficiência adrenal e outras doenças em pacientes críticos requer suspeita clínica e pelo menos um dos seguintes itens:

- Falha em resposta adequadamente ao teste de estímulo adrenal.
- Níveis basais de cortisol inapropriadamente baixos.
- Uma resposta clínica inequívoca ao uso empírico de esteroides exógenos.

10. Os esteroides devem ser administrados a pacientes de UTI com histórico de uso crônico de esteroides?

Os pacientes podem passar a apresentar insuficiência adrenal após usar o equivalente a 20 mg/dia de prednisona por apenas cinco dias, entretanto, a insuficiência adrenal é rara em pacientes que usam esteróides por <7 dias. Os pacientes podem apresentar insuficiência adrenal após usar doses muito baixas de esteróides por meses a anos (>5 mg/dia de prednisona ou equivalente). Temendo o prejuízo da função adrenal com risco de morte, muitos médicos administram "doses de estresse" (hidrocortisona, 300 a 400 mg/dia ou equivalente) a pacientes críticos que fizeram uso crônico de esteróides antes de ser admitidos na UTI.

Krasner AS: Glucocorticoid-induced adrenal insufficiency. JAMA 282:671-676, 1999.

11. Quais grupos de pacientes de UTI estão sob maior risco de sofrer insuficiência adrenal?

- Pacientes com sepse grave e choque séptico.
- Pacientes que fazem uso crônico de esteróides: veja questão 10.
- Pacientes com HIV: a glândula adrenal pode estar envolvida em >50% dos pacientes infectados pelo HIV. No entanto, como a adrenal necessita de <20% da glândula para funcionar, a insuficiência adrenal nessa população é incomum (3%).
- Pacientes com câncer: mesmo quando o câncer metastatiza para a glândula adrenal, a disfunção adrenal é incomum.

PONTOS-CHAVE: INSUFICIÊNCIA ADRENAL

1. A insuficiência adrenal relativa ocorre na maioria dos pacientes de UTI com sepse grave ou choque séptico.
2. Novos pacientes graves de UTI que receberam recentemente o equivalente a ≥5 mg/dia de prednisona por ≥7 dias deveriam provavelmente receber uma cobertura de doses de estresse de esteroides.
3. Para detectar a insuficiência adrenal relativa em pacientes graves de UTI, é necessário pelo menos um dos seguintes itens:
   - Suspeita clínica.
   - Incapacidade do paciente em responder a um teste de estímulo adrenal.
   - Níveis basais de cortisol inapropriadamente baixos.
   - Resposta inequívoca aos esteroides exógenos.
4. As doses de estresse de esteroides devem ser administradas na maioria dos pacientes com sepse grave ou choque séptico e insuficiência adrenal relativa.

- Pacientes em pós-operatório de alto risco: Pacientes >55 anos de idade, pacientes que sofreram grandes cirurgias (p. ex., revascularização miocárdica por ponte, reparo de aneurisma de aorta abdominal, cirurgia de Whipple), pacientes politraumatizados e pacientes em pós-operatório que necessitem de vasopressores ou não tolerem o desmame da ventilação mecânica parecem ter risco maior de insuficiência adrenal.

Brown CJ, Buie WD: Perioperative stress dose steroids: Do they make a difference? J Am Coll Surg 193:678-686, 2001.
Mayo J, Collazos J, Martinez E, Ibarra S: Adrenal function in the human immunodeficiency virus-infected patient. Arch Intern Med 162:1095-1098, 2002.
Rivers EP, Gaspari M, Saad GA, et al: Adrenal insufficiency in high-risk surgical ICU patients. Chest 119:889-896, 2001.

12. Os pacientes com trauma neurológico apresentam problemas especiais com a insuficiência adrenal?

Cinquenta por cento dos pacientes que sofrem ferimentos traumáticos na cabeça, moderados ou graves, apresentam níveis de cortisol ≤15 µg/dL. Esse fato é especialmente verídico em pacientes que recebem pentobarbital ou propofol. Esses pacientes frequentemente necessitam de vasopressores. Logo, o monitoramento dos níveis de cortisol em pacientes com lesões moderadas ou graves na cabeça pode ser justificado. A suplementação de esteroides pode ser considerada em pacientes com trauma na cabeça que apresentem insuficiência adrenal relativa e hipotensão mantida.

Cohan C, Wang C, McArthur D, et al: Acute secondary adrenal insufficiency after traumatic brain injury: A prospective study. Crit Care Med 22:2358-2366, 2005.

13. Todos os pacientes críticos em UTI com insuficiência adrenal relativa devem receber doses de estresse de esteroides?

As evidências para o uso de esteroides no tratamento da insuficiência adrenal relativa são mais fortes em pacientes de UTI com sepse grave e choque séptico. Não foram realizados experimentos randomizados para orientar os médicos quando diante de pacientes críticos não-sépticos na UTI com evidências de insuficiência adrenal relativa, tais como pacientes em pós-operatório, pacientes com pancreatite grave e pacientes com lesões traumáticas na cabeça de moderadas a graves.

14. Quais são as terapias indicadas para pacientes de UTI com sepse grave ou choque séptico com suspeita de insuficiência adrenal?

- **Ressuscitação volêmica:** Quando pacientes sépticos com forte suspeita ou com comprovação de insuficiência adrenal não respondem adequadamente a estapas rápidas de cristaloide, e/ou quando eles necessitam de vasopressores, a administração de doses de estresse de esteroides deve ser iniciada imediatamente.

- **Dose dos esteroides:** A administração de hidrocortisona, 300 a 400 mg/dia aplicada por via intravenosa dividida em três a quatro doses, com ou sem fludrocortisona (50 µg/dia por via enteral, diariamente), é uma prática aceita, mas a dose e a frequência não são baseadas em evidências.
- **Duração da terapia com esteroides:** Para a insuficiência adrenal relativa associada a sepse grave ou choque séptico, o autor recomenda a administração de doses de estresse de hidrocortisona (300 mg/dia) por 72 horas. Se o paciente apresentar melhora clínica rápida, os esteroides podem ser diminuídos ao longo de 1-2 dias. Caso ocorra uma hipotensão significativa, a dose dos esteroides deve retornar às doses de estresse iniciais e uma rápida redução pode ser realizada após sete dias.

15. A suplementação com doses de estresse de esteroides deve ser fortemente considerada para todos os pacientes com sepse grave ou choque séptico?

As opiniões sobre esse ponto são diferentes.

- **Sim, é claro:** A maioria dos pacientes com sepse grave ou choque séptico apresenta insuficiência adrenal relativa. A taxa de mortalidade para tais pacientes é de 40%-60%. Um recente experimento randomizado controlado encontrou uma redução absoluta na mortalidade de 10% entre os pacientes com sepse grave ou choque séptico e insuficiência adrenal relativa que receberam doses de estresse de esteroides *versus* placebo. Este resultado é sustentado por diversos modelos animais e humanos. A suplementação com esteroides para a maioria dos pacientes com sepse grave ou choque séptico faz sentido dado o discreto risco de um tratamento curto com baixas doses de esteroides.

Annane D, Sebille V, Charpentier C, et al: Effect of treatment with low doses of hydrocortisone and fludrocortisone on mortality in patients with septic shock. JAMA 288:862-871, 2005.

Balk RB: Steroids for septic shock. Back from the dead? (pro) Chest 123:490S, 2003 [An earlier randomized controlled trial (Sprung et al.) used superphysiologic doses, p 499S.].

- **Não, os dados ainda são controversos:** Um estudo randomizado usando doses suprafisiológicas de esteroides em pacientes com choque séptico encontrou uma taxa ampliada de reinfecções e nenhuma redução na mortalidade. A regra "deve ajudar, não pode lesar" para os esteroides, nessa condição, é problemática. O estudo de Annane não demonstrou redução geral na mortalidade do grupo com esteroides nos pacientes com sepse grave ou choque séptico. Além disso, não existem conhecimentos suficientes sobre a implicação de níveis relativamente baixos de cortisol ou de uma resposta inadequada ao estímulo com corticotrofina em pacientes com sepse grave ou choque séptico.

Sessler CN: Steroids for septic shock: Back from the dead (con). Chest 123:482S-489S, 2003.

Sprung CL, Caralis PV, Marcial EH, et al: The effects of high-dose corticosteroids in patients with septic shock: A prospective, controlled study. N Engl J Med 311:1137-1143, 1984.

DOENÇA TIREOIDEANA NA UNIDADE DE TERAPIA INTENSIVA

Michael T. McDermott, MD

CAPÍTULO 52

1. O que é a síndrome do eutireoideano doente?

A *síndrome do eutireoideano doente* se refere a alterações nos níveis séricos de hormônio tireoideano e de hormônio estimulante da tireoide (TSH) que ocorrem em pacientes com uma variedade de doenças não-tireoideanas, incluindo infecções, neoplasias malignas, condições inflamatórias, infarto do miocárdio, cirurgia, trauma e inanição. Esta condição é chamada também de *síndrome da doença não-tireoideana*. Esse não é um distúrbio tireoideano primário, mas, ao contrário, resulta de alterações no metabolismo periférico e no transporte do hormônio tireoideano, induzidos por doenças não-tireoideanas.

Brennan MD, Bahn RS: Thyroid hormones and illness. Endocr Pract 4:396-403, 1998.

Cerillo AG, Storti S, Mariani M, et al: Thenon-thyroidal illness syndrome after coronary artery bypass grafting: A6-month follow-up study. Clin Chem Lab Med 43:289-293, 2005.

Den Brinker M, Joosten KF, Visser TJ, et al: Euthyroid sick syndrome in meningococcal sepsis: The impact of peripheral thyroid hormone metabolism and binding proteins. J Clin Endocrinol Metab. 90:5613-5620, 2005.

2. Quais alterações hormonais caracterizam a síndrome do eutireoideano doente?

- **Doenças leves a moderadas:** os níveis da triiodotironina (T3) sérica (total e livre) diminuem devido à conversão reduzida da tiroxina (T4) em T3 nos tecidos periféricos. Os níveis séricos de T4 livre e TSH geralmente permanecem dentro dos limites de referência.
- **Doenças moderadas a graves:** os níveis séricos de T3 (total e livre) diminuem mais; o T4 total diminui e a captação de T3 em resina (T3RU) aumenta em função do descréscimo da ligação do hormônio tireoideano às proteínas de transporte, devido tanto à redução na síntese das proteínas quanto à presença de inibidores da ligação circulantes. O T4 livre pode estar em nível normal, reduzido ou aumentado. Nesse estágio, os níveis séricos de TSH são normais ou levemente reduzidos.
- **Recuperação das doenças:** O T4 livre diminui e o TSH aumenta (e pode estar transitoriamente elevado) enquanto a síntese proteica hepática melhora e os inibidores circulantes da ligação proteica desaparecem.

McIver B, Gorman CA: Euthyroid sick syndrome: An overview. Thyroid 7:125-132, 1997.

3. Como a síndrome do eutireoideano doente pode ser distinguida do hipotireoidismo?

Na síndrome do eutireoideano doente, o nível de T3 sérico está proporcionalmente mais baixo do que o T4, o nível da T3RU tende a ser alto e o nível de TSH é normal ou levemente reduzido. No hipotireoidismo primário, o nível sérico de T4 está proporcionalmente mais reduzido do que o de T3, o nível da T3RU tende a ser baixo e o nível de TSH está aumentado. Outros testes também podem ser úteis. Na síndrome do eutireoideano doente, o T4 livre geralmente está em um nível normal e o T3 reverso (T3R) está aumentado; no hipotireoidismo, tanto os níveis de T4 livre quanto de T3R estão diminuídos.

4. O que causa a síndrome do eutireoideano doente?

Acredita-se que a síndrome do eutireoideano doente seja causada por um aumento nos níveis circulantes de citocinas e de outros mediadores inflamatórios, como resultado de doenças não-tireoideanas subjacentes. Estes mediadores podem inibir o eixo tireoideano em vários níveis, incluindo a hipófise (menor secreção de TSH), a tireoide (respostas reduzidas de T3 e T4 ao TSH), os tecidos periféricos (menor conversão de T4 em T3; respostas reduzidas ao T3) e as proteínas de transporte (menor ligação ao hormônio tireoideano).

Kimura T, Kanda T, Kotajima N, et al: Involvement of circulating interleukin-6 and its receptor in the development of euthyroid sick syndrome in patients with acute myocardial infarction. Eur J Endocrinol 143:179-184, 2000.

Nagaya T, Fujieda M, Otsuka G, et al: Apotential role of activated NF-kappa B in the pathogenesis of euthyroid sick syndrome.J Clin Invest 106:393-402, 2000.

Peeters RP, Wouters PJ, Kaptein E, et al: Reduced activation and increase dinactivation of thyroid hormone in tissues of critically ill patients. J Clin Endocrinol Metab 88:3202-3211, 2003.

5. A síndrome do eutireoideano doente é um mecanismo adaptativo, ou é nociva?

Muitos especialistas consideram a síndrome do eutireoideano doente um mecanismo adaptativo que pode reduzir o gasto energético tecidual periférico durante as doenças não-tireoideanas. Contrariamente, outros argumentam que as alterações nos níveis de hormônio tireoideano circulante podem, por si só, ser nocivas, e podem acentuar os efeitos das doenças não-tireoideanas. Essa questão deve permanecer controversa pelos próximos anos.

Iervasi G, Pingatore A, Landi P, et al: Low-T3 syndrome: A strong prognostic predictor of deathin patients with heart disease. Circulation 107:708-711, 2003.

Peeters RP, Wouters PJ, van Toor H, et al: Serum 3,30,50- triiodothyronine (rT3) and 3,5,30- triiodothyronine/rT3 are prognostic markers incritically ill patients and are associated with postmortem tissue deiodinase activities. J Clin Endocrinol Metab 90:4559-4565, 2005.

Pingitore A, Landi P, Taddei MC, et al: Triiodothyronine levels for risk stratification of patients with chronic heart failure. Am J Med 118:132-136, 2005.

6. Os pacientes com síndrome do eutireoideano doente devem ser tratados com hormônios tireoideanos?

O manejo da síndrome do eutireoideano doente também é altamente controversa. Atualmente, não existem dados consistentes e convincentes que demonstrem benefícios na recuperação ou na sobrevida ao tratar os pacientes com levotiroxina (LT4) ou com liotironina (LT3). Os especialistas continuam a debater essa questão, entretanto, concordam que são necessários grandes estudos prospectivos para respondê-la. Na ausência de dados mais definitivos, a terapia com hormônio tireoideano ainda não é recomendada.

Bartalena L: The dilemma of non-thyroidal illness syndrome: To treat or not to treat? J Endocrinol Invest 26:1162, 2003.

Brent GA, Hershman JM: Thyroxine therapy inpatients with severe nonthyroidal illness and low serum thyroxine concentration. J Clin Endocrinol Metab 63:1-8, 1986.

Camacho PM, Dwarkanathan A: Sick euthyroid syndrome. What to do when thyroid function tests are abnormal in critically ill patients. Post grad Med 105:215-219, 1999.

De GrootL: "Non-thyroidal illness syndrome" is functional central hypothyroidism, and if severe, hormone replacement is appropriate in light of present know ledge. J Endocrinol Invest 26:1162,2003.

Stathatos N, Wartofsky L: The euthyroid sick syndrome: Is there aphysiologic rationale for thyroid hormone treatment?. J Endocrinol Invest 26:1174-1179, 2003.

7. Os níveis de hormônio tireoideano estão sempre elevados em pacientes com doenças não-tireoideanas?

O nível sérico de T4 pode estar transitoriamente elevado em pacientes com doenças psiquiátricas agudas e várias enfermidades agudas. Os mecanismos subjacentes às elevações de T4 não são bem entendidos, mas podem ser mediados por alterações em neurotransmissores ou citocinas. Essa condição deve ser diferenciada da tireotoxicose verdadeira.

8. O que é a tempestade tireoideana?

A tempestade ou crise tireoideana é uma condição ameaçadora à vida, caracterizada por um exagero nas manifestações da tireotoxicose.

Burch HD, Wartofsky L: Life threatening thyrotoxicosis: Thyroid storm. Endocrinol Metab Clin North Am 22:263-278, 1993.

Tietgens ST, Leinung MC: Thyroidstorm. Med Clin North Am 79:169-184, 1995.

9. Como os pacientes desenvolvem a tempestade tireoideana?

A tempestade tireoideana geralmente ocorre em pacientes com tireotoxicose desconhecida ou tratada de forma inadequada, e com um evento precipitante sobreposto, tal como cirurgia da tireoide, cirurgia não-tireoideana, infecção ou trauma.

10. Quais são as manifestações clínicas da tempestade tireoideana?

A febre (temperatura > 38,9°C) é a manifestação principal. A taquicardia geralmente está presente e a taquipneia é comum, mas a pressão arterial é variável. Pode haver o desenvolvimento de arritmias cardíacas, insuficiência cardíaca congestiva e sintomas cardíacos isquêmicos. Náusea, vômito, diarreia e dor abdominal também são frequentes. As manifestações do sistema nervoso central incluem hipercinesia, psicose e coma. O bócio é um achado útil, mas nem sempre está presente.

11. Quais anormalidades laboratoriais são vistas na tempestade tireoideana?

Os níveis séricos de T4 (total e livre) e T3 (total e livre) estão, em geral, significativamente elevados, e o TSH sérico é indetectável. Outras anormalidades laboratoriais comuns incluem anemia, leucocitose, hiperglicemia, azotemia, hipercalcemia e níveis elevados de enzimas hepáticas.

12. Como é feito o diagnóstico da tempestade tireoideana?

O diagnóstico deve ser feito com base em achados clínicos suspeitos, mas inespecíficos. Os níveis de hormônios tireoideanos estão elevados, mas se o diagnóstico for fortemente suspeito, esperar pelos resultados dos testes pode causar um atraso importante ao início da terapia efetiva para salvar a vida do paciente. Além disso, os níveis de hormônios tireoideanos não distinguem de maneira confiável os pacientes com tempestade tireoideana daqueles com tireotoxicose descomplicada como um distúrbio análogo. Portanto as características clínicas são a chave.

Brooks MH, Waldstein SS: Free thyroxine concentrations in thyroidstorm. Ann Intern Med 93:694-697, 1980.

13. Quais outras condições podem mimetizar a tempestade tireoideana?

Apresentações similares podem ser vistas na sepse, no feocromocitoma e na hipertermia maligna.

14. Como devemos tratar os pacientes com tempestade tireoideana?

Os objetivos imediatos são diminuir a síntese de hormônios tireoideanos, inibir a liberação destes, reduzir a frequência cardíaca, dar suporte à circulação e tratar a condição precipitante. Como os receptores β_1-adrenérgicos estão significativamente aumentados em pacientes em tal condição, os bloqueadores β_1-seletivos são os agentes de escolha para o controle da frequência cardíaca. As medicações recomendadas estão listadas na Tabela 52-1.

Dillmann WH: Thyroid storm. Curr Ther Endocrinol Metab 6:81-85, 1997.

Yeung S-CJ, Go R, Balasubramanyam A: Rectal administration of iodide and propylthiouracil in the treatment of thyroidstorm. Thyroid 5:403-405, 1995.

15. O que é o coma mixedematoso?

O coma mixedematoso é uma condição de ameaça à vida caracterizada por um exagero nas manifestações do hipotireoidismo.

Nicoloff JT: Myxedema coma: A form of decompensated hypothyroidism. Endocrinol Metab Clin North Am 22:279-290, 1993.

Tsitouras PD: Myxedema coma. Clin Geriatr Med 11:251-258, 1995.

16. Como o coma mixedematoso se desenvolve?

O coma mixedematoso geralmente ocorre em pacientes idosos que têm hipotireoidismo não-tratado ou tratado de forma inadequada, além de um evento precipitante sobreposto. Eventos importantes incluem exposição prolongada ao frio, infecção, trauma, cirurgia, infarto do miocárdio, insuficiência cardíaca congestiva, embolia pulmonar, acidente vascular cerebral, insuficiência respiratória, sangramento gastrointestinal e administração de várias drogas, particularmente aquelas que têm efeito depressor do sistema nervoso central.

TABELA 52-1. MEDICAÇÕES RECOMENDADAS PARA O TRATAMENTO DA TEMPESTADE TIREOIDEANA

Medicação	Dose
Diminuir a síntese de hormônio tireoideano	
Propiltiouracil	200 mg a cada 4 h (via oral, retal ou por sonda NG)
Metimazol (Tapazol®)	20 mg a cada 4 h (via oral, retal ou por sonda NG)
Inibir a liberação de hormônio tireoideano	
Iodeto de sódio (NaI)	1 g durante 24 horas IV
Iodeto de potássio (SSKI)	5 gotas a cada 8 h via oral
Solução de Lugol	10 gotas a cada 8 h via oral
Reduzir a frequência cardíaca	
Esmolol	500 μg/kg em 1 min IV, e depois 50 a 300 μg/kg/min em infusão contínua
Metoprolol	5 a 10 mg IV a cada 2 a 4 h
Diltiazem	60 a 90 mg a cada 6 a 8h via oral ou 0,25 mg/kg em 2 min IV, e depois 10 mg/min em infusão contínua
Fornecer suporte circulatório	
Dexametasona	2 mg a cada 6h IV ou
Hidrocortisona	100 mg a cada 8h IV
Hidratação intravenosa	
Tratar a condição precipitante	

NG = nasogástrica, SSKI = solução saturada de iodeto de potássio.

17. Quais são as manifestações clínicas do coma mixedematoso?

Hipotermia, bradicardia e hipoventilação são comuns; a pressão arterial, embora geralmente esteja reduzida, é mais variável. Efusões pericárdicas, pleurais e peritoneais também são encontradas com frequência. O íleo paralítico está presente em cerca de dois terços dos casos e a retenção urinária aguda também pode ser vista. As alterações do sistema nervoso central incluem convulsões, estupor e coma; os reflexos tendinosos profundos estão ausentes ou apresentam uma fase de relaxamento tardia. Também podem estar aparentes as alterações capilares e o aspecto cutâneo típico do hipotireoidismo. O bócio, embora frequentemente esteja ausente, é um achado útil; uma cicatriz de tireoidectomia também pode ser uma pista importante.

18. Quais anormalidades laboratoriais são vistas no coma mixedematoso?

Os níveis séricos de T4 (total e livre) e T3 (total e livre) geralmente são baixos, e o nível de TSH é significativamente elevado. Outras anormalidades frequentes incluem anemia, hiponatremia, hipoglicemia e níveis séricos de colesterol e creatinofosfoquinase. A gasometria arterial normalmente revela retenção de dióxido de carbono e hipoxemia. O eletrocardiograma costuma mostrar bradicardia sinusal, vários tipos e graus de bloqueio cardíaco, baixa voltagem e achatamento da onda T.

19. Como é feito o diagnóstico do coma mixedematoso?

O diagnóstico deve ser feito com base nos achados clínicos previamente descritos. Os níveis séricos de hormônios tireoideanos estão reduzidos e o nível de TSH está elevado. É importante lembrar que o atraso relacionado à espera dos resultados dos testes pode postergar desnecessariamente o início da terapia efetiva.

PONTOS-CHAVE: DISTÚRBIOS DA TIREOIDE ✓

1. A síndrome do eutireoideano doente não é um distúrbio da tireoide, mas, ao contrário, é um grupo de alterações nos níveis séricos de hormônios tireoideanos e de hormônio estimulante da tireoide, que resultam de citocinas e mediadores inflamatórios produzidos em pacientes com doenças não-tireoideanas.
2. A característica mais comum da síndrome do eutireoideano doente é a redução nos níveis séricos da triiodotironina (T3) devido à queda da conversão de tiroxina (T4) em T3 no fígado e em outros tecidos.
3. A síndrome do eutireoideano doente parece ser uma resposta adaptativa para reduzir o metabolismo tecidual e preservar energia durante as doenças sistêmicas e, portanto, o tratamento com o hormônio tireoideano ainda não é recomendado para essa condição.
4. A tempestade tireoideana é uma forma de tireotoxicose grave com risco de morte que geralmente tem um fator precipitante identificável e apresenta alta taxa de mortalidade caso não seja tratada pronta e apropriadamente.
5. Quando a tempestade tireoideana é diagnosticada ou suspeitada, o tratamento com drogas antitireoideanas, iodo (não-radioativo), betabloqueadores e doses de estresse de glicocorticoides, juntamente ao tratamento de qualquer fator precipitante, deve ser prontamente iniciado.
6. O coma mixedematoso é uma forma grave de hipotireoidismo com risco de morte que frequentemente tem uma causa precipitante identificável; a taxa de mortalidade é alta caso não seja tratado pronta e adequadamente.
7. Quando o coma mixedematoso for diagnosticado ou suspeitado, o tratamento deve incluir reposição rápida do déficit de hormônios tireoideanos, doses de estresse de glicocorticoides e tratamento de quaisquer causas precipitantes.

20. Como devemos tratar os pacientes em coma mixedematoso?

Os objetivos do tratamento são: repor rapidamente o estoque de hormônio tireoideano depletado, repor os glicocorticoides, dar suporte às funções vitais e tratar qualquer condição precipitante. O estoque corporal total normal de T4 é de cerca de 1000 μg (500 μg na tireoide e 500 μg no restante do corpo). O momento em que devemos usar a levotiroxina (LT4), a liotironina (LT3) ou ambas, permanece controverso, mas este autor apoia a terapia combinada de LT4 e LT3. Os esquemas para o uso de LT4 apenas, de LT3, e depois LT4 e de LT4 mais LT3 estão na Tabela 52-2.

Jordan RM: Myxedema coma. Pathophysiology, therapy, and factors affecting prognosis. Med Clin North Am 79:185-194, 1995.

Pittman CS, Zayed AA: Myxedema coma. Curr Ther Endocrinol Metab 6:98-101, 1997.

Yamamoto T, Fukuyama J, Fujiyoshi A: Factors associated with mortality of myxedema coma: Report of eight cases and literature survey. Thyroid 9:1167-1174, 1999.

TABELA 52-2. ESQUEMAS PARA O TRATAMENTO DO COMA MIXEDEMATOSO

Esquema	Dose
Fornecer rápida reposição de hormônios tireoideanos circulantes	
LT4 apenas	LT4 200 a 500 μg em 5 min IV, e *depois*
	LT4 50 a 100 μg diariamente, via oral ou IV
LT3 e depois LT4	LT3 50 a 100 μg em 5 min IV, e *depois*
	LT4 50 a 100 μg diariamente, via oral ou IV
LT4 mais LT3	LT4 200 a 500 μg em 5 min IV, *mais*
	LT3 20 a 50 μg em 5 min IV, e *depois*
	LT4 50 a 100 μg diariamente e LT3 20 a 30 μg diariamente, via oral ou IV
Repor os glicocorticoides	
Hidrocortisona	100 mg a cada 8h IV
Dar suporte às funções vitais	
Oxigênio	
Hidratação IV	
Reaquecimento (cobertores ou aquecimento central)	
Ventilação mecânica (caso necessário)	
Tratar a condição precipitante	

LT4 = levotiroxina, LT3 = liotironina.

HEMOCOMPONENTES, HEMODERIVADOS E COAGULAÇÃO

David G. Burris, MD, DMCC, COL, USA, MC e Mark W. Bowyer, MD, DMCC, COL, USAF, MC.

1. **Qual é a melhor terapia de reposição volêmica para tratar o choque decorrente da perda sanguínea?**
   Sangue total, fresco e aquecido, caso possa ser obtido, pois contêm hemácias para o transporte de oxigênio, fatores de coagulação e plaquetas. Geralmente ele não está disponível devido ao seu curto prazo de validade. É extremamente importante interromper a hemorragia o mais rápido possível a fim de evitar maior perda sanguínea.

2. **Como o sangue é preservado?**
   O sangue armazenado contém CPDA-1 (ou CAPD ou CPD) que, por sua vez, contém **C**itrato, que evita a coagulação, além de Fosfato (**P**), Glicose (**D**) e **A**denina, fontes de energia para as células. Para prevenir o crescimento bacteriano, o sangue é armazenado entre 4-7°C.

3. **Quais componentes do sangue estão disponíveis?**
   Concentrado de hemácias (CHA), plasma fresco congelado (PFC), plaquetas, crioprecipitado e preparações de leucócitos.

4. **O que são os CHAs?**
   O CHA é constituído pelas hemácias que permanecem após a centrifugação do sangue total e remoção do plasma. Uma unidade de CHA aumenta o nível de hemoglobina em 1 g/dL ou o hematócrito em uma média de três pontos.

5. **Por quanto tempo os CHAs podem ser armazenados?**
   Por 42 dias. Embora mais de 80% das hemácias ainda estejam viáveis após esse período, os leucócitos e as plaquetas não estão e os fatores de coagulação apresentam uma atividade mínima.

6. **Discuta as indicações para as transfusões de CHAs em pacientes críticos.**
   As transfusões de CHAs são usadas para maximizar a oferta de oxigênio aos tecidos (o propósito maior da transfusão). As únicas indicações absolutas para a transfusão são evidências clínicas de hipóxia tecidual ou níveis de hemoglobina inferiores a 7 g/dL (hematócrito<21). Pode ser necessário realizar transfusões com níveis mais altos de hemoglobina, porém essa decisão se baseia em circunstâncias como a idade do paciente, presença de anemia crônica e de doenças coexistentes que levem à isquemia tecidual, incluindo doença arterial coronariana, insuficiência pulmonar e doença vascular obstrutiva.

7. **Qual é o nível ideal do hematócrito em pacientes críticos?**
   Trabalhos recentes sugerem que a sobrevivência dos pacientes possa ser prejudicada pela transfusão que vise atingir um nível de hematócrito superior a 25.

8. **Defina *reação hemolítica transfusional.***
   As reações hemolíticas transfusionais ocorrem quando administra-se sangue de tipo (ABO) ou fator Rh inadequados. Isto pode ocorrer durante a infusão de apenas cerca de 10 mL; a reação causa coagulação intravascular

disseminada fulminante (CID) e é associada a uma taxa de mortalidade de cerca de 35%. Também pode ocorrer morbidade significante; a falência renal aguda pode resultar de necrose tubular aguda.

9. Relacione os achados clássicos da reação hemolítica transfusional.

Febre, calafrios, dor nas costas ou nos flancos, dor torácica, dispneia, hipotensão, oligúria e hemoglobinúria. No intraoperatório, essa reação pode ser diagnosticada por sangramento súbito em um campo cirúrgico anteriormente seco.

10. Como devemos tratar a reação hemolítica transfusional?

Primeiramente, e o mais importante, interrompa a transfusão. Então forneça ao paciente: líquidos IV, diuréticos (p. ex., manitol), inotrópicos, produtos do plasma e monitoramento na unidade de terapia intensiva (UTI).

11. Quais são os riscos infecciosos da transfusão?

Embora os riscos dependam da prevalência da infecção na população doadora, o risco total de infecção associado à transfusão de uma unidade nos Estados Unidos é de cerca de 1:2.000.000 para a hepatite B, hepatite C e para o vírus da imunodeficiência humana.

Sandler SG, Yu H, Rassai N: Risk sof blood transfusion sand their prevention. Clin Adv Hematol Oncol 1:307-313, 2003.

12. O que pode ser feito para restaurar a capacidade carreadora de oxigênio e, ao mesmo tempo, limitar o risco da transfusão?

- Transfusão autóloga.
- Administração de eritropoietina.
- Administração de soluções carreadoras de oxigênio ou "substitutos sanguíneos".
- Controle da hemorragia.

13. Relacione técnicas comuns de transfusão autóloga.

- **Doação pré-operatória de sangue autólogo:** O sangue começa a ser doado de quatro a seis semanas antes da cirurgia, a cada três dias, e é transfundido após a operação (somente quando indicado).
- **Hemodiluição normovolêmica aguda (HNA):** O sangue é retirado imediatamente antes da cirurgia e o volume intravascular é mantido no intraoperatório administrando-se soluções de cristaloide ou coloide antes da perda cirúrgica de sangue. O sangue removido é transfundido durante ou após a cirurgia, quando necessário, a fim de manter a concentração de hemoglobina pós-HNA desejada.
- **Recuperação sanguínea intraoperatória:** O sangue é coletado no intraoperatório e centrifugado; as hemácias são lavadas e infundidas novamente.

Coursin DB, Monk TG: Extreme normovolemic hemodilution: How low can you go and other alternatives to transfusion. Crit Care Med 29:908-910, 2001.

14. Quais "substitutos sanguíneos" podem ser usados em pacientes críticos?

- **Perfluorocarbonos:** A fluoretação de hidrocarbonetos gera um líquido biologicamente inerte. O oxigênio apresenta uma grande solubilidade nesses líquidos, dissolvendo-se nestas soluções em uma relação linear ao oxigênio inspirado. São necessários altos níveis de oxigênio suplementar para promover a oferta de oxigênio em níveis clinicamente significativos. Novas formulações podem ter menos reações adversas e carrear mais oxigênio. Estes produtos não estão clinicamente disponíveis.
- **Soluções carreadoras de oxigênio baseadas na hemoglobina:** A hemoglobina livre leva a uma curva de dissociação do oxigênio desfavorável, à nefrotoxicidade e à hipertensão, provavelmente mediada pela captação do óxido nítrico. Modificações na hemoglobina livre, tais como a ligação cruzada do tetrâmero, a conjugação com moléculas grandes, a polimerização e o encapsulamento em lipossomas parecem resolver estes problemas. A hemoglobina para estas soluções pode ser obtida de fonte humana, bovina, suína e bacteriana (utilizando técnicas de recombinação). Uma solução bovina polimerizada foi aprovada para uso veterinário

nos Estados Unidos e para uso humano na África do Sul. A aprovação para uso humano nos Estados Unidos está sendo solicitada ao FDA. Uma solução humana polimerizada se mostrou muito promissora em pacientes traumatizados em estudos clínicos fase I e II e está passando para fase III de estudo pré-hospitalar.

Creteur J, Vincent J-L: Hemoglobin solutions. Crit Care Med 31(12Suppl): S698-S707, 2003.
Moore FA, Moore, McKinley BA, Moore EE: The next generation in shock resuscitation. Lancet 363:1988-1996, 2004.

15. Qual é o papel da eritropoietina em pacientes críticos?

Pacientes da UTI perdem sangue por meio de coletas seriadas, sangramentos, reações a drogas e esgotamento resultante de doenças crônicas. Anteriormente, estes pacientes eram transfundidos. O uso de eritropoietina em pacientes críticos levou a uma redução das transfusões sanguíneas e a um possível aumento da sobrevivência.* Entretanto, a eritropoietina não atua rápido o suficiente para ter um papel no tratamento da hemorragia aguda.

16. O que é PFC?

O PFC é o plasma separado das células sanguíneas e colocado imediatamente a $\leq -18°C$ para preservar os fatores de coagulação, que são lábeis. O PFC contém fibrinogênio; protrombina; fatores V, VII, VIII, IX e XIII; antitrombina III; e proteínas C e S.

17. Relacione as indicações para o PFC.

- Coagulopatia decorrente de deficiência congênita, especialmente dos fatores II, V, VII, VIII, X, XI ou XIII.
- Coagulopatia decorrente de uma deficiência adquirida de múltiplos fatores, como na doença hepática grave, CID ou deficiência de vitamina K.
- Coagulopatia dilucional em um paciente politransfundido (mais de uma volemia); acompanhar com estudos de coagulação e tromboelastografia.
- Reversão do efeito da warfarina (1 unidade de PFC diminui o tempo da protrombina em dois segundos).
- Tratamento da deficiência de antitrombina III.

18. O que é o crioprecipitado?

O crioprecipitado (também chamado de crio) é preparado a partir do PFC, por meio de seu descongelamento lento até 4-6°C. O crioprecipitado contém altas concentrações de fator VIII, fator de von Willebrand, fibrinogênio e fator XIII.

19. Relacione as indicações para a administração de crioprecipitado.

- Hipofibrinogenemia (nível de fibrinogênio inferior a 100 mg/dL).
- Doença de von Willebrand.
- Hemofilia A (deficiência do fator VIII).
- Sangramento decorrente de terapia trombolítica.

O crioprecipitado pode ser usado para promover a hemostasia em um paciente com sangramento; na maioria das circunstâncias, no entanto, é preferível administrar o PFC, que contém mais fatores essenciais de coagulação.

20. Relacione alguns outros agentes hemostáticos e suas ações e indicações.

- **Aprotinina:** Inibidor de serino protease que bloqueia a inflamação e a degradação do coágulo. As indicações incluem cirurgia cardíaca, de quadril e de coluna.
- **Ácido épsilon aminocaproico e ácido tranexâmico:** Análogos sintéticos da lisina que inibem a fibrinólise. Estes agentes são indicados em cirurgias cardíacas.
- **Desmopressina (DDAVP):** Útil no tratamento da doença de von Willebrand e, algumas vezes, da disfunção plaquetária decorrente da uremia, da cirrose e do consumo de ácido acetilsalicílico.
- **Fator VIIa humano recombinante:** Proteína humana geneticamente desenvolvida a partir de culturas de células de rim de hamster. A principal indicação para este tratamento é a hemofilia. Seu uso *off-label* na hemorragia

* N. R. C.: Assunto ainda controverso na literatura.

grave, incluindo trauma, foi descrito como bem-sucedido, porém, são necessários estudos mais controlados. O fator VIIa humano recombinante não funciona em pacientes gravemente acidóticos e hipotérmicos.

Enomoto TM, Thorborg P: Emerging off-label uses for recombinant activated factor VII: Grading the evidence. Crit Care Clin 21:611-631, 2005.

Kokoszka A, Kuflik P, Bitan F, et al: Evidence-based review of the role of aprotinin in blood conservation during orthopaedic surgery. J Bone Joint Surg Am 87A(5): 1129-1136, 2005.

Levy JH: Hemostaticagents. Transfusion 44:58S-62S, 2004.

21. Descreva um método para diminuir a perda sanguínea na hemorragia não controlada.

A ressuscitação controlada (também conhecida como *ressuscitação balanceada, ressuscitação hipotensiva* e *hipotensão permissiva*) é a estratégia de ressuscitação que tenta balancear o risco de aumento do sangramento com necessidade de perfusão tecidual. Na tentativa de diminuir a perda sanguínea e permitir o uso de menor quantidade de líquido na ressuscitação, aceita-se uma pressão sanguínea mais baixa do que a normal. Isso é guiado pelos sinais de perfusão orgânica. Esta estratégia é interrompida quando a hemorragia é controlada e é usada em pacientes traumatizados e naqueles com ruptura de aneurisma aórtico. Este método pode não permitir uma ressuscitação adequada em pacientes com lesões cerebrais.

PONTOS-CHAVE: HEMOCOMPONENTES, HEMODERIVADOS E COAGULAÇÃO ✓

1. Os procedimentos transfusionais oferecem um risco pequeno ao paciente, porém bem definido.
2. Pare a hemorragia! Isto é mais importante do que repor as perdas. O sangue do próprio paciente é o melhor. Ajude-o a mantê-lo.
3. Conheça as indicações, contraindicações e ações das opções terapêuticas e utilize-as de acordo com as necessidades do paciente para diminuir o risco.
4. Evite a utilização excessiva de líquidos.

22. O que é medido pelo tempo de protrombina (TP)?

O TP estima a atividade do fator VII, que está envolvido somente na via extrínseca da coagulação. Ele é prolongado em pacientes com doença hepática e em pacientes com deficiência de vitamina K.

23. O que é medido pelo tempo de tromboplastina parcial (TTP)?

O TTP estima a atividade da via intrínseca da coagulação, que inclui os fatores XII, XI, IX e VIII. Um TTP prolongado junto a um TP normal sugere um defeito herdado na coagulação.

24. Qual é a deficiência herdada de fator mais comum?

A hemofilia A, uma deficiência do fator VIII (cerca de 75%), seguida da hemofillia B, uma deficiência do fator IX (cerca de 20%).

25. Como funciona a warfarina?

A warfarina inibe a conversão da vitamina K para sua forma ativa. A inibição interfere na síntese hepática dos fatores de coagulação dependentes de vitamina K, ou seja, II, VII, IX e X. Inicialmente, a warfarina prolonga o TP, porém, pode ter efeito sobre o TTP.

26. Como funciona a heparina?

A heparina se liga à antitrombina III ativando-a; esta, por sua vez, inibe diversos fatores da coagulação, incluindo a trombina e os fatores ativados X, XII, XI e IX. A meia-vida biológica da heparina é de 30 a 60 minutos; seus efeitos podem ser revertidos dentro de duas a quatro horas após a interrupção da infusão. A heparina prolonga o TTP.

27. O que é a heparina de baixo peso molecular (HBPM)?

A HBPM é um fragmento produzido pela "quebra" química da heparina. Ela exerce seu efeito anticoagulante através da ligação à antitrombina III, inibindo diversos fatores da coagulação. A HBPM inibe, principalmente, o fator X ativado.

28. Quais são as maiores diferenças entre a heparina padrão e a HBPM?

- A HBPM tem uma meia-vida mais longa, logo pode ser administrada uma vez por dia.
- A HBPM gera uma resposta anticoagulante mais previsível quando administrada em altas doses, por isso pode ser administrada sem monitoramento (ou seja, TTP seriado).
- A HBPM produz menos complicações hemorrágicas do que a heparina padrão, quando administradas em doses antitrombóticas equivalentes.

CAPÍTULO 54

PLAQUETAS E TROMBOCITOPENIA

Hasan B. Alam, MD e Mark W. Bowyer, MD, DMCC, COL, USAF, MC

1. Quais são as duas principais funções das plaquetas na hemostasia?

As plaquetas atuam na hemostasia (1) por meio da formação de um tampão plaquetário inicial e (2) pela degranulação e secreção de proteínas e catalíticos para a cascata de coagulação. O tampão plaquetário inicial é decorrente da agregação frouxa de plaquetas em uma área de lesão e requer a presença do fator de von Willebrand. A heparina não afeta esta hemostasia primária, o que explica porque esta ainda pode ocorrer em pacientes heparinizados.

2. Qual é a alteração congênita mais comum da função plaquetária?

A doença de von Willebrand. A ausência deste fator impede a formação dos agregados plaquetários (veja a questão 1).

3. Defina trombocitopenia.

Considera-se que a trombocitopenia é constituída por uma contagem de plaquetas inferior a 100.000/mm^3. Ela é o distúrbio plaquetário mais comum em pacientes cirúrgicos.

4. Quais são os mecanismos básicos da trombocitopenia?

A trombocitopenia pode ser causada por uma queda na produção de plaquetas (falência da medula ou substituição por células cancerosas ou fibrose), sequestro ou distribuição desordenada das plaquetas (hiperesplenismo) ou destruição plaquetária aumentada (p. ex., mediada por anticorpos, valvas protéticas, circulação extracorpórea, coagulação intravascular disseminada [CID]). Estes mecanismos podem ocorrer de forma isolada ou combinada.

5. O que é o hiperesplenismo?

O *hiperesplenismo* se refere somente à função esplênica excessiva que leva à destruição acelerada de elementos celulares circulantes; estarão presentes: graus variáveis de anemia, leucopenia e trombocitopenia. O hiperesplenismo pode ocorrer na ausência de esplenomegalia, como na púrpura trombocitopênica imune crônica (PTI). Se a esplenomegalia estiver presente, esta condição é nomeada *hiperesplenismo secundário.*

6. Quais são as diferentes opções de tratamento para pacientes com PTI?

A PTI é causada pela ação dos anticorpos IgG contra as glicoproteínas das plaquetas (ou seja, GPIIb/IIIa e GPIb/IX). Durante longo tempo, os corticosteroides foram considerados a principal terapia, mas atualmente é comum que terapias alternativas sejam prescritas. Estas incluem gamaglobulina intravenosa e imunoglobulina anti-D intravenosa. Ambas têm "o bloqueio do receptor Fc" como um mecanismo importante de aumento agudo das plaquetas. A gamaglobulina intravenosa atua rapidamente (24 horas) e pode ser usada em pacientes Rh-negativos e esplenectomizados, enquanto a imunoglobulina anti-D intravenosa causa um aumento mais lento nas plaquetas (72 horas) e é relativamente ineficaz em pacientes Rh-negativos e esplenectomizados. No entanto, ela é eficaz em pacientes infectados com o vírus da imunodeficiência humana. Pacientes que respondem inicialmente ao tratamento clínico, mas que apresentam recaída dentro de um a três meses podem ser considerados candidatos à esplenectomia. Para a PTI refratária, utiliza-se uma combinação de quimioterápicos (ciclofosfamida, hidroxidaunomicina, Oncovin® (vincristina) e prednisona [CHOP], vincristina-gamaglobulina intravenosa-Solu-Medrol®), seguida de uma terapia de manutenção (usando combinações de corticosteroides, danazol, Imuran®, Cellcept® e ciclosporina, entre outros).

7. Como é possível diferenciar a púrpura trombocitopênica trombótica (PTT) da síndrome hemolítico-urêmica (SHU)?

A PTT e a SHU compartilham a trombocitopenia, a anemia hemolítica e as oclusões trombóticas nas arteríolas e capilares terminais. As características clínicas diferenciais são a presença de sintomas neurológicos focais na PTT e deterioração renal na SHU. Além disso, os níveis plasmáticos da protease que cliva o fator de von Willebrand são baixos na PTT e normais na SHU.

8. O que é a trombocitopenia induzida pela heparina (HIT)?

A HIT é uma complicação pró-trombótica da administração de heparina, que ameaça a vida e os membros (risco absoluto de 2,6% com heparina não-fracionada e 0,2% com heparina de baixo peso molecular, apresentados em uma grande meta-análise). Esta resulta de uma resposta imune disparada pela interação da heparina com uma proteína específica das plaquetas, o fator plaquetário 4. Mais de 8% dos pacientes em uso de heparina não-fracionada irão desenvolver anticorpos, e aproximadamente 3% irão desenvolver trombocitopenia, com cerca de 1% manifestando complicações trombóticas da HIT. A HIT com complicações trombóticas tem uma taxa de mortalidade de 20% e cerca de 20 a 30% dos pacientes sofrem incapacitação permanente (p. ex., amputações, AVC).

9. Quando um paciente deve ser avaliado para a HIT?

O diagnóstico deve ser considerado em qualquer paciente que desenvolva trombocitopenia, tenha uma queda inexplicada na contagem de plaquetas (de 30% a 40%) ou tenha complicação trombótica de cinco a dez dias após a exposição à heparina (pode demorar até 20 dias). Foram descritos dois tipos clínicos distintos de HIT (Tabela 54-1).

TABELA 54-1. TROMBOCITOPENIA INDUZIDA PELA HEPARINA

	Tipo I	Tipo II*
Contagem de plaquetas	Raramente < 100.000	Comumente < 100.000
Início (após a exposição à heparina)	1 a 4 dias	Tipicamente 5 a 14 dias
Mecanismo	Não é mediada imunologicamente; efeito direto da heparina na ativação plaquetária	Mediada imunologicamente
Desfecho	Geralmente se resolve espontaneamente, a despeito da continuação da heparina	Não se resolve, a menos que a exposição à heparina seja interrompida
Complicações	Geralmente benigna	Trombose e danos aos órgãos

* A HIT Tipo II atualmente é sinônimo da "trombocitopenia induzida pela heparina"

10. Como diagnosticamos a HIT?

Quase todos os pacientes com HIT possuem anticorpos circulantes contra complexos de fator plaquetário 4 (FP4) e heparina. No entanto, a maioria dos pacientes que possui anticorpos circulantes não desenvolve a HIT clinicamente. Portanto atualmente não é indicado buscar esses anticorpos em pacientes assintomáticos. Dois tipos de ensaios diferentes estão disponíveis:

- **Ensaios funcionais:** Estes ensaios medem a ativação plaquetária dependente de heparina pelo anticorpo contra FP4-heparina *in vitro.* Um dos ensaios funcionais, o ensaio de liberação de serotonina marcada (SRA), é considerado o padrão-ouro para o diagnóstico, com um valor preditivo positivo de cerca de 100% (mas com um valor preditivo negativo de cerca de 20%).
- **Imunoensaios:** Os imunoensaios (p. ex., ensaio enzimático imunoabsorvente [ELISA]) medem os níveis de anticorpos na circulação (sensibilidade, 93 a 97%; valor preditivo positivo, 93 a 100%; especificidade, 86-100%; valor preditivo negativo, 88-95%). O ELISA é fácil e rápido de ser realizado, mas somente 25% dos espécimes ELISA-positivos são SRA-positivos.

11. É útil repetir o teste para HIT?

Se o ELISA der um resultado negativo, mas limítrofe, ele deve ser repetido. As chances de o resultado negativo de um teste se tornar positivo três dias depois dependem dos níveis de título. Cerca de 45% dos resultados com títulos altos – que são negativos, mas quase positivos –, podem se tornar positivos, enquanto 15% e 5% dos resultados com títulos médios e baixos, respectivamente, são susceptíveis a se tornar positivos.

12. Como tratamos a HIT?

A HIT Tipo I não requer tratamento específico. Já a HIT Tipo II requer a retirada imediata de toda heparina, além de tratamento com agentes anticoagulantes. Como pode ser difícil distinguir o Tipo I do Tipo II, a decisão de interromper a administração de heparina deve ser considerada cuidadosamente, com base no cenário clínico. O critério de Warkentin pode ser usado para determinar a probabilidade pré-teste de o paciente ter HIT (Tabela 54-2). Todos os pacientes (com ou sem trombose) com a HIT Tipo II devem ser tratados com anticoagulantes porque o risco de trombose é > 50% na ausência de anticoagulação. Não se deve transfundir plaquetas, a menos que seja claramente indicado, pois a transfusão de plaquetas aumenta a quantidade de FP4 e pode exagerar a resposta

TABELA 54-2. CRITÉRIO DE WARKENTIN PARA DETERMINAR A PROBABILIDADE DE HIT

Critério	2 Pontos	1 Ponto	0 Ponto
Trombocitopenia	>50% de queda ou nadir plaquetário de 20-100 × 10^9/L	30-50% de queda ou nadir plaquetário de 10-19 × 10^9/L	<30% de queda ou nadir plaquetário de <10 × 10^9/L
Momento da queda plaquetária	Início claro no dia 5-10 ou <1 dia (caso tenha havido exposição à heparina nos últimos 100 dias)	Consistente com a ativação imunológica, mas não está claro (p. ex., dados faltando) ou início após o décimo dia	A contagem plaquetária decai muito precocemente (sem exposição recente à heparina)
Trombose ou outras sequelas	Nova trombose; necrose da pele; reação aguda após *bolus* de heparina	Trombose progressiva ou recorrente; lesões eritematosas na pele; trombose suspeita (ainda não provada)	Nenhuma
Outras causas para a trombocitopenia	Nenhuma outra causa evidente para a queda da contagem plaquetária	Outras causas são possíveis	Outras causas definitivamente presentes

HIT = Trombocitopenia induzida pela heparina.
Pontuação da probabilidade pré-teste: 6-8 = alta; 4-5 = intermediária; 0-3 = baixa.

antigênica. Caso a anticoagulação contínua seja necessária, deve-se iniciar a administração de um antagonista da vitamina K (warfarina) *depois* de o paciente ser completamente tratado com um dos seguintes agentes:

- **Danaparoide** (glicosaminoglicana de baixo peso molecular composta de sulfato de heparana, sulfato de dermatana e sulfato de condroitina): Essa droga tem principalmente uma atividade antifator Xa, com uma ação antitrombina limitada. A dose é titulada para manter os níveis antifator Xa entre 0,5 e 0,8 U/mL. Não há antídoto para o sangramento.
- **Hirudina recombinante** (lepirudina): Este peptídeo de 7-kDa atua diretamente na trombina circulante e naquela ligada ao coágulo. Os efeitos anticoagulantes duram cerca de 40 minutos. Ela é administrada lentamente em *bolus* (0,4 mg/kg) seguida de uma infusão contínua de 0,15 mg/kg com o objetivo de manter o tempo de tromboplastina parcial ativada (TTPa) entre 1,5 e 2,5 vezes o basal. Esta é uma boa escolha para pacientes que necessitarão de warfarina futuramente. A lepirudina não altera a interpretação da razão normalizada internacional (RNI) de forma tão significa quanto o argatroban.
- **Argatroban**: Este inibidor direto da trombina de 509 Daltons, baseado na arginina, inibe tanto a trombina solúvel quanto aquela ligada ao coágulo. Sua meia-vida é de $46{,}2 \pm 10{,}2$ minutos e o equilíbrio da sua atividade é atingido dentro de uma a duas horas de infusão contínua. A dose recomendada é de 2,0 μg/kg/min e é ajustada para manter o TTPa entre 1,5 a 3 vezes o basal (máximo, 10 μg/kg/min).
- **Fondaparinux**: Esta nova droga é de administração subcutânea. A dosagem recomendada é de 7,5 mg uma vez ao dia.

13. Como devemos monitorar o efeito da warfarina quando esta é coadministrada com o argatroban?

Use um ensaio cromogênico de fator X enquanto o paciente recebe o argatroban e troque para a medição da RNI três horas após a interrupção do argatroban.

14. A terapia com heparina pode voltar a ser uma opção em pacientes positivos para a HIT?

Sim. Os anticorpos geralmente não são mais detectados de 50 a 85 dias após a interrupção da administração de heparina. Ela *pode* ser segura quando utilizada por um período curto se forem dados >100 dias após a exposição inicial à heparina e se o resultado de um teste atualizado para anticorpos da HIT for negativo.

15. Quais são algumas causas de disfunção plaquetária na unidade de terapia intensiva (UTI)?

As principais causas de disfunção plaquetária e de trombocitopenia na UTI são os efeitos colaterais das drogas, uremia e sepse. Antibióticos, nitratos, anestésicos locais, bloqueadores α- e β-adrenérgicos, derivados da xantina, diuréticos, bloqueadores de receptores-H_2 e dextran são alguns exemplos de drogas que podem prejudicar a atividade plaquetária. A uremia, também comum entre pacientes da UTI, é uma causa importante da disfunção plaquetária.

16. Quais são as indicações para a transfusão plaquetária?

As contagens de plaquetas, que devem servir como indicadores da transfusão plaquetária, têm se modificado ao longo das duas últimas décadas. A literatura tem proposto os seguintes limiares, embora ainda sejam um pouco controversos:

- **Profilaxia de sangramento em paciente oncológico estável:** 10.000/mm^3 (anteriormente <20.000/mm^3).
- **Punção lombar em paciente com leucemia:** 10.000/mm^3.
- **HIT estável:** 10.000/ mm^3.
- **Aspiração de medula óssea:** 20.000/mm^3.
- **Endoscopia gastrointestinal no câncer:** 20.000 a 40.000/mm^3.
- **CID:** 20.000-50.000/mm^3.
- **Broncoscopia de fibra óptica:** 20.000 a 50.000/mm^3.
- **Cirurgia de grande porte:** 50.000/mm^3.
- **Trombocitopenia resultante de transfusão maciça:** 50.000/mm^3.

- **Procedimentos invasivos na cirrose:** 50.000/mm³.
- ***Bypass* cardiopulmonar:** 50.000 a 60.000/mm³.
- **Procedimentos neurocirúrgicos:** 100.000/mm³.
- **Trombocitopenia e sangramento** (intracerebral, gastrointestinal, genitourinário ou hemorragia retiniana): 100.000/mm³.

Não há contagem específica na qual o sangramento seja completamente evitado. Além da contagem, a qualidade e o funcionamento das plaquetas também são importantes. No entanto, pode ocorrer sangramento com risco de morte em contagens plaquetárias <5.000/mm³ e sangramentos espontâneos em contagens <10.000 a 20.000/mm³.

PONTOS-CHAVE: PLAQUETAS E TROMBOCITOPENIA ✓

1. A trombocitopenia é um achado comum em pacientes na UTI e a regra básica é tratar a causa subjacente.
2. Transfunda plaquetas somente se necessário ou se a contagem plaquetária for <10.000/mm³.
3. A trombocitopenia induzida pela heparina (HIT) é uma complicação da administração de heparina relativamente incomum, mas potencialmente grave.
4. A contagem de plaquetas deve ser monitorada em todos os pacientes que estiverem recebendo heparina (não-fracionada ou de baixo peso molecular). Uma queda na contagem plaquetária (>50% do basal ou abaixo de 100.000/mm³) é uma razão para suspeitar de HIT.
5. A maioria dos pacientes que possui anticorpos circulantes para o FP4 não desenvolve clinicamente a HIT. Portanto, analise os pacientes para a presença destes anticorpos somente quando clinicamente indicado.
6. Todos os pacientes (com ou sem trombose) com HIT Tipo II devem ser anticoagulados porque o risco de trombose sem os anticoagulantes é >50%.

17. Como a aspirina afeta a função das plaquetas?

A aspirina inibe a ciclooxigenase das plaquetas de forma irreversível, resultando em um defeito funcional que permanece durante toda a vida delas (oito a nove dias).

18. Qual teste laboratorial mede a função das plaquetas?

O tempo de sangramento é um indicador sensível da função das plaquetas.

19. Como os distúrbios plaquetários são tratados?

As drogas que o paciente faz uso devem ser minuciosamente examinadas e os medicamentos que implicam em trombocitopenia devem ser eliminados ou substituídos. Pode ser necessário realizar uma transfusão plaquetária (veja a questão 16). A trombocitopenia associada à uremia pode ser tratada com hemodiálise. O crioprecipitado, a 1-deamino-8-D-arginina vasopressina (DDAVP) e os estrógenos conjugados têm sido usados, proporcionando bons resultados.

BIBLIOGRAFIA

1. AuBuchon JP: Platelet transfusion therapy. Clin Lab Med 16:797-816, 1996.
2. Chong BH, Eisbacher M: Pathophysiology and laboratory testing of heparin-induced thrombocytopenia. Semin Hematol 35:3-8, 1998.
3. Fuse I: Disorders of platelet function. Crit Rev Oncol/Hematol 22:1-25, 1996.

4. Greinacher A, Warkentin TE: Recognition, treatment, and prevention of heparin-induced thrombocytopenia: Review and update. Thromb Res 118:165-176, 2006.
5. Lipsett PA, Perler BA: The use of blood products for surgical bleeding. Semin Vasc Surg 9:347-353, 1996.
6. Martel N, Lee J, Wells PS: Risk for heparin-induced thrombocytopenia with unfractionated and low molecular weight heparin thromboprophylaxis: A meta-analysis. Blood 106:2710-2715, 2005.
7. McCrae KR, Bussel JB, Mannucci PM, et al: Platelets: An update on diagnosis and management of thrombocytopenic disorders. Hematology Am Soc Hematol Edu Progr 282-305, 2001.
8. NIH consensus statement: Platelet transfusion therapy 6:1-6, 1986.
9. Rebulla P: Platelet transfusion trigger in difficult patients. Transfus Clin Biol 8:249-254, 2001.

CAPÍTULO 55

COAGULAÇÃO INTRAVASCULAR DISSEMINADA

Andrea Harzstark, MD e Patrick F. Fogarty, MD

1. O que é coagulação intravascular disseminada (CIVD)?

A CIVD ocorre quando a coagulação é ativada de maneira imprópria, levando à geração de trombina e à deposição de fibrina em pequenos vasos. Geralmente, existe uma doença de base neste caso (veja questão 4). Como as proteínas da coagulação e as plaquetas são consumidas pelo processo pró-trombótico em andamento, elas podem ficar depletadas, levando a sangramentos. Assim, na CIVD, podem ocorrer hemorragia e trombose simultaneamente. Embora se acredite que a CIVD surja sempre de modo agudo e sistêmico, CIVD local ou crônica também é possível. A partir daqui, a discussão se focará primariamente na CIVD aguda.

2. Por que a CIVD é importante?

A CIVD é uma causa comum de trombocitopenia e prolongamento dos tempos de coagulação em pacientes hospitalizados (ou seja, tempo de tromboplastina parcial ativada [TTPa] e tempo de protrombina [TP]). Em certas populações, ela também é um preditor importante de mortalidade. A CIVD leva à deposição de fibrina em pequenos vasos, o que causa isquemia tecidual e resulta na disfunção de órgãos. A coagulopatia por consumo pode levar a sangramentos clinicamente significativos.

3. Qual é a fisiopatologia da CIVD?

Na maioria dos casos, o evento desencadeador da CIVD é desconhecido, mas se acredita que agentes tais como o fator tecidual ou moléculas pró-coagulantes exógenas (p. ex., lipopolissacarídeos bacterianos) são precipitadores da cascata de coagulação, resultando na formação de trombina. Esse processo pode ser mediado pela interleucina 6. À medida que a formação de trombina acontece, a fibrina é depositada nos vasos sanguíneos pequenos. Na CIVD aguda, consomem-se fatores de coagulação e plaquetas, o que pode resultar em sangramento sistêmico. Entretanto, se esse processo acontecer de forma crônica ou lenta, os fatores da coagulação e plaquetas são substituídos e não há sangramento; em vez disso, a trombose predomina. P. ex., a síndrome de Trousseau, que geralmente ocorre em um cenário de câncer visceral subjacente, se apresenta com trombose venosa periférica ou tromboflebite migratória.

Stouthard JM, Levi M, Hack CE, et al: Interleukin-6 stimulates coagulation, not fibrinolysis, in humans. Thromb Haemost 76: 738-742, 1996.

4. Quais condições estão associadas à CIVD em pacientes de terapia intensiva?

- **Sepse:** Infecções bacterianas por gram-positivos ou gram-negativos, infecções por Rickettsia ou vírus.
- **Trauma:** Fratura de ossos longos, trauma craniano.
- **Neoplasias malignas:** Adenocarcinoma, leucemia promielocítica aguda (incidência próxima de 100%).
- **Causas obstétricas:** Hemólise, enzimas hepáticas elevadas e plaquetopenia (síndrome HELLP); retenção uterina de tecido placentário ou fetal; descolamento de placenta ou placenta prévia.
- **Vasculares:** Vasculite, aneurisma de aorta abdominal, hemangioma cavernoso.
- **Miscelânea:** Queimaduras, anafilaxia, reação transfusional, picada de cobra, pancreatite aguda, rejeição a transplantes.

5. Como é a apresentação clínica da CIVD?

Em pacientes hospitalizados com doença aguda, a CIVD geralmente se apresenta com prolongamento do TP e TTPa e redução simultânea de fibrinogênio e plaquetas; a existência de sangramento sistêmico não é obrigatória.

Tipicamente, o sangramento se manifesta através de equimoses, púrpura e petéquias; também pode ocorrer nas incisões cirúrgicas ou nos sítios de entrada dos cateteres de acesso vascular. Sangramentos de mucosas e urinário são comuns, enquanto sangramentos pulmonares, do trato gastrointestinal e do sistema nervoso central ocorrem com menos frequência. Pode haver isquemia de tecidos decorrente da coagulação intravascular disseminada, resultando em cianose, delirium, oligúria, hipóxia e necrose tissular franca.

6. Quais alterações laboratoriais são típicas da CIVD?

Trombocitopenia, hipofibrinogenemia e prolongamento do TP, TTPa e tempo de trombina são característicos, mas na CIVD compensada (ou seja, crônica), tais níveis podem se apresentar normais. Logo no estágio inicial da CIVD, a contagem plaquetária pode estar dentro dos valores normais, mas geralmente se mostra reduzida em relação aos valores basais. A contagem plaquetária raramente é inferior a 20.000/μL. Já os níveis de D-dímero e de produtos de degradação da fibrina quase sempre estão elevados.

7. Um esfregaço de sangue periférico é útil no diagnóstico de CIVD?

O esfregaço de sangue periférico de um paciente com CIVD normalmente mostra trombocitopenia de leve a moderada. A observação de esquizócitos (fragmentos de hemácias produzidos por hemólise intravascular) não é sensível nem específica e está presente em apenas 10% a 50% dos casos agudos. Visite a página www.ashimagebank.org para ver uma demonstração de esquizócitos em um esfregaço de sangue.

Schmaier AH: Correspondence. N Engl J Med 341:1937-1938, 1999.

8. Quais condições dificultam a interpretação das alterações laboratoriais da CIVD?

O fibrinogênio é uma proteína de fase aguda. Como tal, dosagens desse fator podem estar dentro da faixa de normalidade em um paciente com CIVD aguda, especialmente se houver uma doença inflamatória subjacente. Nesse caso, a avaliação da evolução dos níveis de fibrinogênio ao longo do tempo pode revelar uma queda em relação aos valores basais.

9. Por que é difícil fazer o diagnóstico de CIVD em pacientes com doença hepática avançada?

O fígado produz a maior parte dos fatores de coagulação, e a maioria dos casos de doença hepática avançada cursa com prolongamento do TP e TTPa e redução do nível de fibrinogênio. Além disso, a contagem de plaquetas pode ser menor em pacientes cirróticos, por causa do hiperesplenismo. Alterações laboratoriais na doença hepática tendem a ser relativamente estáveis, enquanto na CIVD, tais alterações tendem a piorar com o tempo.

10. Quando e como devemos tratar a CIVD?

A CIVD tende a ser um processo secundário, por isso o tratamento da doença de base é fundamental e deve se sobrepor a qualquer outra intervenção específica para a CIVD. A administração de hemocomponentes deve ocorrer apenas em casos de CIVD complicada por sangramento clinicamente significativo ou quando houver risco consideravelmente elevado de sangramento (p. ex., trombocitopenia em um paciente com cirurgia vascular recente) – e geralmente ela não é necessária. Os componentes do sangue não devem ser administrados apenas em resposta a alterações laboratoriais. A transfusão de hemocomponentes está associada a um risco mensurável de complicações relacionadas à transfusão (incluído infecções virais e reações transfusionais). Além disso, a transfusão de componentes do sangue a um paciente com CIVD sem sangramento geralmente representa um uso inapropriado de recursos vitais.

11. Como devemos administrar os hemocomponentes em casos de CIVD aguda?

Se houver indicação, as transfusões de plaquetas devem ser administradas para atingir uma meta de contagem plaquetária > 20.000/μL para sangramentos associados à CIVD aguda ou > 50.000/μL em casos de sangramento potencialmente fatal ou hemorragias intracranianas. Pode-se administrar crioprecipitado para manter o nível de fibrinogênio > 80-100 mg/dL. O plasma fresco congelado deve ser administrado apenas se houver sangramento

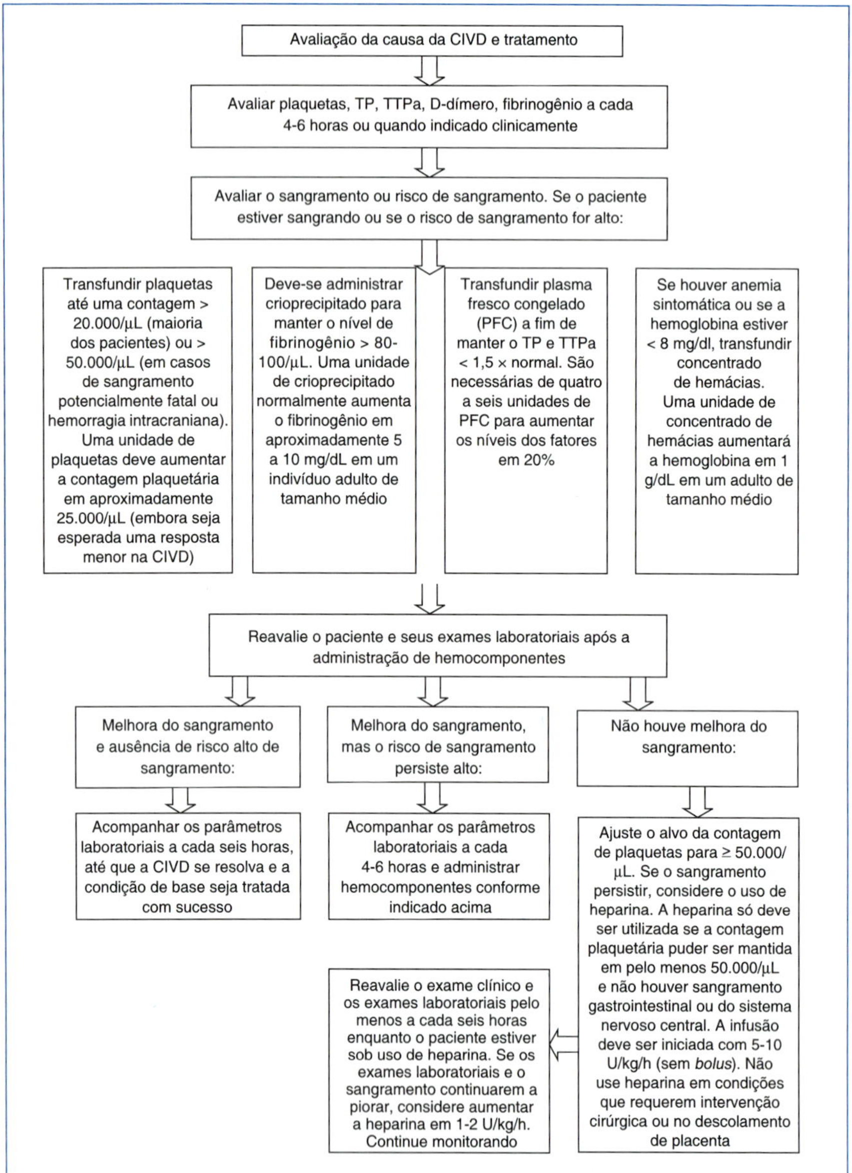

Figura 55-1. Algoritmo de tratamento da coagulação intravascular disseminada. CIVD = coagulação intravascular disseminada, TP = tempo de protrombina, TTPa = tempo de tromboplastina parcial ativada.

clinicamente significativo; ele não deve ser usado simplesmente para "corrigir" um prolongamento do TP ou TTPa. Caso aconteça uma hemorragia importante, esta deve ser tratada com transfusão de hemácias (se houver sintomas de anemia ou se a hemoglobina cair para valores < 8 mg/dL). Veja a Fig. 55-1 para obter mais detalhes.

PONTOS-CHAVE: COAGULAÇÃO INTRAVASCULAR DISSEMINADA (CIVD)

1. A CIVD é uma síndrome que envolve a ativação da coagulação, resultando na deposição intravascular de fibrina e no consumo de proteínas da coagulação e plaquetas, o que geralmente causa sangramento.
2. CIVD pode levar à disfunção de órgãos e é associada a altas taxas de mortalidade.
3. Nenhum exame laboratorial pode ser usado como método único no diagnóstico de CIVD. Em vez disso, o diagnóstico pode ser sugerido pela combinação de TP e TTPa prolongados, redução de fibrinogênio, redução de plaquetas, aumento do D-dímero ou de produtos de degradação da fibrina e esquizócitos em um esfregaço de sangue (todas os exames devem ser analisados dentro de um contexto clínico apropriado).
4. O manejo da CIVD deve focar primariamente no tratamento da doença de base.

12. Quais são outras causas especiais de CIVD que requerem tratamento específico?

- A síndrome HELLP é uma forma periparto de CIVD que resulta em lesão hepática e anemia hemolítica clinicamente significativas. Além dos cuidados de suporte, o tratamento da síndrome HELLP inclui a realização do parto ou a dilatação e curetagem uterina para remoção de fragmentos fetais e placentários retidos.
- A leucemia promielocítica aguda quase sempre é associada à CIVD, provavelmente por causa da expressão de pró-coagulantes por promielócitos circulantes. Além das transfusões adequadas, recomenda-se o início imediato de quimioterapia – a qual deverá incluir o ácido transretinoico.

13. Em quais cenários devemos considerar o uso da heparina no tratamento da CIVD?

Em casos de CIVD aguda caracterizada por sangramento contínuo e clinicamente significativo, mesmo sob administração de plaquetas e crioprecipitado, deve-se considerar o uso de heparina, embora com alguma cautela, pois ela pode exacerbar o sangramento. O uso de heparina requer uma contagem plaquetária mantida em nível $> 50.000/\mu L$ e a ausência de sangramento gastrointestinal ou do sistema nervoso concomitantes. A heparina é contraindicada em condições que requerem intervenção cirúrgica, como tecido placentário retido no útero. Além disso, seu uso deve ser evitado em pacientes com descolamento de placenta.

14. Como devemos administrar a heparina?

Uma infusão contínua de heparina não-fracionada (5-10 U/kg/h) é razoável, até que o sangramento tenha diminuído ou parado e/ou a condição clínica de base tenha sido efetivamente tratada. Não se deve administrar dose de *bolus*. A heparina de baixo peso molecular (HBPM) não é apropriada para o tratamento da CIVD aguda complicada por sangramento. Entretanto, a heparina ou a HBPM são o tratamento de escolha para a CIVD crônica que leva à síndrome de Trousseau (veja questão 17).

15. Quais outros agentes foram considerados para uso na CIVD?

Inibidores de fibrinólise, como o ácido ε-aminocaproico, podem ser usados para tratar a sangramento refratário associado à CIVD (isto se dá através da prevenção da fibrinólise sistêmica). Entretanto, o uso desses inibidores deve ser cuidadoso, pois pode causar maior deposição de fibrina. É importante notar que a empresa produtora do fator de coagulação VIIa recombinante (rhVIIa; NovoSeven®) recomenda na bula do produto citado que pacientes com CIVD podem estar sob maior risco de sofrer eventos trombóticos após a administração de rhVIIa.

www.us.novoseven.com/pdf/00609_novose_pi_fa.pdf

16. Como a eficácia do tratamento da CIVD é avaliada?

Parâmetros laboratoriais, incluindo o TP, TTPa, fibrinogênio e a contagem plaquetária, devem ser monitorizados pelo menos a cada seis horas e devem voltar aos níveis basais à medida que a doença é adequadamente tratada. Além disso, o sangramento clinicamente aparente deve melhorar.

17. Como diferenciar a CIVD crônica da sua forma aguda?

Na CIVD crônica, as proteínas da coagulação podem ser substituídas tão rapidamente quanto consumidas, levando à atenuação ou ausência de sangramentos e à predominância de eventos trombóticos. A contagem plaquetária pode estar normal ou ligeiramente reduzida e o nível de fibrinogênio pode estar normal ou elevado. O TP e TTPa podem estar normais. A síndrome de Trousseau (veja a questão 14) geralmente é tratada com uma HBPM como a enoxaparina, administrando-se 1 mg/kg a cada 12 horas, por pelo menos 3-6 meses após o evento trombótico inicial ou enquanto houver neoplasia maligna, o que durar mais tempo. Aparentemente, a warfarina não é tão eficaz quanto as HBPM para a prevenção secundária de trombose em pacientes com a síndrome de Trousseau.

Prandoni P: How I treat venous thromboembolism in patients with cancer. Blood 106:4027-4033, 2005.

18. Quais são os tratamentos controversos na CIVD?

Não há muitos estudos clínicos randomizados com pacientes com CIVD. Entretanto, já estão disponíveis alguns novos agentes que podem ter aplicações clínicas no manejo da CIVD. P. ex., o uso da proteína C ativada recombinante (drotrecogina alfa) foi aprovado para tratamento da sepse grave com falência de órgãos, com base em uma vantagem relativa de sobrevida em 28 dias de 20% (resultado de um estudo clínico prospectivo, randomizado e duplo-cego que contou com 1690 pacientes). Entretanto, o uso do agente é associado a um maior risco de sangramento (3,5% *versus* 2% no grupo placebo; P = 0,06).

Bernard GR, Vincent JL, Laterre PF, et al: Efficacy and safety of recombinant human activated protein C for severe sepsis. N Engl J Med 344: 699-709, 2001.

19. Quais novos tratamentos para CIVD poderão estar disponíveis?

Ainda não se demonstrou que os concentrados de antitrombina III conferem vantagem na sobrevida de pacientes com sepse grave, porém, eles continuam sendo avaliados. Outras moléculas sugeridas como potenciais tratamentos ou alvos para o manejo da CIVD aguda, incluem a proteína c2 anticoagulante de nematoides recombinante (via inibição do complexo do fator Xa), inibidor da via do fator tecidual e hirudina (via inibição da trombina e subsequente controle da ativação da coagulação).

Abraham E, Reinhardt K, Svoboda P, et al: Assessment of the safety of recombinant tissue factor pathway inhibitor in patients with severe sepsis: A multicenter, randomized, placebo-controlled, single-blind, dose escalation study. Crit Care Med 29:2081-2089, 2001.

Creasey AA, Chang AC, Feigen L, et al: Tissue factor pathway inhibitor reduces mortality from *Escherichia coli* septic shock. J Clin Invest 91:2850-2860, 1993.

Fourrier F, Chopin C, Huart J, et al: Double blind, placebo-controlled trial of antithrombin III concentrates in septic shock with disseminated intravascular coagulation. Chest 104:882-888, 1993.

Fuse S, Tomita H, Yoshida M, et al: High dose of intravenous antithrombin III without heparin in the treatment of disseminated intravascular coagulation and organ failure in four children. Am J Hematol 53:18-21, 1996.

Hermida J, Montes R, Paramo JA, et al: Endotoxin-induced disseminated intravascular coagulation in rabbits: Effect of recombinant hirudin on hemostatic parameters, fibrin deposits, and mortality. J Lab Clin Med 131:77-83, 1998.

Moons AH, Peters RJ, Cate H, et al: Recombinant nematode anticoagulant protein c2, a novel inhibitor of tissue factor-factor VIIa activity, abrogates endotoxin-induced coagulation in chimpanzees. Thromb Haemost 88:627-631, 2002.

Warren BL, KyberSept Trial Study Group: High-dose antithrombin III for severe sepsis, a randomized controlled trial. JAMA 286:1869-1878, 2001.

CAPÍTULO 56

DOENÇA FALCIFORME

Kathryn L. Hassell, MD

1. O que é a doença falciforme?

O termo *doença falciforme* refere-se a um grupo de hemoglobinopatias hereditárias no qual é produzida hemoglobina com cadeias β anormais. Elas ocorrem quando um gene da β-globina tem a mutação falciforme (ou seja, valina substituída por ácido glutâmico na sexta posição da cadeia β) e o outro gene da β-globina é anormal. Quando as células falciformes são expostas a condições extremas, tais como hipóxia ou mudanças osmóticas (p. ex., desidratação), a hemoglobina falciforme (Hb S) pode se polimerizar e com isso a hemácia assume um formato de foice (reversível). Estas hemácias, afoiçadas ou não, podem aderir ao endotélio vascular, resultando em oclusão vascular aguda e crônica, lesão vascular e dano aos órgãos.

Chiang EY, Frenette PS: Sickle cell vaso-occlusion. Hematol Oncol Clin North Am 19:771-784, 2005.

2. Quais são os diferentes tipos de doença falciforme?

- Pacientes com dois genes Hb S têm anemia falciforme (HbSS), que é caracterizada por anemia hemolítica com elevação basal da contagem de reticulócitos e da bilirrubina indireta, assim como por eventos vaso-oclusivos dolorosos episódicos. Mesmo na ausência de dor, a lesão orgânica crônica ocorre frequentemente, especialmente no baço, pulmões, rins, retina e cabeças femoral e umeral.
- Pacientes que têm um gene Hb S e um gene Hb C possuem a doença da hemoglobina SC, geralmente associada à anemia mais leve, poucos episódios dolorosos e menos lesões orgânicas crônicas do que aquelas observadas na HbSS.
- Pacientes com um gene para Hb S e um gene com uma mutação para β-talassemia, têm talassemia $HbS\beta^-$ ou $HbS\beta^+$. A talassemia $HbS\beta^-$ se assemelha clinicamente à HbSS em gravidade, mas a talassemia $HbS\beta^+$ normalmente é menos grave. O volume corpuscular médio é baixo, refletindo o componente talassêmico.

Powars DR, Chan LS, Hiti A, et al: Outcome of sickle cell anemia: A 4-decade observational study of 1056 patients. Medicine (Baltimore) 84:363, 2005.

3. O traço falciforme é o mesmo que doença falciforme?

Não. As pessoas que carregam um gene Hb S e um gene normal têm o traço falciforme (HbAS). Elas não têm os sinais ou sintomas clássicos da doença falciforme e apresentam um quadro hematológico completamente normal. Contudo, podem apresentar alterações no mecanismo de concentração da urina, hematúria ocasional, necrose papilar e menos comumente, infarto esplênico (quando em áreas de maior altitude).

Lane PA, Githens JH: Splenic crises at mountain altitudes in sickle cell trait. Its occurrence in nonblack persons. JAMA 253:2251-2254, 1985.

4. Como a doença falciforme é diagnosticada?

A doença falciforme é diagnosticada pela eletroforese da hemoglobina. Devido a diferenças nas cargas, a Hb S e outras hemoglobinas anormais migram de forma diferente da Hb A normal. O "teste de afoiçamento", que detecta a presença de hemoglobina S, não distingue entre o traço falciforme (AS), a anemia falciforme (HbSS), a doença da hemoglobina SC, talassemia $HbS\beta^-$ ou a talassemia $HbS\beta^+$ porque não quantifica a quantidade de hemoglobina falciforme ou detecta outras hemoglobinas anormais.

National Institutes of Health: The Management of Sickle Cell Disease, 4th ed. Bethesda, MD, National Institutes of Health, National Heart, Lung, and Blood Institute, 2002.

5. O que é a crise dolorosa falciforme?

A crise dolorosa, frequentemente caracterizada por dor nas costas, abdome ou extremidades, representa a oclusão vascular aguda que pode ser ocasionada por muitos fatores fisiopatológicos, incluindo adesão das hemácias, inflamação, lesão endotelial e vasoconstrição. As crises podem ser predispostas por extremos de temperatura, exercícios extenuantes e infecção; a desidratação pode ocorrer com facilidade devido à pobre ingestão oral ou a perdas excessivas de líquidos em função da alteração no mecanismo de concentração da urina induzida por isquemia crônica da medula renal. Mesmo sob intensa avaliação, nem sempre o evento precipitante de algumas crises pode ser determinado.

6. Que tipo de avaliação deve ser feita em pacientes que apresentam a crise dolorosa falciforme?

A avaliação deve incluir a história completa e um exame físico minucioso atento aos possíveis sítios de infecção. Estudos laboratoriais devem incluir um hemograma completo com contagem de reticulócitos para confirmar a produção de hemácias em resposta a destruição aumentada. Deve-se realizar também uma bioquímica para determinar a função hepática e renal basal. Em caso de febre, solicita-se culturas de urina, escarro e sangue, seguidas por cobertura antibiótica empírica. Uma radiografia do tórax é útil em pacientes com hipóxia, histórico de doença pulmonar ou sinais/sintomas pulmonares.

7. Quais são as infecções comuns na doença falciforme?

Como a maioria dos pacientes com anemia falciforme (HbSS) e talassemia HbSβ^0 apresenta um baço disfuncionante aos três ou quatro anos de idade, eles são suscetíveis aos organismos encapsulados, incluindo *Haemophilus influenzae*, *Streptococcus pneumoniae* e *Neisseria meningitidis*. A pielonefrite também é comum e pode estar associada à bacteremia. A osteomielite também pode se desenvolver e é mais comumente causada por estafilococos, embora a incidência da osteomielite causada por *Salmonella* sp. seja maior em pacientes falciformes (quando comparados a outros pacientes).

8. Como tratamos as crises dolorosas falciformes?

A abordagem comum para a crise dolorosa inclui líquidos IV e orais para atingir e manter a hidratação adequada (mas não excessiva). A suplementação de oxigênio é fornecida caso exista hipóxia, o que pode precipitar a adesão e o afoiçamento das hemácias. Os analgésicos parenterais, geralmente sulfato de morfina, são administrados intravenosamente num esquema fixo (não "quando necessário"), até que a dor diminua o suficiente para permitir o uso de analgésicos orais. A evidência de infecção (resultados positivos da análise da urina ou de culturas) indica tratamento adequado e, em caso de febre, recomenda-se o emprego de antibióticos IV empíricos. A terapia com transfusão não é indicada para eventos dolorosos não complicados ou reduções leves na hemoglobina caso não haja lesão orgânica aguda.

Ballas S: Pain management of sickle cell disease. Hematol Oncol Clin North Am 19:785-802, 2005.

9. Defina a síndrome torácica aguda (STA).

A STA é caracterizada por dor torácica, febre, hipóxia progressiva e, por fim, desenvolvimento de infiltrados pulmonares – identificados na radiografia do tórax –, associados ao aumento da permeabilidade vascular e à isquemia pulmonar decorrente da presença de hemácias falciformes e/ou aderentes. Em crianças, a STA é mais associada à infecção; já nos adultos, aos êmbolos de gordura. A embolia pulmonar (não relacionada à doença falciforme) pode ser uma consideração apropriada; se presente, deve ser tratada com anticoagulantes. De outra forma, os anticoagulantes não demonstraram ser eficazes na terapia para a STA. O tratamento pode envolver a transfusão de hemácias, simples ou de troca (veja as questões 12 e 14). Como frequentemente é difícil diferenciar entre um quadro de agravamento de pneumonia e a STA, recomenda-se administração de antibióticos IV.

Vichinsky EP, Neumayr L, Earles A, et al: Causes and outcomes of the acute chest syndrome in sickle cell disease. National Acute Chest Syndrome Study Group. N Engl J Med 342:1855-1865, 2000.

10. O que é crise aplástica?

A crise aplástica é caracterizada por uma rápida queda nos níveis de hemoglobina associada à ausência ou presença de poucos reticulócitos, indicando falha da medula óssea em responder à maior necessidade de renovação celular. Em alguns pacientes com quadro de anemia hemolítica crônica, pode haver deficiência de ácido fólico, a menos que seja fornecida suplementação do mesmo. O parvovírus (B19) é associado à supressão da medula óssea e subsequente crise aplástica; outras infecções virais ou infecções bacterianas graves também podem suprimir a medula óssea. O tratamento da crise aplástica pode ser necessário quando o nível de hematócrito se tornar perigosamente baixo. O paciente deve receber concentrados de hemácias para sustentar um hematócrito adequado até que a supressão da medula óssea esteja resolvida, o ácido fólico seja reposto e a contagem de reticulócitos melhore.

11. O que é sequestro esplênico?

O sequestro esplênico é caracterizado pelo aumento rápido e doloroso do baço, com queda rápida do nível de hemoglobina e, ocasionalmente das plaquetas, devido ao afoiçamento e acúmulo intravascular repentino de sangue no baço. O sequestro esplênico é uma causa significativa de morbidade em crianças jovens, mas geralmente não ocorre em adultos com HbSS ou talassemia HbSβ^0, pois o infarto esplênico acontece entre 3 e 4 anos de idade. Contudo, na doença da hemoglobina SC ou na talassemia HbSβ^+ – como a doença é menos grave –, a função esplênica pode ser preservada até a fase adulta. Em adultos, o sequestro é relativamente mais leve, com uma queda de apenas 1-2 g/dL no nível de hemoglobina; a transfusão dificilmente é requerida. Entretanto, em raras ocasiões, o baço pode se tornar tão grande e/ou necrótico que a esplenectomia se torna necessária.

12. Que complicações cerebrovasculares podem ocorrer na doença falciforme?

O acidente vascular cerebral trombótico afeta de 6% a 12% das crianças e adolescentes com anemia falciforme (HbSS) ou com talassemia HbSβ^-. Estes acidentes vasculares geralmente são consequentes à doença de grandes vasos, que pode ser visualizada através de angiografia por ressonância magnética e detectada pelo Doppler transcraniano. O controle agudo envolve a transfusão de troca das hemácias para remover as hemácias falciformes e aumentar a capacidade de transporte de oxigênio. As transfusões simples não são recomendadas, pois a viscosidade sanguínea pode aumentar em função da elevação do hematócrito, caso as células falciformes não sejam removidas. Os anticonvulsivantes algumas vezes se fazem necessários por causa das convulsões que podem ocorrer durante o infarto agudo. Os adultos tendem a ter acidentes vasculares cerebrais hemorrágicos, os quais podem estar associados a aneurismas e malformações de *moyamoya*; também podem ocorrer acidentes vasculares cerebrais trombóticos.

Ohene-Frempong K, Weiner S, Sleeper LA, et al: Cerebrovascular accidents in sickle cell disease: Rates and risk factors. Blood 91:288-294, 1998.

13. Que outras complicações podem se desenvolver na doença falciforme?

A síndrome da falência de múltiplos órgãos, caracterizada por falência aguda pulmonar, hepática e renal ocasionada pela oclusão vascular difusa, pode acontecer, mas ser rapidamente revertida através de transfusão simples ou de troca. A hipertensão pulmonar, provavelmente relacionada à lesão pulmonar crônica consequente às hemácias falciformes, é uma das principais causas de morte de adultos com a doença falciforme; os pacientes podem manifestar insuficiência cardíaca direita, arritmias e outras complicações agudas associadas. A doença renal crônica, que ocorre em 10% dos pacientes adultos, pode ser subestimada pelos valores de creatinina sérica e ser exacerbada durante agudizações ou por intervenções (p. ex., uso de contraste). Pode haver também afoiçamento intra-hepático, com rápido aumento das enzimas hepáticas, queda na hemoglobina devido ao sequestro no fígado e, em casos graves, aumento extremo no nível de bilirrubina conjugada e no tempo de protrombina. Mais comumente, a doença hepática crônica ocasionada por sobrecarga de ferro e/ou hepatite C, contraída em transfusão prévia, pode ser exacerbada durante descompensações agudas da doença. Cálculos biliares são comuns devido à hiperbilirrubinemia crônica e podem causar colecistite aguda ou obstrução do ducto biliar comum. O priapismo sustentado requer intervenção urológica imediata. O infarto agudo do miocárdio não é mais comum em pacientes com a doença falciforme do que na população geral.

Ataga K, Orringer E: Renal abnormalities in sickle cell disease. Am J Hematol 63:205-211, 2000.

Hassell KL, Eckman JR, Lane PA: Acute multiorgan failure syndrome: A potentially catastrophic complication of severe sickle cell pain episodes. Am J Med 96:155-162, 1994.

Machado RF, Gladwin MT: Chronic sickle cell lung disease: New insights into the diagnosis, pathogenesis and treatment of pulmonary hypertension. Br J Haematol 129:449-464, 2005.

Scheinman JI: Sickle cell disease and the kidney. Semin Nephrol 23:66-76, 2003.

Tsironi M, Aessopos A: The heart in sickle cell disease. Acta Cardiol 60:589-598, 2005.

PONTOS-CHAVE: MANIFESTAÇÕES AGUDAS GRAVES NA DOENÇA FALCIFORME ✓

1. A síndrome torácica aguda, que se assemelha ao edema pulmonar não cardiogênico, é uma causa potencial de complicações na doença falciforme.
2. A síndrome da falência múltipla de órgãos ocasionada pela oclusão vascular difusa é outra possível causa.
3. A doença pode complicar com exacerbação da hipertensão pulmonar crônica com falência cardíaca direita.
4. A exacerbação da insuficiência renal crônica, mesmo com níveis de creatinina sérica aparentemente normais, é outra complicação.
5. Os pacientes com a doença falciforme podem adoecer devido à descompensação da doença hepática crônica causada por sobrecarga transfusional de ferro.
6. A sepse associada à pneumonia ou pielonefrite também pode causar doença nessa população.

14. Quais são os riscos associados às cirurgias em pacientes com a doença falciforme?

Os pacientes com anemia falciforme (HbSS) ou HbSβ^0 que são submetidos à anestesia geral têm maior risco de desenvolvimento de crise dolorosa aguda e STA. Em um ensaio randomizado, a terapia com transfusão simples –, que tinha como objetivo reduzir a porcentagem de hemoglobina falciforme para 60% –, foi tão eficaz quanto a transfusão de troca (com < 30% HbS) na prevenção das complicações perioperatórias na anemia falciforme. Os pacientes devem ser cuidadosamente monitorados quanto à hipóxia para evitar a precipitação de episódios vaso-oclusivos agudos. Também é muito importante manter a hidratação adequada.

Vichinsky EP, Haberkern CM, Neumayr L, et al: A comparison of conservative and aggressive transfusion regimens in the perioperative management of sickle cell disease. The Preoperative Transfusion in Sickle Cell Disease Study Group. N Engl J Med 333:206, 1995.

15. Discuta o papel da transfusão na doença falciforme.

Transfusões de concentrados de hemácias são indicadas nos quadros de anemia grave com instabilidade hemodinâmica, hipóxia grave ou lesão orgânica aguda. O hematócrito final após a transfusão não deve exceder um valor > 30%, pois a viscosidade sanguínea aumentará com valores mais altos. Em pacientes com um hematócrito basal > 30%, a terapia transfusional deve resultar no retorno ao nível basal de hematócrito. Se houver o desenvolvimento de eventos com risco de morte, tais como acidente vascular cerebral agudo, STA ou síndrome de falência múltipla de órgãos, deve-se considerar a transfusão de hemácias de troca, especialmente se o hematócrito não tiver caído significativamente para valores abaixo dos basais. Pode-se usar um instrumento de aférese para o procedimento de troca automatizado, empregando-se um cateter de diálise de duplo lúmen. Alternativamente, remove-se alíquotas de sangue por meio de uma linha arterial ou venosa e depois repõe-se com sangue total ou concentrado de hemácias. Em todos os casos, deve-se fazer esforço para compatibilizar as unidades transfundidas com os antígenos eritrocitários do paciente (ou seja, pesquisa de anticorpos irregulares); já que pacientes com doença falciforme tendem a desenvolver múltiplos alo-anticorpos, o que dificulta uma futura prova cruzada.

16. Discuta o papel da hidroxiureia (Hydrea®) no tratamento da doença falciforme.

Em alguns pacientes com doença falciforme, há produção persistente de hemoglobina fetal (Hb F). Estes indivíduos apresentam uma forma mais leve da doença falciforme. A terapia com hidroxiureia está associada a uma produção aumentada de hemoglobina F nesses pacientes. Um ensaio placebo-controlado sobre uso da hidroxiureia em adultos com anemia falciforme grave (HbSS) ou talassemia $HbS\beta^{-}$, demonstrou uma redução de 50% nos eventos de dor, de STA e também redução da mortalidade. Contudo, não ofereceu proteção contra o acidente vascular cerebral ou lesão crônica dos órgãos, nem apresentou benefícios no tratamento de outras formas da doença falciforme.

Charache S, Terrin ML, Moore RD, et al: Effect of hydroxyurea on the frequency of painful crises in sickle cell anemia. Investigators of the Multicenter Study of Hydroxyurea in Sickle Cell Anemia. N Engl J Med 332:1317-1322, 1995.

Steinberg MH, Barton F, Castro O, et al: Effect of hydroxyurea on mortality and morbidity in adult sickle cell anemia: Risks and benefits up to 9 years of treatment. JAMA 289:1645-1651, 2003.

CONTROVÉRSIAS

17. Os valores da oximetria de pulso nos pacientes com doença falciforme são confiáveis?

A determinação acurada da oxigenação em pacientes com doença falciforme pode ser difícil. A oximetria de pulso pode estar alterada em ± 4% comparada à medida da saturação de oxigênio feita por análise dos gases sanguíneos, especialmente naqueles com níveis de hemoglobina < 11 g/dl. Se houver dúvida sobre a hipóxia, indica-se a realização da gasometria arterial com medida direta da PO_2.

Comber JT, Lopez BL: Evaluation of pulse oximetry in sickle cell anemia patients presenting to the emergency department in acute vasooclussive crisis. Am J Emerg Med 14:16-18, 1996.

18. Qual é o papel do transplante de medula óssea no tratamento da doença falciforme?

O transplante de medula óssea alogênico usando medula óssea ou de sangue de cordão umbilical compatível tem sido realizado com sucesso em crianças com doença falciforme grave. A seleção apropriada dos candidatos para o transplante, a aplicação em pacientes adultos e o papel de doadores não-relacionados ou do transplante minialogênico ainda devem ser determinados.

Iannone R, Ohene-Frempong K, Fuchs EJ, et al: Bone marrow transplantation for sickle cell anemia: Progress and prospects. Pediatr Blood Cancer 44:436-440, 2005.

CAPÍTULO 57

EMERGÊNCIAS ONCOLÓGICAS (INCLUINDO HIPERCALCEMIA)

Deborah R. Cook, MD e William Eng Lee, MD

1. Liste as emergências oncológicas importantes.

- Compressão da medula espinhal.
- Hipercalcemia.
- Metástases cerebrais.
- Lise tumoral.
- Neutropenia febril.
- Efusão pericárdica maligna.
- Síndrome da veia cava superior (VCS).

2. Por que é importante identificar e tratar rapidamente a compressão da medula espinal?

Na maioria dos casos, as alterações neurológicas presentes no momento do diagnóstico não podem ser revertidas, porém o tratamento rápido é necessário para prevenir perdas adicionais de função.

3. Quais são as características clínicas comuns da compressão da medula espinal?

A dor nas costas geralmente precede a fraqueza motora, que tende a anteceder as alterações sensoriais e a disfunção do esfíncter. A dor, frequentemente está presente por 4-6 semanas antes do diagnóstico e é caracteristicamente pior durante o decúbito.

4. Quais cânceres normalmente causam a compressão da medula espinal?

Os cânceres de próstata, mama e pulmão respondem por mais de 60%. O linfoma não-Hodgkin, o mieloma múltiplo e o câncer de rim respondem, cada um, por 5% a 10% adicionais.

5. Qual estudo por imagem é utilizado para diagnosticar a compressão da medula espinal?

A imagem por ressonância magnética (IRM). A IRM e a mielotomografia computadorizada são superiores às radiografias convencionais, à cintilografia óssea e à tomografia computadorizada (TC) como métodos de diagnóstico por imagem. As vantagens da IRM incluem:

- A possibilidade de observação de todo o saco tecal, independentemente do bloqueio espinal.
- A IRM não é contraindicada em pacientes com grandes metástases cerebrais, trombocitopenia ou coagulopatia.
- É menos invasiva do que a mielografia.

6. Discuta as opções de tratamento para a compressão da medula espinal.

- **Corticosteroides:** A administração deve começar imediatamente, a fim de reduzir a dor e melhorar os sintomas neurológicos. A dexametasona (16-96 mg diários em doses divididas) é aceitável. Doses mais altas não mostraram efeitos adicionais e aumentaram os riscos de complicações.
- **Radiação:** A radiação previne o crescimento adicional do tumor e os danos neurológicos. Esse tratamento geralmente produz efeitos adversos mínimos.
- **Cirurgia:** Sabe-se que a cirurgia descompressiva direta associada à radioterapia pós-operatória é superior ao tratamento apenas com a radioterapia isolada. No entanto, os estudos incluíram populações de pacientes muito específicas (ou seja, aptas a passar pela cirurgia, com sobrevivência esperada de três meses e somente com uma única área de compressão medular metastática).

Patchell RA, Tibbs PA, Regine WF, et al: Direct decompressive surgical resection in the treatment of spinal cord compression caused by metastatic cancer: A randomised trial. Lancet 366:643-648, 2005.

7. Liste os três tipos principais de hipercalcemia e os cânceres aos quais eles estão associados.

Ver Tabela 57-1.

TABELA 57-1. TRÊS TIPOS PRINCIPAIS DE HIPERCALCEMIA

Tipo	Causa	Frequência	Cânceres
Humoral	Proteína relacionada ao PTH	80%	CPNPC, cervical, esofágico, cabeça e pescoço e renal
Osteolítica	Citocinas, PTHrP	20%	Mama, mieloma e LNH
Calcitriol	Secreção de 1,25(OH)2D	<1%	Linfomas

PTHrP = proteína relacionada ao paratormônio, CPNPC = câncer pulmonar não-pequenas células, LNH = linfoma não-Hodgkin, 1,25(OH)2D = 1,25 dihidroxivitamina D.

8. Liste as terapias disponíveis para a hipercalcemia.

- Uma opção é a hidratação IV com salina isotônica (200-500 mL/h exceto na presença de doenças cardíacas e renais).
- Diuréticos de alça, tais como a furosemida, acentuam os efeitos calciúricos da expansão volêmica. Os diuréticos tiazídicos são *absolutamente contraindicados* porque aumentam a reabsorção tubular distal de cálcio.
- Os bifosfonatos, tais como o pamidronato e o zoledronato, bloqueiam a reabsorção osteoclástica do osso. A administração dessas drogas deve ser iniciada precocemente porque elas levam de 2-4 dias para gerar uma resposta significativa.
- A calcitonina inibe a reabsorção óssea e aumenta a excreção renal de cálcio. Sua ação se inicia rapidamente, mas tem curta duração.
- A reposição oral de fosfato para níveis baixos de fósforo irá aumentar a eficácia dos tratamentos discutidos previamente.

Stewart A: Hypercalcemia associated with cancer. N Engl J Med 352:373-379, 2005.

9. O que aumenta e o que diminui na síndrome de lise tumoral?

Aumenta	**Diminui**
Potássio	Cálcio
Ácido úrico	
Fósforo	
Ureia	

10. Quais são os fatores de risco para a síndrome de lise tumoral?

Os fatores de risco incluem tumores que se dividem rapidamente, grande carga tumoral e tumores altamente responsivos à quimioterapia. Os exemplos incluem a leucemia linfoblástica aguda, o linfoma de Burkitt, a leucemia mieloide aguda e o mieloma múltiplo. Outros fatores predisponentes são a desidratação, a uropatia obstrutiva, a insuficiência renal e níveis aumentados de lactato desidrogenase ou de ácido úrico antes do início da quimioterapia.

11. Descreva o tratamento da síndrome de lise tumoral.

O melhor tratamento é a prevenção. Pacientes com risco de síndrome de lise tumoral devem ser pré-tratados com alopurinol e hidratação IV para manter um alto débito urinário. Se os níveis de ácido úrico estiverem muito altos, usa-se urato oxidase (rasburicase) para quebrar o ácido úrico em alantoína, a qual é muito mais solúvel na urina. É necessário monitoramento frequente dos níveis de ureia, creatinina, ácido úrico, cálcio, fosfato e potássio a fim de detectar precocemente as anormalidades metabólicas.

Cairo M, Bishop M: Tumour lysis syndrome: New therapeutic strategies and classification. Br J Haematol 127:3-11, 2004.

12. Quais são os fatores predisponentes para a infecção em pacientes com câncer?

Os pacientes com câncer são "hospedeiros comprometidos" sob risco de infecção devido à malignidade subjacente e resultante da terapia antineoplásica. Os fatores de risco para infecção incluem defeitos na imunidade humoral e celular, ruptura da integridade da pele e da mucosa, obstrução relacionada a tumor, granulocitopenia e procedimentos iatrogênicos.

13. Qual é a principal fonte de infecção?

A flora endógena do paciente.

14. Descreva a avaliação de pacientes febris e neutropênicos.

A história clínica e o exame físico devem incluir a avaliação cuidadosa de todas as potenciais portas de entrada epiteliais e mucosas. Os seios paranasais, a cavidade oral e as áreas perirretais são fontes importantes de infecção em pacientes neutropênicos. Qualquer cateter venoso permanente deve ser inspecionado e palpado. A avaliação laboratorial deve incluir coloração pelo Gram e culturas de sangue, urina, escarro, garganta, fezes e outros fluidos disponíveis. Deve-se realizar uma punção lombar se houver suspeita de infecção do sistema nervoso central. Além disso, quando for clinicamente indicado, recomenda-se a obtenção de radiografias de tórax, assim como avaliação radiológica dos seios paranasais, do abdome e de outros locais.

15. Descreva o tratamento para febre em pacientes com neutropenia.

Após a obtenção das culturas, deve-se iniciar imediatamente uma cobertura empírica com antibióticos de amplo espectro. A terapia será guiada pelos patógenos predominantes na instituição e pelo padrão de resistência. A vancomicina somente deve ser adicionada aos esquemas empíricos se bactérias gram-positivas forem causas comuns de infecções graves, se houver grande suspeita de infecção relacionada a cateteres, se o paciente estiver colonizado com cepas resistentes de pneumococos ou *Staphylococcus aureus*, se a hemocultura for positiva para organismos gram-positivos ou se houver evidência de sepse. Os esquemas empíricos iniciais aceitáveis estão listados na Tabela 57-2.

Crawford J, Dale DC, Lyman GH: Chemotherapy-induced neutropenia: Risks, consequences, and new directions for its management. Cancer 100:228-327, 2004.

Hughes WT, Armstrong D, Bodey GP, et al: 2002 guidelines for theuse of antimicrobial agents in neutropenic patients with cancer. Clin Infect Dis 34:730-751, 2002.

TABELA 57-2. TERAPIA INICIAL PARA FEBRE EM PACIENTE COM NEUTROPENIA

Monoterapia	Combinação de Duas Drogas
Cefepima	Aminoglicosídeo associado à
Ceftazidima	Penicilina antipseudomonas *ou*
Imipenem-cilastatina ou meropenem	Cefepima *ou*
Piperacilina-tazobactam	Ceftazidima *ou*
	Cabapenêmico
	Ciprofloxacino associado à
	Piperacilina-tazobactam

16. **Quais são as características clínicas mais comuns da efusão pericárdica maligna?**

Dispneia de início súbito, ortopneia, tosse, desconforto torácico, distensão venosa jugular, hepatomegalia e edema. Os sintomas podem ser mínimos se a efusão se desenvolver lentamente.

17. **Quais são os cânceres que mais comumente envolvem o pericárdio?**

Os carcinomas de pulmão e mama, os melanomas e os linfomas.

18. **Qual é o tratamento para a efusão pericárdica maligna?**

- **Pericardiocentese:** Se realizada imediatamente, pode evitar a morte do paciente, assim como servir de diagnóstico.
- **Quimioterapia e radiação:** Este tratamento é mais eficaz nos cânceres sensíveis.
- **Instilação intrapericárdica:** O uso de agentes esclerosantes, tais como a tetraciclina, bleomicina, OK-432, tiotepa e cisplastina, pode prevenir um novo acúmulo da efusão.
- **Cateteres pericárdicos permanentes:** Estes podem ser instalados com anestesia local e estão associados a taxas de morbidade mais baixas.
- **Pericardiotomia com balão:** Este tratamento pode ser realizado em laboratórios de cateterização cardíaca sob fluoroscopia.
- **Cirurgia:** Esta modalidade envolve a criação cirúrgica de uma janela pericárdica ou pericardiectomia.

Karam N, Patel P, de Filippi C: Diagnosis and management of chronic pericardial effusions. Am J Med Sci 322:79-87, 2001.

19. **As metástases cerebrais normalmente se originam de que tipos de cânceres?**

Cânceres de pulmão, mama, melanoma e rim.

20. **Quais sintomas neurológicos agudos são indicativos de metástases cerebrais?**

Cefaleia, alteração cognitiva, déficit neurológico focal e convulsões.

PONTOS-CHAVE: METÁSTASES CEREBRAIS E COMPRESSÃO DA MEDULA ESPINAL ✓

1. Inicie a administração de corticosteroides imediatamente.
2. A IRM é o exame de imagem de escolha.
3. A radioterapia sempre fará parte do plano de tratamento.

21. **Quais estudos de imagem servem para o diagnóstico? Quais são os achados característicos?**

A IRM com gadolíneo é mais sensível do que a TC com contraste. Os achados típicos são múltiplas lesões arredondadas com reforço após contraste e edema.

22. **Quais são as opções de tratamento?**

- **Corticosteroides:** A administração de corticosteroides deve ser iniciada imediatamente para diminuir o edema cerebral.
- **Anticonvulsivantes:** Use *somente* em pacientes que apresentarem convulsões, não como profilaxia.
- **Cirurgia:** Reservada para metástases únicas, grandes e acessíveis que causem hidrocéfalo obstrutivo significativo.
- **Radioterapia de todo o cérebro (RTC):** Amplamente disponível, é a principal terapia para metástases múltiplas.

- **Radiocirurgia estereostática:** Uma única e alta dose de radiação, usando múltiplas fontes de cobalto ou um acelerador linear, normalmente é usada em pacientes com quatro ou menos lesões cerebrais com < 3 cm de tamanho. Nesse casos, quando combinada à RTC, a radiocirurgia estereostática melhora o controle da doença cerebral e, em alguns casos, a sobrevida total, mais do que somente adotando-se a RTC isolada.
- **Quimioterapia:** A quimioterapia é limitada pela barreira hematoencefálica, mas pode ser eficaz como terapia única em cânceres quimiossensíveis, tais como os cânceres pulmonares de pequenas células ou cânceres de células germinativas.

Andrews DW, Scott CB, Sperduto PW, et al: Whole brain radiation therapy with or without stereotactic radiosurgery boost for patients with one to three brain metastases: Phase III results of the RTOG9508 randomized trial. Lancet 363(9422):1665-1672, 2004.

Soffietti R, Ruda R, Mitani R: Management of brain metastases. J Neurol 249:1357-1369, 2002.

23. Quais são as manifestações clínicas da síndrome VCS?

O sintoma mais comum é a dispneia. Os pacientes também podem reclamar de edema facial, plenitude na cabeça, tosse e pletora facial. Os achados físicos incluem, mais frequentemente, distensão das veias do pescoço e das veias superficiais da parede torácica e edema facial.

24. O que causa a síndrome VCS?

Os tumores malignos causam mais de 85% dos casos de síndrome VCS. A infecção e os trombos (frequentemente de cateteres venosos centrais) respondem pela maioria restante. O câncer de pulmão e o linfoma são as causas malignas mais comuns. Curiosamente, quase 60% dos pacientes diagnosticados com a síndrome VCS ainda não foram diagnosticados para câncer.

25. Como tratamos a síndrome VCS?

Um modo rápido de abrandar os sintomas é com um stent intraluminal. Isto vem sendo usado mais frequentemente como um tratamento inicial enquanto se busca a etiologia subjacente. O diagnóstico acurado da causa da síndrome VCS é importante para determinar a adoção do tratamento – radiação *versus* quimioterapia. Os linfomas não-Hodgkin, os cânceres de células germinativas e os cânceres pulmonares de pequenas células respondem muito bem à quimioterapia. Por outro lado, cânceres pulmonares não-pequenas células podem responder à quimioterapia ou à radiação.

Rowel INP, Gleeson FV: Steroids, radiotherapy, chemo therapy and stents for superior vena caval obstruction in carcinoma of the bronchus: A systematic review. Clin Oncol 14:338-351, 2002.

CAPÍTULO 58

DOENÇAS REUMATOLÓGICAS NA UNIDADE DE TERAPIA INTENSIVA

Danny C. Williams, MD

1. Qual é o diagnóstico diferencial da artrite inflamatória aguda na unidade de terapia intensiva?

Ver Tabela 58-1.

Harris ED, Budd RC, Genovese MC, et al (eds): Kelly's Textbook of Rheumatology, 7th. Philadelphia, W.B. Saunders, 2005.

TABELA 58-1. DIAGNÓSTICO DIFERENCIAL DA ARTRITE INFLAMATÓRIA AGUDA

Monoartrite (Articulação Única)*	Poliartrite (Múltiplas Articulações)*
Artrite séptica	Endocardite infecciosa
Artrite por cristais	Artrite viral
Artrite traumática	Artrite gonocócica
Hemartrose	Artrite reativa
Osteonecrose	Artrite reumatoide
Articulação protética séptica	Lúpus eritematoso sistêmico
Articulação neuropática	Artrite enteropática
Sinovite por injeção de corticosteroide	Artrite psoriásica
Infecção iatrogênica	Vasculite sistêmica
	Doença do soro
	Doença falciforme
	Câncer
	Sarcoidose

* A classificação destas desordens pelo número de articulações envolvidas reflete o padrão mais comum de apresentação clínica.

2. Na avaliação da dor articular, quais aspectos no exame físico podem diferenciar a artrite inflamatória da bursite, tendinite ou celulite?

Ver Tabela 58-2.

Polly HF, Hunder GG: Rheumatologic Interviewing and Physical Examination of the Joints, 2th. Philadelphia, W.B. Saunders, 1978.

TABELA 58-2. ASPECTOS DO EXAME FÍSICO QUE DIFERENCIAM ARTRITE, BURSITE, TENDINITE E CELULITE

Aspecto*	Artrite	Bursite	Tendinite	Celulite
Eritema	Frequentemente	Frequentemente	Raramente	Sempre
Calor	Frequentemente	Frequentemente	Raramente	Sempre
Edema	Global	Focal	Linear	Focal
Dor subjetiva	Global	Focal	Focal	Focal
Fragilidade da linha articular	Sempre	Nenhuma	Nenhuma	Nenhuma
Dor pelo estresse articular	Sempre	Nenhuma	Nenhuma	Nenhuma
Deformidade à flexão articular	Frequentemente	Raramente	Raramente	Nenhuma
Perda da amplitude	Global	Parcial	Parcial	Nenhuma
Amplitude ativa do movimento	Limitada	Limitada	Limitada	Normal
Amplitude passiva do movimento	Limitada	Normal	Normal	Normal
Efusão	Frequentemente	Frequentemente	Raramente	Nenhuma
Crepitação	Frequentemente	Raramente	Raramente	Raramente
Sensibilidade das dobras cutâneas	Raramente	Raramente	Raramente	Sempre

*Na ausência de antiinflamatórios não-esteroidais ou de corticosteroides.
Advertência: A artrite, a bursite, a tendinite e a celulite podem coexistir no mesmo paciente.

PONTOS-CHAVE: MELHORES INDICADORES DE ARTRITE INFLAMATÓRIA NO EXAME FÍSICO ✓

1. Calor, com ou sem eritema.
2. Uma cápsula articular distendida, com ou sem efusão.
3. Uma linha articular frágil.
4. Limitação da amplitude de movimento ativo e passivo.
5. Dor articular global induzida por estresse articular.

3. Quais são as indicações de artrocentese?

Ver Tabela 58-3.

4. Como se realiza a artrocentese do joelho (Fig. 58-1)?

O joelho é um alvo frequente de artrite na unidade de terapia intensiva, portanto a proficiência na artrocentese do joelho é essencial. O espaço articular pode ser acessado em um dos seis pontos que circunscrevem a patela. Visualizar a patela como um mostrador de relógio é útil. As grandes efusões do compartimento suprapatelar devem ser aspiradas na posição de onze ou uma hora, com o joelho em leve flexão. Se for usada a abordagem lateral ou medial (oito ou quatro horas), a compressão simultânea do compartimento suprapatelar pode aumentar a coleta

TABELA 58-3. INDICAÇÕES DE ARTROCENTESE

Diagnóstica	Terapêutica
Artrite séptica*	Drenagem do pus
Artrite por cristais	Reduzir a quantidade de cristais
Hemartrose	Remoção do sangue
Artrite inflamatória *versus* não-inflamatória	Dor articular induzida por efusão
	Prejuízo funcional induzido por efusão
	Injeção de corticosteroide

*A consideração primária para realizar qualquer punção articular é excluir a infecção como causa da artrite. Uma artrite séptica não diagnosticada pode conduzir à destruição articular rápida (2-14 dias) e irreversível, além de fornecer um reservatório para a disseminação sistêmica da infecção em pacientes críticos.

do líquido sinovial. A abordagem inferior (sete ou cinco horas) é realizada com o joelho fletido a 90°. A "chave para o joelho" é posicionar a agulha embaixo de uma patela "relaxada". As orientações gerais são as seguintes:

- Entrar onde a cápsula articular pareça distendida ao máximo.
- Marcar o sítio de entrada na pele com a ponta retraída de uma caneta esferográfica.
- Preparar e manter um campo estéril.
- Usar anestésico local em quantidade suficiente (p. ex., lidocaína a 1% sem adrenalina).
- Usar uma agulha longa de calibre 18-Gauge ou 21-Gauge (calibre maior para efusões grandes ou viscosas).
- Evitar penetrar a pele anormal (p. ex., celulite) ao puncionar uma articulação.
- Corrigir as diáteses hemorrágicas antes da artrocentese, se possível.
- Aspirar continuamente do ponto de entrada até a efusão.
- Se o fluxo for obstruído, puxar a seringa de volta levemente e girá-la 90°.
- Drenar completamente a articulação.

5. Quais estudos são essenciais na análise do líquido sinovial?

Os três Cs: cultura, contagem celular e cristais.

- **Cultura e coloração pelo Gram:** A infecção é a questão diagnóstica mais importante na artrite aguda. A coloração pelo Gram e a cultura devem ser realizadas de rotina em todas as amostras de líquido sinovial, incluindo aquelas de pacientes com doença reumática conhecida. Um resultado positivo da coloração pelo Gram pode direcionar a seleção do antibiótico inicial. Além disso, a resposta terapêutica pode ser monitorada através da coloração pelo Gram de amostras seriadas do líquido sinovial. As colorações e culturas especiais (p. ex., micobactérias, fungos e vírus) são reservadas a casos incomuns, tais como um paciente imunocomprometido que apresente monoartrite crônica. A taxa de isolamento de micróbios no líquido sinovial na artrite bacteriana não-gonocócica normalmente excede 95%, em contraste com a artrite gonocócica, na qual o índice de isolamento é de apenas 30%. Na artrite "reativa", organismos viáveis não são isolados; a infecção (p. ex., enterite por *Salmonella*) é extra-articular.
- **Contagem celular e diferencial:** A contagem celular pode revelar a natureza subjacente de uma artrite aguda. As efusões sinoviais são classificadas como não-inflamatórias, inflamatórias ou purulentas (Tabela 58-4). Em geral, um número elevado de leucócitos com predominância de células polimorfonucleares sugere infecção aguda. Contudo, pode existir uma sobreposição considerável entre as contagens celulares "sépticas" e aquelas da artrite cristalina ou de doenças do tecido conjuntivo. Do mesmo modo, a suposição de que a baixa contagem de leucócitos exclui infecção é errônea; deve-se confiar na cultura. Assim como na coloração pelo Gram, a análise seriada da quantidade e do tipo de leucócito pode medir a eficácia terapêutica. A falta de melhora nos parâmetros leucocitários geralmente indica fracasso do tratamento ou uma efusão loculada.

TABELA 58-4. ACHADOS DA CITOMETRIA NA ARTRITE NÃO-INFLAMATÓRIA, INFLAMATÓRIA E PURULENTA

Aspecto	Não-inflamatória	Inflamatória	Purulenta
Leucócitos/mm^2	200-2.000	2.000-75.000	Frequentemente > 100.000
PMNs	< 25%	> 50%	> 75%
Desordem prototípica	Osteoartrite	Artrite reumatoide	Artrite séptica

PMNs = leucócitos polimorfonucleares.

- **Cristais:** A identificação de cristais (p. ex., urato monossódico ou pirofosfato de cálcio) pode ser diagnóstica (ou seja, gota ou pseudogota); contudo, os cristais não excluem a possibilidade de infecção concomitante.

Harris ED, Budd RC, Genovese MC, et al (eds): Kelly`s Textbook of Rheumatology, 7th. Philadelphia, W.B. Saunders, 2005.

6. Descreva a abordagem da artrite séptica aguda.

A artrite séptica aguda na unidade de terapia intensiva ocorre primariamente em pacientes idosos com anormalidades articulares preexistentes (p. ex., artrite, próteses articulares) e doenças crônicas (p. ex., câncer, cirrose, diabetes e falência renal). As fontes extra-articulares de bacteremia, tais como a pele (p. ex., cateteres permanentes, úlceras de decúbito), o trato gastrointestinal, o trato genitourinário, os pulmões e o abuso de drogas IV causam a maioria das infecções articulares. Em raras ocasiões, a artrite séptica pela inoculação bacteriana direta pode ser causada por trauma penetrante, artroscopia, injeções intra-articulares de corticosteroides e osteomielite. A artrite séptica aguda é mais bem conduzida seguindo-se os três Es: estabelecer, erradicar e evacuar.

- **Estabelecer a infecção:** A artrocentese diagnóstica é o procedimento de escolha para identificar o(s) organismo(s) responsável(is) pela artrite séptica. Na maioria dos casos, apenas uma articulação é afetada – geralmente o joelho. Contudo, se o envolvimento poliarticular é evidente, todas as articulações suspeitas devem ser puncionadas a fim de aumentar a probabilidade de identificação de resultados positivos através da coloração pelo Gram e da cultura. O isolamento de organismo(s) infeccioso(s) pode ser aumentado pela injeção direta de um pouco de líquido sinovial em frascos de hemocultura. Em situações raras, pode ser necessário biopsiar a sinóvia para isolar um organismo. As amostras de hemocultura devem ser obtidas *sempre*, assim como culturas de amostras de outros sítios, conforme indicadas pela apresentação clínica. ***Dica:*** O *Staphylococcus aureus* causa a maioria das infecções articulares não-gonocócicas.
- **Erradicar a infecção:** Os aspectos clínicos (p. ex., infecção do trato urinário, pneumonia) e a coloração pelo Gram do líquido sinovial devem direcionar a escolha do antibiótico inicial. Os organismos gram-positivos são tratados com penicilinas resistentes à penicilinase ou cefalosporinas de primeira geração. Se há suspeita da presença de estafilococos resistentes à meticilina (p. ex., na condição de abuso de drogas IV ou hemodiálise), indica-se a vancomicina. Para a cobertura de bactérias gram-negativas, emprega-se as cefalosporinas de terceira geração ou as penicilinas de amplo-espectro – associadas ou não a um aminoglicosídeo ou a quinolonas. Se houver um resultado negativo na coloração pelo Gram, os antibióticos precedentes usados em combinação fornecem a melhor cobertura enquanto são aguardados os resultados da cultura do líquido sinovial. Os resultados da cultura e da sensibilidade devem ditar o esquema final de antibióticos. A maioria das infecções que causam artrite séptica não-gonocócica requer pelo menos duas semanas de antibióticos IV seguidas por 2-4 semanas adicionais de terapia oral. ***Dica:*** Um resultado negativo na coloração pelo Gram ou a presença de cristais gotosos no líquido sinovial não exclui a artrite séptica.
- **Evacuar a infecção:** A presença de bactérias não viáveis ou de antígenos bacterianos dentro de uma

articulação pode provocar uma resposta inflamatória grave o suficiente para causar um dano irreparável. Dessa forma, o emprego de antibióticos apenas não é suficiente no tratamento da artrite séptica. Bactérias e produtos inflamatórios devem ser retirados de uma articulação infectada através de artrocentese seriada, artroscopia ou drenagem cirúrgica aberta. A artrocentese seriada é melhor realizada em paciente "disposto", com uma articulação acessível e não-complicada (Fig. 58-1).

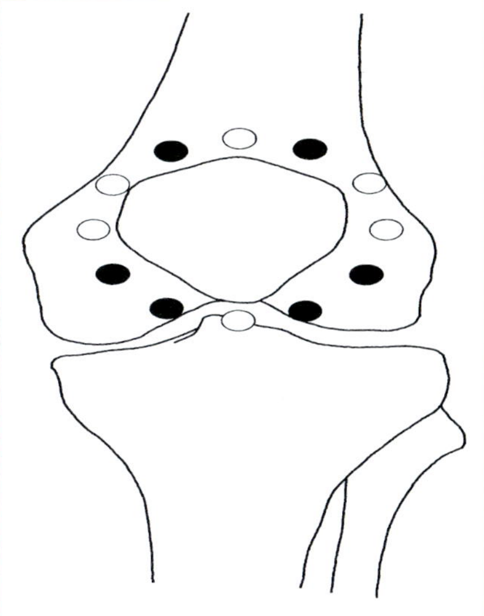

Figura 58-1. Artrocentese do joelho. Os círculos pretos indicam os sítios de punção com agulha.

- **Outras medidas:** Um componente adicional no manejo da artrite séptica é a imobilização da articulação afetada em uma posição neutra durante alguns dias. A imobilização deve ser seguida por exercícios moderados de amplitude de movimentos e de fortalecimento, uma vez que a inflamação articular tenha diminuído. Embora os antiinflamatórios não-esteroidais (AINEs) e os corticosteroides tenham demonstrado reduzir a drenagem articular em modelos animais de artrite séptica, eles ainda não são recomendados no tratamento inicial das infecções articulares em humanos. A administração precoce de medicamentos antiinflamatórios pode ocultar uma infecção em progressão. Geralmente, indica-se radiografias simples da articulação afetada para excluir a osteomielite e como forma de estudo basal da arquitetura articular. Além da demonstração da efusão, as radiografias precoces das articulações sépticas normalmente são destituídas de aspectos diagnósticos.

Espinoza LR (ed): Infectious arthritis. Rheum Dis Clin North Am 24:2, 1998.

7. Qual é o melhor procedimento para "limpar" uma articulação séptica?

Há três opções para evacuar o conteúdo de uma articulação séptica: artrocentese seriada, artroscopia e drenagem cirúrgica aberta. O melhor método permanece controverso e depende de múltiplos fatores, incluindo a viscosidade do líquido sinovial, a virulência bacteriana, a arquitetura articular, a colaboração do paciente e a habilidade do profissional que realiza o procedimento. A aspiração fechada por agulha é um procedimento tradicional para evacuar a infecção das articulações acessíveis e não complicadas. Em geral, a artrocentese e a análise do líquido sinovial são realizadas pelo menos uma vez ao dia durante 4-7 dias, enquanto o paciente está recebendo os antibióticos apropriados. A consulta ao ortopedista é indicada se não houver melhora no exame físico, nos resultados da coloração pelo Gram ou na contagem celular do líquido sinovial. A consulta cirúrgica também deve ser obtida nas seguintes situações:

- Diagnóstico tardio: > 1 semana.
- Artrocentese difícil: líquido sinovial viscoso, carregado de debris.
- Articulações difíceis: quadril, sacroilíaca, ombros, esternoclavicular, pulso.
- Articulações lesadas: artrite, próteses, corpos estranhos, trauma.
- Osteomielite.
- Preferência do paciente.

8. Quais aspectos clínicos, além da artrite, são sugestivos de doença do tecido conjuntivo?

O diagnóstico das desordens do tecido conjuntivo é largamente dependente da história e do exame físico. As investigações laboratoriais (p. ex., anticorpos antinucleares) devem ser realizadas para confirmar um diagnóstico

QUADRO 58-1. ASPECTOS CLÍNICOS QUE PODEM INDICAR UMA DESORDEM SUBJACENTE DO TECIDO CONJUNTIVO

Cardíaco
Arritmias
Pericardite
Doença valvar
Miocardite

Cutâneo
Alopecia
Erupção facial
Livedo *reticularis*
Púrpura palpável
Calcinose
Esclerose
Nódulos subcutâneos
Eritema nodoso
Psoríase
Pioderma

Entérico
Disfagia/refluxo
Má-absorção
Peritonite
Hepatite
Pancreatite
Colite
Infarto intestinal

Genitourinário
Uretrite
Ulceração
Dor testicular
Perda fetal recorrente

Hematológico
Anemia
Hemólise
Leucopenia
Leucocitose
Trombocitose
Trombocitopenia

Linforreticular
Adenopatia
Esplenomegalia

Músculo-esquelético
Artralgia
Deformidade articular
Tenossinovite
Mialgia
Fraqueza muscular

Neurológico
Disfunção cognitiva
Comportamento alterado
Alteração da consciência
Convulsão
Acidente vascular cerebral
Neuropatia periférica
Meningite asséptica

Ocular
Xeroftalmia
Episclerite
Esclerite
Irite
Perda visual

Oral
Xerostomia
Ulceração
Edema de parótida
Telangiectasia

Pulmonar
Pleurite
Pneumonite
Fibrose intersticial
Hemorragia
Hipertensão
Embolia

Renal
Glomerulonefrite
Acidose tubular
Nefrolitíase

Sistêmico
Febre
Fadiga
Caquexia

Vascular
Hipertensão aguda
Fenômeno de Raynaud
Cianose acral
Trombose

de presunção. O Quadro 58-1 lista os aspectos clínicos que podem indicar uma desordem subjacente do tecido conjuntivo, especialmente quando há vários sistemas orgânicos envolvidos simultaneamente.

Hochberg MC, Silman AJ, Smolen JS, et al (eds.): Rheumatology, 3rd. St. Louis, Mosby, 2003.

9. Quando a velocidade de hemossedimentação (VHS) reflete uma desordem subjacente do tecido conjuntivo?

A VHS é um teste não-específico para detecção da inflamação sistêmica (o método de Westergren é preferível). A elevação da VHS geralmente resulta da síntese hepática de reagentes de fase aguda induzida por citocina, em particular o fibrinogênio. Contudo, alguns fatores não-inflamatórios, tais como idade avançada, sexo feminino e gravidez também podem causar a elevação da VHS. A VHS pode ser útil na avaliação de numerosas doenças reumáticas, porém, não é diagnóstica. Mesmo quando há elevações extremas da VHS ($\geq$ 100 mm/h), é mais provável que isto seja sinal de infecção (35%) do que de doença do tecido conjuntivo (25%). Portanto quando é detectada uma VHS alta em um paciente crítico, o diagnóstico de desordem do tecido conjuntivo ainda depende da presença de aspectos clínicos característicos (ver a questão 8). A VHS é talvez mais útil na avaliação seriada da gravidade da doença em progressão em desordens como artrite reumatoide, polimialgia reumática e arterite de células gigantes. O limite superior do valor normal da VHS para a maioria dos pacientes pode ser calculado pelas seguintes fórmulas:

- $VHS_{(masculino)}$ = idade ÷ 2.
- $VHS_{(feminino)}$ = (idade + 10) ÷ 2.

A contagem de plaquetas elevada (trombocitose) pode ser usada como uma substituição grosseira da VHS; as plaquetas agem como reagentes de "fase aguda".

10. Quais avaliações laboratoriais são úteis no diagnóstico das desordens do tecido conjuntivo?

Não há testes de triagem para o diagnóstico das doenças do tecido conjuntivo. Devido à falta de especificidade, resultados positivos de testes sorológicos, na ausência de aspectos clínicos que auxiliem o diagnóstico geralmente resultam em diagnósticos errôneos. A avaliação sorológica dos pacientes sob suspeita de doença autoimune deve prosseguir em três estágios: determinação da inflamação sistêmica, identificação de autoanticorpos e testes suplementares.

1. Determinação da inflamação sistêmica: Normalmente um hemograma completo e a medida de rotina da VHS são adequados para demonstrar inflamação sistêmica. As anormalidades no hemograma completo tipicamente incluem leucocitose, anemia normocítica/normocrômica e trombocitose. Indicadores laboratoriais adicionais da inflamação sistêmica podem incluir os seguintes:

- ↑ Proteína C-reativa (mais específica, porém mais cara do que a VHS).
- ↑ Fibrinogênio.
- ↑ Haptoglobina.
- ↑ Gamaglobulinas.
- ↑ C3 (terceiro componente do complemento).
- ↑ Ferritina.
- ↓ Albumina.
- ↓ Transferrina.

2. Identificação de autoanticorpos: Anticorpos séricos (p. ex., anticorpo antinuclear [AAN]) podem auxiliar a confirmação de uma desordem do tecido conjuntivo em particular, mas não devem ser usados para triagem de doenças reumáticas. Os testes de autoanticorpos mais usados para doenças reumáticas suspeitadas são o fator reumatoide (anticorpo antiimunoglobulina G) e AAN. Na doença autoimune, um AAN positivo indica a presença de antígenos nucleares específicos, que geralmente podem ser identificados por um "perfil de AAN" (Tabela 58-5). Os autoanticorpos também podem ser dirigidos contra antígenos celulares no citoplasma e na superfície da membrana celular. As associações comuns de doenças com autoanticorpos específicos estão listadas na Tabela 58-5. Além disso, lembre-se do seguinte:

- Um resultado positivo do AAN é sugestivo de uma desordem autoimune somente se a probabilidade pré-teste for alta.
- Um resultado negativo do AAN exclui virtualmente o lúpus eritematoso sistêmico (LES) em atividade.
- A sobreposição do anticorpo é comum (p. ex., um paciente com lúpus eritematoso pode apresentar simultaneamente anticorpos anti-DNA de dupla hélice [dsDNA], Síndrome de Sjögren A/Ro [anti-SS-A], anti-histona, fator reumatoide e anticorpos antifosfolipídios).
- Autoanticorpos podem ser observados em pessoas com desordens do tecido não conjuntivo (p. ex., fator reumatoide na endocardite bacteriana subaguda) e em pessoas sadias.

3. Testes suplementares: Os testes auxiliares para o diagnóstico das desordens do tecido conjuntivo avaliam os mecanismos da doença, a lesão tecidual e a atividade da doença. As investigações listadas na Tabela 58-6 podem ser úteis no diagnóstico e tratamento de alguns pacientes com doenças do tecido conjuntivo.

- Hipocomplementemia e altos títulos de anticorpos anti-dsDNA estão associados ao LES ativo; em particular, à nefrite lúpica ativa.

Hochberg MC, Silman AJ, Smolen JS, et al (eds): Rheumatology, 3rd ed. St. Louis, Mosby, 2003.

TABELA 58-5. AUTOANTICORPOS E DESORDENS ASSOCIADAS

Autoanticorpo	Desordem (% Positividade)
Fator reumatoide	Artrite reumatoide (85%)
Anticorpo antipeptídeo citrulinado cíclico (Anti-CCP)*	Artrite reumatoide (80%)
Perfil de AAN	
■ Anti-dsDNA	Lúpus eritematoso sistêmico (60%)
■ Anti-Sm (antígeno Smith)	Lúpus eritematoso sistêmico (30%)
■ Anti-SS-A	Síndrome de Sjögren (60%)
■ Anti-SS-B	Síndrome de Sjögren (40%)
■ Anti-RNP	Doença mista do tecido conjuntivo (95%)
Anti-Scl-70	Esclerodermia difusa (30%)
Anticentrômero	Esclerodermia limitada (90%)
Anti-histona	Lúpus eritematoso induzido por droga (90%)
Anti-Jo-1	Polimiosite (20%)
Anticorpo anticitoplasma de neutrófilos	Granulomatose de Wegener (90%)
Antifosfolipídio	Síndrome do anticorpo antifosfolipídio (100%)

AAN = anticorpo antinuclear, dsDNA = DNA de dupla hélice, Sm = antígeno Smith, SS-A = Síndrome de Sjögren A/Ro, SS-B = Síndrome de Sjögren B/La, RNP = ribonucleoproteína, Scl-70 = topoisomerase I, Jo-1 = histidil-tRNA sintetase.
*Anti-CCP é o teste mais específico (98% de especificidade) disponível para artrite reumatoide; provavelmente substituirá o fator reumatoide.

TABELA 58-6. TESTES DIAGNÓSTICOS PARA AS DESORDENS DO TECIDO CONJUNTIVO

Desordem	Teste
Doença por imunocomplexos	Complemento (C3, C4)
Hemólise	Teste de Coombs
Miosite	Creatinofosfoquinase
Nefrite	Análise de urina e creatinina
Trombose	Anticoagulante lúpico ou anticorpo anticardiolipina
Vasculite	perfil de hepatites ou crioglobulinas

11. Quando um nível sérico elevado de creatinofosfoquinase (CK) indica doença inflamatória muscular?

Um nível de CK aumentado, em conjunto com a fraqueza muscular simétrica, é sugestivo de miopatia inflamatória autoimune. Contudo na unidade de terapia intensiva, as seguintes causas para uma CK elevada também merecem consideração:

- **Lesão miocárdica:** Isquemia, infarto, miocardite ou cirurgia.
- **Trauma muscular:** Isquemia, lesão por esmagamento, biópsia ou injeções intramusculares.

- **Induzida por droga:** Etanol, corticosteroides, agentes hipolipemiantes, cimetidina, cocaína, opiáceos, benzodiazepínicos, barbitúricos ou zidovudina.
- **Miosite infecciosa:** Bacteriana, viral, micobacteriana, fúngica ou parasitária.
- **Desordens endócrinas:** Hipotireoidismo ou hipoparatireoidismo.
- **Lesão do sistema nervoso central:** Isquemia ou trauma.
- **Transtornos diversos:** Convulsões, hemólise, hipertermia maligna, distrofia muscular, doença do neurônio motor ou neuropatia periférica.

A inflamação muscular autoimune pode ocorrer de forma independente (polimiosite), com erupção cutânea (dermatomiosite), em síndromes "sobrepostas" (p. ex., doenças mistas do tecido conjuntivo) ou em associação ao câncer. Os aspectos centrais da polimiosite incluem fraqueza na região proximal dos membros e nos flexores do pescoço, mialgias infrequentes e níveis séricos elevados de enzima muscular. Outros sistemas orgânicos podem se tornar envolvidos, tais como o trato gastrointestinal (disfagia), os pulmões (doença pulmonar intersticial), o coração (miocardite), as articulações (artrite) e os vasos sanguíneos (fenômeno de Raynaud). O diagnóstico é estabelecido pela realização da eletromiografia com biópsia subsequente do músculo anormal. As proteínas séricas adicionais que também podem refletir a lesão muscular incluem as aminotransferases, a lactato desidrogenase, a aldolase e a mioglobina.

Entre as proteínas musculares, a CK é a indicadora mais sensível da lesão muscular, enquanto a aspartato aminotransferase é a mais específica para a inflamação muscular verdadeira.

Bohlmeyer TJ, Wu AHB, Perryman MB: Evaluation of laboratory tests as a guide to diagnosis and therapy of myositis. Rheum Dis Clin North Am 20:845-856, 1994.

12. Quais aspectos clínicos sugerem que um evento trombótico esteja relacionado à síndrome do anticorpo antifosfolipídio (SAAF)?

Ver Quadro 58-2. A SAAF pode ocorrer como uma desordem independente (SAAF primária) ou em associação a outra desordem do tecido conjuntivo (p. ex., o "anticoagulante lúpico" do LES). Embora a maioria das tromboses seja focal, pode ocorrer uma variante "catastrófica" da SAAF com a oclusão vascular desenfreada e a falência de multíplos órgãos.

Os anticorpos antifosfolipídios geralmente são detectados por uma ou mais das seguintes investigações:

- Resultado falso-positivo no teste sorológico para sífilis (VDRL ou reagina rápida do plasma [RPR]).

QUADRO 58-2. ASPECTOS CLÍNICOS DA SÍNDROME DO ANTICORPO ANTIFOSFOLIPÍDIOS

Principais manifestações

- Tromboses recorrentes (venosa > arterial; geralmente trombose venosa profunda do membro inferior ou acidente vascular cerebral)
- Múltiplos abortos (terceiro > segundo > primeiro trimestre)
- Trombocitopenia de baixo grau (70.000-100.000 plaquetas/mm^3)
- Anticorpos fosfolipídio aniônico e/ou anti-beta 2 glicoproteína-I ou protrombina

Outras manifestações

- **Cutânea:** Livedo *reticularis*, tromboflebite superficial, necrose isquêmica acral ou hemorragias em estilhaço
- **Neurológica:** Convulsões, coreia, demência multi-infarto, mielite transversa ou enxaquecas
- **Cardíaca:** Doença valvar (vegetações), infarto do miocárdio ou cardiomiopatia
- **Pulmonar:** Embolia, hipertensão ou hemorragia intra-alveolar
- **Esquelética:** Osteonecrose

- Tempo de tromboplastina parcial ativada prolongado que *não se corrige* com a adição de plasma normal. (diluição 1:1), mas se corrige com a adição de antifosfolipídio.
- Tempo do veneno da víbora de Russell diluído prolongado (anticoagulante lúpico).
- Anticorpo anticardiolipina positivo (alto título de imunoglobulina G).
- Anticorpo antibeta 2 glicoproteína-1.
Advertência: Algumas infecções ou drogas também podem induzir anticorpos antifosfolipídios.

Hochberg MC, Silman AJ, Smolen JS, et al (eds): Rheumatology, 3rd ed. St. Louis, Mosby, 2003.

13. Como as desordens do tecido conjuntivo costumam afetar os pulmões?
Ver Tabela 58-7.

Weidemann HP, Matthay RA: Pulmonary manifestations of the collagen vascular diseases. Clin Chest Med 10:677-722, 1989.

TABELA 58-7. EFEITOS DAS DESORDENS DO TECIDO CONJUNTIVO NOS PULMÕES

Desordem	Pleurite	Pneumonite	Nódulos	Fibrose	Hemorragia	↑ PA	Êmbolos
AR	■		■	■			
LES	■	■		■	■	■	■
LID	■	■					
SS	■			■			
DMTC	■	■		■	■	■	
PM/DM		■		■			
DSSc		■		■			
LSSc				■		■	
SAAF					■	?	■
GW	■	■	■	■	■		
SCS	■	■	■	■			

AR = artrite reumatoide, LES = lúpus eritematoso sistêmico, LID = lúpus induzido por drogas, SS = síndrome de Sjögren, DMTC = doença mista do tecido conjuntivo, PM/DM = polimiosite/dermatomiosite, DSSc = esclerodermia difusa, LSSc = esclerodermia limitada, SAAF = síndrome do anticorpo antifosfolipídio, GW = granulomatose de Wegener, SCS = síndrome de Churg-Strauss, ↑ PA = hipertensão pulmonar.

14. Como diferenciar a pneumonite lúpica aguda de uma pneumonia infecciosa?
A pneumonite lúpica aguda é caracterizada por dispneia repentina, tosse com escarro ocasional, febre, taquipneia, irritação pleural, hemoptise infrequente e hipoxemia. As radiografias de tórax geralmente revelam infiltrados bibasais com efusões pleurais; contudo, pode haver envolvimento unilateral. A contagem de leucócitos é tipicamente normal, embora possa ser enganosa; a maioria dos pacientes (> 50%) com LES ativo tem leucopenia. A pneumonite lúpica aguda, em geral, ocorre em pacientes com doença sistêmica ativa, sendo, no entanto, incomum. Um paciente com lúpus eritematoso que apresenta os aspectos mencionados previamente é mais propenso a ter uma infecção bacteriana, viral, micobacteriana ou por *Pneumocystis carinii.* Além disso, os agentes farmacológicos, tais como os AINEs, o metotrexato, a azatioprina, o clorambucil e a ciclofosfamida podem causar

uma pneumonite tóxica clinicamente indistinguível da pneumonite lúpica aguda. O diagnóstico é de exclusão e é determinado após culturas de escarro, lavado broncoalveolar e biópsia pulmonar que não ofereçam evidências de infecção. Não há anormalidade tecido-específica que possa estabelecer o diagnóstico. O tratamento inicial consiste em administração de altas doses de corticosteroides (1-2 mg/kg de prednisona ou o equivalente por dia). Além disso, a imunoglobulina IV (1-2 g/kg administrada em 1-5 dias) pode ser usada como uma alternativa ou como um adjuvante aos corticosteroides.

McCune WJ (ed): Systemic lupus erythematosus. Rheum Dis Clin North Am 20:1, 1994.

15. Que precauções especiais devemos tomar ao intubar um paciente com artrite reumatoide?

A doença da coluna cervical é uma manifestação comum da artrite reumatoide e afeta primariamente a articulação C1-C2. Além disso, 30% dos pacientes com artrite avançada e erosiva apresentarão evidência radiográfica de subluxação atlanto-axial (> 3 mm entre o arco de C1 e o processo odontoide de C2). Tais pacientes estão sob risco de compressão da medula espinhal quando submetidos a procedimentos de manipulação, tais como a intubação endotraqueal, mesmo na ausência de sintomas. A seguinte lista identifica as condições sob as quais a radiografia da coluna cervical pré-intubação (com incidência lateral em flexão) deve ser obtida:

- Artrite reumatoide com deformidade física.
- Artrite reumatoide com duração > 3 anos.
- Uso de corticosteroides por longo prazo.
- Fatores de risco para osteoporose.
- Cervicalgia intratável.
- Subluxação prévia da coluna cervical.
- Evidência clínica de mielopatia cervical.

Um anestesiologista deve estar presente para realizar as intubações de emergência (sem radiografias) ou caso existam evidências clínicas e/ou achados radiográficos de subluxação atlanto-axial.

Advertência: A artrite da articulação cricoaritenoidea também pode complicar a intubação endotraqueal.

Sorokin R: Management of the patient with rheumatic diseases going to surgery. Med Clin North Am 77:453-464, 1993.

16. Como podemos evitar a necrose acral em um paciente com o fenômeno de Raynaud?

O fenômeno de Raynaud é uma desordem vascular induzida por estresse (p. ex., temperatura fria) caracterizada por isquemia reversível episódica de extremidades. A resposta de cor trifásica (branco → azul → vermelho) resulta de alterações vasoespásticas (isquemia → estase → hiperemia) do fluxo sanguíneo acral. Os seguintes fatores podem precipitar a isquemia acral sustentada, resultando em necrose nos pacientes com fenômeno de Raynaud significativo:

- Estresse pelo frio (incluindo temperatura corporal central subnormal).
- Estresse emocional.
- Hipoperfusão.
- Agentes farmacológicos: betabloqueadores, drogas simpatomiméticas (alfa-agonistas), alcaloides do ergot, cocaína.

A conduta inicial no fenômeno de Raynaud consiste em fornecer calor às extremidades, mantendo a perfusão acral e reduzindo o estresse psicológico. Vasodilatadores (p. ex., nifedipina) e/ou agentes simpatolíticos (p. ex., prazosin) são indicados a pacientes com sintomas intoleráveis ou atrofia da pele acral. A aplicação tópica de nitroglicerina a 2% por 20 minutos, três vezes ao dia, nos dedos afetados pode melhorar os casos refratários. Uma dose diária de 325 mg de ácido acetilsalicílico pode ser eficaz para pacientes com uma vasculopatia oclusiva concomitante (p. ex., esclerodermia).

Harris ED, Budd RC, Genovese MC, et al (eds): Kelly's Textbook of Rheumatology, 7th. Philadelphia, W.B. Saunders, 2005.

TABELA 58-8. MANIFESTAÇÕES CARDÍACAS DAS DESORDENS DO TECIDO CONJUNTIVO

Desordem	Pericardite	Miocardite	Doença Valvar	Defeitos de Condução	DAC
AR	■	■	Nódulos		
EA	■		Aortite/IA	BAV	
Doença de Lyme				BAV	
FRA	■	■	■		
LES	■	■	Endocardite de Libman-Sacks		■
LID	■				
SLN				BAV	
DMTC	■	■		BAV	
PM/DM		■		BAV	
DSSc		Fibrose		TSV/TV	
SAAF			■	BAV	■
Doença de Kawasaki		■			Aneurismas
Arterite de Takayasu		■	IA		■
Síndrome de Marfan			PVM/IA/RM		

DAC = doença arterial coronariana, AR = artrite reumatoide, EA = espondilite anquilosante, IA = insuficiência aórtica, BAV = bloqueio átrio-ventricular, FRA = febre reumática aguda, LES = lúpus eritematoso sistêmico, LID = lúpus induzido por drogas, SLN = síndrome do lúpus neonatal, DMTC = doença mista do tecido conjuntivo, PM/DM = polimiosite/dermatomiosite, DSSc = esclerodermia sistêmica, TSV = taquicardia supraventricular, TV = taquicardia ventricular, SAAF = síndrome do anticorpo antifosfolipídio, PVM = prolapso da valva mitral, RM = regurgitação mitral.

17. Quais desordens do tecido conjuntivo apresentam manifestações cardíacas?

Ver Tabela 58-8.

Hochberg MC, Silman AJ, Smolen JS, et al (eds): Rheumatology, 3rd ed. St. Louis, Mosby, 2003.

18. Descreva o tratamento inicial dos surtos agudos de artrite reumatoide.

Ver Tabela 58-9. Os agentes modificadores da doença (p. ex., metotrexato) não têm papel no controle dos surtos reumatoides agudos, exceto no caso raro de vasculite grave. A fisioterapia é um adjuvante valioso, mas frequentemente é negligenciada no controle da artrite inflamatória.

Weisman MH, Weinblatt ME (eds): Treatment of Rheumatic Diseases. Philadelphia, W.B. Saunders, 1995.

19. Como devemos controlar a exacerbação aguda de uma doença do tecido conjuntivo?

Um paciente crítico com doença do tecido conjuntivo provavelmente terá disfunção ou falência de um ou mais sistemas orgânicos. Portanto, a abordagem tradicional para o tratamento farmacológico de um surto agudo mui-

TABELA 58-9. TRATAMENTO INICIAL DOS SURTOS AGUDOS DE ARTRITE REUMATOIDE

Manifestação	Tratamento Inicial*
Ceratoconjuntivite sicca	Hidroximetilcelulose em gotas ou pomada
Sinovite aguda (monoartrite)	Injeção intra-articular de corticosteroide
Sinovite aguda (poliartrite)	AINEs (se não houver fatores de risco) e/ou 10-20 mg de prednisona ou equivalente por dia
Pleurite aguda	AINEs (se os fatores de risco estão ausentes) e/ou ≤ 15mg de prednisona ou equivalente por dia
Pleurite aguda (com grandes efusões pleurais)	≤ 0,5 mg/kg de prednisona ou equivalente por dia
Pericardite aguda	AINEs (se os fatores de risco estão ausentes) e/ou ≤ 0,5 mg/kg de prednisona ou equivalente por dia

*Apenas se a infecção for excluída ou coberta por antibióticos apropriados.
AINEs = anti-inflamatórios não-esteroidais.

tas vezes é restrita pelo risco de maior toxicidade. Um exemplo é o impedimento do emprego de AINEs em um pacientes com insuficiência cardíaca congestiva, insuficiência renal, disfunção hepática, hemorragia gastrointestinal e/ou trombocitopenia. Outras questões que podem limitar as opções terapêuticas são a limitação das vias de administração, as interações entre as drogas, a hipersensibilidade às drogas, a gravidez, a cicatrização de feridas, a infecção e o nível de consciência do paciente. Na maioria dos casos, o controle agudo envolverá a administração de alguma forma de corticosteroide. Contudo, estes devem ser evitados em indivíduos com esclerodermia, artrite séptica, osteonecrose, fenômeno de Raynaud e fibromialgia. Os corticosteroides não são inócuos; promovem prejuízo da cicatrização de feridas, hiperglicemia, risco de infecção, retenção hídrica, hipocalemia, insuficiência adrenal e distúrbios neuropsiquiátricos. Doenças potencialmente fatais (p. ex., vasculite sistêmica) frequentemente necessitarão da administração concomitante de um agente citotóxico, como a ciclofosfamida.

20. Quando e como é usado o "pulso" de corticosteroides?

O pulso de corticosteroides é reservado às manifestações potencialmente fatais da doença reumática, quando a rápida supressão da inflamação sistêmica faz-se necessária. Episódios agudos de vasculite sistêmica, cerebrite lúpica e pneumonite lúpica geralmente são tratados com pulsos de corticosteroides. O pulso, tipicamente, consiste na administração de 1 g/dia de metilprednisolona via intravenosa por três dias. A abordagem mais segura para administrar uma dose dessa monta é infundi-la *lentamente*, sendo 250 mg a cada seis horas. As reações adversas podem incluir rubor transitório, cefaleia, aumento da pressão arterial e psicose aguda. Pode ser prudente monitorar os níveis de eletrólitos e glicose séricos em pacientes sob risco de hipocalemia e hiperglicemia. Pacientes com infecção concomitante devem receber antibióticos antes de receber os corticosteroides. Em indivíduos com doença cardiovascular preexistente relatou-se arritmias, infarto do miocárdio e morte súbita; portanto recomenda-se a monitorização contínua por telemetria recomendada para estes. Além disso, todos aqueles que recebem pulsoterapia estão sob risco de desenvolver osteonecrose (necrose avascular).

21. Descreva o tratamento inicial dos surtos agudos de LES.

Ver Tabela 58-10. Além disso, tenha em mente as seguintes advertências:

- O ibuprofeno pode causar meningite asséptica em pacientes com LES.

TABELA 58-10. TRATAMENTO INICIAL DOS SURTOS AGUDOS DO LÚPUS ERITEMATOSO SISTÊMICO

Manifestação	Tratamento Inicial*
Febre	AINEs (sem fatores de risco) *e/ou* ≤ 15 mg de prednisona ou equivalente por dia
Dermatite aguda (leve)	Corticosteroide tópico
Dermatite aguda (moderada)	≤ 20 mg de prednisona ou equivalente por dia
Poliartrite aguda	AINEs (sem fatores de risco) *e/ou* 10-15 mg de prednisona ou equivalente por dia
Miosite aguda	0,5-1 mg/kg de prednisona ou equivalente por dia
Serosite aguda† (leve-moderada)	AINES (sem fatores de risco) e/ou ≤ 15 mg de prednisona ou equivalente por dia
Serosite aguda (moderada-grave)	0,5-1 mg/kg de prednisona ou equivalente por dia
Miocardite aguda (com insuficiência cardíaca digestiva)	1 mg/kg de prednisona ou equivalente por dia
Nefrite aguda (início recente) (sedimento urinário ativo/proteinúria)	1 mg/kg de prednisona ou equivalente por dia
Cerebrite aguda (com convulsões/↓ estado mental)	1 g de metilprednisolona por dia por três dias *mais* anticonvulsivantes *seguidos* por 1 mg/kg de prednisona ou equivalente por dia
Trombose aguda (com anticorpo antifosfolipídio)	Anticoagulação (heparina → warfarina, manter INR 3-4)
Trombocitopenia aguda ou anemia hemolítica (moderada)	0,5-1 mg/kg de prednisona ou equivalente por dia
Trombocitopenia aguda ou anemia hemolítica (potencialmente fatal)	1 g de metilprednisolona por dia por três dias *seguido por* 1 mg/kg de prednisona ou equivalente por dia *e/ou* 1-2 mg/kg de imunoglobulina IV administrada em 1-5 dias
Vasculite aguda (cutânea)	≤ 0,5 mg/kg de prednisona ou equivalente por dia
Vasculite aguda (sistêmica)	1 g de metilprednisolona por dia por três dias *seguido por* 1 mg/kg de prednisona ou equivalente por dia

*Somente se a infecção for excluída ou coberta por antibióticos apropriados.
†Serosite aguda inclui pleurite, pericardite e/ou peritonite.
AINEs = antiinflamatórios não-esteroidais, INR = razão normalizada internacional.

- Evite sulfonamidas em pacientes com LES; elas podem induzir um surto da doença ou uma reação de hipersensibilidade.
- Doses diárias divididas de corticosteroides são mais potentes do que as doses diárias únicas, mas o potencial de toxicidade também é maior.

Wallace DJ, Hahn BH, (eds): Dubois' Lupus Erythematosus, 6th ed. Baltimore, Williams & Wilkins, 2001.

22. Como devemos conduzir uma crise aguda de gota?

A artrite gotosa aguda ocorre frequentemente em pacientes hospitalizados. Os fatores predisponentes incluem doença aguda, consumo de álcool antes da internação, trauma, cirurgia e medicamentos, tais como diuréticos,

TABELA 58-11. CONTROLE DA CRISE AGUDA DE GOTA

	Acesso Enteral	Acesso Parenteral
Monoartrite aguda (não-complicada)	AINE† e/ou colchicina 0,6 mg‡ *ou* corticosteroide intra-articular *ou* prednisona 30 mg/dia (reduzir ao longo de duas semanas)	Corticosteroide intra-articular *ou* triancinolona 60 mg IM (dose única) ou metilprednisolona IV§
Monoartrite aguda (complicada*)	Corticosteroide intra-articular *ou* prednisona 30 mg/dia (reduzir ao longo de duas semanas)	Corticosteroide intra-articular *ou* triancinolona 60 mg IM (dose única) *ou* metilprednisolona IV
Poliartrite aguda (não-complicada)	AINE *e/ou* colchicina 0,6 mg *ou* prednisona 30 mg/dia (reduzir ao longo de duas semanas)	Triancinolona 60 mg IM (dose única) *ou* metilprednisolona IV
Poliartrite aguda (complicada)	Prednisona 30 mg/dia (reduzir ao longo de duas semanas)	Triancinolona 60 mg IM (dose única) *ou* metilprednisolona IV

*"Complicada" é a designação para pacientes com função orgânica prejudicada e sob risco de toxicidade por anti-inflamatório não-esteroidal (AINE) ou colchicina.
†AINE: o protótipo é a indometacina 200 mg/dia x 2 dias, seguido por 150 mg/dia, reduzido de acordo com os sintomas.
‡Colchicina 0,6 mg é administrada como um comprimido VO duas vezes/dia → três vezes/dia para minimizar o desconforto gastrointestinal. A colchicina intravenosa não é recomendada.
§Metilprednisolona IV é administrada em doses de 30 mg/dia e reduzida ao longo de duas semanas.
IM = intramuscular.

agentes antimicobacterianos e ácido acetilsalicílico em baixa dose. A maioria dos ataques de gota são monoarticulares (90%) e comumente afetam a primeira articulação metatarsofalangeana (podagra), a porção média do pé ou o tornozelo. Ocasionalmente, a artrite é acompanhada por febre baixa e/ou leucocitose. As apresentações com gota poliarticular e manifestações sistêmicas podem ser confusas e mimetizar outros tipos de artrite inflamatória. Deste modo, o componente crítico da abordagem da gota é a artrocentese, que permite a detecção de cristais de urato monossódico e a exclusão de infecção. Assim como ocorre em outras desordens do tecido conjuntivo, as comorbidades podem complicar o tratamento farmacológico de pacientes com gota aguda. Os esquemas típicos são resumidos na Tabela 58-11.

Nota: O alopurinol e a probenecida não devem ser usados durante crises agudas de gota.

Weisman MH, Weinblatt ME (eds): Treatment of Rheumatic Diseases. Philadelphia, W.B. Saunders, 1995.

23. Durante a avaliação de uma dor na região dorsal, quais achados são sugestivos de uma desordem grave?

Na população geral, a etiologia da dor na região dorsal frequentemente é idiopática (85% de todos os casos) e geralmente atribuída a fatores "mecânicos". Independentemente, a maioria dos pacientes (75%) terá seus sintomas resolvidos dentro de um mês a partir do início. A dor na região dorsal em um paciente crítico pode, entretanto, prognosticar um problema maior do que aquele resultante de uma cama desconfortável. Os seguintes aspectos estão associados a causas potencialmente graves de dor na região dorsal:

- Dor grave e aguda, sem causa evidente.
- Dor não responsiva ao repouso ou à mudança de posição.
- Dor noturna incessante.

- Trauma significativo.
- Sintomas constitucionais.
- Início antes dos 30 anos de idade ou após os 50 anos.
- Rigidez matinal prolongada.
- Sinovite periférica.
- Déficit sensorimotor.
- Piora da dor com a manobra de Valsalva.
- Disfunção do intestino ou da bexiga.
- Irradiação da dor para ambos os membros inferiores.
- Imunossupressão ou uso prolongado de corticosteroides.
- Câncer prévio.
- Fatores de risco para osteoporose.

Harris ED, Budd RC, Genovese MC, et al (eds): Kelly`s Textbook of Rheumatology, 7th ed. Philadelphia, W.B. Saunders, 2005.

BIBLIOGRAFIA

1. Bohlmeyer TJ, Wu AHB, Perryman MB: Evaluation of laboratory tests as a guide to diagnosis and therapy of myositis. Rheum Dis Clin North Am 20:845-856, 1994.
2. Espinoza LR (ed): Infectious arthritis. Rheum Dis Clin North Am 24:2, 1998.
3. Harris ED, Budd RC, Genovese MC, et al (eds): Kelly's Textbook of Rheumatology, 7th ed. Philadelphia, W.B. Saunders, 2005.
4. Hochberg MC, Silman AJ, Smolen JS, et al (eds): Rheumatology, 3rd ed. St. Louis, Mosby, 2003.
5. McCune WJ (ed): Systemic lupus erythematosus. Rheum Dis Clin North Am 20:1, 1994.
6. Polly HF, Hunder GG: Rheumatologic Interviewing and Physical Examination of the Joints, 2nd ed. Philadelphia, W.B. Saunders, 1978.
7. Sorokin R: Management of the patient with rheumatic diseases going to surgery. Med Clin North Am 77:453-464, 1993.
8. Wallace DJ, Hahn BH (eds): Dubois' Lupus Erythematosus, 6th ed. Baltimore, Williams & Wilkins, 2001.
9. Weidemann HP, Matthay RA: Pulmonary manifestations of the collagen vascular diseases. Clin Chest Med 10:677-722, 1989.
10. Weisman MH, Weinblatt ME (eds): Treatment of Rheumatic Diseases. Philadelphia, W.B. Saunders, 1995.

CAPÍTULO 59

COMA

David C. Bonovich, MD

1. Defina o *coma*.

O coma é uma condição patológica na qual o paciente encontra-se inconsciente e parece estar dormindo. Ele não pode ser despertado e não tem consciência dos estímulos externos ou das necessidades internas. Um paciente em coma é incapaz de interagir com o ambiente que o cerca.

2. Que estruturas anatômicas devem estar disfuncionantes para produzir o coma?

O coma é causado pela disfunção do sistema reticular ativador (SRA) no tronco cerebral ou de ambos os hemisférios cerebrais.

3. O que pode ser determinado sobre a causa do coma por meio da sua localização anatômica?

A disfunção do SRA ou dos hemisférios cerebrais pode resultar de lesões estruturais ou metabólicas. Lesões estruturais do SRA geralmente estão associadas a sinais neurológicos focais que as localizam no tronco cerebral; assim, os nervos cranianos e tratos nervosos ascendentes e descendentes entre o cérebro e a medula geralmente estão envolvidos e mostram sinais de disfunção. Uma lesão estrutural deve ser grande o suficiente para afetar os dois hemisférios cerebrais e produzir o coma. Na ausência de sinais neurológicos focais, o coma geralmente é resultante de supressão tóxica ou metabólica global dos hemisférios cerebrais, do SRA ou de ambos.

4. Quais as etapas iniciais do tratamento de um paciente em coma?

Inicialmente, as vias aéreas, respiração e circulação devem ser avaliadas. Deve-se administrar oxigênio via máscara facial e estabelecer um acesso vascular. Se as vias aéreas do paciente não estiverem protegidas, ele deve ser intubado. Caso a causa do coma não seja determinada depois de haver obtenção do histórico do paciente e realização dos exames físico e neurológico, deve-se iniciar um tratamento empírico (com a administração de tiamina e naloxona) para causas reversíveis, tais como a encefalopatia de Wernicke e a intoxicação por narcóticos. A glicemia deve ser verificada e, se o paciente apresentar hipoglicemia, administra-se glicose hipertônica a 50%.

Mercer WN, Childa NL: Coma, vegetative state, and the minimally conscious state: Diagnosis and management. Neurologist 5:186-193, 1999.

5. Descreva a abordagem diagnóstica apropriada para os pacientes comatosos.

É importante haver uma abordagem sistemática do coma. O histórico pode ser obtido de parentes, amigos ou paramédicos, e pode sugerir uma causa óbvia, como intoxicação farmacológica ou por álcool, sepse ou anormalidades do metabolismo da glicose.

O exame físico, começando com os sinais vitais e continuando de maneira sistemática para incluir a cabeça, olhos, ouvidos, nariz e garganta assim como os pulmões, coração, abdome, extremidades e pele, pode ajudar a identificar causas infecciosas, desordens respiratórias ou cardíacas ou insuficiência hepática, especialmente nos pacientes com doença hepática crônica. Deve-se dar atenção especial ao exame da pele e mucosas, à procura de marcas de agulha ou sinais de embolia, e ao exame de fundo de olho, a fim de detectar edema de papila, o que sugere aumento da pressão intracraniana.

A avaliação dos sinais vitais pode sugerir uma causa infecciosa ou desordem respiratória. O pescoço deve ser examinado à procura de rigidez de nuca, o que sugere a possibilidade de irritação meníngea.

Um exame retal deve ser feito para avaliar a presença de sangue nas fezes. Apesar de não ser possível realizar um exame neurológico completo, os reflexos do tronco cerebral podem ser testados e pode-se procurar por evidências de anormalidades motoras focais, assim como por assimetria de reflexos, incluindo o reflexo plantar. Também deve ser feita uma descrição do padrão respiratório.

Exames de imagem, como a tomografia computadorizada (TC) do crânio, podem ajudar a excluir as causas estruturais de coma. Um eletroencefalograma (EEG) pode ajudar a excluir convulsões ou mostrar padrões eletroencefalográficos sugestivos de anormalidades metabólicas tóxicas que levem ao coma.

Liao YJ, So YT: An approach to critically ill patients in coma. West J Med 176:184-187, 2002.

6. Como a descoberta de uma anormalidade focal nova no exame neurológico afeta o tratamento de um paciente comatoso?

Anormalidades neurológicas focais geralmente indicam uma lesão estrutural do sistema nervoso central (SNC), tais como um tumor, abscesso, infarto ou hemorragia. Anormalidades focais de origem metabólica podem ser observadas nos quadros de hipoglicemia, hiperglicemia ou encefalopatia de Wernicke. Deve-se considerar precocemente a realização de exames de imagem, como a tomografia computadorizada ou ressonância magnética, no tratamento desses pacientes a fim de excluir lesões que exijam intervenção clínica ou cirúrgica agressiva e de avaliar o prognóstico.

7. Um exame neurológico sem alterações focais exclui uma formação de massa como a causa do coma?

Não. Apesar de a maioria dos casos de coma com exame neurológico sem alterações focais se relacionar a causas tóxico-metabólicas, casos de hematoma subdural bilateral, hemorragia subaracnoidea, hidrocefalia (comunicante ou não comunicante), trauma com lesão axonal difusa ou lesão bilateral dos lobos frontais, o exame neurológico pode não apresentar anormalidades focais grosseiras.

8. Que avaliação laboratorial inicial deve ser feita nos casos de coma de etiologia incerta?

Devem ser feitos exame toxicológico (urina e sangue), dosagem do nível sanguíneo de álcool, hemograma completo e determinação de eletrólitos, glicose, cálcio, fosfato, magnésio, creatinina, ureia, além de provas de função hepática e tireoidiana. Também se deve realizar uma gasometria arterial, a fim de analisar o pH e a PaO_2. Se houver a suspeita de infecção, devem ser feitas culturas de sangue, urina e escarro. Um eletrocardiograma inicial deve ser obtido também. Caso a origem do coma não seja óbvia ou haja presença de sinais focais no exame neurológico, deve-se fazer uma tomografia computadorizada do crânio. E uma punção lombar deve ser realizada caso haja a possibilidade de uma infecção primária do SNC, mas apenas após a exclusão da presença de massa no mesmo, detectada por tomografia computadorizada ou ressonância magnética.

Kleeman CR: Metabolic coma. Kidney Int 36:1142-1158, 1989.

9. Descreva a abordagem de tratamento de um paciente comatoso que tenha sido vítima de trauma.

Apesar de a abordagem geral ser semelhante, a possibilidade de que o coma seja causado por uma alteração estrutural nos pacientes vítimas de trauma é muito maior. As causas de coma nesses casos incluem hematomas subdurais ou epidurais, hemorragia intracerebral focal com efeito de massa e desvio da linha média, contusões bilaterais, lesão direta do tronco cerebral e lesão axonal difusa. Outras causas também devem ser levadas em consideração, como infarto do tronco cerebral, hemorragia hipertensiva, hipóxia, hipoglicemia ou hiperglicemia, ingestão de fármacos ou álcool ou presença de massa primária do SNC, como um abscesso ou tumor. Se o paciente apresentar sinais focais ao exame físico, como paralisia do terceiro nervo craniano envolvendo a pupila, um exame de imagem por tomografia computadorizada deve ser feito imediatamente e recomenda-se uma avaliação neurológica especializada ou neurocirúrgica imediata.

10. Quais as causas mais comuns de coma em uma unidade de terapia intensiva (UTI)?

As causas mais comuns de coma em uma UTI clínico-cirúrgica (sem vítimas de trauma) são, em sua maioria, tóxico-metabólicas e geralmente são multifatoriais. Depois que os efeitos de sedativos e agentes paralisantes tiverem sido descartados, as causas mais comuns são sepse, hipotensão, hipóxia, hipotermia, desordens do equilíbrio ácido-básico, anormalidades da glicose e eletrolíticas e efeitos colaterais de fármacos. As insuficiências hepática e renal frequentemente contribuem para o coma. Infecções primárias do SNC, como as meningites ou encefalites, são menos comuns, mas devem ser consideradas nos casos apropriados. Se houver coagulopatia grave, devem se excluir a hemorragia intracraniana e hematomas subdurais. Sinais focais no exame físico sugerem uma lesão estrutural, como infarto do SNC, tumor ou abscesso, e devem ser avaliados pela TC ou ressonância magnética. Caso causas óbvias para o coma não sejam aparentes, é indicado um EEG a fim de excluir o estado de mal epiléptico não-convulsivo.

Liao YJ, So YT: An approach to critically ill patients in coma. West J Med 176:184-187, 2002.

11. Que outras condições podem mimetizar o coma?

- **Síndrome de "encarceramento":** Essa síndrome é causada por lesão pontina extensa. Os pacientes estão conscientes, mas estão quadriplégicos podendo apenas mover os olhos verticalmente e incapazes de desempenhar outros movimentos ou respostas.
- **Síndrome de Guillain-Barré:** É uma desordem aguda dos nervos periféricos, caracterizada por fraqueza ascendente. Quando extensa, pode causar um estado de desaferentação no qual o paciente não está em coma, mas não pode se mover.
- **Botulismo:** O botulismo é uma intoxicação aguda pela toxina do *Clostridium botulinum* caracterizada por fraqueza de padrão descendente. Inicialmente os pacientes apresentam fraqueza dos músculos extraoculares e faríngeos (com diplopia, disartria e disfagia) que progride rapidamente para fraqueza generalizada e insuficiência respiratória.
- **Neuromiopatia do paciente crítico e miopatia tetraplégica aguda:** Essas entidades são vistas das unidades de terapia intensiva. Se extensas, podem induzir a fraqueza profunda e paralisia.
- **Catatonia:** Uma manifestação psiquiátrica rara da depressão grave, a catatonia é caracterizada pela presença de flexibilidade cérea ao exame físico, sem história de lesão cerebral anatômica, tóxica ou metabólica. Pode haver melhora da condição com tratamento por eletroconvulsoterapia.
- **Psicogênico:** Em raras ocasiões, um estado semelhante ao coma pode ser parte de uma desordem psicossomática. Ela pode ser diagnosticada através de análise do histórico e exame físico cuidadosos, incluindo o teste do reflexo oculovestibular.

PONTOS-CHAVE: COMA ✓

1. O coma resulta de uma disfunção bi-hemisférica ou do tronco cerebral, que faz com que o paciente se torne não despertável.
2. O coma resultante de disfunção do tronco cerebral geralmente está associado a anormalidades dos nervos cranianos.
3. Hematomas subdurais bilaterais, hemorragia subaracnoidea e hidrocefalia são exemplos de lesões que podem se apresentar como coma sem apresentar déficits neurológicos focais no exame neurológico.
4. O coma resultante de alterações metabólicas, como a hipoglicemia ou hiperglicemia, pode apresentar alterações neurológicas focais.
5. Diversas condições, como a síndrome de "encarceramento", na qual o paciente está consciente, mas é incapaz de interagir com o ambiente, podem mimetizar o coma.

BIBLIOGRAFIA

1. Alguire PC: Rapid evaluation of comatose patients. Postgrad Med 87:223-228, 1990.
2. Casado J, Serrano A: Coma in Pediatrics: Diagnosis and Treatment. Madrid, Ediciones D'az de Santos SA, 1997.
3. Goetz CG, Pappert EJ: Textbook of Clinical Neurology. Philadelphia, W.B. Saunders, 1999.
4. Kelly BJ: Clinical assessment of the nervous system. In Tobin MJ (ed): Principles and Practice of Intensive Care Monitoring. New York, McGraw-Hill, 1998, pp 977-994.
5. Plum F, Posner J: The Diagnosis of Stupor and Coma, 3rd ed. Philadelphia, F.A. Davis, 1980.

CAPÍTULO 60

MORTE ENCEFÁLICA

David C. Bonovich, MD

1. O que é morte encefálica?

A morte encefálica foi descrita inicialmente por Mollaret e Goulon em 1959 como "coma dépassé". Avanços tecnológicos na área médica possibilitaram a manutenção do funcionamento do corpo na presença de um cérebro não funcional. Com o advento bem-sucedido do transplante de órgãos, no início da década de 1960, e a necessidade de doadores de órgãos, a definição de morte cerebral, tanto médica quanto legalmente, tornou-se necessária, o que levou à publicação dos critérios de Harvard em 1968. Modificações subsequentes incluíram diretrizes mais rígidas para a determinação da apneia, reconhecimento de reflexos espinhais persistentes na morte cerebral e testes adicionais para confirmar a ausência de função cerebral. Nos Estados Unidos, a President's Commission for the Study of Ethical Problems in Medicine, Biomedical, and Behavioral Research (1981) introduziu o Uniform Determination of Death Act, que define a morte como:

1. A parada irreversível das funções circulatórias e respiratórias *ou*
2. A parada irreversível de todas as funções do cérebro, incluindo o tronco cerebral.

Mallaret P, Goulon M: Comade ´passe´. Rev Neurol 101:3-15, 1959.

Report of the Medical Consultants on the Diagnosis of Death to the President's Commission for the Study of Ethical Problems in Medicine and Biomedical and Behavioral Research. Guidelines for the determination of death. JAMA 246:2184-2186, 1981.

2. Quais as diretrizes atuais para a determinação da morte encefálica?

O diagnóstico de morte encefálica é clínico; ele tem como base em determinados pré-requisitos (estabelecimento da causa e exclusão de causas reversíveis) e sinais clínicos. Ele requer a documentação por escrito assinada por dois médicos. O conceito atual de morte encefálica diz que ela só existe quando há lesão de todo o encéfalo.

- **Cessação da função cerebral:** O diagnóstico requer evidência clínica de um estado de coma profundo (pontuação 3 na Escala de Coma de Glasgow). O paciente não apresenta receptividade e responsividade aos estímulos nocivos. A postura de descerebração ou decorticação não é consistente com o diagnóstico de morte encefálica. Em algumas circunstâncias, é preferível fazer um ou mais testes para confirmar o diagnóstico.
- **Cessação das funções do tronco cerebral:** O diagnóstico exige a ausência de reflexos do tronco cerebral, incluindo a ausência dos reflexos pupilar, corneano, mandibular, de engasgo, tosse, deglutição, careta e do bocejo e de qualquer tipo de movimento extraocular espontâneo ou induzido associado à persistência da apneia a despeito de estímulos adequados para respirar ($PCO_2 > 60$). Se os reflexos do tronco cerebral não puderem ser avaliados clinicamente (como em casos de trauma facial grave), recomenda-se testes confirmatórios. Na ausência de testes confirmatórios, o paciente deve ser observado continuamente, em uma unidade de terapia intensiva, por 12 horas. Se houver suspeita de lesão anóxica, recomenda-se a observação por 24 horas.
  A ausência de fluxo sanguíneo cerebral, confirmado pela angiografia cerebral, é a única medida da função cerebral que não requer observação clínica e avaliação laboratorial adicionado para confirmar o diagnóstico de morte encefálica.

Benzel EC, Gross CD, Hadden TA, et al: The apnea test for the determination of brain death. J Neurosurg 71:191-194, 1989.

3. Quando podemos declarar a morte encefálica?

Revisões concisas de Pitts (1984) e Wijdicks (2001) e a Declaração de Consenso da American Academy of Neurology (1995) resumiram, assim, os critérios atuais de morte encefálica:

- **A causa da lesão cerebral deve ser conhecida.** A causa da lesão cerebral pode ser determinada clinicamente por meio de história e exame físico cuidadosos. Estudos laboratoriais, como hemograma completo, coagulograma, eletrólitos, gasometria arterial, toxicológico de sangue e urina e análise do líquido cefalorraquidiano, ajudam a determinar a causa. Entretanto, geralmente os exames de imagem são usados para produzir evidências convincentes de dano cerebral irreversível. A tomografia computadorizada, ressonância magnética e, em alguns casos, a angiografia cerebral, são feitas para confirmar a causa da lesão cerebral.
- **A depressão metabólica e tóxica do sistema nervoso central (SNC) deve ser excluída.** Causas reversíveis de morte encefálica aparente devem ser excluídas e documentadas no prontuário do paciente. Elas incluem agentes farmacológicos, como os barbitúricos, benzodiazepínicos e bloqueadores neuromusculares; desordens metabólicas endógenas, como encefalopatia hepática grave, estado hiperosmolar, hiponatremia e uremia; hipotensão grave com redução concomitante do fluxo sanguíneo cerebral e hipotermia. A perda da termorregulação geralmente está associada à morte encefálica. A temperatura corporal normal (> 32ºC) deve ser restaurada antes da determinação de morte encefálica.
- **A ausência de função cerebral deve ser demonstrada:** O diagnóstico de morte encefálica exige a demonstração da ausência de função cerebral. O paciente deve apresentar ausência de responsividade, de movimentos espontâneos, de resposta à dor ou de função do tronco cerebral. A possibilidade de bloqueio neuromuscular causado por agentes farmacológicos deve ser descartada por meio da história e/ou uso de um estimulador de nervos periféricos. A possibilidade de haver síndrome de encarceramento deve ser descartada, para isso instrui-se o paciente a mover os olhos para cima, para baixo e para os lados.

Pitts LH: Determination of brain death. West J Med 140:628-631, 1984.

Quality Standards Subcommittee of the American Academy of Neurology: Practice parameters for determining brain death in adults (summarystatement). Neurology 45:1012-1014, 1995.

Wijdicks EF: The diagnosis of brain death. N Engl J Med 344:1215-1221, 2001.

4. Como é demonstrada a cessação da função do tronco cerebral?

A ausência de função do tronco cerebral é demonstrada pela ausência dos reflexos do tronco cerebral e presença de apneia. Os testes para determinação da função do tronco cerebral incluem:

1. **Resposta pupilar à luz:** Na morte encefálica, as pupilas estão fixas, na linha média e dilatadas (5-8 mm), sem resposta à luz. Os achados pupilares nos pacientes graves ou comatosos incluem:
   - **Pequenas e reativas:** Agentes metabólicos ou sedativos (p. ex., agentes atropínicos, agentes adrenérgicos).
   - **Fixa e dilatada unilateralmente:** Paralisia do III nervo craniano (herniação transtentorial).
2. **Olhos de boneca ou reflexo óculo-cefálico:** Esse reflexo avalia a função do mesencéfalo, ponte e bulbo. Em um paciente comatoso com tronco cerebral intacto, os olhos apresentam um atraso no movimento quando a cabeça é virada para um lado de forma repentina. Esse atraso no movimento dos olhos não está presente nas lesões do tronco cerebral. Esse reflexo não está presente em pacientes conscientes. Essa manobra só deve ser feita depois de confirmada a estabilidade da coluna cervical.
3. **Prova calórica ou reflexo óculo-vestibular:** A avaliação desse reflexo testa a função do mesencéfalo, ponte e bulbo. Ele persiste mesmo após o desaparecimento do reflexo óculo-cefálico; portanto ele é importante nos pacientes nos quais não há resposta óculo-cefálica. O teste é feito irrigando-se os canais auditivos externos, intactos e desobstruídos, com 50 ml de água fria (um de cada vez, com um intervalo de cinco minutos entre eles), enquanto os dois olhos são mantidos abertos. O reflexo normal resulta em nistagmo com o componente rápido na direção oposta ao estímulo. Se houver perda de comunicação entre o tronco cerebral intacto com o telencéfalo, ocorrerá um desvio tônico dos olhos para o lado irrigado, sem a produ-

ção de nistagmo. A lesão extensa do tronco cerebral, ou morte encefálica, resulta na ausência de todos os movimentos oculares.

4. **Função bulbar:** A ausência de função bulbar é demonstrada pela ausência dos reflexos de tosse e de engasgo, mas o marcador mais confiável de morte bulbar é a parada da respiração espontânea, demonstrada pelo teste de apneia.

Pallis C: ABC of brain stem death. From brain death to brain stem death. Br Med J (Clin Res Ed) 285:1487-1490, 1982.

Pallis C: ABC of brain stem death. Part II. Br Med J (Clin Res Ed) 285:1641-1644, 1982.

5. Como é feito o teste de apneia?

Para demonstrar a presença de apneia, deve-se fornecer um estímulo adequado para a respiração ao tronco cerebral lesionado. No teste de apneia, a tensão arterial de dióxido de carbono proporciona o estímulo. O nível mínimo de PCO_2 necessário para demonstrar a apneia em pacientes com lesão cerebral grave ou morte encefálica ainda é assunto de debate na literatura, mas níveis mínimos (de 44 - 60 mmHg) têm sido recomendados. O Quadro 60-1 apresenta as diretrizes para o teste de apneia.

Belsh JM, Blatt R, Schiffman PL: Apnea testing in brain death. Arch Intern Med 146:2385-2388, 1986.

6. A presença de movimentos dos membros em pacientes que preenchem os critérios de morte encefálica descarta esse diagnóstico?

Não. Foram descritos dois tipos de movimentos em pacientes com morte encefálica:

- **Reflexos associados à morte encefálica:** São encontrados em aproximadamente 75% dos pacientes e as diretrizes atuais reconhecem a persistência desses reflexos. Eles incluem os reflexos de estiramento muscular, respostas de flexão plantar e de retirada e reflexos abdominais.
- **Automatismos associados à morte encefálica:** Eles incluem movimentos ondulantes de flexão dos dedos dos pés, abertura das pálpebras, movimentos semelhantes à respiração, virada de cabeça, movimentos mioclônicos das pálpebras e língua e o "sinal de Lázaro". O sinal de Lázaro se refere a movimentos complexos dos membros superiores e inclui extensão e pronação dos braços, aproximação dos braços do tronco em uma postura de "prece" ou outros movimentos complexos. Acredita-se que se originem na medula cervical e que representem a hipóxia dos neurônios dessas áreas que foram funcionalmente isoladas do cérebro.

Jain S, De Georgia M: Brain-death associated reflexes and automatisms. Neuro crit Care 3:122-126, 2005.

QUADRO 60-1. DIRETRIZES PARA O TESTE DE APNEIA

1. Ventilar o paciente com FiO2 de 1,0 por pelo menos 20 minutos para obter uma PCO_2 normal (37 - 40 mmHg) e hiperóxia antes de desconectá-lo do respirador
2. Depois de desconectar o paciente do respirador, mantenha um fluxo de 100% de O_2 pelo tubo endotraqueal através de um tubo T. A American Academy of Neurology também sugere o uso de um cateter posicionado ao nível da carina através do tubo endotraqueal com 10 L/min de oxigênio ao longo da duração do teste
3. Continue o teste por 5-10 minutos ou até que o paciente apresente hipóxia, hipotensão ou arritmias ventriculares. O nível de dióxido de carbono no sangue apresentará uma elevação de 2 - 4 mmHg/min
4. Monitore a PCO_2 através da gasometria arterial a fim de documentar um valor final > 60 mmHg, um aumento da $PCO_2 > 20$ mmHg ou um pH $< 7{,}24$

7. Quais são as indicações para o uso de testes confirmatórios da morte encefálica?

Testes confirmatórios não são necessários na morte encefálica e não invalidam os critérios clínicos. Eles podem ser usados nos pacientes com resultados indeterminados no teste de apneia, hipercapnia, obesidade mórbida (que dificulta a detecção de movimentos respiratórios), insuficiência cardíaca congestiva grave e/ou instabilidade hemodinâmica e trauma facial grave (o que dificulta ou impossibilita o exame da face e dos olhos), ou nos casos em que houve uso de barbitúricos de ação prolongada no tratamento. Os testes confirmatórios também ajudam nos casos de transplante de órgãos.

8. Quais são os testes confirmatórios de morte encefálica aceitos?

Existem dois tipos de testes confirmatórios: os que documentam a perda da atividade bioelétrica (p. ex., eletroencefalograma [EEG], potencial evocado sensorial, resposta auditiva evocada do tronco cerebral) e os que documentam a perda do fluxo cerebral (p. ex., angiografia pancerebral, cintilografia, Doppler transcraniano).

- **Angiografia:** Essa técnica invasiva requer a cateterização através da artéria femoral ou axilar. Um resultado definitivo exige a visualização dos sistemas carotídeo extracraniano e vertebrobasilar. Um teste positivo mostra ausência de fluxo na caixa craniana. Tipicamente, a coluna de contraste se afunila simetricamente sem preencher as carótidas cervicais (pseudo-oclusão) ou termina abruptamente na base do crânio. Isso representa uma diferença marcante em relação ao enchimento bilateral do sistema da carótida externa. Os vasos vertebrais desaparecem na junção atlanto-occipital. Ocasionalmente, a artéria basilar pode ser vista contra o *clivus*. Não há visualização da fase venosa. Esse exame exige o transporte para a sala de angiografia e a administração de contraste.
- **Cintilografia cerebral:** Esse exame é um método simples, não-invasivo e seguro para medir o fluxo sanguíneo cerebral. Gama-câmaras portáteis permitem a realização do exame à beira do leito em 15 minutos. O teste exige a administração IV em *bolus* de pertecnetato de sódio com tecnécio-99m (15-21 mCi/adulto) ou hexametil-propileno-amina-oxima marcada com tecnécio-99m, seguida da captura das imagens a cada 3 segundos, por um total de 60 segundos. As contagens atribuídas ao sistema da artéria carótida externa são eliminadas por técnicas de subtração ou um torniquete colocado na fronte do paciente, a fim de eliminar o fluxo do couro cabeludo. Caso o fluxo cerebral esteja normal, as imagens sequenciais mostrarão atividade na região das artérias carótidas comuns, das artérias cerebrais anterior e média, dos capilares, do seio venoso sagital e das jugulares internas bilateralmente. Ocasionalmente, as veias do couro cabeludo drenam para o seio sagital, resultando em uma atividade tardia mínima do seio sagital na ausência de atividade arterial identificável.
- **Doppler transcraniano:** Essa tecnologia emergente é a mais fácil e rápida de ser feita e não exige a retirada do paciente da unidade de terapia intensiva. A documentação de fluxo oscilante ou espículas sistólicas é típica da morte encefálica. Esses achados precisam ser demonstrados em duas ocasiões diferentes, separadas por um intervalo de trinta minutos. Não existem relatos de crianças ou adultos com morte encefálica clínica que "sobreviveram" após a demonstração de tais padrões transcranianos. O exame inclui os vasos extracranianos bilateralmente (artérias carótidas comuns, artérias carótidas internas e artérias vertebrais) e qualquer artéria intracraniana bilateral, sendo repetido depois de trinta minutos. Esse teste não pode ser feito em aproximadamente 15% dos pacientes, especialmente naqueles mais idosos. Drenos ventriculares ou defeitos cranianos que evitam o aumento da pressão intracraniana (p. ex., craniectomias, recém-nascidos), interferem na confiabilidade do teste.

9. Qual o papel do EEG no diagnóstico da morte encefálica?

O EEG é um exame aceito para a confirmação da morte encefálica. As diretrizes publicadas incluem fatores como a posição dos eletrodos, tempo de registro e ajustes da impedância. As causas de EEG isoelétrico, que se confundem com morte encefálica, incluem a hipotermia, que produz um silêncio eletroencefalográfico transitório e reversível. Portanto é necessária uma temperatura central de pelo menos 32° C antes que se possa determinar a morte encefálica por meio do EEG. O choque cardiovascular pode causar silêncio eletroencefalográfico reversível. Nesse caso, a perda da atividade elétrica resulta da redução da perfusão cerebral em função da hipotensão sistêmica. A atividade elétrica pode ser restaurada aumentando-se a pressão arterial sistêmica. Portanto uma pressão arterial de pelo menos 80 mmHg é um pré-requisito para o diagnóstico de morte encefálica pelo EEG. O coma causado por barbitúricos ou níveis tóxicos de outros fármacos que causam depressão do SNC (p. ex., benzodiazepínicos, tricloroetileno) também causa silêncio eletroencefalográfico; consequentemente, a possibilidade de intoxicação medicamentosa deve ser descartada por meio de uma história cuidadosa do paciente e/ou exame toxicológico para o diagnóstico confiável de morte encefálica pelo EEG. A maioria dos fármacos que causa depressão do SNC não produz os critérios clínicos necessários para o diagnóstico de morte encefálica devido a seus efeitos no tamanho da pupila (a maioria reduz o tamanho da mesma). As exceções incluem a escopolamina e a glutetimida, que aumentam o tamanho das pupilas.

American Encephalography Society: Guideline three: Minimum technical standards for EEG recording in suspected cerebral death. J Clin Neurophysiol 11:10-13, 1994.

10. Discuta o papel da resposta auditiva evocada do tronco cerebral no diagnóstico da morte cerebral.

Na morte encefálica, não há as respostas do tronco cerebral nem auditivas de latência curta. A observação de que todos os componentes da resposta auditiva evocada do tronco cerebral depois da onda I ou II estão ausentes na morte encefálica, mas preservados em desordens tóxicas e metabólicas, sugere que ela pode ser útil na avaliação dos pacientes com suspeita de coma de etiologia tóxica (sabe-se que o coma barbitúrico, em especial, produz um EEG isoelétrico).

PONTOS-CHAVE: MORTE ENCEFÁLICA ✓

1. A morte encefálica é a cessação irreversível de todas as funções cerebrais, incluindo as funções do tronco cerebral.
2. A perda dos reflexos do tronco cerebral, incluindo a respiração, em dois exames distintos feitos com um intervalo de 24 horas – após descartar causas tóxicas e metabólicas de coma –, é considerada uma evidência clínica de morte encefálica.
3. Considera-se que um paciente apresentou teste de apneia positivo se não houve esforços respiratórios a despeito da PCO2 >60 mmHg e/ou um aumento da PCO_2 > 20 mmHg na presença de uma relativa estabilidade hemodinâmica.
4. Pode haver reflexos e automatismos espinhais após a morte encefálica.
5. As respostas cardíacas e dos barorreceptores geralmente são perdidas nas horas ou dias subsequentes à morte encefálica.

11. Quais as manifestações cardíacas da morte encefálica?

A despeito do suporte cardiovascular agressivo, os pacientes com morte encefálica evoluem para o colapso cardiovascular no prazo de uma semana. De fato, a maioria morre no prazo de dois dias após o diagnóstico da morte encefálica. A variação da frequência cardíaca é perdida (perda da função vagal), assim como a resposta da frequência cardíaca aos fármacos semelhantes à atropina. As alterações eletrocardiográficas associadas ao estágio inicial da morte encefálica incluem o alargamento do QRS (ou seja, ondas de Osborn), o prolongamento do segmento QT e alterações inespecíficas do segmento ST.

Os estágios mais avançados da morte encefálica são marcados pela bradicardia, seguida de anormalidades de condução, incluindo o bloqueio atrioventricular e a demora na condução interventricular. A fibrilação atrial é relativamente comum nos estágios finais da morte encefálica e a atividade atrial normalmente persiste após a cessação dos complexos ventriculares.

12. É possível prever quais pacientes comatosos progredirão para a morte encefálica?

Não é possível determinar com segurança quais pacientes comatosos progredirão para morte encefálica, mesmo depois que diversos estudos identificaram parâmetros clínicos associados a um prognóstico neurológico sombrio. Os melhores fatores preditivos do prognóstico neurológico incluem a pontuação na Escala de Coma de Glasgow durante a internação e o nível de função do tronco cerebral observado nas primeiras 24 horas após a internação. A ausência de resposta pupilar à luz ou de reflexos corneanos no exame inicial indica um prognóstico sombrio. Setenta e duas horas após a lesão cerebral, o valor da resposta motora à dor aumenta; sua ausência ou postura de descerebração à dor está associada a uma péssima recuperação neurológica.

Conci F, Di Rienzo M, Castiglioni P: Blood pressure and heart rate variability and baroreflex sensitivity before and after brain death. Neurol Neurosurg Psychiatry 71:621-631, 2001.

CAPÍTULO 61

ESTADO DE MAL EPILÉPTICO

David C. Bonovich, MD

1. Defina estado de mal epiléptico (EME).

A Organização Mundial de Saúde define EME como "uma condição caracterizada por uma convulsão epiléptica que é suficientemente prolongada ou repetida em intervalos suficientemente breves, de tal forma a produzir uma invariável e duradoura condição epiléptica". No cenário clínico, o EME pode ser definido como uma atividade convulsiva com duração de trinta minutos ou como uma atividade convulsiva intermitente com duração de trinta minutos ou mais, durante os quais a consciência não é recuperada. Mais recentemente, Chen e Westerlain advogaram definir o EME como convulsões com duração superior a cinco minutos.

Chen JW, Westerlain CG. Status epilepticus: Pathophysiology and management in adults. Lancet Neurol 246-256, 2006.

2. Quais são os diferentes tipos de EME? Como eles se apresentam?

O EME é dividido em três categorias:

- *Status epilepticus* convulsivo (SEC).
- *Status epilepticus* não convulsivo (SENC).
- *Status epilepticus* parcial (SEP).

O SEC é a forma mais comum, sendo inclusive potencialmente fatal. O SENC responde por até um quarto de todos os casos. Todas as formas de EME podem resultar em sequelas graves. O EME também pode ser dividido em convulsões que envolvem todo o cérebro (SEC e SENC) e convulsões que envolvem apenas parte do cérebro (SEP). Convulsões envolvendo todo o cérebro podem ser subdivididas naquelas associadas a movimentos motores óbvios (SEC) e naquelas não associadas a envolvimento motor óbvio (SENC).

O SEC é o tipo mais grave de EME. É caracterizado por abalos rítmicos dos membros e corpo, mordedura da língua e perda da consciência. À medida que a duração das convulsões aumenta, os movimentos podem se tornar reduzidos, algumas vezes restringindo-se às pálpebras, apesar da continuação da atividade elétrica generalizada no cérebro. Mesmo com o diagnóstico de SEC sendo óbvio na maioria dos casos, o diagnóstico diferencial inclui calafrios associados à febre e à sepse, espasmos mioclônicos e pseudo-EME (ou seja, convulsões de origem psicogênica não associadas a descargas elétricas no cérebro).

O SENC pode ser mais difícil de diagnosticar e pode ser mais comum na população idosa. Apesar de não existir uma classificação do SENC globalmente aceita, dois tipos principais são reconhecidos: parcial complexo – o qual pode ser então subdividido com base no fato de o paciente ter epilepsia subjacente ou doença ou de estar em coma – e pequeno mal. No EME parcial complexo, a alteração da consciência dura mais do que trinta minutos devido à atividade elétrica cortical anormal. Não há atividade motora tônico-clônica generalizada, mas podem acontecer movimentos estereotipados, como dos lábios, mastigatório ou o ato de puxar as roupas. O paciente pode ser erroneamente diagnosticado como estando intoxicados ou com transtorno psiquiátrico. O EME pequeno mal com frequência é difícil de distinguir do EME parcial complexo, exceto pelo traçado eletroencefalográfico. Os pacientes parecem letárgicos, mas podem ser capazes de responder a perguntas simples de forma lenta. Movimentos das pálpebras podem estar presentes, mas automatismos são menos comuns do que no EME parcial complexo.

O SEP contínuo consiste meramente em convulsões motoras focais persistentes que duram mais do que trinta minutos e não interferem com a consciência.

Treiman DM, Walker MC: Treatment of seizure emergencies: Convulsive and non-convulsive status epilepticus. Epilepsy Res 68 (Suppl 1): S77-S82, 2006.

3. Quais são as causas mais comuns de SEC?

Assim como em outros tipos de convulsões, o SEC pode ser dividido em sintomático, idiopático e criptogênico. As causas mais comuns de SEC são a cessação do uso de drogas antiepilépticas, a abstinência do álcool, a sobredose de drogas e a doença cerebrovascular. Na população adulta, o acidente vascular cerebral pode responder por até 50% dos casos de EME e provavelmente é a causa mais comum de SEC na população idosa. Aproximadamente 50% dos adultos em SEC não tem história prévia de epilepsia. Muitas dessas apresentações ocorrem no cenário de doenças neurológicas agudas, como acidentes vasculares cerebrais. Outras causas incluem desequilíbrios eletrolíticos, lesões cranianas, efeitos tóxicos de drogas, insultos hipóxicos-isquêmicos, tumores cerebrais, infecção do sistema nervoso central e insuficiência renal. Em cerca de 15% dos pacientes a causa não é determinada.

Gaitanis JN, Drislane FW: Status epilepticus: A review of different syndromes, their current evaluation, and treatment. Neurologist 9:61-76, 2003.

4. Por que é necessário tratar o SEC com urgência?

Precocemente no curso do SEC, a demanda metabólica aumentada é equilibrada pelo aumento do fluxo sanguíneo cerebral, como resultado da autorregulação. Porém quando as convulsões duram mais do que trinta minutos, a autorregulação se torna inadequada e o fluxo sanguíneo é incapaz de corresponder a demanda metabólica. Como resultado, o ácido láctico começa a se acumular no cérebro e os níveis de glicose e bicarbonato caem.

Dados experimentais consistentes sugerem que ocorre dano celular permanente em várias localizações corticais e subcorticais após sessenta minutos de convulsão. Além disso, estudos clínicos demonstraram que, quanto mais o SEC se prolonga, mais difícil é para controlá-lo e maior é a incidência de sequelas neurológicas. Portanto, é importante reconhecer e tratar o SEC precoce e agressivamente, antes que tais complicações se desenvolvam. O SEC prolongado também é associado a outros distúrbios sistêmicos. Um aumento inicial na ventilação minuto abre caminho para a hipoventilação e a apneia. A resistência vascular pulmonar pode se elevar e, em alguns casos, o edema pulmonar pode se desenvolver. A aspiração é comum. Arritmias podem ser vistas em até 60% dos pacientes com EME prolongado. A liberação de catecolaminas e atividade muscular vigorosa prolongada podem resultar em hipertermia. Também podem ocorrer acidose láctica e outros distúrbios metabólicos.

Gaitanis JN, Drislane FW: Status epilepticus: A review of different syndromes, their current evaluation, and treatment. Neurologist 9:61-76, 2003.

5. Quais são os passos iniciais mais importantes quando nos deparamos com um paciente em SEC?

Como sempre, o ABC (ou seja, vias aéreas (*airway*), respiração (*breathing*) e circulação) deve ser realizado imediatamente. Deve-se instituir suplementação de oxigênio e instalar um acesso venoso. Se não houver uma via aérea e ventilação adequadas, insere-se um tubo endotraqueal e inicia-se a ventilação assistida. Se o bloqueio neuromuscular for usado para intubação, recomenda-se um agente de curta duração a fim de evitar o obscurecimento da atividade convulsiva. Uma solução de cloreto de sódio a 0,9% deve ser o líquido IV inicial, pois pode ser usada para tratar a hipotensão, caso esta ocorra, e é compatível com a fenitoína ou a fosfenitoína venosas. Para minimizar o risco de insuficiência renal devido à rabdomiólise e prevenir a desidratação, deve-se realizar hidratação venosa com salina normal a 200 mL/h. Os seguintes testes devem ser solicitados imediatamente: hemograma completo, teste para presença de drogas, gasometria arterial, glicemia, osmolaridade sérica, níveis de anticonvulsivantes, eletrólitos séricos, ureia, creatinina, cálcio, magnésio, fosfato e nível de álcool no sangue.

Chen JW, Wasterlain CG: Status epilepticus: Pathophysiology and management in adults. Lancet Neurol 5: 246-256, 2006.

6. Uma vez realizado o ABC, quais são os passos seguintes para o manejo de um paciente em SEC?

A seguinte abordagem é proposta apenas como um guia. Circunstâncias individuais podem exigir terapias diferentes. Apesar de as convulsões terem de persistir por trinta minutos para serem classificadas como EME, não se deve esperar até que trinta minutos tenham se passado para iniciar a terapia. Uma vez que um acesso venoso tenha sido assegurado, administra-se tiamina (100 mg IV) , seguida por 50 mL de glicose a 50% caso a glicemia capilar à beira do leito revele hipoglicemia. Administra-se lorazepam, na dose de 0,10 mg/kg dividida em dose de 4 mg, em uma velocidade menor que 2 mg /min, até uma dose máxima de 10 mg (em adultos). Simultaneamente, administra-se uma dose de ataque de fosfenitoína em uma velocidade de 100 mg/min. A fosfenitoína é uma forma hidrossolúvel da fenitoína e não necessita do veículo propilenoglicol, que foi implicada em casos de hipotensão e arritmias cardíacas algumas vezes observadas durante a administração da dose tradicional de fenitoína IV. A fosfenitoína é expressa como equivalentes de fenitoína; portanto, a dose de ataque é a mesma que a da fenitoína (18 mg/kg). Se a fosfenitoína não estiver disponível, infunde-se fenitoína (18-20 mg/kg) em uma velocidade menor do que 50 mg/min ou 25 mg/min em idosos. Mais de 80% dos casos de SEC são controlados pela combinação de lorazepam e de uma preparação de fenitoína.

Se as convulsões persistirem após o ataque inicial de fosfenitoína, admininstra-se uma dose adicional de 5 mg/kg de fosfenitoína (ou fenitoína, se for a única forma disponível). Se essa dose for ineficaz, indica-se intubação traqueal, caso ainda não tenha sido realizada, pois os efeitos depressores cardiorrespiratórios dos barbitúricos (a droga seguinte a ser adicionada) e dos benzodiazepínicos são cumulativos. Além disso, muitos pacientes apresentam hipotensão com a administração de barbitúricos ou benzodiazepínicos e requerem hidratação IV e suporte pressórico com inotrópicos, como a dopamina.

O tratamento ideal dos casos refratários de SEC não responsivos à fenitoína e ao lorazepam ainda é um tópico sob debate contínuo. É aconselhável que um neurologista com experiência em EME seja sempre consultado.

Tradicionalmente, tem-se recomendado fenobarbital (dose de ataque de 15-20 mg/kg) como a medicação subsequente, administrado em uma velocidade não superior a 50-100 mg/min, até que a dose total seja administrada ou as convulsões cessem. O ataque de fenobarbital é seguido por uma dose de manutenção de 1-4mg/kg/dia. Quando o ataque de fenobarbital não faz as convulsões cessarem, muitos médicos recomendam o uso de pentobarbital ou midazolam. O pentobarbital é administrado em uma dose de ataque de 2-8 mg/kg em dois minutos, seguida por uma dose de manutenção de 0,5-5 mg/kg/h até que as convulsões cessem clinicamente ou seja atingida a surto-supressão no EEG.

Alternativamente, uma dose de ataque de midazolam (10 mg em 3-5 minutos), seguida por uma dose de manutenção de 0,05 a 0,4 mg/kg/h, pode ser usada até que o EEG esteja livre de atividade convulsiva.

Caso os passos apresentados se mostrem malsucedidos no controle da crise, administra-se lidocaína em doses de 2 mg/kg em cinco minutos, seguida por uma infusão de 3 mg/kg/h por não mais do que 12 horas. A lidocaína não deve ser usada em pacientes com insuficiência hepática ou cardíaca ou em pacientes com arritmias cardíacas ou bloqueios de ramo. Também pode-se considerar a anestesia geral com um agente inalatório como o isoflurano caso as medidas previamente mencionadas sejam mal sucedidas. Recentemente, o propofol tem sido usado no tratamento do SEC refratário. Seu mecanismo de ação ainda é obscuro. A dose de ataque de 1 mg/kg é repetida a cada cinco minutos até que a atividade convulsiva seja suprimida. Então uma dose de manutenção de 2-10 mg/kg/h é usada. Uma preparação IV do ácido valproico foi desenvolvida e dados de estudos em animais sugerem que ela pode ser eficaz no SEC, porém tal substância ainda não foi aprovada pela Food and Drug Administration dos Estados Unidos.

7. Existem outros agentes que possam ser usados no tratamento inicial do EME, além da fosfenitoína e da fenitoína?

O fenobarbital pode ser usado como tratamento de primeira linha depois do lorazepam; porém, devido a seus efeitos sedativos e seus potenciais efeitos respiratórios, ele geralmente não é usado. Uma forma injetável IV do ácido valproico foi desenvolvida e demonstrou eficácia no tratamento do EME. A dose usual é de 20-40 mg/kg como dose de ataque.

Peters CN, Pohlmann-Eden B: Intravenous valproate as an innovative therapy in seizure emergency situations including status epilepticus: Experience in 102 adult patients. Seizure 14:164-169, 2005.

8. Quais fatores devem ser levados em conta para determinar qual bloqueador neuromuscular (BNM) deve ser administrado a um paciente em SEC, caso necessário?

Os BNMs muitas vezes podem ser desejáveis para ajudar a reduzir as alterações metabólicas e a hipertermia resultantes da contração muscular vigorosa prolongada. Todos os BNMs causam intensa fraqueza muscular, mas a duração da ação de tais agentes varia muito. Se o bloqueio neuromuscular se faz necessário e a monitorização contínua com EEG não está sendo realizada, deve-se administrar uma dose única de um agente não-despolarizante de curta duração de ação; é impossível detectar clinicamente se a atividade convulsiva está continuando na presença de bloqueio neuromuscular. O tratamento anticonvulsivante deve continuar conforme delineado anteriormente e a monitorização com EEG deve ser fortemente considerada. Caso seja utilizado um agente de longa duração de ação ou sejam administradas múltiplas doses de um agente de curta duração de ação, a monitorização contínua com EEG é mandatória a fim de prevenir o EME não diagnosticado. Todos os pacientes recebem BNMs devem estar intubados.

9. Quais os passos apropriados após o controle das convulsões?

Uma vez que as convulsões tenham sido controladas, é importante estabelecer a causa do EME. Também deve-se solicitar análises sanguíneas apropriadas e culturas. Exames de imagem, como a tomografia computadorizada ou a ressonância magnética, devem ser realizados tão logo quanto possível a fim de descartar causas estruturais do SNC. A punção lombar pode auxiliar a descartar infecções do SNC e hemorragia subaracnoidea. Se houver suspeita de etiologia infecciosa, recomenda-se administrar antibióticos empíricos. As doses de manutenção dos anticonvulsivantes devem ser administradas e ajustadas baseadas nos níveis séricos.

PONTOS-CHAVE: ESTADO DE MAL EPILÉPTICO ✓

1. O estado de mal epiléptico é uma condição que ameaça a vida e que precisa ser tratada de maneira agressiva.
2. O *status* não convulsivo é, com frequência, uma causa subdiagnosticada de estado mental alterado no cenário da medicina intensiva.
3. Em adição à fosfonitoína e fenitoína o ácido pode ser usado depois dos benzodiazepínicos, para a prevenção de convulsões posteriores.
4. É importante procurar pela causa subjacente das convulsões – isso envolve a exclusão de causas metabólicas e estruturais.
5. O bloqueio neuromuscular deve ser usado apenas em circunstâncias especiais e somente quando existe monitorização contínua com EEG.

10. A febre ou a pleocitose do líquido cefalorraquidiano (LCR) sempre indicam uma etiologia infecciosa do SEC?

A maioria dos pacientes em SEC exibe um aumento da temperatura corporal, o qual, em raros casos, pode progredir a extremos (até 41° C) mesmo na ausência de uma etiologia infecciosa. Além disso, pode ocorrer pleocitose leve no sangue periférico e no LCR em tais pacientes. Apesar de a febre e a pleocitose no sangue e LCR poderem ser resultantes do SEC, é imperativo que não se atribua esses achados ao efeito de repetidas convulsões, até que todas as outras possibilidades tenham sido excluídas. Em geral, a cobertura empírica para etiologias infecciosas (até que todas as culturas tenham resultados negativos) é preferível ao subtratamento de uma infecção grave.

11. Qual é o significado do mioclônus pós-anóxico?

O estado mioclônico induzido por estímulos é um indicador de mau prognóstico após a ressuscitação cardiopulmonar, sugerindo dano neocortical grave. Espasmos mioclônicos generalizados associados ao coma anóxico são sensíveis a estímulos (ou seja, deflagrados pelo toque ou ruído) e associados à surto-supressão no EEG. A atividade mioclônica usualmente dura um ou dois dias e pode ser muito desconcertante para as famílias e médicos. O estado mioclônico é de difícil tratamento e é resistente a drogas como o fenobarbital, a fenitoína e os benzodiazepínicos. Alguns dados sugerem que o valproato pode ser eficaz para tratar essa síndrome. Porém, deve-se ter em mente que o tratamento do estado mioclônico não afeta a evolução, apesar de ser capaz de amenizar a tensão da família e dos médicos.

Fahn S: Post-anoxic myoclonus: Improvement with valproic acid. N Engl J Med 299:313-314, 1978.

BIBLIOGRAFIA

1. Aminoff MJ, Simon RP: Status epilepticus: Causes, clinical features and consequences in 98 patients. Am J Med 69:657-666; 1980
2. Chapman MG, Smith M, Hirsch NP. Status epilepticus. Anaesthesia 56:648-659, 2001.
3. Crawford TO, Mitchell WG, Snodgrass SR: Lorazepam in childhood status epilepticus and serial seizures: Effectiveness and tachyphylaxis. Neurology 37:190-195, 1987
4. Leppik IE: Status epilepticus. Neurol Clin 4:633-643, 1986
5. Provencio JJ, Bleck TP, Conners AF: Critical care neurology. Am J Respir Crit Care Med 164:341-345, 2001.
6. Uthman BM, Wilder BJ: Emergency management of seizures: An overview. Epilepsia 30(Suppl 2):S33-S37, 1989.
7. Wijdicks EFM: The Clinical Practice of Critical Care Neurology. Filadélfia, Lippincott-Raven, 1997.
8. Wilder BJ: The use of parenteral antiepileptic drugs and the role of fosphenytoin. Neurology 46(Suppl 1):S1-S28, 1996.

CAPÍTULO 62

ACIDENTE VASCULAR CEREBRAL E ANEURISMAS CEREBRAIS

David C. Bonovich, MD

ACIDENTE VASCULAR CEREBRAL

1. Defina *acidente vascular cerebral isquêmico.*

O acidente vascular cerebral (AVC) é causado por uma alteração no fluxo sanguíneo para o cérebro. A *isquemia* é definida como hipoxemia, uma redução na oferta de oxigênio e glicose para um órgão alvo – neste caso, o cérebro. A isquemia cerebral pode ser caracterizada como global (como no caso de uma parada cardíaca) ou focal (envolvendo um vaso específico ou um grupo específico de vasos sanguíneos no cérebro); embólica ou trombótica; e pode envolver vasos de grosso calibre (envolvendo um dos principais vasos sanguíneos) ou vasos de pequeno calibre (envolvendo um dos pequenos vasos sanguíneos penetrantes do cérebro).

2. Defina *hemorragia intraparenquimatosa.*

A hemorragia intraparenquimatosa resulta da ruptura de um vaso sanguíneo no cérebro; geralmente envolve os pequenos vasos penetrantes. A expressão clínica e o prognóstico da hemorragia intraparenquimatosa estão relacionados à localização do vaso sanguíneo que se rompeu e à lesão cerebral resultante da ruptura. A hemorragia intraparenquimatosa representa de 10% a 15% de todos os acidentes vasculares cerebrais. Na população asiática, ela representa uma porcentagem maior.

Jiang B, Wang WZ, Chen H, et al: Incidence and trends of stroke and its subtypes in China: Results from 3 large cities. Stroke 37:63-68, 2006.

Klatsky AL, Friedman GD, Sidney S, et al: Risk of hemorrhagic stroke in Asian American ethnicgroups. Neuroepidemiology 25:26-31, 2005.

Nguyen-Huynh MN, Johnston SC: Regional variation in hospitalization for stroke among Asians/Pacific islanders in the United States. BM C Neurology 5:21-28, 2005

3. Quais os principais fatores de risco do infarto cerebral trombótico?

A hipertensão é de longe o fator mais significativo. O aumento do risco é proporcional ao grau de hipertensão. A idade também é um fator de risco; a incidência de infarto cerebral aumenta com a idade e apresenta uma incidência 1,3 vez maior nos homens do que nas mulheres. Outros fatores de risco incluem diabetes, doença coronariana, insuficiência cardíaca congestiva, fibrilação atrial e hipertrofia do ventrículo esquerdo. A obesidade, a hipercolesterolemia e a hiperlipidemia são consideradas fatores de risco, pois também aumentam a suscetibilidade à doença aterosclerótica.

Mas JL: Atherothrombosis: Management of patients atrisk. Int J Clin Pract 59:407-414, 2005.

4. Quais os principais fatores de risco do infarto cerebral embólico?

Os eventos embólicos geralmente se originam no coração. Os principais fatores de risco incluem doença cardíaca isquêmica com trombo mural; arritmias cardíacas, especialmente a fibrilação atrial; próteses valvares cardíacas; doença cardíaca reumática; anormalidades estruturais valvares, como a estenose mitral e a endocardite bacteriana. A fibrilação atrial por si só, sem evidência de doença cardíaca reumática, aumenta a incidência de AVC em aproximadamente cinco vezes. Os pacientes idosos apresentam maior risco em relação à fibrilação atrial, já que a proporção de AVCs secundários a essa arritmia se eleva com a idade. A aterosclerose do arco aórtico, carótidas e artérias vertebrais também é um fator de risco.

5. Quais os principais fatores de risco da hemorragia intraparenquimatosa?

A hipertensão crônica é responsável por cerca de 70% dos casos de hemorragia intraparenquimatosa. As localizações típicas da hemorragia associada à hipertensão incluem os gânglios da base, o tálamo, a ponte e o cerebelo. A angiopatia amiloide cerebral resulta da deposição de amiloide na média e na íntima de vasos sanguíneos pequenos e médios, levando à hemorragia lobar. A angiopatia amiloide cerebral afeta, tipicamente, os idosos. Malformações vasculares também estão associadas à hemorragia intraparenquimatosa. As coagulopatias adquiridas ou congênitas e o sangramento no interior de tumores cerebrais também devem ser levados em consideração.

6. O abuso de drogas predispõe os pacientes ao acidente vascular cerebral?

O abuso de drogas emergiu como um fator de risco importante de AVC em pacientes jovens. Drogas simpatomiméticas, em especial a cocaína e as anfetaminas, têm sido associadas mais frequentemente à hemorragia intraparenquimatosa, mas também estão associadas ao AVC isquêmico. Diversos estudos demonstraram que o abuso de drogas é um fator de risco frequentemente identificado nos pacientes com AVC com menos de 35 anos de idade.

Riggs JE, Gutman L: Crack cocaine use and stroke in young patients. Neurology 49:1473-1474, 1997.

Sloan MA, Kittner SJ, Freeser BR, et al: Illicit drug-associated ischemic stroke in the Baltimore-Washington young stroke study. Neurology 50:1688-1693, 1998.

7. Qual é o valor normal do fluxo sanguíneo cerebral?

Nos adultos normais, o fluxo sanguíneo cerebral é de aproximadamente 55 mL/100 g de tecido cerebral/minuto ou 15% do débito cardíaco normal. Quando o fluxo sanguíneo apresenta uma redução para < 20 mL/100 g/min, os potenciais evocados são perdidos e o eletroencefalograma se torna isoelétrico. Quando o fluxo sanguíneo se reduz para < 15 mL/100 g/min e não é prontamente restaurado, ocorre lesão cerebral irreversível. O cérebro possui autorregulação (ou seja, o fluxo sanguíneo cerebral permanece constante em uma ampla margem de variação da pressão arterial). Nos pacientes com hipertensão crônica, a curva de autorregulação é desviada para a direita, de forma que a autorregulação ocorre em uma faixa de níveis pressóricos mais elevados do que nos pacientes normotensos.

8. Descreva o suprimento sanguíneo do cérebro.

Quatro artérias são responsáveis pelo sangue que chega ao cérebro: duas artérias carótidas internas, anteriormente; e duas artérias vertebrais, posteriormente. As artérias carótidas internas se originam das artérias carótidas comuns. A artéria carótida comum esquerda é ramo da aorta e a artéria carótida comum direita emerge do tronco braquiocefálico. Cada artéria carótida comum se bifurca em ramos externo e interno, na altura do ângulo da mandíbula. As artérias carótidas internas irrigam os nervos ópticos, a retina e a maior parte dos hemisférios cerebrais (os lobos frontal, parietal e temporal anterior). Os ramos da artéria carótida incluem:

- Artéria oftálmica.
- Artéria comunicante posterior.
- Artéria coroidea anterior.
- Artéria cerebral anterior.
- Artéria cerebral média.

A circulação posterior é alimentada pelas duas artérias vertebrais. As artérias vertebrais direita e esquerda emergem das artérias subclávias bilateralmente e entram na fossa posterior por meio do forame magno. Elas dão origem à artéria cerebelar inferior posterior e às artérias espinhais anteriores e posteriores antes de confluir e formar a artéria basilar no nível da junção pontobulbar. O sistema vértebro-basilar irriga a medula cervical, o tronco cerebral, os lobos temporais médio e posterior e os lobos occipitais.

A artéria cerebral posterior irriga os lobos occipitais. Na maioria dos pacientes (70%), essa artéria se origina da bifurcação da artéria basilar. Em 95% dos casos, uma ou ambas as artérias cerebrais posteriores se originam da artéria basilar, enquanto nos 5% restantes elas se originam da artéria carótida interna bilateralmente. Os principais ramos da artéria basilar incluem:

- Artéria do labirinto para o ouvido médio.
- Artéria cerebelar superior.
- Artéria cerebelar posterior.
- Artéria cerebelar inferior anterior.

9. Descreva o polígono de Willis.

O sistema vértebro-basilar se une ao sistema carotídeo por meio de um anel anastomótico. As artérias comunicantes anterior e posterior ligam as circulações anterior/posterior e as circulações dos hemisférios direito/esquerdo. O polígono é formado por quatro artérias: artéria comunicante posterior, artéria cerebral posterior bilateralmente, artéria comunicante anterior e artéria cerebral anterior bilateralmente.

10. Descreva a apresentação clínica de um AVC isquêmico grande.

A apresentação neurológica de um paciente com um evento isquêmico depende da localização e do tamanho do infarto. Os infartos da artéria carótida geralmente resultam em sintomas unilaterais; os infartos do sistema vértebro-basilar podem causar sintomas bilaterais.

- **Oclusão da artéria carótida:** Esse evento resulta em hemiparesia contralateral, hemihipoestesia, hemianopsia homônima, agnosia e, se o hemisfério dominante for afetado, afasia global. Alguns pacientes (15%) apresentam síndrome de Horner ipsilateral. Frequentemente, o infarto causa edema cerebral acentuado e o paciente pode ficar obnubilado ou evoluir para o coma. A maioria das oclusões carotídeas é trombótica. Episódios isquêmicos transitórios precedem oclusões importantes da artéria carótida em aproximadamente 50% de casos. Alguns pacientes com oclusão completa da artéria carótida podem apresentar pouco ou nenhum déficit neurológico, pois a circulação colateral por meio do polígono de Willis permite a circulação de uma quantidade de sangue suficiente para prevenir a isquemia.
- **Isquemia da artéria cerebral média:** Pode causar um quadro clínico semelhante ao da oclusão da artéria carótida. Na estenose aguda da artéria carótida (p. ex., um vaso aterosclerótico que progride para obstrução total) e dissecção da artéria carótida, êmbolos podem se deslocar para a artéria cerebral média, causando isquemia no seu território. Essa isquemia geralmente resulta em uma disfunção motora que afeta a face e os membros superiores, mas preserva os membros inferiores. As oclusões dos seus ramos causam déficits menores. As funções da fala e da linguagem podem ser afetadas porque a artéria cerebral média irriga os centros da fala e da linguagem no cérebro (no hemisfério esquerdo, na grande maioria das pessoas).
- **Isquemia da artéria cerebral anterior:** Muito menos comum, a isquemia da artéria cerebral anterior resulta em disfunção motora contralateral, que afeta mais as pernas do que os braços e a face.
- **Oclusão da artéria basilar:** A oclusão da artéria basilar resulta em paralisias bilaterais dos nervos cranianos e quadriparesia. Se o infarto afetar o sistema reticular ativador do tronco cerebral, o paciente entrará em coma. Entretanto, é possível que o sistema reticular ativador mais elevado, ao nível do mesencéfalo, seja preservado enquanto as vias motoras são afetadas. Essa perda total da função motora em um paciente desperto é chamada *síndrome de encarceramento*. Outros sintomas de isquemia da artéria basilar incluem vertigem, ataxia e diplopia.
- **Oclusão unilateral da artéria vertebral:** Esse evento pode resultar em isquemia da porção lateral do bulbo (se houver envolvimento da artéria cerebelar inferior posterior). A isquemia do trato espinotalâmico resulta em ataxia ipsilateral, hipoestesia facial e perda contralateral das sensações de dor e temperatura abaixo da face. A perda de função dos nervos cranianos IX e X leva à disfagia e à rouquidão. Também pode ocorrer Síndrome de Horner ipsilateral à lesão. Essa síndrome é chamada *síndrome bulbar lateral* ou *síndrome de Wallenberg*.

11. O que é infarto lacunar?

Lacuna, em latim, significa uma pequena depressão ou cavidade oca. Lacunas cerebrais são múltiplos infartos pequenos resultantes da oclusão dos pequenos ramos penetrantes (50 - 150 μm de diâmetro) de um dos principais vasos cerebrais. O tecido cerebral infartado amolece e se degenera, deixando pequenas cavidades (1 - 3 mm de diâmetro) evidentes à autópsia. As lacunas produzem uma variedade de sintomas sensoriais e motores, dependendo de sua localização. Muitas lacunas podem levar à perda da capacidade intelectual, com alteração da memória recente. Em alguns casos pode haver o desenvolvimento de demência grave. Existem quatro síndromes lacunares clássicas:

- **Hemiparesia puramente motora:** Fraqueza que afeta igualmente a face, membro superior e inferior em um lado do corpo, com preservação das funções sensorial, intelectual e da fala.
- **Perda puramente hemissensorial:** Perda das sensações em um lado do corpo, com preservação das funções motora, intelectual e da fala.
- **Síndrome de disartria-mão torpe:** Fraqueza predominantemente na mão e disartria (fala inarticulada).
- **Ataxia-hemiparesia:** Ataxia e fraqueza envolvendo a face, membro superior e inferior em um lado do corpo; a dificuldade de coordenação é muito maior do que a esperada em uma hemiparesia puramente motora.

12. O que é o infarto de zonas limítrofes?

O infarto de zonas limítrofes é uma área de isquemia cerebral focal resultante da redução da pressão de perfusão. Tipicamente, esses infartos ocorrem bilateralmente em áreas limítrofes entre leitos vasculares importantes, como a artéria cerebral média e a artéria cerebral posterior. Os infartos de zonas limítrofes bilaterais geralmente são secundários à hipotensão sistêmica. Já os infartos de zonas limítrofes unilaterais podem estar associados à estenose ipsilateral de um vaso sanguíneo de grande porte.

13. O que é a dissecção arterial? Como ela se manifesta neurologicamente?

A dissecção arterial ocorre quando o sangue se estende para o interior da parede de uma artéria. Quando isso ocorre com uma artéria que irriga o cérebro, sua manifestação está relacionada ao território vascular envolvido e pode resultar de embolia distal originária da área de dissecção, oclusão completa do vaso sanguíneo dissecado, associada ou não à embolia ou hemorragia subaracnoidea. A hemorragia subaracnoidea é mais comum quando ocorre a dissecção intracraniana de vasos sanguíneos, enquanto na dissecção das artérias do pescoço a ocorrência de embolia ou isquemia é mais comum.

Recomenda-se o uso de ácido acetilsalicílico e heparina no tratamento dessa ocorrência. A maioria dos médicos prefere usar a heparina, mas não existe uma diretriz-padrão para seu uso. Mais recentemente, abordagens endovasculares das dissecções traumáticas e não traumáticas têm sido consideradas.

Cohen JE, Ben Hur T, Rajz G, et al: Endovascular stent-assisted angioplasty in the management of traumatic internal carotid artery dissections. Stroke 36:e45-e47, 2005.

Edgell RC, Abou-Chebl A, Yadav JS: Endovascular management of spontaneous carotid artery dissection. J Vasc Surg 42:854-860; discussion, 860, 2005.

14. Qual é o significado da estenose da artéria carótida?

A estenose da artéria carótida pode causar isquemia cerebral, apresentando-se na forma de ataques isquêmicos transitórios ou, nos casos mais graves, na forma de AVCs. A isquemia costuma ser resultante de microembolia aterosclerótica e não do infarto distal causado pela estenose. Segundo as recomendações atuais, deve-se tratar a estenose sintomática da artéria carótida com obstrução > 70% por meio de técnicas cirúrgicas ou endovasculares.

Gasecki AP, Eliasziw M, Ferguson GG, et al: Long-term prognosis and effect of endarterectomy inpatients with symptomatic severe carotid stenosis and contralateral carotid stenosis or occlusion: results from NASCET. North American Symptomatic Carotid Endarterectomy Trial (NASCET) Group. J Neurosurg 83:778-782, 1995.

Higashida RT, Meyers PM, Phatouros CC, et al: Reporting standards for carotid artery angioplasty and stent placement. Stroke 35: e112-e134, 2004.

PONTOS-CHAVE: ACIDENTE VASCULAR CEREBRAL (AVC) ✓

1. Existe um tratamento eficaz para os AVCs isquêmicos que pode melhorar o prognóstico caso administrado dentro de um determinado período de tempo; lembre-se da assertiva "tempo é cérebro". O tratamento consiste na administração sistêmica/IV e intra-arterial de trombolíticos e, no futuro, na extração mecânica do coágulo.
2. No tratamento do AVC isquêmico agudo, a pressão sistólica deve ser reduzida para menos de 185 mmHg e a diastólica para menos de 110 mmHg antes da administração de rt-PA IV.
3. Nos pacientes com AVC isquêmico que não são candidatos ao tratamento trombolítico, as diretrizes em relação à pressão arterial devem ser liberalizadas para garantir uma circulação adequada na área de tecido em risco (ou seja, penumbra isquêmica). A pressão sistólica pode chegar a 210 mmHg e a diastólica a 110 mmHg.
4. O risco de AVC é maior nos pacientes com estenose sintomática da artéria carótida (≥ 70%) e, portanto, eles devem ser tratados com métodos cirúrgicos ou endovasculares.
5. O tratamento da hemorragia intracerebral é basicamente de suporte. O estudo Surgical Trial in Intracerebral Hemorrhage; completado recentemente, não mostrou benefícios do tratamento cirúrgico precoce da hemorragia intracraniana.

15. O que é a síndrome do roubo da subclávia?

Essa síndrome se refere aos sintomas de insuficiência vértebro-basilar que se desenvolvem em associação a exercícios físicos, especialmente aqueles que envolvem os braços. Ela reflete o desvio (roubo) de sangue da artéria vertebral para a artéria braquial. Quando a vasodilatação causada pelo exercício físico ocorre em pacientes com estenose proximal da artéria subclávia ou da artéria inominada, pode ocorrer fluxo retrógrado por meio da artéria vertebral com o objetivo de encher o leito vascular dilatado do braço. O diagnóstico dessa síndrome é confirmado quando os sintomas estão associados a uma redução da pressão arterial em um braço e ao sopro supraclavicular ipsilateral. Ela é mais comum à esquerda do que à direita.

16. Descreva a encefalopatia hipertensiva.

Esse termo se refere a uma encefalopatia caracterizada por cefaleia, náusea, vômito, alterações visuais, convulsões, confusão e coma na presença de hipertensão grave. Uma teoria sugere que a rápida elevação da pressão arterial é acompanhada pela perda da autorregulação cerebral, produzindo áreas localizadas de vasoespasmo e isquemia, associadas a áreas de vasodilatação cerebral e aumento do fluxo sanguíneo. O edema cerebral é uma ocorrência comum, mas não constante. As causas estão associadas à idade e incluem (1) glomerulonefrite aguda (em crianças e adolescentes), (2) glomerulonefrite crônica (em adultos jovens), (3) eclâmpsia (em mulheres grávidas) e (4) hipertensão maligna (em pacientes com mais de 30 a 40 anos de idade). O único sinal sempre presente é a hipertensão arterial. O edema de papila quase sempre está presente e sua ausência deve levantar dúvidas em relação ao diagnóstico.

17. Discuta o tratamento do AVC isquêmico agudo.

A prevenção do AVC através da modificação de fatores de risco, agentes antiplaquetários e anticoagulação com warfarina na fibrilação atrial teve uma influência positiva na incidência de novos eventos. Entretanto, o tratamento eficaz do AVC agudo tem provado ser mais difícil.

Em 1995, demonstrou-se que o uso da terapia trombolítica IV com ativador do plasminogênio tecidual recombinante (rt-PA) melhora o prognóstico de pacientes com AVC agudo (se puder ser iniciado no prazo de três horas após o início dos sintomas). Outros estudos usando rt-PA IV não foram bem-sucedidos, especialmente devido à janela de tratamento (até cinco horas após o início dos sintomas).

Demonstrou-se que o uso de pró-uroquinase intra-arterial é benéfico no tratamento da oclusão da artéria cerebral média se for iniciado nas primeiras seis horas após o início dos sintomas. Estudos para determinar se a combinação de rt-PA IV seguida de rt-PA intra-arterial apresenta benefícios adicionais sobre o uso de cada um deles em separado ainda estão em andamento. O objetivo é restabelecer o fluxo sanguíneo antes da morte do tecido cerebral. A hemorragia intracerebral é a principal complicação da terapia trombolítica. Em um estudo de 1995, a incidência de hemorragia entre os pacientes que receberam rt-PA estava na ordem de 6%, enquanto os pacientes que não receberam rt-PA apresentaram uma incidência de 0,6%.

Em 2004, os resultados do estudo Mechanical Embolus Removal in Cerebral Ischemia demonstraram que a recanalização através da remoção mecânica do coágulo dos vasos intracerebrais era segura e beneficiava os pacientes com AVC isquêmico.

Demonstrou-se que o uso de agentes antiplaquetários no quadro agudo apresenta um benefício pequeno, mas estatisticamente significativo, e a combinação de ácido acetilsalicílico ao rt-PA também se mostrou benéfica em termos de reperfusão, apesar de poder aumentar os riscos de hemorragia.

O uso de heparina no AVC agudo foi assunto de debate por muitos anos. Seu uso é baseado no conceito de propagação do coágulo ou embolia recorrente de uma fonte cardíaca ou vascular como a causa da deterioração neurológica. Demonstrou-se o efeito benéfico da anticoagulação na redução da incidência de AVC em pacientes com fibrilação atrial. Entretanto, seu uso no tratamento do AVC isquêmico agudo permanece fonte de controvérsia.

A necessidade de evitar a queda da pressão arterial é outro fator a ser levado em conta no tratamento. Como o fluxo sanguíneo em torno das áreas infartadas do cérebro já está reduzido, uma diminuição maior, através da redução da pressão arterial, pode levar à extensão da área de infarto. Consequentemente, pressões arteriais mais elevadas geralmente são desejáveis em casos de AVC agudo, devendo-se evitar tentativas vigorosas de redução da pressão arterial. O uso de sedativos também deve ser minimizado, pois pode interferir na possibilidade de o médico acompanhar a evolução neurológica do paciente.

Finalmente, cuidados de rotina – como exercícios de amplitude de movimento para os membros que se tornaram imóveis ou fracos devido ao AVC; prevenção da aspiração, embolia pulmonar e úlceras de decúbito; e suporte nutricional – também são importantes.

Clark WM, Wissman S, Albers GW, et al: Recombinant tissue-type plasminogen activator (Alteplase) for ischemic stroke 3 to 5 hours after symptomonset. The ATLANTIS Study: Arandomized controlled trial. Alteplase Thrombolysis for Acute Noninterventional Therapy in Ischemic Stroke. JAMA 282:2019-2026, 1999.

Furlan A, Higashida R, Wechsler L, et al: Intra-arterial prourokinase for acute ischemic stroke. The PROACTII study: Arandomized controlled trial. Prolysein Acute Cerebral Thromboembolism. JAMA 282:2003-2011, 1999.

Gobin YP, Starkman S, Duckwiler GR, et al: MERCI 1: Aphase 1 study of Mechanical Embolus Removalin Cerebral Ischemia. Stroke 35:2848-2854, 2004.

National Institute of Neurological Disorders and Strokert-PA Stroke Study Group: Tissue plasminogen activator for acute ischemic stroke. N Engl J Med 333:1581-1587, 1995.

18. Discuta o tratamento da hemorragia intracraniana.

Atualmente, o tratamento apropriado da hemorragia intracraniana é de suporte, apesar de um estudo em fase II, usando fator VII recombinante, ter mostrado benefícios na redução da expansão do hematoma e, possivelmente, no prognóstico. Um estudo em fase III está em andamento. Além disso, não existem diretrizes baseadas em evidências para o tratamento da hemorragia intracraniana.

Antigamente, recomendava-se o tratamento da pressão arterial apenas se a pressão arterial média fosse ≥ 130 mmHg. Isso se baseava na noção de que deveria haver uma região de isquemia em torno do hematoma. Entretanto, estudos recentes sugerem, cada vez mais, que essa área isquêmica em torno do hematoma provavelmente não existe e que deve ser prudente reduzir a pressão arterial de maneira mais agressiva durante a fase aguda. O nitroprussiato de sódio é um agente anti-hipertensivo muito eficaz; entretanto, ele pode causar problemas na pressão intracraniana (PIC), resultantes da vasodilatação venosa no compartimento intracraniano. Mais recentemente, muitos médicos começaram a usar a nicardipina, um bloqueador de canais de cálcio, pois esta não afeta a PIC ou a autorregulação cerebral.

O uso de drenos intraventriculares pode ser benéfico em pacientes com extensão intraventricular da hemorragia intracraniana e hidrocefalia. O estudo Surgical Trial in Intracerebral Hemorrhage, completado recentemente, não demonstrou nenhum benefício da cirurgia nos pacientes com hemorragia intracraniana.

Mayer SA, Brun NC, Begtrup K, et al: Recombinant activated factor VII for acute intracerebral hemorrhage. N Engl J Med 352:777-785, 2005.

Powers WJ, Zalzulia AR, Videen TO, et al: Autoregulation of cerebral blood flow surrounding acute (6 to 22 hours) intracerebral hemorrhage. Neurology 57:18-24, 2001.

ANEURISMAS CEREBRAIS

19. Qual é a incidência da hemorragia subaracnoidea causada pelo rompimento de aneurismas intracranianos?

Estima-se que a incidência seja de dez por cem mil pessoas, sendo responsável por 1% a 2% de todas as internações de emergência.

Edlow JA: Diagnosis of subarachnoid hemorrhage. Neurocrit Care 2:99-109, 2005.

Mitchel IP, Jakubowski J: Estimate of the maximum time interval between formation of cerebral aneurysm and rupture. J Neurol Neurosurg Psychiatry 69:760-767, 2000.

20. Qual é a incidência de aneurismas intracranianos assintomáticos?

Estudos de autópsia e angiográficos mostraram que de 3,5% a 6% da população possuem aneurismas que não se romperam. Acreditava-se que o risco de hemorragia causada por aneurismas não rompidos fosse de 1% ao ano; entretanto, dados mais recentes sugerem que o risco de ruptura de aneurismas intracranianos < 10 mm de diâmetro é de < 0,05% ao ano.

International Study of Unruptured Aneurysm Investigators: Unruptured intracranial aneurysms – Risks of rupture and risks of surgical intervention. N Engl J Med 339:1725-1733, 1998.

Wardlow JM, White PM: The detection and management of unruptured intracranial aneurysms. Brain 123:205-221, 2000.

21. Quais os principais tipos de aneurismas intracranianos?

- **Aneurisma sacular:** É o tipo de aneurisma mais comum e a causa mais comum de hemorragia subaracnoidea.
- **Aneurisma micótico:** Um a dois por cento dos aneurismas intracerebrais resultam de embolia séptica devido a vegetações valvares em pacientes com endocardite bacteriana, e 10% dos pacientes com endocardite irão desenvolver aneurismas micóticos intracerebrais. Tipicamente, os aneurismas micóticos aparecem de 4 a 5 semanas após um evento embólico agudo. Eles geralmente são encontrados na circulação distal da artéria cerebral média, apesar de 10% apresentarem uma localização mais proximal. Os aneurismas micóticos geralmente se resolvem com a antibioticoterapia apropriada, mas ocasionalmente exigem correção endovascular ou cirúrgica. Os estreptococos são os patógenos mais comuns.
- **Aneurismas traumáticos:** Embora os aneurismas traumáticos verdadeiros sejam raros, falsos aneurismas são mais comuns. Falsos aneurismas ou pseudoaneurismas resultam de alterações na parede vascular que levam à formação de coágulos. Os aneurismas traumáticos podem ser encontrados em associação a fraturas cranianas.
- **Aneurismas fusiformes:** Aneurismas fusiformes são causados por vasos tortuosos e dilatados que podem se romper, apresentar dissecção ou formar trombos que apresentam embolização distal. A patologia dos aneurismas fusiformes parece ser distinta da patologia dos aneurismas ateroscleróticos e saculares.

Erdogan HB, Erentug V, Bozbuga N, et al: Endovascular treatment of intracerebral mycotic aneurysm before surgical treatment of infective endocarditis. Tex Heart Inst J 31:165-167, 2004.

Oohara K, Yamakazi T, Kanou H, Kobayashi A: Infective endocarditis complicated by my cotic cerebral aneurysm: Two case reports of women in the peripartum period. Eur J Cardiothorac Surg 14:533-535, 1998.

22. Quais os fatores de risco para o desenvolvimento de aneurismas saculares?

Os fatores de risco envolvidos podem ser congênitos e adquiridos. Aproximadamente 4 - 5% de todos os aneurismas cerebrais familiares ocorrem em parentes de primeiro grau; tipicamente, os aneurismas familiares se apresentam mais precocemente do que os não familiares. Os aneurismas também estão associados a malformações arteriovenosas (MAVs) e sua presença foi detectada nos vasos de alimentação em aproximadamente 7% dos pacientes. Outros fatores de risco não modificáveis incluem a doença renal policística autossômica dominante, neurofibromatose do tipo I e doenças do tecido conjuntivo, como a síndrome de Ehlers-Danlos tipo IV, displasia fibromuscular e síndrome de Marfan. Aproximadamente 4 - 10% dos pacientes com doença renal policística desenvolvem aneurismas intracranianos em comparação a 1% da população geral. A causa exata dos aneurismas saculares ainda não foi elucidada, mas eles têm uma tendência a se desenvolver nas bifurcações dos principais vasos cerebrais, onde as pressões de fluxo são maiores.

Schrier W, Belz MM, Kaehny WD, et al: Repeat imaging for intracranial aneurysm sinpatients with autosomal dominant polycystic kidney disease with initially negative studies: Aprospectiveten-year follow-up. J Am Cos Nephrol 15:1023-1028, 2004.

Wang MC, Rubinstein D, Kindt GW, Breeze RE: Prevalence of intracranial aneurysms in first-degree relatives of patients with aneurysms. Neurosurg Focus 13:2, 2002.

23. Quais são os fatores de risco para a ruptura de aneurismas intracranianos?

A incidência de hemorragia subaracnoidea secundária a aneurismas é de 5 a 10 por 100 mil pessoas ano, com aumento na incidência de ruptura nas faixas etárias mais avançadas. A história familiar de hemorragia subaracnoidea é um fator predisponente importante; de 5% a 10% dos pacientes têm história familiar positiva. Relatos recentes indicam que a noção aceita de que a hemorragia subaracnoidea secundária à ruptura de aneurismas é mais comum em mulheres do que em homens pode não ser verdadeira quando a etnia e localização geográfica são levadas em conta. O tamanho do aneurisma também é importante; a probabilidade de ruptura é maior nos aneurismas grandes. A incidência relatada de ruptura de aneurismas com < 10 mm é de $< 0{,}05\%$/ano, enquanto a incidência de ruptura de aneurismas com > 10 mm é de 0,5%/ano. Para aneurismas com ≥ 25 mm de diâmetro, o risco de ruptura é de 6% no primeiro ano após o diagnóstico.

Ingall T, Asplund K, Mahonen M, Bonita R: Amultinational comparison of subarachnoid hemorrhage epidemiology in the WHOMONICA stroke study. Stroke 31:1054-1061, 2000.

International Study of Unruptured Aneurysm Investigators: Unruptured intracranial aneurysms: Risks of ruptureand risks of surgical intervention. N Engl J Med 1998 339:1725-1733, 1998.

Sedat J, Dib M, Rasendrarijao D, Lonjon M, Paquis P: Ruptured intracranial aneurysms in the elderly: Epidemiology, diagnosis, and management. Neurocrit Care 2:119-123, 2005.

24. Além dos aneurismas, quais as outras causas de hemorragia subaracnoidea?

- **Dissecção arterial:** Dissecções são rupturas na parede de uma artéria nas quais o sangue corre pela íntima, criando uma falsa luz. Quando envolvem as artérias vertebrais, elas podem se apresentar como hemorragia subaracnoidea ou AVC embólico e frequentemente estão associadas à paralisia dos nervos cranianos inferiores e a infartos do tronco cerebral. Também podem ocorrer dissecções na circulação anterior, mas a hemorragia subaracnoidea associada a elas é muito rara.
- **MAVs cerebrais:** Ocasionalmente, a hemorragia subaracnoidea é vista sem o padrão normal de hemorragia intracerebral. Nesse caso, deve-se excluir a presença concomitante de um aneurisma sacular.
- **Apoplexia hipofisária:** Os pacientes geralmente se apresentam com cefaleia de início súbito associada à deterioração da acuidade visual. Também pode haver anormalidades nos movimentos oculares e deterioração do nível de consciência. A ressonância magnética ou tomografia computadorizada (TC) geralmente indicam a hipófise como a fonte da desordem.
- **Hemorragia subaracnoidea perimesencefálica** (chamada de *hemorragia subaracnoidea com angiografia negativa*): O sangue subaracnoideo é isolado na região anterior à ponte. O diagnóstico é confirmado pela exclusão da presença de um aneurisma, através de angiografia ou angioTC. O risco de recorrência do sangramento é muito baixo e o prognóstico é favorável. Os pacientes não desenvolvem as perigosas sequelas vistas na hemorragia subaracnoidea secundária à ruptura de um aneurisma.

- **Trauma craniano:** A hemorragia subaracnoidea é comum no trauma craniano. Em geral, o trauma craniano é a maior causa desse tipo de hemorragia.

25. Quais são os sinais e sintomas da ruptura de um aneurisma intracraniano?

A cefaleia é a apresentação mais comum. As principais características da cefaleia causada por esse tipo de hemorragia incluem:

- **Cefaleia de início súbito/abrupto:** Uma cefaleia que atinge a intensidade máxima em alguns segundos é, provavelmente, o aspecto mais importante da história.
- **Gravidade:** Os pacientes com hemorragia subaracnoidea frequentemente se queixam de que esta cefaleia é "a pior dor de cabeça da minha vida".
- **Qualidade distinta:** A cefaleia geralmente é diferente de qualquer outra que o paciente já tenha tido.
- **Sintomas associados:** O paciente apresenta náusea, vômito, rigidez de nuca e fotofobia, possivelmente associadas à perda de consciência.

Déficits neurológicos focais são, ocasionalmente, evidentes na internação e um dos mais comuns é a paralisia do terceiro nervo craniano nos casos de aneurisma da artéria comunicante posterior. A paralisia do nervo abducente também é vista e acredita-se que esteja relacionada ao aumento da PIC e, possivelmente, à herniação do tronco cerebral, resultando na tração do nervo. Dependendo de sua localização, também são vistos outros déficits neurológicos, incluindo déficits motores e sensoriais, perda visual e perda dos reflexos do tronco cerebral. Por outro lado, um estudo relatou que aproximadamente 12% dos pacientes que apresentam cefaleia grave, como descrita anteriormente, não apresentam outros sinais neurológicos.

Edlow JA: Diagnosis of subarachnoid hemorrhage. Neurocrit Care 2:99-109, 2005.
Edlow JA, Caplan LR: Avoiding pitfalls in the diagnosis of subarachnoid hemorrhage. N Engl J Med 342:29-36, 2000.

26. O que é sangramento sentinela? Por que ele é importante?

Um sangramento sentinela, ou de aviso, tem sido interpretado, tradicionalmente, como um sangramento inicial menor ou "vazamento" de um aneurisma cerebral. Entretanto, outras possibilidades incluem a atitude tendenciosa de pacientes que sabem ser portadores de uma desordem cerebral grave ao serem questionados, ou a expansão aguda, trombose ou dissecção de um aneurisma sem vazamento ou ruptura. É considerado um sangramento menor porque, apesar de causar cefaleia intensa, pode não ser reconhecido ou ser diagnosticado erroneamente (p. ex., como uma enxaqueca). De qualquer forma, é importante ter um limiar baixo ao avaliar pacientes que se apresentam com cefaleia intensa, como a descrita anteriormente, pois alguns estudos sugerem que os indivíduos que apresentam sintomas sentinela ou de aviso podem ter uma evolução menos favorável.

Leblanc R: The minor leak preceding subarachnoid hemorrhage. J Neurosurg 66:35-39, 1987.

27. Como a hemorragia subaracnoidea é diagnosticada?

A tomografia computadorizada sem contraste geralmente é o primeiro exame realizado. Se for feita no prazo de 24 horas depois da ruptura, ela tem uma sensibilidade > 90%. Entretanto, no terceiro dia, apenas 85% dos pacientes apresentam uma TC anormal e, em uma semana, apenas 50% apresentam alterações na TC. Portanto além da TC, também deve-se considerar a realização de uma punção lombar, especialmente nos casos em que a TC é normal ou não diagnóstica. A punção lombar também pode diagnosticar os pacientes com apresentações atípicas de meningite ou outras anormalidades intracranianas. Além de diagnosticar a hemorragia subaracnoidea, a TC também pode ajudar a identificar pacientes com hidrocefalia e dar alguma sugestão em relação à localização do aneurisma, baseada na distribuição do sangue subaracnoideo.

A presença de xantocromia, uma coloração amarelada do líquido cefalorraquidiano que surge quatro horas após o início da hemorragia, é a característica mais marcante e ajuda a diferenciar os pacientes com punção lombar traumática dos que apresentam hemorragia subaracnoidea. Ela pode durar até três semanas após a hemorragia. Para identificar a presença de xantocromia, é importante centrifugar o líquido cefalorraquidiano o mais rápido possível após a punção, de forma que as hemácias fiquem no fundo do tubo. A contagem de hemácias em tubos sequenciais é outra maneira de distinguir a hemorragia subaracnoidea da punção lombar traumática: na punção lombar traumática, o número de hemácias se reduz nos tubos subsequentes. Medir a pressão liquórica inicial durante a punção lombar ajuda a identificar pacientes com pressão liquórica elevada.

Edlow JA: Diagnosis of subarachnoid hemorrhage. Neurocrit Care 2:99-109, 2005.

28. Que fatores estão associados a um pior prognóstico após a ruptura de um aneurisma intracraniano?

A quantidade de sangue, a idade avançada, os aneurismas da circulação posterior, o desenvolvimento precoce de hidrocefalia e a alteração do nível de consciência na apresentação estão associados a um prognóstico pior. O grau de irritação meníngea, o nível de consciência e a presença de déficits motores focais podem ser usados para identificar os pacientes sob maior risco. Em 1968, propôs-se a escala de Hunt e Hess. Era uma tentativa de determinar o risco cirúrgico de pacientes com hemorragia subaracnoidea que seriam submetidos à cirurgia; existem cinco categorias ou graus diferentes:

- **Grau I:** Assintomático, cefaleia discreta ou rigidez de nuca discreta.
- **Grau II:** Cefaleia moderada a grave, rigidez de nuca moderada a grave, sem déficits neurológicos focais, exceto por paralisia de nervo craniano.
- **Grau III:** Obnubilação, confusão ou déficit focal leve.
- **Grau IV:** Torpor, hemiparesia moderada a grave, possível rigidez de descerebração precoce e distúrbios vegetativos.
- **Grau V:** Coma profundo, rigidez de descerebração, aparência de moribundo.

De acordo com essa escala, os pacientes com hemorragia subaracnoidea de grau III ou maior (redução no nível de consciência), apresentam um prognóstico pior do que os pacientes com graus I e II.

Rosen DS, Macdonald RL: Subarachnoid hemorrhage gradingscales. Neurocrit Care 2:110-118, 2005.

29. Quais são as principais complicações dos aneurismas intracranianos rotos?

As principais complicações após a hemorragia subaracnoidea são: isquemia cerebral global, ressangramento, hidrocefalia aguda, vasoespasmo e hiponatremia.

- **Isquemia cerebral global:** Quando um aneurisma se rompe, ocorre um aumento súbito na PIC que pode causar isquemia cerebral global. Conforme a PIC aumenta e se aproxima da pressão arterial média, ocorre uma redução no fluxo sanguíneo anterógrado, podendo levar à isquemia. Se a PIC ultrapassar a pressão arterial média, não haverá fluxo sanguíneo anterógrado efetivo no compartimento intracraniano.
- **Ressangramento:** A incidência de ressangramento nas primeiras 24 horas após a hemorragia inicial varia de 10% a 15%. O ressangramento está associado a um aumento na morbidade e na mortalidade.
- **Hidrocefalia:** A hidrocefalia ocorre devido à interferência do sangue subaracnoideo na drenagem normal do líquido cefalorraquidiano dos ventrículos cerebrais, podendo, ocasionalmente, ser aliviada pela instalação urgente de um dreno ventricular. Pacientes com ventrículos de tamanho normal na TC inicial devem ser monitorados atentamente com o objetivo de detectar obnubilação gradual, respostas pupilares mais lentas e desvio dos olhos para baixo, pois qualquer um desses sinais pode sugerir o desenvolvimento de hidrocefalia. Geralmente um dreno ventricular é inserido de urgência nos pacientes com Hunt e Hess III ou maior, pois a redução do nível de consciência pode ser secundária à hidrocefalia.
- **Hiponatremia:** Antigamente, a hiponatremia era atribuída à síndrome de secreção inapropriada do hormônio antidiurético (ADH); entretanto, recentemente ela foi associada à natriurese e à hipovolemia, sendo chamada *síndrome cerebral perdedora de sal.* As duas condições se apresentam com hiponatremia, redução da osmolaridade plasmática e osmolaridade urinária inapropriadamente elevada. As diferenças se devem ao fato de que a síndrome cerebral perdedora de sal é um estado de redução do volume arterial efetivo enquanto a síndrome de secreção inapropriada de ADH apresenta um volume arterial efetivo normal. A síndrome cerebral perdedora de sal é tratada com a administração de líquido e sódio e a síndrome de secreção inapropriada de ADH é tratada com restrição hídrica.

  A causa exata da síndrome cerebral perdedora de sal não foi determinada, apesar de diversos fatores natriuréticos terem sido estudados. O tratamento envolve a manutenção do volume intravascular adequado e a suplementação oral e/ou intravenosa de sódio. Geralmente, a hiponatremia é leve a moderada; raramente o nível de sódio cai abaixo de 120 mmol/L. Pacientes cujo nível sérico de sódio está abaixo de 133 mmol/L geralmente são tratados com a administração intravenosa de NaCl a 3% e monitoramento cuidadoso dos níveis séricos de sódio. A velocidade da infusão é determinada pelo nível sérico de sódio, o qual é medido a cada 4 a 6 horas, dependendo da gravidade da hiponatremia.

30. Que disfunção orgânica extracerebral está associada à ruptura de um aneurisma?

As principais complicações extracerebrais incluem disfunções pulmonares e cardíacas. A disfunção pulmonar é a complicação extracerebral mais comum e geralmente envolve aspiração, pneumonia ou edema pulmonar. Problemas de oxigenação são vistos em até 90% dos pacientes com hemorragia subaracnoidea.

A aspiração é comum após a hemorragia subaracnoidea e outros tipos de eventos neurológicos. O dano pulmonar causado pela aspiração pode evoluir para pneumonia. O edema pulmonar pode ser visto na fase aguda da hemorragia subaracnoidea e acredita-se que resulte de alterações induzidas pelo estresse, com aumento da pressão hidrostática capilar pulmonar que altera o endotélio capilar e alveolar, levando ao desenvolvimento de edema pulmonar de alta permeabilidade. O edema pulmonar também pode ser causado pela administração agressiva de líquidos depois que o aneurisma é controlado. Isto se aplica especialmente aos pacientes com disfunção do ventrículo esquerdo, preexistente ou resultante da hemorragia subaracnoidea.

A disfunção cardíaca se deve, mais provavelmente, à liberação excessiva de catecolaminas (sendo, portanto, relacionada ao edema pulmonar de estresse descrito anteriormente). Em pacientes com disfunção cardíaca, encontram-se alterações eletrocardiográficas, hipotensão e edema pulmonar. Essa "insuficiência neurogênica da bomba cardíaca" está associada à necrose em banda de contração do músculo cardíaco causada por um aumento acentuado do estímulo cardíaco simpático, tendo sido chamada *miocárdio atordoado*, uma condição definida como anormalidades reversíveis do movimento das paredes cardíacas ou redução da função do ventrículo esquerdo. Tipicamente, a disfunção cardíaca não apresenta correlação com a distribuição vascular coronariana no eletrocardiograma.

Ohkuma H, Tsurutani H, Suzuki S: Incidence and significance of early aneurismal rebleeding before neurosurgical or neurological management. Stroke 32:1176-1180, 2001.

Schuiling WJ, Dennesen PJ, Rinkel GJ: Extracerebral or gandys function in the acute stage after aneurysmal subarachnoid hemorrhage. Neurocrit Care 2005 3:1-10, 2005.

PONTOS-CHAVE: ANEURISMAS CEREBRAIS ✓

1. A lesão cerebral traumática é a causa mais comum de hemorragia subaracnoidea. Entretanto, fora o trauma, a ruptura de um aneurisma é a principal causa desse tipo de hemorragia.
2. A ruptura de um aneurisma está associada a complicações neurológicas e sistêmicas – especificamente, anormalidades pulmonares e cardíacas.
3. A hiponatremia, o vasoespasmo e o edema pulmonar são as principais complicações após o controle do aneurisma.
4. A administração precoce de nimodipina tem sido associada a uma evolução mais benigna, mas não à menor incidência de vasoespasmo.
5. Deve-se ser cuidadoso ao usar reposição agressiva de líquidos no tratamento do vasoespasmo (ou seja, terapia hipervolêmica), pois ela pode levar ao edema pulmonar, especialmente nos pacientes com redução da função do ventrículo esquerdo.

31. Descreva o reparo cirúrgico dos aneurismas cerebrais.

Diversos métodos cirúrgicos são usados no reparo dos aneurismas cerebrais.

- **Clipagem:** A técnica cirúrgica mais eficaz, a clipagem envolve a dissecção da base do aneurisma e a colocação de um clipe na origem do aneurisma no vaso que o alimenta.
- ***"Trapping":*** Essa técnica envolve a oclusão permanente do vaso proximal e distal ao aneurisma e depende da presença de fluxo sanguíneo colateral adequado para a área afetada.
- **Ligação proximal:** Essa técnica envolve a ligação da artéria alimentadora para reduzir o fluxo de sangue pelo aneurisma. A redução subsequente do fluxo sanguíneo e da pressão transmural levam à trombose ou obliteração do aneurisma. Semelhante ao *"trapping"*, essa técnica é restrita a casos específicos nos quais o fluxo sanguíneo colateral é suficiente para prevenir o dano isquêmico subsequente.
- **Revestimento:** O reforço da parede do aneurisma com material sintético (p. ex., Gelfoam®) evita o aumento do seu tamanho.
- **Endovascular:** A introdução endovascular de micromolas é feita por um radiologista intervencionista. Relatou-se uma incidência de trombose de > 85% introduzindo-se molas destacáveis na luz de um aneurisma. Em 2002, os resultados do International Subarachnoid Aneurysm Trial, comparando a clipagem cirúrgica à introdução endovascular de micromolas, demonstraram que as micromolas apresentaram resultados melhores em relação à sobrevivência sem déficits em um ano.

Molyneux A, Kerr R, Stratton I, Sandercock P, et al: International Subarachnoid Aneurysm Trial of neurosurgical clipping versus endovascular coilingin 2143 patients with ruptured intracranial aneurysms: Arandomized trial. Lancet 360:1267-1274, 2002.

32. Quando o vasoespasmo cerebral se desenvolve? Quais são suas consequências?

O vasoespasmo ocorre após uma hemorragia subaracnoidea em até 60% a 75% dos pacientes. Ele ocorre entre o 4° e 21° dias após o início do evento, com maior incidência entre o 5º e 9º dias. Raramente ele se inicia após o 12° dia. O vasoespasmo pode piorar o comprometimento neurológico em virtude dos AVCs isquêmicos que causa.

O vasoespasmo pode ser diagnosticado clinicamente pelo desenvolvimento de déficits neurológicos que não podem ser explicados por outras causas, como hidrocefalia, ressangramento ou alterações metabólicas. O Doppler transcraniano é uma ferramenta não invasiva útil no diagnóstico do vasoespasmo. O aumento da velocidade de fluxo no Doppler transcraniano é uma indicação de vasoespasmo. Na angiografia, ele é demonstrado pelo estreitamento das grandes artérias que passam pelo espaço subaracnoideo. Cerca de 30% dos vasoespasmos aparentes na angiografia são clinicamente significativos.

33. Descreva o tratamento do vasoespasmo cerebral.

O tratamento envolve a prevenção ou reversão do espasmo arterial e a minimização da isquemia causada por ele. As estratégias incluem:

- **Bloqueadores de canais de cálcio:** Devido ao seu efeito de relaxamento da musculatura lisa, os bloqueadores de canais de cálcio foram investigados em diversos estudos clínicos de prevenção do vasoespasmo. Demonstrou-se que a nimodipina oral melhora a evolução após a hemorragia subaracnoidea, mas não protege contra a isquemia secundária. Esse achado indica outro efeito do fármaco – um efeito potencialmente neuroprotetor. Consequentemente, a nimodipina se tornou o padrão de tratamento em diversos centros devido aos efeitos benéficos na evolução dos pacientes. Demonstrou-se que outros bloqueadores de canais de cálcio apresentam redução da isquemia secundária, mas sem alteração da evolução. A nicardipina IV é um agente eficaz no controle da pressão arterial e demonstrou-se que ela reduz a incidência de vasoespasmo, mas ainda não foi demonstrado que ela apresenta efeitos benéficos na evolução. A nicardipina tem sido usada com maior frequência no controle da pressão arterial antes da estabilização do aneurisma.
- **Terapia hemodinâmica:** A *terapia triplo-H* (ou seja, hipervolemia, hemodiluição e hipertensão) tem sido a base do tratamento do vasoespasmo. A terapia hipervolêmica é frequentemente utilizada na tentativa de aumentar o fluxo sanguíneo cerebral, mas revisões e estudos recentes não encontraram evidências que sustentem essa prática. Acredita-se que a hipertensão arterial atue maximizando a pressão de perfusão cerebral, aumentando, assim, o fluxo de sangue para o cérebro.

- **Angioplastia transluminal percutânea e tratamento com papaverina:** Essas estratégias são usadas na tentativa de abrir vasos estreitados. Apesar de sua eficácia não ter sido demonstrado em estudos controlados e randomizados, diversas séries observacionais com um grande número de pacientes demonstraram melhora clínica acentuada, assim como dilatação sustentada dos vasos sanguíneos cerebrais em angiografias realizadas após a angioplastia. Entretanto, o principal benefício da angioplastia com balão é encontrado na dilatação de áreas de vasoespasmo mais proximais. Demonstrou-se que o uso da papaverina, um vasodilatador potente, é benéfico. Mas seu efeito transitório é a principal limitação; o tratamento precisa ser repetido tão frequentemente quanto a cada 24 horas.
- **Administração intra-arterial de bloqueadores de canais de cálcio:** Os bloqueadores de canais de cálcio têm substituído a papaverina no tratamento de pacientes que não são candidatos à angioplastia. Demonstrou-se que o verapamil, na dose de 3 mg por vaso, é eficaz na reversão do vasoespasmo sem apresentar efeitos significativos na PIC ou na frequência cardíaca. A nicardipina, 0,5 - 6 mg/vaso, demonstrou um efeito imediato e prolongado no vasoespasmo sem afetar significativamente a PIC.

Feng L, Fitzsimmons BF, Young WL, et al: Intra arterial lyad ministered verapamilas adjunct therapy fo rcerebral vasospasm:safety and two year experience. Am J Neuroradiol 23:1284-1290, 2002.

Haley EC Jr, Kassel INF, Torner JC, et al: A randomized trial of two doses of nicardipine in aneurysmal subarachnoid hemorrhage: A report of the cooperative aneurysm study. J Neurosurg 80:788-796, 1994.

CAPÍTULO 63

SÍNDROME DE LANDRY-GUILLAIN-BARRÉ

David C. Bonovich, MD

1. O que é a Síndrome de Landry-Guillain-Barré (SLGB)?

A SLGB é uma polirradiculoneuropatia aguda ou subaguda caracterizada por desmielinização mediada pelo sistema imunológico. A SLGB afeta indivíduos de todas as idades.

2. Que fatores predispõem o paciente à SLGB?

A SLGB tem sido associada ao citomegalovírus, ao vírus Epstein-Barr e às infecções bacterianas por *Campylobacter jejuni*. Até 50% dos pacientes apresentaram infecção respiratória ou gastrointestinal recente. Outros 15% haviam sido vacinados recentemente. De todas as vacinações estudadas, somente a vacina da Gripe Suína (1976-1977) foi associada a um aumento estatisticamente significativo na incidência da SLGB, possivelmente resultante da contaminação da vacina pela proteína P2 da mielina de embriões de galinha a partir dos quais a vacina foi preparada.

Godschalk PC, Bergman MP, Gorkink RF, et al: Identification of DNA sequence variation in Campylobacter strains associated with the Guillain-Barré syndrome by high-throughput AFLP analysis. BMC Microbiol 6:1-34, 2006.

Winer JB: Guillain-Barré syndrome. Mol Pathol 54:381-385, 2001.

3. Descreva a fisiopatologia da SLGB. Como ela explica as características clínicas típicas da síndrome?

Existem duas formas: a forma desmielinizante (mais comum) e a forma axonal. O prognóstico é melhor na primeira. O processo patológico primário na forma desmielinizante se dá pela desmielinização segmentar dos nervos periféricos secundária ao processo autoimune humoral e celular. Como a perda da mielina é o processo primário, os nervos periféricos mais mielinizados (ou seja, nervo motor e proprioceptivo) são mais gravemente afetados do que os não mielinizados ou pouco mielinizados (ou seja, nervos responsáveis pela sensação térmica e de dor).

A forma axonal é associada à degeneração Walleriana, à resposta linfocítica mínima e à ausência de desmielinização ou inflamação. O nodo de Ranvier parece ser o alvo do ataque na forma axonal, e os anticorpos contra GM1, GM1b, GD1a e Ga1NacGD1a estão relacionados à neuropatia axonal motora aguda e nas infecções por *C. jejuni*.

Hughes RA, Cornblath DR: Guillain-Barré syndrome. Lancet 366:1653-1666, 2005.

4. Quais são os sintomas típicos da SLGB?

Os sintomas iniciais da SLGB geralmente são parestesias nas extremidades distais e dor ou espasticidade na parte proximal dos membros, rapidamente seguidos de fraqueza progressiva dos membros, tronco e músculos do crânio. A fraqueza muito frequentemente começa nas pernas e evolui de forma ascendente, no entanto, outras formas de progressão da doença já foram descritas. Os pacientes perdem os reflexos precocemente no curso da doença. Em geral, os sintomas são simétricos, porém isso não é obrigatório.

A função respiratória normalmente é comprometida pelo envolvimento do nervo frênico e dos nervos intercostais. Os pacientes podem desenvolver disfunção autonômica caracterizada por grandes flutuações da frequência cardíaca e da pressão arterial. Há relatos de parada cardíaca resultante da instabilidade autonômica. Também ocorrem alterações na atividade dos nervos cranianos que podem afetar a fala ou a deglutição. A sensibilidade vibratória e a propriocepção costumam ser afetadas de maneira grave, enquanto as sensibilidades térmica e dolorosa ("pinprick") permanecem normais.

5. Qual é o diagnóstico diferencial da fraqueza muscular generalizada de evolução subaguda?

Ver Quadro 63-1.

QUADRO 63-1. DIAGNÓSTICO DIFERENCIAL DA FRAQUEZA MUSCULAR GENERALIZADA DE EVOLUÇÃO SUBAGUDA

Lesão da medula espinal	Paralisia por carrapato
Toxinas (hexacarbono, chumbo, tálio ou intoxicação por organofosforados)	Polineuropatia diftérica
Poliomielite	Polineuropatia por vasculite
Botulismo	Síndrome miastênica de Lambert-Eaton
Porfiria	Dermatomiosite
Miastenia gravis	Meningite carcinomatosa
Paralisia periódica	Envenenamento por saxitoxina

6. Quais são os testes confirmatórios da SLGB?

O diagnóstico geralmente é baseado nos aspectos clínicos. A SLGB tipicamente se apresenta como uma fraqueza ascendente com a ausência de reflexos. A punção lombar pode ajudar no diagnóstico. O padrão típico é o líquor acelular com proteína muito elevada e glicose normal. Em alguns casos, entretanto, o aumento na proteína pode ocorrer somente em uma fase mais avançada da doença. A eletromiografia pode ajudar na distinção entre as formas axonal e desmielinizante da SLGB.

7. Qual é a evolução clínica típica da SLGB?

O curso usual é dividido em quatro fases:

- **Fase precedente:** É o período relativamente assintomático e compreende o tempo entre a doença precedente e o início dos sintomas.
- **Período inicial:** Caracterizado pela deterioração da força; dura menos de quatro semanas.
- **Fase de platô:** Caracterizada pela estabilização ou por mudanças mínimas ao exame; dura de alguns dias a algumas semanas.
- **Fase de recuperação:** O início da remielinização, caracterizado pela melhora lenta da força; dura de algumas semanas a alguns meses (o tempo necessário para a remielinização dos nervos afetados).

8. Quais são as taxas de incidência, mortalidade e morbidade da SLGB?

A incidência da SLGB varia entre 0,4 e 4/100.000. A principal complicação da SLGB é a insuficiência respiratória; entre 10% e 23% dos pacientes eventualmente necessitam de ventilação mecânica. A disfunção autonômica é menos comum do que a insuficiência respiratória, mas ainda deve ser levada em conta. A taxa de mortalidade pode ser tão alta quanto 5% (estudos citam taxas de 2-5%), embora possa ser maior em pacientes dependentes de ventilação mecânica. A maioria das mortes resulta de complicações secundárias, como sepse pulmonar e urinária; embolia pulmonar; tratamento tardio da insuficiência respiratória; e disautonomias. Estas complicações podem ser minimizadas por cuidados médicos e de enfermagem adequados na unidade de terapia intensiva (UTI).

Chio A, Cocita D, Leone M, et al, for the Register for Guillain-Barré Syndrome: Guillain-Barré syndrome: A prospective population based incidence and outcome survey. Neurol 60:1146-1150, 2003.

Orlikowski D, Prigent H, Sharhar T, et al: Respiratory dysfunction in Guillain-Barré syndrome. Neurocrit Care 1:415-422, 2004.

9. Quais pacientes com a SLGB necessitam de observação em UTI?

Qualquer paciente com evidência de fraqueza da musculatura respiratória ou bulbar deve ser transferido para a UTI. De maneira similar, aqueles que demonstram evidência de disfunção autonômica importante ou fraqueza generalizada rapidamente progressiva também devem ser acompanhados de perto na UTI.

Orlikowski D, Prigent H, Sharhar T, et al: Respiratory dysfunction in Guillain-Barré syndrome. Neurocrit Care 1:415-422, 2004.

10. Qual é a melhor maneira de monitorar a função respiratória em um paciente com uma doença neuromuscular tal como a SLGB?

A causa da insuficiência respiratória na SLGB é a fraqueza mecânica progressiva dos músculos respiratórios; logo, a realização de testes da função pulmonar à beira do leito é o melhor método de avaliar e monitorar a função respiratória. As mensurações da capacidade vital e das pressões inspiratória e expiratória máximas dão boas indicações do desenvolvimento de fraqueza dos músculos respiratórios. A observação dos padrões respiratórios – se o paciente usa a musculatura acessória para respirar, a frequência respiratória e o tempo inspiratório – também podem ser úteis. A gasometria arterial frequentemente permanece normal até a insuficiência respiratória se tornar grave; portanto tal medida gera a falsa sensação de segurança quanto ao estado respiratório.

Orlikowski D, Prigent H, Sharhar T, et al: Respiratory dysfunction in Guillain-Barré syndrome. Neurocrit Care 1:415-422, 2004.

11. Quando os pacientes com a SLGB devem ser intubados?

Este ponto é controverso e alguns fatores devem ser levados em conta. A insuficiência respiratória é gerada por uma combinação da insuficiência da musculatura respiratória, que leva à insuficiência respiratória hipercápnica, e da pneumonia resultante da inabilidade de tossir adequadamente ou proteger as vias aéreas. Clinicamente, a insuficiência respiratória neuromuscular é caracterizada por respiração rápida e superficial, ansiedade, sudorese, fala entrecortada, uso marcante da musculatura acessória, taquicardia e presença de respiração abdominal paradoxal. Os parâmetros gerais que indicam intubação são os que se seguem:

- Quando a capacidade vital se torna inferior a 15 mL/kg de peso corporal.
- Quando a pressão inspiratória máxima é inferior a -25 a -30 cm H_2O.
- Quando o paciente apresenta fraqueza da musculatura bulbar tão grave que se torna incapaz de lidar com as secreções ou proteger as vias aéreas.
- Quando o paciente não consegue manter a PCO_2 e o pH normais na gasometria arterial (geralmente um sinal tardio).

A velocidade de progressão da doença também deve ser observada. Quanto mais rápida for a evolução da fraqueza muscular, mais agressivo o médico deve ser em relação à intubação precoce.

Yavagal DR, Mayer SA: Respiratory complications of rapidly progressive neuromuscular syndromes: Guillain-Barré and myasthenia gravis. Semin Respir Crit Care Med 23:221-229, 2002.

12. Quais considerações devem ser feitas em relação ao bloqueio neuromuscular na intubação de um paciente com a SLGB?

A succinilcolina tem sido associada à parada cardíaca induzida por hipercalemia devido à liberação maciça de potássio pelas células musculares denervadas nos pacientes paralisados. Este risco é maior em pacientes com paralisia prolongada, mas seu uso é contraindicado em todos os pacientes com a SLGB. Portanto um relaxante muscular não-despolarizante tal como o vecurônio, atracúrio ou cisatracúrio deve ser usado sempre que possível.

Roppolo LP, Walters K: Airway management in neurological emergencies. Neurocrit Care 1:405-414, 2004.

13. Que pacientes com a SLGB apresentam disautonomia?

A disfunção do sistema nervoso autônomo geralmente está presente quando a doença é grave o suficiente para que haja necessidade de ventilação mecânica, e se apresenta mais comumente com a forma desmielinizante da SLGB. A disautonomia resulta tanto do excesso quanto da insuficiência da atividade simpática e parassimpática. Além disso, pode ocorrer uma grande variedade de arritmias, o que pode ser uma causa importante de mortalidade. O tratamento da disautonomia consiste na hidratação e em outras medidas de suporte, tais como evitar mudanças de posição e administrar laxativos para prevenir a estimulação vagal induzida pelo esforço da evacuação. Caso seja necessário adotar drogas para o tratamento da disautonomia ou das arritmias, recomenda-se o uso de pequenas doses de agentes tituláveis e de meia-vida curta.

Asahima M, Kuwabara S, Suzuki A, Hattori T: Autonomic function in demyelinating and axonal subtypes of Guillain-Barré syndrome. Acta Neurol Scand 105:44-50, 2002.

PONTOS-CHAVE: SÍNDROME DE LANDRY-GUILLAIN-BARRÉ ✓

1. A SLGB é uma síndrome autoimune caracterizada por desmielinização mediada pelo sistema imune. Há ainda uma forma autoimune axonal.
2. A SLGB é caracterizada por fraqueza que ascende desde os pés até a cabeça, em oposição ao botulismo, que progride desde a cabeça em direção aos pés.
3. Os principais riscos da SLGB são a falência respiratória e a disfunção autonômica.
4. O diagnóstico é confirmado pela história clínica e pelo perfil do líquido cefalorraquidiano, que mostra elevação dos níveis de proteína e ausência de células.
5. Os pilares do tratamento são a imunoglobulina intravenosa e plasmaférese.

14. Existe algum tratamento eficaz para o dano neurológico associado à SLGB?

Até 1978, o tratamento da SLGB era amplamente de suporte. Desde então, tem sido demonstrado que a plasmaférese (ou seja, remover 50mL/kg de plasma em cada uma de 5 sessões, em dias alternados, repondo com albumina a 5%) é eficaz em reduzir a duração da doença. Os efeitos benéficos da plasmaférese são maiores quando esta é iniciada dentro de duas semanas do início da doença. Além disso, a imunoglobulina intravenosa (IgIV) em altas doses (0,4 g/kg/dia por cinco dias) tem se mostrado igualmente eficiente em reduzir o número de dias em ventilação mecânica ou o tempo até que o paciente volte a andar.

A IgIV é de mais fácil administração e tem custo menor do que a plasmaférese, mas algumas pequenas séries de casos sugeriram que seu uso está associado a uma taxa de recorrência maior do que na plasmaférese. Um grande estudo, entretanto, considerou a IgIV e a plasmaférese igualmente eficazes, sem diferenças no desfecho após 48 semanas. Dado o potencial de graves complicações associadas à plasmaférese (muitas dessas relacionadas à instalação da linha venosa central e a complicações do circuito), recomenda-se a IgIV como tratamento inicial. A IgIV é contraindicada a pacientes com deficiência de imunoglobulina A e anafilaxia comprovada a componentes sanguíneos, por isso tais indivíduos devem ser tratados com plasmaférese. Recentemente, uma revisão da Cochrane concluiu que não há comparações adequadas da IgIV com o placebo, mas a evidência de estudos randomizados sugere que, quando iniciada dentro de duas semanas do início da doença, a IgIV é tão eficaz quanto a plasmaférese e tem mais chances de ser completada do que esta. Na população pediátrica, a IgIV provavelmente acelera a recuperação (em comparação ao tratamento de suporte).

Hughs RA, Raphael JC, Swan AV, Doorn PA: Intravenous immunoglobulin for Guillain-Barré syndrome. Cochrane Database Syst Rev 1:CD002063, 2006.

15. Qual o prognóstico da fase aguda da SLGB?

A maioria dos pacientes apresenta excelente recuperação da função muscular ao longo do tempo, geralmente retornando ao normal. Uma pequena porcentagem dos pacientes permanece com diferentes graus de fraqueza persistente. Em outros, os reflexos permanecem ausentes.

16. Quais são os cuidados a serem tomados com os pacientes com SLGB na UTI?

Além da óbvia necessidade de meticuloso suporte ventilatório e nutricional, deve-se tomar cuidados especiais para evitar lesões neurológicas compressivas de braços e pernas. Todos os pacientes necessitam de profilaxia para trombose venosa profunda com dispositivos de compressão pneumática intermitente ou heparina subcutânea, além de controle adequado da dor. Os pacientes com a SLGB, em geral, estão completamente alerta, apesar de frequentemente não poderem se comunicar devido à intubação ou paralisia. Portanto deve-se permitir ao paciente comunicar suas necessidades e anseios sempre que possível. Eles podem necessitar de intenso suporte psicológico e uso sensato de agentes ansiolíticos.

Kehoe M: Guillain-Barré syndrome: A patient guide and nursing resource. Axone 22:16-24, 2001.

CAPÍTULO 64

MIASTENIA GRAVIS

David C. Bonovich, MD

1. Defina miastenia gravis (MG).

A MG foi descrita primeiramente por Thomas Willis, em 1672, ao relatar casos de uma "paralisia atípica". A miastenia gravis é uma doença autoimune que afeta as transmissões neuromusculares e que se manifesta por fraqueza e fadiga dos músculos esqueléticos voluntários. A característica mais marcante é a fadiga dos músculos esqueléticos devido a movimentos repetitivos ou contínuos. Existem duas formas: a miastenia gravis ocular, na qual a fraqueza está presente apenas nos músculos extraoculares e a forma generalizada, que afeta tanto os músculos faciais e oculares quanto os músculos do tronco.

2. Em quais idades há um pico na incidência da MG?

A incidência da MG é 0,25 a 2/100.000 pessoas. Ela pode se iniciar em qualquer idade, mas é mais frequente em mulheres mais jovens (proporção entre mulheres e homens 4:1). O pico de incidência nas mulheres concentra-se entre 10 e 40 anos e nos homens, entre 50 e 70 anos. Atualmente, há indícios de uma tendência ao aumento dos casos em homens maiores de 60 anos.

Vincent A, Palace J, Hilton-Jones D: Myasthenia gravis. Lancet 357:2122-2128, 2001.

3. Quais são as manifestações clínicas mais comuns da MG?

A MG caracteriza-se, clinicamente, por fraqueza flutuante de determinados músculos, sendo os extraoculares e bulbares os mais comuns. Sessenta e cinco por cento dos pacientes apresentarão sintomas oculares, como visão dupla e ptose, e um quarto terá envolvimento bulbar com fala desarticulada ou anasalada, além de mudanças na voz.

Scherer K, Bedlak RS, Simel L: Does this patient have myasthenia gravis? JAMA 293:1906-1914, 2005.

4. Descreva a fisiopatologia da MG.

A MG é uma doença autoimune. O antígeno alvo é o receptor nicotínico de acetilcolina (AchR) na membrana pós-sináptica da junção neuromuscular. Pode-se identificar anticorpos contra o AchR no soro de aproximadamente 85% dos pacientes, reduzindo o número de AchRs funcionais e, dessa forma, levando à falha da transmissão neuromuscular. Existe uma parcela de pacientes que se apresenta soro-negativo para tais anticorpos, mas, mesmo assim, acredita-se que a MG nesses pacientes seja também uma doença mediada por anticorpos. Recentemente, foram descritos anticorpos contra a quinase músculo-específica (MuSK). Essa enzima é um componente essencial na junção neuromuscular, onde se acredita que ela esteja envolvida na manutenção da densidade de receptores de acetilcolina na junção. A interação de anticorpos com a MuSK pode gerar danos à junção neuromuscular devido à ativação do sistema complemento.

O timo pode apresentar um papel importante na remoção de células T autorreativas. Pacientes com MG geralmente apresentam desordens do timo, do que se conclui que ele pode desempenhar um papel importante na patogênese da MG. Mais de 70% das pessoas com miastenia possuem evidências de hiperplasia dos folículos linfoides no timo e mais de 15% abrigam um timoma. Outros tipos de doenças autoimunes associadas à MG incluem desordens da tireoide, anemia perniciosa, Doença de Addison, *diabetes mellitus*, lúpus eritematoso, artrite reumatoide e polimiosite.

Hoch W, McConville J, Helms S, et al: Auto-antibodies to the receptor tyrosine kinase MuSK inpatients with myasthenia gravis without acetylcholine receptor antibodies. Nat Med 7:365-368, 2001.

Mossman S, Vincent A, Newsom-Davis J: Myasthenia gravis without acetylcholine-receptor antibody: A distinct disease entity. Lancet 1:116-119, 1986.

Vincent A, Palace J, Hilton-Jones D: Myasthenia gravis. Lancet 357:2122-2128, 2001.

5. Como se confirma o diagnóstico de MG?

- **Achados clínicos:** Fraqueza flutuante, principalmente dos músculos extraoculares e bulbares, sugerem fortemente esse diagnóstico. Em alguns pacientes, entretanto, o diagnóstico pode não ser tão claro, avaliando-se apenas a história e o exame clínico, principalmente nas fases iniciais da doença.
- **Resposta ao edrofônio:** A resposta ao edrofônio (Tensilon®), um inibidor da acetilcolinesterase de ação rápida, pode ser particularmente importante no diagnóstico da MG, uma vez que aumenta a concentração de acetilcolina na junção neuromuscular. Entretanto, o teste do Tensilon® não deve ser realizado, a não ser que o clínico esteja certo de quais músculos serão avaliados. A dose padrão é de 10 mg, mas uma dose teste de 1 a 2 mg (0,1-0,2 mL) deve ser administrada primeiro, já que, apesar de ocorrer raramente, alguns pacientes mostram-se sensíveis ao Tensilon®, podendo desenvolver bradicardia importante ou broncoespasmo. Se o paciente for tolerante à dose teste, pode-se então administrar os 8 mg restantes.
- **Teste da bolsa de gelo:** Esse teste pode ser útil em pacientes que apresentem ptose. A aplicação de bolsas de gelo nas pálpebras melhora a ptose em até 80% dos pacientes com MG. Essa melhora é atribuída ao resfriamento local, que gera uma redução na cinética do sítio do receptor de acetilcolina.
- **Teste eletrofisiológico:** Por fim, o teste eletrofisiológico pode auxiliar bastante no diagnóstico da MG. O uso da eletromiografia com estímulos repetitivos é particularmente útil àqueles pacientes soro-negativos para anticorpos contra AchRs.

Kubis KC, Danesh-Meyer HC, Savino PJ, Sergott RC:The ice test versus the rest test in myasthenia gravis. Ophthalmology 107:1995-1998, 2000.

6. Quais são os diagnósticos diferenciais da MG?

A síndrome miastênica de Lambert-Eaton (SMLE) é uma condição rara na qual se formam anticorpos contra os canais de cálcio, impedindo as células pré-sinápticas de liberar acetilcolina. Apesar de a MG e de a SMLE apresentarem alguns sintomas clínicos comuns, a SMLE não envolve músculos extraoculares; sendo assim, não ocorre ptose e diplopia, muito comuns na MG. Além disso, na SMLE, a estimulação nervosa repetitiva (principalmente em altas frequências) leva a um aumento da resposta muscular. O botulismo gera uma fraqueza descendente que pode envolver os músculos extraoculares, bulbares e os músculos esqueléticos, mas não tem a característica de flutuação como a MG. O hipertireoidismo pode causar diplopia, mas é facilmente excluído por testes de funcionamento da tireoide.

Thavni BR, Lo TC: Update on myasthenia gravis. Post grad Med J 80:690-700, 2004.

7. Qual é a complicação mais séria da MG?

A falência respiratória fatal, que pode resultar do grave envolvimento dos músculos respiratórios, mas também da aspiração pulmonar devido à dificuldade de deglutição e de proteção das vias aéreas superiores secundária a fraqueza bulbar.

8. Qual é a melhor forma de se verificar a função respiratória de pacientes com MG?

Assim como acontece em outras doenças neuromusculares, a falência respiratória resulta da fraqueza muscular. Deste modo, a respiração rápida e superficial e movimentos abdominais paradoxais sugerem falência respiratória iminente. A hipóxia, a hipercapnia e a acidose respiratória não ocorrem até as fases mais tardias da doença. Por isso, a melhor forma de se monitorar pacientes com MG, ou outras doenças neuromusculares que afetem músculos respiratórios, é reavaliando a função respiratória com frequência, usando a capacidade vital e a força inspiratória média.

9. Como a MG é manejada?

- **Tratamento clínico:** Geralmente envolve o uso de inibidores da acetilcolinesterase de ação prolongada, como a piridostigmina (Mestinon®). Esse fármaco melhora a função neuromuscular dos pacientes de forma significativa. Corticosteroides e outros agentes imunossupressores também podem ser bastante úteis. Acredita-se que a azatioprina, o metotrexato, a ciclosporina e o micofenolato também sejam eficazes.
- **Timectomia:** Este procedimento normalmente é benéfico, levando à melhora clínica de aproximadamente 80% dos pacientes. Deve-se considerá-lo principalmente em pacientes com MG generalizada. A plasmaférese e a imunoglobulina intravenosa (IgIV) são frequentemente utilizadas nos pacientes com exacerbações graves e podem ser altamente eficazes nessas situações. Em casos de pacientes com crises miastênicas graves, deve-se considerar a imunoadsorção, uma nova terapia na qual a plasmaférese é utilizada em conjunto a uma resina que adsorve os anticorpos contra o receptor de acetilcolina.

Scherer K, Bedlack RS, Simel DL: Does this patient have myasthenia gravis? JAMA 293:1906-1914, 2005.
Thanvi BR, Lo TC: Update on myasthenia gravis. Postgrad Med J 80:690-700, 2004.

10. O que é crise miastênica?

A crise miastênica representa um piora significativa da MG, podendo até ser fatal. Ela é definida como uma fraqueza resultante da MG grave o suficiente para fazer o paciente necessitar de ventilação mecânica. Aproximadamente de 10% a 30% dos pacientes com MG irão passar por uma crise miastênica, geralmente dentro de um ano ou dois após o diagnóstico. Ela ocorre mais comumente em indivíduos com fraqueza bulbar grave e timoma, e após algum estresse físico, como infecção das vias aéreas superiores ou cirurgia. Caracteriza-se por fraqueza intensa e falência respiratória estando normalmente associada à hospitalização prolongada e com taxas de mortalidade em torno de 5%.

A avaliação da crise miastênica em pacientes com MG conhecida inclui a exclusão de causas não miastênicas para a falência respiratória, como a embolia pulmonar. Depois a busca se volta para determinação da causa da crise. As causas podem incluir infecções respiratórias, cirurgias (principalmente a timectomia), mudanças nos medicamentos ou algum estresse emocional grave.

Alguns fármacos que podem precipitar a crise incluem agentes antiarrítmicos, bloqueadores neuromusculares, aminoglicosídeos, quinolonas, bloqueadores de canais de cálcio e betabloqueadores.

Lacomis D: Myasthenic crises. Neurocrit Care 3:189-184, 2005.

PONTOS-CHAVE: MIASTENIA GRAVIS (MG)

1. A MG é uma doença autoimune em que anticorpos são direcionados contra as junções neuromusculares.
2. A maior parte dos anticorpos é direcionada contra os receptores nicotínicos de acetilcolina na junção neuromuscular. Além disso, recentemente descreveu-se anticorpos contra uma quinase músculo-específica (MuSK).
3. A MG possui incidência bimodal com o primeiro pico entre 10 e 40 anos, época em que afeta predominantemente as mulheres e um segundo pico entre 50 e 70 anos, quando é mais comum entre os homens.
4. Setenta por cento dos pacientes apresentam evidência de hiperplasia do timo e 15% apresentam timoma.
5. O tratamento da MG envolve o uso de corticosteroides e inibidores da colinesterase e, em alguns pacientes, timectomia.
6. A crise miastênica é caracterizada por falência respiratória, que geralmente requer ventilação mecânica. Ela pode ser tratada com corticosteroides, medicamentos anticolinesterásicos, plasmaférese e imunoglobulina intravenosa.

11. Como devemos tratar um paciente em crise miastênica?

A crise miastênica é definida pela necessidade de assistência respiratória. Quando se acredita que o paciente possa estar em risco iminente de complicações respiratórias e começar a enfrentar dificuldades para deglutir (o que o coloca sob risco de aspiração), deve-se transferi-lo para uma unidade de terapia intensiva. Nos pacientes sem hipercapnia, pode-se tentar a ventilação não-invasiva. Um estudo demonstrou que o uso de ventilação não-invasiva em nove pacientes com fraqueza bulbar e insuficiência respiratória que apresentaram 11 casos de falência respiratória, evitou a intubação em sete casos. Os demais melhoraram, mesmo com capacidade vital <10mL/kg.

Quando a capacidade vital cai para menos do que 15mL/kg de peso corporal, ou quando o paciente não é capaz de mobilizar as secreções, deve-se intubá-lo e acoplá-lo à ventilação mecânica. Os objetivos do tratamento incluem a redução do trabalho ventilatório, a determinação da causa subjacente responsável pela crise miastênica e o restabelecimento das funções respiratória e bulbar adequadas. O Quadro 64-1 apresenta as diretrizes.

Lacomis D: Myasthenic crisis. Neurocrit Care 3:189-194, 2005.

Rabinstein A, Wijdicks EF: BIPAP in acute respiratory failure due to myasthenic crises may prevent intubation. Neurology 59:1647-1649, 2002.

QUADRO 64-1. DIRETRIZES PARA O TRATAMENTO DA CRISE MIASTÊNICA

1. Durante as primeiras 24 a 48 horas após a intubação, deve-se ajustar os parâmetros da ventilação mecânica, permitindo que o respirador assuma o controle da respiração; assim, deve-se considerar um modo controlado a volume com ventilação mandatória contínua
2. Deve-se buscar qualquer infecção subjacente e dirigir cuidados adicionais à aspiração adequada
3. Deve-se também ter muita atenção com a prevenção da trombose venosa. As medidas devem incluir a utilização de dispositivos de compressão sequencial e/ou o uso de heparina não fracionada subcutânea ou heparina de baixo peso molecular
4. Todos os medicamentos anticolinesterásicos devem ser interrompidos por 48 a 72 horas. Geralmente, um descanso do fármaco ajuda a restabelecer a resposta do paciente ao medicamento e pode auxiliar no manejo da secreção
5. Tanto a plasmaférese ou a terapia com IgIV devem ser iniciadas assim que possível, após intubação, para acelerar a recuperação neuromuscular. O uso do Mestinon® pode ser reiniciado vários dias após a plasmaférese, aumentando-se a dose gradualmente dependendo da resposta clínica
6. Se não houver nenhuma resposta à plasmaférese ou à IgIV após cinco dias, pode-se considerar a adição de prednisona (1mg/kg/dia)

IgIV: imunoglobulina intravenosa.

12. O que é crise colinérgica?

Essa crise é resultante de uma superdosagem de inibidores de acetilcolinesterase, o que leva a uma intensa fraqueza devido à despolarização contínua da membrana pós-sináptica, o que, em contrapartida, leva a um bloqueio neuromuscular despolarizante. Em linhas gerais, a crise colinérgica causa outros sintomas, como salivação excessiva, espasmos, diarreia e visão turva. Existe também uma história de aumento significativo no uso de piridostigmina. As baixas doses de edrofônio geralmente diferenciam as duas condições porque normalmente levam a uma melhora significativa da crise miastênica, mas a uma piora da crise colinérgica. Esse teste deve ser realizado apenas em situações em que é possível, se necessária, a manutenção de emergência da potência das vias aéreas, uma vez que pode causar insuficiência respiratória grave em pacientes com crise colinérgica.

Kothari MJ: Myasthenia gravis. J Am Osteopath Assoc 104:374-384, 2004.

13. Que fatores devem ser observados durante o perioperatório de timectomia em pacientes com miastenia?

O ponto mais importante é otimizar a função dos músculos respiratórios antes da cirurgia. Para atingir esse objetivo, utiliza-se a plasmaférese ou Ig IV, e, algumas vezes, corticosteroides. A dose de Mestinon® deve ser reduzida ao máximo (mas sem comprometer a função respiratória), uma vez que o paciente pode se tornar mais sensível aos seus efeitos no pós-operatório. Alguns recomendam a suspensão da medicação anticolinesterásica na manhã da cirurgia a fim de diminuir a necessidade de relaxantes musculares. Se o paciente estava tomando algum corticosteroide durante o pré-operatório, é recomendado administrar doses de estresse de corticosteroides durante o período operatório. A extubação não deve ocorrer até que todos os efeitos dos anestésicos inalatórios tenham se dissipado completamente e esteja claro que a função respiratória esteja adequada. É melhor ser conservador quanto à decisão de se proceder à extubação. Após a extubação, deve-se monitorar a função respiratória do paciente de perto e observar se há sinais de fadiga.

Abel M, Eisen kraft JB: Anesthetic implications of myasthenia gravis. Mt Sinai J Med 69:31-37, 2002.

CAPÍTULO 65

ABSTINÊNCIA DO ÁLCOOL

Jill A. Rebuck, PharmD, BCPS e Bruce Crookes, MD

1. Quais pacientes nas unidades de terapia intensiva (UTI) apresentam o maior risco de síndrome da abstinência do álcool?

Qualquer paciente com histórico de ingestão alcoólica significativa em grande quantidade ou prolongada, que tenha parado ou reduzido o consumo recentemente, apresenta risco. A abstinência do álcool geralmente é observada após uma cirurgia eletiva ou hospitalização de emergência, sendo que grande parte dos pacientes hospitalizados após traumatismos se encontram sob a influência de álcool no momento da lesão. O aumento da morbidade está associado ao alcoolismo crônico, levando a procedimentos cirúrgicos adicionais, prolongamento do tempo de hospitalização e a piora dos resultados pós-operatórios em três meses. Além da síndrome de abstinência do álcool, infecções, sangramentos e insuficiência cardiopulmonar são complicações comuns descritas em pacientes com uma história significativa de consumo de álcool.

2. Quais são os sinais e sintomas da abstinência do álcool em pacientes de risco na UTI?

Quando a ingestão de álcool é cessada de forma abrupta, pode ocorrer excitação do sistema nervoso central (SNC) dentro de poucas horas, além de taquicardia, hipertensão, hiperreflexia, tremor, ansiedade, irritabilidade, sudorese, náusea ou vômitos, geralmente com picos entre 24 e 48 horas. A excitação neuronal ocorre após 12 a 24 horas de abstinência e pode resultar em convulsões epileptiformes em casos graves. O *delirium tremens*, caracterizado por alucinações visuais e auditivas, desorientação, confusão, alteração do nível de consciência, falta de atenção e hiperatividade autonômica profunda, pode surgir após a ocorrência de sinais e sintomas prodrômicos da abstinência do álcool, seguida pela possibilidade de morte caso a abstinência não seja detectada. A reação do indivíduo varia e os pacientes podem exibir apenas alguns dos sinais e sintomas, apesar disso, a abstinência do álcool deve ser considerada sempre que houver uma história de consumo intenso ou prolongado de álcool.

3. Qual é o tempo necessário para o desenvolvimento e a incidência do *delirium tremens*?

O delirium tremens é uma síndrome potencialmente fatal e caracteriza-se por uma hiperexcitação neuronal grave que geralmente se apresenta três a cinco dias após a suspensão do uso do álcool, com duração típica de menos de uma semana, apesar de a síndrome poder se apresentar muito tempo depois (após uma ou duas semanas de hospitalização). O *delirium tremens* acontece em aproximadamente 5% dos etilistas hospitalizados e tem uma taxa de mortalidade associada de 1% a 15%.

4. Qual é a frequência das convulsões relacionadas à abstinência do álcool?

Entre 2% e 5% dos etilistas sofrem convulsões decorrentes da abstinência, que normalmente são generalizadas. As convulsões ocorrem, tipicamente, dentro de 48 horas após a última ingestão alcoólica, mas podem se manifestar a qualquer momento na primeira semana de abstinência. Os pacientes que possuem um histórico prévio de desintoxicações ou de internações não relacionadas ao álcool apresentam maior risco de desenvolvimento de convulsões decorrentes da abstinência, conhecido como efeito de abrasamento. Tal hipótese determina que todos os episódios de abstinência funcionem como fenômenos irritativos para o cérebro, e o acúmulo de vários episódios de abstinência do álcool tende a reduzir o limiar convulsivo.

5. Existe algum questionário confiável para avaliar o risco de abstinência do álcool em pacientes na UTI?

O questionário CAGE consiste em quatro perguntas:

- **Parar (*Cut down*):** Você já pensou que deveria abandonar o consumo de álcool?
- **Aborrecimento (*Annoyed*):** Você já ficou aborrecido quando outras pessoas criticaram seu hábito de beber?
- **Culpa (*Guilt*):** Você já se sentiu culpado por beber?
- **"Abrir os olhos" (*Eye opened*):** Você já bebeu logo ao acordar (ou seja, para "abrir os olhos") para ficar mais calmo ou se livrar de uma ressaca?

Pacientes que responderem "sim" a qualquer uma das perguntas devem ser monitorados, e aqueles com três respostas "sim" possuem alto risco de sofrer abstinência do álcool. Infelizmente, na população de pacientes da UTI, a maior parte é incapaz de responder a tais questões devido a diversos fatores (p. ex., ventilação mecânica, necessidade de sedação ou analgesia, extensão da lesão ou doença grave), e os membros da família podem não ser fontes confiáveis para fornecer um histórico pertinente sobre o alcoolismo.

6. Que classe de medicamentos representa o tratamento de escolha para a abstinência do álcool?

Os benzodiazepínicos são a terapia mais eficaz na prevenção e no tratamento da abstinência porque reduzem a gravidade da abstinência, a incidência de *delirium tremens* e o risco de convulsões. Os benzodiazepínicos são eficazes, em parte, devido à tolerância cruzada com o etanol no receptor tipo A do ácido γ-aminobutírico (GABA).

7. Por que o lorazepam é o benzodiazepínico de escolha para a prevenção e o tratamento da abstinência do álcool na UTI?

O lorazepam representa o benzodiazepínico de escolha nas unidades de terapia intensiva para prevenção ou tratamento agudos da abstinência do álcool devido a sua meia-vida relativamente curta, à ausência de metabólitos ativos, à baixa taxa de hipersedação, à facilidade de titulação, à ausência de necessidade de ajuste de dose na insuficiência renal e à possibilidade de administração IV em *bolus* ou infusão contínua. Apesar de ainda poder ocorrer acúmulo, e da possibilidade de a hipersedação precisar ser constantemente reavaliada, o metabolismo do lorazepam é menos dependente da idade e da função hepática do paciente. Em caso de transferência do paciente para a unidade intermediária, benzodiazepínicos de ação prolongada, como o diazepam e o clordiazepóxido, são os preferidos devido ao efeito terapêutico sustentado; entretanto, não se deve descartar o risco de hipersedação.

Peppers MP: Benzodiazepines for alcohol withdrawal in the elderly and in patients with liver disease. Pharmacotherapy 16:49-58, 1996.

8. Deve-se cogitar o uso de propofol em casos de *delirium tremens* refratário?

O mecanismo de ação do propofol é semelhante ao do etanol, afetando tanto os receptores de glutamato quanto os do GABA no sistema nervoso central. Se os sintomas não forem bem controlados com altas doses de benzodiazepínicos (p. ex., mais do que 20 a 30 mg/h de lorazepam), a infusão de propofol deve ser considerada em pacientes intubados como uma estratégia alternativa para o controle do *delirum tremens* grave. O alcoolismo crônico resulta em apenas pequenas alterações na farmacocinética do propofol. Deve-se evitar doses acima de 83 µg/kg/min a fim de se prevenir o desenvolvimento da síndrome da infusão do propofol, uma complicação rara, mas potencialmente fatal, associada à acidose metabólica grave, rabdomiólise, arritmias cardíacas e colapso cardiovascular.

Mc Cowan C, Marik P: Refractory delirium tremens treated with propofol: Acaseseries. Crit Care Med 28:1781-1784, 2000.

9. Existe algum tratamento auxiliar disponível para a prevenção e o tratamento da abstinência do álcool?

Betabloqueadores, clonidina, carbamazepina e ácido valproico são terapias auxiliares que reduzem a gravidade da abstinência. Entretanto, seus efeitos nas convulsões e no *delirium* são bem menos estudados. Os betabloqueadores reduzem as manifestações autonômicas da abstinência do álcool aguda, mas não apresentam nenhuma atividade anticonvulsivante, e o *delirium* é um evento adverso associado ao tratamento. O alfa agonista clonidina pode ser benéfico em reduzir os sintomas da abstinência em pacientes que apresentam hipertensão e taquicardia. O anticonvulsivante carbamazepina não potencializa a depressão do SNC causada pelo álcool, mas apresenta alta frequência de efeitos adversos (p. ex., tonturas, náuseas, vômitos). De forma semelhante à carbamazepina, o ácido valproico aumenta os níveis de GABA no SNC e também reduz os sintomas da abstinência. Nenhum desses agentes auxiliares deve ser usado para substituir o tratamento com benzodiazepínicos, mas sim como tratamento adicional quando os sintomas necessitarem de tal ação.

Kosten TR, O' Connor PG: Management of drug and alcohol withdrawal. N Engl J Med 348:1786-1795, 2003.

PONTOS-CHAVE: TRATAMENTO FARMACOLÓGICO DA ABSTINÊNCIA DO ÁLCOOL

1. Os benzodiazepínicos são as drogas de escolha para todos os pacientes.
2. O Lorazepam é o benzodiazepínico mais apropriado para pacientes em terapia intensiva.
3. Os betabloqueadores e a clonidina são terapias auxiliares úteis para hipertensão/taquicardia.
4. A carbamazepina ou o ácido valproico, mas não a fenitoína, também reduzem os sintomas da abstinência.

10. Em pacientes sob risco de abstinência do álcool, deve-se iniciar o tratamento conforme necessário (de acordo com a manifestação dos sintomas) ou em esquemas posológicos fixos?

A literatura sugere que é preferível um tratamento conforme necessário, devido à menor necessidade total de benzodiazepínicos e à menor duração do tratamento quando comparado aos esquemas posológicos fixos para a abstinência do álcool. Entretanto, a maioria dos dados referem-se pacientes fora da UTI, como no caso daqueles internados em unidades de desintoxicação. O regime de tratamento com benzodiazepínicos conforme a necessidade ou com doses fixas é controverso quando se refere a pacientes da UTI porque seus múltiplos sinais e sintomas podem ser mascarados devido à maior gravidade das doenças e à falta de responsividade de muitos pacientes críticos.

Spies CD, Otter HE, Hüske B, et al: Alcohol withdrawal severity is decreased by symptom-oriented adjusted bolus therapy in the ICU. Intensive Care Med 29:2230-2238, 2003.

11. Há algum papel para a suplementação de etanol durante a abstinência do álcool na UTI?

O uso de etanol suplementar em pacientes críticos com diagnóstico secundário de abstinência do álcool é bastante controverso. Os defensores da administração de etanol afirmam que os pacientes são menos sedados e que o risco de depressão respiratória é menor em comparação ao tratamento com benzodiazepínicos, com consequente manejo mais "suave" da abstinência do álcool. As desvantagens dessa abordagem estão relacionadas, em parte, à eliminação de ordem zero do etanol IV, levando à farmacocinética imprevisível, assim como a um índice terapêutico estreito. Estudos clínicos controlados não demonstraram melhor eficácia com o etanol IV em comparação ao tratamento padrão, com relatos da progressão contínua da abstinência do álcool mesmo com o uso do etanol IV e com a ausência de efeito no desenvolvimento dos sintomas, tempo de permanência na UTI ou complicações. Note-se que a literatura disponível consiste apenas de estudos clínicos que usaram infusões de etanol IV. A forma de administração enteral do álcool não foi estudada e pode representar algum benefício para pacientes complicados ou quando existirem contraindicações para os benzodiazepínicos no tratamento da abstinência do álcool na UTI.

Hodges B, Mazur JE: Intravenous ethanol for the treatment of alcohol withdrawal syndrome in critically ill patients. Pharmacotherapy 24:1578-1585, 2004.

12. A definição de diretrizes clínicas para a abordagem da abstinência do álcool auxilia no tratamento?

As diretrizes clínicas para a abstinência do álcool são úteis no ambiente hospitalar para triar e identificar pacientes que apresentam risco de desenvolver sintomas de abstinência, e para tratar os sintomas de forma adequada. Elas geralmente são utilizadas em indivíduos nos quais a abstinência do álcool é um diagnóstico secundário revelado a partir do uso de uma ferramenta de triagem de risco, como um questionário de avaliação do abuso de substâncias. Essas diretrizes também têm a vantagem de facilitar a intervenção no alcoolismo subjacente após a alta. A escala revisada Clinical Institute Withdrawal Assessment for Alcohol é uma medida validada e confiável da gravidade atual da abstinência do álcool, sendo composta por dez itens: náusea e vômito; tremor; hiperatividade autonômica; ansiedade; agitação; distúrbios do tato, audição e visão; problemas relacionados à cefaleia; e desorientação. Apesar de essa escala ser útil para pacientes que se comunicam e podem responder às perguntas, pacientes de UTI com múltiplas comorbidades podem não ser capazes de responder às perguntas devido à sedação, ventilação mecânica e outras questões relacionadas. Qualquer que seja o método escolhido, todos os pacientes em risco devem ser monitorados de perto para os sintomas da abstinência do álcool.

Sullivan JT, SykoraK, Schneiderman J, et al: Assessment of alcohol withdrawal: There vised Clinical Institute Withdrawal Assessment for Alcohols cale (CIWA-Ar). Br J Addict 84:1353-1357, 1989.

TRAUMATISMO CRANIANO

David Bonovich, MD

1. Qual é a epidemiologia da lesão traumática cerebral (LTC) nos Estados Unidos?

A LTC, depois dos acidentes vasculares cerebrais, é a segunda causa de morte de origem neurológica. Apenas nos Estados Unidos, aproximadamente 1,4 milhão de pessoas apresentam lesões cranianas a cada ano, 270 mil requerem hospitalização, 52 mil morrem e 80-90 mil sofrem incapacidade neurológica prolongada. Em 2002, a incidência anual ajustada foi de 79 por 100 mil pessoas. Um estudo acerca da incidência do traumatismo craniano em 12 estados americanos demonstrou que pessoas com idade superior a 75 anos apresentam a incidência mais alta (265 por 100 mil), seguidas por pessoas entre 15 e 24 anos (103 por 100 mil). Homens foram hospitalizados com aproximadamente o dobro de frequencia das mulheres. A taxa de mortalidade geral é de 24 por 100 mil.

Centers for Disease Control and Prevention: Incidence rates of hospitalization related to traumatic brain injury - 12 states, 2002. MMWR 55:201-204, 2006.

2. Quais são as principais causas de traumatismo craniano?

Acidentes por veículos motorizados, 49%; quedas, 28%; todas as outras, 23%. Mundialmente, os acidentes por veículos motorizados são a principal causa de morte por LTC em pessoas jovens e quedas são a principal causa em pessoas com idade superior a 65 anos. Um artigo recente citando um relatório da West Virginia reportou uma mortalidade média de 23,6 por 100 mil pessoas. Armas de fogo são responsáveis por 39% das mortes; veículos motorizados por 34% e quedas, 10%. Entre as mortes relacionadas a armas de fogo, a maioria resulta de suicídio.

Leon-Carrion J, Dominguez-Morales R., Barroso Y, et al: Epidemiology of traumatic brain injury and subarachnoid hemorrhage. Pituitary 8:197-202, 2005.

3. Qual é a taxa de mortalidade associada ao traumatismo craniano grave?

As taxas de morbidade e mortalidade são relacionadas à hipertensão intracraniana (HIC). Para pacientes com LTC grave e pressão intracraniana (PIC) <20 mmHg, a taxa de mortalidade é de cerca de 20%; para aqueles com PIC>20 mmHg, a taxa de mortalidade é próxima a 50%. Para pacientes com LTC grave e PIC> 40 mmHg, a mortalidade chega a 75%; para pacientes com PIC>60 mm Hg, a taxa de mortalidade aproxima-se de 100%.

4. Quais fatores são importantes para predizer a evolução do traumatismo craniano grave?

Fatores associados a uma evolução neurológica ruim incluem:

- Hematoma intracraniano.
- Resposta pupilar à luz reduzida ou ausente no exame inicial.
- Idade avançada.
- Insultos sistêmicos precoces: hipotensão, hipercapnia e/ou hipoxemia.
- Resposta motora anormal.

5. O que é a Escala de Coma de Glasgow? Por que ela é importante?

Desenvolvida em 1974 pelo departamento de neurocirurgia da Universidade de Glasgow, a escala foi uma tentativa de padronizar a avaliação da profundidade e da duração da redução da consciência e do coma, particularmente na presença de traumatismo. A escala é baseada na abertura ocular, nas respostas verbais e nas respostas

TABELA 66-1. ESCALA DE COMA DE GLASGOW

Abertura Ocular		Resposta Motora		Melhor Resposta Verbal	
Espontânea	4	Obedece a comandos	6	Orientada	5
À Fala	3	Localiza a dor	5	Confusa	4
À Dor	2	Retirada do membro à dor	4	Inapropriada	3
Nenhuma	1	Flexiona à dor	3	Incompreensível	2
		Estende à dor	2	Nenhuma	1
		Nenhuma	1		

motoras (Tabela 66-1). Destas, a resposta motora é a mais sensível e se correlaciona melhor à evolução neurológica. Uma pontuação de 15 é alcançada por um paciente completamente acordado e orientado. Uma pontuação < 8 indica lesão cerebral significativa e a possível necessidade de proteção das vias aéreas.

6. Qual é o significado de lesão craniana primária? E secundária?

- **Lesão primária:** A lesão primária ocorre no momento do impacto e pode ser separada em duas fases: (1) a fase resultante do evento que incitou a lesão e deu origem a contusões, lacerações e/ou lesão axonal; (2) a evolução da lesão primária. A lesão primária não pode ser diretamente tratada por que não há tratamento para a ruptura mecânica súbita do tecido cerebral.
- **Lesão secundária do cérebro:** Esse termo se refere à lesão adicional e pode ocorrer nas horas ou dias após a lesão primária. A lesão secundária é a principal causa de morte hospitalar. A hipóxia e hipotensão são as causas mais comuns de lesão secundária do cérebro. A hipotensão, definida como uma única medida da pressão arterial sistólica abaixo de 90 mmHg, pode estar associada à duplicação da taxa de mortalidade e a um aumento na morbidade de pacientes com lesão traumática cerebral. Outras causas de lesão secundária incluem hematomas intracranianos (ou seja, subdural, epidural e parenquimatoso) e edema cerebral generalizado, resultando em PIC elevada. As convulsões também são uma causa de lesão cerebral secundária.

  Como a lesão primária do cérebro não pode ser diretamente tratada, o cérebro precisa ser protegido da lesão secundária e da PIC elevada para fornecer um ambiente ótimo de recuperação espontânea.

Cernak I: Animal models of head trauma. NeuroRx 2:410-422, 2005.

7. Quais são as considerações importantes durante a intubação de pacientes com traumatismo craniano?

- Fraturas associadas da coluna cervical ocorrem em 5-10% dos pacientes com lesão craniana. Isso normalmente depende do mecanismo de lesão (p. ex., acidentes com veículos motorizados > quedas > feridas por arma de fogo).

  Deve-se tomar cuidado para evitar a hiperextensão do pescoço no momento da intubação. A intubação acordado, a tração axial e a cricotireoidotomia são opções apropriadas em pacientes com traumatismo craniano.
- Estes pacientes são considerados como estando com o "estômago cheio" e devem ser submetidos à intubação acordada ou em sequência rápida com o objetivo de evitar uma possível aspiração de conteúdos estomacais.
- Pacientes com lesões traumáticas associadas com frequência estão hipovolêmicos, por isso deve-se tomar cuidado na administração de drogas indutoras para evitar a hipotensão.
- Deve-se tomar cuidado para evitar a tosse e a tensão sobre o tubo endotraqueal, pois ambos resultam em elevação marcante da PIC.

- Lesões associadas maxilofaciais e cervicais devem ser levadas em conta, pois podem aumentar a dificuldade da intubação.
- Intubações nasais são contraindicadas em pacientes com fraturas da base do crânio ou de LeFort.

8. Que pistas sugerem a presença de fraturas da base do crânio?

Fraturas da base do crânio resultam em hemotímpano, equimoses sobre a área mastoide (ou seja, sinal de Battle) ou equimose periorbital (ou seja, olhos de guaxinim).

9. Qual é a percentagem de pacientes adultos com lesão craniana que apresenta hematoma intracraniano?

Cerca de 40% dos pacientes com lesão craniana apresentam hematoma intracraniano como resultado das lesões. Destes, cerca de 40% são intracerebrais, 20% são subdurais e outros 20% são epidurais.

10. Por que a presença de um hematoma intracraniano é significativa?

A intervenção cirúrgica imediata é imperativa para a sobrevivência destes pacientes. Os tipos de hemorragia intracraniana incluem o hematoma subdural e epidural, bem como os hematomas associados a contusões cerebrais. Em uma revisão de 82 pacientes com lesão craniana grave e hematoma subdural significativo (>5 mm de desvio da linha média ou contusão hemorrágica >2 cm na tomografia computadorizada), a evacuação cirúrgica precoce demonstrou ter um impacto considerável na sobrevivência. Pacientes levados à cirurgia mais de quatro horas após a lesão, tiveram uma taxa de mortalidade de 90%. A evacuação de hematomas subdurais dentro de duas horas após a lesão pode reduzir as taxas de mortalidade em até 70%.

Seelig JM, Becker DP, Miller JD, et al: Traumatic acute subdural hematoma: Major mortality reduction in comatose patients treated within 4 hours. N Engl J Med 304:1511-1518, 1981.

11. Descreva a fisiologia da pressão intracraniana e como ela é afetada pelo traumatismo craniano.

De acordo com a hipótese de Monro-Kellie, o crânio pode ser considerado um compartimento fechado dentro do qual há três volumes: o cérebro, o sangue e o líquido cefalorraquidiano (LCR). Cada um desses volumes exerce uma pressão e para a pressão dentro do crânio permanecer constante, o aumento no volume de um dos componentes precisa ser acompanhado pelo decréscimo do volume de um dos outros dois. Como o cérebro é considerado um volume imutável, a PIC reflete uma relação recíproca entre os volumes de sangue e LCR dentro do compartimento intracraniano. O traumatismo craniano pode resultar em PIC elevada. Um aumento na massa devido a um edema cerebral ou hematoma precisa ser acompanhado por um aumento no fluxo venoso de saída, redução do volume do LCR, ou ambos, a fim de manter a PIC normal.

Mecanismos fisiológicos compensatórios incluem o deslocamento e a absorção do LCR e a hiperventilação espontânea (que causa uma redução na $PaCO_2$ e vasoconstrição ao nível arteriolar, a qual, por sua vez, reduz o volume sanguíneo cerebral). Se esses mecanismos não fornecerem compensação adequada, a PIC vai subir. Esse fato é demonstrado pela curva de complacência craniana exibida na Fig. 66-1.

Esta curva pressão-volume demonstra um volume "crítico" (o joelho da curva) acima do qual os mecanismos compensatórios não são eficazes para manter a pressão dentro do crânio não-complacente.

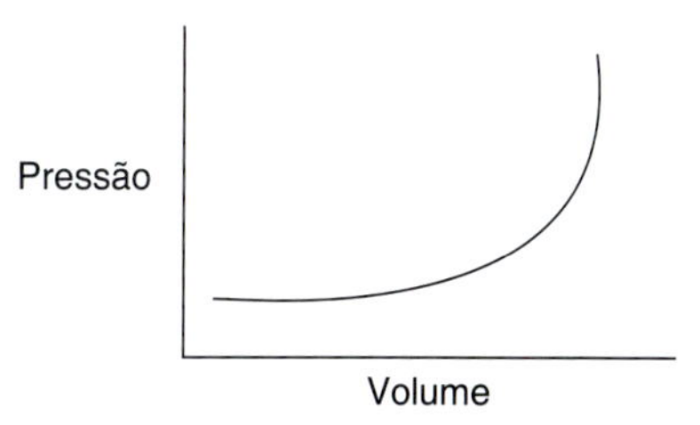

Figura 66-1. Curva de complacência intracraniana.

12. Como se monitoriza a PIC?

Os três métodos comumente usados para monitorizar a PIC são o cateter intraventricular, o parafuso subaracnoide e o transdutor epidural. Veja uma revisão realizada por Miller e colaboradores para maiores detalhes. A maioria das autoridades agora acredita que, sempre que exequível, deve-se posicionar um cateter intraventricular de tal forma que a PIC possa ser monitorizada, ao mesmo tempo em que o LCR possa ser removido para tratar elevações na PIC.

Miller JD, Butterworth JF, Gudeman SK, et al: Further experience in the management of severe head injury. J Neurosurg 54:288-299, 1981.

13. Quais são os mecanismos através dos quais a lesão craniana eleva a PIC?

- Massa aumentada resultante da formação de hematoma intracraniano.
- Edema cerebral resultante da ruptura de membranas celulares e da barreira hematoencefálica.
- Aumento do volume sanguíneo resultante da perda da autorregulação.
- Aumento do volume de LCR resultante da obstrução ao fluxo por edema ou formação de coágulo.

14. Como a PIC elevada piora a evolução do quadro?

A elevação da PIC sem um aumento equivalente na pressão arterial média sistêmica (PAM) resulta em uma redução da pressão de perfusão cerebral (PPC) e no risco de isquemia cerebral. Para compreender isso, há de se entender primeiro os conceitos de PPC e autorregulação. A PIC pode ser vista como a força resistiva que o sangue que segue para dentro do crânio deve sobrepujar; portanto a pressão do sangue dentro do crânio é a diferença entre a PAM e a PIC. Sendo assim,

$$PPC = PAM - PIC$$

O fluxo sanguíneo para o cérebro é autorregulado tanto de um ponto de vista pressórico quanto metabólico. A *autorregulação da pressão* significa que dentro de uma faixa de variação de pressões (usualmente dada como uma PAM entre 50 e 150 mmHg), o fluxo sanguíneo permanece o mesmo. Na *autorregulação metabólica* o fluxo sanguíneo é direcionado para as áreas de maior necessidade metabólica. A PIC parece ter um impacto maior na autorregulação da pressão porque a PIC que reduzisse a PPC abaixo do limiar para a autorregulação da pressão criaria uma situação chamada *dependência da pressão*, na qual o fluxo sanguíneo para o cérebro é diretamente relacionado à PPC.

Idealmente, para se obter uma medida contínua da PPC, deve-se instalar uma linha arterial no momento da instalação do monitor de PIC. Isso permite uma medida acurada momento-a-momento da PAM sistêmica e cálculo da PPC. O cálculo da PPC requer que ambos os transdutores sejam colocados no nível do canal auditivo externo. Uma PIC normal é <10 mmHg. Uma elevação na PIC> 20 mmHg, em um paciente em repouso por mais do que alguns minutos, pode ser associada a um aumento significativo na morbidade. Uma PIC > 40 mmHg é considerada potencialmente fatal. Uma PPC normal é de aproximadamente 80-90 mmHg. Anteriormente, uma PPC >60 mmHg era considerada adequada para prevenir a isquemia cerebral. Atualmente, entretanto, a PPC mínima em pacientes com LTC é controversa.

15. O que são as ondas de platô?

Em 1960 Lundberg publicou observações de variações na PIC em 143 pacientes. Ele demonstrou que a PIC pode se elevar a níveis muito altos e que a PIC aumentada não pode ser predita de maneira confiável baseando-se apenas em dados clínicos. Ele também demonstrou a variabilidade das curvas de PIC através do tempo e descreveu três padrões específicos de variação:

- **Ondas A:** Estes períodos de PIC extremamente altas (50-100 mmHg) duram 5-20 minutos. Eles podem estar superimpostos em uma linha de base já elevada e também podem estar associados a uma redução marcante na PPC. As ondas A também são chamadas *ondas de platô.*
- **Ondas B:** Essas oscilações de alta frequência (0,5-2/min) resultam em pressões entre 0 e 50 mmHg. Apesar de não serem sempre patológicas, elas com frequência progridem para ondas A.

- **Ondas C:** Essas ondas são pequenas oscilações rítmicas na pressão em uma frequência de 4-8/min. Elas estão associadas a medidas da PIC de 0-20 mmHg e são consideradas normais.

A presença de ondas de platô sugere que a autorregulação da pressão está intacta, mas que a PPC está no limite direito da autorregulação, o que explica a observação de que um aumento na pressão arterial – e, portanto, na PPC – pode abortar uma onda de platô em alguns casos.

Lundberg N: Contiuous recording and control of ventricular fluid pressure in neurosurgical practice. Acta Psychiatr Neurol Scand 36(Suppl 149):1-193, 1960

Rosner MJ, Daughton S: Cerebral perfusion pressure management in head injury. J Trauma 30:933-941, 1990.

16. Quais pacientes devem ser monitorizados para aumento da PIC?

Uma revisão de 207 pacientes com traumatismo craniano realizada por Narayan e colaboradores em 1982, sugere que dois grupos de pacientes devem ser rotineiramente monitorizados:

1. Pacientes com TC anormal na admissão (lesão de alta densidade consistente com hemorragia ou lesão de baixa densidade consistente com contusão).
2. Pacientes com TC normal que demonstram duas ou mais das seguintes características adversas na admissão:
   - Pressão arterial sistólica < 90 mmHg.
   - Idade > 40 anos.
   - Posturas motoras unilaterais ou bilaterais.

Pacientes que não são rotineiramente monitorizados devem ter a TC de crânio repetida em 12-24 h. Esse estudo demonstrou que 96% dos pacientes com TCs normais e menos que duas características adversas têm PICs normais durante a internação no CTI, enquanto 53-63% dos pacientes com TCs anormais desenvolvem PIC elevada.

Narayan R, Kishore P, Becker DP, et al: Intracranial Pressure: To monitor or not to monitor? J Neurosurg 56:650-659, 1982.

17. Quais são os alvos gerais do tratamento de pacientes com lesão craniana?

1. Controle e proteção das vias aéreas.
2. Ventilação controlada para manter $PaCO_2$ normal ou levemente reduzida.
3. Triagem adequada para cirurgia precoce (<4h após a lesão).
4. Manutenção do fluxo sanguíneo cerebral.
5. Tratamento da PIC elevada.
6. Avaliação e tratamento de desordens sistêmicas secundárias:
   - Sangramento gastrointestinal.
   - Coagulação intravascular disseminada.
   - Edema pulmonar neurogênico.
   - Anormalidades endócrinas (p. ex., *diabetes insipidus*, síndrome da secreção inapropriada de hormônio antidiurético).
   - Hipotensão resultante de choque medular ou hemorrágico.
   - Hipoxemia resultante de trauma torácico ou aspiração.

18. Descreva o tratamento específico utilizado para a prevenção da lesão cerebral secundária em pacientes com traumatismo craniano.

Os conceitos no tratamento da LTC foram evoluindo através dos anos. Previamente, as terapias PIC-direcionadas e a manutenção da PPC (através da manipulação da pressão arterial combinada ao tratamento intensivo das elevações da PIC) eram o foco do tratamento e, na verdade, as terapias PPC-dirigidas, em especial, ainda permanecem como o foco do tratamento. Todavia, novas abordagens estão sendo tentadas à medida que ganhamos mais entendimento da fisiologia cerebral por meio do uso dos métodos de neuromonitorização atualmente existentes e dos novos métodos que estão sendo desenvolvidos e validados.

As terapias PIC-dirigidas têm como objetivo, especificamente, o tratamento da PIC elevada. Há vários meios através dos quais esse objetivo pode ser atingido:

- Elevação da cabeceira da cama para > 20 graus a fim de aumentar a drenagem venosa.
- Hiperventilação para atingir uma $PaCO_2$ de 25-30 mmHg por curtos períodos no cenário agudo.

- Manitol, 0,5-1,0 g/kg emergencialmente e então a cada 1-3 horas para manter uma osmolaridade sérica entre 295-315 mOsm.
- Furosemida 0,5 mg/kg para reduzir a produção de LCR. É necessário cautela para evitar a desidratação
- Drenagem de LCR pelo cateter de ventriculostomia (mais eficaz na hidrocefalia obstrutiva, menos eficaz no edema difuso com ventrículos colabados).
- Descompressão cirúrgica para remover hematoma ou cérebro lesado necrótico.
- Atenção ao posicionamento da cabeça para evitar compressão venosa jugular e obstrução do trato de saída venoso do crânio.
- Com a pentobarbital em pacientes hemodinamicamente estáveis e com hipertensão intracraniana refratária.
- Profilaxia contra convulsões para prevenir o aumento da PIC associado às convulsões.

A terapia guiada pela PPC é baseada na ideia de (1) manipular a pressão arterial a fim de assegurar a perfusão adequada de áreas que estão presumidamente isquêmicas, ou nas quais se pensa estar havendo risco de desenvolvimento de isquemia e (2) tratar elevações da PIC com drenagem de líquido espinhal, uso de agentes osmóticos e otimização da sedação. O limiar recomendado para a PPC é 70 mmHg, porém, mais recentemente, o uso de limiares de PPC específicos foi questionado. Dados recentes sugerem que limiares mais baixos de PPC podem ser melhor tolerados e que individualizar os limiares pode redundar em algum benefício.

O "conceito de Lund" foi advogado mais recentemente. Este conceito difere consideravelmente do conceito de PPC. O primeiro tenta abaixar a PIC através da minimização ou prevenção do edema cerebral e redução do volume sanguíneo cerebral (através da supressão metabólica e do uso de agentes que causam venoconstrição). De acordo com esse conceito, uma PPC mais baixa vai limitar o desenvolvimento de edema cerebral.

Pode vir a acontecer que todos esses conceitos possam ser aplicáveis em um dado paciente, de tal forma que a terapia da LTC deva se tornar individualizada e direcionada dependendo do mecanismo de lesão e resposta individual de cada paciente.

Brain Trauma Foundation, American Association of Neurological Surgeons, Joint Section on Neurotrauma and Critical Care: Guidelines for cerebral perfusion pressure. J Neurotrauma 17:507-511, 2000.

Diringer M: What do we really understand about head injury? Neurocrit Care 2:3-4, 2005.

Nordstrom L: Physiological and biochemical principles underlying volume-targeted therapy – The "Lund concept" Neurocrit Care 2:83-96, 2005

19. Cite alguns equipamentos de neuromonitorização atualmente usados no tratamento da LTC.

O objetivo da neuromonitorização é fornecer um meio de detecção precoce de insultos e eventos que possam deflagrar lesão cerebral secundária, de tal forma que as intervenções possam ser feitas no tempo apropriado.

- **Monitores de PIC:** O uso de monitores de PIC é importante para monitorizar a PIC de modo que terapias possam ser instituídas quando ela estiver elevada em níveis patológicos. Os tipos de monitores de PIC foram descritos em outro lugar.
- **Monitores da saturação venosa jugular de oxigênio:** Uma das primeiras tecnologias para determinar as necessidades metabólicas do cérebro foram os monitores da saturação venosa jugular de oxigênio ($SjvO_2$). A $SjvO_2$ permite uma avaliação da oferta e do consumo de oxigênio cerebral via mensuração da diferença artério-venosa de O_2 ($DAVO_2$). O uso da $SjvO_2$ requer a avaliação da hemoglobina sanguínea e o cálculo da $DAVO_2$, e pode ser usada para determinar a extração de O_2 no cérebro.
- **Oximetria tecidual cerebral (BtO_2):** A BtO_2 é uma nova tecnologia sensível às alterações isquêmicas focais que podem ser perdidas quando se usa os monitores de $SjvO_2$. O oxigênio se movimenta por difusão passiva das hemácias para o parênquima cerebral. Portanto a tensão de O_2 nos tecidos reflete o fluxo sanguíneo regional cerebral. Conforme a experiência com essa tecnologia cresce, os investigadores começam a determinar os limiares isquêmicos para a tensão cerebral de oxigênio.
- **Monitorização contínua do fluxo sanguíneo cerebral:** Esses monitores foram introduzidos usando laser Doppler ou tecnologias de difusão térmica. O uso dessa modalidade é limitado devido à sua recente introdução, mas espera-se que, no futuro, vá permitir uma melhor avaliação e compreensão do fluxo sanguíneo cerebral.

Brigham and Women's Hospital Neurosurgery Group: Principles of cerebral oxygenation and blood flow in the neurological critical care unit. Neurocrit Care 4;77-92, 2006.

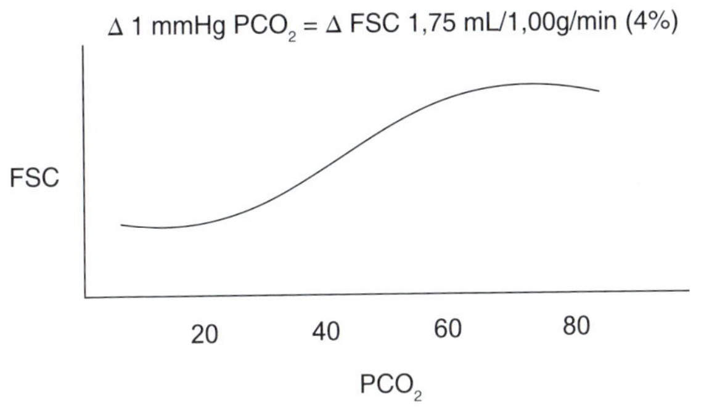

Figura 66-2. Relação entre a PCO_2 de 20-80 mmHg e o fluxo sanguíneo cerebral (FSC).

20. Como a hiperventilação reduz a PIC?

A hiperventilação reduz a PIC produzindo vasoconstrição cerebral (o que resulta na redução do fluxo sanguíneo cerebral). Há uma relação relativamente linear entre a PCO_2 de 20-80 mmHg e o fluxo sanguíneo cerebral (Fig 66-2).

Esse efeito é mediado através de alterações agudas no pH do líquido intersticial cerebral; portanto geralmente se torna menos eficaz depois de 48-72h. Atualmente, a hiperventilação é usada para reduzir a PIC no cenário agudo, antes da instituição de outras medidas decrementais. Caso a hiperventilação seja usada profilaticamente e por longos períodos, seus efeitos vasoconstritores podem causar isquemia e piorar a evolução. Portanto a maioria das autoridades recomenda que a hiperventilação seja usada apenas para o manejo agudo e de curta duração da elevação da PIC.

PONTOS-CHAVE: TRAUMATISMO CRANIANO

1. Nos EUA, a lesão traumática cerebral é a segunda causa de mortalidade por causas neurológicas (a primeira é o acidente vascular cerebral).
2. A principal causa de morbidade em pacientes hospitalizados com lesão cerebral traumática é a lesão cerebral secundária.
3. Para cada decréscimo na pressão sanguínea sistólica abaixo de 90 mmHg, há uma duplicação da mortalidade e um aumento na morbidade.
4. Estratégias de tratamento devem ser direcionadas para prevenir a lesão cerebral secundária através da manutenção da perfusão cerebral adequada e controle da PIC.

21. Como o manitol reduz a PIC?

O tecido cerebral tem osmolaridade ligeiramente mais alta do que a do sangue, com um gradiente de aproximadamente 3mOsm/L mantido pela barreira hematoencefálica. O manitol é um agente osmoticamente ativo, que reverte esse gradiente osmótico e desvia água do cérebro para o sangue. Um aumento na osmolaridade sanguínea de 10 mOsm/L remove 100-150 mL de água do cérebro.

O tratamento hiperosmolar da elevação da PIC aumenta a osmolaridade sérica normal de 290 para 300-315 mOsm/L. Uma osmolaridade < 300 mOsm/L não se mostra tão eficaz; quando >315 mOsm/L resulta em disfunção neurológica e renal.

Durante os últimos anos, a salina hipertônica tem sido crescentemente utilizada para o tratamento osmolar da elevação da PIC. A salina hipertônica parece ter pelo menos eficácia similar em abaixar a PIC, e o efeito parece ser mais prolongado do que o do manitol.

Qureshi AI, Suarez JI: Use of hypertonic solutions in treatment of cerebral edema and intracranial hypertension. Crit Care Med 28:3301-3313, 2000.

22. Discuta o papel dos barbitúricos no tratamento da lesão traumática craniana.

Os barbitúricos resultam em um decréscimo da taxa metabólica cerebral que pode resultar em uma redução das necessidades de fluxo sanguíneo cerebral e teoricamente deveria trabalhar para abaixar a PIC. Eles podem ser eficazes em abaixar a PIC e diminuir a mortalidade no cenário da elevação refratária da PIC. Porém, não há dados que sustentem o uso profilático dos barbitúricos. Caso sejam usados, devem ser titulados com cuidado em pacientes com lesão craniana, pois podem resultar em hipotensão sistêmica que, se não for adequadamente tratada, pode causar redução prejudicial da PPC.

23. Existe um papel para os corticosteroides no tratamento da lesão traumática craniana?

Os corticosteroides não têm utilidade no tratamento da lesão traumática craniana. Não existem dados que indiquem uma evolução favorável ou que sugiram que eles possam reduzir a PIC no cenário da lesão traumática craniana.

CAPÍTULO 67

QUEIMADURAS

James C. Jeng, MD e Mark W. Bowyer, MD, DMCC, COL, USAF, MC

1. Quanto calor é necessário para causar queimadura por contato?

A gravidade da lesão térmica por contato está relacionada à temperatura e à duração do contato. Uma fonte de até 45°C (113°F) não causa lesão, independentemente da duração da exposição. Quanto maior a temperatura, menor o tempo de exposição necessário para causar dano tecidual. A exposição à água a 54°C (129,2°F) por 30 segundos causa queimadura de espessura parcial.

2. Quais são as prioridades no tratamento inicial das queimaduras?

1. Parar o processo que está produzindo a queimadura.
2. Realizar o "ABC" padrão da ressuscitação no trauma (ou seja, vias aéreas ("airways"), ventilação ("breathing") e circulação).
3. Presuma que todo paciente vítima de queimadura em ambiente fechado cursa com envenenamento por monóxido de carbono e, portanto administre oxigênio a 100%, por máscara, sem reinalação.
4. Para queimaduras de pequena extensão, faça uma lavagem rápida com água fria, o que pode reduzir a quantidade de tecido destruído. Não use tal procedimento nas queimaduras extensas porque causará hipotermia.
5. Cubra o paciente com um lençol limpo para conforto e conservação da temperatura corporal.
6. Transporte a vítima imediatamente para um hospital ou unidade de queimados.
   O excesso de zelo na ressuscitação volêmica é o equívoco mais comum no atendimento inicial dos queimados.

3. Como as queimaduras são classificadas em função da profundidade?

A profundidade das queimaduras é classificada em primeiro, segundo e terceiro grau. As lesões térmicas incomumente profundas que se extendem aos tecidos abaixo da pele são chamadas de lesões de quarto grau.

- **Queimaduras de primeiro grau:** São as mais superficiais e envolvem somente a epiderme (p. ex., queimaduras solares). A recuperação ocorre em menos de uma semana.
- **Queimaduras de segundo grau:** Também chamadas de espessura parcial, são divididas em superficiais e profundas. As superficiais são produzidas por exposições breves a líquidos aquecidos e chamas. A pele adquire um tom vermelho vivo, fica úmida, com pequenas bolhas e se torna muito sensível. A recuperação ocorre entre dez a 21 dias. As profundas são causadas por exposições mais prolongadas a líquidos aquecidos e chamas, e produzem lesões dérmicas vermelho-escuras ou branco-amareladas com bolhas extensas. A recuperação é muito lenta, levando mais do que três semanas e frequentemente determina a formação de cicatrizes hipertróficas.
- **Queimaduras de terceiro grau:** Ou de espessura total. A derme é inteiramente destruída, produzindo lesões brancas peroladas, chamuscadas ou com a aparência de pergaminho. A queimadura é seca e semelhante a couro com vasos trombosados visíveis. Ela é hipoalgésica por causa da destruição dos nervos cutâneos. A reepitelização nunca ocorrerá e o fechamento com enxertos de pele e cirurgia plástica será imprescindível.

Shakespeare P: Burn wound healing and skin substitutes. Burns 27:517-522, 2001.

4. Como estimamos a extensão da área queimada?

- Na determinação da área queimada, ignoramos as queimaduras de primeiro grau.
- Para adultos, a parte do corpo envolvida em queimaduras de segundo e terceiro graus pode ser estimada pela "regra dos nove". Esta regra divide o corpo em segmentos, que grosseiramente representam 9% da superfície

corporal total: 9% para a cabeça e pescoço e para cada um dos membros superiores, 18% para cada um dos membros inferiores, para o tronco anterior e para o tronco posterior e 1% para a genitália e períneo.

- Nas crianças, a cabeça e o pescoço representam maior porcentagem e os membros inferiores, porcentagem menor. Portanto, são necessários diagramas esquemáticos para que haja acurácia na estimativa da superfície atingida.
- Queimaduras pouco extensas e com formas irregulares, podem ter a a superfície estimada usando a área da mão do paciente, que representa, aproximadamente, 1% da superfície corporal total.

Oliver RI, Spain D: Burns, resuscitation and early management:www.emedicine.com/plastic/topic159.htm

5. Quais são as indicações de transferência para um centro referenciado no tratamento de queimados?

Segundo a American Burn Association as indicações são as seguintes:

- Queimaduras de terceiro grau, quando atingem mais do que 5% da superfície corporal total (SCT).
- Queimaduras com áreas superiores a 20% da SCT em pacientes entre 10 e 50 anos de idade.
- Queimaduras com áreas maiores do que 10% da SCT em pacientes com idade inferior a 10 anos ou superior a 50.
- Lesões significativas na face, mãos, pés, genitália ou articulações.
- Lesões significativas de origem elétrica, química ou inalatória.
- Doenças preexistentes ou traumatismo concomitante que possam complicar o tratamento das lesões e aumentar as taxas de mortalidade.

6. Como ressuscitar volemicamente os pacientes que evoluem para choque relacionado às queimaduras?

As duas fórmulas mais frequentemente utilizadas para a ressuscitação dos queimados são as fórmulas de Parkland e de Brooke modificada. Ambas estimam as necessidades volêmicas nas primeiras 24 horas após uma queimadura. Administra-se metade do volume estimado nas primeiras oito horas e, nas 16 horas seguinte, administra-se a metade restante. A fórmula de Parkland estima a necessidade de reposição volêmica em 4 mL/kg/% da SCT queimada usando Ringer lactato, enquanto a fórmula de Brooke modificada estima a necessidade de reposição volêmica em 2 mL/kg/% da SCT queimada, usando também Ringer lactato. Tais fórmulas são úteis apenas para determinar a infusão inicial de líquidos. Após, deve-se ajustar continuamente o volume infundido para se obter um fluxo urinário de 30 a 50 mL/h (em um paciente adulto com 70 kg).

Yowler CJ, Fratianne RB: Current status of burn resuscitation. Clin Plast Surg 27:1-10, 2000.

7. Quais fatores determinam o prognóstico do paciente queimado?

Os três principais fatores são: a extensão da área queimada, a idade do paciente e a presença ou ausência de lesão por inalação. Queimaduras extensas, extremos de idade e aqueles que sofreram lesões por inalação evoluem de forma pior. O padrão estatístico para o cálculo de mortalidade associado a queimaduras é a LA50: a área queimada da SCT, associada à mortalidade de 50% dos pacientes (ou seja, a área letal), que tiveram queimaduras nessa extensão. Para adultos jovens (15 a 40 anos de idade), a LA50 é de aproximadamente 70%.

8. Qual é o princípio fundamental no cuidado da lesão por queimadura?

O tratamento atualmente preconizado para lesões por queimaduras profundas de segundo grau ou terceiro grau se baseia no conceito de excisão e enxertia precoces. Todas as lesões devem ser fechadas em 21 dias, ou por cicatrização ou por enxerto de pele.

9. Qual é a função dos antibióticos sistêmicos no tratamento de pacientes queimados?

Não há função alguma para a profilaxia antibiótica nos pacientes queimados. As queimaduras extensas são constantemente colonizadas por bactérias, por isso deve-se reservar antibióticos para infecções comprovadas ou sepse.

10. Quando devemos usar antibacterianos tópicos?

Nos Estados Unidos, os dois agentes tópicos mais comumente usados são: o acetato de mafenide e a sulfadiazina de prata.

- **Acetato de mafenide creme:** É excelente em infecções por Gram-negativos e tem boa penetração na lesão. Por outro lado, causa dor quando é aplicado em lesões de espessura parcial; também produz acidose metabólica resultante da inibição da anidrase carbônica.
- **Sulfadiazina de prata creme:** Tem melhor cobertura contra fungos e é indolor na aplicação. Contudo, tem baixa penetração na lesão e limitada cobertura contra Gram-negativos. Além disso, pode causar mielotoxicidade manifestada pela granulocitopenia.

Diversos outros agentes tópicos estão se tornando cada vez mais aceitos. A maioria contém prata como o ingrediente antibacteriano ativo. O nitrato de cério associado à sulfadiazina de prata é de uso frequente fora dos Estados Unidos; essa associação aumenta significantemente a capacidade de prevenção da sepse relacionada à queimadura.

Dunn K, Edwards-Jones V: The role of Acticoat with nanocrystalline silver in the management of burns. Burns 30 (Suppl 1):S1-S9, 2004.

Sheridan RL, Tompkins RG: What's new in burns and metabolism. J Am Coll Surg 198:243-263, 2004.

11. Como devemos tratar uma infecção invasiva da queimadura?

A excisão imediata é fundamental e obrigatória. Os antibióticos tópicos e sistêmicos, após a excisão, são tratamentos adjuvantes importantes.

12. Quando devemos suspeitar de lesão por inalação?

A lesão por inalação é comum em pacientes com estado mental alterado (p. ex., usuários de álcool e drogas), em vítimas de traumatismo e em pacientes que sofreram queimaduras em ambientes fechados. O diagnóstico definitivo é feito por broncoscopia, que permite a visualização de fuligem ou eritema na traqueia. A ocorrência de queimadura em um ambiente aberto não exclui lesão por inalação. Mais de 30% dos casos de pacientes com diagnóstico de lesão por inalação ocorreram em áreas abertas.

- O achado físico mais sensível para o diagnóstico de lesão por inalação é a presença de queimaduras faciais. Noventa por cento dos pacientes que sofreram lesão por inalação tinham queimaduras faciais; contudo, tal achado tem baixa especificidade, já que apenas 50% dos pacientes com queimaduras faciais têm lesão por inalação.
- Outros achados físicos sugestivos de lesão por inalação são: inflamação da mucosa orofaríngea, pelos nasais queimados, rouquidão, estridor, sibilos e estertores. Escarro carbonáceo, embora patognomônico para lesão por inalação está presente em menos de 50% dos casos.

13. Como deve ser manejada a lesão por inalação?

- A broncoscopia flexível de fibra-óptica é utilizada para o diagnóstico e tratamento da lesão das vias aéreas. O paciente é examinado e, se for necessário, pode-se instalar um tubo endotraqueal, com auxílio do broncoscópio. A presença de edema supraglótico significante implica em intubação imediata.
- Um edema das vias aéreas menos pronunciado é tratado com ar umidificado e elevação da cabeceira do leito. Todo material para intubação deve estar disponível para utilização imediata.
- O manejo das lesões das vias aéreas inferiores é inteiramente de suporte (ventilador mecânico) e envolve o tratamento do edema pulmonar derivado da pneumonite química e o da pneumonia, as duas maiores consequências da lesão das vias aéreas inferiores.
- Os antibióticos profiláticos e corticosteroides não são benéficos.

McCall JE, Cahill TJ: Respiratory care of the burn patient. J Burn Care Rehabil 26:200-206, 2005.

14. Como devemos diagnosticar e tratar o envenenamento por monóxido de carbono?

O monóxido de carbono liga-se avidamente à hemoglobina com uma afinidade 200 vezes superior à do oxigênio. Assim, há redução da capacidade de oferta de oxigênio e subsequente hipóxia tissular. As manifestações clínicas do envenenamento por monóxido de carbono relacionam-se ao sistema nervoso central e ao coração. Pode-se observar um quadro de confusão, agitação, perda da consciência e depressão miocárdica. Já lábios vermelho-cereja (clássico) são infrequentes. O diagnóstico é confirmado pela medida direta dos níveis de carboxiemoglobina.

O melhor tratamento para o envenenamento por monóxido de carbono consiste na oferta de oxigênio a 100%. Sabidamente, o oxigênio hiperbárico acelera a eliminação de monóxido de carbono. Entretanto, sua superioridade sobre o oxigênio a 100% normobárico ainda é controversa.

15. Quando devemos fazer a escarotomia?

A escarotomia deve ser considerada em todas as queimaduras circunferenciais que possam causar comprometimento circulatório e/ou desconforto respiratório (como em queimaduras torácicas).

PONTOS-CHAVE: QUEIMADURAS

1. O processo de queimadura deve ser cessado o quanto antes.
2. O tratamento em unidades para queimados melhora o prognóstico.
3. Deve-se usar de bom senso na ressuscitação volêmica de queimados, sendo que o fluxo urinário deve ser usado como diretriz.
4. A excisão e a enxertia precoces são fundamentais para a sobrevivência.
5. Não há papel para o uso profilático de antibióticos em queimados.
6. As principais causas de mortalidade estão relacionadas à lesão por inalação e à infecção.
7. Havendo suspeita de lesão por inalação, primeiro intube, depois faça perguntas.

16. Como são manejados os pacientes com queimaduras químicas?

- Pós químicos devem ser retirados antes da lavagem da pele.
- Ácidos podem ser removidos com irrigação com água por 30 a 60 minutos.
- Bases, devido à grande avidez tecidual, causam danos mais graves, por isso podem ser necessárias horas de lavagem.
- Queimadura por fósforo branco pode ser perigosa porque as partículas de fósforo entram em combustão quando expostas ao ar. Tais queimaduras podem ser banhadas com sulfato de cobre, formando uma camada de fosfato de cobre sobre as partículas e, subsequentemente, impedindo a ignição. Contudo, o cobre absorvido pode causar hemólise e insuficiência renal. Dessa forma, o manejo mais seguro implica na aplicação contínua de curativos encharcados em água até que as partículas sejam removidas. Essas partículas podem ser identificadas sob a luz ultravioleta no centro cirúrgico.
- A queimadura por ácido hidrofluórico é um caso especial de lesão ácida e requer a neutralização com íons cálcio administrados topicamente ou por injeção tecidual direta.

Burd A: Hydrofluoric acid-revisited. Burns 30:720-722, 2004.

Dunser MW, Ohlbauer M, Rieder J, et al: Critical care management of major hydrofluoric acid burns: A case report, review of the literature, and recommendations for therapy. Burns 30:391-398, 2004.

17. Como são manejados as queimaduras elétricas?

Pacientes com lesões elétricas têm consideravelmente menos lesões cutâneas do que queimaduras mais profundas, o que pode levar a uma subestimativa das necessidades volêmicas. Tal subestimativa, somada à rabdomiólise, pode determinar insuficiência renal. Por isso, em um paciente com queimadura elétrica, é fundamental que haja a manutenção de um débito urinário elevado (aproximadamente de 70 a 100 mL/h em um adulto), assim como também deve-se considerar a alcalinização da urina a fim de prevenir a precipitação de mioglobina nos túbulos renais.

- Lesões de músculos profundos e o edema resultante frequentemente levam à síndrome compartimental, necessitando de fasciotomia.
- Contrações musculares tetânicas podem provocar fraturas espinhais compressivas; pode ocorrer catarata, principalmente quando o ponto de contato se encontra na cabeça.

18. Qual é a função da monitorização cardíaca após uma lesão por eletricidade?

Se o paciente tem ritmo cardíaco normal durante a monitorização cardíaca, no local do trauma ou na sala de emergência e apresenta um eletrocardiograma de 12 derivações normal, não há necessidade de monitorização cardíaca subsequente.

19. Quais são as consequências sistêmicas das queimaduras?

A resposta sistêmica às queimaduras envolve todos os sistemas orgânicos; um padrão bifásico de hipofunção precoce e hiperfunção tardia caracteriza a resposta multissistêmica a qualquer lesão:

- Como em toda lesão mais importante, existe maior secreção de catecolaminas, cortisol, glucagon, renina-angiotensina, hormônio antidiurético e aldosterona. Com isso há tendência à retenção de sódio e de água, além de excreção renal de potássio.
- Após a queimadura, ocorre hipermetabolismo intenso com elevação da taxa metabólica e do consumo de oxigênio, os quais permanecem altos até que a lesão esteja recuperada.
- As perdas hídricas (por evaporação) após queimadura podem alcançar 300 mL/m^2/h e aumentam muito a perda de calor.
- As alterações imunológicas em queimados podem predispô-los a infecções.

Arturson G: Forty years in burns research – the postburn inflammatory response. Burns 26:599-604, 2000.
Pereira CT, Murphy KD, Herndon DN: Altering metabolism. J Burn Care Rehabil 26:194-199, 2005.

20. Quais são os requerimentos nutricionais dos queimados ?

Pacientes queimados demonstram hipermetabolismo intenso e aumento do catabolismo da massa magra corporal. O suporte nutricional tem como objetivo suplementar as necessidades calóricas e nitrogenadas totais e assim preservar a massa corporal o tanto quanto possível:

- Os requerimentos calóricos totais podem ser calculados com a fórmula:

$$[25 \text{ kcal X peso (kg)}] + [40 \text{ kcal X \% SCT (queimada)}]$$

- Desse total, de 20% a 25 % devem ser proteínas.
- Vitaminas e minerais devem ser fornecidos em doses duas a três vezes maiores do que as doses normalmente recomendadas.
- A via de escolha é a enteral, sendo a nutrição parenteral reservada apenas àqueles que não tolerem a nutrição enteral.

21. Quais são as maiores complicações associadas a queimaduras?

A inalação de fumaça continua sendo a principal causa de mortalidade em vítimas de incêndios em ambientes fechados. Já a infecção permanece sendo a causa mais frequente de morbidade e mortalidade em pacientes queimados. Com o advento de antimicrobianos tópicos, assim como da excisão e enxertia precoces, a pneumonia emergiu como a causa mais comum de sepse grave. Complicações gastrointestinais incluem as úlceras de Curling (úlceras gástricas e duodenais relacionadas ao estresse pós-queimadura) e a colecistite acalculosa.

CAPÍTULO 68

ABDOME AGUDO

Jennifer Y. Wang, MD e Madhulika G. Varma, MD

1. O que é abdome agudo?

O termo *abdome agudo* se refere a um dos extremos do espectro da dor abdominal. Caracteriza-se por início súbito ou gradativo de dor abdominal moderada a grave que persiste por várias horas. A apresentação pode variar de dor e desconforto em uma área específica do abdome a dor difusa associada a choque séptico.

2. Identifique algumas causas não cirúrgicas da dor abdominal aguda.

Várias condições clínicas podem causar dor abdominal, obscurecendo a capacidade de diagnosticar condições verdadeiramente cirúrgicas. Elas incluem infarto do miocárdio, pneumonia, crise dolorosa falciforme, peritonite bacteriana espontânea, gastroenterite infecciosa, tiflite, leucemia, pancreatite, doença intestinal inflamatória sem perfuração, hepatite e doença inflamatória pélvica.

3. Como podemos obter uma história minuciosa para avaliar a dor abdominal?

Uma avaliação minuciosa da história inclui a localização e o momento de início da dor, mudança na localização ou gravidade da dor, a qualidade da dor (ou seja, em pontada, em "facada", dor vaga ou em queimação), e a irradiação da mesma para áreas distintas do local original. Deve-se questionar sobre fatores que exacerbam a dor, como ingestão oral ou movimentos. Também deve-se questionar acerca de sintomas associados como vômitos, anorexia, mudança nos hábitos intestinais, queixas urinárias ou sintomas ginecológicos. Esses sintomas, no entanto, não são específicos e, portanto, não são diagnósticos. Presença de sangue no vômito ou nas fezes é uma informação útil.

4. O que se deve procurar no exame físico de alguém com dor abdominal aguda?

Primeiro, observe a posição do paciente no leito e seus movimentos voluntários. As contorsões de um paciente com dor visceral (p. ex., cólica intestinal ou ureteral) contrastam ao aspecto imóvel do paciente com dor parietal (p. ex., apendicite ou peritonite). Observe se o abdome está plano ou distendido. Palpe da área menos sensível para a mais sensível. Os sinais peritoneais, quando presentes, podem ser evocados por percussão suave do abdome ou pedindo-se ao paciente que tussa. A palpação profunda para produzir descompressão dolorosa cria um desconforto desnecessário. Um exame digital do reto pode revelar um tumor ou sangramento gastrointestinal e pode fornecer uma avaliação de irritação ou inflamação do peritônio pélvico.

5. Que tipos de estímulos provocam dor abdominal?

A sensação visceral é mediada por aferentes autonômicos encontrados nas paredes de vísceras ocas e nas cápsulas de órgãos sólidos. O espasmo, a distensão, a inflamação e a isquemia são as causas primárias de dor nesses órgãos. Por outro lado, o peritônio parietal, a parede abdominal e o diafragma recebem inervação sensorial somática. O dano direto destas estruturas por corte, esmagamento ou irritação química produz dor abominal significativa. Quando o peritônio parietal é irritado por sangue, fezes ou pus o resultado é uma peritonite.

Diethelm ARS, Robbin M: The acute abdomen. In Townsend CM, Beauchamp RD, Evers BM, Mattox K (eds): Sabiston Textbook of Surgery: The Biological Basis of Modern Surgical Practice, 17ª ed. Filadélfia, W.B. Saunders, 2004, pp 825-846.

6. Quais sinais, em uma pessoa com dor abdominal aguda, indicam a necessidade de cirurgia?

Nem todos os casos de dor abdominal aguda requerem cirurgia, mas uma avaliação cirúrgica precoce pode ser decisiva para um paciente com suspeita de obstrução intestinal ou peritonite. A peritonite pode ocorrer em função de uma víscera perfurada, hemorragia intra-abdominal ou necrose intestinal. Os sinais de alarme de uma catástrofe abdominal incluem taquicardia, hipotensão e acidose progressiva.

7. Defina *dor referida*. Dê exemplos.

O termo *dor referida* denota uma sensação nociva percebida em um local separado do órgão primário envolvido. A dor referida ocorre porque nervos aferentes das vísceras abdominais podem entrar na medula em níveis remotos do local de irritação. Os sintomas iniciais da dor podem estar concentrados em um local referido. P. ex., no início da apendicite, a dor é sentida na região periumbilical (aferentes do apêndice entram na medula em T10) antes de migrar para o quadrante inferior direito. A inflamação da vesícula biliar pode ser percebida como dor escapular ou no ombro, a obstrução do ureter como dor testicular e uma hérnia do obturador encarcerada como dor medial na coxa.

8. Quais exames de sangue são úteis para o diagnóstico da causa da dor abdominal?

Um hemograma completo pode ser útil em caso de infecção e de sangramento gastrointestinal. Os eletrólitos séricos, a ureia, a creatinina e a gasometria arterial (para avaliar acidose metabólica) podem indicar a cronicidade da doença e ajudar a orientar a ressuscitação. Os níveis de amilase sérica, apesar de empregados primariamente como um indicador de pancreatite aguda, também podem estar anormalmente elevados em casos de intestino estrangulado ou isquêmico e de úlcera perfurada. Embora uma medida do nível de lactato frequentemente seja solicitada, na prática clínica ela geralmente não altera a conduta.

9. Que exames laboratoriais adicionais podem ser úteis em pacientes com dor abdominal?

Deve-se incluir sempre uma análise da urina na investigação da dor abdominal, pois pode diagnosticar nefrolitíase, infecção do trato urinário ou outra patologia renal. Em caso de febre, deve-se realizar hemoculturas porque a presença de bactérias entéricas gram-negativas ou flora gastrointestinal múltipla aumenta a suspeita de um processo abdominal.

10. Qual é o exame de imagem abdominal com maior utilidade?

As radiografias simples são úteis apenas para identificar a dilatação do intestino delgado ou grosso com ou sem nível hidroaéreo e a presença de ar livre de uma perfuração. A ultrassonografia pode identificar com precisão cálculos biliares, determinar a presença de colecistite, avaliar o calibre das vias biliares e avaliar uma possível apendicite aguda, embora a tomografia computadorizada (TC) seja mais sensível para esta última. Também é útil para avaliar o tamanho de um aneurisma de aorta abdominal (AAA). A TC com contraste IV e oral é um dos exames mais úteis para revelar a causa de uma patologia intra-abdominal. Nesse caso, é possível detectar apendicite, diverticulite, massas, aneurismas, obstrução intestinal e muitas outras causas de patologia abdominal.

Terasawa T, Blackmore CC, Bent S, Kohlwes RJ: Systematic review: Computed tomography and ultrasonography to detect acute appendicitis in adults and adolescents. Ann Intern Med 141:537-546, 2004.

11. Podemos realizar uma TC com contraste IV na presença de insuficiência renal?

A falta do contraste IV resulta em limitações na interpretação de uma TC. Entretanto, a administração de contraste IV pode resultar em nefropatia por contraste. Pacientes que estão doentes já podem apresentar algum grau de insuficiência renal. Para pacientes com insuficiência renal leve, a administração de N-acetilcisteína oral ou a infusão IV de bicarbonato antes e depois da administração de contraste IV pode diminuir o risco de nefropatia por contraste.*

Weisbord SD, Palevsky PM: Radiocontrast-induced acute renal failure. J Intens Care Med 20:63-75, 2005.

* N. R. C.: Assunto controverso na literatura.

12. O diagnóstico diferencial de dor abdominal na unidade de terapia intensiva (UTI) é diferente daquele no setor de emergência?

As doenças específicas que provocam dor abdominal em pacientes que chegam para tratamento no setor de emergência também são vistas na UTI. As causas comuns de patologia abdominal na UTI incluem doença ulcerosa péptica com sangramento ou perfuração, isquemia mesentérica, colecistite acalculosa e pancreatite aguda, todas podendo ser exacerbadas por desnutrição e estresse fisiológico relacionado à UTI. Entretanto, muitas condições não abdominais que levam o paciente a um estado crítico, como a desnutrição, a sepse, a síndrome do desconforto respiratório agudo e o infarto do miocárdio, também podem provocar dor abdominal, tornando difícil o reconhecimento dos sintomas causados por uma patologia abdominal real.

13. O diagnóstico diferencial de dor abdominal varia com a idade?

Sim. Nas crianças, os diagnósticos mais comuns são intussuscepção, volvo intestinal e hérnias inguinais encarceradas. Em adolescentes, são comuns o traumatismo, a apendicite e a adenite mesentérica. Em adultos jovens, as principais causas são a apendicite, a doença inflamatória intestinal e condições ginecológicas. Em adultos e em pacientes idosos, o diagnóstico diferencial reflete a idade e as comorbidades subjacentes. As neoplasias, a diverticulose, a doença da vesícula biliar e a doença ulcerosa péptica frequentemente são diagnosticadas. Dada sua distribuição bimodal por idade, a apendicite deve ser precocemente considerada na avaliação de pacientes idosos porque as consequências de uma ruptura podem ser catastróficas.

PONTOS-CHAVE: DIAGNÓSTICO DIFERENCIAL DE DOR ABDOMINAL POR IDADE ✓

1. Crianças carregam um diagnóstico diferencial de intussuscepção, volvo intestinal e hérnias inguinais encarceradas.
2. Em adolescentes, os possíveis diagnósticos são traumatismo, apendicite e adenite mesentérica.
3. O diagnóstico diferencial em adultos jovens inclui apendicite, doença inflamatória intestinal e condições ginecológicas.
4. Em adultos e pacientes idosos deve-se considerar neoplasias, diverticulose, doenças da vesícula biliar, doença ulcerosa péptica e apendicite.
5. Diagnósticos diferenciais menos comuns, mas importantes em adultos, são isquemia mesentérica e volvo cecal ou de sigmoide.

14. Como a imunocompetência afeta o diagnóstico de dor abdominal?

É necessária maior vigilância de causas ou apresentações atípicas de doenças abdominais para uma intervenção precoce em condições potencialmente tratáveis. Os pacientes imunocomprometidos não são apenas aqueles com infecção pelo HIV ou aqueles que recebem medicação imunossupressora, mas também os idosos, desnutridos ou diabéticos. Tais pacientes podem apresentar uma resposta atenuada a processos patológicos, alterando a apresentação típica de doenças abdominais. Pode não haver sinais e sintomas sugestivos, como febre ou leucocitose. Esses pacientes são mais suscetíveis a infecções oportunistas ou neoplasias raras, requerendo um diagnóstico diferencial mais amplo, incluindo linfoma intestinal, enterocolite neutropênica, infecção por citomegalovírus, tuberculose e outras patologias encontradas com menos frequência.

Scott-Conner CEH, Fabreage AJ: Gastrointestinal problems in the immunocompromised host. Surg Endosc 10:959-964, 1996.

15. Descreva a apresentação típica de um paciente com obstrução do intestino delgado ou grosso.

- **Obstrução do intestino delgado (OID):** A OID geralmente se inicia com a instalação de uma dor abdominal aguda, em cólica e difusa. As náuseas e os vômitos podem seguir ao surgimento da dor e podem aliviá-la em alguns casos. Os vômitos tendem a ser biliosos, gradualmente se tornando fecaloides com a continuação do processo. A taquicardia é comum; a hipotensão e a desidratação se desenvolvem com a perda de líquido devido aos vômitos e ao edema intestinal progressivo. Pode haver febre. Geralmente, os pacientes relatam uma história de cirurgia, prévia pois as aderências são a causa mais comum de OID. Entretanto, as hérnias e as neoplasias também devem ser consideradas como causas possíveis.
- **Obstrução do intestino grosso (OIG):** A OIG ocorre em pacientes mais idosos e tende a apresentar uma instalação gradativa. Os pacientes se queixam de constipação e distensão abdominal; as náuseas e os vômitos são achados tardios. O paciente pode apresentar história de fezes em fita ou com estrias de sangue. O câncer colo-retal, a doença inflamatória intestinal, a diverticulite e o volvo podem, todos, provocar OIG.

16. O que a investigação de um paciente com obstrução intestinal revela?

Os dados de laboratório revelam um aumento nos níveis de hematócrito provocado pela desidratação. A leucometria pode estar elevada se a duração da obstrução for de várias horas ou mais. As radiografias simples do abdome mostram na OID, caracteristicamente, dilatação intestinal, níveis hidroaéreos e um cólon não obstruído com ar e fezes. Se a obstrução for muito proximal, a radiografia simples pode não ser diagnóstica. Com obstrução do cólon, pode haver dilatação acentuada do cólon proximal até o ponto da obstrução. A TC é altamente sensível para diagnóstico de obstrução intestinal, mostrando um claro ponto de transição do intestino dilatado para o normal. O emprego de contraste retal durante a TC pode revelar diverticulite ou neoplasia como fonte da obstrução distal.

17. Quais são os passos do manejo da obstrução intestinal?

Na OID, dve-se instalar uma sonda nasogástrica, particularmente quando o estômago parecer estar dilatado nos estudos de imagem ou se o paciente apresentar vômitos biliosos. O paciente deve interromper a ingestão oral e receber hidratação IV continuamente. Caso um período prolongado de repouso intestinal esteja previsto, deve-se iniciar a nutrição parenteral total o quanto antes, principalmente em pacientes cujo estado nutricional já seja insatisfatório. Os pacientes sem indicadores sistêmicos de inflamação ou sinais peritoneais podem ser tratados de maneira mais conservadora, inicialmente. Entretanto, se não ocorrer nenhuma melhora em 48 horas, o paciente deve ser reavaliado para a necessidade de cirurgia. No caso da OIG, o volvo cecal ou de sigmoide é parte do diagnóstico diferencial e necessita de intervenção cirúrgica precoce.

18. Compare a apresentação de um AAA roto à de uma dissecção aórtica.

- **AAA roto:** Um AAA roto se apresenta com um início súbito de dor abdominal ou dorsal intensa devido à dissecção de sangue através do tecido retroperitoneal. Os pacientes podem estar diaforéticos, com tonturas e hipotensos com uma massa meso-epigástrica pulsátil. A ressuscitação volêmica IV rápida e agressiva com líquidos e sangue é essencial para melhorar o prognóstico. Uma TC pode ser útil em pacientes estáveis, mas se o diagnóstico é fortemente suspeitado, a intervenção cirúrgica não deve ser adiada.
- **Dissecção aórtica aguda:** Esta condição geralmente se apresenta com instalação súbita de dor lancinante sob o esterno ou entre as escápulas; entretanto, pode ocorrer dor abdominal quando a falsa luz ocluir as artérias renais ou mesentéricas (de 5% a 17% das dissecções). Os pacientes podem experimentar dormência ou formigamento das extremidades por perda da circulação. Como a fisiopatologia se baseia na degeneração medial, a dissecção aórtica geralmente ocorre em pacientes mais jovens do que aqueles com doença aterosclerótica avançada.

Hallett JW, Rasmussen TE: Ruptured abdominal aortic aneurysm. In Cameron JL (ed): Current Surgical Therapy, 8th ed. St. Louis, Mosby, 2004, pp 713-718.

Williams CM: Acute aortic dissection and its complications. In Cameron JL (ed): Current Surgical Therapy, 8th ed. St. Louis, Mosby, 2004, pp 729-731.

19. Quando devemos suspeitar de isquemia intestinal como causa da dor abdominal aguda? O que deve ser feito?

Um paciente com isquemia mesentérica aguda (ou seja, com comprometimento do fluxo sanguíneo para o intestino delgado ou grosso) pode se apresentar com dor desproporcional ao exame físico. A causa pode ser embólica, trombótica ou não oclusiva. Deve ser suspeitada em pacientes com fibrilação atrial, estados de hipercoagulabilidade, insuficiência cardíaca congestiva, infarto miocárdico recente ou estados hemodinâmicos de baixo fluxo (ou seja, sepse com hipotensão prolongada). A trombose e a embolia são mais comuns no bem vascularizado intestino delgado. Quando há suspeita, é necessária a intervenção imediata por angiografia ou cirurgia. Por outro lado, os estados de baixo fluxo, que mais comumente resultam em colite isquêmica, podem ser tratados de maneira conservadora com ressuscitação volêmica, antibióticos IV para tratamento da translocação bacteriana e manutenção de pressões sanguíneas normais. O tratamento cirúrgico é evitado, a menos que o paciente exiba evidências de necrose transmural ou apresente sinais sistêmicos de doença.

Yashuara H: Acute mesenteric ischemia: The challenge of gastroenterology. Surg Today 35:185-195, 2005.

20. O que é a síndrome de Ogilvie?

A síndrome de Ogilvie, ou a pseudo-obstrução do cólon, é uma dilatação maciça do cólon sem obstrução mecânica. É mais frequente nos idosos, nos pacientes debilitados e nos pacientes imobilizados por procedimentos ortopédicos ou distúrbios neurológicos, como a doença de Parkinson. Também é observada na presença de distúrbios eletrolíticos. Se a dilatação do ceco for superior a 9-12 cm (estimada em radiografias simples), o risco de perfuração é significativo. O tratamento se inicia com descompressão do cólon por colonoscopia ou sonda retal. A terapia clínica inclui a administração de neostigmina (2,5 mg IV em três minutos); o tratamento deve ser monitorado devido ao risco de bradicardia. Se essas manobras falharem, a descompressão cirúrgica com cecotomia pode ser necessária.

Vernava AM, DeBarrus J: Ogilvie's syndrome (colonic pseudo-obstruction). In Cameron JL (ed): Current Surgical Therapy, 8th ed. St. Louis, Mosby, 2004, pp 176-178.

AGRADECIMENTOS

Agradecimentos especiais à Dra. Kim Rhoads por sua contribuição a este capítulo na edição anterior.

SITES

1. Emergências abdominais
   www.merck.com/mmhe/sec09/ch132/ch132a. html

2. Isquemia da artéria mesentérica
   www.emedicine.com/med/topic2726.htm

CAPÍTULO 69

PNEUMOTÓRAX

Michael E. Hanley, MD

1. Quais são as classificações etiológicas mais importantes do pneumotórax?

O pneumotórax é classificado como espontâneo ou traumático:

- **Espontâneo:** O pneumotórax espontâneo ocorre sem traumatismo prévio ou outra causa óbvia. Um pneumotórax espontâneo primário ocorre em uma pessoa sem doença pulmonar subjacente. Já o pneumotórax espontâneo secundário ocorre como uma complicação de uma doença pulmonar subjacente.
- **Traumático:** O pneumotórax traumático resulta de traumatismo torácico direto ou indireto e é ainda classificado como iatrogênico ou não iatrogênico.

Baumann MH: Pneumothorax. Semin Respir Crit Care Med 22:647-656, 2001.

2. Quais são as causas comuns de pneumotórax em pacientes críticos?

A maioria dos casos de pneumotórax que se desenvolve na unidade de terapia intensiva se deve ou a traumatismo torácico não iatrogênico prévio ou a causas iatrogênicas. O Quadro 69-1 lista as causas comuns de pneumotórax iatrogênico. O pneumotórax espontâneo secundário também se desenvolve ocasionalmente em pacientes críticos, principalmente naqueles com doença pulmonar obstrutiva crônica, asma, doença pulmonar intersticial, infecções pulmonares necrotizantes, síndrome do desconforto respiratório agudo e pneumonia por *Pneumocystis jiroveci*.

Chen KY, Jerng JS, Liao WY, et al: Pneumothorax in the ICU: Patient outcomes and prognostic factors. Chest 122:678-683, 2002.
de Lassence A, Timsit JF, Tafflet M, et al: Pneumothorax in the intensive care unit: Incidence, risk factors, and outcome. Anesthesiology 104:5-13, 2006.

QUADRO 69-1. CAUSAS COMUNS DE PNEUMOTÓRAX IATROGÊNICO

Ventilação com pressão positiva
Instalação de cateter venoso central
Toracocentese
Traqueostomia
Inserção de sonda nasogástrica*
Broncoscopia†
Pericardiocentese
Aspiração transtorácica por agulha
Ressuscitação cardiopulmonar

*Devido à inserção inadvertida da sonda nasogástrica dentro da árvore traqueobrônquica.
†Principalmente se uma biópsia transbrônquica for realizada.

3. Quais são as medidas que reduzem o risco de pneumotórax iatrogênico em pacientes em ventilação com pressão positiva?

A pressão de platô inspiratório deve ser mantida < 35 cmH_2O e os níveis de pressão positiva ao final da expiração (PEEP) e de auto-PEEP devem ser minimizados. As abordagens que podem ajudar a alcançar estes objetivos incluem adotar volumes correntes menores (5-10 mL/kg) em pacientes com doença pulmonar subjacente, empregando hipercapnia permissiva quando uma ventilação minuto elevada for requerida e empregando altos fluxos inspiratórios. Além disso, a toracocentese e a instalação de um acesso venoso na subclávia/jugular interna devem ser realizadas com extremo cuidado em pacientes de alto risco.

Boussarsar M, Thierry G, Jaber S, et al: Relationship between ventilatory settings and barotrauma in the acute respiratory distress syndrome. Intens Care Med 28:406-413, 2002.

Mayo PH, Goltz HR, Tafreshi M, et al: Safety of ultrasound-guided thoracentesis in patients receiving mechanical ventilation. Chest 125:1059-1062, 2004.

4. Descreva as manifestações clínicas do pneumotórax.

A dispneia e a dor torácica (geralmente localizada no lado do pneumotórax) são os sintomas mais comuns do pneumotórax espontâneo primário. Os sinais físicos mais frequentes são taquicardia e exame físico torácico anormal. Este último inclui expansão ipsilateral do tórax e redução ou ausência de frêmito tátil. A percussão do tórax e a ausculta revelam hiper-ressonância ipsilateral e redução ou ausência de sons respiratórios. A traqueia pode estar desviada para o lado oposto.

Os sintomas no pneumotórax espontâneo secundário são mais graves do que no pneumotórax primário porque a reserva pulmonar já está comprometida por uma patologia pulmonar subjacente. A dispneia ocorre virtualmente em todos os pacientes e geralmente é desproporcional ao tamanho do pneumotórax. A cianose e a hipotensão são comuns. As diferenças entre os lados no exame do tórax podem não ser tão aparentes porque muitos dos sinais físicos associados à doença pulmonar subjacente são semelhantes àqueles associados ao pneumotórax.

5. Que sinais ou sintomas sutis devem suscitar o diagnóstico de pneumotórax em pacientes ventilados mecanicamente?

A súbita instalação de qualquer um dos seguintes sinais ou sintomas deve levantar a hipótese:

- Redução da saturação de oxigênio.
- Agitação.
- Desconforto respiratório.
- "Briga com o ventilador".
- Súbito aumento da pressão de pico inspiratório e/ou pressão estática das vias aéreas.
- Hipotensão.
- Colapso cardiovascular.
- Atividade elétrica sem pulso.

6. Como o diagnóstico de pneumotórax em pacientes críticos é estabelecido?

O diagnóstico é estabelecido demonstrando-se achados radiográficos típicos, incluindo uma linha pleural fina e a ausência de parênquima pulmonar entre a linha pleural e a parede torácica. Entretanto, quando a radiografia de tórax é realizada com o paciente na posição supina, o ar livre pleural se concentrará anteriormente e pode não estar aparente. A evidência de um aumento no tamanho do hemitórax ipsilateral, incluindo o desvio contralateral do mediastino e do coração, assim como uma depressão no diafragma ipsilateral podem ser as únicas pistas para a presença de um pneumotórax nesses casos. As radiografias de tórax obtidas na expiração, com o paciente em decúbito lateral ou com raios horizontais, podem ser úteis para confirmar a presença de ar livre pleural. Se as radiografias de tórax não forem diagnósticas e o paciente estiver suficientemente estável para ser transportado, pode ser necessário realizar uma uma tomografia computadorizada de tórax para comprovar o diagnóstico.

Rankine JJ, Thomas AN, Fluechter D: Diagnosis of pneumothorax in critically ill adults. Postgrad Med J 76:399-404, 2000.

7. Descreva o tratamento do pneumotórax em pacientes críticos.

Deve-se realizar uma toracostomia com dreno em quase todos os casos de pneumotórax espontâneo secundário ou traumático não iatrogênico, especialmente se a ventilação mecânica for necessária. O posicionamento apropriado do dreno de toracostomia é importante para se obter a evacuação completa do ar pleural. O dreno deve ser direcionado para uma posição anterior/apical. A toracostomia com dreno também deve ser realizada em todos os casos de pneumotórax iatrogênico decorrentes da ventilação com pressão positiva. Outras formas de pneumotórax iatrogênico requerem toracostomia com dreno apenas se o pneumotórax (1) é grande (> 40%), (2) estiver associado a sintomas significativos ou a anormalidades gasométricas, (3) aumenta progressivamente, (4) não responde à simples aspiração ou (5) ocorre em um paciente que necessita de ventilação com pressão positiva.

Baumann MH: What size chest tube? What drainage system is ideal? And other chest tube management questions. Curr Opin Pulm Med 9:276-281, 2003.

Baumann MH, Strange C, Heffner JF, et al: Management of spontaneous pneumothorax: An American College of Chest Physicians Delphi Consensus Statement. Chest 119:590-602, 2001.

8. O desenvolvimento de um pneumotórax prediz um pior prognóstico para pacientes com a síndrome do desconforto respiratório agudo (SDRA)?

Não. A associação do pneumotórax e outros vazamentos de ar (ou seja, a extrusão de qualquer ar para fora da árvore traqueobrônquica) à mortalidade foi estudada em 725 pacientes com SDRA. A taxa de mortalidade em trinta dias para pacientes que desenvolveram pneumotórax foi de 46%, comparada a 40% em pacientes sem pneumotórax ($P = 0{,}35$). De forma semelhante, a taxa de mortalidade em trinta dias para pacientes com qualquer tipo de vazamento de ar foi de 45,5%, comparada a 39,0% para pacientes sem vazamentos de ar ($P = 0{,}28$).

Weg J, Anzueto S, Balk RA, et al: The relationship of pneumothorax and other air leaks to mortality in the acute respiratory distress syndrome. N Engl J Med 338:341-346, 1998.

9. Quais são as potenciais consequências fisiológicas de uma fístula broncopleural (FBP) em pacientes ventilados mecanicamente?

Ver Quadro 69-2.

QUADRO 69-2. CONSEQUÊNCIAS FISIOLÓGICAS DE UMA FÍSTULA BRONCOPLEURAL EM PACIENTES EM VENTILAÇÃO MECÂNICA

Incapacidade de manter uma ventilação alveolar adequada em decorrência da perda de volume corrente
Ciclagem inadequada do venticulador
Reexpansão pulmonar incompleta
Incapacidade de aplicar PEEP

PEEP = pressão positiva ao final da expiração.

10. Descreva o manejo da FBP.

A conduta é centrada em minimizar o fluxo de ar por meio da fístula enquanto se mantém a completa evacuação do espaço pleural, o que é primariamente alcançado em pacientes que respiram espontaneamente (ventilação com pressão negativa) alterando-se o nível de aspiração aplicado ao espaço pleural. A quantidade ideal de aspiração deve ser determinada em base individual, já que o nível de aspiração no qual o fluxo de gás através da fístula é minimizado é variável.

O fluxo de gás através de uma FBP em pacientes ventilados mecanicamente também é influenciado pela pressão de pico inspiratório e pela pressão média das vias aéreas. A conduta nessa situação inclui medidas que minimizam as pressões das vias aéreas enquanto mantém uma ventilação adequada, o que é alcançado minimizando a PEEP, o volume corrente, o número de ventilações fornecidas mecanicamente por minuto e o tempo inspiratório. A ventilação mecânica deve ser interrompida assim que possível.

Powner DJ, Cline CD, Rodman GH: Effect of chest tube suction on gas flow through a bronchopleural fistula. Crit Care Med 13:99-101, 1985.

11. Qual é a conduta a ser adotada em uma FBP persistente?

Se uma FBP não fecha após 5-7 dias de drenagem torácica, ou se a ventilação adequada não pode ser mantida devido ao tamanho do vazamento de ar, deve-se considerar a sutura ou a ressecção da fístula com escarificação da pleura – seja por toracoscopia, seja por toracotomia aberta. A decisão de realizar este procedimento deverá incluir a consideração do risco operatório para o paciente. A drenagem de tórax prolongada, a instilação broncoscópica intrabrônquica de substâncias (p. ex., Gelfoam® ou adesivos teciduais como a cola de cianoacrilato ou de fibrina) projetadas para ocluir a fístula, a ventilação pulmonar diferencial ou a oclusão sincronizada do dreno de tórax deveriam ser considerados em pacientes com maior risco operatório em função de doença pulmonar subjacente significativa ou outros problemas clínicos.

Kempainen RR, Pierson DJ: Persistent air leaks in patients receiving mechanical ventilation. Semin Respir Crit Care Med 22:675-684, 2001.

12. O que é edema pulmonar de reexpansão?

O edema pulmonar de reexpansão envolve o desenvolvimento de edema pulmonar unilateral após a reexpansão de um pulmão colapsado. O risco e a gravidade do edema pulmonar de reexpansão parecem estar relacionados à duração do pneumotórax, assim como à magnitude da pressão negativa aplicada ao espaço pleural para reexpandir o pulmão. A incidência exata do edema pulmonar de reexpansão após o tratamento de um pneumotórax em seres humanos não é conhecida, mas é rara. Entretanto, a mortalidade associada se encontra entre 10% e 20%.

13. Como podemos minimizar o risco de edema pulmonar de reexpansão?

O risco pode ser minimizado evitando-se a aspiração pleural durante o tratamento imediato de pneumotórax de duração desconhecida ou de duração superior a três dias. Se o pneumotórax não for completamente evacuado após 24-48 horas em selo d'água, ou se um comprometimento respiratório significativo exigir uma evacuação mais rápida, deve-se aplicar níveis baixos de pressão negativa (< 20 cmH_2O) ao espaço pleural. Não obstante, o edema pulmonar de reexpansão tem sido relatado mesmo sob estas condições.

Beng ST, Mahadevan M: An uncommon life-threatening complication after chest tube drainage of pneumothorax in the ED. Am J Emerg Med 22:615-619, 2004.

14. O que é pneumotórax hipertensivo?

Um pneumotórax hipertensivo ocorre quando a pressão pleural de um pneumotórax é mais elevada do que a pressão atmosférica durante toda a expiração e frequentemente durante a inspiração. O pneumotórax hipertensivo geralmente é o resultado de um fenômeno de válvula unidirecional e ocorre com maior frequência em pacientes em ventilação com pressão positiva.

Barton ED: Tension pneumothorax. Curr Opin Pulm Med 5:269-274, 1999.

PONTOS-CHAVE: MANIFESTAÇÕES CLÍNICAS DO PNEUMOTÓRAX HIPERTENSIVO

1. A deterioração súbita é frequente em pacientes com pneumotórax hipertensivo.
2. O desconforto respiratório é outra manifestação.
3. Pode ocorrer cianose.
4. A diaforese frequentemente está presente.
5. Às vezes ocorre instabilidade cardiovascular, incluindo taquicardia e hipotensão.
6. Outra manifestação do pneumotórax hipertensivo é a hiper-ressonância ipsilateral.
7. Também ocorre a redução ipsilateral dos sons respiratórios.
8. Às vezes o pneumotórax hipertensivo vem acompanhado por um aumento do tamanho do hemitórax ipsilateral.
9. Pode haver desvio contralateral da traqueia.

15. Descreva o tratamento do pneumotórax hipertensivo.

Não se deve desperdiçar tempo procurando uma confirmação radiológica se há suspeita do diagnóstico de pneumotórax hipertensivo e se o paciente exibe instabilidade hemodinâmica significativa. Deve-se administrar altos níveis de oxigênio suplementar (FiO_2 = 100%) e evacuar o pneumotórax, o que se consegue pela realização emergencial de uma toracostomia com dreno. Se não houver certeza do diagnóstico, ou se a realização da toracostomia com dreno não estiver prontamente disponível, uma abordagem alternativa inclui a inserção de uma agulha de grosso calibre no espaço pleural, esta é ligada por uma torneira de três vias a uma seringa de 50 mL parcialmente preenchida com soro fisiológico. A agulha é inserida sob condições estéreis através do segundo espaço intercostal anterior na linha hemiclavicular, enquanto o paciente está em supino. Após a inserção da agulha, o êmbolo é retirado da seringa. A presença de um pneumotórax é confirmada se houver borbulhamento de ar através do soro fisiológico. Se houver pneumotórax, a agulha deve ser mantida no locar até que o ar pare de borbulhar através do soro fisiológico e seja realizada uma toracostomia com dreno. Se o ar não borbulhar para dentro da seringa, não há pneumotórax e a agulha pode ser removida.

Leigh-Smith S, Harris T: Tension pneumothorax—time for a re-think? Emerg Med J 22:8-16, 2005.

CONTROVÉRSIA

16. Deve-se remover imediatamente uma toracostomia com dreno em pacientes em ventilação com pressão positiva, uma vez que o vazamento de ar tenha sido resolvido e o pulmão completamente reexpandido?

A favor:

1. A toracostomia com dreno não é mais necessária para evacuar o ar depois que a FBP tenha fechado e todo o ar tenha sido evacuado. Nesse ponto, o dreno torácico é apenas uma fonte potencial de infecção, tanto no local de inserção quanto no espaço pleural.
2. Os pacientes podem ser monitorados de perto e o dreno torácico pode ser reinserido caso haja recorrência do pneumotórax.
3. A inserção de rotina de uma toracostomia com dreno profilática não é indicada em pacientes ventilados mecanicamente.

Contra:

1. O risco de recorrência do pneumotórax permanece elevado em pacientes ventilados mecanicamente, especialmente se apresentarem SDRA ou um processo pulmonar necrótico.
2. A maioria dos casos de pneumotórax em pacientes ventilados mecanicamente se apresenta sob tensão. O pneumotórax hipertensivo está associado a uma mortalidade mais elevada, principalmente se houver um atraso no diagnóstico ou no tratamento.

Heffner JE, McDonald J, Barbieri C: Recurrent pneumothoraces in ventilated patients despite ipsilateral chest tubes. Chest 108:1053-1058, 1995.

TÓRAX INSTÁVEL E CONTUSÃO PULMONAR

Rosemary A. Kozar, MD, PhD, James B. Haenel, RRT e Frederick A. Moore, MD

1. O que é tórax instável? Como é diagnosticado?

Anatomicamente, o tórax instável pode ocorrer quando três ou mais costelas consecutivas ou cartilagens costais são fraturadas em dois ou mais lugares (Fig. 70-1). Estes segmentos circunscritos, tendo perdido a continuidade com o tórax, movem-se para dentro durante a inspiração e protruem durante a expiração, movendo-se, assim, de forma paradoxal. Os sinais e sintomas iniciais de dor, taquipneia, dispneia e imobilização torácica, em conjunto a contusões da parede torácica, desconforto, crepitação e fraturas costais palpáveis, são sugestivos, mas a detecção clínica de movimento paradoxal da parede torácica é o diagnóstico "*sine qua non*". Essa detecção frequentemente requer uma inspeção cuidadosa dos dois hemitóraces através do ciclo respiratório a fim de apreciar um movimento paradoxal sutil.

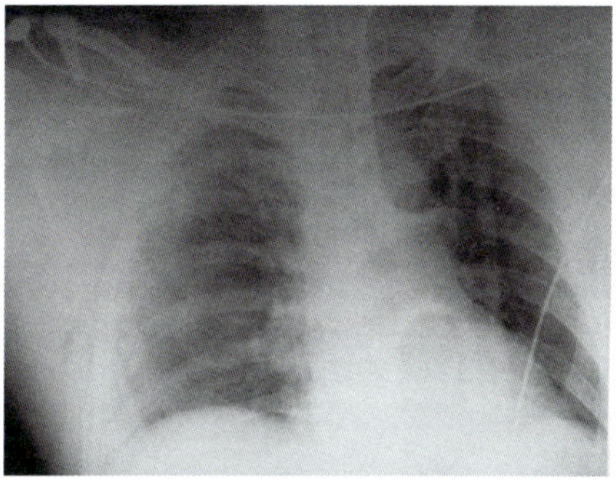

Figura 70-1. Radiografia de um paciente com tórax instável.

2. Como a idade afeta o prognóstico da doença em pacientes com múltiplas fraturas costais/tórax instável?

Foi identificada uma relação linear entre a idade, o aumento do número de fraturas costais e as complicações, incluindo a mortalidade. Demonstrou-se que uma idade acima de 45 anos, em vez do grupo de risco identificado anteriormente formado por indivíduos com mais de 65 anos, está associada a uma piora da morbidade em pacientes com mais de quatro fraturas costais.

Bulger EM, Arneson MA, Mock CN, et al: Rib fractures in the elderly. J Trauma 48:1040-1047, 2000.
Holcomb JB, McMullin NR, Kozar RA, et al: Morbidity from rib fractures increases after age 45. J Am Coll Surg 196:549-555, 2003.

3. Qual é a lesão intratorácica mais comum encontrada em pacientes após o traumatismo torácico fechado?

A contusão pulmonar é o tipo mais comum de lesão intratorácica após o traumatismo não penetrante.

4. O que é contusão pulmonar?

O espectro da lesão parenquimatosa pulmonar após um trauma torácico fechado varia de uma simples contusão até uma laceração. A contusão pulmonar, de longe a variante mais frequente, é uma equimose ou contusão do pulmão seguida de hemorragia e edema alveolares. A lesão direta provoca dano vascular pulmonar com hemorragia alveolar secundária. Na fase inicial, estes alvéolos alagados se encontram mal perfundidos; consequentemente, existe pouco "shunt". Entretanto, a inflamação tecidual se desenvolve rapidamente e o edema pulmonar circundante resultante produz alterações regionais na complacência e resistência das vias aéreas, levando a um desequilíbrio localizado da relação ventilação/perfusão.

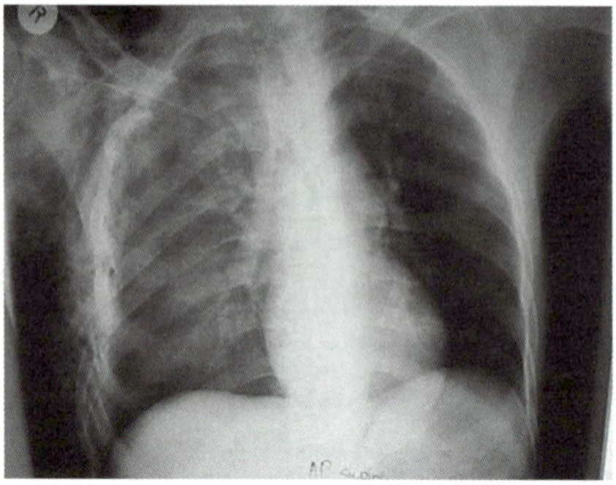

Figura 70-2. Radiografia de um paciente com contusão pulmonar.

5. Como se diagnostica uma contusão pulmonar?

O diagnóstico é radiológico. O achado clássico é um infiltrado pulmonar não segmentar que ocorre de 12 a 24 horas após a lesão. O infiltrado pode consistir de densidades nodulares irregulares que são discretas ou confluentes, de uma consolidação homogênea ou de um padrão irregular difuso (Fig. 70-2). A aspiração e a reexpansão do lobo superior direito colapsado (como aquela subsequente à intubação do brônquio principal direito) são causas de achados radiológicos precoces que muitas vezes são erroneamente diagnosticados como uma contusão pulmonar. Na maioria dos casos, as contusões pulmonares só se tornam aparentes após a ressuscitação volêmica; assim, se observada em uma radiografia inicial, é provável que seja uma contusão mais grave. As contusões também tendem a piorar em 24-48 horas e então regridem lentamente, a menos que haja complicações como infecção, síndrome do desconforto respiratório agudo (SDRA) ou cavitação.

6. Qual tipo de lesão intratorácica é um fator de risco conhecido para a SDRA?

A contusão pulmonar tem sido identificada como um fator de risco para a pneumonia e para a SDRA. Revelou-se que os pacientes com contusões pulmonares graves, definidas como > 20% na tomografia computadorizada de tórax, apresentam uma incidência significativamente mais elevada de SDRA do que aqueles pacientes com contusões pulmonares moderadas (< 20%).

Miller PR, Croce MA, Bee TK, et al: ARDS after pulmonary contusion: Accurate measurement of contusion volume identifies high risk patients. J Trauma 51:223-230, 2001.

Miller PR, Croce MA, Kilgo PD, et al: Acute respiratory distress syndrome in blunt trauma: Identification of independent risk factors. Am Surg 68:845-850, 2002.

7. Quais são as estratégias básicas de tratamento para o tórax instável/contusões pulmonares?

Os princípios da conduta focalizam em torno de cinco itens: observação intensa do padrão respiratório, amplo controle da dor, fisioterapia respiratória agressiva, mobilização precoce e nutrição adequada.

8. Em suas formas graves, o tórax instável e a contusão pulmonar frequentemente coexistem. Qual é a incidência de outras lesões concomitantes?

Mais de 90% dos pacientes apresentam lesões intratorácicas associadas, incluindo contusão pulmonar, hemotórax, pneumotórax ou uma combinação destes. Três de quatro pacientes requerem toracostomia com dreno para hemopneumotórax. As lesões extratorácicas também são comuns: as lesões cranianas ocorrem em 40%, fraturas importantes em 40% e as lesões intra-abdominais em 30%.

Ciraulo DL, Elliott D, Mitchell KA, et al: Flail chest as a marker for significant injuries. J Am Coll Surg 178:466-470, 1994.

9. Qual é a taxa de mortalidade e a causa de óbito em lesões combinadas de tórax instável/contusão pulmonar?

Apesar de enormes avanços no atendimento de pacientes traumatizados e nos cuidados intensivos, a taxa atual de mortalidade é de aproximadamente 25%. Uma melhoria nos cuidados pré-hospitalares sem dúvida contribui para esta mortalidade persistentemente elevada, já que permite a chegada de pacientes mais gravemente feridos aos centros de traumatismo de referência. As mortes precoces se devem à hemorragia extratorácica (p. ex., fratura pélvica, lesões hepáticas) e à lesão craniana; a mortalidade tardia se relaciona à sepse e à falência de múltiplos órgãos. Os fatores que predizem um prognóstico ruim incluem a presença de choque (pressão sanguínea < 90 mmHg), "Injury Severity Score" (ISS) elevado (> 25), lesão craniana associada (Escala de Coma de Glasgow <7); quedas de grandes alturas (> 7 metros), doença preexistente (p. ex., doença cardíaca aterosclerótica, doença pulmonar obstrutiva crônica, cirrose de Laënnec) e idade avançada (superior a 65 anos).

10. Quais são as prioridades iniciais no manejo de pacientes com traumatismo torácico fechado grave?

O manejo do paciente é priorizado de acordo com as necessidades fisiológicas para a sobrevivência. O ABC inicial [ou seja, vias aéreas (*airways*), ventilação (*breathing*), circulação] de suporte vital no trauma está direcionado em restabelecer a oferta periférica de oxigênio antes que seja feito um diagnóstico específico. A toracostomia com dreno para a suspeita de hemopneumotórax, a intubação traqueal e a ventilação mecânica são claramente indicadas a um paciente instável com lesões torácicas e em múltiplos sistemas.

11. Quais são as armadilhas no manejo da dor de pacientes não intubados apresentando traumatismo torácico fechado?

O controle inadequado da dor é uma armadilha comum no manejo desses pacientes. Um controle adequado da dor é o adjunto vital que permite a mobilização do mesmo, a respiração profunda e a mobilização das secreções. Entretanto, a administração intermitente de narcóticos IV pode sedar o indivíduo excessivamente caso sejam administrados em altas doses. Também pode deprimir os esforços respiratórios e o reflexo de tosse. Por outro lado, grandes intervalos entre as doses permitem que os pacientes sintam dor e ansiedade significativas. Os dispositivos de analgesia controlada pelo paciente podem ser um adjunto valioso para se alcançar o controle da dor.

12. O tipo de controle da dor influencia a incidência de pneumonia em pacientes com múltiplas fraturas de costelas?

Tem sido observado que a anestesia epidural em pacientes com múltiplas fraturas de costelas, comparada aos opioides IV, diminui a incidência de pneumonia nosocomial e o número de dias sob ventilação. Embora as infusões intercostais e intrapleurais de anestésico com cateter também tenham sido empregadas no controle da dor, a anestesia regional com sucesso mais convincente em traumatismo torácico é a infusão epidural contínua de anestésicos locais ou narcóticos ou, conforme descrito mais recentemente, o bloqueio de nervo intercostal contínuo com anestésico local.

Bulger EM, Edwards T, Klotz P, Jurkovich GJ: Epidural analgesia improves outcome after multiple rib fractures. Surgery 136:426-430, 2004.

Haenel JB, Moore FA, Moore EE, et al: Continuous intercostal nerve block for amelioration of multiple rib fracture pain. J Trauma 38:22-29, 1995.

13. Quais são os procedimentos fisioterápicos que deveriam ser empregados em pacientes com traumatismo torácico fechado significativo?

A deambulação, quando possível, permanece sendo o melhor método para restaurar a fisiologia respiratória normal. A dor deve ser avaliada em todos os pacientes. Estes devem receber terapia de reexpansão pulmonar usando um espirômetro de incentivo de hora em hora. Os pacientes que não alcançam os objetivos previstos com o espirômetro de incentivo devem iniciar tratamento ou com peça bucal (EZ-PAP) ou com terapia com pressão positiva contínua nas vias aéreas (CPAP) por meio de máscara facial. A fisioterapia respiratória consiste de drenagem postural, manobras de estimulação da tosse, vibração torácica e percussão. Porém, faltam estudos prospectivos sobre a sua eficácia. A percussão torácica obviamente não é bem tolerada em pacientes com traumatismo torácico. A aspiração nasotraqueal está reservada a pacientes incapazes de mobilizar as secreções de maneira eficaz.

14. Todos os pacientes com tórax instável necessitam de ventilação mecânica? Justifique.

Não. Apenas pacientes com tórax instável selecionados necessitam de ventilação mecânica. Estudos recentes demonstraram que pacientes não intubados, mas tratados com cuidados pulmonares intensivos, apresentam menos pneumonia, redução da mortalidade e permanências significativamente mais curtas na unidade de terapia intensiva. O CPAP não-invasivo é particularmente atraente para pacientes que não requerem intubação de emergência. O CPAP restaura a capacidade residual funcional, melhora a complacência e estabiliza o segmento instável até que se resolva a contusão pulmonar subjacente. O CPAP, comparado à ventilação com pressão positiva intermitente, também mostrou que diminui a incidência de mortalidade e de infecções nosocomiais em pacientes que requereram ventilação mecânica.

Bolliger CT, Van Eden SF: Treatment of multiple rib-fractures randomized controlled trial comparing ventilatory with nonventilatory management. Chest 97:943-948, 1990.

Gunduz M, Unlungenc H, Ozalevli M, et al: A comparative study of continuous positive airway pressure (CPAP) and intermittent positive pressure ventilation (IPPV) in patients with flail chest. Emerg Med J 22:325-329, 2005.

15. Qual é o melhor método de ventilação para pacientes com tórax instável ou contusão pulmonar?

Devido ao fato de uma elevada porcentagem de pacientes com contusões pulmonares significativas desenvolver SDRA, a necessidade de ventilação mecânica é razoavelmente comum. O melhor modo de ventilação continua a ser debatido. Em pacientes com SDRA, as estratégias de ventilação pulmonar protetora (VPP), empregando uma abordagem com limitação de volume e pressão, resultaram em uma redução de 22% na mortalidade de pacientes com SDRA (para cada dez pacientes ventilados com uma estratégia de VPP, uma vida será salva). Limitar o volume corrente a 6 mL/kg de peso corporal ideal e a pressão de platô a <30 cmH_2O reduz a sobredistensão pulmonar e previne a lesão de desrecrutamento. Muitos dos novos modos de ventilação são consistentes com uma estratégia de VPP e mostraram resultados promissores, porém faltam dados que demonstrem sua superioridade.

Acute Respiratory Distress Syndrome Network: Ventilation with lower tidal volumes as compared with traditional tidal volumes for acute lung injury and the acute respiratory distress syndrome. N Engl J Med 342:1301-1308, 2000.

Wanek S, Mayberry JC: Blunt thoracic trauma: Flail chest, pulmonary contusion, and blast injury. Crit Care Clin 20:71-81, 2004.

PONTOS-CHAVE: TÓRAX INSTÁVEL E CONTUSÃO PULMONAR ✓

1. O aumento da idade eleva o risco de complicações pulmonares em pacientes com múltiplas fraturas de costelas.
2. As contusões pulmonares elevam o risco de pneumonia e síndrome do desconforto respiratório agudo (SDRA).
3. Indica-se o tratamento de 24 horas com um antibiótico profilático (cefalosporina de primeira geração) após a instalação de drenos torácicos em pacientes com hemopneumotórax traumático.
4. A conduta no tórax instável/contusão pulmonar inclui a observação do padrão respiratório, o controle da dor, a fisioterapia pulmonar, a mobilização precoce e a nutrição adequada.
5. As estratégias protetoras do pulmão (p. ex., volume corrente $<$ 6 mL/kg e pressão de platô $<$ 30 cmH_2O) devem ser empregadas quando os pacientes com tórax instável ou contusão pulmonar necessitarem de ventilação mecânica em decorrência da SDRA.

16. Qual é o papel da pressão positiva ao final da expiração (PEEP) no manejo do traumatismo torácico fechado?

Uma lesão parenquimatosa grave dá espaço ao colapso alveolar. Nesses pacientes, a PEEP tem sido um adjunto valioso para o manejo ventilatório. A PEEP resulta em uma elevação das pressões transpulmonares ao final da expiração, prevenindo assim o desrecrutamento de unidades alveolares. Identificar a PEEP ideal é complexo, mas, de maneira geral, o objetivo é selecionar um nível que previna o desrecrutamento e permita uma redução da FiO_2. Em um recente estudo prospectivo, randomizado e controlado da Acute Respiratory Distress Syndrome Network, uma estratégia de PEEP baixa contra uma de PEEP alta (8,3 ± 3,2 cmH_2O contra 13,2 ± 3,5 cmH_2O) em 549 pacientes com vários graus de lesão pulmonar aguda não apresentou diferença no prognóstico clínico (24,9% contra 27,5%). Ao se usar um baixo volume corrente, a PEEP é inicialmente ajustada entre 8-10 cmH_2O. Se não se conseguir baixar a FiO_2 para 0,60 ou se ocorrer hipoxemia, aí emprega-se PEEP adicional.

MacIntyre NR: Setting the positive expiratory-end pressure—FiO_2 in acute lung injury/acute respiratory distress syndrome. Respir Care Clin 10:301-308, 2004.

National Heart, Lung, and Blood Institute ARDS Clinical Trials Network: Higher *versus* lower positive end-expiratory pressure in patients with the acute respiratory distress syndrome. N Engl J Med 351:327-336, 2004.

17. Quais são as indicações para a estabilização cirúrgica do tórax instável?

Os que advogam a estabilização cirúrgica argumentam que há uma redução no tempo de ventilação mecânica, das complicações pulmonares, da dor e da deformidade na parede torácica. Propôs-se uma variedade de métodos de fixação, incluindo pinos, placas, fios e suportes. Um estudo prospectivo realizado por Tanaka e colaboradores designou pacientes ao acaso para receber ou fixação cirúrgica dentro de sete dias após a lesão ou apenas ventilação mecânica. Eles demonstraram uma redução da incidência de pneumonia, dos dias de ventilação mecânica e dos dias de internação na unidade de terapia intensiva naqueles submetidos à cirurgia. Apesar destes benefícios relatados, as estabilizações são pouco realizadas. Os estudos que examinam especificamente esta questão são poucos e limitados.

Tanaka H, Yukioka T, Yamaguti Y, et al: Surgical stabilization of internal pneumatic stabilization? A prospective randomized study of management of severe flail chest patients. J Trauma 52:727-732, 2002.

18. Qual é a taxa de morbidade em longo prazo associada ao tórax instável?

A incapacidade em longo prazo não foi bem estudada. Em uma revisão recente de 32 pacientes com tórax instável com um seguimento médio de cinco anos, apenas 12 (38%) voltaram ao trabalho em tempo integral. A maioria das queixas era subjetiva, como um aperto torácico, dor e redução do nível de atividade. Outro estudo envolveu 22 pacientes com tórax instável isolado. O seguimento foi de dois meses a dois anos. Dois terços dos participantes possuíam alguma morbidade em longo prazo. A dor persistente da parede torácica, a dispneia aos esforços e a deformidade da parede torácica foram as queixas mais frequentes. Cinco participantes (22%) permaneceram incapacitados. Claramente, há a necessidade de mais estudos.

19. Os antibióticos profiláticos estão indicados a pacientes que necessitam de toracostomia com dreno após o traumatismo torácico?

Os estudos prospectivos randomizados oferecem resultados conflituosos, embora duas meta-análises sugiram que os antibióticos profiláticos possam reduzir a incidência de empiema. Mais recentemente, entretanto, uma recomendação de nível III da Eastern Association for the Surgery of Trauma incluiu o uso de uma cefalosporina de primeira geração por não mais que 24 horas para reduzir a incidência de pneumonia, mas não de empiema.

SITES

1. Eastern Association for the Surgery of Trauma, Trauma Practice Guidelines
www.east.org/tpg.html
2. Trauma.org: Pulmonary contusion
www.trauma.org/thoracic/CHESTcontusion.html
3. Trauma.org: Rib fractures and flail chest
www.trauma.org/thoracic/CHESTflail.html

CAPÍTULO 71

CONTUSÃO MIOCÁRDICA

Joel A. Garcia, MD e John C. Messenger, MD

1. O que provoca a lesão cardíaca no trauma torácico fechado ou nas lesões torácicas fechadas (LTF)?

O traumatismo cardíaco não penetrante se associa muito frequentemente a uma rápida desaceleração do tórax, como nos acidentes automobilísticos, muitas vezes em decorrência de um traumatismo por causa do volante ou traumatismo torácico fechado como o que ocorre em passageiros com cinto de segurança (menos provável) e naqueles sem cinto de segurança. A incidência de contusão miocárdica varia, dependendo da modalidade diagnóstica e dos critérios diagnósticos utilizados, mas é encontrada na literatura em níveis entre 8% e 71%. Outras causas incluem golpes diretos no tórax, quedas de grandes alturas, lesões por esmagamento, esportes de contato e, raramente, golpe de um animal de grande porte.

Hill G, Davies K: Blunt chest trauma. A challenge to accident and emergency nurses. Emerg Nurs 10:197-204, 2002.

2. O que é contusão miocárdica?

A contusão miocárdica resulta de dano direto ao miocárdio sem envolvimento traumático das artérias coronárias. Patologicamente, há evidência de lesão de miócitos com necrose celular, edema e hemorragia intersticial. Frequentemente, a lesão está limitada ao tecido subepicárdico ou subendocárdico sem evidência de lesão transmural. De maneira geral, a lesão se refere a uma disfunção miocárdica transitória associada ou não à evidência laboratorial de necrose miocárdica. É uma lesão comum que pode prejudicar a contração ventricular e levar à arritmia.

Bansal MK, Maraj S, Chewaproug D, et al: Myocardial contusion injury: Redefining the myocardial contusion algorithm. Emerg Med J 22:465-469, 2005.

3. Quais são as outras lesões miocárdicas que podem estar associadas ao traumatismo torácico fechado?

A maioria das outras lesões do miocárdio associadas ao traumatismo torácico fechado apresenta-se acompanhada de contusão miocárdica. Estas complicações incluem contusão do ventrículo direito, laceração ou ruptura dos átrios (mais comum) ou dos ventrículos, perfuração do septo interventricular e desenvolvimento de aneurisma ou pseudoaneurisma ventricular. Uma lesão direta das artérias coronárias com trombose ou dissecção pode resultar em um dano miocárdico semelhante ao infarto miocárdico aterosclerótico. Outros eventos raros incluem ruptura do istmo aórtico, oclusão traumática da artéria subclávia, avulsão da artéria inominada e laceração de uma valva competente (Fig. 71-1).

Pretre R, Chilcott M: Blunt trauma to the heart and great vessels. N Engl J Med 336:626-632, 1997.

4. Existem lesões torácicas que tornam a contusão miocárdica mais provável após um traumatismo torácico fechado?

Uma lesão cardíaca grave pode ocorrer com sinais externos de lesão torácica mínimos ou ausentes. Entretanto, de maneira geral, os pacientes com traumatismos torácicos mais graves, principalmente aqueles que necessitam de cuidados intensivos, tendem a apresentar uma incidência mais elevada de contusão miocárdica. Em uma grande série de casos, as lesões torácicas mais associadas à contusão miocárdica incluíam fratura de costelas e clavícula, contusão pulmonar, pneumotórax, hemotórax, tórax instável, fratura esternal e lesão de grandes vasos. Assim como ocorre em qualquer traumatismo fechado do tórax, o nível de suspeita deve ser alto para uma possível lesão cardíaca, principalmente se houver arritmias ou hipotensão refratária.

Sybrandy KC, Cramer MJM, Burgersdijk C: Diagnosing cardiac contusion: Old wisdom and new insights. Heart 89:485-489, 2003.

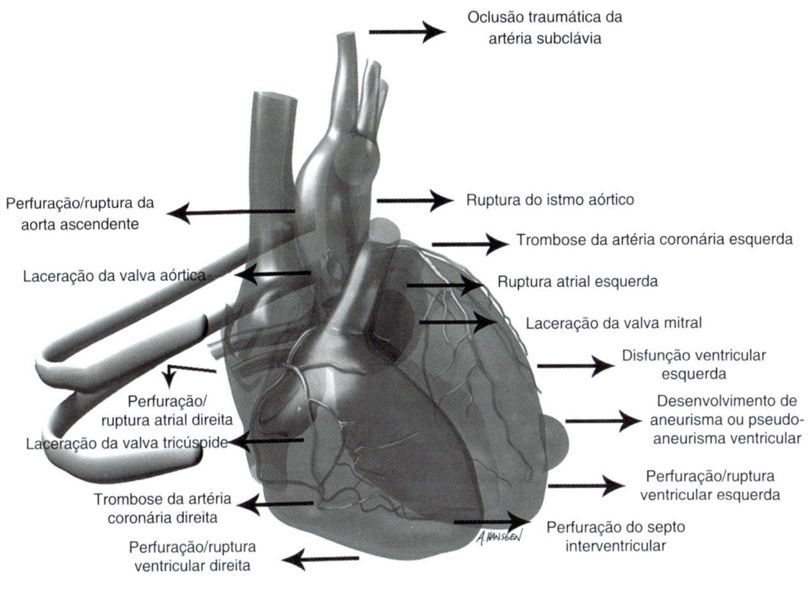

Figura 71-1. Lesões por traumatismo torácico fechado.

5. Quais características clínicas, associadas ao traumatismo torácico fechado, sugerem contusão miocárdica?

A contusão miocárdica em si, em geral, é clinicamente silenciosa. A dor torácica é muito comum em pacientes com suspeita de contusão miocárdica e geralmente está relacionada a outras lesões torácicas. Os pacientes que apresentam taquicardia sinusal inexplicável ou instabilidade hemodinâmica podem apresentar as primeiras manifestações da disfunção miocárdica, mas a possibilidade de tamponamento pericárdico deve ser sempre mantida em mente. A presença de ectopia ventricular na ausência de hipoxemia e de anormalidades eletrolíticas significativas pode indicar contusão miocárdica, principalmente se observada em um estágio precoce do curso clínico.

Kaye P, O'Sullivan I: Myocardial contusion. Emergency investigation and diagnosis. Emerg Med 19:8-10, 2002.

6. Quais achados clínicos podem estar presentes na contusão miocárdica?

O achado de um atrito pericárdico, um frêmito precordial ou um novo sopro sugerem contusão miocárdica, mas tais achados específicos de lesão cardíaca muitas vezes estão ausentes. A presença de B_3 no exame cardíaco e de estertores na ausculta pulmonar sugerem disfunção miocárdica e devem levantar a suspeita de contusão. As veias jugulares podem não estar distendidas em pacientes que sangram a partir de outras lesões e único sinal de lesão cardíaca pode ser uma hipotensão grave ou refratária.

Pretre R, Chilcott M: Blunt trauma to the heart and great vessels. N Engl J Med 336:626-632, 1997.

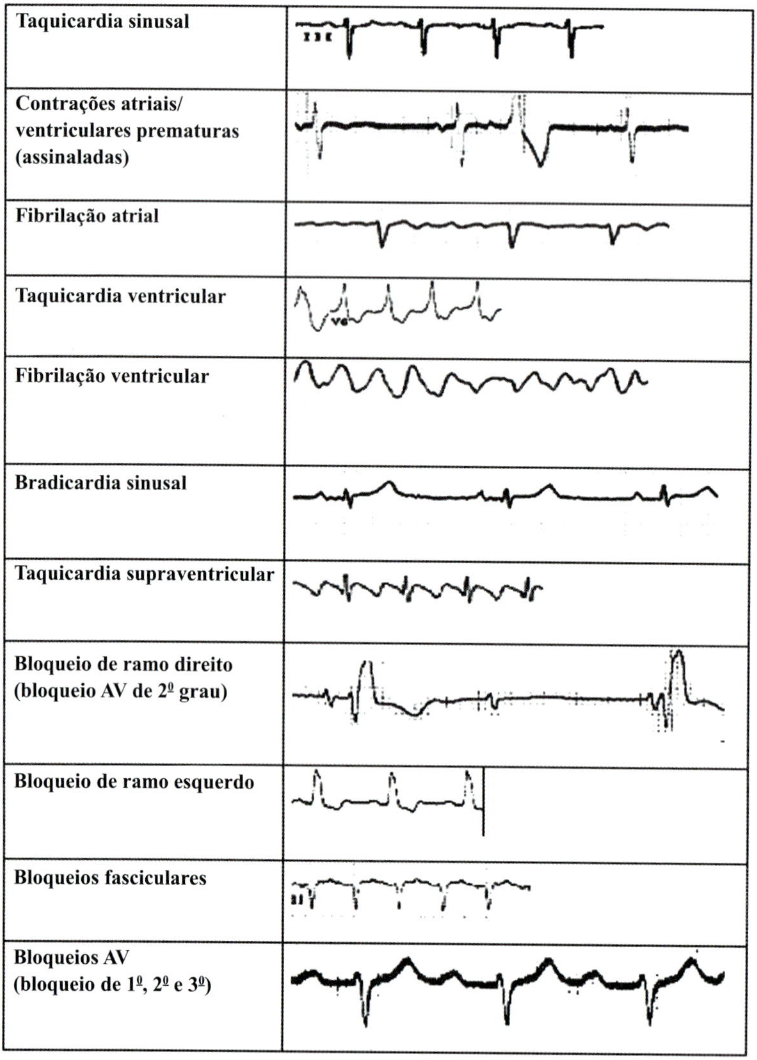

Figura 71-2. Achados eletrocardiográficos na contusão miocárdica. AV = atrioventricular.

7. Qual é o papel do eletrocardiograma (ECG) no diagnóstico da contusão miocárdica?

De acordo com diretrizes recentes, no momento da internação deve-se realizar um ECG em todos os pacientes nos quais há suspeita de LTF. Os achados considerados anormais incluem arritmias atriais ou ventriculares, depressão ou elevação do segmento ST, inversões da onda T acentuadas, atraso na condução interventricular ou bloqueio de ramo. O ECG não é nem sensível nem específico no diagnóstico de contusões miocárdicas. Não obstante, múltiplos estudos demonstraram que a presença de um ECG normal em um paciente hemodinamicamente estável identifica uma pessoa que apresenta baixo risco para complicações (Fig. 71-2).

Bansal MK, Maraj S, Chewaproug D, et al: Myocardial contusion injury: Redefining the myocardial contusion algorithm. Emerg Med J 22:465-469, 2005.

8. Qual é o papel da dosagem de enzimas cardíacas no diagnóstico da contusão miocárdica?

Como ocorre necrose de miócitos na contusão miocárdica, poderíamos pensar que dosar a creatinoquinase, fração miocárdia (CKMB), seria útil. No entanto, está claro que a CKMB não é nem sensível nem específica no diagnóstico da contusão miocárdica baseada em estudos positivos de ecocardiografia e cintilografia. Além disso, ela não prediz complicações cardíacas em pacientes sob suspeita de contusão miocárdica. Vários estudos recentes mostraram que tal exame não tem utilidade alguma. Sendo assim, ela não deve ser utilizada como medida de rotina em pacientes sob suspeita de contusão miocárdica.

Ruppert M, Van Hee R: Creatinine-kinase-MB determination in non-cardiac trauma: Its difference with cardiac infarction and its restricted use in trauma situations. Eur J Emerg Med 8:177-179, 2001.

9. Qual é o papel da dosagem da troponina no diagnóstico da contusão miocárdica?

A troponina T e a troponina I são proteínas reguladoras encontradas exclusivamente no tecido cardíaco. Alguns estudos mostraram que as troponinas apresentam uma sensibilidade elevada para detectar lesão miocárdica e uma especificidade superior à da CKMB. Não obstante, vários outros estudos avaliando a utilidade das troponinas na LTF revelaram que, apesar do aumento da especificidade (comparado à CKMB), elas apresentaram baixa sensibilidade e baixo valor preditivo para diagnosticar contusão miocárdica e não afetaram o manejo do paciente. Entretanto, servem como ferramenta útil de triagem.

Jackson L, Stewart A: Best evidence topic report: Use of troponin for the diagnosis of myocardial contusion after blunt chest trauma. Emerg Med J 22:193-195, 2005.

10. Como a ecocardiografia transtorácica (ETT) é empregada no diagnóstico e no manejo da contusão miocárdica?

O uso da ETT em conjunto à ultrassonografia Doppler é um instrumento diagnóstico muito útil na avaliação da contusão miocárdica. A presença de anormalidades segmentares na mobilidade das paredes sugere contusão e muitos investigadores atualmente estão usando a ecocardiografia como o padrão-ouro. Ela também é útil para avaliar o espaço pericárdico, assim como a estrutura e a integridade das valvas. As complicações potenciais da contusão miocárdica, como trombo mural ventricular direito ou esquerdo, aneurisma ou pseudoaneurisma, também podem ser reconhecidas. Em vários estudos, no entanto, a impossibilidade de se conseguir imagens adequadas ocorreu em 15% a 62% dos pacientes analisados, limitando assim a utilidade do teste.

Sybrandy KC, Cramer MJM, Burgersdijk C: Diagnosing cardiac contusion: Old wisdom and new insights. Heart 89:485-489, 2003.

11. Como devemos empregar a ecocardiografia transesofágica (ETE) no diagnóstico e no manejo da contusão miocárdica?

A ETE é um exame mais invasivo do que a ETT, mas tem uma taxa de sucesso muito mais elevada e muito poucas complicações. Além disso, é um instrumento muito útil para o diagnóstico de ruptura aórtica traumática, sendo comparável à tomografia computadorizada ou à aortografia. No entanto, a ETE não parece superior à ETT na determinação de um subgrupo de pacientes sob maior risco de sofrer complicações cardíacas, além disso, aumenta o custo. A ETE é recomendada na suspeita de lesões dos grandes vasos ou se as imagens da ETT forem insatisfatórias. Apesar de ser uma alternativa à ETT, quando um traumatismo torácico grave impede um exame completo, é importante reconhecer os riscos, pois a ETE requer a inserção de sonda esofágica no paciente sob sedação.

Sybrandy KC, Cramer MJM, Burgersdijk C: Diagnosing cardiac contusion: Old wisdom and new insights. Heart 89:485-489, 2003.

12. As imagens do coração por radioisótopos ajudam no diagnóstico da contusão miocárdica?

As técnicas de imagem com o uso de pirofosfato de tecnécio (cintilografia utilizada no infarto), a cintilografia com tálio e a ventriculografia com radionucleotídeo foram estudadas extensamente no passado, mas perderam o valor. De maneira geral, tais exames são dispendiosos e não conseguiram determinar quais pacientes estavam sob risco de complicações cardíacas decorrentes da contusão miocárdica, além de acrescentarem pouco face à realização prévia de ecocardiografia. A tomografia por emissão de pósitron mostrou vantagens na avaliação da viabilidade miocárdica, mas não há dados sobre seu emprego na contusão miocárdica.

Sybrandy KC, Cramer MJM, Burgersdijk C: Diagnosing cardiac contusion: Old wisdom and new insights. Heart 89:485-489, 2003.

13. Quais são as indicações para a realização de exames diagnósticos invasivos na contusão miocárdica?

A arteriografia é indicada quando existe forte suspeita de envolvimento coronariano (desenvolvimento de novas ondas Q, elevação do segmento ST em duas derivações adjacentes ou presença de um sopro cardíaco contínuo sugerindo uma possível fístula de artéria coronária). A cateterização do coração direito pode ser útil em pacientes com instabilidade hemodinâmica. O equilíbrio das pressões intracardíacas é altamente sugestivo de tamponamento pericárdico – principalmente se houver aumento da pressão atrial direita e da pressão de oclusão da artéria pulmonar. Além disso, pode-se diagnosticar as disfunções ventriculares direita e esquerda, os "shunts" da esquerda para a direita e a hipertensão da artéria pulmonar. Todas estas condições são incomuns e podem ser detectadas pela ETT de maneira não invasiva.

PONTOS-CHAVE: CONTUSÃO MIOCÁRDICA ✓

1. A contusão miocárdica se caracteriza por áreas irregulares de necrose miocárdica e infiltrado hemorrágico, que podem ser reconhecidos na cirurgia ou na autópsia, mas não nos estudos convencionais por imagem.
2. Devido à localização anterior do ventrículo direito, não é surpreendente que este seja o local mais comum de contusão.
3. A contusão miocárdica geralmente é clinicamente silenciosa, mas a taquicardia sinusal ou a instabilidade hemodinâmica podem ser a primeira manifestação da disfunção miocárdica.
4. Anormalidades eletrocardiográficas inespecíficas são frequentemente observadas em pacientes traumatizados. Essas anormalidades podem ter causas não cardíacas como hipóxia, anemia, concentrações anormais de eletrólitos séricos e alterações no tônus vagal ou simpático.
5. É importante triar todos os pacientes com traumatismo torácico fechado a fim de identificar aqueles sob risco de complicações.

14. Qual é a abordagem ideal para o diagnóstico da contusão miocárdica?

Como não há um padrão-ouro, os investigadores se afastaram de tentar fazer o diagnóstico da contusão miocárdica e tentaram se concentrar nos fatores de risco que predizem complicações cardíacas em pacientes com traumatismo torácico fechado. No momento da chegada ao serviço de emergência, deve-se realizar um exame físico minucioso, um ECG e uma radiografia de tórax. Não há necessidade de coletar amostras de enzimas cardíacas, a menos que o ECG revele alterações sugestivas de isquemia ou infarto. A coleta seriada de enzimas não deve ser rotineira. Caso haja suspeita de contusão miocárdica, presença de arritmias significativas ou instabilidade hemodinâmica, deve-se realizar a ETT. Se for necessário, a ETE deve ser feita quando a ETT não for diagnóstica.

15. Descreva o tratamento padrão da contusão miocárdica.

Os pacientes assintomáticos e sem lesões associadas podem receber alta do serviço de emergência após uma curta observação caso o ECG não revele anormalidades significativas. Aqueles que apresentam história pregressa de doença arterial coronariana podem ser monitorizados por telemetria durante 24 horas e devem ser submetidos a ECGs seriados; entretanto, dosagens seriadas das enzimas cardíacas não devem ser solicitações de rotina. Os pacientes com contusões miocárdicas que chegam a desenvolver complicações (p. ex., arritmias, insuficiência cardíaca) o farão enquanto estiverem sendo monitorizados na unidade de terapia intensiva, pois tendem a apresentar outras lesões associadas que necessitam de tratamento em um cenário de cuidados intensivos.

16. É necessário realizar a hospitalização de rotina com monitorização eletrocardiográfica em todos os casos de traumatismo torácico fechado sob suspeita de contusão miocárdica?

Alguns pacientes apresentarão lesão miocárdica significativa não diagnosticada, que poderá resultar em graves arritmias ventriculares ou outras complicações cardíacas. Como a disfunção miocárdica pode ser evidenciada pelo ecocardiograma, mesmo na presença de um ECG de 12 derivações normal e de níveis normais de enzimas cardíacas, todos os pacientes com lesões graves devem ser hospitalizados e monitorizados com ECG a fim de detectar possíveis eventos cardíacos adversos. Por outro lado, em pacientes sem lesões significativas e com um ECG normal, um pequeno período de monitorização no serviço de emergência será suficiente. O prognóstico desses indivíduos é excelente e seu curso clínico é ditado pelas lesões não cardíacas.

17. Todos os pacientes com fraturas de esterno devem ser considerados portadores de contusões miocárdicas e internados para monitorização?

As fraturas de esterno e costais (> 2) frequentemente indicam lesão intratorácica grave, geralmente ocorrendo após colisões automobilísticas. Acredita-se que estejam associadas a uma taxa de contusão cardíaca elevada. Os pacientes hemodinamicamente estáveis, com uma radiografia de tórax normal e um ECG normal, apresentam uma taxa muito baixa de complicações. Tais indivíduos podem receber alta com segurança, com medicação analgésica oral e instruções para retornar para acompanhamento ambulatorial.

Limann ST, Kuzucu A, Tastepe AI, et al: Chest injury due to blunt trauma. Eur J Cardiothorac Surg 23:374-378, 2003.

18. Quais são os pacientes que necessitam acompanhamento ambulatorial?

Os pacientes com contusão miocárdica não necessitam acompanhamento específico, a menos que apresentem um curso clínico cardíaco complicado. Indivíduos com graves anormalidades de mobilidade das paredes observadas na ecocardiografia, devem realizar uma visita de acompanhamento após 4-6 semanas, a fim de excluir as complicações tardias raras, como aneurisma ou pseudoaneurisma. Não há necessidade de repetir a ETT em todos os pacientes porque as anormalidades de mobilidade das paredes se resolvem em 80-90% daqueles com achados iniciais anormais.

SITE

Medline Plus: Contusão miocárdica
www.nlm.nih.gov/medlineplus/ency/article/000202.htm

CAPÍTULO 72

TRANSPLANTES HEPÁTICO E CARDÍACO

Claus U. Niemann, MD e Victor Ng, MD

TRANSPLANTE HEPÁTICO

1. Quantos transplantes de fígado são realizados anualmente nos Estados Unidos?

Em 2005, foram realizados 6.444 transplantes de fígado nos Estados Unidos, incluindo um pequeno número de doadores vivos. Em maio de 2006, havia 17.650 pacientes na lista de espera. Aproximadamente 1.751 pacientes morrem por ano enquanto esperam por um transplante de fígado. Em todo o país, a sobrevida de três anos após o transplante é de aproximadamente 76%.

United Network for Organ Sharing: www.unos.org/

2. Quais são as razões para um transplante de fígado?

A lista de doenças tratáveis por transplante de fígado aumentou nos últimos anos. As causas mais comuns de doença hepática terminal levando ao transplante de fígado são as hepatites crônicas virais B e C e a doença hepática alcoólica. A etiologia da doença hepática crônica pode ser classificada como se segue:

- **Cirrose não colestática:** Álcool; hepatites A, B, C ou D; fatores criptogênicos ou autoimunes; uso de drogas.
- **Cirrose colestática:** Cirrose biliar primária, cirrose biliar secundária, colangite esclerosante primária.
- **Necrose hepática aguda:** Etiologia desconhecida, uso de drogas, hepatite aguda, exposição ambiental (p. ex., cogumelos).
- **Doença metabólica:** Doença de Wilson, hemocromatose, oxalose primária, doença do armazenamento de glicogênio, deficiência de alfa$_1$-antitripsina, tirosinemia, hiperlipidemia homozigótica.
- **Neoplasia maligna:** Carcinoma hepatocelular dentro dos critérios de Milão ou da Universidade da Califórnia em São Francisco (mais frequentemente), carcinoma da via biliar, hepatoblastoma, hemangiossarcoma (todos muito raros).
- **Diversos:** Atresia biliar (é a indicação mais comum em crianças), fibrose cística, doença hepática policística, síndrome de Budd-Chiari, hepatite neonatal.

A classificação de Child-Turcotte-Pugh (CTP) tem sido usada amplamente como um índice de gravidade de doença para pacientes com doença hepática terminal e foi empregada anteriormente para o algoritmo de alocação de órgãos. Entretanto, devido às limitações da classificação de CTP e aos subsequentes problemas na alocação de órgãos, o sistema de classificação o MELD (*Model for End-stage Liver Disease*) for introduzido. A classificação MELD é uma fórmula matemática que inclui creatinina, bilirrubina e a razão normalizada internacional. Ela não inclui a etiologia da doença hepática.

Belghiti J: Transplantation for liver tumors. Semin Oncol 32(6 Suppl 8):29-32, 2005.
Sutcliffe R, Maguire D, Portmann B, et al: Selection of patients with hepatocellular carcinoma for liver Transplantation. Br J Surg 93:11-18, 2006.
Wiesner RH, McDiarmid SV, Kamath PS, et al: MELD and PELD: Application of survival models to liver allocation. Liver Transpl 7:567-580, 2001.

3. Quais razões levam um paciente a ser rejeitado para transplante de fígado?

As razões para negar um transplante podem variar de centro para centro. O transplante de fígado é um procedimento extremamente estressante para os pacientes. A doença coronariana significativa, a disfunção cardíaca e a hipertensão pulmonar são consideradas contraindicações. Uma infecção fora de controle ou sepse também exclui um paciente do transplante. Entretanto, um resultado positivo para o vírus da imunodeficiência humana, sem evidências de síndrome da imunodeficiência adquirida *não* é uma contraindicação. A doença hepática maligna avançada ou a doença metastática são, de maneira geral, consideradas contraindicações, assim como uma pressão intracraniana acentuadamente elevada e fora de controle no caso de insuficiência hepática fulminante. Fatores psicossociais como o abuso do álcool ativo ou a falta de um bom sistema de apoio social podem levar à exclusão do paciente do programa de transplante. Assim, é muito importante avaliar adequadamente os pacientes na fase pré-operatória e solicitar os exames diagnósticos necessários. A idade avançada, por si só, não é uma razão para se negar um transplante de fígado. Na realidade, pacientes com mais de 65 anos têm sido transplantados com uma frequência cada vez maior.

Di Benedotto F, De Ruvo N, Berreta M, et al: Don't deny liver transplantation to HIV patients with hepatocellular carcinoma in the highly active antiretroviral therapy era. J Clin Oncol 24:e26-e27, 2006.

Terrault NA, Carter JT, Carlson J, et al: Outcome of patients with hepatitis B virus and human immunodeficiency virus infections referred for liver transplantation. Liver Transpl 12:801-807, 2006.

4. Quais são as alterações orgânicas encontradas antes do transplante?

É importante se conscientizar que, virtualmente, qualquer órgão pode ser afetado pela doença hepática terminal. Consequentemente, a avaliação e a consideração global de todos os órgãos são de grande importância:

- **Sistema nervoso central:** Encefalopatia hepática e aumento da pressão intracraniana na insuficiência hepática aguda.
- **Sistema cardíaco:** Circulação hiperdinâmica, cardiomiopatia cirrótica.
- **Sistema respiratório:** Síndrome hepatopulmonar (ou seja, $PaO_2 < 70$ mmHg, ou gradiente $AaO_2 > 20$ mmHg, dilatação vascular intrapulmonar), hipertensão portopulmonar (ou seja, hipertensão pulmonar pré-capilar/arteriolar, pressão arterial pulmonar média > 25 mmHg em repouso, resistência vascular pulmonar elevada, exclusão de hipertensão pulmonar primária).
- **Sistema gastrointestinal:** Hipertensão portal com possível sangramento gastrointestinal alto, ascite.
- **Sistema hematológico:** Anemia, trombocitopenia (sequestro no baço), prolongamento do tempo de protrombina e do tempo de tromboplastina parcial e redução do fibrinogênio.
- **Sistema renal:** Síndrome hepatorrenal, necrose tubular aguda.
- **Diversos:** Distúrbios eletrolíticos de virtualmente qualquer tipo, imunossupressão, desnutrição com ascite.

Baker K, Nasraway SA: Multiple organ failure during critical illness: How organ failure influences outcome in liver disease and liver transplantation. Liver Transpl 6:S5-S9, 2000.

Baker J, Yost SC, Niemann CU: Organ transplantation. In Miller RD (ed): Anesthesia, 6th ed. Philadelphia, Churchill Livingstone, 2004, pp 2231-2283.

Mandell MS: Critical care issues: Portopulmonary hypertension. Liver Transpl 6:S36-S43, 2000.

Kang Y: Coagulopathies in hepatic disease. Liver Transpl 6:S72-S75, 2000.

Liver Transplant Anaesthesia and Critical Care Forum: www.litac.net/

5. Quais são as complicações mais comuns em pacientes submetidos a transplante hepático?

As complicações perioperatórias dependem da condição clínica do receptor (*ver* questão 4). A instabilidade hemodinâmica em função da perda de sangue e de desvios hídricos maciços, a coagulopatia grave, as anormalidades de eletrólitos/glicose, a disfunção renal e o comprometimento respiratório são observados com frequência. A ultrassonografia deve ser feita se houver dúvida acerca da patência da artéria hepática e da veia porta. A trombose da artéria hepática requer retransplante. O extravasamento de bile ou o sangramento também são encontrados no pós-operatório.

Além disso, as complicações podem se dever à qualidade insatisfatória do órgão. A qualidade do órgão depende de múltiplos fatores, incluindo a idade do doador, o tempo de isquemia do órgão e o mecanismo da morte. O não funcionamento primário do órgão, muitas vezes se manifesta imediatamente após o transplante e requer retransplante imediato.

6. Quais são os indicadores de boa função do enxerto no período pós-operatório imediato?

A produção de bile (intraoperatoriamente), a correção dos déficits de base, a normalização do tempo de protrombina e a redução das necessidades de plasma fresco congelado.

7. Todo paciente submetido a um transplante de fígado necessita permanecer intubado e ser internado na unidade de terapia intensiva (UTI) no pós-operatório?

A intubação pós-operatória não é necessária, desde que não haja comprometimento respiratório significativo ou preocupação com a proteção das vias aéreas. Cada vez mais, os pacientes são extubados na sala de cirurgia. As alterações hídricas e a perda sanguínea por si só não devem ser consideradas indicação para intubação pós-operatória.

A maioria dos centros internará os pacientes na UTI apenas para monitorização. Entretanto, alguns centros, em casos não complicados, internarão na unidade de cuidados pós-anestésicos para, em seguida, transferi-los para a enfermaria ou quarto.

Biancofiore G, Bindi ML, Romanelli AM, et al: Fast track liver transplantation: 5 years' experience. Eur J Anaesthesiol 22:584-590, 2005.

Mandell MS, Lezotte D, Kam I, et al: Reduced use of intensive care after liver transplantation: Patient attributes that determine early transfer to surgical wards. Liver Transpl 8:682-687, 2002.

Mandell MS, Lezotte D, Kam I, et al: Reduced use of intensive care after liver transplantation: Influence of early extubation. Liver Transpl 8:676-681, 2002.

8. Qual é o manejo pós-operatório imediatamente após o transplante de fígado?

O curso perioperatório de pacientes submetidos a transplante de fígado é imprevisível. Pode variar de não complicado até extremamente complexo. A avaliação frequente da função cardíaca e pulmonar, dos níveis séricos de glicose/eletrólitos, da função renal e hepática, assim como do coagulograma e do hemograma, é de grande importância. Na maioria dos casos, a terapia é de suporte e segue diretrizes estabelecidas para todos os pacientes de terapia intensiva. Entretanto, certos aspectos requerem atenção especial:

- **Coagulopatia/sangramento:** Ocasionalmente, os pacientes necessitam de terapia com plasma fresco congelado para compensar uma função hepática inicialmente indolente. As necessidades de plasma fresco congelado são também consideradas uma medida indireta da função hepática pós-operatória. De maneira geral, o paciente pode ser desmamado da infusão de plasma fresco congelado nas primeiras poucas horas de pós-operatório. A aprotinina e o ácido aminocaproico são administrados quando existem graves coagulopatias, que não respondem ao plasma fresco congelado isolado. Alguns centros usam esses agentes de rotina na fase perioperatória para minimizar a perda sanguínea. A necessidade de administração de plaquetas ou crioprecipitado é relativamente baixa e reservada apenas a casos selecionados. Por último, deve-se ter um baixo limiar para a reexploração. O vazamento nos sítios de anastomose vascular, pacientes "sangradores" e a redução do fluxo na artéria hepática ou na veia porta devem sempre ser observados.
- **Função renal:** A disfunção renal normalmente está presente no pré-operatório e muitas vezes piora durante o período pós-operatório imediato, o que se deve a uma obstrução temporária do efluxo renal durante a cirurgia, quando a veia cava inferior é clampeada para a inserção do fígado doador. Intraoperatoriamente, o "bypass" venovenoso melhora a obstrução do efluxo, mas não é empregado na maioria dos centros. O monitoramento pós-operatório da função renal e a terapia de suporte com hidratação adequada, furosemida e administração de dopamina geralmente são suficientes. Em alguns casos, a terapia de substituição renal contínua (ou seja, a hemofiltração venovenosa contínua) durante o período pós-operatório imediato ajudará na recuperação da função renal.
- **Glicose/eletrólitos:** Com o funcionamento hepático pós-operatório adequado e a administração de corticosteroides, os pacientes tendem a apresentar hiperglicemia, o que pode necessitar da infusão de insulina. Dependendo da função renal e da terapia diurética, o nível de potássio pode ser elevado ou baixo. A homeostase do cálcio geralmente não é um problema no período pós-operatório.

- **Imunossupressão:** A rejeição do aloenxerto pode ocorrer em qualquer ponto após a cirurgia e é classificada como hiperaguda, aguda ou crônica. A administração de imunossupressores geralmente é iniciada imediatamente após a cirurgia. Os fármacos comuns, muitas vezes empregados em combinação, são: ciclosporina, tacrolimo, sirolimo, micofenolato mofetil e corticosteroides. Estes agentes podem causar uma diversidade de efeitos colaterais, incluindo interações medicamentosas indesejáveis, hipertensão, hiperlipidemia e osteoporose.

Baker J, Yost SC, Niemann CU: Organ transplantation. In Miller RD (ed): Anesthesia, 6th ed. Philadelphia, Churchill Livingstone, 2004, pp 2231-2283.

Liver Transplant Anaesthesia and Critical Care Forum: www. litac.net/

TRANSPLANTE CARDÍACO

9. Quantos transplantes de coração são realizados por ano nos Estados Unidos?

Em 2005, foram realizados 2.127 transplantes de coração nos Estados Unidos. Em maio de 2006, 3.006 pacientes estavam na lista de espera para um transplante cardíaco. Aproximadamente 402 pacientes morrem por ano enquanto esperam por um transplante de coração. Em todo o país, a sobrevida de três anos após o transplante é de aproximadamente 77%.

United Network for Organ Sharing: www.unos.org/

10. Quais são as razões para um transplante de coração?

O transplante cardíaco se tornou um tratamento aceito para pacientes selecionados com insuficiência cardíaca terminal. Assim como no transplante de fígado, o número de candidatos e o tempo de espera aumentaram durante os últimos anos. As causas mais comuns de doença cardíaca terminal que levam a um transplante de coração são a cardiomiopatia e a doença arterial coronariana. A etiologia da doença cardíaca terminal pode ser classificada como se segue:

- **Cardiomiopatia dilatada:** Viral, idiopática, pós-parto e fatores familiares; adriamicina; miocardite; isquemia.
- **Cardiomiopatia restritiva:** Sarcoidose, amiloidose, fibrose endocárdica, fatores idiopáticos, secundária à radiação, quimioterapia.
- **Retransplante/falência do enxerto:** Falência primária, causas hiperagudas ou agudas, rejeição crônica, fatores restritivos/constritivos, doença arterial coronariana acelerada do aloenxerto.
- **Outras:** Doença congênita, doença valvar, cardiomiopatia hipertrófica.

É importante manter em mente que o tratamento clínico de pacientes com doença cardíaca terminal melhora continuamente. Pacientes selecionados podem ser conduzidos de maneira conservadora, com sobrevida semelhante à do transplante cardíaco. Assim, o transplante de coração deve ser oferecido a pacientes que sofrem de grave incapacidade devido a doença cardíaca, apesar do tratamento conservador otimizado, e que não apresentam maiores contraindicações para o transplante de coração.

Taylor DO, Edwards LB, Boucek MM, et al: Registry of the International Society for Heart and Lung Transplantation: Twenty-second official adult heart transplant report—2005. J Heart Lung Transpl 24:945-955, 2005.

11. Por que um paciente pode ser rejeitado para transplante de coração?

As contraindicações podem variar ligeiramente de centro para centro. As mais comuns incluem hipertensão pulmonar significativa/irreversível; doença renal, hepática ou cerebrovascular; infecção ou sepse fora de controle; e câncer não estagiado. Outras contraindicações podem se dever à causa da cardiomiopatia do paciente, como no caso do amiloidose ou sarcoidose. Além disso, a falta de aderência, a instabilidade psicológica, a falta de ambiente social de apoio e o abuso de drogas ativo podem excluir um paciente do programa de transplante de coração. A idade avançada por si só não é uma razão para se negar um transplante de coração. Na realidade, os pacientes com mais de 65 anos têm sido transplantados com uma frequência cada vez maior.

Blanche C, Blanche DA, Kearney B, et al: Heart transplantation in patients seventy years of age and older: A comparative analysis of outcome. J Thorac Cardiovasc Surg 121:532-541, 2001.

Hunt SA: Who and when to consider for heart transplantation. Cardiol Rev 9:18-20, 2001.

12. Como é a fisiologia após o transplante de coração?

Embora geralmente a função cardíaca basal seja preservada, a resposta cardíaca à demanda é significativamente alterada. A desnervação cardíaca é quase sempre permanente após o transplante. Devido à falta de inervação simpática, a frequência cardíaca pode somente aumentar lentamente, por meio do aumento dos níveis de catecolaminas circulantes. Manter um volume sistólico adequado, portanto, se torna da maior importância para sustentar o débito cardíaco nesses pacientes. Assim, indivíduos submetidos a um transplante de coração são muitos dependentes da pré-carga. A desnervação também afeta a terapia medicamentosa em tais pacientes. Os medicamentos que agem indiretamente no coração – seja por meio do sistema nervoso simpático ou parassimpático – são ineficazes. Os medicamentos que atuam diretamente no coração são os agentes de escolha para modificar a fisiologia cardíaca. Além disso, a desnervação do coração evita que o recipiente sinta dor torácica quando houver isquemia miocárdica.

Ashary N, Kaye AD, Hegazi AR, et al: Anesthetic considerations in the patient with a heart transplant. Heart Dis 4:191-198, 2002.

13. Quais são as complicações mais comuns em pacientes submetidos ao transplante cardíaco?

As taxas de sobrevivência em longo prazo dos pacientes submetidos a transplante de coração melhoraram significativamente. Entretanto, há um determinado número de complicações que podem ocorrer após o transplante, e incluem: insuficiência ventricular direita ou esquerda, hipertensão pulmonar, hipertensão sistêmica, bloqueio cardíaco, bradiarritmias, taquiarritmias, falência precoce do enxerto, rejeição de aloenxerto, doença arterial coronariana acelerada do aloenxerto, disfunção renal, infecção e neoplasia maligna. A estabilidade pós-operatória do paciente também é afetada pelas características do doador e pela técnica operatória escolhida. O uso das técnicas bicaval e total, em vez da técnica biatrial, resultou em menos disfunção de valvas atrioventriculares e arritmias. O uso dessas novas técnicas também mostrou melhorias na hemodinâmica, na capacidade de exercício e na sobrevida global dos pacientes.

Luckraz H, Goddard M, Charman SC, et al: Early mortality after cardiac transplantation: Should we do better? J Heart Lung Transpl 24:401-405, 2005.

Morgan JA, Edwards NM: Orthotopic cardiac transplantation: Comparison of outcome using biatrial, bicaval, and total techniques. J Card Surg 20:102-106, 2005.

Wagoner LE: Management of the cardiac transplant recipient: Roles of the transplant cardiologist and primary care physician. Am J Med Sci 314:173-184, 1997.

14. Como é o manejo de um paciente no período pós-operatório imediato ao transplante cardíaco?

Assim como no caso de pacientes submetidos à cirurgia cardíaca, aqueles submetidos a um transplante de coração também necessitam de monitorização intensiva por meio de eletrocardiografia, da aferição da pressão arterial, da pressão venosa central, da pressão da artéria pulmonar, do débito cardíaco, da gasometria arterial e do débito do dreno torácico. A maioria dos pacientes necessitará de suporte cronotrópico e inotrópico na forma de marca-passo e/ou infusão de agonista β-adrenérgico (p. ex., isoproterenol, epinefrina, dobutamina, dopamina). Caso a função cardíaca ainda esteja deprimida, mesmo com a instalação do marca-passo e do suporte farmacológico, pode-se instituir o suporte mecânico na forma de balão intra-aórtico, dispositivos de assistência ventricular ou oxigenadores de membrana extracorpóreos. Uma vez estabilizados o estado hemodinâmico e o sangramento pós-operatório, os pacientes podem ser extubados. Certos aspectos demandam atenção especial:

- **Dependência da pré-carga:** Conforme já mencionado, os pacientes são muito dependentes da pré-carga devido à desnervação cardíaca, o que os torna sensíveis à ventilação com pressão positiva, ao sangramento/tamponamento e ao pneumotórax.
- **Aumento da resistência vascular pulmonar (RVP)/falência ventricular direita:** Embora a hipertensão pulmonar fixa tenha sido excluída no pré-operatório, o aumento pós-operatório da RVP ainda pode se desenvolver. Caso seja grave e não seja tratado, pode levar à falência ventricular direita no coração recém-transplantado. A conduta no aumento da RVP inclui vasodilatadores inalados, como a prostaciclina e o óxido nítrico. Os vasodilatadores

intravenosos, como a nitroglicerina e o nitroprussiato, também são opções. Infelizmente, os vasodilatadores IV estão associados à hipotensão sistêmica e seu uso pode levar à necessidade de infusão adicional de um alfa agonista. Se a terapia vasodilatadora se mostrar ineficaz, pode-se requerer dispositivos de assistência ventricular direita ou oxigenadores de membrana extracorpóreos.

- **Arritmias cardíacas:** Além da bradicardia e do bloqueio cardíaco, as taquiarritmias atriais e ventriculares também são bastante comuns após o transplante. As arritmias atriais podem estar associadas à rejeição do aloenxerto.
- **Rejeição/falência do enxerto:** A rejeição do aloenxerto pode ocorrer em qualquer ponto após a cirurgia e é classificada em hiperaguda, aguda ou crônica. O diagnóstico de rejeição de um coração transplantado é difícil e se baseia principalmente na biópsia endomiocárdica, principalmente porque se apresenta com sintomas clínicos vagos e nenhum marcador sorológico confiável. Biópsias seriadas são realizadas pós-operatoriamente com o objetivo de detectar qualquer sinal de rejeição.
- **Imunossupressão:** A terapia imunossupressora geralmente é iniciada imediatamente após a cirurgia. Os medicamentos comuns, muitas vezes usados em combinação, incluem a ciclosporina, o tacrolimo, o micofenolato mofetil, a azatioprina e os corticosteroides. Tais agentes podem causar uma variedade de efeitos adversos e interações medicamentosas (Quadro 72-1).

Ardehali A, Hughes K, Sadeghi A, et al: Inhaled nitric oxide for pulmonary hypertension after heart transplantation. Transplantation 72:638-641, 2001.

Costanzo MR: New immunosuppressive drugs in heart transplantation. Curr Control Trials Cardiovasc Med 2:45-53, 2001.

Goudarzi BM, Bovino S: Critical care issues in lung and heart transplantation. Crit Care Clin 19:209-231, 2003.

Miniati DN, Robbins RC: Heart transplantation: A thirty-year perspective. Annu Rev Med 53:189-220, 2002.

QUADRO 72-1. EFEITOS COLATERAIS DE MEDICAÇÕES IMUNOSSUPRESSORAS
Azatioprina: mielossupressão
Ciclosporina: hipertensão, ↓ função renal, ↑ K^+, ↓ Mg^{++}, ↓ limiar de convulsões
Micofenolato mofetil: mielossupressão, sangramento do trato gastrointestinal
Prednisona: hipertensão, ↑ glicose, supressão adrenal
Tacrolimo: ↓ função renal, ↓ limiar de convulsões, ↑ glicose, ↑ K^+, ↓ Mg^{++}
K = potássio, Mg = magnésio.

15. Como o coração desnervado responde às medicações no período pós-transplante?

- **Agentes cardíacos indiretos:** As ações de medicamentos como a efedrina e a atropina são mediadas pelo sistema nervoso simpático e parassimpático. Tais medicamentos apresentarão efeitos mínimos. Os digitálicos também não apresentam efeito sobre a condução nodal atrioventricular, mas retêm seu efeito inotrópico direto.
- **Agentes cardíacos diretos:** Os agentes β-adrenérgicos (p. ex., isoproterenol, epinefrina, dobutamina, dopamina, norepinefrina) não são afetados e melhorarão tanto o cronotropismo quanto o inotropismo. Os inibidores da fosfodiesterase (p. ex., amrinona, milrinona) também não são afetados e melhoram o débito cardíaco, assim como causam vasodilatação.
- **Vasodilatadores:** Os nitratos não são afetados e causam vasodilatação venosa e arterial. No entanto, devido à desnervação, a taquicardia reflexa é intensamente deprimida.

- **Vasoconstritores:** A fenilefrina, a norepinefrina e a vasopressina ainda são eficazes, porém observa-se menos bradicardia reflexa.
- **Betabloqueadores e bloqueadores de canais de cálcio:** Esses agentes retêm a capacidade de diminuir a frequência cardíaca e a pressão sanguínea.

Ashary N, Kaye AD, Hegazi AR, et al: Anesthetic considerations in the patient with a heart transplant. Heart Dis 4:191-198, 2002.

Quinlan JJ, Firestone S, Firestone LL: Anesthesia for heart, lung, and heart-lung transplantation. In Kaplan JA (ed): Cardiac Anesthesia, 4th ed. Philadelphia. W.B. Saunders, 1999, pp 991-999.

PONTOS-CHAVE: TRANSPLANTE HEPÁTICO E CARDÍACO ✓

1. As complicações pós-operatórias do transplante de fígado incluem disfunção do órgão e distúrbios metabólicos significativos (p. ex., hiperglicemia).
2. Corações desnervados são dependentes de pré-carga e respondem apenas a agentes cardíacos diretos. Eles não exibem bradicardia ou taquicardia reflexa.

USO DE BLOQUEADORES NEUROMUSCULARES NA UNIDADE DE TERAPIA INTENSIVA

CAPÍTULO 73

Michael T. Ganter, MD e Jean-François Pittet, MD

1. Quais são as indicações de agentes bloqueadores neuromusculares (comumente chamados de relaxantes musculares ou paralisantes) na unidade de terapia intensiva (UTI)?

As indicações de relaxantes musculares na UTI estão resumidas na Tabela 73-1. O bloqueio neuromuscular sempre requer sedação e analgesia adequadas, caso contrário o paciente ficará sob risco de manter a consciência (ou seja, ficará acordado, mas paralisado).

TABELA 73-1. INDICAÇÕES PARA O BLOQUEIO NEUROMUSCULAR NA UTI

Ação	Motivo
Intubação endotraqueal	
Ventilação mecânica*	Permitir uma ventilação pulmonar protetora (ventilação com volume corrente baixo, hipercapnia permissiva), aumentar a complacência da parede torácica e reduzir o pico de pressão nas vias aéreas, evitar um esforço respiratório inadequado
Anestesia geral*	Facilitar os procedimentos cirúrgicos, pulmonares, gastrointestinais ou radiológicos
Transporte de pacientes intubados da UTI*	Permitir um transporte seguro
Controle da pressão intracraniana*	Evitar movimentos respiratórios ou outros movimentos e a tosse durante aspiração traqueal em pacientes intubados com patologias cerebrais
Redução do consumo de oxigênio pelos músculos*	
Atividade muscular aumentada*	Facilitar o tratamento do tétano, do estado epiléptico e da síndrome neuroléptica maligna

*O bloqueio neuromuscular é opcional. Considerar o tratamento somente com sedativos/analgésicos.

2. Como funciona a transmissão neuromuscular?

A acetilcolina (ACh) é liberada de vesículas de armazenamento do terminal nervoso para dentro da fenda sináptica e se liga aos receptores colinérgicos *nicotínicos* na placa motora da célula muscular esquelética. Isso inicia mudanças na permeabilidade de íons na membrana da célula muscular (despolarização, levando ao potencial de ação) com subsequente liberação intracelular de cálcio do retículo sarcoplasmático, causando a contração da célula muscular esquelética. A despolarização termina porque a ACh é rapidamente hidrolisada pela acetilcolinesterase localizada na membrana da placa motora, próxima ao receptor de ACh. Além disso, há difusão para fora da fenda sináptica, assim como há recaptação de ACh pelo terminal nervoso.

3. Quais são as duas classes de relaxantes musculares?

Os relaxantes musculares são classificados como *despolarizantes* (p. ex., succinicolina) ou *não-despolarizantes* (p. ex., benzilisoquinolinas [mivacúrio, atracúrio, cisatracúrio] e os aminoesteroides [vecurônio, rocurônio, pancurônio]), de acordo com seus mecanismos de ação. Ambos são estruturalmente relacionados à ACh. A farmacologia básica é descrita na Tabela 73-2.

TABELA 73-2. FARMACOLOGIA EM ADULTOS DOS AGENTES BLOQUEADORES NEUROMUSCULARES COMUNS

	Dose de Intubação (mg/kg)	Início da Ação (min)	Duração da Ação	Infusão Contínua (μg/kg/min)	Eliminação Primária
Agentes bloqueadores neuromusculares despolarizantes					
Succinilcolina	1,0 a 1,5	0,5 a 1,0	Curta	N/A	Hidrólise de éster
Agentes bloqueadores neuromusculares não-despolarizantes					
Mivacúrio	0,2	2 a 3	Curta	8 a 10	Hidrólise de éster
Atracúrio	0,5	1,5 a 3	Intermediária	5 a 10	Hidrólise de éster/ Hofmann
Cisatracúrio	0,15	2 a 4	Intermediária	0,5 a 10	Hidrólise de éster/ Hofmann
Vecurônio	0,1	1,5 a 3	Intermediária	0,8 a 1,5	Hepática
Rocurônio	0,6 a 0,9	1 a 2	Intermediária	5 a 15	Hepática
Pancurônio	0,1	1,5 a 4	Longa	1 a 10	Renal e hepática

4. Descreva os mecanismos de ação dos relaxantes musculares despolarizantes.

Eles se assemelham fisicamente à ACh e atuam como *agonistas*, ligando-se aos receptores colinérgicos na placa motora. A membrana pós-juncional se torna despolarizada, bloqueando a transmissão neuromuscular. Os músculos esqueléticos são refratários à despolarização repetida porque o cálcio não será ressequestrado para dentro do retículo sarcoplasmático até que os relaxantes musculares se difundam para longe do receptor. Isto resulta no relaxamento dos músculos esqueléticos. Os relaxantes musculares *despolarizantes* não são metabolizados pela acetilcolinesterase na fenda sináptica, mas sim hidrolisados pela pseudocolinesterase plasmática.

5. Cite algumas esterases enzimáticas no corpo, suas localizações e suas funções.

A acetilcolinesterase (também chamada *colinesterase verdadeira ou específica*) está presente na fenda sináptica da junção neuromuscular e cliva a ACh. A pseudocolinesterase (também chamada *colinesterase plasmática*) está localizada no plasma e no fígado, e hidrolisa diversas drogas tais como succinilcolina, mivacúrio, anestésicos locais tipo éster e trimetafano. Outras esterases enzimáticas incluem as esterases não-específicas (localizadas no plasma e em certos tecidos, elas clivam atracúrio e remifentanil) assim como as esterases eritrocíticas (localizadas nas células sanguíneas vermelhas, clivam esmolol).

6. Quando a succinilcolina deve ser usada na UTI?

Os pacientes críticos podem requerer intubações emergenciais. Pelo fato de muitos pacientes da UTI apresentarem estômago cheio e retardo no esvaziamento gástrico (p. ex., pacientes recebendo dieta, trauma, íleo, doença grave, comorbidades tais como diabetes ou falência renal), é imperativo que a intubação seja procedida rapidamente e de forma bem controlada. A succinilcolina inicia sua atividade rapidamente (30 a 60 segundos) e tem uma duração breve (tipicamente <10 minutos), tornando-a útil em tais situações.

7. Quais são as contraindicações para o uso de succinilcolina?

A succinilcolina faz com que a concentração sérica de potássio aumente em 0,5 a 1,0 mEq/L em paciente saudáveis. Portanto ela deve ser evitada em pacientes com hipercalemia preexistente. Uma liberação exagerada de potássio após a administração de succinilcolina deve ser prevista em condições como queimaduras, traumas extensos (p. ex., lesões por esmagamento), imobilização prolongada (p. ex., longa estadia na UTI), sepse e distúrbios neuromusculares (p. ex., lesões de neurônio motor superior e inferior, distrofia de Duchenne). Além disso, a succinilcolina não deve ser usada em crianças (devido à possibilidade de existirem distúrbios neuromusculares não-diagnosticados) e em pacientes suscetíveis a hipertermia maligna. A função renal prejudicada pode prolongar o bloqueio neuromuscular.

Malignant Hyperthermia Association of the United States: www.mhaus.org

8. É seguro usar a succinilcolina em pacientes recentemente queimados?

Sim. Assim como com outros pacientes sob risco de um aumento exagerado no potássio sérico, há um consenso geral de que é seguro usar succinilcolina nas primeiras 24 horas após a lesão. Após uma queimadura, os receptores de ACh extrajuncionais começam a proliferar fora da junção neuromuscular. Elevações rápidas dos níveis séricos de potássio para >9 mmol/L com parada cardíaca foram documentadas nesta situação após a administração de succinilcolina. O risco da hipercalemia parece ter um pico em 7 a 10 dias após a lesão. No entanto, o tempo exato e a duração do período de risco variam muito.

MacLennan N, Heimbach DM, Cullen BF: Anesthesia for major thermal injury. Anesthesiology 89:749-770, 1998.

9. Explique a diferença no mecanismo de ação dos relaxantes musculares *não-despolarizantes* e *despolarizantes*.

Os relaxantes musculares não-despolarizantes funcionam como *antagonistas competitivos* dos receptores colinérgicos da placa motora. A ACh é impedida de se ligar a seus receptores e nenhum potencial se desenvolve na placa motora. Os relaxantes musculares despolarizantes funcionam como *agonistas* dos receptores colinérgicos da placa motora. Esta diferença explica seus diferentes comportamentos em várias doenças. A proliferação dos receptores de ACh (p. ex., lesões com denervação) causa uma resistência relativa aos relaxantes musculares não-despolarizantes (há mais receptores de ACh), mas uma resposta ampliada aos relaxantes musculares despolarizantes porque há mais receptores de ACh. Em uma situação clínica com redução do número de receptores de ACh (p. ex., miastenia gravis), acontece exatamente o oposto.

10. Como devemos decidir qual agente não-despolarizante usar?

Antes de prescrever um relaxante muscular não-despolarizante, temos de conhecer a função hepática e renal, o estado cardiovascular e as co-medicações do paciente. A farmacologia básica é descrita na Tabela 73-2.

Murray MJ, Cowen J, DeBlock H, et al: Clinical practice guidelines for sustained neuromuscular blockade in the adult critically ill patient. Crit Care Med 30:142-156, 2002.

11. Qual agente não-despolarizante tem o menor tempo de ação?

O mivacúrio é o relaxante muscular não-despolarizante com menor período de ação (tempo de ação, 15 a 30 min após a dose de intubação). Assim como a succinilcolina, o mivacúrio é metabolizado pela pseudocolinesterase. Portanto o tempo de ação pode ser prolongado em pacientes com baixa atividade da pseudocolinesterase – adquirida (p. ex., insuficiência renal ou hepática, gravidez, pós-parto) ou congênita (p. ex., pseudocolinesterase defeituosa). Um efeito colateral potencialmente grave é a liberação substancial, dose-dependente, de histamina. Existem poucos dados sobre o uso de mivacúrio na UTI.

12. Qual agente não-despolarizante é a escolha mais adequada para pacientes com falência renal ou hepática?

O atracúrio é inativado no plasma através da eliminação de Hofmann e hidrólise de éster, logo, pode ser a droga preferencial para pacientes com falência renal ou hepática. No entanto, a hipotermia grave e a acidose diminuem a taxa da eliminação de Hofmann, devendo então haver um ajuste da dose nestas situações clínicas. Um dos principais efeitos adversos é a liberação de histamina em altas doses. Existem controvérsias sobre um metabólito ativo da eliminação de Hofmann, a laudanosina. Este metabólito, quando sob concentrações muito altas, foi associado a excitação do sistema nervoso central em animais; no entanto, parece pouco provável que haja significância clínica em humanos.

13. Qual a diferença entre o cisatracúrio e o atracúrio?

O cisatracúrio, um dos isômeros do atracúrio, é três a quatro vezes mais potente do que o atracúrio. Devido ao fato de a quantidade de droga administrada ser menor, são liberadas menos histamina e laudanosina em comparação àquelas liberadas com o atracúrio.

14. Qual agente não-despolarizante é útil em pacientes com doença pulmonar obstrutiva ou cardiovascular?

O vecurônio não causa liberação de histamina e não apresenta efeitos colaterais cardiovasculares, logo, ele é útil em pacientes com doença pulmonar obstrutiva ou cardiovascular. Esta droga é primariamente metabolizada no fígado. Pode ocorrer um bloqueio neuromuscular prolongado em pacientes com insuficiência hepática, mas não há diferença na meia-vida em pacientes com insuficiência renal quando comparados a pacientes saudáveis.

15. Qual agente não-despolarizante tem o início de ação mais rápido?

O rocurônio é similar ao verucônio, mas menos potente, e é o agente não-despolarizante com o início de ação mais rápido. Quando administrado como *bolus* de 0,6 a 0,9 mg/kg, o bloqueio neuromuscular completo é quase sempre atingido dentro de dois minutos. Além de ter as mesmas indicações que o verucônio, ele é a droga de escolha para induções de sequência rápida, caso a succinilcolina seja contraindicada.

16. Quais são as características distintas do pancurônio?

O pancurônio é um agente paralisante de longa duração e que não causa liberação de histamina. Seu tempo de ação é prolongado na insuficiência hepática e renal: ele é metabolizado no fígado e é então igualmente eliminado na bile e na urina. Devido a um bloqueio vagal, podem ocorrer taquicardia, hipertensão e aumento do débito cardíaco.

17. Como é possível monitorar o nível de bloqueio neuromuscular na UTI?

O monitoramento neuromuscular geralmente é feito com um estimulador de nervo periférico. Eletrodos de superfície são fixados sobre um nervo periférico (p. ex., nervo ulnar no antebraço) e conectados ao estimulador do nervo. Uma corrente monofásica supramáxima com um formato de onda quadrado é aplicada e a resposta motora do músculo estimulado é monitorada (p. ex., músculo adutor do polegar). A duração de cada impulso liberado é configurada para 0,2 a 0,3 mseg. O padrão de estimulação nervosa mais amplamente utilizado é a estimulação *train-of-four* (TOF): quatro estímulos supramáximos são aplicados em um período de 2 segundos. A resposta observada pode ser quantificada como contagem do TOF (ou seja, o número de contrações detectáveis, 0 a 4) ou como razão de TOF (ou seja, a amplitude da quarta contração dividida pela amplitude da primeira contração). A contagem do TOF pode ser mensurada visualmente ou por avaliação tátil. Entretanto, são necessários equipamentos mais sofisticados como a mecanomiografia, a eletromiografia ou a aceleromiografia para determinar a razão de TOF.

Murphy GS, Szokol JW: Monitoring neuromuscular blockade. Int Anesthesiol Clin 42:25-40, 2004.

18. Quantos receptores para ACh têm de ser ocupados por um relaxante muscular não-despolarizante antes que a razão de TOF comece a decair?

A razão de TOF é de 1,0 em indivíduos normais na ausência de relaxantes musculares. Durante um bloqueio não-despolarizante parcial, ocorrerá uma queda progressiva na amplitude de cada contração (enfraquecimento). De setenta a 75% dos receptores de ACh têm de ser ocupados antes de a quarta contração começar a decair; isto é, a razão de TOF começar a diminuir para <1,0.

19. Quando e como deve ser utilizado o monitoramento neuromuscular na UTI?

O monitoramento neuromuscular deve ser usado em todos os pacientes da UTI que estejam recebendo agentes bloqueadores neuromusculares por um longo período de tempo. Este é o modo como as doses de *bolus* e taxas de infusão dos relaxantes musculares podem ser ajustadas para otimizar o nível de bloqueio neuromuscular. O nível desejado de paralisia depende da situação clínica. Na maioria das situações, é apropriado manter a taxa de infusão do relaxante muscular em um nível que produza um bloqueio parcial (p. ex., a presença de pelo menos a primeira contração do TOF).

Rudis MI, Sikora CA, Angus E, et al: A prospective, randomized, controlled evaluation of peripheral nerve stimulation versus standard clinical dosing of neuromuscular blocking agents in critically ill patients. Crit Care Med 25:575-583, 1997.

20. Quais são os riscos relacionados ao uso de relaxantes musculares não-despolarizantes na UTI?

O uso prolongado está associado aos seguintes riscos:

- Inabilidade de mobilizar as secreções pulmonares devido à supressão da tosse.
- Atrofia dos músculos esqueléticos.
- Trombose venosa e embolia pulmonar.
- Osteoporose com comprometimento do equilíbrio cálcio-fósforo.
- Trauma psíquico se o paciente não for adequadamente sedado enquanto estiver paralisado.
- Lesão da pele.
- Lesões aos nervos e membros resultantes de posicionamento inadequado.

21. Discuta as interações entre os relaxantes musculares e outras drogas usadas na UTI?

Várias drogas podem tanto potencializar quanto inibir o efeito dos agentes bloqueadores neuromusculares. É apresentado um resumo na Tabela 73-3.

22. A fraqueza neuromuscular prolongada é um problema significativo na UTI?

Sim. Paralisias prolongadas (até várias semanas), após a descontinuação da droga, foram documentadas após o uso de relaxantes musculares não-despolarizantes na UTI. Existem dois tipos distintos de bloqueios neuromusculares prolongados relacionados aos relaxantes musculares na UTI. O primeiro tipo é um problema farmacocinético relacionado a alterações no *clearance* da droga e à formação dos metabólitos ativos; o segundo é um problema neuromuscular funcional *não* relacionado a anormalidades farmacocinéticas.

23. Quando um metabólito ativo deve ser considerado suspeito de causar bloqueio neuromuscular prolongado na UTI?

Um exemplo é o 3-desacetilvecurônio, um metabólito ativo do vecurônio. Ele apresenta 50% da atividade farmacológica do composto original e uma meia-vida prolongada. Este metabólito tem causado fraqueza prolongada em pacientes de UTI que recebem vecurônio por períodos superiores a 48 horas. Os pacientes de alto risco parecem ser aqueles que apresentam (1) insuficiência renal, (2) hipermagnesemia, (3) acidose metabólica e (4) aqueles do sexo feminino.

24. Quando uma anormalidade neuromuscular funcional deve ser considerada suspeita de causar fraqueza prolongada?

Inúmeras drogas podem causar fraqueza neuromuscular (Tabela 73-3). Outros fatores, incluindo desnutrição, infecções, atrofia e desmielinização (p. ex., polineuropatia desmielinizante inflamatória crônica), podem também contribuir para a fraqueza prolongada, com ou sem o uso de agentes bloqueadores neuromusculares. No entanto, os agentes bloqueadores neuromusculares podem causar miopatia aguda por si só, com perda seletiva de filamentos de miosina. A maior parte dos casos ocorreu após o tratamento com altas doses de corticosteroides

TABELA 73-3. INTERAÇÕES COM AGENTES BLOQUEADORES MUSCULARES

Potencializam os efeitos dos bloqueadores neuromusculares	
Antibióticos	Aminoglicosídeos, tetraciclinas Vancomicina, clindamicina Metronidazol
Antiarrítmicos	Quinidina, procainamida, lidocaína Betabloqueadores Bretílio Bloqueadores dos canais de cálcio
Anestésicos	Anestésicos inalatórios Cetamina Anestésicos locais
Outros	Magnésio Lítio Dantrolene Ciclosporina, ciclofosfamida Mineralocorticoides
Inibem os efeitos dos bloqueadores neuromusculares	
Anticonvulsivantes	Fenitoína Carbamazepina Valproato de sódio
Outros	Azatioprina Ranitidina Teofilina

PONTOS-CHAVE: RISCOS ASSOCIADOS AO BLOQUEIO NEUROMUSCULAR PROLONGADO NA UNIDADE DE TERAPIA INTENSIVA

1. Se houver interrupção acidental da ventilação mecânica pode ocorrer hipóxia.
2. A ausência de reflexo da tosse pode causar retenção de secreções pulmonares, aspiração oculta, infecção e pneumonia.
3. Trombose e embolia pulmonar são outros riscos da imobilização devido ao bloqueio neuromuscular prolongado.
4. Podem ocorrer: atrofia muscular, miopatia aguda e osteoporose.
5. Por fim, o paciente está sob risco de lesão da pele e úlceras de decúbito.

combinado a relaxantes musculares. O risco desta complicação é reduzido limitando-se à administração de agentes bloqueadores neuromusculares a um período ≤ 48 horas.

25. Como podemos prevenir o bloqueio neuromuscular prolongado na UTI?

As recomendações do senso comum parecem prudentes. Primeiro, deve-se utilizar agentes bloqueadores neuromusculares somente quando indicado, na menor dose efetiva e pelo menor período possível. Segundo, deve-se pensar em evitar o uso de verucônio ou pancurônio em pacientes com insuficiência renal. Terceiro, deve-se considerar evitar o uso de relaxantes musculares em pacientes que estejam recebendo corticosteroides. Quarto, deve-se sempre monitorar a profundidade do bloqueio neuromuscular com estimulador de nervo periférico.

26. Qual é a melhor maneira de interromper a ação dos relaxantes musculares?

A melhor maneira é manter o paciente sob ventilação e esperar até que estas drogas sejam metabolizadas ou excretadas. O nível de bloqueio neuromuscular deve ser acompanhado com um estimulador de nervo periférico.

27. Quais drogas podem ser usadas para interromper a ação dos relaxantes musculares?

Os agentes musculares não-despolarizantes podem ser antagonizados por inibidores da colinesterase (anticolinesterases), que bloqueiam a hidrólise da ACh. Como resultado, a concentração de ACh aumenta na junção neuromuscular, deslocando as moléculas de relaxantes musculares não-despolarizantes do receptor de ACh.

28. Qual é a dose habitual dos inibidores da colinesterase?

As seguintes drogas podem ser administradas de forma intravenosa:

- Neostigmina, 0,03 a 0,06 mg/kg.
- Piridostigmina, 0,1 a 0,4 mg/kg.
- Edrofônio, 0,5 a 1,0 mg/kg.

29. Quais são os efeitos adversos dos inibidores da colinesterase? Como eles podem ser tratados?

O efeito adverso mais comum é a estimulação excessiva de receptores colinérgicos muscarínicos (ou seja, estimulação parassimpática). Isto resulta em sintomas cardiovasculares (p. ex., bradicardia, hipotensão), pulmonares (p. ex., hipersecreção, broncoespasmo), gastrointestinais (p. ex., motilidade e secreção aumentadas) e urogenitais (p. ex., tônus da bexiga aumentado), assim como constrição pupilar (p. ex., miose). Para se contrapor a estes efeitos, é recomendado administrar inibidores da colinesterase combinados a atropina (0,01 a 0,02 mg/kg IV) ou glicopirrolato (0,01 mg/kg IV).

CAPÍTULO 74

ABORDAGEM DA DOR NA UNIDADE DE TERAPIA INTENSIVA

Michael T. Ganter, MD e Jean-François Pittet, MD

1. Por que pacientes críticos apresentam dor?

A dor experimentada pelos pacientes na unidade de terapia intensiva (UTI) pode se originar de uma variedade de situações, tais como doença clínica subjacente, trauma ou procedimentos invasivos. Além disso, os dispositivos de monitorização e os terapêuticos (p. ex., cateteres, tubos e drenos, dispositivos de ventilação não-invasivos, tubo endotraqueal), os cuidados de rotina (p. ex., trocas de roupas, mobilização, fisioterapia, aspiração das vias aéreas) e a imobilização prolongada também podem causar dor e desconforto a esta população.

2. Em geral, o alívio da dor é adequado em pacientes da UTI?

A analgesia de pacientes críticos frequentemente é inadequada. Um dos motivos é a difícil avaliação do nível de dor em pacientes da UTI porque os mesmos geralmente estão confusos, incapazes de se comunicar ou mesmo paralisados. Além disso, os médicos se preocupam muito com os efeitos adversos do tratamento da dor.

Mularski RA: Pain management in the intensive care unit. Crit Care Clin 20:381-401, 2004.

3. Como devemos avaliar a dor em pacientes críticos?

Deve ser feito um grande esforço para quantificar objetivamente e documentar sistematicamente o nível de dor dos pacientes. A avaliação da dor e da resposta à terapia deve ser realizada regularmente, utilizando-se uma escala apropriada para cada paciente:

- Em um paciente acordado e alerta, o indicador mais fidedigno e de maior validade da dor é o relato do próprio. Diversas ferramentas estão disponíveis para a avaliação da dor; as ferramentas unidimensionais são as mais utilizadas (p. ex., escala analógica visual [EAV], pontuada de 0 a 10; Fig. 74-1).
- Em pacientes sedados e não-interativos, a avaliação da dor é um desafio ainda maior. Para estimar o nível de dor, utiliza-se indicadores fisiológicos (p. ex., frequência cardíaca, pressão arterial e frequência respiratória) e o aspecto geral/comportamento do paciente em relação à dor (p. ex., postura, expressão facial e movimento), assim como a alteração destes parâmetros após a terapia analgésica.

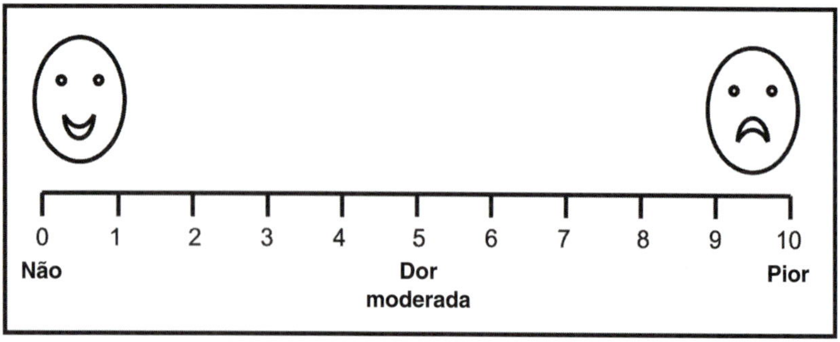

Figura 74-1. Escala analógica visual.

4. Quais são os objetivos terapêuticos do manejo da dor na UTI?

O objetivo é tratar adequadamente a dor e prover analgesia a todos os pacientes críticos. Um nível de analgesia é considerado satisfatório, p. ex., quando a escala de dor for ≤ 3 (em 10 pontos) usando-se a escala EAV. Além do objetivo primário de melhorar o conforto do paciente, uma analgesia adequada é crucial para atenuar as respostas fisiológicas à dor potencialmente deletérias; isto é, a ativação simpática com taquicardia e aumento no consumo de oxigênio pelo miocárdio, catabolismo persistente, hipercoagulabilidade e imunossupressão. Outros benefícios do alívio adequado da dor são a prevenção da trombose e da embolia pulmonar pela mobilização precoce do paciente. Além disso, a anestesia epidural, p. ex., pode diminuir o íleo pós-operatório e reduzir a morbidade por complicações cardiovasculares e pulmonares após cirurgias torácicas e abdominais.

Bonnet F, Marret E: Influence of anaesthetic and analgesic techniques on outcome after surgery. Br J Anaesth 95:52-58, 2005.

PONTOS-CHAVE: RAZÕES PARA UMA ANALGESIA ADEQUADA EM PACIENTES CRÍTICOS ✓

1. O conforto do paciente e os aspectos éticos são duas razões pelas quais a analgesia adequada deve ser oferecida.
2. A atenuação de respostas fisiológicas à dor, potencialmente deletérias, também é importante. Estas incluem ativação simpática, consumo miocárdico elevado, catabolismo persistente, hipercoagulabilidade e imunossupressão.

5. Explique as opções de tratamento para pacientes críticos que estejam com dor.

Existem opções não-farmacológicas e farmacológicas:

- **Não-farmacológicas:** O tratamento não-farmacológico inclui o posicionamento apropriado dos pacientes, a estabilização de fraturas, a eliminação de estimulações físicas dolorosas e uma variedade de terapias para promover o conforto do paciente (p. ex., modificação ambiental, musicoterapia, relaxamento, massagem). Uma vez que a privação de sono, assim como a ansiedade e o delirium, podem diminuir o limiar da dor, é importante minimizar os estímulos que possam perturbar o padrão normal de sono (p. ex., barulho, luz artificial) e tratar a ansiedade e o delirium prontamente.
- **Farmacológicas:** O tratamento farmacológico da dor atua através da inibição da liberação local de mediadores no tecido lesionado (p. ex., drogas antiinflamatórias não-esteroidais [AINEs], acetaminofeno), bloqueio da condução nervosa (p. ex., anestesia regional) ou alteração da percepção da dor no sistema nervoso central (p. ex., opioides, acetaminofeno e cetamina).

Jacobi J, Fraser GL, Coursin DB, et al: Clinical practice guidelines for the sustained use of sedatives and analgesics in the critically ill adult. Crit Care Med 30:119-141, 2002.

6. Qual é o papel dos opioides na UTI? Como eles atuam?

Os opioides são a base da terapia analgésica na UTI. O termo *opioide* se refere a qualquer agente com atividade estimulatória nos receptores opioides. Existem pelo menos quatro receptores do gênero no sistema nervoso central e periférico; os efeitos analgésicos dos opioides são mediados, em sua maioria, via receptores mu (μ) ou kappa (κ). Interações com outros receptores podem contribuir para os efeitos adversos.

7. Quais opioides são recomendados a pacientes da UTI?

Os agentes analgésicos mais comumente utilizados e recomendados na UTI são a morfina, o fentanil, a hidromorfona e o sufentanil (Tabela 74-1). Alternativamente, o uso de outros opioides, como o remifentanil e o alfentanil, pode ser considerado para o uso em alguns grupos de pacientes selecionados. No entanto, tais drogas são mais usadas como adjuntos da anestesia e para analgesia pós-operatória imediata (início de ação rápido, meia-vida de eliminação curta). Além disso, atualmente existem poucos dados disponíveis em relação à administração prolongada de tais drogas em pacientes da UTI.

TABELA 74-1. FARMACOLOGIA DOS ANALGÉSICOS OPIOIDES UTILIZADOS NA UNIDADE DE TERAPIA INTENSIVA (UTI)

	Potência Relativa	Dose de Bolus* (IV)	Meia-vida	Dose de Infusão Contínua* (mg/h IV)	Comentários
Morfina	1	2-5 mg	3-7 h	2-10	Liberação de histamina Acúmulo de metabólitos ativos (morfina-6-glicuronídeo) especialmente na insuficiência renal
Fentanil	80-100	25-100 μg	1,5-6 h	0,025-0,2	Acúmulo marcante da droga após infusão prolongada
Hidromorfona	5-10	0,25-0,75 mg	2-3 h	0,5-2	
Sufentanil	500-1.000	5-20 μg	2-4 h	0,005-0,04	
Remifentanil	100	N/A	3-10 min	0,025-0,5	Início/término e recuperação rápidos, acúmulo mínimo Metabolismo através de esterases inespecíficas
Meperidina**	0,1	12,5-50 mg	3-4 h	N/A	Eficiente no tratamento de tremores Liberação de histamina Acúmulo de metabólitos ativos neuroexcitatórios (normeperidina), especialmente na insuficiência renal ou em altas doses Interação com antidepressivos

N/A = não aplicável
* As doses são aproximadas para um paciente adulto de 70 kg; a dose de bolus pode ser repetida a cada 5 a 15 minutos.
** Não recomendada para o uso rotineiro em pacientes de UTI.

8. Como decidimos qual opioide usar? Quais são suas características?

Antes de prescrever opioides, nós temos de determinar o objetivo da analgesia e desenvolver um plano terapêutico. deve-se ter conhecimento da condição cardiovascular, da função dos órgãos e do uso concomitante de outras medicações pelo paciente.

- **Morfina:** A morfina é um opioide não-sintético, relativamente hidrofílico, com um longo histórico clínico e, portanto, com uma excelente familiaridade dos médicos com seu uso. O início da ação é lento (tempo de equilíbrio no sítio efetor, 15 a 30 minutos) e a duração da ação é de duas a quatro horas. A morfina pode reduzir a pré-carga e a pressão sanguínea sistêmica; logo, deve ser usada com cautela em pacientes hemodinamicamente instáveis ou hipovolêmicos. Além disso, existem metabólitos com propriedades analgésicas e de longa meia-vida que podem se acumular em pacientes com insuficiência renal. Finalmente, a morfina pode liberar uma quantidade considerável de histamina.
- **Fentanil:** O fentanil é um opioide sintético, altamente potente e altamente lipossolúvel. A solubilidade lipídica é responsável pelo início de ação rápido (tempo de equilíbrio no sítio efetor, 1 a 3 minutos). Isto o torna o analgésico preferido para pacientes com desconforto agudo. O fentanil tem uma duração curta (30 a 45 minutos após um bolus); no entanto, doses repetidas podem causar acúmulo e ação prolongada. Os efeitos adversos cardiovasculares são mínimos.
- **Hidromorfona:** A hidromorfona é um opioide semissintético 5 a 10 vezes mais potente do que a morfina, e tem uma solubilidade lipídica entre a da morfina e a do fentanil. O início e a duração da ação são um pouco mais curtos quando comparados à morfina (tempo de equilíbrio no sítio efetor, 10 a 20 minutos; duração da ação, uma a três horas), mas a hidromorfona é hemodinamicamente mais estável, não apresenta um metabólito ativo clinicamente significativo e não libera histamina.
- **Sufentanil:** Este opioide sintético e altamente lipossolúvel tem a mais alta seletividade pelo receptor μ. Foi demonstrado que ele causa menor depressão respiratória quando comparado a outros opioides, logo deve ser o preferido para uso em pacientes com ventilação espontânea. O sufentanil se acumula menos do que o fentanil (ou seja, tem uma meia-vida contexto-sensitiva mais curta).
- **Remifentanil:** Também um opioide sintético, o remifentanil tem um início de ação muito rápido e a mais curta duração de ação. Além disso, sua biotransformação é tão rápida e tão completa (esterases inespecíficas, independente de órgãos) que a duração da infusão tem pouco efeito no tempo de despertar. O remifentanil tem a menor meia-vida contexto-sensitiva dentre os opioides disponíveis (< 5 minutos após quatro horas de infusão contínua).

9. Qual é o lugar da meperidina na UTI?

A meperidina é útil no tratamento de tremores pós-operatórios e tem sido demonstrado que é superior à morfina e ao fentanil para tal indicação. Uma pequena dose IV de 10 a 25 mg geralmente é eficiente. Os tremores pós-operatórios podem aumentar o consumo de oxigênio e podem ser lesivos caso ocorram em pacientes com doença cardíaca isquêmica, p. ex.. No entanto, a meperidina não é recomendada para uso repetido em pacientes da UTI por causa de seu metabólito ativo (normeperidina, a qual pode causar excitação do sistema nervoso central) e de suas interações com antidepressivos (inibidores da monoamino oxidase contraindicam seu uso; melhor evitar o uso concomitante com inibidores seletivos da recaptação de serotonina).

10. Quais outros opioides devem ser evitados na analgesia de rotina da UTI?

- **Misturas de agonistas-antagonistas:** Misturas de agonistas-antagonistas (p. ex., nalbufina) podem reverter o efeito de outros opioides e precipitar a síndrome de abstinência em pacientes, nos quais se desenvolveu tolerância ou dependência.
- **Metadona:** A metadona prolonga o intervalo QT e induz à *torsades de pointes*. É metabolizada pelo sistema citocromo-P450 hepático e há um risco de acúmulo após doses repetidas (meia-vida longa, interações).
- **Codeína:** A codeína não é útil para a maioria dos pacientes porque tem pouca potência analgésica.

11. Como os opioides devem ser preferencialmente administrados para o tratamento da dor aguda na UTI?

Parenteralmente. O uso IV é considerado melhor porque a hipoperfusão local decorrente de choque ou edema pode tornar a absorção menos segura pelas vias oral, subcutânea e intramuscular. Os opioides IV podem ser administrados de três modos diferentes:

- **IV em bolus:** Administrações em bolus são usadas frequentemente para tratar dores moderadas. As doses são tituladas para as necessidades analgésicas, evitando a depressão respiratória e a instabilidade hemodinâmica.
- **Infusão IV contínua:** Em situações clínicas, com dor moderada a grave, que são inadequadamente controladas com bolus repetidos, pode-se considerar uma infusão IV contínua.
- **Analgesia controlada pelo paciente (PCA):** Alternativamente, um regime de PCA pode ser preferível em pacientes conscientes e alertas.

12. Explique o conceito da PCA.

A PCA é administrada com bombas microprocessadas que permitem que o paciente autoadministre os analgésicos de acordo com um limite predeterminado pelo médico. O objetivo da PCA é gerar uma analgesia relativamente estável e efetiva, permitindo que o paciente receba múltiplos pequenos bolus após uma dose inicial mais alta. Os pacientes preferem esta técnica de alívio da dor porque eles mesmos controlam a analgesia. Os seguintes parâmetros básicos podem ser determinados em uma bomba de PCA:

- ***Bolus*:** A dose administrada quando o paciente pressiona o botão.
- **"Lock-out":** Período mínimo de tempo entre duas doses.
- **Dose máxima:** A dose máxima que pode ser administrada.
- **Infusão basal:** Infusão contínua além dos bolus.

13. Por que devemos evitar a prescrição de rotina de infusões basais pela PCA?

- As infusões contínuas na PCA (infusões basais) permitem que os opioides sejam continuamente liberados, mesmo se a sedação for excessiva (reduz a segurança do método).
- Estudos demonstraram que os pacientes em pós-operatório tratados com PCA mais infusões contínuas não apresentaram melhora na analgesia, mas tiveram um número significativamente maior de efeitos adversos em comparação a pacientes em pós-operatório que receberam a PCA padrão.

14. Quais são os efeitos adversos dos opioides?

Os efeitos adversos dos opioides são comuns e estão resumidos na Tabela 74-2. A depressão respiratória é uma preocupação em pacientes que respiram espontaneamente ou naqueles que recebem suporte ventilatório parcial. A hipotensão induzida por opioides em pacientes euvolêmicos e com estabilidade cardiovascular é resultado do bloqueio simpático, da bradicardia mediada por estímulo vagal e da liberação de histamina (tipicamente após a morfina, meperidina ou codeína). A hipomotilidade intestinal, largamente presente em pacientes críticos, é acentuada pelos opioides. Para evitar a piora da constipação e suas complicações (p. ex., íleo, translocação bacteriana), é crucial fazer uso profilático de rotina de laxativos.

15. Qual é o papel dos analgésicos não-opioides na UTI? Quais são suas características?

Tem sido demonstrado que o acetaminofeno e os AINEs diminuem a necessidade de opioides e são particularmente eficazes em reduzir a dor muscular e esquelética. Eles são frequentemente mais eficazes do que os opioides em reduzir a dor dos atritos pleural e pericárdico, uma dor que responde fracamente aos opioides. A farmacologia básica está resumida na Tabela 74-3.

16. Quais são os efeitos adversos dos analgésicos não-opioides?

- **Acetaminofeno:** O acetaminofeno pode ser potencialmente hepatotóxico, especialmente em pacientes com estoques depletados de glutationa. Portanto, deve ser evitado no tratamento de pacientes com insuficiência hepática aguda. Em pacientes com histórico significativo de ingestão alcoólica ou com estado nutricional comprometido a dosagem da droga deve ser mantida em doses < 2 g/dia.

TABELA 74-2. EFEITOS COLATERAIS DOS ANALGÉSICOS OPIOIDES

Sistema Nervoso Central	Miose Euforia, disforia, sedação Vício
Pulmonar	Depressão respiratória Rigidez muscular (especialmente com opioides altamente lipossolúveis)
Cardiovascular	Bradicardia, hipotensão
Gastrointestinal	Náusea, vômitos Constipação, íleo
Genitourinário	Retenção urinária Liberação de ADH (retenção de água)
Outros	Liberação de histamina: ruborização, taquicardia, hipotensão, broncoespasmo

ADH = hormônio antidiurético.

TABELA 74-3. FARMACOLOGIA DOS ANALGÉSICOS NÃO-OPIOIDES UTILIZADOS NA UNIDADE DE TERAPIA INTENSIVA

	Doses Recomendadas	Meia-vida	Comentários
Acetaminofeno	VO: 325-1.000 mg a cada 4-6h IV: 500-1.000 mg a cada 6-8h (IV: evitar > 2 dias de uso)	2-3 horas	Dose máxima diária: ≤ 4 g
Diclofenaco	VO: 50 mg a cada 6-12h IV: 75 mg (IV: Máx 150mg/dia, evitar > 2 dias de uso)	1-2 horas	Reduzir a dose se: idade > 65 anos, peso < 50 kg ou prejuízo da função renal
Ibuprofeno	VO: 400 mg a cada 4-6h	1,5-2,5 horas	Reduzir a dose se: idade > 65 anos, peso < 50 kg ou prejuízo da função renal
Cetorolaco	IV: 15-30 mg a cada 6h (evitar > 5 dias de uso)	2,5-8,5 horas	Reduzir a dose se: idade > 65 anos, peso < 50 kg ou prejuízo da função Renal

VO = via oral.

- **AINEs:** Estas medicações podem causar de sangramento secundário a inibição da função plaquetária, efeitos colaterais gastrointestinais tais como úlcera e sangramento e o desenvolvimento de insuficiência renal aguda. Os fatores de risco para o desenvolvimento da insuficiência renal aguda são a idade do paciente, doença renal preexistente, hipovolemia e choque. Deve-se evitar uso prolongado de AINEs. P. ex., foi demonstrado que o cetorolaco administrado por ≥ 5 dias está associado a um risco duas vezes maior de desenvolvimento de insuficiência renal aguda. Além disso, os AINEs devem ser evitados em pacientes com asma e alergia ao ácido acetilsalicílico. O papel dos novos AINEs na UTI, os inibidores seletivos da ciclooxigenase-2, ainda é desconhecido.

17. A cetamina tem um papel como agente analgésico na UTI?

As orientações recentes não recomendam o uso rotineiro de cetamina (um derivado da fenciclidina) na UTI por causa de seus efeitos adversos: aumentos na pressão arterial, na frequência cardíaca e na pressão intracraniana, assim como hipersalivação. Além do mais, um terço dos pacientes apresentam sonhos vívidos e alucinações. Para evitar este efeito adverso, deve-se administrar antes um agente hipnótico/ansiolítico (p. ex., midazolam) antes da administração da cetamina. No entanto, por causa de seu efeito analgésico potente, início de ação rápido e curta duração, bolus IV de cetamina (0,5 a 1,0 mg/kg) têm sido usados em pacientes da UTI para melhorar a tolerância a procedimentos curtos, porém dolorosos, tais como a troca de curativos em queimados. Além disso, pequenas doses de cetamina (bolus, seguido de 1 a 2 µg/kg/min) podem ser um valioso adjunto da analgesia de rotina para diminuir a necessidade dos opioides.

Guillou N, Tanguy M, Seguin P, et al: The effects of small-dose ketamine on morphine consumption in surgical intensive care unit patients after major abdominal surgery. Anesth Analg 97:843-847, 2003.

18. Qual é o papel da anestesia regional em pacientes da UTI?

Diversas técnicas de anestesia regional tais como a administração epidural de drogas (na sua maioria, anestésicos locais e opioides), podem fornecer um controle seguro e eficaz da dor a pacientes da UTI, ao mesmo tempo em que reduzem substancialmente a necessidade de analgésicos sistêmicos. O alívio da dor fornecido pela anestesia regional pode ser superior ao dos opioides IV; além do mais, o primeiro fornece uma analgesia suficiente para a movimentação e fisioterapia, enquanto os opioides eliminam a dor somente em repouso. Outras vantagens incluem uma melhora da função respiratória, menos constipação e o oferecimento de analgesia com sedação mínima.

19. Quais são as limitações da anestesia regional na UTI?

Os bloqueios regionais consomem tempo, são difíceis de se realizar e contraindicados a pacientes com distúrbios da coagulação congênito ou adquirido. Orientações relacionadas ao oferecimento de uma anestesia regional segura têm sido publicadas pela American Society of Regional Anesthesia. Além disso, pode correr infecção dos cateteres epidurais e outros usados para administrar medicamentos para a dor. Da mesma forma, os anestésicos locais possuem um intervalo terapêutico estreito e podem se acumular facilmente, especialmente em pacientes com falência renal e hepática.

American Society of Regional Anesthesia: www.asra.com

20. A anestesia regional é segura em pacientes que estão recebendo tromboprofilaxia?

A anestesia regional pode ser realizada nesta situação, embora os médicos devam estar atentos ao desenvolvimento de hematomas (p. ex., hematoma epidural). Se, p. ex., a heparina não-fracionada IV estiver sendo usada, a colocação da agulha ou a remoção do cateter deve ser feita ≥ 4 horas após a descontinuação da heparina e a re-heparinização pode ser iniciada ≥ 1 hora após um procedimento sem complicação. Caso esteja sendo usada heparina de baixo peso molecular (HBPM) , as recomendações são baseadas no regime de dose. Se for adotado um regime de dose única diária, deve-se aplicar um período de espera de ≥ 12 horas para realização de qualquer técnica neuraxial após a última dose de HBPM, e a dose seguinte de HBPM deve ser dada ≥ 4 horas após um procedimento sem complicação. No regime de duas doses diárias (geralmente iniciado 24 horas após a cirurgia), o catéter neuraxial deve ser removido ≥ 2 horas antes da primeira dose de HBPM. Diversas sociedades de anestesia e publicaram e resumiram recentemente orientações detalhadas para a anestesia regional em pacientes anticoagulados.

Krombach JW, Dagtekin O, Kampe S: Regional anesthesia and anticoagulation. Curr Opin Anaesthesiol 17:427-433, 2004.

CAPÍTULO 75

SEDAÇÃO, ANALGESIA E *DELIRIUM*

Brian T. Marden, PharmD e Jill A. Rebuck, PharmD, BCPS

1. Qual é o objetivo da sedação na maioria dos pacientes críticos?

Diminuir a ansiedade e a agitação do paciente, com a produção de um estado calmo, mas comunicativo, ao mesmo tempo em que minimiza o desconforto. A sedação é necessária para induzir à amnésia durante experiências traumáticas.

2. Qual é o analgésico preferido para uso em pacientes ventilados mecanicamente na unidade de terapia intensiva (UTI)?

O sulfato de morfina e o fentanil são os dois analgésicos opioides mais comumente prescritos. Ambos podem ser usados indistintamente para fornecer analgesia, a menos que exista uma indicação sugerindo que o uso de um dos dois seja melhor. O sulfato de morfina é uma escolha mais apropriada se estiver sendo utilizada uma estratégia de doses intermitentes, devido ao tempo de ação mais curto do fentanil. No entanto, o fentanil é preferido em situações de instabilidade hemodinâmica, falência renal ou alergia ao sulfato de morfina. Ambos os agentes sofrem eliminação hepática. O fentanil é extremamente lipofílico em comparação à morfina e, portanto tem um início de ação mais rápido. As doses de bolus habituais de morfina incluem de 2 a 10 mg a cada duas a quatro horas, ou infusões de 1 a 5 mg/h em comparação a 1 a 2 μg/kg a cada hora ou infusão de 50 a 150 μg/h para o fentanil.

3. A dor é desconfortável para o paciente, mas será que realmente vale a pena tratá-la agressivamente quando há tantos efeitos adversos dos agentes administrados com tal propósito?

Os efeitos adversos dos opioides comumente administrados na UTI incluem redução do esvaziamento gástrico, alterações do estado mental e depressão respiratória. No entanto, as consequências de não se aliviar a dor são significativas e justificam o controle agressivo. O fato de não aliviar a dor resulta em uma resposta endógena ao estresse, que pode levar à taquicardia, maior demanda de oxigênio pelo miocárdio, imunossupressão, hipercoagulabilidade e catabolismo persistente. A dor pode resultar também em rigidez muscular generalizada, que pode restringir a expansão da parede torácica e piorar a disfunção pulmonar. Talvez a maior preocupação de não se aliviar a dor seja a alteração no padrão de sono e aumento da ansiedade e agitação do paciente. A figura 75-1 demonstra como a dor não aliviada pode criar um círculo vicioso de condições indesejadas. É sempre melhor adotar um método de tratamento que a previna, o que é substancialmente mais eficiente do que tratar a dor já estabelecida.

4. Descreva os efeitos terapêuticos dos benzodiazepínicos.

Os efeitos terapêuticos dos benzodiazepínicos são causados por alterações que afetam primariamente a ligação do neurotransmissor ácido gama-aminobutírico. Os benzodiazepínicos têm propriedades ansiolíticas, sedativas, anticonvulsivantes, amnésicas, hipnóticas e relaxantes da musculatura. Como eles não possuem atividade analgésica, é recomendável prescrever um agente analgésico como a morfina.

5. Qual é o benzodiazepínico de escolha para a sedação na UTI?

O midazolam é o preferido para a terapia de curta-duração (< 24 horas), enquanto que o lorazepam é indicado para tratamentos prolongados (> 24 horas) da ansiedade. O midazolam é um agente de ação curta que penetra rapidamente no sistema nervoso central (SNC), produz um início de sedação dentro de 2 a 2,5 minutos e possui

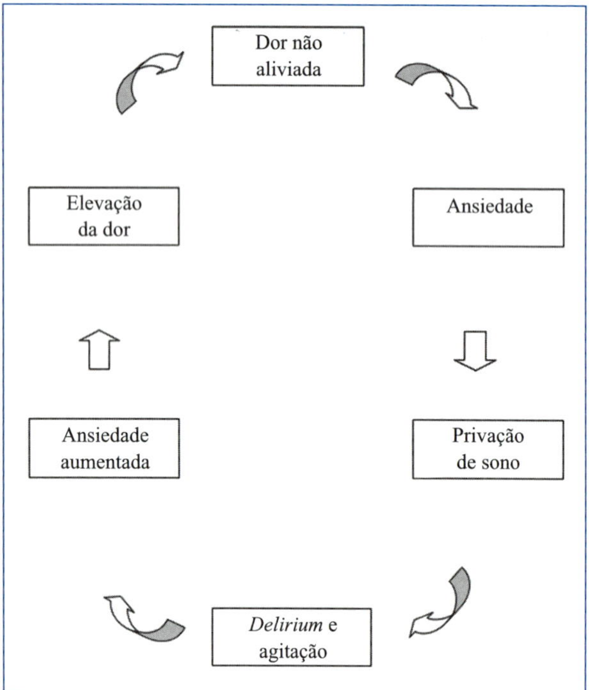

Figura 75-1. Ciclo de condições indesejadas devido ao não alívio da dor.

um metabólito ativo, o 1-hidroximidazolam. O lorazepam é um benzodiazepínico de ação intermediária menos lipofílico do que o midazolam e, portanto tem um início de ação ligeiramente mais tardio. O lorazepam tem menos potencial para acúmulo periférico e não possui metabólitos ativos; por meio, está associado a um despertar mais rápido com a administração prolongada, em comparação ao midazolam.

Jacobi J, Fraser GL, Coursin DB, et al: Clinical practice guidelines for the sustained use of sedatives and analgesics in the critically ill adult. Crit Care Med 30:119-141, 2002.

Pohlman AS, Simpson KP, Hall JB: Continuous intravenous infusions of lorazepam versus midazolam for sedation during mechanical ventilatory support: Aprospective, randomized study. Crit Care Med 22:1241-1247, 1994.

6. Qual sedativo deve ser escolhido para pacientes que requerem monitoramento neurológico?

O propofol é o preferido para pacientes intubados que requerem uma titulação rápida do nível de sedação para o monitoramento neurológico. Doses subanestésicas produzem efeitos de ansiólise e amnésia. O propofol tem um início de ação rápido e um efeito breve devido à sua penetração rápida no SNC e redistribuição. A eliminação é reduzida em pacientes idosos, mas não em pacientes com doença renal ou hepática.

7. Como a avaliação diária de um paciente que está recebendo sedação contínua na UTI pode melhorar o prognóstico?

A interrupção diária da sedação contínua (p. ex., com um benzodiazepínico ou propofol) até que o paciente acorde, diminui a duração da ventilação mecânica, assim como a duração da estadia na UTI. Logo, é importante avaliar cada paciente diariamente, realizando-se exames do despertar e diminuindo a taxa de infusão de forma apropriada de acordo com a tolerância do paciente, a fim de eliminar um período de recuperação longo.

Kress JP, Pohlman AS, O'Connor MF, Hall JB: Daily interruption of sedative infusions in critically ill patients undergoing mechanical ventilation. N Engl J Med 342:1471-1477, 2000.

8. Nomeie as diversas complicações observadas em pacientes agitados na UTI.

A agitação pode ser consequente à dor, ansiedade ou *delirium*. As complicações em pacientes agitados podem incluir extubação não programada, remoção das linhas arteriais e dos cateteres venosos, maior necessidade de oxigênio e efeito negativo quando o paciente não pode contribuir para a melhora do próprio cuidado. Um estudo concluiu que a agitação grave e as complicações subsequentes resultaram em custos anuais que excediam 250 mil dólares americanos. A equipe médica deve fazer esforços constantes para identificar a causa da agitação (p. ex., hipóxia, abstinência alcoólica, dor e distúrbios do sono) antes de administrar agentes farmacológicos.

9. Qual é a maneira mais eficaz de diminuir o tempo requerido para se alcançar uma sedação adequada quando o lorazepam é prescrito para a terapia prolongada?

O lorazepam é um benzodiazepínico de ação intermediária com início de ação ligeiramente tardio. Quando administrado por infusão contínua para sedação prolongada, o ajuste da dose influencia no tempo necessário para alcançar a sedação adequada. Os pacientes devem receber uma dose de bolus (geralmente 2 mg) antes do início da infusão contínua. Aumentos posteriores da taxa de infusão devem ser acompanhados de dose de bolus adicional. Do contrário, os pacientes requerem um tempo maior para atingir o estado de equilíbrio e, portanto, podem ficar sob risco de sedação excessiva devido a aumentos desnecessários na taxa de infusão, resultantes de uma sedação inicial inadequada.

10. Qual é a melhor maneira de controlar o nível específico de sedação de cada paciente?

Existem diversas escalas para melhorar o controle do nível individual de sedação, incluindo as escalas de avaliação de Ramsay, Sedação-Agitação e Sedação-Agitação de Richmond. O nível de sedação escolhido deve ser reavaliado com frequência, pois as mudanças nas necessidades do paciente são constantes. As escalas de sedação são ferramentas poderosas porque permitem que o médico da UTI indique à equipe de enfermagem o nível específico de sedação desejado, diminuindo assim a possibilidade de sedação excessiva. É importante escolher uma escala que gradue tanto a sedação quanto a agitação.

11. As escalas de sedação são todas subjetivas. Existe alguma forma de ser mais objetivo?

As escalas de avaliação tradicionais são limitadas pela dependência da responsividade motora e, portanto, são limitadas ou não são aplicáveis aos pacientes que estão recebendo bloqueadores neuromusculares ou àqueles que requerem doses muito altas de ansiolíticos. A tecnologia de eletroencefalograma (EEG) processado por computador (p. ex., como o monitoramento do índice biespectral ou analisador do estado do paciente) é usado nas salas de operação para limitar o "recall" durante a cirurgia. Essa tecnologia, agora aprovada para uso na UTI, envolve a colocação de eletrodos na testa do paciente, enquanto um algoritmo muito complexo transforma os dados do EEG em valores numéricos entre 0 (EEG isoelétrico) e 100 (valor máximo do estado de alerta). Os experimentos que usaram essa tecnologia em pacientes críticos sedados foram variados e inconsistentes. O monitoramento do índice biespectral ou o monitoramento do analisador do estado do paciente não são recomendados atualmente para monitorar o nível de consciência e nem para guiar a terapia sedativa na UTI em todos os pacientes. No entanto, em situações em que os pacientes estão paralisados ou em coma profundo, esta tecnologia pode ser considerada um adjuvante para ajudar a guiar a sedação.

Fraser GL, Riker RR: Bispectral index monitoring in the intensive care unit provides more signal than noise. Pharmacotherapy 25:19S-27S, 2005.

12. Qual agente – midazolam ou propofol – é preferido para a sedação de curta duração na UTI?

Ambos são aceitáveis. Os dois agentes são igualmente eficazes no fornecimento de uma sedação de curta duração adequada em pacientes críticos. Indivíduos que recebem infusões de propofol tendem a ter um tempo mais curto até a extubação, embora isso não esteja necessariamente correlacionado à redução do tempo de internação na UTI. O midazolam pode fornecer uma sedação menos onerosa para a maioria dos pacientes, além de ser preferido para o uso de curta duração naqueles que não necessitam monitoramento neurológico frequente.

Chamorro C, de Latorre FJ, Montero A, et al: Comparative study of propofol versus midazolamin the sedation of critically ill patients: Results of aprospective, randomized, multicenter trial. Crit Care Med 24:932-939, 1996.

13. Qual é o papel da dexmedetomidina (Precedex®)?

As vantagens potenciais estão relacionadas à redução da necessidade de medicamentos para a dor e ausência de depressão respiratória, o que pode permitir um desmame mais rápido do ventilador mecânico no período pós-operatório imediato ou em pacientes agitados com dificuldade no desmame do ventilador quando a sedação é descontinuada. Os efeitos adversos mais proeminentes são a bradicardia e a hipotensão, especialmente em pacientes hipovolêmicos. Atualmente, não existem indicações formais, sustentadas por dados clínicos, para o uso da dexmedetomidina em vez dos sedativos convencionais, tais como o propofol, no fornecimento de sedação contínua de curta duração.

14. Quais problemas relacionados à ansiedade devem ser considerados em pacientes que apresentam uma resposta inadequada à terapia de sedação apropriada?

É importante avaliar o nível de controle da dor porque a maioria dos sedativos não apresenta propriedades analgésicas. Além disso, o *delirium*, que pode complicar o quadro clínico, deve ser considerado no diagnóstico diferencial, especialmente porque tanto os benzodiazepínicos quanto os opioides podem piorar paradoxalmente a agitação decorrente do *delirium*.

15. Todos os pacientes em uso de bloqueadores neuromusculares na UTI necessitam de sedação concomitante?

Sim. Todos os pacientes paralisados devem receber analgesia e sedação concomitantes, pois os agentes bloqueadores neuromusculares não reduzem nem a dor nem a ansiedade. Sabe-se que os indivíduos que permanecem acordados durante a paralisia sofrem consequências psicológicas de longo prazo, tal como o transtorno de estresse pós-traumático (PTSD). É de fundamental importância reavaliar constantemente a condição de cada paciente e descontinuar a terapia paralisante o mais rápido possível.

16. Os agentes ansiolíticos fazem as pessoas parecerem confortáveis, mas o paciente está realmente dormindo?

A privação de sono é uma grande preocupação na UTI e tem sido associada à depressão das funções cognitiva, cardiopulmonar e imunológica. Estudos sugerem que os pacientes críticos estão limitados, em média, a < 2 horas de sono por dia. As medicações comumente administradas para induzir o "sono", na verdade, interrompem a arquitetura natural do sono. Os opioides estão associados à redução do sono REM (*do inglês, Rapid Eye Movement*) e as infusões de benzodiazepínicos eliminam completamente os estágios 3 e 4 do sono NREM (*do inglês, Non-Rapid Eye Movement*). Uma vantagem proposta da administração da dexmedetomidina, é que seus efeitos farmacodinâmicos podem mimetizar os padrões de sono naturais. Seja qual for o agente selecionado, é importante construir uma abordagem ampla para promover o sono e a revitalização na UTI.

Peruzzi WT: Sleep in the intensive care unit. Pharmacotherapy 25:34S-39S, 2005.

17. O que é a síndrome da infusão do propofol (SIP)?

O primeiro caso divulgado de SIP em adultos foi publicado em 2000; desde então, >15 casos foram relatados, muitos deles fatais. A síndrome não é muito bem compreendida, mas parece estar relacionada à infusão de propofoi por tempo prolongado (>48 horas) e em altas doses (> 5 mg/kg/h). As principais características consistem em falência cardíaca (início súbito de bradicardia), rabdomiólise, acidose metabólica grave e falência renal. O mecanismo patogenético hipotetizado envolve a deficiência do uso de ácidos graxos livres e da atividade mitocondrial causada pelo propofol, resultando em necrose dos músculos cardíaco e periférico. Os pacientes sob maior risco são aqueles com doenças neurológicas agudas, condições inflamatórias ou vítimas de grandes traumatismos, ou ainda aqueles que recebem corticosteroides ou catecolaminas de maneira concomitante. Para diminuir o potencial de SIP, o propofol não deve exceder doses de 5 mg/kg/h (83 μg/kg/min).

Vasile, B, Rasulo F, Candiani A, Latronico N: The pathophysiology of propofol infusion syndrome: A simple name for a complex syndrome. Intensive Care Med 29:1417-1425, 2003.

18. Qual diluente do lorazepam pode causar toxicidade quando acumulado?

O lorazepam intravenoso contém 830 mg de propileno glicol (PG) por mililitro de solução, um veículo comumente usado como solubilizador de droga para compostos hidrofóbicos que, em excesso, pode resultar em toxicidade significativa. Os efeitos tóxicos descritos incluem acidose metabólica com aumento do "anion gap", hiperosmolalidade, hemólise, depressão do SNC, arritmias e falência renal. Os limites na dosagem do lorazepam ou os níveis de PG não parecem estar correlacionados à toxicidade. No mínimo, deve-se monitorar a osmolalidade sérica dos pacientes após receberem ≥48 horas de infusão de lorazepam em altas doses (>0,1 mg/kg/h). Caso o "gap" osmolar calculado esteja elevado perante a ausência de outras causas, deve-se considerar uma alteração na terapia de sedação, usando-se o midazolam ou o propofol (que não contêm PG). Os pacientes com função hepática descompensada se encontram sob maior risco de toxicidade devido à eliminação reduzida da droga.

Arroliga AC, Shehab N, Mc Carthy K, Gonzales JP: Relationship of continuous infusion lorazepam to serum propylene glycol concentration in critically ill adults. Crit Care Med 32:1709-1714, 2004.

19. Que medicação é útil para o tratamento do *delirium* na UTI?

O haloperidol (Haldol®) é o agente mais estudado para o tratamento do *delirium* em pacientes adultos na UTI. Ele é um agente neuroléptico que se liga aos receptores pós-sinápticos de dopamina e apresenta uma forte atividade antidopaminérgica central. Todos os pacientes devem ser monitorados cuidadosamente quanto aos efeitos colaterais extrapiramidais, à síndrome neuroléptica maligna e ao prolongamento do QT, que pode levar à *torsades de pointes*. A dose apropriada de Haldol® nos pacientes da UTI é alcançada com a administração de doses duplicadas, a cada 15 a 20 minutos, até que o paciente responda; a partir desse ponto, a dose total administrada deve ser dividida e administrada em intervalos de seis horas. Alguns estudos sugerem que os novos neurolépticos de segunda geração, tais como a olanzapina e a quetiapina, podem ser tão eficazes quanto o haloperidol com um perfil de efeitos adversos mais benéfico.

Jacobi J, Fraser GL, Coursin DB, et al: Clinical practice guidelines for the sustained use of sedatives and analgesics in the critically ill adult. Crit Care Med 30:119-141, 2002.

Riker RR, Fraser GL, Cox PM: Continuous infusion of haloperidol controls agitation in critically ill patients. Crit Care Med 22:433-440, 1995.

Skrobik, YK, Bergeron N, Dumont M, Gottfried SB: Olanzapine vs. haloperidol: Treating delirium in a critical care setting. Intensive Care Med 30:444-449, 2004.

PONTOS-CHAVE: ENCONTRANDO O EQUILÍBRIO: MANTENDO OS PACIENTES CONFORTÁVEIS SEM SEDAÇÃO EXCESSIVA ✓

1. Escolha o agente ansiolítico correto com base no tempo durante o qual o paciente irá necessitar de tratamento.
2. Acorde diariamente os pacientes que estiverem recebendo sedação contínua, caso seja apropriado.
3. Use uma escala de sedação e titule a sedação para uma pontuação definida.
4. Evite a sedação excessiva com o intuito de minimizar as lembranças do paciente, exceto quando necessário durante os eventos traumáticos, pois as memórias delirantes provavelmente causam mais danos psicológicos em longo prazo do que as factuais.

20. Existe alguma forma de diagnosticar facilmente o *delirium* na UTI?

O *delirium* afeta até 80% dos pacientes críticos ventilados mecanicamente e tem se mostrado como um preditor independente do aumento da mortalidade e da internação hospitalar. O *delirium* é caracterizado por estado mental flutuante, desatenção, pensamento desorganizado e nível de consciência alterado. O "Confusion Assessment Method for the ICU" (CAM-ICU) foi validado por estudos como sendo altamente acurado e confiável no diagnóstico do *delirium* em pacientes críticos. Essa ferramenta não é muito trabalhosa e pode ser facilmente realizada em menos de dois minutos. O site www.icudelirium.org é uma excelente fonte de informações sobre o *delirium* relacionado à UTI.

Ely EW, Margolin R, Francis J, et al: Evaluation of delirium in critically ill patients: Validation of the Confusion Assessment Method for the Intensive Care Unit (CAM-ICU). Crit Care Med 29:1370-1379, 2001.

Ely EW, Shintani A, Truman B, et al: Delirium as a predictor of mortality in mechanically ventilated patients in the intensive care unit. JAMA 291:1753-1762, 2004.

21. Por que tantos pacientes da UTI desenvolvem *delirium*?

A fisiopatologia é pouco compreendida, mas sabe-se que é resultado de uma variedade de fatores, desde alterações nos neurotransmissores até alterações no fluxo sanguíneo. As causas são multifatoriais e, para melhor entendimento, podem ser divididas em quatro diferentes áreas:

- **Metabólica:** O *delirium* pode resultar de distúrbios nos eletrólitos (p. ex., hipernatremia, hipercalcemia), desidratação, alterações na glicose sérica e insuficiência hepática (p. ex., encefalopatia hepática), uremia ou estados hiperosmolares.
- **SNC:** As causas incluem encefalite/meningite, abstinência de droga ou álcool, privação de sono, estados pós-ictais e elevação da pressão intracraniana associada a traumas cranianos.
- **Infecciosa:** As infecções, como infecções do trato urinário, pneumonia ou sepse, frequentemente estão associadas ao *delirium*.
- **Drogas:** As "culpadas". Todo paciente com *delirium* deve ser avaliado quanto a potenciais causas exógenas. Exemplos comuns incluem os corticosteroides, anticolinérgicos, opioides, benzodiazepínicos e psicotrópicos. De fato, foi demonstrado recentemente que a administração de lorazepam era um fator de risco independente para o desenvolvimento de *delirium* na UTI.

Pandharipande P, Shintani A, Peterson J, et al: Lorazepam is an independent risk factor for transitioning to delirium in intensive care unit patients. Anesthesiology 104:21-26, 2006.

22. Os pacientes sempre sofrem consequências psicológicas de longo prazo como resultado das experiências na UTI?

O PTSD foi bem descrito em pacientes após a internação na UTI. Um estudo anterior demonstrou que 41% dos sobreviventes da síndrome do desconforto respiratório agudo, que podiam se lembrar de dois ou mais eventos traumáticos, experimentaram o PTSD. Como resultado deste e de outros estudos, muitos clínicos tentavam proteger os pacientes das experiências da UTI e, com isso, os pacientes eram comumente sedados em excesso. No entanto, um melhor entendimento da etiologia das complicações psicológicas em longo prazo considera a importante diferença entre as memórias factuais e delirantes. Um estudo recente relatou que os únicos preditores de possíveis sintomas agudos relacionados ao PTSD eram a ansiedade e a presença de memórias delirantes, sem lembranças de eventos factuais na UTI. Portanto, em vez de sedar excessivamente os pacientes, é melhor mantê-los o mais alerta possível (com a exceção daqueles que necessitem paralisia) a fim de permitir que eles entendam e se relacionem com o ambiente.

Jones C, Griffiths RD, Humphris G, Skirrow PM: Memory, delusions, and the development of acute posttraumatic stress disorder-related symptoms after intensive care. Crit Care Med 29:573-580, 2001.

SITE

ICU Delirium and Cognitive Study Group
www.icudelirium.org

TÉTANO

Peter T. Pons, MD

CAPÍTULO 76

1. O que é tétano?

O tétano resulta da infecção aguda por *Clostridium tetani* (bastonetes anaeróbios gram-positivos), que produzem uma neurotoxina (exotoxina) cuja ação primária é causar hipertonicidade profunda do músculo esquelético. Na forma mais grave, os espasmos musculares podem causar falência respiratória e morte.

Rhee P, Nunley MK, Demetraides D, et al: Tetanus and trauma: A review and recommendations. J Trauma 58:1082-1088, 2005.

2. Como a exotoxina/neurotoxina causa a doença?

O *C. tetani* produz duas exotoxinas: a tetanospasmina e a tetanolisina. A maioria das manifestações clínicas parece ser produzida pela tetanospasmina. Essa toxina se concentra no corno anterior da medula espinhal e bloqueia a liberação do neurotransmissor nos sítios pré-sinápticos dos neurônios inibitórios, provocando assim o aumento do tônus muscular (hipertonicidade) e espasmos musculares. A tetanolisina é uma toxina hemolítica que pode causar hemólise e lesão/disfunção miocárdica. As toxinas se disseminam através da via linfática, dos vasos sanguíneos e das vias neurais para o órgão alvo, os neurônios motores alfa.

Sheffield JS, Ramin SM: Tetanus in pregnancy. Am J Perinatol 21:173-181, 2004.

3. Resuma a epidemiologia do tétano.

- **Incidência e distribuição geográfica:** Nos Estados Unidos, há aproximadamente 40 casos de tétano a cada ano. Mundialmente, estima-se que há entre 800 mil e 1 milhão de mortes. Nos Estados Unidos, a doença ocorre com mais frequência no Sudeste; contudo, o organismo é onipresente na sujeira e na poeira e é encontrado no mundo inteiro. Entretanto, é menos comum em climas frios.
- **Período de incubação:** O período de incubação varia entre dois e 14 dias, com uma média de sete dias.
- **Prognóstico:** A taxa de mortalidade é de 30% nos Estados Unidos de 40% a 60% em todo o mundo. A mortalidade é de 100% caso a doença se manifeste até dois dias da lesão e infecção. Mundialmente, 90% das mortes ocorrem em crianças pequenas.

Centers for Disease Control and Prevention: Surveillance summary. MMWR 52:1-8, 2003.

Dietz V, Milstein JB, van Loon F, et al: Performance and potency of tetanus toxoid: Implications for eliminating neonatal tetanus. Bull World Health Organ 74:619-628, 1996.

4. Quem é propenso a desenvolver tétano?

- **Geral:** Os indivíduos sob maior risco são aqueles que nunca foram ou são inadequadamente imunizados contra o tétano. Estima-se que de 50% a 90% dos pacientes nos Estados Unidos são protegidos de forma inadequada (na maioria dos casos, são imigrantes ou adultos acima de 60 anos). Em vários estudos que mediram os níveis reais de anticorpo contra o tétano, uma porcentagem significante (até 75%) dos pacientes idosos apresentou níveis séricos inadequados.
- **Neonatos:** Recém-nascidos podem adquirir tétano após transecção não estéril do cordão umbilical. Em muitos países, remédios locais, tais como excremento de vaca, alho, café e cinzas, são aplicados no coto umbilical para "facilitar a cura", predispondo ao desenvolvimento do tétano.
- **Usuários de drogas:** Usuários de drogas parenterais que as administram por injeção subcutânea são propensos a adquirir tétano pelo desenvolvimento de abscessos subcutâneos que favorecem o crescimento do *C. tetani.*

- **Aborto séptico:** Mulheres que sofreram aborto séptico estão propensas ao desenvolvimento de tétano.
- **Acne:** O tétano cefálico foi relatado como uma complicação da acne.

Alagappan K, Rennie W, Kwiatkowski T, et al: Seroprevalence of tetanus antibodies among adults older than 65 years. Ann Emerg Med 28:18-21, 1996.

Centers for Disease Control and Prevention: Neonatal tetanus - Montana, 1998. MMWR 47:928-930, 1998.

Centers for Disease Control and Prevention: Surveillance summary. MMWR 52:1-8, 2003.

Sangalli M, Chierchini P, Aylward RB, et al: Tetanus: A rare but preventable cause of mortality among drug users and the elderly. Eur J Epidemiol 12:539-540, 1996.

5. Qual tipo de ferimento favorece a infecção por *C. tetani*?

A maioria dos casos resulta de lesão acidental dos tecidos moles, tais como lacerações, feridas por objetos perfurantes ou queimaduras, podendo ocorrer em ambientes fechados ou a céu aberto. Nos EUA, os "Centers for Disease Control and Prevention" relataram que quase 50% das feridas que resultaram em tétano ocorreram em ambientes fechados. Muitas são pequenas demais e algumas vezes podem nem ser encontradas no momento da manifestação clínica do tétano. Algumas fontes incomuns incluem lesões pelo frio, dentição mal conservada, úlceras induzidas por dentaduras e infecções cutâneas. O *C. tetani* é um anaeróbio estrito e prolifera apenas em tecidos com baixa tensão de oxigênio; portanto tecido necrótico, corpos estranhos e infecção associada são fatores predisponentes. O tétano também foi relatado após casos de cirurgia eletiva. O organismo por si só não é invasivo; dessa forma, a infecção real apresenta-se localizada. Contudo, uma vez que a exotoxina é produzida, ela é transportada sistemicamente.

Luisto M: Unusual and iatrogenic sources of tetanus. Ann Chir Gynaecol 82:25-29, 1993.

Rhee P, Nunley MK, Demetraides D, et al: Tetanus and trauma: A review and recommendations. J Trauma 58:1082-1088, 2005.

6. Quais são as manifestações clínicas do tétano?

Os achados clínicos mais dramáticos e óbvios ocorrem no sistema muscular esquelético. Os achados iniciais são caracterizados por tônus muscular aumentado, geralmente observado primeiramente na face e na mandíbula. Também há desenvolvimento de trismo, dificuldade para engolir e distorção facial provocada pelos espasmos musculares (*risus sardonicus*). Durante as 24-48 horas seguintes, a hipertonicidade muscular generalizada se desenvolve e podem ocorrer espasmos musculares. Espasmos do pescoço e dos músculos dorsais resultam em postura em opistótono. Outros achados são: pequena elevação na temperatura e na frequência de pulso, aumento ou redução da pressão sanguínea, dor associada a espasmos musculares, rigidez da parede abdominal (também ocasionada por espasmos musculares, mimetizando um abdome agudo) e lucidez durante os episódios de espasmos musculares. A doença permanece "estável" nos 5-7 dias subsequentes, seguida por recuperação durante os próximos 7-10 dias. O enrijecimento muscular pode permanecer por até dois meses. Em neonatos, a doença é caracterizada por irritabilidade, dificuldade para se alimentar e para deglutir, assim como pela hipertonicidade dos músculos. Se o paciente sobrevive, a recuperação ocorre sem sequelas permanentes. A doença não confere imunidade; portanto os sobreviventes devem ser imunizados a fim de prevenir a recorrência.

Attygalle D, Rodrigo N: New trends in the management of tetanus. Expert Rev Anti-Infect Ther 2:73-84, 2004.

Bunch TJ, Thalji MK, Pellikka PA, Aksamit TR: Respiratory failure in tetanus: Case report and review of a 25-year experience. Chest 122:1488-1492, 2002.

Cook TM, Protheroe RT, Handel JM: Tetanus: A review of the literature. Br J Anaesth 87:477-487, 2001.

7. Quais são os quatro tipos de tétano?

- **Generalizado:** Esta é a forma mais comum e se manifesta por meio de um grande número de sinais e sintomas. A taxa de mortalidade total é de aproximadamente 50%.
- **Neonatal:** Os recém-nascidos podem adquirir tétano a partir da contaminação do coto umbilical. A imunização da mãe pode prevenir a doença em neonatos. A mortalidade em crianças pequenas é de 50% a 60%.
- **Local:** Esta forma é caracterizada por tônus muscular aumentado próximo ao sítio de inoculação, que geralmente melhora com o tempo. A progressão para a forma generalizada é incomum, mas possível.

PONTOS-CHAVE: SINTOMAS DO TÉTANO

1. O trismo é um sintoma do tétano.
2. Também pode ocorrer dificuldade na deglutição.
3. Pacientes podem sofrer espasmos musculares faciais (ou seja, *risus sardonicus*).
4. Hipertonicidade muscular generalizada e espasmos são sinais de tétano.
5. A lucidez pode estar presente.

- **Cefálico:** Esta forma rara se apresenta com trismo e paralisia de nervo craniano (mais comumente o VII nervo craniano, também o III, IV, VI e XII). Em aproximadamente dois terços dos casos progride para o tétano generalizado.

Jagoda A, Riggio SY, Burguieres T: Cephalic tetanus: A case report and review of the literature. Am J Emerg Med 6:128-130, 1988.
Luisto M: Unusual and iatrogenic sources of tetanus. Ann Chir Gynaecol 82:25-29, 1993.

8. Existe algum estudo laboratorial que seja diagnóstico do tétano?

Virtualmente, todos os estudos laboratoriais produzem resultados inespecíficos e não diagnósticos. Aproximadamente um terço dos pacientes apresenta granulocitose de leve a moderada. Também é possível observar a redução do hematócrito, provavelmente resultante da exotoxina hemolisina. Os níveis de eletrólitos e do cálcio geralmente são normais. Contudo, quando a doença progride, 7% dos pacientes desenvolvem um quadro eletrolítico de secreção inapropriada de hormônio antidiurético (SIADH), incluindo redução do sódio sérico e da osmolalidade plasmática. Os níveis dos gases no sangue arterial devem ser monitorados a fim de avaliar a função pulmonar. Deve-se notar que as culturas de *C. tetani* fornecem resultados positivos em apenas um terço dos pacientes clinicamente diagnosticados com tétano.

9. Quais doenças estão incluídas nos diagnósticos diferenciais?

- **Hipocalcemia:** O cálcio sérico reduzido pode produzir tetania. A avaliação laboratorial normalmente é diagnóstica.
- **Infecção ou abscesso oral:** Infecção ou abscesso no interior ou ao redor da cavidade oral (p. ex., abscesso peritonsilar ou dental) pode resultar em trismo ou dificuldade para abrir a boca. O exame físico geralmente revela edema localizado e sensibilidade.
- **Reação à fenotiazina:** Reações distônicas causadas por fenotiazinas podem causar rigidez muscular ou torcicolo. A história geralmente revela o uso recente da droga; o alívio dos sintomas ocorre com difenidramina IV.
- **Picada da aranha viúva-negra:** A dor e o espasmo muscular geralmente são graves no início. Um exame físico cuidadoso pode revelar a picada da aranha envolvida. A administração de cálcio por via intravenosa geralmente alivia os sintomas.
- **Raiva:** A raiva envolve os músculos respiratórios e os músculos da deglutição sem causar trismo. Quando a doença progride, há alteração progressiva no nível de consciência e elevação da febre.
- **Envenenamento por estricnina:** Ocorrem espasmos musculares (geralmente envolvendo as extremidades superiores) e opistótono; contudo, o envolvimento do músculo facial acontece em estágio posterior do curso da doença. A análise da história do paciente pode evidenciar pensamentos suicidas ou possível tentativa de homicídio.
- **Hiperventilação:** O exame físico revela espasmo carpopedal. A avaliação dos gases no sangue arterial demonstra alcalose respiratória.

10. Quais são as complicações do tétano?

O espasmo dos músculos laríngeos, do diafragma e de outros músculos respiratórios pode produzir hipóxia ou parada respiratória. O comprometimento na função respiratória pode levar à atelectasia e pneumonia. Outras complicações incluem subluxação vertebral ou fratura por compressão como resultado das contrações musculares vigorosas (geralmente em crianças), desidratação, edema pulmonar e SIADH.

11. Como devemos tratar o tétano uma vez que ele tenha se manifestado?

Os quatro objetivos primários do tratamento são os seguintes:

1. Alívio dos espasmos musculares.
2. Suporte respiratório e prevenção das complicações.
3. Tratamento da infecção (eliminar a produção da toxina).
4. Neutralização de qualquer toxina não ligada.

Richardson JP, Knight AL: The management and prevention of tetanus. J Emerg Med 11:737-742, 1993.

12. O que deve ser feito para aliviar os espasmos musculares?

O paciente deve ser colocado em um quarto escuro com mínima estimulação externa. O diazepam administrado por via intravenosa é útil para aliviar os espasmos musculares. Os relaxantes musculares orais podem ser usados em casos leves ou durante a convalescença. Em casos graves, em que não há resposta ao diazepam, indica-se o uso de bloqueadores neuromusculares (com intubação e ventilação mecânica). A adição de um sedativo é útil para reduzir o efeito da estimulação externa, porém, o monitoramento cuidadoso do padrão respiratório é necessário. Trabalhos mais recentes sugerem que medicações, tais como dantrolene, baclofeno ou magnésio podem ser benéficas, embora não haja evidências claras a partir dos estudos controlados.

Attygale D, Rodrigo N: Magnesium as first line therapy in the management of tetanus: A prospective study of 40 patients. Anaesthesia 57:811-816, 2002.

Attygale D, Rodrigo N: New trends in the management of tetanus. Expert Rev Anti-Infect Ther 2:73-84, 2004.

13. O que é necessário para o suporte respiratório e a prevenção das complicações?

O monitoramento estreito da função respiratória do paciente faz-se necessário porque o espasmo dos músculos laríngeos, do diafragma e dos músculos da respiração pode conduzir à falência respiratória e à asfixia. Caso a intubação endotraqueal e a ventilação mecânica sejam necessárias, elas devem ser realizadas. Se uma intubação não puder ser realizada, a traqueostomia pode ser necessária. As secreções devem ser aspiradas com frequência e o paciente posicionado a fim de minimizar a aspiração (e as lesões relacionadas ao decúbito).

14. O que devemos fazer para tratar a infecção?

Quando uma ferida ou sítio de infecção é identificado, o tecido necrótico ou material estranho deve ser removido e qualquer abscesso, drenado. Os agentes antibióticos são administrados para prevenir a proliferação do organismo e, dessa forma, diminuir a produção de toxina; entretanto ainda há pouca evidência de que o curso da doença seja afetado. A penicilina é a droga de escolha e a doxiciclina ou metronidazol podem ser usados em pacientes alérgicos à penicilina.

15. O que podemos fazer para neutralizar a toxina não ligada?

A imunoglobulina humana antitetânica é o tratamento ideal para a neutralização da exotoxina livre. O antissoro não terá qualquer efeito sobre a toxina já ligada aos neurônios. O antissoro equino pode ser usado se o antissoro humano não estiver disponível; contudo, a hipersensibilidade, a anafilaxia e a doença do soro são complicações sérias. Após a recuperação, a imunização ativa é necessária porque a imunidade não é adquirida com a doença.

16. O tétano pode ser prevenido?

O tétano é facilmente passível de prevenção por imunização e poderia ser virtualmente erradicado no mundo inteiro através de uma campanha agressiva de imunização. O tétano neonatal também pode ser prevenido se a mãe for protegida, pois o anticorpo pode passar através da barreira placentária. Parte de qualquer análise rotineira da história do paciente deve incluir uma revisão da imunização para o tétano; contudo, a confiabilidade desta informação é questionada em vários estudos.

Pacientes não imunizados ou aqueles com história não bem definida devem ser imunizados ativamente com toxoide tetânico absorvido. A primeira dose deve ser administrada no momento do contato, a segunda dose 1-2 meses depois e a terceira dose de 6-12 meses após a segunda dose. Quando o toxoide e a antitoxina são indicados em conjunto, podem ser administrados ao mesmo tempo, sem preocupações que um interfira na ação do outro, porém, devem ser administrados em sítios distintos (Tabela 76-1).

American College of Emergency Physicians: Tetanus immunization recommendations for persons seven years of age and older. Ann Emerg Med 15:1111-1112, 1986.

American College of Emergency Physicians: Tetanus immunization recommendations for persons less than seven years old. Ann Emerg Med 16:1181-1183, 1987.

Gindi M, Oravitz P, Sexton R, et al: Unreliability of reported tetanus vaccination histories. Am J Emerg Med 23:120-122, 2005.

Talan DA, Abrahamiam FM, Moran GJ, et al: Tetanus prophylaxis in the emergency department. Ann Emerg Med 43:305-314, 2004.

TABELA 76-1. PROFILAXIA DO TÉTANO APÓS LESÃO

		Antitoxina	
Histórico de Imunização	**Toxoide***	**Não Propenso ao Tétano**	**Propenso ao Tétano**
Nenhuma, incerta ou < 3 doses	Sim	Não	Sim
3 ou mais doses	Não[†]	Não	Não

*Se o paciente tem idade abaixo de 7 anos, administrar toxoide por meio da vacina antidifteria, tétano e coqueluche (DTP). Se o paciente tem idade acima de 7 anos, administrar toxoide através da vacina antidifteria e tétano (dT).

[†]Sim, se a última imunização prévia foi há mais de cinco anos e a ferida é propensa ao tétano, ou se a imunização mais recente foi há mais de dez anos e a ferida não é propensa ao tétano.

CAPÍTULO 77

ANAFILAXIA

Vincent J. Markovchick, MD

1. Defina anafilaxia.

A anafilaxia é uma reação sistêmica de hipersensibilidade imediata induzida por um antígeno, que resulta na liberação de mediadores imunológicos mediada pela imunoglobulina E (IgE) em pacientes previamente sensibilizados. Esta reação afeta múltiplos sistemas de órgãos, sendo potencialmente fatal.

2. Defina *reação anafilactoide.*

É uma síndrome potencialmente fatal clinicamente similar à anafilaxia, mas cuja resposta não é mediada por IgE. Pode ocorrer após uma única e primeira exposição a certos agentes, tais como os meios de contraste radiopacos.

3. Quais são as causas mais comuns?

Ingestão, inalação ou injeção parenteral de antígenos que sensibilizam pessoas predispostas. Os antígenos comuns incluem drogas (p. ex., penicilina), alimentos (p. ex., mariscos, nozes, clara de ovo), picadas de inseto (p. ex., insetos da ordem *Hymenoptera*) e picadas de animais (p. ex., serpentes), agentes diagnósticos (p. ex., meios de contraste iônico) e agentes físicos e ambientais (p. ex., látex, exercício, frio). A anafilaxia idiopática é um diagnóstico de exclusão feito quando não é possível determinar uma causa identificável.

Volcheck GW, Li JT: Exercise-induced urticaria and anaphylaxis. Mayo Clin Proc 72:140-147, 1997.

4. Quais são os órgãos "alvo" mais comuns?

Os sistemas orgânicos mais comumente envolvidos são a pele (urticária, angioedema), membranas mucosas (edema), trato respiratório superior (edema, hipersecreção), trato respiratório inferior (broncoconstrição) e sistema cardiovascular (vasodilatação, colapso cardiovascular).

5. Quais são os sinais e sintomas mais comuns?

A apresentação clínica varia de quadros leves a condições potencialmente fatais. As manifestações leves, o que ocorre na maioria das pessoas, incluem urticária e angioedema. As manifestações potencialmente fatais envolvem os sistemas respiratório e cardiovascular. Os sinais e sintomas respiratórios incluem obstrução aguda das vias aéreas superiores, se apresentando com estridor ou manifestações das vias aéreas inferiores como o broncoespasmo com sibilos difusos. O colapso cardiovascular se apresenta na forma de síncope, hipotensão, taquicardia e arritmias.

6. Qual é o papel dos estudos diagnósticos?

Não há papel para os estudos diagnósticos na anafilaxia, pois o diagnóstico e o tratamento são fundamentados apenas nos sinais e sintomas clínicos. Há um papel para os testes cutâneos, como triagem antes da administração de um antígeno ou no acompanhamento por especialistas para determinar os alérgenos exatamente envolvidos na reação. Se o diagnóstico é duvidoso, recomenda-se fazer estudos adicionais.

7. Qual é o diagnóstico diferencial?

A anafilaxia pode ser confundida com choque séptico e cardiogênico, asma, crupe e epiglotite, síncope vasovagal, angioedema hereditário, síndrome carcinoide, estridor histérico, infarto do miocárdio ou qualquer colapso cardiovascular ou respiratório agudo de etiologia desconhecida.

8. Qual é a forma mais comum de anafilaxia? Como é tratada?

A urticária, tanto simples quanto confluente, é a manifestação clínica mais comum e felizmente também a mais benigna. Considera-se que seja decorrente do extravasamento capilar mediado pela liberação de histamina. Pode ser tratada pela administração de anti-histamínicos (via oral, intramuscular ou intravenosa) ou adrenalina (intramuscular). Deve-se usar bloqueadores H_1 (p. ex., difenidramina) em todos os casos e adicionar bloqueadores H_2 (p. ex., cimetidina ou ranitidina) em casos refratários.

Runge JW, Martinez JC, Cavavuti EM: Histamine antagonists in the treatment of acute allergic reactions. Ann Emerg Med 21:237-242, 1992.

9. Qual é a melhor via de administração da adrenalina?

Como a vasta maioria dos pacientes não necessita de adrenalina pela via IV, a via ideal para a administração parenteral é a intramuscular (IM), em vez da subcutânea. Estudos recentes demonstraram que pela via IM se atinge picos mais altos e rápidos nos níveis plasmáticos.

Simons FER, Gu X, Simms KJ: Epinephrine absorption in adults: Intramuscular versus subcutaneous injection. J Allergy Clin Immunol 109:871-873, 2001.

10. Descreva o tratamento inicial para as formas de anafilaxia potencialmente fatais.

1. A obstrução das vias aéreas superiores com estridor e edema deve ser tratada através de nebulização com alto fluxo de oxigênio, adrenalina racêmica e adrenalina IV. Se a obstrução das vias aéreas for grave ou piorar, deve-se proceder à ventilação assistida por bolsa-valva-máscara, intubação endotraqueal ou cricotireoidotomia.
2. O broncoespasmo agudo deve ser tratado com adrenalina. Uma sibilância leve a moderada em pacientes com pressão sanguínea normal pode ser tratada com 0,01 mg/kg de adrenalina 1:1.000, administrada por via intramuscular. Se o paciente estiver com desconforto respiratório grave ou apresentar tórax "silencioso", administra-se adrenalina IV via infusão contínua: 1 mg de adrenalina em 250 mL de SG5% em uma taxa de infusão inicial de 1 μg/min com titulação até o efeito desejado. O broncoespasmo refratário à adrenalina pode responder a um beta-agonista nebulizado, tal como o sulfato de albuterol ou metaproterenol (nas doses recomendadas).
3. O colapso cardiovascular acompanhado por hipotensão deve ser tratado com uma infusão contínua de adrenalina, titulando-se a dose para se alcançar uma pressão sanguínea sistólica de 100 mmHg ou uma pressão arterial média de 80 mmHg.
4. Para pacientes com parada cardíaca total, administrar 0,1-0,2 mg/kg de adrenalina 1:10.000, via IV ou pelo tubo endotraqueal. Além disso, deve-se proceder à intubação endotraqueal imediata ou cricotireoidostomia.

11. Quais são os adjuvantes ao controle inicial das vias aéreas e à adrenalina?

Se não houver possibilidade de intubação e a cricotireoidostomia for contraindicada, deve-se considerar a ventilação a jato transtraqueal por punção percutânea, especialmente em crianças pequenas. A difenidramina intravenosa – um bloqueador H_1 (2 mg/kg) – deve ser administrada em todos os pacientes. A administração simultânea de um bloqueador H_2, tal como a cimetidina (300 mg IV ou ranitidina 50 mg IV), também deve ser considerada. Broncodilatadores em aerossol, tal como o metaproterenol, são úteis caso haja broncoespasmo. Os corticosteroides são geralmente administrados, mas não têm um efeito positivo imediato. Para a hipotensão refratária, pode-se administrar agentes vasopressores, tais como a noradrenalina ou dopamina. Os corticosteroides têm benefício limitado por causa da ação inicial tardia, mas podem ser benéficos em pacientes com broncoespasmo ou hipotensão prolongados.

12. Qual é a peculiaridade do tratamento da anafilaxia em pacientes que estão em uso de betabloqueadores?

Pacientes que estão em uso de betabloqueadores podem não responder à adrenalina e aos anti-histamínicos. O glucagon, que apresenta efeitos inotrópicos e cronotrópicos positivos mediados – independentemente dos receptores α e β –, pode ser eficaz. Deve-se administrar glucagon, 1 mg IV, seguido por 1-5 mg/h caso necessário.

Javeed N, Javeed H, Javeed S, et al: Refractory anaphylactoid shock potentiated by beta-blockers. Cathet Cardiovasc Diag 39:383-384, 1996.

13. Quais são as complicações da administração de adrenalina IV em *bolus*?

Quando a adrenalina 1:10.000 é administrada via IV em pacientes com pressão ou pulso aferíveis, há um potencial significativo para o tratamento excessivo que resulta em hipertensão, taquicardia, dor torácica isquêmica, infarto agudo do miocárdio e arritmia ventricular. Deve-se tomar cuidado extremo com os pacientes idosos e com aqueles com coronariopatia subjacente. É mais seguro administrar a adrenalina IV em infusão contínua com titulação controlada, realizando uma monitoração contínua do ritmo cardíaco e da pressão sanguínea.

PONTOS-CHAVE: ANAFILAXIA ✓

1. Os "órgãos-alvo" em quadros potencialmente fatais de anafilaxia incluem: a mucosa das vias aéreas superiores (estridor), o músculo liso brônquico (broncoespasmo) e o sistema cardiovascular (choque).
2. A via IM é preferida, em relação à via subcutânea, para a administração de adrenalina durante a anafilaxia.
3. A administração IV de adrenalina é indicada em casos de desconforto respiratório grave e de hipotensão.
4. Se o paciente não estiver respondendo ao tratamento com anti-histamínicos e adrenalina, considerar a administração de glucagon.
5. Com exceção dos casos de parada cardíaca, a adrenalina deve ser administrada cuidadosamente pela via IV através de infusão contínua, a fim de minimizar o risco de efeitos simpatomiméticos intensos.

14. Há um papel para o tratamento profilático na anafilaxia? Como é realizado?

Quando as vantagens potenciais do tratamento ou diagnóstico excedem os riscos (p. ex., administração de contraste IV ou de antiveneno para picada de animal), deve-se obter consentimento informado (se o paciente estiver habilitado para fazê-lo). Realiza-se um pré-tratamento com difenidramina IV e com corticosteroides. Uma infusão IV de adrenalina deve estar preparada. O paciente deve permanecer em uma unidade de terapia intensiva, sob monitoramento contínuo da pressão sanguínea, do ritmo cardíaco, assim como da saturação do oxigênio. O equipamento completo de intubação e de cricotireotomia deve estar próximo ao leito. A administração do antígeno (p. ex., antiveneno para cascavel) deve ser iniciada lentamente, com um médico à beira do leito capaz de administrar a adrenalina IV e de controlar as vias aéreas imediatamente. O meio de contraste não-iônico ou de baixa osmolalidade empregado nos estudos de diagnóstico por imagem deve ser administrado em pacientes com histórico de anafilaxia ao contraste iônico.

15. Descreva o tratamento da anafilaxia realizado fora do hospital.

Pacientes conhecidos por estar sob alto risco de anafilaxia (p. ex., reação anafilática prévia a insetos da ordem *Hymenoptera*) devem ser prescritos e educados para realizar a autoadministração de adrenalina com um autoinjetor ao primeiro sinal de reação anafilática. Além disso, a autoadministração oral de difenidramina é indicada para o tratamento de reações leves, tais como a urticária ou concomitante com a administração da adrenalina.

BIBLIOGRAFIA

1. Kemp SF, Lockey RF, Wolf BL, Lieberman P: Anaphylaxis: A review of 266 cases. Arch Intern Med 155:1749-1754, 1995.
2. Seyal AM: Anaphylaxis. In Gershwin EM, Naguwa SM (eds): Allergy and Immunology Secrets, 2ª. ed. Filadélfia, Elsevier, 2005, pp 167-181.
3. Tran PT, Muellman RL: Allergy, hypersensitivity and anaphylaxis. In Rosen P (ed): Emergency Medicine: Concepts and Clinical Practice, 6ª ed. St. Louis, Mosby, 2006, pp 1818-1837.

CAPÍTULO 78

HIPOTERMIA

John A. Marx, MD

1. Como a *hipotermia* é definida?

Especificamente, a hipotermia ocorre quando a temperatura corporal central está <35°C (95°F). A hipotermia moderada a grave ocorre quando a temperatura corporal está abaixo de 32,2°C. Fisiologicamente, a hipotermia é um estado clínico de temperatura subnormal, no qual o corpo é incapaz de gerar calor suficiente para funcionar de maneira eficiente. Quando se suspeita de hipotermia, é imperativo que se utilizem termômetros capazes de medir a temperatura central de maneira exata. Muitos termômetros apresentam 35°C como o limite inferior de temperatura. A temperatura retal é a forma mais prática de determinar a temperatura corporal central, embora essa medida possa não ser tão sensível às possíveis alterações na temperatura central. Idealmente, o termômetro deve ser inserido 15 cm e não deve ser posicionado no interior de fezes.

Danzl DF: Accidental hypothermia. In Marx JA (ed): Rosen's Emergency Medicine: Concepts and Clinical Practice, 6th ed. St. Louis, Mosby, 2006, p 2244.

2. Qual é a função dos tremores? Quando eles ocorrem?

Os tremores são modulados pelo hipotálamo posterior e pela medula espinhal, e são limitados pela fadiga e depleção de glicogênio. Os tremores são uma resposta precoce ao estresse pelo frio e são capazes de elevar a taxa metabólica basal em duas a cinco vezes. Eles produzem 40-60 Kcal/m^2 de superfície corporal por hora e ocorrem entre 32°C e 37°C. Abaixo de 32°C, a termogênese pelo tremor cessa. Há uma progressiva depressão da taxa metabólica basal até os 24°C. Abaixo de 24°C, os mecanismos autonômicos e endocrinológicos para a conservação do calor deixam de ocorrer.

Danzl DF, Pozos RS: Accidental hypothermia. N Engl J Med 331: 1756-1760, 1994.

3. O que é a onda J?

Descrita pela primeira vez em 1938, a onda J é uma característica eletrocardiográfica também conhecida por *onda de Osborn* ou *entalhe hipotérmico.* É observada na junção dos segmentos QRS e ST e pode aparecer em temperaturas abaixo de 32°C. É mais comumente observada nas derivações II e V_6, porém, em casos mais graves de hipotermia, pode ser observada em V_3 ou V_4. Seu tamanho aumenta com a redução da temperatura, mas este não é um fator prognóstico. As ondas J são tipicamente elevadas em aV_L, aV_F e em derivações precordiais esquerdas. A onda J não é específica da hipotermia e pode ser observada em casos de isquemia cardíaca, sepse, em certas lesões do sistema nervoso central (particularmente lesões no hipotálamo) e, ocasionalmente, em pacientes jovens normotérmicos.

Vassallo SU, Delaney KA, Hoffman RS, et al: A prospective evaluation of the electrocardiographic manifestations of hypothermia. Acad Emerg Med 6:1121-1126, 1999.

4. Quais são as cinco causas de perda de calor?

Irradiação, condução, convecção, respiração e evaporação. Aproximadamente de 55% a 65% da perda de calor ocorre através da irradiação. A condução usualmente é responsável por apenas de 2% a 3%, mas a perda de calor por condução pode aumentar em cinco vezes quando uma pessoa está usando roupas molhadas e aumenta em até 25 vezes na água gelada. A convecção é responsável por 10% a 15% da perda de calor e aumenta acentuadamente quando o indivíduo apresenta tremores. O aquecimento do ar inspirado é responsável por mais de 2% a 9% da perda de calor de 20% a 27% é perdido por meio de evaporação através da pele e dos pulmões.

5. Em ambiente não hospitalar, quais são as indicações para se iniciar a ressuscitação cardiopulmonar (RCP) em pacientes com suspeita de hipotermia?

O *rigor mortis* e a lividez aparentes não são necessariamente indicadores confiáveis em casos de hipotermia grave. As pupilas podem ser fixas e não-reativas em casos nos quais a temperatura se encontra abaixo de 22°C. Os pulsos periféricos são difíceis de ser palpados em pacientes com bradicardia profunda e vasoconstrição. Devem ser gastos pelo menos 45-60 segundos na determinação da presença de pulsação espontânea porque até mesmo bradicardias extremas podem ser adequadas às necessidades metabólicas muito reduzidas de um paciente hipotérmico. Um *doppler* ou ultrassom podem auxiliar na determinação da presença de pulso ou atividade cardíaca, respectivamente. Além disso, condutas desnecessárias, incluindo compressões torácicas, são capazes de causar arritmias, embora ainda sejam necessárias evidências definitivas para confirmar tal fato. Caso não seja observada nenhuma evidência de perfusão, deve-se presumir uma parada cardíaca e então a RCP deve ser iniciada. O volume respiratório por minuto também estará significativamente reduzido, por isso é necessário um exame cuidadoso e detalhado para se distinguir dos casos de apneia. Sempre deve-se manter a patência da via aérea e caso o paciente esteja em parada respiratória, institui-se a ventilação. A intubação endotraqueal não causa arritmias.

A RCP em casos de hipotermia é contraindicada em qualquer uma das seguintes circunstâncias: (1) presença de qualquer sinal de vida, (2) quando lesões letais (não relacionadas à hipotermia) são óbvias, (3) quando a perda de elasticidade torna a compressão torácica impossível, (4) presença de ordem de não ressuscitar ou (5) quando a vida das pessoas que trabalham no resgate corre perigo devido às condições ambientais.

Pode ser difícil distinguir entre hipotermia primária e secundária (p. ex., paciente que apresenta uma parada cardíaca em um ambiente frio). A máxima de que "o paciente não deve ser considerado morto até estar aquecido e morto" mostra o cuidado que deve ser tomado. O julgamento clínico faz-se necessário para determinar quando começar ou cessar a RCP.

Danzl DF, Pozos RS, Auerbach PS, et al: Multicenter hypothermia survey. Ann Emerg Med 16:1042-1055, 1987.

6. Quais são as recomendações técnicas atuais para a RCP?

Com respeito à duração, está claro que compressões do tórax por tempo prolongado apresentam sucesso na ressuscitação e recuperação neurológica de pacientes gravemente hipotérmicos. Geralmente, é recomendado que as manobras de ressuscitação sejam continuadas até que o paciente apresente temperatura corporal central de 35°C, antes que ele seja declarado morto. O recorde de temperatura mais baixa em um caso de hipotermia acidental foi de 13,7°C (56,7°F). O paciente – que por coincidência era médico –, após a RCP e três horas de *bypass* cardiopulmonar, relatou e apresentou o próprio caso.

As diretrizes técnicas da RCP estão se desenvolvendo. Em um modelo animal de parada cardíaca por hipotermia, o débito cardíaco e os fluxos sanguíneos cerebral e miocárdico foram respectivamente de 50%, 55% e 31% dos valores obtidos pela compressão torácica durante a normotermia. Esses dados são bem adequados às demandas metabólicas reduzidas em pacientes hipotérmicos. Devido à redução da elasticidade da parede torácica e da complacência pulmonar, é necessário que se realize uma força maior na compressão da parede torácica, a fim de gerar um gradiente de pressão intratorácica adequado.

Gilbert M, Busund R, Skagseth A, et al: Resuscitation from accidental hypothermia of 13.7 degrees C with circulatory arrest. Lancet 355:375-376, 2000.

Maningas PA, DeGuzman LR, Hollenbach SJ, et al: Regional blood flow during hypothermic arrest. Ann Emerg Med 15:390-396, 1986.

7. Qual é a terapia de escolha para tratar a fibrilação ventricular em casos de hipotermia?

A maioria das arritmias, de qualquer tipo, reverte espontaneamente durante o reaquecimento. A fibrilação ventricular ocorre em temperaturas abaixo de 32°C e é mais provável a 28°C. A abordagem recomendada para a fibrilação ventricular se inicia com, no máximo, três choques, cada um com 2 J/Kg (máximo de 200 J). É pouco provável que se obtenha sucesso até que a temperatura corporal central alcance 28-30°C. O tosilato de bretílio foi o tratamento farmacológico de escolha para os casos de fibrilação ventricular, mas não está mais disponível. O sulfato de magnésio também tem sido utilizado com sucesso nesses casos. A lidocaína, o propranolol e a amiodarona, embora não causem danos, apresentam pouca ou nenhuma eficácia nesses casos. O uso da procainamida é descrito como um fator que aumenta a incidência de fibrilação ventricular em casos de hipotermia e, portanto, ela não deve ser utilizada. Em casos de hipotermia, a fração das drogas ligada à proteína aumenta e o metabolismo hepático das drogas diminui. Desta forma, pode haver desenvolvimento de níveis tóxicos de antiarrítmicos no momento do reaquecimento. A doses ótimas para tais casos ainda não estão bem estabelecidas.

Sugere-se que as medicações intravenosas sejam administradas com intervalos maiores entre uma dose e outra, apesar de esse intervalo não ser especificado.

Stoner J, Martin G, O'Mara K, et al: Amiodarone and bretylium in the treatment of hypothermic ventricular fibrillation in a canine model. Acad Emerg Med 10:187-191, 2003.

8. Quais são os tipos básicos de reaquecimento?

Ver Tabela 78-1 para obter um resumo das técnicas de reaquecimento.

- **Reaquecimento externo passivo:** Minimiza o processo normal de perda de calor enquanto permite que o corpo se reaqueça espontaneamente por meio da termogênese por tremores. É indicado a pacientes em todos os níveis de hipotermia e é suficiente por si só para os casos leves. A técnica constitui em cobrir o paciente com um material isolante em um local com temperatura ambiente que exceda 21°C. Para o método ser eficaz, o paciente deve apresentar uma temperatura corporal central de 30-32°C (ou seja, a termogênese pelo tremor deve estar intacta), estoques suficientes de glicogênio e homeostase metabólica. As vantagens dessa técnica incluem o fato de ela não ser invasiva, sua simplicidade e a manutenção da vasoconstrição periférica.
- **Reaquecimento ativo:** Em geral inclui técnicas que transferem diretamente o calor e é dividido em métodos de reaquecimento ativo externo (RAE) e central (RAC). O reaquecimento ativo deve ser considerado em pacientes com hipotermia moderada ou grave (<32°C), instabilidade cardiovascular, falência endócrina, termorregulação deficiente, hipotermia leve com reaquecimento insuficiente por método externo passivo ou vasodilatação periférica (traumática, tóxica).
    - **RAE:** O calor exógeno é transferido para a pele via compressas quentes, cobertores aquecidos, fontes de luz irradiante, imersão em água quente, frascos contendo água quente e sistemas de ar quente forçado, nos quais o ar quente forçado circula através de um cobertor (p. ex., Bair Hugger®). Os sistemas de ar quente forçado são eficazes sem causar choque por reaquecimento ou aumento exagerado da temperatura central. Outras técnicas incluem o reaquecimento por pressão negativa. O método de RAE não é recomendado como método único de reaquecimento em pacientes com hipotermia de moderada a grave, mas pode obter sucesso quando combinado a métodos de RAC. A fonte de calor deve ser aplicada apenas no tórax, pois a aplicação de calor nas extremidades muitas vezes produz lesão térmica na pele (já vasoconstrita e hipoperfundida) e aumenta as necessidades metabólicas da periferia, aumentado assim a demanda cardiovascular. O cenário preferido para RAE é o caso de hipotermia aguda por imersão em pacientes que, de outra forma, estariam saudáveis.
    - **RAC:** Essas técnicas minimizam as consequências fisiopatológicas do reaquecimento. Os métodos de RAC incluem o reaquecimento pelas vias aéreas, infusão IV de líquido aquecido, irrigação aquecida (p. ex., esofágica, gástrica, colônica, torácica, mediastinal), diatermia e reaquecimento extracorpóreo (p. ex., *bypass* cardiopulmonar, reaquecimento arteriovenoso, reaquecimento venovenoso e hemodiálise).

Gregory JS, Bergstein JM, Aprahamian C, et al: Comparison of three methods of rewarming from hypothermia: Advantages of extracorporeal blood warming. J Trauma 31:1247-1252, 1991.

Handrigan MT, Wright RO, Becker BM, et al: Factors and methodology in achieving ideal delivery temperatures for intravenous and lavage fluid in hypothermia. Am J Emerg Med 15:350-353, 1997.

Kornberger E: Forced air surface rewarming in patients with severe accidental hypothermia. Resuscitation 41:105-111, 1999.

9. Quais são os métodos preferidos de RAC?

Um algoritmo para RAC amplamente utilizado em casos de hipotermia é o seguinte:

O reaquecimento pelas vias aéreas e os líquidos IV aquecidos podem ser administrados com segurança e de forma eficaz em, virtualmente, todos os pacientes. Além disso, em casos extremos, deve-se realizar o reaqueci-

TABELA 78-1. MÉTODOS DE REAQUECIMENTO

Externo	Central
Reaquecimento externo passivo	**Reaquecimento ativo central**
Reaquecimento ativo externo	Vias aéreas
Na região do tronco	Líquidos aquecidos IV
Anastomose arteriovenosa	Irrigação aquecida
	Esofágica
	Gástrica
	Colônica
	Torácica
	Mediastinal
	Diatermia
	Extracorpórea
	"Bypass" cardiopulmonar
	Arteriovenoso
	Venovenoso
	Hemodiálise

mento extracorpóreo (REC). Outras modalidades de RAC apresentam menor eficácia (p. ex., irrigação aquecida), taxa significante de complicações (p. ex., diálise peritoneal) ou experiência limitada em humanos (p. ex., diatermia).

Uma taxa de reaquecimento de 1 a 2,5°C/hora pode ser obtida com o fornecimento de oxigênio aquecido umidificado (42ºC a 46ºC)). A troca de calor é aumentada dependendo da técnica utilizada (a intubação endotraqueal é superior ao uso de máscara) e do volume de ventilação por minuto. As vantagens incluem a facilidade da técnica, a prevenção de superaquecimento, o fornecimento assegurado de oxigênio, a redução da viscosidade das secreções pulmonares, a redução da broncorreia induzida pelo frio e a modificação da amplitude dos tremores (o que diminui a demanda metabólica da periferia). Um método adicional de inalação de calor através de máscara facial é a pressão positiva contínua nas vias aéreas. Os líquidos intravenosos podem ser aquecidos a uma temperatura de 43°C (109°F).

O REC, quando disponível, deve ser instituído em pacientes com atividade cardíaca mecânica mínima ou ausente. O REC pode aumentar a temperatura central em (1ºC a 2ºC) a cada cinco minutos, com fluxo de *bypass* de 2 a 3 L/min. O reaquecimento arteriovenoso é apropriado caso a pressão sanguínea sistólica seja igual ou superior a 60 mmHg. Ele é realizado através de cateteres, instalados percutaneamente na artéria e veia femorais, conectados a um aquecedor de líquidos. No reaquecimento venovenoso, o sangue é direcionado de um cateter venoso central para um aquecedor e retorna por meio de uma segunda linha central ou por um cateter venoso periférico. A hemodiálise, apesar de menos rápida e eficaz, se tornará mais prática com o desenvolvimento de novos cateteres.

Goheen MSL, Ducharme MB, Kenny GP, et al: Efficacy of forced-air and inhalation rewarming using a human model for severe hypothermia. J Appl Physiol 83:1635-1640, 1997.

Kirkpatrick AW, Garraway N, Brown DR, et al: Use of a centrifugal vortex blood pump and heparin-bonded circuit for extracorporeal rewarming of severe hypothermia in acutely injured and coagulopathic patients. J Trauma 55:407-412, 2003.

Kjaergaard B, Tolboll P, Lyduch S, Trautner, S: A mobile system for the treatment of accidental hypothermia with extracorporeal circulation. Perfusion 16: 453-459, 2001.

Weinberg AD: The role of inhalation rewarming in the early management of hypothermia. Resuscitation 36:101-104, 1998.

10. Quais medidas de estabilização devem ser instituídas no atendimento pré-hospitalar?

O paciente deve ser manuseado da forma mais gentil e cuidadosa possível, pois a fibrilação ventricular tem sido descrita em casos de estímulos mecânicos excessivos. Em casos de imersão, as roupas molhadas devem ser removidas. A perda subsequente de calor deve ser limitada por meio do fornecimento de um ambiente seco e isolado; cobertores, sacos de dormir ou folhas de alumínio podem ser utilizados para tal propósito. O etanol não deve ser oferecido à vítima, pois essa substância suprime a termogênese pelo tremor, promove vasodilatação periférica e pode precipitar hipoglicemia em pacientes com reserva de glicogênio depletada. A massagem das extremidades fornece um estímulo físico desnecessário e, assim como o etanol, pode mitigar tanto os tremores quanto a vasoconstrição periférica apropriada. Caso seja possível obter um acesso venoso, administra-se 50mL de dextrose a 50%, 2mg de naloxona e 100mg de tiamina. Uma prova de volume com 250-500mL de solução 1:1 de soro fisiológico e soro glicosado a 5%, aquecida de preferência a 43°C é indicado porque a maioria dos pacientes com hipotermia moderada a grave apresenta diurese induzida pelo frio. Uma solução cristaloide de Ringer lactato é menos adequada, pois o fígado hipotérmico apresenta uma capacidade reduzida de metabolizar o lactato.

As medidas de RAE são seguras em pacientes minimamente hipotérmicos, porém, desnecessárias. Em pacientes com hipotermia de moderada a grave, deve-se considerar apenas o RAE na região do tronco. O único método de RAC apropriado para o atendimento pré-hospitalar é a administração de oxigênio aquecido umidificado. Vários dispositivos portáteis estão disponíveis para esse propósito.

Hypothermia: Guidelines 2000 for CPR and ECC. 102:1-229, 2000.

PONTOS-CHAVE: HIPOTERMIA ✓

1. A intubação endotraqueal é um procedimento seguro e apropriado em pacientes com hipotermia.
2. *Rigor mortis*, lividez e pupilas fixas não são, necessariamente, sinais de morte em casos de hipotermia grave.
3. *Doppler* e ultrassom podem ser utilizados para determinar a presença de pulso e a atividade cardíaca, respectivamente.
4. A desfibrilação da fibrilação ventricular induzida por hipotermia tem pouca probabilidade de apresentar sucesso em temperaturas centrais abaixo de 28°C-30°C.
5. O reaquecimento externo da temperatura central é indicado em casos de hipotermia grave quando há pouca ou nenhuma atividade cardíaca.

11. Quais procedimentos são perigosos no manejo de pacientes hipotérmicos?

Em pacientes com hipotermia de moderada a grave, a monitorização cardíaca é indicada – e inofensiva. Cateteres venosos centrais podem fornecer informações úteis e não precipitam arritmia cardíaca, a menos que sejam inseridos dentro do coração. A instalação de cateteres de artéria pulmonar pode ser bastante perigosa nesse sentido. Já a estimulação cardíaca artificial transcutânea é segura. As sondas nasogástricas e cateteres de Foley frequentemente são necessários e podem ser inseridos sem riscos.

Acreditava-se que a intubação endotraqueal fosse um procedimento que oferecesse alto risco de arritmias. Entretanto, as arritmias relatadas provavelmente eram coincidentes ao procedimento, ao invés de causadas pelo mesmo. Numerosos relatos falharam em explicitar um único caso de arritmia provocada por intubação endotraqueal. Fatores que podem ser responsáveis por arritmias no período imediato após a intubação incluem estímulo físico do paciente, distúrbio eletrolítico ou ácido-básico e falha em pré-oxigenar o paciente de forma adequada.

Dixon RG, Dougherty JM, White LJ, et al: Transcutaneous pacing in a hypothermic-dog model. Ann Emerg Med 29:602-606, 1997.
Lazar HL: The treatment of hypothermia. N Engl J Med 337:1545-1547, 1997.

12. Os antibióticos profiláticos são indicados a pacientes com hipotermia?

Uma infecção, incluindo sepse (p. ex., sepse por Gram-negativos em adultos) pode ser a causa da, coincidente com, ou uma sequela da hipotermia. Até mesmo na fase de recuperação da hipotermia, a febre e outros sinais de infecção normalmente estão ausentes. Tremores por calafrios causados por sepse podem ser relacionados aos tremores por hipotermia. Muitas vezes não há leucocitose por causa da liberação comprometida de neutrófilos pela medula óssea.

A incidência de infecção em neonatos hipotérmicos é bastante alta e variou de 41% a 53% em duas séries. As infecções pulmonares são as mais frequentemente encontradas e exames bacteriológicos provavelmente revelarão a presença de Enterobacteriaceae ou espécies de *Haemophilus, Staphylococcus* ou *Streptococcus.* Em adultos a infecção pulmonar e a de partes moles são mais prováveis. Uma infecção oculta do sistema nervoso central parece ser rara. Há probabilidade de encontrar bactérias Gram-negativas, cocos Gram-positivos, *Enterobacteriaceae* e anaeróbios da cavidade oral. Pacientes idosos com falha termorregulatória devem ser suspeitos para a sepse até que se prove o contrário.

A chave para o manejo do quadro é o exame físico, que deve ser repetido durante e após o reaquecimento. Os espécimes para cultura devem ser obtidos precocemente durante o curso do tratamento na sala de emergência. A punção lombar é indicada em adultos com estado mental alterado persistente após o reaquecimento e deve ser utilizada mais liberalmente em neonatos e idosos. Os antibióticos profiláticos também são recomendados a pacientes neonatos e idosos. A profilaxia de rotina parece não ser necessária em adultos hipotérmicos que não apresentem manifestações óbvias de infecção.

Giesbrecht GG: Cold stress, near drowning and accidental hypothermia: A review. Aviat Space Environ Med 71:733-752, 2000.

13. Qual é a relação entre álcool e hipotermia?

O etanol tem consequências sociais e fisiopatológicas. É a causa mais frequentemente associada à perda de calor em casos de hipotermia urbana. Os alcoólatras são mais vulneráveis aos perigos climáticos por causa da percepção alterada devido à intoxicação aguda, vestimentas inadequadas e abrigo insuficiente. A perda de calor é promovida pela vasodilatação periférica, pelo dano na termogênese pelo tremor e redução da gordura subcutânea causada pela má nutrição. Há uma forte associação entre a hipoglicemia e o etanol. Uma apresentação clínica não usual da síndrome de Wernicke-Korsakoff é a hipotermia grave devido à hemorragia no hipotálamo induzida pela depleção de tiamina. A apresentação clínica é expressa pela hipotermia, bradicardia, hipotensão, miose e redução dos reflexos profundos. Portanto indica-se a tiamina a pacientes hipotérmicos (100mg administrada por via intravenosa). O magnésio, um co-fator necessário para a tiamina normalmente está reduzido em pacientes alccoólatras, por isso sua reposição é necessária para que a administração de tiamina seja efetiva.

Reuler JB, Girard DE, Conney TG: Wernicke's encephalopathy. N Engl J Med 312:1035-1039, 1985.

14. O RAE é um método terapêutico seguro e eficaz para casos de hipotermia?

Alguns estudos relatam excelentes resultados com o uso de RAE. A preponderância de dados, entretanto, indica que o RAE, como uma medida isolada de aquecimento, está associado a uma alta taxa de mortalidade e morbidade em pacientes com hipotermia grave. Os candidatos à RAE são pacientes previamente saudáveis que desenvolveram hipotermia aguda (p. ex., imersão), nos quais ocorreram alterações fisiopatológicas mínimas. O RAE em um paciente com hipotermia mínima provavelmente não é prejudicial. A combinação do RAE na região do tronco (p. ex., utilizando sistemas de ar aquecido forçado) ao aquecimento central tem obtido sucesso em pacientes com hipotermias mais graves.

As consequências fisiopatológicas do RAE em casos de hipotermia moderada a grave incluem vasodilatação periférica repentina acompanhada de choque, aumento excessivo da temperatura central, supressão da termogênese por tremor com redução da taxa total de reaquecimento central, maior demanda metabólica periférica e redução do limiar para fibrilação ventricular devido a gradientes térmicos miocárdicos. O RAE não deve ser utilizado isoladamente em um paciente com hipotermia de moderada a grave. E caso o seja, deve ser restrito ao tronco, a fim de prevenir um aumento excessivo da temperatura central e lesão térmica das extremidades.

CAPÍTULO 79

INTERMAÇÃO

Stephen V. Cantrill, MD

1. O que é intermação?

A intermação é diagnosticada quando a temperatura retal atinge aproximadamente 40,5°C (105°F) ou mais em uma pessoa com histórico de exposição ao exercício ou a ambientes de temperatura e umidade altas, acompanhado por distúrbio neurológico, normalmente na forma de estado mental alterado. A anidrose (ou seja, ausência de sudorese) não é um critério, pois a sudorese pode existir ou não.

Bouchama A, Knochel MD: Heat stroke. N Eng J Med 346:1978-1988, 2002.

Vicario S: Heat illness. In Marx JA, Hockenberger RS, Walls RM, et al (eds): Rosen's Emergency Medicine: Concepts and Clinical Practice, 6th ed. St. Louis, Mosby, 2006, pp 2254-2267.

2. Porque a temperatura retal de 40,5°C foi selecionada como limiar?

Uma temperatura retal dessa magnitude ou maior demonstra que os mecanismos corporais de perda de calor se esgotaram e que podem ocorrer efeitos patológicos devido ao aumento da temperatura.

3. Quais são os dois tipos de intermação? Como cada tipo se apresenta?

A intermação clássica não está associada ao exercício, mas sim à longa exposição a um ambiente de temperatura e umidade altas. Essa forma de intermação apresenta início lento e, muitas vezes, desenvolve-se durante dias. É comum em pessoas idosas e cronicamente doentes, que podem se apresentar com anorexia, náusea, vômitos, cefaleia, tontura, confusão ou hipotensão. A anidrose é comum nesse quadro. A intermação relacionada ao exercício geralmente afeta pessoas jovens e saudáveis que se exercitam em ambientes quentes e úmidos. O seu início é rápido. Náuseas, tontura e confusão são sintomas comuns. Fadiga, ataxia, coma e rigidez nucal ou postura característica também podem ocorrer. Os pacientes muitas vezes apresentam sudorese no momento da avaliação.

PONTOS-CHAVE: CRITÉRIOS PARA O DIAGNÓSTICO DA INTERMAÇÃO ✓

1. Exposição a um grande estresse térmico devido ao exercício ou a elevadas temperatura e umidade sao fatores comuns em casos de intermação.
2. Estado mental alterado é outro critério para o diagnóstico.
3. Pacientes com intermação apresentam uma temperatura interna (retal) superior a 40,5°C (105°F).
4. A sudorese pode ocorrer ou não.

4. Que populações apresentam maior risco para a intermação?

- **Extremos de idade:** Devido à regulação da temperatura relativamente deficiente em pessoas jovens e idosas, especialmente durante ondas de calor (índice de calor médio elevado – veja discussão mais adiante).

- **Cronicamente doentes:** Especialmente pacientes que utilizam drogas que predispõem às doenças causadas pelo calor.
- **Recrutas militares:** Especialmente recrutas de regiões mais frias, não ambientados, treinando em regiões quentes.
- **Atletas:** mais comumente jogadores de futebol e corredores.
- **Trabalhadores:** Especialmente se a água perdida não é reposta.
- **Pessoas obesas:** A dissipação do calor fica comprometida.
- **Pessoas vestindo roupas inapropriadas para o ambiente ou nível de atividade.**

Carter R III, Cheuvront SN, Williams JO, et al: Epidemiology of hospitalizations and deaths from heat illness in soldiers. Med Sci Sports Exerc 37:1338-1344, 2005.

Vanhems P, Gambotti L, Fabry J: Excess rate of in-hospital death in Lyons, France during the August 2003 heat wave. N Engl J Med 349:2077-2078, 2003.

5. Que drogas podem predispor a pessoa à intermação?

- **Drogas que aumentam a produção de calor através do aumento da atividade:** Cocaína, anfetaminas, efedrina, fenciclidina, dietilamida do ácido lisérgico.
- **Drogas que diminuem a sede:** Haloperidol.
- **Drogas que diminuem a sudorese:** Anti-histamínicos, anticolinérgicos, fenotiazinas, betabloqueadores.

Oh RC, Henning JS: Exertional heatstroke in an infantry soldier taking ephedra-containing dietary supplements. Mil Med 168:429-430, 2003.

6. Qual é a forma mais eficaz de mensurar o efeito do calor ambiental em humanos?

A forma comumente utilizada de medição da temperatura do ar ambiente é um parâmetro pobre, pois não mensura o efeito da umidade, velocidade do vento e o calor radiado. Pesquisas têm relatado que um índice conhecido como índice de bulbo úmido termômetro de globo (IBUTG) é uma forma mais precisa de medida. O IBUTG combina a temperatura de bulbo úmido (mensura o efeito da umidade e velocidade do vento), a temperatura de globo (mensura o aquecimento por radiação) e a temperatura de bulbo seco (mensura a temperatura do ar ambiente). Apesar de raramente utilizado por civis, o IBUTG é comumente utilizado por militares como um guia para determinar o nível admissível de atividade. A fórmula para determinar o IBUTG é:

$$\text{IBUTG} = 0{,}7\ (\text{temperatura de bulbo úmido}) + 0{,}2\ (\text{temperatura de globo}) + 0{,}1\ (\text{temperatura de bulbo seco})$$

National Athletic Trainers Association: Inter-association task force on exertional heat illness consensus statement, 2003: www.nata.org/fpfiles/links/heatillness2.htm

7. O que é o índice de calor médio? Como esse índice pode ser útil?

O índice de calor médio é uma medida que foi desenvolvida recentemente pelo *National Weather Service* para determinar a sensação térmica percebida por um indivíduo durante o transcorrer do dia. Esse valor é computado a partir de uma equação de análise de regressão múltipla baseada na temperatura ambiente e extremos de umidade observados durante um período de 24 horas. Acredita-se que valores >29,5°C (85°F) sejam perigosos para a população como um todo. O *U.S. National Weather Service* desenvolveu métodos para criar uma previsão do tempo que forneça a probabilidade de um local específico exceder determinado índice de calor médio com até sete dias de antecedência. Essas previsões podem ser utilizadas por profissionais de saúde para preparar o público para períodos de maior risco de desenvolvimento de doenças provocadas pelo calor.

8. Qual é a taxa de mortalidade da intermação?

As taxas de mortalidade variam de 0 a 76% em diferentes relatos. Essa alta variabilidade dá-se devido às diferentes populações estudadas. Pessoas jovens e saudáveis com intermação relacionada ao exercício usualmente resistem bem, entretanto, pessoas idosas cronicamente doentes com intermação clássica não apresentam a mesma resistência.

QUADRO 79-1. DIAGNÓSTICO DIFERENCIAL DA INTERMAÇÃO	
Meningite	Síndrome neuroléptica maligna
Tifo	Hipertermia maligna
Malária *falciparum*	Crise tireotóxica
Febre Maculosa das Montanhas Rochosas	*Delirium tremens*
Lesões hipotalâmicas	Sobredose de drogas anticolinérgicas

9. Quais são os diagnósticos diferenciais que devem ser considerados em pacientes que apresentam uma temperatura retal acima de 40,5°C?

Ver Quadro 79-1.

10. Quais são alguns dos efeitos que ocorrem em nível celular em casos de intermação?

- Hipóxia celular.
- Desnaturação e inativação enzimática.
- Ruptura da membrana celular.

11. Liste alguns efeitos orgânicos da intermação.

- **Musculatura esquelética:** Rabdomiólise.
- **Cardíaco:** Hemorragia, necrose.
- **Respiratório:** Síndrome do desconforto respiratório agudo.
- **Renal:** Necrose tubular aguda.
- **Hepático:** Degeneração hepatocelular centrolobular.
- **Coagulação:** Trombocitopenia, coagulação intravascular disseminada.
- **Sistema nervoso central:** Edema, hemorragias petequiais.

12. Qual é o aspecto mais importante no tratamento da intermação?

Resfriamento rápido. A intermação é uma verdadeira emergência médica, na qual cada minuto é importante. Um resultado ruim está mais relacionado ao tempo em que o paciente permaneceu com a temperatura corpórea elevada do que ao grau absoluto de hiperpirexia.

13. Que modalidades de tratamento são eficazes para proporcionar o resfriamento rápido?

A imersão em água gelada é eficaz, embora muitos acreditem que este método deva ser associado à vigorosa massagem da pele para compensar a vasoconstrição cutânea que pode impedir a perda de calor. Essa modalidade pode não ser apropriada em pacientes comatosos ou combativos. O resfriamento evaporativo, que consiste no tratamento com *spray* de água morna (40°C [104°F]), e uma corrente de ar forçada de um ventilador têm apresentado sucesso. Compressas de gelo e massagem também podem ser utilizadas. Técnicas como lavagem gástrica e peritoneal utilizando fluido gelado também têm sido relatadas. Os esforços para o resfriamento corpóreo devem ser cessados quando a temperatura do paciente atingir 38,5°C (101,3°F) a fim de evitar quedas importantes da temperatura e tremores.

Smith JE: Cooling methods used in the treatment of exertional heat illness. Br J Sports Med 39:503-507, 2005.

14. Que cuidados adicionais devem ser realizados em casos de intermação?

- Monitoramento contínuo da temperatura retal.
- Suplementação com oxigênio.
- Controle ativo das vias aéreas, conforme indicação.

- Monitoramento cardíaco e eletrocardiograma.
- Cateter central ou de Swan-Ganz instalado para monitorar a pressão venosa central/pressão capilar pulmonar em pacientes com hipotensão.
- Reposição cautelosa de fluidos com solução salina ou solução de Ringer lactato.
- Instalação de cateter de Foley e sonda nasogástrica.
- Contenção, conforme a necessidade.

15. Que análises laboratoriais são apropriadas para pacientes críticos com intermação?

- Análise dos gases sanguíneos arteriais.
- Mensurações séricas dos eletrólitos, ureia, creatinina e glicose.
- Análise da urina.
- Hemograma completo com contagem de plaquetas.
- Tempos de protrombina e tromboplastina parcial, produtos de degradação da fibrina.
- Testes para determinar a função hepática, determinação da creatinofosfoquinase.
- Mensurações séricas das concentrações de cálcio, fosfato e lactato.

16. Que complicações podem ocorrer nos pacientes com intermação?

- **Êmese:** Especialmente nos pacientes comatosos.
- **Desordens eletrolíticas:** Hipocalemia, hipercalemia, hiponatremia.
- **Tremores:** Tratar com diazepam, 5 mg, IV.
- **Convulsões.**
- **Acidose:** Tratar com bicarbonato de sódio em casos graves.
- **Choque cardiogênico:** Tratar com isoproterenol, evitar agentes alfa.
- **Débito urinário reduzido:** Tratar com manitol, caso necessário.
- **Edema pulmonar:** Decorrente de reposição volêmica realizada de forma exagerada.
- **Desordens de coagulação:** Pode ser necessária a administração de plasma fresco congelado, heparina ou plaquetas.
- **Comportamento psicótico, combativo:** Sedação IV pode ser necessária.

17. Que sinais prognósticos auxiliam na indicação da evolução clínica?

Quanto maior a duração da temperatura elevada, pior o prognóstico. Coma, hipotensão, hipercalemia e um nível de aspartato aminotransferase >1.000 unidades estão associados a um prognóstico ruim.

18. Quais são os cuidados que podem ser realizados para prevenir a intermação?

- Ingestão adequada de líquidos durante os períodos de alta temperatura, alta umidade ou de elevado nível de atividade.
- Redução dos níveis de atividade conforme o IBUTG ou índice de calor médio.
- Controle da temperatura e umidade ambiente, caso seja possível.
- Vestimentas apropriadas de acordo com o clima.
- Prudência durante a adaptação a um clima mais quente.
- Ajuste das dosagens de drogas predisponentes, caso possível, durante épocas quentes.
- Conhecer os sintomas de intermação iminente.

19. O dantrolene sódico é eficaz no tratamento da intermação?

O dantrolene sódico desacopla o mecanismo gerador de calor na musculatura e é a droga preferencial para o tratamento da hipertermia maligna e síndrome neuroléptica maligna, que levam à produção muscular excessiva de calor. O potencial benefício dessa droga no tratamento da intermação tem sido debatido. Muitos pesquisadores argumentam que não há benefícios, pois, uma vez que o tratamento é iniciado, o problema deixa de ser a produção de calor, mas a dissipação de calor. Os resultados de estudos realizados em cães comprovam que a administração de dantrolene sódico não apresenta efeito sobre o resfriamento passivo, alterações patológicas ou evolução clínica. Embora um teste em humanos tenha demonstrado melhora significativa nas taxas de resfriamento em pacientes tratados com dantrolene, o teste falhou em demonstrar qualquer diferença na evolução clínica. Além disso, esses dados foram contestados por um estudo duplo-cego radomizado mais recente, no qual não foi observada eficácia do dantrolene. O uso rotineiro do dantrolene sódico em pacientes com intermação não é justificável, pelo menos até o momento.

Channa AB, Seraj MA, Saddique AA, et al: Is dantrolene effective in heat stroke patients? Crit Care Med 18:290-292, 1990.

Hadad E, Cohen-Sivan Y, Heled Y, et al: Clinical review: Treatment of heat stroke: Should dantrolene be considered? Crit Care 9:86-91, 2005.

20. Quais são os meios mais eficazes para induzir ao resfriamento rápido?

Muitas discussões têm sido centradas no uso da imersão, lavagem gástrica gelada ou resfriamento evaporativo em pacientes com intermação, sendo esses métodos utilizados tanto isoladamente quanto combinados. A lavagem peritoneal com solução gelada também tem sido relatada. Estudos comparativos controlados utilizam mais comumente o cão como modelo, o qual pode não representar de forma adequada à resposta humana. Até o momento, não parece existir o “melhor” método, apesar de muitos favorecerem o resfriamento evaporativo (*spray* de água morna e ar forçado) como o que apresenta a melhor relação entre facilidade de uso, velocidade de resfriamento e segurança para o paciente.

Costrini A: Emergency treatment of exertional heatstroke and comparison of whole body cooling techniques. Med Sci Sports Exerc 22:15-18, 1990.

Vicario S: Heat illness. In Marx JA, Hockenberger RS, Walls RM, et al (eds): Rosen’s Emergency Medicine: Concepts and Clinical Practice, 6th ed. St. Louis, Mosby, 2006, pp 2254-2267.

White JD, Riccobene E, Nucci R, et al: Evaporation versus iced gastric lavage treatment of heatstroke: Comparative efficacy in a canine model. Crit Care Med 15:748-750, 1987.

CAPÍTULO 80

ABORDAGEM GERAL DAS INTOXICAÇÕES

Ken Kulig, MD

1. Quais são as causas mais comuns de morte por intoxicação aguda?

A Tabela 80-1 lista as categorias que resultam no maior número de mortes, de acordo com a *American Association of Poison Control Centers Database*.

TABELA 80-1. CATEGORIAS DE INTOXICAÇÕES QUE RESULTAM NO MAIOR NÚMERO DE MORTES

Categoria	Número	% de Todas as Exposições na Categoria
Analgésicos	658	0,235
Sedativos/hipnóticos/antipsicóticos	371	0,286
Antidepressivos	299	0,290
Estimulantes e drogas ilícitas	214	0,472
Drogas cardiovasculares	162	0,218
Álcoois	114	0,153
Gases e fumaça	83	0,206
Anticonvulsivantes	81	0,202
Agentes químicos	62	0,133
Relaxantes musculares	61	0,261
Anti-histamínicos	55	0,076
Hormônios e antagonistas de hormônios	46	0,095
Soluções para tosse e gripe	30	0,028
Produtos automotivos	27	0,185
Produtos de limpeza	25	0,011

Dados de Watson WA, Litovitz TL, Rodgers GC, et al: 2004 Annual Report of the American Association of Poison Control Centers Toxic Exposure Surveillance System. Am J Emerg Med 23:589-666, 2004.

2. O xarope de ipeca ainda possui algum papel no tratamento da intoxicação aguda?

Embora o xarope de ipeca induza o vômito dentro de 20-30 minutos na maioria dos pacientes tratados com uma dose terapêutica, pouco do produto tóxico é removido. Ele também aumenta o risco de aspiração após a ingestão de drogas que causam depressão do sistema nervoso central. O seu uso foi essencialmente abandonado e não é mais vendido no mercado.

Position paper: Ipecac syrup. J Toxicol Clin Toxicol 42:133-143, 2004.

3. Qual é o papel atual da lavagem gástrica no tratamento das intoxicações agudas?

A lavagem gástrica deve ser realizada precocemente após a ingestão para que seja eficaz na remoção das drogas do estômago. Por este motivo, muitos médicos não realizam a lavagem em pacientes que tomaram uma dose excessiva de alguma droga depois de transcorrida mais de uma hora desde a ingestão. A lavagem gástrica pode resultar em grande morbidade (p. ex., perfuração esofágica). Este procedimento pode ser realizado na maioria dos pacientes, sem intubação traqueal prévia, mas é aconselhado que o equipamento para controle das vias aéreas, incluindo aspiração, esteja disponível à beira do leito do paciente. Todas as vezes que a lavagem gástrica for realizada, deve-se colocar uma sonda de grosso calibre (36 ou 40 French em adultos) pela boca do paciente, verificando-se o posicionamento adequado da sonda no estômago por meio de exame clínico ou radiológico.

Position paper: Gastric lavage. J Toxicol Clin Toxicol 42:933-943, 2004.

4. Há um papel para os agentes catárticos no tratamento da intoxicação aguda?

A teoria por trás dos catárticos é de que estes aceleram o tempo de trânsito do trato gastrointestinal (GI), permitindo que o carvão ativado alcance os comprimidos no intestino e, talvez, também previnam a dessorção da droga do carvão ativado. Normalmente é usada uma dose única de agente catártico, embora esta prática não tenha benefícios comprovados. Os catárticos em doses múltiplas nunca devem ser empregados devido às complicações potencialmente fatais causadas pelo desequilíbrio eletrolítico resultante. Uma dose única de catártico salino, tal como sulfato de magnésio ou citrato de magnésio, ou uma dose única de sorbitol (aproximadamente 1 g/kg) tem poucas chances de ser prejudicial, mas não apresenta benefício comprovado.

Position paper: Cathartics. J Toxicol Clin Toxicol 42:243-253, 2004.

5. Há algum papel para a irrigação intestinal no tratamento da intoxicação aguda?

A irrigação intestinal emprega uma solução eletrolítica de polietilenoglicol que não é absorvida. O fluido de irrigação é fornecido oralmente ou através de sonda nasogástrica em uma dose de 1-2 L/h. Este procedimento normalmente é usado quando houve ingestão de pacotes de drogas ilícitas, tais como heroína ou cocaína, ou quando a substância ingerida é radiopaca (p. ex., tabletes de ferro). As limitações do procedimento incluem o fato de que, a menos que o paciente esteja acordado, cooperativo e capaz de sentar-se, há risco de vômito e aspiração. Além disso, há o problema logístico de se ter um paciente inconsciente na cama apresentando diarreia maciça.

Position paper: Whole bowel irrigation. J Toxicol Clin Toxicol 42:843-845, 2004.

6. Qual é o papel do carvão em doses múltiplas no tratamento da intoxicação aguda?

O carvão em doses múltiplas demonstrou aumentar a eliminação de muitas drogas que já foram absorvidas do trato GI ou que foram administradas intravenosamente (Quadro 80-1). Este processo foi chamado de diálise gastrointestinal e mostrou ser muito eficaz nos casos de intoxicação por teofilina e talvez por fenobarbital. Para a maioria das intoxicações agudas nas quais o uso do carvão em doses múltiplas seja considerado, a razão primária para o seu emprego é prevenir a absorção de drogas no trato GI e não aumentar a eliminação a partir do sangue.

QUADRO 80-1. DROGAS COM ALTERAÇÃO NA FARMACOCINÉTICA EM RESPOSTA AO CARVÃO EM DOSES MÚLTIPLAS

Amitriptilina	Dextropropoxifeno	Meprobamato	Piroxicam
Atrazina	Diazepam	Metotrexato	Profirinas
Carbamazepina	Digitoxina	Nadolol	Proscilaridina
Clorpropamida	Digoxina	Nortriptilina	Quinina
Ciclosporina	Doxepina	Fenilbutazona	Salicilatos
Dapsona	Glutetimida	Fenitoína	Sotalol
Desmetildiazepam	Imipramina	Fenobarbital	Teofilina

7. A diurese forçada é benéfica no tratamento da intoxicação aguda?

Poucas drogas são excretadas de forma inalterada na urina, de tal forma que, mesmo aumentando significativamente o fluxo urinário acima do basal, é pouco provável que a diurese forçada seja benéfica. Contudo, associando-se a manipulação do pH urinário por infusões de solução de bicarbonato, ao aumento do fluxo urinário, a eliminação da droga pode ser aumentada em determinados casos. Esse método é usado com maior frequência para salicilatos e fenobarbital. Colocando-se três ampolas de bicarbonato de sódio em 1 L de soro glicosado a 5% com cloreto de potássio e infundindo-se esta solução a taxas suficientes para produzir pelo menos um fluxo normal de urina e um pH urinário de 7,5 ou mais, pode-se aumentar a eliminação do salicilato e fenobarbital. O volume administrado, o débito urinário e o pH urinário devem ser monitorados de hora em hora e é necessária a inserção de um cateter de Foley.

PONTOS-CHAVE: PREVENÇÃO DA ABSORÇÃO ADICIONAL NA SOBREDOSE DE DROGAS POR VIA ORAL EM ADULTOS ✓

1. O ipeca normalmente causa vômito, mas quase nenhuma droga é realmente removida.
2. A lavagem gástrica é um procedimento invasivo que pode causar a perfuração esofágica e raramente remove uma quantidade significativa de droga do estômago.
3. A irrigação intestinal raramente é útil, a menos que haja uma forma de seguir o movimento das drogas pelo trato gastrointestinal (p. ex., a droga é radiopaca).
4. O carvão ativado adsorve a maioria das drogas, mas precisa ser administrado de forma relativamente precoce após a sobredose para que se tenha um benefício clínico.
5. Os catárticos geralmente são de pouco ou nenhum benefício.

8. Quando as técnicas extracorpóreas, tais como hemodiálise ou hemoperfusão, são indicadas?

As drogas podem ser removidas com sucesso pelo manejo extracorpóreo somente se forem encontradas em quantidades significativas no sangue, o que é o caso apenas de poucas substâncias. As demais são rapidamente distribuídas nos tecidos e não sujeitas à remoção. Na prática, as substâncias mais comumente dialisadas após a sobredose incluem ácido acetilsalícilico, lítio, metanol, etilenoglicol e, raramente, teofilina. A diálise tem vantagem sobre a hemoperfusão, pois a primeira é frequentemente mais fácil e mais rápida para ser iniciada, e pode corrigir as anormalidades hidroeletrolíticas. As drogas para as quais a hemoperfusão com carvão é algumas vezes usada incluem teofilina, fenobarbital e um número reduzido de outros agentes menos comuns tais como paraquat e amatoxina.

9. Como podemos fazer o diagnóstico de sobredose de drogas quando o paciente estiver inconsciente e a história não estiver disponível?

A sobredose de drogas em um paciente inconsciente é, algumas vezes, um diagnóstico difícil de ser feito e pode requerer um trabalho investigativo por parte do médico. Todos os pacientes inconscientes devem receber glicose (a menos que o teste de glicemia capilar mostre euglicemia) e naloxona (Narcan®). Quando possível, é importante que se faça o exame dos frascos de comprimidos disponíveis ao paciente. A descoberta de quais agentes químicos estavam disponíveis para ele, incluindo drogas ilícitas e produtos químicos domésticos, tais como pesticidas, pode ser importante. Se houver marcas de agulha, considere as drogas ilícitas comumente injetáveis, tais como opiáceos, cocaína e anfetamina. O exame físico é extremamente útil no estreitamento do diagnóstico para uma classe de drogas ou agente químico. As síndromes de intoxicação mais comuns são listadas no Quadro 80-2.

QUADRO 80-2. SÍNDROMES DE INTOXICAÇÃO MAIS COMUNS

Anticolinérgico

Sinais comuns: Demência com fala balbuciante, taquicardia, pele seca e ruborizada, pupilas dilatadas, mioclonia, temperatura discretamente elevada, retenção urinária, redução dos sons intestinais. Em casos graves podem ocorrer convulsões e arritmias

Causas comuns: Anti-histamínicos, medicação antiparkinsoniana, atropina, escopolamina, amantadina, antipsicóticos, antidepressivos, antiespasmódicos, midriáticos, relaxantes do músculo esquelético, plantas diversas (mais notavelmente estramônio)

Simpatomimético

Sinais comuns: Alucinações, paranoia, taquicardia, hipertensão, hiperpirexia, diaforese, piloereção, midríase, hiperreflexia. Em casos graves podem ocorrer convulsões e arritmias

Causas comuns: Cocaína, anfetamina, metanfetamina (e derivados: 3,4-metilenodioxianfetamina [MDA], 3,4-metilenodioximetanfetamina [MDMA], 3,4-metilenodioxietilanfetamina [MDEA]), descongestionantes sem prescrição médica (p. ex., fenilpropanolamina, efedrina, pseudoefedrina). Sobredoses de cafeína e teofilina causam quadros similares (resultantes da liberação de catecolamina), exceto os sinais psiquiátricos orgânicos

Opiáceo/sedativo

Sinais comuns: Coma, depressão respiratória, miose, hipotensão, bradicardia, hipotermia, edema pulmonar, redução dos sons intestinais, hiporreflexia, marcas de agulha

Causas comuns: Narcóticos, barbitúricos, benzodiazepínicos, etclorvinol, glutetimida, metiprilon, metaqualona, meprobamato

Colinérgico

Sinais comuns: Confusão/depressão do SNC, fraqueza, salivação, lacrimejamento, incontinência urinária e fecal, contração GI, vômito, diaforese, fasciculações musculares, edema pulmonar, miose, bradicardia (ou taquicardia), convulsões

Causas comuns: Inseticidas organofosforados e carbamatos, fisostigmina, edrofônio, alguns cogumelos (*Amanita muscaria, Amanita pantherina, Inocybe* sp, *Clitocybe* sp)

Síndrome serotonérgica

Sinais comuns: Febre, tremor, incoordenação, agitação, alterações do estado mental, diaforese, mioclonia, diarreia, rigidez

Causas comuns: Fluoxetina, sertralina, paroxetina, venlafaxina, clomipramina; e ainda, as drogas precedentes em combinação aos inibidores da monoamina oxidase

SNC = sistema nervoso central, GI = gastrointestinal.

10. Quando o exame toxicológico da urina é útil em casos de sobredose de drogas?

Os exames toxicológicos da urina se desenvolveram como ferramentas clínicas rápidas e não onerosas, e que agora podem ser realizadas perto do paciente. Contudo, os resultados costumam ser inespecíficos. P. ex., um paciente tomando um descongestionante sem prescrição médica pode apresentar um teste positivo para metanfetamina, pois as estruturas químicas das duas drogas são similares. Em situações como essa, recomenda-se a confirmação por meio de uma técnica mais específica. Muitas drogas normalmente tomadas em dose excessiva não são encontradas em um painel investigativo típico. É, portanto, importante conhecer com antecedência o que está sendo analisado e solicitar testes mais precisos quando indicados. A comunicação direta com o laboratório muitas vezes é útil.

11. Quais são as alternativas para os testes toxicológicos da urina?

As alternativas incluem exames dos níveis séricos das toxinas em questão (p. ex., para ácido acetilsalicílico, acetaminofeno, digoxina, ferro, lítio) ou solicitação da confirmação de quaisquer drogas encontradas na urina (p. ex., metabólito da cocaína). Em alguns casos forenses (p. ex., estupro ou tentativa de homicídio por envenenamento), pode ser valioso colher o sangue e a urina, comunicar o laboratório sobre quais testes podem ser feitos e então identificar e guardar outras amostras no caso de uma indicação posterior de outros testes.

12. Quais outros testes podem ser úteis em um paciente inconsciente sob suspeita de sobredose de drogas?

O eletrocardiograma pode auxiliar no diagnóstico de sobredose de antidepressivos tricíclicos, medicações cardíacas ou drogas que prolonguem o intervalo QT. Se a radiografia de tórax demonstrar edema pulmonar não-cardiogênico, deve-se suspeitar do uso de opiáceos ou salicilatos. A pneumonite por aspiração pode ocorrer sempre que houver depressão do sistema nervoso; esta condição não é específica, mas pode apressar a necessidade de intubação. Uma radiografia abdominal pode ter resultados positivos para material radiopaco no intestino, podendo ser um metal pesado, tal como ferro, arsênico ou mercúrio; uma droga, tal como a fenotiazina ou o potássio; ou um agente químico, tais como solventes com hidrocarbonetos clorados. Os testes da função hepática podem auxiliar o diagnóstico da ingestão de hepatotoxinas, tais como o acetaminofeno ou o tetracloreto de carbono. A análise da urina pode demonstrar a presença de cristais de oxalato de cálcio, sugerindo intoxicação por etilenoglicol. Caso haja acidose metabólica inexplicada e persistente, deve ser feita uma procura imediata por outros indícios diagnósticos para intoxicação por ácido acetilsalicílico, metanol ou etilenoglicol. Um nível elevado de creatinofosfoquinase em um paciente após sobredose de drogas deve estimular a hidratação, talvez com uma solução de bicarbonato.

PONTOS-CHAVE: USO DE NALOXONA (NARCAN®) ✓

1. A naloxona reverterá grande parte da sedação por opiáceos, a menos que o paciente já tenha sofrido encefalopatia hipóxica, na qual observa-se uma resposta parcial ou ausente.
2. Se o paciente estiver sedado, mas respirando, uma pequena dose de naloxona, tal como 0,4 mg, pode ser dada para evitar a precipitação de sintomas de abstinência.
3. Se o paciente não estiver respirando, a dose inicial deve ser de 2 mg IV e, ocasionalmente, será necessária uma dose maior para que se obtenha uma resposta.
4. A naloxona não reverterá o edema pulmonar não-cardiogênico.
5. Por causa de sua meia-vida curta (aproximadamente uma hora), a duração da sua capacidade de reversão dos efeitos dos opiáceos pode ser mais curta do que o efeito da droga ingerida, especialmente para drogas com meias-vidas longas (p. ex., metadona).

13. Quais antídotos são comumente usados na toxicologia?

Os antídotos mais comumente usados estão listados na Tabela 80-2.

TABELA 80-2. ANTÍDOTOS

Toxina	Antídoto	Dose e Comentários
Acetaminofeno	N-acetilcisteína	140 mg/kg, seguida por 70 mg/kg a cada 4 h, via oral ou IV em 17 doses ou menos se os níveis de transaminase permanecerem normais e o nível de acetaminofeno se tornar indetectável. A FDA aprovou a N-acetilcisteína IV, que envolve um protocolo de 20 horas
Ácido hidrofluórico	Gluconato de cálcio	3,5 g em gel tópico
Ácido valproico	L-carnitina (Carnitor®2)	Para níveis elevados de amônia, a dose ótima é incerta e não se sabe o prognóstico é afetado. O Pediatric Neurology Advisory Committee recomenda 100 mg/kg/dia, até 2 g/dia. Pode ser administrada IV ou por via oral
Agentes formadores de metemoglobina	Azul de metileno	1-2 mg/kg IV, uma dose de 10 ml de solução a 10% (100 mg; uma ampola) é a dose inicial em adultos
Anticolinérgicos	Fisostigmina	1-2 mg IV em adultos, 0,5 mg em crianças, durante 2 minutos, para delírio, convulsões ou arritmias por anticolinérgicos
Arsênico, chumbo e mercúrio	Dimercaprol (BAL)	3-5 mg/kg, IM apenas. Injeções são dolorosas. Não podem ser usadas em pacientes alérgicos ao amendoim
	D-Penicilamina	20-40 mg/kg/dia via oral; 500 mg três vezes ao dia em adultos; pode ter reação cruzada com a penicilina em pacientes alérgicos
Betabloqueadores e bloqueadores de canais de cálcio	Glucagon	5-10 mg IV em adultos, seguida de infusão da mesma dose por hora
Benzodiazepínicos	Flumazenil	0,2 mg, seguida por 0,3 mg e depois 0,5 mg, até 5 mg; não deve ser usado se o paciente também fez uso de dose excessiva de antidepressivos tricíclicos. Pode precipitar convulsões se o paciente faz uso de grandes doses de benzodiazepínicos cronicamente. Uso não aprovado em crianças, mas provavelmente é seguro
Bloqueadores de canais de cálcio	Cálcio	1 g de cloreto de cálcio IV em adultos, 20-30 mg/kg em crianças, durante alguns minutos, com monitorização contínua
Chumbo	DMSA, Succímero	Também relatado como útil para intoxicações com arsênico e mercúrio; uma cápsula de 100 mg para cada 10 kg de peso corporal três vezes ao dia por 5 dias, seguida de duas vezes ao dia por 2 semanas, com intervalos entre séries de terapia

Continua

TABELA 80-2. ANTÍDOTOS (*CONT.*)

Toxina	Antídoto	Dose e Comentários
	EDTA	75 mg/kg/dia por infusão contínua; observar nefrotoxicidade; melhor se feito no hospital
Cianeto	Tiossulfato de sódio	50 mL a 25% (12,5 g; uma ampola) em adultos; 1,65 mL/kg em crianças, IV
Cianeto, H_2S	Nitrito de sódio	10 mL a 3% (300 mg; uma ampola) em adultos; 0,33 mL/kg em crianças, lentamente por via IV
Etilenoglicol	Fomepizole	15 mg/kg x 1, seguida de 10 mg/kg a cada 12 h x 4, seguida de 15 mg/kg[1] A dose é aumentada se o paciente estiver em diálise
	Piridoxina	100 mg IV diariamente
	Tiamina	100 mg IV diariamente
Ferro	Deferoxamina	15 mg/kg/h IV; doses maiores relatadas como seguras
Glicosídeos digitálicos	Fragmentos Fab antidigoxina	10-20 frascos se o paciente estiver em fi brilação ventricular; de outra forma, a dose é baseada na concentração sérica de digoxina ou na quantidade ingerida
Isoniazida, hidrazina e monometil-hidrazina	Piridoxina	5 g em adultos, 1 g em crianças, se a dose ingerida for desconhecida; o antídoto pode causar neuropatia se doses muito grandes forem administradas
Metanol	Ácido fólico ou leucovorina	50 mg IV a cada 4 h em adultos, enquanto o paciente tiver toxicidade grave
	Fomepizole	15 mg/kg x 1, seguida de 10 mg/kg a cada 12 h x 4, seguida de 15 mg/kg[1] A dose é aumentada se o paciente estiver em diálise
Metanol e etilenoglicol	Etanol	Dose de ataque, 10 mL/kg a 10%; dose de manutenção, 0,15 mL/kg/h a 10%; dobrar a infusão durante a diálise. Os níveis de etanol devem ser monitorados frequentemente e a hipoglicemia deve ser prevenida
Opiáceos	Nalmefeno	2 mg; meia-vida mais longa do que a da naloxona
	Naloxona	2 mg; dose menor para evitar a abstinência ao narcótico; dose maior se a resposta for inadequada; a mesma dose em crianças
Organofosforados e carbamatos	Atropina	Dose teste de 1-2 mg IV em adultos, 0,03 mg/kg em crianças; titular até redução das secreções pulmonares

Continua

TABELA 80-2. ANTÍDOTOS (*CONT.*)

Toxina	Antídoto	Dose e Comentários
	Pralidoxima; 2-PAM	Dose de ataque 1-2 g IV em adultos; 25-50 mg/kg em crianças; manutenção em adultos: 500 mg/h ou 1-2 g a cada 4-6 h
Picada de aranha viúva-negra	Antiveneno *Latrodectus*	1 frasco por infusão IV lenta, geralmente curativo; pode causar anafi laxia. Geralmente reservado para casos graves refratários a opiáceos, cálcio e benzodiazepínicos
Picada de cascavel	Antiveneno de *Crotalidae,* CroFab®[2] (Crotalidae Polyvalent Immune Fragment Antigen Binding) ou formulação de Wyeth, dependendo da disponibilidade	5 frascos (dose mínima), por infusão em salina normal, em taxa crescente, dependendo da tolerância do paciente; pode causar anafilaxia (o CroFab®[2] é o menos propenso a causá-la)
Síndrome serotonérgica	Cipro-heptadina (Periactin®[2])	4 mg via oral, quando necessária, em adultos; 2 mg via oral, quando necessária, em crianças. A forma parenteral não está disponível; o antídoto pode causar síndrome anticolinérgica em caso de dose excessiva
Sulfonilureias	Octreotide (Sandostatin®)	50 µg SC a cada 12 h ou 5-10 µg/kg/24 horas IV. A dose pode ser aumentada em casos de hipoglicemia refratária
Tricíclicos	Bicarbonato	44-88 mEq em adultos; 1-2 mEq/kg em crianças; melhor se usado em *bolus* IV e não por infusão lenta

FDA = U.S. Food and Drug Administration, BAL = British anti-Lewisite, H2S = sulfeto de hidrogênio, FAB = fragmento de ligação ao antígeno, DMSA = ácido dimercapto succínico, EDTA = ácido etilenodiamino tetra-acético, 2-PAM = cloreto de pralidoxima, SC = subcutâneo.

[1] N. R. C.: Continua-se a administração de 15mg/kg IV 12/12h até o nível sérico do etilenoglicol ou do metanol baixar para < 20mg/dL e o paciente estar assintomático e com pH normal.

[2] N. R. C.: Produto ainda não comercializado no Brasil.

CAPÍTULO 81

INTOXICAÇÃO POR ÁCIDO ACETILSALICÍLICO

Ken Kulig, MD

1. A intoxicação por salicilato é um problema sério em adultos?

Em um trabalho clássico que revisou as mortes causadas por salicilato em Ontário (Canadá), foram descritos 51 casos de morte em adultos. Apesar de muitos destes pacientes estarem evidentemente intoxicados por salicilato no hospital, o tratamento não agressivo – particularmente, sem iniciar a hemodiálise quando esta era claramente indicada – resultou em desfechos fatais. Os médicos têm uma falsa noção de segurança quando vêem os níveis de salicilato declinarem lentamente, sem reconhecer que o motivo possa ser a movimentação do salicilato para os tecidos (incluindo o cérebro), o que agrava a toxicidade. A intoxicação por salicilato resultando em alteração do estado mental, acidose metabólica persistente ou edema pulmonar, deve sempre ser considerada grave e tratada com agressividade em uma unidade de terapia intensiva (UTI). O uso dinâmico de hemodiálise pode salvar a vida.

McGuigan MA: A two-year review of salicylate deaths in Ontario. Arch Intern Med 147:510-512, 1987.

2. Qual é a causa do óbito decorrente de intoxicação por salicilato?

O edema pulmonar e o edema cerebral são as causas mais comuns de morte. A acidose metabólica grave e persistente e a hipocalemia podem também contribuir para o início das arritmias ventriculares. Em alguns pacientes, pode ocorrer um colapso cardiovascular súbito na ausência de edema pulmonar ou cerebral evidentes. Este geralmente é um achado tardio observado no hospital, após o paciente ter sido tratado de forma não agressiva durante horas, quando os níveis séricos de salicilato em casos de intoxicação aguda estavam próximos de ou excediam 100 mg/dL.

Chapman BJ, Proudfoot AT: Adult salicylate poisoning: Deaths and outcome in patients with high plasma salicylate concentrations. Q J Med 72:699-707, 1989.

3. Quais são os sinais e sintomas da intoxicação por ácido acetilsalicílico?

Os sintomas mais precoces geralmente são náusea, vômito, taquipneia (que pode ser percebida pelo paciente como dispneia) e zumbido. Estes sintomas são autolimitados nas intoxicações leves ou moderadas. Nas intoxicações graves, pode ocorrer vômito persistente (que pode incluir hematêmese) e o paciente gradualmente se torna mais dispneico, à medida que a acidose piora e o edema pulmonar começa. Também pode haver alterações concomitantes do estado mental, incluindo confusão mental, comportamento bizarro, alucinações, convulsões e coma. A hiperpirexia, algumas vezes potencialmente fatal, também pode acontecer, requerendo medidas drásticas de resfriamento. Além disso, é possível observar coagulopatia leve e dano hepático.

Anderson RJ, Potts DE, Gabow PA, et al: Unrecognized adult salicylate intoxication. Ann Intern Med 85:745-748, 1976.

4. Qual é a dose tóxica de ácido acetilsalicílico?

Uma dose de 150-300 mg/kg geralmente resulta em toxicidade moderada após uma única ingestão aguda. Uma quantidade maior do que esta frequentemente resulta em toxicidade mais séria. O metil salicilato é uma fonte mais perigosa de salicilato – 1 colher de chá contém o equivalente a 6.825 mg de ácido acetilsalicílico. Portanto as intoxicações com esta substância devem sempre ser seriamente levadas em conta. A dose tóxica de ácido acetilsalicílico durante a terapia crônica varia de pessoa para pessoa. A dose máxima recomendada é de 2.600mg por dia (para um adulto de tamanho médio). Sob certas condições, doses maiores do que esta podem resultar em acúmulo da droga, se tornando potencialmente fatais, especialmente em pessoas idosas.

PONTOS-CHAVE: DIFERENÇAS ENTRE A INTOXICAÇÃO POR SALICILATO AGUDA E A CRÔNICA

1. A intoxicação crônica é mais provavelmente relacionada em idosos ao uso excessivo (ou seja, para o tratamento de artrite) e não à intoxicação intencional.
2. A intoxicação crônica causa toxicidade em níveis séricos mais baixos do que a intoxicação aguda.
3. A intoxicação crônica tem maior propensão a causar edema pulmonar.
4. Na intoxicação crônica deve-se indicar a hemodiálise com níveis séricos de salicilato mais baixos do que na intoxicação aguda.

5. Quando devemos analisar os níveis de salicilato?

É uma prática comum esperar seis horas após uma intoxicação aguda para analisar o nível de ácido acetilsalicílico com o intuito de acompanhar graficamente o seu nível (utilizando-se o nomograma de Done). O nomograma tem muitas desvantagens e não é mais comumente usado por toxicologistas. Quando a história do paciente sugere uma ingestão muito grande, são necessárias várias dosagens do nível sérico de salicilato, intercaladas por várias horas. Se o nível é crescente, especialmente quando a preparação de ácido acetilsalicílico é de liberação prolongada, o paciente deve ser tratado com bicarbonato IV e mais amostras devem ser obtidas a fim de checar novamente os níveis. É imperativo que as unidades corretas sejam usadas na interpretação dos níveis. Os níveis terapêuticos de salicilato em pacientes que fazem uso de ácido acetilsalicílico para tratar a artrite são de 15-30 mg/dL. Alguns laboratórios relatam os níveis de salicilatos em miligramas por mililitros.
A conversão é feita da seguinte forma:

$$(\text{miligramas por mililitros}) \div 100 = \text{miligramas por decilitros}$$

6. O que é o nomograma de Done? Como deve ser usado?

O nomograma de Done foi desenvolvido através da observação da cinética do ácido acetilsalicílico após a intoxicação em crianças, e também em animais experimentais. Baseado na extrapolação das meias-vidas observadas, o nomograma foi considerado como possível previsor do grau de toxicidade após uma única sobredose aguda de ácido acetilsalicílico. O nomograma não deve ser usado quando tiver ocorrido ingestão de metil salicilato, de comprimidos de ácido acetilsalicílico entéricos revestidos ou de qualquer variedade mais recente de preparações de liberação lenta. Também nunca deve ser usado no caso de ingestão crônica de ácido acetilsalicílico. Assim como não deve ser usado para determinar a toxicidade esperada no paciente que já está significativamente sintomático; neste, deve-se medir o nível de salicilato mais de uma vez. O estado clínico do paciente é muito mais importante do que o nível de salicilato na orientação da terapia.

Kulig K: Salicylate intoxications: Is the Done nomogram reliable? AACT Clin-Toxicol Update 3:1, 1990.

7. Quais são as indicações para a alcalinização da diurese no tratamento da intoxicação por ácido acetilsalicílico?

A alcalinização da diurese geralmente é segura e muito eficaz para eliminar o ácido acetilsalicílico do organismo. Ela deve ser empregada em pacientes significativamente sintomáticos e que apresentam níveis consideravelmente elevados de salicilato (ou seja, > 40 mg/dL). Adicionando-se três ampolas de bicarbonato de sódio a 1 L de SG5%, além da quantidade apropriada de potássio (a maioria dos pacientes intoxicados por ácido acetilsalicílico é depletada de potássio), e infundindo-se a solução a uma taxa suficientemente rápida para induzir um débito urinário de pelo menos 2 mL/kg/h, a excreção de salicilato aumentará enormemente. As contraindicações para a alcalinização da diurese incluem edema pulmonar, edema cerebral e falência renal. O débito e o pH urinários

PONTOS-CHAVE: CAUSAS TOXICOLÓGICAS MAIS COMUNS DE ACIDOSE METABÓLICA INEXPLICADA, GRAVE E PERSISTENTE PARA AS QUAIS HÁ ANTÍDOTOS E TRATAMENTOS ESPECÍFICOS

1. A sobredose de salicilato é uma causa comum de intoxicação.
2. A ingestão de metanol é outra causa.
3. A acidose metabólica grave também pode ser causada pela ingestão de etilenoglicol.

devem ser rigorosamente monitorados. O fracasso para alcançar uma urina alcalina (ou seja, pH > 7,5) quase sempre é resultado da hipocalemia.

Prescott LF, Balali-Mood M, Critchley JA, et al: Diuresis or urinary alkalinization for salicylate poisoning? Br Med J 285:1383-1386, 1982.

8. Quais outras anormalidades de resultados de testes laboratoriais costumam ocorrer após a ingestão de salicilatos?

O nível sérico de bicarbonato é frequentemente baixo, inicialmente como um mecanismo compensatório para a hiperventilação e, em seguida, por causa da acidose metabólica induzida pelo salicilato. A hipocalemia grave e de difícil correção geralmente ocorre nos pacientes mais doentes. A coagulopatia, com discreta elevação do tempo de protrombina e da razão normalizada internacional (RNI), também é comum.

Gabow PA, Anderson RJ, Potts DE, et al: Acid-base disturbances in the salicylate-intoxicated adult. Arch Intern Med 138:1481-1484, 1978.

PONTOS-CHAVE: ANORMALIDADES LABORATORIAIS MAIS COMUNS APÓS GRANDE INGESTÃO AGUDA DE SALICILATO

1. Ocorre baixa PCO_2 devido à hiperventilação.
2. Outro efeito é o baixo nível de bicarbonato sérico, primariamente devido à acidose metabólica.
3. Uma grande ingestão de salicilato também causa hipocalemia, devido primariamente às perdas renais.
4. Há tempo de protrombina e RNI elevados.
5. Pode ocorrer hipoglicemia, especialmente em pessoas muito jovens ou muito idosas.

9. Há algum papel para a administração de carvão em múltiplas doses após a ingestão de ácido acetilsalicílico?

Os comprimidos de ácido acetilsalicílico podem formar concreções no trato gastrointestinal. Por causa da sua natureza química, eles tendem a se agrupar e, lentamente, liberam salicilato, o que pode resultar em níveis constantemente crescentes durante longos períodos. Por este motivo, a administração de carvão em múltiplas doses pode ser útil no caso de ingestões significativas. O carvão também aumenta levemente a eliminação do salicilato já absorvido, embora não o suficiente para usá-lo apenas por esta razão.

Kirshenbaum LA, Matthews SC, Sitar DS, et al: Does multiple-dose charcoal therapy enhance salicylate excretion? Arch Intern Med 150:1281-1283, 1990.

10. Quais são as indicações de hemodiálise ou hemoperfusão na intoxicação por ácido acetilsalicílico?

A hemodiálise é mais recomendada do que a hemoperfusão porque pode, além de remover rapidamente o ácido acetilsalicílico, corrigir as anormalidades eletrolíticas e ácido-básicas. As indicações para hemodiálise incluem edema cerebral, edema pulmonar, falência renal oligúrica ou anormalidades ácido-básicas graves que não são corrigidas com reidratação e bicarbonato. Após a intoxicação aguda, a diálise deve ser considerada quando os níveis séricos de salicilato são > 80 mg/dL, e provavelmente deve ser feita na maioria dos casos com níveis > 100 mg/dL. Em pacientes críticos com níveis séricos de salicilato menores, também deve-se considerar a diálise.

Jacobsen D, Wiik-Larsen E, Bredesen JE: Haemodialysis or haemoperfusion in severe salicylate poisoning. Hum Toxicol 7:161-163, 1988.

PONTOS-CHAVE: MOTIVOS PRIMÁRIOS PARA INSTITUIR A HEMODIÁLISE APÓS INTOXICAÇÃO AGUDA POR SALICILATO ✓

1. Se o salicilato sérico estiver aumentando e se aproximando de 100 mg/dL, deve-se iniciar a hemodiálise.
2. As anormalidades do estado mental, possivelmente secundárias ao edema cerebral, são outra indicação.
3. O desenvolvimento de edema pulmonar deve levar ao início imediato da hemodiálise.
4. A hemodiálise deve ser iniciada se o paciente apresentar falência renal ou oligúria.
5. A acidose metabólica grave é outra indicação.

11. Quando os pacientes podem receber alta da UTI com segurança após a intoxicação por ácido acetilsalicílico?

Além do retorno ao estado mental e à função pulmonar basais, os pacientes devem ter determinações seriadas do nível de ácido acetilsalicílico para documentar sua queda, que deve pelo menos alcançar níveis terapêuticos baixos (15-20 mg/dL). Os sinais vitais devem estar normais, sem taquipneia residual, e o equilíbrio ácido-básico deve estar normalizado. Mesmo após eliminar fezes com carvão, alguns pacientes continuarão absorvendo ácido acetilsalicílico do trato gastrointestinal, o que nos leva a observar uma intoxicação tardia. Se os níveis não caírem, o paciente deve ser mantido na UTI.

CAPÍTULO 82

INTOXICAÇÃO POR ACETAMINOFENO

Ken Kulig, MD

1. Quais são os sinais e sintomas mais comuns após a intoxicação por acetaminofeno?

Os pacientes são frequentemente assintomáticos nas primeiras 8-12 horas, mesmo após uma intoxicação maciça por acetaminofeno. Contudo, aqueles que receberam uma alta dose geralmente apresentam náuseas e vômitos intensos de 8-12 horas após a ingestão, podendo se prolongar por vários dias. Isso pode tornar a administração oral do antídoto difícil, tornando necessário o uso de agentes antieméticos. Os pacientes frequentemente ficam muito pálidos e diaforéticos durante este período. Quando as enzimas hepáticas aumentam, o que geralmente ocorre entre 18 e 24 horas após a ingestão, o fígado pode se tornar aumentado e sensível. Em casos graves, que resultam em falência hepática fulminante, a encefalopatia ocorre depois de 3-4 dias. Deve-se sempre decartar a hipoglicemia em pacientes com estado mental alterado após intoxicação com acetaminofeno.

2. Quando o nível de acetaminofeno deve ser medido após uma intoxicação?

O nomograma para o tratamento da intoxicação deve ser usado apenas depois de um episódio único e agudo de intoxicação, quando o nível plasmático é medido entre 4 e 24 horas após a ingestão. Os níveis medidos antes de quatro horas são difíceis de interpretar; contudo, se o nível for zero, o paciente provavelmente não ingeriu acetaminofeno. Níveis altos antes de quatro horas após a ingestão podem cair para abaixo da linha do nomograma quando repetidos na quarta hora. Se o tempo de ingestão for desconhecido, o nível de acetaminofeno não poderá ser plotado na linha do nomograma. Um centro regional de controle de intoxicações pode ser contatado para aconselhamento em casos difíceis ou incomuns. As intoxicações crônicas são difíceis de correlacionar aos níveis de acetaminofeno, por isso o nomograma não deve ser usado. Em geral, o tratamento com antídoto é benigno e deve ser iniciado caso os níveis de transaminase estejam elevados após uma dose excessiva de acetaminofeno.

3. O carvão ativado deve ser empregado após uma intoxicação por acetaminofeno?

O carvão ativado se liga efetivamente ao acetaminofeno no trato gastrointestinal e, se administrado precocemente, pode auxiliar no não desenvolvimento de um nível tóxico de acetaminofeno. O carvão ativado não previne a absorção da N-acetilcisteína a um nível significativo. A dose de N-acetilcisteína oral não deve ser aumentada após o emprego do carvão ativado.

4. Como o antídoto funciona?

Considera-se que a N-acetilcisteína funcione por uma variedade de mecanismos:

- Agindo como um substituto da glutationa, que detoxifica o metabólito tóxico formado nas células do fígado.
- Sendo convertida na própria glutationa.
- Atenuando a resposta inflamatória, que pode contribuir para a necrose hepática.
- Aumentando a sulfatação do acetaminofeno que também previne a formação do metabólito tóxico.

Se o antídoto é dado dentro de oito horas da intoxicação, ele se mostra eficaz, mesmo se a intoxicação tiver sido grave. Se usado entre 8 e 24 horas após a ingestão, é menos eficiente, mas ainda funciona. Mesmo após 24 horas, a N-acetilcisteína pode ser benéfica para prevenir o agravamento da lesão hepática.

Harrison PM, Keays R, Bray GP, et al: Improved outcome of paracetamol-induced fulminant hepatic failure by late administration of acetylcysteine. Lancet 335:1572-1573, 1990.

5. Como devemos interpretar os resultados dos testes de função hepática após uma intoxicação por acetaminofeno?

É comum observar os níveis de enzima hepática aumentarem para dezenas de milhares depois de uma intoxicação aguda por acetaminofeno sem desenvolvimento de falência hepática fulminante clinicamente aparente. Quando a necrose hepática maciça e a encefalopatia hepática se desenvolvem, as transaminases geralmente estão caindo (3-5 dias após a intoxicação) e o nível de bilirrubina e a razão normalizada internacional (RNI) continuam a aumentar. O tratamento habitual para a falência hepática deve começar, o centro de transplante de fígado deve ser notificado – caso a notificação ainda não tenha sido feita – e a administração de N-acetilcisteína deve ser continuada até que os níveis de transaminase, o nível de bilirrubina e a RNI estejam próximos do normal. Mesmo quando os níveis de transaminase tiverem aumentado para 5.000-10.000, pode ocorrer a recuperação completa da função hepática.

6. Como a N-acetilcisteína deve ser administrada? Quando pode ser interrompida?*[1]

Atualmente, nos Estados Unidos, há três opções de antídotos para intoxicação por acetaminofeno, dos quais todos contêm N-acetilcisteína:

1. Formulação IV de acetilcisteína aprovada pelo U.S. Food and Drug Administration. A bula recomenda um protocolo de 20 horas, mas a dose de manutenção de 6,25 mg/kg/h pode ser continuada por mais tempo (a critério do médico), caso os níveis de transaminase estejam significativamente elevados ou o nível de acetaminofeno ainda for detectável.
2. Apresentação oral, empregada a cada quatro horas. Tem sido empregada tradicionalmente por 72 horas, mas atualmente é descontinuada, geralmente, depois de 24-36 horas, se os níveis de transaminase permanecerem normais e o nível de acetaminofeno for zero.
3. Emprego da apresentação oral por via intravenosa por meio de um filtro IV de acordo com um protocolo de administração a cada quatro horas, com o mesmo momento de interrupção da opção 2.

Sivilotti MLA, Yarema MC, Juurlink DN, et al: A risk quantification instrument for acute acetaminophen overdose patients treated with N-acetylcysteine. Ann Emerg Med 46:263-271, 2005.

Smilkstein MJ, Bronstein AC, Linden CH, et al: Acetaminophen overdose: A 48-hour intravenous N-acetylcysteine protocol. Ann Emerg Med 20:1058-1063, 1991.

Smilkstein MJ, Knapp GL, Kulig KW, et al: Efficacy of oral N-acetylcysteine in the treatment of acetaminophen overdose. N Engl J Med 319:1557-1562, 1988.

Woo OF, Mueller PD, Olson KR, et al: Shorter duration of oral N-acetylcysteine therapy for acute acetaminophen overdose. Ann Emerg Med 35:363-368, 2000.

PONTOS-CHAVE: ANTÍDOTOS PARA O ACETAMINOFENO*[2] ✓

1. A apresentação oral deve ser empregada a cada quatro horas.
2. A apresentação onde por via intravenosa (indicação não aprovada – *off-label*) deve ser administrada a cada 4 horas.
3. A formulação intravenosa, aprovada pela U.S. Food and Drug Administration para o uso IV, deve ser administrada por infusão no curso de 20 horas.

*[1] N. R. C.: Protocolos referentes às apresentações disponíveis nos Estados Unidos (Acetadote® e Mucomyst®)

*[2] N. R. C.: Protocolos ainda referentes às apresentações disponíveis nos Estados Unidos (Acetadote® [item 3] e Mucomyst® [itens 1 e 2])

7. Quando devemos considerar o transplante de fígado após a intoxicação maciça por acetaminofeno?

A intoxicação por acetaminofeno atualmente é o diagnóstico mais comum em pacientes que necessitam de transplante.*[3] Contudo, a vasta maioria dos pacientes que desenvolve graves evidências bioquímicas de dano hepático após intoxicação por acetaminofeno, responde bem ao antídoto e à terapia de suporte, e se recupera completamente, com eventual normalidade da função hepática. A necrose hepática fulminante e a morte ocasionada pela falência hepática podem ocorrer em subgrupos de pacientes que receberam uma dose maciça e se apresentaram tardiamente no hospital. Em casos como esse, deve-se notificar o centro de transplante de fígado local quanto à existência de um candidato em potencial, para que um doador compatível seja encontrado.

Bernal W, Wendon J, Rela M, et al: Use and outcome of liver transplantation in acetaminophen-induced acute liver failure. Hepatology 27:1050-1055, 1998.

Larson AM, Polson J, Fontana RJ, et al: Acetaminophen-induced acute liver failure: Results of a US multicenter, prospective study. Hepatology 42:1364-1372, 2005.

8. Existe um papel para a hemodiálise ou hemoperfusão após a intoxicação por acetaminofeno?

A N-acetilcisteína funciona extremamente bem na prevenção da toxicidade hepática quando empregada precocemente depois da intoxicação (ou seja, dentro de oito horas). Para os raros casos em que o nível de acetaminofeno sérico é extremamente alto muitas horas após a intoxicação (ou seja, mais de 20 horas), alguns autores defendem o emprego da hemodiálise ou hemoperfusão. O procedimento removerá no máximo o acetaminofeno circulante, o qual pode compreender apenas uma fração da dose total ingerida. Não está claro se a remoção dessa quantidade da droga melhorará o prognóstico, por isso tais procedimentos geralmente não são recomendados.

9. Como a ingestão aguda ou crônica de etanol altera o tratamento dos pacientes com intoxicação por acetaminofeno?

O uso abusivo crônico de etanol estimula o citocromo P450 (CYP 450) no fígado, que é a via responsável pela formação do metabólito tóxico do acetaminofeno. Contudo, o etanol por si só é parcialmente metabolizado por essa via o que pode competitivamente inibir a formação do metabólito tóxico. Além disso, os alcoolistas crônicos normalmente são mal nutridos e, por esse motivo, são depletados de glutationa. É improvável que os alcoolistas crônicos que ingiram uma dose terapêutica de acetaminofeno (até 1 g/dose e o máximo de 4 g/dia) estejam sob maior risco de toxicidade hepática, embora possam estar sob grande risco se a dose diária máxima for excedida. A ingestão aguda de álcool pode ser levemente hepatoprotetora em alcoolistas e não alcoolistas.

Schmidt LE, Dalhoff K, Poulsen HE: Acute versus chronic alcohol consumption in acetaminophen-induced hepatotoxicity. Hepatol 35:876-882, 2002.

PONTOS-CHAVE: EFEITO DA INGESTÃO DE ETANOL NA HEPATOTOXICIDADE POR ACETAMINOFENO ✓

1. A ingestão crônica de etanol induz o CYP 450, o qual leva à formação de mais metabólito tóxico.
2. A ingestão crônica de etanol também tende a depletar a glutationa devido às deficiências nutricionais, o que provavelmente torna o acetaminofeno mais tóxico.
3. A ingestão aguda de etanol pode ser levemente hepatoprotetora.

*[3] N. R. C.: Dados não-nacionais.

10. Qual é o efeito do consumo crônico de acetaminofeno na função hepática?

Dados recentes provenientes de uma pequena amostra estudada por 14 dias (26 voluntários receberam 4 g/dia de acetaminofeno, 80 receberam 4 g/dia com um entre três regimes de opiáceos fornecidos simultaneamente – comparados a 39 indivíduos controles tratados com placebo), demonstraram que o aumento nas transaminases para níveis três vezes acima do normal ocorreu em 38% dos pacientes tratados com acetaminofeno, em 39% dos pacientes tratados com acetaminofeno mais opiáceos e em nenhum paciente do grupo controle. A dose máxima recomendada de acetaminofeno (4 g/dia), considerada por um longo tempo completamente segura, pareceu causar um aumento nos níveis de transaminase, que rapidamente caíram para o normal quando a administração foi descontinuada. O significado clínico destes resultados não está claro.

Watkins PB, Kaplowitz N, Slattery JJ, et al: Aminotransferase elevation in healthy adults receiving 4 grams of acetaminophen daily-A randomized controlled trial. JAMA 296:87-93, 2006.

11. Quais sistemas orgânicos, além do fígado, podem ser afetados pela intoxicação por acetaminofeno?

Após ingestões maciças, podem ocorrer coma e acidose metabólica. Também foram descritas pancreatite e lesão renal (o parênquima renal contém CYP 450).

Curry RW, Robinson JD, Sughurre MJ: Acute renal failure after acetaminophen ingestion. JAMA 247:1012-1014, 1982.

Schmidt LE, Dalhoff K: Hyperamylasaemia and acute pancreatitis in paracetamol poisoning. Aliment Pharmacol Ther 20:173-179, 2004.

CUIDADOS COM A PACIENTE OBSTÉTRICA NA UNIDADE DE TERAPIA INTENSIVA

Stephen E. Lapinsky, MB, BCh, MSc

CAPÍTULO 83

1. Quais são os achados normais na gasometria arterial durante a gravidez?

A gravidez resulta em ventilação aumentados devido à produção elevada de dióxido de carbono, assim como ao aumento do estímulo respiratório amplamente mediado pela progesterona. Essas alterações causam uma queda na pressão parcial arterial de dióxido de carbono para aproximadamente 30 mmHg ao término da gestação. O bicarbonato plasmático diminui para 18-21 mEq/L, mantendo o pH arterial entre 7,40-7,45. A diferença na tensão alvéolo-arterial de oxigênio normalmente é inalterada e a média da PO_2 arterial geralmente é de cerca de 100 mmHg.

2. Como a gravidez afeta a hemodinâmica?

A fisiologia cardiovascular muda significativamente durante a gravidez, e é caracterizada por aumento do volume sanguíneo, elevação do débito cardíaco e uma pequena redução da pressão arterial, resultando em várias alterações nos valores hemodinâmicos normais no terceiro trimestre (Tabela 83-1). Na posição supina, o útero gravídico pode produzir uma obstrução mecânica significativa da veia cava inferior, reduzindo o retorno venoso e resultando na queda do débito cardíaco e hipotensão. Como resultado, pode levar à síncope materna ou ao sofrimento fetal. A síndrome da hipotensão supina pode ser evitada posicionando-se a paciente em decúbito lateral esquerdo, ou pelo menos elevando-se levemente o quadril direito.

Clark SL, Cotton DB, Lee W, et al: Central hemodynamic assessment of normal term pregnancy. Am J Obstet Gynecol 161:1439-1442, 1989.

TABELA 83-1. EFEITOS DA GRAVIDEZ (FASE TARDIA) NAS MEDIDAS DO CATETER DE ARTÉRIA PULMONAR

Parâmetro	Alteração do Valor em Relação à Não-gestante
Pressão venosa central	Não muda
Pressão de oclusão da artéria pulmonar	Não muda
Débito cardíaco	Aumento de 30% a 50%
Resistência vascular sistêmica	Redução de 20% a 30%
Resistência vascular pulmonar	Redução de 20% a 30%
Consumo de oxigênio	Aumento de 20% a 40%
Razão de extração de oxigênio	Não muda

3. Quais fatores afetam a oferta de oxigênio ao feto?

A oferta de oxigênio ao feto é determinada pelo conteúdo arterial de oxigênio materno, pelo fluxo sanguíneo uterino e pela função placentária. Vários fatores podem afetar desfavoravelmente o fluxo sanguíneo para a vasculatura útero-placentária, que normalmente está maximamente vasodilatada. Uma diminuição no débito cardíaco materno reduz a oxigenação fetal. A resposta materna à hipotensão não favorece o útero e as catecolaminas (endógenas ou exógenas) podem agravar a hipóxia fetal por resultarem em vasoconstrição uterina. O fluxo sanguíneo uterino também pode ser reduzido pela alcalose materna e durante as contrações uterinas.

4. Há questões especiais a serem consideradas na intubação de uma paciente gestante em estado crítico?

As vias aéreas superiores na gravidez podem se tornar edematosas e friáveis devido aos efeitos do estrógeno. Esse quadro se agrava na presença de pré-eclâmpsia por causa do importante edema. A via nasal deve ser evitada, e pode ser necessário o emprego de um tubo endotraqueal menor. Devido à redução da capacidade residual funcional e ao aumento no consumo de oxigênio, uma gestante se tornará hipoxêmica mais rapidamente do que pacientes não-gestantes durante a intubação. Esse procedimento deve ser realizado por pessoas hábeis e capacitadas. A incidência de falha na intubação é oito vezes maior na população obstétrica do que na não-obstétrica.

Munnur U, de Boisblanc B, Suresh MS: Airway problems in pregnancy. Crit Care Med 33:S259-S268, 2005.

5. Descreva os princípios do manejo da pré-eclâmpsia grave.

O aspecto mais importante do manejo é o parto do feto no momento oportuno. O tratamento de suporte envolve o controle da volemia e da hipertensão e a prevenção das convulsões. As pacientes com pré-eclampsia geralmente apresentam depleção do volume intravascular e requerem a expansão do mesmo, entretanto, a administração excessiva de líquidos pode resultar em edema pulmonar ou cerebral. A hipertensão é controlada com o objetivo de se prevenir a lesão vascular materna, mas não altera o processo patológico da pré-eclampsia. Os esquemas comumente empregados incluem pequenos bolus de hidralazina (5-10 mg IV), bolus ou infusão de labetalol ou antagonistas do cálcio orais. A profilaxia da convulsão deve ser realizada com sulfato de magnésio, administrado em bolus IV de 4 g infundido em 20 minutos, seguido por uma infusão de 2-3 g/h. Os níveis tóxicos (geralmente > 5 mmol/L) podem causar fraqueza muscular respiratória e defeitos na condução cardíaca, sendo geralmente observados em pacientes com falência renal associada. A hipocalcemia é comum e não deve ser tratada, a menos que seja sintomática. Os efeitos do sulfato de magnésio (tóxicos, assim como terapêuticos) podem ser revertidos com cálcio IV.

Lapinsky SE, Kruczynski K, Slutsky AS: State of the art: Critical care in the pregnant patient. Am J Resp Crit Care Med 152:427-455, 1995.

6. Quais são os aspectos clínicos da "síndrome HELLP"?

A síndrome HELLP (ou seja, hemólise, níveis elevados de enzima hepática e baixa contagem de plaquetas) é uma complicação da pré-eclampsia caracterizada por disfunção de múltiplos órgãos. Os aspectos diagnósticos incluem a presença de trombocitopenia, enzimas hepáticas elevadas e anemia hemolítica microangiopática. A paciente pode apresentar dor epigástrica ou no quadrante superior direito, náusea e vômito, com ou sem outros aspectos da pré-eclampsia. Uma hemorragia significativa pode ser resultante da trombocitopenia. Uma consequência rara, mas catastrófica, da síndrome HELLP é a hemorragia hepática, que se manifesta através de choque súbito ou dor abdominal aguda.

7. O que é fígado gorduroso agudo da gravidez?

É uma complicação incomum da gravidez que se manifesta pela falência hepática fulminante durante o terceiro trimestre. O maior conhecimento sobre esta condição tem resultado em um diagnóstico mais precoce, com doença hepática mais branda e em uma melhor evolução. A manifestação clínica é de mal-estar, anorexia e vômito, seguidos por dor abdominal e icterícia. A paciente piora rapidamente, apresentando falência hepática aguda manifestada por coagulopatia, hemorragia, falência renal e encefalopatia. O manejo do quadro requer exceução urgente do parto e a terapia de suporte para tratar a falência hepática fulminante.

PONTOS-CHAVE: CAUSAS DE ADMISSÃO NA UNIDADE DE TERAPIA INTENSIVA (UTI) DEVIDO ÀS CONDIÇÕES ESPECÍFICAS DA GRAVIDEZ

1. A falência respiratória pode ser causada pela embolia de líquido amniótico, edema pulmonar associado à terapia tocolítica, pré-eclâmpsia ou cardiomiopatia periparto.
2. Pode ocorrer disfunção hepática, incluindo fígado gorduroso agudo da gravidez ou síndrome HELLP.
3. A falência renal (p. ex., pré-eclâmpsia/síndrome HELLP, falência renal pós-parto idiopática) pode ser o motivo da admissão na UTI.
4. As complicações hipertensivas podem ocorrer na forma de pré-eclâmpsia.
5. As pacientes gestantes podem requerer cuidado intensivo por causa do comprometimento hemodinâmico resultante de hemorragia obstétrica ou sepse obstétrica.

8. Como a embolia por líquido amniótico se apresenta?

A embolia por líquido amniótico é uma complicação obstétrica rara, mas catastrófica, geralmente associada ao trabalho de parto, ao parto ou a outras manipulações uterinas. A manifestação típica é um início súbito de dispneia grave, hipoxemia e colapso cardiovascular, que podem ser acompanhados por convulsões. A manifestação materna é acompanhada ou precedida de sofrimento fetal súbito. Uma porção significativa das pacientes morre dentro da primeira hora. As sobreviventes normalmente desenvolvem coagulação intravascular disseminada e síndrome do desconforto respiratório agudo. A conduta deve ser de suporte, com prognóstico ruim para a mãe e o feto.

Clark SL, Hankins GDV, Dudley DA, et al: Amniotic fluid embolism: Analysis of the national registry. Am J Obstet Gynecol 172:1158-1167, 1995.

9. Quais são as causas da falência respiratória aguda na gravidez?

A falência respiratória pode ocorrer como resultado de complicações específicas da gravidez ou de outras condições, algumas das quais podem ser agravadas pela gestação (Quadro 83-1). As doenças específicas da gravidez incluem embolia por líquido amniótico, edema pulmonar resultante do uso de terapia tocolítica ou relacionado à pré-eclâmpsia e cardiomiopatia periparto. Embora as pacientes gestantes possam ter doenças similares àquelas de não-gestantes, a gravidez pode aumentar o risco de tromboembolismo venoso, crises asmáticas agudas e aspiração gástrica. Alterações na função imunológica durante a gravidez predispõem ao aumento da gravidade da pneumonia por varicela, assim como da infecção por *Listeria* e da coccidioidomicose. Existe uma associação de interesse entre a presença de pielonefrite e o desenvolvimento da síndrome do desconforto respiratório agudo na gravidez.

Lapinsky SE: Cardiopulmonary complications of pregnancy. Crit Care Med 33:1616-1622, 2005.

10. O manejo da embolia pulmonar é diferente em pacientes gestantes?

A investigação de um caso suspeito de embolia pulmonar é similar àquela realizada em pacientes não-gestantes, iniciando-se com o Doppler ultrassom. Os resultados falso-positivos podem ocorrer devido à oclusão venosa pelo útero aumentado. A cintilografia de ventilação-perfusão e a angiotomografia computadorizada do tórax podem ser executadas com baixo risco de exposição fetal à radiação. A heparina não-fracionada e a heparina de baixo peso molecular são seguras e eficazes para as grávidas. A warfarina geralmente é evitada devido ao risco de causar embriopatia (no primeiro trimestre) e anormalidades do sistema nervoso central e risco de sangramento (no segundo e terceiro trimestres). A trombólise tem sido usada com sucesso durante a gravidez e no período pós-parto, mas deve ser limitada a situações potencialmente fatais.

Greer IA: Prevention and management of venous thromboembolism in pregnancy. Clin Chest Med 24:123-137, 2003.

QUADRO 83-1. CAUSAS DE FALÊNCIA RESPIRATÓRIA NA GRAVIDEZ

Fatores específicos da gravidez
Embolia por líquido amniótico
Edema pulmonar associado à terapia tocolítica
Pré-eclâmpsia agravada pelo edema pulmonar
Edema pulmonar devido à cardiomiopatia periparto
Sepse obstétrica com SDRA
Embolia trofoblástica

Risco aumentado pela gravidez
Tromboembolismo venoso
Asma
Edema pulmonar devido a doença cardíaca preexistente
Aspiração
SDRA associada à pielonefrite
Pneumonia (especialmente varicela)

SDRA = síndrome do desconforto respiratório agudo.

11. Quais são os riscos dos procedimentos radiológicos na gravidez?

As investigações radiológicas frequentemente se fazem necessárias para o manejo de pacientes gestantes na UTI. Estima-se que a exposição fetal à radiação varia de < 0,01 rad (0,1 mGy) para a radiografia do tórax, a aproximadamente 2-5 rad (20-50 mGy) para a tomografia computadorizada pélvica (Tabela 83-2). Técnicas, tais como proteção do abdome com chumbo e uso de raios X bem colimado podem reduzir efetivamente a exposição. Os potenciais efeitos adversos da exposição do feto à radiação incluem oncogenicidade e teratogenicidade. Pode ocorrer um risco duas vezes maior de leucemia infantil com radiação em dose relativamente baixa (2-5 rad). Considera-se que a teratogenicidade não ocorra com baixas doses de radiação; a microcefalia e a hidrocefalia foram descritas após exposição a 10-150 rad. Embora a exposição à radiação na gravidez definitivamente apresente riscos, a probabilidade de qualquer efeito adverso é aproximadamente de 0,1% por rad.

Lowe SA: Diagnostic radiography in pregnancy: Risks and reality. Aust N Z J Obstet Gynaecol 44:191-196, 2004.

12. Como as manifestações de trauma grave diferem em pacientes gestantes?

O trauma é uma causa comum de morbidade e mortalidade na gravidez. O volume sanguíneo aumentado permite que a mãe tolere uma perda sanguínea moderada, mas um volume maior de hemorragia necessita de reposição mais rápida de líquido IV. A lesão fetal ou amniótica pode causar coagulopatia materna, o que pode exacerbar a hemorragia. Sempre deve-se considerar a hemorragia uterina oculta ou retroperitoneal. No terceiro trimestre, o trauma abdominal usualmente envolve o útero. Outros órgãos intra-abdominais podem ser comprimidos no abdome superior e a lesão nessa área pode causar dano orgânico significativo. Os sinais de peritonismo podem ser reduzidos por causa do estiramento do peritônio. A bexiga fica sob maior risco de lesão quando se estende acima do púbis, devendo-se lembrar que é normal haver certo grau de dilatação ureteral na gravidez. O feto está em risco de morbidade quando há hipotensão materna, lesão direta, hemorragia feto-materna e descolamento da placenta.

Pearlman MD, Tintinalli JE: Evaluation and treatment of the gravida and fetus following trauma during pregnancy. Obstet Gynecol Clin North Am 18:371-381, 1991.

TABELA 83-2. ESTIMATIVA DA EXPOSIÇÃO FETAL À RADIAÇÃO DURANTE ESTUDOS RADIOGRÁFICOS COM PROTEÇÃO ADEQUADA

Estudo Radiográfico	Dose Fetal Estimada (rad)
Raios X de tórax	0,001
Cintilografia de ventilação-perfusão	0,012-0,050
TC de crânio	0,001
TC de tórax	0,05-0,1
TC de abdome/pelve	2-5

TC = tomografia computadorizada.

13. O manejo da parada cardíaca é diferente em pacientes gestantes?

O controle da parada cardíaca na gravidez segue os protocolos gerais com algumas modificações. A ressuscitação cardiopulmonar realizada com a paciente na posição supina pode levar ao prejuízo do retorno venoso, portanto, deve-se adotar uma posição inclinada para a lateral esquerda ou o útero deve ser manualmente deslocado para a lateral esquerda. A compressão cardíaca pode ser tecnicamente difícil devido ao aumento no tamanho do útero ou das mamas. A alteração da terapia farmacológica não é necessária e as drogas não devem ser evitadas quando clinicamente indicadas. A desfibrilação elétrica pode ser realizada após a remoção de qualquer aparelho de monitoramento fetal. Quando as tentativas iniciais de ressuscitação fracassam, deve-se considerar a cesariana *perimortem* caso o feto esteja viável. Idealmente, esse procedimento deve ser iniciado dentro de quatro minutos após a parada cardíaca para o melhor prognóstico fetal. A cesariana parece reverter a compressão aorto-cava e permite uma ressuscitação bem-sucedida tanto da mãe como da criança.

14. Como podemos controlar a hemorragia obstétrica maciça?

As medidas de suporte incluem acesso venoso adequado, reposição rápida do volume e suporte com produtos sanguíneos. Uma coagulopatia dilucional deve ser antecipada. O ultrassom permite a avaliação da cavidade uterina para o diagnóstico de fragmentos placentários retidos que necessitam de curetagem uterina. Na atonia uterina, emprega-se a massagem uterina e a metilergonovina intramuscular (que deve ser evitada na presença de hipertensão). A ocitocina é administrada em uma dose maior do que a usada para induzir o trabalho de parto (p. ex., 20-40 unidades em 1 L de salina normal a uma taxa de até 100 mU/min). Os análogos de prostanglandinas são muito eficazes; a carboprost trometamina é administrada via injeção intramuscular ou intramiometrial, em uma dose de 0,25 mg que pode ser repetida.

Se os métodos farmacológicos fracassarem, os procedimentos invasivos podem ser requeridos. Estes incluem a embolização radiológica e a exploração cirúrgica para reparar as lacerações, reduzir o fluxo sanguíneo pela ligadura arterial ou, se necessário, remover o útero.

15. Quais lesões cardíacas representam problemas na gravidez?

As mudanças na fisiologia cardiovascular durante a gravidez podem resultar em descompensação em uma paciente com doença cardíaca preexistente. O débito cardíaco aumenta durante a gravidez, alcançando um pico em aproximadamente 28 semanas, de 40% a 50% acima dos níveis basais. As lesões cardíacas que limitam o débito cardíaco (p. ex., estenose mitral, estenose aórtica) representam, portanto, um risco significativo de desenvolvimento de edema pulmonar ou hipotensão no terceiro trimestre. Este risco é particularmente alto durante o trabalho de parto, por causa da taquicardia e das alterações volêmicas associadas ao parto. A hipertensão pulmonar está associada a morbidade e mortalidade significativas devido à limitação do débito cardíaco e à incapacidade para responder às alterações volêmicas do pós-parto. As anormalidades cardíacas congênitas geralmente são mais bem toleradas na gravidez, a menos que sejam complicadas pela hipertensão pulmonar. A gravidez pode predispor a paciente ao desenvolvimento de cardiomiopatia.

Siu SC, Colman JM: Heart disease and pregnancy. Heart 85:710-715, 2001.

CAPÍTULO 84

DELIRIUM

Marshall R. Thomas, MD e Jonathan Berry, MD

1. O que é *delirium*?

Delirium é um estado confusional agudo causado pela disfunção global do sistema nervoso central e associado a prejuízos na atenção, cognição e percepção. Esse quadro normalmente se desenvolve durante um curto período de tempo (horas a dias) e a intensidade dos sintomas flutua durante o curso do dia. Pode-se observar distúrbios da memória, do comportamento psicomotor, da emoção e do ciclo sono-vigília. A terminologia antiga para esse quadro incluía *psicose da unidade de terapia intensiva (UTI) e síndrome da UTI.* Esses termos devem ser abandonados, pois sugerem que o ambiente da UTI em si causa *delirium* e pode evitar que os médicos busquem intensamente causas subjacentes ao quadro.

2. Por que o diagnóstico de *delirium* é importante?

O *delirium* é um problema comum em pacientes clínicos e cirúrgicos hospitalizados, com incidência de até 20% em pacientes hospitalizados em geral, de 20% a 50% em pacientes idosos hospitalizados e de 60% a 80% em pacientes de UTI. O quadro está associado à morbidade e à mortalidade substanciais e o diagnóstico deverá induzir a uma investigação minuciosa para buscar as causas subjacentes. Em especial, a avaliação imediata para as sete etiologias (WHHHIMP) [ou seja, encefalopatia de **W**ernicke, **h**ipoxia, **h**ipoglicemia, encefalopatia **h**ipertensiva, hemorragia **i**ntracerebral, **m**eningite/encefalite e envenenamento/intoxicação (***p****oisoning*)] é importante pois a não identificação e o não tratamento dessas causas de *delirium* pode resultar em lesão ou óbito.

3. Quais as taxas de morbidade e mortalidade associadas ao *delirium*?

A presença do *delirium* está associada a aumentos substanciais na morbidade e mortalidade. Nos idosos, p. ex., o *delirium* tem demonstrado aumentar o risco de mortalidade em seis e 12 meses. Nos pacientes de UTI em ventilação mecânica, o *delirium* aumenta a duração da ventilação mecânica, o uso de contenções físicas, os custos hospitalares e as taxas de mortalidade em seis meses. Os déficits cognitivos, especialmente em pacientes idosos e em pacientes com SIDA, podem persistir por meses após a alta hospitalar. Alguns pacientes jamais voltarão às condições pré-*delirium.*

Ely EW, Shintani A, Truman B, et al: Delirium as a predictor of mortality in mechanically ventilated patients in the intensive care unit. JAMA 291:1753-1762, 2004.

4. Descreva os aspectos clínicos do *delirium.*

Os aspectos clínicos do *delirium* variam muito, podem se desenvolver rapidamente e, com frequência, flutuam ao longo do tempo. Os pacientes afetados mostram déficits de atenção e de concentração, com nível flutuante de consciência que, às vezes, é intercalado por intervalos de lucidez. Pode haver também labilidade emocional, prejuízo da memória (envolvendo especialmente os episódios recentes), desorientação e desorganização do pensamento e da fala. Os distúrbios psicomotores podem se manifestar como hipoatividade, hiperatividade ou alternância entre ambas. Um paciente com *delirium* pode se mostrar emocionalmente lábil e sofrer distúrbios de percepção tais como ilusões e alucinações (mais frequentemente visuais ou auditivas). Delírios podem ocorrer e se apresentar com natureza paranoide.

QUADRO 84-1. FATORES DE RISCO PARA *DELIRIUM*
Características basais do paciente que aumentam o risco de *delirium*:
■ Paciente idoso (geralmente definido por idade superior a 60-65 anos; o risco continua a aumentar com a idade)
■ Prejuízo cognitivo preexistente (p. ex., demência, lesão cerebral traumática)
■ Dependência de drogas ou de álcool
■ Prejuízo visual ou auditivo
Fatores clínicos que aumentam o risco de *delirium*:
■ Polifarmácia (especialmente drogas psicoativas, drogas anticolinérgicas, opiáceos e sedativos-hipnóticos).
■ Doença grave (especialmente câncer)
■ Tratamento na Unidade de Terapia Intensiva, especialmente se o paciente estiver em ventilação mecânica.
■ Pós-operatório (perda significativa de sangue, cirurgias mais prolongadas, determinados tipos de cirurgia)
■ Controle insatisfatório da dor, analgesia inadequada
■ Infecção, queimaduras graves
■ Hipovolemia, hipoalbuminemia, febre ou hipotermia, distúrbios metabólicos, disfunção orgânica significativa (p. ex., azotemia, insuficiência hepática)
Fatores ambientais que aumentam o risco de *delirium*:
■ Isolamento
■ Imobilidade (incluindo contenções físicas)
■ Privação do sono

5. Descrever os fatores de risco para *delirium*.

Muitos fatores aumentam o risco de um paciente desenvolver *delirium* e o efeito desses fatores é cumulativo. Esses fatores (Quadro 84-1) incluem características basais do paciente que aumentam o risco em determinadas pessoas e fatores clínicos e ambientais que aumentam o risco para todos os pacientes.

6. Como se chega ao diagnóstico de *delirium*?

O delirium é um diagnóstico clínico. Os critérios do *Diagnostic and Statistical Manual of Mental Disorders,* quarta edição, revisão do texto (DSM-IV-TR) (Quadro 84-2) são os mais amplamente aceitos e orientam a avaliação e o diagnóstico de *delirium.* As entrevistas padronizadas à beira do leito que não avaliam especificamente as alterações do estado mental em uma unidade clínica ou cirúrgica falham, com frequência, em diagnosticar muitas causas de *delirium.* O estado mental do paciente deve ser avaliado e o exame clínico deve incluir uma avaliação do nível de consciência, atenção, concentração, orientação, memória e processos do pensamento. Uma vez que o *delirium* "vai e vem", é preciso executar exames em série do estado mental. Intervalos intermitentes de lucidez podem levar ao não diagnóstico ou ao diagnóstico incorreto de resolução do quadro.

7. Como é possível aperfeiçoar o diagnóstico de *delirium*?

Cerca de 60% a 80% dos casos de *delirium* passam despercebidos, especialmente os quadros hipoativos. Dada a alta incidência de *delirium* nos serviços clínicos e cirúrgicos, deve-se manter um alto índice de suspeição clínica e baixo limiar para avaliações mais focalizadas. A triagem rotineira do estado mental deverá ser considerada para pacientes de alto risco, como os idosos e aqueles internados na UTI, e as ferramentas de triagem podem melhorar a detecção do quadro. O *Confusion Assessment Method* (CAM) é uma ferramenta padronizada de triagem do *delirium* com sensibilidade de 94% a 100%, especificidade de 90 a 95% e alta confiabilidade entre os observadores.

QUADRO 84-2. CRITÉRIOS DSM – IV – TR PARA DIAGNÓSTICO DE *DELIRIUM* EM VIRTUDE DE UMA CONDIÇÃO CLÍNICAL GERAL

A. Distúrbio de consciência (ou seja, redução da lucidez) com habilidade reduzida de focar, sustentar ou mudar a atenção
B. Alteração na cognição (como déficit de memória, desorientação, distúrbio de linguagem) ou desenvolvimento de distúrbio de percepção que não é resultante de demência preexistente, estabelecida ou em evolução
C. Desenvolvimento do distúrbio durante um curto período de tempo (geralmente de horas a dias) e com tendência a flutuar durante o curso do dia
D. Evidência extraída da história clínica, do exame físico ou dos achados laboratoriais de que o distúrbio seja causado pelas consequências fisiológicas diretas de um quadro clínico geral

Extraído da American Psychiatric Association: Diagnostic and Statistical Manual of Mental Disorders, 4th Edition, Revista, Washington, DC, American Psychiatric Association, 2000, com autorização.

O *Confusion Assessment Method for the Intensive Care Unit* (CAM-ICU) é uma adaptação para pacientes de UTI e pode ser aplicado aos pacientes incapacitados de se comunicar verbalmente.

Ely EW, Margolin R, Francis J, et al: Evaluation of delirium in critically ill patients. Validation of the Confusion Assessment Method for the Intensive Care Unit (CAM-ICU). Crit Care Med 29:1370-1379, 2001.

Inouye SK, van Dyck CH, Alessi CA, et al: Clarifying confusion: The confusion assessment method. A new method for detection of delirium. Ann Intern Med 113:941-948, 1990.

8. Quais as causas do *delirium*?

As causas subjacentes do *delirium* são amplas e qualquer caso pode ter múltiplas etiologias. Muitos médicos usam o recurso mnemônico "I WATCH DEATH" para ajudar a lembrar as várias causas dessa enfermidade (Tabela 84-1). A Pergunta 11 mostra, em detalhes, a abordagem da investigação dessas causas subjacentes.

9. Quais os medicamentos mais provavelmente associados ao *delirium*?

As evidências disponíveis sugerem que os medicamentos frequentemente atuam na patogênese do *delirium*. Várias drogas já foram associadas a essa doença, mas essa ligação se baseia em dados de relatos de caso e em estudos retrospectivos para os quais não há grupos controle. A evidência é mais forte para o uso de vários medicamentos de ação psicotrópica e opiáceos como fatores de risco para o desenvolvimento do *delirium*. Embora mais estudos sejam necessários para melhor delinear o risco relativo específico de *delirium* associado aos diferentes medicamentos, continua sendo importante minimizar o uso de drogas que possam causar ou exacerbar o quadro em pacientes sob risco e considerar o efeito dessas drogas na investigação e no tratamento do *delirium* (Quadro 84-3).

Gaudreau JD, Gagnon P, Roy MA, et al: Association between psychoactive medications and delirium in hospitalized patients: A critical review. Psychosomatics 46:302-316, 2005.

10. Quais diagnósticos psiquiátricos podem ser confundidos com *delírium*?

Os sintomas de *delirium* sugerem diagnósticos como esquizofrenia, depressão, mania, ansiedade e demência. O prejuízo cognitivo pode não ser evidente ao exame clínico de rotina. O início agudo dos sintomas, o prejuízo proeminente da atenção e o estado mental com "altos e baixos" ajudam a diferenciar o *delirium* dos diagnósticos psiquiátricos. Pode ser difícil diferenciar demência de *delirium*, especialmente quando não há informações disponíveis sobre o funcionamento cognitivo basal. O nível alterado de consciência, a presença de alucinações e distúrbios psicomotores são aspectos complementares que falam a favor do diagnóstico de *delirium*.

TABELA 84-1. DIAGNÓSTICO DE *DELIRIUM* USANDO O RECURSO MNEMÔNICO "I WATCH DEATH"	
Infecção	Sepse, meningite, encefalite, abscesso do SNC, sífilis, HIV, qualquer infecção (p. ex., trato urinário ou pneumonia, especialmente no idoso)
Abstinência (***W**ithdrawal*)	Álcool, benzodiazepínicos, barbitúricos
Distúrbio metabólico **A**gudo	Hiponatremia ou hipernatremia, hipocalcemia ou hipercalcemia, hipercalemia, acidose, alcalose, hipoglicemia ou hiperglicemia, insuficiência renal ou hepática
Trauma	Trauma craniano fechado, pós-operatórios, intermação, queimaduras graves
Patologia do SN**C**	Convulsões, hemorragia, AVC, tumor (primário do SNC ou metástase), vasculite, hidrocefalia
Hipoxia	Anemia, envenenamento por monóxido de carbono, hipotensão, insuficiência cardíaca ou pulmonar
Deficiências	Vitamina B_{12}, folato, niacina, tiamina
Endocrinopatias	Hiperadrenalismo cortical ou medular, mixedema, crise tireotóxica, hiperparatiroidismo
Causa vascular **a**guda	Encefalopatia hipertensiva, arritmia, choque
Toxinas ou drogas	Medicamentos, drogas ilícitas, pesticidas, solventes
Metais pesados (***h**eavy metals*)	Chumbo, mercúrio, manganês

SNC = sistema nervoso central; HIV = vírus da imunodeficiência humana.
Adaptado de Wise MG, Rundell JR: Clinical Manual of Psychosomatic Medicine. Washington, DC, American Psychiatric Publishing, 2005, com autorização.

11. Como deve ser desenvolvida a investigação do *delirium*?

Uma história precisa é importante e deverá ser obtidida via paciente, prontuário, funcionários do hospital e/ou amigos e família do paciente, conforme for mais apropriado. Essas informações ajudam a delinear se houve alguma alteração no estado mental basal do paciente, quais sintomas estão presentes e se os sintomas estão flutuando, além de poder identificar possíveis etiologias. Deve-se revisar os sinais vitais, os exames físico e neurológico, o exame do estado mental e os dados laboratoriais. Uma vez que o *delirium* tem "altos e baixos", deve-se realizar exames em série do estado mental. Todos os medicamentos que o paciente estiver tomando deverão ser revisados e é preciso fazer uma análise das relações temporais entre as alterações e o início dos sintomas.

12. Quais estudos laboratoriais são indicados na avaliação do *delirium*?

A investigação laboratorial de rotina do *delirium* inclui: eletrólitos (incluindo cálcio, magnésio e fósforo), hemograma completo, glicose, ureia e creatinina, exames da função hepática, gasometria arterial e análise da urina. Também se deve considerar a radiografia de tórax e o eletrocardiograma.

13. Quais os outros estudos complementares que podem ser indicados na investigação do *delirium*?

Conforme indicação clínica, deve-se considerar também o seguinte: VDRL (ou seja, teste para sífilis), teste para o vírus da imunodeficiência humana (HIV), cultura de urina com teste de sensibilidade, triagem toxicológica urinária,

QUADRO 84-3. LISTA PARCIAL DE DROGAS QUE PODEM CAUSAR *DELIRIUM*
Analgésicos: Opiáceos (especialmente meperidina), anti-inflamatórios não esteroidais (AINEs), tramadol
Anticolinérgicos: Antiespasmódicos, atropina, benzotropina, escopolamina, anti-histamínicos, prometazina
Antidepressivos: ISRSs, antidepressivos tricíclicos
Corticosteroides
Sedativos-hipnóticos: Barbitúricos, benzodiazepínicos
Simpatomiméticos: Cocaína, anfetaminas, teofilina, epinefrina
Agonistas da dopamina: Amantadina, bromocriptina, levodopa, carbidopa, pergolida, pramipexol
Anticonvulsivantes: Fenobarbital, fenitoína, carbamazepina, valproato
Bloqueadores H_2: Cimetidina, ranitidina, famotidina
Anti-hipertensivos: Betabloqueadores, diuréticos, clonidina
Cardíacos: Lidocaína, digitais, quinidina, procainamida, amiodarona, mexiletina
Antineoplásicos: Metotrexato, tamoxifeno, vinblastina, vincristina
Antibióticos/antifúngicos/antivirais: Aciclovir, anfotericina B, cefalosporinas, quinolonas, cloroquina, gentamicina
Outros: Dissulfiram, baclofeno, donepezil, interferon, hipoglicemiantes orais, lítio

AINEs = antiinflamatórios não esteroidais; ISRSs = inibidores seletivos da recaptação da serotonina. Adaptado de Wise MG, Rundell JR: Clinical Manual of Psychosomatic Medicine, Washington, DC, American Psychiatric Publishing, 2005, com autorização

níveis de vitamina B_{12} e folato, triagem de intoxicação por metais pesados, anticorpos antinucleares, medição do nível de amônia, dosagem do hormônio tireoestimulante, análise dos níveis séricos de medicamentos (como a digoxina), dosagem das porfirinas urinárias, hemoculturas, punção lombar, tomografia computadorizada ou ressonância magnética de crânio e eletroencefalografia.

American Psychiatric Association: Practice Guidelines for the Treatment of Patients with Delirium. Am J Psychiatry 156:1-20, 1999.

14. Como é o tratamento do *delirium*?

No tratamento do *delirium* a intervenção mais importante é identificar e corrigir toda e qualquer causa subjacente. Pacientes com *delirium* devem ser monitorados e supervisionados de perto. Eles deverão ser reorientados com frequência; calendários e relógios visíveis podem ser úteis nesse sentido. A presença de membros da família e de objetos familiares pode ajudar a aliviar a ansiedade e a paranoia. Os pacientes deverão, quando for possível, usar seus óculos e aparelhos auditivos. O ritmo circadiano (ciclo sono-vigília) deverá ser mantido com o mínimo de distúrbios possível durante a noite. Estímulos em excesso (p. ex., alarmes, outro paciente agitado no mesmo quarto) deverão ser minimizados. O uso de contenções físicas também deverá ser minimizado sem prejudicar a segurança do paciente e de terceiros.

15. Descreva o tratamento farmacológico do *delirium.*

Pacientes com *delirium* deverão ter seus medicamentos revisados, e aqueles que possam causar ou exacerbar o quadro deverão ser suspensos, trocados por uma alternativa menos problemática ou reduzidos até a menor dose efetiva possível. Nos EUA, as orientações da American Psychiatric Association recomendam haloperidol como agente de primeira linha para o tratamento farmacológico do *delirium*. O uso de antipsicóticos de segunda geração é discutido mais tarde. Desde que essas orientações foram criadas, relatos de caso e estudos clínicos abertos têm dado apoio à eficácia dos antipsicóticos de segunda geração risperidona, olanzapina, ziprasidona e quetiapina. Os benzodiazepínicos deverão ser evitados, exceto em circunstâncias especiais, como no caso do *delirium* resultante da abstinência do álcool ou aquele associado a convulsões ou, em baixas doses, como tratamento adjunto em pacientes com agitação refratária a agentes antipsicóticos.

16. Como o haloperidol é usado no tratamento do *delirium*?

O haloperidol é um agente neuroléptico de primeira geração e de alta potência, com reações adversas anticolinérgicas mínimas. Seus efeitos colaterais agudos podem incluir distonia, pseudo-parkinsonismo e acatisia. Além disso, o haloperidol pode prolongar o intervalo QT corrigido pela frequência cardíaca (QTc) e, mais raramente, tem sido associado ao quadro de "torsades de pointes". Essa droga não deverá ser usada em pacientes com QTc basal superior a 450 mseg. O QTc e os eletrólitos deverão ser monitorados durante o tratamento. O haloperidol pode ser administrado por via oral, intramuscular (IM) ou intravenosa (IV). O uso IV, embora comum, não está aprovado pelo FDA nos EUA. Ao se converter uma dose oral em IM ou IV, a dose IM ou IV é duas vezes mais potente do que a dose oral (p. ex., 5 mg IV = 10 mg oral).

17. Qual a dose de haloperidol utilizada no tratamento do *delirium*?

O medicamento pode ser administrado em doses de 2, 5 ou 10 mg em pacientes mais jovens, ou 0,5, 1 ou 5 mg em pacientes idosos ou debilitados que apresentem agitação leve, moderada ou intensa, respectivamente. As doses podem ser repetidas (no dobro da dose anterior) em intervalos de 30 minutos até que o paciente se mostre menos agitado. Uma dose baixa de lorazepam (0,5-1 mg IV durante 1 minuto, que pode ser repetida em 30 minutos se o paciente ainda estiver agitado) pode ser acrescentada se o haloperidol isoladamente não for eficaz para controlar a agitação. Uma vez que o paciente esteja calmo, calcula-se a dose total de haloperidol usada durante 24 horas e administra-se a mesma dose durante o dia seguinte, em doses divididas (com a dose maior à noite). À medida que a condição do paciente melhorar, o haloperidol poderá ser reduzido gradativamente durante os dias seguintes (50% por dia).

PONTOS-CHAVE: *DELIRIUM* ✓

1. O *delirium* é uma emergência médica e incita uma investigação imediata e completa em busca das causas subjacentes.
2. Instrumentos de triagem padronizados como o CAM e o CAM-ICU podem ajudar os médicos a detectar o *delirium*.
3. O tratamento do delirium deverá ser orientado para tratar as causas subjacentes, quando possível.
4. Haloperidol é a substância de primeira linha para o tratamento farmacológico do *delirium*.
5. Já existem evidências que permitem o uso de quetiapina, risperidona e olanzapina no tratamento do *delirium*.
6. Os benzodiazepínicos não deverão ser usados como monoterapia para o *delirium*, exceto em circunstâncias especiais como no quadro de *delirium* resultante da abstinência do álcool.

18. Como são usados os agentes antipsicóticos de segunda geração no *delirium*?

Recentemente, relatos de caso e estudos clínicos abertos deram apoio ao uso de algumas substâncias antipsicóticas de segunda geração (p. ex., risperidona, olanzapina, quetiapina e ziprasidona) no tratamento do *delirium*. Essas substâncias mais novas podem oferecer um risco mais baixo de reações adversas extrapiramidais e podem ser eficazes no tratamento de casos de *delirium* com resposta insatisfatória ao haloperidol. Entretanto, essas drogas também estão associadas às próprias adversidades (como possível aumento no risco de episódios vasculares em pessoas idosas). Pouco se sabe sobre a dose dessas novas substâncias no tratamento do *delirium*. Inicialmente, os pacientes deverão receber uma dose fixa com as demais doses administradas, conforme a necessidade, e deverão ser monitorados quanto à sedação, hipotensão, ortostasia, taquicardia e sintomas extrapiramidais enquanto a dose é titulada. Os níveis de eletrólitos e o QTc deverão ser monitorados em pacientes de risco. Pacientes idosos, instáveis e aqueles com anormalidades do sistema nervoso central deverão receber doses no limite inferior da faixa de dose com lenta titulação enquanto são monitorados de perto. Assim como para o haloperidol, o medicamento deverá ser titulado até se obter o efeito desejado e só será reduzido gradativamente após a resolução do quadro de *delirium*. Não há dados suficientes para recomendação de dose para ziprasidona.

Schwartz TL, Masand PS: The role of atypical antipsychotics in the treatment of delirium. Psychosomatics 43:171-174, 2002.

SITES

1. American Psychiatric Association Practice Guidelines (incluindo tratamento para delirium): www.psych.org/psych_pract/treatg/pg/prac_guide.cfm
2. ICU Delirium and Cognitive Impairment Study Group: www.icudelirium.org

CAPÍTULO 85

ANSIEDADE E AGITAÇÃO NA UNIDADE DE TERAPIA INTENSIVA

Marshall R. Thomas, MD e Jonathan Berry, MD

1. O que é ansiedade e agitação?

A ansiedade tem manifestações psicológicas (apreensão excessiva, medo) e fisiológicas (tensão motora, hiperatividade autonômica). Por outro lado, a agitação se caracteriza por atividade motora excessiva, que pode estar associada a fatores subjacentes contribuintes, como dor ou ansiedade. Esses dois fatores podem ser causados por uma grande variedade de condições clínicas e psiquiátricas, ou podem refletir uma reação psicológica às circunstâncias que cercam o paciente em tratamento na unidade de terapia intensiva (UTI). P. ex., a agitação na UTI pode resultar do medo, da dor, do desconforto, de *delirium*, de abstinência de drogas/toxicidade por drogas, hipóxia, acatisia ou uma combinação de fatores.

2. Quais condições clínicas estão associadas à ansiedade e à agitação?

Ver Quadro 85-1.

QUADRO 85-1. CONDIÇÕES CLÍNICAS ASSOCIADAS A SINTOMAS PROEMINENTES DE ANSIEDADE

Abstinência de drogas (sedativo-hipnóticos, opiáceos, antidepressivos tricíclicos, álcool)	Encefalopatia	Lúpus eritematoso sistêmico
Acatisia	Feocromocitoma	Pneumonia
Angina	Hipercalcemia	Pneumotórax
Asma	Hipercalemia	Porfiria
Arritmias cardíacas	Hipercortisolismo	Síndrome carcinoide
Cardiomiopatias	Hipertermia	Síndrome pós-AVC
Convulsões parciais complexas	Hipertireoidismo e hipotireoidismo	Síndrome pós-concussiva
Delirium	Hiperventilação	Toxicidade por drogas (estimulantes, xantinas, simpatomiméticos, tiroxina, alucinógenos, anticolinérgicos)
Demência	Hipocalcemia (hipoparatireoidismo)	Tumores na área do terceiro ventrículo
Dependência respiratória	Hipoglicemia	
Doença de Parkinson	Hiponatremia	
Doença Pulmonar Obstrutiva Crônica	Hipovolemia	
Doença valvar	Hipóxia	
Dor	Infarto do miocárdio	
Edema pulmonar	Insuficiência cardíaca congestiva	
Embolia pulmonar		

3. Quais drogas estão associadas à ansiedade no cenário clínico?

Ver Quadro 85-2.

QUADRO 85-2. DROGAS ASSOCIADAS À ANSIEDADE NO CENÁRIO CLÍNICO

Anticolinérgicos:	**Estimulantes:**	**Diversos:**	**Diversos (cont):**
Antidepressivos tricíclicos	Anfetamina	Alucinógenos	Ácido nicotínico
Benzotropina	Cafeína	Antagonistas do cálcio	AINEs
Difenidramina	Cocaína	Baclofeno	Derivados da procaína
Meperidina	Fentermina	Bupropiona	ISRSs
Oxibutinina	Metilfenidato	Corticosteroides	Lactato de sódio
Pilocarpina	Xantinas	Cicloserina	Progestinas
Propantelina	**Simpatomiméticos:**	Disopiramida	Sumatriptano
Quinidina	Albuterol	Dronabinol	Tiroxina (em excesso)
Triexifenidil	Aminofilina	Esteroides anabolizantes	**Abstinência de drogas**
Dopaminérgicos:	Efedrina	Estrogênios	Antidepressivos
Amantadina	Epinefrina	Fluoroquinolonas	Barbitúricos
Antipsicóticos	Fenilefrina	Glutamato monossódico	Benzodiazepínicos
Bromocriptina	Isoproterenol	Interferon	Narcóticos
Carbidopa-levodopa	Metaproterenol	Metrizamida	Sedativos
Metoclopramida	Pseudoefedrina	Metronidazol	
Pergolida	Teofilina	Mexiliteno	

AINEs = Antiinflamatórios não esteroidais; ISRSs = inibidores seletivos da recaptação da serotonina. Adaptado de Goldberg RJ, Posner DA: Anxiety in the medically ill. In Stoudmire A, Fogel BS, Greenberg DB (eds). Psychiatric Care of the Medical Patient, 2ªrd ed. New York, Oxford University Press, 2000, pp 165-180.

4. Por que a identificação de ansiedade e agitação é importante na UTI?

Ansiedade e agitação geralmente complicam a avaliação médica e o tratamento de pacientes na UTI. A ansiedade pode produzir agitação e causar alterações fisiológicas como taquicardia, hipertensão, aumento do catabolismo e do consumo de oxigênio. Em pacientes que sofreram infarto do miocárdio (IM), níveis mais altos de ansiedade foram associados ao aumento de complicações intra-hospitalares e ao aumento no risco de um novo IM. A agitação também pode complicar gravemente o tratamento na UTI se os pacientes interferirem nos dispositivos de monitorização ou removerem o tubo endotraqueal, os acessos venosos e arteriais, a sonda nasogástrica ou o cateter vesical.

5. O que é acatisia?

A acatisia é uma desordem de movimento frequentemente causada por bloqueadores do receptor de dopamina (incluindo antipsicóticos e antieméticos, como metoclopramida e prometazina). Os pacientes afetados sofrem de inquietação motora e necessidade urgente de se movimentar. Geralmente eles batem os pés, balançam, cruzam e descruzam as pernas ou as movimentam em compasso regular. Às vezes esse quadro é confundido com a piora da agitação ou da psicose subjacente. Os medicamentos que bloqueiam a dopamina deverão ser suspensos, trocados por um alternativo ou reduzidos gradativamente até a dose efetiva mais baixa possível. Os betabloqueadores, como propranolol (10 mg quatro vezes ao dia a 40 mg três vezes ao dia), são o tratamento padrão. Os benzodiazepínicos também podem ser eficazes.

6. Descreva os sinais e sintomas associados à abstinência do álcool.

Cerca de 25% dos pacientes adultos hospitalizados apresentam uma desordem relacionada ao álcool, e a abstinência deverá ser considerada em qualquer paciente que desenvolva ansiedade nos primeiros dias de internação. Na UTI, outras situações clínicas ou medicamentos (p. ex., betabloqueadores e narcóticos) podem alterar a apresentação clínica e mascarar o diagnóstico. Os sinais de abstinência do álcool ocorrem tipicamente dentro de seis a 48 horas da cessação ou da redução da ingestão e incluem ansiedade, irritabilidade, tremor, insônia, anorexia, náusea, taquicardia, hipertensão e diaforese. Os casos mais sérios podem progredir para a agitação, *delirium*, alucinações, febre e convulsões.

7. Quais são as características do *delirium* resultantes da abstinência do álcool (ou seja, *delirium tremens* [DT])?

No passado, cerca de 5% dos pacientes hospitalizados com dependência de álcool desenvolviam *delirium* resultante da abstinência; a causa mais comum de sintomas psicóticos em dependentes de álcool. Os fatores de risco incluem: mais de dez anos de alcoolismo pesado, história anterior de DT, convulsões por abstinência e doença clínica significativa. Os sinais e sintomas incluem: confusão, desorientação, agitação, nível flutuante de consciência, delírio, alucinações vívidas (na maioria visuais, mas também táteis ou auditivas), febre e excitação autonômica acentuada. Normalmente, a latência é de dois a sete dias após a cessação da ingestão. Com um tratamento agressivo, a taxa de mortalidade de 40% associada ao DT pode ser reduzida para menos de 1%.

8. O que é o transtorno psicótico induzido pelo álcool (ou seja, alucinose alcoólica)?

O transtorno psicótico induzido pelo álcool é uma síndrome na qual alucinações vívidas (geralmente auditivas) ocorrem logo após a cessação do consumo do álcool presença de um sensório sob outros aspectos preservado e com uma relativa escassez de sintomas autonômicos. Os pacientes respondem a essas alucinações normalmente depreciativas com medo, ansiedade e agitação. Na maioria dos casos, os sintomas regridem em algumas horas a alguns dias, mas em um pequeno número de casos podem se tornar crônicos. Se o tratamento padronizado para abstinência do álcool não fornecer alívio, pode-se acrescentar substâncias antipsicóticas para tratar a agitação ou as alucinações.

9. Como podemos tratar a abstinência do álcool?

Os benzodiazepínicos são o tratamento preferido para a abstinência do álcool moderada a intensa. Os benzodiazepínicos de meia-vida intermediária, lorazepam e oxazepam, são os preferidos para pacientes suscetíveis à acumulação excessiva e à superdosagem (p. ex., os idosos e aqueles com prejuízo da função hepática, *delirium* ou demência). Essas drogas reduzem os sintomas da abstinência e a probabilidade de *delirium* e de convulsões. Todos os pacientes tratados para abstinência do álcool deverão receber tiamina, 100 mg via oral (VO) ou intramuscular (IM) imediatamente e, a seguir, diariamente; ácido fólico, 1 mg VO diariamente e multivitaminas VO diariamente. A tiamina (100 mg IV/IM) deverá ser administrada antes de qualquer infusão de glicose para prevenir a síndrome de Wernicke-Korsakoff. A abstinência alcoólica complicada pode exigir doses substancialmente mais altas de benzodiazepínicos e uso de medicamentos adjuvantes.

American Society of Addiction Medicine: Guidelines for treatment of alcohol withdrawal and the Clinical Institute Withdrawal Assessment-Alcohol, revisado: www.asam.org.

10. Quais medicamentos podem ser usados como adjuvantes para tratar a abstinência do álcool?

Os agentes psicóticos, como o haloperidol, podem ser usados para ajudar a controlar a agitação e os sintomas psicóticos, mas apenas em associação aos benzodiazepínicos. Existem evidências cada vez maiores de que o valproato de sódio e a carbamazepina sejam eficazes no tratamento da abstinência do álcool de leve a moderada, mas os benzodiazepínicos permanecem como as drogas de escolha na maioria dos casos. Os betabloqueadores e os alfa-agonistas de ação central, como a clonidina, diminuem as manifestações autonômicas da abstinência do álcool mas não há provas de que elas reduzam o risco de convulsões ou de *delirium*. Os barbitúricos e o propofol já foram usados para tratar o DT refratário a doses elevadas de benzodiazepínicos, mas geralmente não são opções de primeira linha.

Mayo-Smith MF, Beecher LH, Fischer TL, *et al:* Management of alcohol withdrawal delirium, an evidence-based guideline. Arch Intern Med 164:1405-1412, 2004.

11. Descreva a síndrome de abstinência de sedativos-hipnóticos.

As substâncias sedativo-hipnóticas incluem os benzodiazepínicos, os barbitúricos e vários outros depressores do sistema nervoso central (p. ex., hidrato de cloral). A abstinência de sedativos-hipnóticos é sintomaticamente semelhante à abstinência do álcool. O tempo de latência e de duração da síndrome varia de acordo com a meia-vida da substância; os sintomas podem se manifestar várias horas após a suspensão dos medicamentos de ação curta, até vários dias para aqueles de ação mais prolongada. A abstinência pode ser potencialmente fatal. O tratamento consiste na redução gradativa da substância ou em uma dose equivalente de uma substância de ação mais prolongada (p. ex., diazepam para abstinência de benzodiazepínicos ou fenobarbital para a de barbitúricos).

12. O que é a síndrome de abstinência de opiáceos? Como ela pode ser tratada?

A abstinência de opiáceos ocorre no hospital, quando tais substâncias são retiradas ou reduzidas muito rapidamente, ou quando um antagonista, como a naloxona, é usado para tratar a superdosagem. Os pacientes que tiveram o tratamento modificado para narcóticos de propriedades agonista-antagonista mistas, como a pentazocina, também podem sofrer abstinência. Os sintomas incluem ansiedade, rinorreia, lacrimejamento, piloereção, midríase, dores abdominais, náusea, vômito, diarreia, taquicardia e hipertensão. Embora muito desconfortável, a abstinência de opiáceos raramente constitui ameaça à vida. Ela pode ser tratada com a redução mais gradual da substância ou aliviada pelo uso adjunto de um agonista alfa 2 adrenérgico de ação central, como a clonidina.

13. Quais são os sintomas da abstinência de antidepressivos?

A interrupção abrupta de inibidores seletivos da recaptação da serotonina, de inibidores da recaptação de serotonina-norepinefrina, de inibidores da monoamina oxidase e dos antidepressivos tricíclicos pode causar sintomas de abstinência. Esses sintomas começam de um a quatro dias após a cessação do medicamento e duram até duas semanas, podendo incluir: parestesias, ansiedade, agitação, anorexia, náusea, vômito, diarreia, mialgias, insônia, pesadelos, hiperreflexia, acatisia e *delirium*. A reintrodução da terapia com antidepressivos, associada a uma retirada mais gradativa, é um tratamento eficaz da síndrome de abstinência.

14. Quais causas psiquiátricas de ansiedade e agitação podem ser observadas na UTI?

Os transtornos de ansiedade e de uso de substâncias são os transtornos psiquiátricos mais comuns na população em geral. A história clínica é, com frequência, a mais importante para distinguir entre um novo episódio de ansiedade ou agitação e os sintomas psiquiátricos preexistentes. Os transtornos de ansiedade (como aqueles apresentados no Quadro 85-3) podem piorar com o estresse da permanência na UTI. Com frequência, a ansiedade está associada a transtornos do humor e a agitação pode ser observada na depressão ou na mania. Os pacientes com desordens psicóticas, como a esquizofrenia, também podem se tornar ansiosos e agitados. Os sintomas podem piorar se os medicamentos antipsicóticos, ansiolíticos, estabilizadores do humor ou antidepressivos forem suspensos na UTI.

15. Como devemos tratar a agitação na UTI?

O primeiro passo no tratamento da agitação é identificar a causa ou as causas subjacentes. Algumas delas, como a hipoxemia, a hipoglicemia ou a abstinência do álcool, exigem tratamento imediato. O tratamento das causas reversíveis como dor, desconforto ou volume corrente excessivo em pacientes ventilados pode resolver a agitação. Deve-se tentar a intervenção não farmacológica, com ações como tranquilizar o paciente, reduzir a estimulação do ambiente ou envolver os membros da família. O tratamento farmacológico varia de acordo com a causa subjacente. As contenções físicas deverão ser usadas somente quando o risco de dano ao paciente ou a terceiros for maior do que o risco de prejuízo físico ou psicológico das próprias contenções.

Maccioli GA, Dorman T, Brown BR, *et al:* Clinical practice guidelines for the maintenance of patient physical safety in the intensive care unit: Use of restraining therapies – American College of Critical Care Medicine Task Force 2001-2002. Crit Care Med 31:2665-2676, 2003.

QUADRO 85-3. TRANSTORNOS DE ANSIEDADE SELECIONADOS

Transtorno de ansiedade generalizada: Pelo menos seis meses de ansiedade excessiva e preocupação, associadas a sintomas como inquietação, cansaço fácil, irritabilidade, distúrbios do sono ou tensão muscular. A maioria desses pacientes tem, pelo menos, um transtorno mental adicional (p. ex., transtorno do pânico ou transtorno depressivo)

Ataques de pânico: Episódios curtos de medo intenso com sintomas concomitantes como palpitações, diaforese, falta de ar, dor no tórax e medo de morrer

Transtorno do pânico: Ataques de pânico recorrentes e inesperados, acompanhados de preocupação sobre a recorrência, sobre as consequências dos ataques e/ou alteração no comportamento causada pelos mesmos. A agorafobia (ou seja, medo de locais onde a ajuda não esteja disponível ou o escape possa ser difícil ou constrangedor na ocorrência de um ataque de pânico) pode ou não estar presente

Transtorno de estresse agudo: A exposição a um episódio traumático e amedrontador intenso, acompanhada ou seguida por sentimentos de dissociação (p. ex., entorpecimento emocional), de reexperiência do episódio, da fuga dos estímulos que causam tal reexperiência e de aumento da ansiedade ou excitação. Os sintomas se manifestam dentro de quatro semanas a partir da ocorrência e duram de dois dias a quatro semanas

Transtorno de estresse pós-traumático: Exposição a um episódio traumático intenso e amedrontador, seguida de reexperiência persistente, fuga dos estímulos associados ao trauma, entorpecimento emocional e aumento da excitação. Os sintomas devem estar presentes por pelo menos um mês. Diagnósticos psiquiátricos associados, como transtornos relacionados ao uso de substâncias e transtornos do humor, são comuns

Transtorno de ajustamento com ansiedade: Os sintomas de ansiedade ocorrem dentro de três meses após um fator de estresse identificável e se mostram excessivos ou causam prejuízo da função social ou ocupacional

Ansiedade em virtude de um quadro clínico geral: Ansiedade, ataques de pânico, obsessões ou compulsões com evidências de que os sintomas são consequência de um quadro clínico geral

16. Qual é a abordagem geral do tratamento farmacológico da agitação na UTI?

O tratamento farmacológico varia de acordo com a causa subjacente da agitação. Dor, ansiedade e *delirium* são as causas mais comuns a exigir medicamentos. As escalas de classificação, como a escala numérica de classificação da dor e a Escala de Sedação-Agitação de Riker, deverão ser usadas para avaliar a resposta ao tratamento. As substâncias analgésicas (geralmente opiáceos) deverão ser usadas para tratar a dor, os sedativos, como os benzodiazepínicos, para ansiedade ou abstinência do álcool e de sedativos-hipnóticos e os antipsicóticos, como o haloperidol, para a maioria dos casos de *delirium*. Muitos pacientes terão mais de uma etiologia para sua agitação e vão precisar de uma combinação de drogas para tratar a agitação e suas causas subjacentes.

Jacobi J. Fraser GL, Coursin DB, et al: Clinical practice guidelines for the sustained use of sedatives and analgesics in the critically ill adult. Crit Care Med 30:119-141, 2002.

17. Quais são as intervenções não farmacológicas para a ansiedade e a agitação?

As reações psicológicas normais de um paciente de UTI, em geral, podem ser administradas sem medicamentos ansiolíticos. Uma exceção é representada pelos pacientes com problemas cardíacos, como angina instável ou IM, nos quais o tratamento da ansiedade pode melhorar as taxas de sobrevida. O conforto ao paciente, o contato frequente com os funcionários e as visitas da família podem ajudar a aliviar a ansiedade. Os ciclos normais de sono devem ser estimulados, limitando-se os ruídos e a iluminação à noite e envolvendo o paciente em exercícios de relaxamento como respiração profunda e relaxamento sequencial dos músculos. A terapia com música e as massagens também ajudam a reduzir a ansiedade. A atenção cuidadosa ao estado mental do paciente pode ajudar a evitar o desenvolvimento dos sintomas de ansiedade pós-traumática, geralmente observados em pacientes de UTI.

18. Quais são os tratamentos farmacológicos para a ansiedade?

Os benzodiazepínicos são ansiolíticos eficazes e representam os principais agentes no tratamento farmacológico da ansiedade na UTI. As substâncias antipsicóticas, como o haloperidol ou a risperidona, podem ser usadas quando a depressão respiratória for uma preocupação (p. ex., ansiedade durante o desmame do ventilador). Embora muitos antidepressivos e a buspirona tenham ação ansiolítica, seus efeitos levam semanas para ocorrer. Os betabloqueadores podem ajudar com os sintomas fisiológicos, como tremor e taquicardia, mas seu efeito tende a ser limitado sobre os aspectos psicológicos da ansiedade. A suspensão dos ansiolíticos, antidepressivos ou antipsicóticos de uso crônico dos pacientes durante a internação na UTI pode precipitar a ansiedade; assim, o uso desses agentes deverá ser continuado sempre que possível.

19. Como devemos tratar os pacientes que exigem bloqueadores neuromusculares (BNMs)?

É extremamente importante que os pacientes tratados com bloqueadores neuromusculares recebam sedação e analgesia adequadas. Os BNMS não possuem efeitos amnésicos ou analgésicos e os pacientes podem sofrer a experiência extremamente desagradável de estar consciente sob desconforto ou dor e incapazes de se movimentar. É difícil avaliar a eficácia da analgesia ou da sedação uma vez que o paciente esteja paralisado, pois os sinais e sintomas normais do medo, da ansiedade e da dor podem não estar presentes. As diretrizes atuais recomendam a titulação de medicamentos sedativos e analgésicos até um nível no qual o paciente pareça não estar consciente, antes do início do bloqueio neuromuscular.

PONTOS-CHAVE: ANSIEDADE E AGITAÇÃO NA UNIDADE DE TERAPIA INTENSIVA (UTI)

1. O tratamento adequado da ansiedade e da agitação reduz a morbidade e, possivelmente, a mortalidade entre os pacientes internados na UTI.
2. É importante avaliar a adequação do tratamento da dor e a possibilidade de abstinência de drogas e do álcool em um paciente agitado na UTI.
3. A acatisia deverá ser considerada como causa da agitação em pacientes tratados com bloqueadores dos receptores de dopamina.
4. A abstinência de opiáceos raramente ameaça a vida, enquanto a do álcool ou de benzodiazepínicos pode ser potencialmente fatal.
5. A interrupção abrupta do tratamento com antidepressivos pode causar síndrome de abstinência.
6. Para pacientes com história de abuso de álcool, deve-se administrar tiamina antes de qualquer infusão de glicose, a fim de prevenir a síndrome de Wernicke-Korsakoff.
7. O tratamento agressivo do *delirium* por abstinência do álcool pode reduzir a mortalidade para menos de 1%.
8. É extremamente importante que os pacientes tratados com BNMs recebam sedação e analgesia adequadas.

SITES

1. American Society of Addiction Medicine: Guidelines for treatment of alcohol withdrawal and the Clinical Institute Withdrawal Assessment-Alcohol, revisado: www.asam.org
2. Society of Critical Care Medicine: Clinical practice guidelines for sustained use of sedatives and analgesics, use of restraints, and neuromuscular blockade: www.sccm.org

CAPÍTULO 86

SÍNDROME NEUROLÉPTICA MALIGNA

Ryan P. Peirson, MD e James L. Jacobson, MD

1. O que é a síndrome neuroléptica maligna (SNM)?

A SNM é uma complicação rara, potencialmente fatal, idiossincrática dos medicamentos antipsicóticos. A apresentação habitual consiste em quatro características principais:

- Hipertermia.
- Rigidez generalizada extrema.
- Instabilidade autonômica.
- Estado mental alterado.

2. Quais são os critérios específicos para o diagnóstico da SNM?

Não existem critérios universalmente aceitos para o diagnóstico da SNM. Deve haver um histórico recente de exposição a medicamentos antipsicóticos. Geralmente a exposição ocorre 24 a 72 horas antes do início da síndrome. No entanto, a SNM pode ocorrer com o uso crônico. Para características comuns, veja a Tabela 86-1.

TABELA 86-1. CARACTERÍSTICAS DA SÍNDROME NEUROLÉPTICA MALIGNA

Características Primárias	Características Comuns
Hipertermia	Evidência laboratorial de lesão muscular
Rigidez generalizada extrema (frequentemente chamada de rigidez "em cano de chumbo")	Leucocitose
Instabilidade autonômica	Incontinência
■ Hipertensão lábil (menos comumente, hipotensão)	Tremor
■ Taquicardia	Taquipneia
Estado mental alterado	Mutismo
	Disfagia
	Diaforese
	Sialorreia

3. Existem achados laboratoriais específicos da SNM?

Nenhum achado laboratorial é patognomônico da SNM, mas certos estudos são importantes tanto para dar apoio ao diagnóstico da SNM quanto para descartar outras doenças sistêmicas. Anormalidades laboratoriais comuns incluem uma grande elevação do nível da creatinofosfoquinase (fração muscular) e leucocitose. Distúrbios eletrolíticos tais como hipernatremia, hiponatremia, hipercalemia, hipocalcemia, hipomagnesemia e hipofosfatemia, podem ocorrer secundariamente, juntamente à hipóxia e às anormalidades do equilíbrio ácido-básico. A análise da urina frequentemente revela proteinúria e mioglobinúria. Os níveis séricos de ureia e creatinina podem estar elevados, indicando um comprometimento renal, resultante da rabdomiólise. A análise do líquido cefalorraquidiano (LCR) geralmente é normal, mas um aumento inespecífico de proteína no LCR foi relatado em 37% dos casos.

4. Os testes diagnósticos especiais ou os exames de imagem são úteis?

Um eletroencefalograma (EEG) pode mostrar um alentecimento difuso sem anormalidades focais. Os estudos de imagem da estrutura do sistema nervoso central devem ser normais.

5. Quais estudos devem ser realizados na investigação da presença de outras doenças sistêmicas?

Os estudos devem incluir um hemograma completo com uma contagem diferencial de leucócitos; dosagem sérica de eletrólitos, creatinina, ureia e enzimas musculares e hepáticas; análise dos gases sanguíneos; exames de função da tireoide; análise da urina; eletrocardiografia; culturas apropriadas para o diagnóstico de infecção; e exames de imagem cerebral, eletroencefalografia e estudos do LCR (quando indicados).

6. Quais são os diagnósticos diferenciais da SNM?

O diagnóstico diferencial inclui diversos processos que podem causar o aumento da temperatura devido a uma termorregulação anormal (Tabela 86-2).

TABELA 86-2. DIAGNÓSTICO DIFERENCIAL DA SÍNDROME NEUROLÉPTICA MALIGNA

Distúrbios Primários do Sistema Nervoso Central	Distúrbios Sistêmicos
Infecções (p. ex., encefalite viral, encefalite pós-infecção, HIV)	Infecções
Tumores	Condições metabólicas
Doença cerebrovascular	Endocrinopatias (p. ex., tireotoxicose, feocromocitoma)
Trauma craniano	Doença autoimune (p. ex., lúpus eritematoso sistêmico)
Convulsões	Intermação
Síndrome serotonérgica	Toxinas (p. ex., monóxido do carbono, fenóis, estricnina e tetânica)
Psicoses (catatonia letal)	Drogas (p. ex., salicilatos, inibidores e antagonistas da dopamina, estimulantes, alucinógenos, inibidores da monoamina oxidase, anestésicos, anticolinérgicos, abstinência de álcool ou sedativos)

HIV = Vírus da Imunodeficiência Humana.
Adaptado de Caroff SN, Mann SC, Lazarus A et al: Neuroleptic malignant syndrome: Diagnostic issues. Psychiatr Ann 21:130-147, 1991.

7. Discuta a causa da SNM.

A fisiopatologia da SNM é pouco compreendida. O mecanismo suspeito de ser o responsável é o antagonismo central do receptor da dopamina nos gânglios basais e no hipotálamo, e o antagonismo periférico da dopamina nos neurônios pós-ganglionares simpáticos. A ocorrência relativamente infrequente da SNM, contudo, sugere a ocorrência de outros fatores. As especulações incluem desequilíbrios em outros sistemas neurotransmissores (p. ex., ácido gama-aminobutírico, serotonina e glutamato), anormalidades nos sistemas de segundos mensageiros e a presença de fatores de risco particulares.

8. Quais agentes foram envolvidos na gênese da SNM?

Todos os medicamentos antipsicóticos foram descritos como sendo capazes de causar SNM, incluindo relatos implicando medicações antipsicóticas atípicas (p. ex., clozapina, olanzapina, risperidona, quetiapina, ziprasidona e aripiprazol). A SNM também foi relatada sob o uso de alguns medicamentos antieméticos tais como o maleato de proclorperazina, a metoclopramida, a trimetobenzamida e o droperidol, os quais compartilham o antagonismo da dopamina. Raros casos foram relatados na intoxicação por antidepressivos tricíclicos e citalopram. A interrupção abrupta de drogas antiparkinsonianas pode causar uma síndrome similar. O alucinógeno fenciclidina e o anestésico cetamina, ambos antagonistas do receptor de N-metil-D-aspartato, podem causar uma síndrome similar.

9. Quais fatores de risco predispõem os pacientes ao desenvolvimento da SNM?

Os fatores de risco sugeridos incluem desidratação, diagnóstico primário de transtorno afetivo (especialmente transtorno bipolar e depressão psicótica), catatonia, agitação psicomotora, presença concomitante de *delirium* ou demência, uso concomitante de outros medicamentos psicoativos, doses relativamente altas e administração parenteral de antipsicóticos, dose ampliada de antipsicóticos, idade jovem, sexo masculino (pode estar relacionado à maior necessidade de altas doses de neurolépticos em homens), história prévia de SNM, alterações eletrolíticas, história recente de abuso ou dependência de substâncias e qualquer doença clínica concomitante. Evidências recentes também sugerem vulnerabilidade genética como um fator de risco potencial.

10. O quão comum é a SNM?

Taxas tão baixas quanto 0,02% e tão altas quanto 2,5% já foram relatadas, mas, em geral, a taxa parece estar em torno de 0,2%.

11. Existe uma predisposição genética para a SNM?

Evidências sugerem uma susceptibilidade familial para a SNM. Entretanto, a resposta não está clara. Pesquisadores encontraram polimorfismos da Taql A no gene do subtipo 2 do receptor de dopamina (*DRD2*) em pacientes psiquiátricos com SNM quando comparados a pacientes psiquiátricos sem SNM. Estudos posteriores são necessários para entender melhor esta relação.

12. Qual é a taxa de mortalidade associada à SNM?

A mortalidade da SNM tem declinado desde sua descrição original em 1968. Os relatos anteriores sugerem taxas de mortalidade tão elevadas quanto 75%. No início dos anos 80, as taxas de mortalidade caíram para 20% a 30%. Os estudos atuais sugerem que a taxa de mortalidade tenha diminuído ainda mais, provavelmente para menos de 15%. O declínio das taxas de mortalidade provavelmente é decorrente do aumento da familiarização com a síndrome, o que leva ao uso mais criterioso dos antipsicóticos e a um diagnóstico e tratamento mais precoces. A morte resulta de parada cardíaca ou respiratória decorrente de falência cardíaca, infarto ou arritmia; pneumonia por aspiração; embolia pulmonar; falência renal pela mioglobinúria; ou coagulação intravascular disseminada.

13. Discuta o tratamento da SNM.

O diagnóstico e tratamento de suporte precoces são cruciais. A ocorrência do aumento da temperatura, uma pressão sanguínea elevada, taquicardia, rigidez muscular não responsiva aos agentes antiparkinsonianos, associação de fatores de risco, disfagia, sialorreia e diaforese grave no início do tratamento com medicamentos antipsicóticos devem alertar o médico para o possível surgimento da SNM. O uso de agentes antipsicóticos e de outros medicamentos potencialmente neurotóxicos deve ser interrompido. Medidas de suporte para diminuir a temperatura e assegurar uma hidratação adequada são essenciais. Os distúrbios eletrolíticos devem ser corrigidos. O paciente deve ser cuidadosamente monitorado para que seja realizada a observação de sinais de insuficiência respiratória iminente, resultado da rigidez muscular grave e da incapacidade de lidar com as secreções orais. As funções cardíaca e renal devem ser cuidadosamente monitoradas. Embora não haja evidência de que a diurese osmótica acelere a recuperação da SNM, ela pode ajudar a manter a função renal. Se ocorrer falência renal, a diálise pode ser necessária.

Bhanushali MJ, Tuite PJ: The evaluation and management of patients with neuroleptic malignant syndrome. Neurol Clin North Am 22:389-411, 2004.

Neuroleptic Malignant Syndrome Information Service: www.nmsis.org

14. Quais tratamentos farmacológicos são úteis?

A intervenção farmacológica geralmente é reservada para os casos graves e tem um papel menos claro devido à falta de dados prospectivos controlados. Os agonistas da dopamina (p. ex., bromocriptina e amantadina) e/ou relaxantes musculares diretos (p. ex., dantrolene) têm sido usados e taxas de mortalidade diminuídas têm sido relatadas com ambas as terapias. As dosagens variam amplamente, mas as doses de bromocriptina foram documentadas entre 2,5 e 35 mg/dia. A bromocriptina pode ser dada em doses iniciais de 2,5 a 5 mg, três vezes ao dia, administrada oralmente (ou via sonda nasogástrica em pacientes com disfagia ou estado mental gravemente comprometido). Os agonistas da dopamina, especialmente em doses mais altas, podem causar psicose ou vômito, o que pode claramente complicar o quadro e comprometer a saúde do paciente. Os únicos dados disponíveis sobre os relaxantes musculares de ação direta são sobre o dantrolene. Doses de até 10 mg/kg têm sido utilizadas. O objetivo é diminuir a rigidez muscular para assim reduzir o estado hipermetabólico no músculo esquelético, o qual é parcialmente responsável pela hipertermia na SNM. O dantrolene pode causar hepatotoxicidade, que pode levar a uma hepatite grave e à morte. Combinações de dantrolene e agonistas de dopamina têm sido utilizadas, embora não exista evidência de que eles reduzam ainda mais a mortalidade quando usados em conjunto. Os medicamentos anticolinérgicos comumente utilizados para tratar o pseudoparkinsonismo têm pouco benefício e podem comprometer ainda mais a termorregulação. Estudos recentes sugerem que os benzodiazepínicos podem reduzir o tempo de recuperação da SNM. Os benzodiazepínicos também podem ser úteis no tratamento de um paciente agitado e hiperativo, uma vez que a SNM tenha começado a se resolver. A eletroconvulsoterapia também pode desempenhar um papel no tratamento da SNM, mas são necessárias pesquisas complementares.

15. A SNM poderá recorrer com o uso subsequente de medicamentos neurolépticos?

O risco de recorrência diminui com o tempo. A taxa de recorrência em pacientes tratados novamente com antipsicóticos antes de duas semanas após a cura da SNM é alta. Os pacientes cuidadosamente tratados duas semanas ou mais após a cura da SNM frequentemente toleram os antipsicóticos sem dificuldade. Um agente antipsicótico de baixa potência é escolhido para a reexposição do paciente. A dosagem deve ser conservadora e aumentada gradualmente. O interesse no uso concomitante do bloqueador de canal de cálcio nifedipina tem se mostrado promissor na prevenção da recorrência, embora os dados ainda estejam incompletos. Algumas pessoas são propensas à SNM; a observação cuidadosa de sintomas precoces da recorrência é crucial.

16. Existe alguma forma de prevenir a SNM?

Não. O reconhecimento precoce e, quando clinicamente justificado o uso de antipsicóticos, a sua administração em baixas doses (evitando-se o uso parenteral e o aumento rápido das doses), além da minimização de outros fatores de risco p. ex., desidratação) podem diminuir a incidência da SNM. A catatonia pode ser um forte fator de risco para o desenvolvimento da SNM. Portanto, se possível, os antipsicóticos devem ser evitados em pacientes catatônicos.

17. Existem alternativas para o tratamento de pacientes com transtornos psicóticos agudos com antipsicóticos?

Existem inúmeras opções de tratamento. Os benzodiazepínicos podem ajudar no tratamento de pacientes psicóticos hiperativos e podem diminuir a dose absoluta necessária de antipsicóticos. Quando o diagnóstico primário é um transtorno afetivo (como em uma porcentagem significativa de pacientes que desenvolvem SNM), indica-se o tratamento agressivo da doença maníaca ou depressiva com estabilizadores do humor ou antidepressivos. Geralmente faz-se necessária a administração concomitante de medicamentos antipsicóticos quando sintomas psicóticos estiverem presentes. A eletroconvulsoterapia é uma alternativa viável para a psicose maníaca, a psicose depressiva e a catatonia.

18. Existem alternativas para o tratamento de pacientes com transtornos psicóticos crônicos com antipsicóticos?

Nos transtornos psicóticos crônicos (p. ex., esquizofrenia, transtorno esquizoafetivo, transtorno delirante) pode não haver alternativa para o uso dos medicamentos antipsicóticos. Por isso, uma reexposição cautelosa com diferentes classes de antipsicóticos (com atenção especial aos agentes antipsicóticos atípicos e ao tratamento dos fatores de risco reversíveis) é virtualmente sempre necessária. É aconselhável evitar a "polifarmácia", se possível.

19. A hipertermia maligna (HM) e a SNM estão relacionadas?

A HM e a SNM possuem apresentações clínicas similares, mas fisiopatologias diferentes. A HM se desenvolve após a exposição a anestésicos inalatórios, como o halotano, e a relaxantes musculares despolarizantes, como a succinilcolina. A HM é caracterizada por rigidez muscular difusa, febre, hipermetabolismo, creatinofosfoquinase sérica elevada (fração muscular), hipercalemia, taquicardia, hipoxemia, acidose e mioglobinúria. Ela é causada por um defeito genético em uma proteína do canal de cálcio do retículo sarcoplasmático, o que resulta na liberação excessiva de cálcio no músculo esquelético após a exposição aos medicamentos indutores. A susceptibilidade à HM é diagnosticada pelo teste da contratura muscular. Em pessoas suscetíveis, ocorrem contrações excessivas nas fibras musculares expostas a concentrações variadas de halotano e cafeína. Estudos familiares e testes da contratura muscular indicaram que pacientes com um dos distúrbios não parecem estar sob risco ampliado de apresentar o outro.

20. O que é a síndrome serotonérgica?

A síndrome serotonérgica é uma síndrome rara, mas potencialmente fatal caracterizada pela tríade: estado mental alterado, disfunção autonômica e anormalidades neuromusculares, os quais provavelmente resultam da hiperatividade serotonérgica central e periférica. A similaridade entre a síndrome serotonérgica e a SNM frequentemente leva a um diagnóstico errôneo. A síndrome serotonérgica pode se desenvolver após a adição de um medicamento serotonérgico (p. ex., inibidor da monoamina oxidase, antidepressivos tricíclicos, inibidor da recaptação seletiva de serotonina) a um esquema que já inclui drogas que acentuam a serotonina ou após a sobredose de drogas serotonérgicas. A apresentação é heterogênea, mas as características clínicas comuns incluem confusão, hipomania, agitação, inquietação, mioclonus, hiperreflexia, diaforese, taquicardia, oscilação da pressão arterial, calafrios, tremores, diarreia, incoordenação e febre.

Boyer EW, Shannon M: The serotonin syndrome. N Engl J Med 352:1112-1120, 2005.

Brown T, Frian S, Mareth T: Pathophysiology and management of the serotonin syndrome. Ann Pharmacother 30:527-535, 1996.

21. Como a síndrome serotonérgica é diferenciada da SNM?

A síndrome serotonérgica segue um histórico de exposição a medicamentos serotonérgicos. Em comparação à SNM, na síndrome serotonérgica, o tremor e o mioclonus são mais proeminentes do que a rigidez muscular, a febre está presente com menos frequência e as anormalidades dos resultados laboratoriais detectadas na SNM (p. ex., nível elevado de creatinofosfoquinase) geralmente estão ausentes. A descontinuação dos medicamentos serotonérgicos e o tratamento de suporte são importantes. Assim como na SNM, o papel do tratamento farmacológico na síndrome serotonérgica não está claro devido à falta de estudos prospectivos controlados. Lorazepam, propranolol e ciproheptadina podem ser eficazes no tratamento dos sintomas. O propranolol e a ciproheptadina possuem propriedades antagonistas da serotonina.

PONTOS-CHAVE: SÍNDROME NEUROLÉPTICA MALIGNA (SNM)

1. A SNM pode se desenvolver sob a exposição a qualquer medicamento antipsicótico – mesmo com o uso crônico.
2. Quando se leva em consideração o diagnóstico diferencial, deve-se dar atenção especial às alterações recentes nas doses e na "polifarmácia" psicotrópica.
3. Outros agentes, tais como os agentes antieméticos, também podem causar a SNM.
4. O tratamento é fundamentalmente de apoio.
5. Na maioria dos casos, os fatores mais importantes que distinguem a SNM da síndrome serotonérgica são a hipertermia e a rigidez.

AGRADECIMENTO

Os autores agradecem a contribuição de Erin Fellner, MD, pelas revisões para uma edição anterior.

BIBLIOGRAFIA

1. Addonizio G, Susman VL: Neuroleptic Malignant Syndrome: A Clinical Approach. St. Louis, Mosby, 1991.
2. Pope HG Jr, Keck JR, McElroy SL: Frequency and presentation of neuroleptic malignant syndrome in a large psychiatric hospital. Am J Psychiatry 143:1227-1232, 1986.
3. Rosebush P, Stewart T: A prospective analysis of 24 episodes of neuroleptic malignant syndrome. Am J Psychiatry 146:717-725, 1989.
4. Shalev A, Heresh H, Munitz H: Mortality from neuroleptic malignant syndrome. Clin Psychiatry 50:18-22, 1989.
5. Suzuki A, Kondo T, Otani K, et al: Association of the Taql A polymorphism of the dopamine D(2) receptor gene with predisposition to neuroleptic malignant syndrome. Am J Psychiatry 158:1714-1746, 2001.

ÉTICA

David Shimabukuro, MDCM

1. Em quais princípios se baseiam as decisões judiciais relacionadas à aceitação ou recusa dos cuidados médicos pelos pacientes?

Esta questão surge quando há um conflito entre o paciente, os membros da família e/ou a equipe médica. Não há estatutos legais pertinentes a esta questão, exceto nos casos extremos (ou seja, morte cerebral e transplante de órgãos), mas as opiniões do tribunal têm se expressado através da jurisprudência. A maioria dessas decisões é baseada em dois princípios distintos e importantes: (1) autonomia do indivíduo e (2) consentimento informado. O conceito de autonomia pode ser definido como o direito fundamental de escolher o próprio destino, independentemente do resultado. Evidentemente, a escolha feita não pode causar prejuízo a terceiros. Quanto ao princípio do consentimento informado, é muito mais difícil defini-lo porque também inclui o conceito de competência (questão 2). A maioria concordaria, entretanto, que um consentimento informado é uma decisão tomada por uma pessoa competente após receber a informação sobre as opções de tratamento disponíveis juntamente aos riscos, benefícios e consequências dessas opções (incluindo a opção do não tratamento). A autonomia e o consentimento informado, junto a vários outros princípios menores, formam a base do conceito de autodeterminação.

Jonsen AR, Siegler M, Winslade WJ: Clinical Ethics, 2ª ed. New York, Macmillan, 1986.

Wear AN, Brahams D: To treat or not to treat: The legal, ethical and therapeutic implications of treatment refusal. J Med Ethics 17:131-135, 1991.

2. Como devemos determinar a competência de um paciente? Qual medida deve ser tomada caso se suspeite de que ele não tem competência para tomar decisões quanto aos cuidados médicos?

Antes de determinar a competência de um paciente, é necessário conhecer a definição de competência. Em termos simples, é a capacidade de ser autônomo. Em termos legais, a competência é uma propriedade de um indivíduo determinada por um padrão normativo baseado nas opiniões morais vigentes da sociedade. Como tal, é um julgamento de valor que varia de momento a momento e de situação a situação. Portanto não há definição universal de competência. Na prática, é usada uma "abordagem funcional" para estabelecer a competência de um paciente. Isso envolve a reunião de três critérios específicos: (1) ação livre; (2) autenticidade; e (3) deliberação efetiva. Na ação livre, um paciente deve ser capaz de agir de modo intencional e completamente voluntário. Não pode ser o resultado de violência, coação, ameaça ou influência indevida. Na autenticidade, deve-se ter certeza de que o paciente está agindo com caráter – isto é, consistente com seus valores, atitudes e planos de vida (ou seja, "autenticamente"). Quanto à deliberação efetiva, o paciente deve compreender que uma decisão tem de ser tomada. Ele ou ela deve estar ciente das alternativas e de suas consequências, e em seguida ser capaz de tomar uma decisão baseada em uma avaliação informada. Assim, um paciente competente deve agir livremente e dentro do caráter, enquanto também é capaz de deliberar e expressar claramente as questões à mão. Dada essa abordagem, é fácil observar como a determinação da competência de um paciente pode ser difícil. Para aquelas situações não evidentes, um médico pode solicitar uma consulta psiquiátrica. Um psiquiatra, ou qualquer outro médico, pode considerar um paciente incompetente, mas isso apenas se torna legal e obrigatório quando discutido na frente de um juiz e determinado num tribunal de Direito. Na maioria dos casos, não é necessário ir aos tribunais porque a família do paciente ou outras pessoas relacionadas não contestam a competência do mesmo (ou seja, pacientes em coma ou fortemente sedados) e os planos de tratamento dos médicos. Quando um paciente é considerado incompetente, é necessário nomear um representante que tome as decisões quanto aos cuidados médicos. Geralmente isso é feito informalmente pela simples designação de um membro da família ou parente mais próximo para falar em nome do paciente. Quando não há família disponível, um procurador precisa ser nomeado pelo tribunal.

Jonsen AR, Siegler M, Winslade WJ: Clinical Ethics, 2ª ed. Nova York, Macmillan, 1986.

Nathanson JA: When does a patient have the right to refuse lifesaving medical treatment? Can Med Assoc J 150:1323-1326, 1994.

PONTOS-CHAVE: ABORDAGEM FUNCIONAL PARA DETERMINAR A COMPETÊNCIA DE UM PACIENTE ✓

1. Para ser considerado competente, um paciente deve ser capaz de ter "ação livre".
2. Deve haver autenticidade nas ações do paciente.
3. A deliberação efetiva deve estar presente; isto é, o paciente deve compreender que uma decisão precisa ser tomada.

3. Uma "ordem antecipada" pode ser considerado um documento legal?

Uma ordem antecipada é um documento que uma pessoa cria, enquanto competente, para expressar desejos futuros em relação ao cuidado médico na eventualidade de que ela se torne incompetente ou, de outro modo, incapaz de expressar suas preferências. Os testamentos em vida representam uma forma popular de ordem antecipada. Tais ordens indicam qual tipo de cuidado uma pessoa deseja receber e também podem indicar um indivíduo ou um grupo de terceiros (p. ex., poder durável do procurador, procuração de cuidados de saúde) para ser responsável pela tomada de decisões caso a pessoa se torne incapacitada. A maioria dos documentos de ordem antecipada disponível é de natureza muito geral e sem especificidade em termos de condições do tratamento agressivo ou retirada do cuidado. Contudo, a autorização de uma ordem antecipada deve ser encorajada por todos os médicos aos seus pacientes, pois é através dela que se nomeia um procurador para a decisão de cuidados à saúde. Apesar da falta de estatutos legais, os tribunais tendem a aprovar uma ordem antecipada do indivíduo, a menos que haja um motivo específico para duvidar de sua validade. O "Patient Self-Determination Act" de 1991 (decretado pelo Congresso dos Estados Unidos em 1990) agora pede que todos os hospitais discutam as ordens antecipadas e tenham formulários disponíveis para os pacientes no momento da admissão.

Greco PJ, Schulman KA, Lavizzo-Mourey R: The Patient Self-determination Act and the future of advance directives. Ann Intern Med 115:639-643, 1991.

4. O que é um comitê de ética? Qual é a sua função?

Um comitê de ética é um grupo interdisciplinar (ou seja, médicos, enfermeiros, gestores de risco e outros profissionais de saúde) que ajuda a resolver problemas éticos envolvendo questões que afetam o cuidado e tratamento de pacientes atualmente no hospital. O comitê normalmente revisa e faz recomendações em casos específicos, ajuda a esclarecer as opções e alternativas ao paciente ou aos seus representantes, fornecendo suporte aos membros da equipe de saúde envolvidos em um dilema ético difícil. O comitê de ética não toma decisões, mas fornece consultoria e informação para guiar os verdadeiros tomadores de decisão.

American Medical Association: Council on Ethical and Judicial Affairs. Code of Medical Ethics. Chicago, American Medical Association, 1997: www.ama-assn.org

5. Qual é o recurso do prestador de cuidados de saúde quando ele discorda moralmente do plano de cuidado de um paciente?

Primeiro, o prestador deve discutir o plano questionado com outros prestadores de cuidados para determinar se sua preocupação é válida. O prestador deve então expressar suas preocupações às pessoas que propõem o plano.

Uma discussão aberta, sem confronto entre as partes, permite que cada lado observe a lógica e os pontos de vista um do outro. No final, se nenhuma resolução é alcançada, uma consulta ao comitê de ética é um excelente meio de reexaminar e reabordar o assunto. Quando essas ações falham no objetivo de conciliar o prestador com o curso de tratamento do paciente, deve ser feita uma solicitação para se retirar do caso. O pedido deve ser respeitado e o prestador removido tão logo outros estejam disponíveis para cuidar do paciente.

American Medical Association: Council on Ethical and Judicial Affairs. Code of Medical Ethics. Chicago, American Medical Association, 1997: www.ama-assn.org

PONTOS-CHAVE: PAPEL DO COMITÊ DE ÉTICA ✓

1. O comitê de ética revisa e faz recomendações em casos específicos.
2. Os membros do comitê auxiliam os pacientes e seus familiares para maiores esclarecimentos quanto às opções e possibilidades.
3. Este grupo multidisciplinar fornece suporte a todas as partes envolvidas em dilemas éticos difíceis.

6. Quem é responsável, em última instância, por determinar uma condição de "não-ressuscitar" o paciente?

A decisão de deter as tentativas de ressuscitação de uma parada cardiorrespiratória deve, idealmente, ser determinada em conjunto pelo paciente, pela família do paciente e pelo médico assistente. Na maioria dos casos, a opinião clínica objetiva do profissional atendente é o fator determinante na opção do paciente ou da família para a não ressuscitação. Contudo, caso surja um conflito, deve-se obter uma resolução por meio de um processo justo de tomada de decisões, envolvendo o comitê de ética. Uma ordem para não ressuscitar deve ser assinada por um médico; todas as outras assinaturas, se requeridas, são legalmente irrelevantes. Uma ordem para não ressuscitar não é sinônimo de ordem para negar o cuidado médico padrão.

American Medical Association: Council on Ethical and Judicial Affairs. Code of Medical Ethics. Chicago, American Medical Association, 1997: www.ama-assn.org

Bone RC, Rackow EC, Weg JG: Ethical and moral guidelines for the initiation, continuation, and withdrawal of intensive care. Chest 97:949-958, 1990.

7. O que constitui as medidas "extraordinárias"? E quando são fúteis?

As medidas extraordinárias são tratamentos que impõem um encargo maior do que qualquer benefício fornecido ao paciente. Esse termo é altamente variável e pode ser aplicado ao mesmo tratamento para o mesmo paciente, mas em momentos diferentes. Tais intervenções podem causar dor indevida ao paciente e despesas em troca de ganhos questionáveis. Logo, isto implica que as medidas extraordinárias são fúteis? De um ponto de vista legal, não há definição significativa para o termo futilidade. Contudo, eticamente, os médicos não são obrigados a fornecer um cuidado que, no seu melhor juízo, não teria uma chance razoável de beneficiar o paciente, mesmo se exigido pelo mesmo ou por seu representante. O conflito quanto ao que é tratamento "fútil" pode surgir entre a equipe médica, os pacientes e as famílias dos pacientes. As decisões e a resolução do conflito devem seguir a abordagem do Devido Processo Legal.

American Medical Association: Council on Ethical and Judicial Affairs. Code of Medical Ethics. Chicago, American Medical Association, 1997: www.ama-assn.org

Bone RC, Rackow EC, Weg JG: Ethical and moral guidelines for the initiation, continuation, and withdrawal of intensive care. Chest 97:949-958, 1990.

8. É eticamente apropriado deter ou interromper as intervenções médicas de manutenção da vida?

De uma perspectiva legal e ética, não há diferença entre deter e interromper as medidas médicas de manutenção da vida (ou seja, qualquer tratamento que sirva para prolongar a vida sem reverter a condição clínica subjacente).

Quando as intervenções do tratamento são "fúteis" ou incapazes de melhorar a condição do paciente, frequentemente apenas prolongam a vida e retardam a morte inevitável do indivíduo. A detenção ou interrupção da manutenção do suporte à vida muitas vezes é uma decisão muito difícil a se tomar e, idealmente, deve ser feita pelo paciente de forma preventiva através de uma ordem antecipada. Contudo, uma ordem antecipada não costuma estar disponível, cabendo à família tomar a difícil decisão. Independentemente de quem exatamente decide, legal e eticamente, a decisão deve ser baseada no que o paciente teria decidido (ou seja, julgamento substitutivo) ou nos melhores interesses do paciente (ou seja, qual resultado provavelmente promoveria maior bem-estar a ele).

American Medical Association: Council on Ethical and Judicial Affairs. Code of Medical Ethics. Chicago, American Medical Association, 1997: www.ama-assn.org

Bone RC, Rackow EC, Weg JG: Ethical and moral guidelines for the initiation, continuation, and withdrawal of intensive care. Chest 97:949-958, 1990.

Luce JM: Withholding and withdrawal of life support from critically ill patients. West J Med 167:411-416, 1997.

9. Um médico pode legalmente escrever a ordem para um "código-lento"?

O *código-lento* geralmente implica uma tentativa curta de ressuscitação, desconsiderando a velocidade e o tempo. A decisão de abster-se da ressuscitação cardiopulmonar deve ser clara e deve ser comunicada a todas as partes envolvidas. O termo *código-lento* é uma contradição, em termos, e transmite uma mensagem confusa. Envolve tanto uma tentativa de ressuscitação completa, uma tentativa com limitações específicas ou nenhuma tentativa. Escrever uma ordem de código-lento não é uma medida legalizada.

American Medical Association: Council on Ethical and Judicial Affairs. Code of Medical Ethics. Chicago, American Medical Association, 1997: www.ama-assn.org

10. É aceitável fornecer o tratamento aos pacientes com base na situação financeira?

É simplista acreditar que a situação financeira do paciente e do serviço de cuidados à saúde não influenciem as decisões de cuidado. Com isso em mente, é inaceitável negar o atendimento médico de emergência a um paciente necessitado; o médico deve sempre considerar o bem-estar do paciente como o objetivo principal. Contudo, uma vez que ele esteja em condição estável e fora de perigo iminente, é considerado legal transferi-lo para outra instituição que esteja disposta a aceitar o encargo financeiro.

American Medical Association: Council on Ethical and Judicial Affairs. Code of Medical Ethics. Chicago, American Medical Association, 1997: www.ama-assn.org

11. Qual é a diferença entre eutanásia e suicídio assistido? Embora ilegais, estes métodos são moralmente e eticamente aceitáveis?

Para fornecer uma resposta completa a estas questões, seriam necessários vários capítulos, e isso está além do escopo deste livro. Em resumo, a *eutanásia*, ou "morte boa", pode ser definida como ativa ou passiva, voluntária ou involuntária, e realizada por autorização ou omissão. Do ponto de vista legal e ético, a controvérsia gira em torno da eutanásia ativa ou da "administração de um agente letal [por um médico] a um paciente com o propósito de aliviar o sofrimento intolerável e incurável do paciente". O suicídio assistido pode ser definido por ocorrer quando "um médico facilita a morte do paciente ao fornecer o meio necessário e/ou informação para capacitá-lo a realizar o ato de término da vida". A *American Medical Association* considera ambos os atos fundamentalmente incompatíveis com a função do médico como um cuidador. Até a data, nenhum indivíduo foi condenado por suicídio assistido, embora tal ato seja considerado crime em muitos estados. Contudo, como a eutanásia pode ser classificada como homicídio, um médico foi considerado culpado em um tribunal (Dr. Jack Kevorkian; foi condenado por assassinato em segundo grau, em 1999). Ao longo dos últimos 20 anos, vários médicos confessaram culpa na eutanásia e foram sentenciados à liberdade condicional. Em dezembro de 2001, apenas um estado, Oregon, legalizou o suicídio assistido por médicos. Essa legislação foi aceita pelos eleitores em 1994 e entrou em vigor em 1997. Em novembro de 2001, o procurador-geral dos Estados Unidos John Aschroft ordenou a *Drug Enforcement Agency* a revogar a licença para prescrição de substâncias controladas de médicos que se comprometeram com o suicídio assistido, pois não era condizente com a conduta médica apropriada e com o uso adequado de uma substância controlada. Em 2004, o *U.S. Ninth Circuit Court of Appeals* regulamentou, em uma decisão por dois votos contra um, que John Ashcroft "ultrapassou" seus limites, porém a decisão não pôde ser revogada.

Em referência à moralidade da eutanásia ativa e ao suicídio assistido por médico, como a moralidade é baseada nos valores da sociedade, pode-se argumentar que dada a sua aceitação na Holanda e até nos Estados Unidos ("Oregon's Death with Dignity Act"), ambos os atos são moralmente aceitáveis. Por outro lado, dado o fato de que estes conceitos não são universalmente aceitos, tal moralidade pode ser questionada. É evidente que a ética tem sido e continua a ser debatida atualmente. Curiosamente, entretanto, há menos de 100 anos, o suicídio em si era considerado ilegal e passível de punição de acordo com o código penal.

American Medical Association: Council on Ethical and Judicial Affairs. Code of Medical Ethics. Chicago, American Medical Association, 1997: www.ama-assn.org

Stone TH, Winslade WJ: Physician-assisted suicide and euthanasia in the United States. J Leg Med 16:481-507, 1995.

12. Como podemos avaliar a necessidade de aumentar a analgesia em um paciente à beira da morte? Como fornecer analgesia adequada enquanto se evita a eutanásia?

Em um paciente à beira da morte, o prolongamento da vida já não é mais o objetivo principal; ao contrário, o alívio da dor e do desconforto são mais importantes. Negar a analgesia em tal situação – independentemente do fato de esta poder deprimir a respiração ou reduzir a pressão arterial – seria negar ao paciente uma das poucas intervenções que poderiam aumentar o conforto em um momento em que ele mais precisasse (ou seja, conceito de efeito secundário). Se o paciente estiver consciente, devem ser feitas tentativas para se comunicar com ele. Se estiver irresponsivo, a medicação para a dor deve ser administrada com base nas respostas fisiológicas, tais como frequências cardíaca e respiratória, pressão arterial e expressão facial.

Luce JM: Withholding and withdrawal of life support from critically ill patients. West J Med 167:411-416, 1997.

CAPÍTULO 88

RETIRADA DO TRATAMENTO*

David Shimabukuro, MDCM

1. Quais são as circunstâncias gerais nas quais se pode considerar a retirada do cuidado médico intensivo?

A interrupção do tratamento médico de manutenção da vida deve ser considerada quando o encargo relativo de dor ou sofrimento causado pela intervenção ao paciente tem mais importância do que os benefícios na qualidade ou prolongamento da vida; ou, em outros casos, quando o tratamento médico adicional é inapropriado ou fútil. As considerações de qualidade de vida são exclusivamente aquelas do paciente, da família do mesmo e dos procuradores para decisão sobre o cuidado à saúde, enquanto o conceito de manejo médico inadequado é determinado pelos médicos. De maneira ideal, quando se alcança um consenso (entre o paciente, as pessoas envolvidas e a equipe médica) de que uma intervenção médica maior é inapropriada ou desaconselhável, o cuidado agressivo deve ser retirado e deve-se instituir o cuidado paliativo.

2. Por que é importante compreender as questões envolvidas na retirada do tratamento na unidade de terapia intensiva (UTI)?

É importante porque a limitação ou retirada do tratamento na UTI ocorre regularmente. De fato, um estudo nacional realizado nos Estados Unidos há aproximadamente 10 anos mostrou que cerca de 90% das mortes de pacientes na UTI ocorrem logo após a tomada de decisão de limitação ou remoção do tratamento. Além disso, vários estudos anteriores demonstraram que as famílias dos pacientes frequentemente estão insatisfeitas tanto com o controle da dor como com a comunicação com os médicos depois que a decisão para o tratamento é tomada. Naturalmente, essa decisão muda os objetivos do tratamento da cura ou recuperação para a condição paliativa, que foca no controle dos sintomas e permite que o paciente mantenha a dignidade durante o processo até o óbito, ficando em um estado confortável e livre de dor. Para a maioria dos médicos, é também uma transição difícil. De acordo com Truog e colaboradores, há "uma perspectiva emergente de que o cuidado paliativo e a terapia intensiva não sejam opções mutuamente exclusivas, mas de preferência devem ser coexistentes".

Pendergast TJ, Luce JM: Increasing incidences of withholding and withdrawal of life support from the critically ill. Am J Respir Crit Care Med 155:15-20, 1997.

Society of Critical Care Medicine: www.sccm.org/SCCM/Professional+Development/Critical+Care+Ethics/

Truog RD, Cist AFM, Brackett SE, et al: Recommendations for end-of-life care in the intensive care unit: The Ethics Committee of the Society of Critical Care Medicine. Crit Care Med 29:2332-2348, 2001.

3. Quem pode tomar a decisão de retirar o tratamento?

Um paciente competente, capaz de fornecer o consentimento informado, pode recusar o tratamento de manutenção da vida a qualquer tempo, indiferentemente das opiniões da família ou da equipe médica. A consulta psiquiátrica pode auxiliar a determinar a questão, influenciando a apreciação do paciente quanto às consequências da decisão ou auxiliando a determinar a capacidade, mas, na maioria dos casos, ela não se faz necessária. Um paciente pode ter formulado também uma ordem antecipada que especificaria as preferências na tomada das decisões no caso de incapacidade. Um procurador para o cuidado à saúde designado *"a priori"* (ou seja, poder durável do procurador) selecionado pelo paciente pode consentir a retirada do tratamento com a compreensão

*N. R. C.: Capítulo baseado nos costumes e leis em vigor nos Estados Unidos. Atentar para a legislação brasileira sobre o assunto.

do conceito de julgamento substituto (conhecendo os valores morais e as experiências do paciente, o que ele decidiria nesta situação específica). No caso raro em que ninguém é identificado para tomar as decisões médicas, dependendo das leis estaduais individuais, pode ser necessário uma ordem do tribunal ou um procurador nomeado pelo tribunal.

4. As instruções antecipadas são seguidas pelos médicos?

Os múltiplos estudos indicam que os médicos frequentemente não seguem os desejos estabelecidos pelos pacientes. No multicêntrico *Study to Understand Prognoses and Preferences for Outcomes and Risks of Treatments* (SUPPORT), 31% dos pacientes, antes da intervenção, preferiram que a ressuscitação cardiopulmonar (RCP) fosse desconsiderada, enquanto apenas 47% dos médicos relataram essa preferência no momento da primeira entrevista. As ordens para não ressuscitar foram, na verdade, escritas por apenas 49% dos pacientes que afirmaram que não queriam a RCP. A não adesão a uma instrução antecipada é desrespeitosa ao paciente e desconsidera o princípio ético básico da autonomia do mesmo.

The SUPPORT Principal Investigators: A controlled trial to improve care for seriously ill hospitalized patients: The study to understand prognoses and preferences for outcomes and risks of treatments. JAMA 274:1591-1598, 1995.

5. A retirada da nutrição e da hidratação é considerada equivalente à retirada de outro tratamento?

Vários casos do Tribunal do Estado definiram *nutrição* e *hidratação* como tratamentos médicos que podem ser retirados quando uma decisão geral for tomada para interromper todas as terapias médicas. Contudo, nesse momento, não há consenso nacional quanto à nutrição e à hidratação serem consideradas "tratamentos".

Um paciente capaz pode decidir esta questão por si. A nutrição e a hidratação para pacientes incapacitados muitas vezes acarretam procedimentos médicos, tais como gastrostomias e nutrição parenteral, que algumas vezes são dolorosos. Embora a retirada da nutrição e da hidratação possa não ser definitivamente diferente quanto às questões éticas de outros tratamentos médicos, pode ter uma condição legal diferente, dependendo do estatuto de cada estado. Isso deve ser investigado pelo prestador em seu próprio estado antes que tais modalidades sejam descontinuadas.

6. Quais são os princípios éticos e clínicos da retirada de suporte à vida?

Há seis princípios envolvidos na decisão de interromper o tratamento médico agressivo e seguir para o tratamento paliativo. Primeiro de tudo, deve-se sempre ter em mente que o objetivo da retirada dos tratamentos de suporte à vida é remover todos os tratamentos indesejados ou que não fornecem conforto ao paciente. A mudança deve ser em direção à condição paliativa. Segundo, o não início dos tratamentos que prolongam a vida não é moral, ética e legalmente diferente da interrupção dos tratamentos. Terceiro, as ações com o único propósito de apressar a morte são moral e legalmente incongruentes aos valores atuais da nossa sociedade. Quarto, qualquer tratamento pode ser detido ou retirado. Isto pode ser aplicado à nutrição e à hidratação, caso sejam consideradas "tratamentos". Infelizmente, isso será definitivamente decidido pelo sistema judicial. Quinto, a retirada do suporte à vida é um procedimento médico. Finalmente, quando as circunstâncias justificam a retenção dos tratamentos médicos, deve-se fazer considerações muito profundas para retirar os tratamentos atuais de suporte à vida.

Curtis JR, Rubenfeld GD (eds): Managing Death in the Intensive Care Unit. Oxford, Oxford University Press, 2001.

7. Como os cuidados devem ser retirados?

Um dos princípios clínicos da retirada do suporte à vida é que esta constitui um procedimento médico. Como tal, deve ser realizado como a maioria dos outros procedimentos na UTI. A decisão de interromper a terapia é tomada e então obtém-se o consentimento informado, neste caso, fornecido por um procurador de cuidado à saúde. Em seguida formula-se um plano e prevê-se o manuseio das complicações. Na maioria das instituições, isso é feito via normas protocolares. Uma vez que as ordens estão escritas, o paciente deve ser transferido a um local apropriado. Isso pode significar que o paciente será transferido para um quarto de hospital geral ou para uma unidade de cuidados paliativos. Contudo, na maioria das situações, o paciente crítico permanece no leito na UTI. O plano é então instituído, assegurando a sedação e a analgesia adequadas durante todo o tempo. O procedimento completo deve ser documentado no prontuário do paciente. O processo e o resultado do procedimento devem ser avaliados periodicamente na tentativa de melhorar a qualidade do cuidado ao paciente e à família dele.

Curtis JR, Rubenfeld GD (eds): Managing Death in the Intensive Care Unit. Oxford, Oxford University Press, 2001.

8. A administração dos agentes bloqueadores neuromusculares deve ser interrompida antes da retirada do cuidado de suporte à vida?

Em geral, todos os agentes paralisantes devem ser imediatamente interrompidos quando a decisão de remover o cuidado tiver sido tomada. De maneira ideal, os médicos devem esperar pelo retorno de função muscular suficiente para detectar os movimentos espontâneos e as tentativas de respiração pelo paciente antes que as modalidades de tratamento sejam removidas. Isso possibilita a importante interação entre o paciente e a família. Além disso, fornece aos enfermeiros mais informação clínica sobre a adequação da sedação e analgesia. Em circunstâncias raras, especialmente quando foram empregadas infusões prolongadas de agentes bloqueadores neuromusculares, pode não ser possível esperar pelo retorno da atividade muscular, pois o encargo de continuar o tratamento agressivo contradiz a mudança nos objetivos de minimizar a dor e o sofrimento e assegurar a morte com dignidade.

PONTOS-CHAVE: RETIRADA DO TRATAMENTO ✓

1. O médico, sozinho, não pode tomar a decisão de retirar o suporte. Um paciente capaz ou um procurador para o cuidado à saúde deve tomar a decisão. Se o paciente ou a família não estiver disponível para decidir, o médico deve consultar o procurador nomeado legalmente.
2. A retirada da nutrição e hidratação provou ser um problema para os médicos, já que cada estado decide legalmente quanto à condição dessas ações. Portanto os médicos devem conhecer a lei estadual que compreenda a retirada da nutrição e hidratação.
3. A administração dos agentes bloqueadores neuromusculares deve ser interrompida quando a decisão de retirar o suporte for tomada e, de uma forma ideal, este procedimento deve ser feito após o retorno da função neuromuscular.

CAPÍTULO 89

ADMINISTRAÇÃO DA UNIDADE DE TERAPIA INTENSIVA

Antoinette Spevetz, MD, e Carolyn E. Bekes, MD, MHA

1. Que papel o diretor médico da unidade de terapia intensiva (UTI) deve desempenhar no controle da unidade?

O diretor médico de uma UTI pode desempenhar um papel chave no estabelecimento e na manutenção do ambiente no qual os pacientes graves podem receber tratamento de alta qualidade com a distribuição ideal dos recursos. Aspectos importantes do envolvimento do diretor médico incluem a triagem dos leitos e esforços para conter os custos por meio do aumento da eficiência dos cuidados e do controle do uso dos recursos. Foi sugerido que os programas de treinamento em terapia intensiva incorporassem um componente de treinamento de gerência. Veja o Quadro 89-1 para os deveres de um diretor de UTI.

Brilli RJ, Spevetz A, Branson RD, et al: Critical care delivery in the intensive care unit: Defining critical roles and the best practice model. Crit Care Med 29:2007-2019, 2001.

Shortell SM, Zimmerman JE, Rosseau DM, et al: The performance of intensive care units: Does good management make a difference? Med Care 32:508-525, 1994.

QUADRO 89-1. RESPONSABILIDADES DO DIRETOR MÉDICO
1. Assegurar que o tratamento seja realizado nos pacientes críticos via grupo multidisciplinar
2. Desenvolver protocolos clínicos e administrativos
3. Coordenar atividades que visem melhorar a qualidade do atendimento
4. Assumir a responsabilidade pela realização do tratamento na UTI
5. Acompanhar a triagem, a alocação dos leitos e o plano de alta dos pacientes
6. Participar das atividades do comitê de terapia intensiva e do estabelecimento das relações com outras UTIs no hospital
7. Assegurar a educação continuada para o pessoal de enfermagem, fisioterapia e outros

2. O intensivista pode afetar o prognóstico de um paciente ou o custo do tratamento na UTI?

As evidências indicam que o envolvimento de um intensivista no tratamento do paciente leva à redução das taxas de mortalidade e ao uso mais efetivo dos recursos.

Pronovost PL, Kenckes MW, Dorman T, et al: Organizational characteristics of intensive care units related to outcomes of abdominal aortic surgery. JAMA 281:1310-1317, 1999.

3. Quais são os papéis do farmacêutico clínico e da enfermeira treinada em terapia intensiva na equipe de terapia intensiva?

As questões farmacológicas complexas dos pacientes de UTI justificam a inclusão de um farmacêutico clínico na equipe de terapia intensiva. As interações droga-droga e as reações adversas às drogas diminuem drasticamente quando um farmacêutico faz parte de uma equipe multidisciplinar. Provonost e colaboradores demonstraram que uma enfermeira adequadamente treinada em terapia intensiva melhora o resultado do tratamento dos pacientes com aneurisma de aorta abdominal quando é mantida a taxa de funcionários apropriada.

Provonost PJ, Dang D, Dorman T, et al: Intensive care unit nurse staffing and the risk of complications after abdominal aortic surgery. Eff Clin Pract 4:199-205, 2001.

4. Por que há a preocupação com a redução dos custos da internação em UTI? O custo deve ser um fator na tomada de decisões na UTI?

Em média, as UTIs compreendem somente 5% a 10% dos leitos hospitalares, mas >20% do orçamento hospitalar é destinado ao tratamento de pacientes nesses leitos. Em todos os Estados Unidos, isso representa 1,5% do produto interno bruto. Em função do alto custo da terapia intensiva, os médicos são desafiados a comprovar que o cuidado de alto custo/alta tecnologia leva aos resultados desejados. Os médicos devem usar os recursos disponíveis da maneira mais custo-efetiva para o benefício máximo do paciente.

Angood P: Right Care, Right Now – You can make a difference. Crit Care Med 33:2729-2732, 2005.

Kirton OC, Civetta JM, Hudson-Civetta J: Cost-effectiveness in the intensive care unit. Surg Clin North Am 76:175-200, 1996.

5. A estrutura da UTI afeta a qualidade ou o custo do tratamento?

A abordagem da equipe multidisciplinar usando as orientações e os protocolos apropriados reduzem significativamente os custos e melhoram os resultados dos pacientes. Diversos modelos diferentes para estruturar a UTI já foram utilizados. As evidências não dão apoio a nenhum dos modelos, mas mostram claramente que quando uma estrutura formal é implementada, as taxas de mortalidade e o número de dias na UTI são reduzidos.

Zimmerman JE, Shortell SM, Rousseau DM, et al: Improving intensive care. Observations based on organizational studies in nine intensive care units: A prospective multicenter study. Crit Care Med 21:1443-1451, 1993.

6. Qual é o papel dos sistemas de classificação em uma UTI?

Embora seja controverso se os sistemas de classificação podem predizer o resultado do tratamento de cada paciente, há poucas dúvidas de que eles forneçam uma descrição objetiva da gravidade de uma população de pacientes. Esta informação é útil quando se tenta comparar os resultados do tratamento entre unidades, e pode ser usada para projetos de melhora do desempenho, assim como para pesquisa clínica. Eles também podem beneficiar os médicos durante a discussão com a família e podem ser usados para comparar um caso individual a um grupo de pacientes similares para um potencial resultado.

Knaus WA, Draper EA, Wagner DP, et al: An evaluation of outcome from intensive care in major medical centers. Ann Intern Med 104:410-418, 1986.

Kollet MH, Shuster DP: Predicting intensive care unit outcome with scoring systems: Underlying concepts and principles. Crit Care Clin 10:1-18, 1994.

Shortell SM, Zimmerman JE, Rousseau DM, et al: The performance of intensive care units: Does good management make a difference? Med Care 32:508-525, 1994.

7. Em que momento da internação do paciente na UTI a equipe de tratamento deve começar a pensar no planejamento de alta, tanto da UTI quanto do hospital?

Embora em muitos casos de doenças graves isso possa parecer prematuro, provavelmente é vantajoso pensar na provável duração da estadia na UTI, na condição e nas necessidades no momento da alta hospitalar, a partir do momento da admissão. Em um grande número de casos, atrasos desnecessários na hospitalização do paciente podem ser evitados a partir da consideração oportuna de que é provável que, ao final, o paciente seja capaz de ser liberado para casa ou de que vá requerer um período de reabilitação institucional e identificação das necessidades para a reabilitação.

8. Descreva a composição do comitê de terapia intensiva.

As atividades das unidades multidisciplinares de terapia intensiva devem ser supervisionadas por um comitê do hospital composto por representantes dos departamentos e divisões que admitem os pacientes na unidade.

PONTOS-CHAVE: ADMINISTRAÇÃO DA UNIDADE DE TERAPIA INTENSIVA (UTI)

1. O trabalho em equipe de enfermeiros, farmacêuticos, fisioterapeutas e intensivistas é a chave para melhorar o prognóstico dos pacientes de terapia intensiva.
2. Os intensivistas têm a responsabilidade de acompanhar o ambiente do tratamento.
3. Os hospitais devem focar no controle do custo do tratamento, incluindo os cuidados fornecidos na UTI.
4. Os comitês de terapia intensiva têm responsabilidade pelos descuidos na realização do tratamento na UTI.

QUADRO 89-2. PRINCIPAIS DEVERES DO COMITÊ DE TERAPIA INTENSIVA

1. Definir o propósito e os objetivos da unidade. Estes podem ser incorporados em uma breve declaração
2. Desenvolver políticas e procedimentos amplos que resumam os sistemas organizacionais e de trabalho pelos quais a unidade irá atingir seus objetivos. Estas políticas devem abordar, entre outras questões, as autoridades e o processo para triagem (isto é, admissões e altas) dos pacientes e os critérios de admissão e alta, assim como os requisitos e regulamentos para o credenciamento de médicos, enfermeiros e pessoal auxiliar que trabalham na unidade. Devem ser desenvolvidas políticas sobre aspectos importantes do tratamento do paciente, peculiares ao ambiente da unidade (p. ex., transporte intra e inter-hospitalar do paciente, formas de evitar e controlar infecções)
3. Definir e assegurar níveis adequados de educação e treinamento para todo o pessoal que trabalha na unidade. Assegurar uma orientação inicial adequada e contínua durante o serviço para todo o pessoal que trabalha na unidade
4. Recomendar à equipe médica a adoção de regulamentos destinados a permitir que o comitê realize as tarefas previamente discutidas de maneira eficaz
5. Desenvolver e manter um programa de aperfeiçoamento destinado a monitorar o padrão do tratamento do paciente, e identificar as oportunidades de melhorar o resultado e a eficiência do tratamento. Desenvolver medidas confiáveis de aprimoramento permitindo a comparação dos resultados alcançados na unidade aos resultados relatados para pacientes similares em grandes bancos de dados
6. Manter um banco de dados atualizado sobre a gravidade do paciente, duração da internação, uso de recursos, complicações e marcadores dos resultados. Fornecer um mecanismo para revisar todas as complicações e eventos desfavoráveis, de modo que uma ação corretiva possa ser instituída quando apropriado
7. Apresentar e aprovar um orçamento anual para a unidade, destinado a permitir que se alcancem os objetivos declarados. O desenvolvimento deste orçamento será de responsabilidade conjunta da direção médica e de enfermagem da unidade

Além disso, o diretor da enfermagem e da educação em enfermagem da unidade, junto ao diretor médico da unidade e ao chefe da divisão, seção ou departamento de medicina intensiva, devem ser membros do comitê. Geralmente é apropriado que um dos dois últimos presida o comitê. Deve haver também membros da enfermagem, da farmácia, da fisioterapia e da nutrição, assim como outros membros que participam rotineiramente do cuidado aos pacientes críticos. Veja o Quadro 89-2 para as responsabilidades do comitê de terapia intensiva

9. Como devem ser resolvidas as divergências, entre os médicos e os familiares, relacionadas aos objetivos do tratamento dos pacientes incapacitados?

O princípio fundamental para definir os objetivos do tratamento de qualquer paciente é a determinação dos desejos do paciente. Nos casos em que o paciente está incapacitado, isso pode ser difícil. Quando o paciente tem uma diretriz prévia no local, é útil revisar esse documento e tentar extrapolar as instruções dele para a situação em questão. Frequentemente, no entanto, as instruções podem ser detalhadas de maneira insuficiente para permitir que uma decisão segura seja alcançada. Se um representante para o tratamento médico tiver sido nomeado, as discussões com essa pessoa podem fornecer o discernimento necessário da filosofia e dos desejos do paciente a fim de permitir que o representante chegue a uma decisão baseada nas informações relacionadas ao prognóstico e às opções terapêuticas fornecidas pela equipe médica. Na grande maioria dos casos, a equipe médica irá concordar com estas decisões. Mesmo quando nenhum representante for nomeado, as discussões com os membros da família e amigos quase sempre permitem que um consenso seja alcançado em relação ao que o paciente iria querer em determinada situação.

Em uma minoria dos casos, entretanto, pode haver uma divergência entre a família de um paciente incapacitado e a equipe médica em relação à direção que o tratamento deve seguir. Em situações como essa, consultas ao comitê de ética podem ser benéficas tanto para a família quanto para a equipe médica.

10. Quais são as definições comumente aceitas para uma *unidade aberta*, uma *unidade semifechada* e uma *unidade fechada*?

- **Unidade aberta:** Em uma unidade aberta, os pacientes podem ser admitidos e tratados por todos os médicos qualificados pelas políticas de credenciamento do hospital. Os pacientes podem permanecer sob os cuidados do médico e o diretor da unidade só terá envolvimento clínico com os pacientes através de um pedido de parecer. A triagem dos pacientes só acontecerá em períodos de escassez de leitos e pode ser realizada pelo diretor ou, ocasionalmente, pela negociação entre a chefia da enfermagem e os médicos assistentes.
- **Unidade semifechada:** Em uma unidade semifechada, o diretor da unidade ou uma pessoa designada por ele tem a autoridade de aprovar ou rejeitar os pedidos de admissão e pode requerer que os pacientes sejam transferidos quando a demanda for superior aos recursos. O envolvimento do diretor no tratamento dos pacientes pode variar, indo desde parecer obrigatório, atendimento conjunto ou parecer somente quando necessário, até o atendimento ou envolvimento somente em situações de emergência ou quando houver dúvidas quanto ao padrão de tratamento.
- **Unidade fechada:** Em uma unidade fechada, o diretor e sua equipe assumem a responsabilidade pelo tratamento de todos os pacientes admitidos na unidade. O paciente é transferido aos cuidados da equipe de terapia intensiva no momento da admissão e transferido de volta ao assistente de origem no momento da alta. Na maioria dos casos, o tratamento do paciente é realizado pela equipe de terapia intensiva em colaboração com o médico assistente que o admitiu, embora em algumas unidades (p. ex., unidades de trauma) a equipe da unidade possa ser a única a dar assistência.

Brilli RJ, Spevetz A, Branson RD, et al: Critical care delivery in the intensive care unit: Defining critical roles and the best practice model. Crit Care Med 29:2007-2019, 2001.

Society of Critical Care Medicine: http://sccm.org/professional_resources/guidelines/index.asp

11. Uma unidade fechada, quando comparada a uma aberta, oferece algum benefício em relação ao tratamento do paciente?

Diversos estudos mostraram menores taxas de mortalidade e de complicações nas unidades fechadas quando comparadas às unidades abertas. Este dado pode estar relacionado à atenção concentrada que o paciente recebe de um intensivista especializado no primeiro tipo de unidade.

Brilli RJ, Spevetz A, Branson RD, et al: Critical care delivery in the intensive care unit: Defining critical roles and the best practice model. Crit Care Med 29:2007-2019, 2001.

Society of Critical Care Medicine: http://sccm.org/professional_resources/guidelines/index.asp

12. Quais são os requisitos legais relativos ao transporte inter-hospitalar de pacientes? Onde eles são definidos?

Os requisitos legais estão contidos no Consolidated Omnibus Budget Reconciliation Act (COBRA), de 1986, e na emenda OBRA, de 1990.* Os principais requisitos são os seguintes:

- O paciente ou seu representante deve fornecer o consentimento informado para a transferência, o qual deve ser documentado. Se não for possível, a razão deve ser documentada.
- O médico que está enviando o paciente deve contatar o médico do hospital receptor que tem autoridade para admitir o paciente na unidade apropriada.
- O médico que está enviando o paciente deve detalhar as condições do mesmo e deve ser treinado nos procedimentos de estabilização e transporte.
- O médico receptor deve aceitar o paciente e confirmar que os recursos apropriados estão disponíveis para o tratamento.
- Deve-se estar de acordo sobre quem será o responsável pelo atendimento durante o transporte se nenhum médico acompanhar o paciente.
- O meio de transporte deve ser determinado pelo médico que envia o paciente após consultar o médico receptor.
- O serviço de transporte deve ser notificado do transporte iminente, da condição do paciente e dos requerimentos de suporte.
- O hospital receptor deve disponibilizar um enfermeiro para relatar a condição do paciente.
- Uma cópia completa do prontuário, incluindo todos os exames laboratoriais e de imagem, deve ser enviada junto ao paciente.
- Um mínimo de duas pessoas (excluindo o condutor do veículo) deve acompanhar o paciente, e pelo menos uma deve ser um enfermeiro de nível superior, um médico ou um paramédico avançado, capacitados em suporte avançado de vida em cardiologia (ACLS) e suporte avançado de vida no trauma (ATLS).
- Se nenhum médico acompanhar o paciente e se não houver um meio de se comunicar com um médico durante o transporte, os acompanhantes devem ter uma autorização prévia para realizar intervenções de salvamento.
- Os equipamentos disponíveis durante o transporte devem incluir tudo que for necessário para estabelecer e manter a ventilação, monitorar a pressão arterial e o ritmo cardíaco, desfibrilar, tratar arritmias, e fornecer volume IV e medicamentos de suporte. Durante o transporte, deve haver equipamentos que permitam a comunicação tanto com o hospital de origem quanto com o de destino.
- Durante o transporte, deve ser feita a monitorização contínua da eletrocardiografia, da pressão arterial, da frequência respiratória e de qualquer parâmetro específico do paciente que requeira observação. Se o paciente estiver sendo ventilado, o ventilador deve ter alarmes de pressão e de desconexão, e a pressão da via aérea deve ser mostrada.

Federal Register, Vol 56, No 235, December 6, 1991, p 64175.

* N. R. C.: Legislação dos Estados Unidos.

CAPÍTULO 90

GARANTIA DE QUALIDADE NA UNIDADE DE TERAPIA INTENSIVA

Antoinette Spevetz, MD e Carolyn E. Bekes, MD, MHA

1. Como se mede a qualidade?

A definição de *qualidade* engloba muitas coisas, mas claramente envolve atender às expectativas do consumidor. Em questões de saúde, esse conceito normalmente envolve a satisfação do paciente, dos médicos e das fontes pagadoras, bem como bons desfechos clínicos, uso apropriado de recursos, contenção de gastos e atenção à segurança do paciente.

2. O que é *benchmarking*?

Fazer *benchmark* significa comparar seus próprios dados, relacionados a desempenho, a dados semelhantes de outra instituição. A Joint Commission on Accreditation of Health Care Organizations (JCAHO) orienta que os hospitais façam *benchmark* junto a outros hospitais. Esse processo é mais útil quando dados relacionados a desempenho são comparados em instituições com população semelhante.

Joint Commission for Accreditation of Healthcare Organizations: www.jointcommission.org/NR/rdonlyres/48DFC95A-9C05-4-A44-AB05-1769D5253014/0/AComprehensiveReviewofDevelopmentforCoreMeasures.pdf

3. Qual é a relação entre a organização da unidade de terapia intensiva (UTI) e a qualidade da assistência?

As evidências indicam que a estrutura e a organização da UTI podem influenciar os desfechos. Uma relação de colaboração entre os membros da equipe multiprofissional parece ser um dos pontos mais fundamentais. O uso de protocolos clínicos claramente melhora o prognóstico dos pacientes. Uma abordagem multidisciplinar associada à presença de um intensivista 24 horas por dia aumenta muito a qualidade dos cuidados ao paciente na UTI, bem como a presença de enfermagem especializada em terapia intensiva em proporções apropriadas, farmacêuticos clínicos na unidade e fisioterapeutas trabalhando com protocolos de desmame da ventilação mecânica.

Dimick JB, Pronovost PJ, Heitmiller RF, Lipsett PA: Intensive care unit physician staffing is associated with decreased length of stay, hospital cost, and complications after esophageal resection. Crit Care Med 29:753-758, 2004.

Joint Commission for Accreditation of Healthcare Organizations: www.jointcommission.org/NR/rdonlyres/48DFC95A-9C05-4-A44-AB05-1769D5253014/0/AComprehensiveReviewofDevelopmentforCoreMeasures.pdf

Kane SL, Webber RJ, Dasra JF: The impact of critical care pharmacists on enhancing patient outcomes. Intensive Care Med 29:691-698, Epub March 29, 2003.

Pronovost PL, Dang D, Dorman T, et al: Intensive care unit nurse staffing and the risk of complications after abdominal aortic surgery. Eff Clin Pract 4:199-206, 2001.

Pronovost PL, Kenckes MW, Dorman T, et al: Organizational characteristics of intensive care units related to outcomes of abdominal aortic surgery. JAMA 281:1310-1317, 1999.

Rudis MI, Brandl KM: Position paper on critical care pharmacy services. Society of Critical Care Medicine and American College of Clinical Pharmacy Task Force on Critical Care Pharmacy Services. Crit Care Med 28:3746-3750, 2000.

4. Liste as aplicações mais comuns dos escores de gravidade de doença.

- **Estratificação:** A estratificação da gravidade ou intensidade da doença de um grupo de pacientes com o mesmo diagnóstico de admissão, usando sistemas de classificação como o APACHE II ou III (Acute Physiology and Chronic Health Evaluation), permite comparar os desfechos relacionados a diferentes abordagens terapêuticas, possibilitando identificar os melhores tratamentos. Obviamente, tais conclusões só podem ser alcançadas se os grupos de pacientes tratados forem equivalentes em termos de gravidade da doença.

- **Eficiência do cuidado fornecido:** A eficiência pode ser medida apenas se houver informações objetivas sobre o uso de recursos. Essas informações devem ser analisadas conjuntamente com a estratificação da gravidade inicial da doença, relacionando esses dados com os desfechos desejados – derivados de estudos dos resultados obtidos em uma grande variedade de níveis de assistência. Tais resultados podem ser obtidos por métodos como o APACHE ou pelo TISS (Therapeutic Intervention Scoring System), entre outros.
- **Tomada de decisão no manejo clínico:** A tomada de decisão pode ser auxiliada ao se considerar a informação fornecida pelos escores de gravidade, assim como pela estimativa prognóstica para pacientes individuais. Embora essa informação tenha de ser interpretada sempre em conjunto aos dados clínicos pertinentes a um paciente específico, ela pode ser usada para apresentar dados aos pacientes e respectivas famílias, de forma a mantê-los informados sobre as decisões de tratamento.
- **Economia:** Os escores de gravidade dos pacientes podem auxiliar na cobrança e aplicação de códigos de reembolso.

Knaus WA, Draper EA, Wagner DP, et al: An evaluation of outcome from intensive care in major medical centers. Ann Intern Med 104:410-418, 1986.

Kollef MH, Shuster DP: Predicting intensive care unit outcome with scoring systems: Underlying concepts and principles. Crit Care Clin 10:1-18, 1994.

Shortell SM, Zimmerman JE, Rousseau DM, et al: The performance of intensive care units: Does good management make a difference? Med Care 32:508-525, 1994.

5. Quais são os três maiores componentes no processo de credenciamento identificados pela Society of Critical Care Medicine em suas *Diretrizes para Concessão de Permissões para o Desempenho de Procedimentos em Pacientes de Terapia Intensiva*?

- **Identificação de procedimentos que requerem credenciamento:** Isso inclui procedimentos de alto risco, ou propensos a risco e os feitos em grande volume.
- **Delineamento de padrões específicos:** Esses padrões devem ser definidos (quando possível em nível nacional) pelos profissionais que comumente realizam o procedimento para o qual estão sendo solicitadas permissões.
- **Mecanismos de credenciamento:** Esses mecanismos devem ser desenvolvidos individualmente em cada instituição.

Guidelines Committee, Society of Critical Care Medicine: Guidelines for Granting Privileges for the Performance of Procedures in Critically Ill Patients. Crit Care Med 21:292-293, 1993.

Society of Critical Care Medicine: www.sccm.org/professional_resources/guidelines/table_of_contents/Documents/Granting_Privileges.pdf

6. Quem deve ser responsável por atividades de melhoria do desempenho na UTI?

Apesar de, em última análise, o conselho de curadores ser o responsável pela qualidade da assistência no hospital como um todo, atualmente a mensuração de dados e a busca por melhorias no desempenho são responsabilidades dos membros da equipe da unidade. O chefe da unidade, em conjunto com o enfermeiro-chefe e outros membros da equipe multiprofissional, deve estar atento para identificar oportunidades de melhoria na assistência prestada. Deve-se desenvolver e implementar um plano formal usando o processo de identificação de um problema, implementando mudanças e refazendo as medidas: um processo chamado PDSA (Planejar, Executar, Estudar e Agir, do inglês, *Plan, Do, Study, Act*) ou PDCA (Planejar, Executar, Checar e Agir, do inglês *Plan, Do, Check, Act*). Os resultados devem ser comunicados a todos os membros da hierarquia.

Brilli RJ, Spevetz A, Branson RD, et al: Critical care delivery in the intensive care unit: Defining clinical roles and the best practice model. Crit Care Med 25:1007-2019, 2001.

Curtis JR, Cook DJ, Wall RJ, et al: Intensive care unit quality improvement: A "how-do" guide for the interdisciplinary team. Crit Care Med 34:211-218, 2006.

Shortell SM, Zimmerman JE, Rousseau DM, et al: The performance of intensive care units: Does good management make a difference? Med Care 32:508-525, 1994.

7. Qual base de dados deve ser usada para atividades de melhoria no desempenho?

As bases de dados administrativas disponíveis na maioria dos hospitais foram desenhadas para uso na área financeira e não contêm os tipos de dados necessários para as melhorias de desempenho. Entretanto, com o uso crescente de registros médicos informatizados, a coleta de dados também será mais automatizada. Atualmente, a coleta manual de dados mostra-se necessária para a maior parte dos projetos de melhoria. O Project Impact ™ é um exemplo de banco de dados eletrônico dos EUA, que foi desenhado para ajudar instituições individuais a melhorar seus desfechos clínicos de uma forma eficaz por meio do uso do *benchmarking*.

Rafkin HS, Hoyt JW: Objective data and quality assurance programs: Current and future trends. Crit Care Clin 10:157-177, 1994.

8. Ao longo dos anos, a terminologia mudou. Qual é o conceito central da diferença entre *garantia de qualidade* e *melhoria de desempenho*?

A estratégia original para a garantia de qualidade buscava realizar uma série de observações (ou seja, indicadores), cuja intenção era assegurar que a assistência estivesse sendo executada de acordo com os melhores padrões de qualidade definidos para aquela época. A ênfase tendia a ser na metodologia da assistência prestada e na prevenção de complicações. O conceito mais recente, *melhoria de desempenho*, procura examinar todo o processo de assistência com o objetivo de identificar áreas onde melhorias possam ser implementadas, mesmo que o processo em uso pareça adequado. Isso pode ser alcançado familiarizando grupos de pessoas que possam estar em posição de sugerir melhorias, com um conhecimento mais profundo dos processos em revisão. O impacto da mudança do processo pode então ser examinado ao se analisar indicadores predeterminados de resultados clínicos e de recursos; sendo assim, atualmente, a ênfase é mais em resultados e não simplesmente em processos.

9. Liste as observações nas quais a avaliação dos desfechos deve se basear.

Apesar de uma série de indicadores poderem ser usados para avaliar desfechos e resultados, os abordados a seguir normalmente fornecem um banco de dados racional e podem ser adotados para a realização de *benchmarking* quando dados similares de outras instituições estiverem disponíveis.

- **Satisfação do Paciente:** Aqui se deve incluir não apenas as opiniões subjetivas do paciente, mas também as observações objetivas dos resultados, como escores de atividades da vida diária. Um aspecto significativo, porém pouco estudado desse parâmetro, é o estado do paciente após a alta hospitalar.
- **Tempo de Internação:** O tempo de internação, tanto na UTI quanto o hospitalar, para pacientes estratificados pelo diagnóstico, gravidade e comorbidades na admissão, pode fornecer uma valiosa informação sobre os resultados e uma excelente base de dados para *benchmarking*, caso estudado de maneira consistente durante um período razoável.
- **Mortalidade relacionada à gravidade da doença:** Apesar de essa informação fornecer uma ferramenta simples para *benchmarking*, os dados devem ser criticamente revistos porque nem sempre os óbitos devem ser equacionados a maus resultados.
- **Incidência de retornos não previstos à UTI durante a mesma internação hospitalar:** Esse indicador pode render importantes informações caso seja examinado em detalhes. Em acréscimo ao simples cálculo da incidência atual (que pode ser usado para *benchmarking*), os casos individuais devem ser revistos. Isso pode revelar uma necessidade de se revisar os critérios de transferência do paciente da unidade ou do consentimento de outras unidades em relação a tais critérios. De forma alternativa, isso pode estimular uma necessidade de adequação da assistência nos locais que recebem os pacientes após a saída da UTI.
- **Incidência de complicações:** As complicações podem ser relacionadas aos procedimentos (p. ex., inserção de cateter central, intubação endotraqueal) ou aos cuidados gerais (p. ex., infecção nosocomial, erros de medicação). Os de maior importância são os que têm impacto bem definido no bem-estar do paciente. Os critérios para identificação das complicações e a metodologia para coleta de dados e análise devem ser definidos e aplicados de forma consistente.

A implementação de medidas fundamentais é outra ferramenta de adequação por meio da utilização de medidas que sabidamente melhoram os resultados e da comparação dos resultados de cada UTI aos resultados do grupo.

Joint Commission for Accreditation of Healthcare Organizations: www.jointcommission.org/NR/rdonlyres/48DFC95A-9C05-4-A44-AB05-1769D5253014/0/AComprehensiveReviewofDevelopmentforCoreMeasures.pdf

10. Quão aplicável à UTI é a abordagem do "curso clínico" para se manter a custo – efetividade no fornecimento da assistência?

Apesar de o desenvolvimento dos chamados "cursos clínicos" ter obtido considerável sucesso na redução de custos – enquanto melhoram ou mantêm as bases da assistência e os desfechos clínicos – essa metodologia parece ser mais aplicável a pacientes de um grupo de diagnósticos homogêneo que tem curso clínico similar. Bons exemplos desses diagnósticos são as síndromes coronarianas agudas e as fraturas de quadril. Entretanto, no caso da população de uma UTI mista (pacientes clínicos e cirúrgicos), não ocorre tanta homogeneidade nos casos, e acaba sendo virtualmente impossível descrever o curso de evolução de um determinado diagnóstico. Essa diversidade de progressões se relaciona primariamente a características individuais do paciente, por isso acaba tendo pouco valor a comparação do curso clínico individual ao curso descrito da doença. Uma abordagem muito melhor na UTI é escrever algoritmos de tratamento aplicáveis a determinados pontos da assistência ao paciente no contínuo de toda a doença (p. ex., protocolo de desmame de ventilação mecânica, uso de um *bundle* para prevenção de pneumonia associada a ventilação mecânica (PAV), uso de um *bundle* para prevenção de infecções relacionadas à inserção de cateter venoso central ou um *bundle* de sepse) (veja Quadros 90-1 e 90-2). O uso dessa forma de abordagem mantém todas as vantagens da divisão em grupos, e vai de acordo com uma abordagem unificada para um determinado aspecto da assistência (reduzindo então diversificações de alto custo) sem gasto de tempo e energia para se tentar definir cursos "não-padrão" de uma doença.

QUADRO 90-1. CINCO PONTOS DO *BUNDLE* DE PREVENÇÃO DE PAV

1. Elevação da cabeceira do leito a no mínimo 30°
2. Despertar diário da sedação contínua
3. Avaliação diária da possibilidade de extubação
4. Profilaxia para úlcera de estresse
5. Profilaxia para trombose venosa profunda

QUADRO 90-2. CINCO PONTOS DO *BUNDLE* DE PREVENÇÃO DE INFECÇÃO RELACIONADA A CATETER VENOSO CENTRAL

1. Higiene das mãos
2. Precauções máximas de barreira na inserção do cateter
3. Antissepsia da pele com clorexidina
4. Uso do melhor sítio de inserção e cuidados na manipulação
5. Não são necessárias trocas de rotina

11. Por que atualmente está ocorrendo uma mudança de foco para a segurança do paciente?

Baseado no relato do Institute of Medicine dos EUA, lançado em 2000, mais de 60 mil mortes que podem ser prevenidas em hospitais a cada ano. A indústria da assistência à saúde precisa rever seus processos de fornecimento de assistência de forma a diminuir os erros. Se compararmos a indústria das empresas aéreas às de assistência à saúde, veremos um sistema muito diferente. Na assistência à saúde, há um conceito de que erros são aceitáveis e fazem "parte do negócio". Precisamos modificar essa forma de pensar, analisar de perto cada um de nossos processos e enxergar formas de realizá-los de forma diferente. Temos o exemplo do Institute for Healthcare Improvement dos EUA com sua "Campanha Salvando 100 mil Vidas" (Quadro 90-3), que foca em diferentes aspectos dos cuidados em saúde, incluindo cuidados na UTI.

Institute for Healthcare Improvement: 100,000 Lives Campaign: www.ihi.org/IHI/Programs/Campaign

Kohn LT, Corrigan JM, Donaldson MS (eds): To Err is Human: Building a Safer Health System. Washington, DC, National Academy Press, 2000.

QUADRO 90-3. "CAMPANHA SALVANDO 100 MIL VIDAS" DO INSTITUTE FOR HEALTHCARE IMPROVEMENT DOS EUA

1. Desenvolver times de resposta rápida
2. Fornecer cuidados confiáveis e baseados em evidências para o infarto agudo do miocárdio
3. Prevenir eventos adversos com medicações
4. Prevenir infecções relacionadas a cateter venoso central
5. Prevenir infecções de sítio cirúrgico
6. Prevenir pneumonia associada à ventilação mecânica

PONTOS-CHAVE: PRINCIPAIS ELEMENTOS NA MELHORIA DO DESEMPENHO ✓

1. Todos os membros da equipe multiprofissional da UTI, incluindo médicos, enfermeiros e fisioterapeutas, são responsáveis pelas atividades que visam melhoria do desempenho.
2. Cada UTI e hospital deve desenvolver uma forma padrão de realizar processos de melhorias do desempenho (p. ex., PDSA – Planejar, Executar, Estudar e Agir, do inglês *Plan, Do, Study, Act*).
3. A implementação de *bundles* padronizados melhora a segurança do paciente.
4. A indústria da assistência à saúde está analisando criticamente suas práticas e adotando métodos que outras indústrias já utilizam para garantir uma cultura de segurança.

SISTEMAS DE CLASSIFICAÇÃO PARA A COMPARAÇÃO DA GRAVIDADE DAS DOENÇAS NOS PACIENTES DA UNIDADE DE TERAPIA INTENSIVA

CAPÍTULO 91

Benoit Misset, MD

1. O que são os índices de gravidade?

Foram desenvolvidos sistemas de classificação para comparar a gravidade das doenças entre os pacientes nas unidades de terapia intensiva (UTIs). Estes índices são estabelecidos na admissão ou durante a estadia na UTI e incluem a avaliação de diversos parâmetros fisiológicos que têm sido documentados por desempenhar um papel independente na predição da morte hospitalar. Os índices apresentados neste capítulo são apenas aqueles usados para avaliar a gravidade das doenças de forma geral. Outros sistemas de classificação são usados para avaliar a função de um órgão em particular (p. ex., *Acute Lung Injury Score* para a avaliação da síndrome do desconforto respiratório agudo).

ÍNDICES NA ADMISSÃO NA UTI

2. Quais índices são usados para a avaliação geral da gravidade das doenças na admissão na UTI?

Os três sistemas mais frequentemente utilizados são o *Acute Physiology and Chronic Health Evaluation* (APACHE), o *Simplified Acute Physiology Score* (SAPS) e o *Mortality Probability Model* (MPM). As versões mais recentes de cada sistema são o APACHE III, o SAPS III e o MPM II0 (na admissão) e o MPMII24 (após 24 horas).

Knaus WA, Draper EA, Wagner DP, Zimmerman JE: APACHEII: A severity of disease classification system. Crit Care Med 13:818-829, 1985.

Knaus WA, Wagner DP, Draper EA, et al: The APACHEIII prognostic system: Risk prediction of hospital mortality for critically ill hospitalized adults. Chest 100:1619-1636, 1991.

Le Gall JR, Lemeshow S, Saulnier F: Anew Simplified Acute Physiology Score (SAPSII) based on a European/North American multicenter study. JAMA 270:2957-2963, 1993.

Lemeshow S, Teres D, Klar J, et al: Mortality Probability Models (MPMII) based on an international cohort of intensive care unit patients. JAMA 270:2478-2486, 1993.

Moreno RP, Metnitz PG, Almeida E, et al: SAPS3-From evaluation of the patient to evaluation of the intensive care unit. Part 2: Development of aprognostic model for hospital mortality at ICU admission. Intensive Care Med 31:1345-1355, 2005.

PONTOS-CHAVE: ITENS MAIS COMUNS DOS ÍNDICES DE GRAVIDADE MEDIDOS NO ATO DA ADMISSÃO NA UNIDADE DE TERAPIA INTENSIVA (UTI)

1. Idade.
2. Estado de saúde prévio.
3. Desequilíbrio fisiológico agudo no ato da admissão na UTI.
4. Razão para a admissão.
5. Modo de admissão.

PONTOS-CHAVE: OBJETIVOS HABITUAIS DA MEDIDA DE ÍNDICES DE GRAVIDADE NO ATO DA ADMISSÃO NA UNIDADE DE TERAPIA INTENSIVA (UTI)

1. A predição de morte é um objetivo importante ao medir os índices de gravidade no momento da admissão na UTI.
2. O índice de gravidade é determinado para permitir a comparação entre populações de UTI em estudos científicos.
3. O acompanhamento do desempenho e o aprimoramento são razões importantes para medir os índices de gravidade, quando ligados à mortalidade observada.

3. Por que os índices de avaliação da gravidade das doenças na admissão na UTI foram desenvolvidos?

- **Para avaliar o desempenho da UTI:** O paciente de UTI é um paciente clínico ou cirúrgico que apresenta falência aguda de algumas de suas principais funções vitais ou alto risco de desenvolver tal falência. Devido à taxa de mortalidade da população da UTI geralmente ser alta e variar amplamente, dependendo das políticas de admissão de pacientes, é necessário uma avaliação objetiva da gravidade geral da doença do paciente para assegurar que a taxa de mortalidade de uma UTI seja compatível com a gravidade total de sua população de pacientes na admissão. A razão entre a mortalidade observada e a predita, chamada *razão de mortalidade padronizada*, é a maneira mais simples de se avaliar o desempenho de uma UTI. Ela permite comparações entre as taxas de mortalidade de várias UTIs ou entre as taxas de mortalidade documentadas em uma UTI ao longo do tempo.
- **Para avaliar o risco de morte do paciente:** Os índices fornecem uma avaliação objetiva que ajuda o clínico a confirmar a gravidade da doença do paciente. No entanto, esses índices não podem ser usados para tomar decisões sobre os pacientes individualmente (p. ex., retirada do suporte).
- **Para comparar ou equiparar populações em estudos clínicos:** Em estudos controlados randomizados, os índices têm sido usados para confirmar se a população selecionada pela randomização apresenta uma gravidade de doença similar no ato da admissão na UTI. Em estudos caso-controle, os índices têm sido usados para equiparar os controles e os casos.

4. Como os índices de avaliação geral da gravidade na admissão na UTI foram construídos?

Os índices foram construídos em populações grandes, multicêntricas e prospectivas. As variáveis foram selecionadas e ponderadas pelo consenso (APACHE II) ou por meio da análise de regressão logística múltipla (APACHE III, SAPS II e III e MPM II) com o objetivo de determinar se os parâmetros foram preditores independentes da morte hospitalar. As variáveis testadas incluem: idade, piora dos valores ao longo das primeiras 24 horas após a admissão na UTI para certas anormalidades fisiológicas agudas (p. ex., sódio, potássio, pressão parcial de oxigênio no sangue arterial, débito urinário, Escala de Coma de Glasgow), categoria na admissão (ou seja, paciente clínico ou cirúrgico) e diversas doenças subjacentes (p. ex., câncer metastásico, síndrome da imunodeficiência adquirida). O sistema MPM também abrange diversos itens terapêuticos (p. ex., número de acessos venosos). O SAPS III – até agora o mais recente – é fundamentado em uma metodologia mais complexa. Ele tem a vantagem de ter como base uma população mundial e de dar uma importância maior ao estado de saúde prévio e às circunstâncias no momento da admissão na UTI, adicionalmente ao desequilíbrio fisiológico. O MPM0 e o SAPS III são os únicos sistemas para os quais os dados são coletados inteiramente na admissão na UTI (ou seja, dentro de uma hora), o que reduz o papel de um potencial tratamento subótimo no primeiro dia na UTI no ato da avaliação da gravidade.

5. Como os índices de avaliação geral da gravidade das doenças na admissão na UTI foram validados?

Todos os modelos foram validados nos estudos iniciais em um subgrupo de pacientes que não foi usado na construção do sistema de classificação. O desempenho de cada sistema de classificação foi considerado adequado quando o mesmo mostrou uma boa discriminação na predição da mortalidade hospitalar e teve uma boa calibração para toda a população sob investigação. A *discriminação* na predição da mortalidade hospitalar é avaliada de acordo com as características da área sob a curva ROC: quanto maior a área sob a curva ROC, mais discriminativo é o teste. A *calibração* para toda a população é mensurada com o teste "*goodness-of-fit*": a mortalidade observada não deve ser estatisticamente diferente da mortalidade esperada em percentis populacionais de intervalos de probabilidade iguais. Quanto mais baixo o valor de H e mais alto o valor de *P*, melhor a calibração.

6. Quais índices foram validados de forma adequada?

O APACHE I e II, o SAPS I e o MPM I não foram construídos ou validados com os padrões metodológicos atualmente aceitos. Grandes estudos multicêntricos demonstraram que os índices SAPS II, MPM II e APACHE III têm boa discriminação e calibração.

- **SAPS II:** O SAPS II está bem validado. A classificação precisa ser atualizada com populações de UTI mais recentes.
- **MPM II:** O MPM II está bem validado e tem a vantagem de ser uma classificação disponível na admissão na UTI em vez de 24 horas após a admissão. Esta vantagem se tornou possível porque a classificação inclui alguns itens terapêuticos (p. ex., acessos venosos, sistemas de drenagem). O índice MPM também precisa ser atualizado com populações de UTI mais recentes.
- **APACHE III:** O APACHE III está bem validado e é atualizado regularmente, mas seu uso é limitado pelo fato de que os clínicos devem pagar para saber e usar a sua equação para calcular a probabilidade de morte.
- **SAPS III:** O SAPS III está bem validado e atualizado porque foi publicado mais recentemente, em 2005 – isto é, 12 anos após o mais recente dentre os outros sistemas. Diferentemente do APACHE III, seus detalhes de construção foram difundidos para toda a comunidade científica e seu uso é gratuito.

ÍNDICES DURANTE A ESTADIA NA UTI

7. Por que os índices de avaliação da gravidade das doenças durante a estadia na UTI foram desenvolvidos?

Os índices que medem a gravidade diária foram desenvolvidos para melhorar a previsão da morte de um paciente individual (já fornecida pelos índices na admissão), avaliar a atividade e o desempenho das UTIs e para equiparar pacientes em investigações clínicas. Esses índices são particularmente úteis como critérios de inclusão em estudos randomizados nos quais os pacientes entram na investigação vários dias após a admissão. Esses índices também são usados como critérios de equiparação em estudos de caso-controle que abordam a morbidade atribuível aos eventos adversos relacionados à UTI, tais como as infecções nosocomiais.

8. Quais índices foram desenvolvidos para a avaliação da gravidade durante a estadia na UTI?

Diversos índices foram desenvolvidos usando amostras de tamanhos variados. As classificações desenvolvidas com as maiores populações de UTI incluem o Organ System Failure Score (OSF), o *Organ Dysfunction and Infection Score* (ODIN), o *Logistic Organ Dysfunction Score* (LODS), o *Sequential Organ Failure Assessment Score* (SOFA) e o *Multiple Organ Dysfunction Score* (MODS).

Fagon J-Y, Chastre J, Novara A, et al: Characterization of intensive care unit patients using a model based on the presence or absence of organ dysfunction sand/orinfection: The ODIN model. Intensive Care Med 19:137-144, 1993.

Knaus WA, Draper EA, Wagner DP, Zimmerman JE: Prognosis in acute organ-system failure. Ann Surg 202:685, 1985.

Le Gall JR, Klar J, Lemeshow S, et al: The Logistic Organ Dysfunction system: A new way to assess organ dysfunction in the intensive care unit. JAMA 276:802-810, 1996.

Marshall JC, Cook DJ, Christou NV, et al: Multiple organ dysfunction score: A reliable descriptor of a complex clinical out come. Crit Care Med 23:1638-1652, 1995.

Vincent JL, de Mendonca A, Cantraine F, et al: Use of the SOFA score to assess the incidence of organ dysfunction/failure in intensive care units: Results of a multicenter, prospective study. Crit Care Med 26:1793-1800, 1998.

PONTOS-CHAVE: USOS COMUNS DOS ÍNDICES DE DISFUNÇÃO ORGÂNICA ✓

1. Os índices de disfunção orgânica são usados para equiparar os pacientes em estudos de caso-controle ou de pacientes expostos e não-expostos.
2. Os índices também são úteis no ajuste de coortes em análises multivariadas de fatores de risco.

9. Como foram construídos os índices de avaliação da gravidade durante a estadia na UTI?

Os índices sequenciais medem o número e/ou a intensidade da disfunção orgânica. Contrastando aos índices SAPS, MPM e APACHE, eles não levam em consideração a idade, a categoria de admissão ou as doenças subjacentes porque esses itens não mudam ao longo da estadia na UTI. Os índices OSF, ODIN, SOFA e MODS foram construídos empiricamente. O OSF e o ODIN avaliam o número de disfunções orgânicas, e o SOFA e o MODS também avaliam a intensidade da disfunção orgânica. A construção do MODS incluiu a avaliação da sua validade e a reprodutibilidade e sensibilidade de cada item entre os observadores. A escolha e o peso de cada item do LODS são derivados de um modelo de regressão logística múltipla, usando a mortalidade hospitalar como variável dependente. A construção foi feita a partir de dados coletados durante o primeiro dia na UTI.

10. Como esses índices foram validados (*veja* a questão 9)?

A discriminação na predição da mortalidade é melhor em modelos multivariados quando a evolução do índice e seus valores iniciais são levados em consideração. Esse princípio foi demonstrado com o índice LODS.

Metnitz PG, Lang T, Valentin A, et al: Evaluation of the logistic organ dysfunction system for the assessment of organ dysfunction and mortality in critically ill patients. Intensive Care Med 27:992-998, 2001.

Moreno R, Vincent JL, Matos A, et al: Theuse of maximum SOFA score to quantify organ failure/dysfunction in intensive care: Result of aprospective multicenter study. Intensive Care Med 25:686-696, 1999.

11. O que estes índices adicionaram à descrição dos pacientes da UTI (*veja* a questão 9)?

1. O uso do índice OSF mostrou, inicialmente, que poderia ser feita uma predição de morte de 100% nos pacientes mais graves após diversos dias. No entanto, o mesmo índice foi usado para demonstrar que o cuidado na UTI melhorou ao longo dos anos, tanto que resultados publicados deixavam de ser válidos dez anos depois. Essas investigações documentaram que tais índices são um método para avaliar o desempenho da UTI.
2. O tempo médio da ocorrência de cada falência orgânica não é o mesmo. O pico de disfunção do sistema nervoso geralmente ocorre antes do segundo dia; para os sistemas respiratório, cardiovascular, renal e de coagulação, por volta do terceiro dia; e para o sistema hepático, por volta do quinto dia.
3. O peso de cada falência orgânica na predição da morte não é o mesmo: as falências hematológica e hepática têm menos efeito na mortalidade do que as falências respiratória, cardiovascular, renal ou neurológica.
4. O peso de cada falência orgânica na predição da morte não é o mesmo ao longo do tempo. O mesmo aumento na disfunção respiratória tem pior prognóstico após uma semana de internação na UTI. A disfunção hepática tem efeito na mortalidade somente após três semanas de internação na UTI.

Cook R, Cook D, Tilley J, et al: Multiple organ dysfunction: Base line and serial component scores. Crit Care Med 29:2046-2050, 2001.

12. Em que momento da estadia na UTI cada um desses índices deve ser utilizado (*veja* a questão 9)?

Ver Figura 91-1.

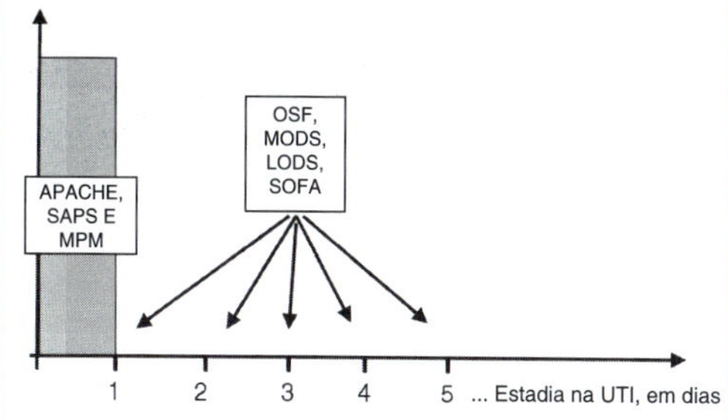

Figura 91-1. Quando devemos medir os índices de gravidade? APACHE = *Acute Physiology and Chronic Health Evaluation*, SAPS = *Simplified Acute Physiology Score*, MPM = *Mortality Probability Model*, OSF = *Organ System Failure Score*, MODS = *Multiple Organ Dysfunction Score*, LODS = *Logistic Organ Dysfunction Score*, SOFA = *Sequential Organ Failure Assessment Score*, UTI = *Unidade de Terapia Intensiva*.

CAPÍTULO 92

TERAPIA INTENSIVA BASEADA EM EVIDÊNCIAS

Michael Young, MD e Brian T. Marden, PharmD

1. Qual é o papel da medicina baseada em evidências na unidade de terapia intensiva (UTI)?

Há 30 anos, as decisões médicas na UTI eram amplamente direcionadas por experiências de especialistas, intuição e um entendimento rudimentar de fisiopatologia. A despeito de muitos dados científicos ainda não serem totalmente completos, a relativamente recente explosão de publicações clínicas de alta qualidade sobre terapia intensiva justifica claramente a abordagem baseada em evidências. Isso permite que o médico identifique com mais segurança a melhor intervenção disponível para cada paciente de sua UTI, selecionando testes diagnósticos, estratégias de tratamento e definindo o prognóstico.

2. Como garantir que os pacientes da UTI estão recebendo os cuidados com base em evidência mais importantes?

Fazer escolhas frente à crescente lista de estratégias baseadas em evidências para definir os melhores cuidados em UTI pode ser amedrontador. Para definir as melhores estratégias, usamos três critérios:

- **Força da evidência:** A força da evidência é determinada pela hierarquia do desenho do estudo (estudos controlados randomizados são os melhores) e pelo desfecho objetivado (ordem de prioridade: redução de morbidade, mortalidade, eventos adversos, desfechos secundários, conexão indireta com desfechos clínicos).
- **Prevalência dos problemas e tamanho do efeito:** Os problemas mais comuns da UTI e os efeitos mais importantes (p. ex., redução de mortalidade de 10% *versus* 1%) são levados mais em conta.
- **Facilidade de implementação:** Elevar a cabeceira do leito a 45° para prevenir pneumonia é provavelmente muito mais fácil do que adquirir e implementar um sistema eletrônico de informação. Entretanto, julgar a facilidade de implementação é algo bastante subjetivo.

3. Qual é o impacto do uso de um modelo de UTI conduzida por intensivistas?

A iniciativa de segurança do *Leapfrog Group* dos EUA define o "Modelo de UTI conduzida por intensivistas" como UTIs dirigidas por médicos treinados em terapia intensiva, que trabalham exclusivamente na UTI durante o dia e estão disponíveis dentro de cinco minutos via "pager" em outros momentos. A redução relativa de mortalidade com esse modelo é de 15% a 60%. Essa redução substancial de mortalidade foi encontrada em UTIs clínicas, UTIs mistas clínico-cirúrgicas e UTIs cirúrgicas. O mecanismo da melhoria da assistência não foi bem estudado. A adoção mais ampla do modelo de UTI conduzida por intensivistas é dificultada pelo limitado número de intensivistas, pelos custos envolvidos e pela ameaça à autonomia dos médicos.

Pronovost PJ, Angus DC, Dorman T, et al: Physician staffing patterns and clinical outcomes in critically ill patients. JAMA 288: 2151-2162, 2002.

Young MP, Birkmeyer JD: Potential reductions in mortality rates using an intensivist model to manage intensive care units. Eff Clin Pract 6: 284-289, 2000.

4. Os resultados da UTI mudam com o uso de Equipes de Resposta Rápida, que avaliam pacientes "em risco" na enfermaria?

Os desfechos dos pacientes na UTI são fortemente influenciados pelos cuidados fornecidos no departamento de emergência e na enfermaria antes de sua chegada à UTI. Equipes de Resposta Rápida compostas por intensivistas, hospitalistas e enfermeiros são cada vez mais usadas para identificar pacientes sob risco de deterioração clínica, de forma a facilitar o escalonamento de cuidados de assistência e, potencialmente, optando-se por transferir esse paciente à UTI. Os critérios para avaliar esses pacientes de forma urgente incluem comprometimento hemodinâmico (pressão arterial sistólica < 85mmHg; frequência cardíaca < 40 ou > 140), insuficiência respiratória (frequência respiratória > 35 incursões respiratórias/minuto; pH $< 7,25$; PCO2 > 60mmHg; necessidade de suplementação de oxigênio a 100%), queda do débito urinário e piora aguda do nível de consciência.

Bellomo R, Goldsmith D, Uchino S, et al: Prospective controlled trial of effect of medical emergency team on postoperative morbidity and mortality rates. Crit Care Med 32: 916-921, 2004.

Young MP, Gooder VJ, McBride K, et al: Inpatient transfers to the intensive care unit: Delays are associated with increased mortality and morbidity. J Gen Intern Med 18: 77-83, 2003.

5. Como farmacêuticos clínicos podem melhorar os cuidados em uma UTI?

Em um grande estudo prospectivo, um farmacêutico que participava das visitas em uma UTI clínica reduziu os erros evitáveis de uso de medicações em 66%. Um grande número de estudos tem demonstrado um grande benefício fármaco-econômico ao se colocar um farmacêutico clínico participando das visitas com a equipe. Na UTI, eles auxiliam os médicos em decisões farmacoterapêuticas ao fornecer informações sobre medicamentos, monitorização de eventos adversos e ao promover consultas sobre farmacocinética.

Brilli RJ, Spevetz A, Branson RD, et al: Critical care delivery in the intensive care unit: Defining clinical roles and the best practice model. Crit Care Med 26: 2007-2019, 2001.

Leape LL, Cullen DJ, Clapp MD et al: Pharmacist participation on physician rounds and adverse drug events in the intensive care unit. JAMA 281: 267-270, 1999.

6. Quais são as implicações da escassez de enfermeiros com especialização em terapia intensiva?

Nos EUA, a proporção tradicional de pacientes para enfermeiros em UTIs de adultos é de 2:1 ou 1:1. A mortalidade excessiva foi vista com proporções de 3:1. Além disso, os piores resultados estão associados à inexperiência da enfermagem e a períodos de escassez de enfermagem. A escassez de enfermeiros com treinamento em terapia intensiva pode prejudicar a habilidade para fornecer assistência de ponta ou mesmo cuidados regulares na UTI. Nos EUA, a média de idade atual dos enfermeiros com nível superior nas UTIs é 50 anos, portanto a escassez de enfermeiros especializados em UTI deve piorar.

Pronovost PJ, Dang D, Dorman T, et al: Intensive care unit nurse staffing and the risk for complications after abdominal aortic surgery. Eff Clin Pract 4: 223-235, 2001.

Tarnow-Mordi WO, Hau C, Warden A, Shearer AJ: Hospital mortality in relation to staff workload: A 4-year study in an adult intensive-care unit. Lancet 356:185-189, 2000.

7. Os "cuidados centrados na família" são viáveis na UTI?

A estrutura das UTIs é falha no que tange as necessidades do núcleo familiar. Há rica literatura corroborando a ideia de que fatores como comunicação consistente, áreas de espera confortáveis e espaçosas e políticas de visitação sem restrições aumentam a satisfação familiar e, secundariamente, têm impacto nos resultados do paciente. Criar um ambiente "centrado na família" demanda recursos e, muitas vezes, requer maior mudança na cultura local; entretanto, os resultados de hospitais que oficializaram esta abordagem têm demonstrado sucesso em reduzir a frustração dos membros da família e assim contribuíram para um sentimento positivo de satisfação global.

Berwick DM, Kotagal M: Restricting visiting hours in ICUs. JAMA 292: 136-737, 2004.

Lederer MA, Goode T, Dowling J: Origins and development: The Critical Care Family Assistance Program. Chest 128:65S-75S, 2005.

Endereço oficial na Internet para pacientes e familiares da *Society of Critical Care Medicine*: www.icu-usa.com

8. Assistência multidisciplinar: moda, ficção ou uma nova maneira de agir na UTI?

Apesar de a *Joint Comission on Accreditation of Healthcare Organizations*, o *Institute for Healthcare Improvement* e a *Society of Critical Care* promoverem fortemente o emprego de uma equipe multidisciplinar, surpreendentemente há poucos estudos rigorosos nessa área. As evidências de que enfermeiros, médicos, fisioterapeutas, farmacêuticos e outros profissionais da assistência trabalhando juntos melhoram os resultados clínicos, incluem estudos das seguintes áreas:

- "Checklists" na UTI.
- Desmame da ventilação mecânica.
- Telemedicina.

Praticamente não há dados medindo a prevalência ou a qualidade da assistência multidisciplinar na UTI.

Pronovost P, Berenholtz S, Dorman T, et al: Improving communication in the ICU using daily goals. J Crit Care 18: 71-75, 2003.

Rosenfeld BA, Dorman T, Breslow MJ, et al: Intensive care unit telemedicine: Alternative paradigm for providing continuous intensivist care. Crit Care Med 28: 3925-3931, 2000.

Young MP, Gooder VJ, Oltermann MH, et al: The impact of a multidisciplinary approach on caring for ventilator-dependent patients. Int J Qual Health Care 10:15-26, 1998.

9. A necessidade de profilaxia da trombose venosa profunda (TVP) para os pacientes da UTI não é algo já conhecido?

Estudos demonstraram taxas de TVP de 13% a 31% em pacientes de terapia intensiva que não estavam recebendo profilaxia. A maioria dos pacientes de UTI tem pelo menos um grande fator de risco para o desenvolvimento de TVP e, portanto, deve receber profilaxia adequada. Entretanto, estudos demonstraram que, em média, apenas 69% dos pacientes de terapia intensiva recebem profilaxia para trombose. A educação intensiva da equipe, os sistemas de suporte computadorizados e o uso de fichas estruturadas de admissão têm se mostrado eficazes na melhora das taxas de uso de profilaxia de trombose. Toda UTI deveria ter um sistema para garantir que todo paciente fosse avaliado para risco de tromboembolismo venoso e que uma estratégia adequada de profilaxia fosse implementada.

Geerts W, Selby R: Prevention of venous thromboembolism in the ICU. Chest 124: 357S-363S, 2003.

10. A elevação do decúbito de pacientes em ventilação mecânica a 45°: um facilitador da extubação não programada e de úlceras de pressão ou um auxílio na prevenção de pneumonia?

A incidência de pneumonia associada à ventilação mecânica é de 10-15 casos por mil dias de ventilação. A aspiração de secreções das vias aéreas superiores em pacientes sob ventilação mecânica é comum. Um estudo randomizado demonstrou uma redução de três vezes na taxa de pneumonia associada à ventilação mecânica em pacientes ventilados cujas cabeceiras foram elevadas a 45°, comparados a pacientes que estavam em posição supina. A implementação da elevação da cabeceira tem sido baixa. As barreiras para instituir essa prática incluem preocupações quanto ao conforto do paciente, aumento da incidência de úlceras de pressão e extubações não programadas. Entretanto, os dados publicados não validam esses receios e mais estudos são necessários.

Drakulovic MB, Torres A, Bauer TT, et al: Supine body position as a risk factor for nosocomial pneumonia in mechanically ventilated patients: A randomized trial. Lancet 354: 1851-1858, 1999.

11. Como reduzir o risco de sangramento gastrointestinal em pacientes críticos na UTI?

As doenças da mucosa relacionadas ao estresse resultam em sangramento clinicamente significativo em uma média de 6% (0,1-39%) dos pacientes críticos que não estão recebendo profilaxia, com taxa de mortalidade associada > 50%. Um grande estudo observacional identificou a ventilação mecânica por mais de 48 horas e a coagulopatia como preditores independentes do sangramento induzido pelo estresse. Outros fatores de risco incluem doença renal ou hepática, sepse, queimaduras graves, hipotensão ou sangramento gastrointestinal recente. Pacientes críticos sem grandes fatores de risco não devem receber profilaxia. Estudos demonstraram que tanto os antagonistas de receptores H2 como os inibidores da bomba de prótons são eficazes em reduzir o sangramento clinicamente significativo relacionado à úlcera de estresse.

12. Corticosteroides no choque séptico: outra situação já bem conhecida?

O interesse no uso de corticosteroides no tratamento do choque séptico oscilou ao longo dos últimos 30 anos. Há duas situações comuns em UTI, nas quais há evidência sólida que sustenta o uso de corticoides no tratamento de pacientes sépticos:

- Doses de estresse de corticosteroides administradas a pacientes com insuficiência adrenal relativa e sepse grave ou choque séptico.
- Corticosteroides administrados a pacientes que recentemente receberam tratamento crônico com corticosteroides (≥ 5mg/dia de prednisona por sete dias ou mais).
- Situações controversas: o uso de corticosteroides na síndrome do desconforto respiratório agudo (SDRA) tardia e em pacientes críticos fora da UTI com insuficiência adrenal relativa, mas sem sepse.

Annane D, Sebille V, Charpentier C, et al: Effect of treatment with low doses of hydrocortisone and fludrocortisone on mortality of patients with septic shock. JAMA 228: 862-871, 2002.

Krasner AS: Glucocorticoid-induced adrenal insufficiency. JAMA 282: 671-676, 1999.

13. O uso de infusão contínua de insulina em até 75% dos pacientes de UTI soa como uma grande carga de trabalho. O benefício compensa o esforço?

É comum que pacientes admitidos na UTI apresentem *diabetes mellitus* preexistente e/ou hiperglicemia desencadeada por estresse fisiológico. Um estudo controlado randomizado usando infusão contínua de insulina para manter os níveis de glicemia entre 80 e 110mg/dL, comparada ao tratamento convencional, detectou uma redução relativa de 34% na mortalidade. O tratamento intensivo com insulina não é uma tarefa fácil para os enfermeiros da UTI. Entretanto, com suporte multidisciplinar, educação e controle dos dados, pode-se implementar protocolos de infusão contínua de insulina com sucesso na UTI.

Krinsley JS: Effect of an intensive glucose management protocol on the mortality of critically ill adult patients. Mayo Clin Proc 79: 992-1000, 2004.

Van de Berghe G, Wouters PJ, Weekers F, et al: Intensive insulin therapy in critically ill patients. N Engl J Med 345: 1359-1367, 2001.

14. O interesse em usar drotrecogina-alfa (ativada) para pacientes com sepse grave está diminuindo?

A drotrecogina-alfa (ativada) foi aprovada pelo *Food and Drug Administration* (FDA) dos EUA para o tratamento da disfunção orgânica induzida pela sepse associada a um alto risco de morte, como um *Acute Physiology and Chronic Health Evaluation* (APACHE) II com valor ≥ 25. Foi a primeira droga a reduzir significativamente a mortalidade (redução absoluta de 6,1%) em pacientes com sepse grave. Um grande estudo prospectivo randomizado em pacientes menos graves (com uma disfunção orgânica) não demonstrou benefício. Um estudo prospectivo envolvendo pacientes pediátricos também não encontrou benefício. A drotrecogina-alfa (ativada) deve ser considerada para uso em pacientes adultos com múltiplas falências orgânicas (duas ou mais) induzidas pela sepse.

Bernard GR, Vincent JL, Laterre PF, et al: Efficacy and safety of recombinant human activated protein C for severe sepsis. N Engl J Med 344: 699-709, 2001.

15. O uso de baixos volumes correntes para pacientes com lesão pulmonar aguda (ALI)/ SDRA é amplamente aceito?

Desde a publicação dos resultados do estudo da *ARDS Net*, que comparou volumes correntes de 6 e 12mL/kg (baseado no peso ideal do paciente), muitos médicos intensivistas tentaram implementar a estratégia de uso de baixos volumes correntes. Apesar de a estratégia de uso de baixos volumes correntes ter sido associada a uma redução absoluta da mortalidade de 9%, um número crescente de estudos vem indicando baixa aderência ao protocolo da *ARDS Net*. As barreiras para o uso da estratégia de baixos volumes correntes incluem o uso do peso real *versus* o peso ideal do paciente, o subdiagnóstico da ALI/SDRA e o receio dos médicos de que o uso da estratégia de baixos volumes correntes possa aumentar a necessidade de sedação ou piorar a hipóxia.

Rubenfeld GD, Cooper C, Carter G, et al: Barriers to providing lung-protective ventilation to patients with acute lung injury. Crit Care Med 32:1289-1293, 2004.

Young MP, Manning HL, Wilson DL, et al: Ventilation of patients with acute lung injury: Has new evidence changed clinical practice? Crit Care Med 32: 1260-1265, 2004.

16. As complicações significativas decorrentes do uso de cateteres venosos centrais são inevitáveis?

As taxas de complicações relacionadas a cateteres venosos centrais são altamente dependentes da experiência do profissional que realiza a punção venosa profunda. As taxas de complicações podem ser dramaticamente reduzidas pelo uso das seguintes estratégias:

- Precaução máxima de barreira.
- Cateteres impregnados com antibióticos.
- Evitar o uso de cateteres venosos femorais (preferir, geralmente, a subclávia).
- Guiar a inserção por ultrassonografia quando usar o acesso pela jugular interna.
- "Regra das três tentativas": após duas a três tentativas sem êxito de localizar a veia com a agulha, o procedimento deve ser tentado por alguém com mais experiência.

McGee D, Gould M: Preventing complications of central venous catheterization. N Engl J Med 348:1123-1133, 2003.

17. Gatilhos para transfusão de hemocomponentes: um caso onde "menos é mais"?

Aproximadamente 95% dos pacientes internados na UTI ficam anêmicos após três dias de permanência na unidade. Um grande estudo randomizado demonstrou reduções significativas das taxas de mortalidade quando tais pacientes eram transfundidos a partir de limiares mais baixos (hemoglobina < 7g/dL) em vez dos níveis tradicionais (hemoglobina < 10g/dL). A despeito desses achados, houve pouca implementação de transfusões a partir de níveis mais baixos de hemoglobina.

Corwin HL, Gettinger A, Pearl RG, et al: The CRIT study: Anemia and blood transfusion in the critically ill – Current clinical practice in the United States. Crit Care Med 32: 39-52, 2004.

Hebert PC, Wells G, Blajchman MA, et al: A multicenter, randomized, controlled trial of transfusion requirements in critical care. N Engl J Med 340: 409-417, 1999.

18. Quais medicações devem sempre ser consideradas em pacientes com infarto agudo do miocárdio?

Muitas medicações comumente usadas para tratar pacientes com síndromes coronarianas agudas não têm embasamento em dados consistentes. Entretanto, há um bom nível de evidência que sustenta o uso das seguintes terapias:

- Ácido acetilsalicílico administrado < 24 horas após a chegada ao hospital e mantido após a alta hospitalar
- Terapia com betabloqueador iniciada < 24 horas após a chegada ao hospital e mantida na alta hospitalar
- Administração de inibidores da enzima conversora da angiotensina ou bloqueadores do receptor da angiotensina na alta hospitalar a pacientes com uma fração de ejeção do ventrículo esquerdo < 40%

PONTOS-CHAVE: MEDICINA BASEADA EM EVIDÊNCIAS ✓

1. O uso da ciência para guiar os tratamentos na maior parte das situações clínicas na UTI é limitado, levando a uma compreensível variabilidade nas condutas médicas. Mesmo em áreas com forte respaldo científico, a aderência à medicina baseada em evidências frequentemente é insatisfatória.
2. Para melhorar os resultados dos pacientes na UTI, os médicos devem identificar e implementar as terapias baseadas em evidências consideradas mais importantes.
3. A implementação efetiva de terapias baseadas em evidência específicas provavelmente requer uma organização da UTI que inclua intensivistas, farmacêuticos e uma equipe de enfermagem com experiência em terapia intensiva, incluindo uma proporção de enfermeiros para pacientes de 1:2 ou 1:1.
4. As terapias baseadas em evidência aplicadas na UTI variam largamente quanto ao tamanho do seu efeito na mortalidade, morbidade, custos e facilidade de implementação.

- Agentes trombolíticos administrados em até 30 minutos da chegada ao hospital e em até seis horas do início dos sintomas.

Joint Commission on Accreditation of Healthcare Organization: Acute Myocardial Infarction Core Performance Measures: www.jointcommission.org/performancemeasurement/acute+myocardial+infarction

19. Higienização das mãos após cada contato com os pacientes: Semmelweis estaria orgulhoso?

No século XIX, o Dr. Ignaz Semmelweis, um obstetra vienense, afastou-se da sociedade médica com suas tentativas de persuadir os médicos a lavar as mãos com o objetivo de reduzir a disseminação de doenças entre os pacientes. Os profissionais da atualidade ainda falham em mais de 50% das vezes em fazer a higienização das mãos após os contatos com os pacientes. As UTIs são locais com aderência particularmente baixa à higiene das mãos devido ao ambiente trabalhoso e ao grande número de vezes em que se entra em contato com o paciente. A adequação da higiene das mãos na UTI deve melhorar dramaticamente a fim de garantir que os pacientes não sofram ou morram "pelas mãos" de quem está lhes assistindo.

Centers for Disease Control and Prevention: Hand hygiene in healthcare settings: www.cdc.gov/handhygiene

Gawande A: On washing hands. N Engl J Med 350:1283-1286, 2004.

20. Como evitar o excesso de sedação em pacientes sob ventilação mecânica?

Pacientes sob ventilação mecânica frequentemente recebem sedativos contínuos enquanto estão intubados. O acumulo de sedativos é um preditor independente para o aumento dos dias de ventilação, dos dias de permanência na UTI e no hospital. Um estudo controlado randomizado demonstrou que o esquema de sedação com "despertar diário" reduz a média de dias de ventilação em 2,4 dias e a permanência na UTI em 3,5 dias. O "despertar diário" também reflete na redução do número de complicações relacionadas à doença grave e na redução do risco de desenvolvimento de transtorno de estresse pós-traumático. Apesar de essa intervenção não aumentar o uso de recursos, a implementação bem-sucedida requer o desenvolvimento e a implementação de um protocolo multidisciplinar.

Kress JP, Pohlman AS, O'Connor MF, et al: Daily interruption of sedative infusions in critically ill patients undergoing mechanical ventilation. N Engl J Med 342:1471-1477, 2000.

21. Ferramentas eletrônicas de suporte à decisão clínica – apenas um outro nome para uma medicina do tipo "receita de bolo"?

Na UTI, a complexidade, o excesso de informações, a incerteza científica e as limitações humanas contribuem para uma variação indesejada nas condutas. Essa variação de condutas é a maior contribuinte para a morbidade e mortalidade evitáveis. As ferramentas de suporte às decisões clínicas podem reduzir as variações indesejadas. Exemplos onde essas ferramentas melhoraram os desfechos na UTI incluem a prescrição de antibióticos, a adequação às estratégias de ventilação com baixos volumes correntes e o controle glicêmico rigoroso. Entretanto, as ferramentas eficazes de suporte às decisões não suplantaram a necessidade da presença de médicos atentos, bem como não se provaram como algo que inutiliza a educação médica.

Morris AH: Developing and implementing computerized protocols for standardization of clinical decisions. Ann Intern Med 132: 373-383, 2000.

ÍNDICE

Os números de página em **negrito** indicam capítulos completos

B

J

K

L

M

T

U

V

Sistema CTcP,
impressão e acabamento
executados no parque gráfico da
Editora Santuário
www.editorasantuario.com.br - Aparecida-SP